주석 민법

[친족 1]

(제7판)

§ 767 ~ § 843

집필대표

민 유 숙

韓國司法行政學會

집필대표　　　　　**민 유 숙** (전 대법관)

편집위원　　　　　**전 보 성** (서울서부지방법원 수석부장판사)

(2025. 6. 15. 현재)

머리말(제 7 판)

2020. 3. 주석 민법 친족편 제 6 판을 출간한 지 5년이 지났다.

그 동안 다수의 대법원 판례와 헌법재판소 결정 및 관련 법령 제·개정이 이루어졌다. 먼저 대법원 전원합의체가 다수의 친족법 판례를 내 놓은 점을 특징으로 꼽을 수 있다. 친생자관계존부확인소의 원고적격, 조손입양의 허가기준, 미성년자녀가 있는 성전환자의 성별정정 허가, 이혼소송에서 증거제출을 위한 통신회사에 대한 문서제출명령, 이혼 후 과거 혼인관계의 무효확인청구의 소를 제기할 확인의 이익, 과거양육비 청구권의 소멸시효 기산일 등 친족법의 전 영역에 걸쳐 중요한 법리가 선언되었다. 그 밖에도 유책배우자를 포함하여 재판상 이혼사유의 유연화, 재산분할재판에서 심판청구 기간과 분할대상 산정, 양육비 청구, 성년후견, 국제사법상 재판관할권, 미성년이었던 자녀 본인의 인지청구 제소기간, 부정행위 제 3 자에 대한 손해배상청구 요건 등 다수 쟁점에 관한 대법원 판결들이 선고되었다. 헌법재판소에서 8 촌 이내 혈족의 혼인을 무효로 하는 금혼조항에 대하여 헌법불합치결정을 하고, 혼인 외의 자녀에 대한 출생신고에 관한 결정을 한 것도 중요하다. 친족법 관련 법률로서, 가족관계의 등록 등에 관한 법률이 개인정보에 대한 자기결정권 보호 및 아동의 출생등록될 권리를 보장하기 위한 각종 제도를 신설한 것, 국내입양에 관한 특별법과 국제입양에 관한 법률이 제·개정된 점 역시 눈여겨보아야 할 입법적 변화이다. 제 7 판에서는 이에 대한 해설과 학계의 다양한 논의를 모두 담아 '실체와 절차를 아우르는 친족법 해설서'로서 법률실무자들께 도움을 드리고자 노력하였다. 2025. 4.까지 선고 및 간행된 대법원 판례와 관련 문헌까지 서술에 포함하였다.

제 7 판에서는 일부 조문에서 새로운 집필자가 공동집필자로 참여하여 수고해주셨다. 또한 새롭게 총론을 추가하였다. 총론에서는 본문의 조문별 편제하에서 다루기 어려운 전체적인 조망을 위하여 친족법의 입법연혁과 특징, 재산법과의 관계, 가사소송법상 전속관할과 절차특례(이행확보방안 포함), 가족관계의 등록 등에 관한 법률의 주요 제도를 망라하여 서술하고, 최근 화두로 떠오르는 쟁점인 사실혼 배우자의 범위, 친생추정과 출생등록될 권리의 충돌에 관하여 간략히 소개하였다.

민법 친족편은 혼인부터 이혼에 이르기까지 부부 사이의 관계와 친생자 및 입양을 포괄한 친자관계를 규율하고 있다. 또한 고령사회 도래와 더불어 중요성이 높아지는 후견 및 친족간 부양에 관한 기본법이다. 사회의 구성단위로서 쉽게 흔들려서는 아니 되는 굳건함을 유지하면서도 역사와 시대의 최전선에서 변화를 수용하기도 한다. 법률실무가와 관계인들이 중심이 되어 그 역할을 수행할 때에 본 주석서가 든든한 법률적 뒷받침이 될 것을 기대한다.

원고를 집필하신 집필자 여러분, 간사로서 집필과정을 총괄하신 전보성 부장판사, 한국사법행정학회의 이중한 사업본부장님을 비롯한 편집부 직원 여러분께 감사드린다. 특히 1960년대부터 척박한 법률전문서 시장의 선구자로서 60여 년간 한결같이 주석시리즈를 비롯하여 다수의 법률서적과 잡지를 출간하여 법률문화 발전에 크게 기여하신 고 이종균 회장님의 영전에 특별한 존경과 감사를 올린다.

2025. 5.

집필대표 민 유 숙

머리말(제 6 판)

사람이 인생의 무대에서 살아가는 모습은 다양하나, 사람이 태어나 인적 결합을 맺다가 사망하면 그간 유지된 인간관계는 종료하고 남겨진 재산을 가르고 분배하는 일은 공통된다고 할 수 있다. 사회의 최소 구성분자인 가족관계 속에서 나는 누구인지(친자관계), 일생의 동반자나 친족과의 관계는 어떻게 형성되고 소멸하는지(혼인관계, 친족관계), 세월을 녹여 일군 재산이 어떻게 나누어지는지(유언, 상속관계), 이러한 삶의 기본이 되는 법적 문제를 규율하는 것이 바로 친족법과 상속법을 아우르는 가족법이다.

이처럼 우리의 일상생활에 큰 영향을 미치는 가족법의 최근 개정은 눈에 띈다. 민법 중 가족법과 아울러 다른 한 축을 이루는 재산법은 실질적인 개정이 거의 이루어지지 않았던 것과 견주어 보면, 가족법만이 가지는 특색이라고 할 수 있다. 근래 있었던 개정만 꼽아 보아도, 조부모의 면접교섭권, 친권의 일시 정지·일부 제한, 미성년자 입양 허가, 미성년후견 및 친권 제도의 개편, 성년후견제도 도입 등 굵직한 내용이 많다. 한편 대한민국 수립 이후 반세기 동안 유일한 가정법원이었던 서울가정법원 외에 전국 주요도시에 가정법원이 신설되었다. 그에 따라 가사사건만을 전담하는 법관과 가사조사관이 충원되어 가족법을 둘러싼 법률문제와, 가족간 심리현상을 과학적으로 다루는 전문인력층도 두터워졌다. 이러한 변화는 전통적인 혼인·가족관계가 재편되고, 가사재판실무에서 아동 복리 관점이 최우선적 가치가 되는 등 사회변화에 대처하기 위한 필연적인 결과라고 평가할 수 있다. 개정된 법령과 변화된 실무에 따른 학설과 판례도 축적되었음은 물론이다.

이러한 법률개정과 실무 발전의 역동성이야말로 우리 가족법을 이해하는 핵심이라는 인식 아래 가족법 이론과 실무의 발전상을 충실하게 반영하기 위해, 각급 법원에서 가사사건을 전문적으로 다루어 뛰어난 실무역량을 갖춘 소장판사를 중심으로 집필진을 구성하였다. 이로써 가족법이 재판실무에서 어떻게 살아 있는 법으로서 시대감각에 맞게 구현되는지 보여줄 수 있다고 믿는다. 나아가 이 책의 주된 독자층인 법률실무가의 수요에 부응하여, 최신 법령을 기준으로 학설과 판례를 집대성하였다. 이론적 논의는 최소화하는 대신, 대법원 판례뿐 아니라 공간되지 않은 각급법원 판결도 최신판결까지 충실하게 소개하였고, 필요한 범위에서 가사재판절차에 관해서도 서술한 것이 이 책의 가장 큰 특징이다. 이로써 가사재판실무에 종사하는 사람에게 재판례에 관한 갈증을 풀고 실질적인 도움을 주고자 노력하였다.

다만 가사소송법 전부개정안이 통과되리라 예상하여 개정안에 포함된 가사재판절차까지 소개하려던 것이 당초 이 책의 집필 계획이었으나, 개정안의 통과 여부가 불확실하여 거기에 이르지 못했다. 그 내용은 이 책의 개정판에서 기대해 볼 수 있겠다.

끝으로 바쁜 재판실무에도 원고를 집필하신 집필자 여러분과 간사로서 집필 과정을 총괄한 전보성 부장판사, 어려운 출판 여건 아래에서도 집필자 구성에 관한 새로운 시도를 흔쾌히 수락하여 이 책의 출판을 맡아주신 한국사법행정학회의 이종균 회장님과 이형한 기획부장을 비롯한 한국사법행정학회 편집부 직원 여러분께 깊은 감사를 드린다.

2020. 3.

편집대표 민 유 숙

머리말(제 5 판)

2010 년 가을에 주석민법 친족편 제 4 판을 출간한 이후 5 년이 넘는 세월이 흘렀다. 그 동안 민법 중 친족편의 조문이 상당 부분 개정되었을 뿐만 아니라, 친족법 분야에서 새로운 해석론을 전개한 판례도 적지 않게 축적되었다.

이번에 새로 출간하는 제 5 판에서는 개정된 친족법 조문과 그 동안 새로 나온 중요한 판례들을 빠짐없이 소개하고 해설하고자 하였다. 또한 기존의 주석에 대해서도 보완이 필요하다고 생각되는 부분을 보정하였다. 이 과정에서 특히 후견 부분의 분량이 상당히 증가하여 주석민법 친족편 제 5 판은 부득이 네 권으로 나누어 출간하게 되었다.

이 자리를 빌어서 성년후견과 관련하여 집필에 필요한 기초자료를 준비해 주고 중요한 논점에 대해서 자문의견을 준 박인환 교수(인하대학교 법학전문대학원)와 성실하게 교정을 보아준 안문희 박사에게 감사의 인사를 전한다. 그리고 이 책을 출판하는 데 여러 가지 지원을 아끼지 않은 한국사법행정학회의 이종균 회장님과 이형한 부장님에게도 감사의 뜻을 표한다.

2016. 6. 8.

저자 金 疇 洙

金 相 瑢

머리말(제 4 판)

주석친족 제 3 판을 출판한 지 5 년만에 제 4 판을 출간하게 되었다. 이번 개정판에서는 여러 가지 면에서 보완과 개선을 추구하였다. 우선 개정판에서는 한자로 되어 있던 용어를 대부분 한글화하여 독자들의 편의를 도모하였다. 2005 년에 개정된 민법 조문의 해석을 보완하였고, 2007 년에 개정된 협의이혼제도와 관련된 부분을 추가하였다. 또한 양육비이행확보를 위하여 2009 년에 개정된 가사소송법 규정에 대해서도 해설하였으며, 가족관계등록법과 관련하여서도 최근에 개정된 내용(2010 년 6 월 30 일부터 시행)까지 반영하여 설명하였다.

이전과 마찬가지로 제 4 판에서도 해방되기 이전의 판례부터 최근의 판례까지 망라하여 수록하는 것을 원칙으로 하였다(교정을 볼 때까지 판례공보에 공개된 대법원 판례는 전부 수록하려고 하였으며, 가능한 범위에서 하급심판결과 미간행 판례도 소개하였다). 과거의 오래된 판례를 삭제하는 문제에 대해서 고민하였으나, 친족·상속에 관한 우리 판례의 변천을 살펴볼 수 있다는 점에서 역사적인 의미가 있다고 생각하여 그대로 유지하기로 하였다(과거의 판례에 대한 평석도 그 당시에 적용된 법률을 전제로 한 것이다).

주석친족은 제 3 판까지는 단독저서였으나, 이번 개정판부터는 2 인 공저가 되었다. 앞으로도 주석친족의 내용을 보완하고 다듬어서, 다음에는 더욱 충실한 주석서를 세상에 내놓을 것을 약속드린다.

이 책의 출판을 위해 수고하신 사법행정의 이형한 부장님, 교정을 도와 준 중앙대 대학원의 김용현 군에게 감사의 인사를 드린다.

2010. 6.

저자 金 疇 洙

金 相 瑢

머리말(제 3 판)

제 17 대 국회가 열리면서, 정부는 호주제도를 폐지하는 민법개정안을 마련하여 2000 년에 국회에 제출하였다가 폐기된 개정안을 합쳐서 국회에 제출하였으며, 국회는 법제사법위원회 민법심위소위원회에서 이를 심의한 결과 여야의원이 약간의 수정을 거쳐, 2005 년 2 월 28 일 법제사법위원회 전체회의를 찬성 11 명, 반대 3 명, 기권 1 명으로 통과시켰다. 이에 앞서 헌법재판소는 2005 년 2 월 3 일 호주제도에 대하여 헌법불합치결정을 내려, 민법상의 호주제도에 관련되는 규정이 개정될 때까지만 그 효력을 가진다고 선고하였다. 국회법제사법위원회를 통과한 개정안은 2005 년 3 월 2 일 국회의원 235 명 중 찬성 161 명, 반대 58 명, 기권 16 명으로 본회의를 통과하여, 2005 년 3 월 31 일 법률 제 7427 호로 공포 시행됨으로써, 우리나라에도 드디어 개인의 존엄과 양성평등의 원칙에 입각한 현대적 모습을 가진 가족법이 탄생하였다.

개정법 중에서 중요한 부분만 꼽아 보면, 1. 호주제도의 폐지, 2. 가족의 법위의 신설, 3. 자의 성과 본의 개정, 4. 근친혼금지규정이 개정, 5. 여자의 재혼금지기간의 폐지, 6. 친생부인제도의 개정, 7. 친양자제도의 신설, 8. 친권규정의 일부 개정, 9. 후견인의 해임규정의 개정, 10. 한정승인제도의 보완규정의 신설 등을 들 수 있다.

이 중에서 호주제도와 관련된 규정(제 2 장 호주와 가족, 제 8 장 호제승계)과 친양자에 관한 규정 등은 신분등록부의 정비의 필요상, 2008 년 1 월 1 일부터 시행하게 되어 있다.

위와 같은 내용을 해설하기 위하여 제 3 판을 내기로 했으며, 그밖에 그 후에 새로 나온 판례를 보완하였다.

2005. 7. 2.
저자 金 疇 洙

머리말(제 2 판)

이 책의 제 1 판이 1998 년에 출간되었다. 그 후 법무부의 민법개정특별분과위원회에서 5 년여에 걸쳐서 준비한 가족법(친족법과 상속법의 통칭)개정안이 1999년에 국회에 제출되어 법제사법위원회에서 약간의 수정이 가해진 후 전체회의까지 통과되었지만, 법무부가 제출한 개정안 중에서 이미 헌법재판소에서 헌법불합치 결정을 내려 효력을 상실한 동성동본간의 혼인금지규정(제 809 조 제 2 항)을 폐지하고 근친혼금지규정으로 바꾸는 안을 채택하지 않았기 때문에 언론계와 여성계 등의 맹렬한 비판을 받고, 결국 법사위의 수정안은 국회 본회의에 상정시키지 못하고 폐기되는 운명에 처해졌다. 그 후 새 국회가 열린 후, 법무부는 이미 주요 조항들이 헌법재판소에서 헌법불합치결정이 내려져서 그 효력이 상실되어 있는 상태이기 때문에, 1999 년에 국회에 제출되었다가 폐기된 가족법 개정안 중에서 "부양상속분"의 규정을 기여분의 특칙으로 손질을 한 후 다시 국회에 제출하였다. 그러나 국회는 "가부장제 가족법질서로의 회귀"를 꿈꾸는 수구봉건세력의 압력에 밀려 개정안에 대해서는 손도 대지 못하고, 개정안 중에서 상속회복청구권의 제척기간(제 999 조 제 2 항)과 한정승인에 관한 규정(제 1019 조 제 3 항의 신설)에 대해서만 심의를 하여 이를 통과시켜서 2002 년 1 월 14 일 공포 시행되고 있을 뿐이다.

이 책의 제 2 판은 원래 가족법 개정안의 국회 통과를 계기로 낼 생각으로 준비하고 있었다. 그러나 위와 같은 사정에 비추어 볼 때에, 가족법 개정안의 완전한 통과는 당분간 어려울 것 같다. 그래서 그 동안 새로 나온 판례를 모두 보완하고, 국회에 제출되어 있는 개정안을 관련된 부분에서 소개하여 해설하였다.

끝으로 이 책을 내는 데 있어서 편집과 교정 등 여러 모로 수고해 주신 편집부의 최창석 부장에게 깊은 감사를 드린다.

2002. 7. 18.

저자 金 疇 洙

머리말(제 1 판)

한국사법행정학회의 주석서는 '주석민법'에서 시작된다. 그것은 상·하권으로 되어 있었는데, 친족편은 하권에 들어 있었다. 하권의 초판이 1972년에 출간되었으므로, 이미 26년이라는 세월이 흘렀다. 그동안 한국사법행정학회에서는 주석민법의 전정판을 출간해 왔는데, 친족편과 상속편에 대해서는 내가 책임지고 편집과 집필을 하기로 출판사와 약속이 되어 있었다. 그러나 나의 게으름으로 그 출간이 늦어져서 상속편이 겨우 1996년에야 출간되었다. 이어서 친족편이 곧 출간되어야 하는데, 나의 개인사정으로 늦어져서 이제야 Ⅰ·Ⅱ·Ⅲ의 3권으로 그 모습을 보이게 되었다. 상속편은 나의 책임하에 여러 사람이 집필하였지만, 친족편은 나의 단독집필로 하였다. 그것은 이 주석서의 구판(1972년)이 나의 단독저서였다는 데에 기인한다.

끝으로 이 책을 내는데 있어서, 교정과 색인작성 등 여러모로 수고 해주신 편집부의 최창석 부장에게 깊은 감사를 드린다.

1998. 7. 13.
저자 金 疇 洙

제7판 주석 민법 친족편 집필자

강 주 리	대전지방법원 부장판사
김 성 우	법무법인(유한) 율촌 변호사
김 정 운	대구지방법원 부장판사
민 유 숙	전 대법관
박 상 인	인천지방법원 부장판사
송 인 우	전주지방법원 부장판사
신 정 일	수원지방법원·수원가정법원 평택지원 부장판사
이 광 우	서울가정법원 수석부장판사
이 민 수	서울남부지방법원 부장판사
이 선 미	대전고등법원 고법판사
이 은 정	법무법인(유한) 동인 변호사
임 종 효	서울고등법원 고법판사
전 연 숙	서울북부지방법원 부장판사
정 동 혁	서울가정법원 부장판사
정 용 신	서울가정법원 부장판사
정 현 경	서울고등법원 고법판사
최 인 화	김·장 법률사무소 변호사
홍 창 우	법무법인(유한) 동인 변호사

(가나다순, 2025. 6. 15. 현재)

[범 례]

Ⅰ. 서술방식

1. 원고는 횡서체로 하고 한글 전용을 원칙으로 한다. 다만 법령명이나 의미 전달에 혼란이 있는 경우 한자를 괄호안에 병기하였다.

2. 타이틀은 다음과 같이 구분하였다.

Ⅰ.
1.
가.
1)
가)
(1)
(가)
①
㉮

3. 조문은 집필당시의 개정법률을 근거로 하며 그 내용은 종합법률정보(http://glaw.scourt.go.kr)에 수록된 법령에 준하였다.

4. 조문 하단에는 집필하려는 조문과 관련된 관련조문이나 비교조문을 나열하였고, 해당 조문의 목차를 두었다.

5. 각 조문별로 주석을 서술하였고 별면으로 처리하였다. 각주의 일련번호는 각 편, 장, 절, 관, 조문별로 새롭게 번호를 부여하였다.

Ⅱ. 법령 표기

1. 법령의 인용시에는 원칙적으로 약어를 사용하지 않았다.

2. 본문속에 법령을 표기할 때에는 본문의 법령인용은 원문 그대로 사용하며 제○조 제○항 제○호 등으로 기재하였다.

※ 예) ① 본문의 경우

민사소송법 제476조 제1항, 민법 제289조의2 제1항

② ( )안의 경우

(민사소송법 제479조 제2항 제1호, 민법 제280조 제1항 제1호)

Ⅲ. 판례 표기

1. 판례의 표기는 다음과 같은 방법에 따른다.

▷ 대법원 1996. 4. 26. 선고 96다1078 판결.

▷ 대법원 1992. 5. 26. 선고 92다84 판결, 대법원 1993. 10. 26. 선고 93다6409 판결, 대법원 1996. 6. 14. 선고 96다46374 판결.

▷ 대법원 1996. 11. 16. 자 95마252 결정.

▷ 대법원 1995. 11. 16. 선고 94다56852, 56853 전원합의체 판결.

☞ 사건번호는 병합, 반소, 참가 사건 구분 없이 '94다56852, 56853'과 같이 나열하였다.

▷ 부산지방법원 동부지원 2000. 1. 18. 선고 2000가합10574 판결.

▷ 헌법재판소 1994. 7. 29. 선고 92헌바49, 52 결정.

2. 외국 판결은 그 나라의 표준적인 표시방법에 따라 표시할 수 있다. 다만, 일본 판결의 경우에 선고일자는 서기연도로 기재하며, 일본연호는 사용하지 않았다.

▷ 일본대심원 대정 9년 12월 20일 판결

☞ 日大判 1920. 12. 20.

▷ 일본최고재판소 소화 34년 6월 19일 판결

☞ 日最判 1959. 6. 19.

3. 판례 출처는 검색이 가능한 판례의 경우는 출처를 밝히지 않았다. 하지만 그 외의 경우는 출처를 밝히기 위한 약어는 다음과 같다. 약어로 표기된 출처는 괄호(공1988, 623)안에 넣어 표기한다.

▷ 법원공보 1988년 4월 15일 제822호 623면 → 공1988, 623

▷ 법원공보 1993년 7월 15일 제948호 1697면 → 공1993하, 1697

☞ 법원공보가 상, 하로 분리된 1993년부터는 상, 하를 구분하여 표시하였다.

▷ 판례공보 1996년 2월 1일 제3호 461면 → 공1996상, 461

▷ 대법원판례집 제43권 2집 민사편 230면 → 집43-2, 230

☞ 다만, 대법원판례집 제31권 6집까지는 편별로 면수가 독립되어 있으므로 '집31-6, 민149'와 같이 편별 표시를 하였다.

▷ 대법원판결요지집 민사·상사편 Ⅰ-2집 680-2면 65번 판결 → 요민Ⅰ-2, 680- 2(65)

☞ 형사 · 군사편은 '요형', 특별편은 '요특'으로 표시하였다.

▷ 각급법원(제1,2심) 판결공보 2005년 2월 10일 제18호 215면 → 각공18, 215

▷ 고등법원판례집 1970년 형사·특별편 20면 → 고집1970, 형특20

▷ 하급심판결집 1984년 제2권 229면 → 하집1984-2, 229

▷ 헌법재판소판례집 제3권 569면 → 헌집3, 569

▷ 헌법재판소공보 제3호 255면 → 헌공3, 255

▷ 사법논집 제25집 311면 → 사법논집(25), 311

▷ 사법연구자료 제21집 153면 → 사법연구(21), 153

▷ 재판자료 제61집 364면 → 재판자료(61), 364

▷ 대법원판례해설 1995 하반기(통권 제24호) 151면 → 판례해설(24), 151

Ⅳ. 기타 인용 표기

1. 판결, 문헌 인용시 약어는 사용하지 않으며 해당 페이지에 대한 "면", "쪽" 등의 글자 표시는 생략하였다.

2. 참고문헌의 표기는 다음과 같이 하였다.

▷ 이시윤, 민사소송법(신정보판), 박영사(1995), 232.

▷ 주석 형법, 각칙(1)(제5판), 한국사법행정학회(2017), 119(김선일).

▷ 형법주해[Ⅳ], 각칙(1), 박영사(2023), 315(김택균).

3. 저자가 2명 이상인 경우 '/ '를 사용하여 2명의 이름을 모두 밝히되, 3명 이상인 경우에는 '○○○ 외 2인' 등으로 표기하였다.

4. 논문이나 단행본, 월간지, 기타 논문집의 인용은 다음과 같이 하였다.

▷ 김기정, "집합건물의 집행을 둘러싼 몇 가지 법률문제에 대한 고찰", 사법논집(27), 5.

▷ 윤진수, "토지 임차인의 매수청구권 행사와 법원의 석명의무", 인권과 정의 236호(1996. 4.), 133~139.

5. 외국 문헌은 그 나라의 인용례에 따르는 것을 원칙으로 하되, 책 이름에 이탤릭체나 밑줄 등을 사용하지 아니하고 논문 제목에 "　　" 표시를 하였다.

▷ Walter E. May, "International Equipment Leasing: The UNIDROIT Draft Convention," 105 Harv. L. Rev. 80(1991).

▷ 植田勝博, "ユ-ザ-からみた リ-ス契約の 問題點", 金融法務事情 1101號(1985. 10.), 24.

▷ 南部二三雄, リ-スの 實務, 東京: 東洋經濟新報社(1973), 178.

6. 인터넷 자료는 다음과 같이 표기하였다.

▷ 저자명, 자료제목(2009. 9. 1. 방문), <http://www.scourt.go.kr/seminar/ d-3.htm>

V. 옆번호의 표기

1. 주석서의 효율적인 정보 전달과 내용 첨가, 수정시 페이지 변동으로 인한 인용 불편을 해소하기 위해 옆번호[1]를 표기하였다.

2. 옆번호는 텍스트 위치를 신속하게 찾을 수 있고 정확한 인용을 할 수 있도록 한다. 본문 내용이 추후 첨가, 삭제, 수정되는 경우 페이지는 변경되지만 옆번호는 항상 동일하기 때문에 인용의 불편함을 해소하며, 특히 온라인에서 열람할 경우에 도움이 된다. 옆번호는 동일 내용을 담고 있는 문단에 부여한다.

< 표기 예시 >

1 일반적인 범죄론 체계에 따르면 범죄란 구성요건에 해당하고 위법하며 유책한 행위라고 정의할 수 있다. 형법 각칙은 죄형법정주의에 입각하여 범죄의 개별적 유형에 따른 구체적 구성요건의 내용을 정하고 형벌의 범위를 설정하는 일반법이다. 구성요건이란 좁은 의미에서 보면 법적으로 규정되지 않은 행위는 처벌대상이 아니라는 것이고, 넓은 의미에서 보면 범죄의 성립요건 전부를 포괄하는 것이다.

2 형법 총칙이 형법의 본질적 기초를 이루는 범죄와 형벌에 대한 일반 원칙을 다룬다면, 형법 각칙에서는 개별적인 범죄유형과 이에 대한 구체적인 형벌을 규정하고 있다.

1 독일 법률서적에서 많이 사용되는 Randnummer[Rn. 옆번호(방주)]는 본문 오른쪽 혹은 왼쪽에 적혀 있는 일련의 번호를 말한다.

[목 차]

* 삭제 조문

제 4 편 친족

제 4 편 친족

[총설]

[참고문헌] 김주수, 주석 민법, 친족(1)(제3판), 한국사법행정학회(2005); 양현아, 한국 가족법 읽기: 전통, 식민지성, 젠더의 교차로에서, 창비(2011); 윤진수, 친족·상속법 강의(제5판), 박영사(2023); 법원실무제요, 가사[Ⅰ], 사법연수원(2021); 법원실무제요, 가사[Ⅱ], 사법연수원(2021); 가족관계등록실무, 법원공무원교육원(2024); 사법정책연구원, 아동의 출생등록될 권리의 실효적 보장을 위한 방안(2024); 권재문, "외국 가사재판의 승인·집행에 관한 입법론적 검토", 국제사법연구 제23권 제2호, 한국국제사법학회(2017); 김상용, "생부(미혼부)의 권리에 관한 소고(小考)-생부의 출생신고와 친생부인권을 중심으로-", 중앙법학 제22권 제1호, 중앙법학회(2020); 석광현, "헤이그 국제아동입양협약의 이행을 위한 '국제입양에 관한 법률'의 주요 내용과 문제점", 법학논총 제40권 제3호, 한양대학교 법학연구소(2023); 성원제, "당사자 사망과 이혼위자료 청구소송의 종료 여부에 관한 소고," 인권과정의 제501호, 대한변호사협회(2021); 손주희, "동성 동반자가 국민건강보험제도의 피부양자로 인정될 수 있는지 여부", 사법 제70호, 사법발전재단(2024); 신동현, "보호출산제의 시행과 향후 과제", 가족법연구 제38권 제3호, 한국가족법학회혼인 외의 자녀와 출생신고-대법원 2020. 6. 8. 자 2020스575 결정과 최근 가족관계등록법 개정을 중심으로", 사법 제57호, 사법발전재단(2021); 안문희, "동성 동반자의 국민건강보험 피부양자 자격에 관한 검토", 한국법학원 현안보고서 제2024-12호, 한국법학원(2024); 양창수, "민법전의 제정과정에 관한 연구-민법안에 대한 국회본회의의 심의-", 서울대학교 법학 제33권 제2호, 서울대학교 법학연구소(1992); 양창수, "민법 친족편 중 제5장 후견 등에 대한 법전편찬위원회심의자료의 소개-동위원회의 민법안 심의과정 일반-", 서울대학교 법학 제46권 제2호, 서울대학교 법학연구소(2005); 윤진수, "헌법이 가족법의 변화에 미친 영향", 서울대학교 법학 제45권 제1호, 서울대학교 법학연구소(2004); 윤진수, "가족법의 변화와 앞으로의 과제", 사단법인 올(편), 젠더와 법, 박영사(2022); 이동진, "부자관계의 설정과 해소: 입법론적 고찰" 인권과정의 제509호, 대한변호사협회(2022); 이현종, "민사판결의 무효가 문제되는 몇 가지 사례에 관한 검토", 법조 제70권 제1호, 법조협회(2021); 조인영, "친생추정의 범위에 관한 무제한설의 재조명-대법원 2019. 10. 23. 선고 2016므2510 판결 및 2021. 9. 9. 선고 2021므13293 판결을 계기로" 가족법연구 제36권 제1호, 한국가족법학회(2022); 현소혜, "혼인 중인 여자와 남편 아닌 자 사이에서 출생한 자녀에 대한 생부의 출생신고", 가족법연구 제38권 제1호, 한국가족법학회(2024)

[참고조문] 민법 제2조(신의성실), 제9조(성년후견개시의 심판), 제10조(소유권이전에 관한 경과규정), 제11조(성년후견종료의 심판), 제12조(한정후견개시의 심판), 제13조(피한정후견인의 행위와 동의), 제14조(한정후견종료의 심판), 제14조의2(특정후견의 심판), 제14조의3(심판 사이의 관계), 제22조(부재자의 재산의 관리), 제23조(관리인의 개임), 제24조(관리인의 직무), 제25조(관리인의 권한), 제26조(관리인의 담보제공, 보수), 제27조(실종의 선고), 제28조(실종선고의 효과), 제107조(진의 아닌 의사표시), 제108조(통정한 허위의 의사표시), 제109조(착오로 인한 의사표시), 제110조(사기, 강박에 의한 의사표시), 제139조(무효행위의 추인), 제141조(취소의 효과), 제806조(약혼해제와 손해배상청구권), 제815조(혼인의 무효), 제816조(혼인취소의 사유), 제824조(혼인취소의 효력), 제825조(혼인취소와 손해배상청구권), 제836조

(이혼의 성립과 신고방식), 제836조의2(이혼의 절차), 제837조(이혼과 자의 양육책임), 제837조의2(면접교섭권), 제839조의2(재산분할청구권), 제843조(준용규정), 제846조(자의 친생부인), 제854조의2(친생부인의 허가 청구), 제855조의2(인지의 허가 청구), 제861조(인지의 취소), 제863조(인지청구의 소), 제878조(입양의 성립), 제883조(입양 무효의 원인), 제884조(입양 취소의 원인), 제897조(준용규정), 제908조(준용규정), 제908조의7(친양자 입양의 취·파양의 효력), 제924조(친권의 상실 또는 일시 정지의 선고), 제975조(부양의무와 생활능력), 제979조(부양청구권처분의 금지), 민사소송법 제29조(합의관할), 제30조(변론관할), 제32조(관할에 관한 직권조사), 제35조(손해나 지연을 피하기 위한 이송), 제128조(구조의 요건), 제129조(구조의 객관적 범위), 제130조(구조효력의 주관적 범위), 제131조(구조의 취소), 제132조(납입유예비용의 추심), 제133조(불복신청), 제147조(제출기간의 제한), 제149조(실기한 공격·방어방법의 각하), 제150조(자백간주), 제217조(외국재판의 승인), 제220조(화해, 청구의 포기·인낙조서의 효력), 제284조(변론준비절차의 종결), 제285조(변론준비기일을 종결한 효과), 제288조(불요증사실), 제349조(당사자가 문서를 제출하지 아니한 때의 효과), 제350조(당사자가 사용을 방해한 때의 효과), 제402조의3(항소이유서 미제출에 따른 항소각하 결정), 제410조(제1심의 변론준비절차의 효력), 제411조(관할위반 주장의 금지), 제412조(반소의 제기), 제417조(판결절차의 위법으로 말미암은 취소), 제419조(관할위반으로 말미암은 이송), 제424조(절대적 상고이유), 제429조(상고이유서를 제출하지 아니함으로 말미암은 상고기각), 제431조(심리의 범위), 제434조(직권조사사항에 대한 예외), 가사소송법 제2조(가정법원의 관장 사항), 제12조(적용 법률), 제34조(준용 법률), 제39조(재판의 방식), 제43조(불복), 제49조(준용법률), 제50조(조정 전치주의), 제57조(관련 사건의 병합신청), 제62조(사전처분), 제63조(가압류, 가처분), 제63조의2(양육비 직접지급명령), 제63조의3(담보제공명령 등), 제64조(이행 명령), 제67조(의무 불이행에 대한 제재), 제68조(특별한 의무 불이행에 대한 제재), 비송사건절차법 제10조(민사소송법의 준용), 제11조(직권에 의한 탐지 및 증거조사), 제13조(심문의 비공개), 제17조(재판의 방식), 제18조(재판의 고지), 민사집행법 제21조(재판적), 제26조(외국재판의 강제집행), 제30조(집행문부여), 제44조(청구에 관한 이의의 소), 제45조(집행문부여에 대한 이의의 소), 제46조(이의의 소와 잠정처분), 제266조(경매절차의 정지), 행정소송법 제10조(관련청구소송의 이송 및 병합), 가족관계의 등록 등에 관한 법률 제2조(관장), 제3조(권한의 위임), 제14조(증명서의 교부 등), 제18조(등록부의 정정), 제38조(신고의 최고), 제57조(친생자 출생의 신고에 의한 인지), 제58조(재판에 의한 인지), 제104조(위법한 가족관계 등록기록의 정정), 제107조(판결에 의한 등록부의 정정), 제108조(준용규정), 공무원연금법 제39조(권리의 보호), 국민연금법 제58조(수급권 보호), 군인연금법 제18조(급여액 산정의 기초), 기초연금법 제21조(기초연금 수급권의 보호), 사립학교교직원연금법 제40조(권리의 보호), 장애인연금법 제19조(압류금지 등), 아동복지법 제3조(정의), 국제입양에 관한 법률 제3조(국제입양의 원칙), 제4조(비영리 운영의 원칙), 제5조(중앙당국), 제10조(결연), 제12조(가정법원의 입양허가), 제16조(사후서비스 제공), 제22조(출신국에서 성립한 입양의 효력발생), 제32조(업무의 위탁 등), 국내입양에 관한 특별법 제5조(비영리 운영의 원칙), 제13조(양자가 될 아동의 결정 및 보호 등), 제19조(입양의 신청 등), 제20조(결연), 제21조(가정법원의 입양허가), 제22조(임시양육결정), 제23조(임시양육결정의 취소 등), 제26조(입양의 효력발생), 제28조(입양의 취소), 제37조(업무의 위탁 등), 남북 주민 사이의 가족관계와 상속 등에 관한 특례법 제2조(법 적용의 기본원칙), 제4조(재판관할), 제5조(가정법원의 관할), 제6조(중혼에 관한 특례), 제7조(실종선고의 취소에 따른 혼인의 효력에 관한 특례), 제8조(친생자관계존재확인의 소에 관한 특례), 제9조(인지청구의 소에 관한 특례), 부재선고에 관한 특별조치법 제1조(목적), 제3조(부재선고), 제5조(부재선고의 취소), 제6조(부재선고의 관할 법원),

혼인신고특례법 제1조(목적), 제2조(혼인신고), 제3조(확인재판 관할), 제5조(적용범위), 가사소송규칙 제2조(가정법원의 관장사항), 제7조(가족관계등록사무를 처리하는 자에 대한 통지), 제14조(준용규정), 제23조(증거조사등), 제29조(항고심의 재판절차), 제92조(상대방의 반대청구), 제93조(심판의 원칙등)

I. 민법 친족·상속편의 입법연혁과 특징

1. 서술 범위

1 여기에서는 본문의 조문별 서술에 담기 어려운 전체적인 조망으로서 민법 제정 및 개정 경위,[1] 민법 총칙편 등 재산법과의 관계, 절차법규인 가사소송법 및 가

[1] 이에 관하여는 양창수, "민법전의 제정과정에 관한 연구 -민법안에 대한 국회본회의의 심의-", 서울대학교 법학 제33권 제2호, 서울대학교 법학연구소(1992); 양창수, "민법 친족편 중 제5장 후견 등에 대한 법전편찬위원회심의자료의 소개-동위원회의 민법안 심의과정 일반-", 서울대학교 법학 제46권 제2호,

족관계의 등록 등에 관한 법률과의 관계 등을 소개한다.

2 상속편의 고유한 쟁점은 상속법 총설에서 소개하되, 민법의 제·개정 경위 부분은 편의상 친족편과 상속편을 모두 포함시켜서 여기에서 소개한다.

2. 민법 친족·상속편의 입법연혁

가. 민법 제정 이전: 조선민사령과 관습

3 1912년에 공포 실시된 조선민사령(朝鮮民事令)은 일본 민법을 대한민국(당시의 朝鮮)에 의용하도록 하면서도, 제11조에서 친족 및 상속에 관한 일본법의 규정은 조선인에게 적용하지 않고, 이에 관하여는 관습에 의하도록 하였다.

4 당시의 법원(法源)에 관하여 연구된 문헌들이 있으며,[2] 일제시대 구한국법전조사국(舊韓國法典調査局) 및 조선총독부 취조국에서 조사·보고한 관습조사보고서, 구관조사위원회 결의, 정무총감 및 중추원의장 회답, 조선고등법원 판례 등을 수집하여 정리한 문헌을 통하여[3] 민법 제정 이전의 관습을 확인할 수 있다.

5 위 일제 강점기의 조사에 대하여는, 일본 법원이 한국의 친족상속에 관한 관습을 조사하여 재판규범으로 활용한 것으로서 종래의 관습법이 왜곡되어 일본의 민법 규정과 같은 것이 한국의 관습이라는 이름으로 적용되었다는 비판, 탈식민의 맥락에서 볼 때 조선민사령의 "관습에 따른다."라는 원칙 자체를 식민지 시대 가족법의 법제정책으로 거리를 두고 봐야 마땅하다는 비판이 있다.

나. 제정 민법의 시행

1) 민법 제정 경위

6 1948. 9. 정부 산하에 법전편찬위원회가 발족하였고, 위원회가 원요강(原要綱)을 작성하였다. 친족상속편을 포함한 민법의 기초는 1952. 7. 축조기초가 완성되었고 1954. 10. 정부제출법안으로 국회에 제출되었다. 그 법안은 법제사법위원회 민법 소위원회의 심사, 공청회, 수정안 제출 과정을 거쳐 1958. 2. 22. 법률 제471호로 제정되어 1960. 1. 1. 시행되었다.

서울대학교 법학연구소(2005); 양현아, 한국 가족법 읽기:전통, 식민지성, 젠더의 교차로에서, 창비(2011); 윤진수, "헌법이 가족법의 변화에 미친 영향", 서울대학교 법학 제45권 제1호, 서울대학교 법학연구소(2004); 윤진수, "가족법의 변화와 앞으로의 과제", 사단법인 올(편), 젠더와 법, 박영사(2022) 등 참조.

2 정광현, 한국가족법연구, 서울대학교출판부(1967); 이희봉, "현행한국신분법 개관", 한국가족법상의 제문제, 일신사(1976) 등.

3 재판자료 제29집: 친족상속에 관한 구관습, 법원행정처(1985).

2) 민법 제정과 다양한 이념적 기초

7 친족상속법 제정에는 점진적 개혁론의 입장과 전통존중론의 입장이 각기 관여하였다. 법전편찬위원회의 원요강(原要綱)은 위 위원회의 장경근 민법소위원장이 작성한 사안(私案)을 토대로 한 것으로, 종래의 관습을 존중하면서도 점진적으로 개혁을 꾀하려는 이른바 점진적 개혁론의 입장에 서 있었다. 그 후 국회에 제출된 법안은 위의 원요강(原要綱)과 차이가 있었고 기본적으로 종래의 관습을 존중하여야 한다는 관습존중론의 입장이었다. 그 법안은 위에서 본 법제사법위원회의 심사 등을 거치면서 다시 수정되어 원요강(原要綱)의 토대였던 사안(私案)과 비슷한 부분이 생기게 되었다.

8 한편 정부안에 반영되지 못한 학계와 여성단체의 '헌법정신존중 및 남녀평등 원칙'은 이후 가족법 개정운동으로 이어지게 되었다.

다. 호주제 폐지에 이르기까지의 경위

9 민법 제정부터 40여 년의 기간은 호주제 폐지를 향한 여정이라고 평가할 수 있다.

1) 1977. 12. 31. 개정 민법

가) 개정 경위: 호주제 폐지 요구

10 제정민법이 규정한 호주제, 동성동본금혼제는 지속적인 개정요구를 받게 되었다. 여성계를 중심으로 학계에 의뢰한 결과 1974년에 가족법 개정안이 마련되어 국회에 제출되었는데, 유림 등의 강력한 반대에 직면하였고, 국회에서의 심의 끝에 개정안의 중요한 부분, 즉 호주제의 폐지나 동성동본금혼 규정의 폐지 등은 채택하지 않고, 일부만을 수정하기로 하는 절충이 이루어졌다. 이에 따라 1977. 12. 31. 개정된 민법은 1979. 1. 1. 시행되었다.

나) 개정법의 내용: 양성평등, 여성권리 신장

11 비록 호주제 폐지에 이르지 못하였으나, 혼인에서 양성평등, 상속에서 처와 딸의 지위 개선 등을 반영하게 되었다. 즉, 개정 민법에 의하여 ① 부부의 누구에게 속하는 것인지 불분명한 재산은 부부의 공유로 추정하고(제정 민법은 남편 소유로 추정했었다), ② 미성년자인 자에 대한 친권은 부모가 공동으로 행사하고(제정 민법은 원칙적으로 아버지가 행사하였다), ③ 동일 가적 내에 있는 여자의 상속분을 남자와 동일하게 하고 피상속인의 처의 상속분 5할을 가산하고(제정 민법은 위 두 경우 여자의 상속분은 남자의 2분의 1이었다), ④ 유류분제도, 협의이혼의사확

인제도, 미성년자 혼인시 성년 의제 제도가 신설되었다.

2) 1990. 1. 13. 개정 민법

가) 개정 경위: 호주제 폐지 등 요구

12 1977년 개정 민법은 중요 쟁점이었던 호주제, 동성동본금혼제 폐지가 채택되지 않았던 탓에 시행 후에도 여전히 개정 요구에 직면하였다. 이에 1988. 11. 의원입법 형태로 민법개정안이 국회에 제출되었고, 국회에서 논의 결과 호주제도는 존치하되 종래의 호주상속제도는 호주승계제도로 바꾸고, 동성동본금혼제도는 유지하는 등을 내용으로 하는 법제사법위원회의 대안을 마련하여 의결하였고, 이 법안은 1990. 1. 13. 공포되어 1991. 1. 1. 시행되었다.

나) 개정법의 내용: 호주승계제도로 변경, 불평등한 신분관계 개선

13 위 개정민법은 호주제와 동성동본금혼제의 폐지에는 이르지 못하였지만 종래의 호주상속제도를 호주승계제도로 바꾸고 문제가 되었던 규정들을 대부분 개정하는 결실을 이루었다. 그 밖에도 ① 친족 범위에서 성(性)에 따른 차이를 없애고 계모자·적모서자관계를 법정혈족에서 제외하고 사후양자제도를 폐지하고 ② 부의 동거 장소를 1차적으로 부부의 협의에 의하도록 하고 ③ 동일 가적 내에 없는 여자에 대한 상속분의 차등을 없애고 균등하게 상속하도록 하는 외에 ④ 이혼시 재산분할청구권, 상속재산분할에서 기여분 제도가 신설된 것을 비롯하여 비양육친의 면접교섭권이 명문화된 점도 중요한 개정이다.

3) 2005. 3. 31. 개정 민법

가) 개정 경위: 호주제 폐지

14 2005. 3. 31. 법률 제7427호로 개정·시행된 민법에서 비로소 호주제가 폐지되고, 동성동본금혼제를 폐지하고 근친혼금지제도로 전환하되 근친혼제한의 범위를 합리적으로 조정하는 개정이 이루어졌다.

나) 개정법의 내용: 다수의 제도 개혁

15 그 밖에도 자녀가 모의 성·본도 따를 수 있도록 하는 외에 자녀의 성·본 변경허가 청구 제도 신설, 여성에 대한 재혼금지기간 폐지, 처의 친생부인의 소 제기권 인정, 친양자 제도 신설 등 중요한 제도개혁이 이루어졌다.

라. 2000년도 이후 민법 개정 경위

1) 개정 방향: 미성년자 권리 보장

16 2000년도에 들어서면서 개별 제도를 신설하는 다수의 민법 개정이 이루어졌다. 현재에 이르기까지 20여 년 동안의 민법 개정은 미성년자녀의 권리 보장 및 복리 증진으로 요약할 수 있다.

17 위에서 본 2005. 3. 31. 자 개정시 친양자 제도 신설도 같은 맥락으로 이해할 수 있다. 아래에서는 이 부분 민법 개정을 중심으로 본다.

2) 개정법의 내용

가) 미성년자녀의 양육, 친권 관련

18 2007. 12. 21. 개정(2007. 12. 21. 시행) 민법은 협의이혼시 양육합의 의무화, 자녀의 면접교섭권 신설 등의 변화를 가져왔다.[4]

19 2009. 5. 8. 개정(2009. 8. 9. 시행) 민법은 협의이혼시 양육비부담조서제도를 신설하였다.

20 2011. 3. 7. 및 2011. 5. 19. 개정(2013. 7. 1. 시행) 민법은 미성년자에 대한 친권자 지정제도 및 미성년후견 제도를 근복적으로 개편하였다. 즉, 가정법원의 심리를 거쳐 친생부모 또는 그 일방을 친권자로 지정하거나 후견이 개시되도록 함으로써 부적격의 부 또는 모가 당연히 친권자가 되어 미성년자의 복리에 악영향을 미쳤던 점을 개선하게 되었다.

21 2012. 2. 10. 개정(2013. 7. 1. 시행) 민법은 미성년자에 대한 입양허가제도를 신설하여 학대 우려가 있는 양부모가 입양하는 것을 방지하고 입양과 파양에 국가기관이 후견적으로 개입할 수 있게 됨으로써 미성년자 복리를 보장하도록 하였다.

22 2014. 10. 15. 개정(2015. 10. 16. 시행)에 의한 친권 일시정지·일부제한 제도 신설, 2016. 12. 2. 개정(2017. 6. 3. 시행)에 의한 조부모 면접교섭권 명문화, 2021. 1. 26. 개정(2021. 1. 26. 시행)에 의한 친권자징계권 폐지 등도 같은 취지에서 미성년자녀의 복리를 증진하기 위한 입법적 개선조치이다.

나) 미성년자의 권리 보장

23 최근 5년 여 기간 동안 미성년자의 권리 행사를 실효성 있게 보장하기 위한 입법이 이루어졌다.

4 그 밖에 이혼숙려기간제도 신설도 중요한 개정이다.

24 2020. 10. 20. 개정(2020. 10. 20. 시행) 민법은 성적 침해에 대한 미성년자 손해배상청구권 소멸시효의 특칙을 신설하였다. 미성년자가 성폭력, 성추행, 성희롱, 그 밖의 성적 침해를 당한 경우에는 해당 미성년자가 성년이 될 때까지 손해배상청구권의 소멸시효가 진행되지 아니하도록 하여 미성년자인 피해자가 성년이 된 후 스스로 가해자에게 손해배상을 청구할 수 있도록 보장함으로써 성적 침해를 당한 미성년자에 대한 보호를 강화하려는 제도이다.

25 2022. 12. 13. 개정(2022. 12. 13. 시행) 민법은 미성년자의 특별한정승인 특별절차를 신설하였다. 상속개시 당시 미성년자인 상속인의 법정대리인이 상속의 단순승인(민법 제1026조 제1호·제2호에 따른 단순승인 의제 포함)을 하였더라도 이와 관계없이 미성년자인 상속인이 성년이 된 후 한정승인을 할 수 있는 특별절차를 마련함으로써 미성년자 상속인의 자기결정권 및 재산권을 보호하려는 취지이다.

26 2024. 9. 20. 개정(2025. 1. 31. 시행) 민법은 부양의무위반 직계존속에 대한 상속권상실청구제도를 신설하였다. 피상속인의 직계존속으로서 상속인이 될 사람이 피상속인에 대한 부양의무를 중대하게 위반하거나 중대한 범죄행위 또는 그 밖에 심히 부당한 대우를 한 경우 등에는 가정법원이 상속권의 상실을 선고할 수 있도록 하는 제도로써 장기간 제기되어온 사회적 요구에 대응하여 입법되었다.

3) 성년후견제도 도입

27 2011. 3. 7. 개정(2013. 7. 1. 시행) 민법은 성년후견제도를 신설하면서 민법총칙 및 친족법에서 큰 폭의 조문 개정을 가져왔다. 획일적으로 행위능력을 제한하였던 금치산·한정치산제도 대신 성년후견·한정후견·특정후견제도를 도입하여 정신적 제약이 있는 사람이 재산 관계 뿐 아니라 신상에 관하여 다양한 후견제도를 이용할 수 있게 되었다.

3. 친족법의 특징

가. 친족법의 독자성

28 민법 제4편 친족편이 민법 체계 내에서 갖는 독자성과 고유성에 관하여 많은 논의가 있다. 친족편에는 민법 제1편 총칙 등 재산법의 조문과 달리 규정된 조문들이 다수 존재하는 점에서 재산법과 구분된다.

29 민법이 친족편을 별도로 편제하고, 친족편에 규정된 제도들에 관한 재판 절차를 담당하는 기관으로 가정법원을 두고 별도의 절차법인 가사소송법에 따르도록

규정하고 있는 입법체계 역시 같은 맥락에서 이해할 수 있다.

30 친족편은 혼인, 이혼, 친생자, 인지, 입양 등 신분관계의 형성·변경·소멸을 직접 규율하는 규정들과 신분관계를 전제로 하여 이에 수반하는 법률관계를 규율하는 규정들로 이루어져 있고 후자의 경우 재산법적 요소도 포함되어 있다. 제1편 재산법 총칙의 적용 여부 및 범위에 관하여 서로 다른 견해가 가능하다.

나. 친족법의 강행성, 요식성, 후견성

1) 강행성: 법이 규정하는 법률관계만 인정

31 친족법에 따라 형성되는 신분관계는 개인의 사회경제적 활동의 기초가 되고 재산법과 공법적 영역을 포함하여 사회 전반에 영향을 미친다. 법이 예정하는 법률관계만 인정된다는 점에서 계약자유의 원칙이 지배하는 채권법과 구분된다. 신분관계는 그 시대와 사회에서 결정된 방식에 따라 존재하며, 개인은 선택의 여지 없이 그 조직에 들어갈 수밖에 없는(예컨대 친자관계) 숙명적인 관계로서 강행성을 띤다는 설명도 같은 취지이다.

2) 요식성: 신분행위의 방식과 절차 규율

32 친족법은 신분상태의 공시를 위하여 요식행위의 성격을 갖게 된다. 친족법 분야에 요식성의 원칙이 지배하는 것은, 사람의 신분은 재산관계 등 그 법률관계 전반의 기초가 되는 것으로서 특히 높은 정도의 명확성이 요청되기 때문이다.

33 혼인(민법 제812조), 이혼(제836조), 인지(제859조), 입양(제878조)은 가족관계의 등록 등에 관한 법률에 정한 바에 의하여 신고하여야만 하는 점 등이 대표적이다.

3) 후견성: 국가(법원)의 개입

34 친족법에서는 본인의 의사와 관계없이 국가가 본인의 이익을 위하여 개입하는 후견주의가 작용하는 경우가 많다. 이는 사랑과 애정에 기초한 장기적인 관계인 가족관계에서는 완전한 합리적 선택이 담보되기 어렵기 때문이라고 설명된다.

35 후견적 특징은 특히 미성년자녀에 관한 규율에서 현저하다. 이혼 당사자들이 청구하지 않더라도 가정법원이 직권으로 양육에 관한 처분을 하여야 하는 점(민법 제837조) 등을 들 수 있다.

다. 가사소송법에 의한 구현

36 친족법의 강행성, 요식성은 절차법인 가사소송법에서도 구현되고 있다. 대부분의 가사소송 사건은 직권주의가 지배하고 민사소송법상 변론주의에 입각한 조

문들의 준용이 배제된다. 그 밖에도 법원이 후견적 입장에서 직권으로 재판을 개시하도록 정하는 규정들을 볼 수 있다.

라. 강행성·요식성의 완화

37 그러나 위에서 본 친족법의 특징에는 한계가 있다.

38 혼인은 신고를 하여야만 효력을 발생하나 그 요식성에는 한계가 있어서, 혼인공동체의 실체를 갖추고 있으나 신고만 결여된 사실혼에 대하여 일정 범위의 효력을 부여하여 보호하고 있다. 가사소송법상 재판절차에 직권주의가 지배하나, 다른 한편으로 신분관계 분쟁은 법원의 일도양단적인 판단보다 관계자들의 상호 이해와 양보에 따른 화해로 종결하는 것이 바람직하다는 취지에서 가사소송법은 조정전치주의를 채택하였다. 신분관계의 강행성과 가족구성원 개인들의 자율성 보장 사이에서도 다양한 측면이 존재한다.

39 친족법의 강행성·요식성과 그 완화는 판례 발전과 제도 변화의 원동력이 된다.

마. 친족법의 보수성과 변화의 수용성

40 친족법은 보수적이고 오랫동안 유지되어 온 관습의 영향 하에 있다. 한편 우리나라에서는 앞서 본 다수의 민법 개정 경위에서 본 바와 같이 친족법이 재산법에 비하여 훨씬 더 변화의 속도가 빠르다. 친족법은 관습유지와 변화요구의 충돌과 조화가 역동적으로 일어나면서 발전하는 영역이다.

41 양자의 긴장관계는 동성동본금혼제에 관한 구 민법 제809조 제1항의 위헌제청사건에서 헌법재판소 1997. 7. 16. 선고 95헌가6 등 결정(헌법불합치), 호주제에 관한 구 민법 제778조 등 위헌제청 사건에서 헌법재판소 2005. 2. 3. 선고 2001헌가9 등 결정(헌법불합치)등의 법정의견(위헌)과 반대의견(합헌)의 대립에서 확인할 수 있다.

42 위 결정들은, 전통이란 과거와 현재를 다 포함하고 있는 개념으로 역사성과 시대성을 띤다는 전제에서 출발하여, 전통의 근거를 과거에만 두는 복고주의적 전통개념은 시대적으로 특수한 정치적·사회적 이해관계를 전통이라는 이름 하에 보편적인 문화양식으로 은폐, 강요하는 부작용을 낳고, 현재 사회구조에 맞는 규범 정립이나 미래지향적 사회발전을 가로막는 장애요소로 기능하게 된다고 하였다. 우리가 계승, 발전시켜야 할 전통문화는 이 시대의 제반 사회·경제적 환경에 맞고 오늘날에도 보편타당한 전통윤리 내지 도덕관념이며, 이러한 공동체의 가치질서를 유지, 확산시키는 역할이 친족법의 몫이라고 판단하였다.

Ⅱ. 친족법과 재산법의 관계: 총칙편의 적용 여부

43 친족법과 재산법의 관계, 특히 민법 제1편 총칙 및 제3편 제1장 채권 총칙 중 일부 규정이 친족편에도 적용되는지 문제된다.

44 아래의 내용은 각 해당 조문의 서술을 종합한 것이다. 이로써 본 주석서 서술의 전체적인 흐름을 파악할 수 있고 대법원 판례가 없거나 특별한 언급이 없는 영역에서 해석 방향을 가늠해 볼 수 있다.

1. 민법 제2조 신의성실, 권리남용금지 원칙의 적용

가. 원칙적 적용

45 민법 제2조가 규정하는 신의성실의 원칙은 민법 전체를 관통하는 기본원칙으로 친족편에 적용된다는 점에 이견은 없는 것으로 보이고 다수의 판례도 이를 전제로 하고 있다.

나. 신분관계의 강행성·일률성과 신의칙 사이의 충돌

1) 문제되는 국면

46 위에서 본 바와 같이 친족법상 권리의무의 기초가 되는 신분관계의 발생과 소멸 및 내용은 사회의 기초를 이루는 것으로서 강행성을 갖고 개인의 구체적 사정과 무관하게 획일적으로 적용될 필요가 있다. 따라서 개별 신분관계에서 민법 제2조를 적용하여 신분관계의 유·무효를 판단한다면 강행규정의 효력과 충돌하는 지점에 이르게 된다.

47 대법원 판례는 혼인무효, 혼인취소, 인지청구, 친생자관계존부확인청구 등 다양한 신분관계에서 신의칙 적용에 관한 판단을 하여 왔다(☞ 상세한 내용은 해당 조문의 서술 참조).

2) 호적 전산화 이전의 사례들: 허위 호적부 작출에 대한 권리남용 적용

48 초기 판례들은 당시의 종이호적부 제도 하에서 이를 악용하여 허위 신고 등으로 이중 호적을 작출하였던 측에서 형식상 존속하는 호적부 등을 이용하여 신분관계에 관한 소송을 제기하거나 상속권을 주장한 사안에서, 법원이 신의성실의 원칙을 들어 그 주장을 배척한 경우이다.

49 대법원 1983. 4. 12. 선고 82므64 판결은 청구인이 법률상 배우자(A)가 있음에도 가출하여 다른 이름을 써서 제3자와 이중으로 혼인신고까지 마치고 살다가 A의

사망 후 자신이 법률상 배우자로 된 호적을 이용하여 소를 제기한 사안에서, "청구인은 스스로 제3자와 혼인신고를 하고 살던 사람이고 이러한 사람이 법률상 배우자 A가 사망하자 자신과 A의 혼인관계가 유효한 것이었다고 내세우면서 그 자격으로 소를 제기한 경우 자신과 A와의 혼인신고 및 제3자와의 이중 혼인신고 모두를 유효하다고 주장하는 것이 되어 권리남용에 해당한다."라고 판단하였다. 대법원 1987. 4. 28. 선고 86므130 판결도[5] 유사한 판단이다. 대법원 1993. 9. 28. 선고 93다26007 판결 역시, 원고 스스로 이중 혼인신고를 한 사안에서 전(前) 혼인신고에 기초한 상속권 주장은 신의성실의 원칙상 허용될 수 없다고 판단하였다.

50 사안에서 알 수 있듯, 허위신고나 이중호적을 철저히 방지하기 어려웠던 시기에 이를 악용하여 사실에 반하는 호적부를 작출하고 이익을 도모하였던 사람이 자신의 선행행위와 배치되는 신분상 주장을 하는 경우 민법 제2조를 근거로 이를 불허한 선례들의 입장을 이해할 수 있다.

51 다만 전산화가 완료된 이후에는 허위신고와 이중등록에서 유래하는 신의칙 적용이 문제된 사례는 찾기 어렵다.

3) 인지청구와 관련된 사례들

52 인지청구의 경우 인지청구인의 진실한 혈연관계를 실현한다는 신분관계상의 목적은 물론, 상속을 둘러싼 재산적 이해관계가 존재하는 경우가 대부분이다.

53 대법원 2007. 7. 26. 선고 2006므2757, 2764 판결은 혼인 외의 자(子)가 친생자관계의 부존재를 확인하는 대가로 금원 등을 지급받으면서 추가적인 금전적 청구를 포기하기로 합의하고도 이에 반하여 인지청구의 소를 제기하였더라도 권리남용에 해당하지 않는다고 판단하였다. 유사한 취지에서 인지청구권 사전 포기의 효력을 부정하고 포기와 배치되는 내용으로 인지청구권을 행사하더라도 권리남용이 아니라고 판단한 사례들을 더 확인할 수 있다.

4) 중혼 취소의 이익 VS. 후혼 가족 보호

가) 중혼 취소의 이익을 우선한 판례

54 대법원 1991. 5. 28. 선고 89므211 판결은 중혼[6] 취소 청구를 인용하면서, "전혼 배우자가 실제로는 혼인생활을 계속할 의사가 없다거나, 이혼심판을 믿고 혼인

5 대법원 1987. 4. 28. 선고 82므64 판결과 실질적으로 동일한 당사자의 후속소송으로 추정된다.

6 피고1이 법률상 배우자였던 원고를 상대로 재판상 이혼의 소를 제기하여 승소확정판결을 받은 후 피고2와 혼인신고를 하였으나 위 재판상 이혼이 재심에서 취소됨으로써 중혼이 된 사안이다.

한 후혼 배우자나 그 자녀들의 이익이 침해된다는 등의 사유만으로는 중혼취소 청구가 권리남용이라고 할 수 없다."라고 판시하였다. 대법원 1991. 12. 10. 선고 91므535 판결은 중혼자가 사망한 후 생존한 중혼의 일방 당사자를 상대로 한 중혼[7] 취소 청구를 인용하면서 전혼이 사실상 이혼상태에 있었다는 사정으로는 권리남용으로 볼 수 없다고 판단하였다.

나) 후혼 가족 보호를 우선한 판례

55 이에 비하여 대법원 1993. 8. 24. 선고 92므907 판결은 A가 사실상 이혼상태에서 취적(就籍)으로 이중호적을 편제한 후 피고와 혼인하여 자녀를 낳고 생활하였으며, A와 전혼 배우자가 모두 사망한 후 A의 동생이 피고(후혼배우자)와 A 사이의 혼인에 대하여 중혼 취소를 청구한 사안에서, 중혼 취소청구는 권리 본래의 사회적 목적을 벗어난 것으로서 권리의 남용에 해당한다고 판단하였다.

다) 판결들의 비교 평가

56 대법원 1983. 4. 12. 선고 89므211 판결, 대법원 1991. 12. 10. 91므535 판결(신의칙 부정사례)들과 대법원 1993. 8. 24. 선고 92므907 판결(신의칙 적용사례)이 결론을 달리한 이유는 후혼의 보호필요성에 관한 사안의 차이에서 확인할 수 있을 것이다.

57 ① 대법원 1983. 4. 12. 선고 89므211 판결은 후혼의 유지기간이 5년에 못미치며, 전혼배우자가 전혼의 이혼무효 판결을 받자마자 후혼의 취소청구를 한 사례이다.

58 ② 대법원 1991. 12. 10. 91므535 판결은 중혼자가 외국 국적 및 거주자로 우리나라에 왕래하면서 후혼배우자와 관계를 맺고 혼인신고를 하여 10여 년이 경과하였고, 전혼배우자 본인이, 중혼자의 사망 직후 취소청구를 한 사례이다.

59 위 사건들에서 후혼배우자와 가족들이 받을 신분상 불이익은 중혼 취소청구가 인정되는 이상 발생할 수밖에 없는 결과로서, 이를 신의칙 적용근거로 삼기에 부족하다는 취지로 이해된다.

60 ③ 이에 비하여 대법원 1993. 8. 24. 선고 92므907 판결에서 A는 후혼 배우자와 사실혼을 합하여 20여 년 간 자녀를 낳고 동거생활을 하였고, A의 전혼배우자는 A와 사실상 이혼한 후 A와 연락을 끊었다. 다른 친척들(A와 전혼 배우자 사이의 자녀 포함)은 후혼을 인정하고 이의를 제기하지 않았다. A와 전혼 배우자가 모두 사망한 후 A의 이복동생이 중혼취소 청구를 한 사례이다.

7 외국에서 전혼이 유효하게 성립한 후 대한민국에서 혼인함으로써 중혼이 된 사안이다.

61 법원은 후혼 배우자와 자녀들이 받을 신분상 및 사회생활상 불이익이 큰 데에 비하여 원고는 경제적·사회생활상 이해관계가 없고 신분상 불이익도 없는 점, 원고는 A의 후혼경위를 잘 알면서 그 생전에 이의를 제기한 적이 없고, 전혼 배우자 쌍방이 사망하고 이를 취소하여야 할 공익상의 필요도 없는 점 등을 신의칙 적용의 근거로 적시하였다.

5) 진실한 신분관계의 이익 VS. 사실상 신분관계에 대한 신뢰

가) 대법원 2004. 6. 24. 선고 2004므405 판결

62 대법원 2004. 6. 24. 선고 2004므405 판결의 사안은, 망인이 혈연관계 없는 피고를 망인 부부의 아들로 출생신고하여 자식으로 여겼고, 피고는 망인의 배우자나 친척들로부터는 망인의 자식으로 대우받지 못하였다가 차츰 호의적으로 대우받게 되어 망인 부부의 사망 시에는 장례절차를 상주로서 주관하기도 하였는데(그러나 피고는 망인의 상속은 포기하였다), 가업 경영권을 둘러싸고 친족 간 분쟁이 격화되자 망인 사망 10년 후 적대관계에 있던 친족으로부터 친생자관계부존재확인 청구의 소가 제기된 경우이다.

63 대법원은, 특별한 사정이 없는 한 친생자관계부존재확인의 소 제기를 신의칙에 반하는 것으로 볼 수 없다고 판단하였다.[8] 대법원은 그 근거로 공부상 신분관계 기재가 말소되는 불이익은 소송을 통하여 정당한 신분관계 회복이 가능하도록 하는 법을 적용하는 과정에서 예정되어 있는 결과에 지나지 않는다는 등을 들었다.

나) 판단기준에 관한 제언

64 위 판결이 친생자관계존부확인 소송에서는 중혼취소 청구에서 신의칙 적용에 관한 대법원 판결들의 판단기준과 달리 본다는 취지인지는 확실하지 않다.

65 신분관계 존부 주장을 신의칙으로 배척할 수 있는지는 개별 사안마다 관계자들의 의사, 생활관계의 형성경위와 유지기간 및 이에 대한 관련자들의 신뢰, 청구가 인용되는 경우 신분관계 부존재가 확정되는 당사자들이 입는 불이익 정도와

8 항소심 법원은, 피고는 환갑의 나이에 평생을 믿고 살아온 신분관계의 근간을 부정당한 채 호적이 말소되고 그로 인하여 피고의 처와 직계가족들의 신분관계에도 심각한 영향을 미칠 것으로 예상되는 반면, 원고 측이 얻는 이익은 가업에서 이익을 받을 기대에 불과한 점, 망인 부부는 생전 피고와 원만한 관계였던 반면 친자식 측과는 사이가 악화되었고, 망인의 친척들은 망인 생전에 아무 조치를 취하지 않다가 그가 사망하고 10년이 경과한 후 소를 제기한 점, 소송의 동기는 신분관계의 정리뿐 아니라 망인의 가업을 둘러싼 분쟁에서 유리한 상황을 조성하려는 의도에서 비롯된 것으로 보이는 점 등을 들어 신의칙을 적용하여 원고의 청구를 배척하였다.

소송을 제기한 당사자 측이 받을 신분상·재산상 이익 및 그 이익과 공익과의 관계 등 여러 요소들 간의 고려와 이익형량을 종합하여 판단할 수밖에 없을 것이다.

6) 새로운 쟁점: 대리모의 친자관계 주장 VS. 출생아의 복리

66 대법원 2025. 4. 24. 선고 2022므15371 판결은 대리모 계약에 따라 출생한 자녀에 관한 사안이다. 대리모는 인터넷 카페에서 알게 된 A 부부와 대리모 계약을 하여, 대리모의 난자와 A 부부 중 남편의 정자를 체외 수정한 배아를 대리모의 자궁에 착상시키는 방법으로 아기를 임신, 출산하고 A 부부에게 인도하고 대가를 받았다. 대리모는 이후 태도를 바꾸어 장기간 A 부부를 협박하고 돈을 요구, 수령하다가 자신과 출생아 사이의 친생자확인존재확인을 청구하였다.

67 대법원은, 먼저 대리모계약은 무효이고 대리모와 출생아 사이에서 친자관계가 존재한다고 판단하였다. 다음으로 소권남용 여부에 관하여, '친생자관계존재확인의 소를 통해 진실한 신분관계를 귀속시키는 것이 오히려 자녀의 복리에 현저히 반하게 되는 특별한 사정이 있다면 친생자관계존재확인의 소도 예외적으로 소권남용에 해당하여 허용되지 않을 수 있다.'는 법리를 판시한 다음, 대리모가 출생아에 대한 애정이나 친자관계에는 관심이 없고 금전적 요구를 해 온 점과 출생아는 줄곧 A 부부에 의하여 양육되었고 대리모의 협박성 폭로로 출생경위를 알게 되자 극심한 충격을 겪은 점 등을 참작하면, 법원은 대리모의 친생자관계존재확인의 소가 자녀의 복리에 반하는 결과를 가져와 예외적으로 소권남용에 해당하는지를 심리하여야 한다고 하였다.

2. 민법 제107조 내지 제110조 법률행위의 무효·취소 사유

가. 총칙편의 무효취소 규정과 친족편의 무효·취소 규정

68 친족편에는 신분행위의 무효·취소 사유를 규정하고, 취소소송의 제소권자, 청구기간, 재판의 효력 등에 관하여 특칙을 두고 있는 경우가 많다(가류 가사소송에 해당하는 각종 신분관계의 무효소송은 가사소송법에 제소권자 등의 규정을 두고 있다).

69 예를 들어 혼인의 경우 민법 제815조 제1호는 '당사자 간에 혼인의 합의가 없는 때'를 무효 사유로 규정하고 민법 제816조 제2호·제3호는 '상대방에게 악질 등 중대한 사유가 있음을 알지 못한 때 및 사기 또는 강박으로 인하여 혼인의 의사표시를 한 때'를 취소 사유로 규정하고 있다. 입양 무효 원인에 관한 민법 제883조 제1호와 입양 취소 원인에 관한 민법 제884조 제2호·제3호도 같은 내용이다. 이혼

의 취소 원인에 관한 민법 제838조는 사기, 강박으로 인하여 이혼의 의사표시를 한 자는 그 취소를 가정법원에 청구할 수 있다고 규정한다. 이에 비하여 인지의 취소에 관한 민법 제861조는 사기, 강박 외에도 중대한 착오를 취소 사유로 규정하고 있다.

70 민법 총칙편 제107조 내지 제110조에서 정한 진의 아닌 의사표시, 통정한 허위의 의사표시, 착오·사기·강박에 의한 의사표시의 효력과 제3자에 대한 대항력 규정과 상당한 차이가 있다.

나. 문제되는 경우들

71 신분행위에 친족편의 각 조문에 의한 무효·취소 규정 외에 민법 총칙상 의사표시의 하자에 관한 규정이 적용되는지 문제된다. 특히 ① 비진의 의사표시에 관한 민법 제107조가 적용되는지 ② 친족편에서 착오에 의한 신분행위를 취소사유로 규정하지 않은 경우에도 총칙편 제109조에 의하여 취소할 수 있는지 ③ 신분행위의 무효, 취소 효과를 선의의 제3자에게도 주장할 수 있는지 문제된다.

1) 비진의 의사표시, 착오 규정 적용 여부: 부정

72 통설은 신분행위에는 당사자의 진정한 의사가 절대적으로 존중되어야 하므로 민법 제107조 등은 적용되지 않는다고 해석한다[약혼(민법 제800조), 협의이혼(제836조), 입양(제883조) 부분 각 서술 참조]. 신분행위는 당사자의 진정한 의사가 절대적으로 존중되어야 한다는 점, 엄격한 의사주의에 따라서 해석하는 것이 타당하다는 점 등을 근거로 한다.

73 대법원 2010. 6. 10. 선고 2010므574 판결 중 "당사자 일방에게만 참다운 부부관계의 설정을 바라는 효과의사가 있고 상대방에게는 그러한 의사가 결여되었다면 혼인의 합의가 없는 것이어서 무효이다."라는 판단 역시 비적용설의 입장에 선 것으로 평가하고 있다.

74 입양의 의사표시가 비진의표시이거나 입양 상대방의 동일성에 관하여 착오가 있는 경우에도 입양이 무효가 되는바(입양무효에 관한 민법 제883조의 서술 참조) 이 역시 민법 제107조, 제109조는 적용되지 않는다는 전제에 서 있다.

2) 선의의 제3자 규정 적용 여부: 부정

75 통설은 민법 제107조 내지 제109조 각 제2항, 제110조 제3항의 "의사표시의 무효·취소는 선의의 제3자에게 대항하지 못한다."라는 규정은 신분행위에 적용되

지 않는다고 해석한다.[9]

3) 취소의 효과 규정 적용 여부: 부정

76 또한 친족편은 특칙을 두어 신분행위 취소의 소급효를 차단하고 있다(혼인취소에 관한 제824조, 입양 취소에 관한 제897조, 친양자 입양 취소에 관한 제908조의7 제2항 서술 참조). 따라서 취소의 소급효를 규정한 민법 총칙편 제141조 역시 적용되지 않는다고 할 것이다.

3. 민법 제139조 무효행위 추인의 비소급효

가. 총칙편의 규정

77 민법 제139조는 "무효인 법률행위는 추인하여도 그 효력이 생기지 아니한다. 그러나 당사자가 그 무효임을 알고 추인한 때에는 새로운 법률행위로 본다."라고 규정한다.

나. 대법원 판례의 입장: 적용 부정

1) 무효인 혼인의 추인에 관한 판례

78 일찍이 대법원 1965. 12. 28. 선고 65므61 판결은 민법 제139조는 재산법에 관한 총칙규정이며 신분법에 관하여는 그대로 적용될 수 없다고 판시하였다. 이에 따라 대법원 1991. 12. 27. 선고 91므30 판결, 대법원 2000. 6. 9. 선고 99므1633, 1640 판결은 혼인, 입양 등의 신분행위에 있어서 민법 제139조를 적용하지 않고 추인에 의한 소급적 유효를 인정하고 있다. 그 근거로 무효인 신분행위 후 그 내용에 맞는 신분관계가 실질적으로 형성되어 쌍방 당사자가 이의 없이 그 신분관계를 계속하여 온 경우 그러한 신분관계를 형성해 온 당사자의 의사 및 실질적 신분관계의 외형과 가족관계등록부의 기재를 믿은 제3자의 이익 보호를 들고 있다.

79 이 경우 추인은 민법총칙상 무효인 법률행위의 추인과 달리 원칙적으로 소급효가 인정되므로, 혼인은 혼인신고가 된 때로 소급하여 유효하게 된다.

9 예컨대 양창수, "가족법상의 법률행위의 특성", 서울대학교 법학 제46권 제1호, 서울대학교 법학연구소(2005), 53 "확실히 예를 들어 혼인을 놓고 보면, 당사자가 진정으로 혼인할 의사가 없으면서 혼인의 의사를 표시하여 상대방과의 사이에 혼인의 합의를 하였다고 해도, 거기에 당사자 사이에 법적인 부부관계가 발생한다고 할 수는 없을 것이다. 그리고 제107조 제2항이나 제108조 제2항에서 보는 것처럼 두 사람이 선의의 제3자에 대하여는 법적인 부부관계에 있는 것이 되고, 다른 제3자에게는 그렇지 않다는 것도 인정될 수 없을 것이다."

2) 무효인 출생신고에 의한 입양 효과에 관한 판례

80 입양의 의사로 허위의 친생자 출생신고를 한 경우, 대법원 2009. 10. 29. 선고 2009다4862 판결은 비록 자녀에 대한 친생자 출생신고가 이루어질 당시에는 처에게 입양의 의사가 없었다고 하더라도 그 이후 입양의 실질적 요건을 갖추게 됨으로써 무효인 친생자 출생신고는 소급적으로 입양신고로서의 효력을 갖게 되었다고 보았다.

4. 민법 제147조, 제152조 조건·기한부 행위

가. 원칙적 적용 부정

81 혼인, 이혼의 협의, 이혼시 친권자·양육자 지정, 입양의 의사표시 등은 조건기한과 친하지 않으며 따라서 위 의사표시들에 조건·기한을 붙이면 무효이다(해당 각 조문의 서술 참조).

나. 예외적 적용 긍정

82 다만, 신분관계에 부수하는 재산관계에 대하여 조건·기한을 붙인 경우는 달리 볼 여지가 있을 것이다.

83 예컨대 아직 이혼하지 않은 당사자가 장차 협의상 이혼할 것을 약정하면서 이를 전제로 하여 재산분할에 관한 협의를 하는 경우, 특별한 사정이 없는 한 장차 협의상 이혼이 이루어질 것을 조건으로 하는 조건부 의사표시가 행하여지는 것이므로, 이후 당사자가 약정한 대로 협의상 이혼이 이루어진 경우에 한하여 협의의 효력이 발생한다는 것이 대법원 1995. 10. 12. 선고 95다23156 판결 등 판례의 입장이다. 이는 이혼에 부수하는 재산분할협의에 대하여는 조건을 붙이는 것이 유효함을 전제로 하는 판시로 이해된다(☞ 상세한 내용은 민법 제839조의2 서술 참조).

5. 민법 제404조 ~ 제406조 채권자대위권·채권자취소권

가. 민법 제404조 채권자대위권 행사: 불가능

84 민법 제404조 제1항은 "채권자는 자기의 채권을 보전하기 위하여 채무자의 권리를 행사할 수 있다. 그러나 일신에 전속한 권리는 그러하지 아니하다."라고 규정한다. 강학상 위 '일신에 전속한 권리'를 행사상 일신전속권으로 지칭하며, 권리행사가 권리자의 의사에만 맡겨져 있는 권리를 의미한다.

85 채권자가 자신의 채무자에 대한 재산법상 채권을 보전하기 위하여 채무자를 대위하여 친족법상 권리 또는 신분관계에 수반하는 청구권을 행사하는 것이 허용되는지 문제된다. 대법원 2022. 7. 28. 자 2022스613 결정은 재산분할청구권(민법 제839조의2)은 행사 여부가 청구하는 사람의 인격적 이익을 위하여 그의 자유로운 의사결정에 전적으로 맡겨진 권리로서 행사상의 일신전속성을 가지므로 채권자대위권의 목적이 될 수 없다고 판시하였다.

86 재산법 영역에서도 대법원 2020. 5. 21. 선고 2018다879 전원합의체 판결 및 대법원 2022. 8. 25. 선고 2019다229202 전원합의체 판결이 채권자대위권의 행사 요건인 '보전의 필요성'을 인정하기 위한 요건 및 이를 판단하는 구체적 기준을 판시하면서 "채권자대위권의 행사가 채무자의 자유로운 재산관리행위에 대한 부당한 간섭이 되는 등 특별한 사정이 있는 경우에는 보전의 필요성을 인정할 수 없다."라고 판시하였음을 유의할 필요가 있다.

나. 민법 제406조 채권자취소권 행사: 가능

87 부부(전 배우자 포함) 사이의 재산분할협의에 대하여 일방 배우자의 채권자가 사해행위를 주장하며 채권자취소권을 행사할 수 있는지 문제된다.

88 대법원 2000. 7. 28. 선고 2000다14101 판결 등 일련의 대법원 판결들은 부부가 협의이혼하면서 재산분할협의에 따라 재산권을 이전한 경우 채권자취소권의 행사가 가능함을 전제로 나아가 실체판단에 이르는 것으로 보인다.

6. 민법 제449조 양도·상속 등 승계

가. 재산법의 규정

89 민법 제449조 제1항은 "채권은 양도할 수 있으나, 성질상 양도를 허용하지 아니하는 때에는 그러하지 아니하다."라고 규정한다. 강학상 위 단서 규정과 같이 양도·상속 등 승계가 허용되지 않는 권리를 귀속상 일신전속권으로 부르기도 한다.

90 대상 권리(청구권)의 승계가 인정되는지에 따라 그 권리에 관한 재판에서의 처리가 결정된다.

나. 원칙적 불가

91 친족법상 각종 신분관계상 청구권은 양도·상속이 불가능한 경우가 대부분이다.

92 대법원 1982. 10. 12. 선고 81므53 판결은 재판상 이혼청구권(민법 제843조)은 부부의 일신전속의 권리이므로 이혼소송계속 중 배우자의 일방이 사망한 경우에는

상속인이 그 소송절차를 수계할 수 없다고 판시하였다. 면접교섭권(민법 제837조의2), 입양신고를 할 권리(제878조), 인지청구권(제863조)도 같다고 해석된다. 민법 제979조는 부양을 받을 권리는 처분하지 못한다고 규정하고 있다(위 각 조문의 서술 참조).

93 따라서 당사자 사망은 소송 종료 사유가 된다.[10]

다. 신분관계에 부수한 재산상 청구권

94 신분상의 지위에 수반하여 발생하는 재산상 청구권의 경우 복잡한 논의가 있다.[11]

1) 이혼 위자료의 경우

가) 민법 규정

95 약혼 해제에 따른 위자료 청구권은 양도나 상속 등 승계가 되지 않으나 당사자간에 이미 그 배상에 관한 계약이 성립되거나 소를 제기한 후에는 승계의 대상이 된다(민법 제806조 제3항). 위 규정은 혼인의 무효, 취소(민법 제825조) 재판상 이혼(제843조), 입양의 무효 또는 취소(제897조), 재판상 파양(제908조)에 따른 위자료 청구에 각 준용된다.

나) 대법원 판례: 승계 인정 VS. 소송종료선언

96 대법원 1993. 5. 27. 선고 92므143 판결은 민법 제843조가 민법 제806조 제3항을 재판상 이혼의 경우에 준용하므로, 이혼위자료청구권은 청구권자가 위자료의 지급을 구하는 소송을 제기함으로써 그 청구권을 행사할 의사가 외부적 객관적으로 명백하게 된 이상 양도나 상속 등 승계가 가능하다고 판시하였다.

97 이에 비하여 대법원 2016. 10. 27. 선고 2016므989 판결 등 최근의 대법원 판례는 이혼 및 위자료 등 청구 사건에서 지급의무자가 사망한 경우 전체에 대하여 소송종료선언을 한 사례들이 있다.

98 위 판례들을 둘러싸고 위자료 청구권자가 사망한 경우에는 소송승계를 인정하고, 지급의무자가 사망한 경우에는 소송종료선언을 하여야 한다는 견해와, 청구

10 참고로, 가사소송법 제16조 제1항은 "가류 또는 나류 가사소송사건의 원고가 사망이나 그 밖의 사유로 소송 절차를 계속하여 진행할 수 없게 된 때에는 다른 제소권자(提訴權者)가 소송 절차를 승계할 수 있다."라고 규정하나, 이는 민법 및 가사소송법상 제소권자가 복수인 가류 또는 나류 가사소송사건(판결에 대세효가 있다)의 경우 그 제소권자들 사이에서만 인정되는 것으로서 민사소송법상 소송절차의 수계와는 요건, 효과에 차이가 있는 제도임을 유의할 필요가 있다. 법원실무제요, 가사[I], 사법연수원(2021), 77.

11 성원제, "당사자 사망과 이혼위자료 청구소송의 종료 여부에 관한 소고," 인권과정의 제501호, 대한변호사협회(2021), 89~92.

권자의 사망과 지급의무자의 사망 구별 없이 소송승계가 이루어져야 한다는 견해가 있다(민법 제843조 서술 참조).

다) 소송상 조치에 관한 제언

(1) 약혼의 효력발생과 이혼의 효력발생의 차이

99 약혼의 경우 상대방에 대한 의사표시로서 약혼 해제의 효과가 발생한다. 약혼해제를 원인으로 한 손해배상(위자료) 청구 소송을 제기하면 그 소장의 송달로서 약혼해제의 효과가 발생하고, 그 후 당사자 일방이 사망하더라도 사망 이전에 발생한 약혼해제의 효과는 그대로 유지된다. 따라서 위자료 청구권이 상속의 대상이 되어, 상속인이 소송수계를 하고 재판을 진행하면 될 것이다.

100 이에 비하여 재판상 이혼의 경우 당해 소송에서 이혼을 명하는 판결이 확정되어야 이혼의 효과가 발생한다. 이혼 및 이혼을 원인으로 한 위자료 청구 소송을 제기하여 소송 계속 중 당사자 일방이 사망하면 상속이 개시되고 이혼의 효과가 발생할 수 없게 된다.

(2) 가사소송인 이혼위자료의 법률적 성질

101 '이혼 및 위자료 청구 소송'으로 청구되는 다류 가사소송사건으로서의 위자료의 청구원인은 '이혼을 원인으로 하는 손해배상청구[가사소송법 제2조 제1항 제1호 다.목 2)]', 즉 상대방배우자의 유책행위로 이혼에 이르게 된 데에 대한 위자료이다.

102 이혼 및 위자료 청구 소송을 제기한 후 이혼의 효력발생 전 일방배우자가 사망하면 위 대법원 1993. 5. 27. 선고 92므143 판결에 따라 위자료 청구권의 승계가 가능하더라도 그 실질은 더 이상 이혼을 원인으로 한 손해배상으로 구성할 수 없게 된다.

103 한편 이혼원인을 이루는 개별적 불법행위를 이유로 한 손해배상은 민사소송사건으로 해석되고 있다.[12]

(3) 청구취지, 청구원인의 명료화 필요

104 위자료 청구권의 승계가 가능하더라도 상대방 배우자의 상속분은 혼동으로 소멸하게 된다. 이 점 등을 고려하여 존속하는 청구부분(상속분)을 특정하여 청구취지를 정리할 필요가 있다.

105 청구원인 중 소제기시 주장하였던, 이혼을 원인으로 하는 위자료를 유지할 것인

12 대법원 2021. 11. 25. 선고 2021다253154, 253161 판결 등 참조.

지, 그 경우 위자료의 구체적인 내용을 명료화하여야 할 것이다.

106 결국 이혼위자료청구권의 승계에 관하여 어떤 견해를 택하든지 이혼 및 위자료 등 청구의 소송 계속 중 당사자 일방이 사망한 경우 법원에 이 사실을 고지하고 적극적으로 필요한 조치들을 하면서 재판을 진행하는 방법이 바람직할 것이다.

라) 참조할 쟁점: 당사자 사망과 이혼판결의 관계

107 당사자의 사망을 알리지 않아서 사망한 배우자를 당사자로 한 이혼판결이 선고되어 외형상 확정된 경우 효과에 관하여 명시한 대법원 판례는 찾기 어렵다.

108 유력한 학설은 일신전속적 권리관계에 관한 소송 계속 중 당사자가 사망하면 그 사망한 때에 소송은 당연히 종료하고 소송 계속의 효과는 장래에 향하여 소멸하므로 그 후 선고된 판결은 무효라고 해석하고 있다.[13]

109 하급심결정례 중 이혼 소송의 당사자가 이혼판결 확정 전에 사망하였음에도 이혼판결이 형식적으로 확정된 경우 이혼소송은 당연히 종료되고 이혼판결 또한 확정되었다고 볼 수 없다고 판단한 사례가 있다. 서울가정법원 2018. 4. 13. 자 2017브58 결정은, 유족이 이혼신고를 하였으나 당사자 사망으로 가족관계등록부가 폐쇄되었다는 이유로 이혼신고가 수리되지 않자 가족관계등록공무원의 처분에 대한 불복신청을 한 사안에서, 위와 같이 이유에서 이혼신고의 불수리처분이 적법하다고 판단하였다.

2) 재산분할 청구의 경우

가) 민법상 재산분할청구권: 시기별 구분

110 이혼에 따른 재산분할청구권의 경우에는 시기별로 구분하여 살펴야 한다(☞ 상세한 내용은 민법 제843조 주석 참조).

111 이혼 및 재산분할청구의 소를 제기한 후 판결이 확정되기 전 당사자가 사망하면 이혼이 성립되지 않은 채 상속이 개시되고, 이혼의 성립을 전제로 하는 재산분할청구권의 상속 역시 인정될 여지가 없다.[14] 이혼 및 재산분할청구의 소를 제기한 후 판결이 확정되기 전 아직 발생하지 아니하였고 구체적 내용이 형성되지 아니한 재산분할청구권을 미리 양도하는 것은 성질상 허용되지 아니하며, 법원이 이혼과 동시에 재산분할로서 금전의 지급을 명하는 판결이 확정된 이후

13 이현종, "민사판결의 무효가 문제되는 몇 가지 사례에 관한 검토", 법조 제70권 제1호, 법조협회(2021), 132.
14 대법원 1994. 10. 28. 선고 94므246, 253 판결.

부터 채권 양도의 대상이 될 수 있다.[15]

112 혼인해소 후 재산분할청구권의 양도상속이 가능한지 여부에 관하여 아직 대법원 판례가 없고 다양한 견해가 제시되어 있다.

나) 연금관련 특별법에 따른 분할연금지급청구권: 개별규정 있음

113 각종 연금관련 특별법에 따른 분할연금지급청구권의 양도, 상속에 대하여는 해당 개별법률에 규정이 있다면 그 규정들이 적용될 것이다. 공무원연금법 제39조 제1항, 국민연금법 제58조 제1항, 군인연금법 제18조 제1항, 기초연금법 제21조 제1항, 사립학교교직원 연금법 제40조 제1항, 장애인연금법 제19조 제3항 등은 급여를 받을 권리의 양도 등을 원칙적으로 금지하고 있다.

114 공무원연금법상 분할연금제도가 시행되기 전의 사안인 대법원 2014. 7. 16. 선고 2012므2888 전원합의체 판결은 연금지급이 개시된 후 퇴직연금수급권에 대한 정기금 지급방식의 재산분할 결과 분할권리자가 분할의무자에 대하여 가지게 되는 정기금채권은, 비록 공무원 퇴직연금수급권 그 자체는 아니더라도 그 일부를 취득하는 것과 경제적으로 동일한 의미를 가진다는 점 등을 들어 양도·상속의 대상이 되지 않는다고 판시하였다는 점에 유의할 필요가 있다.

7. 권리의 사전 포기

115 신분상 권리를 사전에 포기할 수 없고, 포기하였다 하더라도 효력이 발생할 수 없다는 것이 통설과 판례[16]의 입장이다.

Ⅲ. 친족법과 가사소송법

1. 가사소송법의 입법연혁

116 가사소송법은 구 인사소송법과 구 가사심판법을 폐지하면서 이를 통합하여 1990. 12. 31. 법률 제4300호로 제정되어 1991. 1. 1. 부터 시행되었다. 가사소송법은 가사(家事)에 관한 소송(訴訟)과 비송(非訟) 및 조정(調停)에 대한 절차의 특례를 규정함을 목적으로 한다.

117 구 인사소송법(1962. 1. 1. 시행)은 신분관계에 관하여 민사소송의 특별절차를 규율

15 대법원 2017. 9. 21. 선고 2015다61286 판결.

16 인지청구권에 관한 대법원 1987. 1. 20. 선고 85므70 판결, 친권상실선고의 청구권에 관한 대법원 1977. 6. 7. 선고 76므34 판결, 혼인이 해소되기 전에 미리 재산분할청구권을 포기하는 것에 관한 대법원 2003. 3. 25. 선고 2002므1787(본소), 2002므1794(반소), 2002므1800(병합) 판결 등.

하는 법률이었고 구 가사심판법(1963. 10. 1. 시행)은 같은 시기 설치된 가정법원에 의한 재판절차법으로서의 성격을 갖고 있었으나 조문간 충돌 등 문제점이 지적되었다. 가사소송법은 인사소송법과 가사심판법을 통합하여 가사사건의 절차를 다룰 하나의 절차법으로서 실무가들이 그간 축적해 온 연구 결과를 토대로 하여 제정되었다.

2. 가정법원의 관할 개관

118 관할권은 법원이 사건에 관하여 재판권을 행사할 권한이다.[17] 법원 간의 관할은, 재판권을 행사하는 여러 법원 사이에서 어떤 법원이 어떤 종류의 사건을 담당, 처리할 것인가 하는 재판권의 분장관계를 뜻한다고 할 것이다.

가. 민법과 가사소송법령의 규정

119 친족법은 대부분 조문 자체에 가정법원에서 재판할 것을 명시하고 있다. 민법 제1편 총칙편에 규정된 성년후견(민법 제9조~제14조의3) 역시 가정법원의 재판 대상으로 규정되어 있다. 친생부인의 소(민법 제846조), 부양에 관한 재판(제975조 이하), 민법 제1편 총칙편의 부재자를 위한 재산관리인 선임(제22조~제26조), 실종선고(제27조~제29조)에는 '법원'에서 재판한다고만 규정되어 있지만 아래에서 보는 것처럼 가정법원의 관할에 속한다.

나. 가사소송법에 의한 가정법원 관할 사건의 분류

1) 가사소송법 제2조 제1항의 규정

120 가정법원 관할 사건은 제1호의 가사소송사건과 제2호의 가사비송사건으로 나누어지고, 가사소송사건은 가류 나류, 다류 사건으로, 가사비송사건은 라류, 마류 사건으로 다시 나누어져 있다. 가사소송법 제2조 제2항의 위임에 의한 가사소송규칙 및 다른 법률에 의하여 가정법원 관할사건으로 정하여진 경우도 있다.

121 위 가사소송법 제2조 제1항에서 열거되어 있는 것은 예시적 열거가 아니라 제한적 열거라고 해석된다.[18]

122 가사소송사건에 대하여는 민사소송법, 가사비송사건에 관하여는 비송사건절차법이 각 준용되도록 규정되어 있다.

17 대법원 2004. 7. 14. 자 2004무20 결정 참조.
18 법원실무제요, 가사[I], 사법연수원(2021), 15.

2) 가류 ~ 마류의 분류별 절차적 차이

123 가사소송사건과 가사비송사건의 구분은 소송과 비송의 강학상 구분보다는 적용조문의 차이와 이에 따른 절차적인 차이에 유의할 필요가 있다.

가) 가·나류 사건과 다류 사건의 구분

124 가사소송사건 중 가·나류 사건은 직권주의의 지배를 받는 사건이고, 이에 비하여 다류 사건은 본질상 민사사건으로서 그렇지 않다. 가사소송법 중 중요한 특칙(제12조의 민사소송법 일부 적용배제, 제17조의 직권조사, 제21조의 기판력 확장)은 가·나류 사건에만 적용되고 다류 사건에는 적용되지 않는다.

나) 가류 사건과 나류 사건의 구분

125 가류와 나류 사건의 구분은 조정전치주의(가사소송법 제50조 제1항)의 적용 유무에 있다. 가류사건은 조정전치주의가 적용되지 않고 나류 사건은 적용된다. 그런데 대부분 나류 사건의 소송물은 성질상 당사자의 임의처분이 허용되지 아니하므로 조정전치주의에 따라 조정에 회부되더라도 소송물 자체의 조정은 불가하고 간접적·우회적인 조정만 허용된다. 또한 조정전치주의에는 법원의 광범위한 재량에 따른 예외가 허용된다. 따라서 실무상 가류와 나류 사건의 절차적인 차이는 명백하지 않고, 가류 사건의 대부분을 이루는 '무효소송'과 나류 사건의 대부분을 이루는 '취소소송'의 특징으로 인한 차이가 더 크다고 할 수 있다.

다) 라류 사건과 마류 사건의 구분

126 라류 사건과 마류 사건은 모두 가사비송사건이다. 그런데 가사비송사건의 특징으로 꼽히는 직권성·후견성·재량성은 사건별로 차이가 있다. 라류사건은 위 특징이 현저하고 이에 비하여 마류 사건은 대심재판으로 쟁송성이 큰 경우가 많다.

라) 종합적 이해

127 결국 가사사건은 소송과 비송의 양극의 중간에 위치하여 양쪽의 요소가 교차되는 점이 많으므로 구체적 사건마다 재량성과 쟁송성의 정도에 응하여 절차적 대응을 도모할 필요가 적지 않다.

3) 가류 ~ 마류의 구성사건들

가) 가류 가사소송사건

128 혼인·이혼·인지·입양·파양의 각 무효, 친생자관계 존부 확인이다.

나) 나류 가사소송사건

129 재판상 이혼, 인지청구, 친생부인, 아버지의 결정, 재판상 파양·친양자 파양, 혼인·이혼·인지·입양·파양·친양자입양의 각 취소, 인지에 대한 이의, 사실혼관계 존부 확인이다(2026년 시행 예정인 상속권상실 선고가 상속에 관한 사건 중 유일하게 나류에 포함되어 있다).

다) 다류 가사소송사건

130 약혼 해제, 사실혼관계 부당 파기, 혼인의 무효·취소, 이혼의 무효·취소 또는 이혼, 입양의 무효·취소, 파양의 무효·취소 또는 파양을 각 원인으로 하는 손해배상청구와 원상회복청구이다. 손해배상청구는 제3자에 대한 청구가 포함되고, 원상회복청구는 그렇지 않다. 재산분할청구권 보전을 위한 사해행위 취소 및 원상회복 청구도 다류 가사소송사건에 포함된다.

라) 라류 가사비송사건

131 50여 종의 재판이 포함되어 있으므로 실무상 이용도가 높은 경우만 본다. 성년후견 개시부터 종료까지의 재판, 부재자 재산 관리, 실종선고(이상 민법 총칙편 규정), 성(姓)과 본(本)에 관한 재판, 미성년자 입양 허가, 친양자 입양 허가, 미성년후견에 관한 재판들이다.

132 민법 제854조의2에 따른 친생부인의 허가, 민법 제855조의2 제1항 및 제2항에 따른 인지의 허가 역시 라류 가사비송사건이다(친생부인의 소 및 인지청구의 소는 나류 가사소송사건).

마) 마류 가사비송사건

133 재판상 이혼 등의 경우 재산분할, 친권 및 양육(면접교섭권 포함)에 관한 재판, 친권의 상실·정지·제한, 부부의 동거·부양·협조 또는 생활비용의 부담, 부양 재판이다.

134 민법 제909조 제4항 및 제6항에 따른 친권자의 지정 등, 민법 제924조 내지 제926조에 따른 친권의 상실, 일시정지에 대한 재판과 더불어 민법 제924조 제3항에 따른 친권의 일시 정지 기간 연장 청구(가사소송규칙 제2조 제1항 제4호, 제2항)는 마류 가사비송사건이고, 친권에 관한 각종 허가 등 사건들은 라류 가사비송사건으로 구분되어 있는 점을 유의하여야 한다.

4) 가사소송규칙에 의한 가정법원 관할 사건

135 가사소송법 제2조 제1항이 관할 가사사건의 범위를 제한적으로 열거하는 것에

대응하여 법령 제·개정, 대법원 판결 선고, 기타 가사사건으로 포함시켜야 할 필요가 생길 경우에 신속히 대응하기 위하여 가사소송법 제2조 제2항의 위임에 의하여 대법원규칙으로 가사사건을 추가할 수 있다. 가사소송규칙 제2조 제1항은 여러 차례 개정되면서 위 필요성에 응해 왔다.

136 가사소송규칙 제2조 제1항 제2호에 정해진 '민법 제1014조의 규정에 의한 피인지자 등의 상속분에 상당한 가액의 지급청구사건'은 다류 가사소송사건으로 정해진 점이 특징적이다(대부분의 상속회복청구는 민사소송으로 취급되며 상속재산분할은 마류 가사비송사건이다).

137 같은 항 제4호에 정해진 '민법 제924조 제3항에 따른 친권의 일시 정지 기간 연장 청구'는 2014. 10. 15. 자 민법 개정으로 친권의 일시 정지 및 정지기간 연장제도가 신설됨에 따라 가사소송규칙의 2015. 7. 28. 자 개정으로 절차 규정을 정비한 것이다. 마류 가사비송사건으로 처리된다.[19]

다. 다른 법령에 의한 가정법원 관할 사건

1) 가사재판에 대한 청구이의의 소

가) 민사집행법 규정과 법리

138 채무자가 판결에 따라 확정된 청구에 관하여 제기하는 청구에 대한 이의소송은 제1심 판결법원의 전속관할이다(민사집행법 제44조, 제21조). 민사집행법 제30조 제2항(판결을 집행하는 데에 조건이 붙어 있는 때)과 제31조(승계집행문)의 경우에 채무자가 집행문 부여에 관하여 증명된 사실에 의한 판결의 집행력을 다투거나, 인정된 승계에 의한 판결의 집행력을 다투기 위하여 집행문부여에 대한 이의의 소를 제기하는 때(민사집행법 제45조)에도 같다.

139 합의부가 재판한 판결 등을 대상으로 한 청구이의의 소 및 집행문부여에 대한 이의의 소는 그 판결 등을 한 법원 합의부의 전속관할이다.[20] 민사집행법 제46조

19 그 밖의 경우도 간단히 살펴본다.
제1호에서 정하는 미성년후견인의 순위 확인은 2011. 3. 7. 개정 전의 민법 제932조, 제935조에 따른 것으로, 당시 미성년자의 후견인은 촌수, 성별, 나이에 따른 정해진 순위의 친족에게 후견인 지위를 부여하는 법정후견인 제도였으므로 순위의 확인이 필요한 경우가 있었을 것이나, 개정 민법은 가정법원 선임(라류 가사비송사건)에 의한 후견인제도를 채택하였으므로 위 규정은 개정 민법에 연동되어 처리되어야 할 것이다.
제3호에서 정하는 양친자관계존부확인은 이를 긍정한 대법원 1993. 7. 16. 선고 92므372 판결 이후 1998. 12. 4. 개정규칙에서 신설되었다. 가류 가사소송사건으로 처리된다.

20 민사사건에 관한 대법원 2017. 4. 7. 선고 2013다80627 판결 등 참조.

제2항은 청구이의의 소 및 집행문부여에 대한 이의의 소에서 수소법원은 당사자의 신청에 따라 강제집행을 정지하도록 명할 수 있다고 규정하는데, 이 강제집행정지신청 사건 역시 전속관할이다.[21]

나) 가정법원 합의부·단독재판부 재판에 대한 청구이의 소의 전속관할법원

140 따라서 제1심으로 가정법원이 재판한 판결 등에 대한 청구이의, 집행문부여에 대한 이의 역시 제1심 가정법원의 전속관할이라고 할 것이다.[22]

141 나아가 위 제1심 가정법원의 재판이 합의부인 경우 이에 대한 청구이의 등과 강제집행정지신청의 관할 역시 가정법원 합의부의 전속관할이다.[23]

2) '헤이그 국제아동탈취협약 이행에 관한 법률'에 의한 아동반환사건

가) 협약과 법률의 의의

142 '국제적 아동탈취의 민사적 측면에 관한 협약(약칭: 헤이그 국제아동탈취협약)'은 16세 미만 아동이 국외로 불법적으로 이동되거나 유치된 경우, 아동의 상거소국(常居所國)으로의 신속한 반환을 확보하는 등을 목적으로 하는 다자조약으로 대한민국은 2012. 12. 13. 가입서를 기탁하여 2013. 3. 1. 발효되었다.[24]

143 '헤이그 국제아동탈취협약 이행에 관한 법률'은 위 조약의 가입에 맞추어 우리 정부 내에서 협약의 이행 업무를 총괄할 기관을 법무부장관으로 정하고, 그 밖

21 대법원 2024. 7. 11. 자 2024그613 결정 참조.

22 재산분할 재판에 대한 청구이의 사례는 대법원 2003. 2. 28. 선고 2000므582 판결, 위자료 및 재산분할 재판에 대한 청구이의 사례는 대법원 2006. 7. 4. 선고 2006므751 판결 참조.

23 이와 관련하여, 사물관할 및 인지액수를 정하는 법령과의 관계에서 유의할 점이 있다.
민사 및 가사소송의 사물관할에 관한 규칙 제2조, 제3조는 소송(청구)목적의 값을 기준으로 하여 소송목적의 값이 5억 원을 초과하는 사건을 합의부의 관할로 규정하고 있다. 청구이의의 소의 소송목적의 값은 '대상 집행권원에서 인정된 권리의 가액'이고 집행문부여에 대한 이의의 소는 '대상 집행권원에서 인정된 권리 가액의 10분의 1'이다(민사소송법 제26조, 민사소송 등 인지법 제2조, 민사소송 등 인지규칙 제7조, 제16조 제2호·제3호). 청구이의 또는 집행문부여에 대한 이의의 소를 제기할 때 산정된 소송목적의 값이 5억 원에 미달하는 경우 위 규정들에 의하면 단독관할인 것처럼 보일 수 있지만, 대법원 판례에 따라 집행권원이 합의부의 관할사건이었다면 이에 대한 청구이의, 집행문부여 이의의 소는 소제기시 산정된 소송목적의 값과 무관하게 합의부의 전속관할 사건으로 고정되는 효과가 발생할 것이다.

24 위 협약은, 아동의 이동(유치 포함)은 이동 직전에 아동이 상거소를 가지고 있던 국가의 법에 따라 개인 등에게 단독 또는 공동으로 부여된 양육권을 침해하고, 이동 당시에 그 양육권이 실제로 단독 또는 공동으로 행사되고 있었거나, 그 이동 또는 유치가 없었더라면 그렇게 행사되고 있었을 경우에 불법으로 본다고 규정한다.
여기에서 '양육권'은 특히 법의 작용, 또는 사법적 또는 행정적 결정, 또는 해당 국가의 법에 따라 법적 효력을 가지는 합의에 의하여 발생할 수 있다. '양육권'은 아동의 일신 보호에 관한 권리와 특히 아동의 거소지정권을 포함하고, '면접교섭권'은 일정기간동안 아동의 상거소 이외의 곳으로 아동을 데려갈 권리를 포함한다.

에 우리 정부가 협약을 이행하는 데 필요한 지원 절차와 재판 절차 등을 구체적으로 정하기 위하여 제정되었다.

나) 구체적인 내용

144 '국제적 아동탈취의 민사적 측면에 관한 협약'에 따른 아동반환사건은 서울가정법원의 전속관할사건이고(위 이행법률 제11조) 마류 가사비송사건에 관한 규정이 준용된다(제12조 제2항). 또한 법원은 위 아동반환심판청구 사건에 관하여 아동의 권익 보호 또는 아동의 추가적인 탈취나 은닉을 예방하기 위하여 가사소송법 제62조에 따른 사전처분 또는 가사소송법 제63조에 따른 가처분을 할 수 있다(제12조 제3항). 법원은 심판 등에 의하여 협약에 따른 아동의 반환을 이행하여야 할 자가 정당한 이유 없이 그 의무를 이행하지 아니하는 경우에는 이행명령을 할 수 있고, 그 이행명령 및 이행명령의 위반에 대한 과태료 부과, 감치 명령에 대하여는 가사소송법 제64조, 제67조 제1항 및 제68조가 준용된다.

3) 보호시설에 있는 미성년자의 후견 직무에 관한 법률에 따른 후견인지정 및 취소 허가[25]

가) 보호시설의 범위

145 '보호시설에 있는 고아의 후견직무에 관한 법률'은 2000. 1. 12. 전부 개정되면서 '보호시설에 있는 미성년자의 후견직무에 관한 법률'로 법률의 제명이 변경되었다.

146 위 법률의 적용대상인 '보호시설'의 범위[26]는 여러 차례 개정을 통하여 확대되어 현재는 일부 아동복지시설,[27] 장애인 거주시설,[28] 정신요양시설 및 정신재활시설,[29] 출산지원시설,[30] 노숙인자활시설, 노숙인재활시설 및 노숙인요양시설,[31] 청소년쉼터 및 청소년자립지원관,[32] 성폭력범죄 피해자에게 제공되는 일반보호시설, 장애인보호시설, 특별지원 보호시설[33] 성매매피해자에게 제공되는 일반 지

25 서울사회복지공익법센터, 보호시설 미성년자 후견인 선임 매뉴얼 전면개정판(2023) 참조. (2025. 3. 방문), https://swlc.welfare.seoul.kr/swlc/html/sub/index.action?pno=050101&mode=view&ID=3069.

26 보호시설에 있는 미성년자의 후견 직무에 관한 법률 제2조 제1호.

27 아동복지법 제52조, 보호시설에 있는 미성년자의 후견 직무에 관한 법률 시행령 제2조.

28 장애인복지법 제58조 제1항 제1호.

29 정신건강증진 및 정신질환자 복지서비스 지원에 관한 법률 제22조, 제26조.

30 한부모가족지원법 제19조 제1항 제1호.

31 노숙인 등의 복지 및 자립지원에 관한 법률 제16조 제1항 제2호·제3호·제4호.

32 청소년복지 지원법 제31조 제1호·제2호.

33 성폭력방지 및 피해자보호 등에 관한 법률 제12조 제3항 제1호·제2호·제3호.

원시설과 청소년 지원시설, 자립지원 공동생활시설[34]이 포함되어 있다.

나) 후견인제도의 내용

147 보호시설에서 생활하는 많은 아동청소년들은 친권자(부모)가 있는 것으로 파악된다. 그러나 친권자들이 아동의 양육 역할을 다하지 않는 경우 아동을 위하여 친권자를 대신하는 후견인제도를 두고 있다.

148 즉, 보호시설에서 살고 있는 아동에 대해 시설장이 지방자치단체의 관리 감독하에 민법상 절차보다 간소한 절차를 거쳐 아동의 후견인이 되어 법정대리인으로서 역할을 할 수 있도록 하는 제도라고 설명된다.

149 따라서 위 법률에 따른 후견인은 해당 미성년자에게 친권자가 있는지에 관계없이, 친권자가 있는 경우 친권상실선고를 받았는지에 관계없이 취임 또는 지정할 수 있다고 해석된다.[35]

다) 후견인이 되는 절차 등

150 위 보호시설에 있는 미성년자의 후견인이 되는 데에는, 그 미성년자가 고아인 경우와 고아가 아닌 경우에 절차를 달리하는데, 법원이 관여하는 경우는 후자(미성년자가 고아가 아닌 경우)이다.

151 고아가 아닌 미성년자란 아동의 가족관계등록부상 생존하는 부 또는 모가 기록되어 있는 경우를 말한다고 볼 수 있다. 공립시설, 즉 국가나 지방자치단체가 설치·운영하는 보호시설의 경우에는 그 보호시설의 장이 법원의 허가를 받아 후견인이 된다(보호시설에 있는 미성년자의 후견직무에 관한 법률 제3조 제1항·제3항). 보호시설이 민간시설인 경우에는 그 보호시설을 관할하는 시장 등이 후견인을 지정하되 그 지정된 자가 법원이 허가를 받아 후견인이 된다(보호시설에 있는 미성년자의 후견직무에 관한 법률 제3조 제2항·제3항).

152 관할법원은 보호시설 소재지의 가정법원이고 라류 가사비송사건으로 처리된다(가사소송법 제2조 제2항·제3항).

153 그밖에 법원의 허가 이전에 금융계좌 개설, 의료행위, 학적관리 등의 긴급한 필요가 있는 경우에는 법원에 임시후견인 선임신청을 할 수 있다(보호시설에 있는 미성년자의 후견직무에 관한 법률 제3조 제4항, 2021. 12. 21. 신설되었다). 가정법원 허

34 성매매방지 및 피해자보호 등에 관한 법률 제9조 제1항 제1호·제2호·제4호.
35 법원실무제요, 가사[Ⅱ], 사법연수원(2021), 1139.

가를 받아 후견인이 된 사람에게 민법 제937조에 정해진 후견인 결격사유가 있거나, 후견인의 직무를 성실하게 수행할 수 없거나 아동복지를 위하여 부적당한 경우, 후견임무가 종료된 경우에는 법원에 허가의 취소를 청구할 수 있나(보호시설에 있는 미성년자의 후견직무에 관한 법률 제7조).

라) 제도개선 의견

154 위 제도에 대하여는, 친권자가 있더라도 위 법률에 의한 후견인으로 지정될 수 있으므로 이러한 경우 친권자의 법정대리권과 후견인의 법정대리권이 병존하기 때문에 양자의 관계를 명확히 할 필요가 있다는 점과, 위 법률에 의한 후견인의 후견업무에 대한 관리 감독체계를 갖추어야 할 필요성 등 개선의견이 있다.

4) 국내입양에 관한 특별법에 따른 입양허가 등

155 위 법률의 세부 내용은 본문 '입양 후론'에 서술되어 있으므로 여기에서는 전체적인 조망 및 가사소송법과의 관련만 소개하기로 한다.

가) 입법 연혁

156 과거에는 '고아' 또는 '요보호아동'에 대하여 입양을 촉진하기 위하여 입양신고의 간이한 절차만으로 입양을 가능케 하였다가(구 고아입양특례법 및 구 입양촉진 및 절차에 관한 특례법 등) 아동입양의 절차가 아동의 복리를 중심으로 이루어질 수 있도록 국가의 관리·감독을 강화하기 위하여 2011. 8. 4. 개정되어 2012. 8. 5. 시행된 입양특례법에 의하여 국내외 입양 모두에 대하여 가정법원의 허가제도가 도입되었다. 한편 우리나라는 민간 입양기관 중심의 입양체계가 구축되어 현재까지 지속되어 왔다. 이에 '아동 최선의 이익'에 근거한 입양이 이뤄질 수 있도록 입양 절차 전반에 걸쳐 국가의 책임을 강화하는 등 입양체계 전반에 대한 구조적 변화를 도모하기 위하여 입양특례법이 2023. 7. 18. 전부개정되면서 법률 제명도 국내입양에 관한 특별법으로 변경되어 2025. 7. 19. 시행 예정이다. 국제입양은 아래와 같이 국제입양에 관한 법률을 제정하여 동시에 시행 예정이므로 국내 입양에 관한 특별법은 국내입양으로 규율범위가 한정된다.

나) 적용대상

157 위 법률은 보호대상아동(아동복지법 제3조 제4호, 보호자가 없거나 보호자로부터 이탈된 아동 또는 보호자가 아동을 학대하는 경우 등 그 보호자가 아동을 양육하기에 적당하지 아니하거나 양육할 능력이 없는 경우의 아동을 말한다)에 대한 국내입양에 관한

요건 및 절차의 특례를 정하고 있다. 현행 입양특례법과 비교하여 시·도지사 등 지방자치단체의 장이 입양대상아동을 결정하고(국내입양에 관한 특별법 제13조), 양부모가 되려는 사람은 보건복지부장관에게 입양을 신청하여야 하고(제19조), 보건복지부장관이 양부모와 아동을 결연하는(제20조) 등의 제도가 신설되었다.

158 또한 기관·개인의 입양으로 인한 부당한 재정적 이익 취득을 금지하는 비영리 운영의 원칙(국내입양에 관한 특별법 제5조)을 선언한 다음 입양특례법 제20조 이하에서 규정하던 입양기관의 규율에 관한 조문들을 삭제하고 대신 사회복지법인 등에게 관련업무를 위탁할 수 있는 근거조문을 신설하였다(제37조). 다만 종전 입양특례법에 따라 입양기관의 허가를 받은 사회복지법인은 위의 위탁업무 수행하는 데 필요한 시설 및 종사자 등을 갖춘 사회복지법인으로 본다(부칙 제13조 입양기관에 대한 경과조치).

다) 입양과 취소의 절차

159 위 법률상 보호대상 아동의 입양에 대한 허가, 허가된 입양의 취소, 임시양육결정과 그 취소 사건은 가정법원의 관할이다. 아래에서 간략하게 소개한다.

160 양부모가 되려는 사람은 보건복지부장관의 결연확인서를 첨부하여 가정법원에 입양허가의 청구를 한다(국내입양에 관한 특별법 제21조). 가정법원은 직권 또는 신청에 따라 임시양육결정 또는 그 결정의 취소를 할 수 있고(국내입양에 관한 특별법 제22조, 제23조), 임시양육결정이 있는 경우 양부모가 되려는 사람은 양자가 될 아동의 임시후견인이 된다. 입양은 가정법원의 허가심판 확정으로 효력이 발생한다(제26조). 양자의 친생 부모는 일정한 요건 하에 입양의 취소를 가정법원에 청구할 수 있다(제28조).

161 위 특별법에 따른 가정법원의 입양허가제도는 현행 입양특례법과 마찬가지이나, 부모와 아동 사이의 결연이 종래의 입양기관 주도에서 국가(보건복지부)가 주도하는 절차로 개편되는 구조적 변화가 향후 입양허가재판에 미치는 영향 유무 등 변화 가능성에 유의하여야 할 것으로 생각된다.

5) 국제입양에 관한 법률에 따른 입양허가 등

162 위 법률상 국제입양에 관한 세부 내용은 본문 '입양 후론'에 서술되어 있으므로 여기에서는 전체적인 조망 및 가사소송법과의 관련만 소개하기로 한다.

가) 입법취지

163 우리나라는 2013년에 '국제입양에서 아동의 보호 및 협력에 관한 협약'에 서명하였으나 현재까지 비준을 준비 중인 단계이다. 국제입양에 관한 법률은 위 협약의 국내 발효에 대비한 이행법률이다.

164 위 법률이 국내입양 원칙 또는 국제입양의 보충성을 선언하는 점(국제입양에 관한 법률 제3조 제1항)[36]은 종래 입양특례법[37]과 유사하다. 한편 위 법률은 위에서 본 국내입양에 관한 특별법과 마찬가지로 대한민국의 중앙당국인 보건복지부(국제입양에 관한 법률 제5조)장관이 국제입양대상아동을 결정하고 양부모(가 될 사람)와 양자(가 될 아동)를 결연하도록(제10조) 규정하고 있다. 입양성립 후 출국한 아동이 입양국의 국적을 취득하였는지 확인하는 등 사후서비스 제공의무(국제입양에 관한 법률 제16조)도 보건복지부장관에게 부과되어 있다. 또한 비영리 운영의 원칙(국제입양에 관한 법률 제4조), 입양기관에 관한 조문 삭제 및 업무위탁 근거 조문 신설(제32조), 종래 입양기관에 대한 경과조치(부칙 제6조)는 국내입양에 관한 특별법과 동일하다.

나) 외국으로의 입양

165 위 법률은 외국으로의 입양과 국내로의 입양을 구분하여 각기 규율하고 있다.

166 외국으로의 입양에 대하여는 허가(국제입양에 관한 법률 제12조)가 필요하며 이는 가정법원 관할사건이다. 입양은 가정법원의 허가재판 확정으로 효력이 발생하고(제14조 제1항), 입양된 아동은 원칙적으로 민법에 따른 친양자와 동일한 지위를 가지는(제13조) 등의 특칙이 있다.

다) 국내로의 입양

167 국내로의 입양에 가정법원의 재판이 필요한지는 입양아동의 출신국이 협약체약국인지, 출신국에서 성립한 입양이 재판에 의한 것인지에 따라 각기 다르다(국제입양에 관한 법률 제22조).

168 입양아동의 출신국이 협약체약국인 경우에는 출신국의 입양재판 등으로 입양이 성립하면 우리나라에서 별도의 입양 허가 재판을 필요로 하지 않는다. 다만 출

36 국제입양에 관한 법률 제3조(국제입양의 원칙) 제1항 "국제입양은 국내에서 양부모를 찾지 못한 아동에게 영구적인 가정을 제공하는 등 국제입양이 아동에게 최선의 이익이 될 때에만 허용될 수 있다."

37 입양특례법 제7조(국내입양 우선 추진) 제1항 "국가 및 지방자치단체는 입양의뢰 된 아동의 양친될 사람을 국내에서 찾기 위한 시책을 최우선적으로 시행하여야 한다."

신국에서 성립한 입양이 단절효를 갖지 않는 경우 친양자입양으로 전환하는 재판(제22조 제1항 단서)을 할 수 있고, 그 재판은 가정법원의 관할이다.

169 입양아동의 출신국이 협약 비체약국이며 재판 외의 방법으로(계약형) 입양을 한 경우에 가정법원의 입양·친양자 입양의 허가가 필요하다. 이 경우 허가와 동시에 효력이 발생한다(국제입양에 관한 법률 제22조 제3항).

170 아동의 출신국에서 입양을 성립시키지 않은 상태에서 아동이 입양을 위하여 입국하면 우리나라 가정법원에서 입양·친양자 입양의 허가 재판을 한다(국제입양에 관한 법률 제23조). 이 경우는 사안에 따라 대한민국 가정법원에서 일반입양 또는 친양자 입양에 대한 허가를 받을 것을 상정하고 그에 따른 효력이 발생한다는 취지로 이해된다.

171 위 법률에 따라 국내로 입양된 아동에 대한 입양의 취소재판(국제입양에 관한 법률 제25조)도 가정법원의 관할이다.

라) 전망

172 향후 협약과 위 법률이 충돌되는 경우 해석, 입양아동 출신국의 입양재판에 대한 우리 나라에서의 처리 등 해결되어야 할 다수의 쟁점들이 있을 것이다.[38]

6) 남북 주민 사이의 가족관계와 상속 등에 관한 특례법에 따른 사건

가) 입법취지

173 남북 주민 사이의 가족관계와 상속 등에 관한 특례법은 2012. 2. 10. 법률 제11299호로 제정되어 2012. 5. 11. 시행되었다. 남북교류 증가와 탈북자의 국내입국 증가로 인하여 남북 이산가족의 분쟁이 증가하고 있으나 민법은 장기간 분단된 현실을 반영하지 못하는 문제가 있으므로 그 특수성을 반영하여 남북 주민 사이의 가족관계와 상속·유증 및 이와 관련된 사항에 관하여 민법 등에 대한 특례를 규정하기 위함이다.

174 위 법은 적용의 기본원칙으로 남한과 북한의 관계는 국가 사이의 관계가 아니고, 평화적 통일을 지향하는 과정에서 잠정적으로 형성되는 특수관계라는 점을 명시하고 있다(남북 주민 사이의 가족관계와 상속 등에 관한 특례법 제2조). 위 특례법이 적용되거나 관련된 사건에서 해당 법원은 당사자 또는 분쟁이 된 사안이 남한과 실질적 관련이 있는 경우에 재판관할을 갖는다(남북 주민 사이의 가족관계

38 석광현, "헤이그 국제아동입양협약의 이행을 위한 '국제입양에 관한 법률'의 주요 내용과 문제점", 법학논총 제40권 제3호, 한양대학교 법학연구소(2023), 350 이하 참조.

와 상속 등에 관한 특례법 제4조 제1항).

나) 가정법원 관할사건

175 친족법상 신분관계에 관한 사건으로 위 특례법의 적용대상인 경우 가사소송법 제2조에 따른 가정법원 전속관할이 그대로 적용된다(남북 주민 사이의 가족관계와 상속 등에 관한 특례법 제5조 제1항). 민법의 특례로 중혼취소사유 등(남북 주민 사이의 가족관계와 상속 등에 관한 특례법 제6조),[39] 실종선고 취소에 따른 전혼의 부활 여부(제7조), 친생자관계존재확인청구의 제소기간(제8조), 인지청구의 제소기간(제9조)을 규정하고 있다.

176 유의할 점은 남북 주민 사이의 가족관계와 상속 등에 관한 특례법 제11조 제1항에 따른 상속회복청구 사건이 가정법원 합의부의 전속관할로서 다류 가사소송사건으로 정해져 있다는 것이다(남북 주민 사이의 가족관계와 상속 등에 관한 특례법 제5조 제2항). 한편 북한주민의 재산관리인의 선임·변경에 관한 사건은 북한주민의 재산소재지에 있는 가정법원의 전속관할로 규정되어 있다(남북 주민 사이의 가족관계와 상속 등에 관한 특례법 제5조 제3항, 제13조).

7) 부재선고에 관한 특별조치법에 따른 부재선고·취소

177 1967. 1. 16. 법률 제1867호로 제정되어 1967. 1. 16. 시행된 부재선고등에관한특별조치법은 2009. 12. 29. 개정으로 제명이 '부재선고에 관한 특별조치법(제정당시 제명에서 '등' 삭제)'으로 변경되고 실종선고, 이중호적 정리의 특칙이 삭제되어 현재에 이른다.

178 위 특별조치법은 대한민국의 군사분계선 이북 지역에서 그 이남 지역으로 옮겨 새로 가족관계등록을 창설한 사람 중 군사분계선 이북 지역의 잔류자에 대한 부재선고의 절차에 관한 특례를 규정함을 목적으로 한다(부재선고에 관한 특별조치법 제1조). 위 법에 따른 부재선고(부재선고에 관한 특별조치법 제3조), 또는 그 취소(제5조)에 관한 사건은 잔류자의 등록기준지 가정법원이 관할한다(제6조).

8) 혼인신고특례법에 따른 전사자와의 혼인관계확인

179 혼인신고특례법은 1968. 12. 31. 법률 제2067호로 제정되어 1968. 12. 31. 시행되었다. 적용대상은 군인·군속·경찰관·예비군 또는 전시근로 동원된 사람이 전투

39 다만 위 조문은 1953. 7. 27. 전에 혼인하였던 사람에게 적용되므로 시간경과에 따라 적용대상이 감소할 수밖에 없을 뿐더러, 1990년대 이후 증가한 북한이탈주민의 중혼에는 적용되지 않는다.

또는 지원을 하다가 사망한 경우 사망자와 혼인신고가 되어 있지 않았던 생존 당사자이다(혼인신고특례법 제1조, 제2조, 제5조, 혼인신고특례법시행령 제2조). 생존 당사자는 가정법원의 확인을 받아 단독으로 혼인신고를 할 수 있다. 위 확인 사건은 사망한 당사자의 마지막 주소지가 있는 곳의 가정법원이 관할한다(혼인신고특례법 제2조, 제3조).

3. 가사소송법과 민사소송법 및 비송사건절차법의 관계

180 가사재판에서 가사소송법 외에 적용되는 절차법으로서 민사소송법 및 비송사건절차법의 적용(준용) 및 그 한계가 문제된다.

가. 가사소송

1) 민사소송법 적용의 원칙

181 가사소송절차에는 그 절차를 규율하는 법령인 가사소송법 및 규칙이 우선하여 적용되지만, 그 밖의 사항에는 민사소송법과 민사소송규칙이 적용 또는 준용된다(가사소송법 제12조, 가사소송규칙 제14조).

2) 민사소송법 적용이 배제되는 경우

182 그러나 가사소송의 성질상 민사소송법의 적용에 한계가 따른다. 가사소송법 제12조 단서는 가류 및 나류 가사소송사건에서 민사소송법 중 적용이 배제되는 조문을 규정한다. 가류 및 나류 가사소송사건의 직권주의적 성격에 비추어 변론주의가 제한되기 때문이다.

183 즉, 민사소송법 제147조 제2항(제출기간의 제한), 제149조(실기한 공격·방어방법의 각하), 제150조 제1항(자백간주), 제284조 제1항(변론준비절차의 종결), 제285조(변론준비기일을 종결한 효과), 제349조(당사자가 문서를 제출하지 아니한 때의 효과), 제350조(당사자가 문서사용을 방해한 때의 효과), 제410조(제1심의 변론준비절차의 효력)의 규정 및 민사소송법 제220조(화해, 포기, 인낙조서의 효력) 중 청구의 인낙(認諾)에 관한 규정, 제288조(불요증사실) 중 자백에 관한 규정은 가류, 나류 가사소송사건에서 적용되지 않는다.

184 다만, 다류 가사소송사건에서는 위와 같은 제한이 없다. 실질이 민사소송으로 이해되기 때문이다.

나. 가사비송

1) 비송사건절차법 준용

185 가사비송절차에서는 위와 달리, 가사소송법 및 가사소송규칙에 특별한 규정이 있는 경우는 가사소송법령을 적용하고, 다음으로 비송사건절차법 제1편(총칙) 중 제15조를 제외한 나머지 규정을 보충적으로 준용하도록 규정하고 있다.

2) 민사소송법과의 관계에 관한 문제점

가) 일반 규정의 부재

186 가사비송절차에서는 일반적으로 민사소송법을 적용 또는 준용하는 근거규정이 없고 다만 가사소송법과 비송사건절차법에서 민사소송법의 개별규정들에 관한 준용규정이 있다. 즉, 가사소송법 제34조에 의하여 준용되는 비송사건절차법 제10조는 민사소송법 중 기일·기간·소명방법·인증·감정에 관한 규정을 준용하도록 규정하고 있다. 또한 절차구조에 관하여는 민사소송법 제128조 제3항부터 제5항까지, 제129조부터 제133조까지(일부 조문은 마류 가사비송사건에 한정하여) 준용한다. 가사비송사건에 대한 제1심 종국재판은 심판이고 심판에 관하여는 민사소송법 중 결정에 관한 규정을 준용한다(가사소송법 제39조 제1항·제4항).

187 그런데 가사비송절차에 준용하는 비송사건절차법의 총칙은 30개 조문에 불과하고 민사소송법 중에서는 위에서 본 일부 규정들만 준용 규정을 두고 있으므로, 가사소송법 및 비송사건절차법에 특별한 규정이 없으면서 위 준용대상도 아닌 민사소송법 규정이 적용될 수 있는지 불분명하다.

나) 대법원 판례와 해석론

188 대법원 2023. 11. 2. 선고 2023므12218 판결은, "가사소송법에 가사비송사건의 심판청구 취하에 있어서 상대방의 동의 필요 여부에 관하여 특별한 규정을 두고 있지 아니하고, 비송사건절차법은 '소취하에 대한 동의'에 관한 민사소송법 제266조 제2항을 준용하지 않는다. 따라서 상대방이 있는 마류 가사비송사건인 재산분할의 경우 심판청구 취하에 상대방의 동의를 필요로 하지 않고, 상대방이 그 취하에 부동의하였더라도 취하의 효력이 발생한다."라고 판시하였다.

189 위 판결은 가사소송법 및 비송사건에 보충적으로 적용될 비송사건절차법에 특별한 규정이 없으면서 민사소송법을 준용할 근거도 없는 경우 일반적으로 민사소송법이 적용 또는 준용되는 것은 아니라는 점을 전제로 하여, 민사소송법 제266조

제2항이 재산분할사건에 적용되지 않는다고 판시한 것으로 이해된다.

190 한편, 대법원 2025. 3. 24. 자 2024스866(본심판), 20024스867(병합심판), 2024스868(반심판) 결정은, 마류 가사비송사건의 항고심에서 반대청구가 제기된 경우 민사소송법 제412조를 유추하여 반대청구 상대방의 심급의 이익을 해할 우려가 없는 때 또는 반대청구 상대방이 동의하거나 이의 없이 반대청구의 심문에 응함으로써 동의한 것으로 간주되는 때에는 항고심에서도 마류 가사비송사건의 반대청구를 할 수도 있다고 판시하였다.

191 가사소송규칙 제92조는 마류 가사비송사건에서 상대방은 제1심의 절차종결시까지 청구인의 청구와 견련관계에 있는 마류 가사비송사건 중 금전지급, 물건인도, 기타 재산상 의무이행의 반대청구를 할 수 있다고 규정하고 있다. 가사소송법 제43조 제2항 및 가사소송규칙 제29조에 의하여 항고심의 재판 절차에는 제1심의 재판 절차에 관한 가사소송법 및 가사소송규칙이 준용된다.

192 위 조문 간의 해석에 관하여는, ① 가사소송규칙 제92조가 같은 규칙 제29조에 의하여 항고심 재판절차에 준용되어 항고심에서도 반대청구가 가능하고 허용한계에 관하여는 민사소송법을 유추적용할 수 있다고 해석하는 방법과, ② 가사소송법 제92조는 같은 규칙 제29의 준용대상에서 제외되지만, 민사소송법 제412조가 유추적용되는 범위에서 항고심에서 반대청구가 가능하다고 해석하는 방법이 있을 것이다. 결과는 큰 차이가 없다.

193 위 대법원 2025. 3. 24. 자 2024스866 결정은 대법원 2023. 11. 2. 선고 2023므12218 판결과의 관계를 언급하지는 않았다. 그러나 '가사소송법 및 비송사건절차법에 특별한 규정이 없으면서 민사소송법을 준용할 근기도 없는 경우 일반적으로 민사소송법이 적용 또는 준용되는 것은 아니다.'라는 법리적인 전제와는 어긋남이 없어 보인다.

194 해석론으로는, 가사비송절차에 적용 또는 준용되는 특별한 규정이 없는 경우에는 비송사건의 성질에 반하지 않는 한도에서 민사소송법 등과 같은 일반규정을 유추적용하는 것이 타당하다는 견해가 있다.[40]

195 위 견해에 따르더라도 '비송사건의 성질에 반하지 않는 한도'인지를 판단하기 위하여는 결국 민사소송법의 규정을 개별적으로 가려야 한다.

40 법원실무제요, 가사[Ⅱ], 사법연수원(2021), 819.

다. 가사조정

196 가사조정에 관하여는 가사소송법에 특별한 규정이 있는 경우는 가사소송법을, 이를 제외하고는 민사조정법을 준용한다. 다만, 민사조정법 제18조(대표당사자의 선임) 및 제23조(조정절차 진술의 소송에서의 원용 제한)는 준용하지 아니한다(가사소송법 제49조).

4. 가사소송법에 따른 가사재판의 절차적 특징

가. 후견적 재량적 성격

197 가사사건의 재판 결과가 사법상의 권리·재산관계를 넘어 가족공동체에 영향을 미치는 특수성에 비추어 가정법원은 당사자의 주장에 구애받지 않고 여러 사정을 고려하여 후견적 재량에 따라 합목적적으로 판단하여야 한다.[41]

나. 직권적 성격

1) 가사소송

198 위에서 본 바와 같이 가사소송에서는 민사소송법 중 변론주의에 따른 일부 조문, 특히 자백 및 자백간주에 관한 조문이 준용되지 않는다. 또한 가사소송법 제17조는 가정법원이 가류 또는 나류 가사소송사건을 심리할 때에는 직권으로 사실조사 및 필요한 증거조사를 하여야 하며, 언제든지 당사자 또는 법정대리인을 신문할 수 있다고 규정하여 직권적 성격을 명백히 하고 있다.

199 대법원은 특히 혈연상의 친자관계 존부가 문제되는 인지청구소송,[42] 친생자관계존부확인소송[43] 등에서 당사자의 증명이 충분하지 못할 때에는 가능한 한 직권으로라도 필요한 사실조사 및 증거조사를 하여야 한다고 강조하여 판시한 바 있다.

2) 가사비송

가) 강한 직권주의와 재량적·후견적 재판

200 가사비송사건은 특히 직권주의적 성격을 갖고 있다. 재판자료의 수집과 제출을 당사자에게 맡겨두지 않고 가정법원이 주도적으로 할 책무를 지는 직권탐지주의가 적용된다(가사소송법 제34조, 제38조, 비송사건절차법 제11조, 가사소송규칙 제23조 제1항). 가사비송사건에서의 직권탐지주의는 공익성의 정도, 대심적 구조의 존부,

41 대법원 2019. 11. 21. 자 2014스44, 45 전원합의체 결정 등 참조.
42 대법원 2002. 6. 14. 선고 2001므1537 판결.
43 대법원 2010. 2. 25. 선고 2009므4198 판결.

법원의 재량적 판단의 필요성 정도 등 개별 사건의 성질에 따라 다양하게 나타날 수 있는데, 라류 가사비송사건은 상대방이 없는 비대심적 구조로서 비송재판으로서의 성격이 두드러진다.[44]

나) 공익성에의 고려: 미성년자녀 관련

201 마류 가사비송사건 중에서도 미성년자녀에 대한 양육에 관한 처분, 친권에 관한 처분은 공익성의 정도가 높다고 할 것이다. 가사소송규칙 제93조 제2항은 재산상의 의무이행을 구하는 마류 가사비송청구에서는 민사소송법의 처분권주의와 유사하게 청구의 취지를 초과하여 의무의 이행을 명할 수 없도록 하면서도 예외적으로 가정법원이 자의 복리를 위하여 양육에 관한 사항을 정하는 경우에는 처분권주의의 제한을 받지 않도록 규정하고 있다.

다. 조정전치주의

1) 규정의 취지

202 가사소송법 제50조는 조정전치주의를 규정하고 있다. 가사소송법이 조정전치주의 원칙을 규정한 취지는, 당사자의 상호양보를 통하여 자율적인 해결을 도모하자는 것이다. 가족·친족 사이의 분쟁은 법원의 일도양단식의 판단에 의하여 승패를 가리는 방식으로 해결하는 것보다는 당사자 간의 이해와 양보에 의하여 의사합치에 이르도록 유도하는 것이 바람직하다고 보기 때문이다.

2) 조정전치주의의 적용범위

203 조정전치주의의 적용대상은 나류 가사소송사건, 다류 가사소송사건, 마류 가사비송사건이다.

204 가류 가사소송사건은 성질상 당사자의 임의처분이 허용되지 않는 사건이므로 조정전치주의 대상에서 제외되어 있다. 라류 가사비송사건은 순수한 비송사건으로서 대립 당사자의 존재를 전제로 하지 아니하는 것이므로 성질상 조정의 대상으로 되지 아니한다.

205 다만 나류 가사소송사건은 당사자의 임의처분이 허용되지 않고 위에서 본 바와 같이 자백법칙이 배제되고 인낙이 불가능함에도 조정전치주의의 대상으로 규정되어 있어서 해석상 어려움을 낳고 있다. 실무상 나류 가사소송사건에서 간접적이고 우회적인 방법에 의하여 당사자 사이의 분쟁을 해결하는 조정이 가능한 것

44 대법원 2022. 3. 31. 자 2021스3 결정, 대법원 2022. 10. 14. 자 2022스625 결정 등 참조.

으로 보고, 그 범위에서 조정전치주의가 적용되는 것으로 취급하고 있다.

3) 조정전치주의의 예외적 배제

206 공시송달로 당사자를 소환하여야 하는 경우, 조정에 회부하더라도 조정이 성립될 수 없다고 인정하는 경우에는 조정전치주의가 적용되지 않는다.

207 당사자의 합의에 의한 해결을 기대할 수 없는 경우에 굳이 조정에 회부하는 것은 불필요한 절차 반복에 지나지 않기 때문이다. '조정에 회부하더라도 조정이 성립될 수 없다고 인정하는지'의 판단은 법원의 재량이라고 해석된다.[45]

208 대법원 1995. 2. 15. 자 94스13, 14(병합) 결정은, 당사자가 조정신청 없이 상속재산분할심판청구를 하였고 1심 및 원심 법원 역시 사건을 조정에 회부하지 않고 재판을 진행하였던 사건에서, 당사자들 사이의 분쟁 경위 및 주장에 비추어 법원이 조정에 회부하더라도 조정이 성립될 수 없다고 인정되기 때문에 조정전치주의 위반이 아니라고 판시하였다.

라. 그 밖의 참조사항

209 가류 가사소송사건은 혼인무효소송에 관한 민법 제815조 서술, 나류 가사소송사건은 재판상 이혼소송에 관한 제840조 서술, 라류 가사비송사건은 친생부인의 허가 청구에 관한 제854조의2 서술, 혈액형수검명령은 인지청구에 관한 제863조 서술에 자세하게 설명되어 있으므로 이를 참조하면 될 것이다.

5. 가사소송법상의 이행확보방안

가. 가압류·가처분

210 가사소송법 제63조는 가사소송사건 또는 마류 가사비송사건을 본안(本案) 사건으로 하여 가압류 또는 가처분을 할 수 있다고 규정한다. 위 규정은 민사집행법과 달리 비송인 마류 가사비송사건에서의 청구권을 피보전권리로 하는 가압류·가처분을 허용하는 점, 담보제공이 필수적인 것이 아니라는 점(가사소송법 제63조 제2항) 등에 비추어 민사집행법과 다른 특수한 가압류·가처분이라고 해석된다.

211 ☞ 위 규정에 따른 가압류·가처분의 상세한 내용은 실무상 가장 빈번하게 사용되는 '재산분할청구를 본안으로 하는 가압류·가처분(민법 제839조의2)'에 서술된 내용 참조.

45 법원실무제요, 가사[I], 사법연수원(2021), 276.

나. 사전처분

1) 의의

212 가사소송법 제62조는 사전처분에 관하여 규정하고 있다.

213 위 제도는 가정법원에 본안사건이 계속되어 있는 것을 전제로 하여, 가정법원이 후견적 입장에서 폭넓은 재량을 가지고 사건의 해결에 필요하다고 인정되는 범위 내에서 적절한 처분을 할 수 있도록 하는 제도로서, 이행확보를 위한 가사소송법상의 특수한 처분이라고 해석되고 있다.

214 실무상 미성년자녀가 있는 부부 사이의 이혼 소송에서 사전처분으로서 임시양육자 지정, 양육비 지급, 면접교섭 등 양육에 관한 사전처분, 성년후견심판 사건에서 임시후견인 선임의 사전처분 등이 활발하게 사용되고 있다.

2) 가압류·가처분과의 차이로 본 사전처분의 특징

215 사전처분의 특징을, 특히 가압류·가처분과의 차이로 설명하면 다음과 같다.

216 ① 본안가사소송 또는 본안가사비송사건이 가정법원에 계속된 이후에만 가능하고, 본안재판의 종결 전까지 할 수 있다.

217 ② 본안재판이 가사사건인 한 제한이 없다. 따라서 라류 가사비송사건을 본안으로 하여 사전처분을 할 수 있다.

218 ③ 신청에 의할 수도 있고 법원이 직권으로 처분할 수도 있다.

219 ④ 심판의 당사자가 아닌 관계인을 대상으로 할 수도 있고 내용을 합목적적으로 비교적 자유로이 정할 수 있다.

220 ⑤ 사전처분의 효력으로 집행력이 인정되지 않는 점이 한계이다. 위반행위에 대하여 과태료에 의한 간접강제를 할 수 있다(가사소송법 제62조 제2항·제5항). 그 밖에 사전처분은 형성력을 갖는다. 사전처분결정이 확정되면 그 결정내용과 같은 법률관계가 임시로 형성되고 대세적 효력이 있으며, 이는 사전처분의 확정과 동시에 발생하는 것으로서 별도의 집행행위를 필요로 하지 않는다.[46]

다. 이행명령과 후속절차(과태료, 감치)

1) 이행명령의 의의

221 이행명령은 가사소송법에 특유한 재판 후 이행확보 또는 집행 방법이다.

46 대법원 2009. 7. 23. 선고 2008다78996 판결.

222 가사소송법 제64조는 판결 등에 의하여 금전 지급 등 재산상 의무, 유아의 인도 의무, 면접교섭 허용의무를 지는 사람이 이행하지 않는 경우 그 이행을 확보하기 위하여 법원이 이행명령을 하고 그 불이행시 과태료 및 감치를 명하는 제도를 마련하고 있다. 이 제도는 재산상의 의무 등 일정한 가사채무를 과태료 감치 등 간접강제 수단을 통하여 실현함을 목적으로 한다.

223 특히 권리의 존부를 확정하는 기관과 확정된 권리를 실현하는 기관을 엄격히 분리시키지 아니하고 권리의 존부를 확정한 판단기관 자신이 의무의 이행을 촉구하는 점에 특징이 있다.[47]

2) 이행명령의 적용대상

224 이행명령의 대상은 가사사건에 관한 판결, 심판, 조정조서, 조정을 갈음하는 결정 또는 양육비부담조서에 따라 금전의 지급 등 재산상 의무, 유아의 인도의무 또는 자녀와의 면접교섭 허용 의무이다.

225 확정되지 않았으나 집행력이 있는 가집행선고부 판결이나 심판에서 정한 의무 등에 대하여도 이행명령을 할 수 있다.[48]

3) 이행명령의 내용

226 이행명령의 요건은 위 의무를 이행하여야 할 사람이 정당한 이유 없이 이행하지 않는 것이다.

227 권리의 존부를 확정하기 위한 절차가 아니라 이미 확정되어 있는 권리를 실현하기 위한 절차의 일부라는 점에서는 민사집행법에 따른 강제집행과 다르지 아니하다. 따라서 가사소송법 제64조에 규정된 이행명령으로 판결, 심판, 조정조서 등에 따라 확정되어 있는 의무의 내용을 변경하거나 의무자에게 새로운 의무를 창설할 수 있는 것은 아니다.[49]

228 이행명령에는 특별한 사정이 없는 한 의무이행의 기간을 정하여야 한다.[50]

4) 이행명령의 효과

229 먼저, 이행명령을 받고도 정당한 이유 없이 이행을 하지 않는 경우 법원은 1천만 원 이하의 과태료 부과결정을 할 수 있다(가사소송법 제67조 제1항).

47 대법원 2016. 2. 11. 자 2015으26 결정.
48 대법원 2020. 5. 28. 자 2020으508 결정.
49 대법원 2016. 2. 11. 자 2015으26 결정.
50 대법원 2017. 11. 20. 자 2017으519 결정.

230 다음으로, 금전의 정기적 지급을 명령받은 사람이 정당한 이유 없이 3기(期) 이상 그 의무를 이행하지 아니한 경우, 유아 인도를 명령받은 사람이 가사소송법 제67조 제1항에 따른 제재를 받고도 30일 이내에 정당한 이유 없이 그 의무를 이행하지 아니한 경우에는 30일의 범위에서 의무자에 대하여 감치를 명할 수 있다(가사소송법 제68조).

라. 양육비의 고유한 이행확보방안

1) 양육비청구권의 특수성

231 양육비는 정기적으로 지급할 것을 명하므로(과거양육비 제외), 그 중요성에도 불구하고 이행 확보에 어려움이 따른다.

232 이에 가사소송법은 양육비의 이행 확보에 관한 특칙을 두고 있으며 최근 양육비 이행확보 및 지원에 관한 법률에 따른 다양한 이행확보방안이 강구되었다.

2) 양육비 직접지급명령

233 가사소송법 제63조의2는 양육비채무자의 급여에서 직접 양육비를 받을 수 있는 제도를 규정하고 있다.

234 요건은 다음의 3가지이다. ① 양육비를 정기적으로 지급할 의무가 있는 양육비채무자가 정당한 사유 없이 2회 이상 양육비를 지급하지 않아야 한다. ② 양육비채무자에게 정기적인 급여 채권이 존재하여야 한다. ③ 양육비채권자는 정기금 양육비 채권에 관한 집행권원을 취득하여야 한다.

235 양육비 직접지급명령이 발령, 확정되면 민사집행법에 따라 압류명령과 전부명령을 동시에 명한 것과 같은 효력이 있다. 양육비채무자에 대하여 정기적 급여채무를 부담하는 소득세원천징수의무자는 양육비채무자의 급여에서 정기적으로 양육비를 공제하여 양육비채권자에게 직접 지급하여야 한다.

3) 담보제공명령과 일시금지급명령 및 후속절차

236 가사소송법 제63조의3은 가정법원은 양육비를 정기금으로 지급하게 하는 경우에 그 이행을 확보하기 위하여 양육비채무자에게 상당한 담보의 제공을 명할 수 있도록 규정한다.

237 양육비 채무자가 위 명령에 따른 담보제공을 하지 않는 경우 법원은 양육비의 전부 또는 일부를 일시금으로 지급하도록 명할 수 있다(가사소송법 제63조의3 제4항 일시금 지급명령). 또한 법원은 불이행에 대한 제재로서 1천만 원 이하의 과태

료를 부과할 수 있다(가사소송법 제67조 제1항).

238 일시금지급명령을 받고 30일 이내에 정당한 사유 없이 그 의무를 이행하지 아니한 경우 법원은 30일의 범위에서 그 의무를 이행할 때까지 의무자에 대한 감치를 명할 수 있다(가사소송법 제68조 제1항 제3호).

4) 양육비 이행확보 및 지원에 관한 법률에 의한 이행확보

239 위 법률은 양육친이 비양육친으로부터 미성년자녀의 양육비를 원활하게 받을 수 있도록 양육비 이행확보를 지원하기 위하여 제정되었다. 위 법률은 고의적으로 양육비를 지급하지 않는 양육비 채무자에 대해 특수한 재제를 하는 제도를 신설하였으며 그 후 개정을 통하여 요건이 완화되어 왔다. 2024. 10. 16. 개정되어 2025. 7. 1. 시행 예정인 조문까지 합하여 서술한다.

가) 운전면허정지요청제도(제21조의3)

240 여성가족부장관은 양육비채무를 이행하지 않아 위에서 본 일시금지급명령(가사소송법 제63조의3 제4항) 또는 이행명령(제64조 제1항 제1호)을 받고도 양육비 채무를 이행하지 아니하여 미이행 액수가 3천만 원 이상이거나 미이행 회수가 3기(期) 이상 된(양육비 이행확보 및 지원에 관한 법률 시행령 제17조의2 제1항) 양육비 채무자에 대하여 양육비이행심의위원회의 심의·의결을 거쳐 지방경찰청장에게 해당 양육비 채무자의 운전면허 효력을 정지시키는 ‘운전면허 정지처분’을 요청할 수 있다. 다만, 양육비 채무자가 해당 운전면허를 직접적인 생계유지 목적으로 사용하고 있어 운전면허의 효력을 정지하게 되면 양육비 채무자의 생계유지가 곤란할 것으로 인정되는 경우에는 그러하지 아니하다. 위 요청을 받은 지방경찰청장은 정당한 사유가 없으면 협조하여야 한다.

나) 출국금지요청제도(제21조의4)

241 위와 동일한 범위의 양육비 채무자에 대하여 여성가족부장관의 요청에 따라 법무부장관이 출입국관리법 제4조 제3항의 출국금지를 한다.

다) 명단 공개 제도(제21조의5)

242 위와 동일한 범위의 양육비 채무자에 대하여 여성가족부장관은 양육비 채무자의 성명, 나이 및 직업, 주소 또는 근무지, 불이행기간 및 채무액을 공개할 수 있다. 여성가족부 또는 양육비이행관리원의 인터넷 홈페이지에 게시하는 방법이나 언론중재 및 피해구제 등에 관한 법률 제2조 제1호에 따른 언론이 요청하는 경우 제1항 각 호의 정보를 제공하는 방법으로 한다.

라) 형사처벌(제27조 제2항 제2호)

243 가사소송법 제68조 제1항 제1호 또는 제3호에 따른 감치명령 결정을 받았음에도 불구하고 정당한 사유 없이 감치명령 결정을 받은 날부터 1년 이내에 양육비 채무를 이행하지 아니한 사람은 1년 이하의 징역 또는 1천만 원 이하의 벌금에 처한다. 다만, 피해자의 명시한 의사에 반하여 공소를 제기할 수 없다.

마) 양육비 선지급(제21조의6 이하)

244 양육비 채권자가 속한 가구의 소득인정액이 국민기초생활 보장법상 기준 중위소득의 100분의 150 이하인 경우에는 양육비이행관리원의 결정에 의하여 양육비 채권자에게 양육비를 선지급하고 그 지급액 상당을 양육비 채무자로부터 회수하거나 국세 강제징수의 예에 따라 징수한다.

6. 가정법원의 전속관할: 가사사건과 민사사건의 구분

245 이 쟁점은, 가사소송법 제2조 제1항에 열거된 가정법원 전속관할에 속하는 가사사건과 그렇지 않은 민사사건의 구분에 관한 것이다.

가. 전속관할의 원칙

1) 규정

246 가사소송법 제2조 제1항은 그 열거된 사건이 가정법원의 전속관할에 속한다고 명시하고 있다.

247 구 가사심판법 제2조는 그 법의 적용대상을 규정하면서도 전속관할이라는 규정을 두지 않았고, 당시의 대법원 판례는 가정법원 관할이 전속관할에 속하지 않는다고 여러 차례 판시한 바 있었다.[51] 그러나 전속관할을 명시한 가사소송법 시행(1991. 1. 1.) 후에는 구 가사심판법에 관한 대법원 판례 법리는 적용될 여지가 없다고 보아야 할 것이다.

2) 전속관할의 구체적 의미

248 가사소송에 해당되는 사건이 지방법원에 제기되면 관할 가정법원으로 이송하여야 한다.[52]

51 대법원 1965. 12. 21. 선고 65므44 판결, 대법원 1987. 11. 10. 선고 84므31 판결 등 참조.

52 대법원 2008. 7. 10. 선고 2008다17762 판결("배우자의 부정행위 상대방에 대하여 그 부정행위로 인하여 배우자와 협의이혼을 함으로써 원고의 혼인관계가 파탄에 이르렀음을 원인으로 한 손해배상청구는 이혼을 원인으로 하는 제3자에 대한 손해배상청구에 해당하고 따라서 위 손해배상청구는 가정법원의 전속관할에 속한다.") 등.

249 가사사건은 민사사건과 다른 종류의 소송절차에 따른 것이므로, 원칙적으로 가사사건에 관한 소송에서 통상의 민사사건에 속하는 청구를 병합할 수 없다.[53]

3) 전속관할 위반시 법원의 조치

가) 합의관할, 변론관할 불가

250 가정법원 전속관할에 속하는 사건은 지방법원에 합의관할(민사소송법 제29조), 변론관할(제30조)이 인정되지 않고(제31조), 가정법원은 가사사건을 지방법원에 편의이송할 수 없다(제35조 단서). 관할에 관한 사항은 직권조사의 대상이고(제32조), 직권조사사항에 대하여는 자백의 효력이 인정되지 않는다.[54]

251 따라서 가사사건을 지방법원에서 재판하기로 소송당사자간에 협의하거나 민사소송으로 진행 중 지방법원 관할을 인정하는 주장을 하더라도 전속관할 위반을 피할 수 없다.

나) 전속관할 위반의 1심판결에 대한 항소심의 조치

(1) 관할 위반 주장을 한 경우

252 전속관할을 위반하여 가사사건을 지방법원에서 심리, 재판한 때에는 항소심에서 관할위반의 주장을 하여 제1심 판결의 취소사유로 삼을 수 있고(민사소송법 제411조 단서), 항소심 법원이 관할위반을 이유로 제1심 판결을 취소한 때에는 사건을 관할법원에 이송하는 판결을 한다(제419조).

(2) 관할 위반 주장을 하지 않은 경우: 직권조사사항

253 전속관할 위반 여부는 당사자가 주장하지 않더라도 법원이 직권으로 조사하여 재판에 고려하여야 하는 직권조사사항이다.

254 2024. 1. 16. 개정되어 2025. 3. 1. 시행된 민사소송법 제402조의3은, 항소심에서 항소인이 항소장에 이유를 기재하지 않고 항소이유서를 제출하지 아니한 때에는 항소법원은 결정으로 항소를 각하하여야 하지만, 직권으로 조사하여야 할 사유가 있는 때에는 그렇지 않다고 규정한다.

255 따라서 전속관할을 위반하여 가사사건을 지방법원에서 심리, 재판한 제1심 민사판결에 대하여 항소인이 항소이유서를 제출하지 않더라도 항소각하의 결정을

53 대법원 2006. 1. 13. 선고 2004므1378 판결(명의신탁해지를 원인으로 한 소유권이전등기절차 이행 청구 및 공유물분할청구를 추가한 청구원인변경신청을 불허한 원심의 조치 수긍), 대법원 2021. 6. 24. 선고 2018다243089 판결 등.

54 대법원 2002. 5. 14. 선고 2000다42908 판결 참조.

할 수 없고, 이후 항소심 종결시까지 당사자들이 이를 주장하지 않더라도 직권으로 판단하여야 할 것이다.

256 다만 법리와 별도로, 적절한 석명권 행사로 전속관할을 심리한 후 판단함이 바람직하다.

다) 전속관할 위반의 항소심 판결에 대한 상고심의 조치

257 전속관할 위반은 상고심에서도 절대적 상고이유로 된다(민사소송법 제424조 제1항 제3호).

258 상고심은 적법하게 제출된 상고이유에 따라 불복신청의 한도에서만 원판결의 당부를 심사하지만, 직권조사사항은 예외이다(민사소송법 제431조, 제434조). 상고인이 상고장에 이유를 기재하지 않고 상고이유서 제출기간 내에 상고이유서를 제출하지 아니한 때에는 상고법원은 변론 없이 판결로 상고를 기각하여야 하지만, 직권으로 조사하여야 할 사유가 있는 때에는 그러하지 아니하다(민사소송법 제429조)

259 당사자 역시 사실심 변론종결 시까지 주장하지 아니하였다 하더라도 상고심에서 이를 새로이 주장할 수 있고[55] 상고이유서 제출기간 경과 후에도 주장할 수 있다.[56]

260 결과적으로 원심까지의 심리과정에서는 물론, 상고이유서에서 주장되지 않았더라도 대법원의 직권판단 대상이 된다는 점에서 가사사건의 전속관할은 중요한 문제이다.

4) 가정법원이 설치되지 않은 지역의 경우

가) 법원조직법 및 제정 가사소송법 부칙의 규정

261 법원조직법 제3조 제1항 제5호는 법원의 종류 중 하나로 가정법원을 규정하고, 제2항은 가정법원의 사무의 일부를 처리하게 하기 위하여 그 관할구역 안에 가정지원을 둘 수 있되 지방법원 및 가정법원의 지원은 2개를 합하여 1개의 지원으로 할 수 있다고 규정하고 있다. 현재까지 계속적으로 독립된 가정법원이 설치되어 개원하였고, 전국에 설치된 가정법원과 그 지원의 현황과 각 관할구역은 '각급 법원의 설치와 관할구역에 관한 법률' 제5조 제3호 및 [별표 5] 에 정해져 있다.

262 가사소송법이 제정된 당시, 그 때까지 가정법원 및 가정법원지원이 설치되지 않은 지역에 있어서의 가정법원의 권한에 속하는 사항은 가정법원 및 가정법원지원이 설치될 때까지 해당 지방법원 및 지방법원지원이 이를 관할하도록 경과규

55 대법원 2019. 4. 23. 선고 2015다60689 판결 참조.
56 대법원 2000. 10. 13. 선고 99다18725 판결.

정을 두었다(가사소송법 부칙 제5조 제1항).

263 독립된 가정법원이 계속적으로 설립되어 왔으나, 아직 현재까지 독립된 가정법원이 설치되지 않은 지역이 남아 있다. 이러한 지역에서 지방법원 및 그 지원에서 가정법원사건을 처리하는 경우 전속관할 규정과의 관계에 관한 해석이 문제된다.

나) 1심 법원의 처리

264 독립된 가정법원이 설치되지 않은 지역의 지방법원 및 그 지원은 민사사건과 가사사건 모두에 대하여 관할권을 가지므로 가사사건의 처리는 관할의 문제가 아니라 법원 내부 사무분담의 문제라는 견해가 있다.[57] 이 견해는 재배당의 방법으로 그 사건을 가사부 또는 가사단독판사에게 이부하고, 이후의 심리와 재판을 가사사건으로서 가사소송법의 절차에 의하여 진행하면 된다는 취지이다.

265 독립된 가정법원이 설치되지 않은 지역에서 가사사건이 민사사건으로 접수된 경우 1심 법원의 처리를 어떤 형식에 의하든, 그 사건을 가사부로 배당하는 절차는 '법관 등의 사무분담 및 사건배당에 관한 예규(재판예규 제1891호)'의 규정들에 부합하도록 진행되어야 하고, 그 사건은 가사사건으로서 법원재판사무처리규칙 제20조, 사건별 부호문자의 부여에 관한 예규(재판예규 제1812호) 제2조 및 별표에서 정하는 해당 가사사건의 사건부호가 부여되어야 할 것으로 보인다. 그 후 가사사건으로서 가사소송법에 따라 심리와 판단 절차가 진행되어야 할 것이다.

다) 상소심 법원의 처리에 관한 제언

266 가정법원이 설치되지 않아서 지방법원 또는 지방법원지원이 가사사건을 담당하는 지역에서 가사사건이 민사사건으로 정수된 경우, 1심 법원이 위에서 본 절차를 거치지 않은 채 민사재판부에서 민사소송법령에 근거하여 민사소송으로 진행하여 판결(또는 결정)을 선고(또는 고지)하였고, 이에 대하여 상소가 제기된 경우 상소심법원의 처리가 문제된다.

267 이에 대하여 언급한 판례나 문헌은 찾기 어렵다. 이에 가능한 방안들을 상정해 보기로 한다.

(1) 가정법원 전속관할 위반 여부

268 1심 법원이 위에서 본 가사부로의 재배당절차를 거치지 않고 민사재판부로서 재판한 것은 전속관할을 규정한 가사소송법 제2조에 위반되었다고 판단하는 방안이다.

57 법원실무제요, 가사[I], 사법연수원(2021), 37.

269 이 경우 앞서 본 제정 가사소송법 제5조 제1항의 "해당 지방법원 및 지방법원지원이 이를 관할한다."라는 규정과의 충돌이 문제될 수 있을 것이다.

(2) '소송절차가 법률에 어긋난 경우' 해당 여부

270 가사소송법은 가정법원의 전속관할만을 규정하는 것이 아니다. 가정법원 관할로 인정되는 가사사건에 대하여는 가사소송법을 적용하여야 한다.

271 위에서 본 바와 같이 가류, 나류 가사소송사건에 대하여는 직권주의가 적용되어 민사소송법상 변론주의에 입각한 조문들의 적용이 명시적으로 배제되어 있다(가사소송법 제12조 단서) 라류, 마류 가사비송사건은 해당 가사소송법 및 비송사건절차법이 적용되어야 한다. 또한 나류, 다류, 마류 사건들은 조정전치주의가 적용된다.

272 위 사건들에 관하여 1심 법원이 민사소송법 규정들을 적용하여 심리, 판결을 하였다면 1심 재판의 소송절차 및 판결절차가 법률에 어긋난 경우에[58] 해당할 여지가 있다.

273 가사비송사건을 민사신청사건으로 오인하여 신청(청구)하는 경우도 있다. 민사사건에서도 비송사건절차법에 규정된 비송사건을 민사소송의 방법으로 청구하는 것은 허용되지 않으므로,[59] 가사비송사건을 민사신청사건으로 청구한 데에 대하여 제1심법원이 이를 그대로 절차를 진행하여 재판을 진행한 조치가 허용되기는 어려울 것이다.

274 나아가 제1심의 중대한 소송절차가 법률에 어긋난 경우에 해당하면 그 절차에 따른 제1심의 판결절차 역시 법률에 어긋난 것이고, 항소심법원은 변론절차를 새로 진행한 다음 본안에 대하여 다시 판단하였어야 함에도, 항소심법원이 이러한 조치를 취하지 않고 항소기각을 한 경우에는 항소심판결 역시 위법하게 된다.[60]

(3) 토지관할의 전속관할에 위배되는 경우

275 가사소송법상 다수의 사건에서 토지관할 역시 전속관할로 규정되어 있다.

276 1심 법원이 당해 사건을 민사소송으로 취급하여 민사소송법상의 토지관할 규정을 적용한 결과 가사소송법상 토지관할의 전속관할을 위반한 경우에는 그 규정에 따른 전속관할 위반의 위법이 생기게 된다.[61]

58 민사소송법 제417조(판결절차의 위법으로 말미암은 취소) 제1심 판결의 절차가 법률에 어긋날 때에 항소법원은 제1심 판결을 취소하여야 한다.

59 대법원 2013. 11. 28. 선고 2013다50367 판결 등 참조.

60 대법원 2004. 10. 15. 선고 2004다11988 판결.

61 대법원 2015. 1. 16. 자 2014마1885 결정 참조.

(4) 행정법원 관할과의 비교

277 행정소송의 경우 일부의 지역에서만 독립된 행정법원이 설치되어 있다는 점에서 가정법원과 유사한 측면이 있지만, 행정소송법의 규정 등에서 차이가 있다.

278 행정소송법은 행정사건을 전속관할로 정하는 명문의 규정이 없지만, 해석상 행정사건은 행정법원의 전속관할에 속한다고 본다. 따라서 행정사건을 지방법원이 행함은 전속관할 위반이 되나, 행정법원은 행정사건과 병합하여 관련 민사사건을 처리할 수 있으므로(행정소송법 제10조 제2항) 행정사건의 전속관할의 의미는 가사소송법과 큰 차이가 있다.

279 행정사건의 심리절차는 행정소송의 특수성을 감안하여 행정소송법이 정하고 있는 특칙이 적용될 수 있는 점을 제외하면 심리절차 면에서 민사소송 절차와 큰 차이가 없다.[62] 따라서 가사소송법상 주요 특칙을 두고 있는 가사사건과 차이가 있다.

나. 가사조정사건의 예외

280 가사조정절차에서는 나류 및 다류 가사소송사건과 마류 가사비송사건 외에 이들 사건과 관련 있는 민사사건의 청구를 병합하여 처리할 수 있다(가사소송법 제57조 제2항). 당사자 사이의 분쟁을 한꺼번에 해결하려는 취지이다.

다. 가사사건과 민사사건의 구별이 문제되는 구체적인 경우

281 가사사건과 민사사건의 구별이 필요한 경우는 각 해당 조문의 서술에 구체적으로 적시되어 있으므로 이를 망라하여 전체적으로 조망하기로 한다.

1) 부부 사이에서 별도의 청구 권원에 의한 청구

가) 원칙: 민사소송

282 민법 친족편의 규정이 아닌 별도의 사적(私的) 권원을 주장하며 이행을 청구하는 소송, 예를 들어 명의신탁해지(부동산 실권리자명의 등기에 관한 법률 제8조 제2호 참조)를 주장하는 소송, 재산분할약정[63] 등 부부 사이의 합의·약정의 이행을 구하는 소송은 민사소송이다.

283 당사자가 재산분할청구 사건에서 금전의 지급을 구하는 청구를 하는 경우 그 청구가 재산분할청구인지 아니면 이와 별개의 민사청구인지 여부는 당해 사건에서의 청구원인과 당사자의 주장 취지, 청구에 대한 법원의 판단 및 이를 전후

62 대법원 2018. 2. 13. 선고 2014두11328 판결.
63 대법원 2021. 6. 24. 선고 2018다243089 판결 참조.

한 사건의 경과 등을 종합적으로 고려하여 판단하여야 한다.[64]

나) 주의하여야 할 경우

284 부부 사이에 미성년자녀의 양육비 부담에 관한 약정을 하였음에도 약정과 다른 내용의 청구를 하는 경우 이는 양육비부담부분의 변경을 구하는 청구로 볼 여지가 있다.[65]

285 부부가 협의이혼 및 재산분할금 지급의 협의를 한 경우에는 특별한 사정이 없는 한 그 재산분할 협의는 협의이혼을 조건으로 한 것이므로 재판상 이혼에 이르게 된 경우에는 그 협의는 조건의 불성취로 인하여 효력이 발생하지 않는다.[66] 따라서 위와 같이 합의 후 재판상 이혼 청구를 할 경우에는 가정법원에 이혼 청구에 병합하여 재산분할 청구를 할 수 있다.

2) 손해배상 청구

가) 가사소송법 규정

286 가사소송법 제2조 제1항 제2호 다목은 가정법원의 관할에 속하는 손해배상청구를 규정하는데, 조문 구성이 복잡하므로 먼저 조문을 확인하기로 한다.

287 ① 약혼 해제(解除) 또는 사실혼관계 부당 파기(破棄)로 인한 손해배상청구(제3자에 대한 청구를 포함한다)

288 ② 혼인의 무효·취소, 이혼의 무효·취소 또는 이혼을 원인으로 하는 손해배상청구(제3자에 대한 청구를 포함한다)

289 ③ 입양의 무효·취소, 파양의 무효·취소 또는 파양을 원인으로 하는 손해배상청구(제3자에 대한 청구를 포함한다)

나) 이혼을 원인으로 하는 손해 VS. 개별적 유책행위로 인한 손해

290 가사소송법에서 정하는 '이혼을 원인으로 하는 손해배상청구'는 이혼의 원인이 되는 개별적 유책행위의 발생부터 최종적 이혼에 이르기까지 일련의 경과를 전체로서 불법행위로 파악하여 손해배상을 청구하는 경우를 의미한다. 이와 달리 이혼과 무관하게 부부공동생활 중 발생한 개별적 특정 유책행위를 불법행위로 파악하여 민사상 손해배상을 청구하는 것이 명백한 경우에는 위 규정에서 정한

64 대법원 2021. 6. 24. 선고 2018다243089 판결 참조.
65 대법원 1991. 6. 25. 선고 90므699 판결.
66 대법원 2016. 1. 25. 자 2015스451 결정 참조.

다류 가사소송사건에 해당한다고 볼 수 없다.[67] 후자, 즉 이혼 원인을 이루는 개별적인 불법행위로 인한 손해배상청구는 민사소송으로 해석된다. 이러한 법리는 이혼 뿐 아니라 사실혼파기를 포함하여 위에 규정된 경우에 모두 적용될 수 있을 것이다.

다) 제3자에 대한 청구 VS. 제3자가 제기하는 청구

291 위 조문의 문언상 제3자에 대한 청구는 가사소송이지만, 혼인당사자가 아닌 제3자가 제기하는 이혼을 원인으로 한 손해배상청구 소송은 가사소송에 포함되지 않고 민사사건이다.

292 대법원 2005. 5. 13. 선고 2004다1899 판결은 배우자의 부정행위로 인하여 혼인이 파탄되었음을 원인으로 자녀들이 그 부정행위자의 상대방에 대하여 제기한 손해배상 청구가 민사사건임을 전제로, 그 경우 특별한 사정이 없는 한 불법행위책임을 부담하지 않는다고 판단하였다.

3) 원상회복청구

가) 가사소송법 규정

293 가사소송법 제2조 제1항 제2호 다목은 가정법원의 관할에 속하는 원상회복청구에 대하여도 규정한다. 역시 조문 구성이 복잡하므로 먼저 조문을 확인하기로 한다.

294 ① 약혼 해제(解除) 또는 사실혼관계 부당 파기(破棄)로 인한 원상회복의 청구

295 ② 혼인의 무효·취소, 이혼의 무효·취소 또는 이혼을 원인으로 하는 원상회복의 청구

296 ③ 입양의 무효·취소, 파양의 무효·취소 또는 파양을 원인으로 하는 원상회복의 청구

나) 제3자에 대한 청구 제외

297 위 조문의 문언상 손해배상청구에서는 "제3자에 대한 청구를 포함한다."라고 규정되어 있는 것과 다르게 원상회복청구에서는 그러한 규정이 없다.

298 원상회복 청구는 성질상 신분관계의 상대방에 대하여만 청구가 가능하기 때문이라고 해석되기도 한다.

4) 부양료 상환청구

가) 민사사건으로 취급된 사례

299 대법원 판례는 제1차 부양의무를 지는 부부의 일방이 이를 이행하지 않아 제2차

67 대법원 2021. 11. 25. 선고 2021다253154, 253161 판결 참조.

부양의무를 지는 친족이 부양한 경우 부양한 친족은 제1차 부양의무자에게 소요 비용을 상환청구할 수 있는데, 위 청구는 민사소송사건이라고 하였다.[68]

나) 가사사건으로 취급된 사례

300 민법 제974조, 제975조에 따라 부양의 의무 있는 사람이 여러 사람인 경우에 그 중 부양의무를 이행한 1인이 다른 부양의무자를 상대로 한 부양료 상환청구에 대하여, 위 청구가 가정법원의 관할사건임을 전제로 한 대법원 판례가 있다.[69]

5) 집행판결

가) 민사집행법 규정

301 외국법원의 확정판결 또는 이와 동일한 효력이 인정되는 재판은 민사소송법 제217조에 정해진 바와 같이 외국법원의 국제재판관할권, 패소한 피고에 대한 적법한 송달, 우리나라의 선량한 풍속이나 그 밖의 사회질서에 어긋나지 아니할 것, 상호보증의 요건을 모두 갖추면 승인된다.

302 외국법원의 확정판결 등이 위 요건을 갖추었는지의 심사를 집행기관에 맡기는 것은 적절하지 아니하므로, 미리 소송절차에서 그 요건을 갖추었는지를 심사한 후 외국법원의 확정판결 등의 집행을 허가할 것인지 정하기 위하여 민사집행법 제26조 제1항은 “외국법원의 확정판결 등에 기초한 강제집행은 대한민국 법원에서 집행판결로 그 강제집행을 허가하여야 할 수 있다.”고 규정하고, 제2항은 집행판결을 청구하는 소는 채무자의 보통재판적이 있는 곳의 지방법원이 관할한다고 규정하고 있다.

나) 대법원 판례

303 민사집행법 제26조 제2항에 비추어, 외국법원의 판결이 가사사건에 해당하는 경우에도 그 집행판결은 지방법원에 제소하는 민사소송으로 청구하여야 할 것으로 해석된다. 대법원 1982. 12. 28. 선고 82므25 판결도 인지청구를 내용으로 하는 외국법원의 판결에 대한 집행판결 청구의 소가 지방법원의 관할에 속하고 가정법원이 아니라는 취지로 판시하였다.

68 대법원 2012. 12. 27. 선고 2011다96932 판결, 제1차 부양의무인 부부 사이의 부양료 청구와 제2차 부양의무인 친족 사이의 부양료 청구는 각기 별개의 가사비송사건으로 규정되어 있는 점 등을 이유로 들었다.

69 대법원 2022. 8. 25. 자 2018스542 결정.

다) 추가쟁점: 가사재판에 대한 집행판결의 필요 유무

304 위 대법원 1982. 12. 28. 선고 82므25 판결은 외국의 인지판결에 대하여 우리나라에서 집행판결이 필요하다는 점을 전제로 그 관할에 관하여 판시하는 것처럼 보여진다.

305 그러나 신분관계에 관한 외국법원의 재판을 근거로 가족관계등록부에 기록을 하기 위하여 우리나라의 집행판결이 필요한지의 쟁점은 신분관계별로 차이가 있고 제도변경도 있으므로 이를 소개하기로 한다.

(1) 이혼

306 '외국법원의 이혼판결에 의한 가족관계등록사무 처리지침(가족관계등록예규 제419호)'은 외국법원의 이혼판결은 민사소송법 제217조가 정하는 조건을 구비하는 한 우리나라에서도 효력이 있으므로 이러한 외국판결에 의한 이혼신고는 원칙적으로 집행판결을 필요로 하지 않는 것으로 규정하고 있다.[70]

307 다만 외국판결의 확정 여부가 불분명한 경우, 송달의 적법여부가 불분명한 경우, 외국법원의 판결절차가 진행될 당시 피고가 해당 외국에 거주하지 않은 경우, 그 밖에 외국판결의 효력이 의심스러운 경우에는 감독법원에 질의하고 그 회답을 받아 처리하도록 한다.

308 여기에는 다시 예외가 있으니, 외국판결상의 피고인 대한민국 국민이 해당 외국판결에 의한 이혼신고에 동의하거나 스스로 이혼신고를 한 경우나 외국법원의 이혼판결에 대하여 민사집행법상 집행판결을 받은 경우에는 감독법원에 대한 질의가 필요하지 않다고 규정한다.

(2) 혼인무효, 혼인취소

309 외국법원의 혼인무효나 취소판결의 경우에는 구 호적법 당시에 제정된 호적선례인 '외국법원의 혼인무효 또는 취소판결에 기한 호적신고절차 등(1983. 3. 30. 호적선례 제1-200호)', '외국법원의 혼인무효판결에 의한 호적정리절차(1994. 6. 16. 호적선례 제3-580호)'가 일치하여 국내에서 집행판결을 받아야만 호적신고를 할 수 있다고 규정하였고, 현재까지 다른 예규나 선례를 찾아볼 수 없다.

310 이에 따라 외국법원의 혼인무효, 혼인취소 재판에 기한 가족관계등록부 기록의

70 위 예규에 대하여는, 형식적 심사권만 갖고 있는 가족관계등록공무원에게 외국법원의 이혼재판이 대한민국에서 승인요건을 갖추었는지의 판단 부담을 지우는 것은 상당하지 않고, 만약 담당공무원이 요건을 잘못 판단하여 이혼의 등록을 하면 이를 정정하는 부담을 당사자에게 전가시키게 된다는 비판이 있다.

정정신청(혼인무효의 경우)이나 신고(혼인취소의 경우)을 위하여는 집행판결이 필요하다는 것이 실무이다.[71]

(3) 입양

311 외국법원의 입양재판에서는 또 다른 문제가 있다.

(가) 입양허가제도 도입 전에 제정된 호적선례

312 우리나라는 친양자제도, 미성년자입양허가제도의 도입 이전에는 입양신고에 재판을 필요로 하지 않았다. 그 시기인 1996. 10. 24. 제정된 호적선례 제4-25호 '외국(미국)법원의 입양판결에 대하여 집행판결을 받아야만 입양신고를 할 수 있는지 여부 등'은 미국법원의 입양결정(판결)을 첨부하여 입양신고를 함에 있어서는 집행판결을 받을 필요가 없다고 하였다.[72]

313 그러나 위 예규에 대하여는 외국법원의 이혼재판에 의한 신고와 마찬가지의 비판과 더불어 법리적인 측면의 문제점도 지적되고 있다. 더구나 친양자입양 및 미성년자입양허가제도를 갖고 있는 현행 민법 하에서 위 예규의 정합성에 대한 비판도 가능할 것이다.

(나) 국제입양에 관한 법률의 새로운 규율

314 2023. 7. 18. 제정되어 2025. 7. 19. 시행 예정인 국제입양에 관한 법률 제22조는 출신국의 입양재판 등에 의하여 성립한 입양의 효력발생에 관하여 별도의 규정을 두고 있다.

315 즉, 아동의 출신국이 협약 체약국인 경우(국제입양에 관한 법률 제22조 제1항), 협약 비체약국인 출신국에서 입양재판을 한 경우(제22조 제2항), 협약 비체약국인 출신국에서 재판 외의 방법으로 입양을 한 경우(제22조 제3항) 별로 필요한 절차가 달라진다.

316 입법론으로, 외국 가사재판의 승인과 집행에 관한 법적 안정성을 확보하려면 명문규정을 신설할 필요가 있고 집행재판이 필요한 경우에는 가사사건의 특성을 고려하여 가정법원의 전속관할에 속하도록 규정할 것을 제안하는 견해[73]도 있다.

71 법원실무제요, 민사집행[I], 사법연수원(2020), 211~212.

72 그 근거로 구 민사소송법 제476조, 제477조의 집행판결의 대상이 되는 외국판결이란 사법상의 법률관계에 관한 소송에 대하여 재판권을 행사할 권한을 가지는 외국의 사법기관이 행한 종국적 재판을 말하는 것이고, 한편, 영·미법국가에서는 법원 등의 국가기관이 당사자간의 입양절차에 개입하여 입양결정(판결)을 하여야만 입양이 성립되도록 하고 있는바, 이러한 법제하에서의 입양결정(판결)은 국가가 후견적 사무로서 행하는 행정작용에 불과한 것이어서 당사자간의 분쟁을 전제로 하는 소송에 대한 종국적 재판과는 그 성질이 다른 것이므로 집행판결의 대상이 되지 않는다는 점을 들었다.

73 권재문, "외국 가사재판의 승인·집행에 관한 입법론적 검토", 국제사법연구 제23권 제2호, 한국국제사법학회(2017), 331.

6) 가사소송법에 규정되지 않은 사람의 청구와 가사사건

317 다수의 가사사건은 가사소송법령에 당사자가 법정되어 있다.

318 그러나 민법의 잦은 개정으로 가사소송법령의 당사자 규정에 공백이 발생하게 된 경우 그 당사자의 청구를 가사소송법상 가사사건으로 인정할 수 있을지 문제된다.

319 대법원 2021. 5. 27. 자 2019스621 결정은, 2014. 10. 15. 민법 개정으로 신설된 친권 일부 제한 규정(민법 제924조의2)에 따라 부모의 친권 중 양육권만을 제한하여 미성년후견인으로 하여금 자녀에 대한 양육권을 행사하도록 결정한 경우에는 민법 제837조를 유추적용하여 미성년후견인은 비양육친을 상대로 가사소송법상 가사비송사건으로 양육비심판을 청구할 수 있다고 판시하였다.

IV. 친족법과 가족관계의 등록 등에 관한 법률

1. 가족관계등록부와 증명서

가. 가족관계의 등록 등에 관한 법률의 입법연혁

320 친족법에 따른 개인의 신분관계에 관한 재판은 대부분 공부(公簿)상 등록됨으로써 실현된다. 이와 같이 신분관계의 형성, 변경을 공부상 관리하고 공시하는 것이 가족관계등록부제도이다.

321 가족관계의 등록 등에 관한 법률은 민법상 호주제도가 폐지됨에 따라 새로운 가족관계등록제도를 마련하여 국민 개개인별로 출생·혼인·사망 등의 신분 변동사항을 기록·관리하기 위하여 2007. 5. 17. 법률 제8435호로 제정되어 2008. 1. 1. 시행되었다.

나. 특징: 개인별 편제

322 한편 구 호적법 당시 호적부 전산화 작업이 시작되어 전산호적부가 편제되었고(구 호적법 제124조의3), 제정 가족관계의 등록 등에 관한 법률은 그와 같이 편제된 전산호적부를 대상으로 그 호적전산자료를 개인별로 구분·작성하는 방법에 따랐다(가족관계의 등록 등에 관한 법률 부칙 제4조).

다. 가족관계등록부와 증명서발급

1) 개요

323 개인별 편제방식과 전산정보처리의 결합은 증명하려는 목적에 따라 다양한 증명서를 발급하는 방식을 가능케 함으로써 종래의 신분관계 공시 기능은 물론

개인정보 보호 및 사생활 보호에 기여하게 되었다.

324 가족관계의 등록 등에 관한 법률은 거듭된 개정을 통하여 발급되는 증명서 종류를 다양화함으로써 각 증명서별로 현출되는 내용을 상세하게 구분하고 증명서별로 필수적인 정보만 기재된 증명서가 원칙적으로 사용될 수 있도록 한다(가족관계의 등록 등에 관한 법률 제15조 제2항). 또한 증명서 교부청구권자의 범위를 필요 최소한도로 한정하고 특별한 경우 증명서 교부를 제한하여(제14조 제1항·제8항, 제14조의2 제3항) 개인정보자기결정권을 강화하고 있다.

2) 발급 증명서의 종류와 내용

325 가족관계의 등록 등에 관한 법률 제15조는 증명서의 종류와 종류별 기재사항을 규정하고 있다. 증명서는 가족관계증명서, 기본증명서, 혼인관계증명서, 입양관계증명서, 친양자입양관계증명서의 5가지 유형으로 구분된다.

326 제정 당시에는 각 증명서의 기록사항 중 해당 정보가 전부 기재하는 형태였으나 여러차례 법개정을 통하여 위 5종의 증명서별로 그에 대한 일반증명서(가족관계의 등록 등에 관한 법률 제15조 제2항 제1호 내지 제5호), 상세증명서(제15조 제3항 제1호 내지 제5호)로 나누어진다. 가족관계증명서, 기본증명서, 혼인관계증명서에 대해서는 법 제15조 제1항에도 불구하고 상세증명서 기재사항 중 신청인이 선택한 사항을 기재한 특정증명서를 발급한다(제15조 제4항, 가족관계의 등록 등에 관한 규칙 제21조의2).

327 일반증명서에는 현재의 신분관계 등 필수적인 정보가 기재되며, 특정증명서에는 신청인이 선택한 정보가 기재되고, 상세증명서에는 과거의 신분관계 등 전체의 정보가 기재된다고 이해할 수 있다.

328 등록사항별 증명서를 제출할 것을 요구하는 사람은 일반증명서 또는 특정증명서를 요구하여야 하고, 상세증명서를 요구하는 경우에는 그 이유를 설명하여야 한다(가족관계의 등록 등에 관한 법률 제14조 제5항).

3) 교부청구권자의 범위

가) 배우자, 직계혈족의 원칙

329 등록사항별 증명서는 본인 또는 배우자, 직계혈족에 한하여 교부를 청구할 수 있다(가족관계의 등록 등에 관한 법률 제14조 제1항 본문, 제3자는 아래 항에서 별도로 본다).

나) 가정폭력피해자의 특칙

330 가정폭력피해자(가정폭력범죄의 처벌 등에 관한 특례법 제2조 제5호)는 같은 조 제2호에 정해진 가정구성원으로부터 같은 조 제3호에 정해진 가정폭력범죄로 인하여 직접적으로 피해를 입은 사람을 말한다.

331 가정폭력피해자는, 피해자의 배우자 또는 직계혈족을 교부제한대상자로 지정하여 시·읍·면의 장에게 가정폭력피해자 본인의 등록사항별 증명서의 교부를 제한하도록 신청할 수 있다(가족관계의 등록 등에 관한 법률 제14조 제8항). 교부 제한 신청이 있는 경우에는 교부제한대상자 또는 그 대리인은 가정폭력피해자 본인의 등록사항별 증명서를 교부·발급받을 수 없고, 등록부등의 기록사항을 열람할 수 없다.

다) 제3자의 교부청구권

(1) 재판을 위한 교부청구권자

332 제3자는 소송·비송·민사집행의 각 절차에서 필요한 경우(가족관계의 등록 등에 관한 법률 제14조 제1항 단서 제2호) 또는 채권·채무의 상속과 관련하여 상속인의 범위를 확인하기 위해서 등록사항별 증명서의 교부가 필요한 경우(가족관계의 등록 등에 관한 규칙 제19조 제2항 제2호)에 등록사항별 증명서의 교부를 청구할 수 있다.

333 실무상 재판과정에서 상속관계를 확인하려면 법원이 명한 보정명령을 근거로 피상속인의 제적등본을 발급받고 이에 근거하여 순차로 상속관계를 추적 조사하여 상속인들의 인적사항을 확인한다.

(2) 사실조회신청에서 특정될 '사실조회처'의 의미

334 가족관계의 등록 등에 관한 법률 제2조, 제3조는 가족관계 사항 등록과 증명에 관한 사무는 시(구)·읍·면의 장이 처리하도록 규정한다. 따라서 위 상속관계 확인을 위한 사실조회신청은 '시(구)·읍·면의 장'을 조회처로 하여야 한다. 실무상 법원행정처 또는 행정안전부로 사실조회신청을 하면 회신을 받지 못하는 경우가 있으므로 주의를 요한다.[74]

(3) 2008년 이전 사망자의 상속관계 확인 관련 유의점

335 가족관계등록부는 구 호적법 당시 전산호적부를 대상으로, 가족관계의 등록 등에 관한 법률 시행 당시 기록된 사항을 기준으로 하여 호적전산자료를 개인별로 구분·작성하였다. 제적의 원인이 2008. 1. 1. 전에 사망, 국적상실, 실종선고,

74 대법원 2022. 10. 14. 자 2022스625 결정 참조.

부재선고에 의한 것일 경우, 이러한 사람들에 대해서는 가족관계등록부를 작성하지 아니하므로 가족관계등록부에 이기하지 않았다[가족관계등록부 작성을 위한 가족관계기록사항의 이기지침(가족관계등록예규 제259호) 제4조 참조]. 다만 부모가 2008. 1. 1. 전에 사망 등으로 제적된 경우에는 부모의 성명은 본인의 가족관계증명서에 현출되도록 하여야 하므로 부모의 성명만 본인의 가족관계등록부에 이기하였다[가족관계등록부 작성을 위한 가족관계기록사항의 이기지침(가족관계등록예규 제259호) 제7조 제2항 제2호, 제3항 참조].

336 위와 같이 가족관계등록부에 기록하는 범위는 2008. 1. 1. 당시 종전호적에 기재된 유효한 사항을 기준으로 하였으므로 2008. 1. 1. 전에 사망 등으로 제적된 사람들에 대하여는 가족관계등록부에 이기하지 않았다. 가족관계등록부로의 이기 범위에 위와 같은 한계가 있으므로, 2008. 1. 1. 이후 사망한 사람의 상속인 전원을 알기 위해서는 2008. 1. 1. 전 사망 등의 사유로 가족관계증명서로는 확인되지 않는 상속인이 있을 수 있기 때문에 가족관계증명서뿐만 아니라 제적등본까지 함께 확인하여야 상속인의 누락을 방지할 수 있다.[75]

2. 친족법상 신분관계 재판과 가족관계등록관서에 대한 조치

가. 의의

337 신분관계의 확인 또는 형성에 관한 재판 등은 신분관계에 관한 공부인 가족관계등록부에 기록함으로써 그 본래의 목적을 달성한다.[76] 이를 넓은 의미에서 재판의 집행에 포함시키는 견해도 있다.

338 이에 관련된 절차는 가족관계등록부 기록의 촉탁(후견등기관에의 촉탁 포함)과 가족관계등록사무를 처리하는 사람에의 통지로 나누어진다.

나. 가족관계등록부 기록의 촉탁

339 가사소송규칙 제5조 제1항에 정해진 심판이(친권 및 미성년후견에 관한 것이다) 확정되면 가정법원이 가족관계등록 사무를 처리하는 사람에게 가족관계등록부 등록을 촉탁한다.

340 가사소송규칙 제5조의2 제1항에 정해진 성년후견 관련 심판의 경우에는 후견등기 사무를 처리하는 사람(후견등기관)에게 후견등기부 등기를 촉탁한다.

75 대법원 2023. 8. 18. 자 2022그779 결정 참조.
76 성년후견의 경우에는 별도의 공부인 후견등기부로 공시하고 있다.

341 촉탁을 받은 가족관계등록사무처리자 또는 후견등기관은 관련내용을 가족관계등록부 또는 후견등기부에 기록한다.

다. 가족관계등록사무를 처리하는 사람에의 통지

342 가류 및 나류 가사 소송사건의 청구를 인용한 판결(사실혼관계존부확인 제외)이 확정되거나 라류 가사비송사건 중 실종선고, 친양자 입양, 친권자의 법률행위 대리권 등 사퇴 허가, 성·본 변경허가 심판 등이 효력을 발생한 때 가정법원은 가족관계등록사무 처리자에게 이를 통지한다(가사소송규칙 제7조).

343 예를 들어 인지의 재판이 확정된 경우에 소를 제기한 사람은 재판의 확정일부터 1개월 이내에 재판서의 등본 및 확정증명서를 첨부하여 그 취지를 신고하여야 한다(가족관계의 등록 등에 관한 법률 제58조 제1항). 위 규정은 위 가사소송규칙 제7조에 정해진 판결, 심판에 관하여 준용된다.[77] 이와 같이 통지제도는 당사자에게 가족관계의 등록 등에 관한 법률상 신고의무가 규정되어 있음을 전제로 한다.

344 통지를 받은 가족관계등록사무 처리자는 신고의무자에게 상당한 기간을 정하여 신고를 최고하고, 최고할 수 없거나 2회의 최고를 하여도 신고하지 아니하는 때에는 감독법원의 허가를 얻어 직권으로 통지받은 사항을 가족관계등록부에 기록하여야 한다(가족관계의 등록 등에 관한 법률 제18조 제2항, 제38조, 제108조).

3. 가족관계등록부의 정정 허가

가. 법률의 규정

345 가족관계의 등록 등에 관한 법률 제104조 제1항은 "등록부의 기록이 법률상 허가될 수 없는 것 또는 그 기재에 착오나 누락이 있다고 인정한 때에는 이해관계인은 사건 본인의 등록기준지를 관할하는 가정법원의 허가를 받아 등록부의 정정을 신청할 수 있다."라고 하여 '허가에 의한 등록부 정정'에 관하여 규정하고 있다.

나. 판결에 의한 정정절차와의 구분

346 가족관계의 등록 등에 관한 법률 제107조는 판결에 의한 등록부의 정정에 관하여 규정하고 있다. 따라서 가족관계등록부 기록의 정정은 법 제104조에 의하여 법원의 허가를 받아서 하는 절차와 법 제107조에 의하여 법원의 확정 판결을 받아서 하는 절차로 나누어진다.

77 가족관계의 등록 등에 관한 법률 제65조, 제70조, 제72조, 제73조, 제78조, 제79조 제2항, 제81조, 제83조, 제92조, 제100조, 제103조, 제107조 등.

347 두 절차의 구분 기준은, 가정법원의 허가에 의한 가족관계등록부의 정정은 그 절차의 간이성에 비추어 정정할 사항이 경미한 경우에 허용되고 친족법상 또는 상속법상 중대한 영향을 미칠 수 있는 사항에 대하여는 제107조에 따라 확정판결에 의하여만 한다는 것이다.

348 즉, 대법원 1993. 5. 22. 자 93스14, 15, 16 전원합의체 결정은, 정정 대상 사항과 관련된 신분관계의 존부에 관하여 직접적인 쟁송방법이 가사소송법 제2조에 규정되어 있는지 여부를 구별기준으로 하여, 위 법조에 규정되어 있는 가사소송사건으로 판결을 받게 되어 있는 사항은 모두 친족·상속법상 중대한 영향을 미치는 것으로 보아 확정판결에 의하여서만 등록부정정을 할 수 있고, 그렇지 않은 사항은 간이하게 정정허가에 따라 정정할 수 있다고 판시하였다.

349 위 전원합의체 결정의 구체적인 판단은 사망사실 또는 사망일시는 간이하게 정정허가절차에 따라 정정할 수 있다는 것이다. 또한 대법원 2012. 4. 13. 자 2011스160 결정은 출생연월일 역시 가족관계의 등록 등에 관한 법률 제104조에 의한 가족관계등록부 정정허가절차의 대상이 된다고 판시하였다.

다. 정정 허가와 관련한 유의사항

1) 출생연월일 정정 사건

350 출생연월일의 정정허가에 있어서는 특히 허위의 자료를 제출하여 사실과 다르게 가족관계등록부 정정허가를 받는 방법으로 위법, 부당하게 신분을 바꾸는 것을 방지하기 위하여 실무상 출생연월일 정정사건의 처리에 세심한 주의를 기울이고 있다[가족관계등록부 작성을 위한 가족관계기록사항의 이기지침(가족관계등록예규) 제424호].

2) 남북주민의 신분과 관련한 특수성

351 남북관계 및 이로 인하여 발생하는 남북 주민의 신분관계가 관련되어 있는 등록부 정정허가 사건에서는 북한에서 성립한 신분관계가 가족관계등록부에 기록되기 어려운 점 등의 특수성을 별도로 고려할 필요가 있을 것이다.

352 대법원 2024. 6. 13. 자 2024스536 결정은 자신이 북한에서 유효하게 성립한 혼인관계 중에 출생한 자녀임을 주장하며 관련된 가족관계등록부 정정을 신청하는 경우에는 비록 가족관계등록부 등에 부모의 혼인관계가 기록되어 있지 않아도 북한에서 부모의 혼인관계 성립 여부 또는 이와 관련한 신분관계를 소명하여 가족관계의 등록 등에 관한 법률 제104조에 따른 가정법원의 허가를 받아 정정신청을 함으로써 가족관계등록부를 정정할 수 있다고 판시하였다.

3) 성전환자의 성별란 정정

353 성전환자에 대한 가족관계등록부 성별(性別)란의 정정 허가는 대법원 2006. 6. 22. 자 2004스42 전원합의체 결정으로 가족관계의 등록 등에 관한 법률 제104조(구 호적법 제120조)의 정정허가의 대상으로 인정되었다. 그 후 허용범위에 관하여 대법원 2011. 9. 2. 자 2009스117 전원합의체 결정, 대법원 2022. 11. 24. 자 2020스616 전원합의체 결정을 통하여 미성년 자녀가 있는 경우에도 성별정정을 허가할 수 있게 되었다.

라. 가족관계등록부 기록의 추정력과 번복

354 가족관계등록부에 기재된 사항은 일응 진실에 부합하는 것이라는 추정을 받으나, 그 기재에 반하는 증거가 있거나 진실이 아니라고 볼 만한 특별한 사정이 있는 때에는 추정을 번복할 수 있다.[78]

355 나아가 출생·혼인·사망 등 가족관계의 발생 및 변동에 관한 어떠한 사항이 가족관계등록부에 기재되었더라도 진실에 부합하지 않음이 분명한 경우에는 그 기재내용을 수정함으로써 가족관계등록부가 진정한 가족관계의 발생 및 변동사항을 공시하도록 하여야 한다.[79] 따라서 예컨대 가족관계등록부에 기재된 출생연월일에 따르면 초등학교 입학연도, 첫 아이 출산연도 등이 경험칙과 사회통념에 비추어 수긍하기 어려운 등으로 출생연월일 기재가 진실에 부합하지 않음이 분명하다면 등록부의 기록을 정정하여야 하고, 출생연월일이 그 주장과 같이 인정할 수 있는 객관적인 자료가 부족하다는 이유로 출생연월일 정정 신청을 받아들이지 않을 수는 없다.[80]

마. 등록부정정 허가사건 절차

356 가족관계의 등록 등에 관한 법률 제104조의 규정에 의한 등록기록의 정정허가사건의 처리절차에 관하여는 비송사건절차법이 준용된다(가족관계의 등록 등에 관한 규칙 제87조 제1항 제4호). 실무상 가족관계등록비송사건으로 분류하여 처리하고 있다.

357 가족관계등록비송사건은 대립당사자가 없는 재판이다. 심문은 비공개가 원칙이고, 직권에 의한 탐지와 증거조사가 인정된다(비송사건절차법 제11조, 제13조). 법원의

78 대법원 1994. 6. 10. 선고 94다1883 판결 등 확립된 판례.
79 대법원 2020. 1. 9. 자 2018스40 결정 참조.
80 대법원 2023. 7. 14. 자 2023스17 결정 참조.

재판은 결정을 고지함으로써 효력이 발생한다(비송사건절차법 제17조 및 제18조). 결정에 대하여 권리를 침해당한 자는 항고할 수 있다. 가족관계등록법 제104조에 따른 가족관계등록기록의 정정허가신청을 기각하는 결정을 한 경우 이에 대한 항고는 통상항고로서 불복기간의 정함이 없고 불복의 실익이 있는 한 언제든지 제기할 수 있다.[81]

4. 협의이혼의사확인 제도

가. 민법과 가족관계의 등록 등에 관한 법률 규정

358 민법 제836조 내지 제837조의2는 협의이혼을 하기 위하여는 가정법원의 확인을 받아야 하며, 미성년자녀가 있는 경우 자녀의 양육에 관한 사항의 협의를 하거나 협의가 이루어지지 않는 경우 가정법원이 이를 정하도록 규정하고 있다. 협의이혼의 확인(민법 제836조 제1항) 및 양육비부담조서 작성(제836조의2 제5항) 협의이혼시 양육에 관한 사항의 결정(제837조 제4항·제5항), 협의이혼시 면접교섭권에 관한 결정(제837조의2 제2항)이 포함된다.

359 가족관계의 등록 등에 관한 법률 제75조 제1항은 협의상 이혼을 하고자 하는 사람은 등록기준지 또는 주소지를 관할하는 가정법원의 확인을 받아 신고하여야 한다고 규정한다.[82] 같은 조 제4항, 가족관계의 등록 등에 관한 규칙 제73조 내지 제80조에서 가정법원의 확인 절차와 신고에 관하여 필요한 사항을 규정하고 있다.

나. 서울특별시에서 협의이혼의사확인의 관할법원

360 각급 법원의 설치와 관할구역에 관한 법률 제4조 제3호, [별표 5]는 가정법원과 그 지원의 관할구역을 정함에 있어 서울가정법원의 경우 가사사건은 서울특별시를 관할구역으로 하면서도 가족관계등록사무는 그 중 일부지역만을 관할구역으로 하는데, 그 구역은 같은 법 제4조 제1호, [별표 3] 고등법원·지방법원과 그 지원의 관할구역 중 서울중앙지방법원의 관할구역과 같다. 즉, 서울의 경우 협의이혼의사확인사건은 서울가정법원과 더불어 서울 동부·남부·북부·서부 지방법원이 각 관할하며 관할구역은 각 지방법원의 관할구역 배분과 동일하다.

81 대법원 2013. 3. 14. 자 2013스21 결정.

82 가사소송법 제2조에는 협의이혼의사확인절차를 가정법원 관할사건으로 규정하지 않고 있다. 위에서 본 바와 같이 민법 친족·상속편 및 총칙에서 가정법원이 재판할 것으로 규정된 다른 경우들이 가사소송법 제2조의 가정법원의 관할사건에 포함되어 있는 것과 차이가 있다.

다. 절차에 관한 특칙

361 미성년 자녀가 없는 부부 사이의 협의이혼절차에서의 가정법원의 사무는 사법보좌관이 업무를 담당할 수 있다. 단 민법 제836조의2 제2항·제3항에 따른 숙려기간의 단축 또는 면제와 관련된 사무를 제외한다(법원조직법 제54조 제2항 제5호, 사법보좌관규칙 제2조 제1항 19호). 그밖에 협의이혼의사확인절차 및 이혼신고에 관한 구체적 내용은 제836조 내지 제837조의2 서술 참조.

V. 친족법의 현황과 과제

362 현재의 친족법 규정과 해석을 두고 다양한 개선의견이 제기되고 있는 영역이 있다.
363 대표적인 두 경우를 중심으로 현재의 문제점 등 현황과 당면한 과제를 살펴보기로 한다.

1. 사실혼 배우자의 범위에 관한 민법과 특별법의 관계

가. 쟁점

1) 민법상 사실혼 배우자의 인정범위

364 민법상 사실혼의 보호 근거, 개념, 인정요건, 법률 효과 등에 관하여는 친족의 범위에 관한 제777조 제3호의 서술, 혼인무효에 관한 제815조 서술, 사실혼에 관한 제839조 [후론] 서술에 자세히 언급되어 있다.
365 아래에서는 위 서술들을 전제로 특별법과의 관계만 언급하기로 한다.

2) 쟁점의 정리

366 민법은 사실혼에 관하여 명문으로 규정하지 않아 사실혼 배우자의 인정 및 이에 대한 민법의 적용 범위에 관한 법리는 모두 판례에 의하여 형성되었다.
367 이에 비하여 각종 특별법상 '사실혼 배우자'를 적극적으로 규정하여 여기에 법률효과를 부여하는 규정이 존재하는 경우가 많고 법률에 규정되지 있지 않더라도 하위 법령 또는 내부 규정으로 '사실혼 배우자'를 배우자의 범위에 포함시켜 업무를 처리하기도 한다. 사법(私法) 영역에서는 보험 등 약관에 사실혼 배우자를 포함시키는 경우를 들 수 있다. 규정이 없어 해석으로 해결하여야 하는 경우도 있다.
368 이 때 특별법령이나 약관에서 정하는 '사실혼 배우자'의 범위가 민법의 해석론상 인정되는 사실혼 배우자와 같은 범위인지 문제된다.
369 특히 민법의 해석상으로는 혼인무효사유가 존재하거나 중혼취소사유가 존재하

는 경우에는 사실혼 성립을 부정하는바, 그 해석 법리가 '사실혼 배우자'를 별도로 인정하는 특별법령과 약관의 해석에서도 동일하게 적용되는지 측면에서 검토할 수 있다.

나. 민법상 사실혼 배우자를 인정하지 않는 경우

370 대법원 판례는 이른바 중혼적 사실혼의 경우에 여러 차례 사실혼을 부정하였다.

371 대법원 1995. 7. 3. 자 94스30 결정은 법률혼 관계가 사실상 이혼상태라는 등의 특별한 사정이 없는 한 법률상 배우자 있는 일방이 상대방에게 그와의 사실혼 해소를 이유로 재산분할을 청구함은 허용되지 않는다고 판시하였다.

372 대법원 1995. 9. 26. 선고 94므1638 판결은 위 판시를 유지하면서, 법률상 배우자가 가출한 후 남은 배우자가 제3자와 동거생활을 하였더라도 사실혼관계가 성립한 것으로 볼 수 없고 다만 법률상 이혼한 후에는 법률상 보호받을 수 있는 사실혼으로 된다고 판단하였다.

373 나아가 대법원 1996. 9. 20. 선고 96므530 판결은 피고가 법률상 배우자인 A의 가출 후 원고와 동거생활을 시작하였으나, 피고의 폭행과 부정행위로 원고와의 동거생활이 종료된 사안에서도 "원고와의 생활이 파탄에 이르게 될 때까지도 피고의 법률혼이 해소되지 않았기 때문에 원고에 대하여는 법률상 보호받을 수 있는 사실혼 관계 성립이 인정되지 않는다."라고 판단함으로써 중혼적 사실혼이 예외적으로 인정될 수 있는 '특별한 사정'의 존재도 인정하지 않았다.

다. 사실혼 배우자를 포함시키는 약관이 문제된 경우

374 약관상 사실혼 배우자를 적용대상에 명시적으로 포함시키는 조항이 있는 경우에 관한 대법원 판례들은 양쪽으로 해석할 여지가 있어 보인다.

1) 대법원 2009. 12. 24. 선고 2009다64161 판결

375 앞서 본 1995. 7. 3. 자 94스30 결정, 대법원 1995. 9. 26. 선고 94므1638 판결과 유사한 사안에서 약관에 정해진 '사실혼 배우자'로 인정한 사례이다.

376 위 판결은 비록 중혼적 사실혼 관계일지라도 법률혼이 사실상 이혼상태에 있다는 등의 특별한 사정이 있다면 법률혼에 준하는 보호를 할 필요가 있을 수 있다고 전제한 다음, 피고 2의 법률상 배우자인 소외인이 집을 나가 행방불명됨으로써 그들의 혼인은 사실상 이혼상태에 이르렀고, 피고들은 부부공동생활을 인정할 만한 혼인의 실체를 갖춘 사실혼관계에 있다는 것이므로, 피고들의 사실혼

관계가 법률혼에 준하는 보호를 받을 수 없는 경우에 해당한다고 단정할 수 없고, 나아가 계약에 의한 보험인수의 법률관계가 형성되어 피보험당사자의 지위를 확정하는 경우에 사실혼 관계에 있는 일방 당사자가 단순히 중혼적 관계에 있다는 이유만으로 그 사실혼 관계의 존재 자체를 부정하는 것은 객관적·획일적인 보험약관의 해석원칙에 관한 법리에도 반한다고 판단하였다. 보험회사가 중혼적 사실관계에 있는 배우자를 피보험자에서 배제하려고 하였다면 특별약관에 별도의 규정을 두어 이를 명시하였어야 한다는 판단도 덧붙였다.

2) 대법원 2010. 3. 25. 선고 2009다84141 판결

377 위 사건에서 대법원은 중혼적 사실혼에 관한 민법의 해석론은 자동차종합보험의 부부운전자한정운전 특별약관에서 규정하는 '사실혼 관계에 있는 배우자'의 해석에도 동일하게 적용되고, 이 경우 특별한 사정이 있다는 사실은 이를 주장하는 보험계약자에게 증명책임이 있다고 판시하였다.

378 피고들은 각자 법률상 혼인을 한 배우자와 별거하고 있는 상태에서 혼인의 의사로 실질적인 부부생활을 하는 경우이므로, 각자 특별한 사정이 있다는 점을 증명한다면, 특별약관에서 규정하는 사실혼 관계에 있는 배우자에 해당하여 보상을 받을 수 있으므로 이 점을 심리하여야 한다는 취지이다.

라. 형사 처벌 법규상 '사실상 친족'의 해석

379 성폭력범죄의 처벌 등에 관한 특례법 제5조 제1항(구 성폭력범죄의 처벌 및 피해자보호 등에 관한 법률 제7조 제1항)이 친족관계에 있는 자의 강간 범행을 처벌대상으로 하면서 같은 조 제5항은 사실상의 관계에 의한 친족을 포함한다고 규정하였다.

380 대법원 2002. 2. 22. 선고 2001도5075 판결은 중혼적 사실혼으로 인하여 형성된 인척이 위 조항의 친족에 포함된다고 판시하면서 그 이유를, 우리 법제가 일부일처주의를 채택하여 중혼을 금지하는 규정을 두고 있다고 하더라도 이를 위반한 때를 혼인 무효의 사유로 규정하고 있지 않고 단지 혼인 취소의 사유로만 규정함으로써 중혼에 해당하는 혼인이라도 취소되기 전까지는 유효하게 존속하는 것이므로 중혼적 사실혼이라 하여 달리 볼 것은 아니기 때문이라고 하였다.[83]

마. 각종 특별법에 의한 수급권자의 범위 해석과 판례

381 특별법에 의하여 인정되는 수급권자인 '배우자'의 범위에 관하여 그 법률에서

83 다만 위 사건에서는 사실관계상 피고인의 동거생활이 사실혼에 해당하지 않는다고 보았다.

'사실혼 배우자'도 포함시키는 조문을 둔 경우가 많다.

382 이때 사실혼 배우자의 인정 범위와 민법상 사실혼 인정기준과의 관계가 문제 된다.

1) 대법원 2010. 11. 25. 선고 2010두14091 판결

383 대법원 2010. 11. 25. 선고 2010두14091 판결은 특별법이 적용되는 법률관계에서 원칙적으로 민법상 사실혼과 동일한 범위로 해석함을 전제로 하면서도 예외적으로 인정 범위를 확장한 사례이다.

384 위 사건에 적용된 구 공무원연금법상 유족연금의 수급권자인 배우자의 범위에 '사실혼 관계'가 포함되는 것으로 규정되어 있는데, 해당 사실혼 당사자들이 근친으로 혼인무효사유가 존재하였다.

385 대법원은, 민법이 정하는 혼인법질서에 본질적으로 반하는 사실혼 관계에 있는 사람은 유족연금 수급권자인 배우자에 해당한다고 할 수 없다고 하면서도, 비록 민법에 의하여 혼인이 무효로 되는 근친자 사이의 사실혼관계라고 하더라도, 그 근친자 사이의 혼인이 금지된 역사적·사회적 배경, 그 사실혼관계가 형성된 경위, 당사자의 가족과 친인척을 포함한 주변 사회의 수용 여부, 공동생활의 기간, 자녀의 유무, 부부생활의 안정성과 신뢰성 등을 종합하여 그 반윤리성·반공익성이 혼인법질서 유지 등의 관점에서 현저하게 낮다고 인정되는 경우에는 근친자 사이의 혼인을 금지하는 공익적 요청보다는 유족의 생활안정과 복리향상이라는 유족연금제도의 목적을 우선할 특별한 사정이 있다고 판단하였다.

386 위 대법원 판결이 직접 판시하지는 않았지만, 판단의 전제로서 비록 예외적으로나마 특별법상 '사실혼 배우자'의 인정 범위는 그 법의 고유한 입법목적에 따라 민법의 그것과 달리 설정될 수 있음을 인정한 것으로 평가할 수 있다.

2) 대법원 2024. 7. 18. 선고 2023두36800 전원합의체 판결

387 동성 동반자에 대하여 건강보험의 피부양자인 사실혼 배우자의 지위를 인정할 것인지에 관한 판결이다.[84]

84 위 판례는 다양한 관점에서 여러 가지 방향으로 해석할 수 있다. 이 글에서는 동성혼에 방점을 두는 것이 아니라, 민법의 해석론상 인정된 적이 없는 형태의 사실혼 관계에 대하여 특별법의 적용에서 달리 해석할 수 있는지의 측면에서만 보기로 한다.
위 판례에 관한 다양한 평석은 김중권, "국민건강보험법상의 피부양자인 '배우자' 개념", 법률신문, 2024. 7. 24.; 손주희, "동성 동반자가 국민건강보험제도의 피부양자로 인정될 수 있는지 여부", 사법 제70호, 사법발전재단(2024); 안문희, "동성 동반자의 국민건강보험 피부양자 자격에 관한 검토", 한국법학원 현안보고서 제204-12호, 한국법학원(2024) 등.

가) 사안

388 1963년 제정된 의료보험법은 부양가족인 '배우자'에 '사실상 혼인관계에 있는 자'를 포함한다는 규정을 두었으나, 1976년 개정된 의료보험법에서 그 규정이 삭제되고 현행 국민건강보험법에 이르기까지 국민연금법 등 다른 사회보장 관계 법령들과 달리 피부양자인 '배우자'에 '사실상 혼인관계에 있는 자'를 포함한다는 규정을 두고 있지 않다. 그러나 국민건강보험공단은 '자격관리 업무지침'을 마련하여 사실상 혼인관계에 있는 사람도 배우자에 준하여 피부양자로 인정하여 왔다.

389 원고는 건강보험 직장가입자인 A의 동성동반자이다. 원고는 A의 사실혼배우자로 피부양자 자격취득 신고를 하여 피부양자 자격을 취득한 것으로 등록되었는데, 국민건강보험공단은 이를 착오처리로 보아 원고의 피부양자 자격을 상실시켰다.

나) 다수의견

390 위 전원합의체 판결의 다수의견은, 국민건강보험공단이 내부준칙인 자격관리 업무지침에 의거하여 '사실혼 배우자'를 피부양자로 인정하여 왔고 이는 건강보험이라는 특수한 사회보장제도와 관련한 피부양자 인정에서의 형평성 유지에 관한 것으로 건강보험제도와 피부양자제도의 취지, 목적 등을 떠나 생각할 수 없다는 점을 전제하였다(따라서 예컨대 사실상 혼인관계에 있는 사람까지 보호범위에 포함시키는 사회보장법률들에서는 각 사회보장제도의 취지와 목적에 비추어 별도로 판단하면 된다). 그리고 "동성 동반자에 대해 사실상 혼인관계에 있는 사람에 준하여 건강보험의 피부양자로 인정하는 문제와 민법 내지 가족법상 '배우자'의 범위를 해석·확정하는 문제는 충분히 다른 국면에서 논의할 수 있다."라고 하였다.

391 피부양자제도의 본질에 입각하면 '동성 동반자'를 사실상 혼인관계에 있는 사람과 달리 취급할 이유가 없고, 함께 생활하고 서로 부양하는 두 사람의 관계가 전통적인 가족법제가 아닌 기본적인 사회보장제도인 건강보험의 피부양자제도에서조차도 인정받지 못하는 것은 헌법상 기본권을 침해하는 차별행위라고 보았다.

다) 별개의견

392 별개의견은,[85] '배우자'는 사회보장 관계 법령을 비롯한 수많은 법령에서 다양한 법적 효과와 결부되어 사용되는 개념이기도 하여, '배우자'의 개념이 법령마다 다르게 해석되는 것은 법의 정합성이나 법해석의 안정성 측면에서 바람직하지

85 위 의견은 동성 동반자가 배우자에 포함되는지(처분의 실체적 하자 유무)에 관하여 다수의견과 견해를 달리하지만 처분에 절차적 하자가 있다고 본 부분은 동의하였기 때문에 별개의견으로 표명되었다.

않다고 전제하였다.

393 사실혼의 요건인 '혼인의 의사'와 '혼인 생활'에서의 '혼인'은 이성 간의 결합을 의미하고 동성 간의 결합을 의미하지 않으므로 동성 동반자는 배우자에 포함되지 않는다는 견해이다.

바. 전망

394 다종다양한 특별법령에는, 법률 내에서 '사실혼 배우자'를 포함시키는 규정을 둔 경우는 물론, 법률이 여러 차례 개정되는 가정에서 '사실혼 배우자'의 조문이 존재하지만 그 적용범위가 정확하지 않게 된 경우[86] 또는 법률이 여러 차례 개정되면서 '사실혼 배우자'의 규정이 삭제되고 대신 행정청의 내부 준칙 등으로 정하는 경우, 나아가 '사실혼 배우자'에 관한 규정이 없어 입법취지와 행정관행 등에 비추어 사실혼 배우자의 포함 여부를 판단하여야 하는 경우 등 여러 가지를 상정할 수 있다.

395 위 전원합의체 판결 이후 '사실혼 배우자'의 인정, 특히 민법이 허용하는 '혼인의사'에 포함되지 않는다고 해석되어 민법상 '사실혼 배우자'에 해당하지 않는 경우(민법상 사실혼 배우자로 인정된 적이 없는 경우 포함)에도 각종 특별법의 해석에서는 개별 법률의 입법목적과 제도의 기능에 따라 구체적으로 사실혼배우자의 범위를 달리 인정하는 입장에서, 혼인무효사유가 존재하는 동거(동반) 당사자들에게 '사실혼 배우자'에 대한 보호와 규율을 할 것인지, 또 다른 선택이 있는지는 앞으로의 해석과 재판례 축적에 달려 있을 것이다.

2. 친생 추정과 출생등록될 권리 사이의 충돌

가. 쟁점의 정리

396 법률혼 상태인 여성('생모')이 법률상 배우자('법률상 남편' 또는 '남편') 아닌 남성('생부')과 사이에서 자녀를 출산한 경우 진실한 혈연관계에 부합하도록 자녀의 가족관계등록부에 등록하려면 어떤 절차를 거쳐야 하는지의 쟁점이다.[87] 출생한

86 예를 들어 대법원 2019. 11. 14. 선고 2019두42112 판결에서 문제된 구 공무원연금법(2018. 3. 20. 법률 제15523호로 전부 개정되기 전의 것) 제41조의2 제2항의 사례.

87 사법정책연구원, 아동의 출생등록될 권리의 실효적 보장을 위한 방안(2024); 김상용, "생부(미혼부)의 권리에 관한 소고(小考) -생부의 출생신고와 친생부인권을 중심으로-", 중앙법학 제22권 제1호, 중앙법학회(2020); 신동현, "보호출산제의 시행과 향후 과제", 가족법연구 제38권 제3호, 한국가족법학회(2024); 양진섭, "혼인 외의 자녀와 출생신고-대법원 2020. 6. 8. 자 2020스575 결정과 최근 가족관계등록법 개정을 중심으로", 사법 제57호, 사법발전재단(2021); 이동진, "부자관계의 설정과 해소: 입법론적 고찰",

자녀의 입장에서 출생등록될 권리의 실현이다.

397 이 쟁점은 민법(실체법)과 가족관계의 등록 등에 관한 법률(절차법)을 같이 검토하여야 한다.

나. 친생추정 원칙과 실제

1) 친생추정 원칙에 따른 절차

398 그동안 해석과 실무는 친생추정 원칙에 따라 자녀는 생모의 법률상 남편의 친생자로 추정되고 따라서 자녀 출생신고시 어머니와 아버지는 생모와 법률상 남편으로 기재하여야 하고, 그 결과 가족관계등록부상 자녀의 부모란도 그와 같이 기재될 수밖에 없고, 생모 또는 법률상 남편이 친생부인의 소를 제기하여 판결이 확정되면 비로소 위 친생추정이 복멸한다는 것이다(친생추정 원칙과 대법원 판례, 해석론은 제844조 서술 참조).

399 민법이 여러 차례 개정을 거쳐 친생부인의 소제기권자가 추가되고 소제기기간이 길어지는 등으로 개선되었고(아래 도표 ① 영역) 혼인해소 후 300일 이내에 출생한 자녀의 경우에는 위 원칙이 완화되어 생부가 인지허가청구에 따라 친생추정을 복멸시킬 수 있게 되었다(아래 도표 ② 영역).

2) 실제 생활에서 원칙이 작동되지 않는 이유

400 위의 '원칙론'이 실제상황에서 작동하지 않는 경우가 다수 존재한다.

401 가족관계의 등록 등에 관한 법률상 출생신고의무자는 생모 또는 법률상 남편이다. 그러나 실제 생활에서는 생모가 법률상 남편과의 관계에서 부정한 행위를 하였다는 점을 공식적으로 인정하는 출생신고를 할 것도, 법률상 남편이 자녀의 출생 경위를 알고도 출생신고를 하는 것도 기대하기 어렵다.

402 생부는 자녀의 혈연상의 '친아버지'이고 실제 자녀를 양육하는 경우도 많지만 출생신고 권리자에서 배제되어 있어 출생신고를 할 수 없다.

403 감사원의 보건복지부에 대한 정기감사 등을 통하여 확인된 최근 수년간 출생미신고 추정 아동(임시신생아번호가 주민등록번호로 전환되지 않은 아동)에 대한 전수조사 결과 지방자치단체가 아동 생존 확인을 완료한 후까지도 출생신고 예정

인권과정의 제509호, 대한변호사협회(2022); 조인영, "친생추정의 범위에 관한 무제한설의 재조명-대법원 2019. 10. 23. 선고 2016므2510 판결 및 2021. 9. 9. 선고 2021므13293 판결을 계기로", 가족법연구 제36권 제1호, 한국가족법학회(2022); 현소혜, "혼인 중인 여자와 남편 아닌 자 사이에서 출생한 자녀에 대한 생부의 출생신고", 가족법연구 제38권 제1호, 한국가족법학회(2024) 등 참조.

상태인 아동 중 상당비율이 친생부인의 소 등 혼인관계 문제로 출생신고가 이루어지지 않았다는 실증적인 보고도[88] 이와 일치한다.

다. 친생추정을 전제로 한 출생신고

1) 출생신고 의무자·권리자 도표

404 민법상 친생추정 원칙을 전제로 할 때, 자녀의 출생신고를 하여야 할 의무자 또는 출생신고를 할 수 있는 권리자의 범위는 생모가 법률혼 상태에 있었는지, 법률혼이 해소되었다면 그 시점에 따라 달라진다. 도표화하면 다음과 같다.

405 대상 쟁점이 관련된 부분은 도표 ① 영역이다.

<table>
<tr><th colspan="4">자녀 출생시 생부</th></tr>
<tr><td></td><td>①
생모 혼인 중
생부≠법률상 남편</td><td>②
생모 혼인해소 300일이내
생부≠법률상 전남편</td><td>③
생모 혼인해소
300일 이후 or 생모
미혼
생부≠법률상 전남편</td></tr>
<tr><td>민법
(친생추정 유무)</td><td>제844조 제1항
남편의 자녀로 추정
제846조 친생부인
청구만 가능
청구권자 아내 또는
남편</td><td>제844조 제3항 전남편의
자녀로 추정
제846조 친생부인청구 가능
청구권자 아내 또는 전남편
제854조의2 친생부인허가청구
가능(출생미신고 한정)
청구권자 아내 또는 전남편
제855조의2 인지허가청구
가능(출생미신고 한정)
청구권자 생부</td><td>친생추정 없음
제855조 생부 인지
가능</td></tr>
<tr><td rowspan="2">가족관계의 등록
등에 관한 법률
(출생신고 의무자·
권리자)</td><td colspan="3">제46조 제1항·제2항 (1차의무자) 생모
제46조 제3항·제4항 (2차의무자) 친족, 의사, 검사, 지자체장
제44조의4 제3항 (직권 출생기록) 시읍면장</td></tr>
<tr><td colspan="2">생모의 남편 1차 신고의무자(제46조 제1항)
생부 신고권리 없음</td><td>생부 신고 가능</td></tr>
</table>

88 사법정책연구원, 아동의 출생등록될 권리의 실효적 보장을 위한 방안(2024), 151.

2) 판례와 실무

406 자녀의 출생 시 생모의 법률상 남편이 존재하는 경우에는 민법 제844조의 친생추정을 배제하지 않는 이상 생모는 자녀의 생부를 아버지로 하는 출생신고할 수 없고, 생부도 자녀에 대하여 인지의 효력 있는 출생신고를 할 수 없다는 것이 확립된 대법원 판례[89]와 가족관계등록실무의{출생신고에 관한 사무처리지침(가족관계등록예규 제412호) 제7조} 입장이다.

3) 헌법재판소 2023. 3. 23. 선고 2021헌마975 결정

407 헌법재판소 2023. 3. 23. 선고 2021헌마975 결정의 사안은 도표 ① 영역, 즉 생모가 법률상 혼인 중 법률상 남편 아닌 남자와 사이에서 아이를 출산한 경우이다. 생모는 출산 후 출생신고를 하지 않은 상태에서 연락이 두절되었고, 생부인 청구인들은 자녀를 양육하고 있으면서도 현행법 하에서 자녀의 출생신고 권리가 없는 점을 들어 헌법소원을 제기하였다. 자녀들도 청구인에 포함되어 있다.

408 헌법재판소는 출생자녀인 청구인들에 대하여는 태어난 즉시 출생등록될 권리의 침해를 인정한 반면 생부인 청구인들에 대하여는 민법 제844조 제1항의 친생추정이 미치는 이상 출생신고를 할 수 없더라도 평등권 침해가 인정되지 않는다고 판단하였다.

4) 법 개정 현황

409 위 결정 이후 가족관계의 등록 등에 관한 법률 개정으로 출생통보제도(가족관계의 등록 등에 관한 법률 제44조의3) 및 시읍면장의 직권 출생기록(제44조의4) 규정이 신설되었다. 또한 보호출산제를 내용으로 한 '위기 임신 및 보호출산 지원과 아동 보호에 관한 특별법'이 제정되었다.

가) 출생통보·직권기록 제도

410 출생통보제도는 이미 10여 년 전부터 출생아동이 파악되지 않은 채 방임·학대되는 사회문제에 대한 해결을 위하여 유사한 제도가 추진되어 정부안이 제출된 상태에서 일부 변경된 대안이 의결되어 입법에 이른 것이다.

411 그런데 법률혼 상태의 생모가 출생신고 의무기간 중 출생신고를 하지 않으면 시·읍·면의 장은 출생신고 의무자인 부모 모두에게 최고하여야 하고, 출생신고 의무자인 '부'는 법률상 남편이므로, 법률상 남편에게 자녀가 출생한 사실이 알

89 대법원 1978. 10. 10. 선고 78므29 판결 등.

려질 수 있게 되었다. 이는 출생신고 의무자의 사생활 보호 이익보다 아동의 권리를 더 우선하여 보호하는 입법취지로 이해되나, 자녀의 친자관계를 알리고 싶지 않은 모는 의료기관 자체를 기피할 가능성이 있다는 우려가 제기된다. 또한 생부는 최고대상에서 제외되어 있다.

412 시·읍·면의 장은 최고기간 동안 친자관계소송을 제기하였다는 사실 등 정당한 이유가 소명되지 않는 경우에는 아동의 출생을 직권으로 등록부에 기록하게 되고 이 때에는 법률상 남편을 출생아동의 아버지로 기재한다.

413 신설제도로 도표 ① 영역 출생아동의 출생신고될 권리가 원활하게 실현될지는 단정하기 어렵고 향후 제도 운용을 확인하여야 할 것이다. 생부를 아버지로 하는 출생신고는 여전히 배제될 것으로 보인다.

나) 보호출산 제도

414 '위기 임신 및 보호출산 지원과 아동 보호에 관한 특별법'의 제정이 출생미등록 아동 문제를 해결하기 위함이라고 하지만[90] 위 법률은 출산 및 양육에 어려움을 겪고 있는 위기임산부가 위 제도를 이용하여 출산을 하면 가명으로 진료기록부 작성 및 출생정보 통보 등의 절차를 진행한 후 생모는 친권이 정지되고 출생아동을 지방자치단체에 인도하여야 하고 자치단체장이 미성년후견인이 되어 입양 또는 지자체의 보호조치를 예정하는 절차이다.[91]

415 위에서 본 문제점 및 해결필요부분과 전혀 다른 차원의 제도라고 평가할 수 있다.

라. 가족관계의 등록 등에 관한 법률 제57조에 따른 출생신고를 둘러싼 문제

1) 입법연혁

416 가족관계의 등록 등에 관한 법률 제57조는 원래 인지의 효력이 있는 부의 출생신고 근거규정이었는데, 2015. 5. 18. 개정('사랑이법')에서 제57조 제2항이 신설되어 생모의 인적사항을 알 수 없는 경우 생부가 가정법원의 확인을 받아 혼인 외 출생자의 출생신고를 할 수 있게 되었다.

417 한편 대법원 2020. 6. 8. 자 2020스575 결정이 위 제57조 제2항의 '생모의 인적

90 예컨대 보건복지부, "출생통보제와 위기임신 지원 제도로 어려운 상황의 임산부와 아동 보호", 보건복지부 보도자료, 2024. 7. 18.

91 권희정, "[여성논단] 보호출산제, 인공지능은 아는데 우리는 모르는 것", 여성신문, 2025. 1. 15. "보호출산을 선택한 임산부는 신분을 감추고 출산 후 아기는 남겨두고 병원을 떠난다. 그간 소요된 의료비는 정부가 부담하고 사법 체계는 산모에게 아동 유기죄를 묻지 않는다. 아기는 지자체의 보호를 받다가 입양이나 아동 보호시설로 보내져 성장한다."

사항을 알 수 없는 경우'에 관한 규정을 예시적 열거로 해석하여야 한다고 판시하자, 그 취지에 따른 2021. 3. 16. 개정으로 제57조 제1항 단서를 신설하고 제2항을 개정하여, '부가 본문에 따른 신고를 함에 있어 모가 정당한 사유 없이 출생신고에 필요한 서류 제출에 협조하지 아니하는 경우' 등이 추가되어 이 경우 생부는 가정법원의 확인을 받아 출생신고를 할 수 있도록 하였다.

2) 적용범위에 관한 견해 차이의 상정

418 위 규정에 따라 생부가 '일단' 생모의 법률혼 유무 및 친생추정과 무관하게 자녀의 출생신고를 할 수 있는지에 관하여 서로 다른 견해의 가능성을 생각해 볼 수 있다.

가) 생부의 출생신고를 불허하는 입장

419 위 조문은 친생추정을 받는 자녀에 대하여 적용되지 않는다고 해석하는 입장이다.

420 위 견해는, 가족관계의 등록 등에 관한 법률은 가족관계등록부의 기재 등 관리 절차와 실무를 규율하는 것이기 때문에 가족관계등록부의 각 사항을 기재하는 실무절차에 관하여 해석할 때에는 실체법과 모순 없는 해석을 하여야 하고, 따라서 친생추정 원칙이 침해되지 않도록 가족관계등록부가 작성되어야 한다는 것이다.

421 출생신고서에는 '부모의 성명 등 인적사항'을 기재하여야 하는데(가족관계의 등록 등에 관한 법률 제44조 제2항 제4호), 출생신고에 의하여 기록되는 부모는 실체법인 민법상 부 또는 모로 인정되는 사람으로 친생추정이 미치는 경우에는 생모와 그의 법률상 남편이 이에 해당한다고 본다.

나) 위 입장에 반대하는 견해

422 반대 견해에서는 다음과 같은 해석이 가능하다.

(1) 문언적 해석

423 가족관계의 등록 등에 관한 법률 제57조를 문언 그대로 해석하면 다음과 같다.

424 ① 제1항 본문은 "부가 혼인 외의 자녀에 대하여 친생자출생의 신고를 한 때에는 그 신고는 인지의 효력이 있다."라고 하면서도 단서에서 "다만 모가 특정됨에도 불구하고 부가 본문에 따른 신고를 함에 있어 모가 정당한 사유 없이 출생신고에 필요한 서류 제출에 협조하지 아니하는 등의 장애가 있는 경우에는 부의 등록기준지 또는 주소지를 관할하는 가정법원의 확인을 받아 신고를 할 수 있다."라고 규정하고 있다.

425 즉 본문은 인지의 효력이 있는 본래의 출생신고에 대하여 규정하고, 단서는 생

모가 출생신고에 협조하지 않는 경우 생부가 가정법원의 확인을 받아서 하는 출생신고를 예외적으로 규정하고 있다.

426 ② 제4항 제1호는 출생자가 제3자로부터 민법 제844조의 친생자 추정을 받고 있음이 밝혀진 경우에는 신고의무자가 1개월 이내에 출생의 신고를 하고 등록부의 정정을 신청하여야 한다고 규정한다. 이 조항이야말로 친생추정을 받는 자녀인지 구별 없이 출생신고가 가능하다고 볼 근거규정이다. 생부가 일단 제1항 단서에 따라 자신을 아버지로 하여 출생신고를 마치면 그 자녀에 대한 법상 출생신고의무자인 생모 또는 그의 법률상 남편이 제4항 제4호에 따라 자신들을 부모로 하는 출생신고를 하고 앞선 가족관계등록부의 정정을 할 수 있다는 의미이기 때문이다.

427 (2) 법익 사이의 비교형량

428 일단 생부의 출생신고를 수리하더라도 위와 같이 생모 또는 그의 법률상 남편에 의하여 가족관계등록부의 정정이 가능한 이상, 민법상 친생추정규정과의 관계에서 큰 문제는 생기지 않는다.

429 나아가 설령 민법상 친생추정규정과의 충돌이 우려된다고 할지라도, 이를 이유로 생부의 출생신고를 불허한다고 하여 생모 또는 그의 법률상 남편이 자녀의 출생신고를 할 것이라는 보장이 없다. 아예 출생신고를 하지 못하게 함으로써 자녀의 출생등록될 권리가 침해되는 불이익과, 출생신고가 수리됨으로써 민법상 친생추정규정과의 충돌이 발생할 수도 있다는 개연성 사이에서 비교형량을 해야 한다.

다) 가족관계등록실무

430 법원의 가족관계등록실무는 생부의 출생신고를 불허하고 있다.

431 '가족관계등록법 제57조에 따른 가정법원의 확인절차 및 신고 등에 관한 사무처리지침(재판예규 제614호)' 제4조의2 제2호는 "법 제57조 제1항 단서에 따른 출생신고가 접수된 경우 출생자가 제3자로부터 민법 제844조의 친생자 추정을 받고 있는 것이 명백한 경우에는 출생신고를 불수리한다."라고 규정하여 이를 명백히 하고 있다.

3) 헌법재판소 2023. 3. 23. 선고 2021헌마975 결정

432 헌법재판소는 위 결정에서 현행 출생신고제도가 위 도표 ① 영역의 출생자녀들에 대한 출생신고가 실효적으로 이루어질 수 있도록 보장하지 못하여 출생자녀들의 즉시 출생등록될 권리를 침해한다고 판단하여 헌법불합치 결정을 하면서

2025. 3. 31. 까지 개선입법을 이행할 것을 명하였다.

433 생모나 그의 법률상 남편이 출생신고를 하지 않는 경우 생부가 생래적 혈연관계를 소명하여 인지의 효력이 없는 출생신고를 할 수 있도록 하는 등으로 민법상 신분관계와 모순되는 내용이 가족관계등록부에 기재되는 것을 방지하면서도 출생신고가 이루어질 수 있다는 판단이 포함되어 있다.

434 위 결정의 취지에 따른 개선입법으로서 가족관계의 등록 등에 관한 법률 개정안들이 의원입법형태로 국회에 제출되어 있다.

VI. 부록(가사관련사건들의 사건부호)

435 법원재판사무처리규칙 제20조, 사건별 부호문자의 부여에 관한 예규(재판예규 제1812호) 제2조 및 별표에 따라 부여하는 사건별 사건부호 중 친족·상속법과 관련 있는 부분은 아래와 같다.

가사 1 심합의사건	드합
가사 1 심단독사건	드단
가사항소사건	르
가사상고사건	므
가사항고사건	브
가사재항고사건	스
가사특별항고사건	으
가사조정사건	너
가사공조사건	츠
가사가압류,가처분등 합의사건	즈합
가사가압류,가처분등 단독사건	즈단
기타가사신청사건	즈기
가사비송합의사건	느합
가사비송단독사건	느단
후견개시사건	후개
기본 후견감독사건	후감
기타후견사건	후기
개명사건	호명
가족관계등록(제적)비송사건	호기
협의이혼의사확인 신청사건	호협

제1장 총칙

[총설]

1 민법상 친족의 개념과 범위는 1990. 1. 13. 민법의 일부 개정과 함께 큰 변화가 있었다. 개정 전 민법에서는 부계친족관계를 중심으로 하여 친족의 개념과 범위를 정하였는데, 혈족의 경우 부계혈족(父系血族)과 모계혈족(母系血族) 사이에 차등을 두어 부계혈족의 경우는 8촌까지 친족의 범위로 인정한 반면에 모계혈족의 경우는 4촌 이내로 친족의 범위를 제한하였고, 인척의 경우에도 남편의 혈족의 경우는 남편의 8촌 이내의 부계혈족과 4촌 이내의 모계혈족까지 친족의 범위에 포함시킨 반면에 처의 혈족의 경우는 처의 부모만을 친족의 범위에 포함시켰다. 또한 가부장 중심의 가족제도를 중시하여 남편의 후처와 전처의 자녀 사이인 계모자 관계는 물론 남편의 혼인 외의 자녀와 남편의 현재의 아내 사이까지도 법정모자관계를 인정하였다. 이러한 법률 조항들은 개인의 존엄과 양성의 평등을 기초로 혼인생활과 가정생활이 유지되어야 하고 국가는 이를 보장하여야 한다는 헌법 제36조 제1항의 이념에 정면으로 배치되어 많은 비판이 있었고, 민법의 개정과 함께 앞서 본 바와 같은 차별들은 상당수 사라졌다.

제 767 조 [친족의 정의]

배우자, 혈족 및 인척을 친족으로 한다.

[관련조문] 민법 제768조(혈족의 정의), 제769조(인척의 계원), 제777조(친족의 범위), 제855조(인지), 제860조(인지의 소급효), 제861조(인지의 취소), 국제사법 제74조(그 밖의 친족관계)

[참고문헌] 김주수/김상용, 주석 민법, 친족(1)(제5판), 한국사법행정학회(2016)

1 친족은 배우자와 혈족, 인척으로 나뉜다. 친족관계에 외국적 요소가 있는 경우 그 성립 및 그 관계에서 발생하는 권리의무에 관하여 국제사법에 특별한 규정이 없으면 그 준거법은 각 당사자의 본국법에 따른다(국제사법 제74조).

Ⅰ. 배우자

2 배우자는 법률상 혼인을 한 남녀 사이에서 상대방을 지칭하는 명칭이다. 혼인은 남녀 간의 육체적, 정신적 결합으로 성립하는 것으로서, 우리 민법은 이성(異性) 간의 혼인만을 허용하고 동성(同性) 간의 혼인은 허용하지 않고 있다.[1] 혼인은 가족관계의 등록 등에 관한 법률에 정한 바에 의하여 신고함으로써 그 효력이 생기므로(민법 제812조 제1항), 혼인신고가 마쳐져야 비로소 배우자 관계가 성립한다. 한편, 동성(同性)인 당사자 쌍방이 혼인신고를 하는 경우 해당 관청은 그 수리를 거부하는 취지로 신고 불수리 통지를 하는 것이 실무례이고, 이러한 거부가 위법하지 않는다는 것이 각급 법원 판례의 태도이다.[2]

3 한편, 이성 관계에 있는 당사자들이 혼인을 하였는데 그 당사자 중 일방이 성전환자인 경우에 있어 그에게 가족관계등록부상 성별 기재의 정정을 허용할 것인지가 문제되는데, 이 경우 정정을 허용하게 되면 동성혼의 외관을 현출시키게 되고 결과적으로 동성혼을 인정하게 되는 것이 아닌가 하는 문제가 발생한다. 이에 대하여 대법원은 성전환자가 혼인 중에 있는 경우 가족관계등록부에 기재

1 대법원 2011. 9. 2. 자 2009스117 전원합의체 결정.
2 서울서부지방법원 2016. 12. 5. 자 2016브6 결정(확정).

된 성별을 정정하여, 배우자의 법적 지위와 그에 대한 사회적 인식에 곤란을 초래하는 것까지 허용할 수는 없다며 현재 혼인 중에 있는 성전환자의 성별 정정은 허용되지 않는다고 보고 있다.[3]

4 다만 대법원은 동성의 2인이 단순히 동거하는 관계를 뛰어 넘어 동거, 부양, 협조, 정조의무를 바탕으로 부부공동생활에 준할 정도의 경제적 생활공동체를 형성하고 있는 경우 그러한 동성 동반자는 국민건강보험법상 건강보험제도와 피부양자제도의 적용에 있어 사실상 혼인관계에 있는 사람과 달리 취급할 필요가 없고, 동성 동반자를 사실상 혼인관계에 있는 사람에 준하여 피부양자로 인정한다고 하여 전통적인 의미의 혼인과 이에 기반한 가족제도를 해친다거나 법적 안정성 또는 제3자의 권리를 침해할 소지도 없다며 이러한 동성 동반자 관계에 있는 사람들을 건강보험제도와 피부양자제도의 적용에 있어 피부양자로 인정하지 않는 것은 사실혼 관계에 있는 이성 동반자와 차별하는 것으로서 헌법상 평등원칙을 위반한다고 보아[4] 일정한 경우 동성 동반자 관계에 있는 당사자 사이를 사실혼 관계에 준하여 취급하는 입장을 취하였다.[5]

5 당사자 사이에 혼인의 의사가 있고, 부부공동생활을 인정할 만한 혼인생활의 실체는 존재하나 혼인신고가 마쳐있지 아니한 사실혼 당사자의 경우 배우자 관계는 성립하지 아니한다.[6]

6 배우자 일방이 사망한 경우, 혼인이 취소되거나 이혼이 되는 경우 배우자 관계가 소멸하며, 혼인이 무효인 경우에는 배우자 관계가 애초부터 생기지 아니한다.

Ⅱ. 혈족

7 혈족은 혈연(血緣)으로 이어진 사람들을 의미하고, 그 발생 원인에 따라 자연혈

3 대법원 2011. 9. 2. 자 2009스117 전원합의체 결정. 한편 이 결정에는 성별정정 신청 당시 그 혼인관계의 실질적 해소 여부와 그 사유, 혼인관계의 실질적 해소로부터 경과한 기간, 실질적으로 해소된 혼인관계의 부활 가능성 등 제반사정을 종합적으로 고려하여 가족관계등록부상의 성별란 정정이 신분관계에 혼란을 줄 염려가 있는지를 가리고 그에 따라 성별 정정 여부를 결정하면 충분하다는 반대의견이 있다.

4 대법원 2024. 7. 18. 선고 2023두36800 전원합의체 판결.

5 한편 대법원 2024. 7. 18. 선고 2023두36800 전원합의체 판결에서 국민건강보험법상 '배우자'의 개념은 이성 간의 결합을 본질로 하는 '혼인'을 전제로 하고, '동성 동반자'는 이에 해당하지 않으며, '동성 동반자'와 '사실상 혼인관계에 있는 사람'은 본질적으로 동일한 집단에 속한다고 볼 수 없고, 동성 동반자를 피부양자에서 제외하여 지역가입자로 분류한 것을 합리적 근거 없는 자의적 차별이라고 하기도 어렵다는 별개의견이 있다.

6 대법원 2003. 12. 12. 선고 2003도4533 판결.

족과 법정혈족으로 나뉜다.

1. 자연혈족

8 자연혈족은 부모와 자녀, 형제자매 등 자연적인 혈연관계로 연결되어 있는 사람들을 의미하고, 이는 어느 한 당사자를 기준으로 하여 아버지 쪽 혈연으로 이어진 부계혈족과 어머니 쪽 혈연으로 이어진 모계혈족으로 나뉜다.

9 법률상 혼인을 한 남녀 사이에서 출생한 자녀인 혼인 중의 출생자는 출생과 동시에 아버지에 대한 관계에서 부계혈족 관계가, 어머니에 대한 관계에서는 모계혈족 관계가 성립한다. 그러나 법률상 혼인이 성립하지 아니하여 서로 배우자 관계에 있지 아니한 남녀 사이에서 태어난 자녀인 혼인 외의 출생자의 경우 어머니에 대한 관계에서는 출생과 동시에 모계혈족 관계가 성립함은 혼인 중의 출생자의 경우와 같으나,[7] 아버지에 대한 관계에서는 출생만으로 바로 부계혈족 관계가 성립하지는 아니하고, 아버지가 인지할 때 비로소 부계혈족관계가 성립하며(민법 제855조 제1항), 다만 인지가 있을 경우 그 발생의 효력이 출생 시에 소급한다(제860조). 따라서 혼인 외의 출생자는 인지가 되기 전에는 부와 사이에 자연혈족 관계가 발생하지 아니하여 부양, 상속의 법률관계가 생기지 아니하게 된다.

10 자연혈족 관계는 당사자 중 일방이 사망하면 소멸한다. 그러나 사망자를 통하여 연결된 생존자 사이의 혈족관계는 사망과 관계없이 존속한다.[8] 예를 들어 부모가 사망하더라도 조부모와 손자녀 사이의 혈족관계는 그대로 유지된다.

11 인지에 의해 부와 혼인 외의 출생자 사이에 발생한 혈족관계는 인지가 취소되면 소멸한다(민법 제861조).[9]

2. 법정혈족

12 자연적인 혈연관계는 없으나 법률에 의해서 자연혈족과 같은 관계가 인정되는 사람을 법정혈족이라 하고, 이러한 법정혈족 관계로는 입양에 의한 양친자관계가 있다.

7 이에 대한 민법의 명문 규정은 없고, 민법 제855조 제1항은 생모가 혼인 외의 출생자를 인지할 수 있다고 규정하고 있어 오히려 어머니에 대한 관계에서 인지 절차를 거쳐야 모계혈족 관계가 성립하는 것이 아닌가 하는 의문이 들 수 있다. 그러나 판례는 혼인 외의 출생자의 경우 모자 관계는 인지를 요함이 없이 법률상 친자관계가 성립한다고 보고 있고(대법원 1997. 2. 14. 선고 96므738 판결, 대법원 2022. 1. 27. 선고 2018므11273 판결), 학설 중 다수설도 인지 여부에 관계없이 모자관계는 출생과 더불어 당연히 발생하는 것으로 보고 있다.

8 김주수/김상용, 주석 민법, 친족(1)(제5판), 한국사법행정학회(2016), 100.

9 인지취소의 경우 혼인취소의 경우와 달리 소급효를 제한하는 특칙이 없어 취소의 효력은 소급한다.

13 양친자 관계는 입양으로 인하여 발생하고, 입양이 취소되거나 파양이 되면 소멸한다. 자연혈족 관계와 마찬가지로 관계된 당사자 중 일방이 사망하면 양친자 관계 역시 소멸하나 사망자를 통하여 연결된 생존자 사이의 혈족관계는 존속한다.

3. 혈족의 범위

14 혈족과 관련하여 자연혈족이든 법정혈족이든 친족관계로 인한 법률상 효력은 민법 또는 다른 법률에 특별한 규정이 없는 한 8촌 이내로 한정된다(민법 제777조 제1호).

Ⅲ. 인척

15 인척은 혼인에 의하여 맺어진 친족으로서 배우자 이외의 자를 의미한다(☞ 상세한 내용은 민법 제769조 주석 참조).

제 768 조 [혈족의 정의]

자기의 직계존속과 직계비속을 직계혈족이라 하고 자기의 형제자매와 형제자매의 직계비속, 직계존속의 형제자매 및 그 형제자매의 직계비속을 방계혈족이라 한다.
<개정 1990. 1. 13.>

[관련조문] 민법 제767조(친족의 정의), 제770조(혈족의 촌수의 계산), 제777조(친족의 범위)

Ⅰ. 직계혈족

1 친족 관계에서 한 사람을 중심으로 혈연이 조부모, 부모, 자녀, 손자, 손녀 등으로 직접적으로 이어져 있는 계통을 직계(直系)라 하고, 이러한 직계의 관계에 있는 혈족을 직계혈족이라 한다. 직계혈족은 직계존속과 직계비속으로 나뉘는데, 직계존속은 자기의 부모나 조부모 등 자신보다 항렬(行列)이 높은 직계혈족을 말하고, 직계비속은 자기의 자녀, 손자, 손녀 등 자신보다 항렬이 낮은 직계혈족을 말한다.

Ⅱ. 방계혈족

2 시조(始祖)가 같은 혈족 중 직계에서 갈라져 나온 혈족을 방계혈족이라 하고, ① 형제자매,[1] ② 형제자매의 직계비속인 조카, ③ 부모의 형제자매인 삼촌, 고모, 이모, ④ 삼촌, 고모, 이모의 직계비속인 사촌 형제자매 등이 방계혈족에 해당한다.

[1] 혈족의 범위를 정한 민법 제768조에서 말하는 '형제자매'라 함은 부계 및 모계의 형제자매를 모두 포함하므로, 이복형제가 정치자금법 제45조 제1항 단서의 '친족'에서 제외되는 것은 아니라는 판례로 대법원 2007. 11. 29. 선고 2007도7062 판결이 있다.

제 769 조 [인척의 계원]

혈족의 배우자, 배우자의 혈족, 배우자의 혈족의 배우자를 인척으로 한다.

<개정 1990. 1. 13.>

[관련조문] 민법 제767조(친족의 정의), 제771조(인척의 촌수의 계산), 제775조(인척관계 등의 소멸), 제777조(친족의 범위)

1 인척으로는 혈족의 배우자(예를 들어 형수, 외숙모 등), 배우자의 혈족(예를 들어 시부모, 장인, 장모, 처남 등), 배우자의 혈족의 배우자(예를 들어 시동생의 처, 처형의 남편 등)가 있다.

2 혈족의 배우자의 혈족(예를 들어 형수의 부모, 계모의 자매 등)의 경우 과거에 인척에 포함되었다가 1990년 민법 개정에 따라 인척의 범위에서 제외되었다. 계모자관계(繼母子關係)와 적모서자관계(嫡母庶子關係)의 경우 과거에는 법정혈족에 해당하였다가 1990년 민법 일부 개정에 따라 혈족의 배우자나 배우자의 혈족으로서 단순한 인척관계에 남게 되었다.

3 의붓아버지와 의붓딸의 관계는 성폭력처벌법 제5조 제4항이 규정한 4촌 이내의 인척으로서 친족관계에 해당한다는 판례가 있다.[1]

4 인척으로서 친족관계로 인한 법률상 효력은 민법 또는 다른 법률에 특별한 규정이 없는 한 4촌 이내로 한정된다(민법 제777조 제2호).

1 대법원 2020. 11. 5. 선고 2020도10806 판결.

제 770 조 [혈족의 촌수의 계산]

① 직계혈족은 자기로부터 직계존속에 이르고 자기로부터 직계비속에 이르러 그 세수를 정한다.

② 방계혈족은 자기로부터 동원의 직계존속에 이르는 세수와 그 동원의 직계존속으로부터 그 직계비속에 이르는 세수를 통산하여 그 촌수를 정한다.

[관련조문] 민법 제768조(혈족의 정의), 제772조(양자와의 친계와 촌수), 제777조(친족의 범위), 제1000조(상속의 순위)

Ⅰ. 촌수의 의의

1 촌수란 친족 상호간의 혈통관계를 따질 때 그 멀고 가까운 것을 나타내는 거리의 단위를 말한다. 민법에서는 촌(寸)과 같은 뜻으로서 친등(親等)이라는 말도 쓰인다(민법 제1000조 제2호).

Ⅱ. 촌수의 계산법

1. 직계혈족의 세수(世數)를 정하는 법

2 조상으로부터 자손으로 이어져 내려오는 대(代)의 수를 세수라 한다. 직계혈족은 자기와 직계존속이나 직계비속 사이에 존재하는 대의 수를 계산하여 세수를 정하는데, 예를 들어 부모와 자녀 사이는 1대만이 존재하므로 1세이고, 조부모와 손자, 손녀 사이는 2대가 존재하므로 2세가 된다.

2. 방계혈족의 촌수를 정하는 법

3 방계혈족의 촌수는 동원(同源[1])의 직계존속, 즉 자신과 방계혈족의 공동시조를 찾은 뒤 자신과 공동시조 사이의 세수와 방계혈족과 공동시조의 세수를 통틀어 계산하여 정한다. 예를 들어 어느 당사자(A)를 기준으로 하여 그의 아버지의 동생(B)과의 촌수를 계산한다고 하면 A, B의 공동시조 C는 A의 할아버지(B의 아버지)이고, A와 C 사이는 2세가, B와 C 사이는 1세가 존재하므로 A와 B 사이는 3(=2+1)촌이 된다.

1 근원이 같다는 의미의 일본어이다.

제 771 조 [인척의 촌수의 계산]

인척은 배우자의 혈족에 대하여는 배우자의 그 혈족에 대한 촌수에 따르고, 혈족의 배우자에 대하여는 그 혈족에 대한 촌수에 따른다.

[전문개정 1990. 1. 13.]

[관련조문] 민법 제769조(인척의 계원), 제770조(혈족의 촌수의 계산), 제775조(인척관계 등의 소멸), 제777조(친족의 범위)

Ⅰ. 배우자의 혈족

1 인척 중 배우자의 혈족의 촌수는 배우자의 그 혈족에 대한 촌수에 따른다. 예를 들어 남자 A와 5촌 사이인 혈족 C는 A의 아내인 B와 인척 5촌 사이가 된다.

Ⅱ. 혈족의 배우자

2 인척 중 혈족의 배우자의 촌수는 그 혈족에 대한 촌수에 따른다. 예를 들어 A와 3촌 사이인 혈족 남자 B에게 아내 C가 있는 경우 C는 A와 인척 3촌 사이가 된다.

Ⅲ. 배우자의 혈족의 배우자

3 인척 중 배우자의 혈족의 배우자의 촌수 계산에 대하여 명문의 규정은 없는데, 배우자가 그 혈족의 배우자에 대하여 계산한 촌수를 따르는 것으로 해석된다. 예를 들어 남자 A의 아내 B에게 숙부 C가 있고, C의 아내로 D가 있다면, B와 C는 3촌 혈족 사이이므로, D는 C의 배우자로서 B와 3촌 인척이 되고, 결과적으로 B의 남편인 A와도 3촌 인척이 된다.

제 772 조 [양자와의 친계와 촌수]

① 양자와 양부모 및 그 혈족, 인척사이의 친계와 촌수는 입양한 때로부터 혼인 중의 출생자와 동일한 것으로 본다.

② 양자의 배우자, 직계비속과 그 배우자는 전항의 양자의 친계를 기준으로 하여 촌수를 정한다.

[관련조문] 민법 제768조(혈족의 정의), 제771조(인척의 촌수의 계산), 제776조(입양으로 인한 친족관계의 소멸), 제878조(입양의 성립), 제882조의2(입양의 효력), 제908조의2(친양자 입양의 요건 등), 제908조의3(친양자 입양의 효력)

Ⅰ. 양자와 양부모의 친족 사이의 관계

1 양자는 입양된 때, 즉 입양의 효력이 발생한 때[1]로부터 양부모의 친생자와 같은 지위를 가지고(민법 제882조의2 제1항), 그 결과 양부모, 양부모의 혈족[2]과 인척 사이에 친족관계를 가지는데, 그 촌수는 양부모의 혼인 중의 출생자와 동일한 기준으로 정한다.

Ⅱ. 양부모와 양자의 친족 사이의 관계

2 입양이 성립되더라도 친생부모 사이의 친생자관계를 비롯한 입양 전의 친족관계는 존속하고(민법 제882조의2 제2항), 다만 친양자 입양의 경우 친양자 입양이 확정된 때 입양 전의 친족관계가 종료한다(제908조의3 제2항). 그런데, 입양 전의 친족관계가 존속한다고 하더라도 양자의 입양 전의 친족과 양부모 사이에 발생하는 친족관계의 범위는 제한이 있다. 즉, 양부모는 양자의 직계존속이나 방계혈족과 사이에 친족관계를 가지지는 아니하고, 양자의 배우자, 양자의 직계비속(그 출생의 시기가 입양성립 전인지 후인지는 문제되지 아니한다)과 그 배우자 사이에서만 친족관계를 가지며, 그 촌수는 양자를 혼인 중의 출생자로 보고 그에 따라 촌수를 계산한다.

[1] 일반입양은 가족관계의 등록 등에 관한 법률에서 정한 바에 따라 신고함으로써 그 효력이 생기고(민법 제878조), 친양자 입양은 친양자 입양 허가 심판이 확정된 때 효력이 생긴다(제908조의2).
[2] 자연혈족과 법정혈족을 포함한다.

제 773 조 [계모자관계로 인한 친계와 촌수] <1990. 1. 13. 삭제 조문>

전처의 출생자와 계모 및 그 혈족, 인척 사이의 친계와 촌수는 출생자와 동일한 것으로 본다.

[참고문헌] 김주수/김상용, 주석 민법, 친족(1)(제5판), 한국사법행정학회(2016)

1 계모(繼母)는 어느 자녀의 아버지가 다른 여자와 재혼한 경우 그 자녀의 입장에서 아버지와 재혼한 후처를 지칭하는 개념이고, 이 경우 전처의 출생자와 계모 사이를 계모자관계라고 한다. 종래의 민법은 부계 중심의 가족 제도를 중시하여 계모자 사이에 자연적인 혈연관계가 없음에도 불구하고 전처의 출생자의 지위를 계모의 출생자와 동등하게 부여하였다. 즉 계모자관계에 대하여 법정모자관계를 인정하여 계모는 물론 그 혈족 및 인척과 전처의 출생자와 사이의 친계와 촌수를 출생자와 동일한 것으로 보았다. 이러한 제도는 일본 구 민법에 규정된 것으로 우리 전통에도 없다는 비판이 있었고,[1] 1990년 민법 일부 개정에 따라 제773조는 삭제되고, 계모자관계는 단순한 인척관계로 되었다.

1 상세한 내용은 김주수/김상용, 주석 민법, 친족(1)(제5판), 한국사법행정학회(2016), 110 이하 참조.

제 774 조 [혼인 외의 출생자와 그 친계, 촌수] <1990. 1. 13. 삭제 조문>

혼인 외의 출생자와 부(父)의 배우자 및 그 혈족, 인척 사이의 친계와 촌수는 그 배우자의 출생자와 동일한 것으로 본다.

1 종래의 민법은 법률상 혼인하여 처(妻)가 있는 남자에게 그가 인지한 혼인 외의 출생자로서 그 처와 자연적인 혈연관계가 없는 자가 있는 경우 처와 혼인 외 출생자 사이[1]에 법정모자관계를 인정하여 그의 처는 물론 처의 혈족, 인척과 혼인 외의 출생자 사이의 친계와 촌수를 출생자와 동일한 것으로 보았는데, 계모자관계와 마찬가지로 1990년 민법 일부 개정에 따라 제774조는 삭제되고, 위 관계 역시 단순한 인척관계로 되었다.

1 적모서자관계에 해당한다.

제 775 조 [인척관계 등의 소멸]

① 인척관계는 혼인의 취소 또는 이혼으로 인하여 종료한다. <개정 1990. 1. 13.>
② 부부의 일방이 사망한 경우 생존 배우자가 재혼한 때에도 제1항과 같다. <개정 1990. 1. 13.>

[관련조문] 민법 제769조(인척의 계원), 제771조(인척의 촌수의 계산), 제777조(친족의 범위), 제816조(혼인취소의 사유), 제824조(혼인취소의 효력), 제834조(협의상 이혼), 제840조(재판상 이혼)

Ⅰ. 혼인의 취소 또는 이혼으로 인한 인척관계의 소멸

1 법률혼 관계에 있는 부부 사이에 혼인이 취소되거나 이혼이 성립하면 혼인관계는 물론이고, 그 혼인으로 인하여 맺어진 인척관계 역시 소멸하고, 인척관계에 따른 권리, 의무 역시 소멸한다.

2 예를 들어 A와 B가 법률상 부부이고, C가 B의 혈족이라고 하면 A와 C는 배우자의 혈족 내지 혈족의 배우자 관계로서 인척관계가 되는데, A와 B 사이에 혼인이 취소되거나 이혼이 성립하면 A와 C의 인척 관계는 소멸한다. 또한 위 예에서 C의 배우자로 D가 있다고 하면 A와 D는 서로 배우자의 혈족의 배우자의 관계에 있게 되는데, A와 B 사이의 혼인이 취소되거나 이혼이 성립하는 경우는 물론 C와 D 사이의 혼인이 취소되거나 이혼이 성립하는 경우에도 A와 D 사이의 인척관계가 소멸한다.

Ⅱ. 부부일방의 사망으로 인한 혼인해소 후 생존배우자의 재혼

3 혼인당사자 중 일방이 사망하여 혼인관계가 소멸되어도 사망한 배우자의 혈족과 생존한 배우자 사이의 인척관계는 존속하고, 다만, 생존배우자가 상대방 배우자의 사망 이후 제3자와 재혼한 때 비로소 그 인척관계가 소멸한다.

4 부부의 일방이 사망하여도 그 부모 등 직계혈족과 생존한 상대방 사이의 친족관계는 그대로 유지되나, 혼인의 성립에 의하여 발생한 배우자관계는 하여 당사자 일방의 사망으로 인하여 소멸한다. 그러므로 사망한 배우자의 직계혈족과 생존한 상대방 사이의 관계는 민법 제974조 제1호의 '직계혈족 및 그 배우자 간'에

해당한다고 볼 수 없어 생존한 상대방이 재혼하지 않았더라도 민법 제974조 제3호에 의하여 생계를 같이 하는 경우에 한하여 부양의무가 인정된다.[1]

1 대법원 2013. 8. 30. 자 2013스96 결정.

제 776 조 [입양으로 인한 친족관계의 소멸]

입양으로 인한 친족관계는 입양의 취소 또는 파양으로 인하여 종료한다.

[관련조문] 민법 제772조(양자와의 친계와 촌수), 제775조(인척관계 등의 소멸), 제824조(혼인취소의 효력), 제884조(입양 취소의 원인), 제897조(준용규정), 제898조(협의상 파양), 제905조(재판상 파양의 원인), 제908조의4(친양자 입양의 취소 등), 제908조의5(친양자의 파양), 제908조의7(친양자 입양의 취소·파양의 효력), 제909조의2(친권자의 지정 등)

1 입양이 취소되거나 파양이 되면 그때부터[1] 양친자관계는 종료하고, 그 결과 입양으로 인하여 발생한 친족관계도 소멸한다. 친양자 입양의 경우 입양이 취소되거나 파양된 때 친양자관계가 소멸함과 함께 입양 전의 친족관계가 부활한다(민법 제908조의7 제1항). 한편, 미성년자인 양자의 입양이 취소되거나 파양된 경우 친생부모의 친권이 당연히 부활하는 것은 아니고, 친생부모 일방 또는 쌍방, 양자, 양자의 친족은 그 사실을 안 날부터 1개월, 입양이 취소되거나 파양된 날부터 6개월 내에 가정법원에 친생부모 일방 또는 쌍방을 친권자로 지정할 것을 청구할 수 있고(민법 제909조의2 제2항 본문), 위 기간 내에 친권자 지정의 청구가 없을 때에는 가정법원은 직권으로 또는 양자, 양자의 친족, 이해관계인, 검사, 지방자치단체의 장의 청구에 의하여 미성년후견인을 선임할 수 있으며, 이 경우 친생부모 일방 또는 쌍방의 소재를 모르거나 그가 정당한 사유 없이 소환에 응하지 아니하는 경우를 제외하고 그에게 의견을 진술할 기회를 주어야 한다(제909조의2 제3항). 가정법원은 위와 같은 친권자 지정 청구나 후견인 선임 청구가 친생부모 일방 또는 쌍방의 양육의사 및 양육능력, 청구 동기, 양자의 의사, 그 밖의 사정을 고려하여 양자의 복리를 위하여 적절하지 아니하다고 인정하면 청구를 기각할 수 있고, 이 경우 가정법원은 직권으로 미성년후견인을 선임하거나 친생부모 일방 또는 쌍방을 친권자로 지정하여야 하며(민법 제909조의2 제4항), 친권자가 지정되거나 미성년후견인이 선임될 때까지 그 임무를 대행할 사람을 선임할 수 있고(제909조의2 제5항), 미성년후견인이 선임된 경우라도 미성년후견인 선임 후 양육상황이나 양육능력의 변동, 미성년자의 의사, 그 밖의 사정을 고려하여 미성년자의 복리를 위하여 필요하면 친생부모 일방 또는 쌍방, 친양자의 청구에 의하여 후견을 종료하고 친생부모 일방 또는 쌍방을 친권자로 지정할 수 있다(제909조의2 제6항).

[1] 입양의 취소의 효력은 기왕에 소급하지 않는다(민법 제897조, 제824조, 제908조의7).

2 양부모가 공동으로 파양을 하면 양부모와 양자 사이의 친족관계가 모두 소멸한다. 그런데, 양부모 중 일방이 사망하거나 양부모가 이혼한 경우 생존한 양친이나 이혼한 양친 중 일방 당사자는 단독으로 파양을 할 수 있고[2] 이 경우 생존한 양친이나 이혼한 양친 중 파양을 청구한 당사자 및 그 혈족과의 관계에서만 친족관계가 소멸하고, 사망한 양친이나 이혼한 양친 중 파양을 청구하지 아니한 당사자 사이의 친족관계는 존속한다고 본다.

3 양부모와 양자 중 일방이 사망하는 경우 생존자와 사망자 사이의 양친자관계는 종료하나 사망자를 매개로 연결되는 친족관계는 여전히 존속한다. 따라서 양부모가 사망한 경우 양자, 양자의 배우자, 양자의 직계비속은 양부모의 친족과 사이에 친족관계는 유지되고, 양자가 사망한 경우 양자의 배우자 및 직계비속과 양부모 사이의 친족관계도 유지된다.[3] [4]

2 판례는 민법 제874조 제1항이 "배우자 있는 자가 양자를 할 때에는 배우자와 공동으로 하여야 한다." 라고 규정함으로써 부부의 공동입양원칙을 선언하고 있고, 파양에 관하여는 별도의 규정이 없으나 부부의 공동입양원칙의 규정 취지에 비추어 보면 양친이 부부인 경우 파양을 할 때에도 부부가 공동으로 하여야 한다고 해석할 여지가 없지 아니하나(양자가 미성년자인 경우에는 양자제도를 둔 취지에 비추어 그와 같이 해석하여야 할 필요성이 크다), 그렇게 해석한다고 하더라도 양친 부부 중 일방이 사망하거나 또는 양친이 이혼한 때에는 부부의 공동파양의 원칙이 적용될 여지가 없어 양부모 중 일방이 단독으로 파양할 수 있다고 보고 있다(대법원 2001. 8. 21. 선고 99므2230 판결).

3 이에 따라 사망자의 상속재산에 대하여 생존 당사자는 상속권자가 된다.

4 다만, 양자의 배우자와 양부모는 서로 인척 사이이므로, 양자의 배우자는 양자와의 혼인이 취소되거나 이혼이 성립될 때, 양자의 사망 후 재혼할 때 양부모와의 인척 관계가 종료된다(민법 제775조).

제 777 조 [친족의 범위]

친족관계로 인한 법률상 효력은 이 법 또는 다른 법률에 특별한 규정이 없는 한 다음 각호에 해당하는 자에 미친다.

1. 8촌 이내의 혈족
2. 4촌 이내의 인척
3. 배우자

[전문개정 1990. 1. 13.]

[관련조문] 민법 제767조(친족의 정의), 제768조(혈족의 정의), 제769조(인척의 계원), 제770조(혈족의 촌수의 계산), 제771조(인척의 촌수의 계산), 제772조(양자와의 친계와 촌수), 제775조(인척관계 등의 소멸), 제776조(입양으로 인한 친족관계의 소멸), 제818조(중혼의 취소청구권자), 제863조(인지청구의 소), 제865조(다른 사유를 원인으로 하는 친생관계존부확인의 소), 제1000조(상속의 순위), 형법 제155조(증거인멸 등과 친족간의 특례), 제328조(친족간의 범행과 고소), 제329조(절도), 민사소송법 제314조(증언거부권), 가사소송법 제2조(가정법원의 관장 사항), 성폭력범죄의 처벌 등에 관한 특례법 제5조(친족관계에 의한 강간 등), 국가유공자 등 예우 및 지원에 관한 법률 제5조(유족 또는 가족의 범위)

[참고문헌] 김주수/김상용, 주석 민법, 친족(1)(제5판), 한국사법행정학회(2016)

Ⅰ. 서설

1 친족은 배우자, 혈족, 인척으로 구성되는데(민법 제767조), 친족과 관련된 법률관계에 있어서 법률상 효력이 미치는 친족의 범위를 정한 일반 규정이 민법 제777조이다. 한편, 민법이나 다른 법률의 규정으로 친족의 범위를 달리 정할 수 있는데, 이에 따라 민법이나 다른 법률에서는 많은 경우 법률상 효력이 미치는 친족의 대상을 사안의 성질에 따라 개별적으로 달리 규정하고 있고, 개별적 규정이 없으면 친족의 범위로서 민법 제777조가 적용된다.[1]

Ⅱ. 8촌 이내의 혈족과 4촌 이내의 인척

2 혈족은 부계혈족과 모계혈족 모두를 포함하고, 인척은 부족인척(夫族姻戚)과 처

[1] 민사소송법상 당사자의 친족이 증인이 될 때 일정한 경우 증언을 거부할 수 있고(민사소송법 제314조), 친족이 범인을 위하여 형사사건의 증거를 인멸하는 경우 처벌하지 아니하는데(형법 제155조), 이러한 경우들의 친족의 범위에 대해서는 민법 제777조가 적용된다.

족인척(妻族姻戚) 모두를 포함한다. 이에 대하여 전통적 관습을 고려하여 혈족 중 모계혈족은 모계의 부계혈족만을 의미하고, 처족인척은 처의 부계혈족만을 의미하는 것으로 해석하자는 견해가 있다.[2] 그러나 1990. 1. 13. 법률 제4199호로 개정된 민법 제777조 가족생활에서의 남녀평등의 원칙을 특히 강조하고 있는 헌법정신을 반영한 것으로서 친족의 범위에 있어서 부계혈족과 모계혈족은 물론 부족인척과 처족인척 사이의 차별을 두지 않음을 명시적으로 규정한 것이므로,[3] 위 견해는 타당하지 않다.

3 중혼의 취소 청구권자로서 혈족은 직계혈족과 4촌 이내의 방계혈족으로 제한되고(민법 제818조), 상속권자로 혈족은 직계존비속, 형제자매, 4촌 이내의 방계혈족으로 제한되는 바(제1000조), 이러한 예는 친족 중 법률에 적용되는 혈족의 범위를 개별적으로 제한하여 규정한 경우이다.

4 한편, 직계혈족, 배우자, 동거친족, 동거가족 또는 그 배우자 간의 권리행사방해죄의 경우 그 형을 면제하도록 한 형법 제328조 제1항에 대하여 헌법재판소는 위 조항에 있어 적용대상 친족의 범위가 지나치게 넓고, 위 조항이 준용되는 재산범죄들 가운데 불법성이 경미하다고 보기 어려운 경우가 있다는 점에서 제도적 취지에 부합하지 않는 결과를 초래할 우려가 있으며, 미성년자나 질병, 장애 등으로 가족과 친족 사회 내에서 취약한 지위에 있는 구성원에 대한 경제적 착취를 용인할 우려가 있음에도 법관으로 하여금 이러한 사정을 전혀 고려할 수 없도록 하고 획일적으로 형 면제 판결을 선고하도록 하는바. 위 조항은 형사피해자가 법관에게 적절한 형벌권을 행사하여줄 것을 청구할 수 없도록 하는 것으로서 입법재량을 일탈하여 현저히 불합리하거나 불공정하므로 형사피해자의 재판절차진술권을 침해한다는 이유로 이 조항에 대하여 2025. 12. 31.을 시한으로 입법자가 개정할 때까지 적용중지를 명하는 헌법불합치결정을 하였다.[4]

5 또한 친족관계에 있는 사람이 피해자를 강간, 강제추행 등을 한 경우 성폭력범죄의 처벌 등에 관한 특례법에 따라 처벌되는데(성폭력범죄의 처벌 등에 관한 특례법 제5조 제1항·제2항·제3항), 이때의 친족의 범위는 4촌 이내의 혈족·인척과 동거하는 친족으로 제한되는 반면에(제5조 제4항), 위 친족에는 사실상의 관계에 의한

2 김주수/김상용, 주석 민법, 친족(1)(제5판), 한국사법행정학회(2016), 120.
3 대법원 2005. 7. 21. 선고 2002다1178 전원합의체 판결.
4 헌법재판소 2024. 6. 27. 선고 2020헌마468, 2020헌바341, 2021헌바420, 2024헌마146(병합) 전원재판부 결정.

친족이 포함되어(제5조 제5항) 친족의 범위가 확대되게 되었다. 사실상의 관계에 의한 친족으로 판례는 법률이 정한 혼인의 실질관계는 모두 갖추었으나 법률이 정한 방식, 즉 혼인신고가 없기 때문에 법률상 혼인으로 인정되지 않는 이른바 사실혼으로 인하여 형성되는 인척(예를 들어 의붓아버지),[5] 사실상의 양자의 양부와 같이 법정혈족관계를 맺고자 하는 의사의 합치 등 법률이 정하는 실질관계는 모두 갖추었으나 신고 등 법정절차의 미이행으로 인하여 법률상의 존속으로 인정되지 못하는 자[6]를 들고 있다.

Ⅲ. 배우자

6 배우자는 법률상 혼인을 한 사람만을 의미하고 혼인신고가 되지 아니한 사실혼 당사자는 배우자에 해당하지 않아 민법 소정의 친족으로 볼 수 없어[7] 사실혼의 상대방이 사망하여도 상속권자가 되지 않는다. 다만 사실혼은 당사자 사이에 혼인의 의사가 있고, 객관적으로 혼인생활의 실체도 있는 경우이므로, 법률혼에 대한 민법의 규정 중 혼인신고를 전제로 하는 규정은 유추적용할 수 없으나 부부재산의 청산의 의미를 갖는 재산분할에 관한 규정은 부부의 생활공동체라는 실질에 비추어 인정되는 것이므로, 사실혼관계에 준용 또는 유추적용된다.[8] 국가유공자 등 예우 및 지원에 관한 법률에 따르면 국가유공자의 유족이나 가족으로 배우자를 규정하면서(국가유공자 등 예우 및 지원에 관한 법률 제5조 제1항 제1호), 배우자에 사실혼 관계에 있는 사람을 포함한 것(제5조 제2항)을 비롯하여 여러 법률에서 배우자에 사실혼 관계에 있는 사람을 포함시키고 있다. 한편, 사실혼 관계에 있던 배우자가 사망한 경우 그 사망한 배우자의 상대방인 생존 당사자가 과거의 법률관계인 사망 이전의 사실혼관계의 존재확인의 소를 제기할 수 있는지 여부에 관해서 현재적 또는 잠재적 법적 분쟁을 일거에 해결하는 유효적절한 수단이 될 수 있는 한, 그 소는 확인의 이익이 인정되고, 이 경우 친생자관계존부확인 청구에 관한 민법 제865조와 인지청구에 관한 제863조의 규정을

5 대법원 2000. 2. 8. 선고 99도5395 판결. 중혼적 사실혼으로 형성되는 인척도 적용된다는 판례로는 대법원 2002. 2. 22. 선고 2001도5075 판결이 있다.
6 대법원 2006. 1. 12. 선고 2005도8427 판결.
7 사실혼관계에 있는 자가 형법 제151조 제2항 및 제155조 제4항 소정의 '친족'에 해당하지 않는다는 판례로는 대법원 2003. 12. 12. 선고 2003도4533 판결이 있다.
8 대법원 1995. 3. 28. 선고 94므1584 판결.

유추적용하여 생존 당사자는 그 사망을 안 날로부터 1년 내에 검사를 상대로 과거의 사실혼관계에 대한 존부확인청구를 할 수 있다고 보아야 하므로, 사실혼 배우자가 법상 각종 급여 등을 받을 권리자로 규정되어 있는 등 특별한 법적 취급을 받고 있다면 그 사실혼관계는 여러가지 법률관계의 전제가 되어 있고, 그 존부확인청구는 그 법률관계들과 관련된 분쟁을 일거에 해결하는 유효 적절한 수단이 될 수 있어[9] 검사를 상대로 사실혼존재확인의 소[가사소송법 제2조 제1항 제1호 나목 1)]를 제기할 수 있다.

9 대법원 1995. 3. 28. 선고 94므1447 판결.

제 2 장 가족의 범위와 자의 성과 본

<개정 2005. 3. 31>

[총설]

Ⅰ. 가족의 범위

1 우리 민법은 민법 제정 당시 가족의 개념을 정할 때 가(家)라는 추상적 개념을 설정하고, 그 구성원으로서 호주(戶主)와 가족(家族)을 두는 방식을 취하였다.[1] 즉, 가(家)는 호주를 중심으로 하여 그와 수반하는 가족들로 구성되는데, 호주가 될 수 있는 우선권을 남성에게 주어 남계혈통을 중심으로 한 가족집단의 기능을 하게 하였고, 호주에게는 다른 가족들과 달리 많은 권리, 의무를 부여하였으며, 이를 기준으로 하여 호적법을 통해 호적을 정비하였는데, 이러한 제도를 통상 호주제로 칭하였다. 이러한 호주제는 남녀평등사상에 정면으로 배치될 뿐 아니라 현실의 가족제도를 제대로 반영하지 못하는 심각한 문제점을 드러내어 많은 비판이 있었는데, 1990. 1. 13. 민법이 일부 개정되면서 호주제는 존치하되 호주의 권리, 의무에 관한 사항을 거의 대부분 삭제하여 사실상 호주의 지위는 형해화되었다. 그 후 헌법재판소가 2005. 2. 3. 2001헌가9, 10, 11, 12, 13, 14, 15, 2004헌가5(병합) 사건에서 호주제가 헌법에 합치되지 않는다는 취지의 결정을 하였고, 2005. 3. 31. 호주제에 관해 규정한 민법 규정들이 폐지되는 내용의 민법의 일부 개정이 이루어지면서 호주제는 사라지게 되었다.

Ⅱ. 자의 성과 본

2 전통적으로 어느 두 사람이 부계혈통(父系血統)을 기준으로 하여 서로 성(姓)이 같고, 어느 특정 지역인 본관(本貫)에 거주하였던 조상을 공동시조로 둔 경우 성과 본이 동일한 혈족 관계에 있다고 본다.[2] 개정 전 민법은 이와 같은 부계혈족을 중요시하여 자녀의 성과 본은 부(父)를 알 수 없는 경우를 제외하고는 당사

1 상세한 내용은 헌법재판소 2005. 2. 3. 선고 2001헌가9, 10, 11, 12, 13, 14, 15, 2004헌가5(병합) 전원재판부 결정 참조.

2 상세한 내용은 김주수/김상용, 주석 민법, 친족(1)(제5판), 한국사법행정학회(2016), 141 이하 참조.

자의 의사에 관계없이 부(父)의 성과 본을 따르도록 하였는데, 2005. 3. 31. 민법이 일부 개정되면서 일정한 조건 아래 부모가 협의하거나 부가 외국인인 경우 모의 성과 본을 따를 수 있고, 자의 복리를 위해 자의 성과 본을 변경할 수 있는 절차가 마련되었다.

제 778 조 [호주의 정의] <2005. 3. 31. 삭제 조문>

일가의 계통을 계승한 자, 분가한 자 또는 기타 사유로 인하여 일가를 창립하거나 부흥한 자는 호주가 된다.

1 종래 민법은 가족의 개념과 관련하여 일가(一家)의 계통을 계승한 자, 분가(分家)한 자, 또는 기타 사유로 인하여 일가를 창립하거나 부흥한 자를 호주(戶主)로 하고(개정 전 민법 제778조), 호주의 배우자, 혈족과 그 배우자 기타 민법의 규정에 의하여 그 가에 입적한 자를 가족으로 규정하였다(개정 전 민법 제779조). 위 조항들은 호주와 가족의 구성과 관련하여 호주를 정점으로 가(家)라는 관념적 집합체를 구성·유지하고, 이러한 가를 원칙적으로 직계비속남자에게 승계시키는 호주제의 주요 근거 조항으로서 남계혈통을 중심으로 가족집단을 구성하고 이를 대대로 영속시키는데 필요한 법적 장치로 작용하는데 이러한 호주제에 대하여 헌법재판소는 호주제가 ① 성역할에 관한 고정관념에 기초한 차별로서, 호주승계 순위, 혼인 시 신분관계 형성, 자녀의 신분관계 형성에 있어서 정당한 이유 없이 남녀를 차별하는 제도이고, 이로 인하여 많은 가족들이 현실적 가족생활과 가족의 복리에 맞는 법률적 가족관계를 형성하지 못하여 여러모로 불편과 고통을 겪고 있으며, 숭조(崇祖)사상, 경로효친, 가족화합과 같은 전통사상이나 미풍양속은 문화와 윤리의 측면에서 얼마든지 계승, 발전시킬 수 있으므로 이를 근거로 호주제의 명백한 남녀차별성을 정당화하기 어렵고, ② 당사자의 의사나 복리와 무관하게 남계혈통 중심의 가의 유지와 계승이라는 관념에 뿌리박은 특정한 가족관계의 형태를 일방적으로 규정·강요함으로써 개인을 가족 내에서 존엄한 인격체로 존중하는 것이 아니라 가의 유지와 계승을 위한 도구적 존재로 취급하고 있는데, 이는 혼인·가족생활을 어떻게 꾸려나갈 것인지에 관한 개인과 가족의 자율적 결정권을 존중하라는 헌법 제36조 제1항에 부합하지 않고, ③ 오늘날 가족관계는 한 사람의 가장인 호주와 그에 복속하는 가속(家屬)으로 분리되는 권위주의적인 관계가 아니라, 가족원 모두가 인격을 가진 개인으로서 성별을 떠나 평등하게 존중되는 민주적인 관계로 변화하고 있고, 사회의 분화에 따라 가족의 형태도 모와 자녀로 구성되는 가족, 재혼부부와 그들의 전혼 소생 자녀로 구성되는 가족 등으로 매우 다변화되었으며, 여성의 경제력 향상, 이혼율 증가 등으로 여성이 가구주로서 가장의 역할을 맡는 비율이 점증하고 있는데, 호주제

가 설사 부계혈통주의에 입각한 전래의 가족제도와 일정한 연관성을 지닌다고 가정하더라도, 이와 같이 그 존립의 기반이 붕괴되어 더 이상 변화된 사회 환경 및 가족관계와 조화되기 어렵고 오히려 현실적 가족공동체를 질곡하기도 하는 호주제를 존치할 이유를 찾아보기 어렵다는 점들을 근거로 하여 개정 전 민법 제778조에 대하여 헌법불합치결정을 하였고,[1] 위 결정의 취지에 따라 호주제가 폐지되는 내용의 민법 개정이 이루어지면서 위 조문은 2005. 3. 31. 삭제되었다.

2 한편, 호주제와 관련하여 호적법에 따라 호주를 기준으로 가별로 호적을 편제하여 그 가족을 호주의 호적에 기재해 왔는데, 호주제가 폐지됨에 따라 호주를 중심으로 편제되는 호적제도가 아닌 새로운 신분등록제도의 마련이 필요하게 되었고, 이에 개인별로 가족관계등록부를 작성하는 내용의 가족관계의 등록 등에 관한 법률이 2008. 1. 1. 시행되면서 호적법은 폐지되었다.

[1] 헌법재판소 2005. 2. 3. 선고 2001헌가9, 10, 11, 12, 13, 14, 15, 2004헌가5(병합) 전원재판부 결정.

제 779 조 [가족의 범위]

① 다음의 자는 가족으로 한다.
 1. 배우자, 직계혈족 및 형제자매
 2. 직계혈족의 배우자, 배우자의 직계혈족 및 배우자의 형제자매
② 제1항 제2호의 경우에는 생계를 같이 하는 경우에 한한다.
[전문개정 2005. 3. 31]

[관련조문] 민법 제767조(친족의 정의), 제768조(혈족의 정의), 제769조(인척의 계원), 제777조(친족의 범위), 제826조(부부간의 의무), 제974조(부양의무)

[참고문헌] 김주수/김상용, 주석 민법, 친족(1)(제5판), 한국사법행정학회(2016)

Ⅰ. 가족의 개념

1 가족(家族)은 국어사전적 개념으로는 주로 부부를 중심으로 하여 혼인, 혈연, 입양 등으로 이루어진 친족관계에 있는 사람들의 집단을 의미하고,[1] 통상적으로는 위와 같은 친족관계에 있을 뿐 아니라 함께 동거하거나 생계를 같이 하는 관계에까지 이르러야 가족으로 보는 것 같고, 그 규모에 따라 대가족이나 핵가족 등으로 구분하고 있다. 그런데 현행 민법상 가족의 개념을 명확하게 정의한 명문 규정은 존재하지 않고, 다만 개정 전 민법 제779조에서 호주(戸主)의 배우자, 혈족과 그 배우자, 그 밖에 민법의 규정에 의하여 그 가(家)에 입적한 자가 가족이 된다고 규정하였다. 한편, 호주는 일가(一家)의 계통을 계승한 자, 분가한 자 또는 기타 사유로 인하여 일가를 창립하거나 부흥한 자를 의미하므로(개정 전 민법 제778조) 위 법 규정들을 근거로 가족의 개념을 이해하기 위해서는 먼저 '가(家)'의 개념이 선결적으로 이해되어야 한다. 개정 전 민법에서는 '가'라는 개념을 여러 곳에서 사용하면서 그 정의 규정은 두고 있지 않았는데, 개정 전 민법 제778조, 제779조 및 그 밖의 관련 조항들을 유기적으로 해석하면 '가'는 호주와 가족으로 구성되고, 모든 국민은 호주 또는 가족으로서 반드시 어떤 가에 속하게 되며, '가'는 호주를 중심으로 하여 호주와 가족이라는 신분관계로 상호 간에 연결된

1 국립국어원 표준국어대사전.

관념적인 가족단체로서, 현실생활공동체와는 무관하다.[2] 이러한 '가'는 일본 메이지 민법에서 고안되어 일제강점기에 강제로 도입된 추상적인 법률적 개념으로서 우리의 전통과도 무관하고, 현실적인 가족과도 아무런 관련이 없다.[3]

2 앞서 본 헌법재판소의 헌법불합치 결정의 취지에 따라 호주제가 폐지된 현행 민법에서 '가'와 '호주'의 개념을 염두에 둔 가족의 개념은 더이상 유지될 수 없고, 새로운 시각에서 가족의 개념을 설정할 필요성이 제기된다.[4]

Ⅱ. 현행 민법에서의 가족의 의미

3 '가'의 개념을 먼저 규정하고, 그 구성원으로서 가족을 규정하는 개정 전 민법과 달리 현행 민법은 어느 한 개인을 중심으로 하여 그와 일정한 관계에 있는 사람을 그 개인의 가족이라고 규정하는 형식을 취한다. 즉, 민법 제779조에서 어느 한 개인을 기준으로 하여 먼저 그의 배우자, 직계혈족 및 형제자매를 가족의 범위에 포함시키고, 여기에 생계를 같이하는 친족 중 직계혈족의 배우자(사위, 며느리, 계모, 계부 등), 배우자의 직계혈족(장인·장모, 시부모, 배우자의 자녀), 배우자의 형제자매를 가족의 범위에 포함시키고 있다. 생계를 같이 한다는 의미는 일상생활에서 동일한 생활자금으로 생활한다는 것을 의미하며 주민등록상 세대를 같이 하거나 동거까지 요하는 개념은 아니다.

4 위 규정에 따르면 가족을 정함에 있어서 어느 한 사람과 다른 사람이 가족관계에 있는지 여부를 판단하는 것으로 그칠 뿐 그러한 사람들을 구성원으로 한 하나의 가족이 구성되는지 여부는 판단의 대상이 아니게 된다. 예를 들어 A에게 형인 B가 있고, B에게 아들인 C가 있는 경우 A와 B는 서로 형제로서 가족이 되고, B와 C 역시 직계혈족으로서 가족이 되어 결과적으로 A와 C는 모두 B의 가족이 되나 그렇다고 해서 A와 C가 서로 가족이 되지는 않는다. 즉 여러 명의 친족이 있을 때 가족관계의 성립 여부는 친족 사이에 개별적으로 판단할 수밖에 없게 된다.

2 헌법재판소 2005. 2. 3. 선고 2001헌가9, 10, 11, 12, 13, 14, 15, 2004헌가5(병합) 전원재판부 결정.
3 김주수/김상용, 주석 민법, 친족(1)(제5판), 한국사법행정학회(2016), 136.
4 건강가족기본법은 가족을 혼인·혈연·입양으로 이루어진 사회의 기본단위로 정의하고 있다.(제3조 제1호)

Ⅲ. 가족 사이의 권리, 의무

5 가족 사이의 권리, 의무를 규정한 일반적인 규정은 현행 민법 상 존재하지 않는다. 다만 부양의무를 비롯한 의무와 관련하여 개별적인 규정들이 존재할 뿐이다. 먼저 배우자 사이에서는 부양의무는 물론 동거, 협조 의무가 존재하고(민법 제826조 제1항), 부모는 친권 여부에 관계없이 미성년자녀를 공동으로 양육할 의무가 있으며,[5] 부모와 성년 자녀 사이같이 직계혈족 사이에도 부양의무가 존재한다(제974조 제1호). 가족 중 형제자매의 경우는 생계를 같이 하는 경우에만 부양의무가 존재하고(민법 제974조 제3호), 직계혈족의 배우자, 배우자의 배우자, 배우자의 형제자매는 생계를 같이 하는 경우에만 가족이 될 수 있으므로 가족으로 인정되면 당연히 부양의무가 발생한다(제974조 제3호).

[5] 이는 친자관계의 본질로부터 발생하는 의무라는 판례로는 대법원 1994. 5. 13. 자 92스21 전원합의체 결정. 한편, 민법 제913조에 따르면 친권자인 부모는 미성년 자녀를 보호하고, 교양할 의무가 있다.

제 780 조 [호주의 변경과 가족] <2005. 3. 31. 삭제 조문>

호주의 변경이 있는 경우에는 전호주의 가족은 신호주의 가족이 된다.

1 개정 전 민법 제778조 해당 내용에서 본 바와 같이 호주제가 폐지됨에 따라 이 조문 역시 2005. 3. 31. 삭제되었다.

제 781 조 [자의 성과 본]

① 자는 부의 성과 본을 따른다. 다만, 부모가 혼인신고시 모의 성과 본을 따르기로 협의한 경우에는 모의 성과 본을 따른다.
② 부가 외국인인 경우에는 자는 모의 성과 본을 따를 수 있다.
③ 부를 알 수 없는 자는 모의 성과 본을 따른다.
④ 부모를 알 수 없는 자는 법원의 허가를 받아 성과 본을 창설한다. 다만, 성과 본을 창설한 후 부 또는 모를 알게 된 때에는 부 또는 모의 성과 본을 따를 수 있다.
⑤ 혼인외의 출생자가 인지된 경우 자는 부모의 협의에 따라 종전의 성과 본을 계속 사용할 수 있다. 다만, 부모가 협의할 수 없거나 협의가 이루어지지 아니한 경우에는 자는 법원의 허가를 받아 종전의 성과 본을 계속 사용할 수 있다.
⑥ 자의 복리를 위하여 자의 성과 본을 변경할 필요가 있을 때에는 부, 모 또는 자의 청구에 의하여 법원의 허가를 받아 이를 변경할 수 있다. 다만, 자가 미성년자이고 법정대리인이 청구할 수 없는 경우에는 제777조의 규정에 따른 친족 또는 검사가 청구할 수 있다.

[전문개정 2005. 3. 31.]

[관련조문] 민법 제777조(친족의 범위), 제781조(자의 성과 본), 제908조의3(친양자 입양의 효력), 제909조(친권자), 가사소송법 제2조(가정법원의 관장 사항), 제44조(관할 등), 국적법 제2조(출생에 의한 국적취득), 국제사법 제63조(혼인의 성립), 가족관계의 등록 등에 관한 법률 제52조(기아), 제53조(부모가 기아를 찾은 때), 제55조(인지신고의 기재사항), 제58조(재판에 의한 인지), 제100조(성·본 변경신고), 제104조(위법한 가족관계 등록기록의 정정), 가사소송규칙 제27조(청구기각심판에 대한 불복), 제59조의2(관계자의 의견의 청취)

[참고문헌] 가족관계등록실무(Ⅰ), 법원행정처(2018); 법원실무제요, 가사[Ⅱ], 사법연수원(2022)

Ⅰ. 자녀의 성과 본을 정하는 방법

1. 혼인 중의 출생자의 경우

가. 원칙

1 혼인 중의 출생자의 성과 본은 부의 성과 본을 따른다(민법 제781조 제1항 본문). 친양자는 부부의 혼인 중의 출생자로 보므로(제908조의3 제1항), 입양 성립과 동시에 친양자는 양부의 성과 본을 따르게 되고, 친양자의 가족관계등록부에 기존의 성과 본을 양부의 성과 본으로 변경 기록하게 된다.[1]

나. 모의 성과 본을 따르는 경우

1) 부모 사이에 모의 성과 본을 따르기로 하는 내용의 협의가 있었던 경우

2 혼인신고 당시 부모가 모의 성과 본을 따르기로 협의한 경우 모의 성과 본을 따른다(민법 제781조 제1항 단서). 이 때의 부모는 모두 대한민국 국민일 필요는 없고, 부모 중 일방이 외국인인 경우도 포함한다.[2] 혼인신고 당시 자녀의 성을 모의 성과 본에 따른다는 협의가 이루어진 경우 협의서를 혼인신고를 할 때 작성하여 시(구)·읍·면의 장에게 제출하여야 하고, 혼인신고 이후에는 위 협의서를 제출할 수 없으며, 혼인신고가 수리된 이후에는 혼인 당사자들의 합의로 그 협의 내용을 철회할 수 없다.[3] 위 협의는 그 협의 이후 협의당사자 사이에서 태어나는 모든 자녀에 대하여 효력이 있고, 협의당사자가 이혼 후 동일한 당사자끼리 재혼하여 다시 혼인신고를 하는 경우에도 그 효력이 미치며,[4] 협의당사자가 협의 이후 친양자 입양을 하는 경우에도 그 효력이 미친다.[5] 또한 외국에서 혼인을 한 경우 혼인의 방식은 혼인을 한 곳의 법에 의할 수 있고(국제사법 제63조 제2항 본문), 그 혼인을 한 외국의 방식에 따라 혼인이 유효하게 성립된 후, 그 외국에서 작성한 혼인증서의 등본을 제출하여 한국에서 혼인신고를 할 경우, 혼인신고 시에 자녀가 모의 성과 본을 따르기로 협의한 때에도 그 자녀의 성과 본

1 가족관계등록실무(Ⅰ), 법원행정처(2018), 619.
2 자녀의 성과 본에 관한 가족관계등록사무 처리지침[가족관계등록예규 제518호(이하 '등록예규 제518호' 라고만 한다.)].
3 등록예규 제518호 제4조 제1항·제2항·제3항.
4 등록예규 제518호 제3조 제2항.
5 등록예규 제518호 제6조 제1항.

은 모의 성과 본을 따른다.[6] 한편, 혼인의 당사자 사이에 여러 자녀의 성과 본에 대하여 각 자녀마다 따를 성과 본을 달리하는 내용으로 하는 협의(예: 첫째 자녀는 모의 성과 본으로, 둘째 자녀는 부의 성과 본으로 협의한 경우 등)는 허용되지 않는다.[7]

2) 부가 외국인인 경우

3 혼인 중 출생자의 부가 외국인이고 모가 대한민국 국민인 경우 그 자녀는 출생과 동시에 대한민국 국적을 취득하고(국적법 제2조 제1항 제1호), 이 경우 그 자녀는 모의 성과 본을 따를 수 있다(민법 제781조 제2항). 부가 대한민국 국민인 경우와 달리 부모 사이에 모의 성과 본을 따르기로 하는 내용의 협의가 없다고 하여 바로 부의 성과 본을 따르는 것은 아니며, 부모는 외국인 부의 성을 따르거나 한국인 모의 성과 본을 따라 출생신고를 할 수 있으며, 그 자녀가 외국인 부의 성을 따라 부의 나라의 신분등록관계장부가 작성되어 있는 경우이든 아직 출생신고를 하지 않아 부의 나라의 신분등록관계장부가 작성되어 있지 않은 경우이든 불문한다.[8] 이 경우 출생신고 당시 신고의무자가 적법한 절차에 따라 출생자의 성과 본을 모의 성과 본으로 결정하여 신고하였다면, 그 이후 별도의 적법한 절차에 의하지 아니하고서는 성과 본을 변경할 수 없고, 외국인 부가 그 후 귀화 등을 원인으로 대한민국 국적을 취득하였다거나 성·본을 창설하였는지 여부에 영향을 받지 아니한다. 다만, 자녀의 성, 본을 결정하는 것은 부모가 친권자로서 친권을 행사하는 행위이고, 친권은 부모가 공동으로 행사하되, 그 의견이 일치하지 아니하는 경우 당사자의 청구에 의하여 가정법원이 이를 정하므로(민법 제909조 제2항),[9] 부모 중 일방이 타방의 의사에 반하여 자녀의 성을 결정하여 출생신고를 하였다면 가족관계의 등록 등에 관한 법률 제104조에 따라 관할 가정법원의 허가를 받아 이를 바로 잡을 수 있다.[10]

6 등록예규 제518호 제7조.
7 등록예규 제518호 제4조 제4항.
8 외국인 부와 한국인 모 사이에 출생한 혼인 중의 자의 성과 이름 표기 및 가족관계등록부에 기록하는 절차[가족관계등록예규 제502호(이하 '등록예규 제502호'라고만 한다)].
9 이는 가사소송법 제2조 제1항 제2호 가목의 13)에 규정된 라류 비송사건이다.
10 등록예규 제518호 제11조 제4항.

2. 혼인 외의 출생자의 경우

가. 모는 알 수 있으나 부는 알 수 없는 경우

4 부를 알 수 없는 자녀는 모의 성과 본을 따른다(민법 제781조 제3항). 이 경우 부를 알 수 없는 자녀란 모가 부라고 인정할 사람을 알 수 없는 자녀를 말하므로, 혼인 외의 자녀라도 부의 성과 본을 알 수 있는 경우에는 부의 성과 본을 따라 가족관계등록을 할 수 있으나[11] 그 자녀가 인지되기 전에는 가족관계등록부상 부란에 부의 성명을 기록할 수 없다.[12] 혼인 외의 자가 인지된 경우에는 부의 성과 본을 따른다(민법 제781조 제1항).[13] 다만 인지신고 시 부모의 협의에 따라 자녀는 종전의 성과 본을 그대로 사용할 수 있고(민법 제781조 제5항 본문), 이 경우 자녀의 가족관계등록부에는 종전 성과 본을 유지한다는 취지를 기록하여야 한다.[14]

5 인지된 자녀가 종전의 성과 본의 유지를 희망하나 그러한 내용으로 부모가 협의할 수 없거나 협의가 이루어지지 아니한 자녀는 자신의 의사에 반하여 성본이 변경되는 것을 저지하기 위하여 가사소송법 제2조 제1항 제2호 가목의 5)에 따라 종전의 성과 본의 계속사용허가심판 청구를 하여 가정법원의 허가를 받아 종전의 성과 본을 계속 사용할 수 있다(민법 제781조 제5항 단서). 위 심판 청구의 청구권자는 인지의 대상이 된 자녀이므로, 자녀가 청구인 겸 사건본인이 되고, 자녀의 주소지의 가정법원이 관할한다(가사소송법 제44조 제1호 라목).

6 가정법원은 위 청구가 있는 경우, 부, 모 및 자가 13세 이상인 때에는 그 자의 의견을 들을 수 있는데(가사소송규칙 제59조의2 제1항), 의견을 듣는 방식에는 제한이 없으므로 당사자나 참고인으로 심문하거나 증인으로 신문할 수도 있고, 가사조사관으로 하여금 조사하여 보고하게 할 수도 있으며, 법원사무관 명의의 의견청취서를 발송하여 그 회신을 받거나 진술서를 제출받는 방법으로도 가능하다.[15]

7 자녀의 종전 성과 본의 계속사용을 허가하는 심판에 대하여는 불복할 수 없고, 청구를 기각하는 심판에 대하여는 청구인이 즉시항고를 할 수 있으며(가사소송규칙

11 다만, 대한민국 국민인 모의 혼인 외의 자는 대한민국 국민이므로 그 모가 부라고 인정하는 사람이 외국인인 경우, 그 부가 인지하기 전에는 외국인의 성을 따르게 하여 가족관계등록부에 기록을 하게 할 수는 없고 모의 성과 본을 따라 기록하여야 한다(등록예규 제11조 제2항).

12 등록예규 제518호 제2조 제3항.

13 등록예규 제518호 제8조 제1항 본문.

14 등록예규 제518호 제8조 제1항 단서.

15 법원실무제요, 가사[Ⅱ], 사법연수원(2022), 921.

제27조), 허가심판이 확정되면 그 청구인은 재판의 확정일로부터 1개월 이내에 재판서의 등본 및 확정증명서를 첨부하여 그 취지를 신고하여야 한다(가족관계의 등록 등에 관한 법률 제58조, 제55조 제2항).

8 종전 성과 본을 계속 사용하기로 하는 협의를 할 수 없거나 협의가 이루어지지 아니한 경우 시(구)·읍·면의 장은 자녀의 가족관계등록부의 자녀의 성과 본을 인지신고의 효력에 따라 일단 부의 성과 본으로 변경·기록하여야 하고, 그 후 종전 성과 본 계속사용허가심판서 등본을 첨부하여 성·본 계속사용신고가 있을 경우에, 부의 성과 본으로 기록한 자녀의 성과 본을 다시 종전의 성과 본으로 변경·기록한다.[16]

나. 부모를 모두 알 수 없는 자의 경우

9 부모를 모두 알 수 없는 자는 기아(棄兒)나 그 이외에 부모를 알 수 없는 고아(孤兒) 등을 말한다. 이처럼 부모를 모두 알 수 없는 자녀는 법원의 허가를 받아 성과 본을 창설한다(민법 제781조 제4항 본문).

1) 기아의 경우

10 기아를 발견한 사람 또는 기아발견의 통지를 받은 경찰공무원은 24시간 이내에 그 사실을 시·읍·면의 장에게 통보하여야 하고, 통보를 받은 시·읍·면의 장은 소지품, 발견연월일시, 그 밖의 상황, 성별, 출생의 추정연월일을 기아발견조서에 기재하여야 하고, 이 경우 위 조서를 출생신고서로 본다(가족관계의 등록 등에 관한 법률 제52조 제1항·제2항). 기아발견조서를 작성한 시·읍·면의 장이 성본 창설 심판청구권자가 되어 사건본인의 주소지의 가정법원을 관할로 하여(가사소송법 제44조 제1호 다목) 청구하는데, 청구서에는 기아를 특정하기 위해서 기아의 사진과 기아발견조서의 등본, 기아발견신고서 내지 통보서, 부양의무자 확인공고문(보호시설에 있는 미성년자의 후견 직무에 관한 법률 제4조), 아동카드 등을 첨부한다.[17] 사건본인의 성과 본을 무엇으로 할 것인가는 가정법원의 재량에 맡겨져 있는데, 실무상 본은 보통 한양(漢陽)으로 하여 "사건본인의 성을 박(朴)으로, 본을 한양(漢陽)으로 창설할 것을 허가한다."와 같은 주문례로 심판하되, 심판서에는 사건본인의 등록기준지를 쓸 수 없고, 생년월일은 추정생년월일임을 명시하여야

16 등록예규 제518호 제8조 제3항.
17 법원실무제요, 가사[Ⅱ], 사법연수원(2022), 919.

한다.[18] 시·읍·면의 장은 성과 본을 창설한 후 이름과 등록기준지를 정하여 등록부에 기록하여야 한다(가족관계의 등록 등에 관한 법률 제52조). 부 또는 모가 기아를 찾은 때에는 1개월 이내에 출생신고를 하고 등록부의 정정을 신청하여야 한다(가족관계의 등록 등에 관한 법률 제53조). 성본창설허가심판에 대하여는 불복할 수 없고, 다만 그 청구를 기각한 심판에 대하여 청구인이 즉시항고를 할 수 있다(가사소송규칙 제27조).

2) 기아 아닌 고아 등의 경우

11 기아 아닌 고아 등은 부모를 알 수 없는 자로서 가족관계등록이 되어 있지 아니한 사람과 친생자관계 부존재 확인판결의 확정으로 그 친생부모를 알 수 없게 된 사람 등이 있다.

가) 부모를 알 수 없는 자로서 가족관계등록이 되어 있지 아니한 사람의 경우

12 본인 또는 법정대리인[19]이 본인의 주소지의 가정법원에 신청한다(가사소송법 제44조 제1항 제1호 다목). 심리와 관련하여 실무상 기본서류로 ① 가족관계등록부 부존재증명서[관내에 사건본인이 가족관계등록부를 가지고 있지 않다는 취지의 가족관계등록창설을 하려는 곳(구)·읍·면의 장이 발행한 증명서], ② 주민등록신고확인서(읍·면·동의 장이 발행한 청구인의 주거에 대한 증거자료), ③ 사건본인의 컬러 반명함판 사진 3장(주거지 관할 경찰서에 대한 십지문조회 촉탁 용도), ④ 인감증명서 또는 본인서명사실확인서가 첨부된 인우보증서 등을 기본서류로 제출받고 있다. 심리의 대상은 청구인이 대한민국 국민인지, 기존의 가족관계등록부가 있는데도 다시 청구하는 것은 아닌지 여부 등이다. 심리의 방법으로는 사건본인의 주거지 관할경찰서에 십지문 조회를 하여 같은 십지문을 가진 사람이 존재하는지 여부를 확인하고, 청구인 본인이나 인우보증인 등의 관계인을 심문하는 것 등이 보통이다.[20]

13 성과 본을 무엇으로 창설하여 허가할 것인가는 법원의 재량에 속하고 청구취지에 구속되지 아니한다. 가족관계등록부가 있고 성도 있으나 본이 공란으로 되어 있거나 미상으로 되어 있는 경우 본만을 창설하는 것도 가능하다고 본다. 일반

18 등록예규 제502호.

19 국가나 지방자치단체가 설치·운영하는 보호시설에 있는 미성년자인 고아에 대하여는 그 보호시설의 장이 후견인이 되고, 국가 또는 지방자치단체 외의 자가 설치·운영하는 보호시설에 있는 미성년자인 고아에 대하여는 대통령령으로 정하는 바에 따라 그 보호시설의 소재지를 관할하는 지방자치단체의 장이 후견인을 지정한다(보호시설에 있는 미성년자의 후견 직무에 관한 법률 제3조).

20 법원실무제요, 가사[Ⅱ], 사법연수원(2022), 916.

적으로 청구인이 통상적으로 사용하던 성과 이름, 생년월일 등을 그대로 사용하도록 하는 것이 바람직하지만, 기존에 사용해오던 성과 다른 성으로 창설 허가를 하는 것이 불가능한 것은 아니다.[21]

14 실무상 법원에 따라 일정한 행정구역 지명 등 특정한 본[22]으로 창설을 권유하였는데, 이에 대해 특정한 본으로 창설하는 경우 부모를 알 수 없는 것을 노출시킬 수 있다는 등의 문제점이 있어 청구인이 희망하는 본을 존중하여 창설허가를 하는 실무례도 있다.[23]

나) 친생자관계 부존재 확인판결의 확정으로 그 친생부모를 알 수 없게 된 사람의 경우

15 자신의 가족관계등록부에 친부모로 기재되어 있는 부모가 자신을 상대로 친생자관계부존재확인 청구를 하여 승소판결을 받아 그 판결이 확정되면 그 확정판결에 의하여 자신의 가족관계등록부가 폐쇄되고, 출생신고의무자가 출생신고를 다시 할 수 없는 경우 가족관계등록창설에 의하여 가족관계등록부를 새롭게 작성하여야 하는데, 이를 위하여 성본 창설이 필요하다. 친생자관계부존재확인 판결을 받았다고 하더라도 부 또는 모를 알 수 있는 경우는 부 또는 모의 성과 본을 따를 수 있기 때문에 성본 창설의 대상이 되지 않는다.

16 심리와 관련하여 실무상 기본서류로 친생자관계부존재확인 판결문 등본 및 확정증명서, 폐쇄된 기본증명서 및 가족관계증명서, 주민등록등본을 제출받는데, 십지문조회 절차를 거치지 않는 것을 제외하고는 심리에 있어 위 제1)항의 경우와 거의 동일하다.[24]

다) 창설허가 후의 절차

17 성·본의 창설허가를 받은 신청인은 성·본 창설허가 심판서 등본을 첨부하여 등록을 하려는 곳을 관할하는 가정법원의 허가를 받아[25] 그 등본을 받은 날로부터 1개월 이내에 가족관계 등록 창설의 신고를 하여야 하고(가족관계의 등록에 관한 법률 제101조 제1항), 부모를 찾은 경우에는 가족관계의 등록 등에 관한 법률 제104조

21 법원실무제요, 가사[Ⅱ], 사법연수원(2022), 917.
22 서울가정법원의 경우 한양(漢陽)을 사용해왔다.
23 법원실무제요, 가사[Ⅱ], 사법연수원(2022), 917.
24 법원실무제요, 가사[Ⅱ], 사법연수원(2022), 918.
25 자세한 내용은 가족관계등록창설허가 신청 및 가족관계등록창설절차에 관한 사무처리지침(가족관계등록예규 제287호) 참조.

에 따른 등록부정정절차를 취하여야 한다.[26] 성본창설허가심판에 대하여는 불복할 수 없고, 다만 그 청구를 기각한 심판에 대하여 청구인이 즉시항고를 할 수 있다(가사소송규칙 제27조).

Ⅱ. 자녀의 성과 본을 변경하는 경우

1. 의의

18 자녀의 복리를 위하여 자녀의 성과 본을 변경할 필요가 있을 때에는 부, 모 또는 자녀의 청구에 의하여 자녀의 주소지를 관할하는 가정법원의 허가를 받아 이를 변경하는 제도이다(민법 제781조 제6항 본문, 가사소송법 제44조 제1항 제1호 마목).

19 실무상 재혼가정에서 계부나 양부의 성과 본으로 변경을 구하는 경우와 이혼이나 사별 후 어머니 혼자 자녀를 양육하는 가정에서 어머니의 성과 본으로 변경을 구하는 경우가 많고, 그 외에 예를 들면 ① 혼인 중인 부부 사이에서 자녀의 성과 본을 어머니의 성과 본으로 변경을 구하는 경우, ② 계부나 양부, 어머니의 성과 본이 아닌 제3자의 성과 본으로 변경을 구하는 경우, ③ 이미 변경된 성과 본에 대하여 다시 변경허가를 청구하는 경우 등도 예상할 수 있다.[27]

2. 절차

20 성·본 변경허가 심판은 라류 가사비송사건에 속한다[가사소송법 제2조 제1항 제2호 가목 6)]. 청구권자는 부, 모[28] 또는 자녀이고, 자녀가 미성년자이고 법정대리인이 청구할 수 없는 경우에는 민법 제777조에 따른 친족 또는 검사가 청구할 수 있으며(민법 제781조 제6항 단서), 사건본인의 주소지의 가정법원이 관할한다(가사소송법 제44조 제1항 제1호 마목).

21 청구에 있어 실무상 첨부서류로 ① 사건본인의 기본증명서, 가족관계증명서, 주민등록등본, ② 청구인(사건본인의 부 또는 모)의 혼인관계증명서, 주민등록등본, ③ 사건본인의 자필진술서(13세 이상인 경우), ④ 친부 내지 친모의 동의서(인감날인 및 인감증명서 또는 본인서명 및 본인서명사실확인서 첨부), ⑤ 변경하려는 성과 본이 계부의 성과 본인 경우 계부의 동의서(인감날인 및 인감증명서 또는 본인서명

26 기아 아닌 고아 등에 대한 성·본의 창설절차[가족관계등록예규 제445호(이하 등록예규 제445호라 한다)].
27 자세한 내용은 법원실무제요, 가사[Ⅱ], 사법연수원(2022), 926 이하 참조.
28 청구권자에 양부와 양모는 포함되나 계부와 계모는 포함되지 않는다.

및 본인서명사실확인서 첨부), ⑥ 사건본인이 성년자인 경우에는 친부와 친모의 혼인관계증명서, 사건본인의 범죄경력조회서, 사건본인의 신용조회서(제출하지 않는 경우에는 보정명령을 하지 않고 직권으로 신용조회를 실시)를 제출받고 있다.[29]

22 가정법원은 부, 모 및 13세 이상인 자녀의 의견을 들을 수 있고, 자녀의 부모 중 자녀와 성과 본이 같은 사람이 사망하거나 생사불명, 소재불명, 심신상실 등 그 밖의 사유로 그의 의견을 들을 수 없는 경우에는 자녀와 성과 본이 같은 최근친 직계존속의 의견을 들을 수 있다(가사소송규칙 제59조의2 제2항). 또한 청구인과 사건본인 및 이해관계인(자녀와 성과 본이 같은 부모 등) 등을 심문하거나 증인으로 신문할 수도 있으며, 가사조사관으로 하여금 조사하여 보고하게 할 수도 있다.[30] 특히 사건본인이 성년에 이른 경우에는 범죄의 기도·은폐 또는 법령상의 제한을 회피하기 위한 불순한 의도나 목적이 개입되어 있는지 여부도 심리할 필요가 있어 사건본인이 신용불량자인지 여부에 대한 사실조회를 하기도 하며,[31] [32] 자녀의 생활상을 파악하고, 상담 등의 필요성을 판단할 목적으로 자녀의 학교생활기록부를 제출시키는 실무례도 있다.

3. 판단기준

23 대법원은 민법 제781조 제6항의 문언과 성·본 변경허가제의 도입 취지, 가사소송법이 성·본 변경허가 재판을 라류 가사비송사건으로 규정한 점에 비추어 볼 때 가정법원은 청구인의 주장에 구애되지 않고 직권으로 탐지한 자료에 따라 '성·본 변경이 청구된 자녀의 복리에 적합한지'를 최우선적으로 고려하여 후견적 입장에서 재량권의 범위에서 그 허가 여부를 판단하여야 한다고 대법원은 보고 있다.[33]

24 또한 '자녀의 복리를 위하여 자녀의 성과 본을 변경할 필요가 있을 때'에 해당하는지 여부는 자녀의 나이와 성숙도를 감안하여 자녀 또는 친권자·양육자의 의사를 고려하되, 먼저 자녀의 성·본 변경이 이루어지지 아니할 경우에 내부적으

29 법원실무제요, 가사[Ⅱ], 사법연수원(2022), 923.
30 법원실무제요, 가사[Ⅱ], 사법연수원(2022), 924.
31 법원실무제요, 가사[Ⅱ], 사법연수원(2022), 924.
32 개명의 경우 심리를 위해 가정법원은 경찰에 당사자의 범죄경력조회를 요청할 수 있고, 그 요청을 받은 국가경찰관서의 장은 지체 없이 그 결과를 회보하여야 한다(가족관계 등록 등에 관한 법률 제99조 제4항, 제96조 제6항). 그런데, 성본변경의 경우 범죄경력조회를 요청할 수 있는 명문의 규정이 없어 현재 실무는 범죄경력조회를 하지 않고 있다.
33 대법원 2022. 3. 31. 자 2021스3 결정.

로 가족 사이의 정서적 통합에 방해가 되고 대외적으로 가족 구성원에 관련된 편견이나 오해 등으로 학교생활이나 사회생활에서 겪게 되는 불이익의 정도를 심리하고, 다음으로 성·본 변경이 이루어질 경우에 초래되는 정체성의 혼란이나 자녀와 성·본을 함께 하고 있는 친부나 형제자매 등과의 유대 관계의 단절[34] 및 부양의 중단 등으로 인하여 겪게 되는 불이익의 정도를 심리한 다음, 자녀의 입장에서 위 두 가지 불이익의 정도를 비교 형량하여 자녀의 행복과 이익에 도움이 되는 쪽으로 판단하여야 한다. 이와 같이 자녀의 주관적·개인적인 선호의 정도를 넘어 자녀의 복리를 위하여 성·본의 변경이 필요하다고 판단될 경우 범죄를 기도 또는 은폐하거나 법령에 따른 각종 제한을 회피하려는 불순한 의도나 목적이 개입되어 있는 등 성·본 변경권의 남용으로 볼 수 있는 경우가 아니라면, 원칙적으로 성·본 변경을 허가함이 상당하다는 것이 대법원 판례의 입장이다.[35]

25 또한 대법원은 자의 성·본 변경허가 청구에 관하여 가사소송규칙은 가정법원이 부, 모 등의 의견을 청취할 수 있다고만 규정하고 있을 뿐(가사소송규칙 제59조의2 제2항), 법령상 부, 모 등의 동의를 요건으로 하지 않는 점(민법 제781조 제6항 참조) 등에 비추어 보면, 성·본 변경을 청구하는 부, 모 중 일방이 단지 이를 희망한다는 사정은 주관적·개인적인 선호의 정도에 불과하며 이에 대하여 타방이 동의를 하였더라도 그 사정만으로는 성·본 변경허가의 요건을 충족하였다고 보기 어렵다고 보면서 특히 미성년 자녀를 둔 부부가 이혼한 후 부 또는 모가 자의 성·본 변경허가를 청구하는 경우, 성·본 변경허가 청구에 이르게 된 경위에 관하여 설령 청구인이 표면적으로는 자녀의 복리를 내세우더라도 비양육친이 미성년 자녀에 대해 당연히 지급하여야 할 양육비의 지급 여부나 그 액수 혹은 비양육친과 미성년 자녀가 상호 간 지닌 면접교섭권 행사에 관련한 조건이 연계된 것은 아닌지, 양육비의 지급이나 면접교섭권의 행사를 둘러싼 갈등 상황에서 이를 해결하기 위해 마련된 법적 절차(가사소송법 제64조의 이행명령 및 그 위반 시 제67조 제1항의 과태료, 제68조 제1항의 감치 등)를 거치지 않고 상대방을 사실상 압박하기 위함이 주요한 동기는 아닌지, 자녀의 성과 본을 변경함으로써 비양육친과 미성년 자녀의 관계 자체를 차단하려는 의도가 엿보이는지, 이혼 당사자가

34 동일한 친부의 자녀들로서 성·본을 같이 하는 여러 형제자매들이 있고, 그 중 특정 자녀에 대해서만 성·본 변경이 될 경우 가족 내 유대감이 저해될 수 있어 어느 정도 성장한 형제자매가 있으면 그들의 의견을 듣기도 한다.

35 대법원 2009. 12. 11. 자 2009스23 결정.

스스로 극복하여야 하는 이혼에 따른 심리적 갈등, 전 배우자에 대한 보복적 감정 기타 이혼의 후유증에서 벗어나기 위한 수단으로 여겨지는 등 미성년 자녀가 아닌 청구인의 관점이나 이해관계가 주로 반영된 측면은 없는지, 나아가 이혼 이후의 후속 분쟁에서의 유불리를 고려한 것은 아닌지 역시 살펴보아야 한다는 입장을 취하고 있다.[36]

26 한편, 부모의 이혼 후 모와 함께 생활한 딸이 취업과 결혼을 앞두고 마음의 안정을 가지고 생활하고 싶다는 이유로 부의 반대에도 불구하고 자신의 성과 본을 모의 성과 본으로 변경하는 취지의 청구를 한 사안에서 대법원은 ① 부모가 이혼할 당시 딸은 성년(만 22세)이었고, 그 이전까지 부와 사이에 혈연뿐 아니라 실질적, 사회적으로도 부녀관계로 생활해 왔던 점, ② 딸로서는 부모의 이혼 전이라 하더라도 성년으로서 독자적으로 법원허가를 받아 성·본 변경을 할 수 있었음에도 그대로 부의 성·본을 사용함으로써 부의 성·본을 따르기로 의사결정을 한 것으로 볼 수 있는 점, ③ 딸이 성·본 변경허가 청구 사유로 들고 있는 사유만으로는 주관적·개인적 선호의 수준을 넘어서 구체적으로 자신의 학교생활이나 사회생활 등에 현실적으로 어떠한 어려움이 발생할 것인지 뚜렷하지 아니하고, 이를 확인할 수 있는 자료가 전혀 제출되어 있지 아니하며, 오히려 성·본의 변경이 대학교에 이르기까지 장기간에 자신의 학력 및 교우관계 형성에 기초가 되었던 인격의 동일성에 변화를 낳게 되어 대학생활뿐 아니라 이어지는 사회생활에서 커다란 불편 내지 혼란을 주게 되고 타인에게 불필요한 호기심이나 위구심 등을 일으키게 하여 자신의 정체성 유지에 영향을 미칠 수 있는 개연성도 상당히 높아 보이는데, 이러한 관련 사정들에 관하여 심리가 이루어지지 않았다며, 자녀의 성·본 변경을 허가할지 여부를 판단함에 있어서는 자녀의 의사뿐만 아니라 성·본 변경으로 인한 위와 같은 불이익을 함께 고려하여 허가 여부를 신중하게 판단하여야 한다는 이유로 성본변경을 허가한 원심을 파기한 사례가 있고,[37] 약 50년간 파평(坡平) 윤(尹)씨로 살아오다가 친생자관계관계부존재확인판결의 확정으로 기존의 성본을 더 이상 사용할 수 없게 된 당사자가 가정법원에 기존의 성과 본의 계속사용허가심판청구를 하였다가 청구가 받아들여지지 않아 모의 성과 본을 부여받게 되자 다시 가정법원에 기존의 성과 본으로 변

36 대법원 2022. 3. 31. 자 2021스3 결정.

37 대법원 2016. 1. 26. 자 2014으4 결정.

경해달라고 청구한 사안에서 ① 친생자관계부존재확인소송의 목적과 취지, 가족관계등록제도가 가지는 신분관계의 공시기능과 그 중요성 등에 비추어 청구인이 주장하는 사유만으로는 부(父)와의 친생자관계가 부정된 자(子)에 관하여 별도로 출생신고를 하도록 하여 모(母)의 성과 본을 따르도록 하고 있는 현행 친자관계의 판결에 의한 가족관계등록부 정정절차 예규 등이 위헌이라고 볼 수 없는 점, ② 친생자관계부존재확인소송은 부(父) 또는 모(母)와 자(子) 사이의 진실한 친자관계 여부를 확정하는 소송으로서 친족·상속법상 중대한 영향을 미치는 인륜의 근본에 관한 것이고 공익에도 관련되는 중요한 것인바, 친생자관계부존재확인판결 확정 전과 동일한 성과 본의 변경을 허용하는 것은 친생자관계부존재확인소송의 중요성을 고려하여 그 후속조치로서 가족관계등록부를 폐쇄한 후 새로이 출생신고를 하도록 한 위 예규의 취지에 명백히 반하는 것으로 보이는 점, ③ 청구인이 모(母)의 성과 본을 따른 현재의 성과 본을 과거의 것으로 변경하지 않을 경우 현재 및 장래 가정생활이나 사회생활 등에 있어 큰 어려움을 겪을 것이라는 뚜렷한 근거는 없는 점, ④ 청구인이 친생자관계부존재확인판결에 의하여 친생자관계가 부정된 망인과 같은 성과 본으로 변경하고 친생자관계부존재확인판결 확정 전과 동일하게 생활할 경우 위 친생자관계부존재확인소송을 통하여 진실한 친자관계를 확정한 망인의 자녀 등 친족의 의사에 명백히 반하는 것으로 추인되는 점, ⑤ 성과 본은 원칙적으로 부계(父系) 또는 모계(母系)의 혈연관계에 따라 부여되므로 가족관계등록부상 성과 본은 부계(父系) 또는 모계(母系)의 혈통을 외관상 나타내는 기능을 가지고 있고, 우리나라의 관습법상 공동선조의 성과 본을 같이 하는 후손을 구성원으로 하는 종중이 형성되어 활동하고 있어서, 자의 성과 본을 변경하는 경우 계부나 양부, 어머니의 성과 본이 아닌 제3자의 성과 본으로의 변경은 궁극적으로 자의 복리에 바람직하지 않은 점, 그 밖에 성·본 변경 제도의 취지 등을 종합하여 볼 때, 청구인의 성과 본을 변경하는 것이 청구인의 복리를 위하여 반드시 필요하다고 인정되지 않는다며 청구를 기각한 각급법원 판례가 있다.[38]

38 서울가정법원 2018. 4. 13. 자2017브30060 결정(재항고기각으로 확정).

27 '자녀의 복리'를 고려함에는 친부와 자녀의 관계 보호의 필요성, 자녀의 계부 또는 양부의 가족구성원으로서의 정체성, 자녀의 의사와 나이[39] 및 성숙성, 모자관계의 친밀도, 현재의 가족상황, 성변경신청의 동기[40] 등을 함께 고려해야 하고, 구체적인 사안에 있어서는 친부 등 부계 친족과의 교류의 정도, 친부가 자녀에게 양육비를 지급하거나 면접교섭권을 행사하였는지, 자녀가 계부나 양부와 함께 생활하여 온 기간, 자녀가 계부나 양부의 친족들에게 가족구성원으로서 인식되고 받아들여졌는지, 어머니와 계부나 양부 사이에 출생한 다른 자녀가 있는지, 자녀가 학교생활이나 사회생활에서 계부나 양부의 성을 자신의 성으로 사용하여 왔는지, 친부가 성과 본의 변경에 동의하는지 여부 등이 고려요소가 될 수 있다고 한다.[41] 예를 들어 친모가 친부와 이혼하면서 친권자 및 양육자로서 그와 사이의 미성년자녀 A를 양육하다가 재혼하면서 재혼 남편의 전혼 자녀 B까지 양육하게 되었는데, 전남편은 A의 양육비를 지급하지 아니함은 물론 면접교섭도 하지 않고 있고, A의 성·본 변경에도 동의하고 있는 사안에서 ① 친모는 친부와 이혼한 이후 약 4년 9개월 동안 A를 양육해왔고, 향후 양육관계가 변경될 가능성이 낮아 보이는 점, ② 친모와 재혼남편은 A, B를 함께 양육하고 있어 A의 성·본 변경이 이루어지지 아니할 경우에 내부적으로 가족 사이의 정서적 통합에 방해가 될 것으로 보이는 점, ③ 초등학교에 입학한 A가 가족 구성원에 관련된 편견이나 오해 등으로 학교생활의 적응에 곤란을 겪게 될 우려가 있는 점, ④ 성·본 변경이 이루어질 경우에 A에게 초래되는 정체성의 혼란이나 불이익은 미미한 점 등을 근거로 하여 성과 본을 변경하는 것이 A의 복리에 부합하는 것으로 본 각급법원 판례가 있다.[42]

28 또한, 친부의 가정폭력으로 인하여 부모는 장기간 별거 생활을 하다 협의이혼에 이르렀고, 별거 무렵부터 친부와 왕래도 없었으며, 과거 가정폭력 경험으로 인하여 큰 정신적 고통을 받았고, 성년이 된 이후에도 친부에 대한 두려움을 느끼며 사회생활에 어려움을 겪고 있는 자녀가 자신의 성과 본을 친모의 성과 본으

39 자녀가 성년자이고, 그에게도 자녀가 있는 경우 성본 변경의 대상자의 성·본이 변경되면 그의 성을 따르는 자녀의 성본도 자동적으로 변경되므로(가족관계의 등록 등에 관한 규칙 제55조 제3항), 이 경우 대상자의 자녀의 의사와 이익도 고려할 필요가 있다.

40 예를 들어 친부에 대한 모의 악감정 등이 동기에 포함되어 있으면 성본 변경에 좀 더 신중한 심리를 필요로 하게 된다.

41 법원실무제요, 가사[Ⅱ], 사법연수원(2022), 925.

42 인천지방법원 2012. 5. 31. 자 2012브18 결정(확정).

로 변경해달라는 청구에 대하여 ① 청구인은 과거 친부의 가정폭력으로 인한 트라우마로 인하여 사회생활의 어려움을 겪고 있고 친부의 성과 본을 따르고 있는 현재까지 부정적인 감정이 있다고 호소하고 있으며 이와 같은 청구인의 감정은 청구인이 성년에 이른 후 상당기간이 경과한 현재까지도 이어지고 있는 것으로 보이는바, 위 주장에 특별히 신빙성을 의심할 만한 사정은 없는 점, ② 청구인의 부모가 별거하기 시작한 1999년경부터 23년 이상 청구인과 친부 사이는 아무런 교류가 없어 통상 부자 관계에 존재하는 유대관계가 남아있다고 보이지 아니하는 반면, 청구인은 자신을 홀로 양육해온 친모와 성년이 된 이후로도 동거하면서 돈독한 혈연관계를 유지해오고 있는바, 청구인이 친모의 성과 본을 따르려는 의사를 일반적인 가정에서 볼 수 있는 모자 내지 모자관계의 정서를 기준으로 하여 주관적·개인적인 선호의 정도에 불과하다고 단정하거나, 청구인이 겪게 될 정체성의 혼란을 방지하여야 할 가치보다 중하지 않다고 섣불리 판단하기 어려운 점, ③ 청구인의 친모와 친부 모두 청구인의 성과 본의 변경에 동의하고 있고, 청구인에게 범죄 전력 내지 신용과 관련한 연체 이력도 없는 것으로 보이는 점, ④ 청구인에게 성과 본을 같이하는 동생이 있지만, 동생도 청구인처럼 친모의 성과 본으로 변경하겠다는 의사를 밝히고 있을 뿐 아니라 이미 성년에 이르러 각자 사회활동을 하고 있는 청구인과 동생의 성과 본이 달라진다고 하여 두 사람 사이에 유대 관계가 단절된다고 보기도 어려운 점 등이 인정된다며 청구인의 성과 본의 변경청구를 허가한 각급 법원 판례가 있다.[43]

29 그리고, 타이완 국적의 아버지와 대한민국 국적의 어머니 사이에 태어난 자녀의 성이 아버지의 성을 따라 '모우'로 출생신고되어 있는데 실제 생활관계에 있어서는 '모(牟)'라는 성이 사용되고 있다며 자녀의 성을 '모우'에서 '모(牟)'로 변경해달라는 어머니의 청구에 대하여 ① 아버지는 가족관계등록부에 그 성명이 '모우○○'으로 기재되어 있고, 영주증에는 'MOU △△(모□□)'으로, 한국한성화교협회 호적등본에는 '牟□□(모□□)'으로 각 기재되어 있고, 자녀 또한 출생신고 당시 아버지의 성(한자 성 牟)을 따라 당해 외국에서의 발음(원지음)대로 '모우'로 신고된 점, ② 자녀에 대한 위와 같은 출생신고는 당시 시행 중이던 가족관계등록예규에 따른 것으로서 "외국식 성의 경우 외국에서의 발음(원지음)대로 한글로 표

43 대구가정법원 2024. 2. 28. 자 2023브1070 결정(확정).

기하여야 한다"는 규정에 따라 신고된 것으로 보이는데 이후 개정된 현행 예규에 따르면 원지음이 아닌 그 한자에 대한 한국식 발음의 한글 및 한자를 병기하는 방법을 선택할 수 있고, 이에 의할 경우, 자녀는 아버지의 성인 '牟'의 한국식 발음인 '모'를 한자와 함께 병기하는 형태로도 가족관계등록부에 기록할 수 있다고 보이는 점, ③ 아버지는 나중에 대한민국으로 귀화하였는데, 그 직계존속들의 성은 '모우', '무', '모'가 혼용되어 기재 되어있는 점, ④ 자녀는 현재 고등학교 2학년의 학생으로 학적부에는 '모우○○'으로 기재되어 있으나, 초등학교 때부터 '모○○'으로 불리우고 있는데, 주변인들이 자신의 이름을 보고 부모 양측의 성을 전부 사용하는 것으로 오해를 하기도 하고, 새로운 사람을 만날 때마다 이름에 대해 설명을 해야 해서 생활에 있어서 상당한 불편을 겪고 있다고 진술하며, 평소 사용되는 대로 성을 '모(牟)'로 변경하고 싶어 하는 점, ⑤ 부모는 서로 협의이혼한 상태이나, 아버지는 자녀의 성 변경에 동의한다는 의사를 표시하였고, 성 변경을 통하여 아버지와 자뇨의 유대관계가 단절된다고 볼 사정도 없다는 점 등을 이유로 성 변경을 허가한 각급법원 판례도 있다.[44]

30 한편, 성·본 변경의 사유가 인정되지 않는다는 취지의 각급법원의 판례로는 남편의 이혼 요구를 거부하면서 남편에게 부양료를 청구하면서 미성년 딸의 성과 본을 자신의 성과 본으로 변경해달라는 청구를 기각한 판례,[45] 양육비를 제대로 지급하지 않는 친부와의 면접교섭권을 단절시키고, 새로운 지역에서 모자가정으로 국가지원금을 받아가며 생활하기 위하여 자녀의 성·본을 자신의 성·본으로 변경해 달라는 모의 청구에 대하여 자녀의 면접교섭이 원활히 이행되지 아니하여 친부가 양육비를 지급하지 아니하였다는 사정을 감안하여 성·본 변경이 자녀의 복리에 도움이 된다고 단정할 수 없다며 청구를 기각한 판례,[46] 부모의 성(姓)은 동일하나 본(本)이 다른 사안에서 미성년자녀의 본을 친모의 본으로 변경해달라는 친모의 청구에 대하여 성과는 달리 본의 변경으로 인한 자녀들의 복리증진의 필요성을 쉽게 상정하기 어렵다는 이유로 청구를 기각한 판례,[47] 성·본 변경의 동기가 이혼의 후유증 때문에 자녀의 성이 친부의 성으로 불리는 것이 친모나 자녀의 심리적 불편함을 일으킨다는 사정은 자녀의 복리로 고려하기

44 서울가정법원 2023. 11. 3. 자 2023브30080 결정(확정).
45 수원지방법원 안산지원 2016. 4. 11. 자 2014느단1597 결정(확정).
46 대구가정법원 2012. 7. 10. 자 2012느단1259 결정(확정).
47 서울가정법원 2012. 6. 21. 자 2011느단8916 결정(확정).

가 어렵다는 판례,[48] 친부가 성폭력범죄를 범하여 징역형을 선고받은 전과가 있다는 사실을 자녀가 알게 되었을 때 받을 심리적 충격만을 이유로 자녀의 복리를 위해 친부의 성과 본을 친모의 성과 본으로 변경할 필요가 있다고 볼 수 없다는 판례,[49] 부모가 미성년자녀의 성과 본을 친부의 성과 본에서 친모의 성과 본으로 변경해달라고 공동으로 청구한 사건에 있어서 부모와 미성년 자녀의 관계에 변동이 없는 상황에서, ① 부모들이 자녀를 출산할 무렵 모의 성과 본을 따르기로 협의했다거나, 모의 성과 본을 따르는 것이 부성주의의 문제점을 해소하고 남성과 여성 사이의 성적 불평등을 해소하는 데 도움이 되는 것으로 생각한다는 사정만으로는 청구인인 부모의 주관적·개인적 선호를 넘어 미성년자녀의 복리를 위하여 성과 본의 변경이 필요하다고 인정하기는 어려운 점, ② 법률의 개정 전에 현행 법령에서 인정되기 어려운 방법으로 자녀의 성과 본을 변경하는 것을 허가한다면, 성·본 변경의 심판이 사실상의 입법대체적인 효과를 야기할 수 있다고 보이는 점, ③ 미성년자녀가 일상생활이나 유치원에서 변경된 성과 본에 따른 이름으로 불리고 있어 성본 변경이 아이의 정체성 확립에 도움이 된다는 사정은 가족관계의 변동 등으로 인해 발생한 것이 아니고, 청구인인 부모이 유발한 것으로 그 동기를 주관적·개인적 선호를 넘는 것으로 인정할 수 없으며 미성년자녀는 만 3세의 아동으로 자신의 성과 본에 관한 자기결정권을 행사하기엔 어린 나이인 점 등을 근거로 하여 자녀의 성과 본을 모의 성과 본으로 변경할 필요성이 인정된다고 보기 어렵다는 판례가 있다.[50]

4. 심판

31 성과 본의 변경을 허가하는 심판에 대하여는 불복할 수 없고, 기각하는 심판에 대하여는 청구인이 즉시항고를 할 수 있다(가사소송규칙 제27조). 청구인적격 등과 같은 일반적 적법요건의 흠결을 이유로 하여 청구를 각하한 심판도 기각 심판에 준하여 즉시항고의 대상이 된다고 본다.[51] 성과 본의 변경에 관한 심판에는 기판력이 없으므로, 청구가 기각되더라도 재청구가 가능하고 변경된 성과 본에 대하여도 다시 종전의 성과 본이나 다른 성과 본으로 변경허가를 구할 수 있다.[52]

48 서울가정법원 2012. 2. 13. 자 2011느단6449 결정(확정).
49 대구가정법원 2012. 2. 1. 자 2011느단3072 결정(항고기각으로 확정).
50 인천가정법원 2022. 7. 5. 자 2022브10036 결정(확정).
51 법원실무제요, 가사[Ⅱ], 사법연수원(2022), 927.
52 법원실무제요, 가사[Ⅱ], 사법연수원(2022), 927.

32 성본변경허가심판이 확정되면 자녀의 성과 본을 변경하고자 하는 사람은 재판확정일로부터 1개월 이내에 ① 변경 전의 성·본, ② 변경한 성·본, ③ 재판확정일 등을 적은 신고서에 재판서의 등본 및 확정증명서를 첨부하여 신고하여야 하고(가족관계의 등록 등에 관한 법률 제100조), 이를 수리한 가족관계등록공무원은 자녀의 성과 본을 심판서의 취지대로 변경·기록하여야 한다.[53]

33 한편, 성본변경제도는 친족관계의 변동을 가져오는 것이 아니므로 성과 본이 변경되었다고 하여 부모자녀관계나 그로부터 파생되는 권리, 의무에 어떠한 변동이 있는 것은 아니다. 다만 민법 제781조 제6항에 따라 자녀의 복리를 위하여 자녀의 성과 본을 변경할 필요가 있어 자녀의 성과 본이 모의 성과 본으로 변경되었을 경우 성년인 그 자녀는 모가 속한 종중의 공동선조와 성과 본을 같이 하는 후손으로서 당연히 종중의 구성원이 된다.[54]

53 등록예규 제518호 제15조.
54 대법원 2022. 5. 26. 선고 2017다260940 판결.

제 782 조 [혼인외의 자의 입적] <2005. 3. 31. 삭제 조문>

① 가족이 혼인외의 자를 출생한 때에는 그 가에 입적하게 할 수 있다.
② 혼인외의 출생자가 부가에 입적할 수 없는 때에는 모가에 입적할 수 있고 모가에 입적할 수 없는 때에는 일가를 창립한다.

1 호주제의 폐지에 따라 호주제를 전제로 한 호주와 가족 사이의 관계, 호적과 관련된 입적, 복적, 폐가, 생가 부흥이나 일가 창립 절차가 더 이상 필요하지 아니하여 2005. 3. 31. 삭제되었다.

제 783 조 [양자와 그 배우자등의 입적] <2005. 3. 31. 삭제 조문>

양자의 배우자, 직계비속과 그 배우자는 양자와 함께 양가에 입적한다.

1 호주제의 폐지에 따라 호주제를 전제로 한 호주와 가족 사이의 관계, 호적과 관련된 입적, 복적, 폐가, 생가 부흥이나 일가 창립 절차가 더 이상 필요하지 아니하여 2005. 3. 31. 삭제되었다.

제 784 조 [부의 혈족 아닌 처의 직계비속의 입적] <2005. 3. 31. 삭제 조문>

① 처가 부의 혈족 아닌 직계비속이 있는 때에는 부의 동의를 얻어 그 가에 입적하게 할 수 있다.
② 전항의 경우에 그 직계비속이 타가의 가족인 때에는 그 호주의 동의를 얻어야 한다.

1 호주제의 폐지에 따라 호주제를 전제로 한 호주와 가족 사이의 관계, 호적과 관련된 입적, 복적, 폐가, 생가 부흥이나 일가 창립 절차가 더 이상 필요하지 아니하여 2005. 3. 31. 삭제되었다.

제 785 조 [호주의 직계혈족의 입적] <2005. 3. 31. 삭제 조문>

호주는 타가의 호주 아닌 자기의 직계존속이나 직계비속을 그 가에 입적하게 할 수 있다.

1 호주제의 폐지에 따라 호주제를 전제로 한 호주와 가족 사이의 관계, 호적과 관련된 입적, 복적, 폐가, 생가 부흥이나 일가 창립 절차가 더 이상 필요하지 아니하여 2005. 3. 31. 삭제되었다.

제 786 조 [양가와 그 배우자등의 복적] <2005. 3. 31. 삭제 조문>

① 양자와 그 배우자, 직계비속 및 그 배우자는 입양의 취소 또는 파양으로 인하여 그 생가에 복적한다.
② 전항의 경우에 그 생가가 폐가 또는 무후된 때에는 생가를 부흥하거나 일가를 창립할 수 있다.

1 호주제의 폐지에 따라 호주제를 전제로 한 호주와 가족 사이의 관계, 호적과 관련된 입적, 복적, 폐가, 생가 부흥이나 일가 창립 절차가 더 이상 필요하지 아니하여 2005. 3. 31. 삭제되었다.

제 787 조 [처등의 복적과 일가창립] <2005. 3. 31. 삭제 조문>

① 처와 부의 혈족 아닌 그 직계비속은 혼인의 취소 또는 이혼으로 인하여 그 친가에 복적하거나 일가를 창립한다.
② 부가 사망한 경우에는 처와 부의 혈족 아닌 그 직계비속은 그 친가에 복적하거나 일가를 창립할 수 있다.
③ 전2항의 경우에 그 친가가 폐가 또는 무후되었거나 기타 사유로 인하여 복적할 수 없는 때에는 친가를 부흥할 수 있다.

1 호주제의 폐지에 따라 호주제를 전제로 한 호주와 가족 사이의 관계, 호적과 관련된 입적, 복적, 폐가, 생가 부흥이나 일가 창립 절차가 더 이상 필요하지 아니하여 2005. 3. 31. 삭제되었다.

제 788 조 [분가] <2005. 3. 31. 삭제 조문>

① 가족은 분가할 수 있다.
② 미성년자가 분가함에는 법정대리인의 동의를 얻어야 한다.

1 호주제의 폐지에 따라 호주제를 전제로 한 호주와 가족 사이의 관계, 호적과 관련된 입적, 복적, 폐가, 생가 부흥이나 일가 창립 절차가 더 이상 필요하지 아니하여 2005. 3. 31. 삭제되었다.

第 789 조 [법정분가] <2005. 3. 31. 삭제 조문>

가족은 혼인하면 당연히 분가된다. 그러나 호주의 직계비속장남자는 그러하지 아니하다.

1 호주제의 폐지에 따라 호주제를 전제로 한 호주와 가족 사이의 관계, 호적과 관련된 입적, 복적, 폐가, 생가 부흥이나 일가 창립 절차가 더 이상 필요하지 아니하여 2005. 3. 31. 삭제되었다.

제 790 조 [호주의 직계비속장남자의 거가] <1990. 1. 13. 삭제 조문>

호주의 직계비속장남자는 본가상속과 직계존속에 수반하는 경우 이외에는 거가할 수 없다.

1 거가(去家)란 종전 민법에서 호주나 가족이 다른 가(家)에 입적(入籍)하거나 분가(分家)하기 위하여 기존의 호적에서 벗어나는 것을 의미하는데, 위 조문은 제1순위의 호주승계인인 직계비속장남자(종전 민법 제984조 제1호)로 하여금 그의 의사와 무관하게 호주승계를 하도록 하기 위하여 본가상속이나 직계존속에 수반하는 경우를 제외하고는 거가를 금지하는 취지로 규정한 것으로서 남녀평등사상 등 시대의 흐름에 맞지 않아 1990. 1. 13. 폐지되었다.

제 791 조 [분가호주와 그 가족] <2005. 3. 31. 삭제 조문>

① 분가호주의 배우자, 직계비속과 그 배우자는 그 분가에 입적한다.
② 본가호주의 혈족 아닌 분가호주의 직계존속은 분가에 입적할 수 있다.

1 호주제의 폐지에 따라 호주제를 전제로 한 호주와 가족 사이의 관계, 호적과 관련된 입적, 복적, 폐가, 생가 부흥이나 일가 창립 절차가 더 이상 필요하지 아니하여 2005. 3. 31. 삭제되었다.

제 792 조 [호주의 변경과 여호주] <1990. 1. 13. 삭제 조문>

여호주는 그 가의 계통을 계승할 남자가 입적한 때에는 호주의 변경으로 인하여 가족이 된다.

[참고문헌] 김성숙, 사회변동과 한국가족법, 나남(2008)

1 민법 제792조는 호주가 여성인 가(家)에 그 가의 계통을 계승할 남자가 입적한 경우 그 남자로 호주가 변경되는 호주 상속이 개시되고(개정 전 민법 제980조 제4호), 여호주는 자신의 의사에 관계없이 그 남자의 가족이 된다는 취지의 규정인데, 이 조문과 개정 전 민법 제980조 제4호가 1990. 1. 13. 폐지되면서 잠정적이고 일시적이었던 여호주의 지위가 안정적으로 되었다.[1]

1 김성숙, 사회변동과 한국가족법, 나남(2008), 562.

제 793 조 [호주의 입양과 폐가] <2005. 3. 31. 삭제 조문>

일가창립 또는 분가로 인하여 호주가 된 자는 타가에 입양하기 위하여 폐가할 수 있다.

1 호주제의 폐지에 따라 호주제를 전제로 한 호주와 가족 사이의 관계, 호적과 관련된 입적, 복적, 폐가, 생가 부흥이나 일가 창립 절차가 더 이상 필요하지 아니하여 2005. 3. 31. 삭제되었다.

제 794 조 [여호주의 혼인과 폐가] <2005. 3. 31. 삭제 조문>

여호주는 혼인하기 위하여 폐가할 수 있다.

1 호주제의 폐지에 따라 호주제를 전제로 한 호주와 가족 사이의 관계, 호적과 관련된 입적, 복적, 폐가, 생가 부흥이나 일가 창립 절차가 더 이상 필요하지 아니하여 2005. 3. 31. 삭제되었다.

제 795 조 [타가에 입적한 호주와 그 가족] <2005. 3. 31. 삭제 조문>

① 호주가 폐가하고 타가에 입적한 때에는 가족도 그 타가에 입적한다.
② 전항의 경우에 그 타가에 입적할 수 없는 가족은 일가를 창립한다.

1 호주제의 폐지에 따라 호주제를 전제로 한 호주와 가족 사이의 관계, 호적과 관련된 입적, 복적, 폐가, 생가 부흥이나 일가 창립 절차가 더 이상 필요하지 아니하여 2005. 3. 31. 삭제되었다.

제796조 [가족의 특유재산] <2005. 3. 31. 삭제 조문>

① 가족이 자기의 명의로 취득한 재산은 그 특유재산으로 한다.
② 호주 또는 가족의 누구에게 속한 것인지 분명하지 아니한 재산은 호주의 소유로 추정한다.

1 호주제의 폐지에 따라 호주제를 전제로 한 호주와 가족 사이의 관계, 호적과 관련된 입적, 복적, 폐가, 생가 부흥이나 일가 창립 절차가 더 이상 필요하지 아니하여 2005. 3. 31. 삭제되었다.

제 797 조 [호주의 부양의무] <1990. 1. 13. 삭제 조문>

호주는 그 가족에 대하여 부양의 의무가 있다.

1 개정 전 민법은 호주에게 가족에 대한 강제분가권(개정 전 민법 제789조 제2항), 가족에 대한 거소지정권(개정 전 민법 제798조), 가족에 대한 부양의무(본 조항 및 개정 전 민법 제974조 제2호)등을 비롯한 여러 권리, 의무를 규정하였는데, 이러한 규정들은 현실의 변화를 반영하지 못하여 사실상 형해화되었고, 이에 따라 1990. 1. 13. 시대의 흐름과 맞지 아니하여 폐지되었다.

제 798 조 [호주의 가족에 대한 거소지정] <1990. 1. 13. 삭제 조문>

① 성년자인 가족이 호주의 의사에 반하여 거소를 정한 때에는 호주는 그 지정한 장소에 귀환하기까지 부양의 의무가 없다.

② 호주가 가족의 거소를 정한 때에도 부 또는 친권자가 있는 가족의 거소는 제826조 또는 제914조의 규정에 의한다.

1 개정 전 민법은 호주에게 가족에 대한 강제분가권(개정 전 민법 제789조 제2항), 가족에 대한 거소지정권(개정 전 민법 제798조), 가족에 대한 부양의무(본 조항 및 개정 전 민법 제974조 제2호)등을 비롯한 여러 권리, 의무를 규정하였는데, 이러한 규정들은 현실의 변화를 반영하지 못하여 사실상 형해화되었고, 이에 따라 1990. 1. 13. 시대의 흐름과 맞지 아니하여 폐지되었다.

제 799 조 [호주의 사고와 그 직능대행] <1990. 1. 13. 삭제 조문>

호주가 질병 기타 사고로 인하여 그 직능을 행할 수 없는 때에는 본인이 그 대행자를 선임하고 본인이 선임할 수 없는 때에는 친족회가 이를 선임한다. 그러나 호주의 법정대리인이 있는 경우에는 그러하지 아니하다.

1 이 조항은 호주가 사고로 인하여 그 직능을 행할 수 없는 경우 그 직능대행자를 선임하는 규정인데, 제797조 해당 내용에서 본 바와 같이 호주의 권리, 의무에 관한 규정들을 폐지함에 따라 호주의 권한은 거의 유명무실해져 그 직능대행자를 선임할 실익도 없어져 1990. 1. 13. 폐지되었다.

제3장 혼인

[총설]

1 혼인과 가족생활은 개인의 존엄과 양성의 평등을 기초로 성립되고 유지되어야 하며, 국가는 이를 보장하는 것이 헌법의 원칙임에도 불구하고(헌법 제36조), 우리나라에서는 예전부터 남존여비사상과 가부장적 질서로 혼인에 있어 남녀 사이에 심각한 불평등이 존재하여 왔고, 이러한 사정은 제정 민법의 법률 조문에도 반영되었다. 예를 들어 부부의 동거는 부(夫)의 주소나 거소에서 하는 것을 원칙으로 하고(제정 민법 제826조 제2항 본문), 부부의 누구에게 속한 것인지 분명하지 아니한 재산은 부(夫)의 특유재산으로 추정하며(제830조 제2항), 부부의 공동생활에 필요한 비용의 부담은 당사자 간에 특별한 약정이 없으면 부(夫)가 이를 부담하고(제833조), 부부가 이혼할 때 당사자 간에 그 자의 양육에 관한 사항을 협정하지 아니한 때에는 그 양육의 책임은 부(夫)에게 있는(제837조, 제843조) 등 개인의 존엄과 양성의 평등을 침해하는 규정들이 곳곳에 산재해 있었다. 그 후 여러 차례의 민법 개정을 통하여 이러한 조항들은 점차적으로 변경 내지 삭제되었다.

제1절 약혼

[총설]

1 약혼은 남녀인 양 당사자가 장차 혼인할 것을 목적으로 체결하는 혼인의 예약으로 혼인신고와 같은 특별한 형식을 요하지 않고, 혼인의 실질이 존재하지 않는다는 점에서 혼인신고는 없으나 혼인의 실질이 존재하는 사실혼과 구별된다. 또한 약혼 당사자는 언제든지 약혼을 해제할 수 있으나 해제의 귀책사유가 있는 당사자는 상대방에 대하여 손해배상의 책임을 부담한다.

제 800 조 [약혼의 자유]

성년에 달한 자는 자유로 약혼할 수 있다.

[관련조문] 민법 제103조(반사회질서의 법률행위), 제801조(약혼 나이), 제802조(성년후견과 약혼), 제804조(약혼해제의 사유), 제809조(근친혼 등의 금지), 제812조(혼인의 성립), 제815조(혼인의 무효)

[참고문헌] 김주수/김상용, 주석 민법, 친족(1)(제5판), 한국사법행정학회(2016); 윤진수, 주해친족법(제1권)(제2판), 박영사(2025); 곽윤직/김재형, 민법총칙(제8판), 박영사(2012); 이경희, 가족법(9정판), 법원사(2017); 정용신, "약혼해제와 손해배상의 실무적 고찰", 서울가정법원 가사소년재판연구회(2018)

Ⅰ. 약혼의 의의 및 약혼의 자유

1 약혼은 남녀인 당사자가 장래에 서로 혼인을 하겠다는 내용으로 체결하는 계약으로서 그 실질은 혼인할 것을 목적으로 하는 혼인의 예약이다.[1] 19세가 된 성년 남녀는 부모의 동의 없이 자유로이 약혼할 수 있다. 약혼의 의사표시는 일신전속적인 행위로서 대리가 허용되지 않는다.[2] 일반적으로 가족법상의 행위는 가족질서의 안정을 위하여 조건을 붙일 수 없음은 물론[3] 기한도 붙이지 못하는 바[4] 신분행위의 일종인 약혼에 대하여 조건이나 기한을 붙일 수 있는지 여부에 대하여 동거의 결과 포태를 하게 되면 혼인을 한다는 식의 조건을 붙인 약혼과 같이 해제조건, 종기를 붙인 약혼은 허용될 수 없으나, 군대 제대 후 혼인하겠다는 합의와 같이 일정한 시기를 붙이는 것은 허용된다는 견해가 있다.[5]

1 대법원 1995. 12. 8. 선고 94므1676, 1683 판결.
2 주해친족법(제1권)(제2판), 박영사(2025), 99(윤진수).
3 곽윤직/김재형, 민법총칙(제8판), 박영사(2012), 394.
4 곽윤직/김재형, 민법총칙(제8판), 박영사(2012), 399.
5 김주수/김상용, 주석 민법, 친족(1)(제5판), 한국사법행정학회(2016), 170.

Ⅱ. 약혼의 성립 요건[6]

1. 서설

2 일반적으로 약혼은 특별한 형식을 거칠 필요 없이 장차 혼인을 체결하려는 당사자 사이에 합의가 있으면 바로 성립한다.[7] 합의는 명시적은 물론 묵시적으로도 가능하고, 약혼식이나 예물교환과 같은 일정한 형식을 요하는 것이 아니다. 따라서 약혼의 합의가 있었는지 여부에 대하여 당사자 사이에 다툼이 있을 경우 당사자가 취해 온 행동 등 여러 제반 사정을 감안하여 그 존부를 판단할 수 있는데, 혼인을 염두에 두고 서로 교제해 온 남녀 사이에 어느 경우에 약혼이 성립되었다고 인정할 수 있는지에 대해서는 구체적 사안에 나타난 개별 사정들을 살펴보아야 한다.

2. 상견례, 예물교환, 결혼일자 지정, 예식장 등 예약

3 일반적으로 양가 가족들 간의 상견례가 있었거나 예물을 교환하였거나 결혼식 날짜를 구체적으로 정하고, 예식장, 신혼여행 등을 예약한 사정들은 약혼 성립을 인정할 중요한 사정이라는 것이 각급 법원 판례들의 일반적인 태도이다.[8]

4 혼인을 전제로 교제를 시작한 뒤 곧바로 예물을 구입하고, 함께 거주할 집을 계약하였고, 상견례를 마치고 결혼식 날짜를 확정한 뒤 동거를 시작하고, 얼마 지나지 않아 약혼식을 겸한 피로연을 열었던 경우,[9] 양가 부모와의 상견례는 없었어도 결혼 약속을 주변 친구들에게 알리고, 결혼식장을 예약하였으며, 주변 친지들에게 나누어줄 청첩장을 만드는 등 통상적으로 결혼을 약속한 사람들이 하는 행위를 한 경우[10]는 약혼이 성립한다.

5 한편, 약혼이 성립하지 않았다고 본 각급 법원의 판례로는 ① A와 B가 교제하였는데, B의 어머니인 C가 잠정적으로 예식장 예약을 한 뒤 양가 부모들이 모두 참석한 상견례 형식의 모임이 있었으나 모임 직후 결혼을 승낙할 수 없다며 예약을 취소하라는 B의 아버지 D의 말에 C가 A와 A의 어머니에게 결혼은 없

6 상세한 내용은 정용신, "약혼해제와 손해배상의 실무적 고찰", 서울가정법원 가사소년재판연구회(2018) 참조.
7 대법원 1998. 12. 8. 선고 98므961 판결.
8 서울고등법원 2017. 8. 22. 선고 2017르20234 판결(확정) 등 다수의 판결.
9 대구가정법원 2018. 9. 20. 선고 2018르4246 판결(확정).
10 서울고등법원 2018. 5. 10. 선고 2017나2026056 판결(확정).

던 것으로 하자는 취지를 통보하였던 사안에서 A와 B 또는 양가 부모 사이에 장차 혼인을 체결하겠다는 확정적인 의사의 합치가 있다고 보기 어렵다며 약혼의 성립을 인정하지 않은 사안,[11] ② A와 B가 교제하다가 B가 A의 아이를 임신하였는데, A는 B의 부모를 비롯한 B의 가족과 지속적인 교류를 하며 결혼 승낙을 받고, B를 비롯한 B의 가족과 결혼식 날짜를 정하고, 결혼 준비를 한 반면에 B는 A의 부모를 비롯한 A의 가족을 전혀 만나지 못하였고, A로부터 A의 가족의 연락처를 받지 못하여 양가의 상견례도 열리지 않았고, B의 임신 사실을 안 이후 A가 아이의 출산 여부 및 혼인을 할 것인지 여부에 대하여 B와 극심한 갈등을 겪다가 상당 기간 연락을 끊었고, 이에 B는 임신중절수술을 한 뒤 A와 만남과 이별을 반복하다가 헤어지게 된 사안[12]이 있다.

3. 상견례 등이 없으나 다른 정황이 존재하는 경우

6 A가 술집에서 만나 교제한 종업원으로서 자신의 아이를 임신한 여성 B의 부모를 찾아가 당분간 B를 돌보아주면 앞으로 B와 혼인하고 B의 부모를 모시고 함께 살겠다는 취지의 말을 하였고, B가 아이를 출산하자 정기적으로 양육비를 지급한 사안,[13] A가 B와 교제하다가 결혼을 언급하는 B에게 이의 제기 없이 교제를 계속하며 B의 어머니에게 인사를 드리고, B의 임신을 확인한 후에는 결혼을 전제로 양가 부모에게 알린 사안,[14] 결혼정보업체를 통해 만나 교제를 시작하고, 임신을 준비하여 임신에 이르기도 하였으며, 예식장 예약을 알아보거나 웨딩촬영을 하고자 하였고, 신혼살림을 차릴 집을 준비한 사안,[15] 남녀가 서로 교제하여 임신이 되자 이를 계기로 양가 부모가 만나 의논한 뒤 주거를 마련해 주고 서로 동거하게 하였고 그 사실이 친척들에게까지 알려진 사안,[16] 남녀가 서로 교제하면서 일방이 상대방에게 장차 신혼집으로 사용할 가능성이 있는 아파트의 구입 및 자금마련 상황을 상세히 알려 주며 상의하였고, 그 직후 서로 피임 조치 없이 성관계를 가진 사안,[17] 남녀가 헤어진 후 다시 만나 결혼 약속을 하

11 서울가정법원 2016. 11. 8. 선고 2016드단313772 판결(항소기각, 심리불속행기각으로 확정).
12 수원지방법원 2016. 4. 28. 선고 2015르3674 판결(심리불속행기각으로 확정).
13 의정부지방법원 고양지원 2012. 12. 21. 선고 2012드합359 판결(항소기각, 심리불속행기각으로 확정).
14 수원가정법원 2013. 7. 16. 선고 2012드단20489 판결(확정).
15 인천가정법원 2018. 10. 16. 선고 2018드단104559 판결(확정).
16 광주가정법원 목포지원 2016. 2. 17. 선고 2015드단433 판결(확정).
17 서울가정법원 2014. 3. 6. 선고 2013드단5636 판결(확정).

고, 양가 부모에게 인사를 드린 후 일방의 부모로부터 전세자금의 지원을 약속 받았고, 그 후 일방은 신혼집 마련을 위해 자신이 운영하는 카페를 정리하였는데 그 후 예정된 상견례 일자를 조율하는 도중에 일방이 상대방과의 연락을 피하다가 상견례를 하지 않겠다고 통보한 사안[18]에서 각급 법원 판례는 약혼의 합의가 있는 것으로 보았다.

7 이에 대하여 약혼의 합의가 없다고 본 각급 법원의 판례로는 ① A, B가 교제 중 성관계를 맺어 A가 임신을 하였는데, 교제기간이 2개월 남짓에 불과하고, 교제사실을 알게 된 B의 어머니가 A의 어머니에게 지속적으로 결혼을 반대하여 양가의 상견례나 예물의 교환 등이 전혀 이루어지지 아니하였을 뿐만 아니라, B가 A에게 정식으로 청혼하거나 결혼에 대하여 상호 구체적인 계획을 세운 적이 없다는 이유로 약혼의 성립을 인정할 수 없다는 사안,[19] ② A와 B가 교제하면서 1달간 동거하기도 하였고, 그로부터 4년 후에 A가 임신하자 혼인을 논의하기 위하여 양가 부모가 상견례를 하였는데, 처음에는 A의 출산에 동의하던 B의 어머니가 입장을 바꾸어 임신중절수술을 요구한 뒤 A가 거절하자 그 이후 계속해서 결혼 반대 의사표시를 계속하였고, B 역시 상견례 이후 결혼에 대하여 우유부단한 태도를 보이다가 A와 연락을 끊고 헤어졌고, A와 B는 그 후 약 10개월이 지난 뒤 다시 교제하였으나 그 이후 다시 상견례는 없었고, 양 당사자 사이에 결혼을 전제로 한 예물의 교환, 정식 청혼, 결혼에 관한 상호 구체적인 계획이 없었던 사정에서 서로에게 법률적 구속력이 있는 약혼이 있었다고 보기 어렵다고 본 사안,[20] ③ A가 B를 만나 교제하다가 임신 3개월 무렵 B의 자녀를 임신하였음을 알게 되었고, 이후 결혼 및 출산 문제 등으로 B와 극심한 갈등을 겪다가 헤어지고, 아이를 출산한 뒤 홀로 양육한 사정에서 A와 B가 결혼의 가능성까지 염두해 두고 남녀관계로 교제하는 것을 넘어 혼인을 약속하였다고 보기에는 부족하다며 약혼의 성립을 인정하지 않은 사안,[21] ④ 양 당사자가 상견례나 약혼예물 등의 교환도 없었고, 신혼집 준비·혼인식장 예약 등 결혼에 관한 구체적인 계획이나 준비가 전혀 없었으며, 그 사이에 자녀까지 임신하였음에도 출산과 결혼 준비 계획을 세우는 대신 서로 동의 아래 자녀를 낙태하였다면, 장

18 대전가정법원 2024. 4. 18. 선고 2023르11488 판결(확정).
19 서울가정법원 2013. 12. 13. 선고 2013르974 판결(확정).
20 춘천지방법원 강릉지원 2014. 12. 4. 선고 2014드합1045 판결(확정).
21 인천가정법원 2017. 11. 3. 선고 2017르10945 판결(확정).

기간 교제하면서 일정 부분의 경제적인 면을 공유하거나 상대방의 친척집을 방문한다거나 막연히 장래의 결혼계획에 대한 대화를 나누었다고 하더라도 장래 결혼할 것을 염두에 둔 것을 넘어 양 당사자 사이에 혼인을 체결하려는 묵시적 합의까지 성립되었다고 보기 어렵다는 사안,[22] ⑤ 2년 정도 사귀면서 '여보'라는 호칭을 사용하기도 하고 나중에 결혼을 가정하여 대화를 나누기도 하였으나, '여보'라는 호칭이 반드시 약혼하거나 결혼한 사이에서만 사용하는 것이라고 볼 수는 없고, 결혼을 가정한 듯한 대화는 그 문언, 내용, 전후 맥락 등에 비추어 볼 때 단순히 연인 사이에 친밀감을 표현하는 의미 정도에 불과한 점, 당사자 중 일방이 한국토지주택공사로부터 행복주택을 임차하기는 하였으나 위 주택을 신혼집으로 하기로 합의하다고 인정되지는 않는 점, 결혼식 날짜나 결혼식장을 정하거나 상견례를 하거나, 예물을 주고받는 등의 행위를 한 사정도 없는 점 등을 근거로 하여 당사자 사이에 약혼의 합의가 있었다고 보기 어렵다는 사안,[23] ⑥ 여성 A가 여성전용 호스트바에서 호스트 신분인 남성 B와 첫 만남을 가진 후 연인으로 발전하게 된 경우로서 호스트와 스폰서의 관계에서 경제적 지원이나 고가의 명품 선물을 하는 일은 비일비재하고, 특히 A가 B와의 교제 이전에도 여러 호스트들과 만남을 가지면서 상대방에게 수백만 원을 호가하는 명품선물을 빈번하게 하였던 점, 교제 당시 A는 남편과 아직 이혼하지 아니한 상태여서 확정적인 이혼을 전제로 B와 결혼하기로 하는 진지한 의사합치에 이르렀다고 단정할 수 없고, 설령 A, B 사이에 약혼이 성립하였다고 하더라도 이러한 중혼적 성격의 약혼은 법적으로 보호할 만한 가치가 있다고 볼 수 없으며, A가 남편과 이혼한 무렵 이미 B와 냉각기에 접어들어 B와 사이에 혼인에 관한 적극적 논의를 진행하였다고 보기도 어려운 점, A, B는 양가 가족들과 상견례를 하거나 예식장 예약 및 혼수품 구입 등 결혼을 위한 구체적인 준비를 한 적이 없고, A가 B에게 선물한 물건 또한 대부분 약혼예물 내지 약혼과 관련하여 수수하였다고 볼 수 없는 성격의 일상용품 또는 사치품에 해당하는 점, A, B의 교제기간이 약 7개월에 불과하고 A가 B에게 혼인 성립에 대한 진지한 신뢰를 부여하였다고 보기도 어려운 점 등을 감안하여 A, B 사이에 약혼의 합의가 없었다고 본 사안[24]이 있다.

22 수원지방법원 2018. 7. 3. 선고 2018드단500727 판결(확정).
23 서울서부지방법원 2018. 7. 19. 선고 2017나3608 판결(확정).
24 부산고등법원 2015. 1. 30. 선고 2014르145 판결(확정).

4. 약혼과 사실혼과의 관계

8 한편, 약혼의 성립 이후 양 당사자가 서로 동거하여 실질적 부부공동생활을 영위하는 단계에 이르렀으나 아직 혼인신고를 마치지 아니한 경우는 약혼의 단계를 지나 사실혼의 단계로 나아갔다고 할 것이다. 또한 당사자가 결혼식을 올린 후 신혼여행까지 다녀온 경우라면 단순히 장래에 결혼할 것을 약속한 정도인 약혼의 단계는 이미 지났고, 이어 부부공동생활을 하기까지 이르지 못하였다면 사실혼으로서도 아직 완성되지 않았다고 할 것이나, 이와 같이 사실혼으로 완성되지 못한 경우라고 하더라도 통상의 경우라면 부부공동생활로 이어지는 것이 보통이고, 또 그 단계에서의 남녀 간의 결합의 정도는 약혼 단계와는 확연히 구별되는 것으로서 사실혼에 이른 남녀 간의 결합과 크게 다를 바가 없다고 한다.[25]

9 약혼의 대상이 되는 혼인이 법률혼만을 의미하는지 아니면 사실혼도 포함하는지 여부에 대하여 법률혼주의를 채택하고 있는 우리 민법상 약혼이 성립하려면 당사자 사이에서 민법상 법률혼의 요건인 혼인신고를 마치고(민법 제812조 제1항) 동거·부양·협조 의무(제826조 제1항)를 이행하겠다는 의사 합치가 존재하여야 한다는 이유로 양쪽 또는 한쪽 당사자에게 법률혼을 하겠다는 의사가 결여되어 있다면 약혼의 성립을 인정하기 어렵다는 각급법원 판례가 있다.[26] 이 사안은 천주교 소속 신부 B와 교제를 한 여성 A와 B와 사이에 약혼이 성립하였는지가 문제되었는데, 성직자 신분을 상실한 이후에도 독신생활의 의무가 있고, 사제생활의 은퇴 이후에 혼인을 시도할 경우 정직, 박탈, 제명 등의 제재를 받게 되어 생계유지에 필요한 혜택이 박탈되는 신분상 제약 아래에 있는 천주교 사제인 B가 A에게 민법상 유효한 혼인을 하기로 약속함으로써 약혼을 하였다가 이를 위반하였다고 인정하려면, B가 A와의 사실혼에 이르지 못하는 내연 유사의 육체관계를 넘어서 "교구로부터 제명처분을 받아서 성직자로서의 모든 권리를 박탈당하면서 성직자 신분을 완전히 상실한 다음 A와 민법상 유효한 혼인신고를 하겠다"는 의사를 표명하였음이 전제되어야 하는데, 그러한 점이 인정되지 않아 약혼이 성립되지 않았다고 판례는 보았다.

25 대법원 1998. 12. 8. 선고 98므961 판결.
26 서울고등법원 2017. 6. 15. 선고 2016르22370 판결(심리불속행기각으로 확정).

Ⅲ. 약혼이 무효인 경우

1. 약혼당사자 중 일방에게 의사능력이 없는 경우

10 당사자 중 어느 한 쪽에게 의사능력이 없는 상태에서 체결된 약혼은 무효이다. 혼인의 합의에 관한 의사능력의 판단기준과 관련하여 혼인이 부부관계의 창설을 목적으로 하는 신분행위이자 가족을 형성하는 기초가 되는 행위로서, 한 개인의 일생을 좌우하는 중차대한 결정사항인 점, 만 18세에 이른 미성년자도 비록 혼인을 할 수 있으나, 부모의 동의를 얻어야 하는 점 등을 감안하여 혼인의 합의에 있어 일반적인 재산상 법률행위에 필요한 정도를 넘어 상당한 정도의 정신적 능력 또는 지능이 있어야 의사능력이 인정된다고 보고 있는 것이 각급 법원 판례들의 태도이고[27] 약혼의 의사능력을 판단함에 있어서도 같은 기준이 적용된다고 할 것이다.

2. 법률혼 내지 사실혼의 배우자가 있는 자의 약혼의 경우

11 배우자 있는 자의 약혼은 선량한 풍속 기타 사회질서에 반하여 원칙적으로 무효이다(민법 제103조). 다만 기존의 혼인이 사실상 이혼상태에 있었다는 특별한 사정이 있는 경우 그 약혼은 유효하다고 볼 수 있다.[28] 이미 다른 사람과 약혼한 사람과 사이에 체결된 약혼 역시 이중약혼으로서 무효이다.[29] 한편, 이중 약혼이 체결된 경우 먼저 체결된 약혼의 상대방은 자신이 체결한 약혼을 해제할 수 있다(민법 제804조).

3. 약혼 당사자 사이에 혼인 무효 사유인 직계인척관계 등의 사유가 있는 경우

12 혼인 당사자 사이에 직계인척관계가 있거나 있었던 경우와 양부모계의 직계혈족관계가 있었던 경우 그 당사자들 사이의 혼인이 무효인 점(민법 제815조 제3호·제4호)을 감안할 때 그러한 관계에 있는 당사자 사이의 약혼 역시 무효라고 할 것이다.

13 한편, 8촌 이내의 혈족(친양자의 입양 전의 혈족을 포함한다.) 관계에 있는 당사자 사

27 서울가정법원 2012. 6. 1. 선고 2011르2853 판결, 울산지방법원 2017. 6. 21. 선고 2015드합1427 판결 등 다수.
28 중혼적 사실혼관계 일지라도 법률혼인 전 혼인이 사실상 이혼상태에 있다는 등의 특별한 사정이 있다면 법률혼에 준하는 보호를 할 필요가 있을 수 있다는 판례로는 대법원 2009. 12. 24. 선고 2009다64161 판결이 있다.
29 주해친족법(제1권)(제2판), 박영사(2025), 100(윤진수).

이의 혼인을 무효로 규정한 민법 제815조 제2호에 대하여 헌법재판소는 위 조항에 대하여 헌법불합치 결정을 내리면서 위 조항의 적용 시한을 2024. 12. 31. 까지로 한정하였으므로,[30] 8촌 이내의 혈족 관계에 있는 당사자 사이의 혼인에 대한 무효 사유가 소멸한 이상 위 당사자 사이의 약혼 역시 무효라고 볼 수는 없다.

14 한편, 근친혼 중 혼인 취소 사유에 그치는 친족관계에 있는 당사자로서 6촌 이내의 혈족의 배우자, 배우자의 6촌 이내의 혈족, 배우자의 4촌 이내의 혈족의 배우자인 인척이거나 이러한 인척이었던 자(직계인척관계에 있거나 있었던 자 제외), 6촌 이내의 양부모계 혈족이었던 자(양부모계의 직계혈족관계에 있었던 자 제외)와 4촌 이내의 양부모계의 인척이었던 자 사이의 약혼에 대하여 민법 제817조 후단의 규정을 유추적용하여 당사자, 그 직계혈족 또는 4촌 이내의 방계혈족이 그 취소를 청구할 수 있다는 견해가 있다.[31]

IV. 약혼의 의사표시에 하자가 있는 경우

15 약혼의 의사표시에 관하여 비진의의사표시나 착오 등의 하자가 있는 경우 민법 총칙 규정이 적용할 것인가의 여부에 대하여 약혼이 신분계약이라는 이유로 그 적용을 부정하고, 엄격한 의사주의에 따라서 해석하는 것이 타당하다는 견해가 있다.[32]

30 헌법재판소 2022. 10. 27. 선고 2018헌바115 전원재판부 결정.
31 이경희, 가족법, 법원사(2017), 144.
32 김주수/김상용, 주석 민법, 친족(1)(제5판), 한국사법행정학회(2016), 170.

제 801 조 [약혼 나이]

18세가 된 사람은 부모나 미성년후견인의 동의를 받아 약혼할 수 있다. 이 경우 제808조를 준용한다.

[전문개정 2011. 3. 7.]

[제목개정 2022. 12. 27.]

[관련조문] 민법 제800조(약혼의 자유), 제808조(동의가 필요한 혼인), 제816조(혼인취소의 사유), 제928조(미성년자에 대한 후견의 개시)

[참고문헌] 김주수/김상용, 주석 민법, 친족(1)(제5판), 한국사법행정학회(2016); 윤진수, 주해친족법(제1권)(제2판), 박영사(2025), 윤진수

Ⅰ. 약혼 나이와 부모의 동의

1 성년자는 자신이 피성년후견인이 아닌 한 다른 사람의 동의 없이 본인의 의사결정에 따라 약혼 및 혼인을 할 수 있다. 반면에 미성년자는 18세가 되기 전까지는 혼인은 물론 약혼도 할 수 없고, 18세가 되어서야 부모나 미성년후견인의 동의를 받아 약혼 및 혼인을 할 수 있다.

2 동의에 관하여는 민법 제808조를 준용하므로 18세가 된 미성년자는 생존한 부모 모두의 동의를 받아야 하고, 부모 중 한쪽이 동의권을 행사할 수 없을 때에는 다른 한쪽의 동의를 받아야 하며, 부모가 모두 동의권을 행사할 수 없을 때에는 미성년후견인의 동의를 받아야 한다.

Ⅱ. 약혼 연령에 미달하거나 부모 등의 동의를 얻지 못한 약혼의 효력

3 약혼 나이에 미달한 약혼의 경우 무효라는 견해[1]와 혼인 취소에 관한 민법 제816조를 유추적용하여 취소할 수 있다는 견해[2]로 나뉜다.

1 김주수/김상용, 주석 민법, 친족(1)(제5판), 한국사법행정학회(2016), 180.
2 주해친족법(제1권)(제2판), 박영사(2025), 102(윤진수).

4 부모 등의 동의를 얻지 않은 미성년자의 약혼의 경우 민법 제816조를 준용 내지 유추적용하여 취소할 수 있다고 본다.[3] 이 경우 약혼의 취소는 혼인의 취소와 달리 취소의 소를 제기할 필요는 없고, 취소의 의사표시를 표명하는 것만으로 효력이 발생한다.

3 김주수/김상용, 주석 민법, 친족(1)(제5판), 한국사법행정학회(2016), 180; 주해친족법(제1권)(제2판), 박영사(2025), 102(윤진수).

제 802 조 [성년후견과 약혼]

피성년후견인은 부모나 성년후견인의 동의를 받아 약혼할 수 있다. 이 경우 제808조를 준용한다.

[전문개정 2011. 3. 7.]

[관련조문] 민법 제9조(성년후견개시의 심판), 제10조(피성년후견인의 행위와 취소), 제140조(법률행위의 취소권자), 제808조(동의가 필요한 혼인), 제929조(성년후견심판에 의한 후견의 개시), 제936조(성년후견인의 선임)

1 질병, 장애, 노령, 그 밖의 사유로 인한 정신적 제약으로 사무를 처리할 능력이 지속적으로 결여된 사람에 대하여 가정법원은 본인, 배우자, 4촌 이내의 친족, 미성년후견인, 미성년후견감독인, 한정후견인, 한정후견감독인, 특정후견인, 특정후견감독인, 검사 또는 지방자치단체의 장의 청구에 의하여 성년후견개시의 심판을 하되(민법 제9조 제1항), 심판을 할 때 본인의 의사를 고려하여야 하고(제9조 제2항), 성년후견개시심판이 있는 경우 가정법원은 직권으로 그 심판을 받은 사람의 성년후견인을 선임하여야 한다(제929조, 제936조 제1항). 피성년후견인의 법률행위는 일용품의 구입 등 일상생활에 필요하고 그 대가가 과도하지 아니하거나 가정법원이 취소할 수 없는 것으로 정한 범위 내의 법률행위를 제외하고는 피성년후견인 본인이나 성년후견인이 취소할 수 있는 것이 원칙이다(민법 제10조, 제140조). 민법 제802조는 법률행위 중 약혼에 대하여 특칙을 정한 것으로서 피성년후견인은 부모나 성년후견인 중 어느 일방의 동의만 얻으면 약혼을 할 수 있다. 동의를 얻지 못한 약혼에 대하여는 제816조가 준용 내지 유추적용되어 미성년자의 약혼과 같이 취소 사유가 된다. 피한정후견인의 경우 부모나 성년후견인의 동의 없이 자유로이 약혼할 수 있다.

제 803 조 [약혼의 강제이행금지]

약혼은 강제이행을 청구하지 못한다.

[관련조문] 민법 제389조(강제이행), 제806조(약혼해제와 손해배상청구권), 제812조(혼인의 성립), 헌법 제36조

Ⅰ. 약혼 당사자의 권리, 의무

1 약혼을 체결함으로써 양 당사자는 장차 상대방과 혼인을 할 것이라는 기대가능성에 대한 신뢰를 가지게 되는데, 이는 법률상 보호받을 수 있는 이익이라 할 것이어서 그 결과 양 당사자는 혼인의 체결을 위하여 서로 노력하여야 할 의무를 부담한다.

Ⅱ. 강제이행금지

2 약혼 당사자에게 혼인의 체결을 위하여 서로 노력하여야 할 의무가 인정된다고 하더라도 정당한 사유 없이 혼인의 체결을 거부하는 당사자를 상대로 다른 일방 당사자가 혼인의 이행을 강제하지는 못한다. 혼인은 가족관계의 등록 등에 관한 법률에 정한 바에 의하여 신고함으로써 그 효력이 생기는데(민법 제812조 제1항), 혼인 의사는 약혼 체결 당시는 물론 혼인 신고 시까지 유지되어야 하고, 혼인신고 이전에 당사자는 언제든지 혼인 의사를 철회하여 약혼을 해제할 수 있다. 채무의 성질이 강제이행을 하지 못할 것인 때에는 채무자가 임의로 채무를 이행하지 아니하더라도 채권자는 그 강제이행을 하지 못하는 것이 원칙인데(민법 제389조 제1항), 혼인이 개인의 존엄을 기초로 성립되고 유지되는 점(헌법 제36조 제1항)에 비추어 볼 때 혼인 의사는 당사자의 자유로운 의사를 전제로 하고, 비록 양 당사자 사이에 약혼이 이루어졌다고 하더라도 이를 근거로 당사자 일방의 의사에 반하여 혼인 체결의 이행을 강제할 수는 없음을 위 조문은 선언하고 있다고 할 것이다. 다만, 일방 당사자가 정당한 사유 없이 그 이행을 거절하는 경우 상대방은 손해배상을 청구할 수 있다(민법 제806조).

제 804 조 [약혼해제의 사유]

당사자 한쪽에 다음 각 호의 어느 하나에 해당하는 사유가 있는 경우에는 상대방은 약혼을 해제할 수 있다.

1. 약혼 후 자격정지 이상의 형을 선고받은 경우
2. 약혼 후 성년후견개시나 한정후견개시의 심판을 받은 경우
3. 성병, 불치의 정신병, 그 밖의 불치의 병질이 있는 경우
4. 약혼 후 다른 사람과 약혼이나 혼인을 한 경우
5. 약혼 후 다른 사람과 간음한 경우
6. 약혼 후 1년 이상 생사가 불명한 경우
7. 정당한 이유 없이 혼인을 거절하거나 그 시기를 늦추는 경우
8. 그 밖에 중대한 사유가 있는 경우

[전문개정 2011. 3. 7.]

[관련조문] 민법 제544조(이행지체와 해제), 제546조(이행불능과 해제), 제840조(재판상 이혼원인), 제929조(성년후견심판에 의한 후견의 개시), 제959조의2(한정후견의 개시), 형법 제41조(형의 종류)

[참고문헌] 김주수/김상용, 주석 민법, 친족(1)(제5판), 한국사법행정학회(2016); 윤진수, 주해친족법(제1권)(제2판), 박영사(2025)

Ⅰ. 약혼해제의 성격

1 계약의 일방 당사자는 상대방의 귀책사유로 이행지체나 이행불능의 사유가 발생할 경우 상대방의 채무불이행을 이유로 계약을 해제할 수 있는데(민법 제544조, 제546조), 약혼의 경우 앞서 본 바와 같이 일반적인 채무불이행과 달리 당사자 일방이 귀책사유의 유무에 관계없이 언제든지 약혼을 해제할 수 있다. 한편, 민법 제804조는 약혼 해제의 사유로 8가지의 경우를 규정하고 있는바, 이는 위 각 경우에 해당해야만 해제권이 발생한다는 의미는 아니고, 위 각 경우에 해당하면

약혼 해제의 정당한 사유가 있어 과실이 없는 경우에 해당하여 약혼 해제에 과실이 있는 상대방에 대하여 약혼 해제와 함께 손해배상을 청구할 수 있는 규정으로 해석된다.

Ⅱ. 약혼해제의 사유

1. 약혼 후 자격정지 이상의 형을 선고 받은 경우

2 형법상 자격정지 이상의 형으로는 사형, 징역, 금고, 자격상실, 자격정지가 있다(형법 제41조 제1호 내지 제5호).

3 '형의 선고'의 해석과 관련하여 무죄추정의 원칙에 비추어 볼 때 '형의 확정'으로 좁게 해석하여야 한다는 견해[1]와 약혼해제의 사유를 이혼사유보다 넓게 인정하여야 한다는 이유로 형의 확정 여부에 상관없이 형의 선고를 받은 경우가 인정되기만 하면 해제사유가 발생한다는 견해[2]가 대립되어 있다. 약혼 당사자 중 일방이 형의 선고를 받은 경우 상대방으로서는 그러한 사실의 발생만으로도 혼인의사를 계속해서 유지하기 어려운 상황에 있게 되는데, 그 선고가 확정될 때까지 해제사유가 발생하지 않는다고 한다면 상대방으로 하여금 불안정한 상태에서 그 확정 여부를 기다리게 한다는 것이 되어 상대방에게 너무 가혹하다고 판단되므로 명문의 규정에 따라 형의 선고가 있으면 해제 사유가 발생한다고 봄이 타당하다고 본다.

2. 약혼 후 성년후견개시나 한정후견개시의 심판을 받은 경우

4 약혼 후에 성년후견개시(민법 제929조)나 한정후견개시(제959조의2)의 심판을 받은 당사자의 상대방은 약혼을 해제할 수 있다. 이때의 '심판을 받은 경우'의 의미를 '심판이 확정된 경우'로 좁게 해석하여야 한다는 견해도 있으나,[3] 이 경우도 심판을 받은 사실이 있으면 해제 사유가 발생한다고 할 것이지 그 심판이 확정될 것까지 요한다고 볼 수는 없다.

1 주해친족법(제1권)(제2판), 박영사(2025), 106(윤진수).
2 김주수/김상용, 주석 민법, 친족(1)(제5판), 한국사법행정학회(2016), 183.
3 주해친족법(제1권)(제2판), 박영사(2025), 106(윤진수).

3. 성병, 불치의 정신병 그 밖의 불치의 병질[4]이 있는 경우

5 성병(性病)은 성행위나 성기 접촉에 의하여 사람에게 감염되는 접촉성 전염병으로 매독, 임질 등이 있고, 불치임을 요하지 않는다.

6 조현병, 조울증 등 정신병과 그 밖의 병질은 불치(不治)임을 요하는데, 불치란 증상이 가볍지 아니하고, 치료를 통한 회복이 불가능한 경우를 의미한다고 할 것이다. 한편, 불치의 정신병은 약혼 해제 사유도 되지만 나아가 불치의 정신병을 가진 자가 혼인을 한 경우 그 질환이 다른 질환처럼 단순히 애정과 정성으로 간호될 수 있거나 예후가 예측될 수 있는 것이 아니고 가정 구성원 전체에게 끊임없는 정신적, 육체적 희생과 치료를 위한 많은 재정적 지출을 요구하고, 그로 인한 다른 가족들의 고통이 언제 끝날지 모르는 상태에 이른 경우에는 상대방 배우자에게 배우자간의 애정에 터잡은 의무에 따라 한정 없이 참고 살아가라고 강요할 수는 없으므로 이 경우의 불치의 정신병은 민법 제840조 제6호 소정의 재판상 이혼사유에 해당한다.[5]

7 불치의 병질에 해당하지 않는다고 판결들이 본 사례로는 '저시력증' 또는 '망막색소 상피변성증',[6] 공황장애[7] 등이 있다.

8 위와 같은 질병이 약혼 전에 발생하였는지 아니면 약혼 후에 발생하였는지 여부는 문제되지 아니하나 약혼 전에 발생한 질병의 경우 상대방이 그러한 사정을 알고 약혼을 하였음이 인정된다면 정당한 사유가 인정되지 않는다.

4. 약혼 후 다른 사람과 약혼이나 혼인을 한 경우

9 이미 다른 사람과 약혼을 한 사람과 체결한 약혼은 이중약혼으로서 무효가 됨은 앞서 본 바와 같고, 이 경우 첫 번째 약혼의 상대방은 두 번째의 약혼을 이유로 첫 번째 약혼을 해제할 수 있다. 이미 다른 사람과 약혼을 한 사람이 혼인을 한 경우[8]도 약혼 해제 사유가 된다.

4 개정 전 민법에서는 악질(惡疾)이란 용어가 사용되었다.
5 대법원 1991. 1. 15. 선고 90므446 판결.
6 서울고등법원 2006. 7. 18. 선고 2005르1629 판결(확정).
7 서울가정법원 2021. 10. 28. 선고 2021드단122277 판결(항소기각으로 확정).
8 이때의 혼인은 법률혼은 물론 사실혼이 포함된다는 것이 일반적인 견해이다. 김주수/김상용, 주석 민법, 친족(1)(제5판), 한국사법행정학회(2016), 184; 주해친족법(제1권)(제2판), 박영사(2025), 107(윤진수).

5. 약혼 후 다른 사람과 간음한 경우

10 간음이란 성행위를 의미하는 개념으로 재판상 이혼 사유 중 하나인 부정한 행위(민법 제840조 제1호)보다는 범위가 좁다.[9] 배우자의 부정한 행위는 간음보다는 넓은 개념으로 배우자로서의 정조의무에 충실치 못한 일체의 행위를 포함한다.[10]

11 부정행위 중 간음에 이르지 아니한 행위를 저지른 경우라도 그로 인하여 약혼을 유지시켜 혼인을 체결하도록 하는 것이 사회통념상 무리라고 판단되면 제8호의 그 밖의 중대한 사유로서 약혼해제의 정당한 사유가 될 수 있다.

6. 약혼 후 1년 이상 그 생사가 불명한 경우

12 생사불명이란 생존은 물론 사망도 증명되지 않은 상태를 말하며, 1년 기간의 기산점은 상대방 약혼자에게 알려져 있는 본인 최후의 생존일자라고 해석한다.[11]

7. 정당한 이유 없이 혼인을 거절하거나 그 시기를 늦추는 경우

13 혼인을 거절한다는 것은 일방적으로 파혼을 통보하는 등 약혼을 해제하는 것을 의미하고, 혼인의 시기를 늦추는 것은 혼인 의사는 유지하되 혼인의 이행을 미루는 것을 의미한다. 혼인을 거절하거나 그 시기를 늦추는데 정당한 이유가 있는지 여부는 사회의 일반적인 관념과 구체적인 사정을 고려하여 결정되어야 한다.

14 약혼의 파탄에 귀책사유가 있는 당사자가 약혼을 해제하는 경우 정당한 이유가 없다고 할 것이다. 예를 들어 A와 약혼을 한 B가 다른 사람과 교제하면서 해외여행까지 같이 다녀왔다가 A에게 헤어질 것을 요구한 경우 두 사람 사이의 약혼은 귀책사유 있는 B의 일방적인 파기로 의하여 해제되었다고 할 것이고,[12] 이 경우 해제사유로서 민법 제804조 제7호가 적용되고, 이와 별도로 B의 부정행위를 이유로 하여 같은 조 제8호도 적용된다.

15 2년 이상 동거 끝에 결혼을 약속한 A와 B가 결혼식 일정 및 장소 변경 등에 관하여 서로 간의 의견 차이로 갈등이 발생하자 A가 B와의 관계회복을 위하여 노력하였음에도 B는 A의 노력에 제대로 응하지 아니하였음은 물론 A가 수긍할 수 없는 태도로 서로의 애정과 신뢰를 깨뜨렸고, 결국 뚜렷한 이유 없이 일방적

9 간음을 이유로 약혼의 해제를 인정한 각급 법원 판례로는 서울가정법원 2020. 11. 27. 선고 2020드단108847 판결(확정)이 있다.
10 대법원 1992. 11. 10. 선고 92므68 판결.
11 김주수/김상용, 주석 민법, 친족(1)(제5판), 한국사법행정학회(2016), 185.
12 서울가정법원 2013. 8. 29. 선고 2012드단103427 판결(확정).

으로 파혼 통보를 하였다면 B가 정당한 이유 없이 혼인을 거절한 것으로 보아야 하고,[13] A가 B와 약혼 후 B의 아이를 임신하였는데, B는 전 여자친구와 밤과 새벽에 이르기까지 전화통화 및 문자메시지 교환을 하다가 이를 이유로 A와 다툰 뒤 A에게 파혼을 통보하였다면 B는 정당한 이유 없이 혼인을 거절한 것으로 보아야 한다.[14]

16 또한, 은행원인 A가 한의사인 B와 교제하다가 B의 아이를 임신한 뒤 B와 약혼을 한 후 B의 부모로부터 요구받은 거액의 지참금 2억 5,000만 원의 지급을 거절하면서 양가의 신경전이 발생하였고, 그 과정에서 A는 결혼식도 올리지 못한 채 딸을 출산하였고, B는 양육비도 제대로 지급하지 않으면서 혼인을 거절한 경우 B에게는 약혼해제의 정당한 이유가 없다.[15]

17 혼인하기 전에 남자가 여자에게 직장을 그만두고 가사에만 종사할 것을 강요하는 경우에 여자가 혼인을 거절하는 것과 학업을 마칠 때까지 혼인을 미루는 것은 정당한 사유에 해당한다고 보는 견해가 있다.[16]

8. 그 밖에 중대한 사유가 있는 경우

18 제1호 내지 제7호에 포섭되지 않은 사유라고 하더라도 그 사유의 존재로서 약혼을 유지시켜 혼인을 체결하도록 하는 것이 사회통념상 무리라고 판단되는 사유들을 일일이 열거하지 않고 추상적인 사유로서 약혼해제의 원인으로 규정한 조항이다.

19 약혼의 당사자는 자신의 학력, 경력 및 직업과 같은 혼인의사를 결정하는 데 있어 중대한 영향을 미치는 사항에 관하여 이를 상대방에게 사실대로 고지할 신의성실의 원칙상의 의무가 있고, 이러한 신의성실의 원칙에 위반한 행위로 인하여 위반자에 대한 믿음이 깨어져 그와 사이에 애정과 신뢰에 바탕을 둔 인격적 결합을 기대할 수 없어 약혼을 유지하여 혼인을 하는 것이 사회생활 관계상 합리적이라고 할 수 없는 경우에는 중대한 사유가 있는 때에 해당한다.[17]

13 대구고등법원 2017. 7. 21. 선고 2016르2160(본소), 2177(반소) 판결(확정).
14 인천지방법원 2014. 4. 18. 선고 2013르1080 판결(확정).
15 서울고등법원 2013. 5. 16. 선고 2012르3777 판결(확정).
16 김주수/김상용, 주석 민법, 친족(1)(제5판), 한국사법행정학회(2016), 186.
17 대법원 1995. 12. 8. 선고 94므1676, 1683 판결.

20 따라서 학력과 직장에서의 직종·직급 등을 속인 경우,[18] 상대방이 여러 차례 물어보았음에도 자신의 재산 상태에 대해 제대로 알려 주지 않은 경우,[19] 자신이 기혼자로서 이혼 소송 중임에도 이를 알리지 않았고, 이에 더하여 직업과 학력을 거짓으로 말한 경우,[20] 자신의 고등학교, 대학교 학력을 거짓으로 말하고, 자신이 20여개의 기업을 거느린 기업집단의 경영자로서 막대한 재산을 소유하고 있다고 거짓말을 한 경우,[21] 박사과정 수료만 하였을 뿐 학위를 취득하진 못했음에도 박사학위가 있고, 대학교에 강의를 나가고, 삼성전자에 다닌다고 거짓말을 하였고, 가짜 부모를 시켜서 상견례 등을 한 경우[22] 등은 중대한 사유에 해당한다고 본다.

21 또한 약혼 이전에 자격정지 이상의 형의 선고나 성년후견개시 또는 한정후견개시의 심판을 받은 경우는 제1호·제2호의 사유가 되지는 않지만 그러한 사실을 고지하지 아니하여 상대방이 그러한 사실을 모른 채 약혼한 경우 제8호의 중대한 사유가 인정될 수도 있다.

22 불치의 질병이 아닌 질병을 앓았던 전력이 있었다는 사정만으로는 제3호의 약혼해제사유가 되지는 아니하지만 약혼 당사자의 건강상태는 신의칙상 고지의무 대상이 된다고 할 것이므로 유전적 질환이 있었고, 이에 대하여 여러 차례 수술을 하였다는 전력이 있었음에도 이를 알리지 않은 경우 중대한 사유가 인정될 수도 있다.

23 약혼 후 다른 사람과 부정한 행위는 하였으나 간음에까지 이르지 아니한 경우 제5호의 약혼해제 사유는 되지 아니하나 위 조항의 중대한 사유가 될 수 있음은 앞서 본 바와 같다.

18 대법원 1995. 12. 8. 선고 94므1676, 1683 판결.
19 수원지방법원 성남지원 2017. 7. 6. 선고 2016드단202978(본소), 2017드단701649(반소) 판결(확정).
20 부산가정법원 2013. 6. 13. 선고 2012르680(본소), 697(반소) 판결(확정).
21 서울가정법원 2013. 6. 26. 선고 2012드단56781 판결(항소기각으로 확정).
22 부산가정법원 2013. 10. 1. 선고 2013드단7178 판결(확정).

제 805 조 [약혼해제의 방법]

약혼의 해제는 상대방에 대한 의사표시로 한다. 그러나 상대방에 대하여 의사표시를 할 수 없는 때에는 그 해제의 원인있음을 안 때에 해제된 것으로 본다.

[관련조문] 민법 제543조(해지, 해제권), 제804조(약혼해제의 사유), 제806조(약혼해제와 손해배상청구권)

1 계약상 해제는 상대방에 대한 의사표시로 하는바(민법 제543조 제1항), 약혼해제의 경우도 상대방에 대한 명시적 또는 묵시적 의사표시로서 효력이 바로 발생하고, 이혼소송과 같은 별도의 재판상 청구를 필요로 하지 아니한다. 민법 제804조의 정당한 사유가 없는 당사자도 언제든지 일방적으로 약혼을 해제할 수 있으나 그 해제에 과실이 있는 경우에는 손해배상의 책임을 부담한다(민법 제806조). 상대방에 대하여 약혼해제의 의사표시를 할 수 없는 경우에는 민법 제804조가 규정하는 약혼해제 사유와 같이 그 해제의 원인이 있음을 안 때에 약혼이 해제된 것으로 본다.

제 806 조 [약혼해제와 손해배상청구권]

① 약혼을 해제한 때에는 당사자 일방은 과실있는 상대방에 대하여 이로 인한 손해의 배상을 청구할 수 있다.
② 전항의 경우에는 재산상 손해외에 정신상 고통에 대하여도 손해배상의 책임이 있다.
③ 정신상 고통에 대한 배상청구권은 양도 또는 승계하지 못한다. 그러나 당사자간에 이미 그 배상에 관한 계약이 성립되거나 소를 제기한 후에는 그러하지 아니하다.

[관련조문] 민법 제548조(해제의 효과, 원상회복의무), 제551조(해지, 해제와 손해배상), 가사소송법 제2조(가정법원의 관장사항)

[참고문헌] 김주수/김상용, 주석 민법, 친족(1)(제5판), 한국사법행정학회(2016); 윤진수, 주해친족법(제1권)(제2판), 박영사(2025); 법원실무제요, 가사[I], 사법연수원(2022); 임혜원, "사실혼 또는 혼인관계가 단시일 내에 해소된 경우 발생하는 몇 가지 문제점에 관하여", 가사재판연구(2007); 정용신, "약혼해제와 손해배상의 실무적 고찰", 서울가정법원 가사소년재판연구회(2018)

Ⅰ. 서설

1 일반적인 계약 해제의 효과로서 손해배상 의무(민법 제551조)와 원상회복 의무(제548조 제1항)가 발생한다. 약혼 해제의 경우에도 손해배상 의무와 원상회복 의무가 발생하는바, 그 구체적 내용은 항을 바꾸어 설명한다.

Ⅱ. 손해배상의무

1. 의의

2 약혼이 당사자 일방의 과실로 인하여 해제되는 경우 상대방이 그로 인하여 입은 손해를 과실이 있는 자를 상대로 하여 배상해달라는 청구이다. 당사자 일방과 제3자의 공동과실로 인하여 약혼이 해제된 경우 그 제3자도 과실 있는 당사

자와 공동하여 손해배상책임을 지게 되고, 이 경우 과실 있는 당사자와 제3자는 부진정연대의 관계에 있게 된다. 이 때의 손해배상책임의 법적 성질에 관해서는 ① 일반 불법행위로 인한 손해배상과 동일하다는 견해,[1] ② 신분법상의 계약인 약혼이 한쪽의 귀책사유로 파혼에 이른 경우에 지게 되는 채무불이행으로서의 손해배상이라는 견해,[2] ③ 민법이 특별히 인정하는 법정책임이라는 견해 등으로 나뉜다.[3]

3 약혼을 부당하게 파기당한 자뿐만 아니라 이로 인하여 당연히 정신적 고통을 받게 되는 부모 역시 약혼의 상대방에 대하여 손해배상을 청구할 수 는 있으나, 이 경우 그 부모의 청구는 성질상 가사소송이 아닌 민사소송이라 할 것이다.[4] 그런데, 이 경우 그 부모가 약혼 당사자인 자녀와 함께 공동원고가 되어 상대방 약혼 당사자를 상대로 가사소송으로 손해배상청구를 한 사안에서 그 부모에 대하여 변론절차에서 소의 적법 여부와 이송의 의사 등에 대해 석명을 한 뒤 그 부모가 가사소송절차에서 판단 받기를 원한다는 의사를 표명하자 그 부모의 청구를 각하한 각급 법원 판례가 있는 반면에[5] 가사심판법이 시행되던 때의 판례인 대법원 1975. 1. 14. 선고 74므11 판결을 근거로 하여 위와 같은 공동소송이 가사소송으로서 허용된다고 본 각급법원 판례들도 있다.[6]

2. 요건으로서의 일방의 과실

4 약혼을 계속 유지할 수 없는 상황에 이르렀을 때 이에 대한 책임을 귀속시킬 만한 잘못이 있는 자는 과실이 있다고 할 것이고, 여기에서의 과실에는 고의의 개념이 포함된다. 한편, 민법 제804조에서 규정된 약혼 해제사유가 존재하는 경우 그 해제사유가 있는 자의 상대방에게는 일응 정당한 사유가 있어 약혼 해제에 과실이 없다고 할 것이다.[7]

1 이 견해에 따르면, 소멸시효는 원칙적으로 3년이 된다.

2 이 견해에 따르면, 소멸시효는 10년이 된다.

3 법원실무제요, 가사[I], 사법연수원(2022), 772.

4 가사소송법은 약혼해제로 인한 손해배상청구를 제3자에 대한 청구를 포함하여 다류 가사소송사건으로 정하고 있으나(가사소송법 제2조 제1항), 약혼의 당사자가 아니라 당사자의 친족이 약혼해제를 원인으로 손해배상을 청구하는 것에 대해서는 명문의 규정을 두고 있지 않다.

5 서울가정법원 2024. 8. 27. 선고 2023드단145526 판결(확정).

6 서울고등법원 2017. 8. 22. 선고 2017르20234 판결(확정), 서울가정법원 2021. 12. 23. 선고 2021드단112867 판결(항소기각으로 확정).

7 법원실무제요, 가사[I], 사법연수원(2022), 772.

5 쌍방 모두에게 과실이 있는 경우 더 큰 과실이 있는 당사자만이 손해배상책임을 부담하고, 과실이 대등한 경우 쌍방 어느 쪽도 손해배상책임을 부담하지 아니한다. 따라서 약혼 당사자 쌍방이 상대방의 과실로 약혼이 해제되었다며 서로를 상대로 본소, 반소로 손해배상청구를 하였을 때 쌍방 모두에게 손해배상을 명하는 판결이 내려지는 것이 아니라 쌍방 중 과실이 적은 당사자의 청구만을 전부 내지 일부 인용하고(다만 과실이 많은 당사자가 부담하여야 할 손해배상액은 과실이 적은 당사자의 과실을 참작하여 정한다.), 과실이 많은 당사자의 청구를 전부 기각하며, 쌍방 과실이 동등한 경우 본소, 반소의 청구를 모두 전부 기각하는 판결을 하는 것이 일반적인 실무례이다.

3. 손해배상의 범위

가. 재산상의 손해[8]

1) 약혼의 성립 및 유지와 상당인과관계가 있는 지출 비용

6 약혼의 성립 및 유지와 상당인과관계가 있는 지출 비용은 모두 재산상의 손해에 해당하므로, 상대방의 요구에 따라 혼인을 원만하게 성립시키기 위하여 혼인 전에 지급한 금원으로서 결혼을 위해 불필요하게 소모된 비용은 재산상의 손해에 해당한다. 판례상 상당인과관계가 인정되어 재산상 손해로 볼 수 있는 비용은 상견례 비용, 주례자 섭외 비용, 드레스, 메이크업, 웨딩촬영 계약금, 웨딩홀 예식장 예약금 및 위약금, 웨딩컨설팅계약 계약금 및 중도금 등,[9] 신혼여행 비용 위약금 등[10]이 있으며, 상당인과관계가 인정되지 않아 재산상 손해로 보기 어려운 비용은 신부 마사지 비용, 신부 아버지의 가발 비용,[11] 함값, 하객용 감사편지 구입비, 부동산 중개수수료,[12] 상대방의 미용 목적 성형수술비로 지급한 비용[13] 등이 있다.

2) 혼수품과 예물, 예복의 경우

7 이불, 가구, 전자제품, 주방용품 등 혼수품과 시계, 반지, 한복 등 예물, 예복은

8 상세한 내용은 정용신, "약혼해제와 손해배상의 실무적 고찰", 서울가정법원 가사소년재판연구회(2018) 참조.
9 서울가정법원 2013. 6. 26. 선고 2012드단56781(본소), 2013드단2828(반소) 판결(항소, 상고를 거쳐 확정).
10 서울가정법원 2023. 9. 22. 선고 2022드단147686(본소), 2023드단102635(반소) 판결(항소기각으로 확정).
11 서울가정법원 2012. 10. 30. 선고 2011드단89159 판결(항소기각으로 확정).
12 서울가정법원 2012. 6. 14. 선고 2011드합4124(본소), 6151(반소) 판결(확정).
13 서울가정법원 2020. 7. 17. 선고 2019드단49980(본소), 2019드단52191(반소) 판결(확정).

이를 장만한 사람의 소유에 속하므로, 이러한 물품을 상대방이 점유하고 있는 경우 소유권에 기하여 반환을 구하거나 원상회복으로 그 반환을 구하는 것은 별론으로 하고, 그 장만을 위해 지출한 비용 상당액을 손해배상으로 구할 수는 없다는 것이 판례의 태도이다.[14]

8 이에 대하여 사실혼 파탄과 관련한 사안에서 우리나라에서 주방제품, 가전제품, 가구 등의 혼수품은 주로 여자가 장만하고, 결혼 후 동거할 주택의 구입이나, 임차보증금 등은 주로 남자가 장만하는 것이 관행처럼 되어 있는데, 이미 구입한 혼수품 등은 중고품이 되어 그 교환가치가 떨어지는 것은 물론 부부공동생활 용도가 아닌 다른 용도로의 사용가치가 떨어지거나 상실되는 점에 비추어 그 가치 감소분 상당액을 사실혼관계의 파탄과 상당인과관계 있는 손해로 보아 이를 사실혼관계의 파탄에 책임이 있는 상대방에게 불법행위로 인한 재산상 손해배상으로 청구할 수 있다는 견해가 있는데,[15] 이는 약혼해제의 경우에도 적용될 수 있다고 본다.

3) 그 밖의 경우

9 그 외에 손해배상책임으로 인정한 경우로는 같이 살 아파트의 인테리어 비용, 이사 비용, 입주 청소 비용,[16] 임신중절 비용,[17] 아파트 분양계약 해제로 인하여 반환받지 못한 중도금 대출이자,[18] 정신과 치료비,[19] 당사자 일방이 대납한 상대방의 유흥비와 휴대폰 요금,[20] 등이 있다. 한편, 결혼을 전제로 불필요하게 소모된 비용이 아니라는 이유로 손해배상책임이 인정되지 않는 사례로는 일방 당사자가 신혼집의 임대차보증금 마련을 위해 대출을 받아 대출금 이자를 납입하였다고 하더라도 그 당사자가 약혼 해제 후에도 그 신혼집에 계속 거주하고 있다

14 대법원 2003. 11. 14. 선고 2000므1257(본소), 1264(반소) 판결.

15 임혜원, "사실혼 또는 혼인관계가 단시일 내에 해소된 경우 발생하는 몇 가지 문제점에 관하여", 가사재판연구(2007).

16 서울가정법원 2023. 9. 22. 선고 2022드단147686(본소), 2023드단102635(반소) 판결(항소기각으로 확정).

17 의정부지방법원 2024. 7. 24. 선고 2023드단9192 판결(확정), 수원가정법원 2022. 7. 20. 선고 2021드단25011 판결(확정).

18 서울가정법원 2024. 2. 8. 선고 2021드단133574 판결(다만 위 판결의 항소심인 같은 법원 2024르30841호 사건에서는 파혼에 대한 양 당사자의 책임이 대등하다는 이유로 2024. 12. 26. 제1심과 달리 원고의 청구를 기각하였고, 위 항소심판결은 그대로 확정되었다).

19 서울가정법원 2020. 3. 6. 선고 2019드단39471 판결(항소기각으로 확정), 창원지방법원 2020. 2. 19. 선고 2019르10806 판결(확정).

20 수원가정법원 안산지원 2020. 2. 4. 선고 2019드단32782 판결(확정).

면 위 이자 납입 비용이 손해배상의 대상이 아니라는 각급 법원 판례[21]와 교제 과정 중에 발생한 선물 비용과 프러포즈 비용이 손해배상의 대상이 아니라는 각급 법원 판례[22]가 있다.

4) 책임의 제한

10 약혼 해제의 주된 책임이 일방 당사자에게 있으나 상대방에게도 일부 책임이 있는 경우에는 신의칙이나 형평의 원칙에 비추어 그 책임의 경중이나 비율에 따라 일방 당사자가 지급할 손해배상금을 감액할 수 있다는 것이 실무의 태도이다.[23]

나. 정신적 손해

11 약혼이 해제된 경우 과실 있는 당사자의 상대방이 상당한 정신적 고통을 받았을 것임이 경험칙상 명백하다는 이유로 과실 있는 당사자가 이를 금전적으로 위자할 의무가 있다는 것이 실무의 입장이고, 위자료 액수를 정함에 있어서 양 당사자의 연령, 직업, 가족상황, 재산상태, 교제기간, 약혼 파기에 이르기까지의 과정, 파탄의 원인과 책임 등 여러 제반 사정을 고려하고 있다.

12 일반적으로 위자료 청구권은 재산적 청구권으로서 제3자에게 양도가 가능하고, 상속과 관련하여 피해자가 생전에 이를 파기하거나 면제했다고 볼 수 있는 특별한 사정이 없는 한 피해자가 사망한 경우 생전에 청구의 의사표시를 할 필요 없이 원칙적으로 상속되는 것으로 해석한다.[24] 그런데, 약혼해제에 따른 위자료 청구권은 일신전속권으로서 양도나 상속 등 승계가 되지 않으나 다만 이는 행사 상의 일신전속권에 지나지 아니하고 귀속 상의 일신전속권은 아니라 할 것이므로, 당사자 사이에 위자료 배상에 관한 계약이 성립되거나 위자료 청구 소송이 제기된 경우에는 양도나 상속 등 승계가 가능하다(민법 제806조 제3항).

4. 소송 절차

13 약혼 해제에 과실이 작은 당사자는 상대방은 물론 상대방의 과실에 가담한 제3자를 상대로 상대방의 보통재판적이 있는 곳의 가정법원에 손해배상청구를 할 수 있고(가사소송법 제2조 제1항 제1호 다목의 1), 제13조 제1항), 위 소송관할은 성질상 임의관할이므로, 민사소송법상의 합의관할, 변론관할의 규정이 적용되나, 의

21 수원가정법원 안산지원 2022. 6. 14. 선고 2021드단56057 판결(항소기각으로 확정).
22 인천가정법원 2018. 9. 18. 선고 2018드단101109 판결(확정).
23 서울가정법원 2023. 9. 22. 선고 2022드단147686(본소), 2023드단102635(반소) 판결(항소기각으로 확정).
24 대법원 1966. 10. 18. 선고 66다1335 판결.

무이행지, 재산이 있는 곳, 불법행위지 등의 특별재판적에 관한 규정은 적용되지 아니한다. 따라서 상대방의 보통재판적이 없는 곳에 소가 제기되고, 상대방에게 공시송달로 소송이 진행되어 상대방이 변론에 전혀 관여하지 않아 합의관할이나 변론관할의 여지도 없는 사안에 대하여 관할법원으로의 이송 없이 내려진 판결은 관할위반이 된다.

14 약혼 상대방과 제3자를 공동피고로 하여 청구를 하는 경우 그 청구는 통상공동소송의 관계에 있을 뿐 필수적 공동소송의 관계에 있는 것이 아니다.

Ⅲ. 원상회복청구

1. 의의

15 약혼이 해제된 경우 약혼의 증표 내지 수단으로서 상대방에게 교부한 금품 또는 상대방이 점유하고 있는 자기 소유 물건의 반환을 청구하는 것을 의미한다. 약혼해제의 경우 손해배상책임에 대하여 명문의 규정이 있는 반면에 원상회복의무에 대한 명문의 규정은 존재하지 아니하나 일반적인 계약 해제 시 각 당사자에게 원상회복의 의무가 발생하는데(민법 제548조 제1항), 약혼해제의 경우도 이와 달리 볼 이유는 없다 할 것이다. 가사소송법도 약혼해제로 인한 원상회복청구를 가사소송의 한 유형으로 규정하고 있다[가사소송법 제2조 제1항 제1호의 다목의 1)].

2. 약혼예물

가. 약혼예물의 의의 및 법적 성질

16 약혼예물은 약혼의 성립을 증명하고, 혼인이 성립한 경우 당사자 내지 양가의 정리를 두텁게 할 목적으로 수수되는 물품을 의미하고, 약혼예물의 수수는 약혼계약과 독립된 계약으로서 혼인의 불성립을 해제조건으로 하는 증여와 유사한 성질을 가진다.[25] 따라서 약혼계약이 해제되면 혼인의 성립가능성이 사라지고, 혼인의 불성립의 해제조건이 성취되어 예물의 수수의 효력이 상실되므로 이미 교부된 예물은 부당이득으로서 반환하여야 한다.

17 약혼 예물로 의류나 귀금속 등외에 판례가 반환의 대상으로 인정한 사례로는 시가 2억 7,800만 원 상당의 페라리 차량,[26] 중고 외제차 및 그에 장착된 자동

25 대법원 1996. 5. 14. 선고 96다5506 판결.

26 서울가정법원 2024. 11. 13. 선고 2023드합32986 판결(확정).

차 옵션 장치 설치 등의 비용,[27] 신혼집 아파트 인테리어 비용으로 지출된 비용,[28] [29] 결혼을 조건으로 지급한 5,000만 원 수표,[30] 혼인을 전제로 상대방의 대출금 변제 명목으로 지급된 돈[31]으로서 이는 혼인의 불성립을 해제조건으로 하는 증여와 유사한 성질을 가진다고 보아 약혼이 해제되면 해제조건의 성취에 의하여 증여의 효력이 소멸하므로 그 원상회복으로서, 형평의 원칙상 상대방에게 원물 내지 그 금원의 반환을 청구할 수 있다고 보고 있다.

18 그러나 일방이 상대방의 부모에게 용돈 명목으로 교부한 현금 50만 원은 약혼의 증표 내지 수담 등으로 교부한 것으로 보기 어려워 그 반환을 청구할 수 없다고 본다.[32]

19 한편 약혼 당사자가 일단 부부관계가 성립하고 그 혼인이 상당 기간 지속된 이상 후일 혼인이 해소되어도 그 반환을 구할 수는 없으므로, 비록 혼인 파탄의 원인이 예물을 수령한 당사자에게 있다고 하더라도 그는 그 예물의 소유권을 보유한다.[33] [34]

나. 요건

1) 약혼이 해제될 것

20 약혼이 해제되면 혼인이 성립가능성이 사라지고, 혼인의 불성립의 해제조건이 성취되어 예물 수수의 법적 효력이 상실된다. 단, 약혼 이후 혼인신고가 이루어지지 아니하였다고 하더라도 사실혼관계가 성립되어 상당 기간 지속된 경우 예물반환청구권은 소멸한다. 이 경우 사실혼 파탄을 원인으로 하여 파탄시를 기준

27 의정부지방법원 고양지원 2021. 5. 27. 선고 2019드단65914 판결(항소기각으로 확정).

28 수원가정법원 2023. 10. 11. 선고 2023드단26476(본소), 2023드단27387(반소) 판결(확정).

29 실무상 아파트 인테리어 비용은 예물의 측면이 아니라 손해배상의 대상으로 보는 것이 더 일반적이다. 손해배상의 대상으로 본 사례로는 서울가정법원 2023. 9. 22. 선고 2022드단147686(본소), 2023드단102635(반소) 판결(항소기각으로 확정)이 있다.

30 인천가정법원 2023. 2. 15. 선고 2022르10147 판결(상고심에서 심리불속행기각으로 확정).

31 수원가정법원 2022. 10. 26. 선고 2021드단36004(본소), 2022드단24848(반소) 판결(확정).

32 서울가정법원 2020. 3. 6. 선고 2019드단39471 판결(항소기각으로 확정).

33 대법원 1996. 5. 14. 선고 96다5506 판결.

34 예물을 교부한 사람이 약혼의 당사자가 아니라 그 당사자의 부모인데 그 부모가 원고가 되어 가정법원에 그 약혼의 상대방을 상대로 예물반환 청구를 한 사안에서 이러한 청구는 원칙적으로 민사사건에 해당하지만, 그 사건과 동일 소송절차에서 진행되는 이혼 및 위자료, 재산분할 청구와 동일한 혼인관계 형성, 해소과정에서 발생한 분쟁으로서 상호 밀접한 관련이 있으므로, 위 예물반환 청구만을 따로 떼어 민사법원으로 이송하는 것은 소송경제면에서 바람직하지 않고, 당사자들 모두 동일한 소송절차 내에서 예물 또는 그 가액의 반환문제가 해결되기를 바라고 있다는 이유로 가사사건으로 진행한 사례로는 서울가정법원 2024. 1. 25. 선고 2022르30458 판결(확정)이 있다.

으로 쌍방의 공동재산에 대하여 재산분할을 청구할 수 있을 뿐이고, 서로에게 교부된 예물 역시 부부공동재산의 일부로서 다루어진다.

2) 상대방의 유책사유가 더 크거나 쌍방의 유책사유가 동등할 것

21 약혼의 해제에 관하여 과실이 있는 유책자는 상대방에게 자신이 제공한 약혼예물의 반환을 구할 수는 없다는 것이 대법원 판례의 입장이다.[35] 실무례도 이에 따라 약혼이 해제된 경우 양 당사자의 과실의 경중을 비교하여 과실이 작거나 없는 당사자의 반환청구권만을 인정하고, 양 당사자 과실이 정도가 동등하다고 인정될 때에는 쌍방의 반환청구권을 모두 인정한다.

3. 혼수품

22 약혼 당사자 중 일방이 장만한 혼수품의 경우 약혼이 해제되면 그 소유권은 장만한 당사자의 일방에 귀속되고, 상대방이 이를 점유하고 있는 경우 장만한 당사자는 소유권에 기해 그 반환을 구하거나 원상회복으로 그 반환을 구할 수 있다.

4. 결혼 후 동거할 주택구입 명목으로 상대방에게 교부한 금원

23 약혼 당사자 중 일방이 결혼 후 동거할 주택구입 명목으로 상대방에게 금원을 교부하였고, 상대방이 그 금원으로 주택을 구입하였다면 약혼이 해제된 경우 형평의 원칙상 위 금원은 원상회복으로서 특별한 사정이 없는 한 전액 반환되어야 함이 판례의 태도이다.[36] 따라서 주택 자금을 상대방에게 교부한 당사자는 약혼이 해제된 경우 본인이 교부한 금원 전액을 반환받을 수 있다. 주택 자금은 주택 구입 자금은 물론 신혼집의 임대차보증금도 포함된다고 할 것이다.[37]

5. 소송 절차

24 약혼해제로 인한 원상회복청구는 가사소송법 제2조 제1항 제1호의 다목의 1) 에 따라 가정법원의 전속관할에 속한다. 다만 이는 약혼 당사자가 금품을 교부한 경우에 한하고, 제3자가 교부한 금품에 관해서는 민사소송의 절차에서 청구를 할 수 있을 뿐이다.

35 대법원 1976. 12. 28. 선고 76므41, 42 판결.

36 대법원 2003. 11. 14. 선고 2000므1257(본소), 1264(반소) 판결. 단, 이 판결의 사안은 사실혼이 단기간에 파탄난 경우이다.

37 서울가정법원 2023. 10. 27. 선고 2022드단115207 판결(확정).

제 2 절 혼인의 성립

[총설]

1 혼인이 성립하기 위해서는 혼인의 양 당사자 사이에 혼인의사가 있어야 하고, 형식적으로 혼인신고가 마쳐져야 한다. 양 당사자 사이에 혼인의사가 있었고, 그 후 혼인의 실질이 존재하여도 혼인신고가 없는 경우 법률상 혼인은 성립하지 아니하고, 다만 사실혼이 성립할 뿐이다. 혼인적령에 이르지 아니하였거나 동의권자의 동의가 결여된 혼인의 경우, 당사자 사이에 일정한 친족관계가 존재하거나 존재한 적이 있었던 경우, 당사자 중 일방에게 배우자가 있는 경우 혼인의 무효 내지 취소 사유가 존재하게 된다.

제 807 조 [혼인적령]

18세가 된 사람은 혼인할 수 있다. <개정 2022. 12. 27.>

[전문개정 2007. 12. 21.]

[관련조문] 민법 제4조(성년), 제808조(동의가 필요한 혼인), 제817조(나이위반 혼인 등의 취소청구권), 제826조의2(성년의제)

1 이 규정은 혼인의 최저연령을 정한 규정이다. 사람은 19세가 되면 성년이 되고(민법 제4조), 성년인 자는 부모의 동의 없이 자유롭게 혼인할 수 있음은 당연하다. 미성년자의 경우라도 18세가 되면 혼인할 수 있도록 하되(제807조), 다만 성년자와 달리 부모나 미성년후견인의 동의를 얻도록 하고 있다(제808조 제1항). 18세가 되지 않은 자가 한 혼인이나 18세 이상 19세 미만인 자가 부모 등의 동의 없이 한 혼인은 당사자나 법정대리인이 그 취소를 청구할 수 있다(민법 제817조). 가족관계등록부상 혼인 할 수 있는 나이에 도달하지 못한 사람은 사실상 혼인할 수 있는 나이에 도달하였더라도 혼인신고를 하지 못한다.[1]

2 혼인을 미성년자는 혼인을 한 때에 성년자로 본다(민법 제826조의2).

1 미성년자 등의 혼인신고에 관한 사무처리지침 제4조(가족관계등록예규 제417호).

제 808 조 [동의가 필요한 혼인]

① 미성년자가 혼인을 하는 경우에는 부모의 동의를 받아야 하며, 부모 중 한쪽이 동의권을 행사할 수 없을 때에는 다른 한쪽의 동의를 받아야 하고, 부모가 모두 동의권을 행사할 수 없을 때에는 미성년후견인의 동의를 받아야 한다.
② 피성년후견인은 부모나 성년후견인의 동의를 받아 혼인할 수 있다.
[전문개정 2011. 3. 7.]

[관련조문] 민법 제5조(미성년자의 능력), 제10조(피성년후견인의 행위와 취소), 제801조(약혼 나이), 제802조(성년후견과 약혼), 제816조(혼인취소의 사유), 가사소송법 제2조(가정법원의 관장 사항), 가족관계 등록 등에 관한 법률 제32조(동의, 승낙 또는 허가를 요하는 사건의 신고)

[참고문헌] 김주수/김상용, 주석 민법, 친족(1)(제5판), 한국사법행정학회(2016); 윤진수, 주해친족법(제1권)(제2판), 박영사(2025)

Ⅰ. 부모의 의미

1 여기에서의 부모는 반드시 친권자일 필요는 없다. 따라서 부모가 이혼하여 그 중 한 명이 단독친권자로 지정되었어도 친권이 없는 나머지 부모 역시 미성년 자녀의 혼인에 대한 동의권을 가진다. 이에 대하여 미성년자의 복리나 보호를 위해 동의권자를 부모가 아니라 법정대리인으로 하는 것으로 개정하는 것이 바람직하다는 견해가 있다.[1]

2 입양이 성립되어 친생부모와 양부모가 모두 있을 때에는 양부모의 동의를 받아야 한다.[2] 양부모가 모두 사망하였을 경우 친생부모의 동의를 받을 필요는 없다는 것이 다수설[3]이고, 이 경우 미성년후견인의 동의를 얻어야 할 것이다.

1 김주수/김상용, 주석 민법, 친족(1)(제5판), 한국사법행정학회(2016), 219; 주해친족법(제1권)(제2판), 박영사(2025), 120(윤진수).
2 미성년자 등의 혼인신고에 관한 사무처리지침 제2조(가족관계등록예규 제417호).
3 김주수/김상용, 주석 민법, 친족(1)(제5판), 한국사법행정학회(2016), 219; 주해친족법(제1권)(제2판), 박영사(2025), 120(윤진수).

3 부모 중 한쪽이 사망하였거나 피성년후견인의 지위에 있는 경우,[4] 또는 인지되지 아니한 혼인 외의 자와 같이 부모 중 한쪽을 알 수 없는 경우에는 다른 한쪽의 동의만을 필요로 한다. 그러나 부모 모두 존재하고, 피성년후견인이 아닌 경우에는 부모 모두의 동의를 얻어야 하며, 부모 중 한 쪽이 동의를 하지 않은 경우는 동의가 없는 것으로 볼 것이다. 다만 부모의 한쪽이 행방불명, 심신상실 등의 사유로 동의권을 행사할 수 없을 때에는 다른 한쪽의 동의를 받는 것만으로도 충분하다. 부모가 모두 동의권을 행사할 수 없을 경우에는 미성년후견인의 동의를 얻어야 한다. 피성년후견인은 부모 또는 성년후견인의 동의를 받아 혼인할 수 있다.

Ⅱ. 동의의 방식

4 혼인에 동의권자의 동의를 요하는 경우 혼인동의서가 혼인신고서에 첨부되어야 하고, 이 경우 동의자가 혼인신고서에 그 사유를 적고 서명 또는 기명날인함으로써 동의서의 첨부를 갈음할 수 있다(가족관계 등록 등에 관한 법률 제32조). 혼인신고서에 그 동의가 흠결이 있음에도 불구하고 이를 수리한 것을 발견하였을 때 그 신고사건에 사실상 동의하였으나 이를 증명하는 서면의 첨부 또는 신고서의 기재만을 빠뜨린데 지나지 아니하는 경우에는 가족관계 등록 등에 관한 법률 제39조에 따라 이를 추후 보완하게 할 수 있다.[5]

Ⅲ. 동의가 결여된 혼인의 효력

5 동의권자의 동의가 결여된 혼인의 경우 혼인당사자가 접수한 혼인신고서의 수리는 거부되어야 하나 이를 간과하여 혼인신고가 수리된 경우는 혼인취소사유가 되고(민법 제816조 제1호), 혼인당사자나 법정대리인이 혼인취소의 소로서 취소를 구할 수 있다[민법 제817조 전문, 가사소송법 제2조 제1항 나목의 2)].

4 피한정후견인의 경우에는 동의권을 행사할 수 있다는 것이 일반적인 견해이다.
5 신고서류 접수에 관한 사무처리지침 제10조(가족관계등록예규 제531호).

제 809 조 [근친혼 등의 금지]

① 8촌 이내의 혈족(친양자의 입양 전의 혈족을 포함한다) 사이에서는 혼인하지 못한다.

② 6촌 이내의 혈족의 배우자, 배우자의 6촌 이내의 혈족, 배우자의 4촌 이내의 혈족의 배우자인 인척이거나 이러한 인척이었던 자 사이에서는 혼인하지 못한다.

③ 6촌 이내의 양부모계의 혈족이었던 자와 4촌 이내의 양부모계의 인척이었던 자 사이에서는 혼인하지 못한다.

[전문개정 2005. 3. 31.]

[관련조문] 민법 제767조(친족의 정의), 제768조(혈족의 정의), 제769조(인척의 계원), 제775조(인척관계 등의 소멸), 제809조(근친혼 등의 금지), 제815조(혼인의 무효), 제816조(혼인취소의 사유), 제818조(중혼의 취소청구권자), 제908조의3(친양자 입양의 효력)

[참고문헌] 김주수/김상용, 주석 민법, 친족(1)(제5판), 한국사법행정학회(2016)

Ⅰ. 혼인이 금지되는 범위

1. 8촌 이내의 혈족 사이의 혼인

1 8촌 이내의 혈족 사이에서는 혼인할 수 없다. 자연혈족은 물론 양친자관계에 따라 형성되는 법정혈족도 마찬가지이다. 친양자 입양 전의 친족관계는 친양자 입양이 확정된 때에 종료하나(민법 제908조의3 제2항), 유전적인 근거에서 입양 전의 혈족으로서 8촌 이내에 있었던 사람과의 혼인도 근친혼으로서 금지하는 것으로 규정되었다.

2 이와 같이 8촌 이내의 혈족 사이에서는 혼인할 수 없도록 하는 민법 제809조 제1항이 혼인의 자유를 침해하는지 여부에 대하여 헌법재판소는 위 조항은 근친혼으로 인하여 가까운 혈족 사이의 상호관계 및 역할, 지위와 관련하여 발생할 수 있는 혼란을 방지하고 가족제도의 기능을 유지하기 위한 것으로서 정당한 입법

목적 달성을 위한 적합한 수단에 해당하고, 위 조항은 촌수를 불문하고 부계혈족 간의 혼인을 금지한 구 민법상 동성동본금혼 조항에 대한 헌법재판소의 헌법불합치 결정의 취지를 존중하는 한편, 우리 사회에서 통용되는 친족의 범위 및 양성평등에 기초한 가족관계 형성에 관한 인식과 합의에 기초하여 혼인이 금지되는 근친의 범위를 한정한 것이므로 그 합리성이 인정되며, 입법목적 달성에 불필요하거나 과도한 제한을 가하는 것이라고는 볼 수 없으므로 침해의 최소성에 반한다고 할 수 없고, 나아가 위 조항으로 인하여 법률상의 배우자 선택이 제한되는 범위는 친족관계 내에서도 8촌 이내의 혈족으로, 넓다고 보기 어려운 반면에 그에 비하여 8촌 이내 혈족 사이의 혼인을 금지함으로써 가족질서를 보호하고 유지한다는 공익은 매우 중요하므로 위 조항은 법익균형성에 위반되지 아니한다는 이유로 위 조항이 과잉금지원칙에 위배하여 혼인의 자유를 침해하지 않는다는 입장을 취하고 있다.[1] [2]

3 인지되지 않은 혼인 외의 출생자와 그의 사실상의 부계혈족(생물학적인 의미에서의 부계혈족) 중 8촌 이내에 있는 사람과의 혼인도 금지하여야 할 것인지 문제되나 현행법상으로는 이를 금지하는 명문의 규정이 없고, 인지 이전에는 혼인 외의 출생자의 가족관계등록부상 사실상의 부가 공시되지 않는 점을 감안할 때 입법론으로는 별론으로 하고 현행법상으로는 혼인금지사유에 해당한다고 볼 수는 없다고 할 것이다.

1 헌법재판소 2022. 10. 27. 선고 2018헌바115 전원재판부 결정. 반면에 위 사건에서 헌법재판소는 위 조항에 위배된 혼인을 무효로 규정한 민법 제815조 제2호에 대해서는 과잉금지원칙에 위배되어 무효라는 취지로 헌법불합치 결정을 내렸는데, 이에 대하여는 해당 부분에서 상술한다.

2 헌법재판소 2022. 10. 27. 선고 2018헌바115 전원재판부 결정에 있어 재판관 유남석, 재판관 이석태, 재판관 김기영, 재판관 문형배는 위 금혼조항이 정한 근친혼 금지는 인류 보편적으로 형성된 근친상간 금기에서 유래하는 것으로, 가족질서를 유지하고 가족제도의 기능을 보호하는 데에 그 입법목적이 있는데, 위 금혼조항은 근친상간 금기의 범위를 훨씬 넘어 만연히 민법상의 친족 범위에 맞추어 금혼의 범위를 규정하고 있고, 유전학적 연구결과에 의하더라도 8촌 이내 혈족 사이의 혼인이 일률적으로 그 자녀나 후손에게 유전적으로 유해한지에 대한 과학적인 증명이 있었다고 보기 어려우므로, 유전학적 관점은 혼인의 상대방을 선택할 자유를 제한하는 합리적인 이유가 될 수 없다며 위 금혼조항이 입법목적 달성에 필요한 범위를 넘는 과도한 제한으로서 과잉금지원칙에 위배하여 혼인의 자유를 침해한다는 반대의견을 제시하면서 위 금혼조항의 위헌성은 근친혼 금지의 광범성에 있으므로, 입법자가 금지되는 혼인의 범위를 합헌적으로 개선할 방법을 충분히 검토하여 새로이 혼인제도를 형성할 수 있도록 헌법불합치결정을 함이 상당하다는 반대의견을 표명하였다.

2. 6촌 이내의 혈족의 배우자, 배우자의 6촌 이내의 혈족, 배우자의 4촌 이내의 혈족의 배우자인 인척이거나 이러한 인척이었던 자 사이의 혼인

가. 혼인 금지의 범위

1) 6촌 이내의 혈족의 배우자 내지 배우자의 6촌 이내의 혈족인 인척이거나 이러한 인척이었던 자 사이의 혼인

4 예를 들어 A와 그의 4촌 형제인 B, B의 아내 C가 있고, B가 사망한 사안에서 C는 A의 6촌 이내의 혈족인 B의 배우자였고, A는 C의 배우자였던 B의 6촌 이내의 혈족에 해당하여 A와 C는 서로 혼인하지 못한다.[3]

2) 배우자의 4촌 이내의 혈족의 배우자인 인척이거나 이러한 인척이었던 자 사이의 혼인

5 예를 들어 처남의 부인, 시누이의 남편 등이 이에 해당한다.

나. 인척 관계의 종료 여부와 관련하여

1) 인척 관계가 존속하는 경우

6 배우자가 생존해 있고, 그와 사이에 혼인관계가 존속한 상태에서 앞서 본 범위 내에 있는 인척과의 혼인은 근친혼으로서 금지됨은 물론 중혼으로서도 금지된다(민법 제818조).

7 배우자가 사망하여 혼인관계가 종료되는 경우 중혼의 문제는 발생하지 아니하나 생존 배우자가 재혼하지 아니하는 한 사망한 배우자를 매개로 한 인척 관계는 존속하므로(민법 제775조 제2항), 생존 배우자가 사망한 배우자를 매개로 한 인척과 혼인하는 것 역시 근친혼으로서 금지된다.

2) 현재는 인척 관계에 있지 아니하나 과거에 인척 관계가 있었던 경우

8 배우자와의 혼인이 취소되었거나 배우자와 이혼한 경우 또는 배우자가 사망한 뒤 다른 사람과 재혼하여 기존 배우자를 매개로 한 인척 관계가 종료된 경우에도 그 인척 관계에 있었던 사람과의 혼인 역시 근친혼으로 금지된다.

3 이에 대하여 민법 제777조에서 규정된 인척의 범위에 맞추어서 4촌 이내의 범위에서 혼인을 금지하는 것이 타당하다는 견해로는 김주수/김상용, 주석 민법, 친족(1)(제5판), 한국사법행정학회(2016), 229.

3) 6촌 이내의 양부모계의 혈족이었던 자와 4촌 이내의 양부모계의 인척이었던 자 사이의 혼인

9 입양으로 인해 양친자 관계가 성립된 경우 양자는 민법 제809조 제1항·제2항에 따라 8촌 이내의 법정혈족과 6촌 이내의 법정혈족의 배우자와는 혼인할 수 없다. 양친자 관계가 종료되면 그에 따라 맺어진 법정친족관계도 종료되는데, 그 경우에도 6촌 이내의 양부모계의 혈족이었던 자와 4촌 이내의 양부모계의 인척이었던 자와의 혼인은 금지된다.

Ⅱ. 혼인 금지에 위배된 혼인의 효과

1. 혼인이 무효가 되는 경우

가. 8촌 이내의 혈족 사이의 혼인의 무효 여부

10 혼인의 당사자가 자연혈족(친양자의 입양전 혈족을 포함한다)인지 법정혈족인지 구분 없이 8촌 이내의 혈족 사이인 경우 민법 제815조 제2호는 그 혼인은 무효라고 규정하고 있다.

11 그런데 위 무효조항에 대하여 헌법재판소는 위 조항이 과잉금지의 원칙에 위배하여 혼인의 자유를 침해하였다는 이유로 헌법에 합치되지 않는다며 위 조항에 대하여 2024. 12. 31. 을 시한으로 입법자가 개정할 때까지 계속 적용을 명하는 헌법불합치 결정을 내렸다.[4] [5] 위 결정은 헌법불합치의 근거로 ① 위 무효조항은 민법 제809조 제1항의 금혼조항의 실효성을 보장하기 위한 것으로서 정당한 입법목적 달성을 위한 적합한 수단에 해당하나, 이미 근친혼이 이루어져 당사자 사이에 부부간의 권리와 의무의 이행이 이루어지고 있고, 자녀를 출산하거나 가족 내 신뢰와 협력에 대한 기대가 발생하였다고 볼 사정이 있는 때에 일률적으로 그 효력을 소급하여 상실시킨다면, 이는 가족제도의 기능 유지라는 본래의 입법목적에 반하는 결과를 초래할 가능성이 있으며 위 무효조항의 입법목적은 근친혼이 가까운 혈족 사이의 신분관계 등에 현저한 혼란을 초래하고 가족제도의 기능을 심각하게 훼손하는 경우에 한정하여 무효로 하더라도 충분히 달성 가능하고, 위와 같은 경우에 해당하는지 여부가 명백하지 않다면 혼인의 취소를 통해 장래를 향하여 혼인을 해소할 수 있도록 규정함으로써 가족의 기능을 보

4 헌법재판소 2022. 10. 27. 선고 2018헌바115 전원재판부 결정.
5 위 무효 조항은 2024. 12. 31. 현재 아직 개정되지 않았다.

호하는 것이 가능하므로, 위 무효조항은 입법목적 달성에 필요한 범위를 넘는 과도한 제한으로서 침해의 최소성을 충족하지 못할 뿐 아니라 나아가 위 무효조항을 통하여 달성되는 공익은 결코 적지 아니하나, 그로 인하여 제한되는 사익 역시 중대함을 고려하면, 위 무효조항은 법익균형성을 충족하지 못한다는 점,[6] ② 위 무효조항은 무효로 하는 근친혼의 범위가 너무 광범위하여 금지되는 근친혼의 범위가 합헌적으로 축소되는 경우에 그와 같이 축소된 금혼 범위 내에서 그 입법목적의 정당성과 수단의 적합성이 인정되고, 위 조항의 입법목적은 가령 직계혈족 및 형제자매 사이의 혼인과 같이 근친혼이 가족제도의 기능을 심각하게 훼손하는 경우에 한정하여 그 혼인을 무효로 하고 그 밖의 근친혼에 대하여는 혼인의 취소를 통해 장래를 향하여 혼인이 해소될 수 있도록 규정함으로써 기왕에 형성된 당사자나 그 자녀의 법적 지위를 보장하더라도 충분히 달성될 수 있음에도 위 무효조항은 위 금혼조항을 위반한 경우를 전부 무효로 하고 있어서 침해최소성과 법익균형성에 반한다는 점[7]을 들고 있다.

나. 당사자 간에 직계인척관계가 있거나 있었던 때

12 직계인척이란 직계혈족의 배우자와 배우자의 직계혈족을 의미한다. 예를 들어 장모와 사위, 시아버지와 며느리, 계부와 의붓딸, 계모와 계자 사이가 이에 해당한다.

다. 당사자 간에 양부모계의 직계혈족관계가 있었던 때

13 양자와 양부모계의 직계혈족 사이의 혼인은 8촌 이내의 법정혈족 사이의 혼인으로서 무효이고, 양친자관계의 종료로 법정혈족 관계가 소멸하는 경우에도 위 조항에 따라 무효가 된다.

2. 혼인의 취소 사유가 되는 경우

14 6촌 이내의 혈족(직계혈족 제외)의 배우자이거나 배우자였던 자, 배우자의 6촌 이내의 혈족(직계혈족 제외)이거나 혈족이었던 자, 배우자의 4촌 이내의 혈족의 배우자인 인척이거나 이러한 인척이었던 자 사이의 혼인(민법 제816조 제1호)은 혼인 취소 사유가 된다.

6 재판관 이선애, 재판관 이은애, 재판관 이종석, 재판관 이영진, 재판관 이미선의 헌법불합치의견.
7 재판관 유남석, 재판관 이석태, 재판관 김기영, 재판관 문형배의 헌법불합치의견.

제 810 조 [중혼의 금지]

배우자 있는 자는 다시 혼인하지 못한다.

[관련조문] 민법 제29조(실종선고의 취소), 제813조(혼인신고의 심사), 제824조(혼인취소의 효력), 제834조(협의상 이혼), 제838조(사기, 강박으로 인한 이혼의 취소청구권), 헌법 제36조, 부재선고에 관한 특별조치법 제6조(부재선고의 관할 법원)

[참고문헌] 가족관계등록실무(Ⅱ), 법원행정처(2018); 법원실무제요, 가사[Ⅱ], 사법연수원(2022); 주해친족법(제1권)(제2판), 박영사(2025), 윤진수

Ⅰ. 중혼의 의의

1 중혼이란 법률혼을 체결하여 배우자가 있는 사람이 기존의 법률혼의 해소 없이 이중으로 법률혼을 체결하는 것을 의미한다. 혼인과 가정생활은 개인의 존엄과 양성의 평등을 기초로 성립되고 유지되어야 하며 국가는 이를 보장하여야 하고(헌법 제36조 제1항), 일부일처제의 혼인제도는 혼인과 가정생활이 개인의 존엄과 양성의 평등을 기초로 성립되고 유지되도록 하는 제도로서 보호하여야 하는데, 중혼금지규정은 이를 위한 규정이다.

2 여기에서의 중혼은 혼인신고를 거친 법률혼만을 의미하므로, 사실혼 관계에 있는 자가 제3자와 법률혼을 체결하거나 사실혼 관계로 지내는 경우, 법률혼 관계에 있는 자가 제3자와 사실혼 관계에 있는 경우는 중혼에 해당하지 않는다.

Ⅱ. 중혼의 성립 요건

1. 기존의 법률혼이 체결되었고, 그 법률혼이 존속하고 있을 것

3 기존에 체결된 법률혼에 무효 사유에 해당하는 하자가 있는 경우에는 중혼이 성립되지 아니하나 취소 사유에 해당하는 하자가 있는 경우에는 혼인이 취소될 때까지 혼인의 효력은 유지되고, 취소의 효력은 기왕에 소급하지 아니하므로(민법 제824조), 중혼이 성립된다.

2. 기존의 법률혼 당사자가 이중으로 법률혼을 체결한 경우

가. 현행법상 중혼의 발생 가능성

4 혼인당사자가 혼인신고를 하면, 가족관계등록공무원은 중혼 여부를 심사하여 중혼 사유에 해당하면 그 수리를 거부하게 되므로(민법 제813조), 기존의 법률혼이 가족관계등록부상 등재되어 있고, 그 확인이 어렵지 않은 상황에서 담당공무원이 고의, 과실로 중혼 신고를 수리하는 경우는 예상하기 어려우나 다음과 같은 사유 때문에 중혼이 성립하게 된다.

나. 중혼의 발생 사유

1) 이혼 후 재혼하였는데, 종전 이혼이 무효이거나 취소된 경우

5 가정법원의 확인과 가족관계의 등록 등에 관한 법률의 정한 바에 의한 신고 절차를 거쳐 협의상 이혼이 이루어졌고(민법 제834조), 그 후 재혼이 되었는데, 협의상 이혼의 절차상 하자 등으로 인하여 협의이혼신고 자체가 무효이거나,[1] 협의이혼의 의사표시가 사기, 강박을 이유로 취소된 경우(제838조) 중혼이 성립할 수 있다. 또한 재판상 이혼판결이 확정된 이후 재혼이 이루어졌는데, 그 후 재심청구에 의하여 이혼판결이 취소되고, 이혼청구기각 판결이 확정된 경우에도 재혼은 중혼이 된다.[2]

1 가족관계의 등록 등에 관한 법률 제75조에 의하면, 협의상 이혼을 하고자 하는 사람은 등록기준지 또는 주소지를 관할하는 가정법원의 확인을 받아 신고하여야 하고, 위 신고는 협의상 이혼을 하고자 하는 사람이 가정법원으로부터 확인서등본을 교부 또는 송달받은 날부터 3개월 이내에 그 등본을 첨부하여 행하여야 하며, 위 기간이 경과한 때에는 그 가정법원의 확인은 효력을 상실한다고 규정하고 있는 바, 위 기간 경과 후 협의이혼신고가 이뤄진 경우 그 협의이혼신고는 무효라고 본 사례로는 춘천지방법원 2016. 7. 19. 선고 2016드단497 판결(확정)이 있고, 협의이혼 당사자 일방이 상대방이 발급받은 협의이혼의사확인서 등본까지 모두 보관하며 그 반환을 요구하는 상대방의 요청에 불응하면서 협의이혼 의사를 철회하였는데, 그 후 상대방이 협의이혼의사확인서 등본을 재발급 받아 다른 일방의 동의 없이 이혼신고서에 기재된 그의 인적사항과 이혼신고에 관한 부분을 임의로 기재하여 이혼신고가 접수된 사안에서 그 이혼신고는 다른 일방의 협의이혼 의사가 결여된 상태에서 부적법하게 접수된 것으로서 그로 인한 이혼은 무효로 본 사례로는 전주지방법원 2022. 12. 13. 선고 2022드단4291 판결(확정)이 있다.

2 대법원 1994. 10. 11. 선고 94므932 판결.

2) 동일인에 대하여 이중가족관계등록부가 작성되고, 각 가족관계등록부에 서로 다른 혼인사항이 등재된 경우

6 동일인에 대하여 여러 개의 가족관계등록부가 작성되어 있는 경우 그 가족관계등록부를 이중가족관계등록부라 한다. 이와 같은 이중가족관계등록부 중 적법한 가족관계등록부는 존치하고, 위법한 가족관계등록부를 폐쇄하되 필요한 경우 그 폐쇄할 가족관계등록부의 기록사항을 존치할 가족관계등록부에 이기 하도록 하는 것을 이중가족관계등록부 정정이라 한다.[3] 이 경우 비록 위법하게 편제된 가족관계등록부가 말소 또는 폐쇄되더라도 그 가족관계등록부에 기재된 혼인의 효력에는 아무런 영향이 없어[4] 각 이중가족관계등록부에 서로 다른 혼인사항이 기재된 경우 중혼이 성립한다. 한편, 가족관계의 등록 등에 관한 법률 제정 이전의 호적법 시행 당시의 판례로서 혼인은 호적법에 따라 호적공무원이 그 신고를 수리함으로써 유효하게 성립되고, 호적부에의 기재는 그 유효요건이 아니어서 호적에 적법하게 기재되었는가는 혼인성립의 효과에 영향을 미치지 않는다는 이유로 부부가 일단 혼인신고를 하였다면 그 혼인관계는 성립하고, 그 호적의 기재가 무효한 이중호적에 의하였다 하여 그 효력이 좌우되는 것은 아니며, 혼인이 일단 성립되면 그것이 위법한 중혼이라 하더라도 당연히 무효가 되는 것은 아니고 법원의 판결에 의하여 취소될 때에 비로소 그 효력이 소멸한다는 판례[5]와 배우자 있는 자가 타인과 혼인하기 위하여 이름을 바꿔 새로이 취적함으로써 이중호적을 만들어 그 호적에 타인과의 혼인신고를 마쳤다면 위 타인과의 혼인은 민법 제810조가 금지하는 중혼이라고 본 판례[6]가 있다.

3) 실종선고 후 재혼하였는데, 그 후 실종선고가 실종자의 생존을 원인으로 취소되었고, 재혼당사자의 쌍방 또는 일방이 실종자의 생존에 대하여 악의임이 입증된 경우

7 실종선고 후 잔존 배우자가 제3자와 재혼하였는데, 그 후 실종선고가 실종자의 생존을 원인으로 취소된 경우 원칙적으로 재혼당사자가 모두 선의인 것으로 추

3 가족관계등록실무(Ⅱ), 법원행정처(2018), 551.
4 가족관계등록실무(Ⅱ), 법원행정처(2018), 555.
5 대법원 1991. 12. 10. 선고 91므344 판결.
6 대법원 1986. 6. 24. 선고 86므9 판결.

정하여 전혼관계는 부활하지 않는 것으로 처리한다(민법 제29조 제1항 단서).[7] 다만 재혼당사자의 쌍방 또는 일방이 악의임이 입증되면 전혼관계는 부활하고 이 경우 중혼이 성립하게 된다.[8] 부재선고에 관한 특별조치법에 따라 부재선고를 받은 사람의 혼인에 관하여는 실종선고를 받은 것으로 보므로(부재선고에 관한 특별조치법 제4조) 부재선고를 받은 사람의 중혼에 관한 법률관계도 실종선고를 받은 사람과 동일하다.

4) 남북 주민 사이의 가족관계와 상속 등에 관한 특례법(이하 '남북가족특례법'이라 한다)에 따라 중혼이 성립한 경우

8 1953년 7월 27일 한국 군사정전에 관한 협정(이하 '정전협정'이라 한다)이 체결되기 전에 혼인하여 북한에 배우자를 둔 사람이 그 혼인이 해소되지 아니한 상태에서 남한에서 다시 혼인을 한 경우에는 중혼이 성립한다(남북가족특례법 제6조 제1항), 이 경우 중혼을 사유로 혼인의 취소를 청구할 수 없고(제6조 제2항),[9] 이 경우 북한에 거주하는 전혼의 배우자도 다시 혼인을 한 경우에는 부부 쌍방에 대하여 중혼이 성립한 때에 전혼은 소멸한 것으로 본다(제6조 제3항). 다만 정전협정이 체결되기 전에 혼인하여 북한에 배우자를 둔 사람이 그 배우자에 대하여 실종선고를 받고 남한에서 다시 혼인을 한 경우에는 실종선고가 취소되더라도 전혼은 부활하지 아니하나 혼인당사자의 일방 또는 쌍방이 실종선고 당시 북한에 있는 배우자의 생존 사실을 알고 있었던 경우에는 전혼이 부활하여 중혼이 성립하고, 이 경우 북한에 거주하는 전혼의 배우자도 다시 혼인을 한 경우에는 실종선고가 취소되더라도 전혼은 부활하지 아니한다(제6조 제4항).

5) 외국에서 외국의 법에 따라 혼인하여 중혼이 성립하는 경우

9 혼인의 방식은 혼인을 한 곳의 법에 따를 수 있으므로(국제사법 제63조 제2항), 외국에서 그 나라의 방식에 따라 혼인을 하였다면 국내에서 혼인신고를 하지 않더라도 유효하게 혼인이 성립한다.[10] 재일교포인 부부가 일본국법에 따른 혼인신고를 마쳤다면 그 후 그 부부 중 일방이 제3자와 혼인한 것으로 우리나라에서

7 중혼에 관한 가족관계등록사무 처리지침[가족관계등록예규 제418호(이하 '등록예규 제418호'라고만 한다.)] 제1의 다.의 (1)항.

8 등록예규 제418호 제1의 다.의 (2)항.

9 후혼 배우자 쌍방 사이에 중혼취소에 대한 합의가 이루어진 경우에는 취소청구가 가능하다(남북가족특례법 제6조 제2항 단서).

10 주해친족법(제1권)(제2판), 박영사(2025), 130(윤진수).

혼인신고를 한 경우에는 중혼이 성립한다는 판례가 있다.[11]

Ⅲ. 중혼의 효과

10 중혼이 성립된 경우 후혼은 재판상 취소의 대상은 되나 혼인으로 성립된 이상 당연 무효라고 할 수 없고, 법원의 판결에 의하여 취소될 때에 비로소 그 효력이 소멸될 뿐이므로 아직 그 혼인취소의 확정판결이 없는 한 후혼에 대하여 재판상 이혼의 청구는 물론,[12] 협의이혼도 가능하다. 다만, 후혼이 이혼으로 소멸한 경우 후혼에 대하여 혼인취소의 소를 제기할 법률상 이익은 없다.[13] 또한 전혼이 이혼[14]이나 전혼의 중혼자가 아닌 배우자의 사망 등으로 소멸한 경우에도 중혼은 소멸되고, 후혼에 대하여 혼인취소의 청구를 할 수 없다.

11 그러나 중혼자가 사망하여 후혼이 종료되고 중혼 관계가 해소되었다고 하더라도 전혼의 배우자는 생존하는 중혼 당사자의 일방을 상대로 혼인취소를 구할 수 있다.[15] 다만, 혼인의 취소는 소급효가 없으므로 후혼의 배우자가 중혼자의 재산을 상속받은 후에 그 혼인이 취소되었다는 사정만으로 그 전에 이루어진 상속관계가 소급하여 무효라거나 또는 그 상속재산이 법률상 원인 없이 취득한 것이라고는 볼 수 없다.[16]

12 중혼관계에 있어 전혼의 배우자가 사망한 상대방과 이미 사실상 이혼상태에 있었다든가 그 혼인사실을 뒤늦게 공관장에게 신고하였다는 사정만 가지고 전혼의 배우자가 생존한 중혼의 일방 당사자를 상대로 제기한 혼인취소청구가 오로지 피청구인을 괴롭히기 위한 소송으로 권리남용에 해당하거나 신의칙에 반하여 위법한 것이 된다고 할 수 없다.[17]

13 혼인 취소의 청구권자는 당사자 및 그 배우자, 직계혈족, 4촌 이내의 방계혈족 또는 검사이다(민법 제818조).

14 중혼을 원인으로 하여 혼인 취소의 소를 제기하는 경우는 제척기간의 정함이 없다.

11 대법원 1991. 12. 10. 선고 91므535 판결
12 대법원 1991. 12. 10. 선고 91므344 판결.
13 법원실무제요, 가사[Ⅱ], 사법연수원(2022), 659.
14 중혼의 경우 배우자에 부정한 행위가 있다는 이유(민법 제840조 제1호)나 기타 혼인을 계속하기 어려운 중대한 사유가 있다는 이유(제840조 제6호)와 같은 재판상 이혼 사유가 존재함이 인정될 것이다.
15 대법원 1986. 6. 24. 선고 86므9 판결.
16 대법원 1996. 12. 23. 선고 95다48308 판결.
17 대법원 1991. 12. 10. 선고 91므535 판결.

제 811 조 [재혼금지기간] <2005. 3. 31. 삭제 조문>

여자는 혼인관계의 종료한 날로부터 6월을 경과하지 아니하면 혼인하지 못한다. 그러나 혼인관계의 종료후 해산한 때에는 그러하지 아니하다.

1 이 조문은 전 남편과 사이의 혼인이 종료한 여성에 대하여 혼인 종료일로부터 6월이 경과하지 아니한 시점에 새로운 남편과 혼인을 하는 것을 허용하는 경우 그 여성이 출산한 자녀의 부성(父性)이 충돌할 우려가 있다는 이유로 6월의 재혼금지기간을 정하는 취지인데, 여성에 대한 차별적인 규정으로 비쳐질 수 있음은 물론 친자관계감정기법의 발달에 따라 제한을 둘 필요성도 없어졌으므로 삭제되었다.

제 812 조 [혼인의 성립]

① 혼인은 가족관계의 등록 등에 관한 법률에 정한 바에 의하여 신고함으로써 그 효력이 생긴다. <개정 2007. 5. 17.>

② 전항의 신고는 당사자 쌍방과 성년자인 증인 2인의 연서한 서면으로 하여야 한다.

[관련조문] 민법 제781조(자의 성과 본), 제814조(외국에서의 혼인신고), 국제사법 제63조(혼인의 성립), 가사소송법 제2조(가정법원의 관장 사항), 가족관계의 등록에 관한 법률 제20조(신고의 장소), 제23조(신고방법), 제25조(신고서 기재사항), 제32조(동의, 승낙 또는 허가를 요하는 사건의 신고), 제41조(사망 후에 도달한 신고), 제72조(재판에 의한 혼인), 혼인신고특례법 제1조(목적), 제2조(혼인신고), 제3조(확인재판 관할), 제4조(신고의 효력), 가족관계의 등록 등에 관한 규칙 제40조(신고서류의 접수방법)

[참고문헌] 재외공관 가족관계등록실무, 법원행정처(2016)

Ⅰ. 서설

1 당사자 사이에 부부로서 생활공동체를 형성하기로 하는 내용의 합의가 있다고 하더라도 그 합의만으로 혼인이 성립하지 않고, 가족관계의 등록에 관한 법률에 정한 바에 의한 신고가 이루어져야 비로소 혼인이 성립한다. 만일 위와 같은 합의가 있고, 그 합의에 따라 부부공동생활이 이루어졌다고 하더라도 혼인신고가 마쳐지지 아니한 경우 쌍방의 혼인의사가 인정됨에도 불구하고 민법이 정한 혼인 즉 법률혼은 성립하지 아니하고, 사실혼만이 인정될 따름이다. 이처럼 혼인의 성립에 있어 법률이 정하는 일정한 형식적 요건을 갖추도록 하는 것을 법률혼주의라 한다.[1]

1 이에 대하여 그러한 형식 없이 관습상 인정되는 요건을 구비하면 혼인이 성립하는 입장을 사실혼주의라 한다.

Ⅱ. 민법의 규정 외의 다른 법률의 규정에 따른 혼인신고

2 민법 제812조가 아닌 다른 근거규정에 따라 혼인신고가 행하여지는 경우는 다음과 같다.

1. 사실상 혼인관계 존재확인[2]의 재판에 의한 혼인신고

3 사실혼 관계에 있는 당사자 중 일방의 기피로 혼인신고가 행하여지지 아니하는 경우 혼인신고를 원하는 다른 일방은 혼인신고를 기피하는 상대방을 상대로 사실혼 존재 확인청구를 하여[가사소송법 제2조 제1항 제1호 나목의 1)] 조정, 화해가 이루어지거나 승소, 확정 판결을 받은 경우 그 재판에 의해 혼인신고를 할 수 있다(가족관계의 등록에 관한 법률 제72조).

2. 혼인신고특례법에 의한 혼인신고

4 당사자 중 어느 한쪽이 전쟁 또는 사변으로 전투에 참가하거나 전투수행을 위한 공무에 종사함으로 인하여 혼인신고를 하지 못하고 사망한 경우 생존한 당사자가 사망한 당사자의 마지막 주소지가 있는 곳의 가정법원의 확인을 받아 단독으로 혼인신고를 할 수 있다(혼인신고특례법 제2조, 제3조).

Ⅲ. 혼인신고의 절차

1. 신고적격자

가. 민법에 따른 혼인신고의 신고적격자

5 혼인당사자 쌍방이 신고직격자로서 신고하여야 한다. 신고는 서면이나 말로 할 수 있는데(가족관계의 등록 등에 관한 법률 제23조 제1항), 말로 신고하는 경우 신고인 쌍방은 시·읍·면의 사무소에 출석하여 신고서에 기재하여야 할 사항을 진술하여야 하고(제31조 제1항), 시·읍·면의 장은 신고인의 진술 및 신고연월일을 기록하여 신고인에게 읽어 들려주고 신고인으로 하여금 그 서면에 서명하거나 기명날인하게 하여야 한다(제31조 제2항). 이 경우 본인의사를 절대적으로 존중하여야 하기 때문에 대리인으로 하여금 신고하게 할 수 없다(가족관계의 등록 등에 관한 법률 제31조 제3항 단서, 제71조). 서면으로 신고하는 경우 혼인당사자 쌍방이 신

2 이하 '사실혼 존재확인'이라 한다.

고서에 서명하거나 기명날인하는 방법으로 신고서를 작성하되(가족관계의 등록 등에 관한 법률 제25조 제1항), 작성된 신고서의 제출을 제3자에게 위임하거나 우편으로 접수시킬 수 있다. 이와 같이 신고서 제출을 제3자에게 위임하고 신고적격자 본인이 시·읍·면에 출석하지 아니하는 경우 제출자가 신고적격자 본인의 주민등록증·운전면허증·여권 등 신분증명서를 제시하거나 신고서에 신고사건 본인의 인감증명서를 첨부하여야 하고(가족관계의 등록 등에 관한 법률 제23조 제2항 전문), 우편으로 접수시키는 경우 본인의 인감증명서 또는 신고서의 서명에 대한 공증서가 첨부되어야 한다(가족관계의 등록 등에 관한 규칙 제40조 제3항). 이 경우 본인의 신분증명서를 제시하지 아니하거나 본인의 인감증명서를 첨부하지 아니한 때에는 신고서를 수리하여서는 아니 된다(가족관계의 등록 등에 관한 법률 제23조 제2항 후문, 가족관계의 등록 등에 관한 규칙 제40조 제4항). 혼인할 수 있는 나이에 도달한 미성년자는 그 자신이 혼인신고를 할 수 있다.[3]

6 혼인당사자 쌍방 중 일방이 다른 상대방의 서명이나 기명날인을 위조하여 혼인신고를 한 경우 당사자 사이에 혼인의 합의가 없는 때에 해당하여 그 혼인은 무효가 된다.[4] 다만 혼인신고 당시 당사자 사이에 사실혼관계가 성립되어 있었던 경우 혼인의 관행과 신의성실의 원칙에 따라 사실혼관계를 형성시킨 상대방의 행위에 기초하여 그 혼인의사의 존재를 추정할 수 있다는 이유로 상대방이 혼인의사를 명백히 철회하였다거나 당사자 사이에 사실혼관계를 해소하기로 합의하였다는 등의 사정이 인정되지 아니하는 경우에는 그 혼인을 무효라고 할 수는 없다.[5] 더 나아가 사실혼 관계에 있는 당사자 중 일방이 의사무능력 상태에 있는 상황에서 다른 상대방 일방이 혼인신고를 한 경우에도 의사무능력자의 혼인의사가 추정된다는 이유로 그 혼인을 무효라고 볼 수 없다는 것이 판례의 태도이다.[6]

7 혼인당사자 쌍방이 유효하게 혼인신고서를 작성한 뒤 그 제출이나 접수 전에 그 일방이 사망한 경우 사망 이후 생존 당사자가 이미 작성된 혼인신고서를 제출하여 혼인신고가 이루어졌다고 하여도 그 혼인은 당연히 무효이다.[7] 그러나

3 미성년자 등의 혼인신고에 관한 사무처리지침 2015. 1. 8.(가족관계등록예규 제417호) 제3조.
4 대법원 1983. 9. 27. 선고 83므22 판결.
5 대법원 2000. 4. 11. 선고 99므1329 판결.
6 대법원 2012. 11. 29. 선고 2012므2451 판결.
7 다만, 이를 이유로 혼인무효확인을 구하는 것이 예외적으로 권리남용에 해당한다고 본 판례로는 대법원 1983. 4. 12. 선고 82므64 판결, 대법원 1987. 4. 28. 선고 86므130 판결이 있다.

신고인의 생존 중에 혼인신고서가 우편 발송되고, 혼인 신고서 수리 전에 당사자 일방이 사망한 경우 시·읍·면의 장은 그 수리를 거부할 수 없고, 신고서가 수리된 때에는 사망시에 신고가 된 것으로 본다(가족관계의 등록 등에 관한 법률 제41조).

나. 사실혼관계 존재확인의 재판에 의한 혼인신고의 신고적격자

8 존재확인의 소를 제기한 당사자만이 신고적격자이고, 소 제기의 상대방은 신고적격자가 아니다. 사실혼 존재확인의 재판이 있었더라도 그 신고 전에 당사자 중 일방이 사망한 경우 혼인신고는 받아들여지지 아니한다.[8]

다. 혼인신고특례법에 의한 혼인신고의 신고적격자

9 생존한 당사자가 신고적격자가 된다.

2. 신고의 장소

가. 일반적인 경우

10 혼인신고는 신고사건 본인의 등록기준지 또는 신고인의 주소지나 현재지에서 할 수 있다(가족관계의 등록 등에 관한 법률 제20조 제1항 본문).

나. 외국에 거주하는 재외국민이 대한민국 국민과 혼인하는 경우

11 이 경우 재외국민은 일반적인 경우처럼 본인의 등록기준지를 방문하여 신고하거나 신고서를 우편으로 접수시키는 방법으로 신고를 할 수 있음은 물론이고, 그 외에 재외국민 가족관계등록사무소[9]를 방문하여 가족관계등록관에게 신고하거나 신고서를 우편으로 접수시키는 방법으로 신고를 할 수도 있으며(가족관계의 등록 등에 관한 법률 제20조 제1항 단서), 이 외에도 거주 지역을 관할하는 재외공관의 장 또는 재외공관에서 근무하는 가족관계등록관에게 혼인신고를 할 수 있으나(제34조), 다른 지역을 관할하는 재외공관의 장 또는 재외공관에서 근무하는 가족관계등록관에게 혼인신고를 할 수는 없다.[10] 또한 외에 거주하고 있는 한국인은 재외공관이 아니라 신고사건 본인의 등록기준지 시·읍·면의 장 또는 가족관계등록관에게 직접 우편으로 제출하거나, 귀국하여 등록기준지 또는 현재지

8 대법원 1991. 8. 13. 자 91스6 결정.

9 재외국민의 편의 증진을 위하여 2015. 7. 1. 법원행정처에 재외국민 가족관계등록사무소를 설치하여 재외국민이 재외공관에 신고하는 가족관계등록신고 사건을 전담하여 처리하도록 하고 있다.

10 외국에 거주하고 있는 한국인의 가족관계등록신고절차 등에 관한 사무처리지침[가족관계등록예규 제486호(이하 '등록예규 제486호'라고만 한다.)] 제2의 가.의 (2)호.

시·읍·면 또는 재외국민 가족관계등록사무소에 제출하는 방법으로 혼인신고를 할 수 있다.[11]

다. 대한민국 국민이 외국인과 혼인하면서 대한민국 법에 따라 혼인신고를 하는 경우

12 대한민국 국민이 외국인과 혼인하는 경우 혼인의 방식은 혼인을 한 곳으 법 또는 당사자 중 한쪽의 본국법에 의하고, 다만 대한민국 국민이 대한민국에서 외국인과 혼인을 하는 경우에 혼인의 방식은 대한민국 법에 의하는바(국제사법 제63조 제2항), 대한민국 국민과 외국인 사이에 혼인이 이루어지고, 그 준거법이 대한민국 법이 된다면, 그 신고는 대한민국 국민의 등록기준지, 외국인의 거주지 또는 신고인의 주소지나 현재지에서 할 수 있다(가족관계의 등록 등에 관한 법률 제20조 제1항·제2항). 이 경우 대한민국 국민이 재외국민인 경우 재외국민 가족관계등록사무소에 신고를 할 수는 있으나, 거주 지역을 관할하는 재외공관의 장 또는 재외공관에서 근무하는 가족관계등록관에게 신고를 할 수는 없다.[12]

13 대한민국 국민과 화교인 중화민국인이 우리나라에서 혼인을 거행하면서 인천화교협회의 호적등기부에 혼인사실을 등재하였을 뿐 혼인거행지법인 대한민국 법률에 따라 가족관계등록관서에 혼인신고를 하지 않은 경우 그 혼인은 법률상 유효한 혼인으로서의 효력이 없다.[13]

라. 대한민국 국민끼리 외국에서 혼인을 하는 경우

14 대한민국 국민끼리 외국에서 혼인하면서 혼인 방식과 관련하여 혼인거행지가 아닌 대한민국 법에 따라 혼인신고를 하는 경우 그 외국에 주재하는 대사, 공사, 또는 영사에게 신고할 수 있다(민법 제814조 제1항).

3. 혼인신고서의 작성

가. 민법에 따른 혼인신고의 경우

15 혼인당사자 쌍방은 혼인신고서에 ① 당사자의 성명·본·출생연월일·주민등록번호 및 등록기준지(당사자가 외국인인 때에는 그 성명·출생연월일·국적 및 외국인등록번호), ② 당사자의 부모와 양부모의 성명·등록기준지 및 주민등록번호, ③ 자녀

11 등록예규 제486호 제2의 가.의 (1)호.
12 재외공관 가족관계등록실무, 법원행정처(2016).
13 대법원 2014. 9. 4. 선고 2013다66966 판결.

의 성과 본을 모의 성과 본에 따르도록 하는 협의가 있는 경우(민법 제781조 제1항 단서) 그 사실, ④ 혼인 당사자 사이에 8촌 이내의 혈족(친양자의 입양 전의 혈족을 포함)에 해당하지 아니한다는 사실(가족관계의 등록 등에 관한 법률 제71조), ⑤ 성년자 증인 2인의 성명, 주민등록번호 등 인적사항(민법 제812조 제2항)을 기재한 뒤 혼인당사자 쌍방과 성년 증인 2인이 서명하거나 기명날인하여야 하고(가족관계의 등록 등에 관한 법률 제25조), 서명 또는 기명날인을 할 수 없을 때에는 무인할 수 있되, 이 경우 담당공무원은 본인의 무인임을 증명한다는 문구를 기재하고 기명날인하여야 한다(가족관계의 등록 등에 관한 규칙 제33조).

나. 사실혼관계 존재확인의 재판 내지 혼인신고특례법에 의한 혼인신고의 경우

16 이 경우는 신고적격자 일방이 가족관계의 등록 등에 관한 법률 제71조의 사항을 기재하여 신고할 수 있고, 증인의 서명 등은 필요하지 않다.

4. 혼인신고서에 첨부하여야 할 서류

가. 혼인에 동의를 요하는 경우 동의권자의 혼인동의서

17 미성년자 또는 피성년후견인의 혼인처럼 혼인에 동의권자의 동의를 요하는 경우 혼인동의서가 혼인신고서에 첨부되어야 하고, 이 경우 동의자가 혼인신고서에 그 사유를 적고 서명 또는 기명날인함으로써 그 첨부를 갈음할 수 있다(가족관계의 등록 등에 관한 법률 제32조).

나. 자녀의 성과 본을 모의 성과 본에 따르도록 하는 협의가 있는 경우 그 협의서(제781조 제1항 단서)

18 혼인신고 당시 자녀의 성을 모의 성과 본에 따른다는 협의가 이루어진 경우 등록예규 제518호 별지 제1호 서식에 의한 협의서를 작성하여 시(구)·읍·면의 장에게 제출하여야 한다.[14]

다. 사실혼 존재확인의 재판에 의한 혼인신고의 경우 재판서의 등본 및 확정증명서

19 이 경우 소 제기자는 ① 사실혼 존재확인의 취지로 된 판결문, 조정에 갈음하는 결정, 화해권고결정 등본 및 그 확정증명원, 또는 ② 사실혼 존재확인의 취지로 조정이나 화해가 된 경우 조정조서, 화해조서 등본 및 송달증명서를 혼인신고서

14 가족관계등록실무(Ⅰ), 법원행정처(2018), 493.

에 첨부하여 재판의 확정일로부터 1개월 이내에 혼인신고를 하여야 한다(가족관계의 등록 등에 관한 법률 제72조).

라. 혼인신고특례법에 의한 혼인의 경우 심판서의 등본 및 확정증명서

20 혼인신고 의무자 중 어느 한쪽이 전쟁이나 사변으로 전투에 참가하거나 전투 수행을 위한 공무에 종사함으로 인하여 혼인신고를 하지 못하고 사망한 경우 생존한 당사자가 사망한 당사자의 마지막 주소지가 있는 곳의 가정법원의 확인을 받아 단독으로 혼인신고를 할 수 있고(혼인신고특례법 제1조, 제2조, 제3조), 이에 관하여 가정법원은 가사소송법의 라류 가사비송사건으로 심리·재판한다(가사소송법 제2조 제2항·제3항). 따라서 혼인신고특례법에 의한 혼인의 요건에 해당한다는 심판이 내려지고, 확정된 경우 생존한 당사자는 혼인신고를 함에 있어 심판서의 등본 및 확정증명서를 혼인신고서에 첨부하여야 한다.

마. 그 밖의 서류

21 신고인이 성년후견인인 경우 성년후견인의 자격을 증명하는 서면을, 외국인과 혼인하는 경우에는 외국인의 혼인성립요건 구비증명서[15]를, 첨부서류가 외국어로 작성된 경우에는 그 번역문 등이 첨부서류로 요구된다.

Ⅳ. 혼인신고의 효력

22 혼인신고는 민법, 사실혼 존재확인의 재판, 혼인신고특례법 등 그 신고 근거에 관계없이 창설적 신고로서 신고가 수리됨으로써 그 효력이 발생하고, 다만 혼인신고특례법에 의한 혼인의 경우 신고 의무자 어느 한쪽의 사망 시에 신고가 있었던 것으로 본다(혼인신고특례법 제4조). 신고가 수리되면 효력이 발생하고, 가족관계등록부에의 등재는 그 효력요건이 아니다.

23 한편, 한국인과 외국인이 혼인하는 경우 중 남편이 한국인인 경우는 혼인신고에 의해 처가 한국의 국적을 취득하는 것이 아니므로, 혼인신고를 수리한 시(구)·읍·면의 장은 남편의 가족관계등록부 일반등록사항란에 혼인사유만을 기록하였다가 나중에 귀화통보가 있을 때에 처의 가족관계등록부를 작성하고,[16] 처가 한국인인 경우 혼인신고를 하면 처의 가족관계등록부 일반등록사항란에 혼인사유

15 한국인과 외국인 사이의 국제혼인 사무처리지침[가족관계등록예규 제452호(이하 '등록예규 제452호'라 한다.)] 제1의 가.호.

16 등록예규 제452호 제1의 나.의 (1)호.

를 기록하고, 후에 처가 외국 국적을 취득하여 한국 국적을 상실하면 국적상실 신고 등에 의하여 처의 가족관계등록부를 폐쇄한다.[17]

V. 외국법의 방식에 따라 혼인을 하는 경우

1. 서설

24 혼인의 방식과 관련하여 외국에서 대한민국 국민끼리 혼인하는 경우 그 혼인을 한 곳의 법에 따라 혼인할 수 있고, 대한민국 국민이 외국인과 외국에서 혼인하는 경우 그 혼인을 한 곳의 법 또는 그 외국인의 본국법에 따라 혼인할 수 있다(국제사법 제63조 제2항). 이처럼 혼인의 방식의 준거법을 외국법으로 하여 혼인이 이루어진 경우 대한민국으로의 혼인신고 절차의 이행 유무에 관계 없이 혼인의 효력은 창설적으로 발생하고, 위와 같이 효력이 발생한 혼인과 관련하여 그 이후 대한민국에 혼인신고를 하는 것은 보고적 성격의 신고에 불과하다. 아래에서 자세히 서술한다.

2. 한국인과 외국인 사이에 혼인방식의 준거법을 외국법으로 하여 혼인하는 경우

25 앞서 본 바와 같이 혼인의 효력은 창설적으로 발생하고, 다만 보고적 성격의 신고로서 혼인을 한 외국방식에 의하여 혼인이 성립되었음을 증명하는 서면[18](혼인거행지 국가의 권한 있는 기관이 발행한 혼인증서등본 및 그에 대한 번역문)을 첨부하여 남편이 한국인인 경우에는 그 지역을 관할하는 한국 재외공관의 장에게 혼인신고서를 제출하거나,[19] 혼인을 한 외국 지역이 한국 재외공관의 관할에 속하지 아니한 때에는 한국 남편 등록기준지의 시(구)·읍·면의 장에게 혼인증서의 등본을 발송하여야 하고,[20] [21] 아내가 한국인인 경우 아내 역시 그 지역을 관할하는 한국 재외공관의 장에게 혼인신고서를 제출하거나, 혼인을 한 외국 지역이

17 등록예규 제452호 제1의 나.의 (2)호.

18 중국인과 혼인한 경우는 중국방식에 의하여 혼인이 성립되었음을 증명하는 서면에 중국외교부 또는 각 성, 자치구 및 직할시 외사판공실의 인증(확인)을 받은 서면(주중 한국 공관의 영사 확인은 불필요)이 필요하다.

19 민법 제814조의 규정과의 균형상 혼인신고서를 제출받은 재외공관의 장은 지체 없이 남편 등록기준지의 시(구)·읍·면의 장에게 혼인신고서를 송부하여야 한다고 해석하여야 할 것이다.

20 등록예규 제452호 제2의 가.호 및 나.의 (1)호.

21 이 경우 혼인신고만으로 처가 한국의 국적을 취득하는 것은 아니므로, 혼인신고를 접수한 시(구)·읍·면의 장은 남편의 가족관계등록부 일반등록사항란에 혼인사유만을 기록하였다가 나중에 귀화통보가 있을 때에 처의 가족관계등록부를 작성한다[등록예규 제452호 제2의 나.의 (1)호].

한국 재외공관의 관할에 속하지 아니한 때에는 자신의 등록기준지의 시(구)·읍·면의 장에게 혼인증서의 등본을 발송하여야 하는 것으로 해석되고, 서면을 접수한 시(구)·읍·면의 장은 처의 가족관계등록부 일반등록사항란에 혼인사유를 기록하고, 후에 처가 외국 국적을 취득하여 한국 국적을 상실하면 국적상실신고 등에 의하여 처의 가족관계등록부를 폐쇄한다.[22]

3. 한국인 사이에 혼인방식의 준거법을 외국법으로 하여 혼인하는 경우

26 이에 관하여는 민법 제814조 Ⅱ. 2. 주석과 같다.

22 등록예규 제452호 제2의 나.의 (2)호.

제 813 조 [혼인신고의 심사]

혼인의 신고는 그 혼인이 제807조 내지 제810조 및 제812조 제2항의 규정 기타 법령에 위반함이 없는 때에는 이를 수리하여야 한다. <개정 2005. 3. 31.>

[관련조문] 민법 제807조(혼인적령), 제808조(동의가 필요한 혼인), 제809조(근친혼 등의 금지), 제810조(중혼의 금지), 제812조(혼인의 성립), 가족관계의 등록 등에 관한 법률 제41조(사망 후에 도달한 신고), 제109조(불복의 신청), 제110조(불복신청에 대한 시·읍·면의 조치), 제111조(불복신청에 대한 법원의 결정), 제112조(항고)

Ⅰ. 혼인신고의 심사권자

1 혼인신고가 접수되는 경우 그 수리 여부에 대한 심사 권한이 있는 가족관계등록 공무원으로는 우선 시·읍·면의 장이 있고, 외국에 거주하거나 체류하는 대한민국 국민에 대하여는 재외국민 가족관계등록사무소의 가족관계등록관도 심사권한을 가지며, 재외국민이 거주하는 지역을 관할하는 재외공관의 장(외국주재의 대사, 공사, 영사 등) 역시 심사권한이 있다.

Ⅱ. 심사대상 및 심사의 범위

2 심사권자의 심사대상으로는 혼인의 실질적 요건을 충족하였는지 여부와 혼인의 형식적 요건을 구비하였는지 여부이다. 먼저 혼인의 실질적 요건으로는 당사자가 혼인 적령에 도달할 것(민법 제807조), 미성년자나 피성년후견인이 당사자인 경우 부모나 법정대리인의 동의를 받았을 것(제808조), 당사자 사이에 근친 관계에 없을 것(제809조), 당사자 사이의 혼인이 중혼에 해당하지 아니할 것(제810조)이 있고, 형식적 요건으로는 혼인신고 서면에 당사자 쌍방과 증인 2명이 연서하였을 것(제812조 제2항)이 있다.

3 심사의 범위와 관련하여 가족관계등록 공무원은 형식적 심사권만 가지고 있어서 신고인이 제출하는 법정의 첨부서류에 의하여 법정의 요건을 구비하고 있는지, 절차에 부합하는지의 여부를 형식적으로만 심사하는 것이고 그 신고사항의 실체적 진실과의 부합여부를 탐지하여 심사하여야 하는 것은 아니다.[1] 즉, 가족관계등록공무원에게 실질적 심사권은 없으므로, 당사자가 제출한 혼인신고서의

1 대법원 1987. 9. 22. 선고 87다카1164 판결.

형식이 완비되어 있으면 제출되지 않은 다른 자료를 근거로 혼인신고서가 실체적 진실에 부합하는지 여부를 가리지 아니하고 신고를 수리하여야 한다.

4 다만 혼인신고서의 형식이 완비되어 있다고 하더라도 다음과 같은 경우에는 그것이 실체적 진실과 부합하지 아니함을 이유로 가족관계등록 공무원은 그 수리를 거부할 수 있고, 수리가 되더라도 그 혼인신고는 무효가 된다고 해석된다.

5 먼저 혼인신고 이전에 당사자 일방이 가족관계등록 공무원에게 혼인철회의 의사표시를 한 경우 다른 일방이 혼인신고서를 접수시키더라도 공무원은 그 수리를 거부할 수 있다. 한편, 혼인신고서를 작성한 당사자 중 일방이 혼인신고를 원하지 아니하는 경우 접수일로부터 기산하여 6개월 이내의 범위에서 혼인신고수리불가취급을 요하는 기간을 명확하게 정하여 수리불가신고서를 제출할 수 있고, 수리불가신고서가 제출되면 그 취급기간 내에 혼인신고는 수리되지 아니한다.[2]

6 또한 혼인이 생존한 사람들 간에서만 이루어질 수 있는 것인 이상 가족관계등록 공무원의 형식적 심사권의 대상에는 그 혼인의 당사자가 생존하였는지 여부를 조사하는 것도 당연히 포함되므로[3] 혼인당사자가 사망한 경우 가족관계등록 공무원은 신고의 수리를 거부할 수 있다. 그러나 신고인이 생존 중에 우송한 신고서는 사망 이후 공무원에게 도달하였다고 하더라도 공무원은 그것을 수리하여야 하고(가족관계의 등록 등에 관한 법률 제41조 제1항), 이 경우 신고서가 수리되면 신고인의 사망시에 신고한 것으로 된다(제41조 제2항).

Ⅲ. 수리의 효력

7 혼인당사자가 한 혼인신고를 접수한 가족관계등록 공무원은 이를 심사하여 법령에 위반함이 없다고 판단할 경우 지체 없이 이를 인용하는 처분, 즉, 수리를 하여야 하고, 만약 법령에 위반하였다고 판단하면 이를 거부하는 처분으로서 불수리를 하여야 한다. 혼인신고가 수리되면 혼인이 성립하는데, 성립시기는 수리시가 아니라 그 접수시로 소급한다. 그리고 혼인신고가 수리됨으로서 혼인의 효력이 발생하고, 가족관계등록부의 기재는 그 효력요건이 아니므로[4] 신고가 수리

2 혼인신고수리불가신고서가 제출된 경우 등에 관한 사무처리지침(가족관계등록예규 제519호).

3 혼인이 생존한 사람들 간에서만 이루어질 수 있는 것인 이상 호적공무원의 형식적심사권의 대상에는 그 혼인의 당사자가 생존하였는지 여부를 조사하는 것도 당연히 포함된다는 판례로는 대법원 1991. 8. 13. 자 91스6 결정이 있다.

4 대법원 1988. 5. 31. 자 88스6 결정.

된 이상 가족관계등록부에 혼인이 기재되지 않았더라도 혼인의 효력이 발생한다.

8 혼인신고에 기재된 증인이 미성년자인 때 또는 증인의 기재가 없음에도 불구하고 신고서를 수리하여 가족관계등록부에 기재를 한 경우에도 그 혼인은 유효하게 성립한 것으로 본다.

9 불수리에 대하여 신고인은 불수리의 위법, 부당을 이유로 관할 법원에 불복의 신청을 할 수 있고, 그 신청을 받은 가정법원은 신청에 관한 서류를 시읍면의 장에게 송부하여 그 의견을 구할 수 있다(가족관계의 등록 등에 관한 법률 제109조). 시·읍·면의 장은 그 신청이 이유 있다고 인정하는 때에는 지체 없이 처분을 변경하고 그 취지를 법원과 신청인에게 통지하고, 신청이 이유 없다고 인정하는 때에는 의견을 붙여 지체 없이 그 서류를 법원에 반환하여야 한다(가족관계의 등록 등에 관한 법률 제110조). 가정법원은 신청이 이유 없는 때에는 각하 결정을 하고, 이유 있는 때에는 시·읍·면의 장에게 상당한 처분을 명하는 내용의 결정을 한다(가족관계의 등록 등에 관한 법률 제111조). 위 결정에 대하여는 법령을 위반한 재판이라는 이유로만 비송사건절차법에 따라 항고할 수 있다(가족관계의 등록 등에 관한 법률 제112조).

제 814 조 [외국에서의 혼인신고]

① 외국에 있는 본국민사이의 혼인은 그 외국에 주재하는 대사, 공사 또는 영사에게 신고할 수 있다.

② 제1항의 신고를 수리한 대사, 공사 또는 영사는 지체없이 그 신고서류를 본국의 재외국민 가족관계등록사무소에 송부하여야 한다. <개정 2005. 3. 31., 2007. 5. 17., 2015. 2. 3.>

[관련조문] 국제사법 제36조(이동 중인 물건), 가족관계의 등록 등에 관한 법률 제36조(외국에서 수리한 서류의 송부)

[참고문헌] 재외공관 가족관계등록실무, 법원행정처(2016)

Ⅰ. 적용 범위

1 민법 제814조는 대한민국 국민인 두 남녀가 대한민국이 아닌 외국에서 혼인하고자 하는 경우 그들이 체류하고 있는 국가에서 혼인 방식과 관련하여 대한민국 법률에 따라 혼인신고를 마칠 수 있음을 규정한 것이다. 따라서 민법 제814조는 혼인 당사자 쌍방이 모두 대한민국 국민인 경우에 적용되고, 쌍방 중 일방이 외국인인 경우는 적용이 없으며, 혼인 당사자 쌍방이 혼인신고 당시 모두 외국으로서 동일한 국가에 체류하고 있는 경우에만 적용되고, 당사자 일방이 대한민국에 있거나 당사자 쌍방이 서로 다른 국가에 체류하는 경우는 그 적용이 없다.

Ⅱ. 절차

2 혼인당사자의 편의를 위해 혼인당사자는 그들이 체류하는 국가에 주재하는 대사, 공사, 또는 영사와 같은 재외공관의 장이나 재외공관에서 근무하는 가족관계등록관[1]에게 혼인신고를 할 수 있다. 재외공관의 장이나 그곳에서 근무하는 가족관계등록관은 국내의 가족관계등록공무원과 같은 심사 권한을 가지므로 그 신고가 요건에 맞는가의 여부를 심사한 다음 수리·불수리의 처분을 하고, 수리 처분이 내려지면 가족관계등록부에 기록이 되지 않더라도 혼인은 성립한다. 신

[1] 외국에 거주하고 있는 한국인의 가족관계등록신고절차 등에 관한 사무처리지침(가족관계등록예규 제486호) 제2의 가.의 (2)호.

고를 수리한 재외공관의 장 등은 1개월 이내에 외교통상부장관을 경유하여 신고서류를 본인의 등록기준지 시·읍·면의 장에게 송부하여야 하고(민법 제814조 제2항, 가족관계의 등록 등에 관한 법률 제36조), 신고서류를 송부받은 시·읍·면의 장은 가족관계등록부에 혼인신고를 기록하여야 한다.

3 한편, 혼인의 방식은 당사자 중 한쪽의 본국법 외에 혼인을 한 곳의 법에 의할 수 있으므로(국제사법 제63조 제2항 본문) 외국에 있는 한국인 쌍방은 민법이 아닌 그 나라의 법에 따른 방식으로 혼인절차를 마칠 수 있고, 그 거주지 방식에 따라 혼인절차를 마쳤을 때는 그 나라의 법률에 따라 유효하게 성립됨과 동시에 한국에서도 그 효력이 인정된다.[2] 이 경우 당사자 중 일방은 그 거주지 국가의 관공서 등 일정한 권한을 가진 사람이 혼인이 성립된 사실을 증명한 혼인증서 등본과 번역문을 그 지역을 관할하는 재외공관의 장에게 증서 작성일로부터 3개월 내에 제출하여야 하고, 그 지역이 재외공관의 관할에 속하지 아니하는 경우에는 같은 기간 내에 등록기준지의 시읍면의 장 또는 재외국민 가족관계등록사무소 가족관계등록관에게 증서의 등본과 번역문을 발송하여야 하며(가족관계의 등록 등에 관한 법률 제35조), 위 등본 등을 수령한 재외공관의 장은 1개월 이내에 외교부장관을 경유하여 재외국민 가족관계등록사무소 가족관계등록관에게 이를 발송하여야 한다(제36조). 한편, 앞서 본 바와 같이 거주지 법에 따라 혼인절차를 마쳤을 때 혼인의 효력이 발생하므로, 그 후 혼인증서 등본에 따라 가족관계등록부에 혼인이 기재되어도 이는 창설적 신고가 아니라 이미 유효하게 성립한 혼인에 관한 보고적 신고에 불과하다.[3]

2 재외공관 가족관계등록실무, 법원행정처(2016).
3 대법원 1994. 6. 28. 선고 94므413 판결, 대법원 2019. 12. 27. 선고 2018두55418 판결.

제 3 절 혼인의 무효와 취소

[총설]

1 혼인의 무효는 혼인성립 이전의 단계에서 성립요건의 흠으로 유효한 혼인이 성립하지 않은 것을 의미하고, 혼인의 취소는 혼인의 성립과정에 일정한 흠이 있는 경우에 혼인의 효력을 장래에 향하여 소멸시키는 것을 의미한다. 이 절에서 규정한 혼인의 무효·취소사유 없이 혼인의 성립요건이 갖추어진 상태에서 혼인신고가 수리되어 성립한 혼인은 당사자의 사망이나 이혼에 의하여 해소될 수 있을 뿐이다.

2 혼인에 무효사유가 있다면, 혼인은 처음부터 효력이 발생하지 않고 혼인무효의 판결은 그 무효를 확인하는 것에 불과하다. 반면 혼인에 취소사유가 있다면, 그 혼인은 혼인취소의 판결 등이 있기 전까지 유효하고 혼인취소의 판결 등에 의하여 비로소 효력이 소멸한다. 이 점에서 혼인의 무효와 취소는 큰 차이가 있다.

3 혼인의 무효와 취소를 구별하는 것은 일본, 대만, 중국, 영국 등 다른 나라에서도 찾아볼 수 있고, 프랑스에서는 법원의 판결에 의한 소급적인 혼인의 효력 상실만을 인정한다.

4 신분관계의 특성상 실질적인 원상회복이 불가능하므로, 현행 민법은 혼인무효사유를 제한하고, 혼인취소에 소급효를 인정하지 않고 있다.

5 현행 민법은, 2005년 개정 전 민법이 당사자 사이에 직계혈족, 8촌 이내의 방계혈족 및 그 배우자인 친족관계가 있거나 또는 있었던 때와 당사자 사이에 직계인척, 부의 8촌 이내의 혈족인 인척관계가 있거나 또는 있었던 때를 혼인무효사유로 규정하였던 것과 달리 직계인척과의 혼인만을 무효사유로 하고, 방계인척과의 혼인은 무효사유에서 제외하여 취소사유로 규정하고 있다.

6 그리고 민법 시행 전에 성립된 관습법상 혼인에 관하여도 민법의 규정에 따른 혼인무효사유가 있는 때에는 혼인무효의 소를 제기할 수 있지만(제정 민법 부칙 제2조, 제18조), 관습법상 혼인무효사유가 있었더라도 그것이 민법이 정한 혼인무효사유에 해당하지 아니하다면 그 혼인은 유효하다.[1]

1 대법원 1980. 1. 29. 선고 79므11 판결.

제 815 조 [혼인의 무효]

혼인은 다음 각 호의 어느 하나의 경우에는 무효로 한다. <개정 2005. 3. 31.>

1. 당사자간에 혼인의 합의가 없는 때
2. 혼인이 제809조 제1항의 규정을 위반한 때
3. 당사자간에 직계인척관계가 있거나 있었던 때
4. 당사자간에 양부모계의 직계혈족관계가 있었던 때

[관련조문] 민법 제768조(혈족의 정의), 제771조(인척의 촌수의 계산), 제809조(근친혼 등의 금지) 제1항, 제812조(혼인의 성립), 제814조(외국에서의 혼인신고), 제855조(인지) 제1항, 가사소송법 제2조(가정법원의 관장 사항) 제1항, 제22조(관할), 제25조(친권자 지정 등에 관한 협의권고)

[참고문헌] 김주수/김상용, 주석 민법, 친족(1)(제5판), 한국사법행정학회(2016); 윤진수, 주해친족법(제1권)(제2판), 박영사(2025); 김용한, 친족상속법(보정판), 박영사(2003); 김주수/김상용, 친족·상속법(제18판), 법문사(2022); 송덕수, 친족상속법(제7판), 박영사(2024); 신영호 외 2인, 가족법강의(제4판), 세창출판사(2023); 양형우, 친족상속법(제15판), 정독(2024); 윤진수, 친족상속법강의(제5판), 박영사(2023); 이경희/윤부찬, 가족법(10정판), 법원사(2021); 지원림, 민법강의(제12판), 홍문사(2014); 법원실무제요, 가사[Ⅰ], 법원행정처(2022); 조은희, "가장혼인의 법률문제에 대한 고찰", 한양법학 제34권, 한양법학회(2011); 김영신, "'혼인의사'의 의미에 관한 고찰", 외법논집 제36권 제4호, 한국외국어대학교 법학연구소(2012); 전연숙, "[국제가족법 논점 2]국제가사소송사건의 실태분석 및 개선방안-(국제가사소송사건 전담재판부)실무례를 중심으로", 국제사법연구 제12호, 한국국제사법학회(2006); 김태은, "외국인 배우자에 대한 혼인무효 소송에서 혼인의사 유무 판단과 관련하여 고려하여야 할 사항", 민유숙 대법관 퇴임기념 재판자료집, 사법발전재단(2024)

Ⅰ. 의의

1 혼인의 무효는 혼인성립 이전 단계에서 성립요건의 흠결로 혼인이 유효하게 성립하지 않은 것을 말한다. 이는 혼인성립 과정에 흠결이 있어 장래를 향하여 혼인의 효력을 소멸시키는 혼인의 취소와 구별되고, 혼인성립과 관련하여 민법이 정한 무효·취소사유가 존재하지 않는 상태에서 혼인신고가 수리된 이후 혼인이 해소되는 이혼과도 구별된다. 민법은 혼인의 취소에 관하여 제816조 내지 제825조에서 규정하고 있는 것과 달리 혼인의 무효에 관하여는 제815조와 손해배상에 관

한 준용규정인 제825조만을 두고 있다.

Ⅱ. 혼인무효사유

1. 개관

2 혼인이 무효가 되는 경우는 크게 당사자간에 혼인의 합의가 없는 때(민법 제815조 제1호)와 당사자간이 근친인 때(제815조 제2호·제4호)로 나눌 수 있다.

2. 구체적인 혼인무효사유

가. 당사자 간에 혼인의 합의가 없는 때

3 혼인이 유효하게 성립하기 위해서는 당사자 쌍방 모두에게 혼인의사가 있어야 하고 그 혼인의사는 합치되어야 하므로, 그렇지 않은 경우 혼인신고가 있다 하더라도 해당 혼인은 무효이다.

1) 혼인의사의 의미

4 혼인의사란 일반적으로 부부로서 정신적·육체적으로 결합하여 생활공동체를 형성할 의사라고 정의되고 있다(실질적 의사설).[1] 이에 대하여 혼인의사를 신고에 의하여 법률상의 신분관계를 창설하려는 의사로 파악하는 견해(형식적 의사설)[2] 등도 제기되고 있으나 실질적 의사설이 통설과 판례[3]의 태도로서 타당하다.

5 또한, 혼인의사를 혼인의 성립요건으로 보아야 한다는 견해와 성립요건으로서의 혼인의사와 효력요건으로서의 혼인의사를 분리하여야 한다는 취지의 견해 등의 대립[4]도 있지만, 민법이 혼인의 합의가 없는 때를 혼인무효사유로 들고 있으므로, 혼인의사를 혼인의 효력요건으로 보고 아래의 논의를 진행한다.

1 김주수/김상용, 주석 민법, 친족(1)(제5판), 한국사법행정학회(2016), 307; 송덕수, 친족상속법(제7판), 박영사(2024), 40; 양형우, 친족상속법(제15판), 정독(2024), 44.

2 조은희, "가장혼인의 법률문제에 대한 고찰", 한양법학 제34권, 한양법학회(2011), 380, 389.

3 대법원 2010. 6. 10. 선고 2010므574 판결, 대법원 2022. 1. 27. 선고 2017므1224 판결, 대법원 2022. 7. 28. 선고 2020므13975 판결.

4 김영신, "혼인의사의 의미에 관한 고찰", 외법논집 제36권 제4호, 한국외국어대학교 법학연구소(2012), 346~349.

2) 혼인의사가 문제되는 구체적인 경우

가) 동성혼(同性婚)

(1) 성전환자의 성별정정[5]

6 대법원은 성전환자의 성별정정 사건에서 "헌법 제36조 제1항은 '혼인과 가족생활은 개인의 존엄과 양성의 평등을 기초로 성립되고 유지되어야 하며, 국가는 이를 보장한다.'라고 선언하고 있는바, 무릇 혼인이란 남녀 간의 육체적, 정신적 결합으로 성립하는 것으로서, 우리 민법은 이성 간의 혼인만을 허용하고 동성 간의 혼인은 허용하지 않고 있다."라고 전제한 후 혼인 중에 있는 성전환자에 대하여 성별정정을 허용할 경우 법이 허용하지 않는 동성혼의 외관을 현출시켜 결과적으로 동성혼을 인정하는 셈이 되고, 이는 상대방 배우자의 신분관계 등 법적·사회적 지위에 중대한 영향을 미치게 되므로, 현행 민법 규정과 오늘날의 사회통념상 현재 혼인 중에 있는 성전환자는 전환된 성을 법률적으로 그 사람의 성이라고 평가할 수 없고, 그 결과 가족관계등록부의 성별정정도 허용되지 아니한다고 판시하였다.

7 동성혼에 관하여는 크게 ① 생물학적으로 동성인 당사자들이 혼인신고서를 제출하였을 때 가족관계등록사무 관서에서 해당 혼인신고를 수리할 수 있을 것인지 여부, ② 동성인 당사자들 중 일방이 타방을 상대로 사실혼관계 해소를 이유로 위자료, 재산분할 등을 청구하였을 때 선결문제로서 이들의 관계를 법률의 보호를 받는 사실혼관계로 인정할 수 있을 것인지 여부의 문제가 있고, 이러한 문제들은 모두 혼인의사를 어떻게 볼 것인지와 관련이 있다.

(2) 동성간 혼인신고[6] [7]

8 우선, 남성으로서 동성인 A와 B의 혼인신고에 대하여 관할 구청장이 신고불수리 통지를 하자 A와 B가 불복신청을 한 사안에서 위 법원은, "혼인제도가 다양하게 변천되어 왔지만 혼인이 기본적으로 남녀의 결합관계라는 본질에는 변화가 없었고, 아직까지는 일반 국민들의 인식도 이와 다르지 않은 점 등의 여러 사정을 종합하면, 헌법, 민법 및 가족관계의 등록 등에 관한 법률에 규정되어 있는 '혼인'은 '남녀의 애정을 바탕으로 일생의 공동생활을 목적으로 하는 도덕적,

5 대법원 2011. 9. 2. 자 2009스117 전원합의체 결정.
6 서울서부지방법원 2016. 5. 25. 자 2014호파1842 결정.
7 항고기각으로 확정.

풍속적으로 정당시되는 결합'을 가리키는 것으로 해석되고, 이를 넘어 '당사자의 성별을 불문하고 두 사람의 애정을 바탕으로 일생의 공동생활을 목적으로 하는 결합'으로 확장하여 해석할 수 없으므로, 현행법의 동상적인 해석으로는 동성인 신청인들의 합의를 혼인의 합의라고 할 수 없고 합의에 따른 신고를 적법한 혼인신고라고 할 수 없다."라고 판시하였다.

(3) 동성간 사실혼관계[8] [9]

9 그리고, 여성인 A가 다른 여성 B를 상대로 20여 년간 동거하며 유사 성관계를 맺는 등 사실혼관계를 유지하였다고 주장하면서 사실혼 부당파기로 인한 위자료 및 사실혼 해소로 인한 재산분할을 구한 사안에서, 위 법원은 우리의 혼인제도가 예정하고 있는 혼인은 남녀간에 이루어지는 것임을 전제로 하여, "혼인의 의사라 함은 사회적·실질적으로 부부로서의 공동생활을 영위할 의사를 말하고, 당사자 사이에 혼인의 의사가 있다고 함은 쌍방간에 혼인의사의 합치가 있음을 의미하므로, 동성간에 사실혼 유사의 동거관계를 유지하여 왔다고 하더라도 그 의사를 부부로서의 공동생활을 영위할 의사였다고 보기는 어렵고, 또한 이러한 동거관계는 객관적으로 부부공동생활을 인정할 만한 혼인생활의 실체가 있었다고 보기도 어려울 뿐만 아니라 사회관념상 가족질서적인 면에서도 용인될 수 없는 것이어서, 동성간에 사실혼 유사의 동거관계를 사실혼으로 인정하여 법률혼에 준하는 보호를 할 수는 없다고 봄이 상당하다. 따라서 동성간의 사실혼 유사의 동거관계가 일방의 의사 또는 책임 있는 사유로 파탄되었다고 하더라도, 입법이나 다른 법적인 구제수단에 의한 해결은 별론으로 하고, 상대방은 그 일방에 대하여 사실혼 부당파기로 인한 위자료 및 사실혼 해소로 인한 재산분할을 가사소송 및 가사비송으로 청구할 수는 없다."라고 판시하였다.

나) 가장혼인

(1) 의의

10 가장혼인은 혼인신고의 의사는 있으나 혼인의사가 없는 경우, 즉 다른 목적을 위하여 혼인을 하는 것일 뿐 정신적·육체적 결합을 가질 의사가 내포되지 않은 것이다. 실질적 의사설에 의하면, 가장혼인은 혼인신고를 함으로써 신고의사가 합치되어 있다고 하더라도 실질적인 신분관계를 창설하려는 의사가 존재하지

8 인천지방법원 2004. 7. 23. 선고 2003드합292 판결.
9 항소기각으로 확정.

않으며, 따라서 혼인은 무효라고 해석[10]하는데 반하여, 형식적 의사설에 의하면, 혼인의사를 법률상 혼인을 하려고 하는 의사로 해석하여 가장혼인이 적어도 가족관계의 등록 등에 관한 법률상의 혼인신고를 하는 의사의 합치가 있는 이상 유효라고 해석[11]한다.

(2) 판례의 태도

11 판례는 현재 실질적 의사설의 입장에서 가장혼인을 무효로 보고 있다.[12] [13] 대법원은, ① '청구인의 호적상 혼인 외의 자인 A의 혼담이 A가 청구인과 피청구인간의 혼인외의 자로 알려지면 깨어질까 염려되어 오로지 호적상 청구인과 피청구인이 부부가 되는 것만을 가장하기 위한 방법으로 혼인신고를 한' 사안에서 그 혼인신고는 소위 가장결혼에 불과한 것으로서 당사자간에 혼인할 의사가 없는 것에 해당하여 무효라고 보았고,[14] ② 교사직에서 면직당하지 않게 할 수단으로 호적상 부부가 되는 것을 가장하기 위한 혼인신고에 대하여, "단순히 피청구인으로 하여금 국민학교의 교사직으로부터 면직당하지 않게 할 수단으로 호적상 부부가 되는 것을 가장하기 위하여 이루어졌을 뿐, 당사자 사이에 혼인의 합의, 즉 정신적·육체적 결합을 생기게 할 의사로써 신고된 것이 아니라고 한다면, 청구인과 피청구인간의 혼인관계는 민법 제815조 제1호에 해당하여 무효라고 하지 않을 수 없으므로, 같은 취지의 원심판단은 정당하다고 할 것이며, 소론과 같이 이 혼인신고에는 청구인과 피청구인 사이에서 출생한 아들 A를 적출자로 호적부에 등재하기 위한 또 하나의 의도가 있었다고 하더라도, 이로써 이 사건 혼인신고에 혼인의 합의가 있었던 것이라고 단정할 자료는 되지 못한다고 할 것이다."라고 판시[15]하였으며, ③ 또한 해외이주의 목적으로 혼인신고를 한 경우,[16] ④ 중국 국적의 조선족 여자와 참다운 부부관계를 설정할 의사 없이 단지 그녀의 국내 취업을 위한 입국을 가능하게 할 목적으로 형식상 혼인하기로

10 김주수/김상용, 주석 민법, 친족(1)(제5판), 한국사법행정학회(2016), 307.
11 조은희, "가장혼인의 법률문제에 대한 고찰", 한양법학 제34권, 한양법학회(2011), 380, 389.
12 김주수/김상용, 주석 민법, 친족(1)(제5판), 한국사법행정학회(2016), 265.
13 반면, 판례는 가장이혼의 경우에는 원칙적으로 유효라고 본다(대법원 1981. 7. 28. 선고 80므77 판결 등).
14 대법원 1975. 5. 27. 선고 74므23 판결.
15 대법원 1980. 1. 29. 선고 79므62, 63 판결.
16 대법원 1985. 9. 10. 선고 85도1481 판결.

한 경우[17] 등에도 혼인으로서의 효력을 인정하지 않고 있다.

12 최근 대법원은 "가정법원은 상대방 배우자에게 혼인신고 당시 혼인의사가 없었던 것인지, 혼인 이후에 혼인을 유지할 의사가 없어진 것인지에 대해서 구체적으로 심리·판단하여야 하고, 혼인의사라는 개념이 다소 추상적이고 내면적인 것이라는 사정에 기대어 상대방 배우자가 혼인을 유지하기 위한 노력을 게을리하였다거나 혼인관계 종료를 의도하는 언행을 하는 등 혼인생활 중에 나타난 몇몇 사정만으로 혼인신고 당시 혼인의사가 없었다고 추단하여 혼인무효 사유에 해당한다고 단정할 것은 아니다."[18]라고 하면서 A와 B가 혼인성사를 통해 자신들의 혼인의사를 대외적으로 표시한 다음 혼인신고를 마쳤고, 혼인신고 이후에도 15년 가까이 장기간에 걸쳐 정신적·육체적 결합관계를 유지하면서 부부간의 부양의무나 협조의무를 이행한 사안에서 설령 피고가 혼인신고 당시 원고 사망 이후 유족연금을 받을 목적을 가지고 있었다고 하더라도 이는 혼인신고에 이른 부수적인 동기에 불과하므로 그러한 사정만으로 피고에게 진정한 혼인의 의사가 없었다고 단정할 수는 없으며, A와 B가 같은 거주지에서 동거를 하지는 아니하였으나 그러한 사정만으로 원고와 피고가 애초부터 부부간의 동거의무를 전면적으로 배제하기로 합의하였다고 인정할 수 없고, 이들이 동거의 합의 없이 혼인신고 후에도 계속 별거하면서 왕래하려는 의사만 있었다고 하더라도 혼인의 실질적 합의가 없었다고 할 수도 없다고 판시하기도 하였다.[19]

13 (3) 무효인 가장혼인의 혼인신고를 하면 공정증서원본불실기재죄가 되고,[20] 당사자가 위 죄로 유죄판결(또는 약식명령)을 받은 경우 이는 혼인무효소송에서 중요하고 유력한 증거가 될 수 있다.

다) 제3자의 무단 혼인신고

14 당사자 쌍방 모두에게 혼인의사가 전혀 없음에도 제3자가 무단으로 혼인신고를 한 경우 이들에겐 혼인의사 뿐만 아니라 혼인신고의 의사도 없으므로, 해당 혼인은 무효임이 명백하고 추인의 여지가 없으므로 추인의 의사표시를 하여도 효

17 대법원 1996. 11. 22. 선고 96도2049 판결. 한편, 장래 혼인하기로 약속(약혼)한 상태에서 미국 입국의 편의(비자)를 제공하기 위하여 미리 혼인신고를 한 후 혼인의 실체를 구비하지 아니한 채 약혼이 해소된 경우 해당 혼인신고 당시에는 혼인의사의 합치가 없었다고 보아 그 혼인이 무효라고 볼 여지도 있다(서울가정법원 2015. 6. 19. 선고 2015드단300816 판결, 확정).

18 대법원 2021. 12. 10. 선고 2019므11584, 11591 판결.

19 대법원 2022. 7. 28. 선고 2020므13975 판결.

20 대법원 1985. 9. 10. 선고 85도1481 판결, 대법원 1996. 11. 22. 선고 96도2049 판결.

력이 없다.

라) 동일성의 착오가 있는 혼인신고

15 혼인에 합의한 당사자들이 혼인신고를 하였음에도 착오로 당사자 일방이 제3자와 혼인한 것으로 가족관계등록부에 기재가 된 경우에도 혼인의사의 합치가 없어 무효이다. 이러한 경우 가족관계등록부기록의 착오로 보아 가족관계의 등록 등에 관한 법률 제104조의 규정에 의하여 법원의 허가를 얻어 합의한 당사자의 혼인성립으로 정정하면 될 것이라는 견해[21]도 있지만, 판례는 혼인무효와 같이 관계인들의 신분관계에 중대한 영향을 미칠 사항의 경우에는 확정판결에 의하지 아니하고 간이한 호적정정(가족관계등록부의 정정)의 방법으로 호적을 정리할 수는 없다[22]는 태도를 취하고 있다.

마) 확정된 형사판결(약식명령)이 존재하는 경우

16 가장혼인을 이유로 공정증서원본불실기재죄 등에 관하여 유죄가 확정된 형사판결(약식명령)로 혼인이 무효임이 명백하게 밝혀진 때에는 혼인무효판결을 받지 않더라도 가정법원의 허가를 받아 가족관계등록부를 정정할 수 있다.[23] 그러나 이러한 경우에도 외국에서의 가족관계등록부 기록 말소 등을 위하여 혼인무효판결을 받는 것이 필요한 경우가 있을 수 있고, 위와 같은 절차를 통한 가족관계등록부의 정정이 가능하다 하여 혼인무효의 소를 제기할 법률상 이익을 부정할 것은 아니다.

바) 당사자 일방에게 실질적인 혼인의사가 결여된 경우

17 (1) 혼인의 합의는 당사자 쌍방의 혼인의사 합치를 의미하므로, 혼인신고에 관한 형식적인 의사의 합치가 있었다 하더라도 당사자 일방에게 실질적인 혼인의사가 인정되지 않는 경우는 혼인의 합의가 없는 때에 해당하여 무효라고 보아야 할 것이다. 특히 국제결혼중개업체를 통한 국제결혼이 증가하고 있는 현실에서 한국인 남자가 외국인 여자를 상대로 처음부터 혼인할 의사 없이 단지 한국에 입국할 목적으로 형식적으로 혼인신고를 하였다고 주장하면서 혼인무효를 구하는 사례가 많이 발생하고 있다. 이는 출입국관리법 시행규칙 제9조의5 제1항 제

21 김주수/김상용, 주석 민법, 친족(1)(제5판), 한국사법행정학회(2016), 286.

22 대법원 1989. 10. 20. 자 89스4 결정, 대법원 1993. 5. 22. 자 93스14 전원합의체 결정, 대법원 1998. 2. 7. 자 96마623 결정.

23 대법원 2009. 10. 8. 자 2009스64 결정, 2009. 6. 15. 제정 가족관계등록선례 제200906-3호.

3호에 따라 결혼동거 목적의 사증 발급 신청을 받은 재외공관의 장이 혼인의 진정성 및 정상적인 결혼 생활의 가능성 여부를 판단하기 위하여 '초청인이 최근 5년 이내에 다른 배우자를 초청한 사실이 있는지 여부'를 심사·확인할 수 있는 것과 무관하지 않아 보인다.

(2) 대법원 판결

(가) 대법원 2010. 6. 10. 선고 2010므574 판결

18 대법원은, "민법 제815조 제1호가 혼인무효의 사유로 규정하는 '당사자간에 혼인의 합의가 없는 때'란 당사자 사이에 사회관념상 부부라고 인정되는 정신적·육체적 결합을 생기게 할 의사의 합치가 없는 경우를 의미하므로, 당사자 일방에게만 그와 같은 참다운 부부관계의 설정을 바라는 효과의사가 있고 상대방에게는 그러한 의사가 결여되었다면 비록 당사자 사이에 혼인신고 자체에 관하여 의사의 합치가 있어 일응 법률상의 부부라는 신분관계를 설정할 의사는 있었다고 하더라도 그 혼인은 당사자간에 혼인의 합의가 없는 것이어서 무효라고 보아야 하므로, 외국인 B가 우리나라 국민 A와 참다운 부부관계를 설정하려는 의사 없이 단지 한국에 입국하여 취업하기 위한 방편으로 혼인신고에 이르렀다고 봄이 상당한 사안에서, 설령 B가 한국에 입국한 후 한 달 동안 A와 계속 혼인생활을 해왔다고 하더라도 이는 B가 진정한 혼인의사 없이 위와 같은 다른 목적의 달성을 위해 일시적으로 혼인생활의 외관을 만들어 낸 것이라고 보일 뿐이므로, A와 B 사이에는 혼인의사의 합치가 없어 그 혼인은 민법 제815조 제1호에 따라 무효"라고 판단하였다.

(나) 대법원 2021. 12. 10. 선고 2019므11584, 11591 판결

19 이에 더하여 최근 대법원은, "민법은 혼인성립 이전의 단계에서 성립 요건의 흠결로 혼인이 유효하게 성립하지 않은 혼인무효(민법 제815조)와 혼인이 성립한 후 발생한 사유로 혼인이 해소되는 이혼(제840조)을 구분하여 규정하고 있다. 또한 혼인무효는 이혼의 경우에 비하여 가족관계등록부의 처리 방식이 다르고, 이혼과 달리 혼인무효의 소가 제기되지 않은 상태에서도 유족급여나 상속과 관련된 소송에서 선결문제로 주장할 수 있어 유리한 효과가 부여된다. 따라서 가정법원은 상대방 배우자에게 혼인신고 당시 혼인의사가 없었던 것인지, 혼인 이후에 혼인을 유지할 의사가 없어진 것인지에 대해서 구체적으로 심리·판단하여야 한다."라고 하면서 특히 우리나라 국민이 외국인 배우자에 대하여 혼인의 의사

가 없다는 이유로 혼인무효 소송을 제기한 경우, 가정법원은 위 법리에 더하여 "통상 외국인 배우자가 자신의 본국에서 그 국가 법령이 정하는 혼인의 성립절차를 마친 후 그에 기하여 우리나라 민법에 따른 혼인신고를 하고, 우리나라 출입국관리법령에 따라 결혼동거 목적의 사증을 발급받아 입국하는 절차를 거쳐 비로소 혼인생활에 이르게 된다는 점, 언어장벽 및 문화와 관습의 차이 등으로 혼인생활의 양상이 다를 가능성이 있는 점을 고려하여 외국인 배우자의 혼인의사 유무를 세심하게 판단할 필요가 있다."라고 판시하였다.

20 이 사건의 원심은 외국인 배우자 B가 자신의 부모 이름을 다르게 알려주었고, 우리나라 국민인 배우자 A와 동거한 기간이 40일에 불과하며 외국인 등록증을 발급받은 직후 가출한 점 등을 이유로 민법 제815조 제1호의 혼인무효 사유가 인정된다고 판단하였다. 그러나 대법원은 부모 이름을 다르게 알려준 사정이 진정한 혼인의사의 부존재를 추정하게 할 사유에 해당하는지 의문이고, 알려준 부모의 이름이 완전히 다른 이름인지도 불확실하여 신분위장 등의 목적이 있었다고 보기도 어려우며, A와 B가 혼인에 이르기 위해서 들인 시간과 노력, 절차에 소요된 비용 등을 도외시한 채 단지 동거기간이 40일에 불과하다는 사정만으로 혼인의사를 부정할 것은 아니라고 하면서 혼인 성립 이후의 나머지 사정들은 피고가 혼인 후 혼인을 유지하기 위한 노력을 하지 않고, 혼인관계의 지속을 쉽게 포기하였다는 이혼 사유에 가까운바, 이러한 사정만을 내세워 애초부터 혼인의사가 없었다고 단정하는 것은 쉽게 수긍하기 어렵다고 하였다.

21 이는 기존 판례의 실질적 의사설을 확인하면서 국제결혼의 경우 혼인 후에 발생한 사정만으로 혼인의사의 부존재를 쉽게 추단해서는 안 되고, 외국인 배우자가 혼인 자체 보다 국적 취득이나 취업 등 혼인으로 얻게 될 이익에 관심을 가졌다고 하더라도 애초부터 혼인의 의사가 존재하지 않는다고 볼 수 있을지는 신중하게 접근하여야 한다는 의미이다.[24]

22 같은 취지에서 대법원은 ① 동거한 기간이 18일에 불과하고, 그동안 성관계를 거부하였으며 가출 후 연락을 받지 않은 점, ② 부부관계를 개선하기 위한 다문화센터 상담 예정일에 가출한 점, ③ 가출 전 성명불상자와 수십 차례 문자메시지를 주고받은 것에 대하여 제대로 답변하지 못한 점을 이유로 혼인무효를 인

24 김태은, "외국인 배우자에 대한 혼인무효 소송에서 혼인의사 유무 판단과 관련하여 고려하여야 할 사항", 민유숙 대법관 퇴임기념 재판자료집, 사법발전재단(2024).

정한 원심을 "원심이 들고 있는 혼인무효의 사정에는 혼인 전에 있었던 사정이 없고, 이는 모두 혼인이 성립된 이후의 사정으로 혼인무효사유에 대한 심리를 다하지 아니한 잘못이 있다."라는 이유로 파기·환송하기도 하였다.[25]

23 또한 베트남 국적의 배우자 B가 대한민국에 입국한 다음 단기간 내에 집을 나갔다고 하더라도 그러한 사정만으로 혼인의 합의가 없었다고 단정할 수 없고, 우리나라 국민 A가 국제결혼중개업체를 통해 B를 만나 베트남에서 결혼식을 한 다음 세 차례에 걸쳐 약 20일간 베트남에 머물면서 만나거나 함께 생활한 점, B가 혼인신고 후 우리나라에 입국하여 생활한 내용, 혼인생활 중 나이 차이, 의사소통의 어려움, 건강과 생활 문제 등으로 겪은 갈등, 갈등 해결을 위한 노력과 이후의 경위 등에 비추어 "B가 진정한 혼인의사를 가지고 결혼하여 입국하였더라도 상호 애정과 신뢰가 충분히 뒷받침되지 않은 상태에서 언어 장벽이나 문화적인 부적응, 배우자와 성격 차이 등으로 단기간에 혼인관계의 지속을 포기했을 가능성이 있으며, 피고가 혼인신고 당시 명백히 혼인에 관한 진정한 의사가 없었다고 단정할 만한 사정은 드러나 있지 않다."라는 이유로 혼인무효를 인정한 원심을 파기·환송하였다.[26] 대법원 2022. 1. 27. 선고 2019므287 판결, 대법원 2022. 2. 10. 선고 2019므12044, 2019므12051 판결의 취지도 같다.

(3) 각급 법원 판례의 소개

24 위 대법원 2021. 12. 10. 선고 2019므11584, 11591 판결 등 이전에 각급 법원은, ① '한국인 남성 A는 결혼소개업자와 함께 중국에 건너가 중국인 여성 B를 소개받아 10일간 만난 뒤 혼인하기로 약속하고, B로부터 건네받은 혼인관계 서류를 제출하여 국내에서 혼인신고를 마친 후 다시 중국으로 건너가 4일간 B와 지낸 뒤 B와 함께 한국에 입국하여 그날부터 A의 주거지에서 동거하며 결혼식 준비를 하였는데, B가 동거를 시작한 지 약 20일 만에 패물을 모두 챙겨서 집을 나간 후 그 이틀 후에 중국으로 돌아가서 소식이 끊긴 사안'에서, B가 처음부터 혼인의사 없이 혼인신고에 동의하였다고 보기 어렵고 비록 A·B의 동거기간이 짧고 B가 A와의 혼인생활을 거부하며 입국하지 않고 있다는 정황만으로는 B에게 처음부터 A와의 혼인의사가 없었다는 사실을 추단하기 어렵다고 하여 A의 혼인무효청구

[25] 대법원 2021. 12. 30. 선고 2020므11221, 2020므11238 판결.
[26] 대법원 2022. 1. 27. 선고 2017므1224 판결.

를 받아들이지 않았고,[27] ② '베트남 국적의 여성 B가 한국인 남성 A와의 혼인신고 후에 항공기를 타고 인천국제공항에 도착하여 입국심사를 마치고 나온 뒤 마중을 나온 A일행에게 화장실에 다녀오겠다고 하고 짐을 놔 둔 채로 행방을 감춘 이후 A에게 아무런 소식 없이 국내에 불법체류 중인 사안'에서, B는 A와의 혼인의사 없이 단지 한국에 입국할 목적으로 혼인신고에 이른 것이라는 사실을 추단할 수 있으므로 결국 이 혼인은 혼인당사자 사이에 혼인의 합의가 없는 때에 해당한다고 하여 A의 혼인무효청구를 받아들였으며,[28] ③ '한국인 남성 A가 2016. 5. 12. 베트남에서 처음으로 베트남 여성 B를 만나 같은 날 곧바로 결혼식을 올렸으나 이들은 부부로서 같은 공간에서 정신적·육체적 결합을 하지 않았고, 이후 B가 A로부터 금전적인 지원을 받았을 뿐 베트남에서 혼인신고를 하거나 A와의 공동생활을 위한 비자발급 신청 등 진정한 혼인을 위해 필요한 조치를 전혀 취하지 아니한 사안'에서, B는 A와 사이에 참다운 부부관계를 설정하려는 의사가 없이 단지 경제적 지원을 받는 등 다른 목적을 달성하기 위해 A와의 혼인신고에 이르렀다고 봄이 상당하여 이 혼인은 당사자간에 혼인의 합의가 없는 때에 해당한다며 A의 혼인무효청구를 받아들이기도 하였다.[29]

25 최근 각급 법원은 구체적인 사실관계에 따라 혼인의 합의가 없다는 이유로 한국인 남성의 혼인무효청구를 받아들이면서도 앞서 본 대법원 2021. 12. 10. 선고 2019므11584, 11591 판결을 인용하여 "한국인 남성 A가 2022. 8. 경 국제결혼중개업체를 통해서 외국인 여성 B를 소개받아 교제를 시작한 후 5일여간 러시아에서 매일 만났고, 한국에 돌아온 후 휴대전화 어플리케이션 등을 통하여 피고와 계속 연락을 주고받으며 관계를 이어 나가다가 B로부터 혼인신고에 필요한 서류들을 받아 2022. 9. 28. 혼인신고를 마쳤으며, 그동안 B는 한국어를 공부하였고, A는 피고의 공부를 지원하여 주다가 한국어능력시험 응시 후 다툼이 있었고, B가 2023. 1. 31. 저녁 무렵 '원고가 싫다. 결혼도 없었던 일로 하겠다.'라고 하며 A와 함께 지내던 숙소를 떠난 사안"에서 혼인신고 당시 B가 혼인에 관한 진정한 의사가 없었다고 단정하기 어렵다는 이유로 A의 혼인무효청구를 기각하거나,[30] "베트남 국적의 여성인 B가 대한민국에 입국한 다음 단기간 내에 집을

27 서울가정법원 2007. 11. 2. 선고 2007르1013 판결(확정).
28 서울가정법원 2007. 6. 29. 선고 2007드단1084 판결(확정).
29 서울가정법원 2018. 4. 6. 선고 2018르16 판결(확정).
30 서울가정법원 2024. 4. 25. 선고 2023르32130 판결(확정).

나갔다는 사실을 포함하여 한국인 남성인 A가 들고 있는 사정들(B가 혼인 생활에서 보인 소극적 태도 및 성관계 거부, 외국인등록증을 교부받은 직후 집을 나간 경위, 가출 후 베트남 남자친구와 함께 지내고 있다고 볼 정황 등)만으로 혼인 합의를 부정할 수는 없다."라고 판단하기도 하였다.[31]

사) 혼인의사 있는 상태에서의 무단 혼인신고

26 당사자 쌍방이 혼인의사가 합치되어 있음에도 혼인신고를 하지 않고 있는 상황에서 제3자 또는 당사자 일방이 무단으로 혼인신고서를 작성하여 혼인신고가 마쳐진 경우 해당 혼인이 무효인지가 문제된다.

27 우선, 혼인신고서 작성 당시 혼인의사가 있었으나 신고서를 제출할 때 또는 제출하기 전 명시적으로 혼인의사를 철회하면 그 신고서가 수리되더라도 혼인은 무효라고 보아야 한다.[32] 그러나 당사자들이 사실혼관계에 있는 때에는 혼인신고를 하지 않기로 합의하였거나 혼인의사를 철회하지 않은 이상 당사자 일방 또는 제3자에 의한 신고인지를 따지지 않고 그 혼인은 유효이다.[33] [34] 다만, 당사자들이 결혼식을 올린 다음 동거까지 하였으나 그 후 사실혼관계가 해소된 상태에서 일방적으로 혼인신고가 이루어졌다면 그 혼인이 무효임은 분명하다.[35]

아) 당사자의 사망 후 혼인신고

28 혼인의사는 이를 제출하여 수리될 때까지 존재하여야 하므로, 당사자 쌍방이 혼인의 의사로 혼인신고서를 작성하였다고 하더라도 혼인신고서가 가족관계등록사무 관서에 제출되어 수리되기 전에 당사자의 일방이 사망하면 혼인은 성립하지 않게 된다. 그런데 가족관계의 등록 등에 관한 법률 제41조는 제1항에서 "신고인의 생존 중에 우송한 신고서는 그 사망 후라도 시·읍·면의 장은 이를 수리하여야 한다."라고 규정하고, 제2항에서 "제1항의 규정에 따라 신고가 수리되었을 때에는 신고인의 사망시에 신고한 것으로 본다."라고 규정함으로써 예외를

31 대전가정법원 2024. 5. 23. 선고 2023르11648 판결(확정).
32 대법원 1994. 5. 10. 선고 93므935 판결, 대법원 2000. 4. 11. 선고 99므1329 판결 참조.
33 대법원 1963. 11. 7. 선고 63다647 판결, 대법원 1969. 9. 23. 69므22 판결 참조.
34 한편, 사실혼관계에 있는 당사자 중 1인이 일방적으로 혼인신고를 한 사안에서, "혼인신고가 한쪽 당사자가 모르는 사이에 이루어짐으로써 무효라 할지라도 그 후 양쪽 당사자가 그 혼인에 만족하고 그대로 부부생활을 계속한 경우에는 그 혼인을 무효로 할 것이 아니다."라고 하면서 당사자 일방의 혼인신고에 대하여 일단 무효로 보고 추인이 있어야 비로소 신고 당시에 소급하여 유효가 된다고 하는 판결들도 있다(대법원 1978. 10. 31. 선고 78므37 판결, 대법원 1978. 10. 31. 선고 78므37 판결).
35 대법원 1989. 1. 24. 선고 88므795 판결, 대법원 1986. 7. 22. 선고 86므41 판결.

인정하고 있다.

29 이와 관련하여 대법원은, 당사자 일방이 사망한 이후 사망 전 혼인을 한 것처럼 사후에 한 혼인신고에 관하여 혼인무효청구를 한 사안에서 권리남용에 해당한다고 하여 이를 받아들이지 않았고,[36] 당사자 일방이 사망한 후에 다른 일방이 한 혼인신고는 무효이므로 이 신고에 기초하여 처가 망부의 사후양자를 선정한 것은 무효이며, 따라서 처가 양자의 법정대리인으로서 한 소송행위는 부적법하다고 하였다.[37]

자) 심신상실자의 혼인신고

30 어떤 사람이 의사능력을 결여한 상태, 즉 심신상실 상태에 있음에도 그 사람을 당사자로 하는 혼인신고가 되었다면, 해당 혼인은 무효이다. 그러나 그 사람이 의사능력을 상실하기 전 상대방과 사이에 사실혼관계에 있었다면 심신상실자의 혼인의사는 추정되어 해당 혼인이 유효하게 성립할 수도 있다.[38]

31 한편, 정신적 제약으로 사무를 처리할 능력이 지속적으로 결여되어 가정법원의 성년후견개시 심판을 받은 자라면, 민법 제808조 제2항에 따라 부모 또는 성년후견인의 동의를 받아야 하고, 이를 위반한 혼인은 제816조 제1호가 혼인취소사유로 규정하고 있다.

3) 혼인의사의 존재시기

32 가) 혼인의사는 혼인신고서를 작성하는 시점과 혼인신고가 수리되는 시점에 모두 존재하여야 한다.

33 나) 대법원은, 사실혼관계인 A와 B 사이에 혼인신고가 이루어질 때 B가 의사무능력 상태에 있었다고 하더라도 이전에 B에게 혼인의사가 결여되어 있었다거나 B가 혼인의사를 철회하였다는 사정이 인정되지 않을 경우 B의 혼인의사의 존재는 추정되므로 이들의 혼인신고는 유효하다고 보는 등[39] 일정한 경우 혼인신고 수리 시점의 혼인의사를 추정할 수 있다는 입장을 취하고 있다. 그러나 대법원은, 결혼식 후 약 3년 6개월 간 동거하다가 망인이 쓰러져 약 2년 동안 혼수상태에 빠졌고, 망인이 의식을 회복하지 못하고 사망하기 직전 혼인신고를

36 대법원 1987. 4. 28. 선고 86므130 판결.
37 대법원 1962. 11. 29. 선고 62다368 판결.
38 대법원 2012. 11. 29. 선고 2012므2451 판결 참조.
39 대법원 2012. 11. 29. 선고 2012므2451 판결.

마친 사안에서는, 망인이 피고와 사실혼관계에 있었다고 하더라도 다른 특별한 사정이 없는 한 망인과 피고 사이에 신고하여 한 혼인은 무효라고 보아야 한다고 판시[40]하였다.

34 다) 혼인당사자 중에 일방이 혼인신고일보다 사실상 먼저 사망하였으나 혼인신고서에 의하여 가족관계등록부에 혼인사유가 기재된 이후에 비로소 사망신고서가 접수되었다면, 그 혼인사유의 기재는 법률상 무효이므로 가족관계의 등록 등에 관한 법률상의 정정 절차로 바로 잡는 것이 가능하다.

35 라) 또한, 혼인신고서가 제출되기 전이라면, 당사자 일방은 그 혼인의사를 철회할 수 있고, 가족관계등록공무원에게 혼인신고수리불가신고서를 제출하여(가족관계의 등록 등에 관한 예규 제519호) 혼인신고를 막을 수 있으며, 이러한 경우 혼인신고서가 제출되었다고 하더라도 그것은 무효이다.[41] 그러나 일방의 등록기준지 관서에라도 혼인신고가 수리된 후라면, 다른 일방이 혼인신고를 철회하거나 혼인신고수리불가신고서를 제출한다고 하더라도 혼인신고의 효력에는 아무런 영향이 없고, 보고적 신고인 조정이나 재판에 의한 혼인신고[42]의 경우에는 신고서의 작성 및 수리에 관하여 당사자의 의사를 요건으로 하지 않는다.

4) 무효혼의 추인

가) 의의

36 혼인신고에 관하여 당사자가 직접 관여하지 않았다는 이유로 모든 혼인을 무효라고 보는 것은 특히 부부공동생활의 실체가 존재할 경우 구체적 타당성이 결여되는 결과를 낳을 수 있다. 따라서 적어도 당사자 일방에 혼인의사가 있고, 거기에다 혼인의 실체를 이루는 동거가 수반되어 있으면, 이것을 유효한 혼인으로 처리하는 것이 타당할 것이고,[43] 이는 혼인의사의 흠결로 혼인이 무효가 되는 경우에 한정되는 논의이다. 무효혼의 추인을 인정하는 이론에서는 신고의사가 결여된

40 대법원 1996. 6. 28. 선고 94므1089 판결.

41 대법원 1983. 12. 27. 선고 83므28 판결 참조. 결혼식을 한 남녀가 함께 혼인신고서를 작성하였으나 혼인신고서 작성 당일 밤 그 중 일방이 상대방에 대하여 혼인의사를 철회하고 혼인신고서의 제출의뢰를 받은 아버지에게 혼인신고서 제출 전 혼인신고서를 제출하지 말라고 혼인의사를 철회한 사안에서 그 혼인이 무효라고 판단한 사안.

42 가족관계등록 등에 관한 법률 제72조에 의하면, 사실상 혼인관계 존재 확인판결이 확정된 경우 소를 제기한 사람은 상대방의 협력 없이도 단독으로 혼인신고를 할 수 있다.

43 김주수/김상용, 주석 민법, 친족(1)(제5판), 한국사법행정학회(2016), 280.

혼인은 일단 무효라고 할 것이지만, 당사자가 혼인신고 사실을 알고 명시적 또는 묵시적으로 이를 승인하여 동거를 계속하였다거나 새로이 동거생활을 시작한 때에는, 무효인 혼인을 추인한 것으로 보고 있다.[44]

나) 판례의 태도

37 인장을 위조하여 작성한 위조서류로 혼인신고를 하고 혼인신고 후 몇차례 육체관계를 가졌다고 하여 이로써 곧 무효인 혼인을 추인하였다고 보기 어렵고,[45] 일방적으로 혼인신고가 이루어졌다면 혼인신고 후 부부공동생활의 실체 없이 육체관계를 통하여 자녀를 출산하였다고 하더라도 무효인 혼인을 추인하였다고 보기 어렵다.[46] 또한 입양무효 사건에 관한 대법원 판례[47]에 비추어, 무효인 혼인신고행위에 상응하는 신분관계가 실질적으로 형성되어 있지도 아니하고 또 앞으로도 그럴 가망이 없는 경우에는, 무효인 신분행위에 대한 추인의 의사표시가 있어도 추인에 의하여 무효인 혼인이 유효로 될 수는 없을 것으로 보인다.[48]

38 그러나 사실혼관계에 있는 당사자의 일방이 모르는 사이에 혼인신고가 이루어진후 쌍방 당사자가 그 혼인에 만족하고 부부생활을 계속한 경우 그 혼인을 무효로 할 것은 아니고,[49] 협의이혼한 후 배우자 일방이 일방적으로 혼인신고를 하였더라도 그 사실을 알고 혼인생활을 계속한 경우, 상대방에게 혼인할 의사가 있었거나 무효인 혼인을 추인하였다고 볼 수 있다.[50] 그리고 이 경우의 추인은 민법총칙상 무효인 법률행위의 추인과 달리 원칙적으로 소급효가 인정되므로, 혼인은 혼인신고가 된 때로 소급하여 유효하게 된다.[51] [52] 이러한 판례의 태도에 대하여, 당사자가 혼인신고만이 결여되었을 뿐인 완전한 사실혼관계에 있다면, 그 동거생활이라는 실체 속에 신고의사가 내포되어 있다고 추정할 수 있으

44 김용한, 친족상속법론(전정판), 박영사(1986), 39; 김주수/김상용, 주석 민법, 친족(1)(제5판), 한국사법행정학회(2016), 280에서 재인용.

45 대법원 1983. 9. 27. 선고 83므22 판결.

46 대법원 1993. 9. 14. 선고 93므430 판결.

47 대법원 1991. 12. 27. 선고 91므30 판결.

48 주해친족법(제1권)(제2판), 박영사(2025), 169(윤진수).

49 대법원 1965. 12. 28. 선고 65므61 판결.

50 대법원 1995. 11. 21. 선고 95므731 판결.

51 대법원 1965. 12. 28. 선고 65므61 판결, 대법원 1991. 12. 27. 선고 91므30 판결, 대법원 2000. 6. 9. 선고 99므1633, 1640 판결 등 참조.

52 주해친족법(제1권)(제1판), 박영사(2015), 164(윤진수). 한편, 무효인 혼인의 추인에는 원칙적으로 소급효가 인정되지 않는다는 취지로는 대법원 1983. 9. 27. 선고 83므22 판결이 있다.

므로 이러한 경우 추인이론을 적용할 것이 아니라 직접 유효하게 혼인이 성립되었다고 보는 것이 타당하고, 신고를 하지 않기로 합의한 경우나 명시적인 혼인(신고)의사의 철회가 있는 경우에 한하여 이를 무효로 보고 추인이 가능한 것으로 해석해야 한다는 견해[53]도 있으나, 판례가 추인의 소급효를 인정하는 이상 위 견해와 판례는 결론에 있어 별다른 차이가 없다.

5) 조건부·기한부 혼인의사의 허용 여부

39 혼인의사는 성질상 조건 또는 기한과 어울리지 않으므로, 혼인의사에 일정한 조건이 결부되어 있을 경우 그 합의는 약혼에 불과하고, 조건 또는 기한이 성취된 때에 혼인을 해소한다는 합의도 허용되지 않는다.[54]

6) 권리남용과의 관계

40 혼인이 무효임을 주장하는 것이 권리남용에 해당하여 허용되지 않는 경우도 충분히 있을 수 있다. 대법원은, "원고가 소외 망 A와 혼인신고를 마치고 혼인생활을 하던 중 소외 B와 내연관계를 맺고 집을 나가 B와 이중으로 혼인신고까지 하고 있다가 망 A의 상속재산을 탐하여 자기와 망 A간의 혼인관계가 유효한 것이었다고 하면서 피고와 망 A간의 혼인이 무효의 것이라고 주장함은 결과적으로 자기와 A, B간의 두 개의 혼인관계가 모두 유효하다고 주장하는 것이 되어 신의에 좇은 권리행사라고 볼 수 없어 권리남용에 해당한다."라고 판시[55]하였다.

7) 혼인신고를 하지 않기로 합의한 경우

41 혼인의사의 합치는 필연적으로 혼인신고로 표시될 수밖에 없으므로, 당사자 사이에 혼인신고를 하지 않기로 하는 명시적인 합의가 있었다면 이는 진정한 혼인을 성립시키려는 의사가 없는 것으로서 사실혼으로서의 법률적 효력도 인정하기 어렵다고 보는 견해[56]가 있다.

42 또한, 이러한 경우 혼인에 따른 제도적 효과를 명시적으로 배제하고자 한 것으로서 당사자 사이에 혼인의 의사가 있었다고 할 수 없으므로 그들에게 혼인에 준하는 사실혼에 따른 효과를 부여할 수 없다는 판례[57]와 당사자 사이에 사회관

53 김주수/김상용, 주석 민법, 친족(1)(제5판), 한국사법행정학회(2016), 281.
54 김주수/김상용, 주석 민법, 친족(1)(제5판), 한국사법행정학회(2016), 265.
55 대법원 1983. 4. 12. 선고 82므64 판결.
56 김주수/김상용, 주석 민법, 친족(1)(제5판), 한국사법행정학회(2016), 265~266.
57 대전지방법원 홍성지원 2009. 10. 29. 선고 2009드단1635 판결(항소심에서 조정에 갈음하는 결정 확정).

념상 가족질서적인 면에서 부부공동생활을 인정할 혼인생활의 실체가 있는 경우라면 사실혼관계가 성립하고, 별도로 당사자 사이에 혼인신고의 의사가 합치될 필요는 없다는 판례[58]가 있는 등 각급법원 판례는 통일되어 있지 않지만, 혼인신고를 하지 않기로 하는 합의가 선량한 풍속 기타 사회질서에 반한다고 볼 수 없을 뿐만 아니라 일부일처제에 반하는 중혼적 사실혼조차 예외적으로는 법률혼에 준하는 보호를 받을 수 있는 점[59] 등을 고려할 때 사실혼의 성립을 인정함에 있어서는 혼인신고 의사의 합치가 있을 것을 요하지 않는다고 봄이 타당하다.

8) 의사능력의 필요 여부

43 가) 혼인의사가 성립하기 위해서는 당사자에게 의사능력이 있어야 하므로, 의사능력이 없는 사람, 주로 피성년후견인의 혼인신고는 후견인의 동의가 있었다고 하더라도 무효라고 보아야 할 것이다.

나) 혼인의 무효[60]

44 A가 추락 사고로 지적장애 3급으로 등록되었는데, 사고 이전에 A와 동거한 적이 있는 B가 A가 입원한 병원에 찾아와 혼인신고를 하자고 제안한 후, A의 가족이 없는 상황에서 A를 데리고 나가 병원 인근의 주민센터에서 A의 주민등록증 재발급신청을 하여 임시신분증을 발급받고 면사무소를 방문하여 혼인신고를 마친 사안에서, 법원은, "A와 B가 함께 면사무소에 가서 직접 혼인신고서를 작성하였고, A가 결혼의 의미를 피상적으로나마 이해하고 있었으며, A와 B가 사고 이전에 사실혼관계에 있었다고 하더라도, 증거에 의하면, A가 사고로 정신적 능력과 지능이 상당히 저하된 상태에서 B의 제안으로 B를 따라가서 혼인신고서를 작성한 사실이 인정되는바, 혼인신고 당시 A에게는 사회관념상 부부라고 인정되는 정신적·육체적 결합을 생기게 할 의사능력은 결여되었다고 보이므로, A와 B 사이의 혼인은 민법 제815조 제1호에 따라 무효"라고 판시하였다.

58 전주지방법원 2017. 11. 30. 자 2016느단334 심판(항소심에서 화해권고결정 확정).
59 대법원 2002. 2. 22. 선고 2001도5075 판결 참조.
60 부산가정법원 2019. 1. 31. 선고 2016드단15613 판결(확정).

나. 당사자가 근친 사이일 때

45 1) 민법 제809조 제1항에 의하면, 8촌 이내의 혈족(친양자의 입양 전의 혈족을 포함한다) 사이에는 혼인하지 못하고, 이를 위반한 혼인은 무효이다(민법 제815조 제2호). 또한 당사자 간에 직계인척관계(直系姻戚關係)가 있거나 있었던 때(제815조 제3호), 당사자 간에 양부모계의 직계혈족관계가 있었던 때에도 그 혼인은 무효이다(제815조 제4호)..

46 한편 헌법재판소는 8촌 이내의 혈족 사이에서는 혼인할 수 없도록 하는 민법 제809조 제1항이 혼인의 자유를 침해하지 않는다고 판단하면서도 이를 위반한 혼인을 무효로 하는 민법 제815조 제2호의 경우 "위 금혼조항의 실효성을 보장하기 위한 것으로서 정당한 입법목적 달성을 위한 적합한 수단에 해당하지만, 이미 근친혼이 이루어져 당사자 사이에 부부간의 권리와 의무의 이행이 이루어지고 있고, 자녀를 출산하거나 가족 내 신뢰와 협력에 대한 기대가 발생하였다고 볼 사정이 있는 때에 일률적으로 그 효력을 소급하여 상실시킨다면, 이는 가족제도의 기능 유지라는 본래의 입법목적에 반하는 결과를 초래할 가능성이 있다. 민법 제815조 제2호의 입법목적은 근친혼이 가까운 혈족 사이의 신분관계 등에 현저한 혼란을 초래하고 가족제도의 기능을 심각하게 훼손하는 경우에 한정하여 무효로 하더라도 충분히 달성 가능하고, 위와 같은 경우에 해당하는지 여부가 명백하지 않다면 혼인의 취소를 통해 장래를 향하여 혼인을 해소할 수 있도록 규정함으로써 가족의 기능을 보호하는 것이 가능하므로, 이는 입법목적 달성에 필요한 범위를 넘는 과도한 제한으로서 침해의 최소성을 충족하지 못한다. 나아가 이 사건 무효조항을 통하여 달성되는 공익은 결코 적지 아니하나, 이 사건 무효조항으로 인하여 제한되는 사익 역시 중대함을 고려하면, 이 사건 무효조항은 법익균형성을 충족하지 못한다. 그렇다면, 이 사건 무효조항은 과잉금지원칙에 위배하여 혼인의 자유를 침해한다."라고 하여 헌법불합치 결정을 하면서 위 법률조항은 2024. 12. 31. 을 시한으로 개정될 때까지 계속 적용된다고 하였다.[61] 결국 2025. 1. 1. 위 법률조항은 효력을 상실하였으나, 4촌 이내의 혈족 간 혼인은 무효로 하고, 이외에는 혼인의 취소사유에 해당하도록 위 법률조항을 개정하는 개정안이 제출되어 2025. 3. 4. 현재 법제사법위원회 검토보고를 거친 상태이다.

61 헌법재판소 2022. 10. 27. 선고 2018헌바115 전원재판부.

47 2) 혈족은 직계혈족과 방계혈족으로 나누어지고, 직계혈족은 직계존속과 직계비속으로 나누어지기도 하지만 부계혈족과 모계혈족을 모두 포함한다. 방계혈족은 혈족이 공동시조를 기준으로 나뉘어 연결되는 혈족으로서 부계와 모계로 크게 나눌 수 있다. 또 혈족은 자연혈족과 법정혈족을 포함한다. 친양자 입양이 성립될 경우 입양 전 친족관계는 종료하지만(민법 제908조의3 제2항) 혼인에 있어서는 혈족관계가 있는 것과 동일하게 다루어진다.

48 3) 직계인척이란 배우자의 직계혈족 중 존속을 말한다. 즉, 처의 모, 부(夫)의 부(父) 등이다. 역시 자연혈족과 법정혈족(예컨대, 양부모)을 포함한다.

49 4) 양부모계의 8촌 이내의 혈족 사이에도 자연혈족과 마찬가지로 혼인이 금지되고(민법 제809조 제1항), 그 혼인신고가 잘못 수리된 경우 혼인무효사유가 되지만, 양친자관계가 해소된 경우에, 그 금지범위는 6촌 이내로 축소되며(제809조 제3항), 그 혼인신고가 잘못 수리된 경우 직계혈족관계에 있었던 때에 한하여 무효로 된다(예컨대, 양부와 양녀 사이나 양모와 양자 사이의 혼인).

다. 혼인신고 없이 혼인한 것으로 기재되어 있을 때

50 호적(가족관계등록)은 사람의 신분관계를 증명하는 공문서로서 호적부(가족관계등록부)의 기재는 법률상 그 기재가 적법히 되었고 그 기재사항은 진실에 부합하는 것이라는 추정을 받으나 그 기재에 의하여 신분관계가 창설되는 것은 아니고,[62] 법률혼의 성립에는 혼인신고라고 하는 요식행위를 필요로 하므로 혼인신고 없이 혼인된 것으로 밝혀진 경우 가족관계등록부에 기록된 혼인이 무효인 것은 당연하다. 이는 가호적을 취적하면서 실제로는 혼인신고를 한 바 없음에도 불구하고 마치 본적지에서 이미 혼인신고를 마친 부부인 양 허위의 신고를 하여 혼인관계가 호적상 부부인 것처럼 등재된 경우에도 마찬가지[63]이다.

51 한편, 대법원은, 혼인신고에 관하여 대리권이 수여될 수 없는 미성년자에 의하여 구술로 혼인신고되어 호적기재가 이루어졌더라도 당사자간에 혼인의 합의가 있었던 때에는 그 혼인은 무효로 되지 않는다[64]고 판시하여 다소 절차상의 하자가 있는 혼인신고라도 실체상의 혼인관계와 부합되는 경우라면 혼인의 효력을 부인하지는 않는 입장으로 보인다.

62 대법원 1987. 2. 24. 선고 86므119 판결.
63 대법원 1992. 1. 21. 선고 91므238 판결.
64 대법원 1978. 2. 28. 선고 78므1 판결.

Ⅲ. 혼인무효의 효과

52 1. 무효인 혼인에서는 아무런 효과가 발생하지 않는 것이 논리적이고, 단지 혼인무효판결이 확정될 경우 혼인이 처음부터 성립하지 않았던 것으로 될 뿐이다. 즉 무효인 혼인에 기초한 상속 등의 권리관계 변동은 무효가 되고, 무효인 혼인관계에서 태어난 자녀는 혼인 외의 출생자가 된다(민법 제855조 제1항 후단). 부부는 일상가사에 관한 채무에 대하여 연대책임을 부담하게 되는데(제832조 전단) 그 혼인이 무효가 될 경우 부부 일방의 자력을 믿고 다른 일방과 거래한 제3자가 불측의 손해를 입을 수도 있다.[65]

53 2. 부(父)가 혼인외의 자에 대하여 친생자출생의 신고를 한 때에는 그 신고는 인지의 효력이 있는 것이어서(가족관계의 등록 등에 관한 법률 제57조) 부(父)가 출생신고를 한 자가 무효인 혼인 중 출생한 자라 하더라도 인지의 효력이 발생하는 것이므로,[66] 이러한 경우에는 혼인무효의 판결이 확정되더라도 그 이전과 마찬가지로 법률상의 부자관계가 그대로 유지되어 부모가 공동으로 자녀에 대한 친권을 행사하게 된다(민법 제909조 제1항). 관련하여, 가사소송법에는 가정법원이 혼인무효의 청구를 심리하여 그 청구가 인용되는 경우에 남편과 부자관계가 유지되는 미성년자인 자녀가 있는 경우에도 부모에게 친권자로 지정될 사람 등에 관하여 미리 협의하도록 권고하여야 한다는 규정(가사소송법 제25조 제2항)을 두고 있다. 따라서 혼인무효의 판결이 확정되더라도 부자관계가 유지되는 미성년인 자녀가 있는 경우에는 혼인무효의 청구에 병합하여 그 자녀에 대한 친권자 및 양육자의 지정청구를 할 수 있다고 할 것이다.

54 3. 혼인이 무효가 된 경우에 당사자의 일방은 과실있는 상대방에 대하여 이로 인한 손해배상을 청구할 수 있다(민법 제825조에서 제806조를 준용한다; 상세한 내용은 민법 제806조, 제825조 주석 참조).

55 4. 재산분할청구의 경우 혼인무효판결이 확정되면 처음부터 혼인이 없었던 것과

65 한편 이러한 사정 등을 감안하여 혼인무효의 경우에도 혼인취소와 같이 그 효과를 이혼에 준하게 하는 입법상의 조치가 필요하다는 견해도 있다. 김주수/김상용, 주석 민법, 친족(1)(제5판), 한국사법행정학회(2016), 277.

66 대법원 1971. 11. 15. 선고 71다1983 판결.

같이 되고, 당연무효설에 의하면 무효인 혼인에 아무런 효과가 생기지 않으므로 당사자는 재산분할청구를 할 수 없다고 볼 수 있으나,[67] 부부 사이의 협력이나 부양 등을 부당이득법리로만 해결할 수 없고, 무효이더라도 부부관계가 성립한 이상 사실혼이 발생되어 있었던 것으로 해석할 여지가 있다는 견해도 있다.[68] 이와 관련하여 사실혼관계에 있던 당사자 일방이 상대방의 혼인의사 없이 혼인신고를 하여 혼인신고가 무효로 되는 경우에도 사실혼관계 중 형성한 재산에 대하여는 재산분할청구를 인정한 하급심 판결도 있다.[69]

IV. 혼인무효소송의 개관

1. 소의 성질

가. 학설

56 형성소송설은 혼인무효가 여러 법률관계에 영향을 미치고, 혼인의 유·무효가 소송 없이 결정되는 경우 당사자 자신은 혼인무효를 주장하지 않는데 제3자가 그 재산상 이익을 위하여 혼인의 무효를 주장할 수 있게 되어 타당하지 않은 점에 비추어 성립에 흠이 있는 혼인이라도 혼인무효는 소송을 통한 판결에 의하여 비로소 확정된다고 한다.[70] 반면 확인소송설은 혼인무효의 경우 혼인취소와는 달리 소에 의하여야 한다는 규정이 없고 성립요건에 흠이 있는 혼인은 당연무효이므로 이를 반드시 소구하여야만 하는 것도 아니며, 혼인무효의 소가 제기되지 않은 경우에도 이해관계인은 상속회복의 소 등 다른 소송에서 혼인무효를 선결문제로 주장할 수 있다는 견해이다.[71]

나. 판례

57 대법원은 중국 국적의 조선족 여성과 혼인한 것으로 신고한 자가, 혼인할 의사가 전혀 없음에도 그 여성을 한국에 입국시킬 목적으로 혼인신고를 하여 공전자기록에 불실의 사실을 기재하게 하였다는 등의 범죄사실로 유죄판결을 받아

67 송덕수, 친족상속법(제7판), 박영사(2024), 47.
68 신영호 외 2인, 가족법강의(제4판), 세창출판사(2023), 90.
69 서울고등법원 2016. 1. 13. 선고 2014르253 판결.
70 송덕수, 친족상속법(제7판), 박영사(2024), 46; 이경희/윤부찬, 가족(10정판), 법원사(2021), 73.
71 김용한, 친족상속법(보정판), 박영사(2003), 124; 김주수/김상용, 친족·상속법(제18판), 법문사(2022), 116; 윤진수, 친족상속법 강의(제5판), 박영사(2023), 58; 지원림, 민법강의(제12판), 홍문사(2014), 1862.

확정된 사안에서, 위 혼인은 혼인의사의 합치가 결여되어 무효임이 명백하므로 혼인무효판결을 받지 않았더라도 가족관계의 등록 등에 관한 법률 제105조에 따라 가정법원의 허가를 받아 가족관계등록부를 정정할 수 있다고 판시하여 확인소송설에 서 있었다.[72]

58 또한 혼인무효의 확정판결이 존재하지 않는 사안에서, "형법 제354조, 제328조 제1항에 의하면 배우자 사이의 사기죄는 이른바 친족상도례에 의하여 형을 면제하도록 되어 있으나, 사기죄를 범하는 자가 금원을 편취하기 위한 수단으로 피해자와 혼인신고를 한 것이어서 그 혼인이 무효인 경우라면, 그러한 피해자에 대한 사기죄에서는 친족상도례를 적용할 수 없고, 피고인과 피해자 사이의 혼인은 당사자 사이에 혼인의 합의가 없는 때에 해당하여 무효이므로 친족상도례를 적용할 수 없다."라고 판시[73]하여 확인소송설의 입장을 분명히 하였다.

2. 소송의 당사자

59 **가.** 혼인 당사자, 법정대리인 또는 4촌 이내의 친족은 언제든지 혼인무효의 소를 제기할 수 있다(가사소송법 제23조). 제소권자를 혼인 당사자, 법정대리인 또는 4촌 이내의 친족으로 정한 것은 그들의 경우 따로 확인의 이익을 입증하지 않더라도 당연히 확인의 이익이 있다는 취지이고,[74] '언제든지'가 이를 의미한다. 혼인 당사자, 법정대리인 또는 4촌 이내의 친족 이외의 사람에게도 원고적격이 인정되는지 문제될 수 있으나, 혼인무효의 소를 확인소송으로 보는 이상 이를 부정할 이유가 없고, 다만 이 경우 확인의 이익을 입증하여야 한다.

60 미성년자는 혼인으로 인한 성년의제의 효과가 유지되어 단독으로 혼인무효의 소를 제기할 수 있고, 미성년자를 상대로 혼인무효의 소가 제기되더라도 그 법정대리인은 있을 수 없다. 따라서 여기에서의 법정대리인은 당사자가 피성년후견인, 피한정후견인인 경우의 법정대리인을 가리킨다. 피한정후견인은 가정법원이 후견인의 동의를 받도록 심판한 경우가 아닌 한 단독으로 혼인무효의 소를 제기할 수 있고(민사소송법 제55조 제2항), 피성년후견인은 원칙적으로 법정대리인인 성년후견인이 소송을 대리하여야 할 것이지만(제55조 제1항 제2호), 피성년후견인의 배우자가 성년후견인으로 선임되어 있다면, 특별대리인의 선임을 신청하

72 대법원 2009. 10. 8. 자 2009스64 결정.
73 대법원 2015. 12. 10. 선고 2014도11533 판결.
74 대법원 1981. 10. 13. 선고 80므60 전원합의체 판결 참조.

여 특별대리인으로 하여금 대리하게 하거나(제62조) 성년후견인을 변경하여 변경된 성년후견인이 소송을 대리하도록 하여야 할 것이다(민법 제940조).

61 **나.** 부부 중 어느 한쪽이 소를 제기하는 경우에는 배우자를 상대방으로 하고(가사소송법 제24조 제1항), 제3자가 소를 제기하는 경우에는 부부를 상대방으로 하여야 하나(부부가 모두 피고로 되어야 하는 필수적 공동소송), 부부 중 어느 한쪽이 사망한 경우에는 생존자를 상대방으로 한다(제24조 제2항). 부부의 일방이 배우자의 사망 후 소를 제기할 때와 제3자가 부부 쌍방이 사망하였을 경우에 소를 제기할 때에는 검사가 상대방이 된다(제24조 제3항). 혼인무효의 사유에 절차상의 하자도 포함되므로, 피고가 되는 '부부'는 실태와는 관계없이 가족관계등록부 기록상 혼인한 것으로 되어 있는 사람을 가리키고, '배우자' 역시 같은 의미이다.

3. 관할

62 **가.** 혼인무효의 소는 ① 부부가 같은 가정법원의 관할구역 내에 보통재판적이 있을 때에는 그 가정법원이, ② 부부가 최후 공통의 주소지를 가졌던 가정법원의 관할구역 내에 부부 중 일방의 보통재판적이 있을 때에는 그 가정법원이, ③ 위의 각 경우에 해당하지 아니하는 경우로서 부부의 일방이 타방을 상대방으로 하는 때에는 상대방의 보통재판적 소재지의 가정법원, 부부의 쌍방을 상대방으로 하는 때에는 부부 중 일방의 보통재판적 소재지의 가정법원이, ④ 부부의 일방이 사망한 경우에는 생존한 타방의 보통재판적 소재지의 가정법원이, ⑤ 부부 쌍방이 사망한 경우에는 부부 중 일방의 최후의 주소지의 가정법원이, 각각 관할법원으로 되고, 그 관할은 전속관할이다(가사소송법 제22조).

63 **나.** 위 ②의 '최후의 공통의 주소지'가 무엇을 가리키는지에 관하여는, 부부가 최종적으로 부부로서의 공동생활을 영위하던 주소지를 뜻한다는 견해와 부부의 공동생활을 필요로 하지 아니하고 각자 주소를 달리하더라도 동일한 가정법원의 관할구역 내에 있는 것이면 충분하다는 견해가 있으나, 실무는 주로 전자를 따르고 있다.

64 **다.** 혼인무효의 소는 단독판사의 사물관할에 속한다(민사 및 가사소송의 사물관할에 관한 규칙 제3조).

4. 소의 이익

65 혼인무효판결이 확정될 경우 무효인 혼인에 기초한 권리관계 변동은 소급하여 효력을 상실한다. 따라서 혼인의 무효 여부는 통상 당사자의 현재 법률상태에 중대한 영향을 미치기 때문에 소의 이익에 관하여는 별다른 문제가 없을 것이다.

66 다만 이미 해소된 혼인관계의 무효확인을 구하는 것이 허용되는지에 관하여 대법원은 "이혼으로 혼인관계가 이미 해소되었다면 기왕의 혼인관계는 과거의 법률관계가 된다. 그러나 신분관계인 혼인관계는 그것을 전제로 하여 수많은 법률관계가 형성되고 그에 관하여 일일이 효력의 확인을 구하는 절차를 반복하는 것보다 과거의 법률관계인 혼인관계 자체의 무효 확인을 구하는 편이 관련된 분쟁을 한꺼번에 해결하는 유효·적절한 수단일 수 있으므로, 특별한 사정이 없는 한 혼인관계가 이미 해소된 이후라고 하더라도 혼인무효의 확인을 구할 이익이 인정된다고 보아야 한다."라고 판시하면서 그 이유로 "① 무효인 혼인과 이혼은 법적 효과가 다르다. 무효인 혼인은 처음부터 혼인의 효력이 발생하지 않는다. 따라서 인척이거나 인척이었던 사람과의 혼인금지 규정(민법 제809조 제2항)이나 친족 사이에 발생한 재산범죄에 대하여 형을 면제하는 친족상도례 규정(형법 제328조 제1항 등) 등이 적용되지 않는다. 반면 혼인관계가 이혼으로 해소되었더라도 그 효력은 장래에 대해서만 발생하므로 이혼 전에 혼인을 전제로 발생한 법률관계는 여전히 유효하다. 그러므로 이혼 이후에도 혼인관계가 무효임을 확인할 실익이 존재한다. ② 가사소송법은 부부 중 어느 한쪽이 사망하여 혼인관계가 해소된 경우 혼인관계 무효 확인의 소를 제기하는 방법에 관한 규정을 두고 있다. 이러한 가사소송법 규정에 비추어 이혼한 이후 제기되는 혼인무효 확인의 소가 과거의 법률관계를 대상으로 한다는 이유로 확인의 이익이 없다고 볼 것은 아니다. ③ 대법원은 협의파양으로 양친자관계가 해소된 이후 제기된 입양무효 확인의 소에서 확인의 이익을 인정하였다. 대법원의 위와 같은 판단은 이혼으로 혼인관계가 해소된 이후 제기된 혼인무효 확인의 소에서 확인의 이익을 판단할 때에도 동일하게 적용될 수 있다. ④ 무효인 혼인 전력이 잘못 기재된 가족관계등록부의 정정 요구를 위한 객관적 증빙자료를 확보하기 위해서는 혼인관계 무효 확인의 소를 제기할 필요가 있다. ⑤ 가족관계등록부의 잘못된 기재가 단순한 불명예이거나 간접적·사실상의 불이익에 불과하다고 보아 그 기재의 정정에 필요한 자료를 확보하기 위하여 기재 내용의 무효 확인을

구하는 소에서 확인의 이익을 부정한다면, 혼인무효 사유의 존부에 대하여 법원의 판단을 구할 방법을 미리 막아버림으로써 국민이 온전히 권리구제를 받을 수 없게 되는 결과를 가져올 수 있다."라고 하여 이미 혼인이 해소된 경우에도 혼인관계의 무효확인을 구할 소의 이익을 긍정하였다.[75] 이로써 대법원은 "단순히 여자인 청구인이 혼인하였다가 이혼한 것처럼 호적상 기재되어 있어 불명예스럽다는 사유는 청구인의 현재 법률관계에 영향을 미치는 것이 아니고, 이혼신고로써 해소된 혼인관계의 무효 확인은 과거의 법률관계에 대한 확인이어서 확인의 이익이 없다."라고 본 대법원 1984. 2. 28. 선고 82므67 판결 등을 위 판결의 견해에 배치되는 범위에서 변경하였다.

5. 심리 및 판결 등

가. 혼인무효소송의 심리방법

67 혼인무효의 소는 가사조정의 대상이 되지 않고(가사소송법 제50조). 혼인무효 사건은 가류 가사소송사건으로서 자백에 관한 민사소송법의 규정이 적용되지 않으며, 법원이 직권으로 사실조사 및 필요한 증거조사를 한다(가사소송법 제12조, 제17조).[76]

68 한편, 혼인신고는 당사자 쌍방과 성년자인 증인 2인의 연서한 서면으로 하여야 하지만(민법 제812조 제2항), 신고 자체는 당사자 일방이 하더라도 가능하기 때문에 혼인무효소송에 있어서는 상대방이 원고의 동의 없이 임의로 원고 명의의 혼인신고서를 작성한 다음 일방적으로 신고하였다는 주장을 하는 경우가 종종 있다. 이런 경우 신고자가 사문서위조죄나 공정증서원본불실기재죄 등으로 형사처벌을 받은 사실이 있으면 원고의 주장을 인정할 유력한 증거자료가 될 것이지만, 그런 자료가 제출되지 않는 경우 혼인신고를 접수한 가족관계등록사무 관서에 혼인신고서 등 관련서류에 대한 문서송부촉탁을 하거나 혼인신고서에 기재된 증인에 대한 증인신문을 하는 등의 방법으로 혼인무효 여부를 심리할 수 있을 것이고, 혼인의 당사자인 피고가 원고의 주장을 인정하거나 다투지 않더라도 이것만으로 혼인무효 주장을 받아들여서는 안 되고 증거에 의하여만 사실을

75 대법원 2024. 5. 23. 선고 2020므15896 전원합의체 판결.

76 일방 배우자가 상대방 배우자를 상대로 혼인신고 당시에 진정한 혼인의사가 없었다는 사유를 주장하면서 혼인무효 확인의 소를 제기하는 경우, 가정법원으로서는 직권조사를 통해 혼인의사의 부존재가 합리적·객관적 근거에 의하여 뒷받침되는지 판단하여야 한다(대법원 2021. 12. 10. 선고 2019므11584, 11591 판결).

인정하여야 할 것이다.[77]

나. 소송절차의 승계

69 혼인무효소송 중 당사자의 사망 등으로 인한 소송절차의 승계에 관하여 본다.

70 우선, 원고가 사망하거나 그 밖의 사유로 소송절차를 계속하여 진행할 수 없게 된 때에는 다른 제소권자가 그 사유가 발생한 때로부터 6개월 이내에 소송절차를 승계할 수 있다(가사소송법 제16조). 따라서 당사자(혼인 당사자 아닌 자가 원고인 경우를 의미한다), 법정대리인 또는 4촌 이내의 친족은 당연히 그 소송절차를 승계할 수 있고, 그 밖의 자는 확인의 이익을 입증하고 소송절차를 승계할 수 있게 된다. 부부 모두가 피고로 된 경우에 그중 어느 한쪽이 사망한 때에는 생존 배우자만이 피고로 남아 소송절차를 계속 진행하게 된다. 부부의 어느 한쪽이 다른 한쪽을 피고로 하여 소를 제기한 경우 또는 부부의 어느 한쪽이 사망하여 제3자가 생존자를 상대로 소를 제기한 경우에 피고가 사망한 때에는, 검사의 수계를 인정할 것인지의 여부에 따라 소송절차의 종료 여부가 정하여진다. 이에 관하여는 논란이 있으나 혼인무효의 소에는 검사에게 보충적으로 피고적격이 인정되므로(가사소송법 제24조 제3항) 이를 원용하여 검사가 사망한 피고의 지위를 수계할 수 있다고 봄이 타당하다.

다. 혼인무효의 청구를 인용한 판결의 주문례

1) 부부 중 어느 한쪽이 다른 한쪽을 상대방으로 한 경우

원고와 피고 사이에 2018. 12. 31. 서울 서초구청장에게 신고하여 한 혼인은 무효임을 확인한다.

2) 부부 중 어느 한쪽이 사망하여 생존한 다른 한쪽이 검사를 상대방으로 한 경우

원고와 망 OOO(주민등록번호, 등록기준지: 서울 서초구 △△) 사이에 2018. 12. 31. 서울 서초구청장에게 신고하여 한 혼인은 무효임을 확인한다.

3) 제3자가 부부 모두를 상대방으로 한 경우

피고들 사이에 2018. 12. 31. 서울 서초구청장에게 신고하여 한 혼인은 무효임을 확인한다.

77 서울가정법원 2006. 12. 15. 선고 2006르1054 판결(확정).

4) 제3자가 부부 중 생존한 한쪽만을 상대방으로 한 경우

> 피고와 망 ○○○(주민등록번호, 등록기준지: 서울 서초구 △△) 사이에 2018. 12. 31. 서울 서초구청장에게 신고하여 한 혼인은 무효임을 확인한다.

5) 제3자가 사망한 부부 양쪽 대신 검사를 상대방으로 한 경우

> 망 ○○○(주민등록번호, 등록기준지: 서울 서초구 △△)와 망 □□□(주민등록번호, 등록기준지: 서울 서초구 △△) 사이에 2018. 12. 31. 서울 서초구청장에게 신고하여 한 혼인은 무효임을 확인한다.

6) 국제혼인무효사건의 경우

> 원고와 피고 사이에 2018. 12. 31. 중화인민공화국 흑룡강성 공증처에서 혼인등기를 하고 혼인증서를 발급받아 2019. 5. 31. 서울 서초구청장에게 그 증서등본을 제출하여 한 혼인은 무효임을 확인한다.

라. 확정판결의 효력

71 1) 혼인무효 청구를 인용한 확정판결은 제3자에게도 효력이 있다(가사소송법 제21조 제1항). 따라서 어느 누구도 그 혼인의 유효를 주장하지 못한다. 혼인무효 청구를 기각한 확정판결은 그 소송의 사실심 변론종결 전에 참가하지 못한 데 정당한 사유가 있는 사람에게는 미치지 아니하여 그 사람이 다시 같은 소를 제기할 수 있고, 그 밖의 사람에게는 효력이 미쳐 다시 소를 제기할 수 없게 된다(가사소송법 제21조 제2항).

72 2) 혼인무효의 청구를 인용한 판결이 확정된 때에는 가정법원의 법원사무관 등은 지체 없이 혼인이 무효로 된 부부의 등록기준지 가족관계등록사무를 처리하는 자에게 그 뜻을 통지하여야 한다(가사소송규칙 제7조 제1항). 혼인무효의 확정판결이 있으면 그 소를 제기한 자가 판결확정일로부터 1월 이내에 판결의 등본 및 확정증명서를 첨부하여 가족관계등록부의 정정을 신청하여야 한다(가족관계의 등록 등에 관한 법률 제107조). 한편, 가족관계의 등록 등에 관한 법률 제105조가 “신고로 인하여 효력이 발생하는 행위에 관하여 등록부에 기록하였으나 그 행위가 무효임이 명백한 때에는 신고인 또는 신고사건의 본인은 사건본인의 등록기준지를 관할하는 가정법원의 허가를 받아 등록부의 정정을 신청할 수 있다.”고 규정하고 있다는 이유로, 제3자가 가족관계등록의 정정을 하려면 판결에 의하여

야 하지만, 혼인 당사자가 할 때에는 이 규정에 의하여 법원의 허가만으로써 할 수 있다고 해석하는 견해[78]가 있다. 그러나 "혼인무효와 같이 관계인들의 신분관계에 중대한 영향을 미칠 사항의 경우에는 확정판결에 의하지 아니하고, 간이한 호적정정(가족관계등록부의 정정)의 방법으로 호적을 정리할 수는 없다."라는 판례[79] [80]의 태도가 타당하다.

3) 외국법원의 혼인무효판결을 받은 경우

73 예컨대, 미국시민권을 가진 한국계 남자와 혼인신고가 되어 있는 가족관계등록부를 가진 한국인 여자가 외국법원에서 혼인무효판결을 받은 경우 등록부를 정리하기 위해서는, 민사소송법 제217조의 요건을 갖춘 외국의 혼인무효판결 정본 또는 등본과 확정증명을 첨부하여 우리나라의 관할법원에서 집행판결을 받은 다음 혼인무효판결로 인한 가족관계등록부 정정신청을 하면 될 것이다.

78 김주수/김상용, 주석 민법, 친족(1)(제5판), 한국사법행정학회(2016), 276.
79 대법원 1989. 10. 20. 자 89스4 결정, 대법원 1993. 5. 22. 자 93스14 전원합의체 결정 등.
80 확정된 형사판결의 경우는 예외적으로 등록부정정절차에 의할 수 있다(대법원 2009. 10. 8. 자 2009스64 결정).

제 816 조 [혼인취소의 사유]

혼인은 다음 각 호의 어느 하나의 경우에는 법원에 그 취소를 청구할 수 있다. <개정 1990. 1. 13., 2005. 3. 31.>

1. 혼인이 제807조 내지 제809조(제815조의 규정에 의하여 혼인의 무효사유에 해당하는 경우를 제외한다. 이하 제817조 및 제820조에서 같다) 또는 제810조의 규정에 위반한 때
2. 혼인당시 당사자 일방에 부부생활을 계속할 수 없는 악질 기타 중대사유 있음을 알지 못한 때
3. 사기 또는 강박으로 인하여 혼인의 의사표시를 한 때

[관련조문] 민법 제110조(사기, 강박에 의한 의사표시), 제804조(약혼해제의 사유), 제807조(혼인적령), 제810조(중혼의 금지), 제817조(나이위반 혼인 등의 취소청구권자), 제825조(혼인취소와 손해배상청구권), 가사소송법 제2조(가정법원의 관장 사항) 제1항, 제22조(관할), 제25조(친권자 지정 등에 관한 협의권고), 가족관계의 등록 등에 관한 법률 제73조(준용규정), 제77조(준용규정)

[참고문헌] 김주수/김상용, 주석 민법, 친족(1)(제5판), 한국사법행정학회(2016); 윤진수, 주해친족법(제1권)(제1판), 박영사(2015); 윤진수, 친족상속법강의(제5판), 박영사(2023); 법원실무제요, 가사[Ⅱ], 법원행정처(2022); 김상용, "형부와 처제간의 사실혼은 법률상 보호받을 수 있는가?", 가족법연구Ⅵ(2014); 김유진, "출산경력의 불고지와 혼인 취소 사유", 가족법연구 제35권 제2호, 한국가족법학회(2021)

Ⅰ. 의의

1 혼인의 취소는 혼인의 성립과정에 어떠한 흠결이 있을 때 그 혼인의 효력을 장래를 향하여 소멸시키는 것을 말한다. 이는 혼인성립 이전 단계에서 성립요건의 흠결로 인하여 혼인이 유효하게 성립하지 않아 처음부터 효력이 없는 혼인의

무효와 구별된다. 취소사유가 있는 혼인이라도 취소되기 전까지는 유효한 혼인으로 취급되고, 판결에 의하여 혼인이 취소되면 그때부터 비로소 취소의 효력이 발생한다. 따라서 취소사유가 있는 혼인이라도 재판상 이혼의 대상이 될 수 있다.[1]

2 혼인의 취소는 재판 외에서 당사자가 취소의 의사표시를 하는 것만으로 이루어지는 것이 아니라 가정법원의 재판이 있어야 하고, 취소의 효력이 소급하지 않는다는 점에서 민법총칙상의 취소와 차이가 있다.

3 민법은 제816조에서 혼인취소의 사유를, 제817조부터 제825조까지 혼인취소청구권자, 혼인취소청구권의 소멸, 혼인취소의 효력, 혼인취소와 자의 양육 등, 혼인취소와 손해배상청구권에 관하여 비교적 상세히 규정하고 있다.

Ⅱ. 혼인취소의 사유

1. 혼인적령에 달하지 않은 혼인(제807조)

4 만 18세 미만인 사람의 혼인은 취소할 수 있고, 이는 부모 등의 동의를 얻은 경우에도 마찬가지다. 1990년 민법이 개정되기 전까지는 제816조 제1호에서 혼인취소의 사유로 혼인적령에 위반한 혼인을 열거하지 않아 해석에 의하여 혼인취소사유가 될 뿐이었으나 1990년 민법의 개정으로 그와 같은 논의는 무의미해졌다. 또한 2007년에 민법이 개정되어 혼인적령이 남자 만 18세, 여자 만 16세에서 남녀 모두 만 18세로 변경되었다.

2. 부모 등의 동의를 얻지 않은 혼인(제808조)

5 미성년자의 경우 만 18세에 달한 때에 혼인할 수 있으나, 성년인 만 19세에 이르기 전까지는 반드시 부모, 미성년후견인 등의 동의를 받아야 하고 동의 없이 혼인한 경우 그 혼인은 취소할 수 있다. 또한 피성년후견인도 스스로 혼인의 의사표시를 할 수 있으나, 부모나 성년후견인의 동의를 받아야 하고 동의 없이 혼인한 경우 그 혼인은 취소할 수 있다.

3. 근친혼규정에 위반한 혼인(제809조, 제815조)

6 **가.** 구 민법(2005. 3. 31. 법률 제7427호로 개정되기 전의 것) 제809조 제1항이 규정하고 있던 동성동본의 혈족 사이의 금혼조항은 헌법재판소 1997. 7. 16. 선고 95

[1] 대법원 1991. 12. 10. 선고 91므344 판결.

헌가6 내지 13 전원재판부 결정(헌법불합치)에 따라 삭제되었다. 또, 위 민법 개정으로 취소할 수 있는 근친혼의 범위도 종래 '남계혈족의 배우자, 부(夫)의 혈족 및 기타 8촌 이내의 인척이거나 이러한 인척이었던 자 사이'에서 '6촌 이내의 혈족의 배우자, 배우자의 6촌 이내의 혈족, 배우자의 4촌 이내의 혈족의 배우자인 인척이거나 이러한 인척이었던 자 사이(제809조 제2항)'및 '6촌 이내의 양부모계의 혈족이었던 자와 4촌 이내의 양부모계의 인척이었던 자 사이(제809조 제3항)'로 변경되었다.

7 **나.** 근친혼임을 이유로 취소할 수 있는 혼인은 민법 제809조가 정한 금혼의 범위에서 혼인이 무효가 되는 제815조 제2호 내지 제4호에서 정한 근친 사이를 제외한 나머지이다. 구체적으로는 6촌 이내의 혈족의 배우자, 배우자의 6촌 이내의 혈족, 배우자의 4촌 이내의 혈족의 배우자인 인척이거나 이러한 인척 가운데 직계인척 아닌 방계인척 사이의 혼인은 취소할 수 있고, 6촌 이내의 양부모계의 혈족이었던 자 중 직계인척 아닌 방계인척 사이의 혼인과, 4촌 이내의 양부모계의 인척이었던 자 중 직계인척 아닌 방계인척 사이의 혼인도 취소할 수 있다.

8 **다.** 형부와 처제 사이의 혼인은 구관습법 때부터 줄곧 유효한 것으로 인정되다가 1990년 민법 개정으로 무효사유로 되었으나 2005년 민법 개정에 의하여 현재는 취소사유가 있는 것으로 되어 있다.[2] 이와 관련하여 대법원은, 대학교수이자 형부인 A와 처제인 B가 1995년경부터 동거하는 등 사실혼관계로 지내던 중 A가 퇴직하여 퇴직연금을 받아오다가 2009. 1. 6. 사망하게 되자 B가 자신이 사실혼배우자라면서 유족연금의 승계를 신청하였으나 공무원연금공단으로부터 사실상 혼인관계로 인정할 수 없다는 이유로 위 신청을 거부하는 처분을 받은 사안에서, "형부와 처제 사이의 혼인에 관한 구관습법의 태도, 민법의 개정 경과 및 그 내용, 위 형부와 처제 사이의 사실혼관계의 형성경위, 그 사실혼관계가 가족과 친인척을 포함한 주변 사회에서 받아들여진 점, 약 15년간의 공동생활로 부부생활의 안정성과 신뢰성이 형성되었다고 보이는 점 등을 종합하면, 비록 형부가 공무원으로 재직할 당시 시행되던 1990년 개정된 민법상 형부와 처제 사이의 혼인이 무효이었다고 하더라도 위 사실혼관계는 그 반윤리성·반공익성

2 김상용, "형부와 처제간의 사실혼은 법률상 보호받을 수 있는가?", 가족법연구Ⅵ(2014), 318.

이 혼인법질서에 본질적으로 반할 정도라고 할 수 없고, 2005년 개정된 민법 부칙 제4조에 비추어 공무원연금공단은 2005년 개정된 민법이 시행된 이후에는 위 사실혼관계가 무효사유 있는 사실혼관계에 해당한다는 주장을 할 수도 없으므로, 위 사실혼관계는 구 공무원연금법 제3조 제1항 제2호 (가)목의 '사실혼관계'에 해당하고 위 신청인은 공무원연금법에 의한 유족연금의 수급권자인 배우자"라고 판시[3]하였다.

9 **라.** 혈족에 대해서는 민법 제768조, 제777조 주석, 인척에 대해서는 민법 제769조 주석 각 참조.

4. 중혼금지규정에 위반한 혼인(제810조)

10 배우자 있는 자가 다시 혼인(법률혼)을 한 경우 후혼은 취소할 수 있다. 중혼금지규정에 위반한 혼인의 예로는, A남이 B녀를 상대로 이혼소송을 제기하여 승소판결을 선고받고 판결이 확정되자 C녀와 혼인하여 혼인신고를 마쳤으나 그 후 B녀의 재심청구에 의하여 이혼판결의 취소 및 이혼청구기각의 판결이 확정된 경우 A남과 C녀 사이의 혼인,[4] A남이 B녀와 협의이혼신고 후 C녀와 혼인신고를 하였으나 B녀가 협의이혼 무효확인을 구하는 소 또는 이혼의 취소를 구하는 소를 제기하여 승소확정판결을 받은 경우 A남과 C녀 사이의 혼인,[5] 배우자 있는 사람이 다른 사람과 혼인하기 위하여 이름을 바꿔 새로이 가족관계등록부를 창설한 다음 다른 사람과의 혼인신고를 마친 경우 위 다른 사람과의 혼인[6] 등을 들 수 있다.

5. 혼인당시 혼인당사자 일방에 부부생활을 계속할 수 없는 악질 기타 중대한 사유가 있음을 알지 못한 때(제816조 제2호)

11 부부생활을 계속할 수 없을 정도의 중대한 사유가 있고 이를 알지 못하고 혼인한 때에는 그 혼인을 취소할 수 있다.

3 대법원 2010. 11. 25. 선고 2010두14091 판결.
4 대법원 1994. 10. 11. 선고 94므932 판결.
5 대법원 1970. 7. 21. 선고 70므18 판결, 대법원 1984. 3. 27. 선고 84므9 판결.
6 대법원 1986. 6. 24. 선고 86므9 판결.

가. 요건

1) 부부생활을 계속할 수 없는 악질 기타 중대한 사유의 존재

12 가) '악질'은 부부생활을 계속할 수 없는 중대한 사유의 예시로서, 민법 제804조 제3호가 약혼해제의 사유로 들고 있는 성병 또는 불치의 정신병 등이 이때의 악질에 해당한다고 볼 수 있다. 그리고 사회생활관계상 혼인 전에 당사자 일방에게 그러한 사유가 있음을 알았더라면 상대방이 혼인하지 않았을 것이라고 일반적으로 인정되는 경우 '기타 중대한 사유'가 있다고 보아도 무방할 것이다.[7]

13 한편, 대법원은 A가 배우자인 B를 상대로 B의 성기능 장애 등을 이유로 민법 제816조 제2호에 따른 혼인취소를 구한 사안에서, "'혼인을 계속하기 어려운 중대한 사유'에 관한 민법 제840조 제6호의 이혼사유와는 다른 문언내용 등에 비추어 민법 제816조 제2호의 '부부생활을 계속할 수 없는 중대한 사유'는 엄격히 제한하여 해석함으로써 그 인정에 신중을 기하여야 하는바, 특별한 사정이 없는 한 임신가능 여부는 민법 제816조 제2호의 부부생활을 계속할 수 없는 악질 기타 중대한 사유에 해당한다고 볼 수 없고, 위 사안에서 제반 사정에 비추어 A의 부부생활에 B의 성기능 장애는 크게 문제 되지 않았다고 볼 여지가 많으며, 설령 B에게 성염색체 이상과 불임 등의 문제가 있다고 하더라도 이를 들어 민법 제816조 제2호에서 정한 '부부생활을 계속할 수 없는 악질 기타 중대한 사유'에 해당한다고 보기 어렵다."라고 판시[8]하였다.

14 나) 한편, 민법 제840조 제6호는 이혼사유로서 '기타 혼인을 계속하기 어려운 중대한 사유'를 규정하고 있고, 제816조에서 혼인취소사유로 위와 달리 '부부생활을 계속할 수 없는 중대한 사유'를 규정하고 있으므로 문리상 후자의 범위(계속할 수 없는)는 전자(계속하기 어려운)의 범위보다 좁게 해석하여야 할 것이다.[9]

2) 혼인 당시 당사자 일방에 있었던 사유로서 상대방이 알지 못하였을 것

15 중대한 사유를 적극적으로 알지 못하게 하였다면 제816조 제3호의 사기에 해당하고,[10] 중대한 사유를 소극적으로 고지하지 아니하거나 침묵한 결과 상대방이 이를 알지 못한 경우에도 법령, 계약, 관습 또는 조리상 사전에 사정을 고지할

7 김주수/김상용, 주석 민법, 친족(1)(제5판), 한국사법행정학회(2016), 351.
8 대법원 2015. 2. 26. 선고 2014므4734, 4741 판결.
9 김주수/김상용, 주석 민법, 친족(1)(제5판), 한국사법행정학회(2016), 351.
10 대법원 1977. 1. 25. 선고 76다2223 판결.

의무가 인정된다면 마찬가지로 제816조 제3호의 사기에 해당하므로,[11] 중대한 사실을 소극적으로 감추었을 뿐만 아니라 해당 사실을 고지할 의무가 인정되지 않는 경우만이 이에 해당한다.

16 한편, 취소권자의 과실의 유무는 취소권 자체에는 영향을 미치지 않는다.

3) 중대한 사유의 존재 시기

17 부부생활을 계속할 수 없는 중대한 사유는 혼인 당시는 물론이고 취소 당시에도 존재하여야 혼인취소판결이 가능할 것이다.

18 **나.** 각급 법원 판례 중에는, "피고가 결혼 전 모두 4개월간 정신과에서 입원치료를 받을 정도로 극심한 조울증에 시달렸으나 결혼 전에 이러한 사실을 원고에게 알리지 않고 혼인하였고 혼인 후에도 원고가 유산 후 몸조리를 하는 동안 대출을 받아 고가의 외제승용차를 구입하고 식당이나 노래방 등에서 기물을 파손하고 난동을 부리다가 경찰서에 연행되기도 하였으며, 혼인 후 병원에서 조울증을 앓고 있어 정상적인 혼인생활이 현저히 곤란한 상태에 있었다고 보이고, 만약 원고가 이러한 사정을 알았다면 피고와 혼인하지 아니하였을 것임이 명백하다고 판단되므로 이러한 사정은 민법 제816조 제2호의 사유에 해당한다."라고 본 사례,[12] "피고는 원고와 교제하기 전은 물론, 원고와 결혼을 약속하고 양가의 상견례까지 마친 이후에도 동성과 성행위를 하였고, 피고는 위 성행위 장면을 모두 CCTV로 녹화하여 혼인 후에도 보관하고 있었으며, 피고는 혼인 전의 동거기간에도 원고와 각방을 사용하였고 신혼여행 당시에도 같이 자면 불편하다는 이유로 1인용 침대가 두 개 있는 방을 예약하여 원고와 다른 침대를 사용하였고, 피고는 신혼여행 마지막 날 성관계를 가진 것 외에는 7개월 이상의 교제기간 및 6개월 이상의 혼인기간 중 원고와 성관계를 시도한 적이 전혀 없고 스킨십도 거의 없었을 뿐 아니라, 오히려 원고가 피고에게 신체적 접촉을 시도하였을 때에도 이를 거절하였으며, 동성 상대방들과의 성행위 당시 피고의 태도 등을 종합하면, 피고는 원고와 애정과 신뢰에 바탕을 둔 정신적·육체적·인격적 결합인 혼인생활을 유지하기 어려울 정도로 동성애적 성향이 강한 것으로 보이고, 사회통념상 원고가 혼인 전에 피고의 위와 같은 성적 취향을 알았더라면 피

11 대법원 2016. 2. 18. 선고 2015므654 판결.
12 서울가정법원 2007. 10. 10. 선고 2007드합4035 판결(확정).

고와 혼인을 하지 않았으리라고 넉넉히 인정할 수 있으므로, 이는 민법 제816조 제2호의 사유에 해당한다."라고 본 사례[13]가 있다.

6. 사기 또는 강박으로 인하여 혼인의 의사표시를 한 때(제816조 제3호)

19 사기나 강박으로 혼인의사를 표시한 사람은 혼인을 취소하여 혼인관계에서 벗어날 수 있다. 실무상 주로 사기의 경우가 문제된다.

가. 사기

20 1) 사기란 혼인의사를 결정시킬 목적으로 혼인당사자의 일방 또는 쌍방에게 허위의 사실을 고지하거나 고지의무가 있는 사정에 관하여 침묵함으로써 이들을 착오에 빠뜨려 혼인의사를 결정하도록 하는 것을 말한다.[14] 혼인취소사유가 인정될 정도의 사기가 되기 위해서는, 이로 인한 착오가 혼인생활에 미치는 영향이 크고 당사자가 그러한 사실을 알았더라면 혼인하지 않았을 것이라고 인정되어야 할 것이다. 제3자에 의한 사기의 경우 민법 제110조는 적용되지 않으므로 혼인의 상대방이 사기사실에 관한 고의·과실이 있는지 여부는 문제되지 않고 선의의 제3자의 존재도 혼인취소와 아무런 관련이 없다.[15]

21 2) 소극적인 불고지 또는 침묵의 경우가 사기에 해당하기 위하여는 법령, 계약, 관습 또는 조리상 사전에 사정을 고지할 의무가 인정되어야 할 것이다. 관습 또는 조리상 고지의무가 인정되는지는 당사자들의 연령, 초혼인지 여부, 혼인에 이르게 된 경위와 그때까지 형성된 생활관계의 내용, 당해 사항이 혼인의 의사결정에 미친 영향의 정도, 이에 대한 당사자 또는 제3자의 인식 여부, 당해 사항이 부부가 애정과 신뢰를 형성하는 데 불가결한 것인지, 또는 당사자의 명예 또는 사생활 비밀의 영역에 해당하는지, 상대방이 당해 사항에 관련된 질문을 한 적이 있는지, 상대방이 당사자 또는 제3자에게서 고지받았거나 알고 있었던 사정의 내용 및 당해 사항과의 관계 등의 구체적·개별적 사정과 더불어 혼인에 대한 사회일반의 인식과 가치관, 혼인의 풍속과 관습, 사회의 도덕관·윤리관 및 전통문화까지 종합적으로 고려하여 판단하여야 한다.[16]

13 서울가정법원 2017. 11. 16. 선고 2016드합36263 판결(확정).
14 김주수/김상용, 주석 민법, 친족(1)(제5판), 한국사법행정학회(2016), 353.
15 대법원 1977. 1. 25. 선고 76다2223 판결 참조.
16 대법원 2016. 2. 18. 선고 2015므654 판결.

3) 대법원 판례

가) 대법원 2016. 2. 18. 선고 2015므654 판결(출산 경력 불고지가 혼인취소사유에 해당하는지 여부)

22 베트남 국적의 피고가 원고와 혼인신고를 하기 전 만 13세의 미성년자인 때 강제로 끌려가 만 14세에 아이를 출산한 경력을 고지하지 아니하였고, 국제결혼중개업체의 소개로 원고와 혼인신고를 한 후 대한민국에서 혼인생활을 하던 중 원고의 계부가 피고를 강간하고 강제추행한 사실로 기소되어 유죄판결을 선고받아 확정되었다. 그런데 위 형사사건 계속 중 피고의 출산사실을 알게 된 원고가 피고를 상대로 혼인취소의 소를 제기하였고, 원심은 이를 민법 제816조 제3호에서 정한 혼인취소 사유로 보아 원고의 청구를 인용하였다.

23 그러나 대법원은 "혼인의 당사자 일방 또는 제3자가 출산의 경력을 고지하지 아니한 경우에 그것이 상대방의 혼인의 의사결정에 영향을 미칠 수 있었을 것이라는 사정만을 들어 일률적으로 고지의무를 인정하고 제3호 혼인취소사유에 해당한다고 하여서는 아니 되고, 출산의 경위와 출산한 자녀의 생존 여부 및 그에 대한 양육책임이나 부양책임의 존부, 실제 양육이나 교류가 이루어졌는지 여부와 시기 및 정도, 법률상 또는 사실상으로 양육자가 변경될 가능성이 있는지, 출산 경력을 고지하지 않은 것이 적극적으로 이루어졌는지 아니면 소극적인 것에 불과하였는지 등을 면밀하게 살펴봄으로써 출산의 경력이나 경위가 알려질 경우 당사자의 명예 또는 사생활 비밀의 본질적 부분이 침해될 우려가 있는지, 사회통념상 당사자나 제3자에게 그에 대한 고지를 기대할 수 있는지와 이를 고지하지 아니한 것이 신의성실 의무에 비추어 비난받을 정도라고 할 수 있는지까지 심리한 다음, 그러한 사정들을 종합적으로 고려하여 신중하게 고지의무의 인정 여부와 위반 여부를 판단함으로써 당사자 일방의 명예 또는 사생활 비밀의 보장과 상대방 당사자의 혼인 의사결정의 자유 사이에 균형과 조화를 도모하여야 한다. 당사자가 성장과정에서 본인의 의사와 무관하게 아동성폭력범죄 등의 피해를 당해 임신을 하고 출산까지 하였으나 이후 자녀와의 관계가 단절되고 상당한 기간 동안 양육이나 교류 등이 전혀 이루어지지 않은 경우라면, 출산의 경력이나 경위는 개인의 내밀한 영역에 속하는 것으로서 당사자의 명예 또는 사생활 비밀의 본질적 부분에 해당하고, 나아가 사회통념상 당사자나 제3자에게 그에 대한 고지를 기대할 수 있다거나 이를 고지하지 아니한 것이 신의성실 의

무에 비추어 비난받을 정도라고 단정할 수도 없으므로, 단순히 출산의 경력을 고지하지 않았다고 하여 그것이 곧바로 민법 제816조 제3호에서 정한 혼인취소 사유에 해당한다고 보아서는 아니 된다. 그리고 이는 국제결혼의 경우에도 마찬가지이다."라고 판시하면서 원심을 파기·환송하였다.

24 이와 관련하여 사기로 인한 혼인 취소 사유에 해당할 경우 피기망자가 그 사실을 알게 된 지 3개월 이내에 혼인의 취소를 청구하면 아무리 혼인기간이 길거나 그 사이에 자녀를 두었다 하더라도, 피기망자에 오히려 부정행위 등 혼인파탄의 귀책사유가 있는 경우에도 피기망자 일방의 선택으로 혼인을 해소하고 오히려 위자료를 청구할 수 있는 이상 신중하여야 한다는 견해도 있다.[17]

나) 대법원 2007. 10. 25. 선고 2007므1058 판결(동거 등 경력 불고지가 혼인취소사유에 해당하는지 여부)

25 원·피고 모두 전남편, 전부인과 오랫동안 별거 중인 상태에 있음을 잘 알면서 교제를 시작하였던 점 등에 비추어 피고가 과거에 전부인이 아닌 여자와 동거를 하였다거나 다른 여자와 사이에 자식을 둔 바 있다는 등의 과거의 사정만으로 이 사건 혼인 당시 피고에게 '부부생활을 계속할 수 없는 중대한 사유'가 있었던 것이라 할 수 없고, 피고가 원고와의 혼인 당시까지도 원고 모르게 다른 여자와의 관계를 지속하였다거나 혼인 당시 위에서 본 과거의 사정을 고의적으로 원고에게 숨겨 기망하였다고 인정할 증거가 없는 이상 원고가 피고의 사기로 인하여 혼인한 것이라고 할 수는 없다는 이유로, 혼인의 취소를 구하는 원고의 주위적 청구를 배척한 원심의 판단이 옳다고 판단하였다.

4) 각급 법원 판례

26 가) 자신의 직업, 수입 등을 허위로 이야기하였다고 하더라도 그것이 다소의 과장에 불과하다면 혼인취소사유가 되기는 어렵다.[18]

27 나) 혼전 성관계로 임신한 후 혼인하였으나 혼인 후 출산한 자가 유전자 검사 등의 결과 다른 사람과의 정교관계에 의하여 포태하였음이 밝혀진 경우 혼인취소사유가 될 수 있다.[19]

17 김유진, 출산경력의 불고지와 혼인 취소 사유, 가족법연구 35권 제2호, 2021; 윤진수, 친족상속법 강의(제5판), 박영사(2023) 65.

18 서울가정법원 2004. 1. 16. 선고 2002드단69092 판결(확정).

19 서울가정법원 2007. 7. 19. 선고 2006드단102171 판결(확정), 수원가정법원 2007. 6. 13. 선고 2006드단23470, 2007드단4168 판결(확정) 등.

28 다) 진정한 혼인의사가 없음에도 다른 목적을 위하여 마치 혼인의사가 있는 것처럼 속인 경우(혼인의 무효사유에 해당한다고 볼 수도 있으나, 원고가 피고의 사기로 인하여 혼인의 의사표시를 하였다고 주장하면서 혼인의 취소를 구할 수도 있다) 혼인취소사유가 될 수 있다.[20]

29 라) 당사자의 동일성에 관한 착오를 일으킬 정도로 자신의 가족관계, 재산관계, 혼인전력, 집안내력 등에 관하여 적극적으로 기망한 경우,[21] 2차례 혼인하여 자녀가 있는 사람이 미혼이라고 하는 등 학력, 혼인경력, 출산경력 등에 대하여 거짓말을 한 경우[22] 혼인취소사유가 될 수 있다.

30 마) 횡령, 사기의 범죄행위로 징역형을 선고받았음에도 사업상 채무로 인하여 민사재판을 받고 있다고 거짓말을 한 경우 혼인취소사유가 될 수 있다.[23]

31 바) 피고가 혼인 전에 3명의 여성과 각 혼인하였다가 협의이혼한 경력이 있고, 보유하고 있는 재산이 거의 없는 상황임에도 결혼정보회사를 통하여 알게 된 원고에게 "3년 전쯤 여자와 3개월 정도 동거하다가 헤어졌으나 혼인신고를 한 적은 없고, 회사를 운영하여 수입이 월 1,000만 원 정도이고, 예금은 현재 8억 원 정도 되며, 아파트 2채와 원룸을 소유하고 있어서 월 400만 원 정도 월세 수입이 있다."라고 거짓말을 한 경우 혼인취소사유가 될 수 있다.[24]

32 사) 피고는 원고에게 자신이 명문대학교 약학과 졸업반으로서 국가고시를 준비하고 있다고 소개하였고, 자신이 부모님과 함께 도곡동 고급 주상복합아파트에 살다가 지금은 잠실에 있는 고가의 아파트로 이사해서 살고 있다고 이야기하였으나 위 내용은 모두 거짓이었다. 피고는 원고에게 학력, 가족사항, 집안내력, 경제력 등 혼인의사 결정의 본질적인 내용 전반에 관하여 적극적으로 거짓말을 한 것으로 보이고, 원고는 위와 같은 피고의 거짓말로 인하여 착오에 빠져 피고와 사이에 이 사건 혼인의 의사표시를 하였다고 할 것인바, 만일 위와 같은 기망에 의한 착오가 없었더라면 원고가 이 사건 혼인에 이르지는 않았을

20 서울고등법원 2007. 8. 21. 선고 2006르1343 판결(상고기각으로 확정), 서울가정법원 2007. 9. 19. 선고 2007드단34862 판결(확정).

21 서울가정법원 2004. 1. 16. 선고 2002드단69092 판결(확정).

22 서울가정법원 2006. 8. 31. 선고 2005드합2103 판결(확정).

23 부산가정법원 2018. 12. 12. 선고 2018드단211736 판결(확정).

24 대전가정법원 2015. 10. 8. 선고 2015드단1013 판결(확정).

것으로 보이므로, 피고의 위와 같은 기망행위는 민법 제816조 제3호에서 정한 혼인취소사유에 해당한다.[25]

나. 강박

33 강박이란 혼인의사를 결정시킬 목적으로 혼인당사자의 일방 또는 쌍방에게 해악을 고지하여 공포심을 가지게 함으로써 혼인의사를 결정하도록 하는 것을 말한다.[26] 만약 강박으로 인하여 혼인의사가 전혀 없는 상태에서 혼인이 이루어졌음이 밝혀졌다면 혼인은 무효가 될 수도 있으나 쉽게 발생할 수 있는 경우는 아니다. 한편, 서울가정법원 2005. 3. 10. 선고 2004르910 판결(확정)은, "민법 제816조 제3호가 직접적으로 언급하고 있는 사기 또는 강박에 의하여 혼인의 의사형성과정에 하자가 존재하는 경우뿐만 아니라 그 외에도 의사결정능력 및 판단력에 심각한 장애가 있는 상태에서 혼인의 의사표시가 이루어진 경우 등과 같이 혼인의 취소를 통해 혼인의 의사결정의 자유를 보호하고 온당한 혼인질서를 확립해야 할 필요성이 충분히 인정되는 경우에는 위 법 규정을 유추적용하여 혼인의 취소를 허용하는 것이 혼인제도의 본질적 의미 및 위 법 규정의 입법취지에 부합하는 해석이라고 판시하면서, 정신분열병 질환을 앓고 있는 등 의사결정능력 및 판단력이 매우 제약된 상태에서 상대방에게 이끌려 혼인신고를 하였을 경우 사기 또는 강박에 의한 혼인취소 규정을 유추하여 혼인의 취소를 허용하여야 한다."고 판단하였다. 이에 대하여는 이 사건의 경우 혼인 취소를 주장하는 당사자가 의사결정능력 등에 심각한 장애가 있는 사람이 본인이어서 혼인 상대방의 사기 또는 강박을 원인으로 혼인취소를 인정하는 제816조와 유사하다고 보기 어렵다는 견해가 있다.[27]

Ⅲ. 혼인취소소송의 개관

1. 소의 성질

34 혼인의 취소는 법원에 청구하여서만, 즉 소에 의해서만 주장할 수 있는 것으로서 형성의 소이다. 따라서 혼인취소는 확인소송의 성격을 갖고 있는 혼인무효와

25 서울가정법원 2015. 5. 21. 선고 2014드단327296 판결(확정).
26 김주수/김상용, 주석 민법, 친족(1)(제5판), 한국사법행정학회(2016), 353.
27 주해친족법(제1권)(제2판), 박영사(2025), 177(윤진수).

는 달리 다른 소송에서 전제문제로서 주장할 수 없다.

2. 당사자

가. 원고적격

35 민법 제816조 제2호·제3호를 원인으로 한 혼인취소 청구권자에 관하여는 법률에 아무런 규정이 없지만, 성질상 그 혼인의 의사표시를 한 자에 대하여 원고적격이 있다고 할 것이다(☞ 민법 제816조 제1호를 원인으로 한 혼인취소 청구권자에 관하여는 민법 제817조, 제818조 각 주석 참조).

나. 피고적격

36 부부의 일방이 소를 제기할 때에는 배우자를 상대방으로 하고, 취소청구권이 있는 제3자가 소를 제기할 때에는 부부를 상대방으로 하되, 부부의 일방이 사망한 때에는 생존자를 상대방으로 하며, 상대방으로 될 자가 모두 사망한 때에는 검사를 상대방으로 한다(가사소송법 제24조). 부부를 상대방으로 한다는 것은 부부 쌍방이 필수적 공동소송인으로서 공동피고로 된다는 의미이다. 당사자의 일방 또는 쌍방이 사망한 경우에도 혼인취소청구가 가능하도록 한 것은, 당사자의 사망으로 혼인이 해소된 후에도 여전히 존속하는 혼인으로 인한 인척관계를 소멸시키기 위하여 혼인을 취소할 필요성이 인정되기 때문이다.

3. 관할

37 혼인취소의 소의 토지관할 및 사물관할은 혼인무효의 소와 같다(☞ 상세한 내용은 민법 제815조 주석 참조).

4. 소의 이익

38 **가.** 장래를 향하여 혼인의 효력이 소멸한다는 점에서 이혼의 효과와 동일하므로 당사자가 이미 이혼에 의하여 혼인관계를 해소한 때에는 혼인취소를 구할 소의 이익이 없다. 반면, 중혼자의 사망으로 중혼관계가 해소되었다 하여도 전혼의 배우자는 생존하는 중혼 당사자의 일방을 상대로 혼인취소를 구할 수 있다.[28]

39 **나.** 혼인취소청구도 그것이 신의칙에 위반되거나 권리남용에 해당하면 허용되지 않는다.[29] 다만, 중혼을 이유로 하는 혼인취소청구에 관하여 취소청구를 한

28 대법원 1986. 6. 24. 선고 86므9 판결, 대법원 1991. 12. 10. 선고 91므535 판결 참조.
29 대법원 1993. 8. 24. 선고 92므907 판결.

전혼 배우자가 실제로는 혼인생활을 계속할 의사가 없다든가, 선의의 제3자인 후혼 배우자나 그 자녀들의 이익이 크게 침해된다는 등의 사유만으로는 중혼의 취소를 구하는 심판청구가 권리남용이라고 할 수는 없고,[30] 중혼으로 인한 후혼 취소청구에 관하여, 외국에서 혼인한 전혼의 배우자가 사망한 상대방과 이미 사실상 이혼상태에 있었다든가, 그 혼인사실을 뒤늦게 공관장에게 신고하였다는 사정만 가지고 전혼의 배우자가 생존한 중혼의 일방 당사자를 상대로 제기한 혼인취소청구가 오로지 피청구인을 괴롭히기 위한 소송으로 권리남용에 해당하거나 신의칙에 반하여 위법한 것이 된다고 할 수도 없다.[31]

5. 심리 및 판결 등

가. 조정전치주의

40 혼인무효와 달리 혼인취소에 대해서는 조정전치주의가 적용되지만, 혼인취소의 소의 소송물은 성질상 당사자의 임의처분이 허용되지 아니하므로 조정은 소송물 자체에 관한 것이 아니라 예컨대, 부부의 한쪽이 다른 쪽을 상대방으로 하는 경우에 그들 사이의 인간관계를 조정하여 혼인관계를 유지시키기로 합의하여 소 또는 조정신청을 취하하게 하거나, 혼인을 취소하는 대신 한쪽이 다른 쪽에게 위자료를 지급하고 협의이혼하도록 하는 것과 같이, 간접적이고 우회적인 조정이어야 한다.

나. 제척기간의 제한

41 혼인취소의 사유에 따라 제척기간의 제한이 있다(☞ 민법 제819조, 제820조, 제822조, 제823조 각 주석 참조).

42 다만, 혼인적령미달의 경우와 중혼의 경우에는 각각 제척기간의 정함이 없다. 그러나 혼인적령미달의 경우에는 동의 없는 혼인의 경우를 유추적용하여 당사자가 혼인적령에 도달한 후 3월이 경과하거나 혼인 중에 포태한 때에는 그 혼인의 취소를 청구하지 못한다고 해석하여야 할 것이다.

다. 소송절차의 승계

43 근친혼 및 중혼 등을 이유로 하는 혼인취소의 경우에는 원고적격자가 복수로 규정되어 있으므로 소송의 원고가 소송능력상실의 경우를 제외하고, 사망 기타

30 대법원 1991. 5. 28. 선고 89므211 판결.
31 대법원 1991. 12. 10. 선고 91므535 판결.

의 사유로 소송절차를 속행할 수 없게 된 때에는 다른 제소권자가 6월 이내에 그 소송절차를 승계할 수 있다(가사소송법 제16조).

라. 혼인취소의 청구를 인용한 판결의 주문례

44 가장 전형적인 사례인 부부 중 어느 한쪽이 다른 한쪽을 상대방으로 한 경우의 주문례는 "원고와 피고 사이에 2018. 12. 31. 서울 서초구청장에게 신고하여 한 혼인을 취소한다."이고, 당사자의 차이에 따른 주문례는 혼인무효의 경우에 준한다(☞ 민법 제815조 주석 참조).

마. 확정판결의 효력

45 혼인의 취소의 효력은 기왕에 소급하지 않는다(민법 제824조). 따라서 취소사유가 있는 혼인도 취소판결이 확정될 때까지는 유효한 혼인으로 취급된다. 확정된 혼인취소판결은 제3자에게도 효력이 있다(가사소송법 제21조). 재판이 확정된 경우에 소를 제기한 자는 재판의 확정일로부터 1월 이내에 재판서의 등본 및 확정증명서를 첨부하여 그 취지를 신고하여야 하며, 그 소의 상대방도 신고할 수 있다(가족관계의 등록 등에 관한 법률 제73조, 제58조).

46 한편, 혼인취소의 청구를 기각한 판결이 확정된 때에는 다른 제소권자는 사실심의 변론종결 전에 참가할 수 없었음에 대하여 정당한 사유가 있지 아니하는 한 다시 소를 제기할 수 없다(가사소송법 제21조 제2항).

제 817 조 [나이위반 혼인 등의 취소청구권자]

혼인이 제807조, 제808조의 규정에 위반한 때에는 당사자 또는 그 법정대리인이 그 취소를 청구할 수 있고 제809조의 규정에 위반한 때에는 당사자, 그 직계존속 또는 4촌 이내의 방계혈족이 그 취소를 청구할 수 있다. <개정 2005. 3. 31.>
[제목개정 2022. 12. 27.][1]

[관련조문] 민법 제768조(혈족의 정의), 제770조(혈족의 촌수의 계산), 제777조(친족의 범위), 제816조(혼인 취소의 사유) 제1호, 제911조(미성년자인 자의 법정대리인), 제938조(후견인의 대리권 등)

Ⅰ. 혼인적령위반의 경우

1 1. 혼인적령(만 18세)에 달하지 않은 혼인의 취소청구권자는 당사자 또는 그 법정대리인이지만, 당사자인 미성년자는 혼인에 의하여 성년자로 의제되므로(민법 제826조의2), 이로써 혼인전의 친권자는 더 이상 법정대리인이라 볼 수 없어 그에게는 취소권이 없다고 보아야 할 것이다. 따라서 이때의 법정대리인은 성년후견인이 선임된 경우(민법 제938조 제1항)의 성년후견인에 한정된다.

2 2. 동의 없는 혼인의 경우를 유추적용하여 당사자가 혼인적령에 도달한 후 3월이 경과하거나 혼인 중에 포태한 때에는 혼인의 취소를 청구하지 못한다고 해석하여야 할 것이다.

Ⅱ. 부모 등의 동의가 없는 경우

3 만 18세에 달한 미성년자와 피성년후견인이 부모 등 동의권자의 동의를 얻지 않고 혼인한 경우에는 당사자 또는 그 법정대리인이 취소를 청구할 수 있다. 당사자인 미성년자는 혼인에 의하여 성년자로 의제되므로(민법 제826조의2), 이로써 혼인전의 친권자는 더 이상 법정대리인이라 볼 수 없어 그에게는 취소권이 없다.

1 민법에 나이를 '만 나이'로 계산하고 연수(年數)로 표시함을 명확히 규정하기 위해 2022. 12. 27. 나이 계산에 관한 민법총칙편 제158조가 '나이의 계산과 표시'라는 제목 하에 개정되면서 '연령위반혼인등의 취소청구권자'에 대한 민법 제817조의 제목도 '나이위반 혼인 등의 취소청구권자'로 개정되었다.

Ⅲ. 근친혼인 경우

4 6촌 이내의 혈족의 배우자, 배우자의 6촌 이내의 혈족, 배우자의 4촌 이내의 혈족의 배우자인 인척이거나 이러한 인척 가운데 직계인척 아닌 방계인척 사이의 혼인은 취소할 수 있고, 6촌 이내의 양부모계의 혈족이었던 자 중 직계인척 아닌 방계인척 사이의 혼인과, 4촌 이내의 양부모계의 인척이었던 자 중 직계인척 아닌 방계인척 사이의 혼인은 당사자, 그 직계존속 또는 4촌 이내의 방계혈족이 취소를 청구할 수 있다. 2005년 민법이 일부개정되기 전의 규정은 취소권자가 8촌 이내의 방계혈족으로 되어 있었으나, 개정에 의하여 4촌 이내의 방계혈족으로 축소되었다.

5 당사자간에 혼인 중 이미 포태한 경우에는 취소권은 소멸된다(민법 제820조). 2005년 민법이 일부개정되기 전에는 당사자간에 혼인 중 이미 자가 출생한 경우 비로소 취소청구권이 소멸하도록 되어 있었으나, 개정법은 근친혼금지를 완화하기 위해서 이미 포태한 때에는 취소청구권이 소멸하도록 하였다.

제 818 조 [중혼의 취소청구권자]

당사자 및 그 배우자, 직계혈족, 4촌 이내의 방계혈족 또는 검사는 제810조를 위반한 혼인의 취소를 청구할 수 있다.

[전문개정 2012. 2. 10]

[2012. 2. 10. 법률 제11300호에 의하여 2010. 7. 29. 헌법재판소에서 헌법불합치 결정된 이 조를 개정함.]

[관련조문] 민법 제768조(혈족의 정의), 제770조(혈족의 촌수의 계산), 제777조(친족의 범위), 제816조(혼인취소의 사유) 제1호

1 Ⅰ. '당사자의 배우자'에는 전혼의 배우자뿐만 아니라 후혼의 배우자도 포함된다. 2011년 민법 개정 전에는 직계혈족 중 직계존속만이 취소청구권자의 범위에 포함되고 직계비속은 제외되었으나, 헌법재판소가 당시 민법 제818조가 중혼취소의 청구권자로 4촌 이내의 방계혈족과 직계존속을 규정하면서 직계비속을 제외한 것은 합리적 이유 없이 직계비속을 차별한 것으로서 평등의 원칙에 위반된다고 헌법불합치결정[1]을 함에 따라 민법이 개정되어 직계비속도 취소청구권을 가지게 되었다. '4촌 이내의 방계혈족'에는 부계혈족뿐만 아니라 모계혈족도 포함되고, 법정혈족도 포함된다. 또한 그 자체로 일부일처제에 반하는 중혼은 사회질서의 차원에서 용인하지 않겠다는 취지로 검사까지 취소청구권자로 규정되어 있다.

2 Ⅱ. 소의 상대방은 부부의 일방이 제기할 경우에는 다른 일방의 배우자, 그가 사망한 때에는 검사이다. 전혼의 배우자 또는 친족이 제기하는 경우에는 중혼(후혼) 부부쌍방, 부부의 일방이 사망한 때에는 생존하는 배우자, 쌍방이 모두 사망하였을 경우에는 검사이다(가사소송법 제24조). 한편, 전혼의 배우자가 사망한 경우에는 후혼의 하자가 치유되어 취소할 수 없다고 보는 견해도 있다.[2]

3 Ⅲ. 중혼의 경우 취소청구권의 행사기간에 별도의 제한이 없으므로, 중혼이 이혼으로 해소되지 않은 한 취소청구권자는 언제든지 취소청구를 할 수 있다(헌법재판소는 중혼에 관하여 취소청구권의 제척기간 또는 소멸사유를 규정하지 않은 것이 헌법에 위반되지 않는다고 판시[3]하였다).

[1] 헌법재판소 2010. 7. 29. 선고 2009헌가8 결정.
[2] 주해친족법(제1권)(제1판), 박영사(2015), 173(윤진수).
[3] 헌법재판소 2014. 7. 29. 선고 2011헌바275 결정.

제 819 조 [동의 없는 혼인의 취소청구권의 소멸]

제808조를 위반한 혼인은 그 당사자가 19세가 된 후 또는 성년후견종료의 심판이 있은 후 3개월이 지나거나 혼인 중에 임신한 경우에는 그 취소를 청구하지 못한다.

[전문개정 2011. 3. 7.]

[관련조문] 민법 제11조(성년후견종료의 심판), 제14조(한정후견정료의 심판), 제807조(혼인적령), 제816조(혼인취소의 사유) 제1호

1 만 18세에 달한 미성년자 및 피성년후견인이 부모 등의 동의없이 혼인한 경우 혼인이 취소될 수 있지만(민법 제807조, 제808조, 제817조), 미성년자의 경우 혼인 당사자 쌍방이 만 19세가 된 후에는 혼인취소를 청구할 수 없고, 피성년후견인의 경우에도 성년후견종료의 심판이 있은 후 3개월이 경과하면 혼인취소를 청구할 수 없다. 또한 혼인 중 임신한 때에도 취소청구권은 소멸하는데, 이는 혼인 당사자들 사이에서 태어날 자녀의 복리를 고려한 것으로 보인다.

제 820 조 [근친혼등의 취소청구권의 소멸]

제809조의 규정에 위반한 혼인은 그 당사자간에 혼인중 포태한 때에는 그 취소를 청구하지 못한다. <개정 2005. 3. 31.>

[제목개정 2005. 3. 31.]

[관련조문] 민법 제816조(혼인취소의 사유) 제1호, 제817조(나이위반 혼인 등의 취소청구권자) 후단

1 민법 제820조에서 말하는 민법 제809조의 규정에 위반한 혼인은 혼인이 무효로 되는 민법 제815조 제2호 내지 제4호의 경우를 제외한 것이다(민법 제816조 제1호 참조). 2005년 민법일부개정 전에는 '혼인당사자간에 혼인 중 子를 출생한 때'에 취소권이 소멸되도록 되어 있었는데, 개정법은 혼인 당사자들 사이에서 태어날 자녀의 복리 등을 고려하여 자녀를 포태한 경우 취소청구권이 소멸한다고 규정하고 있다.

제 821 조 [재혼금지기간위반혼인취소청구권의 소멸] <2005. 3. 31. 삭제 조문>

제811조의 규정에 위반한 혼인은 전혼인관계의 종료한 날로부터 6월을 경과하거나 재혼후 포태한 때에는 그 취소를 청구하지 못한다.

1 2005년 민법 일부개정에 의하여 민법 제811조의 재혼금지기간 규정(여자에 한하여 혼인관계 종료일로부터 6월)이 삭제됨에 따라 민법 제821조도 함께 삭제되었다.

제 822 조 [악질 등 사유에 의한 혼인취소청구권의 소멸]

제816조 제2호의 규정에 해당하는 사유있는 혼인은 상대방이 그 사유있음을 안 날로부터 6월을 경과한 때에는 그 취소를 청구하지 못한다.

[관련조문] 민법 제804조(약혼해제의 사유) 제3호, 제840조(재판상 이혼원인) 제6호

1 당사자 일방에게 부부생활을 계속할 수 없는 악질, 기타 중대한 사유가 있음을 알게 된 다른 일방은 그 사유가 있음을 안 날로부터 6개월 안에 혼인취소를 청구할 수 있고, 6개월 이내에 혼인취소를 청구하였다면 위 기간은 준수한 것이 되며 위 기간 내에 소송이 종료되지 않아도 무방하다. 또한, 위 기간이 경과하면 혼인취소청구권이 소멸되어 더 이상 혼인취소를 청구할 수 없지만, 해당 사유와 관련하여 혼인파탄의 상태가 존속되고 있는 한 민법 제840조 제6호가 정한 '기타 혼인을 계속할 수 없는 중대한 사유'가 존재할 수는 있으므로, 재판상 이혼청구가 가능할 여지는 있다.

제 823 조 [사기, 강박으로 인한 혼인취소청구권의 소멸]

사기 또는 강박으로 인한 혼인은 사기를 안 날 또는 강박을 면한 날로부터 3월을 경과한 때에는 그 취소를 청구하지 못한다.

[관련조문] 민법 제110조(사기, 강박에 의한 의사표시), 제816조(혼인취소의 사유) 제3호, 제838조(사기, 강박으로 인한 이혼의 취소청구권), 제854조(사기, 강박으로 인한 승인의 취소), 제897조(준용규정), 제904조(준용규정)

1 3개월 이내에 혼인취소를 청구하였다면 위 기간은 준수한 것이 되며 위 기간 내에 소송이 종료되지 않아도 무방하다.

제 824 조 [혼인취소의 효력]

혼인의 취소의 효력은 기왕에 소급하지 아니한다.

[관련조문] 민법 제141조(취소의 효과), 제775조(감독자의 책임) 제1항, 제816조(혼인취소의 사유), 제897조(준용규정) 전단

[참고문헌] 김주수/김상용, 주석 민법, 친족(1)(제5판), 한국사법행정학회(2016); 윤진수, 주해친족법(제1권)(제1판), 박영사(2015); 법원실무제요, 가사[I], 사법연수원(2022); 서정우, "새 가사소송법의 개설", 가족법학논총, 한국가족법학회(1991)

1 Ⅰ. 혼인취소의 효력은 소급하지 않고 장래를 향하여 혼인이 해소된다는 점에서 이혼과 같고, 재산상 법률행위가 취소될 경우 소급적으로 무효가 되는 총칙상의 취소(민법 제141조)와 구별된다. 혼인취소의 효력에 소급효가 없는 이상, 혼인성립 후 취소 전에 포태한 자녀는 취소 후에 출생하더라도 혼인 중의 출생자가 되고(민법 제844조 제1항), 혼인당사자 일방의 사망 후 혼인이 취소된 경우에도 다른 일방은 이미 취득한 상속권을 잃지 않는다.[1] 이에 대하여 당사자 일방이 사망한 경우에는 혼인취소로 인한 혼인해소의 효과가 사망시에 소급하여 발생하는 것으로 보아야 한다는 견해[2]도 있으나, 제824조가 혼인취소의 효력이 기왕에 소급하지 않는다고 명시적으로 규정하고 있으므로 해석만으로 소급효를 인정하는 것이 타당할지 의문이다.

2 Ⅱ. 미성년자의 혼인이 19세에 도달하기 전에 취소되더라도 미성년자에게 자녀가 있을 때 부당한 결과가 발생한다는 등의 이유로 성년의제의 효과가 유지된다고 해석하는 견해[3]가 일반적이므로 혼인당사자가 19세 미만의 자라도 소송능력을 가진다[4](☞ 상세한 내용은 민법 제826조의2 주석 참조).

3 Ⅲ. 인척관계는 혼인의 취소로 인하여 종료한다(민법 제775조 제1항). 혼인성립에 의하여 발생하였던 인척관계가 혼인취소로 인하여 소멸한 후에도 혼인이 금지

1 대법원 1996. 12. 23. 선고 95다48308 판결.
2 대표적으로, 주해친족법(제1권)(제2판), 박영사(2025), 194(윤진수).
3 김주수/김상용, 주석 민법, 친족(1)(제5판), 한국사법행정학회(2016), 364; 주해친족법(제1권)(제2판), 박영사(2025), 192(윤진수).
4 법원실무제요, 가사[I], 사법연수원(2022).

되는 것인지 여부에 관하여 학설은 대체로 이를 긍정한다. 다만 사기·강박에 의한 혼인취소의 경우 혼인의사의 결정 자체가 불완전하고 부부공동생활체도 성립하지 않았을 가능성이 높다는 이유로 인척관계에 관한 금혼사유가 되지 않는다는 견해[5]가 있으나, 사기·강박에 의한 혼인을 일률적으로 위와 같이 파악하는 것도 타당하지 않으므로 굳이 예외를 인정할 필요는 없다고 보인다.

4 **IV.** 재산분할청구권에 대하여는 명문의 규정이 없지만 혼인취소의 경우 이혼시 재산분할에 관한 규정이 유추적용된다고 볼 수 있다. 한편, 가사소송법은 1990년 제정 당시부터 혼인의 취소를 원인으로 하는 재산분할청구 사건을 가정법원의 관장사항으로 명시하였는데(현행 가사소송법 제2조 제1항 제2호 나목), 이는 실체법의 명문 규정이 없는 상태에서 절차법으로 실체법을 개정한 것으로 비춰질 수도 있지만, 민법의 미비점으로 지적되던 부분에 관한 것으로서 이러한 규정이 없으면 실제로 매우 곤란한 사태가 생기리라고 예상되기 때문에 특별히 체제상의 이상함을 무릅쓰고 규정한 것이라고 한다.[6]

5 김주수/김상용, 주석 민법, 친족(1)(제5판), 한국사법행정학회(2016), 364.
6 서정우, "새 가사소송법의 개설", 가족법학논총, 한국가족법학회(1991), 678.

第 824 조의 2 [혼인의 취소와 자의 양육 등]

제837조 및 제837조의2의 규정은 혼인의 취소의 경우에 자의 양육책임과 면접교섭권에 관하여 이를 준용한다.

[본조신설 2005. 3. 31.]

[관련조문] 민법 제909조(친권자) 제5항, 가사소송법 제25조(친권자 지정 등에 관한 협의권고) 제1항

1 Ⅰ. 혼인취소에 관하여 가정법원이 직권으로 친권자를 정하는 규정이 2005년 민법의 개정으로 신설(민법 제909조 제5항)되자 양육과 면접교섭에 관하여도 자녀의 양육책임에 관한 제837조와 면접교섭권에 관한 제837조의2를 준용하는 규정이 함께 신설되었다.

2 Ⅱ. 따라서 가정법원은 재판상 이혼과 마찬가지로 미성년자인 자녀가 있는 부부의 혼인취소의 청구를 심리할 때에는 청구가 인용될 경우를 대비하여 ① 미성년자인 자녀의 친권자로 지정될 사람, ② 미성년자인 자녀에 대한 양육과 면접교섭권에 관하여는 부모에게 미리 협의하도록 권고하여야 하고(가사소송법 제25조 제1항), 위 협의가 이루어지지 아니하거나 협의할 수 없을 때에는 가정법원은 직권으로 또는 당사자의 청구에 따라 자녀의 의사, 연령과 부모의 재산상황, 그 밖의 사정을 참작하여 ㉮ 미성년자인 자녀의 친권자로 지정될 사람, ㉯ 양육자, ㉰ 양육비용의 부담, ㉱ 면접교섭권의 행사 여부 및 그 방법을 결정한다(민법 제824조의2, 제837조, 제909조).

제 825 조 [혼인취소와 손해배상청구권]

제806조의 규정은 혼인의 무효 또는 취소의 경우에 준용한다.

[관련조문] 민법 제393조(손해배상의 범위), 제396조(과실상계), 제816조(혼인취소의 사유), 제824조(혼인취소의 효력)

[참고문헌] 김주수/김상용, 주석 민법, 친족(1)(제5판), 한국사법행정학회(2016); 윤진수, 주해친족법(제1권)(제1판), 박영사(2015)

Ⅰ. 의의

1 약혼의 해제와 손해배상청구권에 관하여 그 요건과 종류, 양도, 승계를 규정한 민법 제806조의 규정은 혼인이 무효 또는 취소된 경우에 준용된다.

Ⅱ. 손해배상책임의 발생

2 당사자의 일방이 혼인 당시 그 혼인에 무효사유나 취소사유가 있었다는 사정을 알았을 때 상대방에 대하여 손해배상책임을 부담하게 되는데, 그 상대방은 혼인이 무효 또는 취소된 경우 선의여야 함이 원칙이나 강박을 이유로 한 혼인취소의 경우 성질상 선의가 아니어도 손해배상을 청구할 수 있다고 보아야 한다. 또한 혼인무효사유 또는 혼인취소사유를 알지 못한 데 상대방의 과실이 있는 경우라 하더라도 손해배상책임이 발생하지 않는다고 할 수 없지만, 과실상계는 가능할 것이다.

3 민법 제806조는 손해배상책임을 지는 사람으로 '당사자 일방'만을 규정하고 있으나 혼인의 무효 또는 취소에 제3자가 관여한 경우에는 그 제3자도 일반 불법행위규정에 의하여 책임을 질 수 있다.

4 대법원은, "혼인의사결정에 당사자 일방 또는 제3자의 사기 또는 강박 등의 위법행위가 개입되어 그로 인해서 혼인을 하게 된 경우에 있어서는 상대방은 그 것을 이유로 하고 혼인의 취소를 구한다던가 또는 사기 강박등 위법행위에 관한 사항이 이혼사유에 해당되면 그 사유를 내세우고 재판에 의한 이혼을 구한다던가 혹은 그것이 원유가 되어 당사자 협의에 의하여 이혼을 한다던가 등 어떠한 방식을 취할 것인가는 오로지 당사자의 선택에 달려있다 할 것이고 혼인해소가 사기 또는 강박등의 위법행위에 원유한 이상 사기 또는 강박으로 인해

서 혼인을 하게 된 자가 그로 인해서 받은 재산상 또는 정신상의 손해배상청구를 하는데 있어서 반드시 어떠한 혼인해소방식에 구애되어 혼인취소 또는 이혼판결이 있어야만 된다고 하여야 할 이유는 없다."라고 판시하여[1] 사기 또는 강박으로 인하여 혼인을 한 것이 밝혀진 이상 그 혼인이 어떤 절차로 해소되었는지는 손해배상책임과 무관하다고 보고 있다.

Ⅲ. 손해배상책임의 범위 등

5 1. 손해배상책임의 범위는 재산상 손해 외에 정신상 고통에 대하여도 미친다(민법 제806조 제2항).

6 2. 한편, 일단 혼인이 성립되어 지속된 이상, 부부공동체로서 의미 있는 혼인생활을 하였다고 인정할 수 없을 만큼 단기간에 파탄되거나 당초부터 혼인을 계속할 의사가 없어 그로 인하여 혼인의 파국을 초래하였다고 인정되는 등 신의칙 내지 형평의 원칙에 비추어 혼인 불성립에 준하여 처리함이 타당한 특별한 경우가 아니라면, 일방 당사자는 배우자를 상대로 재산분할을 청구하는 외에 결혼식 등 혼인생활을 위하여 지출한 비용 또는 예물·예단 등의 반환을 구하거나 그 상당액의 손해배상을 구할 수 없는바,[2] 혼인취소의 효력은 기왕에 소급하지 않으므로 혼인취소에도 위와 같은 법리가 적용될 수 있을 것으로 보인다.[3]

7 다만, 약혼예물의 법적 성질을 혼인의 불성립을 해제조건으로 하는 증여[4]라고 보는 이상 혼인의 불성립과 효력이 동일한 혼인무효의 경우 약혼예물의 반환청구권이 발생한다고 볼 수 있지만,[5] 예외적으로 혼인 당시 혼인의 무효사유가 있는 것을 알고 있었던 당사자는 약혼예물의 반환을 청구할 수 없다고 보는 견해[6]가 타당하다.

8 3. 위자료 청구권은 양도 또는 승계하지 못하지만, 당사자 사이에 이미 그 배상에 관한 계약이 성립되거나 소를 제기한 경우에는 그러하지 아니하다(민법 제806조 제3항).

1 대법원 1977. 1. 25. 선고 76다2223 판결.
2 대법원 2014. 6. 12. 선고 2014므329, 336, 343 판결 등 참조.
3 서울가정법원 2017. 11. 16. 선고 2016드합36263 판결(확정).
4 대법원 1976. 12. 28. 선고 76므41, 43 판결.
5 주해친족법(제1권)(제2판), 박영사(2025), 197(윤진수).
6 김주수/김상용, 주석 친족(1)(제5판), 한국사법행정학회(2016), 367.

제 4 절 혼인의 효력

제 1 관 일반적 효력

[총설]

[참고문헌] 김주수/김상용, 주석 민법, 친족(1)(제5판), 한국사법행정학회(2016); 윤진수, 주해상속법(제1권)(제2판), 박영사(2025); 김주수/김상용, 친족·상속법(제20판), 법문사(2024); 박동섭/양경승, 친족상속법(제5판), 박영사(2020); 송덕수, 친족상속법(제7판), 박영사(2024); 윤진수, 친족상속법강의(제5판), 박영사(2023); 최금숙, 로스쿨 친족법(2), 제1법규(2010); 한봉희/백승흠, 가족법, 삼영사(2013); 법원실무제요, 가사[Ⅱ], 사법연수원(2021); 명순구, "표현대리를 둘러싼 몇 가지 학설에 대한 적정성 평가 - 표현대리와 민법 제35조, 제135조, 제827조의 상호관계에 관하여", 안암법학 제31호, 안암법학회(2010); 안경희, "민법과 젠더 : 부부간의 일상가사대리권을 중심으로", 이화젠더법학 제4권 제2호, 이화대학교 젠더법학연구소(2012); 오병철, "일상가사대리권과 일상가사채무 연대책임과의 관계", 가족법연구 제21권 제2호, 한국가족법학회(2007); 이홍민, "혼인의 효력으로서의 배우자의 부양에 관한 연구", 전북대학교 법학연구소 법학연구 통권 제72집, 전북대학교 부설법학연구소(2023); 이희배, "민법상 부양법리에 관한 연구", 가족법연구 제2권, 한국가족법학회(1988); 조은희, "미성년 미혼모와 그 자에 대한 권리보호 : 미성년 미혼모의 성년의제와 그 자에 대한 친권대행 문제를 중심으로", 법과 정책 제24집 제2호, 제주대학교 법과정책연구원(2018)

1 민법은 혼인의 첫 번째 효력인 일반적 효력으로 ① 부부간의 의무(민법 제826조), ② 성년의제(제826조의2), ③ 부부간의 가사대리권(제827조)에 관하여 규정한다. 즉, 부부는 서로 동거·부양·협조하여야 할 의무를 부담하고, 미성년자라고 하더라고 혼인을 하는 경우 성년자로 간주하게 된다. 그리고 부부는 '일상의 가사에 관하여' 서로 법률상 대리권을 갖는다.

2 다만, 민법이 혼인의 효력을 일반적 효력과 재산상 효력으로 양분하고 있음에도, 부부간의 부양·협조 의무는 혼인의 재산상 효력 중 생활비용부담(민법 제833조)과 부부간의 가사대리권은 혼인의 재산상 효력 중 가사로 인한 채무의 연대책임(제832조)과 밀접한 관련성을 가지고 있으므로, 그 해석과 관련하여 논의가 있다.

3 혼인의 일반적 효력과 관련하여서는 실무상 부부의 일상가사대리권을 기본대리권으로 하는 표현대리의 성립 여부가 가장 많이 문제가 되고 있고, 이는 가사사건이 아닌 일반 민사사건인 경우가 대부분이므로 가정법원이 아닌 일반법원에서 주로 담당한다.

제 826 조 [부부간의 의무]

① 부부는 동거하며 서로 부양하고 협조하여야 한다. 그러나 정당한 이유로 일시적으로 동거하지 아니하는 경우에는 서로 인용하여야 한다.

② 부부의 동거장소는 부부의 협의에 따라 정한다. 그러나 협의가 이루어지지 아니하는 경우에는 당사자의 청구에 의하여 가정법원이 이를 정한다. <개정 1990. 1. 13.>

③ 삭제[1] <2005. 3. 31.>

④ 삭제 <2005. 3. 31.>

[관련조문] 민법 제833조(생활비용), 제974조(부양의무), 제975조(부양의무와 생활능력), 가사소송법 제2조(가정법원의 관장 사항), 가사소송규칙 제96조(당사자), 제97조(이행명령)

Ⅰ. 동거·부양·협조의무

1. 동거의무

가. 의의

1 부부가 동일한 장소에서 부부공동체의 실질을 이루고 생활하여야 하는 의무이다. 다만, 직업, 건강, 교육, 수형(受刑), 부부의 합의,[2] 실질적인 혼인파탄 등의 정당한 이유가 있는 경우에는 예외가 인정될 수 있다. 동거는 단순히 부부가 같은 장소에서 생활한다는 것만이 아니라 서로 협력하여 공동생활을 하는 것을 뜻하므로 거기에는 부양·협조의무가 당연히 포함되어 있다고 할 수 있으나, 부부가 정당한 이유로 일시적으로 동거하지 아니하는 경우에도 부양·협조의무는 소멸하지 않는다는 점에서 동거의무와 부양·협조의무는 차이가 있다. 또 동거의무에 관하여는 부부가 협의하여 동거장소를 정하되 그 협의가 이루어지지 아니하는 때에는 당

1 종전의 "③ 처는 부의 가에 입적한다. 그러나 처가 친가의 호주 또는 호주승계인인 때에는 부가 처의 가에 입적할 수 있다. ④ 전항 단서의 경우에 부부 간의 자는 모의 성과 본을 따르고 모의 가에 입적한다."는 규정은 2005. 3. 31. 호주제 폐지를 위한 법률 제7427호로 삭제되었다.

2 실무상 이혼 사건의 조정절차나 조정신청 사건에서 당사자의 합의로 일정 기간 별거하기로 하고 소나 신청을 취하하는 내용의 조정이 성립되기도 한다.

사자의 청구에 따라 가정법원이 이를 정하도록 규정되어 있음에 비하여, 부양·협조의무에 관하여는 민법에 명시적인 규정이 없고, 가사소송법 제2조 제1항 제2호 나.에서 그에 관한 처분을 마류 비송사건으로 규정하고 있을 뿐이다.

2 한편, 동거의무에는 배우자와 성생활을 함께할 의무가 포함된다는 것이 판례[3]이고, 부부 중에 성기능의 장애가 있거나 부부간의 성적인 접촉이 부존재하더라도 부부가 합심하여 전문적인 치료와 조력을 받으면 정상적인 성생활로 돌아갈 가능성이 있는 경우에는 그러한 사정은 일시적이거나 단기간에 그치는 것이므로 그 정도의 성적 결함만으로는 '혼인을 계속하기 어려운 중대한 사유'가 될 수 없으나, 그러한 정도를 넘어서서 정당한 이유 없이 성교를 거부하거나 성적 기능의 불완전으로 정상적인 성생활이 불가능하거나 그 밖의 사정으로 부부 상호간의 성적 욕구의 정상적인 충족을 저해하는 사실이 존재하고 있다면, 부부간의 성관계는 혼인의 본질적인 요소임을 감안할 때 이는 '혼인을 계속하기 어려운 중대한 사유'가 될 수 있다.[4]

나. 동거의무 불이행

3 동거의무의 성질에 비추어 강제이행(간접강제 포함)은 허용되지 않는다는 견해가 일반적이나, 부부 일방은 다른 일방을 상대로 '부부의 동거에 관한 처분'을 구하는 심판을 통해 동거의무의 존재 확인은 물론이고 그 이행을 청구할 수 있다(가사소송법 제2조 제1항 제2호 나. 마류사건 제1호) 민법 제826조 및 제833조에 따른 부부의 동거·부양·협조 또는 생활비용의 부담에 관한 처분).[5] 부부의 일방이 동거의무를 위반하는 경우 악의의 유기 등으로 이혼의 원인이 되고, 부양받을 권리의 불이행과는 달리 정신적 손해배상책임을 부담하기도 한다.

4 즉, 부양받을 권리는 일종의 신분적 재산권이고 그 권리가 충족되지 않음에 관련되는 일반적인 정신상의 고통은 그 재산권의 실현에 의하여 회복되는 것이라고 봄이 상당하므로 부의 자에 대한 부양의무불이행으로 인한 회복할 수 없는 정신적 손해는 특별사정으로 인한 손해이나,[6] 부부가 동거의무를 위반한 경우에

[3] 대법원 2013. 5. 16. 선고 2012도14788, 2012전도252 전원합의체 판결.

[4] 대법원 2010. 7. 15. 선고 2010므1140 판결.

[5] 부산가정법원 2018. 11. 26. 자 2017느단1976 심판 "주문 상대방에게 청구인의 주소지에서 동거할 것을 명한다.", 대구지방법원 가정지원 2009. 11. 6. 자 2009느단2689 심판 "주문 상대방에게 청구인과 동거할 것을 명한다." 등.

[6] 대법원 1983. 9. 13. 선고 81므78 판결.

는 부부의 일방은 바로 그 의무의 불이행을 들어 그로 인하여 통상 발생하는 비재산적 손해의 배상을 청구할 수 있다.[7]

2. 부양·협조의무

가. 의의

5 부양이라 함은 자기 개인의 힘으로는 생활을 유지할 수 없는 사람에게 누군가가 생존 수단이나 자원(source or means of living)을 공급하는 것으로,[8] 경제적 부양은 물론 가사와 육아 등을 포함하는 신체적·정신적 부양을 포괄하는 개념이다. 부양의무는 공동생활 자체로부터 본질적으로 요구되는 것으로, 부양의무자가 부양권리자에게 자기의 생활과 같은 정도의 생활을 하게 하여야 하는 제1차적 부양의무(생활유지의무)와 자신의 생활수준을 유지하면서 여유가 있음을 전제로 자력으로 생활을 유지할 수 없는 상대방을 지원하는 제2차적 부양의무(생활부조의무)로 구분된다는 것이 판례와 통설이다(이원론).[9] 이에 의하면 제1차적 부양의무에는 부부 상호간 부양의무, 부모의 미성년 자녀에 대한 부양의무가 해당하고, 제2차적 부양의무에는 성년의 자녀와 부모 사이의 상호 부양의무를 포함한 제1차적 부양의무 이외의 친족간의 부양의무가 해당한다. 부양은 통상 경제적 부양일 것이나 신체적·정신적 부양도 포함한다. 한편, 부부간 부양은 민법 제826조 제1항에 근거한다는 점에서 제974조 이하에 근거한 기타 친족간 부양과는 구별된다. 따라서 부부 사이도 민법 제777조 제3호에 따라 친족에 해당하지만, 친족간의 제2차적 부양의무를 규정한 민법 제974조(부양의무)에 부부는 해당하지 않는다. 협조의무는 부부가 자녀양육 등 가족생활공동체의 유지를 위해 협력하여야 하는 것으로서 구체적으로 어떻게 협력할 것인가는 부부 사이의 합의에 의해 정해질 것이다. 정신적·육체적·경제적 협동체라는 부부관계에서 나오는 본질적인 의무인 동거·부양·협조의무는 그 성질상 서로 불가분의 관계에 있고, 따라서 부부의 일방이 정당한 이유 없이 동거·협조의무의 이행을 거절하면서 부양료를 청구한다면, 다른 일방이 부양료를 지급하지 않아도 부양의무의 불이행이 성립하지 않는다.

6 즉, 민법 제826조 제1항이 규정하고 있는 부부간의 동거·부양·협조의무는 정상적이고 원만한 부부관계의 유지를 위한 광범위한 협력의무를 구체적으로 표현

7 대법원 2009. 7. 23. 선고 2009다32454 판결.
8 이희배, "민법상 부양법리에 관한 연구", 가족법연구 제2권, 한국가족법학회(1988).
9 일본의 판례와 통설도 이원론의 입장이다.

한 것으로서 서로 독립된 별개의 의무가 아니라고 할 것이므로 부부의 일방이 정당한 이유 없이 동거를 거부함으로써 자신의 협력의무를 스스로 저버리고 있다면, 상대방의 동거청구가 권리의 남용에 해당하는 등의 특별한 사정이 없는 한, 상대방에게 부양료의 지급을 청구할 수 없다.[10]

7 대법원 2012. 12. 27. 선고 2011다96932 판결 역시 원고가 1968년생인 소외인의 모이고, 피고는 소외인의 배우자이며, 소외인은 2006. 11. 15. 경막외 출혈 등으로 수술을 받은 후 의식이 혼미한 상태가 지속되고 있고, 원고가 소외인의 병원비 등을 부담한 후 피고에게 병원비 등에 대하여 부당이득금 또는 구상금을 청구한 사안에서, 이와 같은 법리를 명확히 밝히고 있다.

8 민법 제826조 제1항에 규정된 부부간의 상호부양의무는 혼인관계의 본질적 의무로서 부양을 받을 자의 생활을 부양의무자의 생활과 같은 정도로 보장하여 부부공동생활의 유지를 가능하게 하는 것을 내용으로 하는 제1차 부양의무이고, 반면 부모가 성년의 자녀에 대하여 직계혈족으로서 민법 제974조 제1호, 제975조에 따라 부담하는 부양의무는 부양의무자가 자기의 사회적 지위에 상응하는 생활을 하면서 생활에 여유가 있음을 전제로 하여 부양을 받을 자가 그 자력 또는 근로에 의하여 생활을 유지할 수 없는 경우에 한하여 그의 생활을 지원하는 것을 내용으로 하는 제2차 부양의무이다. 이러한 제1차 부양의무와 제2차 부양의무는 의무이행의 정도뿐만 아니라 의무이행의 순위도 의미하는 것이므로, 제2차 부양의무자는 제1차 부양의무자보다 후순위로 부양의무를 부담한다. 따라서 제1차 부양의무자와 제2차 부양의무자가 동시에 존재하는 경우에 제1차 부양의무자는 특별한 사정이 없는 한 제2차 부양의무자에 우선하여 부양의무를 부담하므로, 제2차 부양의무자가 부양받을 자를 부양한 경우에는 그 소요된 비용을 제1차 부양의무자에 대하여 상환청구할 수 있다. 다만, 부부의 일방이 제1차 부양의무자로서 제2차 부양의무자인 상대방의 친족에게 상환하여야 할 과거 부양료의 액수는 부부 일방이 다른 일방 배우자에게 부담하여야 할 부양의무에 한정된다고 할 것인바, 그 부양의무의 범위에 관하여 살펴본다. 먼저 부부간의 부양의무 중 과거의 부양료에 관하여는 특별한 사정이 없는 한 부양을 받을 사람이 부양의무자에게 부양의무의 이행을 청구하였음에도 불구하고 부양의무자가

10 대법원 1991. 12. 10. 선고 91므245 판결.

부양의무를 이행하지 아니함으로써 이행지체에 빠진 후의 것에 관하여만 부양료의 지급을 청구할 수 있을 뿐이므로,[11] [12] 부양의무자인 부부의 일방에 대한 부양의무 이행청구에도 불구하고 배우자가 부양의무를 이행하지 아니함으로써 이행지체에 빠진 후의 것이거나, 그렇지 않은 경우에는 부양의무의 성질이나 형평의 관념상 이를 허용해야 할 특별한 사정이 있는 경우에 한하여 이행청구 이전의 과거 부양료를 지급하여야 한다. 그리고 부부 사이의 부양료 액수는 당사자 쌍방의 재산 상태와 수입액, 생활정도 및 경제적 능력, 사회적 지위 등에 따라 부양이 필요한 정도, 그에 따른 부양의무의 이행정도, 혼인생활 파탄의 경위와 정도 등을 종합적으로 고려하여 판단하여야 한다. 따라서 상대방의 친족이 부부의 일방을 상대로 한 과거의 부양료 상환청구를 심리·판단함에 있어서도 이러한 점을 모두 고려하여 상환의무의 존부 및 범위를 정하여야 한다. 한편, 가사소송법 제2조 제1항 제2호 나. 마류사건 제1호는 민법 제826조에 따른 부부의 부양에 관한 처분을, 같은 법 제2조 제1항 제2호 나. 마류사건 제8호는 민법 제976조부터 제978조까지의 규정에 따른 부양에 관한 처분을 각각 별개의 가사비송사건으로 규정하고 있다. 따라서 부부간의 부양의무를 이행하지 않은 부부의 일방에 대한 상대방의 부양료 청구는 위 마류사건 제1호의 가사비송사건에 해당하고, 친족간의 부양의무를 이행하지 않은 친족의 일방에 대한 상대방의 부양료 청구는 위 마류사건 제8호의 가사비송사건에 해당한다 할 것이나, 부부간의 부양의무를 이행하지 않은 부부의 일방에 대하여 상대방의 친족이 구하는 부양료의 상환청구는 가사소송법 제2조 제1항 제2호 나. 마류사건의 어디에도 해당하지 아니하여 이를 가사비송사건으로 가정법원의 전속관할에 속하는 것이라고 할 수는 없고, 이는 민사소송사건에 해당한다.

9 외국의 일부 법제와 달리 이혼 후 부양에 관한 규정은 없기 때문에 혼인이 해소되면 부양의무는 소멸하나 이혼으로 인한 재산분할에는 청산적 요소뿐만 아니라 이혼 후의 부양적 요소, 정신적 손해(위자료)를 배상하기 위한 급부로서의 성

11 대법원 2008. 6. 12. 자 2005스50 결정 등 참조.

12 이처럼 부부간의 과거의 부양료는 부모의 미성년 자녀에 대한 과거의 부양료(양육비)와는 다르게 상당히 제한적으로 인정된다는 것이 판례이나, 양자를 달리 취급할 본질적인 차이가 없다는 견해가 있는 반면, 미성년 자녀의 경우에는 그 법정대리인이 양육비 청구를 게을리 하였다는 이유로 손해를 입어서는 안 되기 때문에 이를 수긍하는 견해도 있다.

질 등이 고려된다.[13] 다만, 혼인이 사실상 파탄되어 부부가 별거하면서 서로 이혼소송을 제기하는 경우라고 하더라도, 특별한 사정이 없는 한 이혼을 명한 판결의 확정 등으로 법률상 혼인관계가 완전히 해소될 때까지는 부부간 부양의무가 소멸하지 않는다.[14]

나. 부양·협조의무 불이행

10 부양·협조의무의 불이행은 불법행위가 되어 정신적 손해배상청구의 원인이 될 수 있고(다만, 경제적 부양의무 위반으로 인한 정신적 손해는 특별손해이다), 악의의 유기 등으로 이혼 원인이 될 수도 있다. 부양의무 중 경제적 부양의무는 강제집행이 가능하고, 이를 위반하는 경우 이행명령, 과태료, 감치명령이 내려질 수 있다(가사소송법 제64조, 제67조 제1항, 제68조 제1항).

다. 부양·협조의무와 민법 제833조 생활비용의 관계

11 민법 제826조의 부부간의 부양·협조는 부부가 서로 자기의 생활을 유지하는 것과 같은 수준으로 상대방의 생활을 유지시켜 주는 것을 의미한다. 이러한 부양·협조의무를 이행하여 자녀의 양육을 포함하는 공동생활로서의 혼인생활을 유지하기 위해서는 부부간에 생활비용의 분담이 필요한데, 민법 제833조는 그 기준을 정하고 있다. 즉, 민법 제826조 제1항은 부부간의 부양·협조의무의 근거를, 민법 제833조는 위 부양·협조의무 이행의 구체적인 기준을 제시한 조항이다. 가사소송법 제2조 제1항 제2호 나. 마류사건 제1호도 '민법 제826조 및 제833조에 따른 부부의 동거·부양·협조 또는 생활비용의 부담에 관한 처분'을 두어 민법 제826조에 따른 처분과 민법 제833조에 따른 처분을 같은 심판사항으로 규정하고 있다. 따라서 민법 제833조에 의한 생활비용청구가 민법 제826조와는 무관한 별개의 청구원인에 기한 청구라고 볼 수는 없다.[15]

13 대법원 2022. 7. 28. 자 2022스613 결정.
14 대법원 2023. 3. 24. 자 2022스771 결정.
15 대법원 2017. 8. 25. 자 2014스26 결정.

Ⅱ. 제826조, 제833조에 따른 부부의 동거·부양·협조 또는 생활비용의 부담에 관한 처분[16]

1. 심판청구

가. 청구권자

12 부부 일방이 다른 일방을 상대로 청구하여야 하고(가사소송규칙 제96조), 제3자에게는 당사자 적격이 인정되지 않는다. 따라서 예컨대 제3자가 부부 일방의 의무이행을 방해하여 불법행위가 성립하더라도 그로 인한 손해배상의 청구는 일반 민사소송사건일 뿐 마류 1호의 가사비송사건에는 해당하지 않는다. 다만 그로 인하여 이혼에 이른 경우 제3자에 대하여 혼인 파탄을 원인으로 하는 불법행위 책임을 묻는 것은 별개의 문제이다.[17]

나. 관할

13 마류 가사비송사건이므로, 상대방의 보통재판적이 있는 가정법원에 속한다(가사소송법 제46조). 이는 임의관할이다.

다. 조정전치

14 마류 가사비송사건은 조정전치주의의 적용을 받으므로(가사소송법 제50조), 당사자는 심판청구에 앞서 가사조정을 신청하여야 하고, 당사자가 조정을 신청하지 아니한 채 심판청구를 한 경우 가정법원은 직권으로 사건을 조정에 회부할 수 있다.

라. 청구취지

15 심판은 가정법원이 후견적 입장에서 재량에 의하여 정하는 것이므로 청구취지를 구체적으로 특정하지 않고 "상대방과의 동거에 관한 적당한 처분을 구한다." 정도면 충분하다. 다만, 재산상의 의무이행에 관하여는 청구취지에 구속력이 있으므로, 부양이나 생활비용분담에 관한 처분의 청구에 있어서는 구체적으로 금액을 특정하여 청구하여야 한다(가사소송규칙 제93조 제2항 본문).

16 가사소송법 제2조 제1항 제2호 나. 마류 사건 제1호, 법원실무제요, 가사[Ⅱ], 사법연수원(2021), 1421 이하.
17 가사소송법 제2조 제1항 제2호 다. 다류 사건 제2호.

마. 재산명시·재산조회

16 법원은 부양료 청구사건을 위하여 특히 필요하다고 인정하는 경우에는 직권으로 또는 신청에 의하여 당사자에게 재산상태를 구체적으로 밝힌 재산목록을 제출하도록 명할 수 있고, 이에 따라 제출된 재산목록만으로는 부양료 청구사건의 해결이 곤란하다고 인정할 경우에는 직권으로 또는 당사자의 신청에 의하여 당사자 명의의 재산에 관하여 조회할 수 있다(가사소송법 제48조의2, 제48조의3).

바. 당사자의 사망에 따른 절차의 종료

17 부부의 동거·부양·협조의무나 생활비용분담의무는 일신전속적인 것으로서 상속의 대상이 되지 아니하므로 심판 계속 중에 당사자 일방이 사망하면 절차는 종료된다. 다만, 이견이 있으나 특별한 사정 하에서 허용되는 과거의 부양료나 생활비용분담을 청구하는 경우에는 당사자 일방의 사망에도 불구하고 절차는 종료되지 않고 상속인이 수계한다는 견해가 일반적이다.

사. 미성년 자녀의 양육비 청구와의 관계

18 미성년 자녀의 양육비는 자녀의 양육에 관한 처분일 뿐만 아니라 부부 공동생활비용이기도 하고 친족 간의 부양비에도 해당한다고 보는 것이 일반적이다. 이 때문에 실무에서는 청구인을 기준으로 부부 일방이 다른 일방을 상대로 청구하는 경우에는 마류 1호의 부부의 부양·협조 또는 생활비용의 부담에 관한 처분(부부관계 유지되는 경우) 또는 마류 3호의 자녀의 양육에 관한 처분(이혼 당사자 사이의 경우) 사건으로 처리하고, 자가 청구하는 경우에는 마류 8호의 친족 간의 부양사건으로 처리하는데, 자녀의 양육에 관한 처분 사건이 그 대부분을 차지한다.

2. 심판

가. 심판의 원칙

19 부부 사이의 동거·부양·협조 또는 생활비용분담의 구체적인 기준은 법정되어 있지 아니하고, 일반 비송사건과 같이 가정법원의 광범위한 후견적 재량에 맡겨져 있다. 그러나 그 심판은 가정의 평화와 사회정의를 위하여 가장 합리적인 방법으로 청구의 목적이 된 법률관계를 조정할 수 있는 내용이 되어야 한다.

나. 심판의 주문

20 청구의 형태에 따라 다양할 것이나, 심판을 하면서 금전의 지급, 그 밖에 의무이

행을 동시에 명할 수 있으므로, 심판청구를 인용하는 경우에는 상대방이 이행하여야 할 구체적인 의무의 내용을 주문에 표시할 필요가 있다.

1) 동거에 관한 심판

21 "상대방은 청구인의 주소지에서 청구인과 동거하라."

2) 부양·생활비용분담에 관한 심판

22 양육비 직접지급명령, 담보제공명령, 일시금지급명령 등의 적용대상인 양육비 지급과 구분하기 위해 심판 주문에 '부양료로'를 기재하는 것이 바람직하다.

23 "상대방은 청구인에게 부양료로 2025. . . 부터 혼인관계 해소(또는 별거상태 해소)에 이르기까지 매월 말일에 원씩을 지급하라."

24 "상대방은 청구인에게 부양료로 원 및 2025. . . 부터 혼인관계 해소(또는 별거상태 해소)에 이르기까지 매월 말일에 원씩을 지급하라."

다. 심판의 효력

25 심판에 따라 당사자의 구체적인 권리의무가 정하여지므로 심판에는 형성력이 있다. 그리고 금전의 지급 등의 재산상의 의무이행을 명하는 심판은 집행권원이 되므로 집행력도 있으나(가사소송법 제41조), 기판력은 없다. 다만, 동거를 명하는 심판에 대하여는 직접강제는 물론 간접강제도 허용되지 않는다는 것이 일반적인 견해이다.

라. 불복

26 심판에 대하여는 청구인과 상대방이 즉시항고를 할 수 있다(가사소송규칙 제94조 제1항).

27 [판례] 동거의무위반과 위자료

원고는 2004년 12월경 피고를 상대로 서울가정법원 2004느단9742호로 원고와 피고 사이의 동거에 관하여 적당한 처분을 구하는 동거심판청구를 하였고, 2005. 3. 30. "원고와 피고는 광명시 철산동 소재 방 3칸짜리 30평형대 아파트를 동거장소로 하여 2005년 5월 말부터 동거한다. 피고는 위 동거장소의 마련에 있어 2천만 원의 전세보증금 및 월세 소요 예상액 6십만 원 내지 8십만 원 중 4분의 1을 매월 부담하되, 전세보증금 2천만 원은 피고의 특유재산으로 한다"는 내용의 조정이 성립한 후 원고가 피고의 위 조정상의 동거의무 내지 협력의무 불이행을 이유로 정신적 손해의 배상을 청구한 사안에서, 대법원은 부부는 경제적인 면에서뿐만 아니라 정신적·육체적인 면에서도 항구적인 결합체로서, 서로 협조하고 애정과 인내로써 상대방을 이해하며 보호하여 혼인생활의 유지를 위한 최선의 노력을 기울여야 할 포괄적인 협력의무를 진다. 그러므로 부부의 일방이 상대방에 대하여 부양료를 제대로 지급하고 있다는 것만으로 그러한 협력의무를 온전히 다하였다고 말할 수 없음은 물론이다. 이 사건에서와 같이 부부의 일방이 상대방에 대하여 동거에 관한 심판을 청구한 결과로 그 심판질차에서 동거의무의 이행을 위한 구체적인 조치에 관하여 조정이 성립한 경우에 그 조치의 실현을 위하여 서로 협력할 법적 의무의 본질적 부분을 상대방이 유책하게 위반하였다면, 부부의 일방은 바로 그 의무의 불이행을 들어 그로 인하여 통상 발생하는 비재산적 손해의 배상을 청구할 수 있고, 그에 반드시 이혼의 청구가 전제되어야 할 필요는 없다고 할 것이다. 비록 부부의 동거의무는 인격존중의 귀중한 이념이나 부부관계의 본질 등에 비추어 일반적으로 그 실현에 관하여 간접강제를 포함하여 강제집행을 행하여서는 안 된다고 하더라도, 또 위와 같은 손해배상이 현실적으로 동거의 강제로 이끄는 측면이 있다고 하더라도, 동거의무 또는 그를 위한 협력의무의 불이행으로 말미암아 상대방에게 발생한 손해에 대하여 그 배상을 행하는 것은 동거 자체를 강제하는 것과는 목적 및 내용을 달리하는 것으로서, 후자가 허용되지 않는다고 하여 전자도 금지된다고는 할 수 없다. 오히려 부부의 동거의무도 엄연히 법적인 의무이고 보면, 그 위반에 대하여는 법적인 제재가 따라야 할 것인데, 그 제재의 내용을 혼인관계의 소멸이라는 과격한 효과를 가지는 이혼에 한정하는 것이 부부관계의 양상이 훨씬 다양하고 복잡하게 된 오늘날의 사정에 언제나 적절하다고 단정할 수 없고, 특히 이 사건에서와 같은 제반 사정 아래서는 1회적인 위자료의 지급을 명하는 것이 피고의 인격을 해친다거나 부부관계의 본질상 허용되지 않는다고 말할 수 없다고 판단하였다.[18]

28 [판례] 정조의무위반과 제3자의 책임

원고는 1969. 6. 2. 소외인과 혼인한 후 2011. 2. 경 외손자를 돌보기 위하여 셋째 딸의 집에 살게 되었는데, 소외인은 2011. 4. 경부터 평소 알고 지내던 보험설계사인 피고와 자주 통화를 하면서 연락을 주고받았고, 피고는 그 무렵부터 저녁 시간을 포함하여 수차례 소외인의 집을 방문한 사안에서, 대법원은 부부의 일방이 부정행위를 한 경우에 부부의 일방은 그로 인하여 배우자가 입은 정신적 고통에 대하여 불법행위에 의한 손해배상의무를 지고, 제3자가 부부의 일방과 부정행위를 함으로써 혼인의 본질에 해당하는 부부공동생활을 침해하거나 그 유지를 방해하고 그에 대한 배우자로서의 권리를 침해하여 배우자에게 정신적 고통을 가하는 행위 역시 원칙적으로 불법행위를 구성하고, 부부의 일방과 제3자가 부담하는 불법행위책임은 공동불법행위책임으로서 부진정연대채무 관계에 있다고 판단하였다.[19]

18 대법원 2009. 7. 23. 선고 2009다32454 판결.
19 대법원 2015. 5. 29. 선고 2013므2441 판결.

29 [판례] 성생활을 함께할 의무와 강간죄

피고인과 피해자는 2001. 8. 26. 혼인신고를 마친 법률상 부부로 슬하에 자녀 2명을 두었고, 피고인이 일을 그만두고 별다른 직업 없이 지내기 시작한 이후 피해자의 남자관계를 의심하며 한 달에 2, 3회씩 피해자에게 폭행을 가하고 폭행 직후에 강제로 피해자와 성관계를 맺은 사안에서, 대법원은 민법 제826조 제1항은 부부의 동거의무를 규정하고 있고, 여기에는 배우자와 성생활을 함께 할 의무가 포함되나 부부 사이에 민법상의 동거의무가 인정된다고 하더라도 거기에 폭행, 협박에 의하여 강요된 성관계를 감내할 의무가 내포되어 있다고 할 수 없으므로, 헌법이 보장하는 혼인과 가족생활의 내용, 가정에서의 성폭력에 대한 인식의 변화, 형법의 체계와 그 개정 경과, 강간죄의 보호법익과 부부의 동거의무의 내용 등에 비추어 보면, 형법 제297조가 정한 강간죄의 객체인 '부녀'에는 법률상 처가 포함되고, 혼인관계가 파탄된 경우뿐만 아니라 혼인관계가 실질적으로 유지되고 있는 경우에도 남편이 반항을 불가능하게 하거나 현저히 곤란하게 할 정도의 폭행이나 협박을 가하여 아내를 간음한 경우에는 강간죄가 성립한다고 판단하였다.[20]

20 대법원 2013. 5. 16. 선고 2012도14788, 2012전도252 전원합의체 판결.

제 826 조의 2 [성년의제]

미성년자가 혼인을 한 때에는 성년자로 본다.

[본조신설 1977. 12. 31.]

Ⅰ. 의의

1 1977년 민법 개정으로 도입된 제도로 미성년자라도 혼인을 한 경우 성년으로 보아 사법(私法)상의 행위능력을 인정한다. 독립된 혼인생활을 보호하고, 미성년자 부부의 그 자녀에 대한 친권행사를 보장하기 위한 취지이다.

Ⅱ. 적용범위

2 미성년자라도 부모의 동의를 얻어 만18세가 되면 혼인할 수 있고(민법 제807조, 제808조), 혼인 후에는 자신의 자녀에 대한 친권을 행사할 수 있으며, 소송능력도 인정되나(민사소송법 제55조 제1항 제1호), 이 제도의 취지와 무관한 공직선거법상 선거권, 근로기준법의 연소근로자 보호를 위한 규정 등은 적용되지 않고, 여전히 소년법상 소년에 해당한다. 이견이 있으나, 민법 제826조의2는 유효한 법률혼을 전제로 하므로 혼인이 무효인 경우에는 그 적용이 없고 일단 유효한 법률혼이 성립된 이상 그 후 혼인이 취소되거나 해소된다고 하더라도 성년의제의 효력은 그대로 유지된다는 것이 일반적인 견해이다.

3 이와 관련 우리나라 전체 미혼모 중 10% 정도를 차지하는 미성년 미혼모의 경우 그 미혼모의 부모만이 손자녀에 대한 친권을 행사하도록 하는 것은(민법 제910조) 부모와 관계가 단절된 채 생활하는 미성년 미혼모의 가정 실태 등과 맞지 않는 경우가 있고 그러한 경우 미성년 미혼모 역시 독자적인 법률행위를 할 수 있도록 성년으로 의제하거나 별도의 후견제도를 도입하는 것이 필요하다는 논의가 있다.[1]

1 조은희, "미성년 미혼모와 그 자에 대한 권리보호 : 미성년 미혼모의 성년의제와 그 자에 대한 친권대행 문제를 중심으로", 법과 정책 제24집 제2호, 제주대학교 법과정책연구원(2018).

제 827 조 [부부간의 가사대리권]

① 부부는 일상의 가사에 관하여 서로 대리권이 있다.

② 전항의 대리권에 가한 제한은 선의의 제삼자에게 대항하지 못한다.

[관련조문] 민법 제126조(권한을 넘은 표현대리), 제832조(가사로 인한 채무의 연대책임)

[참고문헌] 김주수/김상용, 주석 민법, 친족(1)(제5판), 한국사법행정학회(2016); 안경희, "민법과 젠더 : 부부간의 일상가사대리권을 중심으로", 이화젠더법학 제4권 제2호, 이화대학교젠더법학연구소(2012); 오경철, "일상가사대리권과 일상가사채무 연대책임과의 관계", 가족법연구 제21권 제2호, 한국가족법학회(2007)

Ⅰ. 서설

1. 의의

1 민법은 부부 일상가사활동의 편의 제공, 거래의 안전 보장, 부부 평등의 원칙에 입각하여 부부 중 일방은 가사에 관하여 다른 일방을 대리할 수 있는 권한을 부여하고(민법 제827조), 이로 인하여 발생한 제3자에 대한 채무는 부부가 연대하여 부담하도록(제832조) 규정하고 있다. 이 때문에 부부간의 가사대리권을 통상 일상가사대리권이라고 부른다. 민법은 일상가사대리권에 관한 민법 제827조 이외에도 일상가사에 관한 채무의 연대책임에 관한 민법 제832조를 함께 규정하고 있는데, 이로 인해 두 제도의 관계에 대하여 논의가 있다. 종래 두 제도가 사실상 같은 제도라는 견해가 일반적이나, 민법 제827조는 배우자 명의로 행위를 한 경우에, 민법 제832조는 본인 명의로 행위한 경우에 적용되는 것으로 명확히 구별된다는 견해도 있다.

2. 연혁 및 비교법

가. 로마·게르만시대(묵시적 위임과 열쇠의 권능)[1]

2 일상가사대리권은 로마법상 묵시적 위임과 게르만 고유법의 열쇠의 권능이 결합된 제도이다. 로마·게르만시대에는 가정 내에서 남편과 아내의 역할이 분명하게 구분되어, 남편은 단독으로 유효하게 법률행위를 할 수 있는 행위능력자로서 가족들의 재산을 사용, 수익, 관리하는 권한을 가진 반면에 아내는 단독으로는 거래행위를 할 수 없는 행위무능력자였고 가정 내에서 가사와 육아를 전담하였다. 이에 아내가 집안 살림을 하기 위해 의식주에 필요한 물건을 직접 구입하거나 외상으로 거래를 할 때 즉, 일상가사에 관하여는 남편이 아내에게 묵시적으로 사무처리를 위임한 것으로 보고 이 기초적 내부관계에 근거하여 아내가 남편을 대리하여 행한 법률행위에 대하여 남편이 책임을 부담한다는 법리가 형성되었다. 게르만인들은 이러한 일상가사에 관한 묵시적 위임의 상징으로 혼인체결시 신랑이 신부에게 열쇠를 건네 주었고, 이 열쇠에 대한 점유의 이전으로 신부가 일상가사대리를 포함하여 아내로서의 권리를 취득하는 것으로 판단하였다.

나. 비교법적 검토[2]

1) 독일

3 '열쇠의 권능'이 발전된 것으로, 1976년 이전의 독일 민법 제1357조에서 처의 일상가사대리권을 명시적으로 규정하고 있었다. 그러나 이는 부부공동체에서 처의 종된 지위를 전제로 하는 것이므로 현대적인 가족관에 부합하는 것은 아니었다. 따라서 1976년 민법 개정을 통해 처의 일상가사대리권제도를 폐지하고 부부 모두에게 일상가사에 관한 행위를 단독으로 할 권한을 부여하고 타방 배우자에게도 그 효과가 귀속되도록 규정하였다.

2) 프랑스

4 '열쇠의 권능'을 민법에서 규정하고 있지 않았기 때문에 '묵시적 위임이론'을 통해 판례로만 인정하여 왔으나, 독일 민법의 영향을 받아 1942년 민법 개정을 통

1 안경희, "민법과 젠더 : 부부간의 일상가사대리권을 중심으로", 이화젠더법학 제4권 제2호, 이화대학교 젠더법학연구소(2012), 3.

2 오병철, "일상가사대리권과 일상가사채무 연대책임과의 관계", 가족법연구 제21권 제2호, 한국가족법학회(2007), 2 이하.

해 일상가사대리권을 명문으로 도입하였다. 그 후 1965년 민법 개정을 통해 위 규정을 삭제하고 일상가사채무 연대책임 제도를 새롭게 도입하여 현재는 일상가사채무 연대책임제도만 있다.

3) 스위스

5 스위스 구 민법 제163조는 "처는 일상가사의 수행에 있어 부와 함께 혼인공동체를 대표하는 권한을 가진다."고 규정하였고 이는 우리나라 민법 제정 당시 민법 제827조의 중요한 비교법적 참고가 되었다. 그 후 1984년 개정에 따라 현행 스위스 민법 제166조로 바뀌어 '혼인공동체의 대리'의 표제 하에서 "각 배우자는 동거하는 동안에는 가족의 일상적 필요에 대하여 혼인공동체를 대리한다."고 규정하고 있다. 이는 우리 민법 제827조와 가장 유사한 내용으로 일상가사대리권을 규율하는 유일한 현행 비교법 규정이다.

4) 일본

6 일본 구 민법도 스위스 민법과 독일 민법의 '열쇠의 권능'을 받아들여 구 민법 제804조 제1항에서 "일상가사에 관해서는 처는 부의 대리인으로 간주한다."고 명시하여, 처의 일상가사대리권을 규정하였다. 그러나 처의 열등한 지위를 전제로 하여 처에게만 일상가사대리권을 부여하는 것은 근대적인 혼인제도와 부합하는 것은 아니므로 현행 일본 민법에서는 일상가사대리권 제도를 없애고 일상가사채무 연대책임제도로 수정하였다.

5) 영미법

7 일상가사대리권은 게르만법상의 열쇠의 권능에 뿌리를 둔 것이긴 하지만, 영미법상의 보통법하에서도 기혼여성은 식품, 의복, 가사용품, 소가구, 가정부 고용비용, 가사용품의 수리비나 자녀의 교육을 위한 계약에 대해서는 부의 대리인으로 추정되어 왔다. 그러나 보통법상의 그러한 대리인 추정원칙은 1970년 들어와 폐기되었지만, 아직까지도 처와 자녀에게 일상가사 필수품을 공급한 상인은 부에게 직접 비용을 청구할 수 있으며 이를 처의 필수대리라고 하였다.

다. 우리나라의 경우

8 일제 강점기 관습법에서 1976년 이전의 독일 민법이나 일본 구 민법과 같이 처의 일상가사대리권이 존재하는 것으로 인정되었다고 하나, 우리나라에도 게르만법상의 '열쇠의 권능'과 같은 관습이나 관습법이 실제로 존재하였는가는 근거가

충분하지 않다. 그러다가 1958년 민법을 제정하면서, 민법 제827조에서는 '부부간의 가사대리권'을 그리고 제832조에서는 '가사로 인한 채무의 연대책임'을 모두 규정하였다.

9 이처럼 독일, 프랑스 및 일본은 처의 일상가사대리권에서 출발하여 현재에는 일상가사채무 연대책임제도로 변화하였지만, 우리 민법은 독일·일본의 민법 개정 이전 그리고 현행 스위스 민법의 일상가사대리권과 프랑스와 일본 민법 개정 이후의 일상가사채무 연대책임제도를 모두 규정하고 있는 특색을 가지고 있다.

Ⅱ. 일상가사의 범위

10 일상가사의 범위에 속하는 구체적인 행위에 대하여는 법률에 규정이 없으므로, 해석에 의하여 결정될 수밖에 없을 것이나, 부부의 가정공동생활에 직접적으로 필요할 뿐만 아니라 상당한 범위 내의 것으로 한정된다고 할 것이다.

11 판례는 민법 제832조에서 말하는 일상의 가사에 관한 법률행위라 함은 부부의 공동생활에서 필요로 하는 통상의 사무에 관한 법률행위를 말하는 것으로, 그 구체적인 범위는 부부공동체의 사회적 지위·재산·수입능력 등 현실적 생활상태뿐만 아니라 그 부부의 생활 장소인 지역사회의 관습 등에 의하여 정하여지나, 당해 구체적인 법률행위가 일상의 가사에 관한 법률행위인지 여부를 판단함에 있어서는 그 법률행위를 한 부부공동체의 내부 사정이나 그 행위의 개별적인 목적만을 중시할 것이 아니라 그 법률행위의 객관적인 종류나 성질 등도 충분히 고려하여 판단하여야 한다고 판시하고 있다.[3]

1. 일상가사의 범위에 들어가는 경우

12 부부의 가정공동생활(부부의 공동생활 및 가족의 부양)에 통상적으로 필요한 식료품이나 생활용품 구입, 의복이나 침구류 구입, 거주하는 집의 월세 지급 등 가족의 의식주에 관련된 사무, 가족 구성원의 병원 진료비나 치료비, 약값 지급 등 의료에 관련된 사무, 학비, 학용품 비용 등 자녀의 교육에 필요한 사무와 자녀의 양육에 필요한 비용과 관련한 사무 등은 특별한 사정이 없는 한 일상가사의 범위에 포함된다고 할 것이다. 부부 일방의 금전차용행위 역시 차용금의 액수, 차

[3] 대법원 2016. 6. 9. 선고 2014다58139 판결, 대법원 2009. 2. 12. 선고 2007다77712 판결, 대법원 1999. 3. 9. 선고 98다46877 판결, 대법원 1997. 11. 28. 선고 97다31229 판결.

용목적, 실제 지출용도 및 기타 여러 사정을 고려하여 그것이 부부의 가정공동생활을 유지하는데 필요한 자금조달을 목적으로 이루어진 경우에는 일상가사에 속하는 법률행위에 해당할 수 있다.[4] 이에 따라 부부 일방이 아파트 구입비용 명목으로 차용한 경우에도 그와 같은 비용의 지출이 부부공동체를 유지하기 위하여 필수적인 주거 공간을 마련하기 위한 것이라면 일상의 가사에 속한다고 볼 여지가 있다고 할 것이다.[5]

13 다만, 판례는 수천만 원의 보증금을 지급하는 내용의 임대차계약의 체결은, 일상의 가사에 관한 법률행위에 해당한다고 보기 어려울뿐더러 부부의 일방이 그의 명의로 체결한 임대차 계약에 대하여 일상가사와 관련한 조문을 근거로 다른 일방이 공동임차인으로서의 지위를 취득한다고 볼 수도 없다고 한다.[6]

2. 일상가사의 범위에 들어가지 않는 경우

가. 금전차용행위

14 금전차용행위는 그 목적이 일상가사의 범위에 속하는지 여부를 결정하는 중요한 기준으로 작용한다. 따라서 그것이 부부의 가정공동생활을 유지하는데 필요한 자금조달을 목적으로 하지 않는 경우는 일상가사의 범위에 포함되기 어렵다. 구체적으로, 가족의 생활수준 및 경제상황에 비추어 볼 때 지나친 고가 주택이나 차량의 매입 등을 위한 금전차용은 일상가사에 포함된다고 할 수 없다.

나. 배우자의 부동산을 처분하는 행위

15 부부의 일방이 다른 일방 명의의 부동산을 매도, 증여하거나 담보에 제공하는 등으로 처분하는 행위는 원칙적으로 일상가사의 범위에 포함되지 않는다. 다만, 부부의 일방이 다른 일방으로부터 대리권을 수여받지 않고 다른 일방 명의의 부동산을 처분한 경우, 거래의 안전을 보호하기 위해 일상가사대리권을 기본대리권으로 하여 민법 제126조가 적용될 여지가 있다. 이러한 법리를 적용함에 있어서는 부부 일방에게 다른 일방이 그러한 권한을 주었다고 거래 상대방이 믿을 만한 정당한 사유가 있는지의 여부를 기준으로 판단한다. 즉, 객관적으로 상대방의 입장에서 볼 때 부부 일방에게 다른 일방이 그 행위에 관한 대리권을 수

4 대법원 2004. 10. 28. 선고 2004다34691 판결.
5 대법원 1999. 3. 9. 선고 98다46877 판결.
6 대법원 2006. 11. 24. 선고 2004다54060 판결.

여했다고 믿을 수 있을 만한 사정이 존재한다고 인정되면 다른 일방이 그 책임을 부담하나, 반대의 경우에는 부부 일방의 무권대리행위가 되므로 책임을 지지 않는다.

16 판례 역시 민법 제827조에서 말하는 '일상의 가사'라 함은 부부가 공동생활을 영위하는 데 필요한 통상의 사무를 말하는 것이어서 특별한 사정이 없는 한 부동산을 처분하는 행위는 일상의 가사에 속한다고 할 수 없는 것이고, 처가 특별한 수권 없이 남편을 대리하여 위와 같은 행위를 하였을 경우에 그것이 민법 제126조 소정의 표현대리가 되려면 처에게 일상가사대리권이 있었다는 것뿐만 아니라 상대방이 처에게 남편이 그 행위에 관한 대리의 권한을 주었다고 믿었음을 정당화할 만한 객관적인 사정이 있어야 한다고 판시하고 있다.[7]

다. 배우자를 대리하여 보증계약을 체결하는 행위

17 부부 일방이 대리권 없이 다른 일방을 대리하여 자신의 채무나 타인의 채무를 연대보증한 행위 역시 원칙적으로 일상가사의 범위에 포함되지 않는다. 즉, 타인의 채무에 대한 보증행위는 그 성질상 아무런 반대급부 없이 오직 일방적으로 불이익만을 입는 것인 점에 비추어 볼 때, 부부 일방이 다른 일방에게 타인의 채무를 보증함에 필요한 대리권을 수여한다는 것은 사회통념상 이례에 속하므로 부부 일방이 특별한 수권 없이 다른 일방을 대리하여 보증계약을 체결하는 행위를 하였을 경우에는 원칙적으로 권한이 없는 대리행위로서 효력이 발생하지 않고, 그 보증행위가 민법 제126조 소정의 표현대리가 되어 효력이 발생하려면 보증행위 당시 그 부부 일방에게 일상가사대리권이 있었다는 것뿐만 아니라 거래 상대방이 그 부부 일방에게 다른 일방이 그 보증행위에 관한 대리의 권한을 주었다고 믿었음을 정당화할 만한 객관적인 사정이 있어야만 한다.[8]

3. 부부관계의 태양과 일상가사의 범위와의 관계

18 일상가사의 범위가 구체적인 부부관계의 태양에 따라 달라질 수 있는지 여부에 관한 명시적인 대법원 판례는 아직 없으나, 혼인관계가 실질적으로 파탄이 이루어진 경우 등에는 일상가사대리권의 범위가 축소 또는 배제된다고 보아야 하고, 이로 인한 거래의 안정은 경우에 따라 표현대리의 법리로 보호될 수 있다고 할

7 대법원 2013. 4. 25. 선고 2012다111180 판결, 대법원 2009. 4. 23. 선고 2008다95861 판결.
8 대법원 2000. 4. 11. 선고 2000다8786 판결, 대법원 1998. 7. 10. 선고 98다18988 판결.

것이다. 하급심 판례 중에 혼인관계가 실질적으로 파탄된 이후에는 일상가사대리권이 인정된다고 보기 어렵다고 판시한 사례가 있다.[9]

4. 사실혼에 대한 적용

19 사실혼의 경우에도 민법 제827조와 제832조가 적용된다는 것이 판례이다.[10]

Ⅲ. 가사대리행위의 형식

1. 가사대리권의 성격

20 부부 일방의 일상가사대리권을 인정하고 이로 인한 채무를 부부의 연대책임으로 민법이 규정하고 있는 것을 이유로 일상가사대리권을 일종의 법정대리라고 보는 견해, 그 행위의 효과가 일반적인 대리와 달리 부부 공동체의 연대책임이라는 점을 중시하여 일종의 대표라고 보는 견해 등이 있다.

2. 가사대리의 형식

21 일상가사대리권의 행사에도 현명주의는 적용이 될 것이나, 그 법률행위가 일상가사에 관한 것인 경우에는 부부가 연대책임을 지는 것으로 민법에 명문화되어 있으므로 엄격하게 요구되지 않고, 실제적으로는 행위의 상대방이 그 행위가 일상가사에 관한 것이라는 것을 알기만 하면 된다고 보는 것이 일반적인 견해이다.[11] 다만 근대적 거래의 획일성의 요청에서 실질적으로 부부의 공유에 속하는 것이라도 명의상 부부 일방으로 되어 있는 재산을 처분하는 경우에는 그 일방의 명의로 하여야만 할 것이다.[12]

Ⅳ. 일상가사대리권과 표현대리와의 관계

1. 일상가사대리권과 표현대리

22 판례와 통설은 일상가사대리권이 민법 제126조의 기본대리권이 될 수 있다고 한

9 서울고등법원 2024. 12. 19. 선고 2024르22955, 22962 판결.

10 대법원 1980. 12. 23. 선고 80다2077 판결, 서울고등법원 2013. 4. 3. 선고 2012나80202 판결.

11 이에 대하여 민법이 일상가사대리권과 일상가사채무의 연대책임을 구별하고, 전자를 대리로 규정하고 있으므로 묵시적으로라도 현명이 필요하다는 견해도 있다.

12 김주수/김상용, 주석 민법, 친족(1)(제5판), 한국사법행정학회(2016), 401.

다.[13] 일상가사대리권은 그 성질상 인정 범위가 그리 넓지 않기 때문에, 실무상으로 일상가사대리권의 존부나 범위 그 자체가 직접적인 분쟁의 대상이 되는 경우는 드물고, 대개는 일상가사대리권을 기본대리권으로 하는 민법 제126조의 표현대리가 성립되는 사안에 해당되는지 여부가 문제가 되고 있다.

23 일상가사대리권을 기본대리권으로 하는 민법 제126조의 표현대리가 인정되기 위해서는 상대방이 자칭 대리인에게 대리권이 있다고 믿고 그와 같이 믿는데 정당한 이유가 있을 것을 요건으로 하는데, 정당한 이유의 유무는 자칭 대리인의 대리행위가 행하여질 때에 존재하는 모든 사정을 객관적으로 관찰하여 판단하여야 한다.[14]

24 다만, 부부관계의 특수성으로 부부 일방이 다른 일방의 인감도장이나 인감증명서 등을 어렵지 않게 취득할 수 있고 거래 상대방 역시 이러한 사정을 어렵지 않게 알 수 있는 사정 등을 고려하여 부동산을 처분하거나 보증행위를 하는 경우에는 대체로 엄격하게 표현대리의 성립을 인정하여야 한다는 것이 일반적인 견해이다.

25 한편, 민법 제126조의 표현대리는 대리인이 본인을 위한다는 의사를 명시 혹은 묵시적으로 표시하거나 대리의사를 가지고 권한 외의 행위를 하는 경우에 성립하므로, 사술을 써서 위와 같은 대리행위의 표시를 하지 아니하고 단지 본인의 성명을 모용하여 배우자나 배우자와 공모한 제3자 등이 마치 본인인 것처럼 본인 명의로 직접 법률행위를 한 경우에는 특별한 사정이 없는 한 위 법조 소정의 표현대리는 성립하지 않는다.[15]

2. 관련 판례

26 **가.** 대법원 역시 부동산을 처분하거나 보증행위를 하는 경우에는 아래에서 보는 것과 같이 대체로 엄격하게 표현대리의 성립을 인정하는 경향을 보이는 것으로 평가된다.

13 일본의 판례는 처음에는 일상가사대리권을 기본대리권으로 하는 표현대리의 성립을 인정하다가 그 후 판례를 변경하여 부부의 일방이 일상가사에 관한 대리권의 범위를 넘어 제3자와 법률행위를 한 경우 그 대리권의 존재를 기초로 해서 널리 일반적으로 표현대리의 성립을 긍정하는 것은 부부의 재산적 독립을 위태롭게 할 염려가 있어서 상당하지 않으므로, 부부의 일방이 타방에 대해서 다른 어떤 대리권을 수여하지 않은 이상 상대방이 그 행위가 부부의 일상가사대리권의 범위 내라고 믿음에 정당한 이유가 있는 범위 내에서 본조를 유추 적용할 뿐이라는 취지로 판시하였다(대심원 소화 44. 12. 18. 민집 23. 12. 2476).

14 대법원 2016. 3. 24. 선고 2015다244883 판결, 대법원 2008. 2. 1. 선고 2006다33418, 33425 판결.

15 대법원 2002. 6. 28. 선고 2001다49814 판결.

1) 부동산 처분과 관련된 사안

27 [판례] 대법원 2013. 4. 25. 선고 2012다111180 판결

원고의 처인 소외 박○○이 원고의 인감도장과 대리방식으로 발급받은 인감증명서, 신분증 및 (임의로 작성한) 위임장 등을 이용하여 원고 소유의 부동산을 피고에게 매도한 사안에서, 원심은 위 매매계약은 일상의 가사의 범위에 포함되지 않을 뿐만 아니라 박○○이 원고의 인감도장, 인감증명서 및 신분증이나 위임장을 소지하고 있었던 사실만으로는 원고가 그 처인 박○○에게 매매계약 체결 행위에 대한 대리권을 부여하였으리라고 피고가 믿었음을 정당화할 만한 객관적 사정이 있었다고 인정할 수 없으므로 피고의 표현대리 주장은 받아들일 수 없다고 판시하였고, 대법원 역시 원심의 판단을 수긍하면서 박○○이 이 사건 부동산을 처분한 행위가 일상가사의 범위에 포함된다거나 박○○에게 이 사건 부동산을 처분할 권한이 있다고 믿을 만한 정당한 이유가 있었다는 피고의 주장을 모두 배척한 원심의 조치는 정당한 것으로 수긍이 가고, 거기에 일상가사의 범위 또는 민법 제126조의 표현대리에 있어 정당한 이유에 관한 법리를 오해하거나 논리와 경험의 법칙을 위반하고 자유심증주의의 한계를 벗어난 위법 등이 없다고 판시하였다.

28 [판례] 대법원 2009. 4. 23. 선고 2008다95861 판결

원고의 처인 소외 1이 이 사건 토지를 권원 없이 소외 2에게 매도하였는데, 원고가 1951. 2. 경 북한으로 피랍된 이후 이 사건 매매계약 당시까지 원고와 소외 1 사이에 연락이 두절되었고, 소외 1이 별다른 직업 없이 두 딸을 부양하면서 이 사건 매매계약 당시까지 경제적으로 어려운 생활을 하고 있었으며, 원고의 친척이자 원고 소속 종중의 회장까지 역임하였던 소외 2 또한 원고의 그러한 가족 상황에 대하여 잘 알고 있었던 사안에서, 원심은 소외 1이 이 사건 토지를 권원 없이 소외 2에게 매도하였다고 하더라도 소외 1에게는 가사대리권이 있고, 소외 1이 원고의 피랍으로 연락이 두절되어 15년여 동안 두 딸을 부양하며 어렵게 생활하다가 인천으로 이주하면서 거주지 및 생계비를 마련하기 위하여 소외 2와 사이에 이 사건 매매계약을 체결하였고, 실제로 그 매도대금으로 인천에 거주할 집을 마련한 이상, 객관적으로 보아 소외 2로서는 소외 1에게 이 사건 매매계약을 체결할 정당한 대리권이 있다고 믿을만한 정당한 이유가 있다고 봄이 상당하므로, 이 사건 매매계약은 유효하고, 따라서 이를 원인으로 한 소외 2의 등기 및 그에 터잡은 피고들의 등기도 유효하다고 판단하였으나, 대법원은 1951. 2. 경 납북되어 약 17년간 연락도 두절되어 있던 원고가 이 사건 매매계약에 관한 대리권을 수여할 수는 없는 것이고, 그러한 원고 가족의 상황을 잘 알고 있었던 소외 2에게, 당시 원고가 소외 1에게 이 사건 매매계약에 관한 대리권을 주었

다고 믿었음을 정당화할 만한 객관적인 사정이 존재하였다고 볼 수는 없음에도 원심이 소외 2로서는 소외 1에게 적법한 대리권이 있다고 믿을만한 정당한 이유가 있다고 판단한 것은 민법 제126조의 표현대리에 있어 정당한 이유에 관한 법리오해로 판결에 영향을 미친 위법이 있다고 판단하였다.

29 [판례] 대법원 1992. 3. 10. 선고 91 다 47246 판결

원고의 처인 소외 임○○이 1990. 9. 경 원고의 인감도장을 절취하여 인감증명서를 발급받고 위임장 등 근저당권설정등기에 필요한 서류를 위조한 후 원고의 적법한 대리인으로 자처하면서 피고로부터 금 6,000,000 원을 차용하고 그에 대한 담보로 이 사건 각 부동산에 관한 근저당권설정계약을 체결하여 이를 원인으로 피고명의로 이 사건 근저당권설정등기를 각 경료하여 준 사안에서, 원심은 임○○이 원고 명의의 인감도장, 인감증명서, 위임장등의 서류를 소지하고 있었다는 사정만으로는 피고가 소외 임○○에게 일상의 가사의 범위를 넘는 행위인 이 사건 근저당권설정계약에 관하여 원고를 대리할 권한이 있다고 믿을만한 정당한 객관적인 사정이 있었다고 하기 어렵고 달리 그와 같은 사정이 있었음을 인정할 아무런 증거가 없으므로 피고의 위 표현대리주장은 받아들일 수 없다고 판시하였고, 대법원 역시 원심의 판단을 수긍하였다.

30 [판례] 대법원 1984. 6. 26. 선고 81 다 524 판결

원고의 내연의 처(소실)인 소외인이 본처 소생 장남의 결혼식 비용과 소외인의 채무를 담보하기 위해 피고에게 원고 소유의 이 사건 토지에 근저당권을 설정하였는데, 원고가 소외인에게 일상가사대리권을 수여한 바 있었고, 피고가 원고의 인감증명과 인감도장, 위임장, 일부 등기필증을 소지하고 있던 위 소외인에게 원고를 대리하여 이 사건 토지에 근저당권설정계약을 함에 필요한 대리권이 있다고 믿어 그 판시와 같은 근저당권설정계약을 맺은 사안에서, 대법원은 소외인에게 적법한 대리권의 수여가 없었으므로 그의 행위가 민법 제126조의 표현대리가 된다고 보기 위해서는 피고가 대리권이 있었다고 믿었음을 정당화할 만한 객관적인 사정이 있어야 할 것인바, 내연의 처에게 일상가사대리권이 수여된 경우라 하더라도 일반 사회통념상 그 남편이 본처 소생 장남의 결혼식 비용을 내연의 처 이름으로 차용해 오도록 위임하면서 그 채무와 내연의 처가 이미 부담하고 있는 거액의 기존채무(피고 주장에 의하면 그 액수가 4,650만 원)에 관하여 자기소유의 부동산을 담보로 제공함에 필요한 대리권을 수여한다는 것은 이례에 속한다 할 것이고, 원고와 동거중인 소외인이 원고의 인감증명이나 인감도장, 등기필증 등을 용이하게 입수할 수 있고, 원고와 소외인의 사이를 익히 알고 있던 피고로서도 이를 쉽게 알아차릴 수 있었다 할 것이므로 피고가 소외인에게 일상가사 대리권이 수여되어 있다는 사실을 알고 있었다거나 위 소외인이 그 당시 원고의 인감증명과 인감도장, 위임장, 일부 등기필증을 지참하고 있었다

는 점, 소외인이 이 사건 근저당권설정계약을 체결하면서 차용하는 돈을 장남의 결혼식 비용에 쓴다고 말하였다는 사정 등은 피고가 그에게 원고를 대리하여 근저당권설정계약을 체결할 수 있는 대리권이 있다고 믿은 정당한 이유가 될 수 없다고 판단하였다.

31 [판례] 대법원 1981. 8. 25. 선고 80다3204 판결
피고의 처인 소외 박○○이 1979. 7. 7. 피고 몰래 피고의 인장과 피고가 분양받은 아파트 분양계약서를 갖고 나와 원고로부터 돈 350만 원을 차용함에 있어서 원고에게 피고 명의의 현금보관증을 작성·교부하고 위 아파트분양계약서를 담보로 제공한 후 원고로부터 위 채무의 변제독촉을 받자 갖고 있던 피고의 인장을 이용하여 같은 해 9. 29. 원고와 사이에 피고 명의로 위 아파트 매매계약을 체결하고 피고 명의의 위임장을 원고에게 대필시켜 작성하고 유효기간이 지난 피고의 인감증명서 등과 함께 원고에게 교부한 사안에서, 대법원은 위 금전차용 및 매매계약은 부부인 피고와 위 박○○과의 일상가사에 관한 법률행위였다고 할 수 없음은 물론이고 남편인 피고 몰래 임의로 갖고 나온 피고의 인장, 권리문서 및 유효기간이 지난 인감증명서를 처인 위 박○○이 소지하고 있었던 사실만으로는 피고가 그 처인 박○○에게 위 금전차용행위나 매매계약체결행위에 대한 대리권을 부여하였으리라고 원고가 믿음에 정당한 객관적 사정이 있었다고는 인정되지 아니한다고 판단하였다.

2) 보증행위와 관련된 사안

32 [판례] 대법원 2009. 12. 10. 선고 2009다66068 판결
피고의 남편인 소외인이 2003. 1. 1. 원고와 사이에 음료수 공급에 관한 대리점 계약을 체결한 후 2003. 4. 11. 원고에게 '피고가 이 사건 대리점 계약에 의한 소외인의 채무를 연대보증한다.'는 내용에 피고의 인감도장이 날인된 피고 명의의 연대보증각서와 대리 발급된 피고의 인감증명서를 제출하였는데, 이 사건 연대보증각서 제출 전인 2003. 2. 5. 서울보증보험 주식회사가 소외인과 원고에 대한 물품대금채무의 지급을 보증하는 보증보험계약을 체결하면서, 그 당시 피고가 위 보증보험계약의 청약서에 소외인의 연대보증인으로 직접 서명·날인하고 자신의 주민등록증 사본과 본인 발급의 인감증명서를 제출한 사안에서, 원심은 이러한 사실관계를 종합하면 피고가 소외인에게 이 사건 연대보증에 관한 대리권을 수여하였다고 봄이 상당하고, 가사 그렇지 않다 하더라도 소외인은 피고의 남편으로서 일상가사대리권이 있고 위 인정 사실에 비추어 원고가 소외인에게 이 사건 연대보증에 관한 대리권이 있음을 믿을만한 정당한 이유가 있었다고 인정되므로 피고는 이 사건 연대보증에 대하여 민법 제126조에 따른 표현대리의 책임을 진다고 판단하여, 원고가 피고를 상대로 이 사건 대리

점계약에 따라 공급한 물품의 미수대금 지급을 구하는 이 사건 청구를 인용하였으나, 대법원은 이 사건 연대보증 당시 소외인이 피고의 인감도장을 가져와 직접 그 각서에 날인한 사실은 원고가 자인하는 바이고, 소외인이 위와 같이 피고의 인감도장을 소지·사용하게 된 경위를 확인할 자료가 없는 점, 통상 남편은 그 처의 인감도장을 용이하게 입수할 수 있는 점, 위 보증보험계약 당시 제출된 피고의 인감증명서는 피고 본인이 직접 발급받았던 것이나 그 후 이 사건 연대보증 당시 제출된 피고의 인감증명서는 대리 발급되었던 것인 점을 감안하면, 원심이 든 위와 같은 사정으로부터 이 사건 연대보증에 관한 피고의 대리권 수여를 추단하기는 어렵고, 원심은 피고가 위 보증보험계약에 직접 연대보증하였다는 사정도 위 수권행위 인정의 근거로 들고 있으나, 위 연대보증은 서울보증보험이 소외인의 원고에 대한 물품대금채무를 2003. 2. 5. 부터 2004. 2. 4. 까지 1,000만 원 한도에서 보증하는 보증보험계약과 관련하여 소외인이 서울보증보험에 대하여 부담하게 되는 채무를 담보하는 것인데 반해, 이 사건 연대보증은 이 사건 대리점의 운영과 관련하여 기존에 발생하였거나 장래에 발생할 소외인의 원고에 대한 채무 일체를 한도 없이 담보하는 것이어서, 그 대상채무의 발생 근거와 법적 성격을 달리할 뿐 아니라 그 채무의 범위에서도 현저한 차이를 보이고 있으므로, 피고가 위 보증보험계약에 대하여 직접 연대보증하였다고 하여 피고에게 이 사건 연대보증을 할 의사까지 있었다고 추정할 수는 없으며, 소외인이 피고의 남편으로서 일상가사대리권이 있고 원고가 소외인에게 피고를 대리하여 이 사건 연대보증을 할 권한이 있었다고 믿었다 하더라도, 소외인에게 그 대리권이 있었다고 인정되지 않는 이상 민법 제126조의 표현대리가 성립하기 위하여는 원고가 소외인에게 그 대리권이 있었다고 믿었음을 정당화할 만한 객관적인 사정이 있어야 한다. 그런데 원심은 이 사건 연대보증에 관한 소외인의 대리권을 인정하는 근거로 든 사정들을 그대로 원고가 소외인에게 그 대리권이 있었다고 믿은 것을 정당화할 만한 객관적 사정으로도 삼고 있으나, 그러한 사정들로부터 이 사건 연대보증에 관한 소외인의 대리권을 추인하기 어려운 이상, 그러한 사정들은 원고가 소외인에게 이 사건 연대보증에 관한 대리권이 있었다고 믿었음을 정당화할 만한 것이라고 볼 수 없고, 원고는 소외인으로부터 위 보증보험계약에 따라 발급된 보증보험증권만 제출받았을 뿐이고 그 보증보험증권에는 피고의 연대보증 사실을 확인할 수 있는 기재가 없으므로, 특별한 사정이 없는 한 이 사건 연대보증 당시 원고는 위 보증보험계약에 대한 피고의 연대보증 사실을 알았다고 볼 수 없는데, 사정이 그러하다면 위와 같은 피고의 연대보증 사실은 원고가 소외인에게 이 사건 연대보증에 관한 대리권이 있었다고 믿었음을 정당화할 만한 사정으로서 고려될 수도 없다. 그렇다면 이 사건 연대보증에 대하여 민법 제126조에 따른 표현대리가 성립한다고 볼 수 없으므로, 이와 달리 판단한 원심에는 표현대리에 관한 법리를 오해한 위법이 있다고 판단하였다.

33 [판례] 대법원 1998. 7. 10. 선고 98 다 18988 판결

공동피고 최○○가 1993. 3. 17. 경 소외 현대자동차써비스 주식회사로부터 자동차 1대를 할부로 구입하기 위하여 그 할부금채무를 담보할 목적으로 원고와 사이에 보험가입금액을 금 13,970,000 원으로 한 할부판매보증보험계약을 체결함에 있어서, 그 당시 피고의 처이던 소외인이 피고의 '보증보험연대보증용' 인감증명서와 인감도장을 소지한 채 출석하여 피고의 대리인으로서 위 보험계약상의 모든 채무를 연대보증하였으나, 위 소외인은 친정 오빠인 위 제1심 공동피고로부터 연대보증을 서달라는 부탁을 받고, 남편인 피고 몰래 집 책상 서랍에 보관되어 있던 피고의 인감도장을 임의로 꺼내어 피고 명의의 인감증명발급용 위임장을 위조한 다음 이를 이용하여 피고의 보증보험연대보증용 인감증명서를 대리방식으로 발급받아 위와 같이 연대보증계약을 체결할 때 사용하였고, 이로 인하여 사문서위조 및 위조사문서행사로 형사처벌을 받았을 뿐만 아니라 피고와 재판상 이혼을 한 사안에서, 원심은 이 사건 연대보증계약 체결 당시 위 소외인이 피고 명의의 인감증명서와 인감도장을 소지하고 있었던 사실만으로는 피고가 그 처인 위 소외인에게 위 보증행위에 대한 대리권을 부여하였으리라고 원고가 믿음에 정당한 객관적 사정이 인정되지 않는다고 판단하였고, 대법원 역시 위 소외인은 피고의 처로서 남편인 피고의 인장을 비교적 용이하게 입수할 수 있는 지위에 있어 이를 남용할 위험이 많은 점, 위 소외인이 위 보증계약을 체결 당시 제출한 피고의 인감증명서는 그 용도란에 아무런 기재가 없고 대리방식으로 발급받은 것에 불과하여 그로써 보증의사나 대리권의 존재에 관한 일반적인 신뢰성을 추인하기 어려운 점을 감안할 때, 원심의 이와 같은 조치는 수긍이 되고 거기에 소론과 같은 민법 제126조 소정의 '정당한 이유'에 대한 법리오해의 위법이 없다고 판단하였다.

34 [판례] 대법원 1997. 4. 8. 선고 96 다 54942 판결

남편인 피고 안○○이 자신의 사업상의 채무에 대하여 처인 이△△ 명의로 연대보증 약정을 한 사안에서, 원심은 피고 안○○이 소외 주식회사 □□를 설립하여 법인등기부상으로는 그 처인 피고 이△△를 그 대표이사로 등재시키고 자신이 평소 모든 대외적인 거래를 전담하여 온 사실, 소외 회사는 형식상 주식회사로 설립되었으나 직원이 6명에 불과한 소규모 회사로서 피고 안○○이 평소 소외 회사를 사실상 개인기업과 마찬가지로 경영하면서 회사 자금을 피고들의 개인적인 용도로도 사용하여 온 사실, 원고가 피고 안○○의 권유에 따라 금 103,100,000 원을 소외 회사에 투자하였는데 그 후 소외 회사의 경영상태가 악화되어 사실상 폐업에 이르게 되고 원고가 위 투자금의 반환을 요구하자 피고 안○○은 원고와의 사이에 금 2억 원을 원고에게 지급하기로 약정하면서 그와 같은 취지로 2장의 차용증을 작성하여 교부한 사실, 그러자 원고는 위 투자금이 소외 회사에 대한 것인데 소외 회사의 대표이사는 피고 이

△△이며, 평소 피고 안○○이 소외 회사의 경영에 따른 대외적인 행위를 위 이△△ 명의로 하여 온 점을 감안하여 피고 이△△도 같은 약정을 하여 줄 것을 요구하였고, 이에 피고 안○○이 피고 이△△와의 약정을 위하여 원고를 그들의 집으로 오라고 한 사실, 그리하여 원고가 그 후 피고들의 집 부근으로 찾아가 피고들 집으로 전화를 하자 피고 안○○은 집 앞에 있는 호텔 커피숍에서 만나자고 하였고, 이에 원고가 위 약속장소로 가 피고들을 기다리고 있던 중 피고 안○○이 혼자 나와 피고 이△△는 외출하였다고 하면서 그로부터 위임을 받았으니 대신 약정을 하여 주겠다고 하여 원고가 종전에 피고 안○○ 명의로만 작성된 위 차용증을 내밀자 그에 피고 이△△의 이름을 추가로 기재한 후 위 피고가 집에서 사용하는 도장을 날인하여 준 사실을 인정한 다음, 위 인정 사실에 의하면, 소외 회사는 사실상 피고 안○○이 개인기업처럼 경영하고 있었으므로 원고의 소외 회사에 대한 위 투자금은 결국 위 피고에 대한 투자금과 마찬가지인 면도 있었으나 그렇더라도 소외 회사의 대표이사는 엄연히 피고 이△△였고, 피고 안○○도 소외 회사의 대외적인 거래에 있어 오랫동안 피고 이△△ 명의를 사용하여 왔으며, 위 투자금도 일단 소외 회사에 지급된 점과 원고는 이러한 점을 감안하여 피고 이△△ 명의로도 위 약정을 하고자 한 점 및 그 당시 피고 안○○은 원고로 하여금 피고들 집 부근으로 오게 한 후 피고 이△△로부터 위임을 받았다고 하면서 집에서 가지고 온 위 피고 도장으로 위 차용증 중 피고 이△△ 명의 부분을 작성하여 준 점 등에 비추어 보면, 피고 안○○이 피고 이△△의 남편으로서의 일상가사대리권을 가지고 있었을 뿐, 그 외에 위 약정에 관한 대리권을 피고 이△△로부터 수여받은 바 없다 하더라도, 원고가 피고 안○○에게 그러한 대리권이 있다고 믿은 데에 정당한 사유가 있다고 할 것이므로, 결국 민법 제126조의 표현대리의 법리에 따라 위 약정의 효력은 피고 이△△에게도 미친다고 판시하였으나, 대법원은 피고 안○○이 피고 이△△의 남편으로서 일상가사대리권이 있고, 원고가 피고 안○○에게 피고 이△△를 대리하여 위 금 2억 원의 지급약정을 할 권한이 있다고 믿었다고 하더라도, 피고 안○○에게 적법한 대리권이 없었던 이상 민법 제126조의 표현대리가 성립하기 위해서는 원고가 피고 안○○에게 그 행위에 관한 대리권을 수여하였다고 믿었음을 정당화할 만한 객관적인 사정이 있어야 할 것인데, 부부간에 서로 일상가사대리권이 있다고 하더라도, 일반적으로 처가 남편이 부담하는 사업상의 거액(2억 원)의 채무를 남편과 연대하여 부담하기 위하여 남편에게 채권자와의 채무부담약정에 관한 대리권을 수여한다는 것은 극히 이례적인 일이라 할 것이고, 피고 안○○이 피고 이△△의 남편으로서 그 처의 도장을 쉽사리 입수할 수 있었으며 원고도 이러한 사정을 쉽게 알 수 있었던 점에 비추어 보면, 원심이 인정한 사실만으로는 원고가 피고 안○○에게 피고 이△△를 대리하여 채무부담약정을 할 대리권이 있다고 믿은 점을 정당화할 수 있는 객관적인 사정이 있다고 할 수 없다고 판단하였다.

35 **나.** 그러나, 대법원은 아래와 같은 사안에서는 일상가사대리권을 기본대리권으로 하는 민법 제126조 표현대리의 성립 및 그 가능성을 수긍하기도 하였다. 다만, 이는 법률행위에 필요한 인감증명서를 본인이 직접 발급받거나 부부의 일방이 다른 일방에게 대리권을 수여하였다고 믿게 할 특별한 사정 있는 사례로 이해된다.

36 [판례] 대법원 1998. 7. 10. 선고 98다16586 판결

남편인 소외인이 전처 피고를 연대보증인으로 세운 사안에서, 원심은 제1심 공동피고 길○○은 1995. 11. 4.경 소외 △△ 주식회사로부터 자동차 1대를 할부로 구입하기 위하여 그 할부금채무를 담보할 목적으로 원고와 사이에 보험가입금액을 금 25,850,000원으로 한 할부판매보증보험계약을 체결함에 있어서, 소외인 및 그의 전처인 피고를 연대보증인으로 세우고 원고를 대리한 소외 회사의 직원에게 연대보증인들의 것이라고 하면서 이들의 인감도장 및 인감증명서를 제출하였고, 이에 위 직원은 피고의 연대보증의사를 확인하지 아니한 채, 같은 해 11. 4. 할부판매보증보험약정서의 연대보증인란에 피고의 이름을 써넣고 그 옆에 피고의 인감도장을 날인한 사실, 피고와 위 소외인은 1981. 7. 2. 혼인한 이래 1차례의 이혼 및 재혼을 거쳐 1985. 7. 2. 다시 협의이혼하였으나 1995년 초에 잠시 헤어진 것을 제외하고는 동거생활을 계속하였는데 1995. 10. 중순 경 피고가 인천으로 가면서 동거생활이 끝나게 된 사실, 위 소외인은 1995. 4. 경 피고 명의로 부동산을 매매함에 있어 피고의 인감증명서가 필요하여 피고로부터 인감도장을 받아서 보관하게 된 것을 이용하여, 피고가 집을 나간 이후인 같은 해 10. 30. 피고 명의의 인감증명서발급 위임장 10매를 위조한 다음 이를 동사무소에 제출하여 피고의 인감증명서 10통을 발급받은 사실, 위 소외인은 그에게 단란주점을 매도하기로 한 제1심 공동피고의 부탁을 받고 자신 및 피고의 각 인감증명서 및 인감도장을 위 제1심 공동피고에게 주었고, 위 제1심 공동피고는 이를 위와 같이 원고를 대리한 소외 회사의 직원에게 제출한 사실을 인정한 다음, 이러한 사정하에서는 이 사건 연대보증계약을 체결할 당시 원고를 대리한 소외 회사의 직원으로서는 위 제1심 공동피고 또는 소외인에게 피고를 대리할 권한이 있다고 믿은 데 정당한 이유가 있었다고 할 수 없으므로, 피고에게 표현대리의 법리에 근거하여 연대보증책임을 물을 수 없다고 판단하였으나, 대법원은 피고는 위 소외인과 오랜 기간 법률상 또는 사실상 부부로서 동거하면서 일상가사의 범위를 벗어나 피고 명의로 등기된 부동산의 처분에 관한 대리권을 위 소외인에게 수여하면서 그에 필요한 자신의 인감도장을 교부한 점, 위 소외인이 피고의 연대보증행위만을 대리한 것이 아니라 자신도 피고와 공동으로 그 연대보증인이 됨으로써 부부가 생활공동체로서 책임을 함께 부담하는 듯한 외관을 갖추고 있는 점 등을 엿볼 수 있어, 단순히 서로 밀접

한 신분관계를 가지고 있는 부부 일방이 다른 일방의 인장을 손쉽게 입수하여 이를 남용하는 것이라는 의심을 품기 어려운 상황이었을 뿐만 아니라, 원고에게 제출된 피고의 인감증명서는 그 사용용도란에는 '보증보험연대보증용'이라는 문구가 기재되어 있고, 그 이면에 있는 인감증명발급신청 위임장에는 사용용도가 '보증용'이라는 기재가 있는 사실을 인정할 수 있는바, 이처럼 보증보험약정서상의 연대보증인으로 입보한다는 의사가 객관적으로 표명된 연대보증인의 인감증명서가 제출된 경우에는 원고 회사의 업무지침이나 실무상 관행에 의하더라도 특별한 사정이 없는 한 연대보증계약의 체결에 앞서 그 보증인에 대하여 직접 보증의사를 확인할 것을 요구하지 않는다고 할 것이므로, 이러한 경우 원심으로서는 위 소외인이 자신과 공동으로 피고를 연대보증인으로 세운 경위 및 위 소외인의 신용능력, 언행 등을 비롯하여 이 사건 무권대리행위가 행하여졌을 때에 존재하였던 여러 사정을 종합하여, 과연 원고측에서 위 소외인에게 대리권이 있다고 믿는 것에 정당한 이유가 있었는지 여부를 거래관념에 비추어 객관적으로 판단하여야 함에도, 이러한 심리에 나아가지 아니한 채 피고에 대한 보증의사를 확인하지 아니하였다는 점을 들어 곧바로 위 제1심 공동피고 또는 소외인이 피고를 대리할 권한이 있다고 믿은 데 정당한 이유가 없다고 속단하였는바, 거기에는 민법 제126조 소정의 표현대리 책임요건에 관한 법리를 오해한 나머지 심리를 다하지 아니한 위법이 있다고 판단하였다.

37 [판례] 대법원 1995. 12. 22. 선고 94다45098 판결

처인 강○○이 남편인 원고의 승낙이 없이 원고 소유의 부동산에 근저당권을 설정한 사안에서, 대법원은, 원심은 원고의 처인 소외 강○○이 원고로부터 대리권을 수여받은 바가 없으면서도 피고 또는 피고가 알선한 제3자로부터 금원을 차용하고, 원고의 대리인으로서 원고 소유인 이 사건 토지에 관하여 피고 앞으로 채권최고액이 각 70,000,000원, 9,000,000원, 75,000,000원인 순위 2, 4, 5번의 근저당권설정등기를 하여 주었으므로 특별한 사정이 없는 한 위 근저당권설정등기는 원인 없이 경료된 무효의 등기라고 한 다음, 위 강○○의 행위가 권한을 넘은 표현대리에 해당한다는 피고의 항변에 대하여, 위 강○○은 일상가사대리권 외에 2번 근저당권 설정의 경우에는 원고가 신용카드를 발급받는 데 사용하라며 인감도장을 보관시켜 이를 그 용도에 사용할 권한이 있었고, 4, 5번 근저당권 설정의 경우에는 위 강○○이 원고의 4촌인 소외 송△△로부터 차용한 금 30,000,000원 채무의 변제를 위하여 이 사건 토지를 금융기관에 담보로 제공하고 대출받을 권한의 위임이 있어 위 강○○에게 기본대리권이 있었던 사실, 위 2번 근저당권을 설정할 당시 위 강○○은 원고의 인감도장과 근저당권설정용 인감증명서, 지방에 근무하는 원고가 서울에 거주하는 위 강○○에게 인감도장을 보낸다는 문구가 기재된 편지봉투 등을 소지하고 있었고, 피고는 원

고가 알려준 번호로 전화하여 원고라고 자칭하는 자에게 대리권 수여 여부를 확인하였으며, 대여금 중 일부를 원고 명의의 통장에 입금시킨 사실, 한편 위 4, 5번 근저당권 설정시 위 강○○은 원고의 인감도장, 원고 본인이 발급받은 근저당권설정용 인감증명서, 이 사건 토지를 담보로 제공하고 금원을 차용함에 있어 차용금 수령 기타 제반 서류 작성에 관한 일체의 권한을 강○○에게 위임한다는 내용이 기재되고 원고의 무인과 도장이 날인되어 있는 위임장과 원고의 주민등록증 등을 소지한 채 위 위임장의 무인과 주민등록증상의 무인을 서로 비교하도록까지 하면서 원고의 대리인으로서 근저당권설정계약을 체결한 사실을 각 인정한 다음, 위 인정사실에 의하면 피고가 위 강○○이 원고를 대리하여 이 사건 토지에 관한 근저당권설정 행위를 할 권한이 있다고 믿은 데에 정당한 이유가 있었으므로 피고의 표현대리 주장은 이유 있다고 판시하였는데, 원심의 위와 같은 사실인정은 모두 정당한 것으로 수긍이 가고, 거기에 소론과 같은 채증법칙 위반으로 인한 사실오인이나 심리미진의 위법이 없다. 그리고 사실관계가 위와 같이 일상가사대리권 외에 별도의 기본대리권이 있는 처가 근저당권설정등기에 필요한 각종 서류를 소지하고 있는 데다가 그 인감증명서가 본인인 남편이 발급받은 것이고, 남편 스스로 처에게 인감을 보냈음을 추단할 수 있는 문서와 남편의 무인이 찍힌 위임장 및 주민등록증 등을 제시하는 등 남편이 처에게 대리권을 수여하였다고 믿게 할 특별한 사정까지 있었다면 그 상대방으로서는 처가 남편을 대리할 적법한 권한이 있었다고 믿은 데 정당한 이유가 있다고 보아야 할 것이라고 판단하였다.

38 [판례] 대법원 1981. 6. 23. 선고 80 다 609 판결

피고의 처인 소외 1이 소외 황○○으로부터 판시 금원을 차용함에 있어 피고 몰래 피고의 인감과 인감증명서 등을 소지하고, 피고의 대리인인 양 행세하여 위 차용금의 담보로 위 황○○ 앞으로 피고 소유였던 이 사건 부동산에 관하여 소유권이전청구권 보전의 가등기를 경료하여 준 사안에서, 대법원은, 원심은 소외 1의 가등기경료행위는 피고의 승낙 없이 이루어진 무권대리행위로서 무효이고, 그에 터잡아 순차 이루어진 위 황○○ 및 원고 명의의 각 소유권이전등기 역시 무효라고 판단한 다음, 나아가 소외 1의 행위가 권한을 넘는 표현대리에 해당한다는 원고의 주장에 대하여, 먼저 소외 1은 일상가사에 관하여 남편인 피고를 대리할 기본대리권이 있는 것이라고 전제하고 나서, 위 황○○으로서는 소외 1의 인척인 소외 유△△으로부터 피고 집안이 경제적으로 여유있을 뿐 아니라 완고하고 보수적인 가풍이며, 소외 1 역시 검소하고 알뜰하여 남편인 피고와의 사이도 원만하다는 소문이 나 있는 데다가 피고 집안에 일시적으로 돈 쓸 일이 생겨서 피고가 그 처를 통하여 돈을 빌리고자 한다는 말을 듣고 있던 중, 소외 1이 피고의 인감도장, 인감증명서, 주민등록표등본 등을 가지고

와서 남편인 피고로부터 위 가등기경료에 관한 대리권을 수여 받았다고 말할 뿐 아니라, 그 인감증명서의 뒷쪽이 백지로 되어 있어 현행 인감증명 발급절차에 비추어 이를 피고 본인이 직접 발급받은 것이라고 믿은 사실을 인정하고, 위와 같은 사정 등에 비추어 보면, 위 황○○으로서는 소외 1이 이 건 가등기경료에 관하여 피고를 대리할 권한이 있다고 믿음에 정당한 사유가 있다고 할 것이므로 원고의 위 주장은 이유있다고 판시하고 있는바, 원심의 위 사실인정과 판단은 정당하고, 거기에 소론과 같은 채증법칙 위배 또는 처의 일상가사대리권을 유월한 경우의 표현대리에 관한 법리오해 등의 잘못이 있다 할 수 없다고 판단하였다.

V. 가사대리권의 제한

39 부부 일방이 가정의 재산이나 소득 수준 등에 비추어 통상 기대되는 소비 수준이나 빈도를 벗어나는 행위를 하는 경우 등을 대비하여 다른 일방은 민법 제827조 제2항이 예정하는 것과 같이 그 일상가사대리권의 범위(예: 금액의 한도를 설정 등)를 제한 할 수 있으나, 위 제2항에 따라 이러한 제한을 알지 못하는 제3자에게는 대항하지 못한다. 이견이 있으나, 일상가사대리권 전부를 제한하는 것은 가능하지 않다는 것이 일반적인 견해이다.

VI. 부부재산계약과 일상가사대리권

40 사적자치의 원칙에 근거한 계약내용형성의 자유에 따라 부부재산계약으로 일상가사대리권을 제한하는 것도 가능하다고 할 것이다. 다만, 일상가사대리권과 일상가사에 대한 연대책임은 혼인의 본질에서 나오는 것이므로 이를 일반적으로 배제할 수는 없다고 할 것이다.[16]

[일상가사의 범위와 관련한 판례]

41 [판례] 일상가사에 해당하는 것(임대차계약)[17]

피고가 그 처 김○○ 소유의 부동산을 원고에게 임대한 사안에서, 원심은 ① 피고와 그 처 김○○(이하 '피고 부부'라고 한다)가 피고 소유의 부동산에 관한 임료 이외에 일정한 소득이 없는 상태에서 부부 공동생활에 필요한 생활비 등을 마련하기 위해 원고에게 김○○ 소유의 이 사건 아파트를 임대한 점, ② 피고가 김○○로부터 임대

16 김주수/김상용, 주석 민법, 친족(1)(제5판), 한국사법행정학회(2016), 403.
17 대법원 2016. 6. 9. 선고 2014다58139 판결.

차계약 체결과 임대차보증금 수령에 관한 권한 일체를 위임받아 이 사건 임대차계약을 체결하였고, 그 임대차보증금을 피고 부부가 생활비 관리용으로 사용하던 피고 명의의 계좌로 송금받은 점, ③ 피고 부부가 그 돈을 주로 생활비 등에 사용하였고 피고의 대출금 상환에도 일부 사용한 점 등을 종합하여, 피고 부부가 임대차계약을 체결하게 된 경제적 이유와 구체적인 계약 체결 경위, 임대차보증금의 사용처 등이 모두 피고 부부의 공동생활과 관련이 있다고 인정되는 이상, 이 사건 임대차계약은 피고 부부의 공동생활을 유지하는 데 필요한 생활비 등을 마련하기 위한 일상의 가사에 관한 법률행위에 해당한다고 판단하였고, 대법원 역시 원심의 판단을 수긍하였다.

42 [판례] 일상가사에 해당하는 것(대여금)[18]

처인 남○○이 남편인 피고 명의로 분양받은 45평형 아파트의 분양금을 납입하기 위한 명목 등으로 합계금 40,000,000원을 차용하여 분양금 납입 등을 위해 사용하였고, 그 아파트가 남편인 피고의 유일한 부동산으로서 가족들이 거주하고 있던 사안에서, 원심은 부인인 남○○이 아파트분양금을 납부하기 위하여 타인으로부터 금전을 차용하는 행위는 일상가사의 범위에 속한다고 할 수 없고, 원고가 위 남○○에게 피고의 위 연대보증약정에 대한 대리권이 있다고 믿은 데에 권한을 넘은 표현대리에 있어서의 정당한 사유가 될 수 없다고 판시하였으나, 대법원은 금전차용행위도 금액, 차용목적, 실제의 지출용도, 기타의 사정 등을 고려하여 그것이 부부의 공동생활에 필요한 자금조달을 목적으로 하는 것이라면 일상가사에 속한다고 보아야 할 것이므로 아파트 구입비용 명목으로 차용한 경우 그와 같은 비용의 지출이 부부공동체를 유지하기 위하여 필수적인 주거 공간을 마련하기 위한 것이라면 일상의 가사에 속한다고 볼 여지가 있다고 할 것이어서, 피고 명의로 분양받은 위 아파트(45평형)는 현재 피고의 유일한 부동산으로서 피고 가족들이 거주하고 있는 것이므로 위 아파트분양금을 납입하기 위한 명목으로 하는 금전을 차용하여 이를 납입하였다면 그와 같은 금전차용행위는 일반적으로 일상가사의 범위에 속한다고 보아 피고에게 민법 제832조 본문에 의하여 연대책임을 인정하여야 할 것임에도, 원심이 그와 같이 볼 수 없는 특별한 사정에 대하여 나아가 살펴보지도 아니한 채 만연히 원고의 일상가사 주장을 배척한 조처에는 일상가사에 대한 법리를 오해하거나 심리를 다하지 아니하여 판결에 영향을 미친 위법이 있다고 판단하였다.

43 [판례] 일상가사에 해당하지 않는 것(대여금)[19]

피고 1, 2가 부부이고 원고가 피고 1에게 2002. 5. 6.부터 2004. 4. 12.까지 29회에 걸쳐

18 대법원 1999. 3. 9. 선고 98다46877 판결.
19 대법원 2009. 2. 12. 선고 2007다77712 판결.

합계 1억700만 원을 대여한 사안에서, 원심은 이 사건 대여금 중 일부가 피고 2와 그 아들인 소외인 명의의 통장에 입금되고, 이 사건 대여금 중 3,000,000원 정도가 소외인의 대출금 채무를 변제하는데 사용된 사실은 인정되나, 위 인정 사실만으로는 이 사건 대여금이 피고들 가족의 공동생활에 필요한 생활비 등의 일상가사를 위하여 사용되었다고 인정하기에는 부족하다는 판시하였고, 대법원 역시 원심의 판단을 수긍하였다.

44 [판례] 일상가사에 해당하지 않는 것(대여금)[20]

피고의 처인 배○○가 원고로부터 금원을 차용한 사안에서, 원심은 배○○가 원고로부터 이 사건 금원을 차용한 행위가 피고와의 부부공동생활을 유지하는데 통상 필요로 하는 생활자금을 조달할 목적으로 이루어졌음을 인정할 만한 증거가 없음에 반하여, 배○○는 자신이 운영하는 판촉업(상호명 △△) 및 사채업에 사용할 목적으로 이 사건 금원을 차용하였고 원고도 이러한 사실을 충분히 인식하고 있었던 사실이 인정되므로, 배○○의 위와 같은 차용행위는 일상가사의 범위에 속한다고 볼 수 없다는 이유로 이 사건 대여금채무가 일상가사의 범위에 속함을 전제로 한 원고의 주장을 배척하였고, 대법원 역시 원심의 판단을 수긍하였다.

45 [판례] 일상가사에 해당하지 않는 것(대여금)[21]

원고가 1995. 5. 경 피고의 처인 김○○에게 금 20,000,000원을 대여한 사안에서, 원심은 김○○이 원고로부터 차용한 금원 중 금 10,000,000원 부분은 피고 부부의 생활비, 아이들 용돈, 학비 등에 사용되었다고 보아 일상의 가사에 관하여 발생한 채무이므로 피고와 김○○이 연대책임을 부담한다고 판시하였으나, 대법원은 원고가 내세운 갑 제1호증은 김○○이 작성한 1997. 10. 7. 자 각서로서 구체적인 차용 명목이나 사용 내역에 관한 아무런 기재도 없고, 김○○의 증언을 보아도 원고로부터 차용한 금원 중에서 일부는 친정에 주고 일부는 가사(아이들의 용돈, 학비, 증인의 생활비)에 사용하였으며 그 비율은 반반이라고 막연한 진술을 하고 있을 뿐인 점, 김○○은 같은 증언에서 이 사건 차용금에 관하여 남편인 피고의 허락을 받은 바 없을 뿐만 아니라 이 사건 외에 주위 동네 사람들로부터 금 115,000,000원을 더 차용한 바 있다고 진술하고 있고, 을 제1호증의 1 내지 12의 각 기재와 원심 증인 박○○의 증언 등에 의하면, 피고는 세무공무원으로서 피고와 함께 넉넉하지 못한 살림을 꾸려 나가고 있었는데, 김○○은 위와 같이 피고의 허락도 없이 주위 사람들로부터 거액의 돈을 빌려 친정에 갖다주는 등의 행위를 하였고 피고와는 별거상태에 있는 사실을 알 수 있는바, 사정이 이러하다면, 이 사건 차용금 20,000,000원 중 절반이 피고 부부의 일

20 대법원 2004. 10. 15. 선고 2004다24816 판결.
21 대법원 1999. 7. 9. 선고 99다22694 판결.

상가사에 사용되었다는 김○○의 증언은 신빙성이 박약하고, 달리 이를 인정할 만한 자료도 기록상 찾아볼 수 없으므로, 이 사건 차용금은 그 차용 명목 자체가 불명확하고 일상의 가사용이라고 보기에는 다액이어서 그 차용행위가 일상가사에 속하는 것이라고 보기는 어렵다고 판단하였다.

46 [판례] 일상가사에 해당하지 않는 것(손해배상 내지 부당이득반환)[22]

피고 유○○의 처인 피고 전△△의 이 사건 주택 점유, 사용에 대하여 원고가 피고들에게 손해배상 내지 부당이득반환을 청구한 사안에서, 원심은 피고 유○○가 그 처인 피고 전△△과는 주민등록을 달리하고 전△△이 이 사건 주택에 거주하는 동안에 주로 외국에 거주하는 등으로 동거하지 아니한 사실 등을 인정한 다음, 전△△이 이 사건 주택을 점유, 사용함에 따른 손해배상 내지 부당이득반환 채무를 부부간의 일상가사에 관한 법률행위로 인한 채무라거나 부부공동생활에 필요한 비용에 해당하는 것으로 볼 수 없다고 판단하였고, 대법원 역시 원심의 판단을 수긍하였다.

47 [판례] 일상가사에 해당하지 않는 것(아파트 재건축 관련 청산금 부담행위)[23]

피고의 남편 윤○○이 소유하던 아파트의 재건축으로 인한 신축아파트 취득과 관련한 청산금 채무가 문제된 사안에서, 대법원은 이 사건 재건축 이전에 피고의 남편 윤○○이 소유하던 기존 아파트는 11평형으로서 윤○○이 피고와 결혼하기 전에 취득한 것으로, 그 아파트 건물 전체가 시유지 및 구유지상에 건립되어 있었던 관계로 윤○○을 비롯한 조합원들이, 불하대금의 일부는 재건축조합이 원고로부터 대여받아 이를 대납하고, 나머지는 조합원들이 분할납부하는 방식으로 점유지 및 비점유지를 불하받아 재건축조합에 출자한 사실, 피고 부부는 재건축으로 인하여 이주하면서 기존 아파트와 비슷한 평형대의 아파트를 공동의 명의로 새로 구입한 사실, 피고 부부는 이 사건 청산금을 무리없이 부담할 수 있을 정도의 수입이 있었던 것으로는 보이지 아니하는 사실, 그에 비하여 신축아파트는 24평형으로서 입주 직후 거래가격이 1억 3,000만 원 정도를 호가하였고, 그 취득으로 인하여 부담하게 된 이 사건 청산금이 원금만 하더라도 83,346,195원에 이르는 고액인 사실을 알 수 있는바, 이러한 사정들과 피고 부부의 사회적 지위·직업·재산·수입 능력 등 현실적 생활 상태 등을 종합하여 보면, 이 사건 신축아파트 취득 및 그 과정에서의 청산금 부담행위가 부부공동체 유지에 필수적인 주거 공간을 마련하기 위한 행위로서 부부의 공동생활에서 필요로 하는 통상의 사무에 관한 법률행위였다고 보기는 어렵다고 판단하였다.

22 대법원 2007. 8. 24. 선고 2006다46636 판결.
23 대법원 2004. 4. 9. 선고 2003다59174 판결.

48 [판례] 일상가사에 해당하지 않는 것(계금)[24]

피고의 처인 정○○이 40,000,000원의 계금채무를 부담한 사안에서, 원심은 원고가 이 사건 계금채무는 피고의 처인 정○○이 그 가족의 기본적인 생계를 유지하기 위한 기초생활비와 자녀들의 교육비 등에 사용하기 위하여 원고가 조직한 계에 가입하여 계금을 수령함으로써 부담하게 된 것이고, 실제 그 금원은 피고 부부의 공동생활에 필요한 생활비 등으로 사용되었으므로, 피고 역시 위 정○○과 연대하여 위 계금채무의 반환책임을 져야 한다는 취지로 주장함에 대하여 이에 부합하는 증거를 믿기 어렵다고 배척한 다음, 피고는 1986년경 상처하고 1989년경 정○○과 재혼한 후 양봉과 논농사를 비교적 큰 규모로 하였고, 재혼 후에도 양봉업과 농사를 계속한 사실, 정○○은 피고와 혼인 후 피고 소유의 건물에서 식당을 경영하다가, 1995년경부터는 피고의 돈과 은행으로부터 차용한 금원으로 위 건물 1층 부분 가게 2칸에서 '△△△'와 '◇'라는 상표의 의류를 판매하는 매장을 운영한 사실, 정○○은 위 의류매장을 경영하면서 경영부진 등으로 피고 모르게 거액의 채무를 부담한 사실, 피고는 1997. 6. 경 정○○이 위 의류사업과 관련하여 거액의 채무를 지고 있다는 사실을 알고나서부터 부부사이에 불화가 생긴 후, 피고와 1997. 7. 경부터 별거하기 시작한 사실, 피고는 정○○의 의류사업으로 인한 채무를 1억 원 이상 대신 변제한 사실 등이 인정되고, 가족의 생활비로 사용하기 위해 2개월 여의 짧은 기간에 금 40,000,000원을 필요로 했다는 것은 경험칙상 이례에 속한다 할 것이므로, 이에 비추어 보면 정○○의 원고에 대한 이 사건 계금채무는 혼인공동체의 통상의 사무에 포함되는 일상의 가사로 인한 채무라기보다는 정○○이 자신의 사업상의 필요에 의해 부담한 채무라고 할 것이므로, 위 계금채무가 일상가사로 인한 채무임을 전제로 하는 원고의 주장은 이유 없다고 하여 이를 배척하였고, 대법원 역시 원심의 판단을 수긍하였다.

24 대법원 2000. 4. 25. 선고 2000다8267 판결.

제 828 조 [부부간의 계약의 취소] <2012. 2. 10. 삭제 조문>

부부간의 계약은 혼인 중 언제든지 부부의 일방이 이를 취소할 수 있다. 그러나 제3자의 권리를 해하지 못한다.

1 부부간의 계약이더라도 민법상의 일반 원칙에 따라 처리하는 것이 바람직하다는 이유 등으로 2012. 2. 10. 법률 제11300호로 삭제되었다.

제 2 관 재산상 효력

[총설]

[참고문헌] 김주수/김상용, 주석 민법, 친족(1)(제5판), 한국사법행정학회(2016); 윤진수, 주해친족법(제1권)(제2판), 박영사(2025); 김주수/김상용, 친족·상속법(제20판), 법문사(2024); 박동섭/양경승, 친족상속법(제5판), 박영사(2020); 송덕수, 친족상속법(제7판), 박영사(2024); 윤진수, 친족상속법강의(제5판), 박영사(2023); 윤진수, 주해친족법(제1권)(제2판), 박영사(2025); 법원실무제요, 가사[Ⅱ], 사법연수원(2021); 윤여헌/감용찬, "부부의 생활비용 부담", 재판자료 제62집(1993); 이강원, "부부재산계약", 재판자료 제101집 가정법원사건의 제문제(上), 법원도서관(2003); 김명숙, "부부재산관계에 대한 검토 : 부부공동생활의 실태와 새로운 부의 창출에 대응하여", 고려법학 제56호, 고려대학교 법학연구원(2010); 김병대, "부부재산제도에 관한 연구", 박사학위논문, 조선대학교대학원(1979); 김병두, "별산제의 한계와 그 극복으로서 부부재산계약", 성균관법학 제16권 제3호, 성균관대학교 법학연구소(2004); 김숙자, "한국과 중국의 부부재산관계 법제의 비교", 비교사법 제12권 제4호, 한국비교법학회(2005); 민유숙, "부부재산제도와 재산분할제도의 한계", 사법논집 26집(1995); 이화숙, "부부재산제와 혼인해소시의 경제적 효과", 가족법연구 제5호, 한국가족법학회(1991)

1 민법은 혼인의 두 번째 효력인 재산상 효력으로 ① 부부재산의 약정과 그 변경(민법 제829조), ② 특유재산과 귀속불명재산(제830조), ③ 특유재산의 관리 등(제831조), ④ 가사로 인한 채무의 연대책임(제832조), ⑤ 생활비용(제833조)을 규정한다.

2 그중 가사로 인한 채무의 연대책임은 혼인의 일반적 효력 중 부부간의 가사대리권(민법 제827조)과 생활비용부담은 혼인의 일반적 효력 중 부부의 부양·협조의무(제826조)와 밀접한 관련이 있음은 앞서 본 것과 같다.

3 한편, 부부의 특유재산과 귀속불명재산 부분과 관련하여서는 재판상 이혼 등에 따른 재산분할 대상 포함 여부 및 그 산정비율, 물권법적인 소유권의 확정 및 대법원의 명의신탁 법리와 관련하여 상당한 논의가 있다.

Ⅰ. 부부재산제 일반

1. 의의

4 부부재산제란 일반적으로 부부의 재산관계를 규율하는 제도를 말한다.[1] 혼인으로 두 남녀는 부부라는 하나의 사회적, 경제적 공동체를 구성하게 되고, 이에 필연적으로 수반하게 되는 부부의 재산관계에 관한 제도가 필요하게 된다. 부부재산제의 핵심적인 내용은 부부가 혼인 전부터 소유하던 재산, 혼인 중에 공동의 노력 또는 부부 일방의 노력이나 기여에 기반하여 취득한 재산의 소유권과 관리권이 누구에게 귀속된다고 볼 것인가에 있다.

2. 부부재산제의 유형[2]

5 부부재산의 귀속과 관리에 관한 입법례는 크게 별산제와 공동재산제로 나뉜다.

가. 별산제

6 별산제는 혼인의 성립, 해소와 부부의 재산에 관한 권리 사이에 특별한 관계가 없고, 부부가 각자 재산을 소유하고 관리, 처분하는 것이다. 별산제는 영국과 그 영향을 받은 미국 대부분의 주에서 채택하였고, 프랑스와 스위스, 독일은 부부재산계약으로 이를 인정하고 있다.

나. 공동재산제

7 이에 반하여 공동재산제는 부부공동체를 조합에 유사한 형태로 보고, 부부공동체에 대하여 재산을 인정하는 것이다. 유럽,[3] 유럽의 영향을 받은 라틴 아메리카, 미국의 일부 주가 이를 채택하고 있다. 공동재산은 대부분 혼인 후 부부의 일방 또는 쌍방의 노력에 의하여 취득한 모든 재산을 의미하고, 배우자 각자의 고유재산은 공동재산에서 제외하는 것이 일반적이지만, 고유재산과 공동재산을 규정하는 방법이나 구체적인 범위는 다양하다.[4]

1 이화숙, "부부재산제와 혼인해소시의 경제적 효과", 가족법연구 제5호, 한국가족법학회(1991), 1.

2 김명숙, "부부재산관계에 대한 검토: 부부공동생활의 실태와 새로운 부의 창출에 대응하여", 고려법학 제56호, 고려대학교 법학연구소(2010), 2 이하.

3 프랑스 민법의 법정공동재산제와 약정공동재산제, 스위스 민법의 부부재산계약에 의한 공동재산제, 독일 민법의 부부재산계약에 의한 포괄적 공동재산제 등이 이에 해당한다.

4 배우자 각자가 혼인 시에 소유한 모든 재산과 상속재산을 공동재산에 포함하는 경우도 있고, 고유재산임을 증명하지 못하는 한 공동재산으로 추정하거나, 고유재산이 공동재산으로 전환되도록 하기도 한다고 한다.

Ⅱ. 우리나라 부부재산제도의 변천[5]

1. 민법제정 이전

가. 고려시대 및 조선시대

8 고려시대에는 남녀공동상속제도 및 자녀균분상속제도가 확립되어 여자는 출가 전후를 불문하고 상속받은 재산을 소유할 수 있었다. 다만, 처의 재산은 처가 자기 명의로 소유하나 그 재산은 부의 소유재산과 함께 자손에게 전해야 할 조업 내지 가산으로 형성되었다. 즉, 고려시대에는 여자에게 권리능력을 인정하였고 부부재산제는 재산이 각자 명의로 되어 있는 점에 있어서는 별산제, 조업으로서 형성되어 있는 점에 있어서는 공동제이며, 관리도 공동으로 하였을 것으로 추정하는 한 별산제와 공동제의 복합형태였다고 할 것이다. 위 제도는 그대로 조선시대로 승계되었을 뿐 아니라 더욱 구체화되어 조선왕조의 통일법전인 경국대전에서도 남녀균분상속제도와 조업제도에 관한 규정을 두었다.

나. 일제 강점기

9 일제시대에 민사재판의 기본적인 법규가 되었던 조선민사령(1912. 3. 18. 제령 제7호 1912. 4. 1. 시행) 제1조에 의하여 민사에 관하여는 일본 민법이 의용되었으나, 제11조에 의하여 능력, 친족 및 상속에 관한 규정은 종래의 관습에 의하였는데, 조선민사령은 그 후 여러 차례에 걸쳐 개정되면서 친족상속법 분야에서 우리 관습의 적용범위를 점점 축소시켰다. 게다가 조선 전래의 관습이 재판에서 규범력을 가진 법원으로 인정되기까지는 몇 단계를 거쳐야 했고, 관습조사사업에 의하여 식민당국의 의도에 맞추어 관습법의 왜곡이 이루어졌다. 이로 인하여 고려시대 및 조선시대의 법제와 비교할 때 오히려 처의 행위능력과 재산제도가 퇴보되었다.

10 일반적으로는 당시 처의 재산은 부가 관리·사용·수익할 수 있었고 부에게 그 처분권이 있었다고 설명한다.[6] 그러나 "부는 처의 재산을 관리·사용·수익할 수 있지만 부는 처의 승낙없이 처의 재산을 처분할 수 없다."는 일제의 관습조사보고서가 있다.[7]

[5] 김병대, "부부재산제도에 관한 연구", 박사학위논문, 조선대학교대학원(1979), 64, 67.
[6] 김숙자, "한국과 중국의 부부재산관계법제의 비교", 비교사법 제12권 제4호, 한국비교법학회(2005), 3.
[7] 관습조사보고서, 133문, 311; 1926. 8. 6. 및 17. 구관습조사결의, 휘집부, 19.

2. 민법의 제정과 개정

11 1958. 2. 22. 법률 제471호로 제정, 공포된 민법은 부부재산제도에 관하여 제829조 내지 제833조에서 규정하였는데, 부부의 일방이 혼인 전부터 가진 고유재산과 혼인 중 자기의 명의로 취득한 재산은 그 특유재산으로 하고, 부부의 누구에게 속한 것인지 분명하지 아니한 재산은 부의 특유재산으로 추정한다고 하였고, 부부는 그의 특유재산을 각자 관리, 사용, 수익하며 부부의 공동생활에 필요한 비용의 부담은 당사자 간에 특별한 약정이 없으면 부가 부담하도록 규정하였다. 그 후 1977. 12. 31. 법률 제3051호로 민법 제830조 제2항이 개정되어 현재와 같이 부부의 누구에게 속한 것인지 분명하지 아니한 재산은 부부의 공유로 추정한다고 규정되었고, 1990. 1. 13. 법률 제4199호로 민법 제833조가 개정되어 부부의 공동생활에 필요한 비용은 당사자 간에 특별한 약정이 없으면 부부가 공동으로 부담하는 것으로 규정되는 한편, 민법 제839조의2로 재산분할청구권에 관한 규정이 신설되었다.

12 그런데, 민법은 제830조 제1항이 부부의 일방이 혼인 전부터 가진 고유재산과 혼인 중 자기의 명의로 취득한 재산은 그의 특유재산으로 한다고 규정하여 문언 상으로 별산제를 취하는 입장이라고 할 것임에도 이에 더하여 일본 민법과 같이 이혼의 장에서 이혼 시의 재산분할청구권을 규정하고 있다. 이로 인하여 별산제에서 재산분할청구권을 인정하는 근거, 즉 혼인 중의 부부재산제도와 이혼 시의 재산분할제도를 어떻게 관련지을 것인가 하는 문제에 관하여 견해가 대립하고 있다.

13 이와 관련하여, 부부재산제도와 재산분할제도를 통합하여 하나의 공동제로서 파악하려는 견해, 부부재산제도는 별산제로 재산분할제도는 별산제를 전제로 하되 별산제의 결함을 보충하려는 전혀 별개의 제도로 각 파악하려는 견해와 현행 부부재산제도에서도 공동제적인 요소가 가미된 것으로 인정함으로써 부부재산제도와 재산분할제도를 관련짓는 견해 등이 있으나, 우리 민법상의 법정상속분 및 기여분제도와의 조화를 이룰 수 있고 민법이 제830조 제1항이 부부의 일방이 혼인 전부터 가진 고유재산과 혼인 중 자기의 명의로 취득한 재산은 그의 특유재산으로 한다고 명확히 규정하고 있는 점 등을 고려하면 민법은 순수한 별산제를 채택하고 있다고 할 것이고, 다만 부부 사이의 혼인 중 형성된 재산에 대한 구체적

인 처리의 문제는 재산분할제도에 의하는 것이라고 할 것이다.[8] 판례도 재산분할제도는 민법이 혼인 중 부부의 어느 일방이 자기 명의로 취득한 재산은 그의 특유재산으로 하는 부부별산제를 취하고 있는 것을 보완하여 이혼을 할 때는 그 재산의 명의와 상관없이 재산의 형성 및 유지 등 실질에 따라 각자의 몫을 분할하여 귀속시키고자 하는 제도라고 판시하고 있다.[9]

8 민유숙, "부부재산제도와 재산분할제도의 한계", 사법논집 26집(1995), 6 이하(다만 부부재산제도와 재산분할제도 사이를 연결하는 개념으로서 혼인 중 쌍방의 협력에 의하여 형성된 재산에 관하여 상대방 배우자는 잠재적 권리를 갖는다고 한다).

9 대법원 2014. 5. 17. 선고 2024므10721, 10738 판결, 대법원 2013. 6. 20. 선고 2010므4071, 4088 전원합의체 판결.

제 829 조 [부부재산의 약정과 그 변경]

① 부부가 혼인성립전에 그 재산에 관하여 따로 약정을 하지 아니한 때에는 그 재산관계는 본관중 다음 각조에 정하는 바에 의한다.
② 부부가 혼인성립전에 그 재산에 관하여 약정한 때에는 혼인중 이를 변경하지 못한다. 그러나 정당한 사유가 있는 때에는 법원의 허가를 얻어 변경할 수 있다.
③ 전항의 약정에 의하여 부부의 일방이 다른 일방의 재산을 관리하는 경우에 부적당한 관리로 인하여 그 재산을 위태하게 한 때에는 다른 일방은 자기가 관리할 것을 법원에 청구할 수 있고 그 재산이 부부의 공유인 때에는 그 분할을 청구할 수 있다.
④ 부부가 그 재산에 관하여 따로 약정을 한 때에는 혼인성립까지에 그 등기를 하지 아니하면 이로써 부부의 승계인 또는 제삼자에게 대항하지 못한다.
⑤ 제2항, 제3항의 규정이나 약정에 의하여 관리자를 변경하거나 공유재산을 분할하였을 때에는 그 등기를 하지 아니하면 이로써 부부의 승계인 또는 제삼자에게 대항하지 못한다.

[관련조문] 가사소송법 제2조(가정법원의 관장 사항), 비송사건절차법 제70조(부부재산 약정에 관한 등기 신청인), 가사소송규칙 제60조(청구), 부부재산약정등기규칙제4조(부부재산약정 변경등기)

Ⅰ. 부부재산계약

1 민법 제829조는 부부(제도의 취지상 더 정확하게는 혼인하여 부부가 되려는 남녀 쌍방)가 계약 자유의 원칙에 따라 자유로이 부부재산계약을 약정할 수 있도록 규정한다. 다만, 우리나라 혼인 실정에 비추어 부부재산계약을 체결하는 경우는 드물기 때문에, 실무상 부부재산계약으로 인하여 법률분쟁이 발생하는 사례가 많지 않으나 이혼에 따른 재산분할사건 등에서 문제가 되는 경우가 있다. 이와 관련하여 부부 별산제는 대내외적으로 부부 재산의 권리·의무관계를 간명하게 처리할 수 있다는 장점이 있으나 재산명의인에 의한 재산 감소행위를 사전에

저지할 수 없고, 재산명의인의 채권자에 대하여 실질적 공동재산임을 이유로 자신의 지분권을 대항할 수 없으므로 부부재산계약은 신성한 혼인에 장애가 되는 것이 아니라 혼인공동체 보호 및 화해가능성 제고에 기여한다는 인식전환이 필요하다는 견해가 있고,[1] 대다수 국민은 부부재산계약의 체결을 원하고 있음에도 부부재산계약의 활용이 저조한 이유가 제도상의 불비에 기인한 것으로 계약 내용의 정형화 등이 필요하다는 견해가 있다.[2]

Ⅱ. 부부재산계약의 체결과 변경

2 1. 부부는 선량한 풍속 기타 사회질서, 강행법규에 반하지 않는 한 자유로운 내용과 방식으로 부부재산계약을 체결할 수 있으나, 그 시기는 혼인성립 전 즉, 혼인신고 이전이어야 한다. 다만, 향후 이혼할 경우를 대비하여 재산분할청구를 포기하는 약정은 혼인이 해소되기 전에 미리 재산분할청구권을 포기하는 것과 같아지기 때문에 성질상 허용되지 않고,[3] 이는 기여분, 유류분권, 상속권의 포기 약정의 경우에도 동일하다고 할 것이다.

3 2. 부부는 혼인 중에는 부부재산계약을 체결할 수 없고, 이미 체결된 부부재산계약을 변경하는 것도 원칙적으로 허용되지 않는다. 다만, 정당한 사유가 있는 경우 법원의 허가를 얻어 부부재산계약의 변경이 가능하고, 재산을 관리하는 부부 일방이 부적당한 관리로 그 재산을 위태하게 한때에는 다른 일방은 자기가 관리할 것을 법원에 청구할 수 있으며, 그 재산이 공유인 경우 그 분할을 청구할 수도 있다. 이는 혼인 중 상대적으로 사회적 약자인 부부 일방에게 불리한 내용의 부부재산계약이 체결되거나 그러한 내용으로 기존 부부재산계약이 변경되는 것을 방지하기 위한 규정이다.

4 3. 그 계약의 방식에는 제한이 없으므로 서면이나 구술에 의한 경우 모두 가능하나, 부부가 혼인성립 전까지 부부재산계약을 등기하지 않은 경우에는 그 계약을 이유로 부부의 승계인이나 제3자에 대항하지 못하고, 이는 법원의 허가로 부

1 이강원, "부부재산계약", 재판자료 가정법원 사건의 제문제 101집(2003), 24.
2 김병두, "별산제의 한계와 그 극복으로서 부부재산계약", 성균관법학 제16권 제3호, 성균관대학교 법학연구소(2004), 19 이하.
3 서울가정법원 2015. 1. 14. 선고 2014드합301307(본소), 2014드합301314(반소) 판결.

부재산계약을 변경하거나 공유재산을 분할한 경우에도 동일하다. 이와 관련하여 거래안전을 위해 일반인이 확인하기 어려운 부부재산약정 등기부라는 특수한 등기부를 폐지하고 부동산 등기부에 부부재산계약의 내용을 공시하거나, 부부재산계약의 등기와 부동산에 관한 등기까지 이루어져야만 제3자에게 대항할 수 있게 하여야 한다는 의견이 있다.

4. 제829조 제2항 단서에 따른 부부재산약정의 변경에 대한 허가[4]

가. 심판청구

1) 청구권자

5 부부 쌍방이 공동으로 신청하여야 한다(가사소송규칙 제60조). 따라서 부부재산약정의 변경허가청구(라류 7호 비송사건)는 부부가 미리 그 재산 약정의 변경에 관한 합의를 한 다음 그에 대한 인가를 가정법원에 청구하는 것을 의미한다고 볼 수 있다. 부부 사이에 그 재산약정의 변경에 관한 합의가 이루어지지 않은 경우에는 민법 제829조 제3항에 따라 부부의 한쪽이 다른 쪽을 상대로 재산관리자의 변경 또는 공유재산의 분할을 위한 처분을 구할 수 밖에 없다.

2) 관할

6 부부가 같은 가정법원의 관할구역 내에 보통재판적이 있을 때에는 그 가정법원이, 부부가 마지막으로 같은 주소지를 가졌던 가정법원의 관할구역 내에 부부 중 어느 한쪽의 보통재판적이 있을 때에는 그 가정법원, 그 이외에는 부부 중 어느 한쪽의 보통재판적이 있는 곳의 가정법원이 각 관할한다(가사소송법 제44조 제1항 제3호, 제22조 제1호·제3호).

나. 심판

7 "청구인들 사이의 부부재산약정을 별지 기재와 같이 변경함을 허가한다."라는 내용이 포함되도록 심판문의 주문을 기재한다. 청구를 기각한 심판에 대하여는 청구인이, 청구를 인용한 심판에 대하여는 이해관계인이 즉시항고를 할 수 있다(가사소송규칙 제27조, 제61조). 청구를 인용한 심판이 확정되면 부부 사이에서는 그 재산약정이 변경되지만 제3자에 대한 관계에서는 그 변경된 내용을 등기하여야만 대항할 수 있다(민법 제829조 제5항).

[4] 가사소송법 제2조 제1항 제2호 가. 라류사건 제7호; 법원실무제요, 가사[Ⅱ], 사법연수원(2021), 928 이하.

5. 제829조 제3항에 따른 재산관리자의 변경 또는 공유재산의 분할을 위한 처분[5]

가. 의의

8 민법 제829조는 부부 일방의 부적당한 관리에 대하여 다른 일방의 청구에 따라 재산관리자를 변경하는 것으로, 가사소송법 제2조 제1항 제2호 나. 2)는 독립된 마류 비송사건으로 분류하고 있다. 부적당한 관리란 고의 또는 과실로 혼인공동생활의 유지에 관한 공통의 신뢰와 이해에 반하는 관리를 한 것이고, 재산을 위태롭게 한다는 것은 단순히 재산의 과실을 수취하지 못하게 한 정도를 넘어서 소유권을 상실하게 할 우려가 있는 것을 가리킨다. 다만, 혼인 전 부부재산약정이 체결된 경우가 아니면 위 조항은 적용되지 않고 일반 민사상 공유물분할청구에 해당한다는 것이 판례이다.[6]

나. 심판청구

1) 청구권자

9 부부 쌍방에게 청구인적격과 상대방적격이 있고(가사소송규칙 제96조), 제3자는 부부재산약정의 당사자가 될 수 없으므로 심판에서의 당사자적격도 인정되지 않는다.

2) 관할

10 마류 가사비송사건이므로, 상대방의 보통재판적이 있는 곳의 가정법원의 토지관할에 해당한다(가사소송법 제46조).

3) 조정전치

11 마류 가사비송사건은 조정전치주의의 적용을 받으므로(가사소송법 제50조), 당사자는 심판청구에 앞서 가사조정을 신청하여야 하고, 당사자가 조정을 신청하지 아니한 채 심판청구를 한때에는 가정법원은 직권으로 사건을 조정에 회부할 수 있다.

다. 심판

1) 주문

12 재산관리자변경의 경우에는 "별지 목록 기재 재산의 관리자를 청구인으로 변경한다." 또는 "별지 목록 재산의 관리는 청구인이 한다."라는 내용이 포함되도록

5 법원실무제요, 가사[Ⅱ], 사법연수원(2021), 1432 이하.
6 대법원 2006. 1. 13. 선고 2004므1378 판결.

심판문의 주문을 기재한다. 공유재산분할의 경우에는 민법 제269조 제2항이 준용되므로(가사소송규칙 제98조), 부부공유재산을 현물분할함으로써 그 가액이 현저히 감소될 염려가 있는 때에는 그 물건을 경매에 부쳐 가액분할을 명할 수 있다. 다만, 민법 제269조 제2항을 준용한다는 취지는 분할의 방법을 예시한 것일 뿐 그 분할의 방법이 현물분할이나 경매에 의한 가액분할에 한정된다는 의미는 아니므로, 구체적인 분할방법은 가정법원이 후견적인 입장에서 가정평화와 사회정의를 위하여 가장 합리적으로 당사자 간의 법률관계를 조정할 수 있는 것이면 어떤 것이라도 무방하다. 그리고 공유재산의 분할에 관하여는 금전의 지급, 물건의 인도, 등기 기타의 의무이행을 동시에 명할 수 있다(가사소송규칙 제97조). 재산관리자의 변경과 아울러 공유재산의 분할을 명하는 심판은 아래의 내용이 포함되도록 주문을 기재한다.

가) 현물분할을 명하는 경우

1. 별지 목록 기재 부동산에 대한 상대방의 관리를 중단한다.
2. 상대방은 청구인에게 위 부동산 중 별지 도면 …표시 부분(청구인의 소유로 하는 부분)에 관하여 이 심판 확정일자 공유재산 분할을 원인으로 한 소유권이전등기절차를 이행하라.

나) 목적재산을 당사자 한쪽의 단독소유로 하고 상대방의 공유지분에 대하여는 가액청산을 명하는 경우

1. 별지 목록 기재 부동산에 대한 상대방의 관리를 중단한다.
2. 상대방(또는 청구인)은 위 부동산 중 ○/○지분에 관하여 이 심판 확정일자 공유재산 분할을 원인으로 한 소유권이전등기절차를 이행하라.
3. 청구인(또는 상대방)은 상대방(또는 청구인)에게 ○○원을 지급하라.

다) 경매에 의한 가액분할을 명하는 경우

1. 별지 목록 기재 부동산에 대한 상대방의 관리를 중단한다.
2. 위 부동산을 경매에 부쳐 그 대금에서 경매비용을 공제한 나머지 금액을 청구인에게 ○/○, 상대방에게 ○/○의 비율로 분할한다.

2) 불복

13 심판에 대하여는 청구인과 상대방이 즉시항고를 할 수 있다(가사소송규칙 제94조 제1항).

3) 요력

14 청구를 인용한 심판이 확정되면 부부 사이에서는 그 재산약정이 변경되지만 제3자에 대한 관계에서는 그 변경된 내용을 등기하여야만 대항할 수 있다(민법 제829조 제5항).

15 한편, 가사소송법 제2조 제1항 소정의 나류 가사소송사건과 마류 가사비송사건은 통상의 민사사건과는 다른 종류의 소송절차를 따르고, 원칙적으로 위와 같은 가사사건에 관한 소송에서 통상의 민사사건에 속하는 청구를 병합할 수는 없으므로, 부부재산약정의 목적물 분할청구와 달리 통상의 민사사건인 부부 공유재산의 분할청구는 소송절차를 달리하는 나류 가사소송사건 또는 마류 가사비송사건인 이혼 및 재산분할청구와는 병합할 수 없다.[7]

Ⅲ. 부부재산계약의 내용

16 1. 부부 사이의 재산과 관련한 내용이라면 선량한 풍속, 기타 사회질서에 위반되는 내용이 아닌 이상 특별한 제한이 없이 그 효력이 발생한다.

17 2. 이견이 있으나, 부부재산계약은 혼인이 성립하였을 때부터 혼인이 종료되었을 때까지 그 효력을 유지하므로 그 이전이나 이후의 시기의 재산관계를 정하는 것은 원칙적으로 허용되지 않는다는 것이 일반적인 견해이다.

Ⅳ. 부부재산계약의 종료

18 부부재산계약은 통상 혼인관계의 소멸에 의하여 종료될 것이나, 혼인 중이라도 법원의 허가로 재산관리자가 변경되거나 공유재산을 분할함으로써 부부재산계약이 종료되는 경우가 있을 수 있다.

[7] 대법원 2006. 1. 13. 선고 2004므1378 판결.

제 830 조 [특유재산과 귀속불명재산]

① 부부의 일방이 혼인전부터 가진 고유재산과 혼인중 자기의 명의로 취득한 재산은 그 특유재산으로 한다.

② 부부의 누구에게 속한 것인지 분명하지 아니한 재산은 부부의 공유로 추정한다. <개정 1977. 12. 31.>

[관련조문] 민법 제830조(특유재산과 귀속불명재산), 제839조(준용규정)

Ⅰ. 의의

1 민법은 법정부부재산제로 부부별산제를 채용하고 있다(민법 제830조 이하). 이에 따라 부부는 일방의 고유재산인 특유재산과 부부의 공동재산인 공유재산을 보유한다.

2 실무상 이혼 등에 따른 재산분할청구사건에서 특정 재산이 특유재산인지 여부가 자주 문제가 되고 있는데, 이는 부부 일방의 특유재산은 원칙적으로 분할대상재산에서 제외되고, 포함이 되는 경우라도 다른 일방의 재산형성 및 유지 등에 대한 기여 정도만을 고려하여 상대적으로 낮은 비율로 분할이 되기 때문이다.

3 그 이외에 부부 명의신탁과 관련되어서도 종종 문제가 되고 있는데, 이에 대하여 판례는 일정한 법리를 형성하고 있다. 즉, 대법원은 민법 제830조 제1항에 의하여 부부의 일방이 혼인 중 그의 단독 명의로 취득한 부동산은 그 명의자의 특유재산으로 추정되므로 그 추정을 번복하기 위하여는 다른 일방 배우자가 실제로 당해 부동산의 대가를 부담하여 그 부동산을 자신이 실질적으로 소유하기 위하여 취득하였음을 증명하여야 하는데, 이때 단순히 다른 일방 배우자가 그 매수자금의 출처라는 사정만으로는 무조건 특유재산의 추정을 번복하고 당해 부동산에 관하여 명의신탁이 있었다고 볼 것은 아니고, 관련 증거들을 통하여 나타난 모든 사정을 종합하여 다른 일방 배우자가 당해 부동산을 실질적으로 소유하기 위하여 그 대가를 부담하였는지를 개별적·구체적으로 가려 명의신탁 여부를 판단하여야 하며, 특히 다른 증거에 의하여 이러한 점을 인정하기 어려

운 사정이 엿보이는 경우에는 명의자 아닌 다른 일방 배우자가 매수자금의 출처라는 사정만으로 명의신탁이 있었다고 보기는 어렵다고 한다.[1] 또 부부의 일방이 혼인 중 그의 단독 명의로 취득한 재산은 그 명의자의 특유재산으로 추정되는 것이고 그 재산의 취득에 있어 다른 일방의 협력이 있었다거나 내조의 공이 있었다는 것만으로는 그 추정이 번복되지 아니하는 것이지만 다른 일방이 실제로 당해 재산의 대가를 부담하여 취득하였음을 증명한 경우에는 그 추정이 번복되고 그 대가를 부담한 다른 일방이 실질적인 소유자로서 편의상 명의자에게 이를 명의신탁한 것으로 인정할 수 있다고 한다.[2]

4 한편, 대법원은 처가 일상가사 및 청바지 점포의 운영에 관하여 남편을 대리하여 차용할 권한이 있다고 판단한 사안에서 이처럼 점포를 공동 운영하는 처가 남편 명의로 차용하는데 대하여 민법 제126조의 표현대리 책임을 인정한다고 해서 개인 책임의 원칙과 부부별산제도에 어긋난다고 볼 수 없다고 한다.[3]

Ⅱ. 재산의 귀속

5 부부재산의 종류에 따른 재산의 귀속은 구체적으로 다음과 같이 분류할 수 있다.

1. 부부의 특유재산

가. 부부 일방이 혼인 전부터 가진 고유재산

6 부부 일방이 혼인 전부터 가지고 있던 본인 명의의 고유재산은 부부 일방의 특유재산에 해당한다. 제3자 명의의 재산이라고 하더라도 실질적으로 부부 일방이 혼인 전부터 가지고 있던 고유재산인 경우에는 여기에 해당한다.

나. 혼인 중 자기의 명의로 취득한 재산

7 혼인 중 부부 일방이 자신의 명의로 취득한 재산은 부부 일방이 단독으로 매수, 상속 또는 증여를 받는 등으로 취득한 재산을 말하는 것으로, 그 재산은 부부 일방의 특유재산에 해당한다. 이견이 있으나, 실질적으로 부부 공동의 노력으로

1 대법원 2018. 8. 30. 선고 2017다264232, 264249 판결, 대법원 2013. 10. 31. 선고 2013다49572 판결.

2 대법원 2010. 7. 15. 선고 2010다22040 판결, 대법원 2007. 4. 26. 선고 2006다79704 판결. 이와 관련하여 재산분할청구에서 가사노동 등을 고려하는 것과 부부 명의신탁에서 이를 고려하지 아니하는 판례 법리에 모순이 존재한다는 견해가 있으나 재산분할제도와 명의신탁제도의 근거와 효과가 다른 점을 고려한 것이라는 견해도 있다.

3 대법원 2001. 8. 21. 선고 2001다33772 판결.

형성한 재산임에도 부부 일방의 명의로 취득한 재산 역시 원칙적으로 그 명의자인 부부 일방의 특유재산이라고 할 것이다.[4]

다. 이혼 등에 따른 재산분할사건에서의 취급

8 민법 제839조의2에 규정된 재산분할제도는 혼인 중에 취득한 실질적인 공동재산을 청산 분배하는 것을 주된 목적으로 하는 것이므로, 부부가 이혼을 할 때 쌍방의 협력으로 이룩한 재산이 있는 한, 법원으로서는 당사자의 청구에 의하여 그 재산의 형성에 기여한 정도 등 당사자 쌍방의 일체의 사정을 참작하여 분할의 액수와 방법을 정하고, 이 경우 부부 일방의 특유재산은 원칙적으로 분할의 대상이 되지 아니하지만 특유재산일지라도 다른 일방이 적극적으로 그 특유재산의 유지에 협력하여 그 감소를 방지하였거나 그 증식에 협력하였다고 인정되는 경우에는 분할의 대상이 될 수 있다.[5] 이는 민법이 혼인 중 부부의 어느 일방이 자기 명의로 취득한 재산은 그의 특유재산으로 하는 부부별산제를 취하고 있는 것을 보완하여, 이혼을 할 때는 그 재산의 명의와 상관없이 재산의 형성 및 유지에 기여한 정도 등 실질에 따라 각자의 몫을 분할하여 귀속시키고자 하는 제도이다. 따라서 부부가 이혼을 할 때 쌍방의 협력으로 이룩한 적극재산이 있는 경우는 물론 부부 중 일방이 제3자에 대하여 부담한 채무라도 그것이 공동재산의 형성에 수반하여 부담한 것이거나 부부 공동생활관계에서 필요한 비용 등을 조달하는 과정에서 부담한 것이면 재산분할의 대상이 된다.[6]

9 실무상 부부 일방의 특유재산일지라도 혼인 기간 동안 그 재산의 보유 기간이 상당하고, 정상적인 혼인관계가 유지된 채로 상당한 기간이 경과한 사정 등이 있는 경우에는 혼인 기간 동안 부부공동의 유·무형의 노력으로 재산이 형성 또는 유지되는 경우가 보통인 사정 등을 고려하여 이를 재산분할 대상으로 삼는 것이 일반적이다. 즉, 실무상으로는 혼인 후 재산의 보유 기간이 상당하고, 정상적인 혼인관계가 유지된 채로 상당한 기간이 경과한 사정 등이 있는 경우에는 부부 일방의 특유재산이라고 하더라도 재산분할대상으로 삼고 그 재산이 특유

4 이처럼 부부별산제는 배우자의 기여(예: 가사노동 등)가 제대로 인정되지 않는다는 점에서 부부 사이의 실질적인 평등을 실현하지 못한다는 견해가 있다[김주수/김상용, 주석 민법, 친족(1)(제5판), 한국사법행정학회(2016), 484].

5 대법원 2015. 6. 24. 선고 2013므3963, 3970 판결, 대법원 2002. 8. 28. 자 2002스36 결정, 대법원 1998. 2. 13. 선고 97므1486, 1493 판결, 대법원 2001. 6. 12. 선고 2001므565 판결.

6 대법원 2013. 6. 20. 선고 2010므4071, 4088 전원합의체 판결, 대법원 1993. 5. 25. 선고 92므501 판결.

재산이라는 사정은 분할비율을 정하는데 고려하는 것이 오히려 일반적이다. 다만, 상당한 기간[7]에 대하여는 개별 사건의 구체적인 사정 등에 따라 유동적일 것이다.

2. 부부의 공유재산

10 혼인 중 부부 공동의 노력으로 형성된 재산과 부부의 누구에게 속한 것인지 분명하지 아니한 재산은 부부공동재산에 해당하나, 후자의 경우에는 민법 제830조 제2항에 따라 추정이 될 뿐이므로 부부 일방의 특유재산이라는 사정이 밝혀진 경우에는 부부 일방의 특유재산에 해당하게 된다.

3. 귀속불분명재산의 부부공유추정

11 부부 중 누구의 소유인지 분명하지 아니한 물건은 부부공유로 추정되는 것이므로 배우자 일방에 대한 채무명의에 기하여 그 지분권을 압류하는 방법에 의하지 아니하고 그 물건 전체에 대하여 한 압류집행은 부당하다.[8] 다만, 이와 같은 부부공유재산의 추정과 부부공유의 유체동산에 대한 압류는 혼인관계가 유지되고 있는 부부를 전제로 하므로 부부가 협의이혼을 한 후 부부 사이에 사실상의 부부관계가 여전히 유지되고 있다는 등의 특별한 사정이 없는 한 부부 일방이 그 거주지에서 점유하고 있는 동산들은 부부의 공유로 추정되지 아니한다.[9]

7 서울가정법원의 실무는 혼인 후 재산의 보유 기간 및 정상적인 혼인관계가 각 3년 정도 경과하고 특이한 사정이 보이지 않는 경우 부부 일방의 특유재산이더라도 상대방의 재산 형성 및 그 유지에 대한 기여를 인정하여 이혼 등에 따른 재산분할 사건에서 분할대상 재산에 포함하는 경우가 많으나, 개별 사건의 구체적인 사정 등에 따라 달리 판단하는 경우도 있다.

8 대법원 1981. 2. 24. 선고 80다2023 판결, 대법원 1980. 8. 19. 선고 80다1282 판결.

9 대법원 2013. 7. 11. 선고 2013다201233 판결.

제 831 조 [특유재산의 관리 등]

부부는 그 특유재산을 각자 관리, 사용, 수익한다.

1 혼인 중 부부의 어느 일방이 자기 명의로 취득한 재산은 그의 특유재산으로 하는 부부별산제의 원칙에 따라 부부 일방의 특유재산은 당연히 그 일방이 단독 소유하므로 독자적으로 관리, 사용, 수익, 처분할 권리를 갖는다.

2 이 때문에 이혼에 따른 재산분할청구권에 기하여 상대방의 특유재산에 분할을 요구하는 일방은 그 재산에 가처분 등의 보전처분을 할 필요성이 크고, 실무상 매우 빈번하게 이루어지고 있다.

제 832 조 [가사로 인한 채무의 연대책임]

부부의 일방이 일상의 가사에 관하여 제삼자와 법률행위를 한 때에는 다른 일방은 이로 인한 채무에 대하여 연대책임이 있다. 그러나 이미 제삼자에 대하여 다른 일방의 책임없음을 명시한 때에는 그러하지 아니하다.

Ⅰ. 의의 및 내용

1 1. 부부의 일방이 행한 일상의 가사에 관한 법률행위로 인한 채무는 부부가 연대하여 책임을 부담한다(법정책임). 이견이 있으나 그 법률행위 명의가 부부 일방의 자기 명의인지 타방 명의인지 등은 문제되지 않는다는 것이 일반적인 견해이다.

2 2. 일상가사대리의 범위에 속하는 행위에 대하여 부부 모두가 연대하여 책임을 부담하게 된다. 그리고 일상가사로 인한 채무의 특수성을 고려하여 상계, 면제, 소멸시효 등에서 일반 민사상 연대채무와 달리 취급할 것인지와 일상가사에 관한 법률행위의 효과가 부부 모두에게 귀속되는 점을 고려하여 그 권리(예: 부부 일방이 주택을 임차한 경우 차임지급의무와 임차권 등)도 부부 모두에게 귀속된다고 볼 것인지에 대해서는 견해가 나뉜다. 또한 부부 내부관계에서 구상권이 인정되는지, 그 법률행위로 인한 권리를 공동으로 취득하는지에 대해서도 견해가 나뉜다.

Ⅱ. 부부 연대책임의 면책

3 부부가 거래 상대방인 제3자에게 다른 일방의 책임 없음을 명시한 경우에는 부부의 연대책임이 면책된다.

제 833 조 [생활비용]

부부의 공동생활에 필요한 비용은 당사자간에 특별한 약정이 없으면 부부가 공동으로 부담한다.

[전문개정 1990. 1. 13.]

[참고문헌] 주해친족법(제1권)(제2판), 박영사(2025)

Ⅰ. 생활비용의 부담

1 1. 부부와 가족의 공동생활을 유지하기 위해 필요한 비용을 말하고, 여기에는 의료비, 양육비, 교육비 등이 포함된다. 생활비용분담청구권은 일신전속성을 지니므로 처분할 수 없고, 대위행사도 허용되지 않으며, 청구권자가 사망하는 경우 그 권리는 소멸한다.

2 2. 부부평등의 원칙에 따라 부부의 공동생활에 필요한 비용은 부부가 공동으로 부담하고, 부부 사이에 다른 약정이 있으면 그 약정이 우선한다. 1990년 민법 개정으로 부가 생활비용을 부담하는 것에서 부부가 공동으로 부담하는 것으로 변경되었다.

3 3. 민법 제826조 제1항의 부부간의 부양·협조는 부부가 서로 자기의 생활을 유지하는 것과 같은 수준으로 상대방의 생활을 유지시켜 주는 것을 의미한다(제1차적 부양의무). 이러한 부양·협조의무를 이행하여 자녀의 양육을 포함하는 공동생활로서의 혼인생활을 유지하기 위해서는 부부간에 생활비용의 분담이 필요한데, 민법 제833조는 그 기준을 정하고 있다. 즉, 이견이 있으나 민법 제826조 제1항은 부부간의 부양·협조 의무의 근거를, 민법 제833조는 그 부양·협조 의무이행의 구체적인 기준을 제시한 조항으로 위 각 법조에 근거한 청구는 그 청구원인이 동일하다는 것이 판례[1]와 통설이다. 가사소송법 제2조 제1항 제2호 나. 마류사건 1호도 이를 구분하지 않고 '민법 제826조 및 제833조에 따른 부부의 동거·부양·협조 또는 생활비용의 부담에 관한 처분'이라고 함께 정하고 있어서 양자

[1] 대법원 2017. 8. 25. 자 2014스26 결정(따라서 민법 제833조에 의한 생활비용청구가 제826조와는 무관한 별개의 청구원인에 기한 청구라고 볼 수는 없다고 한다).

를 구별할 실익도 거의 없고, 굳이 구분하자면 부양의무가 재산적 및 비재산적 의무를 포괄하는 반면, 생활비용의 부담에 관한 규정은 그 중 재산적 부분의 구체적 이행방식을 규정하고 있다고 봄이 상당하다.[2] 실무상으로도 민법 제833조에 기하여만 생활비용 분담을 청구하는 사례는 찾아보기 어렵다.

Ⅱ. 별거와 생활비용의 부담

4 부부가 별거하는 경우에도 부부사이의 부양의무는 존속하는 것이 보통이므로, 공동생활비용을 부담할 의무가 있는 일방은 다른 일방에게 필요한 생활비를 지급하여야 한다. 다만, 부부간의 동거·부양·협조의무는 정상적이고 원만한 부부관계의 유지를 위한 광범위한 협력의무를 구체적으로 표현한 것으로서 서로 독립된 별개의 의무가 아니라고 할 것이므로, 부부의 일방이 정당한 이유 없이 동거를 거부함으로써 자신의 협력의무를 스스로 저버리고 있다면, 상대방의 동거청구가 권리의 남용에 해당하는 등의 특별한 사정이 없는 한, 상대방에게 부양료의 지급을 청구할 수 없다.[3]

2 주해친족법(제1권)(제2판), 박영사(2025), 331(이동진).
3 대법원 1991. 12. 10. 선고 91므245 판결.

제 5 절 이혼

[총설]

[참고문헌] 주해친족법 제1권, 박영사(2025); 김주수/김상용, 친족·상속법(제20판), 법문사(2024); 주석민법, 총칙1(제5판), 한국사법행정학회(2019); 박동섭, 친족상속법(제4판), 박영사(2013); 송덕수, 친족상속법(제7판), 박영사(2024); 신영호, 로스쿨 가족법강의(제2판), 세창출판사(2013)

Ⅰ. 혼인의 해소

1. 의의

1 혼인이 유효하게 성립하였어도 부부의 일방이 사망하거나 부부가 이혼을 하는 경우에는 혼인이 종료된다. 일정한 경우에는 법률에 의해 사망이 의제되기도 한다. 학설은 이와 같이 유효하게 성립한 혼인이 후발적 사유로 인하여 종료되는 것을 혼인의 해소라 하여, 혼인의 성립과정에 흠이 있어 혼인이 종료되는 혼인 취소의 경우와 구별을 하고 있다.[1]

2 사망을 한 경우와 이혼을 한 경우 모두 혼인의 효력은 소멸하고 그 효과가 소급되지 않는다는 점은 동일하지만, 사망을 한 경우에는 생존 배우자가 상속을 하고, 이혼을 한 경우에는 당사자의 일방이 재산분할을 청구하는 등 양자 사이에는 중요한 차이가 존재한다.

2. 사망에 의한 혼인의 해소

가. 사망

3 부부의 일방이 사망하면 혼인의 효력이 소멸한다. 따라서 생존 배우자는 다시 혼인을 할 수 있고, 부부의 동거·부양·협조의무, 가사대리권, 부부재산계약, 가사로 인한 채무의 연대책임, 생활비용 부담의무 등은 모두 소멸한다(민법 제810조,

1 김주수/김상용, 친족·상속법(제20판), 법문사(2024), 155; 박동섭, 친족상속법(제4판), 박영사(2013), 140; 송덕수, 친족상속법(제7판), 박영사(2024), 71; 신영호, 로스쿨 가족법강의(제2판), 세창출판사(2013), 119.

제826조, 제827조, 제829조, 제832조, 제833조). 그러나 그 효과가 소급되지 않는다. 따라서 이미 발생한 일상가사로 인한 채무에 대한 연대책임은 소멸하지 않는다. 이 점은 이혼의 경우와 같다.

4 이혼을 한 경우와 달리, 사망을 하면 생존 배우자는 사망한 배우자의 재산상 권리와 의무를 상속할 수 있고(민법 제1003조), 부부 사이의 자녀에 대한 단독친권자가 됨이 원칙이며(제909조), 인척관계가 사망으로 인하여 종료하지 않고 생존 배우자가 재혼한 때에 종료하기 때문에(제775조), 사망한 배우자의 혈족과의 부양의무가 유지되고(제974조), 대습상속을 할 수도 있다(제1003조 제2항).

나. 실종선고

5 실종선고를 받은 사람(실종자)은 실종기간이 만료한 때에 사망한 것으로 보므로(민법 제28조), 그 때에 혼인이 해소되고, 그 효과는 사망을 한 경우와 같다.

6 그러나 후에 실종자가 생존한 사실이 밝혀지는 등으로 실종선고가 취소되는 경우(민법 제29조 제1항 본문)에 혼인 해소의 효력이 어떻게 되는지에 관하여는 다툼이 있다. 실종선고가 취소되면 실종선고로 인한 법률관계는 소급적으로 무효가 됨이 원칙이지만,[2] 실종선고가 취소되더라도 '실종선고 후 그 취소 전에 선의로 한 행위'의 효력에는 영향을 미치지 않기 때문이다(민법 제29조 제1항 단서).[3]

7 실종자의 배우자가 재혼을 한 후에 실종자가 생존한 사실이 밝혀져 실종선고가 취소된 경우 그 재혼의 효력에 관하여, 통설 및 실무는 재혼 당사자 쌍방이 선의인 경우 전혼은 부활하지 않고 후혼만이 유효하지만 재혼 당사자 중 일방이라도 악의인 경우에는 전혼이 부활하여 전혼에는 이혼원인이 생기고 후혼은 중혼이 되어 취소할 수 있다고 한다. 중혼에 관한 가족관계등록사무 처리지침(가족관계등록예규 제418호) 제1의 다.항은 위의 경우 일단 재혼 당사자가 모두 선의인 것으로 추정하여 전혼관계가 부활하지 않는 것으로 보아 처리하되 예외적으로 재혼 당사자의 쌍방 또는 일방이 악의임이 입증되면 중혼관계가 성립하는 것으로 처리하도록 하고 있다.[4] 반면에 실종자의 배우자가 실종선고 후에 사실혼 관계를 유지한 경우에는 사실혼 당사자가 모두 선의라도 실종선고가 취소되면 전

2 주석 민법, 총칙1(제5판), 한국사법행정학회(2019), 511(김상훈).

3 위 '선의로 한 행위'의 의미 및 적용범위에 관한 논의의 자세한 내용은 주석 민법, 총칙1(제5판), 한국사법행정학회(2019), 513~522(김상훈) 참조.

4 주석 민법, 총칙1(제5판), 한국사법행정학회(2019), 519~522(김상훈).

혼관계가 부활한다.[5]

다. 부재선고

8 가족관계등록부에 군사분계선 이북 지역에 거주하는 것으로 표시된 '잔류자'에 대하여는 부재선고를 할 수 있다. 이 때 혼인 및 상속에 관하여는 부재선고를 받은 사람이 실종선고를 받은 것으로 본다(부재선고에 관한 특별조치법 제4조). 따라서 잔류자가 부재선고를 받은 경우에도 혼인이 해소된다.

9 부재선고의 취소는 실종선고 취소와 같이 그 취소 전에 선의로 한 행위의 효력에는 영향을 미치지 않으므로(부재선고에 관한 특별조치법 제5조 제1항 단서), 부재선고가 취소된 경우의 혼인의 효력에 관하여는 실종선고 취소에 관한 논의를 그대로 따를 수 있다.

라. 인정사망의 경우

10 수해, 화재나 그 밖의 재난으로 인하여 사망한 사람이 있는 경우 이를 조사한 관공서는 지체 없이 사망지의 시·읍·면의 장에게 통보하여야 한다(가족관계의 등록 등에 관한 법률 제87조). 이와 같이 관공서의 사망통보에 의하여 사망이 인정되어 가족관계등록부에 사망한 것으로 기재되는 것을 '인정사망'이라 한다.

11 인정사망에 의해서는 가족관계등록부에 기재된 사망일에 사망한 것으로 추정될 뿐이다. 따라서 가족관계등록부에 사망한 것으로 기재된 사람이 생존한 것으로 확인되면 사망추정의 효과는 번복된다.[6]

12 사망한 것으로 추정된 당사자의 배우자가 재혼을 한 이후에 그 당사자가 살아 있음이 확인된 경우, 실종선고 취소의 '선의로 한 행위' 보호규정을 유추적용하여 재혼 당사자 쌍방이 선의인 경우 전혼은 부활하지 않는다고 보아야 한다는 견해가 있으나,[7] 명확한 법적 근거 없이 실종선고와 요건, 절차, 효과를 달리하는 인정사망의 경우에까지 실종선고와 같은 실체법적 효과를 부여하는 것은 해석의 한계를 벗어난 것으로 생각된다. 따라서 별도의 입법이 없는 이상 위의 경우 후혼은 중혼이 되고 전혼에는 이혼사유가 발생한다고 볼 수밖에 없을 것이다.

5 김주수/김상용, 친족·상속법(제20판), 법문사(2024), 157; 박동섭, 친족상속법(제4판), 박영사(2013), 142.

6 자세한 내용은 주석 민법, 총칙1(제5판), 한국사법행정학회(2019), 469~470(김상훈).

7 김주수/김상용, 친족·상속법(제20판), 법문사(2024), 158; 박동섭, 친족상속법(제4판), 박영사(2013), 142; 송덕수, 친족상속법(제7판), 박영사(2024), 73.

3. 이혼에 의한 혼인의 해소

13 이혼은 유효하게 성립한 혼인을 당사자의 의사에 따라 종료시키는 것이다. 이혼에 의하여 혼인이 해소되는 경우, 사망에 의한 경우와 달리, 당사자의 일방은 다른 일방에 대하여 재산분할을 청구할 수 있고(민법 제839조의2), 위자료도 청구할 수 있으며(제843조, 제806조), 부모의 협의 또는 가정법원의 심판에 따라 미성년 자녀의 친권자를 정하여야 하고(제909조 제4항·제5항), 그에 따라 양육자, 양육비, 면접교섭에 관하여도 협의를 하거나 심판을 받아야 하며(제836조의2, 제837조, 제837조의2, 제843조), 인척관계는 이혼 즉시 종료한다(제775조 제1항). 다만 민법 제809조 제2항의 근친혼 등의 금지 조항은 이혼 후에도 적용된다.

14 일반적인 혼인의 효력이 장래를 향하여 소멸하는 것은 사망을 한 경우와 같다.

Ⅱ. 이혼 총설

1. 서양의 이혼제도의 흐름[8]

15 우리나라의 이혼제도는 서양에서 발달된 이혼제도의 영향을 받아 성립되었다. 서양의 이혼제도는 중세 기독교의 영향으로 이혼을 원칙적으로 인정하지 않던 시기, 유책주의에 따라 상대방에게 책임이 있는 사유로 인하여 혼인이 파탄에 이른 경우에만 이혼이 허용되던 시기를 거쳐 점차 혼인이 파탄된 경우에는 상대방의 유책사유를 요건으로 하지 않고 이혼을 허용하는 파탄주의의 방향으로 전개되었다.

16 파탄주의가 확대됨에 따라 점차 개별적 이혼사유 대신 '혼인관계 파탄'이라는 일반적·추상적 이혼사유가 입법화되었고, 혼인관계가 파탄된 경우에도 유책배우자의 이혼청구는 받아들이지 않던 소위 '소극적 파탄주의'가 혼인관계가 파탄되기만 하면 당사자의 책임 여부는 묻지 않고 이혼을 허용하는 소위 '적극적 파탄주의'로 전환되었으며, 나아가 일정 기간 별거를 하면 혼인이 파탄되었다고 간주하거나 당사자의 이혼 의사가 일치하는 경우에는 파탄을 쉽게 인정하는 등 파탄 여부에 대한 심리도 간이화되었고, 일부 국가에서는 부부가 이혼에 동의하면 혼인이 파탄되었는지 여부를 심리하지도 않는 협의상 이혼제도까지 도입되었다.

8 상세한 내용은 주해친족법(제1권)(제2판), 박영사(2025), 343~347; 김주수/김상용, 친족·상속법(제20판), 법문사(2024), 158~161; 신영호, 로스쿨 가족법강의(제2판), 세창출판사(2013), 120~121 참조.

17 한편 파탄주의 이혼은 사회·경제적 약자인 배우자와 미성년 자녀에게 가혹한 결과를 초래할 수 있기 때문에, 이에 대처하기 위하여 배우자나 미성년 자녀에게 가혹한 결과를 초래하는 이혼을 제한하는 소위 '가혹조항'을 도입하기도 하고, 이혼 과정에서 상담이나 정보 제공 등의 지원을 강화하거나 이혼절차를 보완하기도 하고, 이혼 후의 재산분할, 자녀양육, 면접교섭 등과 관련하여 사회·경제적 약자인 배우자와 미성년 자녀가 보호받을 수 있도록 적절한 조치 및 급부가 결정되고 결정된 내용이 제대로 이행될 수 있도록 하기 위하여 법원 및 행정부가 후견적 차원에서 적극적으로 개입을 하는 경우도 확대되고 있다.

2. 우리나라의 이혼제도 개관

18 우리나라의 이혼제도는 일본법의 영향을 받아 협의상 이혼과 재판상 이혼을 모두 허용하고 있다(민법 제834조 내지 제843조). 비교법적으로 협의상 이혼을 허용하는 경우는 드문 편이고,[9] 오히려 많은 나라들은 배우자 쌍방이 이혼을 원하더라도 법원의 재판을 거치도록 하여 법원이 이혼의 성립 및 효과를 통제할 수 있도록 하고 있다.[10]

19 협의상 이혼은 재판을 거칠 필요 없이 당사자의 이혼합의와 이혼신고가 있으면 이혼의 성립을 인정하는, 극단적으로 파탄주의적인 제도이다. 더구나 민법 제정 당시에는 어떠한 절차적 통제도 없이 이혼신고만으로 이혼이 성립되도록 하여 축출이혼의 수단으로 활용되기도 하였고, 민법이 1977. 12. 31. 법률 제3051호로 일부개정되면서는 가정법원의 확인을 받도록 하였으나, 당사자들의 이혼의사만을 확인하는 것에 그치고 이혼 합의의 동기 및 과정, 이혼에 따른 재산분할 및 자녀양육 등에 관하여는 개입이 제한되어 있었기 때문에 여전히 경솔한 이혼, 당사자 일방의 횡포, 미성년 자녀 보호 등의 문제에는 대처하기 어려웠다. 이후 민법이 2007. 12. 21. 법률 제8720호로 일부개정되면서 민법 제836조의2가 신설되어 협의이혼 과정에 이혼에 관한 안내와 상담, 숙려기간, 자녀의 친권자 및 양육자, 양육비, 면접교섭 등에 관한 협의 또는 심판 의무화 등이 도입되어 협의상 이혼의 문제점을 완화하고 가정법원이 일정 정도 후견적 개입을 할 수 있게 되었다.[11]

9 일본, 대만, 중국, 러시아 등 소수의 나라들만 협의상 이혼을 인정하고 있다.

10 주해친족법(제1권)(제2판), 박영사(2025), 343.

11 협의이혼제도의 발전에 관하여는 김주수/김상용, 친족·상속법(제20판), 법문사(2024), 161~165; 신영호, 로스쿨 가족법강의(제2판), 세창출판사(2013), 122. 참조.

20 반면 재판상 이혼의 경우, 민법은 제840조 제1호 내지 제5호에서 개별적 이혼원인을 열거하고 난 뒤에 제6호에서 '기타 혼인을 계속하기 어려운 중대한 사유가 있을 때'를 이혼원인으로 추가하는 방식을 채택하면서 같은 조 제1호 내지 제4호의 이혼원인에는 배우자의 부정한 행위 등 유책사유를 규정하여 유책주의적 해석이 가능하도록 하였고, 판례 및 통설은 유책배우자의 이혼청구를 원칙적으로 허용하지 않고 있어,[12] 유책주의적 요소가 비중 있게 다루어지고 있다.[13]

21 재판상 이혼의 경우, 이혼원인 및 위자료에 관한 공방과 함께 재산분할, 친권자 및 양육자 지정, 양육비 부담, 면접교섭에 관하여도 다툼이 있는 경우가 많아 심리 및 판단이 매우 어렵고, 법원에는 당사자의 공방에 대한 중립적이고 법률적인 판단과 함께 비송사건에 대한 적극적이고 후견적인 개입이 동시에 요구되고, 당사자에게는 상대방과의 공방 중에도 자녀에 관한 문제 등에 대해서는 협조를 하여야 하는 등의 양면적 태도가 요구되어 관계자 모두가 어려움을 겪는 일이 빈번하다. 당장 유책배우자의 이혼청구를 허용하기는 어렵다고 하더라도(대법원 2015. 9. 15. 선고 2013므568 전원합의체 판결 참조), 조속히 적절한 조치가 이루어져 이혼을 위하여 또는 역설적으로 이혼을 막기 위하여 상대방을 비난하고, 그 과정에서 심리적 상처를 받고 힘과 시간을 소진하여 관계회복의 가능성 확인, 자녀의 복리, 합리적인 재산분배와 같은 중요한 문제에 대하여 감정적이고 경직된 대응을 하거나 이를 후순위로 밀어두는 일이 발생하지 않도록 재판상 이혼의 유책주의적 성격을 크게 완화하거나 파탄주의를 도입할 필요가 있다고 생각된다.

22 재판상 이혼의 경우에도 조정 전치주의가 적용되는데(가사소송법 제50조), 조정을 하는 경우에는 협의상 이혼과 재판상 이혼의 특징이 혼재되어 나타날 수 있다.

12 대법원 2015. 9. 15. 선고 2013므568 전원합의체 판결 등.

13 주해친족법(제1권)(제2판), 박영사(2025), 349; 김주수/김상용, 친족·상속법(제20판), 법문사(2024), 178~179 참조.

제1관 협의상 이혼

[총설]

1 제1관은 '협의상 이혼'이라는 표제 아래 민법 제834조부터 제839조의3까지의 조문을 두어 편제되었다.

2 한편, 본관의 규정 중 제837조, 제837조의2, 제839조의2, 제839조의3는 재판상 이혼에 준용되고(민법 제843조), 그 중 앞의 두 조항은 혼인의 취소와 인지에 준용되며(제824조의2, 제864조의2), 뒤의 두 조항은 혼인의 취소에 유추적용된다(☞ 상세한 내용은 민법 제839조의2와 제839조의3에 관한 각 주석 참조). 이에 따라 위 네 조항은 부모가 혼인관계에 있지 않거나 혼인이 원시적 또는 후발적 원인으로 해소되는 경우 미성년 자녀의 양육에 관한 사항의 결정 및 재산분할에 관한 일반 규정으로 기능한다.

제 834 조 [협의상 이혼]

부부는 협의에 의하여 이혼할 수 있다.

1 민법 제836조 주석 참조.

제 835 조 [성년후견과 협의상 이혼]

피성년후견인의 협의상 이혼에 관하여는 제808조 제2항을 준용한다.

[전문개정 2011. 3. 7.]

1 민법 제836조 주석 참조.

제 836 조 [이혼의 성립과 신고방식]

① 협의상 이혼은 가정법원의 확인을 받아 가족관계의 등록 등에 관한 법률의 정한 바에 의하여 신고함으로써 그 효력이 생긴다. <개정 1977. 12. 31., 2007. 5. 17.>

② 전항의 신고는 당사자 쌍방과 성년자인 증인 2인의 연서한 서면으로 하여야 한다.

[관련조문] 민법 제808조(동의가 필요한 혼인) 제2항, 가사소송법 제2조(가정법원의 관장 사항) 제1항 제1호 가목 2·다목 2, 가족관계의 등록 등에 관한 법률 제74조(이혼신고의 기재사항), 제75조(협의상 이혼의 확인), 제76조(간주규정), 가족관계의 등록 등에 관한 규칙 제79조(이혼신고서의 제출), 제80조(이혼의사의 철회)

[참고문헌] 주해친족법(제1권)(제2판), 박영사(2025); 고정명, 한국가족법, 교문사(1983); 오시영, 친족상속법(제2판), 학현사(2011); 김주수/김상용, 친족·상속법(제20판), 법문사(2024); 박동섭, 친족상속법(제4판), 박영사(2013); 박병호, 가족법, 한국방송통신대학(1999); 배경숙·최금숙, 친족상속법강의(개정증보판), 제일법규(2004); 송덕수, 친족상속법(제7판), 박영사(2024); 이경희, 가족법(8정판), 법원사(2013); 법원실무제요, 가사[Ⅰ], 법원행정처(2021); 김병선, "이혼으로 인한 재산분할에 있어서 분할자의 채권자보호에 관한 몇 가지 제언", 법학연구 제34집, 전북대학교 법학연구소(2011); 김용한, "신분행위의 무효와 취소", 법정 제15권 제6호, 법정사(1960); 김주수, "협의이혼에 관하여", 경희법학 제10권 제1호, 경희법학연구소(1972); 변진장, "신분행위의 무효와 취소", 사법논집 제25집, 법원도서관(1994); 이화숙, "가족법상 법률행위에 있어 의사와 신고", 민사법학 제36호, 한국사법행정학회(2007); 지원림, "사실혼에 관한 약간의 비판적 고찰", 가족법연구 제22권 제3호, 한국가족법학회(2008)

Ⅰ. 의의와 입법연혁

1 부부는 이혼에 합의한 후 이혼신고를 함으로써 이혼할 수 있다. 당사자의 합의와 신고만으로 유효하게 이혼할 수 있고, 재판을 거칠 필요가 없다는 점에서 드문 입법례이다.[1]

2 일제강점기에 처음에는 협의이혼의 관습을 인정하지 않았으나(1914. 4. 9. 자 정무총감 회답), 1년 후 입장을 번복하여 조선에 협의이혼의 관습이 있다고 하였다(1915.

[1] 김주수, "협의이혼에 관하여", 경희법학 제10권 제1호, 경희법학연구소(1972년), 11 이하.

4. 19. 자 정무총감 회답). 그 뒤 1922년 제령 제13호로 조선민사령이 개정되어 제11조 제2항에 "협의이혼은 이를 시장·구청장 또는 읍면장에게 신고함으로써 그 효력이 생긴다."고 규정하였고, 이는 1923. 7. 1. 시행됨으로써 우리나라에 협의이혼제도가 도입되었다.

3 광복 후 민법을 제정할 때 조선민사령의 규정을 답습하여 협의이혼제도를 규정하였고, 호적법이 1963년 개정되어 제79조의2를 신설함으로써 호적공무원이 협의이혼신고의 진정성을 심사하는 제도가 도입되었다. 그 뒤 1977년 민법 제836조 제1항이 개정되어 부부가 협의이혼을 신고하기 전 가정법원의 확인을 받도록 함으로써 현재와 같은 협의이혼제도의 틀이 완성되었다. 2007년 민법이 다시 개정되어 제836조가 개정되고 제836조의2가 신설됨으로써 미성년 자녀의 보호에 만전을 기하게 되었다.

Ⅱ. 협의이혼의 요건

1. 실질적 요건

가. 이혼의 협의

1) 당사자

4 법률혼관계에 있는 부부는 협의에 의하여 이혼할 수 있다(민법 제834조).

5 혼인의 무효 또는 취소의 판결이 확정된 부부는 협의이혼을 할 수 없으나, 혼인의 무효 또는 취소의 사유가 있을 뿐인 경우에는 협의이혼으로 혼인을 해소할 수 있다.[2] 물론 혼인의 무효가 확정된 경우에는 협의이혼 또한 무효로 된다.

6 이혼으로 혼인관계가 해소된 후 혼인무효확인의 소가 제기된 경우 확인의 이익을 부정한 판결[3]과 긍정한 판결[4]이 모두 있었다.[5] 그러나 근래 대법원은 재판상 이혼으로 혼인관계가 해소된 사안에서 혼인관계의 무효 확인을 구할 확인의 이익이 있다고 판시하면서 위 부정설에 따른 판결을 변경하였다.[6] 이와 같이 이혼

2 대법원 1991. 12. 10. 선고 91므344 판결은 중혼의 경우에도 혼인취소의 확정판결이 없는 한 재판상 이혼의 청구가 가능하다고 하는데, 협의이혼도 이와 같이 보아야 할 것이다. 중혼에 관한 가족관계등록사무 처리지침(예규) 제2의 다항은 중혼에 관하여 이와 같은 취지로 규정한다.

3 대법원 1984. 2. 28. 선고 82므67 판결.

4 대법원 1978. 7. 11. 선고 78므7 판결.

5 긍정설: 법원실무제요, 가사[Ⅰ], 법원행정처(2021), 576.

6 대법원 2024. 5. 23. 선고 2020므15896 전원합의체 판결.

으로 혼인관계가 해소된 후 혼인무효확인의 판결이 확정된 경우에는 혼인은 물론 이를 전제로 하는 이혼 또한 가족관계등록 정정의 대상으로 삼을 필요가 있다. 한편 혼인취소는 장래효만 있어 이혼으로 혼인관계가 해소된 후에 혼인취소의 소송을 제기하는 것은 소의 이익이 없어 부적법하다.[7] 따라서 이혼과 혼인취소의 충돌문제는 발생하지 않는다.

2) 이혼의사

가) 이혼의사의 내용

7 이혼의사의 내용에 관하여는 견해가 대립한다. 실질적 의사설[8]은 혼인관계의 실체를 해소하려는 의사라 하고, 형식적 의사설[9]은 이혼신고를 하려는 의사로 보며, 가치판단설[10]은 협의이혼의 유형에 따라 사회적 현실과 법정책적 가치판단을 종합적으로 고려하여 판단한다고 한다. 부부가 혼인관계의 실체를 해소하려는 의사는 없이 다른 목적을 달성하기 위한 방편으로 통모하여 거짓으로 이혼신고를 한 가장이혼이 유효한지에 관하여 실익이 있는 논의이다.

8 대법원은 서자를 적자로 하기 위한 전제로 형식상 이혼신고를 하였으나 신고 당시에 당사자의 쌍방 또는 일방에 이혼의 의사가 없었던 경우,[11] 혼인의 파탄이란 사실도 없이 부부가 종전과 다름없이 동거생활을 계속하면서 통모하여 형식상으로만 이혼신고를 한 경우,[12] 신분행위의 의사주의적 성격에 비추어 협의이혼은 무효라고 판시한 바 있다. 이는 실질적 의사설에 입각하여 있음이 분명하다.

9 그러나 그 뒤 이러한 대법원의 태도에는 일정한 변화가 생겼다. 즉 강제집행의 우려에서 이혼하여 채무를 수습한 뒤 다시 혼인신고를 하기로 하여 이혼신고를 한 경우,[13] 해외이주의 목적으로 이혼신고를 한 경우,[14] [15] 상대방이 외국이민을

7 법원실무제요, 가사[I], 법원행정처(2021), 659.

8 고정명, 한국가족법, 교문사(1983), 152; 오시영, 친족상속법(제2판), 학현사(2011), 149.

9 주해친족법(제1권)(제2판), 박영사(2025), 356(이동진); 박병호, 가족법, 한국방송통신대학(1999), 110; 배경숙/최금숙, 친족상속법강의(개정증보판), 제일법규(2004), 139 등.

10 이경희, 가족법(8정판), 법원사(2013), 102.

11 대법원 1961. 4. 27. 선고 4293민상536 판결.

12 대법원 1967. 2. 7. 선고 66다2542 판결.

13 대법원 1975. 8. 19. 선고 75도1712 판결.

14 대법원 1976. 9. 14. 선고 76도107 판결.

15 본문의 판결은 가장혼인에 관한 대법원 1985. 9. 10. 선고 85도1481 판결과 비교하여 볼 필요가 있다. 이 판결은 해외이주의 목적으로 혼인신고를 한 사안에서 "혼인의 계출 자체에 관하여 당사자 간에 의사의 합치가 있고 나아가 당사자 간에 일응 법률상의 부부라는 신분관계를 설정할 의사는 있었다고 인정되는 경우에도 그것이 단지 다른 목적을 달성하기 위한 방편에 불과한 것으로서 그들 간에 참다운

떠났다가 3년 후에 다시 귀국하여 혼인신고를 하여 주겠다 하여 이를 믿고 이혼신고를 한 경우,[16] 남편이 사위의 신분으로는 장인에게 노임을 청구할 수 없는 것으로 오인하여 노임청구를 하기 위한 방편으로 아내와 이혼신고를 한 뒤 계속적으로 부부관계를 유지한 경우,[17] 협의이혼에서 이혼의 의사는 법률상의 부부관계를 해소하려는 의사를 말하므로, 일시적으로나마 법률상의 부부관계를 해소하려는 당사자 간의 합의 하에 협의이혼신고가 된 이상, 그 협의이혼에 다른 목적이 있다 하더라도 이혼의 의사가 없다고는 말할 수 없다 하였다.[18]

10 이러한 대법원의 변화된 태도를 두고 형식적 의사설로 평가하는 견해가 있고,[19] 사안 자체의 특성을 놓고 보면 형식적 의사설로 설명하는 것이 더 자연스럽기는 하다. 그러나 대법원이 이혼이 유효하다고 하는 근거를 이혼신고 자체에 대한 합의는 존재한다는 점에서 찾지 않고, 일시적이나마 또는 다른 목적과 병행하여 법률상의 부부관계를 해소하려는 합의는 존재한다는 점에서 찾고 있음에 주목할 필요가 있다. 대법원은 법이론적으로 실질적 의사설의 태도는 여전히 유지하면서,[20] 다만 실질적 이혼의사가 일시적 또는 부차적으로도 존재할 수 있음을 인정할 뿐이라고 보는 것이 옳을 것이다.[21] 대법원 1996. 11. 22. 선고 96도2049 판결은 가장혼인과 가장이혼을 이처럼 달리 취급하는 근거를, 협의이혼에는 가정법원이 당사자들의 이혼의사를 심사하여 확인하는 제도가 존재한다는 점에서 찾고 있다.

나) 이혼의사의 합치

11 민법 제834조에 의하여 부부가 협의에 의하여 이혼하는 경우의 '협의'란 이혼의사의 합치, 즉 이혼의 합의를 의미한다.[22]

12 부부 모두에게 이혼신고의 의사만 있고 법률상 혼인관계를 해소하려는 실질적 이혼의사는 없는 경우, 즉 앞서 살핀 가장이혼은 무효이다. 단지, 대법원 판례에 의하면 이혼의사는 일시적 또는 부차적으로도 존재할 수 있으므로, 오로지 다른

부부관계의 설정을 바라는 효과의사가 없는 경우에는 혼인은 그 효력이 없다고 해석할 것이다."라는 취지로 결이 다른 판시를 하였다.

16 대법원 1981. 7. 28. 선고 80므77 판결.

17 대법원 1993. 6. 11. 선고 93므171 판결.

18 특히 대법원 1993. 6. 11. 선고 93므171 판결의 법률론 참고.

19 김주수/김상용, 친족·상속법(제20판), 법문사(2024), 173 등.

20 주해친족법(제1권)(제2판), 박영사(2025), 356(이동진); 송덕수, 친족상속법(제7판), 박영사(2024), 78; 이화숙, "가족법상 법률행위에 있어 의사와 신고", 민사법학 제36호, 한국사법행정학회(2007), 636.

21 법원실무제요, 가사[I], 법원행정처(2021), 586.

22 윤진수, 친족상속법 강의(제5판), 박영사(2023), 86.

목적을 달성하기 위한 방편일 뿐 법률상 혼인관계를 해소하려는 의사는 확정적·영구적으로 없다는 점이 입증되어야 가장이혼이 될 수 있어, 실제로 그와 같이 인정되는 경우가 많지 않을 뿐이다.

13 부부의 한쪽에게 이혼의사가 없음에도 다른 쪽이 일방적으로 이혼신고를 마친 경우는 실질적 의사설에 의하든 형식적 의사설에 의하든 이혼의사의 합치 흠결로 무효임에 의문이 없다. 협의이혼에 가정법원의 확인을 요하는 현행 법제에서 이러한 사례는 드물 것이나, 부부의 한쪽이 다른 쪽을 사칭하는 제3자와 함께 가정법원에 출석하여 이혼의사의 확인을 받아 이혼신고를 한 사안이 이에 해당한다. 또한 부부가 가정법원의 이혼의사 확인을 받은 후 한쪽 배우자가 이혼의사를 철회하였음에도 다른 쪽 배우자가 제출한 이혼신고서가 수리된 경우, 이 또한 이혼의사의 합치 흠결로 무효이다.[23] [24]

14 부부 중 한쪽에게 법률혼의 외형을 제거하려는 의사만 있을 뿐 내심으로는 실제 법률혼을 해소하려는 의사가 없는 경우가 있다. 이러한 경우 협의이혼 자체는 유효하게 성립된다고 보는 견해가 있다.[25] 신분행위의 특수성을 부인하면서 진의 아닌 의사표시에 관한 민법 제107조 등도 신분행위에 적용된다는 견해의 연장선에 있는 것으로 이해된다.[26] 반면에 신분행위에는 당사자의 진정한 의사가 절대적으로 존중되어야 하므로 민법 제107조 등은 적용되지 않는다고 하는 통설[27]과 판례[28]에서는 이러한 협의이혼 또한 무효로 볼 것이다. 다만, 가장이혼의 경우와 평행하게 보면, 내심의 진정한 의사가 문제되는 그 한쪽 배우자에게 오로지 다른 목적을 달성하기 위한 방편일 뿐 법률상 혼인관계를 해소하려는 의사는 확정적·영구적으로 없다는 점이 입증되어야 한다. 따라서 한쪽 배우자에게 내심의 진정한 이혼의사가 흠결되었다는 이유로 이혼이 무효로 되는 경우는 많지 않을 것이다. 또한 그 한쪽 배우자의 무효 주장이 신의칙 또는 금반언의 법리에 의하여 차단되어야 하는 경우도 있을 수 있다.

23 대법원 1994. 2. 8. 선고 93도2869 판결.

24 김주수/김상용, 친족·상속법(제20판), 법문사(2024), 173. 혼인의사가 철회된 후 혼인신고가 이루어진 사안에서 동일한 취지로 판시한 대법원 1983. 12. 27. 선고 83므28 판결 또한 참조.

25 주해친족법(제1권)(제2판), 박영사(2025), 357(이동진).

26 주해친족법(제1권)(제2판), 박영사(2025), 28(윤진수), 353(이동진) 등 참조.

27 김주수/김상용, 친족·상속법(제20판), 법문사(2024), 19 등.

28 특히 이혼무효 여부가 문제된 사안에서 '신분행위의 의사주의적 성격'을 강조한 대법원 1967. 2. 7. 선고 66다2542 판결 참조. 혼인무효 여부가 쟁점인 대법원 2010. 6. 10. 선고 2010므574 판결 등도 아울러 참조.

3) 조건 등

15 이혼의 협의는 신분행위로서 조건, 기한, 부담과 친하지 않다.[29] 혼인에 조건 등이 붙은 경우에는 혼인 자체가 무효로 되는 경우와 조건 등만 무효로 되는 경우가 있으나, 이혼에 조건 등이 붙은 경우에는 조건 등만 무효로 되고 이혼 자체는 유효라는 견해가 있다.[30]

나. 의사능력과 행위능력

16 이혼의 협의가 법률행위인 이상 부부 양쪽이 모두 의사능력이 있어야 유효하게 협의이혼을 할 수 있다.[31] 협의이혼을 하려는 부부는 직접 가정법원에 출석하여 확인을 받아야 하고, 대리인을 출석시켜 협의이혼의사확인을 받을 수는 없다. 따라서 부부의 한쪽 또는 양쪽이 의사능력이 없는 경우에는 재판상 이혼절차에 의하는 수밖에 없다.[32]

17 피성년후견인은 의사능력이 있는 한 부모 또는 성년후견인의 동의를 받아 협의이혼을 할 수 있다(민법 제835조, 제808조 제2항). 피한정후견인 또는 피특정후견인은 의사능력이 있는 한 자유로이 협의이혼을 할 수 있다. 미성년자는 혼인으로 성년이 의제되므로(민법 제826조의2) 협의이혼을 위한 행위능력이 문제되지 않는다.

다. 판단기준시

1) 이혼의사의 합치

18 이혼의사의 합치는 이혼신고 수리 시까지 존재하여야 한다.[33] 따라서 협의이혼신고서의 수리 전에 이혼의사의 철회신고서가 제출되면 협의이혼신고서를 수리하였다 하더라도 이혼의사의 합치 흠결로 이혼은 무효이다.[34]

19 대법원 1983. 12. 27. 선고 83므28 판결은 당시 호적법에 혼인의사의 철회에 관

29 김주수/김상용, 친족·상속법(제20판), 법문사(2024), 20 등.
30 주해친족법(제1권)(제2판), 박영사(2025), 357(이동진).
31 박동섭, 친족상속법(제4판), 박영사(2013), 144 등.
32 주해친족법(제1권)(제2판), 박영사(2025), 354(이동진).
33 김주수/김상용, 친족·상속법(제20판), 법문사(2024), 173; 윤진수, 친족상속법 강의(제5판), 박영사(2023), 88. 같은 취지의 서술이나 기준시점이 '신고서 제출 시'라는 것으로, 송덕수, 친족상속법(제7판), 박영사(2024), 79. 가족관계등록 신고는 수리가 필요한 신고이나, 현실적으로 제출(접수)과 수리의 개념적 구분은 수리거부처분이 있을 때 비로소 뚜렷이 드러난다. 그래도 엄밀하게는 '수리 시'가 정확한 표현이다.
34 대법원 1994. 2. 8. 선고 93도2869 판결.

하여 아무런 근거규정이 없었음에도, 혼인의사의 합치는 혼인신고 시까지 존재하여야 함을 근거로, 부부의 한쪽이 다른 쪽에게 또는 혼인신고서 제출을 제3자에게 의뢰하였다면 그 제3자에게 또는 호적공무원에게 혼인의사의 철회를 표시할 수 있다고 판시하였다. 이는 이혼의사의 철회에 관하여도 마찬가지로 보아야 할 것이다. 따라서 시·읍·면의 장에게 이혼의사 철회서를 제출하여야 한다고 규정하는 가족관계의 등록 등에 관한 규칙 제80조 제1항 중 '시·읍·면의 장'은 단순한 예시로 이해된다.[35]

2) 권리능력과 의사능력

20 이혼하려는 부부는 모두 이혼신고서 수리 당시 권리능력과 의사능력이 있어야 한다.[36] 그러나 부부가 모두 생존 중에 이혼신고서를 작성하여 우송한 후 한쪽 또는 양쪽이 사망한 경우에 시·읍·면의 장은 이를 수리하여야 하고, 사망 시에 신고한 것으로 본다(가족관계의 등록 등에 관한 법률 제41조 제1항·제2항). 이 경우 법률혼은 이혼으로 해소되고 부부 사이에 상속권은 없다.[37] 위 규정은 이혼신고서 우송 후 부부의 한쪽 또는 양쪽이 의사능력을 상실한 경우에도 유추적용될 수 있을 것이다.[38]

2. 형식적 요건

가. 가정법원의 협의이혼의사확인

21 이혼하려는 부부는 이혼신고에 앞서 가정법원의 확인을 받아야 한다(민법 제836조). (☞ 협의이혼의사확인절차의 상세한 내용은 민법 제836조의2 주석 참조)

나. 이혼신고

22 협의이혼은 이혼의사의 합치는 물론 가정법원의 확인서 등본을 첨부하여 이혼신고를 마쳐야 효력이 생긴다. 따라서 이는 창설적 신고이다. 이혼의사의 합치

35 이혼의사 철회 의사표시의 상대방으로 시·읍·면의 장(가족관계등록공무원) 외에 이혼 상대방을 언급하는 견해로, 김주수/김상용, 주석 민법 친족(2)(제5판), 한국사법행정학회(2016), 47; 주해친족법(제1권)(제2판), 박영사(2025), 358(이동진).

36 김주수/김상용, 친족·상속법(제20판), 법문사(2024), 173. 이와 달리, 의사능력이 있을 때 이혼합의를 하여 신고서류에 그 의사표시가 화체된 이상 그 후 일방이 의사능력을 잃었다 하더라도 타방은 일방적으로 협의이혼신고를 함으로써 이혼할 수 있다는 견해로, 주해친족법(제1권)(제2판), 박영사(2025), 359(이동진).

37 주해친족법(제1권)(제2판), 박영사(2025), 359(이동진).

38 민법 제111조 제2항 또한 아울러 참고.

가 있고, 가정법원의 협의이혼의사확인을 받았더라도 이혼신고서를 제출하여 수리되지 않는 한 혼인은 해소되지 않는다.[39]

23 이혼신고는 부부가 연서한 서면으로 신고하여야 하고, 신고서에는 증인 2인의 연서도 필요하다(민법 제836조 제2항). 그러나 2007년 제정된 가족관계의 등록 등에 관한 법률 제76조는 이혼신고서에 가정법원의 이혼의사확인서등본을 첨부한 경우에 증인 2인의 연서가 있는 것으로 본다고 규정하였으므로, 위 민법 규정 중 증인 2인의 연서 부분은 사실상 적용되지 않는다.

24 부부 중 한쪽이 협의이혼신고서를 제출할 수 있다(가족관계의 등록 등에 관한 규칙 제79조). 이혼신고는 본인의 의사를 절대로 존중하여야 하므로 대리에 의한 신고는 허용되지 않는다(가족관계의 등록 등에 관한 법률 제31조 제3항 단서). 다만, 우편이나 사자(使者)에 의한 신고서 제출은 허용된다.[40] 부부 본인이 출석하지 않을 때에는 본인의 주민등록증 등 신분증명서를 제시하거나 신고서에 본인의 인감증명서를 첨부하여야 하고, 그렇지 않을 경우 신고서가 수리되지 않는다(가족관계의 등록 등에 관한 법률 제23조 제2항). 이혼신고는 등록기준지, 주소지, 현재지에서 할 수 있고(가족관계의 등록 등에 관한 법률 제20조 제1항 본문), 재외국민은 재외국민 가족관계등록사무소 또는 재외공관에서 할 수 있다(제20조 제1항 단서, 제34조).

25 이혼신고는 가정법원의 협의이혼의사확인서 등본을 교부 또는 송달받은 날부터 3개월 이내에 그 등본을 첨부하여 하여야 하고, 그 기간이 경과하면 가정법원의 확인은 효력을 상실한다(가족관계의 등록 등에 관한 법률 제75조 제2항·제3항). 3개월의 유효기간은 초일, 즉 확인서 등본을 교부 또는 송달받은 당일을 산입하여 산정한다(가족관계의 등록 등에 관한 법률 제37조 제1항). 유효기간을 넘기거나 협의이혼의사가 철회된 뒤 접수된 이혼신고는 수리하지 않는다.[41] 부부에게 미성년 자녀가 있는 경우에는 친권자결정에 관한 협의서 등본 또는 가정법원의 심판정본 및 확정증명서를 첨부하여 친권자지정 신고를 함께 하여야 한다. 다만 포태 중인 자에 대한 친권자지정 신고는 포태 중인 자의 출생신고 시 수리한다.[42]

39 대법원 1983. 7. 12. 선고 83므11 판결.
40 가족관계등록신고사건 접수시 신고인 등 확인방법(예규) 제3항.
41 협의이혼의 의사확인사무 및 가족관계등록사무 처리지침(예규) 제23조 제1항, 제26조 제1항.
42 협의이혼의 의사확인사무 및 가족관계등록사무 처리지침(예규) 제23조 제3항·제4항.

Ⅲ. 협의이혼의 효과

1. 신분적 효과

26 이혼에 의하여 부부관계는 소멸하고, 부부 사이의 정조의무, 동거·부양·협조의무도 소멸한다.[43] 혼인에 의하여 배우자의 혈족과 사이에 생겼던 인척관계도 소멸한다(민법 제775조 제1항). 이혼한 부부는 각각 재혼할 수 있으나, 이혼에 의하여 인척관계가 소멸한 6촌 이내의 혈족의 배우자, 배우자의 6촌 이내의 혈족, 배우자의 4촌 이내의 혈족의 배우자이었던 자와는 재혼하지 못 한다(민법 제809조 제2항).

27 부모의 이혼에 의하여 자녀의 신분은 영향을 받지 않으므로 친자관계는 그대로 유지된다. 아내가 혼인 중에 임신한 자녀는 이혼 후 출생하였더라도 남편의 자녀로 추정되고, 아내가 이혼한 날부터 300일 이내에 출생한 자녀는 혼인 중에 임신한 것으로 추정된다(민법 제844조 제1항·제3항). 이와 같은 경우에도 혼인 중의 출생자로 본다.[44]

28 이상의 설명은 재판상 이혼의 경우에도 동일하다.

2. 재산적 효과

가. 재산분할청구권

29 민법 제837조의2 주석 참조.

나. 손해배상청구권

30 부부가 협의이혼을 한 경우 상대방에 대하여 이혼을 원인으로 한 손해배상청구권이 인정된다. 명문의 규정은 없으나 민법 제806조의 유추적용을 긍인해야 할 것이다.[45] 혼인파탄에 가공함으로써 협의이혼에 이르게 한 제3자에 대한 손해배상청구권 또한 인정되고, 이는 민법 제750조에 따른 불법행위책임이다. 이 모두 다류 가사소송사건이다[가사소송법 제2조 제1항 제1호 다목 2)] (☞ 상세한 내용은 민법 제843조 주석 참조).[46]

43 김주수/김상용, 친족·상속법(제20판), 법문사(2024), 203.

44 김주수/김상용, 친족·상속법(제20판), 법문사(2024), 298.

45 주해친족법(제1권)(제2판), 박영사(2025), 591(이동진).

46 대법원 2008. 7. 10. 선고 2008다17762 판결, 대법원 2010. 3. 25. 선고 2009다102964 판결 등은 협의이혼한 당사자의 제3자에 대한 손해배상청구가 가사소송사건이라 판시하였다.

다. 원상회복청구권

31 부부가 협의이혼을 한 경우 민법 제806조를 유추적용하여 상대방에 대한 원상회복청구권 또한 인정된다. 이 항목에 관한 상세한 내용은 민법 제806조에 관한 주석에 미루고, 여기서는 간략히 몇 가지만 살핀다.

1) 혼수품

32 대법원은, 한쪽 배우자가 혼인생활에 사용하기 위하여 결혼 전후에 자신의 비용으로 구입한 이불, 가구, 전자제품, 주방용품은 상대 배우자가 점유하고 있다 하더라도 여전히 그 한쪽 배우자의 소유에 속하므로 소유권에 기하여 그 반환을 구하거나 원상회복으로 그 반환을 구하는 것은 별론으로 하고, 그 구입비용에 상당한 손해가 발생하였다고 할 수는 없다는 이유로 손해배상청구를 배척한 바 있다.[47] 혼수품에 대하여는 원물반환만이 허용된다는 점, 파탄의 유책성을 문제 삼지 않았다는 점에 유의할 필요가 있다. 위 대법원 판결은 사실혼이 해소된 사안에 관한 것이기는 하나, 법률혼이 협의이혼으로 해소된 사안에서도 동일하게 적용될 것이다. 한편 혼수품반환청구는 소유권에 기한 것이므로 혼인관계가 상당한 기간 내에 파탄되었는지 여부를 불문하고 허용된다.

2) 예물·예단 및 이에 준하는 금전 등의 수수

33 약혼예물의 수수는 약혼의 성립을 증명하고, 혼인이 성립한 경우 당사자 내지 양가의 정리를 두텁게 할 목적으로 수수되는 것으로서 혼인의 불성립을 해제조건으로 하는 증여와 유사한 성질을 가진다. 혼인이 불성립되어 해제조건이 성취된 경우에는 예물의 반환을 구할 수 있고, 혼인이 성립된 후 상당한 기간 내에 해소된 경우에도 이에 준한다.[48] 다만 혼인 불성립 또는 혼인이 성립된 후 상당한 기간 내에 해소된 데에 과실이 있는 유책자는 반환을 청구할 수 없다.[49]

34 이러한 약혼예물의 법리는 예단에도 동일하게 적용될 뿐만 아니라,[50] 혼인 전 또는 직후에 혼인을 축하하고 정리를 두텁게 할 목적으로 수수되는 각종 금원, 현물 등도 이에 준하여 취급되어야 할 경우가 있다. 사실혼 사안에 관한 것이기는 하나, 혼인 후 동거할 주택구입 명목으로 교부한 금원,[51] 신혼집을 마련하기

47 대법원 2003. 11. 14. 선고 2000므1257, 1264 판결.
48 대법원 1994. 12. 27. 선고 94므895 판결 등.
49 대법원 1976. 12. 28. 선고 76므41, 42 판결.
50 대법원 2014. 6. 12. 선고 2014므329, 336, 343 판결.
51 대법원 2003. 11. 14. 선고 2000므1257, 1264 판결.

위하여 교부한 전세금[52] 또한 상당한 기간 내에 혼인이 불성립할 것을 해제조건으로 하는 증여로서 사실혼이 상당한 기간 내에 파기된 경우에 한하여 원상회복으로 반환되어야 한다고 한 예가 있다. 또한 혼인 전에 상대방 소유 신혼집의 인테리어비용으로 상대방에게 교부하거나 직접 지출한 금원과 혼인신고 4일 후 선물한 스포츠센터회원권도 이에 준하여 취급한 사실심 재판례가 있다.[53]

35 대법원은 '상당한 기간 내'인지 여부는 혼인의 발단 및 경위, 부부공동체의 형태, 공동생활의 기간 및 상황, 자녀의 유무, 부부로서의 대외적 관계 등 여러 가지 사정을 종합하여 판단하여야 한다고 한다.[54]

36 예물·예단 등의 반환청구는 원상회복청구이므로 원물반환의 방식에 따라야 하고, 과실상계가 허용되지 않아 금원이 수수된 경우라도 전액이 반환되어야 한다.[55]

3) 절차

37 이혼으로 인한 원상회복청구는 다류 가사소송사건으로서 가정법원의 전속관할에 속한다(가사소송법 제2조 제1항 제1호 다목 2). 가사소송법 제2조 제1항 제1호 다목 2)는 손해배상청구와 달리 제3자의 청구와 제3자에 대한 청구를 모두 가사사건으로 규정하지 않는다. 사실혼에 관한 것이기는 하나 제3자의 원상회복청구를 일반 민사소송절차로 다룬 예가 있는데,[56] 제3자에 대한 원상회복청구 또한 동일하게 보아야 할 것이다. 한편, 예물과 예단은 혼인 당사자 사이에서 수수되는 경우뿐 아니라, 며느리가 시부모에게 예물을 교부하는 등 실제 제공자와 실제 수령자의 한쪽 또는 양쪽이 혼인 당사자가 아닌 경우도 많다. 후자의 경우에 실제 제공자와 실제 수령자 사이의 원상회복청구를 가사사건으로 볼 수 없어 민사소송절차로 처리해야 함은 앞서 본 바와 같다. 그런데 혼인의 당사자는 실제 제공자·수령자가 아닌 경우에도 예물·예단 및 이에 준하는 금전 등 반환관계의 주체이고, 실제 제공자·수령자와 불가분채권·채무의 관계에 있다고 판시한 사실심 재판례가 있다.[57]

52 대법원 2005. 5. 27. 선고 2004다50303 판결.
53 서울가정법원 2010. 12. 16. 선고 2010드합2787, 3537 판결(항소심에서 조정을 갈음하는 결정 확정).
54 대법원 2005. 5. 27. 선고 2004다50303 판결.
55 대법원 2003. 11. 14. 선고 2000므1257, 1264 판결, 대법원 2005. 5. 27. 선고 2004다50303 판결.
56 대법원 2005. 5. 27. 선고 2004다50303 판결.
57 서울가정법원 2010. 12. 16. 선고 2010드합2787, 3537 판결(항소심에서 조정을 갈음하는 결정 확정).

Ⅳ. 협의이혼의 무효

1. 협의이혼 무효의 사유

38 민법에는 협의이혼의 무효에 관한 규정이 없다. 그러나 부부의 쌍방 또는 일방에 이혼의 의사가 없어 이혼의사의 합치가 흠결된 경우에 이혼은 무효이다.[58] 부부가 가장이혼을 한 경우, 부부의 한쪽에게 이혼의사가 없거나 이혼의사를 철회하였음에도 다른 쪽이 일방적으로 이혼신고를 마친 경우 등이 이에 해당한다(☞ 상세한 내용은 앞의 Ⅱ. 1. 가. 2) 주석 참조).

39 부부의 쌍방 또는 일방에게 의사능력이 없거나 사망하였음에도 이혼신고가 마쳐진 경우 또한 무효이다(☞ 상세한 내용은 앞의 Ⅱ. 1. 나) 주석 참조).

40 가정법원의 확인을 거치지 않고 이혼신고를 하여 수리된 경우 이혼은 무효로 보아야 할 것이다.[59] 그러나 서면으로 하여야 하는 이혼신고를 구술로 하여 수리된 경우에 이혼의 합의가 있는 이상 무효로까지 볼 수는 없다.[60] 협의이혼신고서에 첨부된 증인의 연서가 위조된 경우에도 일단 이혼신고가 수리된 이상 그 신고의 효력에 영향이 없다.[61] 그 밖에 이혼신고절차 상의 하자 중에는 이혼신고가 수리된 이상 치유된 것으로 평가될 경우가 많을 것이다.

2. 무효인 협의이혼의 추인

41 무효인 혼인의 추인을 인정하는 판례의 태도와 평행하게 본다면, 이혼의사의 합치 결여로 협의이혼이 무효로 된 경우 추인하여 유효로 하는 것도 가능하고, 이 경우 추인의 효력은 소급한다고 보아야 할 것이다.[62] 추인의 방법은 이혼의사가 결여된 당사자가 추인의 의사표시를 하는 것이다. 따라서 가장이혼의 경우에는 당사자 쌍방이 추인의 의사표시를 할 필요가 있다. 묵시적 의사표시로 추인할 수

58 대법원 1961. 4. 27. 선고 4293민상536 판결.

59 김주수/김상용, 친족·상속법(제20판), 법문사(2024), 172. 대법원 1975. 9. 23. 선고 75므11 판결은 가정법원의 협의이혼의사확인 제도가 도입되기 전의 사안에 관한 것이기는 하나, 호적담당공무원은 당사자 쌍방을 출석시켜 그들이 본인인가 여부와 이혼의사의 진정 여부를 심사한 후 이를 수리하여야 하므로 당사자의 일방이 단독으로 제출한 협의이혼신고서를 수리한 처분은 무효라고 판시하였다.

60 대법원 1978. 2. 28. 선고 78므1 판결은 혼인신고에 관하여 이와 같은 취지로 판시하였다.

61 대법원 1962. 11. 15. 선고 62다610 판결.

62 김주수/김상용, 주석 민법, 친족(2)(제5판), 한국사법행정학회(2016), 48; 주해친족법(제1권)(제2판), 박영사(2025), 360(이동진).

있는지에 대해서는 부정적인 견해[63]도 있으나, 긍정적으로 보아야 할 것이다.[64]

42 의사능력 결여로 협의이혼이 무효로 된 경우에는 의사능력이 회복된 후에 다시 이혼의사를 표시함으로써 추인할 수 있을 것이다.[65]

43 무효인 혼인 또는 입양의 추인과는 달리 무효인 이혼의 추인에서는 혼인관계의 실체 해소를 요구할 필요가 없다는 견해가 있다.[66] 무효인 혼인의 추인과는 달리 무효인 협의이혼의 추인으로 인하여 제3자의 이익을 침해하게 되는 경우는 상정하기 어렵다.[67] 따라서 추인의 적법성 또는 유효성에 관하여 제3자의 이해관계를 고려하여야 할 경우는 찾기 어려울 것이다.

3. 이혼무효의 효과

가. 신분적 효과

44 협의이혼이 무효인 경우 법률혼은 부활한다. 협의이혼신고가 마쳐졌음을 기화로 한쪽 배우자가 제3자와 혼인신고를 마친 경우 후혼을 당연무효라고는 볼 수 없고, 중혼으로서 취소될 수 있을 뿐이다.[68] [69]

45 한쪽 당사자가 이혼의사 없이 이혼신고를 하였고 이를 모르는 상대 당사자가 제3자와 혼인한 경우 또는 한쪽 당사자가 제3자로 하여금 오신하게 할 방편으로 이혼신고를 한 경우 등에는 신의칙에 비추어 무효 주장이 봉쇄된다는 견해가 있다.[70] 허위로 이혼의사를 표시했던 그 당사자가 제3자와 혼인을 한 경우에는 그 자체를 무효인 이혼의 추인으로 볼 수 있을 것이어서 신의칙 등이 문제될 소지가 적다. 한쪽 당사자가 허위로 이혼의사를 표시하였고 진정한 이혼의사를 가졌던 다른 쪽 당사자가 제3자와 혼인을 한 경우에, 단순히 상대 당사자 또는

63 김주수/김상용, 주석 민법, 친족(2)(제5판), 한국사법행정학회(2016), 49.

64 주해친족법(제1권)(제2판), 박영사(2025), 360(이동진).

65 대법원 1997. 12. 12. 선고 95다38240 판결은 무효행위의 추인은 그 무효 원인이 소멸한 후에 하여야 그 효력이 있다고 한다. 위 판결은 비록 재산행위에 관한 것이기는 하나 신분행위의 경우에도 마찬가지로 보아야 할 것이다.

66 주해친족법(제1권)(제2판), 박영사(2025), 360(이동진).

67 김주수/김상용, 주석 민법, 친족(2)(제5판), 한국사법행정학회(2016), 48.

68 대법원 1964. 4. 21. 선고 63다770 판결.

69 중혼에 관한 가족관계등록사무 처리지침(예규) 제1의 나항은 이와 같은 견지에서 협의이혼이 무효이거나 그 후에 취소된 때에는 종전의 혼인관계는 처음부터 해소되지 않은 것으로 되므로 중혼관계가 성립한다고 규정한다.

70 김용한, “신분행위의 무효와 취소”, 법정 제15권 제6호, 법정사(1960), 42; 변진장, “신분행위의 무효와 취소”, 사법논집 제25집, 법원도서관(1994), 42.

제3자가 선의라는 사정만으로 무효 주장이 봉쇄된다고 보기는 어려울 것이다. 그러나 제반 사정을 종합하여 이익을 형량함으로써 신의칙 또는 금반언의 법리에 따라 허위표시자의 무효 주장이 대세적으로 차단되어야 할 경우를 배제할 수는 없다.

46 반면에 의사능력 결여로 협의이혼이 무효로 된 경우에는 그와 달리 제3자의 선악을 불문하고 후혼은 중혼으로 취소될 수 있다고 보아야 할 것이다.

나. 재산적 효과

1) 손해배상청구권

47 협의이혼이 무효로 된 경우 한쪽 당사자는 상대 당사자 또는 제3자에게 손해배상을 구할 수 있고, 이는 다류 가사소송사건이다(가사소송법 제2조 제1항 제1호 다목 2).

2) 원상회복청구권

48 이혼무효를 원인으로 하는 원상회복청구 또한 다류 가사소송사건이다(가사소송법 제2조 제1항 제1호 다목 2). 이는 부부 사이의 원상회복청구에 한정하고, 제3자의 또는 제3자에 대한 원상회복청구는 민사소송사건에 해당한다.

49 협의이혼을 하면서 위자료 명목으로 부동산을 이전한 후 이혼무효확인을 구함과 아울러 원상회복으로 그 부동산의 반환을 구한 것을 다류 가사소송사건으로 다룬 사실심 재판례가 있다.[71]

50 협의이혼을 하면서 재산분할로 재산을 이전하였으나 이혼이 무효인 경우 재산분할의 효력에 관하여는 견해가 나뉜다. 1설은 재산분할은 당연히 효력을 잃고 그 효과는 절대적이므로 분할의 대상이 된 재산을 양도받은 제3자에게도 미친다고 한다.[72] 2설은 협의이혼이 무효라 하여 이미 행해진 재산분할이 당연히 무효가 된다고 볼 수는 없으나 부당이득 등으로 채권법적인 반환 내지 원상회복청구의 대상이 된다고 한다.[73] 어떤 견해에 의하든 당사자 사이에서는 재산분할로 이전하였던 재산의 반환을 구할 수 있는데, 이 또한 다류 가사소송사건인 원상회복청구에 해당한다.

71 서울고등법원 1996. 3. 29. 선고 94르1302 판결.

72 김주수/김상용, 친족·상속법(제20판), 법문사(2024), 173. 김병선, "이혼으로 인한 재산분할에 있어서 분할자의 채권자보호에 관한 몇 가지 제언", 법학연구 제34집, 전북대학교 법학연구소(2011), 411 이하는 당사자의 의사가 불분명한 경우 협의이혼의 유효한 성립은 재산분할의 조건이므로, 협의이혼이 불성립, 무효, 취소된 경우 재산분할의 효력이 소멸한다고 한다.

73 주해친족법(제1권)(제2판), 박영사(2025), 365(이동진).

4. 이혼무효확인의 소

가. 총설

51 이혼무효사유가 있는 경우 소로써 그 확인을 구할 수 있다. 이는 가류 가사소송사건이다(가사소송법 제2조 제1항 제1호 가목 2). 이혼무효확인의 소를 형성의 소로 보는 견해도 있으나,[74] 그 법적 성질은 확인의 소라고 보아야 할 것이다.[75] 따라서 이혼무효확인판결이 확정되지 않은 상태에서 다른 소송에서 전제문제로 이혼의 무효 여부를 주장하고 판단할 수 있다.[76]

나. 당사자적격

1) 원고적격

52 이혼의 당사자, 법정대리인, 4촌 이내의 친족은 원고적격을 갖는다(가사소송법 제23조).

53 그 밖의 사람에게도 원고적격이 인정되는지 문제된다. 대법원은 확인소송으로서 성질을 갖는 친생자관계부존재확인의 소의 원고적격에 관하여, 민법 제777조 소정의 친족은 그와 같은 신분관계를 가졌다는 사실만으로써 당연히 친자관계존부확인의 소를 제기할 소송상의 이익이 있다고 판시한 바 있으나,[77] 그 뒤 친생자관계존부확인의 소를 제기할 수 있는 자는 민법 제865조 제1항에서 정한 제소권자로 한정되고, 민법 제777조에서 정한 친족이라는 사실만으로 당연히 친생자관계존부확인의 소를 제기할 수 있는 것은 아니라고 판례를 변경하였다.[78] 이혼무효의 소의 원고적격에 위 2015므8351 전원합의체 판결이 그대로 적용되는지 논란이 있을 수 있다.[79] 그런데 위 2015므8351 전원합의체 판결의 본지는, 민법 제777조에서 정한 친족이라 하여 바로 친생자관계존부확인의 소의 원고적격이 인정되는 것이 아니라 법률상 이해관계가 있어야 원고적격이 인정된다는 점을 강조하는 데에 있다고 이해된다. 이혼무효의 소는 확인소송이므로, 이혼무효의 소의 원고적격은 가사소송법 제23조에 규정된 사람에 한정되지 않고 이혼무효 여부의 확인에 법률상 이해관계가 있어 확인의 이익이 인정되는 한 널리 긍인

74 송덕수, 친족상속법(제7판), 박영사(2024), 79; 이경희, 가족법(8정판), 법원사(2013), 105.
75 김주수/김상용, 친족·상속법(제20판), 법문사(2024), 173; 윤진수, 친족상속법 강의(제5판), 박영사(2023), 89.
76 대법원 1994. 2. 8. 선고 93도2869 판결.
77 대법원 1981. 10. 13. 선고 80므60 전원합의체판결.
78 대법원 2020. 6. 18. 선고 2015므8351 전원합의체 판결.
79 법원실무제요, 가사[Ⅰ], 법원행정처(2021), 574 혼인무효의 소의 원고적격 참조.

될 수 있을 것이다.

54 원고적격을 가지는 여러 명이 처음부터 공동으로 소를 제기하거나 다른 사람이 제기한 소에 원고로 참가하면 유사필수적 공동소송이 된다.[80]

2) 피고적격

55 부부 중 어느 한쪽이 소를 제기할 때에는 다른 쪽 배우자를 피고로 하고, 제3자가 제기할 때에는 부부를 공동피고로 하여야 하며, 부부 중 한쪽 배우자가 사망한 경우에는 생존자를 피고로 한다(가사소송법 제24조 제1항·제2항). 부부를 공동피고로 할 때에는 필수적 공동소송이 된다. 피고로 될 사람이 사망한 경우에는 검사를 피고로 한다(가사소송법 제24조 제3항).

다. 관할

56 토지관할은 부부가 같은 가정법원의 관할구역 내에 보통재판적이 있을 때에는 그 가정법원이, 부부가 마지막으로 같은 주소지를 가졌던 가정법원의 관할구역 내에 부부 중 한쪽의 보통재판적이 있을 때에는 그 가정법원이, 위 2가지에 해당하지 않을 경우에는 상대방의 보통재판적이 있는 곳의 가정법원이, 부부 모두를 상대로 하는 경우에는 부부 중 한쪽의 보통재판적이 있는 곳의 가정법원이, 부부 중 한쪽이 사망한 경우에는 생존한 다른 쪽의 보통재판적이 있는 곳의 가정법원이, 부부가 모두 사망한 경우에는 부부 중 한쪽의 마지막 주소지의 가정법원이 각각 관할법원으로 되고, 이는 전속관할에 속한다(가사소송법 제22조).

57 이혼무효의 소는 단독판사의 사물관할에 속한다(민사 및 가사소송의 사물관할에 관한 규칙 제3조).

라. 판결의 효력

58 이혼무효의 청구를 인용한 확정판결은 제3자에게도 효력이 있다(가사소송법 제21조 제1항). 이혼무효의 청구를 기각한 확정판결은 그 소송의 사실심 변론종결 전에 참가하지 못 한 데 대하여 정당한 사유가 있는 사람에게는 미치지 않아 그 사람이 다시 같은 소를 제기할 수 있고, 그 밖의 사람에게는 효력이 미쳐 다시 소를 제기할 수 없다(가사소송법 제21조 제2항).

59 이혼무효확인 판결이 확정된 경우 가정법원의 법원사무관 등은 가족관계등록관서에 이를 통지하여야 한다(가사소송규칙 제7조 제1항). 원고는 확정일부터 1개월

80 법원실무제요, 가사[I], 법원행정처(2021), 574 혼인무효의 소의 원고적격 참고.

내에 판결의 등본 및 확정증명서를 첨부하여 가족관계등록 정정을 신청하여야 한다(가족관계의 등록 등에 관한 법률 제107조). 이 신청에 따라 이혼에 관한 기록을 말소하고, 미성년 자녀의 친권자 지정에 관한 기록은 따로 정정허가를 받을 필요 없이 이혼무효확인 판결에 의하여 말소할 수 있다.[81]

V. 보론 - 협의이혼의 예약과 사실상 이혼

1. 협의이혼의 예약

60 혼인 중의 부부가 장래 협의이혼을 하기로 약정하는 것을 협의이혼의 예약이라 한다. 협의이혼의 예약은 강제집행을 할 수도 없고, 그 위반에 대한 손해배상책임도 인정되지 않으며, 그 밖에 어떠한 법적 효과도 인정되지 않는다.[82]

61 협의이혼의 예약을 혼인 당시 또는 이전에 하는 경우 혼인의 합의 자체의 불성립 또는 무효 여부가 문제될 수 있다.[83] 부부가 혼인생활 중 일정한 조건이 성취되면(예컨대, 향후 다시 폭행, 부정행위, 주식투자 등을 하면) 협의이혼을 한다는 내용의 합의를 한다 하더라도 그 합의에 어떠한 법적 효력을 부여할 수는 없다. 부부가 협의이혼의사확인 신청을 한 경우 공동신청주의에 비추어 협의이혼의 예약이 있다고 볼 수 있는데, 이 또한 아무런 법적 효력이 없다. 협의이혼의사확인이 있었다는 것만으로 재판상 이혼사유가 될 수 없음은 물론이고,[84] 그 의사확인 당시에 더 이상 혼인을 계속할 수 없는 중대한 사유가 있었다고 추정될 수도 없다.[85] 다만 협의이혼의 예약에 이른 경위와 내용, 협의이혼의 예약을 하였다는 사실 자체 등을 종합하여 경우에 따라 재판상 이혼사유가 인정될 수 있을 것이다.

62 협의이혼의 예약과 구분해서 살펴야 할 것이 있다. 부부가 혼인생활 중 일정한 조건이 성취되면(예컨대, 향후 다시 부정행위 등을 하면) 상대방에게 일정한 재산을 이전하기로 합의한 경우, 원칙적으로 부부 사이의 조건부 증여로서 유효라 할 것이다. 그러나 경우에 따라 공서양속 위반 여부가 문제될 수는 있다.[86] 부부가 협

81 이혼이 무효이거나 취소된 경우의 가족관계등록부정정방법(예규).
82 김주수/김상용, 친족·상속법(제20판), 법문사(2024), 175.
83 주해친족법(제1권)(제2판), 박영사(2025), 365(이동진).
84 대법원 1983. 7. 12. 선고 83므11 판결.
85 대법원 1988. 4. 25. 선고 87므28 판결.
86 주해친족법(제1권)(제2판), 박영사(2025), 366(이동진).

의이혼의 예약과 아울러 미성년 자녀의 친권 및 양육, 재산분할에 관한 협의를 한 경우, 이러한 협의는 부부가 실제로 이혼신고에 이를 것을 조건으로 효력이 발생한다. 아래 판례는 재산분할의 협의에 관하여 이와 같은 취지로 판시하였다.

63 [판례] 대법원 2003. 8. 19. 선고 2001다14061 판결[87]

재산분할에 관한 협의는 혼인 중 당사자 쌍방의 협력으로 이룩한 재산의 분할에 관하여 이미 이혼을 마친 당사자 또는 아직 이혼하지 않은 당사자 사이에 행하여지는 협의를 가리키는 것인바, 그 중 아직 이혼하지 않은 당사자가 장차 협의상 이혼할 것을 약정하면서 이를 전제로 하여 위 재산분할에 관한 협의를 하는 경우에 있어서는, 특별한 사정이 없는 한, 장차 당사자 사이에 협의상 이혼이 이루어질 것을 조건으로 하여 조건부 의사표시가 행하여지는 것이라 할 것이므로, 그 협의 후 당사자가 약정한 대로 협의상 이혼이 이루어진 경우에 한하여 그 협의의 효력이 발생하는 것이지, 어떠한 원인으로든지 협의상 이혼이 이루어지지 아니하고 혼인관계가 존속하게 되거나 당사자 일방이 제기한 이혼청구의 소에 의하여 재판상이혼(화해 또는 조정에 의한 이혼을 포함한다. 이하 같다)이 이루어진 경우에는, 위 협의는 조건의 불성취로 인하여 효력이 발생하지 않는다고 보아야 할 것이다.

2. 사실상 이혼

가. 의의 및 요건

64 법률혼의 부부 사이에서 이혼신고는 하지 않은 채 혼인관계가 파탄에 이르러 부부공동생활의 실체가 존재하지 않는 경우를 사실상 이혼이라 한다.[88] 사실상 이혼의 요건으로서 별거 등으로 부부공동생활의 실체가 소멸하였다는 점 외에 부부가 이혼에 합의하였다는 점까지 요구하는 견해가 다수이다.[89] 그러나 이혼의 합의까지는 요구하지 않는 견해[90]도 있다.

87 같은 취지 판결: 대법원 1995. 10. 12. 선고 95다23156 판결, 대법원 2000. 10. 24. 선고 99다33458 판결, 대법원 2001. 5. 8. 선고 2000다58804 판결.

88 주해친족법(제1권)(제2판), 박영사(2025), 366(이동진).

89 주해친족법(제1권)(제1판), 박영사(2015), 548(윤진수); 김주수/김상용, 친족·상속법(제20판), 법문사(2024), 176, 284; 박동섭, 친족상속법(제4판), 박영사(2013), 156; 송덕수, 친족상속법(제7판), 박영사(2024), 81; 윤진수, 친족상속법 강의(제5판), 박영사(2023), 89; 지원림, "사실혼에 관한 약간의 비판적 고찰", 가족법연구 제22권 제3호, 한국가족법학회(2008), 470 등.

90 주해친족법(제1권)(제2판), 박영사(2025), 368(이동진); 이경희, 가족법(8정판), 법원사(2013), 108. 특히 중혼적 사실혼의 보호요건인 사실상 이혼의 요건으로서 이혼의 합의를 요구하지 않는 견해가 많은데, 이에 관한 상세한 내용은 [후론1] 사실혼 중 Ⅱ. 3. 나. 1). 가) 주석 참조.

나. 효과

65 사실상 이혼 상태가 아무리 오래 지속되더라도 이혼신고가 없는 한 법률혼은 해소되지 않으나, 사실상 이혼 상태의 부부에게 법률혼의 효력 전부를 인정하기는 어렵다. 바로 여기에 사실상 이혼을 논의할 실익이 있다.

66 1) 사실상 이혼 상태에서는 부부 사이의 동거·부양·협조의무, 혼인생활비용의 부담의무,[91] 정조의무[92]가 소멸한다는 견해가 다수이다.[93] 그러나 정조의무에 한하여는 소멸하지 않고 경감된다는 견해,[94] 혼인관계의 실질을 완전히 폐기하기로 합의한 경우 또는 장기간 별거한 경우에도 동거·부양·협조의무, 생활비용 부담의무, 정조의무는 소멸하지 않으나 단지 그 위반에 대한 손해배상책임 등의 제재는 제한된다는 견해[95]도 있다. 의무가 경감된다는 불명확한 이론구성 또는 의무는 소멸하지 않으나 그 위반에 대한 제재는 제한된다는 기교적인 이론구성의 실익이 무엇인지는 의문이다.

67 아래 전원합의체 판결은 실질적으로 부부공동생활이 파탄되어 회복할 수 없을 정도의 상태에 이른 부부 한쪽의 부정행위에 가담한 제3자의 손해배상책임을 부정하면서 이혼의 합의 여부를 문제삼지 않았다. 또한 그 보충의견에서는 이러한 경우 아직 이혼 전이라 하더라도 더 이상 배우자 상호 간에 부부공동생활에 따른 동거의무나 성적 성실의무를 기대하기 어렵다는 점을 같은 결론의 논거로 거시하였다. 이러한 판시취지에 비추어 아래 판결의 법리는 부부 사이의 손해배상책임이 문제된 사안에도 동일하게 적용될 것으로 보인다. 한편 아래 전원합의체 판결은 실질적으로 부부공동생활이 파탄되어 회복할 수 없을 정도의 상태에 이르렀으나 이혼의 합의는 있기 전 단계에서 부부 사이의 동거의무와 정조의무

91 대법원 2017. 8. 25. 자 2014스26 결정은 민법 제826조 제1항은 부부간의 부양·협조의무의 근거를, 제833조는 위 부양·협조의무 이행의 구체적인 기준을 제시한 조항이므로 제833조에 의한 생활비용 청구가 제826조와는 무관한 별개의 청구원인에 기한 청구라고 볼 수 없다고 판시하였다.

92 과거 간통죄가 존속하던 때에 혼인 당사자 사이에 이혼의사의 합치가 있는 경우 간통에 대한 사전 동의인 종용의 의사표시가 그 합의 속에 포함되어 있다고 판시한 판결이 여럿 되는데(대법원 2000. 7. 7. 선고 2000도868 판결, 대법원 1972. 1. 31. 선고 71도2259 판결 등), 이는 혼인관계의 파탄 여부를 문제 삼지 않은 채 이혼의사의 합치에 부여되는 효과에 초점을 맞춘 것으로서 사실상 이혼에 관한 논의와는 일정한 거리가 있다.

93 김주수/김상용, 친족·상속법(제20판), 법문사(2024), 177; 박동섭, 친족상속법(제4판), 박영사(2013), 156; 이경희, 가족법(8정판), 법원사(2013), 106.

94 송덕수, 친족상속법(제7판), 박영사(2024), 81.

95 주해친족법(제1권)(제2판), 박영사(2025), 369(이동진).

가 소멸한다는 전제에 서 있다고 볼 여지가 있다. 이렇게 보면 법률혼이 돌이킬 수 없을 정도의 파탄에 이른 단계에서 법률혼의 효력이 소멸하는 범위와 이혼의 합의까지 있는 사실상 이혼의 단계에서 법률혼의 효력이 소멸하는 범위를 나누어 논하는 이론적 지평을 전망해 볼 수 있다. 앞으로 학계와 실무계의 논의를 지켜볼 일이다(☞ 중혼적 사실혼에서 이와 흡사한 형태의 논의에 대해서는 [후론] 사실혼 중 Ⅱ. 3. 나. 2) 참조).

68 [판례] 대법원 2014. 11. 20. 선고 2011므2997 전원합의체 판결
민법 제840조는 '혼인을 계속하기 어려운 중대한 사유가 있을 때'를 이혼사유로 삼고 있으며, 부부간의 애정과 신뢰가 바탕이 되어야 할 혼인의 본질에 해당하는 부부공동생활 관계가 회복할 수 없을 정도로 파탄되고 그 혼인생활의 계속을 강제하는 것이 일방 배우자에게 참을 수 없는 고통이 되는 경우에는 위 이혼사유에 해당할 수 있다. 이에 비추어 보면 부부가 장기간 별거하는 등의 사유로 실질적으로 부부공동생활이 파탄되어 실체가 더 이상 존재하지 아니하게 되고 객관적으로 회복할 수 없는 정도에 이른 경우에는 혼인의 본질에 해당하는 부부공동생활이 유지되고 있다고 볼 수 없다. 따라서 비록 부부가 아직 이혼하지 아니하였지만 이처럼 실질적으로 부부공동생활이 파탄되어 회복할 수 없을 정도의 상태에 이르렀다면, 제3자가 부부의 일방과 성적인 행위를 하더라도 이를 두고 부부공동생활을 침해하거나 유지를 방해하는 행위라고 할 수 없고 또한 그로 인하여 배우자의 부부공동생활에 관한 권리가 침해되는 손해가 생긴다고 할 수도 없으므로 불법행위가 성립한다고 보기 어렵다. 그리고 이러한 법률관계는 재판상 이혼청구가 계속 중에 있다거나 재판상 이혼이 청구되지 않은 상태라고 하여 달리 볼 것은 아니다.

69 2) 일상가사대리권과 일상가사채무의 연대책임도 소멸하나, 사실상 이혼 상태를 알지 못하는 선의·무과실의 제3자에 대항할 수 없다.[96] 사실상 이혼 상태에 있더라도 법률혼은 여전히 유지되므로 재혼할 수 없고, 재혼하면 중혼이 된다. 그 밖의 친족관계에도 영향이 없다.[97]

70 3) 사실상의 이혼으로 부부가 별거하고 있는 경우 등 동서의 결여로 처가 부의 자를 포태할 수 없는 것이 외관상 명백한 사정이 있는 경우에는 민법 제844조

96 김주수/김상용, 친족·상속법(제20판), 법문사(2024), 177; 송덕수, 친족상속법(제7판), 박영사(2024), 81; 이경희, 가족법(8정판), 법원사(2013), 107.
97 김주수/김상용, 친족·상속법(제20판), 법문사(2024), 177; 송덕수, 친족상속법(제7판), 박영사(2024), 81.

제1항이 정한 친생추정이 미치지 않는다.[98] 그러나 동서의 결여는 사실상 이혼 외에도 널리 인정되므로, 이를 사실상 이혼 자체의 효과로 볼 수는 없다(☞ 사실상 이혼 상태에 있는 부부가 미성년 자녀의 친권자 및 양육자 지정 등을 할 수 있는 근거 등에 관하여는 민법 제837조 Ⅰ. 2. 다. 주석 참조).

71 4) 사실상 이혼으로 부부재산제가 소멸하는지에 관하여는 긍정설[99]과 부정설[100]이 있다. 이 논의는 이혼 후 재산분할을 부부재산계약의 내용으로 삼을 수 있는지와 관련이 있다고 보인다. 사실상 이혼 상태에 있는 부부 사이에도 배우자 상속권은 인정된다.[101] [102] 사실상 이혼을 근거로 재산분할을 청구할 수는 없다.[103] 산업재해보상보험법 제63조 제1항은 배우자를 수급권자로 규정하면서도 사망 당시 동일 생계이었을 것을 추가적인 요건으로 요구하고 있다. 사실상 이혼 상태에 있는 배우자는 이러한 추가적 요건을 충족하지 못 하여 수급권이 인정되지 않을 경우가 있을 수 있다.

72 5) 사실상 이혼에 주어지는 중요한 효과는 중혼적 사실혼이 보호된다는 점이다.[104] (☞ 상세한 내용은 [후론] 사실혼 중 Ⅱ. 3. 나. 주석 참조)

73 6) 사실상 이혼 상태를 해소하고 혼인상태로 복귀할 수 있다. 그러나 복귀를 원하지 않는 당사자에게 사실상 이혼 상태는 재판상 이혼사유가 될 수 있다.[105]

98 대법원 1983. 7. 12. 선고 82므59 전원합의체 판결, 대법원 1997. 2. 25. 선고 96므1663 판결 등 다수.

99 김주수/김상용, 친족·상속법(제16판), 법문사(2019), 180.

100 주해친족법(제1권)(제2판), 박영사(2025), 369(이동진); 윤진수, 친족상속법 강의(제5판), 박영사(2023), 89.

101 대법원 1969. 7. 8. 선고 69다427 판결.

102 김주수/김상용, 친족·상속법(제20판), 법문사(2024), 178; 송덕수, 친족상속법(제7판), 박영사(2024), 81.

103 주해친족법(제1권)(제2판), 박영사(2025), 319(이동진).

104 위 2011므2997 전원합의체 판결을 두고 이혼의 합의가 없는 경우에도 일정한 경우 법률혼 부부 사이에 동거의무와 정조의무가 소멸하는 것이라고 이해한다면, 중혼적 사실혼의 보호요건으로서 이혼의 합의를 요구하는 대법원 판결들{[후론1] 사실혼 중 Ⅱ. 3. 나. 1) 나) 주석 참조}과 사이에 괴리가 발생한다고 볼 수도 있다. 그러나 손해배상책임의 전제가 되는 법률혼의 동거의무 및 정조의무의 소멸범위와 중혼적 사실혼의 보호범위가 반드시 일치해야 한다고 볼 수는 없을 것이다.

105 김주수/김상용, 친족·상속법(제20판), 법문사(2024), 178. 위 2011므2997 전원합의체 판결의 판시내용도 아울러 참고.

제 836 조의 2 [이혼의 절차]

① 협의상 이혼을 하려는 자는 가정법원이 제공하는 이혼에 관한 안내를 받아야 하고, 가정법원은 필요한 경우 당사자에게 상담에 관하여 전문적인 지식과 경험을 갖춘 전문상담인의 상담을 받을 것을 권고할 수 있다.

② 가정법원에 이혼의사의 확인을 신청한 당사자는 제1항의 안내를 받은 날부터 다음 각 호의 기간이 지난 후에 이혼의사의 확인을 받을 수 있다.

1. 양육하여야 할 자(포태 중인 자를 포함한다. 이하 이 조에서 같다)가 있는 경우에는 3개월
2. 제1호에 해당하지 아니하는 경우에는 1개월

③ 가정법원은 폭력으로 인하여 당사자 일방에게 참을 수 없는 고통이 예상되는 등 이혼을 하여야 할 급박한 사정이 있는 경우에는 제2항의 기간을 단축 또는 면제할 수 있다.

④ 양육하여야 할 자가 있는 경우 당사자는 제837조에 따른 자의 양육과 제909조 제4항에 따른 자의 친권자결정에 관한 협의서 또는 제837조 및 제909조 제4항에 따른 가정법원의 심판정본을 제출하여야 한다.

⑤ 가정법원은 당사자가 협의한 양육비부담에 관한 내용을 확인하는 양육비부담조서를 작성하여야 한다. 이 경우 양육비부담조서의 효력에 대하여는 가사소송법 제41조를 준용한다. <신설 2009. 5. 8.>

[본조신설 2007. 12. 21.]

[관련조문] 가족관계의 등록 등에 관한 법률 제75조(협의상 이혼의 확인), 가족관계의 등록 등에 관한 규칙 제73조(이혼의사확인신청), 제78조(확인서 등의 작성·교부)

[참고문헌] 주해친족법(제1권)(제2판), 박영사(2025); 김상용, 친족상속법(제20판), 법문사(2024); 윤진수, 친족상속법 강의(제5판), 박영사(2023); 법원실무제요, 가사[Ⅱ], 법원행정처(2021); 가족관계등록실무(Ⅱ), 법원행정처(2018)

Ⅰ. 의의

1 민법 제836조의2는 2007년 민법의 개정으로 신설되었고, 그 중 제5항은 2009년 신설되었다. 2007년 민법 개정 전, 부부가 관계 회복의 기회를 갖지 못한 채 이혼이 미치는 경제적·정서적 영향 등에 대한 지식도 없이 경솔하게 준비되지 못한 이혼을 하고, 특히 미성년 자녀의 친권 및 양육에 관한 문제를 마무리 짓지 못한 채 이혼에 이르러 미성년 자녀의 보호에 공백을 가져온다는 비판이 꾸준히 있어왔다. 부부는 이혼과정에서 자신들의 문제에 매몰되어 미성년 자녀의 문제에 관하여 관심과 지식이 부족한 경우도 많다. 민법 제836조의2의 신설과 개정은 신중한 이혼과 미성년 자녀의 보호라는 일관된 입법목적의 달성을 위한 것으로서 ① 이혼안내제도와 숙려기간제도의 도입, ② 상담권고제도의 도입, ③ 미성년 자녀의 양육과 친권자지정에 관한 협의 또는 심판의 의무화, ④ 양육비의 분담에 관한 협의에 집행력 부여 등을 주요 내용으로 한다.

Ⅱ. 가정법원의 협의이혼의사확인절차

1. 협의이혼의사확인 신청

2 부부는 공동으로 서명 또는 기명날인하여 협의이혼의사확인신청서를 작성하여야 하고, 함께 가정법원에 출석하여 이를 제출함으로써 협의이혼의사확인을 신청한다(서면신청주의, 가족관계의 등록 등에 관한 규칙 제73조 제1항·제3항). 부부 양쪽이 재외국민인 경우에는 함께 재외공관에 출석하여 신청할 수 있다(가족관계의 등록 등에 관한 규칙 제75조 제1항). 따라서 대리인 또는 사자(使者)에 의한 신청은 허용되지 않고, 원칙적으로 부부 일방이 신청할 수 없다. 그러나 부부 중 한쪽이 재외국민인 경우에는 그 한쪽이 재외공관에 출석하거나 다른 쪽이 가정법원에 출석하여 신청할 수 있고(가족관계의 등록 등에 관한 규칙 제73조 제2항, 제75조 제2항), 부부 양쪽이 재외국민으로서 서로 다른 국가에 거주하고 있는 경우에는 각자 재외공관에 출석하여 신청할 수 있다(가족관계의 등록 등에 관한 규칙 제75조 제2항·제3항). 부부 중 한쪽이 수감자인 경우에는 다른 쪽이 가정법원에 출석하여 신청할 수 있다(가족관계의 등록 등에 관한 규칙 제73조 제2항).

3 가정법원에 신청하는 경우 부부 중 1인의 등록기준지 또는 주소지의 가정법원에 관할이 있으나, 국내에 거주하지 않는 경우 서울가정법원에 관할이 있다(가족관

계의 등록 등에 관한 법률 제75조 제1항). 다만, 서울가정법원은 국내에 거주하는 당사자의 신청이 있을 경우 주소지 관할 가정법원에 사건을 이송할 수 있다(가족관계의 등록 등에 관한 규칙 제76조 제5항). 재외공관에 신청하는 경우 거주지의 재외공관, 거주지의 재외공관이 없는 경우 인접지의 재외공관에 관할이 있다(가족관계의 등록 등에 관한 규칙 제75조 제1항·제3항).

2. 이혼에 관한 안내, 숙려기간, 상담권고

가. 이혼에 관한 안내

4 부부는 가정법원 또는 재외공관에 출석하여 협의이혼의사확인신청서를 제출한 후 이혼에 관한 안내를 받아야 한다(민법 제836조의2 제1항, 가족관계의 등록 등에 관한 규칙 제73조 제1항, 제75조 제4항). 이혼에 관한 안내의 내용은 이혼절차, 이혼의 결과(재산분할, 친권, 양육권, 양육비, 면접교섭권 등), 이혼이 자녀에게 미치는 영향 등이다.[1] 미성년 자녀가 있는 경우 이혼에 관한 안내는 부모교육의 성격을 아울러 갖게 된다.

5 이혼에 관한 안내는 법원사무관 등 또는 가사조사관에 의한 강연, 동영상 상영, 서면 교부 등의 방식이 가능한데, 현재 가정법원은 대체로 이 3가지 방식을 혼용하여 이혼에 관한 안내를 실시하고 있다.[2] 그러나 재외국민 또는 수감자에게 이혼에 관한 안내를 하는 경우 현실적으로 서면 교부의 방식이 주로 이용된다(가족관계의 등록 등에 관한 규칙 제73조 제2항 단서, 제75조 제4항).

나. 숙려기간

6 이혼에 관한 안내는 숙려기간의 기산점이 된다. 가정법원은 부부 양쪽이 이혼에 관한 안내를 받은 날로부터 부부에게 양육하여야 할 자녀(포태 중인 자녀를 포함한다)가 있는 경우에는 3개월, 그렇지 않은 경우에는 1개월의 숙려기간이 지난 뒤에 협의이혼의사 확인을 하여야 한다(민법 제836조의2 제2항). 다만 양육하여야 할 자가 이혼에 관한 안내를 받은 날로부터 1개월 이내에 성년에 도달할 경우에는 1개월, 1개월 후부터 3개월 사이에 성년에 도달할 경우에는 성년에 달한 날까지를 숙려기간으로 보고 확인기일을 지정한다.[3] 여기서 양육하여야 할 자는 부

1 협의이혼의 의사확인사무 및 가족관계등록사무 처리지침(예규) 제4조 제1항 제1문.
2 협의이혼의 의사확인사무 및 가족관계등록사무 처리지침(예규) 제4조.
3 협의이혼의 의사확인사무 및 가족관계등록사무 처리지침(예규) 제1조 제2항.

부 공동의 미성년 자녀를 말한다. 그러나 미성년 자녀를 일반입양시킨 경우에는 여기에 포함되지 않는다. 이러한 점을 고려하여 '미성년 자녀'가 아닌 '양육하여야 할 자'라는 용어를 채택하였다고 한다.[4]

7 부부는 이혼에 관한 안내를 통하여 습득한 정보를 바탕으로 숙려기간 동안 이혼 여부를 재고하고, 이혼에 수반되는 여러 문제, 그 중에서도 미성년 자녀의 친권 및 양육에 관한 문제를 숙고하여 신중히 결정할 기회를 갖게 된다. 숙려기간은 특히 상담을 받는 기회로 활용함이 보다 바람직하다. 다만, 가정법원은 폭력으로 인하여 당사자 일방에게 참을 수 없는 고통이 예상되는 등 이혼을 하여야 할 급박한 사정이 있는 경우에는 숙려기간을 단축 또는 면제할 수 있다(민법 제836조의2 제3항).

다. 상담권고

8 가정법원은 협의이혼의사확인을 신청한 부부에게 심리학, 상담학 등 인간행동의 제과학에 관한 전문적인 지식과 경험을 갖춘 전문상담인의 상담을 받을 것을 권고할 수 있다(민법 제836조의2 제1항). 가정법원은 전문상담인을 상담위원으로 위촉하여 상담을 담당하게 하고, 일당 및 수당을 국고에서 지급할 수 있다(가족관계의 등록 등에 관한 규칙 제73조 제5항).

3. 미성년 자녀의 양육 및 친권자결정에 관한 협의서 또는 심판정본의 제출

가. 협의서 또는 심판정본의 제출의무

9 부부는 양육하여야 할 자가 있는 경우 양육과 친권자결정에 관한 협의서 또는 가정법원의 심판정본을 제출하여야 한다(민법 제836조의2 제4항). 협의서 또는 심판에는 친권자 및 양육자의 결정, 양육비의 부담, 면접교섭의 행사 여부 및 방법에 관한 내용이 포함되어야 한다(민법 제837조 제2항, 제909조 제4항). 협의서는 협의이혼의사확인 신청 시 작성·제출할 수 있다. 그러나 이혼에 관한 안내 및 숙려기간제도와 상담권고제도의 취지를 고려하면 이혼에 관한 안내와 상담을 받은 후 충분한 시간을 갖고 숙고한 뒤 그 결과를 반영하여 협의서를 작성·제출함이 바람직하다. 그렇다 할지라도 협의서는 확인기일 1개월 전까지, 심판정본 및 확정증명서는 확인기일까지 제출될 필요가 있다.[5]

4 김상용, 친족상속법(제20판), 법문사(2024), 168.
5 협의이혼의 의사확인사무 및 가족관계등록사무 처리지침(예규) 제2조 제3항 후문.

10 협의 및 협의서 작성의 주체는 부모이다. 이러한 협의는 친권에 터잡고 있으므로 친권상실선고를 받은 부모 일방은 협의의 당사자가 될 수 없다는 견해가 있다.[6] 물론 친권상실선고를 받은 부모 한쪽을 친권자 또는 양육자로 지정하는 것은 적절하지 않다. 그러나 친권상실선고를 받은 부모 한쪽 또한 양육비의 부담이나 면접교섭의 배제에 관하여는 협의를 할 수 있고, 또한 하여야 한다. 친권상실은 협의의 당사자능력 또는 당사자적격의 문제가 아니라 단지 친권자 및 양육자 지정, 면접교섭 등에 관한 협의의 적정성 관점에서 접근해서 충분할 것이다. 피성년후견인은 부모 또는 성년후견인의 동의를 받아 협의이혼을 할 수 있는데(민법 제835조, 제808조 제2항), 친권자 및 양육에 관한 사항의 협의에도 부모 또는 성년후견인의 동의가 필요한지 문제된다. 이 문제는 결국 미성년 자녀의 복리를 위하여 친권자 및 양육에 관한 사항의 협의에 부모 또는 성년후견인의 개입이 필요한지의 문제로 치환된다. 가정법원의 보정명령 등 개입으로 미성년 자녀의 복리를 충분히 확보할 수 있고, 친권자 및 양육에 관한 사항의 협의에 부모 또는 성년후견인의 동의까지 필요하다고 하면 절차가 번거롭게 되어 오히려 미성년 자녀의 복리에 지장을 초래할 수 있으므로, 필요하지 않다 할 것이다.[7]

11 협의는 가정법원의 확인을 받기까지 철회 또는 변경할 수 있으나, 가정법원의 확인을 받은 후에는 당사자 한쪽이 철회하거나 양쪽이 합의해제할 수 없다.[8] 협의는 이에 기초한 이혼신고가 있어야 비로소 효력이 발생한다. 협의 중 양육비 부담 부분에 관하여 작성되는 양육비부담조서도 같다(☞ 상세한 내용은 아래 Ⅲ. 주석 참고).

나. 협의서를 제출한 경우 보정명령 등

12 가정법원은 협의의 내용이 자녀의 복리에 반하는 경우 보정을 명하거나 직권으로 또는 당사자의 청구에 따라 이를 결정하고, 협의할 수 없거나 협의가 이루어지지 않는 경우에도 직권 또는 청구에 따라 이를 결정한다(민법 제837조 제3항·제4항,

6 주해친족법(제1권)(제2판), 박영사(2025), 405(이동진).
7 제6판에서는 필요설을 취하였으나, 이 판으로 견해를 변경한다.
8 주해친족법(제1권)(제2판), 박영사(2025), 406(이동진). 가정법원은 이혼의사 등 확인 시 당사자에게 확인서 등본과 함께 협의서 등본을 내어주고(가족관계의 등록 등에 관한 규칙 제78조 제4항 본문), 가족관계등록관서는 친권자 지정 신고 접수 시 이 협의서 등본을 함께 제출받아 일치 여부를 확인한다[협의이혼의 의사확인사무 및 가족관계등록사무 처리지침(예규) 제23조 제3항]. 이러한 규정도 아울러 참고.

제909조 제4항). 위 조항들은 재판상 이혼에도 준·적용되는데 그 절차에서는 실질적 의미를 가진다. 그러나 위 조항들이 협의이혼의사확인절차에서 어떠한 의미를 갖는지에 관하여는 논란의 여지가 있다.

13 가정법원은 협의이혼의사확인절차에서 당사자가 제출한 협의서의 내용이 자녀의 복리에 반하는 경우 보정명령을 할 수 있다. 그런데 당사자가 가정법원의 보정명령에 응하여 협의를 보정하지 않는 경우 또는 협의서를 제출하지 않는 경우, 가정법원이 협의이혼의사확인절차 내에서 직권 또는 당사자의 청구에 따라 친권 및 양육에 관한 사항을 재판(심판)으로 정할 수 있는 것으로 해석하기는 어렵다. 이는 가사비송사건으로 보지 않을 수 없어 법적 성격과 근거 법률이 다른 두 절차가 착종하는 문제가 발생하기 때문이다. 또한 협의이혼의사확인사건의 관할 법원과 가사비송사건의 관할 법원이 일치하지 않는 문제도 있다.[9] 그러나 협의이혼의사확인절차와 가사비송절차를 준별하면서도, 당사자가 협의를 보정할 수 없거나 협의가 되지 않는 경우 관할 법원에 가사비송사건으로 친권자의 결정 및 양육에 관한 사항의 결정을 청구하도록 유도한 뒤 그 결과를 협의이혼의사확인절차에 반영하는 절차 정비는 가능하다. 물론 이론적으로는 협의이혼절차와 가사비송절차를 준별하면서 가사비송절차를 직권으로 개시하여 양육에 관한 사항 등을 정하도록 절차를 정비할 수도 있다.[10] 그러나 현실적으로 그러한 직권절차에 대한 수요가 있는지 의문이고, 당사자의 의지에 의하여 개시된 절차가 아닌 한 절차 진행과 심리가 어려울 것이다. 이러한 이해를 바탕으로 관련 절차가 다음과 같이 마련되었다.

14 협의이혼의사확인사건의 관할 법원은 당사자가 협의서를 제출하였으나 자녀의 복리에 반하는 경우 보정명령을 할 수 있고, 이에 불응하는 경우 불확인을 한다(가족관계의 등록 등에 관한 규칙 제78조 제1항 단서). 당사자가 협의서를 제출할 수 없을 것이 예상되는 경우에는 지체 없이 가정법원에 별도의 가사비송사건으로 심판을

9 협의이혼의사확인사건의 관할은 있으나 가사비송사건의 관할은 없는 법원으로는, 서울동부·남부·북부·서부지방법원[각급 법원의 설치와 관할구역에 관한 법률 제4조 제3호 별표 5)], 시·군법원[법원조직법 제34조 제1항 제4호]이 있다.

10 예컨대, 협의이혼의사확인사건의 관할 법원은 당사자가 협의를 보정하지 않거나 협의서를 제출하지 않는 경우 가사비송사건의 관할 법원에 기록을 송부하거나 기록의 사본을 첨부한 통지서를 보냄으로써 가사비송절차가 직권 개시되도록 하고, 가사비송사건 관할 법원은 심리를 진행하여 심판이 확정된 후 협의이혼의사확인사건의 관할 법원에 심판 정본과 확정증명서 등을 첨부한 협의이혼 기록을 반환하거나 그러한 점을 통지하도록 하는 등의 절차 정비를 생각해 볼 수 있다.

청구할 것을 안내한다.[11] 당사자가 확인기일까지 협의서 또는 심판정본 등을 제출하지 않으면 차회 확인기일까지 이를 제출할 것을 명하고, 즉시 불응하면 그 확인기일에, 이에 응할 뜻을 밝혀 차회 확인기일을 지정·고지하였으나 불응하면 차회 확인기일에 각 불확인을 한다.[12] 심판절차가 계속 중임이 확인된 때에는 확인기일을 변경하거나 속행하여 심판정본 등을 제출할 기회를 주고, 심판이 종국되었음을 확인하여 확인기일을 지정하였으나 그 확인기일까지 협의서 또는 심판정본 등을 제출하지 않는 경우 불확인을 한다.[13]

4. 가정법원의 확인

가. 확인절차

15 가정법원은 확인기일에 부부 양쪽을 출석시켜 그 진술을 듣고 이혼의사의 합치와 미성년 자녀의 양육 및 친권자결정에 관한 협의서 또는 심판정본 및 확정증명서(아울러 '이혼의사 등'이라 한다)를 확인한다(가족관계의 등록 등에 관한 규칙 제74조 제1항). 부부 쌍방이 출석하여 이혼의사가 없음을 진술한 경우에는 불확인을 한다.[14]

16 부부 중 한쪽이 재외국민 또는 수감자이어서 다른 쪽이 가정법원에 일방 신청을 한 경우에, 가정법원은 관할 재외공관 또는 교도소(구치소)의 장에게 이혼의사 등의 확인을 촉탁한 후 회보서의 기재로써 재외국민 또는 수감자의 출석·진술을 갈음하고, 신청 당사자를 출석시켜 이혼의사 등을 확인한다(가족관계의 등록 등에 관한 규칙 제74조 제2항). ① 부부 양쪽이 재외국민으로서 재외공관에 공동신청한 경우, ② 부부 중 한쪽이 재외국민으로서 재외공관에 일방 신청한 경우, ③ 부부 양쪽이 재외국민으로서 서로 다른 국가에 거주하여 재외공관에 일방신청을 한 경우에, 재외공관은 그 신청인의 이혼의사 유무 등을 확인한 후 진술요지서를 작성하여 첨부서류와 함께 서울가정법원으로 송부하고, 서울가정법원은 그 진술요지서 등에 의하여 신청 당사자 양쪽 또는 한쪽의 이혼의사 등을 확인한다(가족관계의 등록 등에 관한 규칙 제75조, 제76조 제1항). ②의 경우에 서울가정법원은 국내에 거주하는 다른 쪽을 출석시켜 이혼의사 등을 확인한다. 다만 국내에 거주하는 당사자의 신청이 있을 경우 주소지 관할 가정법원에 사건을 이

11 협의이혼의 의사확인사무 및 가족관계등록사무 처리지침(예규) 제4조 제2항.
12 협의이혼의 의사확인사무 및 가족관계등록사무 처리지침(예규) 제12조 제1항.
13 협의이혼의 의사확인사무 및 가족관계등록사무 처리지침(예규) 제12조 제2항.
14 협의이혼의 의사확인사무 및 가족관계등록사무 처리지침(예규) 제11조 제1항.

송할 수 있다(가족관계의 등록 등에 관한 규칙 제76조 제5항). ③의 경우에 서울가정법원은 다른 쪽 당사자의 관할 재외공관에 이혼의사 등의 확인을 촉탁한 후 회보서의 기재로써 재외국민의 출석·진술을 갈음한다(가족관계의 등록 등에 관한 규칙 제76조 제3항, 제74조 제2항).

나. 확인 또는 불확인의 법적 성격

17 협의이혼의사확인절차는 확인 당시에 당사자들이 이혼을 할 의사를 가지고 있는가를 밝히는 데 그치는 것이고, 그들이 의사결정의 정확한 능력을 가졌는지 또는 어떠한 과정을 거쳐 협의이혼의사를 결정하였는지 하는 점에 관하여서는 심리하지 않는다. 협의이혼의사의 확인은 어디까지나 당사자들의 합의를 근간으로 하는 것이고 법원의 역할은 그들의 의사를 확인하여 증명해 주는 데 그치는 것이다.[15] 이와 달리 당사자가 의사결정능력이 없다고 보이는 때에 법원은 이혼의사확인을 거부하여야 한다는 견해가 있다.[16]

18 법원의 협의이혼의사확인은 부부의 이혼의사 등을 확인하여 증명하는 공증행위이고, 그 확인 사건은 광의의 가족관계등록비송사건에 해당하여 비송사건절차법의 적용은 배제된다.[17] 가사비송사건 중 상속포기수리심판 등은 적법한 신고를 수리하였다는 사실 등을 증명하는 공증행위이기는 하나 단순한 사실행위에 그치는 것이 아니라 가사소송법이 정한 절차에 따른 재판이라는 점[18]과 대비된다. 따라서 협의이혼의사확인 사건에서 가정법원의 확인 또는 불확인에 대한 불복은 생각하기 어렵다.[19]

19 협의이혼의사확인이 있었다는 것만으로 재판상 이혼사유가 될 수 없음은 물론이고,[20] 그 의사확인 당시에 더 이상 혼인을 계속할 수 없는 중대한 사유가 있었다고 추정될 수도 없다.[21]

15 대법원 1987. 1. 20. 선고 86므86 판결.
16 윤진수, 친족상속법 강의(제5판), 박영사(2023), 88.
17 가족관계등록실무(Ⅱ), 법원행정처(2018), 457.
18 법원실무제요, 가사[Ⅱ], 법원행정처(2021), 1054.
19 가정법원의 확인 및 불확인 또한 일종의 결정이어서 고지함으로써 효력이 생긴다고 하면서 이에 대해 불복할 수 없다는 견해로는, 주해친족법(제1권)(제2판), 박영사(2025), 374(이동진). 협의이혼의사확인절차에 비송사건절차법이 적용된다는 전제에서 가정법원의 확인 또는 불확인에 대해서 항고로 불복할 수 있다는 견해로는, 양상훈, "협의상이혼에 있어서의 가정법원의 확인", 재판자료 제18집, 법원도서관(1983), 280.
20 대법원 1983. 7. 12. 선고 83므11 판결.
21 대법원 1988. 4. 25. 선고 87므28 판결.

5. 신청의 취하

20 협의이혼의사확인의 신청인은 가정법원의 확인을 받기 전까지 신청을 취하할 수 있다(가족관계의 등록 등에 관한 규칙 제77조 제1항). 협의이혼의사확인은 부부가 공동으로 신청하여야 하나, 취하는 부부 중 한쪽이 할 수 있다. 부부 중 양쪽 또는 한쪽이 확인기일에 2회 출석하지 않거나 신청을 한 다음 날부터 3개월 안에 이혼에 관한 안내를 받지 않으면 신청을 취하한 것으로 본다(가족관계의 등록 등에 관한 규칙 제77조 제2항·제3항).

Ⅲ. 양육비부담조서

21 가정법원은 당사자가 제출한 자녀의 양육 및 친권자결정에 관한 협의서를 확인한 후 그 중 양육비부담 부분에 관하여 양육비부담조서를 작성한다(민법 제836조의2 제5항 전문). 양육비부담조서에는 집행력이 인정되고(민법 제836조의2 제5항 후문, 가사소송법 제41조), 이행명령의 대상적격도 인정된다(가사소송법 제64조 제1항 제1호).

22 양육비부담조서의 집행문은 그 조서가 작성된 협의이혼의사확인사건의 확인서에 따라 이혼신고가 된 경우에 한하여 내어준다(가족관계의 등록 등에 관한 규칙 제78조 제5항). 부부가 협의이혼의사확인을 받고도 이에 따른 이혼신고를 하지 않아 확인서가 실효된 뒤 다시 협의이혼의사확인을 받아 비로소 이혼신고를 한 경우에는 둘 또는 그 이상의 양육비부담조서가 작성되는데, 이혼신고로 이어지지 않은 사건에서 작성된 양육비부담조서에는 집행력 등 효력이 인정되지 않음을 전제로 입법된 것이다. 이 문제에 대비하기 위하여 혼인관계증명서의 기재례를 변경하여 [이혼]란에 협의이혼의사확인사건의 법원 및 사건번호를 부기하게 되었다. 동일한 문제가 가정법원의 심판에 관하여도 발생하므로, 협의이혼의사확인사건을 위하여 양육비심판이 청구되어 심판할 경우 심판문에 협의이혼의사확인사건의 법원과 사건번호를 적절한 방법으로 명시할 필요가 있다.

제 837 조 [이혼과 자의 양육책임]

① 당사자는 그 자의 양육에 관한 사항을 협의에 의하여 정한다. <개정 1990. 1. 13.>
② 제1항의 협의는 다음의 사항을 포함하여야 한다. <개정 2007. 12. 21.>
  1. 양육자의 결정
  2. 양육비용의 부담
  3. 면접교섭권의 행사 여부 및 그 방법
③ 제1항에 따른 협의가 자의 복리에 반하는 경우에는 가정법원은 보정을 명하거나 직권으로 그 자의 의사·나이와 부모의 재산상황, 그 밖의 사정을 참작하여 양육에 필요한 사항을 정한다. <개정 2007. 12. 21., 2022. 12. 27.>
④ 양육에 관한 사항의 협의가 이루어지지 아니하거나 협의할 수 없는 때에는 가정법원은 직권으로 또는 당사자의 청구에 따라 이에 관하여 결정한다. 이 경우 가정법원은 제3항의 사정을 참작하여야 한다. <신설 2007. 12. 21.>
⑤ 가정법원은 자의 복리를 위하여 필요하다고 인정하는 경우에는 부·모·자 및 검사의 청구 또는 직권으로 자의 양육에 관한 사항을 변경하거나 다른 적당한 처분을 할 수 있다. <신설 2007. 12. 21.>
⑥ 제3항부터 제5항까지의 규정은 양육에 관한 사항 외에는 부모의 권리의무에 변경을 가져오지 아니한다. <신설 2007. 12. 21.>

[관련조문] 민법 제824조의2(혼인의 취소와 자의 양육 등), 제843조(준용규정), 제864조의2(인지와 자의 양육책임 등), 제909조(친권자) 제4항·제6항, 제912조(친권 행사와 친권자 지정의 기준), 가사소송법 제2조(가정법원의 관장 사항) 제1항 제2호 나목 3·5, 제25조(친권자 지정 등에 관한 협의권고), 제28조(준용규정)

[참고문헌] 김주수, 주석 민법, 친족(3)(제2판), 한국사법행정학회(2002); 주해친족법(제1권)(제2판), 박영사(2025); 주해친족법(제2권)(제1판), 박영사(2015); 박상인, 주석 민법, 친족(2)(제6판), 한국사법행정학회(2020); 주석 민사소송법(Ⅲ), 한국사법행정학회(2023); 곽윤직, 채권총론(신정판), 박영사(1995); 김주수/김상용, 친족·상속법(제20판), 법문사(2024); 박동섭, 친족상속법(제4판), 박영사(2013); 박병호, 가족법, 한국방송통신대학(1991); 이근식/한봉희, 신친족상속법, 일조각(1978); 이시윤, 신민사소송법(제2판), 박영사(2004); 법원실무제요, 가사, 법원행정처(1994); 법원실무제요, 민사집행[Ⅲ], 법원행정처(2014); 법원실무제요, 가사[Ⅱ], 법원행정처(2010); 법원실무제요, 가사[Ⅱ], 법원행정처(2021); 강현중, "미성숙 자녀의 양육과 부양", 사법논집 제12집, 법원도서관(1981); 권영준, "2021년 민법 판례 동향", 서울대학교 법학 제63권 제1호(2022); 김대영, "민법상 이혼 후 자의 보호에 관한 연구", 영남대학교 대학원 박사학위논문(2001); 김상용, "이혼 후의 공동친권", 가족법연구Ⅰ, 법문사(2002); 김상용, "이혼 시 친권과 양육권이 분할 귀속된 경우 양자의 관계", 가족법연구Ⅱ, 법문사(2006); 김상용, "이혼 후의 양육자 및 친권자 결정에 있어서 민법이 갖는 몇 가지 문제점", 사법행정(1996); 김상용, "이혼 후의 공동친권", 판례월보 제332호, 판례

월보사(1998); 김연, "이혼후의 자의 양육", 가족법연구 제8호, 한국가족법학회(1994); 김용욱, "노부모부양에 관한 연구", 휴면 정범석 박사 화갑기념논문집, 법전출판사(1977); 김유미, "이혼시 친권의 개정방향", 가족법연구 제15권 제2호, 한국가족법학회(2001); 김윤정, "판례 분석을 통해 본 친권자 및 양육자 지정 실무", 가사재판연구Ⅲ, 서울가정법원 가사소년재판연구회(2018); 김형석, "양육비청구권을 자동채권으로 하는 상계", 가족법연구 제21권 제3호, 한국가족법학회(2007); 김혜선, "양육비 심판의 주문에 관한 제 문제", 가정법원 50주년 기념논문집, 서울가정법원(2014); 마옥현, "미성숙자녀와 노부모에 대한 부양 등에 관한 고찰", 재판실무연구 제3권, 수원지방법원(2006); 문형식, "친자관계를 중심으로 한 부양료청구와 구상(상)", 대한변호사협회지 제130호, 대한변호사협회(1987); 박병호/김유미, "과거의 양육비 구상", 법학 제35권 제3·4호, 서울대학교법학연구소(1994); 박삼봉, "부모의 자녀 양육의무와 과거의 양육비 상환청구", 재판의 한길-김용준 헌법재판소장 화갑기념, 김용준 헌법재판소장화갑기념논문집 간행위원회(1998); 박상선/황덕남, "친권에 관한 제문제", 재판자료 제62집, 법원도서관(1993); 변진장, "이혼후의 미성년인 자에 관련된 법률문제", 사법논집 제16집, 법원도서관(1985); 안문희, "2014년 프랑스친권법 개정안에 관한 연구", 가족법연구 제28권 제3호, 가족법학회(2014); 오종근, "부부간 부양청구권과 양육비청구권", 민사판례연구 제41권, 박영사(2019); 오진숙, "인지판결 확정 전 양육비 청구", 가족법연구 제38권 제2호, 한국가족법학회(2024); 유진식, "부양청구의 심판상 제문제", 사법논집 제17집, 법원행정처(1986); 윤진수, "과거 양육비청구권의 소멸시효", 민사법학 제108호, 한국사법행정학회(2024); 이동진, "부모 일방의 타방에 대한 과거의 양육비 상환청구와 소멸시효", 가족법연구 제26권 제2호, 한국가족법학회(2012); 이동철, "친권행사자 및 양육자 지정·양육비 청구에 관한 몇 가지 문제", 실무연구X, 서울가정법원 법관가사재판실무연구회(2005); 이선미, "친권자·양육자 지정에서 자녀의 복리 실현을 위한 부모의 양육적합성 판단", 민유숙 대법관 퇴임기념 재판자료집(2024); 이수영, "과거 양육비 청구권의 소멸시효", 민사재판의 제문제 제21권, 한국사법행정학회(2012); 이주윤, "양육권을 갖는 미성년후견인의 양육비심판 청구인적격 인정 여부", 대법원판례해설 제127호, 법원도서관(2021); 이준영, "미국에서의 친권결정에 관한 연구", 비교사법 제16권 제1호(2009); 이희배, "부모의 미성숙자부양의무와 그 종기", 가족법학논집, 한국가족법학회(2001); 임종효, "양육비청구권에 관한 기초 이론 및 실무상 쟁점", 사법논집 제51집, 법원도서관(2011); 장준현, "부모의 이혼에 따른 친권행사자 및 양육자 지정의 판단 기준과 고려요소", 대법원판례해설 제83호, 법원도서관(2010); 전보성, "친권자 지정·변경에 관한 판례의 최근 경향", 민사판례연구 제38권, 박영사(2016); 전현정, "독일의 개정민법에서 이혼 후의 공동친권에 관한 고찰", 인권과 정의 288호, 대한변호사협회(2000); 정구태/배소현, "부부 간 과거의 부양료청구의 인정 여부", 인문사회21 제7권 제5호, 인문사회21(2016); 정귀호, 부양에 관한 연구: 한국부양법리의 내포와 외연, 서울대학교 박사학위논문(1987); 정윤주, "판례평석: 시티즌십의 관점에서 살펴본 대법원 2021. 9. 30. 선고 2021므12320, 12337 판결", 사법 60호, 사법발전재단(2022); 제철웅, "부양청구권 및 부양비용 상환청구권에 관한 몇가지 해석론적 제안", 법학논총 제31집 제1호, 한양대학교(2014); 조은희, "독일법상의 직계혈족부양에 관한 고찰", 가족법연구 제20호, 한국가족법학회(2003); 조인영, "고령화시대 자녀의 부모 부양의무에 관한 구체적 쟁점 고찰", 법조 제71권 제6호, 법조협회(2022); 최미경, "부모의 자에 대한 부양의무에 관한 연구", 사회과학논총 16집, 명지대학교 사회과학연구소(2000); 최세모, "가사심판상의 부양청구권", 재판자료 제18집, 법원도서관(1983); 최정인, "친권자 및 양육자의 지정·변경과 관련된 몇 가지 문제", 가사재판연구Ⅱ, 서울가정법원 가사재판연구회(2011); 최준규, "다수당사자 사이의 부양관계에 관한 고찰", 가족법연구 제26권 제3호, 한국가족법학회(2012); 최진섭, "이혼 후의 공동양육법제에 대한 입법론적 연구", 가족법연구 제24권 제3호,

한국가족법학회(2010); 최진섭, "친권자 규정(민법 제909조)의 구조 분석", 아세아여성법전 제5호, 아세아여성법학연구소(2002)

Ⅰ. 의의

1. 가정법원의 후견·복지적 개입

1 민법 제837조와 제909조 제4항은 2007년에 전면 개정되었다. 개정 전에는 이혼절차에서 친권자를 지정하도록 하였으나 직권으로 정할 수는 없어 실효적 의미가 없었고(민법 제909조 제4항),[1] 양육에 관한 사항의 결정은 부부의 자율에 맡겨져 있었다. 그러나 이혼을 앞 둔 부모는 자신의 문제와 감정에 매몰되어 자녀의 문제에 관한 관심이 없고 문제를 해결할 지식과 능력도 부족한 경우가 많다. 이에 따라 부부가 친권 및 양육에 관한 사항의 결정 없이 이혼에 이르게 되고, 이는 결국 이혼가정 자녀의 이혼 후 적응을 어렵게 하는 한편 미성년 자녀의 보호에 공백을 초래하는 결과로 이어진다.

2 이러한 문제를 해결하기 위하여 민법 제837조와 제909조 제4항이 개정되었다. ① 이혼절차 등에서 부부에게 미성년 자녀의 친권 및 양육에 관한 사항의 협의 의무를 부과하고, ② 가정법원이 자녀의 복리에 반하는 협의에 대해 보정을 명할 수 있으며, ③ 가정법원은 당사자가 이러한 보정에 불응하거나 협의가 이루어지지 않거나 협의할 수 없을 때에 직권 또는 당사자의 청구에 따라 친권 및 양육에 관한 사항을 결정함으로써 개입할 수 있는 데에 민법 제837조와 제909조 제4항의 의의가 있다. 이는 또한 가정법원의 후견·복지적 기능의 주요한 법적 근거가 된다.

1 미성년자인 자가 있는 상태에서 부모가 협의상 이혼을 하고자 할 경우 이혼(친권자 지정)신고서 양식 중 "친권자 지정"란을 반드시 기재하여야 하는지 여부(호적선례)는 이혼(친권자 지정)신고서 양식의 "친권자 지정"란에 그 기재가 없을 경우에는 호적에 친권자 지정 취지가 기재되지 않는다고 규정하였다.

3 한편, 민법 제837조는 이혼절차 등에서 양육권, 양육비청구권, 면접교섭권, 인도 기타 방해배제청구권 등의 구체적 내용을 결정하는 방법 내지 절차에 관한 규정일 뿐, 각 권리의 청구권근거규범 즉 실체법적 근거는 될 수 없다.[2] 따라서 제837조는 가사소송법 적용의 준거로서 의의만 가질 뿐이다.

2. 적용범위

가. 이혼, 혼인취소, 인지

4 양육에 관한 사항의 결정에 관한 민법 제837조는 협의이혼에 적용될 뿐 아니라, 재판상 이혼(민법 제843조), 혼인의 취소(제824조의2), 인지(제864조의2)에 준용된다.

5 친권자의 결정에 관하여 민법 제909조는 제4항에서 이혼과 인지의 경우 민법 제837조와 비슷한 취지로 규정하고, 제5항은 재판상 이혼, 혼인의 취소 또는 인지 청구의 소의 경우 직권으로 친권자를 정한다고 규정한다. 이에 따르면 마치 혼인의 취소에는 민법 제909조 제4항이 적용되지 않아 제5항에 따라 직권으로만 친권자를 결정할 수 있는 것으로 보인다. 그러나 가사소송법 제2조 제1항 제2호 나목 5에 따라 혼인의 취소 경우에도 친권자의 지정을 청구할 수 있고, 가사소송법 제25조 제1항, 제28조에 따라 혼인 취소 소송이 계속된 경우 가정법원은 부모에게 친권자의 지정에 관한 협의를 권고하여야 한다. 이러한 규정들을 종합하면 친권자의 결정에 관하여도 이혼, 인지, 혼인의 취소 등 문제되는 국면을 막론하고 양육에 관한 사항의 결정에 관한 민법 제837조와 유사한 내용으로 규율된다고 볼 수 있다.[3]

나. 혼인무효

6 혼인무효에 민법 제837조 등이 준·적용되는지 문제된다.[4] 무효인 혼인에서 출생한 자녀는 혼인외의 출생자가 되지만(민법 제855조 제1항 후문), 아버지가 무효인 혼인 중 출생한 자녀를 출생신고한 경우 인지의 효력이 있다(가족관계의 등록 등에

2 양육비청구권에 관하여 이와 같이 설명하는 것으로, 박삼봉, "부모의 자녀 양육의무와 과거의 양육비 상환청구", 재판의 한길-김용준 헌법재판소장 화갑기념, 김용준 헌법재판소장화갑기념논문집 간행위원회(1998), 467; 임종효, "양육비청구권에 관한 기초 이론 및 실무상 쟁점", 사법논집 제51집, 법원도서관(2011), 243.

3 양육에 관한 사항의 변경과 친권자의 변경은 청구인 적격도 다르고 직권 변경 가부도 다르므로(민법 제837조 제5항과 제909조 제6항의 비교), 완전히 같다고는 볼 수 없다.

4 폐지 전 인사소송법 제30조는 혼인무효의 판결을 하는 경우 법원은 당사자의 청구에 의하여 양육에 관한 사항을 정할 수 있도록 규정하였으나, 인사소송법 등을 폐지하고 제정된 가사소송법에는 그러한 규정이 없다.

관한 법률 제57조 제1항).[5] 아버지 아닌 제3자가 출생신고를 하였다면, 아버지가 그 당시 또는 사후에 명시적 또는 묵시적으로 인지의 의사표시를 한 경우에 그 출생신고를 원용하여 인지의 효력이 발생한다고 볼 수 있을 것이다(가족관계의 등록 등에 관한 법률 제57조 제1항의 유추). 어떠한 경우이든 혼인무효에서는 인지를 매개로 부자관계가 발생하므로 인지를 준거로 하여 민법 제837조가 준용되고(민법 제864조의2), 민법 제909조 제4항·제5항이 적용된다. 아버지가 무효인 혼인 중 출생한 자녀를 출생신고하여 둔 경우 등에는 혼인무효소송 중 친권 및 양육에 관한 사항을 결정해야 할 미성년 자녀가 있게 되고, 이러한 경우를 대비하여 가정법원이 당사자에게 협의를 권고할 수 있는 근거규정으로서 가사소송법 제25조 제2항이 마련되었다.

다. 그 밖의 경우

7 부부가 사실상 이혼 상태에 있는 경우 또는 널리 별거 상태에 있으면서 양육에 관한 다툼이 발생한 경우 어떠한 절차에서 해결해야 하는지 문제된다. 부부의 동거·부양·협조 또는 생활비용의 부담에 관한 처분(가사소송법 제2조 제1항 제2호 나목 1)으로 정한다는 견해[6]와 제837조를 유추하여 양육에 관한 처분(제2조 제1항 제2호 나목 3)으로 정한다는 견해[7]가 대립하는데, 후자가 더 분쟁의 실체에 가까운 의율이라고 생각한다. 면접교섭에 관하여는 더욱 그렇게 볼 수밖에 없다(☞ 상세한 내용은 민법 제837조의2 Ⅱ. 2. 나. 1) 주석 참조, 사실혼 해소의 경우에 관하여는 [후론1] 사실혼 중 Ⅲ. 3. 주석 참조)

Ⅱ. 친권 및 양육에 관한 사항

1. 친권자 및 양육자의 결정

가. 협의의 친권(친권자)과 양육권(양육자)의 개념적 구분 및 분할 귀속

8 양육권이란 미성년 자녀에 대한 보호·교양의무(민법 제913조)와 여기서 파생되는

5 대법원 1971. 11. 15. 선고 71다1983 판결.

6 주해친족법(제1권)(제2판), 박영사(2025), 394(이동진); 법원실무제요, 가사[Ⅱ], 법원행정처(2021), 1469. 그 밖에 2007년 민법 개정 전의 논의로서, 박상선/황덕남, "친권에 관한 제문제", 재판자료 제62집, 법원도서관(1993), 573; 이동철, "친권행사자 및 양육자 지정, 양육비 청구에 관한 몇 가지 문제", 실무연구X, 서울가정법원 법관가사재판실무연구회(2005), 197.

7 김대영, "민법상 이혼 후 자의 보호에 관한 연구", 영남대학교 대학원 박사학위논문(2001), 153; 김주수/김상용, 친족·상속법(제20판), 법문사(2024), 177.

거소지정권(제914조) 등을 아우르는 개념으로서 광의의 친권의 한 내용이다.[8] 양육권에는 미성년 자녀에 대한 목욕·수면·운동 등의 돌봄, 훈육, 공·사교육의 제공, 거소지정, 자녀를 억류하는 자에 대한 인도 청구 또는 방해배제청구를 할 수 있는 권리 및 의무가 포함된다. 협의의 친권은 광의의 친권의 내용 중 양육권을 제외한 나머지를 말하고, 구체적으로는 재산법상의 재산관리권, 법률행위에 관한 대리권 및 동의권의 권리 및 의무가 있다.[9] 일반적으로 여권 발급, 전학에 대한 동의권은 협의의 친권에 귀속된다고 설명되는데, 이에 반하여 이를 양육권의 한 내용으로 파악하는 견해도 있다.[10] 대법원은 이혼으로 인하여 부모 중 1명이 친권자 및 양육자로 지정된 경우 그렇지 않은 부모는 미성년 자녀의 불법행위에 대하여 특별한 사정이 있지 않는 한 원칙적으로 감독의무가 없으므로 그 위반으로 인한 손해배상책임을 지지 않는다고 한다.[11]

9 민법은 친권자와 양육자를 개념적으로 구분함으로써 협의의 친권과 양육권이 아버지와 어머니에게 분할 귀속될 수 있음을 전제로 하고 있다. 제정 민법은 아버지를 단독친권자로 하고(민법 제909조 제1항), 이혼 시에도 아버지를 원칙적인 양육의 책임자로 하면서(제837조 제1항), 협정에 의하거나 재판으로 어머니를 양육의 책임자로 지정할 수 있도록 하는 한편(제837조 제2항), 이는 양육에 관한 사항 외에는 부모의 권리의무에 변경을 가져오지 아니한다고 규정하였다(제837조 제3항). 그러나 1990년 민법 개정으로 친권(행사)자에 관한 제909조와 양육자에 관한 민법 제837조를 분립하여 규정하면서 아버지뿐 아니라 어머니도 친권(행사)자 및 양육자로 지정될 수 있도록 하였고, 그 뒤 여러 번 민법이 개정될 때에도 이러한 태도에는 변함이 없다. 이러한 입법연혁 상의 이유로 친권자와 양육자가 개념적으로 구분되어 현재에 이르고 있다. 그러나 이제는 그러한 필요가 없고 입법적으로는 양 규정을 친권자의 지정에 관한 것으로 통합하여야 한다는 지적이 있다.[12]

8 민법 제915조는 부모의 징계권을 규정하고 있었으나, 2021. 1. 26. 민법 개정으로 삭제되었다.

9 김주수/김상용, 친족·상속법(제20판), 법문사(2024), 210, 444; 임종효, "양육비청구권에 관한 기초 이론 및 실무상 쟁점", 사법논집 제51집, 법원도서관(2011), 223.

10 김상용, "이혼 시 친권과 양육권이 분할 귀속된 경우 양자의 관계", 가족법연구 II, 법문사(2006).

11 대법원 2022. 4. 14. 선고 2020다240021 판결.

12 주해친족법(제1권)(제2판), 박영사(2025), 392(이동진); 김주수/김상용, 친족·상속법(제20판), 법문사(2024), 217; 김상용, "이혼 후의 양육자 및 친권자 결정에 있어서 민법이 갖는 몇 가지 문제점", 사법행정(1996), 12. 양육에 관한 사항의 변경과 친권자의 변경은 청구인 적격도 다르고 직권 변경 가부도 다른데, 어떠한 합리적 이유가 있는지 의문이다. 재판상 이혼과 인지 청구의 소에서 친권자를 직권으로 정한다는 점은 민법 제909조 제4항과 제5항에 중복 규정되어 있다. 혼인 취소의 경우에도 친권자 지정에 관하여 재판상

나. 친권자 및 양육자 지정의 형태

1) 일반적인 경우

10 부모 중 한쪽을 친권자 및 양육자로 지정하는 경우가 많다. 부모 중 한쪽을 친권자로 다른 쪽을 양육자로 분리하여 지정하거나, 양육자는 부모 중 어느 한쪽으로 친권자는 부모 공동으로 지정할 수도 있다.[13] 대법원 또한 비록 신중한 판단이 필요하다고 하더라도 일정한 기준을 충족하는 한 친권자와 양육자를 분리 지정하거나, 양육자는 어느 한쪽으로 하고 친권자는 부모를 공동으로 지정할 수 있다고 한다.[14]

2) 공동양육

11 이혼 후 양육자를 부모 공동으로 지정하는 경우에는 친권자 또한 공동으로 지정하는 것이 자연스럽다. 이와 같은 이혼 후 공동친권·공동양육에는 반대하는 견해도 있으나,[15] 긍정적인 견해가 유력하다.[16] 긍정설에서는 공동양육의 유형으로 정주형, 진자형, 둥지형을 비교 설명하기도 한다.[17] 공동양육이 허용되기 위한 요건으로 부모의 합의가 필요하다는 견해가 일반적이나,[18] 최근 미국에서는 부모 중 한쪽의 신청으로도 공동양육이 허용되는 것으로 변화하고 있다고 한다.[19] 비교법적으로 이탈리아, 미국 캘리포니아주, 스페인, 노르웨이, 프랑스, 오스트리아, 독일 등은 이혼 후 공동친권(= 공동양육)의 원칙을 채택하였다.[20]

이혼의 경우와 평행한 포괄적 규정이 필요하다. 무엇보다 친권자의 지정과 양육자의 지정을 별개의 규정으로 나누어 조금씩 다른 내용으로 규율할 합리적 이유가 없다. 따라서 민법을 체계적으로 정비할 필요가 있다고 생각된다.

13 법원실무제요, 가사[Ⅱ], 법원행정처(2021), 1511; 김윤정, "판례 분석을 통해 본 친권자 및 양육자 지정 실무", 가사재판연구Ⅲ, 서울가정법원 가사소년재판연구회(2018), 430.

14 대법원 2012. 4. 13. 선고 2011므4719 판결.

15 박상선/황덕남, "친권에 관한 제문제", 재판자료 제62집, 법원도서관(1993), 562.

16 김상용, "이혼 후의 공동친권", 판례월보 제332호, 판례월보사(1998), 43; 김연, "이혼후의 자의 양육", 가족법연구 제8호, 한국가족법학회(1994), 381; 박동섭, 친족상속법(제4판), 박영사(2013), 185; 최진섭, "이혼 후의 공동양육법제에 대한 입법론적 연구", 가족법연구 제24권 제3호, 한국가족법학회(2010), 285.

17 김상용, "이혼 후의 공동친권", 판례월보 제332호, 판례월보사(1998), 33 이하.

18 김상용, "이혼 후의 공동친권", 가족법연구Ⅰ, 법문사(2002), 206; 최진섭, "이혼 후의 공동양육법제에 대한 입법론적 연구", 가족법연구 제24권 제3호, 한국가족법학회(2010), 273.

19 이준영, "미국에서의 친권결정에 관한 연구", 비교사법 제16권 제1호(2009), 179.

20 이에 관한 상세한 내용은 김상용, "이혼 후의 공동친권", 가족법연구Ⅰ, 법문사(2002), 211 이하; 안문희, "2014년 프랑스친권법 개정안에 관한 연구", 가족법연구 제28권 제3호, 가족법학회(2014), 99 이하; 전현정, "독일의 개정민법에서 이혼 후의 공동친권에 관한 고찰", 인권과 정의 제288호, 대한변호사협회(2000), 58 이하 참조.

12 대법원은, 이혼하는 부모 모두를 공동양육자로 지정하는 것도 가능하나, 이는 부모가 공동양육을 받아들일 준비가 되어 있고 양육에 대한 가치관에서 현저한 차이가 없는지, 부모가 서로 가까운 곳에 살고 있고 양육환경이 비슷하여 자녀에게 경제적·시간적 손실이 적고 환경 적응에 문제가 없는지, 자녀가 공동양육의 상황을 받아들일 이성적·정서적 대응능력을 갖추었는지 등을 종합적으로 고려하여 공동양육을 위한 여건이 갖추어졌다고 볼 수 있는 경우에만 가능하다고 하였다.[21] 대법원이 공동친권을 수긍한 예는 몇 건 있는[22] 반면에 공동양육을 인정한 예는 찾기 어려운 점[23]에 비추어, 공동친권과 달리 공동양육에 부정적인 것으로 보인다. 앞으로 학계의 논의와 우리 사회의 인식 변화를 기대해 볼 일이다.

3) 제3자를 양육자로 지정할 수 있는지

13 부모 이외의 제3자를 양육자로 지정하는 것도 가능하다는 견해가 있다.[24] 이는 단순한 양육보조자 또는 사실상 양육자를 일컫는 것이 아니라, 법적인 양육의 권리와 의무를 제3자에게 귀속시킬 수 있다는 취지로 보인다. 그런데 부모가 협의하여 이러한 의미의 양육자로 제3자를 지정하는 것은 일반적으로 허용되지 않는 친권의 일부 양도 또는 포기에 해당할 소지가 있다.[25] 현실적으로 제3자를 법적인 의미의 양육자로 지정할 필요가 있다면, 민법 제924조의2와 제927조의2 제1항 제1호의3에 따라 거소지정이나 그 밖의 신상에 관한 결정 등 양육 관련 사항에 한정한 친권의 일부 제한 및 미성년후견인 선임의 절차를 밟는 것이 바람직하다.

다. 친권자 및 양육자 지정의 기준

1) 원칙적인 기준

14 친권자 및 양육자를 어떻게 정할 것인가는 궁극적으로 미성년 자녀의 최선의 복리 원칙이 적용되고, 특히 자녀의 의사·나이, 부모의 재산상황 등이 고려되어

21 대법원 2020. 5. 14. 선고 2018므15534 판결.

22 대법원 2012. 4. 13. 선고 2011므4719 판결, 대법원 2012. 6. 28. 선고 2012므486, 493 판결 등이 있다.

23 대법원 2020. 5. 14. 선고 2018므15534 판결, 대법원 2012. 4. 13. 선고 2011므4665 판결, 대법원 2013. 12. 26. 선고 2013므3383, 3390 판결, 대법원 2014. 8. 14. 자 2014스51 결정은 모두 부모를 공동양육자로 지정한 원심판결·결정을 파기하였다.

24 주해친족법(제1권)(제2판), 박영사(2025), 395(이동진).

25 친권의 포기 또는 사퇴는 허용되지 않는다는 점에 관하여는 주해친족법(제2권)(제1판), 박영사(2015), 988(권재문) 등.

야 한다(민법 제837조 제3항, 제912조 제2항).

15 기본적인 기준으로, 양육적합성(제3자에 대한 양육의 위임 가능성, 부모의 기회균등,[26] 자녀의 나이·성별, 부모의 신체적·정신적 건강상태, 부모의 경제상황 등), 유대관계의 존중, 자녀의 의사 존중, 계속성의 원칙 등이 거론되고 있다.[27] 대법원은 ① 미성년 자녀의 성별과 연령, ② 그에 대한 부모의 애정과 양육의사의 유무, ③ 양육에 필요한 경제적 능력의 유무, ④ 부와 모가 제공하려는 양육방식의 내용과 합리성·적합성 및 상호간의 조화 가능성, ⑤ 부 또는 모와 미성년 자녀 사이의 친밀도, ⑥ 미성년 자녀의 의사 등의 모든 요소를 종합적으로 고려하여 미성년 자녀의 성장과 복지에 가장 도움이 되고 적합한 방향으로 판단하여야 한다고 하였다.[28] [29] 이러한 여러 기준은 종합적으로 판단되어야 하고, 어느 하나의 기준이 절대시되거나 우선시될 수 없다.[30]

16 혼인을 파탄시킨 유책배우자가 반드시 자녀의 친권자 및 양육자로서 부적합하다고 추정되지는 않는다. 다만 그 유책행위의 내용에 비추어 미성년 자녀에게 해로운 영향을 미칠 수 있다고 평가되는 경우(알코올중독, 마약중독, 폭력성, 범죄성향 등)에는 부정적 요소로 될 수 있다.[31] 어머니의 부정행위를 인정하여 아버지의 이혼 청구는 인용하고 어머니의 이혼 청구는 기각한 사안에서, 원심은 혼인의 파탄경위를 근거 중 하나로 들어 아버지를 친권자 및 양육자로 지정하였는데, 대법원은 제반 양육조건을 종합하여 원심판결을 파기한 예가 있다.[32]

17 부모 중 자녀를 직접 양육하여 온 쪽이 상대방과 자녀 사이의 관계가 신뢰롭고 안정적으로 유지될 수 있도록 적극 협력하고 있다면(특히 면접교섭에 협조적이라

26 종래 '모성 우선의 원칙'이 운위되었으나, 이는 양성평등을 침해하는 것으로 간주되어 현대에 이르러서는 이를 대체하여 '부모의 기회균등 원칙'이 자리잡았다는 점에 관하여는 전보성, "친권자 지정·변경에 관한 판례의 최근 경향", 민사판례연구 제38권, 박영사(2016), 1295 참조.

27 김상용, "이혼 후의 양육자 및 친권자 결정에 있어서 민법이 갖는 몇 가지 문제점", 사법행정(1996), 14; 장준현, "부모의 이혼에 따른 친권행사자 및 양육자 지정의 판단 기준과 고려요소", 대법원판례해설 제83호, 법원도서관(2010), 683; 최정인, "친권자 및 양육자의 지정·변경과 관련된 몇 가지 문제", 가사재판연구Ⅱ, 서울가정법원 가사재판연구회(2011), 154.

28 대법원 2021. 9. 30. 선고 2021므12320, 12337 판결.

29 대법원 2008. 5. 8. 선고 2008므380 판결에서 본문의 ④를 제외한 나머지를 기본적인 기준으로 제시한 바 있고, 대법원 2013. 12. 26. 선고 2013므3383, 3390 판결에서 본문의 ④가 추가된 이후로 같은 취지의 판시가 반복되고 있다.

30 전보성, "친권자 지정·변경에 관한 판례의 최근 경향", 민사판례연구 제38권, 박영사(2016), 1333.

31 김상용, "이혼 후의 양육자 및 친권자 결정에 있어서 민법이 갖는 몇 가지 문제점", 사법행정(1996), 17.

32 대법원 2009. 4. 9. 선고 2008므3105, 3112 판결.

면), 이는 매우 긍정적 요소로 평가될 수 있다.[33] 어머니를 친권자 및 양육자로 지정하는 근거 중 하나로 아버지가 면접교섭에 올바로 협조하지 않아 온 사정을 언급한 사실심 재판례가 있다.[34]

18 부모 또는 자녀의 성별은 결정적 기준이 될 수 없다.[35] 대법원 또한 어린 여아의 양육에 어머니가 아버지보다 더 적합할 것이라 단정할 수 없다고 한다.[36]

19 대법원은 그 밖에도 여러 세부적 기준을 제시한 바 있다. 우선 어머니가 미성년 자녀들의 양육에 필요한 경제적 능력을 구비하고 있는지에 의문이 있는 경우에도 이는 아버지와 양육비를 분담함으로써 어느 정도 극복할 수 있다고 하였다.[37] 미성년 자녀의 양육에 있어 한국어 소통능력이 부족한 외국인보다는 대한민국 국민에게 양육되는 것이 더 적합할 것이라는 추상적이고 막연한 판단은 옳지 않고, 오히려 가정법원은 양육자 지정에 있어 한국어 소통능력에 대한 고려가 자칫 출신 국가 등을 차별하는 의도에서 비롯되거나 차별하는 결과를 낳게 될 수 있다는 점, 외국인 부모의 모국어 및 모국문화에 대한 이해 역시 자녀의 자아 존중감 형성에 중요한 요소가 된다는 점 등에 유의하여야 한다고 하였다.[38] [39]

20 대법원은 양육적합성의 세부 기준 중 제3자에 대한 양육의 위임 가능성을 고려하고 있다. 우선 아버지를 친권자 및 양육자로 지정한 근거 중 하나로 아버지는 미성년 자녀를 직접 돌보는 데 별다른 지장이 없을 것으로 보이는 반면 어머니는 레스토랑을 운영하면서 미성년 자녀를 양육할 계획이어서 양육의 상당 부분을 제3자에게 의존할 수밖에 없는 형편인 점을 언급한 예가 있다.[40] 또한 어머니가 미성년 자녀들을 출산하고 취업을 하면서 양육의 상당부분을 입주하여 가사를 돕는 제3자에게 맡겼고, 이후에도 어머니는 취업하는 경우 같은 방식으로

33 김상용, "이혼 후의 양육자 및 친권자 결정에 있어서 민법이 갖는 몇 가지 문제점", 사법행정(1996), 17.
34 부산가정법원 2014. 8. 14. 선고 2014르66 판결(상고기각판결로 확정).
35 김상용, "이혼 후의 양육자 및 친권자 결정에 있어서 민법이 갖는 몇 가지 문제점", 사법행정(1996), 16.
36 대법원 2010. 5. 13. 선고 2009므1458, 1465 판결.
37 대법원 2008. 5. 8. 선고 2008므380 판결.
38 대법원 2021. 9. 30. 선고 2021므12320, 12337 판결.
39 이 대법원 판결을 긍정적으로 분석한 것으로, 권영준, "2021년 민법 판례 동향", 서울대학교 법학 제63권 제1호(2022), 344; 이선미, "친권자·양육자 지정에서 자녀의 복리 실현을 위한 부모의 양육적합성 판단", 민유숙 대법관 퇴임기념 재판자료집(2024), 499; 정윤주, "판례평석: 시티즌십의 관점에서 살펴본 대법원 2021. 9. 30. 선고 2021므12320, 12337 판결", 사법 60호, 사법발전재단(2022), 466이 있다.
40 대법원 2010. 5. 13. 선고 2009므1458, 1465 판결.

양육할 수밖에 없는 형편인 반면에, 아버지는 미성년 자녀들의 조부, 조모가 양육을 도와 줄 수 있는 사안에서, 부모의 각 건강상태와 경제적 능력, 미성년 자녀들의 연령 등을 아울러 고려한 후 아버지가 미성년 자녀들을 양육하는 것이 더 적절하다고 판시한 예도 있다.[41] 그러나 이 판결로부터 부모 모두 사실상 양육자 또는 양육보조자에 의한 양육이 불가피한 경우, 양육보조자 등이 금전적 대가관계에 있는 경우보다 친족인 경우가 미성년자의 복리에 더욱 적합할 것이라는 일반 원칙을 도출하기는 어려울 것이다. 양육의 제3자에 대한 위임가능성이 있는 경우 제3자의 특성을 고려한 양육환경과 그 밖의 양육조건을 종합하여 면밀히 살펴야 한다는 취지로 이해된다. 앞서 살핀 예들과 달리, 어머니가 미성년 자녀를 스페인에 있는 여동생 집에 보내 양육하도록 하고 있으나, 여동생이 경제적으로도 넉넉할 뿐 아니라 자신의 남편과 사이에 자녀가 없어 미성년 자녀를 좋은 환경에서 친자식처럼 돌보겠다는 의사를 밝히고 있는 등의 사정이 있다면, 아버지가 양육자로 더 적합하다고 볼 수 없다고 판시한 예가 있다.[42] 양육적합성의 세부 기준 중 제3자에 대한 양육의 위임 가능성이 절대적으로 부정적인 요소는 아님을 밝힌 것이다.

21 대법원은 또한 계속성의 원칙을 강조하고 있다. 별거 이후 재판상 이혼에 이르기까지 상당 기간 부모의 일방이 미성년 자녀, 특히 유아를 평온하게 양육하여 온 경우, 이러한 현재의 양육 상태에 변경을 가하여 상대방을 친권자 및 양육자로 지정하는 것이 정당화되기 위해서는 현재의 양육 상태가 미성년 자녀의 건전한 성장과 복지에 도움이 되지 아니하고 오히려 방해가 되며, 상대방을 친권자 및 양육자로 지정하는 것이 현재의 양육 상태를 유지하는 경우보다 미성년 자녀의 건전한 성장과 복지에 더 도움이 된다는 점이 명백하여야 한다고 하였다.[43] [44] 이 판결은 또한 양육자 지정 후 사건본인의 인도가 실제로 이행될 수 있는지, 그 이행 가능성이 낮음에도 비양육친을 양육자로 지정함으로써 비양육친이 경제적 이익을 누리거나 양육친에게 경제적 고통을 주는 결과가 발생할 우려가 없는지 등에 대해 신중하게 판단할 필요가 있다는 점을 아울러 설시하

41 대법원 2012. 11. 29. 선고 2012므3126, 3133 판결.
42 대법원 2009. 4. 9. 선고 2008므3105, 3112 판결.
43 대법원 2021. 9. 30. 선고 2021므12320, 12337 판결.
44 대법원 2008. 5. 8. 선고 2008므380 판결, 대법원 2009. 4. 9. 선고 2008므3105, 3112 판결, 대법원 2010. 5. 13. 선고 2009므1458, 1465 판결 등이 비슷한 취지로 판시한 바 있다.

였다. 자녀의 양육에 관한 사전처분 사건에도 계속성의 원칙이 적용된다.[45]

22 부모 중 한쪽이 일방적으로 미성년 자녀를 탈취한 경우는 대체로 부정적 요소로 고려된다. 그러나 이러한 탈취 상태가 오래 지속되어 미성년 자녀가 새로운 양육환경에 적응한 경우에 누구를 친권자 및 양육자로 적합하다고 볼지는 어려운 문제이다.[46] 아버지가 미성년 자녀를 탈취한 지 약 2년이 흐른 사안에서, 미성년 자녀의 나이가 아직 만 2세 9개월이라는 점, 아버지가 돌잔치를 열어 준다는 구실로 미성년 자녀를 탈취하여 오늘에 이른 사정을 그대로 용인한다면 정의 관념이나 인도주의적 정신에 반하는 결과가 될 수 있는 점 등을 근거로 들어 어머니를 친권자 및 양육자로 지정한 사실심 재판례가 있다.[47] 반면에 어머니가 아버지와 충분한 합의 없이 미성년 자녀를 서울로 데려가 양육하기 시작하여 약 3년이 흐른 사안에서, 이러한 점을 부정적 요소로 지적할 수는 있으나 미성년 자녀의 양육안정성은 여전히 중요한 요소로 고려되어야 한다는 이유로 어머니를 친권자 및 양육자로 지정한 예도 있다.[48]

2) 개별적인 논의

가) 형제자매의 분리 지정

23 미성년 자녀가 종전에 형성한 유대관계가 최대한 유지되도록 배려한다는 측면에서 원칙적으로 형제자매는 함께 양육되는 것이 미성년 자녀의 복리에 부합한다.[49] 사전처분으로 어머니가 딸을, 아버지가 아들을 나누어 양육하여 왔는데, 어머니는 자녀들 모두에 대한 양육의사를 강력하게 밝힌 반면에 아버지는 아들에 대한 양육의사만을 보인 사안에서, 자녀들이 함께 생활하는 것이 적응에 도움이 된다는 점을 근거 중 하나로 들어 어머니를 딸과 아들 모두의 친권자 및 양육자로 지정한 사실심 재판례가 있다.[50] 그러나 부모의 경제적 사정, 미성년 자녀의 건강문제, 형제자매의 친소관계 등의 현실적 이유로 형제자매를 분리하여 친권자 및 양육자를 지정하는 실무례도 드물지 않고,[51] 이러한 분리 지정을

45 대법원 2022. 6. 9. 자 2022스539 결정.

46 전보성, "친권자 지정·변경에 관한 판례의 최근 경향", 민사판례연구 제38권, 박영사(2016), 1319.

47 서울가정법원 2009. 8. 7. 자 2009브89 결정(재항고기각결정으로 확정).

48 부산가정법원 2018. 11. 8. 선고 2018르20808, 2018르20815 판결(상고기각판결로 확정).

49 전보성, "친권자 지정·변경에 관한 판례의 최근 경향", 민사판례연구 제38권, 박영사(2016), 1330; 최정인, "친권자 및 양육자의 지정·변경과 관련된 몇 가지 문제", 가사재판연구Ⅱ, 서울가정법원 가사재판연구회(2011), 159.

50 울산지방법원 2013. 12. 19. 선고 2013르582 판결(상고기각판결로 확정).

51 전보성, "친권자 지정·변경에 관한 판례의 최근 경향", 민사판례연구 제38권, 박영사(2016), 1285, 1330.

긍인한 대법원 결정도 있다.[52] 이러한 경우 교차하는 부모와 자녀 사이의 각 면접교섭의 방식 등을 정할 때에 형제자매들 사이의 면접교섭이 함께 이루어질 수 있도록 배려할 필요가 있다.

나) 기한·조건부 지정

24 친권자를 미성년 자녀의 몇 세까지는 어머니, 그 이후는 아버지로 지정하는 것 같은 기한을 붙이거나, 일정한 사유가 발생할 경우 친권자를 변경한다는 조건을 붙이는 친권자 지정은 허용되지 않는다.[53] 그와 같은 친권자 지정을 가족관계등록부에 기록하여 공시할 수 없기 때문이다. 그러나 조정을 할 때에 법적 효력이 없는 신사조항으로 쌍방이 일정한 기한이 되거나 일정한 조건이 충족되면 친권자의 변경에 협조한다는 조정조항을 두는 것은 가능할 것이다.

25 양육자 지정에 기한을 붙이고 인도의무까지 아울러 정하는 것은 긍정적으로 볼 수 있고,[54] 실제로 그러한 실무례가 있다. 양육자 지정에 조건을 붙일 수 있는지 문제되는데, 그 조건의 특정성, 적정성 등에 따라 사안별로 달리 보아야 할 것이다. 다만, 조건을 붙일 수 있는 경우에도 성년 시까지 양육자 지정에 공백이 발생하지 않고, 양육자 지정·변경이 거래의 대상이 되지 않도록 유의할 필요가 있다.

2. 양육비용의 부담

가. 양육비지급의무의 의의와 법적 근거

1) 의의

26 부모는 자녀를 보호·교양할 권리의무(민법 제913조) 외에 이러한 보호·교양, 즉 양육에 소요되는 생활자료를 자녀에게 제공할 의무 또한 있다. 부모가 자녀와 동거할 경우에는 의식주(衣食住)를 제공하고 자녀의 학비, 병원비, 용돈 등을 부담함으로써 자연스럽게 이를 이행하나, 자녀와 별거하는 경우 등에는 자녀에게 금전 또는 현물을 급부함으로써 이행하게 된다. 이는 모두 부모의 자녀에 대한 부양의무를 본질로 하는데, 특별히 후자의 경우를 양육비지급의무라고도 일컫는다.[55]

52 대법원 2013. 1. 25. 자 2012스173 결정.

53 박상선/황덕남, "친권에 관한 제문제", 재판자료 제62집, 법원도서관(1993), 558; 이동철, "친권행사자 및 양육자 지정, 양육비 청구에 관한 몇 가지 문제", 실무연구X, 서울가정법원 법관가사재판실무연구회(2005), 206.

54 법원실무제요, 가사[Ⅱ], 법원행정처(2021), 1475; 이동철, "친권행사자 및 양육자 지정, 양육비 청구에 관한 몇 가지 문제", 실무연구X, 서울가정법원 법관가사재판실무연구회(2005), 206.

55 김주수/김상용, 친족·상속법(제20판), 법문사(2024), 211 이하 등.

2) 법적 근거

27 우리나라에서는 일본 민법학자 中川善之助가 제창한 2원형론[56]의 영향을 받아, 부부 사이의 부양 또는 부모의 미성숙 또는 미성년 자녀에 대한 부양을 일컫는 생활유지적 부양에는 민법 제974조 이하가 적용되지 않고, 일반 친족간의 부양을 말하는 생활부조적 부양에만 민법 제974조 이하의 부양에 관한 규정이 적용되며(제한적 적용설), 부모의 미성숙 또는 미성년 자녀에 대한 부양은 실정법상 근거가 없는 초법규적 의무라고 설명하여 왔다.[57] 그러나 근래에는 생활유지적 부양에도 민법 제974조 이하가 그대로 적용됨(전면적 적용설)을 전제로 직계혈족간의 부양의무를 규정하는 민법 제974조 제1호와 부양의무가 발생하는 법률요건으로 부양의 필요를 요구하는 민법 제975조에서 부모의 미성년 자녀에 대한 부양의무의 청구권근거규범을 찾는 견해,[58] 민법 제974조 제1호를 부모의 미성년 자녀에 대한 부양의 근거 조문으로 삼을 수 있으나 친권자의 부양의무는 보호·교양의무에 관한 민법 제913조를 근거로 삼을 수 있다는 견해,[59] 민법 제913조가 법적 근거라는 견해[60]가 대두되었다.

28 대법원은 부모는 그 소생의 자녀를 공동으로 양육할 책임이 있고, 그 양육에 소요되는 비용도 원칙적으로 부모가 공동으로 부담하여야 하는 것이며, 이는 부모 중 누가 친권을 행사하는 자인지 또 누가 양육권자이고 현실로 양육하고 있는 자인지를 물을 것 없이 친자관계의 본질로부터 발생하는 의무라고 판시하였다.[61] 이른바

56 中川善之助, "親族的扶養義務の本質", 法學新報 38권 6호, 7호(1928)에서 제창되었다.

57 강현중, "미성숙 자녀의 양육과 부양", 사법논집 제12집, 법원도서관(1981), 39; 김용욱, "노부모부양에 관한 연구", 휴면 정범석 박사 화갑기념논문집, 법전출판사(1977), 108; 김용한, 친족상속법론, 박영사(1981), 289; 문형식, "친자관계를 중심으로 한 부양료청구와 구상(상)", 대한변호사협회지 제130호, 대한변호사협회(1987), 45; 박삼봉, "부모의 자녀 양육의무와 과거의 양육비 상환청구", 재판의 한길 : 김용준 헌법재판소장 화갑기념, 김용준 헌법재판소장 화갑기념논문집 간행위원회(1994), 467; 이근식/한봉희, 신친족상속법, 일조각(1978), 198; 최미경, "부모의 자에 대한 부양의무에 관한 연구", 사회과학논총 16집, 명지대학교 사회과학연구소(2000), 463; 최세모, "가사심판상의 부양청구권", 재판자료 제18집, 법원도서관(1983), 563.

58 박동섭, 친족상속법(제4판), 박영사(2013), 429; 이동진, "부모 일방의 타방에 대한 과거의 양육비 상환청구와 소멸시효", 가족법연구 제26권 제2호, 한국가족법학회(2012), 142; 임종효, "양육비청구권에 관한 기초 이론 및 실무상 쟁점", 사법논집 제51집, 법원도서관(2011), 238. 뒤의 문헌 235 이하는 종전의 논의를 '부양의 근거'라고 표제화하여 3개의 층위로 나누어 분석하고, 청구권근거규범을 개념도구로 하여 민법의 여러 규정을 상세하게 검토한 후 본문과 같은 결론을 제시하였다.

59 주해친족법(제2권)(제2판), 박영사(2025), 1625(최준규).

60 오종근, "부부간 부양청구권과 양육비청구권", 민사판례연구 제41권, 박영사(2019), 750.

61 대법원 1994. 5. 13. 자 92스21 전원합의체 결정 등.

친자관계설을 판시한 것인데, 기본적으로는 부모의 미성년 자녀에 대한 부양의무를 초법규적 의무로 보는 이해가 바탕에 있는 것으로 여겨진다.

나. 양육비 법률관계의 당사자

1) 양육비청구권자

29 中川善之助가 2원형론을 제창하면서 생활유지적 부양의 한 종류로 부모의 미성숙 자녀에 대한 부양을 언급한 이래, 부모의 미성숙 자녀에 대한 부양은 생활유지적 부양으로, 성숙 자녀에 대한 부양은 생활부조적 부양으로 나누어 파악하여 왔다.[62] 그런데 이러한 입장에서도 미성숙 자녀의 개념이 무엇인지에 관하여는 견해가 귀일되어 있지 않다. 성년에 이른 자 중에서 특별히 보호를 요하는 자도 미성숙 자녀에 포함된다고 함으로써 미성숙 자녀라는 개념의 외연을 성년 자녀에게까지 확대하는 견해가 있는가 하면,[63] 일체의 보호와 교양을 부모에게 의존하지 않으면 안 되는 나이어린 자녀 또는 고등학교 졸업까지 정도의 자녀를 미성숙 자녀라고 좁게 보는 견해도 있다.[64] 반면 근래에 미성숙 자녀라는 개념을 피하여 부모의 미성년 자녀에 대한 부양의무를 생활유지의무로 설명하는 견해가 힘을 얻고 있다.[65] 한편, 2009년 신설된 가사소송법 제48조의2 제1항, 제48조의3 제1항은 '미성년 자녀의 양육비'에 적용됨을 명정하였다.

30 실무상 자녀가 직접 부모에게 부양을 청구하는 경우에는 부양료라는 용어를, 부모 사이에서 자녀의 부양을 청구하는 경우에는 양육비라는 용어를 각각 구분하여 사용하는 용어법이 사용되기도 한다.[66] 그러나 미성년 자녀가 직접 또는 특별

62 박병호, 가족법, 한국방송통신대학(1991), 98; 정귀호, "부양에 관한 연구: 한국부양법리의 내포와 외연", 서울대학교 박사학위논문(1987), 23, 30 등; 최세모, "가사심판상의 부양청구권", 재판자료 제18집, 법원도서관(1983), 563.

63 법원실무제요, 가사, 법원행정처(1994), 792.

64 강현중, "미성숙 자녀의 양육과 부양", 사법논집 제12집, 법원도서관(1981), 36; 이희배, "부모의 미성숙자 부양의무와 그 종기", 가족법학논집, 한국가족법학회(2001), 740.

65 주해친족법(제2권)(제1판), 박영사(2015), 1621(최준규); 마옥현, "미성숙자녀와 노부모에 대한 부양 등에 관한 고찰", 재판실무연구 제3권, 수원지방법원(2006), 541; 박병호/김유미, "과거의 양육비 구상", 법학 제35권 제3·4호, 서울대학교법학연구소(1994), 208; 변진장, "이혼후의 미성년인 자에 관련된 법률문제", 사법논집 제16집, 법원도서관(1985), 313; 윤진수, 친족상속법 강의(제5판), 박영사(2023), 260; 이근식/한봉희, 신친족상속법, 일조각(1978), 202; 임종효, "양육비청구권에 관한 기초 이론 및 실무상 쟁점", 사법논집 제51집, 법원도서관(2011), 248; 제철웅, "부양청구권 및 부양비용 상환청구권에 관한 몇가지 해석론적 제안", 법학논총 제31집 제1호, 한양대학교(2014), 472.

66 그러나 대법원 1985. 2. 26. 선고 84므86 판결, 대법원 1976. 6. 22. 선고 75므17, 18 판결, 대법원 1967. 1. 31. 선고 66므40 판결 등을 보면, 대법원이 양육친이 비양육친에게 자녀의 부양을 청구하는 경우에 관한 용어로서 '부양료'와 '양육비'를 혼용하고 있음을 알 수 있다.

대리인 등의 대리를 통하여 부모에게 부양을 청구하는 경우, 양육친[67]이 자신의 이름으로 또는 미성년 자녀를 대리하여 비양육친에게 미성년 자녀의 부양을 청구하는 경우, 미성년후견인이 자신의 이름으로 또는 피미성년후견인을 대리하여 그 부모에게 피미성년후견인의 부양을 청구하는 경우를 통틀어, 그 본질은 모두 동일하게 미성년 자녀의 부모에 대한 부양청구권을 행사하는 것이고, 미성년 자녀의 부양청구권이 현물 또는 금전의 급부청구권으로 운위되는 맥락에서 특별히 양육비청구권이라는 낱말을 쓸 수 있을 뿐이라고 이해하는 것이 옳다. 민법 제923조 제2항 제1문은 부모와 미성년 자녀 사이의 법률관계에 관하여 '양육의 비용'이라는 용어를 써서 규정하고 있는데, 여기서 '양육의 비용'을 '양육비'와 다른 것으로 볼 수 없으므로, 양육비라는 용어가 부모 사이의 법률관계에서만 운위될 수 있는 개념은 아님을 알 수 있다.[68] 따라서 가사소송법 제48조의2, 제48조의3이 재산명시와 재산조회는 부양료와 양육비에 모두 적용된다고 규정하는 것과 달리, 가사소송법 제63조의2와 제63조의3은 부양료를 언급하지 않은 채 양육비에 양육비 직접지급명령과 담보제공명령 및 일시금지급명령이 적용된다고 규정할 뿐이나, 뒤의 두 조항 또한 미성년 자녀가 직접 또는 특별대리인 등의 대리를 통하여 부모에게 양육비를 청구하는 경우와 미성년후견인이 자신의 이름으로 또는 피미성년후견인을 대리하여 그 부모에게 양육비를 청구하는 경우에 모두 적용된다.[69]

31 대법원은 미성년자라 하더라도 권리만을 얻는 행위는 법정대리인의 동의가 필요 없다고 하는 민법 제5조 제1항 단서 등을 근거로 혼외자인 미성년 자녀가 아버지에 대하여 직접 부양료를 청구할 수 있다 하였다.[70] 이에 관하여 미성년 자녀가 대리에 의하지 않고 부모에 대하여 직접 양육비를 청구할 수 있다는 1설,[71] 미성년 자녀가 부양료를 청구하려면 언제나 법정대리인의 대리가 필요하다는 2설

67 실무상 부모가 공동친권자 및 공동양육자 지위를 유지하면서 사실상 어느 한쪽만 양육의무를 이행하고 다른 쪽은 이행하지 않는 경우에 전자를 양육친, 후자를 비양육친이라고 이르는 좁은 의미의 용어법도 많이 사용된다. 그러나 이 책에서는 법적으로 부모 중 한쪽을 양육자(친권자 지위를 겸하는 경우와 겸하지 않는 경우가 있다)로 지정하여 자연스럽게 다른 쪽은 비양육자인 경우까지 아울러, 좁은 의미의 양육친과 양육자를 아울러 '양육친', 그 반대의 경우를 '비양육친'이라 널리 일컫기로 한다.

68 상세한 논의는 임종효, "양육비청구권에 관한 기초 이론 및 실무상 쟁점", 사법논집 제51집, 법원도서관(2011), 221 이하 참조.

69 뒤의 두 조항은 자녀가 직접 부모에게 부양을 청구하는 경우에도 적용되는 것으로 (유추)해석해야 한다는 견해로는 주해친족법(제2권)(제2판), 박영사(2025), 1628(최준규).

70 대법원 1972. 7. 11. 선고 72므5 판결.

71 김주수/김상용, 친족·상속법(제20판), 법문사(2024), 212; 임종효, "양육비청구권에 관한 기초 이론 및 실무상 쟁점", 사법논집 제51집, 법원도서관(2011), 249.

이 있다.[72] 2설은 근거를 밝히지 않았으나, 위 대법원 판결이 실은 생모가 혼외자인 미성년 자녀를 대리하여 소를 제기한 사안에 관한 것이어서 위 설시 부분은 방론에 불과하다는 점, 일반적으로 민사소송법학계에서는 미성년자에게 소송능력이 인정되는 경우로 민법 제8조 제1항 등 외에 민법 제5조 제1항 단서를 언급하지 않는 점[73]에 근거한 것으로 추측된다. 그러나 위 대법원 판결이 미성년자가 권리만을 얻는 행위라 할지라도 법정대리인의 대리가 반드시 필요하다는 취지였다면 굳이 민법 제5조 제1항 단서를 언급할 필요가 없었다는 점에서 2설에는 의문이 있다. 따라서 미성년 자녀는 직접 부모에 대하여 양육비심판을 청구할 수 있고, 법정대리인과 특별대리인 등이 미성년 자녀를 대리하여 부모에 대하여 양육비심판을 청구할 수도 있다고 보아야 할 것이다.[74] 특히 미성년 자녀가 의사능력조차 없는 경우에는 후자 또한 허용될 필요가 크다.

2) 양육비지급의무자

32 부모는 미성년 자녀에 대한 공동의 부양의무자들로서 공동의 양육비지급의무자이며 그 사이에 선후는 없고 동순위라 할 것이다.[75] 다만 실제적인 부양의 효과면에서는 자력, 소득 등 부양 능력의 정도에 따라 부모를 달리 취급할 수 있다. 대법원은 부모 한쪽에게 부양능력이 전혀 없는 경우 양육비지급의무가 면제될 수 있다고 판시한 바 있다.[76]

33 입양제도의 취지에 비추어 볼 때 양자에 대한 양육비지급의무는 1차적으로 양부모에게 있다.[77] 따라서 친생부모는 양부모에게 부양의 능력이 없을 경우에 한하여 2차적으로 양육비지급의무를 부담한다.[78] 이러한 경우 2차적 의무라는 점을 강조하여 친생부모의 부양의무를 생활부조의무로 파악할 수도 있을 것이나, 여전히 생활유지의무로서 성질을 잃지 않는다고 이해하는 것이 타당하다.[79] 다만

72 주석 민법, 친족(2)(제6판), 한국사법행정학회(2020), 867(박상인); 주해친족법(제2권)(제2판), 박영사(2025), 1629(최준규).

73 민법 제5조 제1항 단서는 미성년자의 법률행위에 동의를 얻지 않아도 된다는 점만을 규정하고, 민법 제8조 제1항은 미성년자가 성년자와 동일한 행위능력이 있다고 규정한 차이에서 비롯된 것으로 보인다.

74 일반적으로 민법 제8조 제1항에 관하여는 부모의 법정대리권이 소멸한다고 설명되는 것과 다르다.

75 문형식, “친자관계를 중심으로 한 부양료청구와 구상(상)”, 대한변호사협회지 제130호, 대한변호사협회(1987), 44.

76 대법원 1992. 1. 21. 선고 91므689 판결.

77 주해친족법(제2권)(제2판), 박영사(2025), 1654(최준규).

78 임종효, “양육비청구권에 관한 기초 이론 및 실무상 쟁점”, 사법논집 제51집, 법원도서관(2011), 249.

79 필자는 임종효, “양육비청구권에 관한 기초 이론 및 실무상 쟁점”, 사법논집 제51집, 법원도서관(2011), 234에서 생활유지의무와 생활부조의무의 2원형론에 대해 부양관계의 당사자에 따라 보호의 정도를 달리

친양자입양의 경우에는 달리 보아야 할 것이다.

3) 양육친 또는 미성년후견인이 양육비를 청구하는 경우의 법적 성질

가) 일반론

34 양육친은 비양육친에 대하여 자신의 이름으로 또는 미성년 자녀의 이름으로 양육비청구권을 행사할 수 있다. 이러한 명제에는 미묘한 문제가 있으므로 조금 상세한 정당화 논리가 필요하다.[80]

35 부모가 공동으로 미성년 자녀에게 생활자료로 급여한 금전 또는 현물(예컨대 의류, 학용품 등) 등 양육비에 대한 소유권은 당연히 미성년 자녀에게 귀속된다. 그런데 이에 대한 재산관리권은 성질상 양육친에게 귀속된다는 이해가 필요하다. 양육친이 미성년 자녀를 보호·교양하는 양육의무를 충실히 이행하기 위하여는 양육비를 비양육친의 개입 없이 자신의 책임 아래 관리할 것이 필요하기 때문이다.[81] 그와 동일한 이유로 미성년 자녀의 양육비청구권에 대한 재산관리권과 대리권 또한 양육친에게 귀속된다고 보아야 한다. 이에 따라 비양육친이 공동 또는 단독 친권자인 경우에도 양육친은 쟁송절차 외 또는 쟁송절차 내에서 자신의 이름으로(재산관리권) 또는 미성년 자녀의 이름으로(대리권) 양육비청구권을 행사할 수 있다. 양육친이 쟁송절차 내에서 자신의 이름으로 양육비청구권을 행사할 수 있는 것은 재산관리권의 한 내용으로 일종의 법정소송담당이 인정되기 때문이고,[82] 그 법적 근거는 민법 제837조와 가사소송규칙 제99조이다.

해야 한다는 이상 자체는 타당하나 각 의무 사이의 경계가 뚜렷하지 않고 구체적 타당성을 도모하기 어려운 면이 있다는 점을 강조하는 취지에서 비판적으로 검토한 바 있다. 그러나 이 책에서는 일응 2원형론의 개념을 사용하여 설명하기로 한다.

80 이하의 내용은 임종효, "양육비청구권에 관한 기초 이론 및 실무상 쟁점", 사법논집 제51집, 법원도서관(2011), 250에서 제시된 바 있는데, 조금 더 상세하게 궁구하였다.

81 실무상 친권자인 비양육친이 재산관리권을 앞세워 양육비를 양육친에게 지급하지 않고 스스로 관리하면서 양육친의 양육비 지출 요청을 받으면 정당한 경우에 한하여 직접 지출하겠다는 주장을 하는 경우를 종종 볼 수 있다. 재산관리권은 친권자에게 있다는 관념을 고수한다면 이러한 주장을 배척하기는 어려울 것이다.

82 주해친족법(제1권)(제2판), 박영사(2025), 401(이동진); 주해친족법(제2권)(제2판), 박영사(2025), 1627(최준규); 김주수/김상용, 친족·상속법(제20판), 법문사(2024), 212; 김형석, "양육비청구권을 자동채권으로 하는 상계", 가족법연구 제21권 제3호, 한국가족법학회(2007), 261; 오진숙, "인지판결 확정 전 양육비 청구", 가족법연구 제38권 제2호, 한국가족법학회(2024), 377; 이주윤, "양육권을 갖는 미성년후견인의 양육비심판 청구인적격 인정 여부", 대법원판례해설 제127호, 법원도서관(2021), 295; 임종효, "양육비청구권에 관한 기초 이론 및 실무상 쟁점", 사법논집 제51집, 법원도서관(2011), 251; 제철웅, "부양청구권 및 부양비용 상환청구권에 관한 몇가지 해석론적 제안", 법학논총 제31집 제1호, 한양대학교(2014), 477. 양육친의 장래 양육비 청구는 자녀의 양육비청구권을 대신 행사하는 것으로 보아야 한다는 점을 지적하는 견해로, 이동진, "부모 일방의 타방에 대한 과거의 양육비 상환청구와 소멸시효",

36 이러한 이해는 앞서 살핀 바와 같이 비양육친이 공동 또는 단독 친권자인 경우, 즉 ① 부모가 공동친권자 겸 공동양육자인 경우, ② 부모가 공동친권자이고 어느 한 쪽이 양육자인 경우, ③ 친권자와 양육자가 나뉘어 지정된 경우에 필요하다. 위 각 경우에 일반 법리에 따라 비양육친이 공동 또는 단독 친권자로서 공동으로 출연한 양육비에 관한 재산관리권과 미성년 자녀의 양육비청구권에 관한 재산관리권·대리권을 여전히 보유한다고 보면 양육친의 원활한 양육의무 이행을 방해할 수 있고, 이는 궁극적으로 미성년 자녀의 복리를 해치게 된다는 점에 유념할 필요가 있다. 따라서 위 각 경우에 일반 법리에 따라 미성년 자녀와 공동 또는 단독 친권자인 비양육친 사이에 이해가 상반한다는 점을 내세워, 위 ③의 경우에 양육자에게는 미성년 자녀의 재산에 대하여 재산관리권·대리권이 없다는 점을 덧붙여, 특별대리인 선임 절차를 거쳐 특별대리인이 미성년 자녀를 대리하여 양육비청구권을 행사하여야 한다고는 볼 수 없다.[83] 이러한 이해를 통

가족법연구 제26권 제2호, 한국가족법학회(2012), 139. 부양의 권리의무도 협의의 친권에 속한다는 견해로, 주해친족법(제1권)(제2판), 박영사(2025), 393(이동진).

83 본문 ①과 ②의 경우와 같이 부모가 공동친권자인데 미성년 자녀가 그 중 1인과 이해상반하는 경우의 취급에 관하여는, 다른 친권자가 단독으로 미성년 자녀를 대리하면 되고 별도로 특별대리인을 선임할 필요가 없다는 견해[친권자 단독대리설 : 김용배, "특별대리인제도", 실무연구Ⅵ, 서울가정법원(2000), 93], 특별대리인을 선임하여 그 특별대리인이 단독으로 자를 대리하여야 한다는 견해[특별대리인 단독대리설 : 법원실무제요, 가사, 법원행정처(1994), 623], 이해가 상반되는 공동친권자에 대하여 특별대리인을 선임하고 그 특별대리인과 나머지 친권자가 공동하여 미성년 자녀를 대리하여야 한다는 견해[공동대리설 : 신동훈, "가사소송에서의 특별대리인", 재판자료 제102집, 법원도서관(2003), 421 등. 주해친족법 제2권, 박영사(2025), 1,629(최준규)는 양육친이 미성년 자녀를 대리하여 비양육친에 대하여 부양료를 청구하는 경우를 명시하여 공동대리설을 취하고 있다] 등의 대립이 있다. 이와 같이 견해가 갈리는 근본 원인이 친권은 공동으로 행사하여야 한다는 민법 제909조 제2항 본문에 있다는 점을 상기해 보면, 이러한 논의는 부모가 대리의 형식으로 미성년 자녀의 권리를 행사하는 경우에 한정되지 않고, 부모가 친권의 한 작용인 재산관리권에 터잡아 자신의 이름으로 미성년 자녀의 권리를 행사하는 경우에 동일하게 적용되어야 할 것이다. 이에 불구하고 현실적으로 후자의 경우에 관한 논의를 찾기 어려운 이유는, 첫째는 후자의 경우에 관한 문제가 민법 제837조와 가사소송규칙 제99조로 해결된다고 보는 데에서, 둘째는 이해상반의 경우에 특별대리인에 준하여 특별재산관리인을 선임할 수 있는 법적 근거가 마련되어 있지 않은 데에서 찾을 수 있을 것이다. 그런데 민법 제837조에 언급된 양육자, 양육비, 면접교섭 등은 부모가 각각 권리자와 의무자이고, 따라서 민법 제837조와 가사소송규칙 제99조는 부모의 권리와 의무를 구체화하는 절차에 관한 것일 뿐이라고 볼 수는 없다. 즉 민법 제837조와 가사소송규칙 제99조는 미성년 자녀의 권리 중 친권 및 양육권에 의하여 보호받을 권리, 양육비청구권, 면접교섭권 등을 구체화하는 절차에 관한 것으로서, 그러한 절차에서 부모가 각각 단독으로 당사자적격을 가진다는 점을 명확히 하는 성격 또한 갖는 것이다. 나아가 부모 중 한쪽이 미성년 자녀의 권리 중 친권 및 양육권에 의하여 보호받을 권리, 양육비청구권, 면접교섭권 등을 자신의 이름으로 행사할 때에 민법 제837조와 가사소송규칙 제99조에 근거하여 단독으로 이를 행사할 수 있다고 본다면, 부모 중 한쪽이 미성년 자녀를 대리하여 위 각 권리를 행사할 때에도 위 각 법조의 정신을 살려 단독으로 이를 할 수 있다고 보아야 수미일관하고 균형 잡힌 법적 취급이 됨에 유의하여야 한다. 따라서 민법 제837조와 가사소송규칙 제99조는 미성년 자녀의 권리 중 친권 및

하여 양육친이 비양육친에 대하여 미성년 자녀의 이름으로 양육비를 청구하는 경우에 관하여도 양육친이 자신의 이름으로 양육비를 청구하는 경우와 동일한 간명한 법적 취급이 가능해진다. 이는 미성년 자녀의 재산 중에는 오로지 양육비와 양육비청구권에 한하여 적용되는 특유한 법리라 할 것이다.

37 후견인은 피후견인에 대하여 재산관리권과 대리권이 있으므로(민법 제949조 제1항), 일반적으로 미성년후견인은 자신의 이름으로 또는 피미성년후견인을 대리하여 피미성년후견인의 부모에 대한 양육비청구권을 행사하고 양육비심판을 청구할 수 있다. 그런데 거소의 지정이나 그 밖의 신상에 관한 결정 등 양육에 관한 사항에 한하여 친권자의 친권을 일부 제한하면서 이에 한정된 미성년후견인을 선정한 경우에 이러한 미성년후견인에게 일반적으로는 재산관리권과 대리권이 인정되지 않는다(민법 제924조의2, 제946조). 이와 같은 경우에 위 ③의 경우와 유사한 문제가 발생하는데, 앞서 살핀 정당화 논리를 차용할 수 있다. 즉 피미성년후견인이 부모로부터 현물 또는 금전으로 급여받은 양육비에 관한 재산관리권과 피미성년후견인의 부모에 대한 양육비청구권에 관한 재산관리권·대리권은 성질상 친권자가 아닌 미성년후견인에게 귀속된다고 보아야 하는 것이다. 이해상반에 따른 특별대리인 선임을 청구할 권한은 친권자에게 있을 뿐 미성년후견인에게는 인정되지 않는다는 점(민법 제921조 제1항) 또한 고려되어야 한다.[84] 따라서 양육에 관한 사항에 한정된 미성년후견인 또한 자신의 이름으로 또는 피미성년후견인을 대리하여 피미성년후견인의 친권자인 부모들에 대하여 양육비청구권을 행사하고 양육비심판을 청구할 수 있다.

38 대법원은 양육에 관한 사항에 한정된 미성년후견인도 민법 제837조를 유추적용하여 비양육친을 상대로 가사소송법 제2조 제1항 제2호 나목 3)에 따른 양육비심판을 청구할 수 있다고 하였다.[85] 위 대법원 판결에 터잡아 양육자가 제3자인 경우 부모에 대하여 양육비를 청구할 수 있다고 보는 견해가 있는데,[86] 제3자를 법적 의미의 양육자로 지정할 수 있음을 전제로 한 것으로 보인다. 그러나 법적

양육권에 의하여 보호받을 권리, 양육비청구권, 면접교섭권 등이 부모에 의하여 행사되는 경우(부모의 이름으로 또는 미성년 자녀의 이름으로)를 미성년 자녀의 다른 권리가 부모에 의하여 행사되는 경우와 달리 특별 취급하도록 하는 법적 근거가 되어 고유한 법역을 형성함을 알 수 있다.

84 이주윤, "양육권을 갖는 미성년후견인의 양육비심판 청구인적격 인정 여부", 대법원판례해설 제127호, 법원도서관(2021), 304.

85 대법원 2021. 5. 27. 자 2019스621 결정.

86 김주수/김상용, 친족·상속법(제20판), 법문사(2024), 212.

인 권한과 책임이 없는 사실상 양육자에게는 위 대법원 결정을 원용하여 양육비청구권에 관한 재산관리권(법정소송담당), 대리권 등의 권한을 부여할 수 없다.

나) 양육친 고유의 권리

39 부모의 양육비지급의무는 권리자인 미성년 자녀에 대한 관계에서는 단일함에도 불구하고 부모 사이의 관계에서는 그들의 부양의 능력에 비례하여 부담을 나누는 것으로 분할된다. 따라서 부모 중 한쪽이 미성년 자녀의 양육비로 자신의 몫뿐 아니라 다른 쪽의 몫까지 출재하였다면 다른 쪽의 몫에 해당하는 부분의 상환을 구할 수 있다. 이는 양육비를 출재한 한쪽의 고유한 권리인 부당이득반환청구권 또는 사무관리로 인한 비용상환청구권으로 이해된다.[87] 그렇기 때문에 과거 양육비에 한하여는 양육친이 미성년 자녀의 양육비청구권을 자신의 이름으로 행사하는 경우와 자신의 고유한 권리를 행사하는 경우가 모두 있을 수 있다.

40 타인의 채무 변제로 인한 부당이득반환에 관한 일반론을 공동 양육비지급의무자인 양육친과 비양육친에게 그대로 적용하면,[88] 과거 양육비에 관하여 양육친 자신의 고유한 권리로서 부당이득반환청구권이 성립하기 위한 요건은 다음과 같이 설명된다. 양육친은 비양육친의 양육비지급의무를 대위변제한다는 사정을 알면서 자신의 몫을 초과하여 비양육친 몫의 양육비까지 출재하여야 한다. 그러한 경우에 한하여 민법 제469조가 정한 제3자 변제로서 유효하여 타인의 채무 변제로서 부당이득반환청구권이 성립한다. 양육친이 착오로 비양육친의 양육비지급의무를 대위변제한다는 사정을 알지 못 한 경우에는 민법 제745조 제1항에 따라 증서 훼멸, 담보 포기, 소멸시효 완성 등의 사정이 입증되어야 한다. 비록 양육친이 자신의 몫을 초과하여 양육비를 대위지출하였더라도 이러한 사정을 알지 못 하였고, 민법 제745조 제1항의 사정도 입증하지 못 한 경우에는 오히려 본래의 권리자인 미성년 자녀에게 부당이득반환을 구하여야 한다. 양육친 자신

87 변제자대위의 법리에 따라 미성년 자녀의 양육비청구권이 양육비를 출재한 양육친에게 이전되고, 양육친이 비양육친에게 과거 양육비를 청구하는 것은 바로 자신에게 이전된 양육비청구권 자체를 행사하는 것이라고 이해할 수도 있다. 독일 민법 제1607조는 이러한 법리를 명시적으로 규정한다. 이에 관하여는 부양청구권의 처분을 금지하는 민법 제979조 등을 고려하여 협의 또는 심판이 있고 이행기가 도래한 부분에 한하여 변제자대위가 허용된다는 견해가 있다[주해친족법(제2권)(제2판), 박영사(2025), 1676(최준규)]. 그러나 부양권리자가 이미 부양청구권의 만족을 보았다면 처분금지의 예외가 인정될 여지가 클뿐더러, 부양권리자가 임의로 부양청구권을 처분하는 것도 아니므로(민법 제481조), 이러한 주장은 의문이다.

88 민법주해[XVII], 채권(10), 박영사(2005), 428. 이하의 설명방식은 임종효, “양육비청구권에 관한 기초 이론 및 실무상 쟁점”, 사법논집 제51집, 법원도서관(2011), 255 이하에서 제시된 바 있다.

의 고유한 권리로서 사무관리에 기한 비용상환청구권이 성립하기 위하여는, 양육친이 자신의 몫을 초과하여 비양육친 몫의 양육비를 대위지출함으로써 비양육친의 사무를 관리한 것으로 평가되어야 한다(민법 제739조 제1항). 그러나 만일 비양육친의 의사에 반하여 대위지출한 경우에는 현존이익의 한도에서 상환을 구할 수 있을 뿐이다(민법 제739조 제3항).

41 타인의 채무를 변제할 의사가 있었는지 여부 등을 엄격히 심사한다면 자신의 의무를 이행하지 않은 부양의무자를 합리적 이유 없이 우대하는 결과에 이를 수 있다는 점을 지적하면서, 타인의 의무를 대신 이행하기 위하여 출재하였다고 인정되는 액수와 사후적으로 확정된 타인의 채무액 중 더 작은 부분에 대해 구상권이 성립한다고 하는 견해[89]는 경청하여야 한다. 아마도 양육친의 무상출연 의사를 널리 인정하거나 사무의 타인성을 인정하지 않음으로써 과거 양육비의 구상을 차단하려 하였던 외국의 과거 판례와 학설[90]을 의식한 것으로 짐작된다. 그러나 적어도 현대 우리 사회의 법인식으로는, 양육친이 비양육친으로부터 양육비를 지급받지 못한 상태에서 미성년 자녀의 양육비를 출재하였다면, 그 중 비양육친의 몫 부분에 관하여는 이를 자녀 또는 비양육친에 대한 증여의 의사로 출재하였다는 등의 특별한 사정이 인정되지 않는 한, 비양육친의 의무를 대위하여 이행한다는 의사로 출재하였다거나 비양육친의 사무를 관리하기 위하여 출재한 것으로서 비양육친의 의사에 반하지 않는다고 사실상 추정함이 타당하다. 따라서 타인의 채무변제에 관한 일반 법리를 양육비지급의무에 그대로 적용한다 하여 문제될 것은 없다.

42 무엇보다 어느 견해에 의할지라도 과거 양육비에 관하여 양육친의 고유한 권리가 성립하기 위해서는 적어도 양육친이 자신의 몫을 초과하여 양육비를 출재하였다는 점은 밝혀져야 하고, 그 초과한 부분에 한하여 양육친의 고유한 권리가 성립한다는 결론은 동일함을 알 수 있다.[91] 양육친이 자신의 몫에 해당하는 양육비만 출재하였거나 양육비를 전혀 출재하지 않은 경우에도 양육친이라는 이유만으로 과거 양육비에 관하여 양육친의 고유한 권리가 성립한다고 단정하거나 의

89 주해친족법(제2권)(제2판), 박영사(2025), 1675(최준규).

90 이동진, "부모 일방의 타방에 대한 과거의 양육비 상환청구와 소멸시효", 가족법연구 제26권 제2호, 한국가족법학회(2012), 135 이하.

91 이러한 결론을 수긍한 것으로, 오종근, "부부간 부양청구권과 양육비청구권", 민사판례연구 제41권, 박영사(2019), 31.

제한다면, 미성년 자녀는 직접 또는 특별대리인 등의 대리를 통하여 양육친 또는 비양육친에 대하여 과거 양육비를 청구할 수 없게 되고, 양육친이 비양육친으로부터 과거 양육비 명목으로 지급받은 현물 또는 금전을 미성년 자녀의 복리를 위하여 사용하여야 한다고 볼 수도 없게 되어, 미성년 자녀의 양육비청구권을 탈취하는 것과 다름없는 결과가 됨에 유의하여야 한다. 실무적으로도 양육친이 비양육친에게 과거 양육비를 청구하는 사건에서, 양육친이 비양육친 몫의 양육비까지 모두 출재하였으므로 이를 상환받고자 한다는 취지보다는, 양육친 또한 비양육친 몫의 양육비를 출재하지 못하여 미성년 자녀가 양육친과 비양육친의 부양능력 합계에 합당한 양육수준을 누리지 못 하였으므로 과거 양육비를 지급받아 이를 사후적으로 보충하고자 한다는 취지의 것이 많다.[92] 이러한 경우에는 과거 양육비에 관하여 양육친 고유의 권리가 성립될 수 없음이 명백하다.

43 물론 양육친이 비양육친에게 자신의 이름으로 과거 양육비의 지급을 구하는 심판을 청구한 경우에, 미성년 자녀의 양육비지급청구권을 양육친의 이름으로 행사하는 것인지 양육친 고유의 권리인 구상권을 행사하는 것인지를 특정하도록 석명할 필요는 없다. 또한 전자로 특정한 경우에 양육친이 이미 비양육친 몫의 양육비를 출재하였다는 주장, 후자로 특정한 경우에 양육친이 실제로는 비양육친 몫의 양육비를 출재하지 않았다는 주장을 쟁점으로 삼아 심리할 필요도 없다. 어떠한 경우이든 비양육친이 양육비지급의무를 이행하지 않았다는 점에 주목하여 비양육친이 지급해야 할 그 몫의 양육비 액수를 산정하는 것을 쟁점으로 삼아 충분하다.[93] 따라서 양육친이 비양육친에게 과거 양육비를 청구하는 경우에 한하여는, 과거 양육비에 관한 구상권을 행사하는 것이라고 단정하거나,[94] 양육친이 비양육친의 몫까지 포함하여 과거 양육비를 전부 출재하였다고 의제

92 대법원 또한 과거 양육비에 관한 권리가 현재 또는 장래 양육의 필요에 제공될 수 있다고 판시하였다(대법원 2024. 7. 18. 자 2018스724 전원합의체 결정, 대법원 2024. 10. 8. 자 2023스637 결정).

93 양육친의 과거 양육비 청구가 구상권을 행사하는 것이든 자녀의 양육비청구권을 대신 행사하는 것이든 자녀 자신의 부양료 산정작업과 다를 바 없는 평가 작업이 된다는 것으로, 이동진, "부모 일방의 타방에 대한 과거의 양육비 상환청구와 소멸시효", 가족법연구 제26권 제2호, 한국가족법학회(2012), 139.

94 과거의 양육비청구권은 양육친의 구상권이라고 단정하는 견해로는, 오진숙, "인지판결 확정 전 양육비 청구", 가족법연구 제38권 제2호, 한국가족법학회(2024), 380; 이동진, "부모 일방의 타방에 대한 과거의 양육비 상환청구와 소멸시효", 가족법연구 제26권 제2호, 한국가족법학회(2012), 140.

한다 할지라도 큰 문제는 없다.[95]

44 그러나 부모 모두 미성년 자녀의 양육비를 출재하지 않아 미성년 자녀가 부모를 상대로 직접 또는 특별대리인 등의 대리를 통하여 또는 미성년후견인의 이름으로 양육비청구권을 행사하는 경우, 양육친이 비양육친으로부터 지급받은 양육비를 제 용도에 사용하지 않은 것을 이유로 양육자변경 또는 친권상실 심판이 청구된 경우, 미성년 자녀가 성년이 되어 양육친에 대하여 관리의 계산을 청구하는 경우와 같이 과거 양육비가 자녀와 부모 사이에서 문제될 때는, 과거 양육비라 할지라도 원칙적으로는 미성년 자녀의 고유한 권리이고 양육친이 양육비를 출재하여 미성년 자녀를 위해 사용하였다는 점이 적어도 규범적 차원에서 입증된 경우에 한하여 양육친 고유의 권리가 성립할 수 있다는 관점을 견지할 필요가 있다. 양육비에 관한 다툼의 압도적 다수가 부모 사이에서 이루어지는 현실을 근거로 과거 양육비에 관한 법률관계의 당사자는 부모뿐이라고 단정 짓는 것은 경계하여야 한다. 미성년 자녀가 부모에 대하여 권리를 갖는다는 것에 부정적인 한편, 미성년 자녀 자신의 양육비청구권은 보호가치가 없고 이에 관한 양육친 또는 제3자의 구상권만이 보호가치가 있다는 맥락의 주장이 근자에까지 반복되고 있으나, 적어도 현대 우리 사회의 법인식으로는 더 이상 수용되기 어렵다고 생각한다.

45 현실적으로 부모 모두 미성년 자녀의 양육비를 출재하지 않아 미성년 자녀가 부모를 상대로 직접 또는 특별대리인 등의 대리를 통하여 또는 미성년후견인의 이름으로 양육비청구권을 행사하는 등의 예는 드물다. 그러나 일반적인 친족 사이의 부양의무에 관한 것과 동일하게 미성년 자녀 스스로 부모에 대하여 부양의무의 이행을 구하는 예를 원형으로 삼아 1차적으로 양육비청구권의 법리를 정립하고, 이렇게 정립된 법리를 부모 사이에서 양육비가 정산되는 경우에 그대로 적용할지 아니면 수정하여 적용할지 2차적으로 검토하는 원칙적인 접근방법이 구체적 쟁점에서 타당한 결론을 도출할 수 있다고 보지 않을 수 없다.

95 미성년후견인이 자신의 이름으로 피미성년후견인의 부모에 대하여 과거 양육비를 청구하는 경우에 관하여는 이와 동일하게 보기 어려울 것이다. 즉 미성년후견인의 과거 양육비 청구를 구상권 행사로 단정하거나 미성년후견인이 과거 양육비를 모두 출재하였다고 의제할 수는 없다. 이러한 경우에는 미성년후견인이 피미성년후견인의 양육비청구권을 자신의 이름으로 행사하는 것으로 보되, 미성년후견인이 이미 과거 양육비를 출재하였다는 주장은 쟁점이 될 수 없다고 보아 충분하다. 물론 미성년후견인이 적극적으로 과거 양육비를 출재하였다고 주장하면서 과거 양육비를 청구하는 경우에는 구상권의 행사로 보아야 하는데, 미성년후견인은 부양의무 없는 제3자이므로 이러한 청구는 민사소송사항으로 보지 않을 수 없다. 제3자가 미성년자를 사실상 양육한 후 그 부모에게 구상하는 경우도 동일하다.

46 대법원 2006. 7. 4. 선고 2006므751 판결은 양육친이 비양육친에게 양육비심판을 청구하여 인용된 심판이 확정된 후 그 중 과거의 양육비 부분을 자동채권으로 하여 비양육친의 양육친에 대한 위자료채권 등과 상계하는 것을 허용하였다. 원칙적으로 상계의 자동채권은 상계자 자신이 피상계자에 대하여 가지는 채권이어야 상계적상이 인정되므로, 위 판결은 과거 양육비에 관하여 양육친 자신의 고유한 권리가 성립하였다는 이해를 전제로 설명될 수 있다. 위 대법원 판결은 과거 양육비가 양육친과 비양육친 사이에서 문제되는 사안에 관한 것이므로 긍정적으로 볼 수 있을 것이다. 만일 양육친이 실제로는 비양육친 몫의 과거 양육비를 출재하지 않았다는 등의 사정이 있다면, 자녀가 양육친에 대한 관계에서 권리구제를 도모해서 충분하다고 여겨진다.[96]

다. 양육비지급의무의 법률요건

1) 친자관계

47 대법원은, 부모는 그 소생의 자녀를 공동으로 양육할 책임이 있고, 그 양육에 소요되는 비용도 원칙적으로 부모가 공동으로 부담하여야 하는 것이며, 이는 부모 중 누가 친권을 행사하는 자인지 또 누가 양육권자이고 현실로 양육하고 있는 자인지를 물을 것 없이 친자관계의 본질로부터 발생하는 의무로서 자녀의 출생과 동시에 발생하는 것이라 한다.[97] 또한 인지판결 확정으로 법률상 부양의무가 현실화되는 것이기는 하지만 부모의 법률상 부양의무는 인지판결이 확정되면 그 자의 출생 시로 소급하여 효력이 생기는 것이므로, 양육자는 인지판결의 확정 전에 발생한 과거의 양육비에 대하여도 상대방이 부담함이 상당한 범위 내에서 그 비용의 상환을 청구할 수 있다고 한다.[98] 이는 모두 양육친이 자신의 이름으로 양육비를 청구한 사안에 관한 것이나, 미성년 자녀의 부모에 대한 양육비청구권에 관하여 일반적으로 타당할 것이다.

2) 부양의 필요

48 부양청구권은 부양청구인이 자신의 자력(資力), 근로에 의하여 생활을 유지할 수

96 필자는 이 책의 제6판 258과 임종효, "양육비청구권에 관한 기초 이론 및 실무상 쟁점", 사법논집 제51집, 법원도서관(2011), 260에서 과거 양육비라 할지라도 양육친이 비양육친의 몫까지 출재하였다는 사정이 밝혀지지 않은 이상 미성년 자녀의 권리로 보아야 한다는 관점에서 위 대법원 판결을 비판적으로 검토한 바 있으나, 본문과 같이 견해를 수정한다.

97 대법원 1994. 5. 13. 자 92스21 전원합의체 결정.

98 대법원 2023. 10. 31. 자 2023스643 결정.

없는 경우에 한하여 인정된다(민법 제975조). 생활부조적 부양에서는 부양청구인이 최저한의 생활을 유지할 수 없을 경우에 부양청구권이 발생하나, 생활유지적 부양인 부모의 미성년 자녀에 대한 부양의무는 이와 다르다. 즉 미성년 자녀가 자신의 자력과 근로에 의하여 부모의 그것에 상응하는 정도의 생활을 유지할 수 없을 때 양육비청구권이 인정된다.[99] 대법원은 아버지가 생활능력 없는 미성년 아들을 부양할 의무가 있다고 하여,[100] 부양의 필요가 부모의 미성년 자녀에 대한 부양의무의 법률요건이라는 취지로 판시한 바 있다.

49 미성년 자녀는 부모의 경제적 능력에 비추어 용인되는 교육과정을 받고 있다면 상당한 나이라 하더라도 자신의 근로에 의하여 생활자료를 조달할 의무가 없다. 그러나 미성년 자녀가 부모의 경제적 능력에 비추어 용인되는 수준의 교육과정을 마쳤고 상당한 나이에 이른 경우에는 부모에게 양육비를 청구할 수 없고 자신의 근로에 의하여 생활자료를 조달하여야 한다. 미성년 자녀가 교육을 거부하는 경우에도 상당한 나이에 다다른 이상 마찬가지로 보아야 할 것이다.[101]

50 민법 제923조 제2항에 비추어 미성년 자녀가 소유한 원본재산에서 수취한 과실이 미성년 자녀의 양육비에 충당될 수 있다는 점은 명백하고 학설상으로도 이론이 없다.[102] 따라서 미성년 자녀가 자신이 소유한 원본재산에서 발생하는 과실로 부모의 재산, 재산수입, 근로수입에 상응하는 수준의 생활자료를 조달할 수 있다면 부양의 필요 요건이 충족되지 않아 부모에게 양육비를 청구할 수 없을 것이다.

51 미성년 자녀가 소유한 원본재산을 양육비에 충당할 수 있는지 문제된다. 이에 관하여는 부정설,[103] 긍정설,[104] 부모에게 부양능력이 전혀 없는 경우와 부모의 부양능력에 비추어 감당할 수 있는 수준을 넘지만 미성년 자녀의 복리에 비추어 요구되는 양육방법을 취하고자 할 경우에 한하여 원본재산을 처분할 수 있다는 절충

99 독일 민법 제1602조 제2항·제3항(부양의 필요), 제1603조 제2항 제1문(부양의 능력). 프랑스 민법 제371조의2(부양의 필요, 부양의 능력)는 통상적인 부양의무에 비하여 완화하여 요구할 뿐 부모의 미성년 자녀에 대한 부양의무에 관하여도 부양의 능력과 부양의 필요를 법률요건으로 명시하고 있다.

100 대법원 1972. 7. 11. 선고 72므5 판결.

101 조은희, "독일법상의 직계혈족부양에 관한 고찰", 가족법연구 제20호, 한국가족법학회(2003), 223.

102 대표적으로 정귀호, "부양에 관한 연구: 한국부양법리의 내포와 외연", 서울대학교 박사학위논문(1987), 35.

103 박병호, 가족법, 한국방송통신대학(1991), 248; 정귀호, "부양에 관한 연구: 한국부양법리의 내포와 외연", 서울대학교 박사학위논문(1987), 35.

104 문형식, "친자관계를 중심으로 한 부양료청구와 구상(상)", 대한변호사협회지 제130호, 대한변호사협회(1987), 44~45; 강현중, "미성숙 자녀의 양육과 부양", 사법논집 제12집, 법원도서관(1981), 44; 유진식, "부양청구의 심판상 제문제", 사법논집 제17집, 법원행정처(1986), 371.

설[105]이 있다. 대법원은 친권자가 자신의 자력으로는 자녀를 부양하거나 생활을 영위하기 곤란한 경우, 친권자의 자산, 수입, 생활수준, 가정상황 등에 비추어 볼 때 통상적인 범위를 넘는 현저한 양육비용이 필요한 경우 등과 같이 정당한 사유가 있는 경우에 한하여 자녀의 특유재산을 양육비로 사용할 수 있다 하였다.[106] 따라서 양육비지급의무의 요건인 부양의 필요가 충족되는지를 판단할 때에 미성년 자녀의 원본재산은 원칙적으로 고려되지 않는다.

3) 부양의 능력

52 부양청구권의 법률요건으로 우리 민법이 부양의 능력을 명문으로 규정하지는 않지만, 통설은 부양의무자에게 부양의 능력이 있을 것을 법률요건의 하나로 요구하고 있다.[107] 생활부조적 부양에서는 부양의무자가 자신의 재산, 재산수입, 근로수입으로 자기의 적절한 생계를 위험에 빠뜨리지 않고도 부양청구자를 부양할 수 있는 경제적 능력이 있을 때 부양청구권이 인정된다.[108] 그러나 부모의 미성년 자녀에 대한 부양은 생활유지적 부양이므로, 부모는 자신이 가진 모든 재산, 재산수입, 근로수입 등 경제적 자원을 자신과 미성년 자녀를 위하여 동등하게 사용하여야 한다.

53 부모에게 미성년 자녀를 부양할 재산, 재산수입, 근로수입 등의 부양능력이 전혀 없는 경우 그 부모의 양육비지급의무는 인정되지 않는다. 대법원 또한 이와 같은 취지로 판시한 바 있다.[109] 이러한 경우에는 2차적으로 부모 이외의 친족에게 그 미성년 자녀에 대한 부양의무가 인정되는데, 이는 통상 생활부조의무로 이해된다.[110]

4) 협의 또는 심판의 필요 여부

54 대법원은, 양육비청구권은 당사자의 협의 또는 가정법원의 심판이 있기 전까지는 친족관계를 바탕으로 하여 인정되는 하나의 추상적인 법적 지위에 불과하고,

105 임종효, "양육비청구권에 관한 기초 이론 및 실무상 쟁점", 사법논집 제51집, 법원도서관(2011), 264; 김주수/김상용, 친족·상속법(제20판), 법문사(2024), 206은 다른 표현을 사용하고 있으나, 이와 같은 취지로 이해된다.

106 대법원 2022. 11. 17. 선고 2018다294179 판결.

107 김주수, 주석 민법, 친족(3)(제2판), 한국사법행정학회(2002), 639; 유진식, "부양청구의 심판상 제문제", 사법논집 제17집, 법원행정처(1986), 374.

108 조은희, "독일법상의 직계혈족부양에 관한 고찰", 가족법연구 제20호, 한국가족법학회(2003), 224.

109 대법원 1992. 1. 21. 선고 91므689 판결.

110 문형식, "친자관계를 중심으로 한 부양료청구와 구상(상)", 대한변호사협회지 제130호, 대한변호사협회(1987), 44; 변진장, "이혼후의 미성년인 자에 관련된 법률문제", 사법논집 제16집, 법원도서관(1985), 316; 임종효, "양육비청구권에 관한 기초 이론 및 실무상 쟁점", 사법논집 제51집, 법원도서관(2011), 264; 최세모, "가사심판상의 부양청구권", 재판자료 제18집, 법원도서관(1983), 566.

양육비의 내용 등을 재량적·형성적으로 정하는 협의 또는 심판에 의하여 구체적인 청구권으로 전환됨으로써 비로소 보다 뚜렷하게 독립한 재산적 권리로서의 성질을 가지게 된다고 하면서(추상적·구체적 청구권 준별설 또는 내용형성설), 구체적 청구권 중 이미 이행기에 도달한 후의 것은 친족법상의 신분으로부터 독립하여 처분이 가능하고,[111] 추상적 청구권은 원칙적으로 소멸시효가 진행하지 않는다[112]고 하여 양자를 달리 취급한다. 위 각 대법원 판례를 바탕으로 사실심 법원에서 추상적 청구권에 대해서는 지연손해가 발생할 수 없고 가집행 또한 불가하다고 본 재판례가 다수 있다. 이러한 준별설 또는 내용형성설을 취하는 견해[113] [114]는 협의 또는 심판을 구체적 양육비청구권의 요건으로 요구하게 된다. 그러나 부모와 미성년 자녀라는 친족관계, 부양의 필요, 부양의 능력이라는

111 대법원 2006. 7. 4. 선고 2006므751 판결.

112 대법원 2024. 7. 18. 자 2018스724 전원합의체 결정.

113 이수영, "과거 양육비 청구권의 소멸시효", 민사재판의 제문제 제21권, 한국사법행정학회(2012), 538; 제철웅, "부양청구권 및 부양비용 상환청구권에 관한 몇가지 해석론적 제안", 법학논총 제31집 제1호, 한양대학교(2014), 491.

114 주해친족법(제2권)(제2판), 박영사(2025), 1647(최준규) 이하는, 부양의무 일반에 관하여 준별설을 취함에도 불구하고, 준별설을 취한다 하여 개별 쟁점과 관련하여 특정 결론이 논리필연적으로 도출된다고 보기는 어렵다고 한다. 추상적 부양청구권이라 해서 당연히 양도할 수 없고, 상속이 되지 않고, 채권자대위권의 피보전채권이 될 수 없고, 소멸시효에 걸리지 않고, 지연손해금을 부가할 수 없다는 결론에 이르는지 의문이라 하면서, 다만 과거 양육비에 대한 처분은 협의 또는 심판이 있은 후의 구체적 청구권에 한하여 허용된다고 한다. 오로지 과거 양육비에 대한 처분금지의 예외범위를 설정하기 위한 이론도구로만 준별설이 필요하다면 굳이 준별설을 취해야 할 이론적 실익은 크지 않다 할 것이다. 또한 협의 또는 심판이 선행되어야 처분금지의 예외가 허용되는 것은 양육비청구권 또는 부양청구권을 상계의 자동채권으로 삼는 경우에 한정된 특유한 법리로서 양육비청구권의 성질 자체에 내재된 것이 아니라고 여겨진다. 상계는 처분행위이어서 수액이 지나치게 불분명한 채권으로 상계하는 것을 허용하면 법률관계가 불안정해질 수 있으므로, 협의 또는 심판이 먼저 있었던 경우에 한하여 상계를 허용하는 것도 어느 정도 타당한 측면이 있다는 견해로, 이동진, "부모 일방의 타방에 대한 과거의 양육비 상환청구와 소멸시효", 가족법연구 제26권 제2호, 한국가족법학회(2012), 149. 민사소송절차에서 부양청구권을 자동채권으로 하는 상계항변이 있는 경우에는 이에 관하여 심리할 수 없기 때문에 예외적으로 먼저 협의 또는 심판이 있는 경우에 한하여 상계항변이 받아들여질 수 있다는 견해로는, 임종효, "양육비청구권에 관한 기초 이론 및 실무상 쟁점", 사법논집 제51집, 법원도서관(2011), 278. 상계항변의 자동채권에 관한 판단에는 원칙적으로 기판력이 인정되는 점(민사소송법 제216조 제2항), 양육비심판에는 집행력이 인정되는 점(가사소송법 제41조), 가사소송 및 가사비송 사건에 민사사건에 속하는 청구를 병합할 수는 없는 점(대법원 2006. 1. 13. 선고 2004므1378 판결 등), 양육비 또는 부양료 심판은 가정법원의 전속관할에 속하는 점 등을 고려하면, 민사소송절차에서 부양청구권이 상계항변의 자동채권으로 주장된 경우 협의 또는 심판을 선행하지 않고 민사소송절차 내에서 적정한 부양료 또는 양육비의 액수를 심리하는 것에는 무리가 있다 할 것이다. 민사소송절차에 의하는 사해행위취소소송에서 사해행위가 재산분할의 협의인 경우 이에 관하여 심리하여 적정한 재산분할의 정도를 판단할 수 있는 점(대법원 2001. 2. 9. 선고 2000다63516 판결)과는 다르다. 이는 공격방어방법에 불과하여 그와 같은 판단에 기판력 등 확정판결에 준하는 효력이 인정되지는 않기 때문이다.

요건이 갖추어지면 양육비청구권이 발생한다고 보는 견해(비준별설 또는 실체법설)[115]에서는 협의 또는 심판을 양육비청구권의 요건으로 보지 않는다.

55 양육비는 협의 또는 심판으로 어떻게 정하느냐에 따라 금전급부 또는 현물급부 등의 종류, 금전급부라면 정기금·일시금 등의 형태, 정기금이라면 월단위·분기단위·연단위 등의 지급단위, 지급액수와 지급시기 등 권리의 구체적 내용이 결정되고, 이에 관한 가정법원의 재량도 상당히 인정되므로, 양육비청구권에 관한 협의 또는 심판이 갖는 재량적·형성적 성격을 부정할 것은 아니다. 그러나 일반적인 민사소송절차에 따르는 실체법적인 권리 중에도 예컨대 불법행위로 인한 위자료청구권, 법정지상권의 지료청구권과 같이 이에 관한 화해계약 또는 판결이 재량적·형성적 성격을 갖는 것이 있는 반면에 가사비송사건 중에도 예컨대 마류 가사비송사건과 같이 쟁송성이 강하고 소송사건적 성격을 띠고 있는 것이 있다.[116] [117] 특히 양육비심판은 마류 가사비송사건으로서 실무상 거의 예외 없이 금전지급을 구하는 이행심판의 형태로 다루어지고 있어 소송적 성격이 두드러지는 대표적인 비송사건이다. 소송사건과 비송사건 사이의 재량적·형성적 성격의 차이는 정도의 문제에 불과하고, 어떠한 사건을 소송사건으로 다룰지 비송사건으로 다룰지 결정하는 것은 입법정책의 문제일 뿐이라고 할 수 있다.[118] 따라서 양육비심판에는 형성재판적 성격과 함께 실체적 법률관계를 확인하여 의무이행을 명하는 확인·이행재판적 성격도 아울러 있다고 봄이 타당하다.[119]

115 오종근, "부부간 부양청구권과 양육비청구권", 민사판례연구 제41권, 박영사(2019), 743; 오진숙, "인지판결 확정 전 양육비 청구", 가족법연구 제38권 제2호, 한국가족법학회(2024), 376; 윤진수, "과거 양육비청구권의 소멸시효", 민사법학 제108호, 한국사법행정학회(2024), 275; 이동진, "부모 일방의 타방에 대한 과거의 양육비 상환청구와 소멸시효", 가족법연구 제26권 제2호, 한국가족법학회(2012), 146; 임종효, "양육비청구권에 관한 기초 이론 및 실무상 쟁점", 사법논집 제51집, 법원도서관(2011), 270; 정구태·배소현, "부부 간 과거의 부양료청구의 인정 여부", 인문사회21 제7권 제5호, 인문사회21(2016), 18; 조인영, "고령화시대 자녀의 부모 부양의무에 관한 구체적 쟁점 고찰", 법조 제71권 제6호, 법조협회(2022), 66.

116 대법원 2010. 2. 25. 자 2009스113 결정.

117 윤진수, "과거 양육비청구권의 소멸시효", 민사법학 제108호, 한국사법행정학회(2024), 279; 이동진, "부모 일방의 타방에 대한 과거의 양육비 상환청구와 소멸시효", 가족법연구 제26권 제2호, 한국가족법학회(2012), 148.

118 이시윤, 신민사소송법(제2판), 박영사(2004), 129. 참고로 독일 가사소송법 제112조는 부양사건을 가사소송사건으로 규정한다.

119 협의 또는 심판에 의하여 양육비청구권의 구체적 내용이 형성된다 할지라도, 여기서 형성이라는 표현은 그 전까지는 금액이 불확정적이다가 심판에 의하여 비로소 확인된다는 의미일 뿐, 본래 의미의 형성권이나 형성판결과 같은 것이라고는 할 수 없다는 견해로는, 윤진수, "과거 양육비청구권의 소멸시효", 민사법학 제108호, 한국사법행정학회(2024), 278.

56 부양의무 일반에 관하여 준별설을 취하면서, 부양의무자가 다수일 경우 그들 사이의 순위, 연대채무인지 분할채무인지, 부양방법 등은 부양심판을 통해 비로소 결정되고, 그 판단기준에 관하여 민법은 구체적 언급을 하고 있지 않다는 점을 준별설 또는 내용형성설의 논거로 언급하는 견해가 있다.[120] 양육비청구권에서는 이러한 문제가 발생하지 않으나, 어떻든 이 경우 또한 비준별설 또는 실체법설에 따라 충분히 설명된다.[121]

57 양육비청구권이 협의 또는 심판을 통하여 비로소 구체적 청구권이 된다는 논리가 협의 또는 심판이 있기 전까지는 어떠한 청구권도 없다는 뜻이라면, 협의나 심판 없이 부모 일방이 단독으로 양육을 하였다 하더라도 타방의 구체적 부양의무가 성립하기 전에 한 것이므로 구상권을 행사할 근거가 없어진다는 논리모순을 지적하는 견해[122]는 타당하다. 이에 대해서는 과거의 법률관계도 소급적으로 형성할 수 있다고 보면 추상적 청구권과 구체적 청구권을 준별하더라도 구상권을 인정하는 데 별 문제는 없다는 반론이 있다.[123] 그러나 과거 양육비의 구상 문제는 부모 중 한쪽이 미성년 자녀를 양육한 경우뿐 아니라 제3자가 사실상 양육한 경우에도 동일하게 발생하고, 후자는 민사소송사항이라고 이해되는데,[124] 과연 준별설을 견지하면서 정당한 당사자 사이의 협의 또는 심판이 없어 추상적 청구권에 머물러 있는 단계의 양육비를 대위변제한 제3자가 그 상환을 구할 수 있다는 이론구성이 가능할지 의문이 아닐 수 없다.

58 준별설은 미성년 자녀에게 부양의 필요, 부모에게 부양의 능력이라는 법률요건

120 주해친족법(제2권)(제2판), 박영사(2025), 1648(최준규).

121 대법원 2012. 12. 27. 선고 2011다96932 판결은 "제1차 부양의무자와 제2차 부양의무자가 동시에 존재하는 경우에 제1차 부양의무자는 특별한 사정이 없는 한 제2차 부양의무자에 우선하여 부양의무를 부담(한다)"고 판시함으로써 민법에 명시적 규정이 없는 부양의 순위에 관하여 도그마 하나를 제시하였다. 위 대법원 판결은 부양의 순위에 관한 법률관계를 형성한다기보다 이를 확인한다는 태도로 보여 내용형성설보다는 실체법설에 따라 이해하는 것이 더욱 적절하고 자연스럽다. 즉 부양의무자가 다수일 경우에 협의 또는 심판으로 부양의 순위, 복수의 부양의무가 연대채무관계에 있는지 분할채무관계에 있는지, 어떠한 부양방법에 따를지 등을 결정하는 것에는 재량적·형성적 성격과 실체적 법률관계를 확인·선언하는 성격이 공존한다고 이해할 수 있으므로, 이러한 경우에도 협의 또는 심판에 의하여 비로소 구체적 청구권이 발생한다고 볼 것은 아니다.

122 오종근, "부부간 부양청구권과 양육비청구권", 민사판례연구 제41권, 박영사(2019), 744; 이동진, "부모 일방의 타방에 대한 과거의 양육비 상환청구와 소멸시효", 가족법연구 제26권 제2호, 한국가족법학회(2012), 146.

123 최준규, "다수당사자 사이의 부양관계에 관한 고찰", 가족법연구 제26권 제3호, 한국가족법학회(2012), 18.

124 대법원 2012. 12. 27. 선고 2011다96932 판결은 부부간의 부양의무를 이행하지 않은 부부의 일방에 대하여 상대방의 친족이 구하는 부양료의 상환 청구는 민사소송사건에 해당한다고 판시하였다.

이 모두 충족된 단계에 있으나 아직 협의 또는 심판이 있지 않을 뿐인 양육비청구권을 구체적으로 성숙한 완전한 권리로 취급할 수 없도록 강제하는데, 이는 양육비에 관한 법률관계를 합리적으로 규율하지 못하고, 구체적 쟁점에서 정당한 결론을 도출하는 데에 오히려 장애가 되고 있다.[125] 결론적으로 양육비청구권에 관한 협의 또는 심판이 재량적·형성적 성격을 갖는다 하여 양육비청구권은 협의 또는 심판이 있어야 비로소 구체적 청구권 또는 독립한 재산적 권리가 된다고 이해할 수는 없다.

59 따라서 미성년 자녀에게 부양의 필요, 부모에게 부양의 능력이 있어 법률요건이 충족된 단계에서는 기본적 양육비청구권이 발생하고, 이에 터잡아 미성년 자녀가 생활을 영위함에 따라 지분적 양육비청구권이 발생하며, 협의 또는 심판은 과거 또는 장래의 지분적 양육비를 일정한 단위로 묶어 액수와 지급기 등을 정함으로써 양육비청구권자의 권리행사와 양육비지급의무자의 의무이행에 편의를 부여하기 위한 것일 뿐이고, 협의 또는 심판이 양육비청구권 발생의 요건은 아니라고 보는 것이 타당하다. 비교법적으로도 일본과 그 영향을 받은 우리나라의 일부 학설과 판례 외에는 협의 또는 심판을 부양청구권 또는 양육비청구권 발생의 요건 중 하나로 요구하는 이론을 찾기 어렵다.

라. 양육비지급의무의 내용

1) 일반론

60 부양의 정도는 부양권리자와 부양의무자의 생활수준에 따라 결정된다. 특히 미성년 자녀는 부모에게 그 경제적 생활수준과 동등한 정도의 부양을 요구할 수 있다. 따라서 부모의 경제적 능력에 따라 차별적으로 부양의무의 내용이 형성되는 것도 정당하다. 그러나 부모의 경제적 능력이 높아짐에 따라 미성년 자녀가 구할 수 있는 부양의 정도도 무한정 높아지는 것은 아니다.[126] 미성년 자녀가 스스로 부모에 대하여 양육비 지급을 구하는 경우뿐 아니라 양육친이 비양육친에 대하여 그 몫의 양육비 지급을 구하는 경우에도 동일하다.

125 이 점에 관한 구체적 쟁점별 상세한 논구는 임종효, "양육비청구권에 관한 기초 이론 및 실무상 쟁점", 사법논집 제51집, 법원도서관(2011), 260 이하 참조.

126 조은희, "독일법상의 직계혈족부양에 관한 고찰", 가족법연구 제20호, 한국가족법학회(2003), 226.

61 부모의 양육비지급의무는 자녀의 출생과 동시에 발생하는 것이므로, 원칙적으로 과거 양육비의 청구도 제한 없이 허용되고,[127] 인지판결의 확정 전에 발생한 과거 양육비도 동일하다.[128] 부부 사이의 과거 부양료 청구,[129] 성년 자녀의 부모에 대한 과거 부양료 청구[130]는 청구 시 이후의 것으로 제한되는 점과 다르다.[131]

62 다만 대법원은, 부모 중 어느 한쪽만이 자녀를 양육하게 된 것이 그 양육자의 일방적이고 이기적인 목적이나 동기에서 비롯한 것이라거나 자녀의 이익을 위하여 도움이 되지 아니하거나 그 양육비를 상대방에게 부담시키는 것이 오히려 형평에 어긋나게 되는 등 특별한 사정이 있는 경우에는 과거 양육비의 상환을 구할 수 없다고 한다.[132] 또한 청구인과 상대방이 이혼하면서 미성년 자녀의 친권자 및 양육자를 상대방으로 지정하는 내용의 소송상 화해 또는 조정이 성립된 후 청구인이 다른 협정이나 재판 또는 사전처분 등으로 (임시)양육자를 변경하지 않은 채 임의로 자녀를 양육하였다면 이러한 임의적 양육에 관하여 상대방에게 양육비를 청구할 수 없다고 한다.[133] 이러한 제한은 미성년 자녀가 스스로 부모에 대하여 양육비를 청구할 경우에 그대로 적용될 수 있는 성질의 것은 아니다.

63 대법원은 이행청구 전 과거 양육비는 반드시 이행청구 이후의 양육비와 동일한 기준에서 정할 필요가 없고, 부모 중 한쪽이 자녀를 양육하게 된 경위와 그에 소요된 비용의 액수, 그 상대방이 부양의무를 인식한 것인지 여부와 그 시기, 그것이 양육에 소요된 통상의 생활비인지 아니면 이례적이고 불가피하게 소요된 다액의 특별한 비용(치료비 등)인지 여부와 당사자들의 재산 상황이나 경제적 능력과 부담의 형평성 등 여러 사정을 고려하여 적절하다고 인정되는 분담의 범위를 정할 수 있다고 한다(이하 '여러 사정에 의한 감액 법리'라 한다).[134] 또한 대법원은

127 대법원 1994. 5. 13. 자 92스21 전원합의체 결정.
128 대법원 2023. 10. 31. 자 2023스643 결정.
129 대법원 1991. 10. 8. 선고 90므781, 798 판결, 대법원 1991. 11. 26. 선고 91므375, 91므382 판결, 대법원 2008. 6. 12. 자 2005스50 결정.
130 대법원 2018. 12. 28. 자 2015스471 결정.
131 반면에 대법원 1994. 6. 2. 자 93스11 결정은, 부모 중 한쪽이 다른 쪽에 대하여 뇌종양으로 치료받아야 할 만 21세 정도의 성년 자녀의 과거 치료비를 지출한 후 그 중 다른 쪽 몫의 상환을 청구한 사안에서 미성년 자녀의 과거 양육비 청구에 관한 대법원 1994. 5. 13. 자 92스21 전원합의체 결정을 원용하면서 청구 이전에 지출한 치료비의 상환도 청구할 수 있다 하였다.
132 대법원 1994. 5. 13. 자 92스21 전원합의체 결정, 대법원 2023. 10. 31. 자 2023스643 결정 등 다수.
133 대법원 1992. 1. 21. 선고 91므689 판결, 대법원 2006. 4. 17. 자 2005스18, 19 결정.
134 대법원 1994. 5. 13. 자 92스21 전원합의체 결정 등.

사건본인이 이미 성년에 달한 경우와 미성년자인 경우는 과거 양육비의 확정 및 분담의 의미가 다르므로, 법원으로서는 이러한 차이를 바탕으로 당사자들의 재산 상황이나 경제적 능력, 부담의 형평성 등에 관하여 심리하여 그 결과를 반영할 필요가 있다고 한다.[135] 이 또한 여러 사정에 의한 감액 법리의 일환으로 이해된다. 이러한 여러 사정에 의한 감액 법리는 미성년 자녀가 스스로 부모에 대하여 양육비를 청구할 경우에 적절히 수정하여 적용될 수 있을 것이다.

2) 제837조에 따라 양육비의 부담을 정하는 범위

64 제837조의 양육비는 이혼이 성립한 후의 것에 한정되지 않는다.[136] [137] 양육친이 비양육친에게 양육비를 청구하는 경우 가정법원으로서는 자녀의 양육비 중 양육친이 부담해야 할 양육비를 제외하고 비양육친이 분담해야 할 적정 금액의 양육비만을 결정한다.[138]

65 양육친이 미성년 자녀의 양육자로 지정된 경우 비양육친은 양육친이 양육자로 지정되기 전의 과거 양육비도 지급할 의무가 있으나, 이는 양육친이 실제 양육을 시작한 시점 이후의 것에 한한다.[139]

66 대법원은, 제1심 판결이 비양육친을 미성년 자녀의 양육자로 지정하고, 양육자로 지정되지 못 한 양육친에게 미성년 자녀의 인도와 제1심 판결선고일 다음 날부터의 양육비 지급을 명하는 한편 뒤의 두 주문에 가집행선고를 붙인 사건에서, 제1심 판결선고일 다음 날부터의 양육비 지급을 명한 부분은 위법하다 하였다.[140] 양육자로 지정되지 못 한 양육친은 비양육친을 양육자로 지정하는 재판이 확정된 이후 또는 양육자로 지정된 비양육친에게 미성년 자녀를 실제 인도한 이후의 양육비를 지급할 의무가 있다는 것으로 이해된다. 그러나 위 판결에는 의문의 여지가 있다. 재판으로 양육자를 지정하였을 뿐 아니라 자녀의 인도를 명하고 여기에 가집행선고까지 붙인 이상 재판의 선고 또는 고지로써 비양육친이 자녀를 인도받아 양육할 권한이 있다고 보아야 하기 때문이다. 이러한

135 대법원 2024. 10. 8. 자 2023스637 결정.

136 대법원 1994. 5. 13. 자 92스21 전원합의체 결정.

137 임종효, "양육비청구권에 관한 기초 이론 및 실무상 쟁점", 사법논집 제51집, 법원도서관(2011), 244. 반면에 민법 제837조의 양육비는 이혼 후의 것에 한정된다는 견해로는 주해친족법(제1권)(제2판), 박영사(2025), 400(이동진); 주해친족법(제2권)(제2판), 박영사(2025), 1631(최준규).

138 대법원 2020. 5. 14. 선고 2019므15302 판결.

139 대법원 2012. 1. 27. 선고 2011므1482 판결.

140 대법원 2016. 3. 10. 선고 2015므4229, 2015므4236 판결.

경우에는 재판의 확정 또는 이에 따른 인도를 기다릴 것 없이 양육자로 지정되지 못한 양육친에게 양육비지급의무를 부담시킴으로써 재판 지연과 인도 거부의 유인을 차단하여 양육자로 지정된 비양육친의 양육권을 보호하고 미성년 자녀의 복리를 도모할 필요가 있다.

67 종전의 비양육자를 양육자로 변경하여 지정하는 경우 종전의 양육자에게 언제부터 양육비 지급을 명하여야 하는지 문제되는데, 경우를 나누어 보아야 할 것으로 생각한다.[141] 원칙적으로는 양육자를 변경한 심판이 확정된 이후[142]의 양육비 지급을 명하고 따라서 여기에 가집행선고도 붙일 수 없다. 대법원 1992. 1. 21. 선고 91므689 판결 등의 판시취지에 따르면, 심판 계속 중 사전처분으로 양육자를 변경한 후 동일한 내용의 심판을 할 경우, 그 사전처분의 효력이 발생한 날 이후의 양육비 지급을 명하고 여기에 가집행선고도 붙여야 할 것이다. 이와 같은 사전처분 없이 심판으로 비로소 양육자를 변경하면서 이와 아울러 자녀의 인도를 명하고 여기에 가집행선고까지 붙였다면, 대법원 2016. 3. 10. 선고 2015므4229, 2015므4236 판결에 관하여 제시한 사견과 같이, 판결선고일 또는 심판서 작성일 이후의 양육비 지급을 명하고 여기에 가집행선고도 붙여야 할 것이다.

마. 양육비청구권의 소멸시효

1) 소멸시효 대상성

가) 견해의 대립

68 양육비청구권이 소멸시효에 걸리는지에 관하여는 견해가 갈린다. 사실심 재판 중에는 양육비청구권은 소멸시효에 걸리지 않는다는 것이 있다(이하 '부정설').[143] 협의 또는 심판을 양육비청구권의 발생 요건으로 보지 않는 비준별설 또는 실체법설은 협의 또는 심판 존부를 불문하고 양육비청구권은 소멸시효에 걸린다

141 필자는 임종효, "양육비청구권에 관한 기초 이론 및 실무상 쟁점", 사법논집 제51집, 법원도서관(2011), 311에서, 이러한 경우 양육자 변경심판이 확정되기 전까지는 양육비청구권이 발생하지 않으므로 양육비 변경심판 확정 이후의 양육비 지급을 명해야 하고 따라서 여기에 가집행선고를 붙일 수 없다고 주장한 바 있으나, 본문과 같이 경우를 나누어 보는 것으로 견해를 변경한다.

142 실제 인도한 날부터 양육비지급의무가 발생한다는 이론구성의 여지도 있으나, 심판이 확정되면 실제 인도 여부를 기다릴 것 없이 양육비지급의무가 발생한다고 보는 것이 인도 거부의 유인을 차단하여 미성년 자녀의 복리를 도모할 수 있다고 생각한다.

143 부산지방법원 2003. 3. 21. 선고 2002르750 판결(상고기각판결로 확정), 부산지방법원 가정지원 2004. 12. 8. 자 2003느단1587 심판(확정) 등.

고 한다.[144] 부양의무 일반에 관하여 준별설 또는 내용형성설을 취하면서도 부양청구권은 협의 또는 심판 존부를 불문하고 소멸시효에 걸린다고 보는 견해[145]도 있다(이하 통틀어 '긍정설'). 그러나 협의 또는 심판을 양육비청구권의 발생 요건으로 보는 준별설 또는 내용형성설은 대체로 협의 또는 심판이 있기 전의 추상적 청구권은 소멸시효에 걸리지 않고 그 이후의 구체적 청구권에 한하여 소멸시효에 걸린다고 한다(이하 '절충설').[146]

나) 대법원 전원합의체 결정

69 대법원 2024. 7. 18. 자 2018스724 전원합의체 결정은, 이혼한 부부 사이에서 어느 일방이 과거에 미성년 자녀를 양육하면서 생긴 비용의 상환을 상대방에게 청구하는 경우, 자녀의 복리를 위해 실현되어야 하는 과거 양육비에 관한 권리의 성질상 그 권리의 소멸시효는 자녀가 미성년이어서 양육의무가 계속되는 동안에는 진행하지 않고 자녀가 성년이 되어 양육의무가 종료된 때부터 10년의 소멸시효기간이 진행한다고 하면서, 자녀가 성년이 된 후에도 당사자의 협의 또는 가정법원의 심판에 의하여 구체적인 지급청구권으로서 성립하기 전에는 과거의 양육비에 관한 권리에 대하여 소멸시효가 진행할 여지가 없다고 하였던 과거의 판례[147]를 변경하였다. 위 전원합의체 결정에는 양육비에 관한 권리는 구상권으로서 협의 또는 심판 전후를 불문하고 출재시부터 10년의 소멸시효기간이 진행한다는 별개의견, 협의 또는 심판이 없는 추상적 청구권은 자녀가 성년에 이르렀다 할지라도 소멸시효에 걸리지 않는다는 반대의견, 다수의견의 논거를 추가한 보충의견이 있다.

144 오종근, "부부간 부양청구권과 양육비청구권", 민사판례연구 제41권, 박영사(2019), 761; 윤진수, "과거 양육비청구권의 소멸시효", 민사법학 제108호, 한국사법행정학회(2024), 273; 이동진, "부모 일방의 타방에 대한 과거의 양육비 상환청구와 소멸시효", 가족법연구 제26권 제2호, 한국가족법학회(2012), 145; 임종효, "양육비청구권에 관한 기초 이론 및 실무상 쟁점", 사법논집 제51집, 법원도서관(2011), 283; 정구태·배소현, "부부 간 과거의 부양료청구의 인정 여부", 인문사회21 제7권 제5호, 인문사회21(2016), 18; 조인영, "고령화시대 자녀의 부모 부양의무에 관한 구체적 쟁점 고찰", 법조 제71권 제6호, 법조협회(2022), 66.

145 주해친족법(제2권)(제2판), 박영사(2025), 1686(최준규).

146 김주수/김상용, 친족·상속법(제20판), 법문사(2024), 609; 이수영, "과거 양육비 청구권의 소멸시효", 민사재판의 제문제 제21권, 한국사법행정학회(2012), 538; 제철웅, "부양청구권 및 부양비용 상환청구권에 관한 몇가지 해석론적 제안", 법학논총 제31집 제1호, 한양대학교(2014), 491.

147 대법원 2011. 7. 29. 자 2008스67 결정, 대법원 2011. 7. 29. 자 2008스113 결정, 대법원 2011. 8. 16. 자 2010스85 결정, 대법원 2011. 8. 25. 선고 2008므1338 판결, 대법원 2011. 8. 26. 자 2011스10 결정, 대법원 2011. 10. 13. 선고 2010므2068, 2075 판결 등.

70 위 전원합의체 결정은 협의 또는 심판이 없는 상태에서 자녀가 성년이 된 사안에 관한 것이고, 논거 중 하나로 협의 또는 심판이 없는 양육비청구권은 친족법상의 신분으로부터 독립하여 처분이 가능한 완전한 재산권이라고 보기 어렵다는 점을 언급하였으므로, 기본적으로는 절충설에 입각해 있되 추상적 청구권이라 하더라도 자녀가 성년에 이르렀을 때에는 예외를 두어 소멸시효가 진행한다는 취지로 이해된다(이하 '수정된 절충설').

다) 검토

71 ① 절충설은 대체로 준별설 또는 내용형성설에 따라 협의 또는 심판이 없는 추상적 청구권은 친족법상의 권리로서 추상적 지위에 불과하여 재산권이 아니므로 소멸시효의 대상이 되지 않는다는 주장을 논거 중 하나로 내세우고 있고,[148] 위 전원합의체 결정(수정된 절충설) 또한 같은 맥락의 논거를 거시하고 있음은 앞에서 살펴보았다. 따라서 우선 앞서 살핀 준별설 또는 내용형성설에 대한 비판이 여기서도 그대로 타당하다. 그러나 추상적 지위에 불과하고 완전한 재산권이 아니어서 소멸시효의 대상이 되지 않는다는 논변에 대해서는 별도로 검토할 필요가 있다.

72 독일 민법은 제194조 제2항 제2호에서 친족법상의 관계에 기인한 청구권은 관계에 상응하는 상태를 장래를 향하여 창출하는 것을 내용으로 하는 한도에서 소멸시효에 걸리지 않는다고 규정하고, 제195조에서 청구권의 일반적인 소멸시효기간을 3년으로 규정한다.[149] 여기서 통상적으로 기본적 부양청구권에는 전자가, 지분적 부양청구권에는 후자가 적용된다고 설명된다.[150] 따라서 부양권리자가 소멸시효기간 3년 동안 부양청구권을 행사하지 않은 경우에는 그에 해당하는 과거의 지분적 부양청구권이 시효소멸할 뿐이다. 여기서 나아가 부양청구권을 행사하지 않았으므로 기본적 부양청구권 자체가 시효소멸하고 따라서 이를 토대로 하는 지분적 부양청구권, 특히 장래의 것은 발생할 수조차 없다는 논리

148 이수영, "과거 양육비 청구권의 소멸시효", 민사재판의 제문제 제21권, 한국사법행정학회(2012), 539.

149 2009년 개정 전의 독일 민법은 제197조 제1항 제2호에서 친족법 또는 상속법상의 청구권의 소멸시효기간을 30년으로 규정하는 한편, 같은 조 제2항 전단에서 그 중 정기적으로 회귀하는 급부 또는 부양급부를 목적으로 하는 경우에는 제195조의 일반적인 소멸시효기간인 3년이 적용된다고 규정하였다. 그러나 2009년 개정된 독일 민법은 제197조 제1항 제2호, 제2항을 삭제하였다. 따라서 위 개정 후로 부양청구권의 소멸시효기간에 관한 근거 법조로서 제195조 외에 제197조 제1항 제2호, 제2항 전단을 거시할 수는 없으나, 법상태와 법해석은 동일하다.

150 대표적으로, Münchener Kommentar zum BGB 10. Auflage(2025), BGB §194, §195(Grothe).

는 성립될 수 없다.[151] 오스트리아, 스위스, 프랑스의 입법 또는 법리 또한 이와 동일하다.[152]

73 그런데 절충설은 부양청구권을 추상적 청구권과 구체적 청구권으로 나눈 다음 독일 등에서 정립된 기본적 부양청구권과 지분적 부양청구권의 개념과 각각 등치시키면서 이에 관한 법리를 그대로 대입하는 논리를 전개하고 있다. 그러나 절충설이 말하는 추상적·구체적 청구권은 지분적 부양청구권을 협의 또는 심판의 존부를 기준으로 다시 나눈 것에 불과하여 기본적·지분적 부양청구권과는 논의의 평면이 다르다. 기본적 부양청구권에 대당(對當)하는 개념은 지분적 부양청구권이지 구체적 청구권이 아니므로, 이러한 대입논리는 상당히 왜곡된 것으로서 무리하다고 보지 않을 수 없다.[153] 또한 절충설이 말하는 추상적 청구권과 구체적 청구권은 모두 지분적 부양청구권으로서 재산권적 성질을 갖는다고 보아야 할 것이지, 전자는 재산권적 성질이 없는 추상적 지위에 불과하다고 볼 아무런 근거도 없다.[154]

74 친족법상의 추상적 지위는 재산권적 성격이 있는 경우에도 소멸시효의 대상성

151 이동진, "부모 일방의 타방에 대한 과거의 양육비 상환청구와 소멸시효", 가족법연구 제26권 제2호, 한국가족법학회(2012), 145 이하는, 장래의 부양청구권은 추상적인 법적 지위에 불과하여 재산권이 아니라고 해도 좋고, 과거의 부양청구권은 지분적 부양청구권으로서 재산권이라고 하면서, 독일 민법 제194조 제2항이 장래의 부양료청구권은 시효로 소멸하지 않는 것으로 규정하였다고 설명한다. 그러나 이러한 설명은 기본적 부양청구권과 지분적 부양청구권의 개념도구를 사용하여 부양청구권의 소멸시효를 설명하는 의의에 대한 이해가 부족한 것으로 보여 아쉽다. 결국은 과거의 지분적 부양청구권만 시효소멸할 뿐 장래의 지분적 부양청구권은 시효소멸하지 않는다는 동일한 결론에 이른다는 점에서 문제가 없다고 볼 수도 있다. 그러나 일반적으로 이행기가 도래하지 않은 장래의 권리는 소멸시효가 진행하지 않으므로, 이동진 교수의 위 설명은 부양청구권 등이 갖는 고유한 성질 또는 독일 민법 제194조 제2항 제2호의 특칙이 갖는 의의를 제대로 드러낼 수 없다. 또한 지분적 청구권으로서의 성질이 동일함에도 과거의 부양청구권은 재산권적 성질을 가지나 장래의 부양청구권은 추상적인 법적 지위에 불과하여 재산권적 성질을 가지지 못한다고 나누어 보는 것도 타당하지 않다.

152 이동진, "부모 일방의 타방에 대한 과거의 양육비 상환청구와 소멸시효", 가족법연구 제26권 제2호, 한국가족법학회(2012), 145.

153 이러한 논의의 왜곡은 일본에서 이루어진 것으로 보인다. 대표적으로 於保不二雄 外, 新版 註釋民法(25), 有斐閣(2004), 814. 일본 민법 제877조 제1항은 직계혈족 및 형제자매는 서로 부양할 의무가 있다고 규정하나, 제2항은 그 외 3촌 이내의 친족 사이에는 가정재판소가 부양의 의무를 지게 할 수 있다고 규정한다. 이를 바탕으로 가정재판소가 부양의 의무를 지게 함으로써 비로소 구체적 권리가 발생하고 그 전의 것은 추상적 지위에 불과하다고 이론을 구성하면서, 독일 등에서 정립된 기본적·지분적 부양청구권에 관한 법리를 추상적 ·구체적 청구권에 그대로 대입하여 설명함으로써 상당한 논의의 왜곡이 이루어진 것으로 보인다. 우리 민법 제974조 등의 입법방식은 이와 전혀 다르므로 일본의 논의를 무비판적으로 수용하는 것에는 문제가 있다.

154 윤진수, "과거 양육비청구권의 소멸시효", 민사법학 제108호, 한국사법행정학회(2024), 275.

이 부정된다는 명제가 일반적으로 성립될 수 있는 것도 아니다.[155] 친족법상의 권리는 예컨대 그로부터 파생하는 개별적 또는 지분적 권리를 예정하는 포괄적 권리와 같은 경우에 개별적으로 검토하여 소멸시효의 대상성이 부정될 수 있고,[156] 그 전형적인 예가 바로 기본적 부양청구권이나, 이러한 이치를 지분적 부양청구권의 일종에 불과한 추상적 청구권에 전용할 수는 없다. 위 전원합의체 결정은 과거 양육비에 대한 권리가 아직 협의 또는 심판에 의하여 내용과 범위가 확정되지 않았다는 사정만으로 재산권에 해당하지 않는다고는 할 수 없다고 하면서도, 추상적 청구권이 소멸시효에 걸리지 않는다는 논거로서 이는 독립하여 처분 가능한 완전한 재산권이 아니라는 점을 들었다. 아마도 단순히 재산권적 성질만 있는 것(추상적 청구권)과 독립하여 처분 가능한 완전한 재산권(구체적 청구권)을 구분하여 인식하는 듯하나, 소멸시효의 대상성을 논의하는 국면에서 이러한 구분법은 아무런 의미도 없다. 친족법상의 권리라 하여 독립하여 처분 가능한 완전한 재산권에 한하여 소멸시효의 대상이 되고 재산권적 성질만 있을 뿐이면 소멸시효의 대상이 되지 않는다는 명제 자체가 성립할 수 없기 때문이다.

75 결론적으로 소멸시효의 대상성이 부정될 수 있는 것은 기본적 부양청구권이지 절충설 또는 수정된 절충설이 말하는 추상적 청구권이 아니다.

76 ② 부정설 또는 절충설의 바탕에는 여러 사정에 의한 감액 법리로 구체적 타당성 있는 결론의 도출이 가능하므로 굳이 양육비청구권이 시효로 소멸한다고 볼 필요가 없다고 보는 인식이 있는 것으로 보인다.[157] 그러나 자녀가 성년이 된 이후에까지

155 윤진수, "과거 양육비청구권의 소멸시효", 민사법학 제108호, 한국사법행정학회(2024), 279; 이수영, "과거 양육비 청구권의 소멸시효", 민사재판의 제문제 제21권, 한국사법행정학회(2012), 539; 조인영, "고령화시대 자녀의 부모 부양의무에 관한 구체적 쟁점 고찰", 법조 제71권 제6호, 법조협회(2022), 66; 주해친족법(제2권)(제2판), 박영사(2025), 1686(최준규).

156 그러나 이는 친족법상의 권리에 고유한 것이라 하기도 어렵다. 예컨대, 대법원 1990. 8. 28. 선고 90다카9619 판결은 "원고가 피고의 사원임의 확인을 구하는 청구는 원고와 피고 사이에 개별적으로 구체화되어 존재하는 고용계약상의 권리의무, 예컨대 책임청구권 등과 이에 대응하는 의무들의 확인을 구하는 것이 아니라 이들 권리의무의 전제가 되고 또한 이들이 파생되어 나온 기본적인 고용에 관한 법률관계 그 자체의 확인을 구하는 취지로 볼 것이어서 이러한 법률관계는 민법 제162조 제1항이 규정하는 채권관계가 될 수 없다."고 한다. 근로자로서의 지위 자체는 소멸시효의 대상이 아니라는 취지로 여겨진다. 반면에 원본채권과 이에 대한 이자채권은 각각 별도로 소멸시효가 진행하나, 원본채권이 시효소멸한 경우 이자채권 또한 소멸한다(대법원 2008. 3. 14. 선고 2006다2940 판결 등). 따라서 개별적 또는 지분적 권리의 파생을 예정하고 있어 포괄적 권리라 할 수 있는 경우를 소멸시효의 관점에서 어떻게 취급할지는 일률적으로 말하기 어렵고, 이는 친족법상의 권리에 관하여도 동일하므로, 개별적 검토가 필요하다고 생각된다.

157 절충설 중 이 점을 명시한 것으로는, 이수영, "과거 양육비 청구권의 소멸시효", 민사재판의 제문제 제21권, 한국사법행정학회(2012), 539.

여러 사정에 의한 감액 법리로 대응해서 충분하다고 볼 수는 없다.[158]

77 ③ 양육비청구권자는 친자관계, 부양의 필요, 부양의 능력 요건을 모두 갖춘 경우에 양육비지급의무자에게 언제든 협의를 요청하거나 심판을 청구함으로써 권리를 실현·보전할 수 있으므로, 협의 또는 심판은 양육비청구권을 행사하고 권리를 보전하는 수단이라 할 수 있다.[159] 그런데 절충설에 따르면, 양육비청구권자가 협의 또는 심판의 형식으로 성실하게 권리를 행사한 경우에는 소멸시효가 진행하여 시간이 흐른 뒤에 소멸시효 중단을 위한 조치가 필요하고, 이를 게을리 한 경우에는 소멸시효가 완성되는 반면에, 협의 또는 심판의 방식으로 권리보전을 하지 않은 경우에는 소멸시효가 진행되지도 않으므로 권리보전을 위한 더 이상의 조치도 필요하지 않게 된다. 절충설은 권리 위에 잠자는 자일수록 더욱 두터이 보호한다는 것이어서, 심각한 균형 상실 또는 논리 모순의 문제가 발생함을 알 수 있다.[160] 또한 양육비청구권자가 권리 보전 또는 실현에 적극적이지 않았다는 사정을 빌미로 양육비지급의무자에게 평생 양육비청구권이 추급될 수 있다는 불안정한 상태를 감내하도록 강요하는 것이어서 불합리하다.

78 위 전원합의체 결정(수정된 절충설)은, 자녀가 성년이 된 후에도 소멸시효가 진행하지 않는다고 하면 과거 양육비에 관한 권리를 행사하지 않은 사람이 적극적인 권리행사를 한 사람보다 훨씬 유리한 지위에 서게 되는 부조리한 결과가 생기고, 상대방은 일생 동안 불안정한 상태를 감수하여야 하는 한편 시간의 흐름에 따라 증거가 없어지는 등으로 적절한 방어방법을 강구하기도 어려워져 소멸시효 제도의 취지에 부합하지 않는다는 점을 논거 중 하나로 거시하고 있다. 그러나 이러한 문제는 협의 또는 심판의 존부에 따라 소멸시효의 진행 여부를 달리하는 이상 여전히 발생하는 것이어서, 자녀가 성년에 이른 때부터는 소멸시효가 진행한다고 본다 하여 해소될 수 있는 것이 아니다. 위 전원합의체 결정에 따르더라도 단지 양육비지급의무자가 평생 감내하여야 할 불안정한 상태가 자녀가 성년에 이른 후 소멸시효가 완성할 때까지로 단축될 뿐 균형 상실 또는 논

158 윤진수, "과거 양육비청구권의 소멸시효", 민사법학 제108호, 한국사법행정학회(2024), 280; 이동진, "부모 일방의 타방에 대한 과거의 양육비 상환청구와 소멸시효", 가족법연구 제26권 제2호, 한국가족법학회(2012), 154; 임종효, "양육비청구권에 관한 기초 이론 및 실무상 쟁점", 사법논집 제51집, 법원도서관(2011), 283.

159 이동진, "부모 일방의 타방에 대한 과거의 양육비 상환청구와 소멸시효", 가족법연구 제26권 제2호, 한국가족법학회(2012), 148.

160 임종효, "양육비청구권에 관한 기초 이론 및 실무상 쟁점", 사법논집 제51집, 법원도서관(2011), 285.

리 모순의 문제는 온존하는 것이다.[161]

79 이러한 문제점은 절충설 또는 수정된 절충설의 이론적 토대가 되는 준별설이 친자관계, 부양의 필요, 부양의 능력이라는 3가지 요건을 모두 갖춘 상태의 양육비청구권을 구체적으로 성숙한 완전한 권리로 보지 않는 데에서 비롯되는 것이다. 비교법적으로도 어떠한 권리가 재판외 또는 재판상 행사된 바 없다는 이유로 소멸시효가 진행하지 않는다고 보는 예는 찾아보기 어렵다.

80 ④ 민법 제163조 제1호는 부양료에 관하여 3년의 단기 소멸시효기간을 규정하였고, 양육비는 위 법규정이 말하는 부양료에 포함된다. 부정설에는 이러한 민법의 명시적인 규정을 설명할 수 없다는 문제가 있다.

81 ⑤ 부정설 또는 절충설에는 우리 민법이 부양료의 소멸시효기간을 3년으로 정한 것이 지나치게 짧아서 문제라는 인식과 함께 자녀가 미성년이어서 양육비가 계속 발생하고 있는 중에 소멸시효 완성의 불이익을 피하기 위하여 자주 여러 번 양육비에 관한 협의 또는 심판을 하도록 강요하는 것은 미성년 자녀의 복리, 양육친의 보호, 소송경제 등의 관점에서 문제라는 인식이 결정적으로 작용하였다고 보인다.[162] 물론 양육비청구권은 궁극적으로 미성년 자녀의 생존과 복리를 도모하기 위한 것으로서 특별히 보호되어야 하고, 양육비청구권이 쉽게 시효로 소멸한다고 보아서는 미성년 자녀와 양육친에게 가혹하다는 점을 부인할 수는 없다.[163] 과거의 양육비라 할지라도 현재 또는 장래의 양육에 제공하여 미성년 자녀의 복리를 보충할 수 있기 때문에 더욱 그렇다.

82 그러나 부정설 또는 절충설과 같이 양육비청구권 또는 이에 관한 양육친의 구상권은 소멸시효에 걸리지 않는다거나 적어도 아직 협의 또는 심판이 있기 전의 추상적 청구권은 소멸시효에 걸리지 않는다고 보는 것은, 그 논거로 원용한 각종 명제들 자체가 합리적이지 않거나 우리 민법과 맞지 않을뿐더러 균형 상

161 대법원이 이러한 균형 상실 또는 논리 모순을 알지 못하였다고 생각하기는 어렵다. 그렇기 때문에 본문의 설시 부분은 대법원이 향후 협의 또는 심판이 있는 구체적 청구권에 대하여도 같은 규율을 예비하고 있을지 모른다는 추측의 단초가 된다. 만일 이러한 추측이 현실화된다면 양육비청구권은 협의 또는 심판의 존부를 불문하고 소멸시효에 걸리지 않으나 자녀가 성년에 이르렀을 때 비로소 소멸시효가 진행한다는 것으로 귀결된다(수정된 부정설).

162 위 전원합의체 결정과 그 원심 결정 또한 같은 취지의 논거를 거시하고 있다. 절충설에서 특히 양육친의 보호를 강조하는 주장으로, 이수영, "과거 양육비 청구권의 소멸시효", 민사재판의 제문제 제21권, 한국사법행정학회(2012), 540.

163 임종효, "양육비청구권에 관한 기초 이론 및 실무상 쟁점", 사법논집 제51집, 법원도서관(2011), 283.

실 또는 논리 모순 등의 문제점을 내재하게 된다. 무엇보다 양육비지급의무자를 민사법 일반의 원리인 소멸시효제도에 의하여 보호하여 법적 안정성을 도모하는 것 또한 추구되어야 할 가치라는 점을 지나치게 가볍게 보았다고 평가하지 않을 수 없다.

83 위 전원합의체 결정(수정된 절충설)은 이른바 추상적 청구권에 국한된 것이기는 하나 자녀가 성년에 이른 때부터 소멸시효가 진행한다고 함으로써 양육비지급의무자의 보호를 함께 고려하였다는 점에서 진일보하였다고 볼 수 있을 것이다. 그러나 위 전원합의체 결정이 우리 민법과 어울리는지는 여전히 의문이다. 이 의문과 관련하여 민법의 몇몇 규정을 살핀다.

84 민법 제179조, 제180조 제1항은 제한능력자에게 법정대리인이 없는 경우와 재산을 관리하는 부모 또는 후견인에 대한 제한능력자의 권리는 그가 능력자가 되거나 법정대리인이 취임한 때부터 6개월 내에는 소멸시효가 완성되지 않는 것으로 규정한다. 미성년 자녀가 친권자인 부모 쌍방 또는 생존 단독친을 상대로 직접 또는 특별대리인 등의 대리를 통하여 과거 양육비를 청구하는 경우, 미성년 자녀가 친권자 아닌 부모 쌍방 또는 일방에게 과거 양육비를 청구하려고 하는데 친권자 또는 미성년후견인 등 법정대리인이 없는 경우에는 위 각 조항이 적용되어 자녀가 성년에 이른 후 6개월까지 소멸시효가 정지한다고 볼 수 있다. 민법 제180조 제2항은 부부 사이의 권리는 혼인관계가 종료된 때부터 6개월 내에는 소멸시효가 완성되지 않는 것으로 규정한다. 양육친이 비양육친과 법률상 부부관계를 유지하면서 단독으로 미성년 자녀를 양육한 후 비양육친에 대하여 구상권의 행사로서 과거의 양육비를 청구하는 경우에는 위 조항이 적용되어 혼인관계가 종료한 후 6개월까지 소멸시효가 정지한다고 볼 수 있다. 그러나 양육친이 자신의 이름으로 또는 미성년 자녀를 대리하여 과거 양육비를 청구할 수 있는 경우, 부모가 이혼 등을 하여 어느 한쪽이 단독으로 미성년 자녀를 양육하면서 구상권의 행사로 과거의 양육비를 청구하는 경우 등 보다 일반적인 경우는 원칙적으로 위 각 조항의 적용범위에서 제외된다. 이와 같이 우리 민법은 미성년 자녀 또는 양육친과 제3자의 과거 양육비에 관한 권리의 보호와 관련하여 예외적인 경우에 한하여 소멸시효의 정지를 배려하고 있을 뿐이다. 따라서 위 전원합의체 결정이 자녀가 미성년 상태에 있다는 점을 사실상 소멸시효의 중단사유로 삼아 미성년 자녀가 성년에 이른 후 소멸시효가 진행한다고 한 것은 우

리 민법의 태도와 어울리기 어렵다고 생각된다.[164] [165] 아무리 미성년 자녀와 양육친의 보호 필요성을 강조한다 하더라도, 민법 제179조, 제180조 제1항·제2항을 유추 또는 확장하여 미성년 자녀의 양육비청구권과 이에 관한 양육친의 구상권에 한하여 자녀가 성년에 이른 후 6개월까지 소멸시효가 정지된다는 해석 정도가 한계라고 보인다.

85 ⑥ 우리 민법의 해석에 충실하면서 양육비청구권자와 양육비지급의무자의 이해관계를 합리적으로 조정하는 균형점에는 긍정설이 놓여 있다고 보지 않을 수 없다. 다만 소멸시효 정지에 관한 규정을 유추 또는 확장함으로써 양육비청구권 또는 이에 관한 양육친의 구상권에 관하여 일반적인 소멸시효의 정지를 강구할 수는 있을 것이다.

2) 소멸시효기간과 기산점

86 양육비청구권이 소멸시효에 걸린다고 보면, 소멸시효기간은 어떻게 되고, 그 기산점은 언제인지 문제된다.

가) 견해의 대립과 대법원 전원합의체 결정

87 긍정설 중에는 부양청구권은 부양권리자가 생활을 영위하는 매일매일 지분적 부양청구권이 발생하여 항상 민법 제163조 제1호가 정한 '1년 이내의 정기에 지급되는' 것에 해당하고 협의 또는 심판으로 어떻게 정했느냐에 따라 소멸시효기간이 달라지는 것은 아니므로 매일매일 3년의 소멸시효기간이 기산된다는 1설,[166] 양육비에 관한 구상권은 매일매일 현실부양을 함으로써 발생하고, 그 시효기간은 양육비청구권의 그것과 같게 보아야 한다는 2설,[167] 추상적 청구권의 소멸시효기간은 10년이고 이에 관한 구상권은 원칙적으로 출재시부터 10년의 소멸시효

164 윤진수, "과거 양육비청구권의 소멸시효", 민사법학 제108호, 한국사법행정학회(2024), 282; 주해친족법(제2권)(제2판), 박영사(2025), 1686(최준규).

165 독일 민법 제207조 제1항은 자녀의 부모에 대한 권리의 소멸시효는 자녀가 21세가 되기까지 정지한다고 규정한다. 독일 민법상 성년 나이는 18세이고, 일반적인 소멸시효기간이 3년이라는 점을 고려하면, 위 전원합의체 결정의 취지는 독일의 위 법규정과 유사한 면이 있다. 그러나 독일 민법은 이러한 소멸시효의 특칙과 함께 과거의 부양 청구를 제한하는 제1613조를 두고 있고 이는 과거의 양육비 청구에도 적용되므로, 독일의 법상태는 위 전원합의체 결정이 창출하는 법상태와 판연히 다르다고 보는 것이 보다 적절하다.

166 임종효, "양육비청구권에 관한 기초 이론 및 실무상 쟁점", 사법논집 제51집, 법원도서관(2011), 288.

167 이동진, "부모 일방의 타방에 대한 과거의 양육비 상환청구와 소멸시효", 가족법연구 제26권 제2호, 한국가족법학회(2012), 151. 이 견해는 대체로 소멸시효기간을 3년으로 보면서도 최종적인 판단은 보류한 것으로 이해된다.

기간이 기산되며, 구체적 청구권은 협의 또는 심판으로 1년 이내의 정기금으로 정해진 경우에는 3년, 일시금 또는 1년을 초과하는 정기금으로 정해진 경우에는 10년의 소멸시효에 걸리고, 기산점은 원칙적으로 협의 또는 심판으로 정해진 변제기라는 3설,[168] 추상적 청구권은 양육친의 매 양육비 지출시점을 기산점으로 소멸시효가 진행하고, 구체적 청구권은 협의 또는 심판으로 정한 매 이행기를 기산점으로 소멸시효가 진행한다는 4설[169] 등이 있다.

88 절충설에서도 협의 또는 심판으로 발생한 구체적 청구권에 관하여는 소멸시효 기간과 기산점에 관한 논의가 필요함에도 이를 찾기는 어렵다.

89 위 전원합의체 결정(수정된 절충설)은 협의 또는 심판이 없는 추상적 청구권에 대한 구상권은 자녀가 성년에 이른 때부터 10년의 소멸시효기간이 진행한다 하였다.

나) 검토

90 ① 민법 제163조 제1호는 이자, 부양료, 급료, 사용료 기타 1년 이내의 기간으로 정한 금전 또는 물건의 지급을 목적으로 한 채권은 3년간 행사하지 아니하면 소멸시효가 완성한다고 규정한다. 이 조항의 부양료에 양육비가 포함됨은 물론이다. 그런데 대법원은 이 조항에서 '1년 이내의 기간으로 정한 금전 또는 물건의 지급을 목적으로 하는 채권'이란 1년 이내의 정기에 지급되는 채권을 의미하는 것이지, 변제기가 1년 이내의 채권을 말하는 것이 아니므로, 이자채권이라고 하더라도 1년 이내의 정기에 지급하기로 한 것이 아닌 이상 위 규정 소정의 3년의 단기소멸시효에 걸리는 것이 아니라고 판시하였다.[170]

91 3설은 이 판례를 부양료(양육비)에 그대로 적용한 것으로서 협의 또는 심판이 있는 이른바 구체적 청구권에 관한 부분은 입론 가능하다. 3설에 따르면 부양료에 관하여 협의 또는 심판으로 1년 이내의 정기에 지급하기로 정하여 소멸시효기간이 3년으로 된 부분도 그 뒤 이를 일시금 등으로 변경하는 협의 또는 심판이 있으면 소멸시효기간이 10년으로 늘어나게 되는데, 이 또한 입론 가능하다. 소멸시효는 법률행위에 의하여 단축·경감할 수 있을 뿐 배제·연장·가중은 할 수 없으

168 주해친족법(제2권)(제2판), 박영사(2025), 1687(최준규). 이른바 추상적 청구권 부분에 한하여 같은 견해로, 윤진수, "과거 양육비청구권의 소멸시효", 민사법학 제108호, 한국사법행정학회(2024), 287; 정구태/배소현, "부부 간 과거의 부양료청구의 인정 여부", 인문사회21 제7권 제5호, 인문사회21(2016), 19; 조인영, "고령화시대 자녀의 부모 부양의무에 관한 구체적 쟁점 고찰", 법조 제71권 제6호, 법조협회(2022), 67.

169 오종근, "부부간 부양청구권과 양육비청구권", 민사판례연구 제41권, 박영사(2019), 31.

170 대법원 1996. 9. 20. 선고 96다25302 판결.

나(민법 제184조 제2항), 이는 법률행위로 소멸시효 자체에 관하여 정하는 경우를 규율하는 것이지 법률행위로 법률관계의 내용을 정함으로써 간접적으로 소멸시효에 영향을 미치는 것까지 규율하는 것은 아니라고 생각되기 때문이다.

92 그러나 3설이 협의 또는 심판이 없으면 양육비의 소멸시효기간이 10년인데, 협의 또는 심판을 하면서 통례에 따라 양육비를 월단위 정기금 등으로 정하면 소멸시효기간이 3년으로 줄어든다고 하는 것은 납득하기 어렵다. 양육비청구권자가 권리의 보전 또는 실현에 적극적이었다는 점이 오히려 양육비청구권자에게 불리하게 작용하는 것은 부당하기 때문이다.[171] 3설은 협의 또는 심판이 없는 이른바 추상적 청구권은 아직 정기금으로 정해지지 않았으므로 1년 이내의 정기에 지급되는 채권이 아니라고 보는 듯하다.[172] 그러나 지분적 양육비청구권은 협의 또는 심판이 없는 한 미성년 자녀가 생활을 영위하는 매일매일 발생하여 변제기가 도래하는 것으로서 1년 이내의 정기에 지급되는 채권에 해당한다고 보는 것이 자연스럽다.[173] [174]

93 따라서 양육비청구권은 원칙적으로 민법 제163조 제1호의 1년 이내의 정기에 지급되는 채권에 해당하여 소멸시효기간이 3년이나, 협의 또는 심판으로 정한 바에 따라 1년 이내의 정기에 지급되는 채권에 해당하지 않게 되면 소멸시효기간이 10년으로 늘어난다 할 것이다. 다만 양육비에 관한 심판이 확정된 경우에 그

171 같은 맥락의 문제점을 언급하는 것으로, 이동진, "부모 일방의 타방에 대한 과거의 양육비 상환청구와 소멸시효", 가족법연구 제26권 제2호, 한국가족법학회(2012), 152.

172 이 점을 언급한 것으로, 윤진수, "과거 양육비청구권의 소멸시효", 민사법학 제108호, 한국사법행정학회(2024), 287; 주해친족법(제2권)(제2판), 박영사(2025), 1687(최준규).

173 우리 민법 제163조 제1호와 같은 취지로 규정하는 오스트리아 민법 제1480조에 관한 해석상 재판상 청구되기 전의 과거 부양료 청구에 단기시효가 적용된다는 데 별 논란이 없다는 점을 언급한 것으로, 이동진, "부모 일방의 타방에 대한 과거의 양육비 상환청구와 소멸시효", 가족법연구 제26권 제2호, 한국가족법학회(2012), 152.

174 2008년 개정 전의 프랑스 민법은 제2224조에서 원칙적인 채권의 소멸시효기간을 30년으로 규정하고, 제2277조에서 급여, 종신연금, 차임, 소작료, 이자, 부양급부 등 1년 이하의 기간에 정기적으로 발생하는 채권의 소멸시효기간은 5년으로 규정하여 우리 민법의 태도와 흡사하였다. 그런데 2008년 개정 전의 프랑스 민법에 대한 각종 논의에서 부양청구권의 소멸시효기간은 5년이라는 점 외에 합의나 판결이 없다는 사정을 이유로 또는 합의나 판결의 내용에 따라 소멸시효기간이 달리 될 수 있다는 언급은 찾아보기 어렵다. 예컨대 프랑스 파기원은 Civ. Ire, 16 juin 1998, n° 96-18.628, Bull. civ. Ⅰ, n° 74에서 최초의 양육비 청구에는 민법 제2277조의 단축된 소멸시효기간 5년이 적용되고, 집행권원이 성립하면 소멸시효기간이 30년으로 늘어난다고 판시하여, 합의 또는 판결이 있기 전의 지분적 양육비에 관한 최초의 청구에도 단기 소멸시효기간이 적용됨을 분명히 하였다. 2008년 개정된 프랑스 민법은 제2224조에서 원칙적인 채권의 소멸시효기간을 5년으로 규정하면서 제2277조는 삭제하였으므로 더욱 달리 볼 수 없다.

중 심판확정 전 변제기가 도래한 부분은 1년 이내의 정기에 지급되는 채권에 해당하더라도 판결이 확정된 경우에 준하여 민법 제165조 제2항이 적용되어 소멸시효기간이 10년으로 늘어난다고 보아야 한다.[175] 이와 달리 확정된 양육비심판 중 변제기가 심판확정 이후에 도래하는 장래 양육비 부분은 1년 이내의 정기에 지급되는 것으로 정한 경우 여전히 소멸시효기간이 3년이다(민법 제165조 제3항). 따라서 협의 또는 심판으로 정한 바에 따라 소멸시효기간이 10년으로 늘어나는지 여부가 문제되는 것은 과거 또는 장래의 양육비를 협의로 정한 경우와 심판으로 정한 장래 양육비 중 변제기가 심판확정 이후에 도래한 부분에 한한다.

94 양육비청구권의 소멸시효 기산점 또한 마찬가지로 볼 수 있다. 원칙적으로 지분적 양육비청구권은 미성년 자녀가 생활을 영위하는 매일매일 발생하여 변제기가 도래하므로 매일매일 소멸시효가 진행하는 것이나, 협의 또는 심판으로 변제기를 정한 경우에는 그 변제기가 소멸시효의 기산점으로 된다 할 것이다. 그러나 협의 또는 심판으로 정한 과거 양육비의 소멸시효 기산점은 별도로 살펴야 한다. 협의로 과거 양육비를 정한 경우에는 협의성립 시에 소멸시효가 중단되어 즉시 다시 진행하고(민법 제168조 제3호, 제178조 제1항), 심판으로 과거 양육비를 정한 경우에는 심판청구 시에 소멸시효가 중단되어(민법 제168조 제1호, 민사소송법 제265조의 유추) 심판확정 시에 소멸시효가 다시 진행한다(제178조 제2항). 양육친이 재산관리권한에 터잡아 미성년 자녀의 양육비청구권을 자신의 이름으로 행사한 경우, 이로 인한 소멸시효 중단의 효력은 미성년 자녀에게도 미친다.[176]

95 요컨대, 양육비청구권은 원칙적으로 매일매일 발생하여 변제기가 도래하므로 매일매일 3년의 소멸시효가 진행하나, 협의 또는 심판으로 정한 바에 따라 소멸시효기간이 10년으로 늘어나거나 소멸시효 기산점이 뒤로 늦추어질 수 있다.[177] 예컨대, 과거 양육비로 1,000만 원, 장래 양육비로 2025. 10. 1.부터 2037. 6. 4.까지 월 50만 원씩을 매월 말일에 지급할 것을 명한 양육비심판이 2026. 5. 11. 확정된 경우에, 과거 양육비 1,000만 원과 장래 양육비 중 2025. 10. 1.부터 2026. 4. 30.

175 이 점에 관한 상세한 논의는, 임종효, "양육비청구권에 관한 기초 이론 및 실무상 쟁점", 사법논집 제51집, 법원도서관(2011), 290.

176 보다 상세한 논구는, 임종효, "양육비청구권에 관한 기초 이론 및 실무상 쟁점", 사법논집 제51집, 법원도서관(2011), 293.

177 필자는 앞서 살핀 바와 같이 1설을 취한 바 있으나, 민법 제184조 제2항에 관한 일정한 해석론을 전제로 본문과 같이 견해를 수정한다.

까지 해당분 350만 원 부분은 2026. 5. 12.부터 소멸시효 10년이 진행하고, 2026. 5. 1.부터 2037. 6. 4.까지 해당분 월 50만 원씩 부분은 매 다음 달 1일부터 소멸시효 3년이 진행하는 것이다. 만일 앞서 살핀 바와 같이 소멸시효 정지 규정을 유추 또는 확장하여 일반화한다 하더라도, 자녀가 성년에 이른 시점에서 6개월을 초과하는 소멸시효기간이 남아 있는 양육비 부분에 관하여는 그 소멸시효기간을 원용할 수 있다 할 것이다.

96 ② 양육친과 제3자의 과거 양육비에 관한 구상권의 소멸시효기간 및 기산점을 이와 동일하게 보아야 하는지 문제된다. 과거 양육비에 관한 구상권은 양육친이 매일매일 현실부양을 함으로써 발생하고, 만일 미성년 자녀의 양육비청구권과 양육친의 구상권을 달리 보면 비양육친 입장에서는 누군가 자기 대신 양육비지급의무를 이행하였다는 사정 때문에 자신의 지위가 불리해지는 문제가 생긴다는 점을 지적하면서 적어도 양육비 구상에 관하여는 민법 제163조 제1호의 소멸시효기간을 적용할 필요가 있다는 견해,[178] 구상권에 대하여 출재 시부터 10년의 시효기간이 적용된다고 보면, 부양의무자는 제3자가 자기 채무를 변제하였다는 이유만으로 원래 부담하고 있던 의무보다 더 무거운 의무를 부담할 수 있다는 점을 지적하는 견해[179]는 타당하다.

97 위 각 견해는 의무자 관점의 형평성 차원에서 개진된 것인데, 권리자 관점의 형평성 차원에서 접근할 필요도 있다. 미성년 자녀가 부양의무의 이행을 게을리 하는 부모를 상대로 직접 또는 특별대리인 등의 대리를 통하여 또는 미성년후견인의 이름으로 과거 양육비의 지급을 구하는 경우에는 민법 제163조 제1호의 단기소멸시효기간이 적용된다고 볼 수밖에 없다.[180] 그런데 양육친이 미성년 자녀를 부양한 후 구상하는 경우에는 일반적인 소멸시효기간이 적용된다고 보아서는 양자 사이에 균형을 잃게 된다는 점을 숙고하여야 한다. 부양법리의 발전 과정에서 서구에서도 부양권리자의 과거 부양 청구는 제한적으로만 허용되나 이를 대위

178 이동진, "부모 일방의 타방에 대한 과거의 양육비 상환청구와 소멸시효", 가족법연구 제26권 제2호, 한국가족법학회(2012), 151, 153.

179 주해친족법(제2권)(제2판), 박영사(2025), 1687(최준규). 다만 이 견해는 추상적 청구권의 소멸시효기간을 10년으로 보면 불합리한 상황이 발생할 가능성은 많지 않다고 하는데, 구체적 청구권에 관하여는 여전히 문제가 남아 있다는 점을 간과한 것으로 보인다.

180 비록 협의 또는 심판 중 장래 양육비를 정한 부분은 부득이하게 양육친이 미성년 자녀의 양육비청구권을 대신 행사하는 것으로 보더라도, 장래 양육비는 이행기가 도래하면 즉시 양육친의 구상권으로 전화(轉化)하기 때문에 미성년 자녀의 양육비청구권의 소멸시효는 문제되지 않는다는 식의 이론구성으로는 이러한 비교사례의 존재 때문에 이 쟁점을 피해갈 수 없다.

이행한 것으로 인한 구상 청구는 제한 없이 허용된다거나, 부양권리자의 과거 부양 청구에는 단기 소멸시효기간이 적용되지만 이에 관한 구상 청구에는 일반적인 소멸시효기간이 적용된다고 하는 등의 학설과 판례가 있었다. 그러나 이제 이러한 태도는 극복되어서 부양청구권과 이에 관한 구상권의 허용범위와 소멸시효기간을 되도록 같게 보는 것으로 귀일되고 있다.[181] 부양권리자의 보호가치는 낮게 보는 반면에 이에 관한 구상권자의 보호가치는 높게 보는 가치평가는 현대 우리 사회의 법인식으로도 더 이상 설득력을 갖기 어렵다고 생각한다.

98 위 전원합의체 결정은 양육비에 관한 권리의 소멸시효기간을 10년으로 보면서 별다른 논거는 언급하지 않았으나, 양육친이 구상권을 행사하는 사안으로 파악하여 이러한 경우는 더욱 보호하여야 한다는 인식이 그 안에 있는 것으로 보인다. 그리고 근자에도 각종 문헌에서 그와 같은 맥락의 주장은 찾기 어렵지 않다. 양육친의 과거 양육비 청구를 구상권으로 단정 또는 의제하여 양육비청구권으로서의 성질을 탈색하려는 이론구성은, 과거 양육비가 미성년 자녀 자신의 권리로서는 여러 한계로 충분히 보호될 수 없기 때문에 이를 보다 충분히 보호하고자 하는 선의가 만들어 낸 고육지책으로 이해할 수 있을 것이다. 그러나 그 선의는 결국 미성년 자녀 자신의 권리는 더 낮게 보호되어야 한다는 평가모순을 필연적으로 배태하기 때문에 합리적이라 할 수 없다. 가장 좋은 접근방법은 현재의 법상태를 직시하는 것이다.

99 양육친이 미성년 자녀의 양육비에 관한 구상권을 행사하는 경우에도 민법 제163조 제1호에 따라 소멸시효기간은 3년이다. 그 기산점은 출재 시라 할 것이지만, 적어도 비양육친에 대한 관계에서는 미성년 자녀가 생활을 영위하는 매일매일 현실부양을 하였다고 의제하여 소멸시효의 기산점을 양육비청구권의 그것과 동일하게 보는 것이 합리적이다. 결론적으로 양육친의 과거 양육비에 관한 구상권의 소멸시효기간과 기산점은 위 ①항과 동일하게 취급되어야 한다. 물론 소멸시효 정지에 관한 민법 규정을 유추 또는 확대 적용할 해석의 여지도 동일하다. 제3자의 구상권은 소멸시효의 정지를 제외하고 동일하게 볼 수 있다.

100 ③ 혼인외의 자녀에 대하여 친생부가 인지(認知)한 경우 친생부에 대한 양육비 청구권의 소멸시효 기산점은 별도로 논할 필요가 있다. 이에 관하여는 인지가

181 이 점을 상세히 설명한 것으로, 이동진, "부모 일방의 타방에 대한 과거의 양육비 상환청구와 소멸시효", 가족법연구 제26권 제2호, 한국가족법학회(2012).

있어야 비로소 소멸시효가 진행한다는 1설,[182] 어머니 또는 미성년 자녀가 인지 청구에 병합하여 양육비 청구를 함으로써 양육비청구권을 보전할 수 있고, 자녀에게 어머니가 없다면 민법 제180조에 의하여 보호받을 수 있으므로, 인지 전에도 소멸시효가 진행한다는 2설[183]이 있다.

101 1설 중에는 형성권의 행사로 청구권이 발생하는 경우의 소멸시효에 관한 기존 논의를 바탕으로 인지에 의하여 형성되는 법률관계가 부양관계에 국한되지 않는다는 이유로 형성권의 행사 즉 인지가 있어야 소멸시효가 진행한다는 것이 있다.[184] 그러나 임의인지 또는 인지 판결에 형성적 성격이 있다 할지라도 이를 형성권 행사와 등치시켜 논의를 전개하는 것은 곤란하다. 임의인지이든 인지 판결이든 형성적 성격을 갖기는 하나, 아버지와 자녀가 혈연관계에 있다는 사실의 증명을 바탕으로 부자관계를 형성하는 것으로서, 권리자의 뜻에 따라 법률관계의 형성 여부가 자유롭게 결정될 것을 예정하는 형성권의 행사와는 법적 성질이 다르기 때문이다.

102 민법 제166조 제1항은 소멸시효는 권리를 행사할 수 있는 때로부터 진행한다고 규정한다. 여기서 '권리를 행사할 수 있는 때'란 기간의 미도래나 조건 불성취와 같은 법률상의 장애사유가 없는 경우를 말하는 것이고, 권리의 존재나 권리행사 가능성을 알지 못하였거나 알지 못함에 있어서 과실이 없었던 경우와 같은 사실상의 장애사유는 소멸시효의 진행에 영향을 미치지 못한다.[185] 그런데 이러한 법리에는 상당한 예외가 인정된다. 즉 일정한 사실의 존부가 확인되어야 비로소 권리의 발생 여부가 확정되는 경우에는 그 사실의 존부를 알았거나 알 수 있었던 때부터 권리의 소멸시효가 진행한다고 판시한 대법원 판결이 상당수 있다.[186] [187] 이러한 예외적 판례를 원용하여, 미성년 자녀 또는 어머니가 친생부

182 주해친족법(제2권)(제2판), 박영사(2025), 1686(최준규); 윤진수, "과거 양육비청구권의 소멸시효", 민사법학 제108호, 한국사법행정학회(2024), 273, 275, 287; 이동진, "부모 일방의 타방에 대한 과거의 양육비 상환청구와 소멸시효", 가족법연구 제26권 제2호, 한국가족법학회(2012), 150.

183 임종효, "양육비청구권에 관한 기초 이론 및 실무상 쟁점", 사법논집 제51집, 법원도서관(2011), 283.

184 이동진, "부모 일방의 타방에 대한 과거의 양육비 상환청구와 소멸시효", 가족법연구 제26권 제2호, 한국가족법학회(2012), 150.

185 대법원 1984. 12. 26. 선고 84누572 전원합의체 판결 등 다수.

186 대법원 1998. 7. 10. 선고 98다7001 판결, 대법원 1993. 7. 13. 선고 92다39822 판결, 대법원 2003. 2. 11. 선고 99다66427, 73371 판결, 대법원 2016. 10. 27. 선고 2014다211978 판결 등.

187 헌법재판소 2018. 8. 30. 선고 2014헌바148, 162, 219, 466, 2015헌바50, 440(병합), 2014헌바223, 290, 2016헌바419(병합)는 사실상의 장애사유를 이유로 민법 제166조 제1항에 관하여 적용위헌을 선언한 바 있다.

가 누구인지 과실 없이 알지 못하였기 때문에 인지 청구는 물론 양육비 청구도 할 수 없었던 경우에는 이러한 사정이 사실상 장애사유임에도 불구하고 친생부가 누구인지 알았거나 알 수 있었던 때부터 비로소 양육비청구권 및 이에 관한 양육친의 구상권의 소멸시효가 진행한다고 이론구성할 수 있을 것이다. 의무자가 누구인지조차 알지 못하는 권리자에게 권리 행사를 강요할 수는 없기 때문이다.[188] 이러한 이론구성이 허용된다면, 임의인지를 한 날 또는 인지 판결이 확정된 날부터 소멸시효가 진행한다고 보아야 할 경우가 많을 것이나, 일률적으로 그와 같이 볼 수는 없다. 미성년 자녀 또는 어머니가 친생부가 누구인지 알았거나 알 수 있었음에도 인지 청구 등을 하지 않은 경우도 있기 때문이다.[189] 다만 특별한 사정이 없는 이상 임의인지를 한 날 또는 인지 판결이 확정된 날 비로소

188 앞서 살핀 바와 같이 필자는 2설을 취한 바 있으나, 친생부가 누구인지 알지 못하는 경우를 고려하지 못한 것이므로, 본문과 같이 견해를 변경한다.

189 프랑스 민법 제2224조는 권리의 행사를 가능하게 하는 사실을 안 때 또는 알 수 있었던 때부터 5년, 권리가 발생했을 때부터 20년의 소멸시효가 진행한다고 규정하고, 독일 민법 제195조, 제199조 제1항·제4항은 청구권의 원인 사실과 채무자를 안 때 또는 중대한 과실이 없었다면 알 수 있었던 때부터 3년, 권리가 발생했을 때부터 10년의 소멸시효가 진행한다고 규정한다. 이는 모두 우리 민법과 달리 사실상의 장애사유를 소멸시효의 기산점에 반영한 것으로서 유사한 내용이나, 인지 사안에 관한 양국의 해석론은 다르다. 프랑스 파기원은 어머니가 친생부에 대해 자녀의 인지 청구와 과거 양육비 청구를 병합하여 소를 제기한 사안에서, 인지의 효력이 자녀의 출생 시로 소급함에 따라 친생부의 자녀에 대한 부양의무 또한 자녀의 출생 시로 소급하지만 제소 이전의 과거 양육비 부분에 여전히 5년의 소멸시효기간이 적용되므로 이에 관한 심리가 필요하다는 이유로 소멸시효에 관한 판단을 하지 않은 원심판결을 파기환송하였다(Civ. 1re, 25 mai. 2016, n° 15-17.993). 반면에 독일 대법원은 법률상 아버지가 친생추정을 받는 자녀에 대한 친생부인 판결이 확정된 뒤 생물학적 아버지에 대하여 법률적으로 이전받은 양육비청구권을 행사하여 과거 양육비를 청구한 사안에서, 자녀와 생물학적 아버지 사이의 인지 판결이 확정된 연도의 말부터 양육비청구권의 소멸시효가 진행한다고 판시하였다(BGH 22. 3. 2017 - XII ZB 56/16; NJW 2017, 1954). 이는 결국 사실상의 장애사유가 해소된 시점을 개개 사안별로 별도 판단하는지, 일률적으로 인지한 때로 간주하는지의 문제라 할 것인데, 전자가 우리 대법원의 태도에 보다 부합한다고 생각된다. 프랑스의 위 판례는 양육친이 양육비청구권을 행사한 사안에 관한 것이고, 독일의 위 판례는 제3자가 양육비청구권을 행사한 사안에 관한 것이라는 차이도 유념해서 살펴야 한다.양국의 법상태가 다르다는 점 또한 아울러 고려할 필요가 있다. 프랑스에는 "Ali-ments ne s'arre-ragent pas"의 법리가 있는데 직역하면 "부양급부는 쌓이지 않는다"는 뜻으로서 과거의 부양청구는 소제기 이후의 것에 한하여 인정된다는 의미로 사용된다. 그러나 프랑스 파기원은 근대에 이르러 이 법리가 부모의 미성년 자녀에 대한 부양의무와 부부 사이의 부양의무에는 적용되지 않는다고 선언하였다(Civ. 2e, 29 oct. 1980, no 79-15.301, Bull. civ. II, no 226; Civ. 1re, 8 nov. 1989, n° 87-19.768, Bull. civ. I, no 341 등 다수). 즉 미성년 자녀와 부부의 부양청구권에 대하여는 과거의 부양 청구가 제한되지 않는다. 반면에 독일 민법은 부양청구권에 관하여 일반적인 소멸시효제도 외에 과거 부양의 청구를 제한하는 제1613조를 별도로 두고 있고, 이는 미성년 자녀의 부양청구권에도 그대로 적용된다. 이에 따라 인지 판결이 확정되어야 양육비청구권의 소멸시효가 진행하기는 하지만 이러한 점이 제1613조에 따른 과거 양육비 청구의 제한을 차단하지는 않는다면서, 양육비청구권자가 인지 청구의 소를 제기할 수 있었을 때에 하지 않았다는 등의 사정을 들어 과거 양육비의 청구가 제한된다고 판시한 사실상 재판례가 상당수 있다(예컨대 OLG Köln 14. 1. 2014 - 27 UF 92/13 등).

친생부가 누구인지 알았거나 알 수 있었다고 사실상 추정해도 무방할 것이다.[190]

3. 면접교섭권의 행사 여부 및 그 방법

103 ☞ 상세한 내용은 민법 제837조의2에 관한 주석 참조.

4. 인도 기타 방해배제

104 민법 제837조 제5항이 정한 양육에 관한 다른 적당한 처분 중 대표적인 것으로 자녀의 인도 기타 방해배제가 있다.

105 양육자가 미성년 자녀에 대한 보호·교양의 권리의무를 다하기 위하여는 자녀의 신병을 확보하여 자기의 보호 아래 둘 필요가 있다. 따라서 비양육자 또는 제3자가 자녀의 신병을 지배하거나 그 밖의 방법으로 양육자의 양육권을 방해할 경우, 양육자는 인도 기타 방해배제를 구할 권리가 있다.[191]

106 통설은 미성년자라 하더라도 의사 및 책임능력이 있는 정도의 연령에 달한 때에는 독립한 인격의 주체로서 신체의 자유가 보장되어야 할 것이지 인도청구나 강제집행의 대상으로 삼을 수 없으므로, 인도 청구의 대상이 되는 것은 그 정도의 연령에 달하지 않은 비교적 어린 나이의 유아에 한한다고 한다.[192] 가사소송법은 유아의 인도 심판에는 가집행할 수 있음을 명하고(가사소송법 제42조 제1항), 유아인도의무를 불이행할 경우 이행명령 및 그 위반에 대한 과태료, 감치의 제재를 할 수 있다(제64조 제1항 제2호, 제67조 제1항, 제68조 제1항 제2호)고 규정하여 이러한 견지에 입각해 있다. 그러나 미성년 자녀는 독립된 인격 주체성과 의사 및 책임능력이 있어도 그 미성숙을 이유로 양육자의 보호 아래 두어져야 한다는 점에서 통설은 의문이고, 자녀가 의사능력이 없는 경우에는 직접강제, 의사능력이 있는 경우에는 간접강제로 집행해야 한다는 이설(異說)이 있다.[193]

190 대법원 2007. 7. 26. 선고 2006므2757, 2764 판결은, 민법 제999조 제2항에서 3년의 제척기간의 기산일로 규정한 '그 침해를 안 날'이라 함은 피인지자가 자신이 진정상속인인 사실과 자신이 상속에서 제외된 사실을 안 때를 가리키는 것으로, 혼인외의 자가 법원의 인지판결 확정으로 공동상속인이 된 때에는 그 인지판결이 확정된 날에 상속권이 침해되었음을 알았다고 할 것이라고 판시한 바 있다. 그러나 위 판결은 피인지자가 자신이 진정상속인임에도 상속에서 제외된 사실을 적어도 인지판결이 확정된 날에는 알았다고 보아야 한다는 취지일 뿐 그 전에 알았을 가능성을 배제하는 취지는 아니라고 보인다. 유사한 취지로 판시하였던 대법원 1981. 2. 10. 선고 79다2052 판결의 판시 문면 중 '본건에 있어서는' 부분은 이 점을 드러낸다.

191 주해친족법(제1권)(제2판), 박영사(2025), 412(이동진).

192 법원실무제요, 가사[Ⅱ], 법원행정처(2010), 538.

193 주해친족법(제1권)(제2판), 박영사(2025), 413(이동진).

107 통설에는 양육권의 내용과 행사방법, 미성년 자녀의 의사 존중, 강제집행의 방법, 집행의 실효성이라는 4가지 문제가 혼효되어 있는 것으로 보인다. 미성년 자녀인 이상 나이를 불문하고 양육권에 의하여 보호되어야 하는 것은 분명하므로 인도 기타 방해배제의 대상으로 삼되, 인도청구 등의 심판과정에서 미성년 자녀의 성숙 정도에 따라 그 의사를 최대한 존중하여 양육권의 행사방법 특히 인도 기타 방해배제 여부를 정하고, 인도의무의 원칙적인 강제집행방법은 직접강제라고 보는 것이 적절할 것이다.[194] 다만, 직접강제는 미성년 자녀가 인지능력이 부족한 영·유아이거나 인도되기를 거부하지 않는 경우에 한하여 집행가능하고, 따라서 자녀가 그 의사에 반하여 억류되어 있는 경우 등에는 성년에 가까운 자녀에 관하여도 직접강제의 집행이 가능하지만, 인지능력이 있는 미성년 자녀가 인도되기를 거부하는 등 직접강제의 강행이 도의에 어긋나는 경우에는 집행불능으로 처리해야 할 것이다. 한편 일반적으로 간접강제는 부대체적 작위채무와 부작위채무의 2가지에 한하여 가능하고 직접강제가 집행불능으로 되었다 하여 간접강제를 할 수는 없다.[195] 이에 반하여 가사소송법이 정한 이행명령 및 그 위반에 대한 과태료, 감치의 제재는 그 실질이 간접강제이기는 하나, 가사사건에 고유한 권리실현수단으로서 민사집행법에 따른 강제집행과 선택적·중첩적으로 원용할 수 있다.[196] 따라서 자녀인도심판의 집행방법으로서 가사소송법에 고유한 간접강제는 직접강제와 병행하여 또는 직접강제가 집행불능으로 된 경우 보충적으로 원용할 수 있다. 이와 같은 간접강제는 집행과정에서 자녀에게 충격을 주는 것도 아니고, 이를 통하여 비양육자 또는 제3자로 하여금 미성년 자녀를 설득하여 양육자에게 돌아갈 의사를 갖게 하고 이에 필요한 여건을 갖추도록 준비시키는 효과를 도모할 수 있으므로, 자녀인도 일반이 아닌 유아인도에 한하여 인정할 정당한 이유는 찾기 어렵다. 현행 가사소송법은 자녀인도심판 중 유아인도심판에 한하여 가집행선고와 고유한 간접강제를 할 수 있도록 규정하고 있는데, 입법개선이 필요하다고 생각한다(자녀에게 의사능력이 있는지 여부를 기준으로 직접강제와 간접강제를 구분하는 점을 제외하고 이설에 찬성).

194 인도의무의 원칙적인 강제집행방법이 직접강제라는 점에 관하여는 곽윤직, 채권총론(신정판), 박영사(1995), 190 이하 참고.

195 법원실무제요, 민사집행[IV], 법원행정처(2020), 752 이하.

196 법원실무제요, 가사[I], 법원행정처(2021), 364 이하.

Ⅲ. 양육에 관한 사항을 정하고 변경하는 절차

1. 협의상 이혼, 임의인지

108 협의상 이혼에 관하여는 민법 제836조의2 Ⅱ. 3. 주석 참조.

109 임의인지에 민법 제837조(민법 제864조의2에 의하여 준용)와 민법 제909조 제4항이 준·적용되므로, 임의인지된 미성년 자녀의 부모는 친권자 및 양육에 관한 사항을 협의하여 결정할 의무가 있고, 가정법원은 청구 또는 직권에 의하여 이를 정할 수 있다. 다만 사건이 계속되지 않는 한 현실적으로 가정법원이 당사자의 협의에 대하여 보정명령 등으로 개입할 방도는 없다.

2. 재판상 이혼, 혼인의 취소, 인지 청구의 소

가. 심판청구 및 관할

110 부모가 재판상 이혼, 혼인의 취소, 재판상 인지를 한 경우 가정법원은 청구 또는 직권에 의하여 미성년 자녀의 양육에 관한 사항 및 친권자를 결정할 수 있다(민법 제837조, 제909조 제5항, 제843조, 제824조의2, 제864조의2). 이는 마류 가사비송사건으로서 가정법원의 전속관할에 속한다(친권자의 결정은 가사소송법 제2조 제1항 제2호 나목 5, 양육에 관한 사항의 결정은 가사소송법 제2조 제1항 제2호 나목 3). 토지관할은 상대방의 보통재판적이 있는 곳의 가정법원에(가사소송법 제46조), 사물관할은 단독판사에 속한다(민사 및 가사소송의 사물관할에 관한 규칙 제3조). 관련 사건에 해당하므로 재판상 이혼, 혼인의 취소, 재판상 인지 등의 가사소송사건에 병합하여 1개의 소로 제기할 수 있다(가사소송법 제14조).

나. 정당한 당사자

111 양육에 관한 처분 및 친권자의 지정은 부모 중 일방이 다른 일방을 상대방으로 하여 청구한다(가사소송규칙 제99조 제1항). 부모 중 일방이 다른 일방을 상대로 양육에 관한 처분과 변경을 청구함에 있어 부모 아닌 자가 자녀를 양육하고 있을 때에는 그 자를 공동상대방으로 하여 자녀의 인도를 청구할 수 있다(가사소송규칙 제99조 제3항). 비양육친이 양육자 지정을 청구하거나 비양육자가 양육자 변경을 청구하면서 상대방의 의사에 따라 미성년 자녀를 사실상 양육하는 제3자를 공동상대방으로 삼아 자녀의 인도를 청구할 수 있음은 물론이고, 양육자의 지정 또는 변경을 구하지 않은 채 상대방의 의사에 따라 자녀의 신병을 확보하

고 있는 제3자를 공동 상대방으로 하여 자녀의 인도만을 구할 수도 있다.[197] 부모 어느 쪽과도 무관하게 제3자가 자녀를 지배하에 두고 있는 경우의 자녀 인도청구는 민사소송사건이라는 견해가 있다.[198]

112 양육자가 자녀의 양육에 관한 방해배제를 청구하는 경우에도 가사소송규칙 제99조 제3항을 유추적용하여 제3자를 공동상대방으로 할 수 있다 할 것이다(☞ 양육에 관한 사항 중 면접교섭에 관한 당사자적격의 특칙은 민법 제837조의2 Ⅱ. 3. 나. 1) 주석 참조).

다. 심리

113 조정전치주의가 적용된다(가사소송법 제50조).

114 가정법원은 부모에게 양육에 관한 사항의 결정과 친권자의 지정에 관한 협의를 권고하여야 한다(가사소송법 제25조 제1항, 제28조). 가정법원이 이러한 협의권고를 하지 아니하였더라도, 그러한 협의권고가 있었더라면 판결과 다른 내용의 협의가 이루어졌으리라는 사정이 보이지 않는다면 그러한 위법이 판결결과에 영향을 미쳤다고 보기 어렵다.[199] 당사자의 협의는 조정이 성립될 경우 직접적으로 반영될 수 있다. 양육에 관한 사항의 결정과 친권자의 지정에 관하여는 협의가 성립되었으나 그 외의 사항에 관하여 협의가 이루어지지 않아 판결선고를 할 경우에는 협의를 판결주문에 기재하되, 협의가 자녀의 복리에 반할 경우에는 보정을 명하거나 직권으로 정하여 판결 주문에 기재한다(가사소송규칙 제18조). 가정법원은 자녀가 13세 이상인 경우 자녀의 의견을 들을 수 없거나 의견을 듣는 것이 오히려 자녀의 복지를 해할 만한 특별한 사정이 있지 않는 한 자녀의 의견을 들어야 한다(가사소송규칙 제18조의2, 제100조).

115 재산상의 의무이행을 구하는 청구에 대하여는 청구취지를 초과하여 의무이행을 명할 수 없으나(가사소송규칙 제93조 제2항 본문), 양육에 관한 사항은 그 예외이다(제93조 제2항 단서). 따라서 가정법원은 친권자 및 양육자의 결정과 면접교섭뿐 아니라 양육비에 관하여도 청구취지에 구속되지 않고 이를 직권으로 정하거나 청구취지를 초과하여 지급을 명할 수 있다.[200]

116 부모 중 미성년 자녀를 사실상 양육하고 있는 비양육자가 친권자 및 양육자를 자신

197 법원실무제요, 가사[Ⅱ], 법원행정처(2021), 1494.
198 주해친족법(제1권)(제2판), 박영사(2025), 415(이동진).
199 대법원 1993. 12. 7. 선고 93므775 판결.
200 가사소송규칙 제93조 제2항이 이와 같이 개정되기 전에도, 대법원 2010. 2. 25. 자 2009스113 결정은 양육비에 관하여 같은 취지로 판시한 바 있다.

으로 변경하여 달라는 본심판 청구를 하고, 기존 양육자는 기존 비양육자에 대하여 유아 인도를 구하는 반심판 청구를 한 경우, 본심판 청구를 인용할 때에는 이와 양립될 수 없는 반심판 청구를 기각한다.[201] 뿐만 아니라, 인도 청구 사건에서 오히려 상대방이 자녀를 양육하는 것이 적절하다고 판단되는 경우에는 직권으로 상대방을 양육자로 지정하고 인도 청구는 기각한다는 견해가 유력하다.[202]

117 금전의 지급을 명하거나 유아인도를 명하는 심판 또는 판결을 할 때에는 담보를 제공하게 하지 아니하고 가집행할 수 있음을 명하여야 하고, 직권 또는 신청에 의하여 양육비의 액수에 상당한 금액을 담보로 제공하고 가집행을 면제받을 수 있음을 명할 수 있다(가사소송법 제42조). 심판 또는 판결 중 양육비의 지급을 명한 부분은 과거의 양육비와 장래의 양육비를 불문하고 가집행선고의 대상이 된다.[203] 따라서 양육비청구권은 협의 또는 심판이 있어야 비로소 구체적 청구권이 된다는 이유로 가집행선고를 하지 않는 일부 사실심 심판례는 잘못된 것이다.

3. 친권 및 양육에 관한 사항의 변경

가. 협의에 의한 변경

118 양육에 관한 사항을 협의 또는 심판으로 결정한 후 이를 협의로 변경하거나 취소할 수 있는지에 관하여 견해가 갈린다. 최초의 결정에는 협의를 인정하면서 변경에 관하여는 협의를 언급하고 있지 않은 제837조의 체계와 가정법원이 개입하여 협의의 적정성을 심사할 수 있도록 하는 민법 제837조 개정의 취지에 비추어 부정적으로 보는 견해가 있다.[204] 반면 양육에 관한 사항은 당사자의 협의로 정하는 것이 원칙이므로 협의로 변경하거나 취소할 수 있다는 긍정설도 있다.[205]

119 당사자가 가정법원의 개입 아래 협의로 결정하였거나 재판을 통하여 결정된 사항을 사후에 협의로 변경할 수 있다면 가정법원의 개입을 무력화하게 되고, 당사자가 종전에 결정된 사항을 협의로 변경하는 과정에서 가정법원의 개입이 확보되지 않으므로, 부정설에는 경청할 점이 있다. 그러나 자녀의 성장에 따라 양

201 대법원 2006. 4. 17. 자 2005스18, 19 결정.
202 주해친족법(제1권)(제2판), 박영사(2025), 414(이동진).
203 대법원 1994. 5. 13. 자 92스21 전원합의체 결정, 대법원 2014. 9. 4. 선고 2012므1656 판결.
204 주해친족법(제1권)(제2판), 박영사(2025), 410(이동진). 한편, 같은 책 425(이동진)는 "면접교섭권은 권리이므로 협의로 변경하는 것도 부정할 까닭이 없다."고 한다.
205 법원실무제요, 가사[Ⅱ], 법원행정처(2010), 525; 김혜선, "양육비 심판의 주문에 관한 제문제", 가정법원 50주년 기념논문집, 서울가정법원(2014), 485; 최정인, "친권자 및 양육자의 지정·변경과 관련된 몇 가지 문제", 가사재판연구Ⅱ, 서울가정법원 가사재판연구회(2011), 161.

육비를 증액하는 등 생활환경의 변화로 양육자, 양육비의 액수, 면접교섭의 방법 등을 변경할 현실적인 필요가 있어 당사자가 자율적인 협의로 문제를 해결하고 있다면(실제로 양육비 증액 협의에 집행력 있는 공정증서를 작성하는 예도 있다), 이는 오히려 장려될 필요가 있다. 또한 현실적으로 당사자 사이에 분쟁이 발생하여 사건이 계속된 경우에 한하여 가정법원이 변경 협의의 존재를 알게 되고 이에 대한 개입도 가능하다. 이 경우 긍정설에 따라 변경 협의의 효력을 인정한 후 그 적정성을 살펴 이를 추인할지 또는 재차 변경할지 심리하는 것과 부정설에 따라 변경 협의의 효력을 부정한 후 종전 협의 또는 심판의 변경 여부를 심리하면서 무효인 변경 협의를 참고하는 것 사이에 실질적인 차이도 없다.

120 한편, 친권자를 협의 또는 심판으로 지정한 후 이를 협의로 변경할 수는 없다고 보아야 할 것이다.[206] 친권자의 지정 또는 변경에 관한 가족관계등록사무 처리지침(예규) 제12조는 협의에 의한 친권자변경신고를 수리해서는 안 된다고 규정한다. 참고로 친권자의 변경에 관하여 2005. 3. 31. 개정 전의 민법 제909조는 협의에 의한 변경을 명문으로 규정하였으나 위 개정으로 이를 삭제하였고, 이와 달리 양육에 관한 사항의 변경에 관하여 민법 제837조는 위 개정 전후를 막론하고 협의에 의한 변경을 언급하고 있지 않다.

나. 심판에 의한 변경

1) 정당한 당사자

121 아버지, 어머니, 자녀, 검사는 양육에 관한 사항의 변경을 청구할 수 있고, 가정법원은 이를 직권으로 변경할 수 있다(민법 제837조 제5항). 4촌 이내의 친족은 친권자의 변경을 청구할 수 있다(민법 제909조 제6항).[207] 민법 제909조 제6항은 가정법원이 직권으로 친권자를 변경할 수 있음을 규정하지 않았는데, 입법개선이 필요하다.[208] 대법원은 자녀의 4촌 이내 친족이 가정법원에 친권자 변경을 청구하는 것은 미성년 자녀의 복리를 위한 것이므로, 그러한 청구권을 포기하거나 제한하는 내용의 약정은 민법 제103조의 선량한 풍속 기타 사회질서에 반하

206 주해친족법(제2권)(제2판), 박영사(2025), 410(이동진); 법원실무제요, 가사[Ⅱ], 법원행정처(2021), 1517.

207 민법 제909조 제6항이 부모 외의 4촌 이내 친족에게도 친권자의 변경 청구권한을 부여한 것에 비판적인 견해로는 최진섭, "친권자 규정(민법 제909조)의 구조 분석", 아세아여성법전 제5호, 아세아여성법학연구소(2002), 191.

208 이러한 입법에 비판적인 견해로는, 김유미, "이혼시 친권의 개정방향", 가족법연구 15권 2호, 한국가족법학회(2001), 62.

는 것이어서 사법상 효력을 인정할 수 없다고 한다.[209]

122 가사소송규칙 제99조 제1항은 양육에 관한 처분의 변경과 친권자의 변경 또한 부모 중 일방이 다른 일방을 상대방으로 하여 청구하여야 한다고 규정한다. 만일 이를 제한적 열거규정으로 해석한다면 민법 제837조 제5항과 민법 제909조 제6항에 저촉되어 헌법 제108조에 위반된다고 보지 않을 수 없으므로, 이는 예시규정으로 이해된다.

2) 심리

123 조정전치주의가 적용된다(가사소송법 제50조).

124 양육에 관한 사항을 당사자가 협의로 정한 경우, 가정법원이 재판으로 정한 경우, 재판절차에서 조정 또는 재판상 화해가 성립된 경우에 모두 가정법원이 심판으로 변경할 수 있고, 당초의 협의 등이 부당하다고 인정되는 경우[210]와 사후적인 사정변경으로 부당하게 된 경우에 모두 변경할 수 있다.[211] 부모 사이에 양육에 관한 사항의 협의가 있었음에도 가정법원에 양육에 관한 처분을 청구한 때에는 그 협의의 변경을 구하는 취지로 선해할 수 있다.[212]

125 변경 여부 및 변경 내용을 심리하는 기준은 '자녀의 복리'이다(민법 제837조 제5항, 민법 제909조 제6항). 양육비의 감액은 일반적으로 자녀의 복리를 위하여 필요한 조치라고 보기 어려우므로, 양육비 감액이 불가피하고 그러한 조치가 궁극적으로 자녀의 복리에 필요한 것인지에 따라 감액 여부를 판단하여야 한다.[213] 또한 통상적으로 자녀가 성장함에 따라 양육에 소요되는 비용 또한 증가한다고 봄이 타당하므로 자녀들의 성장에도 불구하고 양육비의 감액이 필요할 정도로 청구인의 소득과 재산이 실질적으로 감소하였는지 심리·판단하여야 한다.[214]

126 양육비에 관한 사항을 변경하는 심판이 있는 경우 종전 심판의 집행력이 당연히 실효되는 것은 아니고, 이를 배제하려면 청구이의의 소를 제기하여야 한다는

209 대법원 2019. 11. 28. 선고 2015다225776 판결.

210 이 점에 비추어 양육비의 부담에 관한 판결, 심판(결정), 조정조서, 화해조서, 양육비부담조서 등에는 기판력이 인정되지 않는다 할 것이다. 특히 조정조서가 작성된 사안에 관한 대법원 2006. 4. 17. 자 2005스18, 19 결정의 판시취지 참조.

211 대법원 1991. 6. 25. 선고 90므699 판결, 대법원 1992. 12. 30. 자 92스17, 18 결정, 대법원 2006. 4. 17. 자 2005스18, 19 결정.

212 대법원 1991. 6. 25. 선고 90므699 판결, 대법원 1998. 7. 10. 자 98스17, 18 결정.

213 대법원 2019. 1. 31. 자 2018스566 결정.

214 대법원 2022. 9. 29. 자 2022스646 결정.

견해가 있다.[215] 그러나 여기에는 달리 생각해 볼 점이 있다. 정기금판결 변경의 소(민사소송법 제252조 제1항)에서 변경 판결이 확정되면 종전 정기금판결의 집행력은 변경된 범위 내에서 당연히 소멸한다고 이해된다.[216] 비록 양육비가 언제나 정기금으로 정해지는 것은 아니나, 종전 재판의 주문을 변경하는 것을 목적으로 하는 재판이라는 점에서 공통점이 있으므로, 이러한 이해는 양육비를 변경하는 심판에 관하여도 동일하다고 보아야 한다.[217] 이를 통하여 무용한 절차 중복을 막아 소송경제와 신속한 권리구제의 이념을 달성할 수 있다.[218] 다만, 종전

215 주해친족법(제1권)(제2판), 박영사(2025), 412(이동진).

216 ① 정기금판결을 변경하는 판결로 정기금이 증액되든 감액되든 변경 판결에서 변경되지 않은 한도 내에서 종전 정기금판결은 집행권원의 성질을 상실하지 않는다고 설명된다[대표적으로 주석 민사소송법(Ⅲ), 한국사법행정학회(2023), 179]. 이러한 설명은 종전 정기금판결이 변경 판결로 변경된 한도 내에서 집행권원의 성질을 상실한다는 점을 당연한 전제로 하고 있다고 보인다. ② 정기금판결 변경의 소를 제기한 경우 집행정지결정을 받아 종전 정기금판결을 집행권원으로 하여 개시된 강제집행절차를 정지시킬 수 있는 점(민사소송법 제501조, 제500조 제1항, 민사집행법 제49조 제2호) 또한 집행력 상실을 전제로 한다고 보인다. 그런데 정기금판결 변경의 소가 제기되었다는 이유로 종전 정기금판결에 기한 강제집행절차를 정지시킬 수 있다면, 정기금판결을 변경하는 판결이 확정된 경우(특히 정기금이 감액된 경우) 종전 정기금판결에 기한 강제집행절차를 취소시킬 수 있다고 보아야 수미일관할 것이나(민사집행법 제50조 제1항, 제49조 제1호), 이러한 설명은 찾아볼 수 없다. 실무가들은 정기금판결을 변경하는 판결이 확정되면 종전 정기금판결 중 변경되지 않은 부분을 집행권원으로 하여 강제집행절차를 속개하면서 청구금액 정정 등의 조치를 취하면 된다고 생각하는 듯하다. 즉 종전 정기금판결은 변경 판결로 변경된 한도 내에서 집행권원의 성질을 상실하기는 하나, 현상적으로는 집행취소와 같은 극적인 방식이 아닌 강제집행절차 내에서 그 취지를 반영하는 소극적 모습으로 나타난다는 것이다. 변경 판결이 변경주문례를 택하면 어떻게 되는지는 의문이나, 기본적으로는 타당하다고 생각한다. 이러한 점은 양육비를 변경하는 심판에도 동일하다고 보아야 할 것이다.

217 통상 부양료, 양육비 등의 지급을 명하는 판결은 가사소송법에 따라 변경하면 되므로 정기금판결 변경의 소의 대상이 되지 않는다고 설명된다[대표적으로 주석 민사소송법(Ⅲ)(제9판), 한국사법행정학회(2023), 181(김상연)]. 여기서 양육비 등의 지급을 명하는 판결 등은 민사소송법 제252조 제1항이 정한 정기금판결로서의 성격을 갖고는 있으나, 이를 변경하는 절차에 관한 가사소송법 제2조 제1항 제2호 나목 3), 8)이 특별규정으로서 우선 적용될 뿐이라는 이해가 가능하다. 이러한 이해에 입각하면 양육비 또는 부양료 변경 심판이 청구된 경우 성질상 민사소송법 제501조, 제500조 제1항을 유추적용하여 집행정지결정을 할 수 있다고 볼 여지가 있다. 이와 달리 가사소송법 제62조의 사전처분 또는 제63조에 따른 가처분의 일종으로 집행정지를 명하는 것에 적극적인 견해로는, 주해친족법(제2권)(제2판), 박영사(2025), 1695(최준규). 그런데 양육비 증액을 목적으로 하는 변경 심판에서는 이러한 집행정지의 현실적 필요성이 적다. 양육비 감액을 목적으로 하는 변경 심판에서는 앞서 살핀 바와 같이 제한적으로만 양육비 감액 변경이 허용되는 점을 고려하였을 때 집행정지에 신중을 기할 필요가 있다.

218 실무상 양육비 감액 심판은 취소주문례와 변경주문례가 모두 있다. 어떠한 경우이든 양육비 지급을 명한 종전 판결 등 중 일부(취소주문례) 또는 전부(변경주문례)를 취소하는 취지의 재판이 이미 있음에도 청구이의의 소를 제기하여 동일한 취지의 재판을 중첩적으로 받아야 한다고 보아 무용한 절차의 중복을 강제하는 것은 합리적이지 않다. 양육비 증액 심판은 증액된 만큼 추가 지급을 명하는 주문례와 변경주문례가 있다. 전자의 경우에는 종전 판결 등의 집행력 배제가 요구되지 않는다. 후자의 경우에는 2개 집행권원 모두의 만족을 얻지 못하도록 종전 판결 등의 집행력을 배제할 필요가 있는데, 역시 종전 판결 등 전부를 취소하는 취지의 재판이 이미 있으므로 다시 같은 취지의 재판을 받기 위하여 청구이의의 소를 제기할 필요는 없다 할 것이다.

판결 등으로 정한 양육비를 감액하거나 증액하는 협의가 성립한 경우(집행증서를 작성한 경우 포함)에는 종전 판결 등의 집행력 배제를 위한 절차가 별도로 필요하고, 이러한 절차로서 양육비 변경 심판과 청구이의의 소가 모두 허용된다고 보아야 할 것이다.

제 837 조의 2 [면접교섭권]

① 자를 직접 양육하지 아니하는 부모의 일방과 자는 상호 면접교섭할 수 있는 권리를 가진다. <개정 2007. 12. 21.>

② 자를 직접 양육하지 아니하는 부모 일방의 직계존속은 그 부모 일방이 사망하였거나 질병, 외국거주, 그 밖에 불가피한 사정으로 자를 면접교섭할 수 없는 경우 가정법원에 자와의 면접교섭을 청구할 수 있다. 이 경우 가정법원은 자의 의사, 면접교섭을 청구한 사람과 자의 관계, 청구의 동기, 그 밖의 사정을 참작하여야 한다. <신설 2016. 12. 2.>

③ 가정법원은 자의 복리를 위하여 필요한 때에는 당사자의 청구 또는 직권에 의하여 면접교섭을 제한·배제·변경할 수 있다. <개정 2005. 3. 31., 2016. 12. 2.>

[본조신설 1990. 1. 13.]

[관련조문] 민법 제824조의2(혼인의 취소와 자의 양육 등), 제843조(준용규정), 제864조의2(인지와 자의 양육책임 등), 가사소송법 제2조(가정법원의 관장 사항) 제1항 제2호 나목 3

[참고문헌] 주해친족법(제1권)(제2판), 박영사(2025); 김주수/김상용, 친족·상속법(제20판), 법문사(2024); 박동섭, 친족상속법(제4판), 박영사(2013); 박병호, 가족법, 한국방송통신대학(1999); 송덕수, 친족상속법(제7판), 박영사(2024); 오시영, 친족상속법(제2판), 학현사(2011); 윤진수, 친족상속법 강의(제5판), 박영사(2023); 한봉희/백승흠, 가족법, 삼영사(2013); 법원실무제요, 가사[Ⅱ], 법원행정처(2010); 법원실무제요, 가사[Ⅰ], 법원행정처(2021); 법원실무제요, 가사[Ⅱ], 법원행정처(2021); 김상용, "면접교섭권", 법학연구 제40권 제1호, 부산대학교 법학연구소(1999); 김수정, "자녀의 최선의 이익과 면접교섭권", 가족법연구 제19권 제1호, 한국가족법학회(2005); 김연, "면접교섭권에 관한 절차적 문제점과 최근의 동향", 민사소송 11-2, 한국사법행정학회(2007); 김정운, "면접교섭과 관련한 실무상 문제와 그 해결", 가정법원 50주년 기념논문집, 서울가정법원(2014); 민유숙, "이혼한 부부 사이의 자에 대한 면접교섭권의 고찰", 법조 제41권 제7호, 법조협회(1992); 염우영, "면접교섭권에 관한 실무상 제문제", 가사재판연구 Ⅱ, 서울가정법원 가사재판연구회(2011); 이은신, "면접교섭권", 재판자료 제62집, 법원도서관(1993); 진민희, "조부모의 면접교섭권", 사법 제10호, 사법연구지원재단(2009); 최달곤, "이혼후의 자녀보호", 가족법연구 제10호, 한국가족법학회(1996); 최은주, "면접교섭권에 관한 약간의 고찰", 가사재판연구 Ⅱ, 서울가정법원 가사재판연구회(2011); 최진섭, "면접교섭권의 이론적 기초와 개정민법의 해석", 연세법학연구 제2집, 연세대학교 법학연구소(1992)

Ⅰ. 의의

1. 의의와 입법연혁

1 면접교섭권은 미성년 자녀를 양육하지 않는 아버지 또는 어머니와 그 자녀가 상호간에 직접 만나거나 전화·편지 등을 통하여 접촉할 수 있는 권리이다.[1] 한편, 다음에 보는 바와 같이 2016년 민법 제837조의2의 개정으로 비양육친의 직계존속의 면접교섭권이 인정됨에 따라 이러한 전통적인 개념을 다시 검토할 필요는 있다.

2 민법이 제정될 당시에는 면접교섭권에 관한 규정이 없었으나, 일부 사실심 재판례는 민법 제837조가 정한 양육에 관한 처분으로서 면접교섭의 방법을 정하였다.[2] 그 후 1990년 민법 제837조의2가 신설됨으로써 면접교섭권은 실정법상의 권리가 되었으나, 당시에는 부모의 권리로서만 인정되었다. 그리고 2007년 민법 제837조의2가 개정되어 자녀를 면접교섭권의 권리주체로 인정하였고, 2016년 다시 민법 제837조의2의 개정으로 비양육친의 직계존속의 면접교섭권이 인정되었다.

2. 면접교섭권의 법적 성질

3 일본에서는 면접교섭의 법적 성질에 관하여 자연권설, 감호권(양육권)설, 친권설 등의 다양한 견해가 있다.[3] 우리나라에서는 면접교섭권은 부모와 자식 간의 관계에서 당연히 발생하는 자연권 또는 고유권이라는 견해,[4] 면접교섭권은 양육권의 일종 또는 양육권의 구체적인 실현이고, 민법 제837조의2는 민법 제837조의 특별규정이므로 면접교섭권에 민법 제837조가 유추적용된다는 견해[5]가 있다.

1 송덕수, 친족상속법(제7판), 박영사(2024), 105.

2 서울고등법원 1987. 2. 23. 선고 86르313 판결 등.

3 이은신, "면접교섭권", 재판자료 제62집, 법원도서관(1993), 333.

4 오시영, 친족상속법(제2판), 학현사(2011), 197; 윤진수, 친족상속법 강의(제5판), 박영사(2023), 156; 최달곤, "이혼후의 자녀보호", 가족법연구 제10호, 한국가족법학회(1996), 192.

5 박동섭, 친족상속법(제4판), 박영사(2013), 192; 신영호, 가족법강의(제2판), 세창출판사(2013), 145; 최달곤, "이혼후의 자녀보호", 가족법연구 제10호, 한국가족법학회(1996), 192. 면접교섭권은 양육권의 일종이 아니나 민법 제837조의2조는 민법 제837조의 특별규정이라는 견해로는, 이은신, "면접교섭권", 재판자료 제62집, 법원도서관(1993), 335~336. 다른 언급 없이 민법 제837조의2는 민법 제837조의 특별규정이라는 견해로는, 최진섭, "면접교섭권의 이론적 기초와 개정민법의 해석", 연세법학연구 제2집, 연세대학교 법학연구소(1992), 424. 위 견해들은 면접교섭권에 민법 제837조가 적용된다는 결론을 도출하기 위한 것으로 보인다. 그 결론 자체는 타당하나, 2007년 민법개정 이후로는 이를 위하여 면접교섭권이 양육권의 일종이라거나 민법 제837조의2가 민법 제837조의 특별규정이라고 볼 필요가 없게 되었다. 상세한 내용은 Ⅳ. 1. 참조.

4 혼인관계 유지 등으로 부모 모두에게 양육권이 있는 경우라면 면접교섭권을 양육권의 일부 또는 최소한으로 볼 수도 있을 것이다. 그러나 면접교섭권은 주로 부모의 이혼 등으로 어느 한쪽이 양육자로 지정되는 경우에 문제되고, 그 경우에 면접교섭권은 양육자에게 인정된 권리가 아니라 그 반대로 비양육자에게 인정된 권리이다. 또한 면접교섭권은 자녀의 권리이기도 하다.[6] 그리고 이제 면접교섭권은 조부모 등의 권리로도 인정되었다. 따라서 면접교섭권을 양육권의 일종으로 이해하기는 어렵다. 오히려 면접교섭권과 양육권은 서로 충돌하고 제약하는 성질이 있다. 면접교섭권을 협의의 친권의 한 내용으로 볼 수도 없다.[7]

5 이념적으로는 면접교섭권을 부모와 자식 간의 관계에서 당연히 발생하는 자연권 또는 고유권으로 이해할 수 있을 것이다. 그러나 이제 면접교섭권은 실정법상의 권리이고, 민법 제837조가 정한 바에 따라 협의이혼 과정에서 결정해야 할 양육에 관한 사항 중 하나라고 보아 충분하지 않을까 한다. 입법자의 의사에 얽매이지 않고 면접교섭권의 내용이나 주체를 널리 인정하기 위하여는 면접교섭권을 자연권으로 파악할 필요가 있다는 견해가 있으나,[8] 반드시 그러한지는 의문이다.

6 면접교섭권은 절대권이고 일신전속권이어서 양도할 수 없고, 영속적인 성질을 가지므로 포기할 수도 없다.[9] 면접교섭권은 포기할 수 없다는 사실심 재판례가 있다.[10]

7 2007년 민법 제837조의2가 개정된 이후로는 면접교섭권이 부모의 권리인 동시에 자녀의 권리임은 제837조의2의 문면에 비추어 명백하다. 양자 중에서는 자녀의 권리로서 성격이 우선한다 할 것이다. 우선 면접교섭권은 자녀의 복리에 비추어 제한 또는 배제될 수 있는데(민법 제837조의2 제3항), 이는 부모의 권리인 면접교섭권이 제한 또는 배제되는 것으로 풀이되고, 자녀의 권리인 면접교섭권은 성질상 제한 또는 배제될 수 없다. 무엇보다 면접교섭권에서 자녀의 권리로서

6 위 2가지를 지적하는 것으로, 송덕수, 친족상속법(제7판), 박영사(2024), 106.

7 김상용, “면접교섭권”, 법학연구 제40권 제1호, 부산대학교 법학연구소(1999), 245.

8 김연, “면접교섭권에 관한 절차적 문제점과 최근의 동향”, 민사소송 11-2, 한국사법행정학회(2007), 364.

9 주해친족법(제1권)(제2판), 박영사(2025), 431(이동진); 박동섭, 친족상속법(제4판), 박영사(2013), 191; 박병호, 가족법, 한국방송통신대학(1999), 129; 송덕수, 친족상속법(제7판), 박영사(2024), 105; 윤진수, 친족상속법 강의(제5판), 박영사(2023), 156; 최달곤, “이혼후의 자녀보호”, 가족법연구 제10호, 한국가족법학회(1996), 192.

10 서울가정법원 2006. 3. 31. 자 2006브7 결정(심리불속행으로 재항고기각).

성격이 우선한다는 점은 면접교섭권의 제도적 의의에서 찾을 수 있는데, 이에 관하여는 항을 달리하여 살핀다.

3. 면접교섭권의 제도적 의의

가. 미성년 자녀의 복리 실현을 위한 제도

8 1990년 민법 제837조의2가 신설될 당시 면접교섭권은 부모의 권리로서 인정되었다. 이혼 후 함께 살지 않게 된 자녀와 접촉하여 관계를 유지하고자 하는 비양육친의 욕구와 이로써 얻는 비양육친의 정서적 만족감을 우선 고려한 입법이라 할 것이다. 그러나 면접교섭권은 부모의 이혼 후 미성년 자녀의 정서적 안정, 원만한 적응, 정상적인 성장·발달을 도움으로써 미성년 자녀의 복리를 실현하는 데에 주된 제도적 의의가 있다.[11] [12] 민법 또한 면접교섭권의 행사 여부 및 방법을 결정할 때(민법 제837조 제1항·제2항 제3호·제3항)와 면접교섭권을 제한·배제·변경할 때(제837조의2 제3항)에 자녀의 복리를 고려해야 한다고 규정한다.[13]

9 부부가 이혼 후 심리적·정신적으로 적응하는 데에 수개월 또는 수년이 걸리듯이, 미성년 자녀도 부모가 이혼한 후 심리적·정신적으로 적응하는 데에는 오랜 시간과 많은 자원의 투여가 필요하다. 이러한 미성년 자녀의 원만한 적응에는 함께 살지 않게 된 비양육친과도 안정적이고 신뢰로운 관계를 유지하는 것이 긴요하다.[14] 만일 미성년 자녀가 비양육친과 안정적인 관계 유지에 실패할 경우, '버림받았다'는 생각(많은 경우 객관적 사실과는 거리가 멀다)에 휩싸여 자존감을 상실하거나, 자연스러운 심리적 방어기제로서 비양육친을 부정하고 비난함으로써 스스로 사랑받을 자격이 있다는 점을 확인받고자 하거나, 양육친과 관계에 집착하여 분리불안 또는 유기불안을 보이는 등 다양한 부적응반응이 나타난다. 이는 부모의 이혼 후 미성년 자녀의 적응을 어렵게 하거나 실패하게 만들고, 그 결과 정상적인 성장·발달도 해친다. 미성년 자녀가 원만하게 적응하지 못 하면 많은

11 민유숙, "이혼한 부부 사이의 자에 대한 면접교섭권의 고찰", 법조 제41권 제7호, 법조협회(1992), 91에 의하면, 이러한 점이 1990년 민법 개정 당시부터 인식되고 있었다는 점을 알 수 있다.

12 대법원 2021. 12. 16. 자 2017스628 결정은 유사한 취지로 판시하였다.

13 친권을 행사함에 있어 자녀의 복리를 우선적으로 고려하여야 한다는 민법 제912조 제1항이 면접교섭권에 적용된다는 견해로는 박동섭, 친족상속법(제4판), 박영사(2013), 192. 그러나 2007년 민법 제837조 제3항이 본문과 같은 내용으로 개정된 후로는 이러한 해석의 현실적 필요성이 소멸되었다.

14 최진섭, "면접교섭권의 이론적 기초와 개정민법의 해석", 연세법학연구 제2집, 연세대학교 법학연구소(1992), 409.

경우 청소년 비행으로 이어지고, 비양육친이 이성(異性)인 경우에는 비양육친이라는 특정 개인이 아닌 이성 전반에 대한 부정적 감정을 키움으로써 성년이 된 후 가정을 이루지 못 하거나, 혼인을 했더라도 해소되지 않은 비양육친에 대한 부정적 감정을 배우자에게 전사하면서 관계를 악화시키기도 하고, 때로는 자신도 이혼하는 이혼의 대물림 현상이 나타난다.

10 이러한 문제를 예방하기 위하여 가장 중요한 것은 미성년 자녀가 비양육친과 안정적이고 신뢰로운 관계를 유지하는 것이고, 이를 위해서는 정기적이고 안정적인 면접교섭이 이루어져야 한다. 이 점에서 면접교섭권은 미성년 자녀의 복리를 실현하기 위한 제도라 할 것이다. 나아가 면접교섭권은 자녀에게는 권리일 뿐이나, 부모에게는 권리이자 의무라고 말할 수 있다.[15] 따라서 면접교섭권은 부모의 권리로서 성격보다는 자녀의 권리로서 성격이 우선한다 할 것이다.

나. 가정법원의 후견·복지적 기능의 중요성

11 면접교섭권은 실체법적 권리이고, 강제집행도 가능하다. 그러나 비양육친이 면접교섭권을 강제집행을 통하여 실현하고자 한다는 것은 이혼 후에도 부모 사이의 갈등이 해소되지 않은 채 유지되거나 오히려 상승하고 있다는 것을 뜻한다. 그 단계에서는 아무리 강제집행의 수단을 동원한다 하더라도 결국 면접교섭은 실현되지 못 하는 경우가 많다.[16] 이 점에서 면접교섭권은 강제집행과 친하지 않다고도 할 수 있다. 다만 면접교섭권이 강제집행될 수 있다는 점은 가정법원의 후견적 개입과정에서 유용하게 활용될 수 있다.

12 법원은 권리관계를 확인·선언하고 이를 강제집행 등을 통하여 강제적으로 실현하는 사법적 기능의 수행을 본령으로 하나, 가정법원은 그 외에 후견·복지적 기능도 수행하여야 하는데, 이는 특히 면접교섭의 국면에서 중요하다. 가정법원은 단순히 재판 등을 통하여 면접교섭의 방법을 정하고 이를 강제집행 등을 통하여 실현하는 데에 목표를 두어서는 안 되고, 재판과정에서 부모와 자녀가 장차 원만하게 면접교섭을 하고 이에 협조할 수 있도록 돕고 개입할 필요가 있다.

15 면접교섭이 부모의 의무라는 것으로, 김상용, "면접교섭권", 법학연구 제40권 제1호, 부산대학교 법학연구소(1999), 245; 김주수/김상용, 친족·상속법(제20판), 법문사(2024), 224; 박동섭, 친족상속법(제4판), 박영사(2013), 191; 최진섭, "면접교섭권의 이론적 기초와 개정민법의 해석", 연세법학연구 제2집, 연세대학교 법학연구소(1992), 425. 독일 민법 제1684조는 면접교섭권이 자녀의 권리이고, 부모의 권리이자 의무임을 명정한다.

16 비슷한 취지: 이은신, "면접교섭권", 재판자료 제62집, 법원도서관(1993), 342.

13 가장 중요한 것은, 부모가 부부 문제와 자녀 문제를 분리하여 인식·대처할 수 있도록 하고, 자기 자신과 상대방, 자녀를 직시하여 갈등의 본질을 이해하도록 하며, 자율적으로 문제를 해결할 에너지를 갖도록 하는 것이다. 부모는 오랜 이혼 과정에서 자신의 문제와 감정에 매몰되어 상대방 배우자와 자녀는 물론 자기 자신도 보지 못하여 갈등을 증폭시키기 마련이고, 문제 해결의 에너지가 고갈되어 있는 경우가 많은데, 이러한 점들은 원활한 면접교섭을 방해하는 주원인이다. 더 이상적인 것은 부모가 감정과 정서를 배제하고 마치 사업파트너처럼 건조하게 자녀의 원만한 성장·발달을 위하여 협조하는 양육협력관계를 구축하는 것이다. 그러나 여기에는 부모 모두에게 상당한 정도의 지적 능력과 심리적 자원이 필요하다.

14 가정법원은 재판과정에서 면접교섭을 시범실시하여 문제가 발생하는지 점검하고 면접교섭을 연습시킬 필요가 있다. 면접교섭은 자녀의 권리이지만, 오히려 자녀에게 불편한 경험, 피하고 싶은 경험이 되는 경우가 많다.[17] 부부는 이혼 과정에서 편가르기를 경험하는데, 주된 대상이 바로 자녀이고, 특히 면접교섭 국면에서 자녀를 두고 편가르기를 시도하는 경향이 짙다. 면접교섭이 자녀를 통하여 상대방에 대한 정보를 캐내고 상대방을 비난하는 장이 되어서는 곤란하나, 현실은 이상과 다르게 흘러가기 마련이다. 부모는 면접교섭을 위해 자녀를 인수·인계하는 짧은 순간에도 다툼을 벌이고, 면접교섭 시간의 준수, 숙제, 게임, 약 복용, 수면시간 등 면접교섭과정에서 발생하거나 알게 된 사소한 문제도 상대방을 비난하는 빌미로 삼고 싶어 한다. 양육친은 면접교섭을 통하여 자녀를 빼앗길까 두려워하고, 비양육친은 양육친의 개입으로 자녀와 관계가 차단될까 염려하기 쉬우니, 어찌 보면 이러한 부적응반응은 자연스럽다 할 수 있다.

15 자녀는 부모의 이혼과정에서 충성심 갈등을 겪으면서 양육친의 정서와 인식에 동조되는 경우가 많기 때문에 면접교섭을 할 때에 양육친의 눈치를 보거나 양육친에 대해 죄책감을 갖기도 하고, 양육친과 비양육친 사이에서 혼란스러운 상황을 경험하기 쉽다. 면접교섭이 주는 심리적 부하가 큰 경우, 미성년 자녀는 면접교섭 후 터무니없는 거짓말을 하거나, 책상 밑에 들어가 나오지 않거나, 야뇨를 비롯한 신체화 증상을 보이는 등 다양한 형태의 부적응반응을 나타내기도

17 면접교섭이 자녀에게 주는 스트레스를 설명한 것으로, 최진섭, "면접교섭권의 이론적 기초와 개정민법의 해석", 연세법학연구 제2집, 연세대학교 법학연구소(1992), 403.

한다. 이는 결국 부모가 서로를 공격하는 자료가 되어 갈등을 오히려 증폭시키게 된다. 면접교섭은 자녀의 복리 실현을 위한 제도이지만, 부모의 분쟁 한가운데로 자녀를 끌어들이는 통로이기도 하다.

16 이러한 문제점은 이혼 등의 재판과정에서 면접교섭을 시범실시 할 때에 한하여 발생하지 않고, 미리 준비되지 않은 경우 면접교섭에 관한 재판이 확정된 후 동일하게 발생한다. 가정법원은 사법적 판단을 내리기 전에 이에 유념하여 장차 부모와 자녀가 평화롭고 능숙하게 면접교섭을 할 수 있는 여건이 마련되도록 재판과정에서 적절히 개입하여야 한다.

17 특히, 비양육친과 자녀가 장기간 따로 살면서 면접교섭도 이루어지지 않았던 경우, 자녀에게 부모거부증후군(Parental Alienation Syndrome)이 있는 경우 등에는 한층 조심스럽고 단계적인 접근이 필요하다. 우선 자녀가 표면적으로 면접교섭을 낯설어 하거나 비양육친을 거부하고 있다 하여 섣불리 면접교섭이 적절하지 않다고 속단해서는 안 된다. 자녀는 비양육친을 증오하면서 동시에 비양육친의 애정을 희구하는 등 다양한 형태의 양가감정(兩價感情)을 경험하고, 가까운 사람들에 의하여 오염된 의사를 표출하는 경우가 있으며,[18] 충성심 갈등 등의 여러 원인으로 왜곡된 인식을 갖는 경우도 많기 때문이다. 또한 부모와 자녀는 면접교섭을 해야 한다는 당위를 앞세워 성급한 판단을 내리거나 조급한 조치를 취해서는 안 된다. 부모의 재정적 능력에 따른 차별적 양육환경의 조성이 불가피하듯이, 부모의 심리적 자원에 따른 차별적 양육환경의 조성 또한 부득이하고, 면접교섭이 특히 그러하다는 점을 인식할 필요도 있다. 면접교섭에 관한 판단과 개입에는 무엇보다 전문가의 진단과 사안의 특성에 맞는 과학적 조치가 필요하다.

18 가정법원이 이러한 후견·복지기능을 수행하는 데에는 사전처분, 부모교육, 자녀상담·부모상담 등 전문가에 의한 상담(민법 제836조의2 제1항, 가사소송규칙 제12조의2),[19] 가사조사 등의 수단이 적절히 활용되어야 한다. 이러한 수단은 기성복처럼 규격화하여 준비해 둔 것이 아닌, 맞춤복처럼 사건별로 관련된 사람과 제반 상황의 특성에 맞추어 구조화된 것이어야 한다. 판사, 변호사 등은 후견·복지기능을 수행하는 데에 전문가가 아니므로, 심리학, 교육학, 상담학 등 인간행동과학 분야의

18 양육친이 자녀의 진술서를 제출하는 것은 이렇게 오염된 의사표시인 경우가 많고, 그 자체로 자녀에게 충격과 죄책감 등을 줄 수 있으므로, 재판과정에서 자제시킬 필요가 있다.

19 면접교섭에서 상담을 특히 강조하는 견해로는 김주수/김상용, 친족·상속법(제20판), 법문사(2024), 224.

전문 지식과 임상경험을 갖춘 전문가를 확보하여 도움을 받을 필요가 있다.

Ⅱ. 적용범위

1. 논의의 전제

19 민법 제837조의2의 적용범위에 관하여 논의할 때에는 민법 제837조의 적용범위에 관한 논의와 비교하여 유의할 점이 있다. 민법 제837조에 근거하여 이혼절차 등에서 양육권, 양육비청구권, 면접교섭권, 인도 기타 방해배제청구권 등의 구체적 내용을 정하게 되지만, 민법 제837조는 이를 정하는 방법 내지 절차에 관한 규정일 뿐, 각 권리의 청구권근거규범 즉 실체법적 근거는 될 수 없고, 단지 가사소송법이 적용되는 준거로서의 의미만 가질 뿐이다(민법 제837조 Ⅰ.1 주석 참조). 이와 달리, 민법 제837조의2는 면접교섭권의 청구권근거규범 내지 실체법적 근거로서의 법적 성격이 우선한다. 물론 민법 제837조의2는 이에 그치지 않고 가사소송법 적용의 준거로서도 의미가 있다. 가사소송법 제2조 제1항 제2호 나목 3)이 그 적용의 준거로서 민법 제837조와 함께 민법 제837조의2를 거시하기 때문이다. 이는 다소 중복인 감은 있으나 연혁상 이유와 일정한 의의도 있다.(☞ 상세한 내용은 뒤의 Ⅳ. 1. 주석 참조)

20 결론적으로 민법 제837조의 적용범위에 관한 논의는 전적으로 가사소송법 적용의 준거로서 의미에 한정됨과 달리, 민법 제837조의2의 적용범위에 관한 논의는 그러한 뜻을 가지기도 하지만, 제837조의2가 면접교섭권의 실체법적 근거로서 어느 범위에서 적용되는지에 관한 논의로서 성격이 우선하게 됨을 유념하여야 한다. 나아가 이는 어느 범위에서 면접교섭권이 인정되는지의 문제이기도 하다.

2. 부모의 면접교섭권

가. 명문의 규정이 있는 경우

21 부모가 협의상 이혼(민법 제837조의2), 재판상 이혼(제843조), 혼인취소(제824조의2)를 하거나 자녀를 인지(제864조의2)한 경우, 자녀를 직접 양육하지 않는 부 또는 모, 즉 비양육친은 자녀와 면접교섭할 권리가 있다. 민법 제837조의2 제1항은 '자(子)'라는 문면을 사용하여 규정하나 이는 미성년 자녀를 의미한다.

22 민법 제837조의2는 인지를 준거로 하여 부모의 혼인이 무효인 경우와 사실혼 부부가 자녀를 둔 경우에 각 준용된다(☞ 상세한 내용은 민법 제837조 Ⅰ. 2. 나. 및

[후론] 사실혼 중 Ⅲ. 3. 각 주석 참조). 물론 각 경우에 민법 제837조의2를 실체법적 근거로 하여 면접교섭권이 인정된다는 뜻이 우선하고, 아울러 각 경우에 민법 제837조의2가 제837조와 아울러 가사소송법 제2조 제1항 제2호 나목 3) 적용의 준거로 된다는 뜻도 된다.

23 민법 제837조의2의 부모에는 양부모도 포함된다.[20] 따라서 양부모가 협의상 이혼 등을 한 경우에 비양육친은 민법 제837조의2 제1항에 따라 자녀와의 면접교섭권을 주장할 수 있다.

24 실무상 면접교섭에 관한 분쟁은 비양육친이 양육친에 대하여 면접교섭의 허용을 구하는 것이고, 이에 따라 면접교섭의 방법을 정한 것에는 양육친의 방해금지 또는 협력의무가 내포되어 있다고 본다. 그 반대로, 양육친이 비양육친에 대하여 면접교섭에 응할 의무의 이행을 구할 수 있는지 문제된다. 부정적인 견해,[21] 자녀와 양육친이 비양육친을 상대로 면접교섭에 응할 것을 구하는 것에 긍정적인 견해[22]가 있다. 사견으로는 긍정적으로 본다. 면접교섭권은 부모에게 권리이자 의무이고 그 중에서도 의무로서 성격이 우선하며, 가사소송규칙 제99조 제2항 제1호는 청구인적격을 비양육친에 한정하지 않기 때문이다(☞ 강제집행에 관한 상세한 설명은 뒤의 Ⅳ. 2. 나. 주석 참조).

나. 명문의 규정이 없는 경우

1) 부모의 별거

25 부부가 별거 상태에 있으면서 면접교섭에 관한 분쟁이 발생한 경우, 민법 제826조가 정한 부부의 동거·부양·협조에 관한 사건으로 취급한다는 견해가 있다(1설).[23] 이와 달리 민법 제837조의2의 부모는 특별히 이혼할 것을 요하지 않으므로 별거하는 부모 일방도 포함된다거나,[24] 부모가 별거하는 경우 제837조의2가 유추적용된다

20 주해친족법(제1권)(제2판), 박영사(2025), 420(이동진).

21 김연, "면접교섭권에 관한 절차적 문제점과 최근의 동향", 민사소송 11-2, 한국사법행정학회(2007), 372.

22 주해친족법(제1권)(제2판), 박영사(2025), 423, 425(이동진).

23 김연, "면접교섭권에 관한 절차적 문제점과 최근의 동향", 민사소송 11-2, 한국사법행정학회(2007), 376; 김정운, "면접교섭과 관련한 실무상 문제와 그 해결", 가정법원 50주년 기념논문집, 서울가정법원(2014), 460; 민유숙, "이혼한 부부 사이의 자에 대한 면접교섭권의 고찰", 법조 제41권 제7호, 법조협회(1992), 95; 염우영, "면접교섭권에 관한 실무상 제문제", 가사재판연구 Ⅱ, 서울가정법원 가사재판연구회(2011), 624; 이은신, "면접교섭권", 재판자료 제62집, 법원도서관(1993), 340; 최은주, "면접교섭권에 관한 약간의 고찰", 가사재판연구 Ⅱ, 서울가정법원 가사재판연구회(2011), 91.

24 주해친족법(제1권)(제2판), 박영사(2025), 420(이동진). 부모가 별거하는 경우 민법 제837조의2가 직접 적용된다는 취지로 이해된다.

는[25] 견해가 있다(2설).

26 1설과 2설 모두 부모가 별거하는 경우 비양육친에게 면접교섭권을 인정하는 결론은 같다.[26] 그러나 부모가 별거하는 경우에 면접교섭권의 실체법적 근거를 부부의 동거·부양·협조의무에 관한 민법 제826조에서 찾는 것은 지나치게 어색하고, 자녀가 면접교섭권의 주된 권리자라는 점을 몰각하게 되는 문제가 있다. 따라서 면접교섭권의 실체법적 근거는 부모가 별거하는 경우일지라도 민법 제837조의2에서 찾는 것이 자연스럽다. 그리고 이에 관한 쟁송절차 또한 민법 제837조의2를 준거로 가사소송법 제2조 제1항 제2호 나목 3)에 따른다고 봄이 타당하다. 다만, 민법 제837조의2가 협의상 이혼에 관한 관(款)에 편제되고 인지 등에 준용되는 규범구조에 비추어, 부모가 별거하는 경우 민법 제837조의2가 직접 적용된다고 볼 수는 없다. 민법 제837조의2의 유추적용설에 따른다.

2) 기타 문제되는 경우

27 그 밖에도 부모와 자녀 사이의 면접교섭에 민법 제837조의2가 유추적용될 수 있는지 문제되는 경우가 있다. 우선 친생부모가 자녀와의 면접교섭권을 양부모에 대하여 주장할 수 있는지 문제된다. 또한 현실적으로 입양 후에도 친생부모가 자녀를 양육하면서 단지 명절 등에 양부모와 왕래하게 하는 경우가 있는데, 그러한 왕래가 차단된 경우 양부모가 친생부모에 대하여 면접교섭권을 주장할 수 있는지 문제된다.[27] 민법 제909조의2, 제924조, 제924조의2, 제927조의2에 의하여 자녀의 신상보호에 관한 권한과 책임이 미성년후견인에게 있는 경우, 부모가 자녀와의 면접교섭권을 미성년후견인에 대하여 주장할 수 있는지도 문제된다. 이 경우는 앞으로 사회상의 변화에 따라 실제 분쟁화할 가능성이 높다. 대리모계약으로 자녀를 출산한 경우도 문제된다. 대리모계약은 의뢰 부부의 정자와 난자를 사용하는 경우, 의뢰 남편의 정자와 대리모의 난자를 사용하는 경우,

25 김주수/김상용, 친족·상속법(제20판), 법문사(2024), 238; 한봉희/백승흠, 가족법, 삼영사(2013), 212.

26 명확한 법리구성을 밝히지는 않으나 부모가 별거하는 경우 면접교섭권이 인정된다는 견해로는, 박동섭, 친족상속법(제4판), 박영사(2013), 192; 오시영, 친족상속법(제2판), 학현사(2011), 201; 윤진수, 친족상속법 강의(제5판), 박영사(2023), 156. 서울가정법원 1994. 7. 20. 자 94브45 결정(확정)은 부모가 별거하는 경우 민법 제826조를 적용하거나 제837조의2를 유추적용하여 면접교섭권이 인정된다 하였다.

27 입양된 경우 친권은 양부모에게 있다는 이유로 친생부모가 양부모에게 면접교섭권을 주장할 수 없다는 견해로는, 이은신, "면접교섭권", 재판자료 제62집, 법원도서관(1993), 338. 양부모의 면접교섭권은 인정되나, 친생부모의 면접교섭권은 인정하기 어렵다는 것으로, 김연, "면접교섭권에 관한 절차적 문제점과 최근의 동향", 민사소송 11-2, 한국사법행정학회(2007), 371.

제3자의 정자 또는 난자를 사용하는 경우 등 여러 가지 유형이 있고, 각 유형에서 아버지와 어머니를 어떻게 결정할지 논란이 있다. 그런데 의뢰 부부의 정자와 난자를 체외수정한 후 대리모의 자궁에 착상하여 출산한 사안에서 대리모를 어머니로 인정한 사실심 재판례가 있다.[28] 이와 같은 경우 대리모가 의뢰 남편에 대하여 자녀와의 면접교섭권을 주장할 수 있는지 문제된다.[29] [30]

28 사견으로는 각 경우에 민법 제837조의2를 유추적용하여 면접교섭권을 인정할 수 있다고 생각한다. 모두 부모와 자녀의 면접교섭이 문제되는 사안이어서 이를 인정함이 자연스럽기 때문이다. 그렇게 보더라도 자녀의 복리를 염두에 두어 자녀의 나이와 의사, 이미 형성되어 있는 애착관계 및 유대관계의 양상 등을 면밀히 살펴 면접교섭의 방법을 정하거나 경우에 따라 이를 제한 또는 배제할 수 있으므로 탄력적인 분쟁해결이 가능하다. 다만 일반적인 부모와 자녀의 면접교섭과 달리 신상정보 제공이나 통신연락 등 최소한의 방법으로 제한하여 면접교섭의 방법을 정하여야 할 경우가 많을 것이다.

29 물론 이와 같은 분쟁은 민법 제837조의2를 준거로 가사소송법 제2조 제1항 제2호 나목 3)의 마류 가사비송사건으로 보아야 한다. 가사소송규칙 제99조는 당사자적격을 부모에 한정하고 있어 문제이나, 이를 제한적 열거규정으로 볼 수는 없으므로,[31] 민법 제837조의2가 위 각 경우에 유추적용된다고 보는 이상 그 자체로 당사자적격의 문제는 해결된다.

3. 비양육친의 직계존속 등의 면접교섭권

가. 서설

30 자녀를 직접 양육하지 않는 부모의 일방의 직계존속은 그 일방이 미성년 자녀를 면접교섭할 수 없는 경우 가정법원에 면접교섭을 청구할 수 있다(민법 제837조의2 제2항 전문). 2016년 민법 제837조의2 개정 전에는 조부모, 형제자매 등의 면접교섭권을 인정할 수 있는지 논란이 있었고, 이를 인정한 사실심 재판례도 있

28 서울가정법원 2018. 5. 9. 자 2018브15 결정(확정).

29 서울가정법원 2009. 4. 10. 자 2009브16 결정은 '대리모약정'이라는 표현을 쓰면서 대리모의 면접교섭권을 인정한 바 있으나, 강학상 대리모계약이라 볼 수 없는 사안이다. 법률혼의 아내가 자녀를 출산하여 남편에게 인도한 후 이혼하면 금전을 지급받는다는 약정이 문제된 사안이었기 때문이다.

30 인공수정의 정자제공자에게 면접교섭권이 인정되는지에 관하여 언급한 것으로, 이은신, "면접교섭권", 재판자료 제62집, 법원도서관(1993), 341.

31 이 점에 관하여는 민법 제837조의2 Ⅱ. 4. 나. 및 민법 제837조 Ⅲ. 3. 나. 1) 각 주석 참조.

었는데,[32] 제837조의2 제2항의 신설로 입법적인 해결을 도모한 것이다.

나. 당사자

1) 비양육친의 직계존속

31 비양육친의 직계존속에 미성년 자녀의 조부모[33]와 그 이상 세대의 직계존속이 포함되고, 미성년 자녀의 친가, 외가, 진외가 등 각 계열별 직계존속이 모두 포함됨에 의문의 여지가 없다.

32 그러나 조부와 조모 또는 조부모와 증조부모의 면접교섭권이 각각 별도로 인정된다고 보기는 어렵다. 조부와 조모의 이해가 상반된 때에는 그 중 미성년 자녀의 복리 관점에서 가장 적절한 한 명에게만 면접교섭을 인정하고, 조부모와 증조부모가 생존한 경우에는 조부모가 면접교섭 할 수 없는 불가피한 사정이 있는 경우에 한하여 증조부모의 면접교섭이 인정된다고 보아야 할 것이다.[34]

33 양육친의 직계존속에 민법 제837조의2 제2항을 유추적용할 수 있는지 문제되나, 규정의 취지와 내용에 비추어 부정적으로 보아야 할 것이다.[35]

34 비양육친의 직계존속의 면접교섭권이 인정됨에 따라 면접교섭권의 처분 또는 제한·배제·변경에 관한 심판의 청구인적격은 부모(가사소송규칙 제99조 제2항 제1호) 외에 비양육친의 직계존속으로 확장되었다(가사소송규칙 제99조 제2항 제2호).

2) 그 밖의 경우

35 미성년 자녀의 형제자매, 비양육친의 형제자매(백·숙부, 고모, 외삼촌, 이모 등) 등 가까운 친족, 계부모 등에게도 민법 제837조의2 제2항을 유추적용하여 면접교섭권을 인정할 수 있을지 문제된다. 입법론으로 이를 인정하는 견해가 있다.[36] 그러나 해석론으로도 민법 제909조의2의 입법취지에 비추어 생각해 볼 점이 있다.[37]

32 수원지방법원 2013. 6. 28. 자 2013브33 결정(형제자매 사이의 면접교섭 인정, 확정), 서울가정법원 2016. 2. 11. 자 2015느단5586 심판(조부모의 면접교섭 인정, 항고심 계속 중 민법 제837조의2 제2항 신설).

33 비양육친이 어머니인 경우에는 미성년 자녀의 외조부모를 말한다. 이하 친가, 외가, 진외가 등을 구분하지 않고 모두 조부모, 증조부모 등으로 통칭한다.

34 반대 견해: 주해친족법(제1권)(제2판), 박영사(2025), 422(이동진).

35 같은 견해: 주해친족법(제1권)(제2판), 박영사(2025), 422(이동진).

36 김주수/김상용, 친족·상속법(제20판), 법문사(2024), 226; 윤진수, 친족상속법 강의(제5판), 박영사(2023), 155.

37 해석으로 면접교섭권의 주체를 확장하는 것은 무리이지만, 부모 사이의 협의 또는 자녀의 양육에 관한 처분으로 제3자와의 면접교섭을 인정하는 것까지 배제하는 것은 아니고, 이로써 제3자에게 당연히 또는 원칙적으로 면접교섭권이 부여되는 것은 아니라는 견해로, 주해친족법(제1권)(제2판), 박영사(2025), 421(이동진). 그러나 이러한 이해는 결국 면접교섭권의 주된 권리자는 미성년 자녀라는 점을 몰각하게 된다. 면접교섭에 관하여 미성년 자녀를 처분 또는 은혜의 대상으로 보거나, 미성년 자녀에게 부수적이고 간접적인 이익만 있다고 보는 시각은 적절하지 않다.

36 민법 제909조의2에 따르면, 이혼, 혼인취소, 인지 등의 절차에서 단독 친권자로 정하여진 부모의 일방이 사망한 경우에, 가정법원은 생존한 종전의 비친권자를 친권자로 지정할 수도 있고, 미성년후견을 개시할 수도 있다. 생존친이 있음에도 그를 배제하고 미성년후견인이 미성년 자녀의 신상보호를 책임질 수도 있게 한 것이다. 주로 사망한 단독 친권자의 가까운 친족 또는 재혼 배우자(자녀의 계부모)가 사망한 단독 친권자와 함께 또는 그를 보조하여 미성년 자녀를 양육하면서 유대관계를 형성하는 등 양육환경의 일부를 구성하고 있는 경우에 그 가까운 친족 등이 미성년후견인으로 될 수 있다. 이와 같은 경우에는 그 가까운 친족 등이 미성년후견인으로서 계속하여 자녀의 신상보호를 책임지면서 종전의 양육환경을 흡사하게나마 유지하는 것이, 생존친이 친권자로 지정되어 직접 자녀를 양육함으로써 양육환경에 변화를 주는 것보다 미성년 자녀의 복리에 더 적합할 수 있다는 점을 전제로 한 입법이다. 그런데 사망한 단독 친권자의 가까운 친족 등이 미성년 자녀와 상당한 유대관계를 형성하고는 있으나, 생존친이 직접 미성년 자녀를 보호하도록 함이 비교우위에 있어 생존친을 친권자로 지정한 경우는 문제이다. 이러한 경우에는 가까운 친족 등이 비록 미성년후견인은 되지 못 하더라도 미성년 자녀와 면접교섭을 함으로써 종전의 유대관계를 계속 이어갈 수 있도록 하는 것이 미성년 자녀의 복리를 증진시킬 수 있다.

37 큰 지위를 인정받을 수 있는 사람이 그보다 작은 지위를 인정받을 수 없다고 보면 형평에 어긋난다. 근본적으로 민법 제909조의2에서 미성년후견인의 자격에 아무런 제한을 두지 않으면서 제837조의2 제2항에서 면접교섭권자를 제한적으로 규정한 것은 균형을 잃은 입법이라 아니할 수 없다. 따라서 미성년 자녀의 복리에 필요한 한도에서 가까운 친족과 계부모에게 민법 제837조의2 제2항을 유연하게 유추적용하는 것으로 법의 균형을 유지할` 수 있다. 민법 제909조의2에 따른 분쟁을 다룸에 있어 미성년후견인으로 지정되지 않는 사람에게 면접교섭권을 인정함으로써 보다 합리적이고 탄력적인 분쟁해결을 도모할 수 있다는 점은 이러한 해석의 또 다른 장점이다.

다. 보충성

1) 비양육친이 면접교섭을 할 수 없는 경우

38 비양육친이 미성년 자녀를 면접교섭할 수 없는 경우에 조부모 등의 면접교섭이 인정된다. 민법 제837조의2 제2항은 비양육친이 면접교섭할 수 없는 경우로 비

양육친의 사망, 질병, 외국거주와 그 밖에 불가피한 사정이 있는 경우를 규정한다. 그 밖의 불가피한 사정에는 비양육친의 중환자실 입원, 군복무, 교도소 수감, 소재불명 등이 포함된다.[38]

39 비양육친의 면접교섭이 배제된 경우가 그 밖의 불가피한 사정에 포함되는지 문제된다. 비양육친에게 면접교섭의 배제 사유가 있는 경우에는 조부모 등의 면접교섭도 인정하지 않는 것이 바람직하다는 견해가 있다.[39] 비양육친이 자녀에 대한 폭력, 성폭력 등의 사유로 면접교섭이 배제되었고, 자녀가 조부모 등과 면접교섭하는 기회에 비양육친을 대면하게 되거나, 이를 통하여 과거 폭력 등에 대한 기억 또는 공포감 등을 되살리게 될 우려가 있다면 조부모 등과 면접교섭은 적절하지 않을 것이다. 그러나 비양육친이 자녀는 물론이고 자신의 부모(자녀의 조부모) 등과도 관계가 단절되어 있고, 비양육친의 악행에 불구하고 자녀와 조부모 등 사이에 상당한 유대관계가 형성돼 있는 경우도 있다. 따라서 원칙적으로 비양육친의 면접교섭 배제도 그 밖의 불가피한 사정으로 보되, 또 다른 요건인 미성년 자녀의 복리 관점에서 조부모 등의 면접교섭의 제한 또는 배제를 고려해서 충분하다고 생각한다.[40]

40 비양육친이 원양어선의 선원, 장기 출장 등 직업적 이유로 장기의 간격으로만 면접교섭을 할 수 있는 경우가 그 밖의 불가피한 사정에 포함되는지 문제된다. 사회통념상 이러한 경우에도 비양육친이 면접교섭을 할 수 없는 불가피한 사정을 인정할 수 있을 것이다.[41] 다만 비양육친 자신의 면접교섭과 중복되지 않도록 면접교섭의 시기 등을 조정할 필요는 있다.

2) 비양육친이 면접교섭을 하지 않는 경우

41 비양육친이 면접교섭권을 하지 않는 경우에 조부모 등의 면접교섭이 허용되는지 문제된다. 입법론으로 이를 긍정하는 견해가 있다.[42] 해석론으로 보면 법문에 비추어서는 회의적일 수 있으나, 사견으로는 사안에 따라 긍정적으로 볼 수 있지 않을까 한다.[43]

38 김주수/김상용, 친족·상속법(제20판), 법문사(2024), 225.
39 진민희, "조부모의 면접교섭권", 사법 제10호, 사법연구지원재단(2009), 156.
40 같은 견해: 주해친족법(제1권)(제2판), 박영사(2025), 422(이동진).
41 같은 견해: 주해친족법(제1권)(제2판), 박영사(2025), 422(이동진).
42 김주수/김상용, 친족·상속법(제20판), 법문사(2024), 226; 윤진수, 친족상속법 강의(제5판), 박영사(2023), 155.
43 같은 견해: 주해친족법(제1권)(제2판), 박영사(2025), 422(이동진).

42 비양육친이 면접교섭을 할 수 없는 경우에 한하여 조부모 등의 면접교섭권을 인정한 입법취지는 다음과 같은 것으로 이해된다. ① 비양육친이 면접교섭을 하고 있는 경우에는 그 기회에 조부모 등도 함께 면접교섭을 할 수 있어 조부모 등의 독자적인 면접교섭권을 인정할 실익이 없다.[44] ② 비양육친이 면접교섭을 하고 있음에도 조부모 등이 독자적인 면접교섭을 주장하는 것은 결국 그 사이에 분쟁이 있는 경우이다. 이러한 경우에 각각 별도의 면접교섭을 인정하면 면접교섭을 둘러싸고 3면 분쟁으로 번질 수 있다. 또한 미성년 자녀가 비양육친과 조부모 등을 별도로 면접교섭하면 그 과정에서 비양육친과 조부모 등의 분쟁에 노출될 수 있다.[45] ③ 미성년 자녀가 비양육친과 조부모 등을 별도로 면접교섭하면 미성년 자녀에게 정신적인 또는 시간관리 상의 부담이 되고 혼란을 줄 수 있다.[46] ②와 ③의 경우에는 조부모 등의 면접교섭이 오히려 자녀의 복리를 해친다 할 것이다.

43 그런데 비양육친이 재혼을 하거나 주위 사람들과의 관계를 단절하고 사는 등의 사정으로 자녀와 면접교섭을 회피하여 왔고, 장차 면접교섭을 할 의지도 없는 사안에서는 이러한 문제가 발생할 소지가 적다. 따라서 이러한 예외적 사정이 있는 경우에는 제837조의2 제2항을 유추적용 할 수 있을 것이다. 다만 비양육친을 이해관계인으로 절차에 참가시켜 예외적 사정의 존부를 확인하는 한편 이를 다툴 기회를 제공할 필요가 있다. 절차에 참가한 비양육친이 동의한 경우 등에는 비양육친의 면접교섭을 직권으로 배제함으로써 민법 제837조의2 제2항의 요건을 충족시킬 수도 있다.

라. 부모의 이혼 등

44 민법 제837조의2 제2항은 부모의 혼인이 협의상 이혼, 재판상 이혼, 혼인의 취소로 해소되거나 어머니와 혼인관계에 있지 않은 아버지가 자녀를 인지한 뒤에, 비양육친의 사망, 질병, 외국거주 등의 불가피한 사정이 발생한 경우에 준·적용된다. 법문 자체에는 이혼 등이 언급되어 있지 않으나, 민법 제837조의2가 협의

44 맥락은 다소 다르나 같은 취지의 언급을 하는 견해로는, 주해친족법(제1권)(제2판), 박영사(2025), 421(이동진); 최은주, "면접교섭권에 관한 약간의 고찰", 가사재판연구 Ⅱ, 서울가정법원 가사재판연구회(2011), 76.

45 비슷한 취지: 진민희, "조부모의 면접교섭권", 사법 제10호, 사법연구지원재단(2009), 155.

46 주해친족법(제1권)(제1판), 박영사(2015), 358(이동진)은, '제3자가 부당하게 다른 사람의 가정에 개입하고 자녀에게 혼란을 줄 위험'을 언급하는데, 본문의 ②, ③과 비슷한 취지로 이해된다.

상 이혼에 관한 관(款)에 편제되고 재판상 이혼 등에 준용되는 규범구조에 비추어 이러한 해석은 불가피하다.

45 부모의 혼인관계가 유지되던 중 비양육친의 사망, 질병, 외국거주 등의 사정이 발생하여 면접교섭 할 수 없는 경우에 민법 제837조의2 제2항을 유추적용 할 수 있을지 문제되는데, 긍정적으로 보아야 할 것이다.[47] 예컨대 부모가 아버지의 부모, 즉 자녀의 조부모와 함께 자녀를 양육하다 아버지가 사망하거나, 질병에 걸려 병원에 입원하거나, 혼자 외국으로 이주하는 등의 사정이 발생하자 어머니가 자녀를 데리고 집을 나와 따로 살게 된 경우에 조부모의 면접교섭권을 인정할 필요가 있다.

마. 미성년 자녀의 복리

46 가정법원은 자녀의 의사, 면접교섭을 청구한 사람과 자녀의 관계, 청구의 동기, 그 밖의 사정을 참작하여(민법 제837조의2 제2항 후문), 미성년 자녀의 복리 관점에서 조부모 등과의 면접교섭이 필요하다고 판단되는 경우에 청구를 받아들일 수 있다. 그 판단기준에 관하여 보면, 조부모와 손자 사이의 충분한 유대관계가 존재하는지가 중요한 고려요소라는 견해,[48] 혈연관계가 가까울수록, 부모 유사의 역할을 수행하였을수록, 자녀와 가족으로 생활한 기간이 길수록 권리보호의 필요성이 높아진다는 견해[49]가 있다.

47 조부모와 양육친 사이(고부 또는 장서관계) 등에 불화가 있거나, 조부모 등의 면접교섭이 양육친과 자녀의 관계에 악영향을 미칠 수 있다는 막연한 가능성만으로 조부모 등의 면접교섭이 부정될 수는 없다.[50] 그러나 조부모 등과 양육친의 갈등이 현저하고 명백한 경우에는 자녀가 면접교섭을 통하여 갈등에 노출되는 것을 차단할 필요가 있다. 이러한 경우에는 부모의 그것과 달리 조부모 등의 면접교섭으로 인한 이익의 보호필요성은 높지 않다. 따라서 조부모 등의 면접교섭에서는 통신연락, 신상정보의 제공 등으로 면접교섭의 방법을 제한해야 할 경우

47 부모의 혼인이 사망으로 해소된 경우에 민법 제837조의2 제2항이 유추적용 된다는 견해로는, 윤진수, 친족상속법 강의(제2판), 박영사(2018), 142; 주해친족법(제1권)(제2판), 박영사(2025), 422(이동진). 부모의 혼인이 유지되는 경우에는 조부모의 면접교섭이 인정되지 않지만, 부모의 한쪽 또는 양쪽이 사망한 경우에는 조부모의 면접교섭이 인정된다는 견해로는, 진민희, "조부모의 면접교섭권", 사법 제10호, 사법연구지원재단(2009), 155.

48 진민희, "조부모의 면접교섭권", 사법 제10호, 사법연구지원재단(2009), 159.

49 김수정, "자녀의 최선의 이익과 면접교섭권", 가족법연구 제19권 제1호, 한국가족법학회(2005), 338.

50 진민희, "조부모의 면접교섭권", 사법 제10호, 사법연구지원재단(2009), 159.

가 많이 있을 것이다. 이러한 점에서 조부모 등의 면접교섭권은 부모의 면접교섭권과 비교하여 권리로서 성격이 약하다 할 수 있다.[51]

4. 미성년 자녀의 면접교섭권

가. 면접교섭권의 인정

48 자녀는 부모와 면접교섭 할 권리가 있다(민법 제837조의2 제1항). 법문은 권리주체를 '자(子)'로 규정하나 이는 미성년 자녀를 의미하므로, 성년 자녀는 제외된다.

49 미성년 자녀가 민법 제837조의2 제2항에 따라 조부모 등과 면접교섭 할 권리가 있다고 볼 수 있는지 문제된다. 법문에 비추어서는 긍정적으로 보기 어렵다. 또한 조부모 등 제3자에게는 자녀와의 면접교섭의무를 부담시키기 어렵기 때문에 자녀의 제3자에 대한 면접교섭권은 인정되지 않는다는 견해도 있다.[52] 그러나 민법 제837조의2 제2항이 자녀의 복리 증진을 목적으로 함을 생각하면 미성년 자녀를 조부모 등의 면접교섭권의 객체로 취급하는 것은 타당하지 않다.[53] 다만 자녀가 조부모 등과 면접교섭 할 권리의 상대 의무자는 양육친뿐이라고 보아야 한다. 즉 조부모 등에게 면접교섭권은 인정되나 면접교섭에 응할 의무는 인정되지 않는 것이다. 따라서 자녀의 조부모 등에 대한 면접교섭권을 인정하더라도 그 실현에는 양육친의 면접교섭 허용의무 이행 외에 조부모 등의 자발적인 협조가 필요하다. 결론적으로, 자녀의 조부모 등과의 면접교섭권 자체를 부정할 것은 아니고, 이 문제는 결국 다음과 같은 미성년 자녀의 보호 문제에 희석하여 파악해서 충분하다. 물론 미성년 자녀의 조부모 등과의 면접교섭권은 비양육친과 면접교섭을 할 수 없을 것 등을 요건으로 발생한다.

나. 쟁송절차와 미성년 자녀의 보호

50 입법론적으로 미성년 자녀를 면접교섭권의 권리주체로 인정한 것에 비판적인 견해도 있고,[54] 미성년 자녀가 직접 또는 특별대리인을 통하여 면접교섭을 청구

51 민법 제837조의2 제2항의 법문은 "직계존속은 (중략) 가정법원에 자(子)와의 면접교섭을 청구할 수 있다."로 돼 있으나, 이러한 점을 내세워 권리로서 성격을 전면 부정할 것은 아니다.

52 김상용, "면접교섭권", 법학연구 제40권 제1호, 부산대학교 법학연구소(1999), 252.

53 2016년 민법 개정 전의 것이기는 하나, 자녀와 조부모의 면접교섭은 자녀의 권리이면서 조부모의 권리라는 견해로는, 진민희, "조부모의 면접교섭권", 사법 제10호, 사법연구지원재단(2009), 154. 현행법의 해석상 자녀가 조부모 등 비양육친의 직계존속에 대하여 면접교섭을 청구할 수 있다는 견해로, 주해친족법(제1권)(제2판), 박영사(2025), 424(이동진).

54 김연, "면접교섭권에 관한 절차적 문제점과 최근의 동향", 민사소송 11-2, 한국사법행정학회(2007), 376.

하는 데에 부정적인 한편 아동복지기관의 상담과 지원활동에 의해서 면접교섭을 실현해야 한다는 견해,[55] 자녀의 면접교섭 청구에 부정적이나 특별대리인에 의한 청구는 인정하는 견해[56]도 있다. 그러나 민법 제837조의2가 미성년 자녀를 실체법적인 면접교섭권의 권리주체로 규정한 이상 이를 실현하기 위한 쟁송절차 또한 미성년 자녀에게 허용되어야 한다.[57] 쟁송절차가 허용되어야 그 절차 내에서 가정법원의 후견·복지적 개입도 가능하고, 법이 가진 강제성의 도움을 받아 실효적인 권리구제도 가능하게 된다. 가사소송규칙 제99조는 미성년 자녀를 당사자적격자로 규정하지 않으나, 위 조항은 제한적 열거 규정으로 볼 수 없다.[58] 따라서 미성년 자녀는 민법 제837조의2를 준거로 하여 가사소송법 제2조 제1항 제2호 나목 3)의 심판을 청구할 수 있다.

51 미성년 자녀는 양육친을 상대방으로 하여 면접교섭의 허용을 구할 수도 있고, 비양육친을 상대방으로 하여 면접교섭에 응할 것을 구할 수도 있으며, 부모를 모두 상대방으로 삼을 수도 있다.[59]

52 미성년 자녀는 소송능력이 없으므로 특별대리인의 대리에 의하여 면접교섭심판청구를 하여야 하고, 특별대리인 선임의 근거조항은 민사소송법 제62조 제2항이라는 견해,[60] 이해상반행위에 준하여 민법 제921조에 따른 특별대리인을 선임하

55 김주수/김상용, 친족·상속법(제20판), 법문사(2024), 223.

56 최진섭, "면접교섭권의 이론적 기초와 개정민법의 해석", 연세법학연구 제2집, 연세대학교 법학연구소(1992), 374.

57 최은주, "면접교섭권에 관한 약간의 고찰", 가사재판연구 Ⅱ, 서울가정법원 가사재판연구회(2011), 75. 주해친족법(제1권)(제2판), 박영사(2025), 424(이동진)도 이와 같은 견해로 보인다.

58 이 점에 관하여는 Ⅱ. 2. 나. 2) 및 민법 제837조 Ⅲ. 3. 나. 1) 각 주석 참조.

59 법원실무제요, 가사[Ⅱ], 법원행정처(2021), 1502. 이와 달리 자녀가 청구할 경우에는 비양육친을 상대방으로 하여야 한다는 견해로는, 주해친족법(제1권)(제2판), 박영사(2025), 425(이동진). 이 책의 424(이동진)에는 '(자녀의) 양육친에 대한 면접교섭청구는 생각하기 어렵다'는 문장과 '(자녀가) 우선은 비양육친을 상대로 면접교섭을 청구하여 면접교섭의 구체적 내용을 확정하여야 하고, 양육친에 대하여는 면접교섭의 방해금지를 청구함이 타당하다'는 문장이 모두 있는데, 진의가 무엇인지 이해하기 어렵다. 또한 자녀가 양육친을 상대로 면접교섭을 청구하는 상황을 전제로 허부를 논하는 견해로는, 김주수/김상용, 친족상속법(제20판), 법문사(2024), 224. 필자는 ① 미성년 자녀와 비양육친 사이의 면접교섭의 구체적 내용, ② 양육친의 면접교섭 허용의무 또는 방해금지의 구체적 내용, ③ 비양육친의 면접교섭에 응할 의무의 구체적 내용은 모두 하나의 권리가 갖는 3가지 작용이지만, 비양육친이 양육친에 대하여 면접교섭을 청구할 때에는 ①과 ②가 형성되고, 양육친이 비양육친에 대하여 면접교섭을 청구할 때에는 ①과 ③이 형성되며, 자녀가 면접교섭을 청구할 때에는 양육친을 상대로 하여 ①과 ②만 형성할지, 비양육친을 상대로 하여 ①과 ③만 형성할지, 양육친과 비양육친을 상대로 하여 ①, ②, ③ 모두를 형성할지 구체적 사안의 특성에 따라 선택할 수 있다고 본다.

60 김연, "면접교섭권에 관한 절차적 문제점과 최근의 동향", 민사소송 11-2, 한국사법행정학회(2007), 376; 최진섭, "면접교섭권의 이론적 기초와 개정민법의 해석", 연세법학연구 제2집, 연세대학교 법학연구소(1992), 375.

여야 한다는 견해[61]가 있다. 그러나 미성년 자녀가 면접교섭을 청구하는 것은 권리만을 얻는 행위에 해당하여 법정대리인의 동의가 필요 없고(민법 제5조 제1항), 따라서 소송능력도 있어 미성년 자녀가 직접 심판청구를 할 수 있다고 보아야 한다(☞ 상세한 내용은 민법 제837조 Ⅱ. 2. 나. 1) 주석 참조).[62]

53 미성년 자녀에게 쟁송절차를 허용하더라도, 자녀가 직접 분쟁의 전면에 나서서 양육친 또는 비양육친과 다투는 것은 적절하지 않고 오히려 자녀의 복리를 해칠 수 있다. 따라서 가정법원은 적절한 전문가를 보조인으로 허가함으로써(가사소송법 제7조 제1항 단서), 자녀의 진정한 의사를 파악하여 절차에 반영시키는 한편 양육친 및 비양육친과 교섭하도록 하고, 법정에는 보조인이 출석하도록 할 필요가 있다. 또한 양육친을 상대로 청구한 경우에는 비양육친을, 반대의 경우에는 양육친을 이해관계인으로 절차에 참가하도록 하여(가사소송법 제37조), 사실상 양육친과 비양육친 사이의 쟁송형태로 조성할 필요도 있다. 면접교섭은 부모교육, 상담, 가사조사 등 가정법원의 후견·복지적 개입을 통하여 양육친 및 비양육친이 각성하고 준비되어야 비로소 실효성을 가지고, 부모 모두 자녀의 현재 상태가 어떠한지 이해할 필요가 있다는 점에서 더욱 그렇다. 물론 양육친을 상대로 조부모 등에 대한 면접교섭의 허용을 구한 경우에도 조부모 등을 이해관계인으로 절차에 참가시켜 자발적인 협조의사를 확인할 필요가 있을 것이다.

54 미성년 자녀가 직접 면접교섭을 청구한다는 것은 이례적이어서, 분노, 상실감, 배신감, 죄책감 등으로 어려움을 겪고 있을 가능성이 다분하므로, 자녀에게도 조기에 전문가의 진단과 아동상담 등 적절한 조치가 취해져야 한다.

Ⅲ. 면접교섭의 방법, 제한·배제

1. 면접교섭의 방법

55 면접교섭은 대면접촉을 원칙적인 방법으로 한다. 실무적으로는 '면접교섭'이라는 낱말 자체가 대면접촉을 의미하는 경우가 많다. 그러나 그 밖에 편지, 전화, 이메일, 휴대전화 문자메시지, 각종 인터넷 서비스 등을 통한 통신연락과 선물의 교환, 자녀의 성장·발달과정을 알 수 있는 신상정보의 제공 또한 면접교섭의 방

61 김상용, "면접교섭권", 법학연구 제40권 제1호, 부산대학교 법학연구소(1999), 249.
62 같은 견해: 주해친족법(제1권)(제2판), 박영사(2025), 424(이동진).

법에 포함된다.

56 면접교섭의 방법을 정하는 기준은 자녀의 복리이다(민법 제837조 제3항, 제837조의2 제3항). 한편 면접교섭권과 양육권은 서로 제약하고 충돌하는 성질을 가진다.[63] 따라서 면접교섭의 방법을 정할 때에 양육권을 지나치게 제한하지 않고 양자 사이의 균형을 이룰 수 있도록 유념할 필요가 있다.

가. 대면접촉

57 면접교섭의 방법으로 대면접촉을 취할 때 가장 중요한 것은 면접교섭의 간격, 지속시간, 숙박 여부이다. 비양육친과 자녀의 안정적인 관계는 정기적인 면접교섭의 약속이 준수되고 있고, 앞으로 준수될 것이라는 신뢰를 필요로 하므로, '자유로이 면접교섭 할 수 있다'와 같은 형태는 적절하지 않다. 실무상 1달에 2회가 많이 사용되고, 주문례는 '첫째, 셋째 토요일 10:00부터 17:00까지', '둘째, 넷째 토요일 10:00부터 다음 날 16:00까지' 등이다. 추가적으로 설연휴 또는 추석연휴, 여름방학 및 겨울방학에 여러 날 숙박하는 것을 정하기도 한다. 특히 어린 아동의 경우에는 짧은 간격의 주기적인 만남(최소 2주일에 한번)을 통해서만 감정적인 유대관계를 지속시킬 수 있다고 한다.[64]

58 숙박 여부를 정하는 기준은 일률적으로 말할 수 없으나, 자녀의 나이와 성장단계, 애착의 정도가 우선 고려되어야 한다. 예컨대 미취학 아동이 양육친 없이 거주지 외 장소에서 하루 또는 그 이상 숙박하면 불안해 할 위험이 있으므로, 자녀와 비양육친 사이에 충분한 애착관계가 형성되어 있는지 살필 필요가 있다.

59 면접교섭의 장소는 특별히 정하지 않는 경우도 많으나, 자녀의 나이가 어리거나 장소를 둘러싼 분쟁이 있는 경우에는 이를 정하기도 한다. 면접교섭의 장소를 양육친의 주거지로 제한하는 것은 결국 양육친에 의한 감독을 허용하는 결과가 되고, 비양육친과 자녀의 유대관계 형성·유지라는 면접교섭의 취지에 어긋날 소지가 있다.[65] 자녀의 나이가 어릴 때에는 면접교섭의 장소를 양육친의 주거지 근방으로 제한하여, 문제가 발생할 경우 양육친이 신속히 데려갈 수 있도록 하는 방법도 있다.

63 박동섭, 친족상속법(제4판), 박영사(2013), 193; 최달곤, "이혼후의 자녀보호", 가족법연구 제10호, 한국가족법학회(1996), 193; 최은주, "면접교섭권에 관한 약간의 고찰", 가사재판연구 Ⅱ, 서울가정법원 가사재판연구회(2011), 74.

64 김상용, "면접교섭권", 법학연구 제40권 제1호, 부산대학교 법학연구소(1999), 261.

65 김주수/김상용, 친족·상속법(제20판), 법문사(2024), 229.

60 면접교섭을 위하여 자녀를 데려오고 데려가는 책임은 원칙적으로 비양육친에게 있다.[66] 주문례는 “사건본인의 인수·인계는 사건본인의 주거지에서 한다.” 등이다. 양육친과 비양육친의 거주지가 멀어 인수·인계의 부담이 큰 연유로 이를 둘러싼 다툼이 심한 경우에는 인수·인계의 책임을 번갈아 맡는 방식도 사용되고는 있으나, 논의과정에서 쌍방의 오기를 자극하고 면접교섭을 거래의 대상으로 할 위험이 있다. 면접교섭에서 인수·인계의 책임은 비양육친에게 있음을 명확히 하는 것이 분쟁을 예방하는 길이 될 수 있다.

61 면접교섭의 장소에 제3자의 동석을 제한하거나, 양육친 또는 제3자의 동석권을 정하는 경우가 있다. 특히 면접교섭의 기회에 아동을 탈취할 위험이 있는 경우에 고려될 수 있는 방법이다. 그러나 이는 사실상 면접교섭의 제한에 해당하고 자칫 쌍방의 감정싸움이 될 수 있으므로 신중히 접근할 필요가 있다. 아동학대의 주장이 있는 경우에 양육친 또는 제3자의 동석권을 정하기도 하나, 전문가의 진단 없이 이러한 방식으로 해결하는 것은 위험할 수 있다. 가사조사관 등 전문가의 개입 아래 면접교섭을 시범실시하면서 면접교섭의 양상과 자녀의 반응을 관찰하고,[67] 자녀를 조사하는 등의 방법으로 아동학대의 위험이 있는지 명확한 진단을 먼저 한 뒤 그에 따른 조치를 취하는 것이 좋을 것이다.

나. 통신연락 및 선물의 교환

62 면접교섭으로 대면접촉의 방법을 취할 때에는 통신연락 또는 선물의 교환에 관하여 따로 정하지 않는 경우가 많다. 대면접촉을 하고 있는 이상 통신연락 등은 이에 수반하여 자연스럽게 해결되는 경우가 많기 때문이다. 그러나 비양육친이 대면접촉에 부가하여 통신연락 또는 선물의 교환을 요구하는데 양육친이 이를 거부하여 분쟁이 발생한 경우, 대면접촉이 불가능한 경우 등에는 통신연락 또는 선물의 교환에 관하여 구체적으로 정하기도 한다. 대면접촉이 불가능한 대표적인 예는 비양육친 또는 미성년 자녀가 해외에 거주하는 경우이다.

다. 자녀의 신상정보 제공

63 자녀의 신상정보 제공은 대면접촉, 통신연락 등이 불가능한 경우에 마지막으로 취하거나 대면접촉이 불가능한 경우에 통신연락과 병행하여 취할 수 있는 방법

66 김주수/김상용, 친족·상속법(제20판), 법문사(2024), 230.
67 현재 가정법원은 대체로 일면경이 설치된 면접교섭실을 운영하고 있다.

이다.[68] 예컨대 면접교섭의 배제사유가 있어 대면접촉은 물론이고 통신연락조차 부적절한 사안에서도, 양육친이 비양육친에게 정기적으로 전화, 편지, 이메일, 인편 또는 휴대전화 문자메시지 등을 통하여 자녀의 신상정보를 제공하도록 정하는 것은 가능하다.[69]

64 자녀의 신상정보는 자녀의 건강상태, 학교생활, 교우관계, 장래의 희망 등 성장·발달과 관련된 것으로서 비양육친이 관심을 갖는 부분을 말한다. 자녀의 사진이나 성적표 사본을 제공하는 것 또한 여기에 포함된다.[70] 아동학대가 있었던 경우에는 학교의 이름이나 주소지 등의 정보는 제공되어야 할 신상정보에서 제외됨을 명시해야 할 경우도 있다.

65 분쟁의 예방이라는 측면에서라도 신상정보의 제공 또한 방법, 내용, 빈도, 횟수 등을 구체적으로 정해 정기적으로 하도록 정하는 것이 바람직하다.

2. 면접교섭의 제한 또는 배제

가. 면접교섭의 제한

66 면접교섭의 방법을 구체적으로 정하는 것은 결국 면접교섭을 제한하는 결과가 되므로, 면접교섭의 방법을 정하는 것과 면접교섭의 제한 사이에는 정도의 차이만 있다고 볼 수 있다.[71] 예컨대 면접교섭을 신상정보 제공의 방법에 한하는 경우, 1년 동안은 면접교섭을 할 수 없음과 함께 그 뒤의 면접교섭의 방법을 정하는 경우 등을 두고, 면접교섭의 방법을 정한 것인지 아니면 면접교섭을 제한한 것인지 논할 실익은 없다. 그러나 면접교섭의 배제는 별도로 논의할 필요가 있다.

나. 면접교섭의 배제

67 면접교섭을 배제할지 정하는 기준은 자녀의 복리이다(민법 제837조의2 제3항). 면접교섭의 배제 여부에 면접교섭에 관한 미성년 자녀의 이익과 비양육친의 이익을 동등하게 고려할지 전자를 우선시할지 문제된다. 면접교섭의 제한이라는 방법만으로는 자녀의 복리를 지킬 수 없을 때에 한하여 최후의 수단으로 면접교

68 김주수/김상용, 친족·상속법(제20판), 법문사(2024), 231.

69 창원지방법원 마산지원 2019. 7. 25. 자 2018느단100136 화해권고결정(확정)은, 청구인이 자녀를 심하게 학대하여 아동보호처분을 받은 사건에서, 다음과 같이 신상정보 제공의 방식에 한하여 면접교섭을 인정하였다. "상대방은 청구인에게 연 1회 매년 12월 20일까지 편지, 휴대전화 문자메시지, 인편 등 적절한 방식으로 사건본인의 진학 또는 취업상황, 건강상태 등 사건본인의 1년 생활에 관한 사항을 간단하게(글자 기준 200자 이내, 시간 기준 1분 이내) 정리하여 알린다."

70 김주수/김상용, 친족·상속법(제20판), 법문사(2024), 231.

71 비슷한 취지: 김상용, "면접교섭권", 법학연구 제40권 제1호, 부산대학교 법학연구소(1999), 266.

섭의 배제가 고려될 수 있다는 견해가 있다.[72] 사견으로는 면접교섭 배제로 인한 자녀의 이익과 면접교섭으로 인한 비양육친의 이익을 저울질하여 전자가 상대적으로 우위에 있는 경우에는 면접교섭을 배제할 수 있다고 생각한다. 면접교섭권은 부모의 권리로서 성격보다 자녀의 권리로서 성격이 우선하기 때문이다. 그러나 미성년 자녀 또는 양육친의 강력한 면접교섭 거부의사에 불구하고 궁극적으로는 면접교섭이 미성년 자녀의 복리에 기여한다고 판단되는 경우가 대부분이고, 일부 예외적인 경우에도 대체로 극단적인 면접교섭의 배제보다는 신상정보 제공 등의 방법으로 제한하여 면접교섭의 방법을 정할 수 있으므로 논의의 실익은 크지 않다고 보인다.

68 대법원 2021. 12. 16. 자 2017스628 결정은 면접교섭권의 배제에 관하여 다음과 같이 판시하였다. 자녀의 복리를 최우선적으로 고려하되 부모에게도 면접교섭을 통해 자녀와 관계를 유지할 기본적인 이익이 있으므로 원칙적으로 부모와 자녀의 면접교섭을 허용하고, 면접교섭이 자녀의 복리를 침해하는 특별한 사정이 있는 경우에 한하여 면접교섭을 배제할 수 있다. 부모의 이혼 등에 따른 갈등 상황에서 단기적으로 자녀의 복리에 부정적인 영향을 미치는 요인이 일부 발견되더라도 장기적으로 면접교섭이 이루어질 때 자녀의 복리에 미치는 긍정적인 영향 등을 깊이 고려하여 면접교섭을 제한하는 방법으로 가능한 한 자녀의 성장과 복지에 가장 도움이 되고 적합한 방향으로 면접교섭이 이루어질 수 있도록 하여야 하고, 막연한 우려를 내세워 면접교섭 자체를 배제하는 데에는 신중하여야 한다. 면접교섭이 자녀의 복리를 침해하는지 여부는 자녀의 연령, 건강상태, 면접교섭에 대한 의사와 함께 면접교섭을 청구하는 부모 일방과 자녀 사이의 유대관계나 친밀도, 면접교섭을 청구하는 의도나 목적, 자녀의 현재 양육환경에 비추어 면접교섭이 양육자인 부모 일방과 자녀 사이의 갈등을 유발하거나 자녀가 새로운 양육환경에 적응하는 데 장애가 되는지, 면접교섭 청구인에게 양육자인 부모 일방 또는 자녀에 대한 현저한 비행이나 아동학대 등의 전력이 있는지 등을 종합적으로 고려하되, 면접교섭이 자녀의 복리에 단기적·장기적으로 어떠한 영향을 미치는지를 구체적으로 살펴 자녀의 성장과 복지에 가장 도움이 되

72 김주수/김상용, 친족·상속법(제20판), 법문사(2024), 232. 주해친족법(제1권)(제2판), 박영사(2025), 427(이동진)는 면접교섭이 자녀의 권리이기도 하지만 부모의 권리임 또한 부정할 수 없고, 부모의 이익도 부수적으로 고려될 수 있다고 하는데, 결을 달리하는 견해로 보인다.

고 적합한 방향으로 판단하여야 한다.

다. 면접교섭권 배제의 사유

1) 이혼의 유책사유

69 이혼의 유책배우자라 해서 반드시 면접교섭이 배제되는 것은 아니고, 특히 비양육친이 일시 자녀를 돌보지 않고 부정행위를 하였다 하여 면접교섭을 배제할 수는 없다. 그러나 유책사유를 제반 사정과 함께 고려하여 자녀의 복리를 해하는 내용과 정도인 경우에는 면접교섭이 배제될 수 있다.[73]

2) 자녀의 면접교섭 거부

70 자녀가 면접교섭을 거부하는 경우, 이를 번복하도록 노력하였음에도 변함이 없다면 하나의 사실로서 있는 그대로 인정하여 면접교섭을 배제하여야 한다는 견해가 있다.[74] 그러나 현실적으로 양육문제에 다툼이 있는 거의 모든 사건에서 양육친은 자녀가 비양육친을 거부한다고 주장하고 있으므로, 자녀의 거부를 이유로 면접교섭권을 배제하는 것은 오판과 남용의 우려가 크다. 자녀가 면접교섭을 거부하는 것은 결국 부모거부증후군(Parental Alienation Syndrome)의 문제로서 조심스럽고 단계적인 접근이 필요하다(☞ 앞의 I. 3. 나. 주석 참조). 전문가에 의하여 자녀의 진정한 의사와 원인을 탐구하여 아동학대, 성폭력 등 합당한 이유가 있는 경우라면 물론 면접교섭권이 배제되어야 한다. 그러나 부모거부증후군은 주위 사람들에 의하여 오염되고 오랜 시간에 걸쳐 쌓인 왜곡된 인식에 기반한 경우, 양육친과 자녀의 완고한 성격 등 성격적 특성에 기인한 경우가 많은데 이를 있는 그대로 받아들이기는 어렵다. 가정법원은 면접교섭의 시범실시와 연습, 상담, 부모교육 등으로 부모거부증후군의 치료에 적극 개입하여야 하고, 그에 불구하고 치료에 실패하였다 하더라도 면접교섭의 배제에는 신중할 필요가 있다. 이러한 갈등 상황에서 섣부른 면접교섭의 배제는 쌍방에게 잘못된 메시지를 주고 갈등을 오히려 증폭시킬 위험이 있다. 이러한 경우 통신연락, 신상정보의 제공 등으로 제한하여 면접교섭의 방법을 정할 수 있고, 경우에 따라서는 차라리 면접교섭에 관하여 정하지 않고 유보해 두는 것도 생각해 볼 수 있다.

73 김상용, "면접교섭권", 법학연구 제40권 제1호, 부산대학교 법학연구소(1999), 273; 민유숙, "이혼한 부부사이의 자에 대한 면접교섭권의 고찰", 법조 제41권 제7호, 법조협회(1992), 102; 이은신, "면접교섭권", 재판자료 제62집, 법원도서관(1993), 355.
74 김주수/김상용, 친족·상속법(제20판), 법문사(2024), 233.

3) 장기간의 관계 단절

71 비양육친과 자녀가 오랜 기간 교류하지 않아 관계가 단절된 경우가 문제된다. 갑작스러운 만남이 극복하기 어려운 혼란과 갈등을 일으킬 것이라고 예견되는 경우에는 면접교섭이 배제되어야 한다는 견해가 있다.[75] 이러한 경우에는 기본적으로 부모거부증후군의 경우와 같은 방식으로 접근해야 할 것이다. 가정법원이 단계적으로 조심스럽게 개입하여 관계 단절로 인한 문제의 치료를 시도하여야 할 것이고, 치료에 실패하였다 하더라도 면접교섭의 방법을 어느 정도 제한할 수는 있으나 면접교섭의 배제에는 신중할 필요가 있다.

4) 학대, 폭행, 성폭력, 친권상실 등

72 비양육친이 자녀에게 폭행, 성폭력 등 신체적 학대를 한 경우, 그 밖에 정신적 학대를 한 경우에는 그 정도에 따라 면접교섭의 배제를 적극 고려할 필요가 있다. 과연 어느 정도의 학대에 이르러야 면접교섭이 배제될 수 있는지가 문제될 것이나, 일률적으로 말하기 어렵다. 현실적으로 양육친이 공격수단으로 삼기 위하여 학대를 거짓으로 작출하는 경우가 드물지 않다는 점도 고려되어야 한다. 결국 이 모두 전문가의 진단을 기초로 자녀의 복리 증진이라는 관점에 비추어 판단되어야 한다.

73 과거 상당한 정도의 학대가 있었다면 장래에 같은 정도의 학대가 있으리라고 단정할 수 없는 경우에도 면접교섭권이 배제될 수 있다. 면접교섭이 자녀에게 과거의 기억과 공포감을 떠올리게 하여 악영향을 미칠 수 있기 때문이다.[76] 비양육친이 우범지역, 성매매 지역 등 자녀의 복리를 해칠 수 있는 환경으로 자녀를 인도하는 경우도 정신적 학대에 해당하므로 면접교섭권이 배제될 수 있다.[77]

74 친권상실사유가 있을 때에는 면접교섭도 전면제한 또는 배제되어야 하고, 다만 재산관리권의 남용이 이유인 경우에는 자녀에 대한 애정이 있는 한 면접교섭이 허용되어야 한다는 견해가 있다.[78] 그러나 재산관리권의 남용 이외의 친권상실사유가 있더라도 그 구체적 내용을 살펴 미성년 자녀의 복리를 해친다고 인정

75 김주수/김상용, 친족·상속법(제20판), 법문사(2024), 234.
76 김주수/김상용, 친족·상속법(제20판), 법문사(2024), 233.
77 김주수/김상용, 친족·상속법(제20판), 법문사(2024), 235.
78 오시영, 친족상속법(제2판), 학현사(2011), 199; 이은신, "면접교섭권", 재판자료 제62집, 법원도서관(1993), 354; 최달곤, "이혼후의 자녀보호", 가족법연구 제10호, 한국가족법학회(1996), 193.

될 경우에 한하여 면접교섭이 배제되어야 할 것이다.[79]

75 비양육친이 면접교섭을 자녀 탈취의 기회로 악용할 위험이 있는 경우에도 면접교섭의 배제가 고려될 수 있다.[80]

5) 질병

76 비양육친에게 정신질환, 전염병, 알코올중독, 마약중독 등의 질병이 있는 경우 면접교섭권이 배제될 수 있다.[81]

6) 비양육친이 부적절한 행동을 하는 경우

77 비양육친이 자녀에게 양육친에 관한 부정적인 이야기를 하여 자녀와 양육친의 갈등을 야기하는 경우, 양육문제에서 양육친과 상반된 태도를 취하여 혼란과 갈등에 빠뜨리는 경우, 면접교섭 시 자녀가 보는 곳에서 양육친과 끊임없이 다투어 면접교섭을 갈등 연장의 수단으로 악용하는 것이 명백한 경우 등에 면접교섭의 배제가 가능하다는 견해가 있다.[82] 그러나 비양육친의 면접교섭이 양육친과 갈등을 유발하고 자녀의 적응에 방해가 되거나 혼란을 초래할 수 있다는 고려만으로는 면접교섭을 제한 또는 배제할 수 없다는 견해도 있다.[83]

78 앞서 언급한 유형의 행동이 부적절하고 미성숙한 행동인 한편 자녀의 복리에 부정적인 영향을 미치게 될 것임은 분명하다. 그러나 현실적으로 많은 이혼 부모가 이러한 문제를 안고 있고, 혼란과 갈등의 책임이 비양육친에게만 있다고 단정하기 어려운 경우도 많다. 가정법원의 적극 개입으로 문제 해결을 시도하여야 하고, 해결에 실패하였더라도 면접교섭의 방법을 어느 정도 제한할 수는 있을지언정 면접교섭의 배제까지는 적절하지 않은 경우가 많을 것으로 생각한다.

79 비양육친은 양육친이 마약을 한다거나 다른 남자들과 성관계를 나눈다는 등의 거짓 주장을 하는 한편 양육친을 통제하기를 원하고 있고, 미성년 자녀는 양육환경의 변화를 자주 겪고 부모의 물리적인 싸움을 목격하면서 불안감이 고조되어 장기간의 심리치료가 필요한 상태로서 양육친에게 의지하는 한편 양육친과

79 주해친족법(제1권)(제2판), 박영사(2025), 427(이동진).

80 김주수/김상용, 친족·상속법(제20판), 법문사(2024), 235; 오시영, 친족상속법(제2판), 학현사(2011), 200; 이은신, "면접교섭권", 재판자료 제62집, 법원도서관(1993), 359.

81 김주수/김상용, 친족·상속법(제20판), 법문사(2024), 234.

82 김주수/김상용, 친족·상속법(제20판), 법문사(2024), 235; 민유숙, "이혼한 부부 사이의 자에 대한 면접교섭권의 고찰", 법조 제41권 제7호, 법조협회(1992), 102; 오시영, 친족상속법(제2판), 학현사(2011), 200; 최달곤, "이혼후의 자녀보호", 가족법연구 제10호, 한국가족법학회(1996), 195.

83 주해친족법(제1권)(제2판), 박영사(2025), 426(이동진).

분리되는 것을 원하지 않으며, 양육친은 비양육친의 폭력성, 집요함 등으로 비양육친과 만남을 불안해하고 있는 점 등을 근거로 비양육친의 면접교섭을 배제한 사실심 재판례가 있다.[84]

7) 양육비의 미지급

80 비양육친이 양육비를 지급하지 않는다고 하여 면접교섭 배제의 사유로 삼을 수는 없다.[85] 비양육친이 충분한 능력이 있음에도 양육비를 지급하지 않고, 자녀가 이를 알게 되어 비양육친에 대한 증오심 내지 적개심을 갖게 된 경우에 면접교섭이 배제될 수 있다는 견해가 있다.[86] 그러나 양육비 미지급을 이유로 면접교섭을 배제하면, 비양육친에게 이제부터는 양육비 미지급이 정당하다는 오해를 심어주게 된다. 가정법원이 양육비 미지급을 이유로 면접교섭을 배제하였으면서도 면접교섭의 배제에 불구하고 양육비는 지급하여야 한다고 하면, 일반 국민은 이중메세지로 받아들여 사법불신으로 이어질 우려도 있다. 부모가 면접교섭과 양육비를 거래하려 할 유인이 되고 결국 갈등이 증폭될 위험도 있다. 따라서 양육비와 면접교섭은 아무런 대가관계가 없다는 일관되고 분명한 태도가 필요하다.

81 반대로 양육친이 면접교섭을 부당하게 방해한다 하여 비양육친의 양육비지급의무가 면책되는 것도 아니다.[87]

IV. 면접교섭의 쟁송절차와 이행확보

1. 면접교섭의 처분, 제한, 배제 및 변경절차

82 과거 가사소송법 제2조 제1항 제2호 나목 3)은 "민법 제837조 및 제837조의2 (중략) 에 따른 자녀의 양육에 관한 처분과 그 변경, 면접교섭권의 제한 또는 배제"라고 규정하고 있었다. 그래서 면접교섭권을 처음 결정하고 그 뒤 이를 변경하는 절차에는 민법 제837조(특히 제2항 제3호 및 제5항)가 (유추)적용되고, 면접교

84 대전가정법원 공주지원 2019. 2. 15. 선고 2018드단2394(본소), 2018드단2530(반소) 판결(항소기각·상고기각판결로 확정).

85 주해친족법(제1권)(제2판), 박영사(2025), 429(이동진); 김주수/김상용, 친족·상속법(제20판), 법문사(2024), 235; 오시영, 친족상속법(제2판), 학현사(2011), 200; 민유숙, "이혼한 부부 사이의 자에 대한 면접교섭권의 고찰", 법조 제41권 제7호, 법조협회(1992), 104; 이은신, "면접교섭권", 재판자료 제62집, 법원도서관(1993), 357.

86 김주수/김상용, 친족·상속법(제20판), 법문사(2024), 235; 오시영, 친족상속법(제2판), 학현사(2011), 200.

87 이은신, "면접교섭권", 재판자료 제62집, 법원도서관(1993), 358.

섭권의 제한 또는 배제에는 제837조의2가 적용된다고 이해되었다.[88] 그러나 2016. 12. 2. 위 가사소송법 조항이 "민법 제837조 및 제837조의2 (중략) 에 따른 자녀의 양육에 관한 처분과 그 변경, 면접교섭권의 처분 또는 제한·배제·변경"으로 개정되었다. 따라서 이제는 면접교섭권의 방법을 정하는 절차, 이를 제한 또는 배제하는 절차, 면접교섭에 관한 종전의 협의 또는 심판 등을 변경하는 절차의 준거로서 모두 제837조의2를 원용할 수 있게 되었다.

83 그러나 여전히 민법 제837조는 면접교섭권에 직접 적용된다.[89] 민법 제837조의2는 면접교섭권의 청구권근거규범인 동시에 이를 제한·배제·변경할 수 있는 실체법적 근거이고, 민법 제837조(특히 제2항 제3호, 제3항·제4항·5항)는 그 구체적인 결정방법과 절차를 규정함으로써 서로 다른 내용을 규율하고 있기 때문이다. 그러나 이러한 결론을 위하여 민법 제837조의2를 제837조의 특별규정으로 볼 것은 아니다(☞ 그 밖에 협의 및 재판절차의 상세 내용은 민법 제837조의 주석 중 Ⅲ. 참조).

2. 면접교섭의 이행확보

가. 면접교섭 허용 의무의 이행확보

1) 가사소송법이 정한 이행명령과 과태료

84 가정법원은 판결, 심판, 조정조서, 조정을 갈음하는 결정에 의하여 면접교섭 허용 의무를 부담하는 양육친이 정당한 이유 없이 이를 이행하지 않는 경우 당사자의 신청에 의하여 일정한 기간 내에 그 의무를 이행할 것을 명할 수 있다(가사소송법 제64조 제1항 제3호).[90] 가정법원은 양육친이 이러한 이행명령에 위반한 경우 직권 또는 권리자의 신청에 의하여 결정으로 1,000만 원 이하의 과태료를 부과할 수 있다(가사소송법 제67조 제1항). 그러나 양육친을 감치에 처할 수는 없다(가사소송법 제68조 참조). 양육친을 감치에 처하면 양육의 공백이 발생하여 자녀의 복리를 해치는 결과가 되기 때문이라 한다.[91] 면접교섭 허용 의무 불이행에 대한 이행명령은 2005년 가사소송법 개정으로 명시되었으나, 그 전에도 같은 취지로 해석하는

88 주해친족법(제1권)(제1판), 박영사(2015), 360(이동진); 민유숙, "이혼한 부부 사이의 자에 대한 면접교섭권의 고찰", 법조 제41권 제7호, 법조협회(1992), 94.

89 유추적용된다는 것으로, 김상용, "면접교섭권", 법학연구 제40권 제1호, 부산대학교 법학연구소(1999), 269. 그러나 2007년 민법 개정 후로는 민법 제837조가 면접교섭권에 직접 적용된다고 보지 않을 수 없다.

90 면접교섭 허용 의무는 가사소송법 제42조가 가집행의 대상으로 규정하지 않았으므로 가집행선고부 판결이나 심판은 해당 없다.

91 김주수/김상용, 친족·상속법(제20판), 법문사(2024), 237.

견해가 있었다.[92] 이러한 이행명령 및 그 위반에 대한 과태료 제재는 가사소송법 고유의 간접강제로 이해된다.[93]

85 비양육친이 이행명령과 과태료를 신청할 수 있다는 점은 분명하다. 그러나 미성년 자녀는 양육친을 상대로 면접교섭의 허용을 구하는 심판을 청구할 수는 있어도 그 위반에 대하여 이행명령 또는 과태료를 신청할 수는 없다고 보아야 할 것이다.[94] 자녀가 자신을 키우는 양육친을 상대로 이행명령 또는 과태료를 신청하는 것은 오히려 자녀의 복리를 해칠 수 있기 때문이다. 다만, 이와 같은 경우에는 직권으로 친권자 및 양육자를 변경하여야 하지 않는지 심리할 필요가 있을 수 있다.

2) 민사집행법이 정한 간접강제

86 양육친의 면접교섭 허용 의무는 비대체적 작위의무로서 민사집행법 제261조가 정한 간접강제가 가능하고, 다만 면접교섭 허용 의무에 관한 방해금지조항 또는 협조의무조항을 구체화하여야 간접강제가 가능하며, 조정조항에 직접 간접강제 조항을 추가할 수 있다.[95] 그런데 실무적으로 면접교섭에 관한 사전처분의 주문에는 대체로 방해금지조항 또는 협조의무조항을 넣고 있으나, 판결 등의 주문에는 면접교섭의 방법을 정하는 조항 외에 방해금지조항 또는 협조의무조항을 넣는 경우가 많지 않다. 비록 면접교섭의 방법을 정하는 주문에 이미 방해금지의무와 협조의무가 포함되어 있다고 볼지라도,[96] 판결 등의 주문에 방해금지조항 또는 협조의무조항이 있지 않은 이상 별도로 간접강제를 신청하여 방해금지 또는 협조의무를 구체화한 간접강제결정을 받은 경우에 한하여 간접강제가 가능하다(민사집행법 제261조).

나. 면접교섭에 응할 의무의 이행확보

87 가사소송법 제64조 제1항 제3호의 취지에 비추어 비양육친이 면접교섭을 하려고 하지 않는 경우 앞서 살핀 이행명령과 그 위반에 대한 과태료 부과를 할 수

92 김상용, "면접교섭권", 법학연구 제40권 제1호, 부산대학교 법학연구소(1999), 273.
93 법원실무제요, 가사[I], 법원행정처(2021), 364 이하.
94 김연, "면접교섭권에 관한 절차적 문제점과 최근의 동향", 민사소송 11-2, 한국사법행정학회(2007), 378.
95 법원실무제요, 가사[II], 법원행정처(2010), 547; 이은신, "면접교섭권", 재판자료 제62집, 법원도서관(1993), 363.
96 면접교섭의 방법을 정하는 주문에 이미 방해금지의무와 협조의무가 포함되어 있으므로 주문에 따로 이를 넣을 필요가 없다는 견해로는, 민유숙, "이혼한 부부 사이의 자에 대한 면접교섭권의 고찰", 법조 제41권 제7호, 법조협회(1992), 99; 이은신, "면접교섭권", 재판자료 제62집, 법원도서관(1993), 351.

는 없다. 위 조항이 '면접교섭 허용 의무' 외에 '면접교섭에 응할 의무'는 언급하고 있지 않기 때문이다.

88 비양육친의 면접교섭의무 위반에 간접강제 등 강제집행은 고려될 수 없다는 견해가 있다.[97] 현재의 일반적인 분쟁형태에서 비양육친의 면접교섭의무 위반에 대한 간접강제를 논의할 실익은 없다. 우선 실무적으로 "(비양육친은) 사건본인을 (중략) 면접교섭 할 수 있다."와 같은 권리형성 취지의 주문례가 사용되지, "(비양육친은) 사건본인을 (중략) 면접교섭 하여야 한다."와 같은 의무설정 취지의 주문례는 사용되지 않기 때문이다. "(비양육친과) 사건본인은 상호간에 (중략) 면접교섭 한다."와 같은 주문례가 드물게 사용되기도 하나, 이 또한 의무설정 취지로 볼 수는 없다. 따라서 현재의 분쟁형태에서는 위 견해가 타당하다.

89 그러나 양육친 또는 자녀는 비양육친에게 면접교섭에 응할 것을 구할 수 있으므로(☞ 앞의 Ⅱ. 2. 가.와 Ⅱ. 4. 나) 주석 참조), 면접교섭에 응할 의무의 내용을 구체화하고 여기에 간접강제를 대비한 의무조항까지 부가한 심판 또는 간접강제 결정이 확정되었다면 간접강제가 불가하다고 볼 이유는 없다. 물론 간접강제의 수단을 동원하더라도 면접교섭이 실효성을 갖기 어렵다는 문제는 있다. 그러나 가정법원은 심판절차를 통하여 후견·복지적 개입을 하여 비양육친의 면접교섭 의욕을 고취시키고 준비시킬 수 있는데, 그 과정에서 강제집행의 가능성은 많은 도움이 된다.

다. 자녀에 대한 이행확보

90 자녀는 면접교섭의 권리만 있을 뿐 이에 대한 의무는 없으므로, 자녀에 대한 이행명령 또는 과태료 부과나 간접강제 등을 운위할 수는 없다.[98]

97 김주수/김상용, 친족상속법(제20판), 법문사(2024), 237. 면접교섭에 응할 의무는 인격에 관계된 인적 의무이므로 강제집행의 대상이 되기 어렵다는 견해로, 주해친족법(제1권)(제2판), 박영사(2025), 430(이동진). 그러나 면접교섭 허용의무와 면접교섭에 응할 의무 사이에 간접강제의 대상성을 달리 보아야 할 뚜렷한 이유는 없다 할 것이다.

98 김주수/김상용, 친족·상속법(제20판), 법문사(2024), 237; 김연, "면접교섭권에 관한 절차적 문제점과 최근의 동향", 민사소송 11-2, 한국사법행정학회(2007), 377.

제 838 조 [사기, 강박으로 인한 이혼의 취소청구권]

사기 또는 강박으로 인하여 이혼의 의사표시를 한 자는 그 취소를 가정법원에 청구할 수 있다. <개정 1990. 1. 13.>

1 민법 제839조 주석 참조.

제 839 조 [준용규정]

제823조의 규정은 협의상 이혼에 준용한다.

[관련조문] 민법 제823조(사기, 강박으로 인한 혼인취소청구권의 소멸), 가사소송법 제2조(가정법원의 관장 사항) 제1항 제1호 나목 3·다목 2

[참고문헌] 주석 민법, 총칙(2)(제5판), 한국사법행정학회(2019); 주해친족법(제1권)(제2판), 박영사(2025); 김주수/김상용, 친족·상속법(제20판), 법문사(2024); 박동섭, 친족상속법(제4판), 박영사(2013); 송덕수, 친족상속법(제7판), 박영사(2024); 오시영, 친족상속법(제2판), 학현사(2011); 윤진수, 친족상속법 강의(제2판), 박영사(2018); 법원실무제요, 가사[I], 법원행정처(2021)

Ⅰ. 의의

1 민법 제838조 및 제839조는 이혼의 의사표시에 사기 또는 강박의 하자가 있는 경우 재판을 통하여 이혼을 취소할 수 있다고 규정한다. 재판상 이혼에 하자가 있는 경우에는 재심이 고려될 수 있을 뿐 이혼취소는 문제되지 않으므로,[1] 민법 제838조 및 제839조의 이혼은 협의이혼만을 말한다. 이혼취소는 재판으로만 할 수 있고, 이는 형성소송이다.[2]

Ⅱ. 이혼 취소의 사유

1. 사기

2 사기란 허위의 사실을 고지하여 착오에 빠뜨리는 것이다.[3] 이혼의사의 중요부분에 관한 착오임을 요하지 않고, 이혼 여부를 결정할 수 있는 중요한 사항에 관한 것인 이상 동기에 관한 착오도 포함된다. 적극적 기망뿐 아니라 소극적 부작위에

1 법원실무제요, 가사[I], 법원행정처(2021), 663.
2 김주수/김상용, 친족·상속법(제20판), 법문사(2024), 175.
3 김주수/김상용, 친족·상속법(제20판), 법문사(2024), 174.

의한 기망도 가능하고, 당사자 한쪽뿐 아니라 제3자의 사기도 가능하다. 제3자의 사기에 대하여 상대 배우자가 선의·무과실인 경우에도 취소할 수 있다.[4]

3 [판례] 대법원 2016. 2. 18. 선고 2015므654, 661 판결
민법 제816조 제3호가 규정하는 '사기'에는 혼인의 당사자 일방 또는 제3자가 적극적으로 허위의 사실을 고지한 경우뿐만 아니라 소극적으로 고지를 하지 아니하거나 침묵한 경우도 포함된다. 그러나 불고지 또는 침묵의 경우에는 법령, 계약, 관습 또는 조리 상 사전에 사정을 고지할 의무가 인정되어야 위법한 기망행위로 볼 수 있다. 관습 또는 조리 상 고지의무가 인정되는지는 당사자들의 연령, 초혼인지 여부, 혼인에 이르게 된 경위와 그때까지 형성된 생활관계의 내용, 당해 사항이 혼인의 의사결정에 미친 영향의 정도, 이에 대한 당사자 또는 제3자의 인식 여부, 당해 사항이 부부가 애정과 신뢰를 형성하는 데 불가결한 것인지, 또는 당사자의 명예 또는 사생활 비밀의 영역에 해당하는지, 상대방이 당해 사항에 관련된 질문을 한 적이 있는지, 상대방이 당사자 또는 제3자에게서 고지 받았거나 알고 있었던 사정의 내용 및 당해 사항과의 관계 등의 구체적·개별적 사정과 더불어 혼인에 대한 사회일반의 인식과 가치관, 혼인의 풍속과 관습, 사회의 도덕관·윤리관 및 전통문화까지 종합적으로 고려하여 판단하여야 한다.
혼인의 당사자 일방 또는 제3자가 출산의 경력을 고지하지 아니한 경우에 그것이 상대방의 혼인의 의사결정에 영향을 미칠 수 있었을 것이라는 사정만을 들어 일률적으로 고지의무를 인정하고 제3호 혼인취소사유에 해당한다고 하여서는 아니 되고, 출산의 경위와 출산한 자녀의 생존 여부 및 그에 대한 양육책임이나 부양책임의 존부, 실제 양육이나 교류가 이루어졌는지 여부와 시기 및 정도, 법률상 또는 사실상으로 양육자가 변경될 가능성이 있는지, 출산 경력을 고지하지 않은 것이 적극적으로 이루어졌는지 아니면 소극적인 것에 불과하였는지 등을 면밀하게 살펴봄으로써 출산의 경력이나 경위가 알려질 경우 당사자의 명예 또는 사생활 비밀의 본질적 부분이 침해될 우려가 있는지, 사회통념상 당사자나 제3자에게 그에 대한 고지를 기대할 수 있는지와 이를 고지하지 아니한 것이 신의성실 의무에 비추어 비난받을 정도라고 할 수 있는지까지 심리한 다음, 그러한 사정들을 종합적으로 고려하여 신중하게 고지의무의 인정 여부와 위반 여부를 판단함으로써 당사자 일방의 명예 또는 사생활 비밀의 보장과 상대방 당사자의 혼인 의사결정의 자유 사이에 균형과 조화를 도모하여야 한다.
당사자가 성장과정에서 본인의 의사와 무관하게 아동성폭력범죄 등의 피해를 당해 임신을 하고 출산까지 하였으나 이후 자녀와의 관계가 단절되고 상당한 기간 동안

4 김주수/김상용, 친족·상속법(제20판), 법문사(2024), 174; 송덕수, 친족상속법(제7판), 박영사(2024), 80.

양육이나 교류 등이 전혀 이루어지지 않은 경우라면, 출산의 경력이나 경위는 개인의 내밀한 영역에 속하는 것으로서 당사자의 명예 또는 사생활 비밀의 본질적 부분에 해당하고, 나아가 사회통념상 당사자나 제3자에게 그에 대한 고지를 기대할 수 있다거나 이를 고지하지 아니한 것이 신의성실 의무에 비추어 비난받을 정도라고 단정할 수도 없으므로, 단순히 출산의 경력을 고지하지 않았다고 하여 그것이 곧바로 민법 제816조 제3호에서 정한 혼인취소사유에 해당한다고 보아서는 아니 된다. 그리고 이는 국제결혼의 경우에도 마찬가지이다.

4 [판례] 대법원 1971. 9. 28. 선고 71므34 판결
당사자가 협의이혼을 하게 된 경위는 심판청구인이 살림에 보탬을 주고자 직물장사를 하다가 실패하여 그로 인한 빚이 약 4,000,000원에 달하여 많은 채권자들로부터 그 변제독촉에 몹시 시달리게 되자 이와 같은 심한 성화를 면하기 위하여서는 일시적이나마 가장이혼을 하였다가 사태가 수습된 뒤 다시 혼인신고를 하면 된다는 피심판청구인의 꾀임에 넘어가 그렇게 되었다는 것이다. (중략) 심판청구인은 민법 제838조에 의하여 사기로 인한 이혼의 의사표시를 취소할 수 있다.

2. 강박

5 강박이란 해악을 고지하여 공포심을 갖게 하는 것을 말한다.[5] 제3자의 강박에 대하여 상대 배우자가 선의인 경우에도 취소할 수 있다.[6]

3. 착오

6 혼인 및 입양에는 일정한 경우 착오를 이유로 취소할 수 있는 근거규정이 있으나(민법 제816조 제2호, 제884조 제1항 제2호), 이혼에는 이러한 규정이 없다. 일반적인 논의로서, 신분행위에서는 당사자의 진정한 의사가 절대적으로 존중되어야 하므로 착오에 의한 의사표시는 무효라는 견해,[7] 앞서와 같은 특칙이 없는 신분행위에는 민법 제108조가 적용되어 취소할 수 있다는 견해[8]가 있다. 또한 협의이혼에 특유한 논의로서, 협의이혼에서 내용의 착오는 생각하기 어렵거나 아예 이혼합의의 성립을 배제시켜 이혼을 무효로 만들고, 동기의 착오는 사기·강박이 아닌 한 원칙적으로 고려되지 않는다는 견해가 있다.[9] 혼인 및 입양과 달리 이

5 김주수/김상용, 친족·상속법(제20판), 법문사(2024), 174.
6 주해친족법(제1권)(제2판), 박영사(2025), 434(이동진).
7 김주수/김상용, 친족·상속법(제20판), 법문사(2024), 19 등.
8 주석 민법, 총칙(2)(제5판), 한국사법행정학회(2019), 752(지원림).
9 주해친족법(제1권)(제2판), 박영사(2025), 360(이동진).

혼에는 착오를 배려한 규정을 두지 않은 법체계를 고려하면 마지막 견해가 타당한 것으로 생각된다.

4. 피성년후견인의 동의 결여

7 피성년후견인이 부모 또는 성년후견인의 동의 없이 협의이혼한 경우에 사기 또는 강박에 준하여 취소할 수 있다는 견해가 있다.[10] 그러나 민법 제835조가 피성년후견인의 혼인에 부모 또는 성년후견인의 동의를 요하도록 하는 민법 제808조 제2항은 협의이혼에 준용하면서, 이를 결여한 경우를 취소사유로 규정한 민법 제816조 제2호를 준용하는 규정은 두지 않은 취지에 비추어, 이러한 경우는 무효사유는 물론 취소사유도 되지 않는다고 보아야 할 것이다.[11]

5. 협의이혼의사확인과의 관계

8 협의이혼의사의 확인은 어디까지나 당사자들의 합의를 근간으로 하는 것이고 법원의 역할은 그들의 의사를 확인하여 증명하여 주는 데 그치는 것이며 법원의 확인에 소송법상의 특별한 효력이 주어지는 것도 아니다. 따라서 이혼협의의 효력은 민법의 원칙에 의하여 결정되어야 할 것이고 이혼의사 표시가 사기, 강박에 의하여 이루어졌다면 민법 제838조에 의하여 취소할 수 있다.[12] 즉 가정법원이 협의이혼의사를 확인하였다 할지라도 이혼은 무효로 되거나 취소될 수 있다.

Ⅲ. 이혼취소의 소

1. 의의

9 이혼의 취소는 가정법원에 소를 제기하여서만 주장할 수 있는 것으로서 형성의 소이다. 이는 나류 가사소송사건이다(가사소송법 제2조 제1항 제1호 나목 3). 이혼취소의 소는 그 법적 성질이 형성의 소이므로 이혼취소판결이 확정되지 않은 상태에서 다른 소송에서 전제문제로 이혼의 취소를 주장하고 판단할 수 없다.

2. 당사자적격

10 이혼취소의 소는 부부 중 한쪽에게 원고적격, 상대 배우자에게 피고적격이 인정

10 송덕수, 친족상속법(제7판), 박영사(2024), 80; 오시영, 친족상속법(제2판), 학현사(2011), 156.

11 김주수/김상용, 친족·상속법(제20판), 법문사(2024), 175; 박동섭, 친족상속법(제4판), 박영사(2013), 154; 윤진수, 친족상속법 강의(제2판), 박영사(2018), 86.

12 대법원 1987. 1. 20. 선고 86므86 판결.

된다(가사소송법 제24조 제4항·제1항). 다만, 성질상 원고적격은 사기 또는 강박으로 인하여 이혼의 의사를 표시한 그 당사자에게 있다고 이해된다.[13] 상대 배우자가 사망한 경우에는 검사를 피고로 한다(가사소송법 제24조 제4항·제3항).

3. 관할

11 토지관할은 부부가 같은 가정법원의 관할구역 내에 보통재판적이 있을 때에는 그 가정법원이, 부부가 마지막으로 같은 주소지를 가졌던 가정법원의 관할구역 내에 부부 중 한쪽의 보통재판적이 있을 때에는 그 가정법원이, 위 2가지에 해당하지 않을 경우에는 상대방의 보통재판적이 있는 곳의 가정법원이, 부부 중 한쪽이 사망한 경우에는 생존한 다른 쪽의 보통재판적이 있는 곳의 가정법원이 각각 관할법원으로 되고, 이는 전속관할에 속한다(가사소송법 제22조. 이혼취소소송에 고유한 당사자적격과 그에 따른 소송형태에 비추어 동조 제3호 후단과 제5호의 적용은 배제된다).

12 이혼취소의 소는 단독판사의 사물관할에 속한다(민사 및 가사소송의 사물관할에 관한 규칙 제3조).

4. 조정전치주의

13 이혼취소의 소에는 조정전치주의가 적용된다(가사소송법 제50조). 그러나 이혼취소의 소는 형성의 소로서 당사자의 임의처분이 허용되지 않으므로 이혼취소를 내용으로 하는 조정은 허용될 수 없다.[14] 반면에 다시 혼인신고를 하기로 하거나 이혼을 추인하는 등의 조정은 가능하다.[15]

5. 제척기간 등

14 당사자가 사기를 안 날 또는 강박을 면한 날로부터 3개월을 경과한 때에는 이혼취소를 청구하지 못한다(민법 제839조, 제823조). 이는 출소기간이므로 직권조사사항이고 이를 준수하지 못한 경우 소를 각하한다.

15 사기 또는 강박으로 인하여 이혼의 의사를 표시한 당사자가 추인한 경우 이혼취소 청구를 인용할 수 없는데, 이는 청구기각사유로 보아야 할 것이다.

13 법원실무제요, 가사[Ⅰ], 법원행정처(2021), 665.
14 박동섭, 친족상속법(제4판), 박영사(2013), 154.
15 법원실무제요, 가사[Ⅰ], 법원행정처(2021), 667.

6. 이혼취소판결 확정의 효과

가. 판결의 효과

16 이혼취소의 청구를 인용한 확정판결은 제3자에게도 효력이 있다(가사소송법 제21조 제1항). 따라서 이혼의 취소는 제3자에 대항할 수 있다.[16] 가사소송법 제21조 제2항은 가류 또는 나류 가사소송사건의 청구를 배척한 판결이 확정된 경우 다른 제소권자는 사실심의 변론종결 전에 참가하지 못한 데 대하여 정당한 사유가 있지 아니하면 다시 소를 제기할 수 없다고 규정하나, 이혼취소의 청구를 기각한 확정판결에는 다른 제소권자가 있을 수 없으므로 위 규정이 적용되는 경우를 상정할 수 없다.

17 이혼취소의 판결이 확정된 경우 가정법원의 법원사무관 등은 가족관계등록관서에 이를 통지하여야 한다(가사소송규칙 제7조 제1항). 원고는 확정일부터 1개월 내에 판결의 등본 및 확정증명서를 첨부하여 가족관계등록 정정을 신청하여야 한다(가족관계의 등록 등에 관한 법률 제107조). 이에 따라 이혼에 관한 기록은 말소하고, 미성년 자녀의 친권자 지정에 관한 기록은 따로 정정허가를 받을 필요 없이 이혼취소판결에 의하여 말소할 수 있다.[17]

나. 당사자 사이의 신분적 효과

18 협의이혼이 취소된 경우 법률혼은 부활한다. 혼인이 취소된 경우 소급효를 제한하는 민법 제824조와 같은 규정이 이혼취소에는 없으므로, 이혼취소에는 소급효가 있다.[18] 따라서 이혼이 취소되기 전 당사자가 제3자와 혼인을 한 경우 이는 중혼이 되어 취소할 수 있다.[19]

다. 재산적 효과

19 협의이혼 취소를 원인으로 하여 부부의 한쪽 당사자는 상대 당사자 또는 제3자에게 손해배상을 구할 수 있고, 다른 쪽 당사자에게 원상회복을 구할 수 있으며, 이는 모두 다류 가사소송사건이다(가사소송법 제2조 제1항 제1호 다목 2). 다만 제3자의 또는 제3자에 대한 원상회복청구는 민사사건이다.

16 김주수/김상용, 친족·상속법(제20판), 법문사(2024), 174.

17 이혼이 무효이거나 취소된 경우의 가족관계등록부정정방법(예규). 혼인의 취소는 소급효가 없어 가족관계등록 정정의 대상이 아니라 신고 사유인 점과 비교할 필요가 있다.

18 김주수/김상용, 친족·상속법(제20판), 법문사(2024), 175; 송덕수, 친족상속법(제7판), 박영사(2024), 80.

19 대법원 1984. 3. 27. 선고 84므9 판결.

[후론] 사실혼

[관련조문] 가사소송법 제2조(가정법원의 관장 사항) 제1항 제1호 나목 1·다목 1, 가족관계의 등록 등에 관한 법률 제71조(혼인신고의 기재사항 등), 제72조(재판에 의한 혼인)

[참고문헌] 민법주해 [XV], 채권(8), 박영사(2012); 주해친족법(제1권)(제2판), 박영사(2025); 주석 민법, 친족(2)(제5판), 한국사법행정학회(2016); 김주수/김상용, 주석 민법, 친족(2)(제5판), 한국사법행정학회(2016); 곽윤직, 민법총칙(신정판), 박영사(1992); 곽윤직, 상속법(민법강의VI)(개정판), 박영사(2004); 김용한, 신친족상속법론(신판), 박영사(2002); 김용한, 친족상속법, 박영사(2004); 김주수/김상용, 친족·상속법(제16판), 법문사(2019); 김주수/김상용, 친족·상속법(제20판), 법문사(2024); 김증한/김학동, 채권각론, 박영사(2006); 박동섭, 친족상속법(제4판), 박영사(2013); 박병호, 가족법, 한국방송통신대학교(1992); 박정기/김연, 가족법(제2판), 삼영사(2008); 배경숙/최금숙, 여성과 법률, 박영사(2000); 배경숙/최금숙, 친족상속법강의(개정증보판), 제일법규(2004); 송덕수, 친족상속법(제7판), 박영사(2024); 오시영, 친족상속법(제2판), 학현사(2011); 윤진수, 친족상속법강의(제2판), 박영사(2018); 이경희, 가족법(8정판), 법원사(2013); 이희배, 민법상의 부양법리, 삼영사(1989); 정광현, 친족상속법요론, 법문사(1959); 한봉희/백승흠, 가족법, 삼영사(2013); 법원실무제요, 가사[Ⅰ], 법원행정처(2021); 법원실무제요, 가사[Ⅱ], 법원행정처(2010); 법원실무제요, 가사[Ⅱ], 법원행정처(2010); 이재강, "사실혼 배우자의 법적 지위", 재판실무연구, 광주지방법원(1999); 고상룡, "임차권의 승계제도", 야송김주수교수화갑기념논문집, 삼영사(1988); 권순한, "상속법의 미래의 과제", 가족법연구 제14호, 한국가족법학회(2000); 김상용, "사실혼의 해소와 재산분할청구", 민사판례연구 제32권, 박영사(2010); 김성대, "중혼적 사실혼의 보호", 민사재판의 제문제 제23권, 한국사법행정학회(2015); 김시철, "일방당사자의 사망으로 인하여 사실혼관계가 종료된 경우 그 상대방에게 재산분할청구권을 인정할 수 있는지", 대법원판례해설 제61호, 법원도서관(2006); 김영신, "사실혼의 요건에 관한 소고", 가족법연구 제26권 제3호, 한국가족법학회(2012); 김용한, "사실상혼인관계존재확인심판의 효력", 사법행정(1973); 김인유, "사실혼이 일방의 사망으로 해소된 경우 생존 사실혼 배우자의 보호방안: 상속권 및 재산분할청구권 인정 여부를 중심으로", 법학논고 제52집, 경북대학교 출판부(2015); 김주수, "혼인의 합의와 무효행위의 추인", 판례월보 제164호, 판례월보사(1984); 김준모, "재산분할제도의 성격", 재판자료 제101집, 법원도서관(2003); 김태호, "사실혼 또는 혼인관계가 해소된 경우 예물반환청구의 요건으로서 '단기간 파탄'의 기준에 관하여", 가정법원 50주년 기념논문집, 서울가정법원(2014); 권순한, "혼인의사와 혼인신고", 가족법연구 제13호, 한국가족법학회(1999); 박병호, "당사자일방이 사망한 후의 사실상혼인관계존재확인청구", 민사판례연구 제4권, 민사판례연구회(1982); 박상준, "사실혼 해소와 재산분할: 사망으로 인한 사실혼의 해소 시 재산분할의 유추적용 가부를 중심으로", 가사재판연구Ⅱ, 서울가정법원(2011); 박인환, "사실혼보호법리의 변천과 과제", 가족법연구 제23권 제1호, 한국가족법학회(2009); 박종용, "사실혼 배우자의 보호", 가족법연구 제21권 제3호, 한국가족법학회(2007); 박철, "사실혼의 성립요건", 민사판례연구 제19집, 민사판례연구회(1997); 손승온, "사실혼관계 해소와 관련한 문제점", 재판자료 제101집, 법원도서관(2003); 신동훈, "중혼적 사실혼의 보호", 실무연구X, 서울가정법원 가사재판연구회(2005); 안영하, "주택임대차보호법 제9조에 의한 임차권의 승계", 비교사법 제15권 제2호, 한국비교사법학회(2008); 윤진수, "검사를 상대로 하는 사실상혼인관계존재확인청구", 대한

변호사협회지 제116호, 대한변호사협회(1986); 윤진수, "사실혼배우자 일방이 사망한 경우의 재산문제-해석론 및 입법론-", 저스티스 제100호, 한국법학원(2007); 이상혁, "주택임대차보호법상 임차권의 승계", 석하김기수교수화갑기념논문집, 박영사(1992); 이재강, "사실혼 배우자의 법적 지위", 재판실무연구, 광주지방법원(1999); 이진기, "사실혼제도에 대한 비판적 접근", 가족법연구 제24권 제3호, 한국가족법학회(2010); 이화숙, "가족법상 법률행위에 있어 의사와 신고", 민사법학 제36호, 한국사법행정학회(2007); 임성근, "사실혼의 보호와 그 한계", 판례연구 제8집, 부산판례연구회(1998); 임영수, "부동산임차권의 승계에 따른 사실혼배우자의 주거권 보호", 중앙법학 제12집 제4호, 중앙법학회(2010); 임영수, "인적결합에 있어 사실혼과 연대적 결합체의 상관관계에 관한 고찰", 가족법연구 제24권 제3호, 한국가족법학회(2010); 장창민, "사실혼과 혼외동거에 관한 일고-재산상 보호를 중심으로", 가족법연구 제17권 제2호, 한국가족법학회(2003); 정광현, "사실상혼인관계존재확인청구론", 한국가족법연구(1967); 조미경, "혼인의사와 신고", 가족법연구 제10호, 한국가족법학회(1996); 조일환, "임대차보호법과 주거권승계에 관한 연구", 매석고창현박사화갑기념, 박영사(1987); 조종현, "주택임차권의 주거보호", 매석고창현박사화갑기념, 박영사(1987); 주선아, "중혼적 사실혼의 보호범위", 저스티스 제127호, 한국법학원(2011); 지원림, "사실혼에 관한 약간의 비판적 고찰", 가족법연구 제22권 제3호, 한국가족법학회(2008); 최진갑, "중혼적 사실혼 배우자의 재산분할청구권", 판례연구 제8집, 부산판례연구회(1998); 최정인, "사망으로 인한 사실혼의 해소와 재산분할청구", 가정법원 50주년 기념논문집, 서울가정법원(2014); 최행식, "사실혼보호의 한계-중혼적 사실혼을 중심으로-", 덕암김병대교수화갑기념논문집, 대흥기획(1998)

Ⅰ. 서설

1. 사실혼의 의의

1 일반적으로 사실혼은 사실상 부부로서 혼인생활을 하고 있으면서 단지 혼인신고

를 하지 않았기 때문에 법률혼으로 인정되지 않는 부부관계로 정의된다.[1] [2] 이와 달리 사실혼을 법률적으로 혼인하고 있지는 않으나 객관적으로 보아 혼인과 같은 공동생활을 상당 기간 유지하고 있는 상태로 정의하는 견해[3]도 있다. 양설은 특히 사실혼의 성립요건 중 주관적 요건으로서 혼인의사를 요구하는지 여부 및 사실혼의 성립 또는 보호 범위에 관하여 일정한 차이를 갖게 되는데(☞ 뒤의 Ⅱ. 1. 주석 참조), 이는 사실혼의 법적 성격과도 관련이 있다(☞ 뒤의 Ⅰ. 2. 주석 참조).

2 일제강점기에 1922. 12. 7. 자 제령 제13호 '조선민사령 중 개정의 건'이 1923. 7. 1. 시행됨으로써 혼인신고를 마쳐야 비로소 법률혼이 성립하는 제도가 도입된 후 사실혼의 보호는 가족법의 중요한 과제가 되었다.

3 한편, 사실혼에 관하여 민법에는 아무런 규정도 없으나, 학설과 판례는 사실혼에 일정한 범위에서 법률혼에 준하는 효과를 인정하여 왔고, 민법 이외의 여러 법률은 사실혼에 일정한 법적 효과를 부여하여 보호하고 있다(☞ Ⅲ. 내지. Ⅴ. 참조).

2. 사실혼의 법적 성격 및 사실혼 보호의 이론적 근거

가. 혼인예약이론 및 준혼이론

1) 혼인예약이론

4 과거 사실혼을 혼인예약으로 보아 정당한 이유 없이 사실혼을 해소한 사실혼 배우자에게 혼인예약불이행으로 인한 손해배상책임을 인정한 바 있다.[4]

2) 준혼이론

5 그러나 이러한 혼인예약의 법리로는 사실혼 일방 배우자의 사고에 대한 제3자의 책임, 유족급부, 일상가사채무 등 제3자에 대한 관계에 대처할 수 없으므로, 사실혼을 법률혼에 준하여 법적으로 보호할 가치 있는 것으로 파악하여야 한다는

1 김주수/김상용, 주석 민법, 친족(2)(제5판), 한국사법행정학회(2016), 595; 김용한, 신친족상속법론(신판), 박영사(2002), 158; 김주수/김상용, 친족·상속법(제20판), 법문사(2024), 272; 박동섭, 친족상속법(제4판), 박영사(2013), 214; 박정기·김연, 가족법(제2판), 삼영사(2008), 230; 배경숙·최금숙, 친족상속법강의(개정증보판), 제일법규(2004), 214; 송덕수, 친족상속법(제7판), 박영사(2024), 131; 오시영, 친족상속법(제2판), 학현사(2011), 219; 이경희, 가족법(8정판), 법원사(2013), 150; 한봉희·백승흠, 가족법, 삼영사(2013), 145.

2 대법원 2024. 7. 18. 선고 2023두36800 전원합의체 판결은, 동성혼(同性婚) 배우자도 사실상 혼인관계에 있는 사람으로서 국민건강보험법상 피부양자가 될 수 있다는 취지로 판시하였다. 앞으로 동성혼이 사실혼으로서 어떠한 범위에서 보호될지에 관한 논의의 발전을 기대해본다.

3 주해친족법(제1권)(제2판), 박영사(2025), 203(윤진수).

4 조선고등법원 1935. 2. 26. 판결(조선고등법원판결록 22권 21).

中川善之助의 준혼이론(準婚理論)[5]이 우리나라에 도입되어 통설적 지위[6]를 갖게 되었다.

6 대법원 또한 사실혼 파탄에 가담한 제3자의 배상책임을 인정하고,[7] "혼인예약에 인한 남여 동서관계는 혼인의 신고가 없기 때문에 법률상의 혼인이라고 할 수 없으나 혼인관계에 준하는 관계로서 (중략) 사실상 혼인관계에 있는 부부관계는 법률상 보호되어야 할 이익이 있어 그 관계가 정당한 이유 없이 파기되었을 때에는 고의 또는 과실로써 권리를 침해한 것이라 하여 불법행위로서 손해배상을 청구할 수도 있다."[8]고 하며, 나아가 사실혼을 정당한 이유 없이 해소한 사실혼 배우자에 대하여 채무불이행책임과 불법행위책임의 경합을 인정하고 있고, 이는 준혼이론으로 이해되고 있다.[9]

7 준혼이론은 사실혼을 법률혼에 준하여 보호하는 근거를 사실혼은 혼인신고를 제외한 법률혼의 모든 요건을 갖추고 있다는 점에서 찾으면서, 혼인신고를 전제로 하는 것을 제외한 법률혼에 준하는 효과를 모두 인정한다는 점에 주요한 특색이 있다.

8 전통적인 준혼이론이 사실혼의 성립 또는 보호범위를 부당하게 축소한다는 것을 비판하며 이에 반대하는 견해가 있다.[10] 그러나 준혼이론은 사실혼 보호의 이념적 지표를 밝히고, 사실혼에 관한 여러 문제를 일관되게 설명할 수 있는 토대가 되어 여전히 유용한 이론도구라고 생각한다. 다만, 준혼이론을 발전적으로 계승하여 사실혼의 성립 또는 보호범위를 재검토할 필요는 있을 것이다(☞ 뒤의 Ⅱ. 1. 주석 참조).

5 中川善之助, 婚姻の儀式(5), 法學協會雜誌 44권 제6호(1926), 1120.

6 김주수/김상용, 주석 민법, 친족(2)(제5판), 한국사법행정학회(2016), 595; 김용한, 신친족상속법론(신판), 박영사(2002), 158; 김주수/김상용, 친족·상속법(제20판), 법문사(2024), 272; 박동섭, 친족상속법(제4판), 박영사(2013), 214; 박정기·김연, 가족법(제2판), 삼영사(2008), 230; 배경숙·최금숙, 친족상속법강의(개정증보판), 제일법규(2004), 214; 송덕수, 친족상속법(제7판), 박영사(2024), 131; 오시영, 친족상속법(제2판), 학현사(2011), 219; 이경희, 가족법(8정판), 법원사(2013), 150; 한봉희·백승흠, 가족법, 삼영사(2013), 145.

7 대법원 1961. 10. 19. 선고 4293민상531 판결, 대법원 1963. 1. 24. 선고 62다823 판결 등. 위 대법원 판결은 모두 사실혼을 혼인예약이라 설시하고 있어 다소 과도기적 성격이 있다. 위 대법원 판결들을 두고 사실혼 관계가 객관적으로 보호되어야 할 법적 가치가 있는 관계임을 승인한 것이라고 평가하는 것으로는 박인환, "사실혼보호법리의 변천과 과제", 가족법연구 제23권 제1호, 한국가족법학회(2009), 149.

8 대법원 1963. 11. 7. 선고 63다587 판결.

9 준혼이론을 따르는 학자들은 사실혼을 부당하게 파기한 배우자에게 불법행위책임을 인정하는 것을 준혼이론 채용의 주요한 표지로 보고 있다. 대표적으로 김주수/김상용, 친족·상속법(제20판), 법문사(2024), 272.

10 주해친족법(제1권)(제2판), 박영사(2025), 203(윤진수).

나. 사실혼 보호의 이론적 근거

9 사실혼 보호의 이론적 근거를 약자보호에서 찾는 견해[11]가 있고, 사실혼 보호법리가 약자를 보호하는 기능이 있다는 점은 부인할 수 없다.

10 그러나 사견으로는, 보다 보편적인 사실혼 보호의 이론적 근거는 사실혼이 법률혼에 준하는 사회적 기능을 수행한다는 점에서 찾는 것이 합당하다고 생각한다. 혼인은 우리 사회의 가장 기초적 단위인 가족을 구성하는 단초로서, 배우자 사이의 동거·부양·협조의무의 이행 등을 통하여 가족 구성원 전체의 재정적·정서적 안정을 기하고 자녀를 출산·양육함으로써 우리 사회의 지속가능한 발전의 토대가 된다. 사실혼은 법률혼 못지않게 이러한 사회적 기능을 수행하고, 바로 이 점에서 사실혼 보호의 보편적인 근거를 찾을 수 있다. 동일한 관점에 입각하되 사실혼 당사자 개인에 초점을 맞추어 본다면, 사실혼 배우자는 사실혼을 통하여 상대방 배우자로부터 재정적·정서적 안정, 자녀의 출산·양육 등 법률혼에 준하는 이익을 얻었으므로 이에 상응하는 책임을 져야 하고, 상대방 배우자에게 법률혼에 준하는 이익을 제공하였으므로 이에 상응하는 권리를 가져야 한다고 말할 수 있다.

11 한편, 법률혼에 따르는 무거운 법적 책임의 회피 등의 이유로 법률혼을 기피하는 현대적 현상에 적절히 대처하여 우리 사회의 안정을 기하기 위하여는 역설적으로 사실혼 당사자에게 법률혼에 준하는 법적 책임을 부여할 필요도 있다. 반면에 국민에게는 법이 예정한 생활양식과 그에 따르는 법적 책임을 벗어나 독자적인 생활양식을 선택할 자유가 있다. 따라서 상반되는 두 가치 사이에서 적절한 균형을 찾아야 하고, 이는 우리 학계 및 실무계의 과제로 남아 있다.

Ⅱ. 사실혼의 성립요건

12 사실혼이란 당사자 사이에 주관적으로 혼인의 의사가 있고, 객관적으로 사회관념상 가족질서적인 면에서 부부공동생활을 인정할 만한 혼인생활의 실체가 있는 것을 말한다. 이는 전통적인 준혼이론에 충실한 것으로서 통설과 대법원이

11 윤진수, "사실혼배우자 일방이 사망한 경우의 재산문제-해석론 및 입법론-", 저스티스 제100호, 한국법학원(2007), 27.

취하고 있는 설명방식이다.[12] 이를 주관적 요건과 객관적 요건으로 나누어 살핀다.

1. 주관적 요건

가. 학설

1) 준혼이론과 실질적 의사설의 결합

13 준혼이론은 사실혼이 단지 혼인신고를 제외하고는 법률혼과 동일한 요건을 갖추어야 한다고 이해하는 결과 사실혼의 성립에 법률혼의 성립요건인 혼인의 의사를 요구한다.[13] 그런데 준혼이론을 따르는 학자들은 법률혼의 성립요건인 혼인의 의사 또는 혼인의 합의에 관하여 대체로 실질적 의사설을 취하고 있다. 실질적 의사설은, 첫째 혼인의사의 내용을 법제도가 아닌 '정신적·육체적 결합'이라는 사회제도적 의미에 정향하여 파악하고, 둘째 혼인신고를 혼인의사의 표시방법으로 설명함으로써 혼인의사에 혼인신고의사가 포함되어 있다거나 혼인의사는 혼인신고를 통하여 표시된다고 설명하는 데에 주요 특징이 있다. 그리고 신분행위의 내용을 법제도와 관련지어 파악하는 법적 의사설이나 승인의사설의 실질적 의사설에 대한 비판은 둘째 특징에 집중되어 있다(상세한 내용은 민법 제815조에 관한 주석 참조).[14]

14 이러한 실질적 의사설과 결합된 전통적인 준혼이론은, 사실혼의 성립을 위하여 요구되는 혼인의 의사는 부부로서 정신적·육체적으로 결합하여 생활공동체를 형성할 의사이고, 혼인의사의 합치는 혼인신고의 형식으로 표시되기 때문에 혼인신고를 배척하는 것은 혼인의사로서 성립할 수 없으며, 다만 일반적으로 부부관계로 인정되는 정신적·육체적 결합이 있으면 당사자 사이에 혼인신고를 하지 않기로 약정하였거나 혼인의사를 철회하였다는 등의 사정이 인정되지 않는 이상 혼

12 김주수/김상용, 주석 민법, 친족(2)(제5판), 한국사법행정학회(2016), 595; 김용한, 신친족상속법론(신판), 박영사(2002), 158; 김주수/김상용, 친족·상속법(제20판), 법문사(2024), 272; 박동섭, 친족상속법(제4판), 박영사(2013), 214; 박정기·김연, 가족법(제2판), 삼영사(2008), 230; 배경숙·최금숙, 친족상속법강의(개정증보판), 제일법규(2004), 214; 송덕수, 친족상속법(제7판), 박영사(2024), 131; 오시영, 친족상속법(제2판), 학현사(2011), 219; 이경희, 가족법(8정판), 법원사(2013), 150; 한봉희·백승흠, 가족법, 삼영사(2013), 145. 대법원 판결은 대법원 1979. 5. 8. 선고 79므3 판결, 대법원 2001. 4. 13. 선고 2000다52943 판결, 대법원 2010. 3. 25. 선고 2009다84141 판결 등 다수.

13 김주수/김상용, 친족·상속법(제20판), 법문사(2024), 273.

14 이화숙, "가족법상 법률행위에 있어 의사와 신고", 민사법학 제36호, 한국사법행정학회(2007), 623, 627.

인의사 또는 혼인신고의 의사는 추정된다고 한다.[15] 이에 따라 당사자가 명시적으로 혼인신고를 하기로 합의한 경우뿐만 아니라 객관적 사실혼 상태가 인정됨으로써 혼인의사 또는 혼인신고의사가 추정되는 경우에도 사실혼으로 보호될 수 있다. 이러한 추정의 법리는 사실혼 보호에 기여한다고 평가되기도 한다.[16]

2) 혼인신고의 의사가 결여된 경우

15 전통적인 준혼이론에서는, 객관적 사실혼 상태에 있는 당사자들이 혼인신고를 하지 않기로 합의한 경우, 한쪽이 다른 쪽의 혼인신고 요구를 거절하거나 혼인신고를 하지 않겠다는 의사를 표명함으로써 혼인신고에 대한 의사의 합치가 결여된 경우 등은 사실혼으로 보호되지 않는 결과가 된다. 그러나 이에 대하여는 여러 반대 견해가 있다.

16 1설은 단순히 혼인신고를 하겠다는 의사가 있었는가의 유무에 따라 당사자들의 보호가 달라진다는 것은 합리적이라고 할 수 없다는 이해[17]를 바탕으로, 사실혼 성립에 필요한 주관적 요건은 혼인과 같은 공동생활을 상당 기간 계속하여 유지할 의사라고 한다.[18] 사실혼의 성립에 법률혼의 혼인의사와는 다른 독자적 내용의 주관적 요건을 설정하는 점에 특색이 있다. 2설은 이와 같은 경우를 의도적·선택적 사실혼으로 일컫는 한편, 사실혼의 법리는 부부공동생활의 실체 그 자체를 사회적으로 보호할 가치 있는 관계로 평가하여 이를 법적으로 보호하는 데에 목적이 있는 것이므로 여기에 혼인신고의사까지 포함하는 혼인의사를 요구하는 것은 사실혼 보호의 취지에 부합하는 해석은 아니라고 하면서, 사실혼 성립에 혼

15 김주수, "혼인의 합의와 무효행위의 추인", 판례월보 제164호, 판례월보사(1984), 148; 김주수/김상용, 친족·상속법(제16판), 법문사(2019), 85, 271; 박병호, "당사자일방이 사망한 후의 사실상혼인관계존재확인청구", 민사판례연구 제4권, 민사판례연구회(1982), 11; 박인환, "사실혼보호법리의 변천과 과제", 가족법연구 제23권 제1호, 한국가족법학회(2009), 159의 설명도 아울러 참고. 혼인의 의사란 사회습속상의 부부관계를 형성하려는 의사이고, 혼인신고의사를 배제하는 경우에는 단순한 동서로 될 것이며 완전한 준혼적 보호를 받을 수 없다고 하면서도, 이러한 경우를 넓은 의미의 사실혼으로 보호해도 무방할 것이라고 하는 견해로는, 박병호, 가족법, 한국방송통신대학교(1992), 68, 139.

16 이화숙, "가족법상 법률행위에 있어 의사와 신고", 민사법학 제36호, 한국사법행정학회(2007), 621.

17 윤진수, "사실혼배우자 일방이 사망한 경우의 재산문제-해석론 및 입법론-", 저스티스 제100호, 한국법학원(2007), 8.

18 주해친족법 (제1권)(제1판), 박영사(2015), 531(윤진수); 김영신, "사실혼의 요건에 관한 소고", 가족법연구 제26권 제3호(2012), 한국가족법학회, 358. 다만 주해친족법(제1권)(제2판), 박영사(2025), 205(윤진수)는 혼인의사가 필요하지 않다는 취지여서 혼인의사 불요설로 개설한 것으로 보인다.

인의사는 필요하나 혼인신고의사까지는 필요하지 않다고 한다.[19] 사실혼의 성립에 법률혼의 그것과 평행한 혼인의 의사를 요구하면서도 혼인신고의 의사만은 배제함으로써 약간의 수정을 가한다는 점에 특색이 있다. 1설과 2설은 모두 혼인신고의사가 없는 경우를 사실혼의 범주에 포함시켜 일반적인 사실혼의 효과를 부여한다는 점에 공통점이 있다.

17 이에 반하여 혼인의사가 없는 경우를 사실혼의 범주에 포함시키지 않으면서도 사실혼의 일부 효과는 인정하여 보호하고자 하는 견해도 있다. 이를 3설로 아울러 보면, 남녀가 성적으로 결합된 공동체를 형성하여 생활하면서도 혼인의 의사는 없는 경우를 혼외동거라 하고 이 경우에도 동거 중 공동의 노력으로 마련한 재산을 일방이 독차지할 수 있도록 방치하는 것은 비윤리적이므로 재산분할청구권은 인정된다는 견해,[20] 준혼적 보호를 허여할 수 없는 혼외동거의 경우에 재산분할청구권과 사회보장적 의미를 갖는 법률의 보호는 허여하여야 한다는 견해[21] 등이 있다.

나. 판례

1) 법률혼의 혼인의사에 관한 판례

18 대법원은, 혼인의 합의를 당사자 사이에 사회관념상 부부라고 인정되는 정신적·육체적 결합을 생기게 할 의사의 합치라고 설시하는 한편, 당사자 일방에게만 그와 같은 참다운 부부관계의 설정을 바라는 효과의사가 있고 상대방에게는 그러한 의사가 결여되었다면 비록 당사자 사이에 혼인신고 자체에 관하여 의사의 합치가 있는 경우라도 당사자 간에 혼인의 합의가 없다고 한다.[22] 이는 적어도 혼인의 합의를 혼인신고 자체에 대한 합의로 보는 형식적 의사설로는 설명할

19 박인환, “사실혼보호법리의 변천과 과제”, 가족법연구 제23권 제1호, 한국가족법학회(2009), 160. 임영수, “인적결합에 있어 사실혼과 연대적 결합체의 상관관계에 관한 고찰”, 가족법연구 제24권 제3호, 한국가족법학회(2010)는, 남녀가 성적으로 결합된 공동체를 형성하고 있으면서도 혼인의 의사가 없는 경우를 비혼적 이성결합체 또는 혼외동서라 하면서 이는 고의적·선택적 사실혼, 현대적 사실혼에 해당한다 하고(125), 혼인신고의사가 있는 경우를 내연이라 하면서 혼인신고의사가 없는 사실혼을 내연의 개념에 포함시킬지 여부를 논의하는 일본의 학설을 소개한 후(138), 비혼적 이성결합체 또는 혼외동서는 사실혼의 개념이 확장된 현대적 사실혼의 범주를 형성시키는 것이 된다고 하는데(141), 2설과 같은 견해로 이해된다.

20 장창민, “사실혼과 혼외동거에 관한 일고-재산상 보호를 중심으로”, 가족법연구 제17권 제2호, 한국가족법학회(2003), 68, 71.

21 박철, “사실혼의 성립요건”, 민사판례연구 제19집, 민사판례연구회(1997), 338, 352.

22 대법원 2010. 6. 10. 선고 2010므574 판결.

수 없음이 명백하다.

19 또한 대법원은, 비록 사실혼관계에 있는 당사자 일방이 혼인신고를 한 경우에도 상대방에게 혼인의사가 결여되었다고 인정되는 한 그 혼인은 무효라 할 것이나, 상대방의 혼인의사가 불분명한 경우에는 혼인의 관행과 신의성실의 원칙에 따라 사실혼관계를 형성시킨 상대방의 행위에 기초하여 그 혼인의사의 존재를 추정할 수 있다고 한다.[23]

20 위 대법원 판결들은 혼인의 의사를 사회제도적 의미에 정향하여 파악하고, 혼인(신고)의사 추정의 법리를 인정한다는 점에서 실질적 의사설의 태도에 가깝다.

21 반면에, 대법원 1991. 12. 27. 선고 91므30 판결은, 신분행위는 신분관계를 형성하는 것을 목적으로 하는 법률행위로서 신분관계의 형성이 그 본질적인 내용이고 신고 등 절차는 그 신분행위의 창설을 외형적으로 확정짓는 부차적인 요건일 뿐이라고 판시하고 있는데, 이는 전통적인 실질적 의사설과는 상용되기 어렵다. 위 판결은 신분행위와 신고를 신분관계 변동을 위한 병렬적인 요건이라는 취지로 설시하면서, 단지 신분행위가 본질적인 것이고 신고는 부차적인 것이라 하여 실질적 의사설의 둘째 특징을 배제하고 있기 때문이다.[24]

2) 사실혼의 혼인의사에 관한 판례

22 대법원은 사실혼이 성립되어 보호되기 위하여는 당사자 사이에 주관적으로 혼인의 의사가 있어야 한다고 한다.[25] 그러나 그 밖에 사실혼의 성립에 혼인신고의 의사가 필요하다거나, 일정한 경우에 혼인의사 또는 혼인신고의사가 추정된다는 법리를 명시한 대법원 판결례는 찾기 어렵다. 이 점에서 법률혼의 혼인의사에 관한 대법원 판결을 그대로 원용하여 사실혼의 주관적 요건을 설명하는 전통적인 방식[26]과는 상당한 거리가 있다.

다. 검토

23 혼인신고의사가 없다 하여 사실혼의 범주에서 배제함으로써 법적 보호를 전면적으로 거부하거나 사실혼의 일부 효과만 인정하여 최소한으로 보호하는 것은 적

23 대법원 2000. 4. 11. 선고 99므1329 판결.
24 동일한 취지의 설명으로 이화숙, "가족법상 법률행위에 있어 의사와 신고", 민사법학 제36호, 한국사법행정학회(2007), 627, 628.
25 대법원 1979. 5. 8. 선고 79므3 판결, 대법원 2001. 4. 13. 선고 2000다52943 판결, 대법원 2010. 3. 25. 선고 2009다84141 판결 등 다수.
26 김주수/김상용, 친족·상속법(제16판), 법문사(2019), 272 등 다수.

어도 현대 우리 사회에서는 수용되기 어렵다고 본다. 최근 사실혼의 성립에 필요한 혼인의사에 혼인신고의 의사는 포함되지 않는다는 법리적 판단 아래, 당사자 사이에 혼인신고를 하지 않기로 합의된 사안 등에서 사실혼의 성립을 인정한 사실심 재판례가 이어지고 있는 것[27]은 이러한 법인식을 반영한다고 볼 수 있다.

24 그렇다 하여 실질적 의사설 또는 이와 결합된 전통적 준혼이론을 배척할 필요는 없다. 실질적 의사설의 첫째 특징을 따라 혼인의 의사를 '정신적·육체적 결합'이라는 사회제도적 의미로 파악하면 법률혼과 사실혼에 공통된 개념이 되므로, 이를 사실혼의 법역에서 활용하기에 손색이 없다는 점이 우선 감안되어야 한다.

25 반면에, 실질적 의사설의 둘째 특징은 문제이다. 민법학에서는 전통적으로 의사표시가 일정한 방식에 따라 행하여지는 것이 법률행위의 요건으로 되어 있는 것을 요식행위라 하고, 대표적인 요식행위인 신분행위는 신고의 방식에 따라 행해져야 한다고 설명하여 왔다.[28] 실질적 의사설의 둘째 특징은 이러한 지적 전통에 충실한 것이다. 그러나 실질적 의사설이 논리필연적으로 둘째 특징을 간직해야 할 필요는 없다고 본다. 대법원 1991. 12. 27. 선고 91므30 판결이 판시한 바와 같이, 신분행위(혼인의 합의)와 그에 부합하는 신고(혼인신고)의 2가지를 갖추면 법률요건을 충족하여 신분관계의 변동(법률혼의 성립)이라는 법률효과가 발생한다고 이해함이 보다 적절할 수 있다. 위 대법원 판결을 두고 법적 의사설이나 승인의사설에 부합하는 것[29]만으로 단정할 수는 없고, 실질적 의사설도 첫째 특징만을 유지한 채 둘째 특징을 해소하여 새롭게 이해하면 위 판결을 충분히 설명할 수 있다.[30] [31]

27 대전가정법원 2014. 10. 2. 선고 2014르493 판결(심리불속행 상고기각으로 확정), 전주지방법원 2017. 11. 30. 자 2016느단334 심판(항고심에서 화해권고결정 확정), 의정부지방법원 2018. 8. 14. 자 2017느단30057 심판 및 이에 대한 항고심인 의정부지방법원 2019. 5. 20. 자 2018브1043 결정(심리불속행 재항고기각으로 확정).

28 곽윤직, 민법총칙(신정판), 박영사(1992), 322, 323, 341, 347 등.

29 실질적 의사설의 입장에서 법적 의사설이나 승인의사설이 이와 같이 설명한다고 소개하는 것으로는, 이화숙, "가족법상 법률행위에 있어 의사와 신고", 민사법학 제36호, 한국사법행정학회(2007), 623~624. 법적 의사설의 입장에서 이와 같이 설명하는 것으로는, 조미경, "혼인의사와 신고", 가족법연구 제10호, 한국가족법학회(1996), 66, 75. 승인의사설의 입장에서 이와 같이 설명하는 것으로는, 권순한, "혼인의사와 혼인신고", 가족법연구 제13호, 한국가족법학회(1999), 87.

30 이와 같은 이해로, 이화숙, "가족법상 법률행위에 있어 의사와 신고", 민사법학 제36호, 한국사법행정학회(2007), 627~628.

31 전통적으로, 일정한 법률효과를 발생케 하는 사실을 총괄해서 법률요건이라 하고, 그 대표적인 예가 법률행위이며, 법률행위가 있으면 바로 법률요건이 충족되어 법률효과가 발생하는 것으로 이해되었다. 법률행위에 따른 법률효과가 발생하기 위하여 신고, 등기, 등록, 관할관청의 인·허가, 제3자의 동의

26 물론 이와 같이 볼 경우에도 적법하게 신분관계가 변동되기 위하여는 신분행위와 신고가 모두 적법한 요건을 갖추어야 하고, 그 중 신고는 사인(私人)의 공법행위(公法行爲)로서[32] 그 법리에 따라 당사자의 의사에 따른 것이어야 적법하며,[33] 혼인신고는 부부 쌍방이 연서한 서면으로 하여야 하므로(민법 제812조 제2항), 결국 법률혼의 유효한 성립을 위하여는 당사자 쌍방의 혼인신고의사가 필요하게 된다. 따라서 법률혼의 법역에서는 여전히 혼인신고의 적법성과 관련하여 혼인신고의사가 흠결된 경우가 쟁점으로 되고, 그러한 경우에 추정[34]·추인·하자치유의 법리 등이 필요하게 된다.

27 그러나 사실혼의 법역에서는 이와 다르다. 전통적인 준혼이론을 따르더라도 사실혼이 유효하게 성립하기 위하여 혼인신고가 요구되지는 않으므로 혼인신고의 적법 여부는 쟁점으로 될 수 없다. 따라서 앞서와 같이 실질적 의사설을 새롭게 이해함으로써 혼인신고의사를 혼인의사의 개념요소에서 배제하여 단지 혼인신고의 적법요건으로 이해하는 이상, 사실혼의 성립요건으로서 혼인신고의사가 필요하지는 않는 것으로 이해된다. 무엇보다 전통적인 준혼이론 및 실질적 의사설과 같이 혼인의 의사는 혼인신고라는 방식을 통하여 비로소 존재한다고 하면, 혼인신고가 없는 사실혼에서는 혼인의 의사는 존재할 수도 없다는 결과가 되어 수미일관한 설명이 곤란하다.

28 따라서 전통적인 준혼이론을 따라 사실혼 성립의 주관적 요건으로서 당사자 쌍방의 혼인의사는 필요하다 할 것이나, 이는 단지 '사회관념상 부부라고 인정되는 정신적·육체적 결합을 생기게 할 의사'를 의미할 뿐이고, 이러한 혼인의사의 한 요소로서 또는 그 표시과정에서 혼인신고의 의사가 필요하다고 볼 것은 아니다. 법적 의사설이나 승인의사설은 물론이고 새롭게 이해된 실질적 의사설을 따르

등이 추가적으로 필요한 경우에는 이러한 원칙을 어떻게 관철할 수 있을지 문제되는데, 이러한 신고 등을 법률행위의 성립요건으로 볼지 효력발생요건으로 볼지 논의하여 왔다. 필자는 이러한 지적 전통에 충실하되, 본래 의미의 법률행위가 유효하기 위한 요건과 신고 등이 유효하기 위한 요건은 별도로 검토할 필요가 있다는 점, 신고 등이 필요하다 하여 반드시 법률행위가 신고 등의 방식으로 행해진다고 볼 필요는 없다는 점 등을 강조하고자 한다.

32 권순한, "혼인의사와 혼인신고", 가족법연구 제13호, 한국가족법학회(1999), 82.

33 법적 의사설의 입장에서 신분행위와 신고를 병립시켜 설명하면서 신고에 관하여 신고의사를 요하는 것은 자명하다는 견해로, 조미경, "혼인의사와 신고", 가족법연구 제10호, 한국가족법학회(1996), 66.

34 박인환, "사실혼보호법리의 변천과 과제", 가족법연구 제23권 제1호, 한국가족법학회(2009), 160은 혼인신고의사를 사실혼 성립요건에서 배제한 것이 곧바로 (법률혼의 법역에서) 사실혼의 구체적 생활실태에 따라 혼인신고의사가 추단될 수 있다는 점을 부인하는 것은 아니라고 한다.

더라도 혼인신고의사는 혼인의사의 요소 또는 그 표시방식이 아니라 단지 혼인신고의 적법요건으로 된다. 다만 사실혼관계존재확인의 소가 혼인신고를 목적으로 하는 경우에는 당사자 쌍방의 혼인신고의 의사가 입증되거나 추정될 필요가 있다[☞ V. 3. 다. 1) 가) 주석 참고].

29 이와 같이 새로이 이해하면, 당사자들이 혼인신고를 하지 않기로 합의한 경우 또는 한쪽이 다른 쪽의 혼인신고 요구를 거절하거나 혼인신고를 하지 않겠다는 의사를 표명함으로써 혼인신고의사의 합치가 결여된 경우에도, 당사자 쌍방에게 혼인의사, 즉 '사회관념상 부부라고 인정되는 정신적·육체적 결합을 생기게 할 의사'가 인정되고, 다음과 같은 객관적 요건을 갖추는 이상 사실혼으로 성립하여 보호된다.

2. 객관적 요건

30 객관적으로 사회관념상 가족질서적인 면에서 부부공동생활을 인정할 만한 혼인생활의 실체가 있어야 사실혼으로 보호될 수 있다. 이러한 객관적 상태로부터 앞서 살핀 혼인의 의사가 추정될 수 있으므로, 가장 본질적인 요건이라 할 것이다. 대법원이 사실혼의 객관적 요건은 존재하지만 주관적 요건이 결여되었다고 하여 사실혼관계의 성립을 부정하는 경우는 찾아 볼 수 없다는 점[35]에서 더욱 그러하다.

31 대법원 1998. 12. 8. 선고 98므961 판결은 당사자가 결혼식을 올린 후 신혼여행까지 다녀온 경우라면 단순히 장래에 결혼할 것을 약속한 정도인 약혼의 단계는 이미 지났다고 할 수 있으나, 이어 부부공동생활을 하기에까지 이르지 못하였다면 사실혼으로서도 아직 완성되지 않았다 하여,[36] 사실혼의 성립요건으로 부부공동생활을 요구하였다.

32 혼인생활의 실체는 혼인과 유사한 정도의 정서적·경제적 공동생활의 시간적 계속성, 장소의 특정성, 공동생활의 도구·수단 등의 구비 등으로 징표될 수 있다.[37] 이를 인정하기 위하여 반드시 계속적 동거가 필요한지 의문을 제기하는

35 주해친족법(제1권)(제2판), 박영사(2025), 206(윤진수).

36 그러나 위 대법원 판결은 이러한 부부공동생활에 이르기 전 단계에서 일방 당사자에게 책임 있는 사유로 파탄에 이른 경우 사실혼의 부당 파기에 있어서와 마찬가지로 정신적인 손해의 배상책임이 있다 하였다. 약혼 단계와 사실혼 단계에서 모두 인정되는 효과가 그 중간 단계에서 인정되지 못 한다는 것은 형평에 반하기 때문에 부득이한 판시로 이해된다. 결혼식 후 부부공동생활에 이르기 전 단계에서는 약혼 단계에서도 인정되는 손해배상청구권과 원상회복청구권은 인정되나, 사실혼 단계에 이르러야 인정되는 부양청구권이나 재산분할청구권은 인정될 수 없을 것이다.

37 장창민, "사실혼과 혼외동거에 관한 일고-재산상 보호를 중심으로", 가족법연구 제17권 제2호, 한국가족법학회(2003), 63.

견해도 있으나,[38] 일반적으로 상당한 기간 계속된 동거가 필요하다고 보아야 할 것이다.[39] 다만, 한쪽 배우자가 선원 또는 건설노무자와 같은 직업적인 이유 또는 수감생활 등으로 상당한 기간 다른 쪽 배우자와 기와침식(起臥寢食)을 함께 하지 않는 경우에도 규범적으로 보아 생활의 근거가 같은 경우에는 계속적 동거가 유지된다고 보아야 할 경우가 있을 수 있다.

33 혼인생활의 실체를 인정하기 위하여 혼례식의 거행, 양가 부모와 친족의 인정, 지역사회의 세평, 자녀 출산·양육 등 사회적 공연성과 수용성이 반드시 필요한 것은 아니나, 중요하게 고려되어야 한다. 사회적 공연성과 수용성이 극히 높은 경우에는 일반적인 경우에 비하여 짧은 기간의 동거로도 혼인생활의 실체가 인정될 수 있고, 반대로 극히 낮은 경우에는 장기간의 동거로도 혼인생활의 실체가 인정되기 어려울 수 있다. 다음 대법원 판결은 사실혼의 성부에 관하여 동거 여부와 동거기간을 중시하였을 뿐 아니라 사회적 공연성과 수용성도 고려한 판결로 이해된다.

34 [판례] 대법원 1984. 8. 21. 선고 84 므 45 판결[40]

청구인과 피청구인이 1981. 1. 2경부터 같은 해 12. 말경까지 사이에 몇 차례에 걸쳐 온양에 있는 여관이나 청구인 경영의 양장점 내실에서 동침하여 왔는데 청구인이 같은 동리에서 이혼한 경력이 있는 여자이고 피청구인이 미혼총각인 관계로 서로가 주위의 이목을 염려한 나머지 피청구인이 양장점에 갈 때에는 밤늦게 가는 것이 대부분이고 위 양장점에서 나올 때에도 대개 이른 아침에 나오는 등 그 교제가 떳떳하지 못한 상태에서 계속되어 온 사실, 이와 같은 관계를 가지면서도 청구인이나 피청구인은 피청구인의 부모에게 이 사실을 알린다거나 결혼승낙도 받지 아니하고 더구나 결혼식도 올린바 없는 사실관계에서는 청구인과 피청구인 사이의 간헐적인 정교관계만으로는 비록 그들 사이에 자식이 태어났다 하더라도 서로 혼인의사의 합치가 있었다고 보여지지 아니할 뿐더러 혼인생활의 실체가 존재한다고도 보여지지 아니하여 사실상의 혼인관계가 성립되었다고는 볼 수 없다.[41]

38 박병호, 가족법, 한국방송통신대학교(1992), 139; 박인환, "사실혼보호법리의 변천과 과제", 가족법연구 제23권 제1호, 한국가족법학회(2009), 162.

39 박철, "사실혼의 성립요건", 민사판례연구 제19집, 민사판례연구회(1997), 348; 장창민, "사실혼과 혼외 동거에 관한 일고-재산상 보호를 중심으로", 가족법연구 제17권 제2호, 한국가족법학회(2003), 72.

40 대법원 1986. 3. 11. 선고 85므89 판결도 유사한 취지로 판시하였다.

41 대법원 1984. 8. 21. 선고 84므45 판결.

3. 혼인장애사유가 있는 경우

가. 일반적인 경우

1) 보호 여부의 기준

35 민법 제807조 내지 제810조가 정한 혼인장애사유가 있는 경우 사실혼으로 성립되어 보호되는지 문제된다. 이 경우 사실혼의 보호를 전면적으로 부정하는 견해,[42] 취소 사유에 해당하면 사실혼으로 보호되고 무효 사유에 해당하면 보호되지 않는다는 견해,[43] 선량한 풍속 기타 사회질서에 어긋나는 사실혼은 보호될 수 없다는 견해,[44] 일반론의 제시 없이 개별 사유별로 사실혼의 성부를 논하는 견해[45] 등이 있다.

36 다음 대법원 판결이 사실혼의 보호 여부를 판단하는 기준은 다음과 같이 요약해 볼 수 있다. ① 혼인법질서에 본질적으로 반하는 사실혼은 보호되지 않고(기본적인 기준), ② 무효 사유가 있는 경우에는 원칙적으로 혼인법질서에 본질적으로 반하는 사실혼관계라고 추단하되(무효인 경우의 추단), ③ 혼인이 금지된 역사적·사회적 배경과 아울러 사실혼관계의 개별적 사정을 종합하여 반윤리성·반공익성이 혼인법질서 유지 등의 관점에서 현저하게 낮아 혼인을 금지하는 공익적 요청보다 사실혼 배우자 보호의 사익적 요청을 우선할 특별한 사정이 있는 경우에는 사실혼으로 보호된다(개별적 검토, 이익형량).

37 [판례] 대법원 2010. 11. 25. 선고 2010두14091 판결

공무원연금제도는 정부가 관장하는 공적연금제도이고(법 제2조), 공무원의 의사와 관계없이 강제적으로 징수되는 기여금과 국가 또는 지방자치단체가 부담하는 재원에 의하여 조달된다는 점(법 제65조, 제66조) 등 공익적 요청을 무시할 수 없는 점을 종합하면, 민법이 정하는 혼인법질서에 본질적으로 반하는 사실혼관계에 있는 사람은 유족연금 수급권자인 배우자에 해당한다고 할 수 없다. 그리고 혼인할 경우 그 혼인이 무효로 되는 근친자 사이의 사실혼관계라면 원칙적으로 혼인법질서에 본질적으로 반하는 사실혼관계라고 추단할 수 있을 것이다. 그러나 비록 민법에 의하여 혼인이

42 송덕수, 친족상속법(제7판), 박영사(2024), 133.
43 박인환, "사실혼보호법리의 변천과 과제", 가족법연구 제23권 제1호, 한국가족법학회(2009), 162.
44 박동섭, 친족상속법(제4판), 박영사(2013), 217; 오시영, 친족상속법(제2판), 학현사(2011), 221; 한봉희/백승흠, 가족법, 삼영사(2013), 149.
45 박정기/김연, 가족법(제2판), 삼영사(2008), 232; 이경희, 가족법(8정판), 법원사(2013), 152.

무효로 되는 근친자 사이의 사실혼관계라고 하더라도, 그 근친자 사이의 혼인이 금지된 역사적·사회적 배경, 그 사실혼관계가 형성된 경위, 당사자의 가족과 친인척을 포함한 주변 사회의 수용 여부, 공동생활의 기간, 자녀의 유무, 부부생활의 안정성과 신뢰성 등을 종합하여 그 반윤리성·반공익성이 혼인법질서 유지 등의 관점에서 현저하게 낮다고 인정되는 경우에는 근친자 사이의 혼인을 금지하는 공익적 요청보다는 유족의 생활안정과 복리향상이라는 유족연금제도의 목적을 우선할 특별한 사정이 있다고 할 것이고, 이와 같은 특별한 사정이 인정되는 경우에는 그 사실혼관계가 혼인무효인 근친자 사이의 관계라는 사정만으로 유족연금의 지급을 거부할 수 없다고 할 것이다.

이 사건에서 문제된 형부와 처제와의 혼인에 관하여 보면, 형부와 처제의 혼인은 구관습법 상으로 금지되는 것이 아니었다. 또한 1960년 시행의 원시 민법 아래에서도 관련 규정상 그 혼인이 금지되는지 여부 및 금지되는 경우 그 혼인이 무효인지 취소사유인지에 관하여 견해의 대립이 있었고, 유력한 학설은 오히려 그 혼인이 애초 금지되지 아니한다는 견해를 취하였었다. 그런데 1990. 1. 13. 법률 제4199호로 개정된 민법(이하 '1990년 민법'이라고 한다)이 친족의 범위에 관한 제777조를 개정하여 처족 인척의 범위를 '처의 부모'에서 '4촌 이내'로 확대하면서도 근친혼의 제한 및 혼인무효에 관한 제809조 및 제815조의 규정을 그대로 둔 결과, 형부와 처제 사이의 혼인이 금지되고 또한 그것은 무효인 혼인에 해당하게 되었다. 이러한 개정 결과에 대하여는 입법론적으로 부당하다는 비판이 적지 않았고, 결국 2005. 3. 31. 법률 제7427호로 개정된 민법(이하 '2005년 민법'이라고 한다)이 근친혼의 제한, 혼인무효 및 혼인취소의 사유에 관한 제809조, 제815조, 제816조를 개정한 결과 형부와 처제 사이의 혼인은 금지되지만 그 위반의 효과는 그 혼인을 취소할 수 있는 데에 그치는 것으로 변경되었다. 그런데 2005년 민법은 부칙 제4조에서 혼인의 무효·취소에 관한 경과조치로 "이 법 시행 전의 혼인에 종전의 규정에 의하여 혼인의 무효 또는 취소의 원인이 되는 사유가 있는 경우에도 이 법의 규정에 의하여 혼인의 무효 또는 취소의 원인이 되지 아니하는 경우에는 이 법 시행 후에는 혼인의 무효를 주장하거나 취소를 청구하지 못한다"고 정하고 있고, 이 경과규정의 취지는 특별한 사정이 없는 한 사실혼관계에 대하여도 미친다고 할 것이다. 따라서 2005년 민법 시행 이후에는 1990년 민법이 시행되던 당시의 형부와 처제 사이의 사실혼관계에 대하여 이를 무효사유 있는 사실혼관계라고 주장할 수 없다고 봄이 상당하다.[46]

46 대법원 2010. 11. 25. 선고 2010두14091 판결.

2) 혼인장애사유별 검토

38 혼인취소 사유 중 민법 제807조가 정한 혼인적령을 위반하거나, 민법 제808조를 위반하여 부모의 동의를 받지 않은 사실혼은 보호된다고 한다.[47] 반면에 조선고등법원 1932. 2. 9. 판결(조선고등법원판결록 19권, 11)은 관습에 따라 혼인식을 거행하고 사실상 부부로서 동거한 자가 아직 혼인연령에 달하지 않았으나 혼인적령에 달한 때에는 혼인예약으로서 그 때부터 효력이 생긴다 하였다. 혼인적령을 위반한 경우 사실혼으로 보호되지 않는다는 결과로 이해된다. 부모의 동의를 받지 않은 사실혼은 보호될 수 있을 것이나, 혼인적령을 위반한 사실혼이 일률적으로 보호된다고 볼지는 의문이다. 예컨대 부부 쌍방이 만 10세 정도인 경우를 생각해 보면, 이는 혼인법질서에 본질적으로 반한다고 보지 않을 수 없기 때문이다. 법률혼도 그와 같은 경우를 혼인취소사유로 규정하기는 하나, 그 경우에는 대부분 혼인신고가 차단될 것이어서 실제로 이와 같은 경우가 발생하기는 어렵다. 혼인적령을 위반한 사실혼 배우자가 아직 혼인적령에 달하지 못한 단계에서는 처음 사실혼관계가 시작된 나이, 사실혼관계 형성의 경위, 자녀의 유무 등 개별적 사정을 종합하여 사실혼으로 보호될지 여부를 논하되, 혼인적령을 위반한 사실혼이 혼인적령 후까지도 지속된 경우에는 처음 사실혼이 성립되었을 때부터 보호된다고 보아야 하지 않을까 한다.

39 민법 제809조를 위반한 근친혼적 사실혼은, 대법원 2010. 11. 25. 선고 2010두14091 판결을 따라 민법 제815조 제2호 내지 제4호의 무효 사유가 있는 경우에는 원칙적으로 보호범위에서 제외하되, 혼인이 금지된 역사적·사회적 배경과 아울러 사실혼관계의 개별적 사정을 종합하여 사실혼으로 보호되는 경우가 있을 수 있고, 그 외 취소 사유에 불과한 경우에는 대체로 사실혼으로 보호된다고 볼 것이다.

나. 중혼적 사실혼

1) 중혼적 사실혼의 보호범위

40 민법 제810조를 위반하여 사실혼 배우자의 한쪽 또는 양쪽이 제3자와 법률혼 관계에 있는 중혼적 사실혼은 원칙적으로 보호되지 않는다. 민법 제818조는 중혼을 취소 사유로 규정하나, 중혼적 사실혼은 이른바 부첩관계에 해당하므로 혼인

47 박동섭, 친족상속법(제4판), 박영사(2013), 218; 박정기/김연, 가족법(제2판), 삼영사(2008), 232; 오시영, 친족상속법(제2판), 학현사(2011), 221; 이경희, 가족법(8정판), 법원사(2013), 152; 한봉희/백승흠, 가족법, 삼영사(2013), 149.

법질서에 본질적으로 반한다고 보아야 하고, 중혼적 사실혼 배우자를 보호함으로써 법률혼 배우자의 권리를 침해하는 결과가 발생하는 이른바 권리경합의 문제가 발생하기 때문이다.

41 그러나 일정한 경우에는 중혼적 사실혼도 보호될 수 있는데, 그 보호범위에 관하여는 견해가 대립한다.

가) 학설

42 법률혼이 사실상 이혼 상태에 있는 경우에는 중혼적 사실혼도 보호된다(이른바 상대적 유효설). 사실상 이혼 상태는 당사자 사이에 이혼의 합의가 있고 별거하여 부부공동생활의 실체가 존재하지 않는 경우를 말한다.[48] 묵시적인 이혼의 합의 또는 법률혼 배우자가 사실상 이혼 상태를 묵시적으로라도 용인하는 경우에 중혼적 사실혼이 보호된다는 견해[49] 또한 기본적으로는 이와 같은 취지로 이해된다. 그러나 법률혼이 부활할 가능성이 없고 중혼적 사실혼이 고정되어 있는 경우,[50] 이혼에 관한 합의는 없지만 장기간 별거 등으로 인하여 법률혼에 있어서 부부로서의 공동생활이 사실상 종료된 경우,[51] 법률혼이 실체를 전혀 잃은 경우[52]와 같이 이혼의 합의는 없으나 법률혼이 실질적으로 파탄된 경우에 널리 사실상 이혼 상태를 인정하는 견해도 있다.

나) 판례

43 대법원은 법률혼 관계가 사실상 이혼 상태라는 등의 특별한 사정이 있는 경우에 한하여 중혼적 사실혼이 보호되고,[53] 사실상 이혼 상태는 법률혼 배우자 사이에 이혼의사가 합치되어 법률혼은 형식적으로만 존재하고 사실상 혼인관계가 해소되어 법률상 이혼이 있었던 것과 마찬가지로 볼 수 있는 경우 등에 한하여 인정된다 하였

48 주해친족법(제1권)(제2판), 박영사(2025), 548(윤진수); 김주수/김상용, 친족·상속법(제20판), 법문사(2024), 285; 지원림, "사실혼에 관한 약간의 비판적 고찰", 가족법연구 제22권 제3호, 한국가족법학회(2008), 470.

49 이재강, "사실혼 배우자의 법적 지위", 재판실무연구, 광주지방법원(1999), 130; 김성대, "중혼적 사실혼의 보호", 민사재판의 제문제 제23권, 한국사법행정학회(2015), 383; 주선아, "중혼적 사실혼의 보호범위", 저스티스 제127호, 한국법학원(2011), 516.

50 신동훈, "중혼적 사실혼의 보호", 실무연구X, 서울가정법원 가사재판연구회(2005), 240.

51 박인환, "사실혼보호법리의 변천과 과제", 가족법연구 제23권 제1호, 한국가족법학회(2009), 164.

52 최행식, "사실혼보호의 한계-중혼적 사실혼을 중심으로-", 덕암김병대교수화갑기념논문집, 대흥기획(1998), 540.

53 대법원 1995. 7. 3. 자 94스30 결정.

다.[54] 따라서 법률혼 배우자가 가출하여 행방불명이 된 경우,[55] 법률혼 배우자가 집을 나가 장기간 돌아오지 아니하고 있는 경우,[56] 법률혼 부부가 별거하고 있는 경우[57]는 보호되는 중혼적 사실혼에 해당되지 않는다.

44 그러나 이러한 대법원의 태도에 비추어 이례적인 판결례도 있다. 대법원 2009. 12. 24. 선고 2009다64161 판결은 법률혼이 사실상 이혼 상태에 있는 경우에 한하여 중혼적 사실혼이 보호된다는 종전의 일반 법리를 유지하면서도, 법률혼 배우자가 집을 나가 행방불명이 된 경우 또한 사실상 이혼 상태에 해당한다 하여 그 경우의 중혼적 사실혼 배우자를 부부한정운전 자동차보험약관의 사실혼 배우자로 인정하였다.[58] 대법원 2002. 2. 22. 선고 2001도5075 판결은 사실혼으로 인하여 형성되는 인척도 성폭력범죄의 처벌 및 피해자보호 등에 관한 법률 제7조 제5항이 규정한 사실상의 관계에 의한 친족에 해당하고, 중혼적 사실혼이라 하여 달리 볼 것은 아니라 하여, 법률혼이 사실상 이혼 상태에 있는지 자체를 문제 삼지 않았다. 두 판결의 사안 모두 중혼적 사실혼 배우자의 보호로 인하여 법률혼 배우자의 권리가 침해되는 이른바 권리경합이 발생하지 않는 특성이 있다는 점에서 일반적이지 않은 특수한 법리라고 이해된다.[59] 이러한 점에서 두 판결은 다음 2) 나)에서 살필 개별적 효과 법리의 일환으로 볼 수 있다. 다만, 두 판결 중 전자는 법률혼 배우자의 보호는 문제되지 않으나 부보 위험의 합리적 분배라는 관점에서 보험회사 또는 보험집단의 이익과 형량할 필요는 여전히 남고, 반면에 후자는 법률혼 배우자는 물론이고 어떠한 이해관계인도 상정하기 어렵다. 이와 같이 고려해야 할 이해관계의 양상에 차이가 있다는 점이 두 판결이 제시하는 각 법리 사이의 간극을 설명할 수 있을 것이다.

54 대법원 1993. 7. 27. 선고 93누1497 판결, 대법원 2007. 2. 22. 선고 2006두18584 판결.

55 대법원 1996. 9. 20. 선고 96므530 판결.

56 대법원 1995. 7. 3. 자 94스30 결정, 대법원 1995. 9. 26. 선고 94므1638 판결.

57 대법원 2001. 4. 13. 선고 2000다52943 판결.

58 대법원 2010. 1. 14. 선고 2009다79156 판결도 동일한 사안에서 동일하게 판시하였다. 대법원 2010. 3. 25. 선고 2009다84141 판결은 법률혼 배우자와 별거를 하면서 제3자와 실질적인 부부생활을 하는 경우 그 제3자가 부부운전한정 자동차보험약관의 사실혼 배우자에 포함되는지가 쟁점이 된 사건에서, 특별한 사정이 있는 경우에 한하여 법률혼에 준하는 보호를 할 수 있고, 그 입증책임은 이를 주장하는 보험계약자에게 있다고 하였다.

59 김주수/김상용, 친족·상속법(제20판), 법문사(2024), 286은 대법원 2009. 12. 24. 선고 2009다64161 판결의 법리를 일반화함으로써 대법원 1996. 9. 20. 선고 96므530 판결의 사안, 즉 법률혼 배우자가 가출하여 행방불명된 경우에 재산분할청구와 손해배상청구를 인정하는 것이 타당하다고 한다.

2) 중혼적 사실혼의 효과

가) 포괄적 효과

45 대법원은 법률혼이 사실상 이혼 상태에 있는 경우가 아닌 한 중혼적 사실혼의 배우자에게는 사실혼 해소를 원인으로 한 손해배상청구권[60]과 재산분할청구권[61]이 인정되지 않고, 공무원연금법에 따른 유족연금청구권,[62] 군인연금법에 따른 유족연금청구권[63] 또한 인정되지 않는다고 한다. 다만 법률혼이 배우자의 사망으로 해소된 후에는 사실혼 배우자에게 군인연금법에 따른 유족연금청구권이 인정된다고 한다.[64]

46 대법원은 중혼적 사실혼이 보호되는 경우에는 일반적인 법률혼에 유사한 효과를 포괄적으로 부여하고, 보호되지 않는 경우에는 이와 같은 효과를 일체 불허하며, 다른 한편 법률혼이 보호되어야 하는 경우에는 중혼적 사실혼에 대한 보호를 일체 부인하는 등 포괄적·길항적 접근방식을 취한다고 이해된다.

47 한편, 법률혼이 사실상 이혼 상태에 있어 중혼적 사실혼의 부부 사이에서 재산분할이 허용되는 경우에도, 법률혼의 재산관계청산을 마치지 못한 단계에서는, 중혼적 사실혼 부부 사이의 재산분할이 법률혼 상대 배우자의 재산분할청구권을 직접적으로 침해할 수 있음에 유의할 필요가 있다. 따라서 중혼적 사실혼 부부의 재산분할심판절차에서는 사실혼 부부 명의의 재산만 재산분할의 대상으로 삼아야 함에도, 법률혼과 사실혼의 공통 배우자와 사실혼 상대 배우자뿐 아니라 법률혼 상대 배우자까지 아울러 재산청산적 요소와 부양적 요소를 고려하여 3자 사이의 재산분할의 비율을 정하고, 법률혼 상대 배우자의 몫은 공통 배우자에게 귀속시키는 재산분할의 방법을 취할 필요가 있다. 또한 절차적으로도 중혼적 사실혼 부부 사이의 재산분할심판절차에 법률혼 상대 배우자의 참가를 허용함으로써 절차보장에 만전을 기할 수 있다(가사소송법 제37조).

나) 개별적 효과

48 앞서 살핀 포괄적·길항적 접근방식과 달리, 법률혼이 사실상 이혼상태에 있지

60 대법원 1996. 9. 20. 선고 96므530 판결.
61 대법원 1995. 7. 3. 자 94스30 결정, 대법원 1996. 9. 20. 선고 96므530 판결.
62 대법원 1993. 7. 27. 선고 93누1497 판결.
63 대법원 2007. 2. 22. 선고 2006두18584 판결.
64 대법원 2010. 9. 30. 선고 2010두9631 판결.

않아 중혼적 사실혼이 일반적으로는 보호되지 않는 경우에도 사실혼의 효과 중 일부는 개별적으로 부여하여야 한다는 논의가 있다.

(1) 재산분할

49 중혼적 사실혼으로서 일반적으로는 보호되지 않는 경우에도 중혼적 사실혼을 통하여 형성한 재산을 청산할 필요는 있으므로 재산분할청구권이 인정되어야 한다는 견해가 근래 지지를 얻고 있다.[65]

50 법률혼과 중혼적 사실혼의 공통 배우자가 남성으로서 경제활동과 재산의 명의를 독점하는 전형적인 사례에서는 공통 배우자 명의의 재산에 대한 분할만이 문제되는데, 이를 법률혼의 부부공동재산에 귀속시킬지 사실혼의 부부공동재산에 귀속시킬지 불분명하다. 이러한 경우에 중혼적 사실혼의 재산분할을 허용하면 법률혼 상대 배우자의 부양청구권 또는 재산분할청구권 등을 침해하는 결과가 되어 이른바 권리경합의 문제가 발생한다. 또한 법률혼이 사실상 이혼 상태에 있는 경우와 같이 3자 사이의 재산분할을 허용한다면 간접적으로 법률혼 상대 배우자에게 재산분할, 나아가 법률혼의 해소를 강제하는 결과가 된다. 따라서 법률혼이 사실상 이혼 상태에 있지 않아 보호되지 않는 중혼적 사실혼에서 재산분할을 일반적으로 허용하는 것은 삼가야 할 것으로 본다.

51 다른 한편, 앞서 본 전형적인 사례와는 궤를 달리 하는 변형 사례가 나타나고 있는 점이 고려되어야 한다. 우선 법률혼과 중혼적 사실혼의 공통 배우자가 경제활동을 하면서 사실혼 상대 배우자의 명의로 재산을 형성하는 사례가 있다. 이러한 경우에 공통 배우자의 재산분할청구를 불허하면 사실혼 상대 배우자에게 부부공동재산을 확정적으로 귀속시키는 부당한 결과가 된다. 반면에 재산분할을 허용하면 오히려 간접적으로 법률혼 상대 배우자를 보호할 수 있게 된다. 또한 당초 공통 배우자에게는 아무런 재산도 없고 사실혼의 상대 배우자에게 상당한 재산이 있어서 이를 기초로 공통 배우자 명의 또는 사실혼 상대 배우자 명의로 부부공동재산을 형성하는 사례도 나타나고 있다. 이와 같은 경우에 보호

65 박철, "사실혼의 성립요건", 민사판례연구 제19집, 민사판례연구회(1997), 353; 윤진수, 친족상속법강의(제2판), 박영사(2018), 148; 임성근, "사실혼의 보호와 그 한계", 판례연구 제8집, 부산판례연구회(1998), 508; 지원림, "사실혼에 관한 약간의 비판적 고찰", 가족법연구 제22권 제3호, 한국가족법학회(2008), 471; 최진갑, "중혼적 사실혼 배우자의 재산분할청구권", 판례연구 제8집, 부산판례연구회(1998), 479. 중혼적 사실혼 배우자가 선의인 경우 재산분할청구권이 인정되어야 한다는 것으로, 김주수/김상용, 친족·상속법(제20판), 법문사(2024), 286.

되지 않는 중혼적 사실혼이라 하여 일률적으로 재산분할을 불허하면 심히 부당한 결과가 되고, 재산분할을 허용한다 하여 법률혼 상대 배우자의 권리를 침해할 여지는 상정하기 어렵다.

52 따라서 일반적으로 중혼적 사실혼의 해소로 인한 재산분할은 불허함을 원칙으로 하여 법률혼 상대 배우자를 보호하고, 개개 재산별로 법률혼 상대 배우자의 기여가 전혀 없다는 점이 입증되어 이른바 권리경합이 발생하지 않는 경우에 한하여 예외적으로 재산분할의 대상으로 삼아 사실혼 해소에 따른 재산분할을 허용하되, 사실혼 상대 배우자 명의의 재산에 대하여는 특별한 사정이 없는 이상 사실혼 해소에 따른 재산분할을 허용하는 것이, 세 당사자의 이해를 합리적으로 조정하는 해석론이라고 생각된다.

(2) 선의의 경우

53 중혼적 사실혼이 일반적으로는 보호되지 않는 경우에도 상대 배우자가 선의인 경우에는 손해배상청구권이 인정되어야 한다는 견해가 일반적이다.[66] 이 쟁점은 경우를 나누어 살필 필요가 있다. 법률혼의 배우자가 법률혼의 존재를 숨기거나 속여 중혼적 사실혼관계가 시작된 경우, 선의인 중혼적 사실혼의 상대 배우자가 그 숨기거나 속인 행위를 책임의 근거로 포착하여 손해배상책임을 묻는 것은 허용될 것이다.[67] 그러나 선의로 시작된 중혼적 사실혼이 파탄된 경우, 중혼적 사실혼 배우자 상호간에 또는 제3자에 대하여 중혼적 사실혼을 파탄에 이르게 한 행위를 책임의 근거로 포착하여 손해배상책임을 묻는 것은 허용되기 어렵다. 이를 허용한다면 법률혼과 다름없이 중혼적 사실혼의 존속을 보호하는 결과가 되기 때문이다. 또한 선의의 기준시점도 모호하다. 예컨대, 중혼적 사실혼의 상대 배우자가 법률혼의 존재를 모르고 사실혼을 시작하였으나 그 뒤 이를 알게 되었음에 불구하고 장기간 사실혼을 유지한 사안에서, 어느 시점을 기준으로 선의 여부를 판단하여 사실혼 파탄의 유책사유를 근거로 한 손해배상의 허부를 논할 수 있을지 알기 어렵다.

(3) 사회보장 관련 법률 등

54 사회보장 관련 법률 등이 사실혼 배우자를 포함하는 배우자를 수급권자로 규정

66 오시영, 친족상속법(제2판), 학현사(2011), 221; 윤진수, 친족상속법강의(제2판), 박영사(2018), 148 등.

67 이를 일반 불법행위로 파악하여 민사사건으로 볼 수도 있을 것이다. 그러나 착오 또는 사기로 인한 혼인의 취소에 관한 민법 제816조 제2호·제3호, 제825조, 가사소송법 제2조 제1항 제1호 다목 2)를 유추적용하여 다류 가사소송사건으로 보는 것이 사건의 특성에 부합한다고 생각된다.

하는 경우에 중혼적 사실혼 배우자의 지위가 문제된다.[68]

55 대법원 1977. 12. 27. 선고 75다1098 판결은, 산업재해보상보험법령에 근로자의 사망 당시 그 근로자에 의하여 부양되고 있던 배우자(사실상 혼인관계에 있던 자를 포함한다)가 유족보상일시금의 제1순위 수급권자이고 여기에 해당하지 않는 배우자는 후순위로 규정되어 있다는 이유로, 근로자인 남편이 법률상 처와 사실상 이혼하고 사실상 처를 부양하던 사례에서 산업재해보상보험법상 유족보상일시금의 수급권자는 사실상 처라고 하였다. 근로자가 법률혼 배우자와 중혼적 사실혼 배우자를 모두 부양하는 사례에서는 물론 법률혼 배우자를 우선해야 할 것이다. 그러나 근로자가 법률혼 배우자는 부양하지 않고 중혼적 사실혼의 배우자만을 부양하는 사례라면 굳이 법률혼이 사실상 이혼 상태일 것까지 요구할 필요가 있는지 의문이다. 법률혼 배우자는 부양의 요건을 갖추지 못 하여 수급권자가 될 수 없으므로 중혼적 사실혼 배우자를 보호한다 하여 법률혼 배우자의 권리를 침해하게 되는 권리경합의 문제는 발생하지 않고, 이와 같이 수급권자로 인정되는 배우자가 1인으로 한정되는 이상 보험료와 보험금 산정의 기초로 삼은 위험의 평가에 미치는 영향도 미미하다 볼 수 있기 때문이다. 현행 산업재해보상보험법령[69]의 해석도 이와 동일하다.[70]

56 그러나 사실혼 배우자를 포함하는 배우자를 권리자로 규정하면서 부양 또는 동일 생계일 것을 요구하지 않는 법령 또는 부양을 추가적 요건으로 요구하면서도 가족관계증명서상 배우자로 기록된 이상 부양사실을 인정하는 법령[71]에 관하여는 그와 같이 볼 수 없다. 중혼적 사실혼 배우자와 법률혼 배우자 사이에 권리경합의 문제가 발생하기 때문이다. 물론 이 경우에도 법률혼이 사실상 이혼

68 대법원 2019. 11. 14. 선고 2019두42112 판결은, 2018. 3. 20. 법률 제15523호로 전부 개정되기 전의 공무원연금법 제41조의2 제2항이 사망한 공무원의 '배우자'에게 사망조위금을 지급하도록 규정하고 있었음에도, 사망조위금 수급권자에 사실상 혼인관계에 있던 사람이 포함된다고 보았다.

69 2025년 시행 중인 산업재해보상보험법령은 근로자가 사망할 당시 그 근로자와 생계를 같이 하고 있던 유족을 유족보상연금의 수급자격자로 규정하는 한편(산업재해보상보험법 제63조 제1항), 생계를 같이 하고 있다는 표지로서 근로자가 정기적으로 지급하는 금품이나 경제적 지원으로 생계의 전부 또는 대부분을 유지할 것 등을 요구한다(같은 법 시행령 제61조 각호).

70 윤진수, 친족상속법강의(제2판), 박영사(2018), 148.

71 2025년 시행 중인 공무원연금법령은 공무원이거나 공무원이었던 자가 사망할 당시 그가 부양하고 있던 유족을 유족급여의 수급자격자로 규정하면서(공무원연금법 제3조 제1항 제2호 각목), 가족관계증명서에 배우자로 기록된 이상 부양사실을 인정한다(같은 법 시행령 제3조 제1항, 별표1 가목). 군인연금법령, 사립학교교직원 연금법령 또한 이와 같다.

상태에 있다면 중혼적 사실혼 배우자가 보호될 수 있으나,[72] 이는 개별적 효과가 아닌 일반 법리에 따른 포괄적 효과의 일환으로 이해되어야 한다.

Ⅲ. 사실혼 존속 중의 효과

57 사실혼에는 법률혼에 준하는 효과가 인정된다. 그러나 혼인신고를 전제로 하는 효과는 사실혼에 인정될 수 없다.[73]

1. 신분관계

58 사실혼관계에 있어서도 부부는 민법 제826조 제1항 소정의 동거하며 서로 부양하고 협조하여야 할 의무가 있으므로 한쪽이 이를 방기한 경우에는 사실혼관계 부당파기로 인한 손해배상책임이 있고,[74] [75] 부양료를 청구할 수도 있다.[76] 정조의무 또한 인정되어 이를 위반한 경우 손해배상책임이 있다.[77] 사실혼의 파탄에 가공한 제3자에 대한 손해배상청구권도 인정된다.

59 법률혼의 효과 중 혼인신고를 전제로 하는 것은 사실혼에 인정되지 않는다. 사실혼 당사자 사이에 법률상 친족관계가 성립하지는 않고, 성년의제(민법 제826조의2)도 적용되지 않으며, 제3자와 혼인하더라도 중혼으로 되지는 않는다.[78] 형법 제361조, 제328조가 정한 친족상도례의 '배우자',[79] 및 형사소송법 제17조 제2호가 정한 제척사유의 '친족'[80]에 사실혼 배우자는 포함되지 않는다.

60 사실혼 한쪽 배우자가 상대 배우자의 친족에 대하여 부양의무(민법 제974조)를 부담하는지에 관하여는 부정하는 견해[81]와 상대 배우자의 직계존·비속과 가족으

72 대법원 1993. 7. 27. 선고 93누1497 판결, 대법원 2007. 2. 22. 선고 2006두18584 판결.

73 김주수/김상용, 친족·상속법(제20판), 법문사(2024), 277 등.

74 대법원 1998. 8. 21. 선고 97므544, 551 판결.

75 대법원 2008. 2. 14. 선고 2007도3952 판결은 형법 제271조 제1항에서 말하는 법률상 보호의무 가운데는 민법 제826조 제1항에 근거한 부부간의 부양의무도 포함되며, 나아가 법률상 부부는 아니지만 사실혼 관계에 있는 경우에도 위 민법 규정의 취지 및 유기죄의 보호법익에 비추어 위와 같은 법률상 보호의무의 존재를 긍정하여야 한다고 한다.

76 윤진수, 친족상속법강의(제2판), 박영사(2018), 151.

77 김주수/김상용, 친족·상속법(제20판), 법문사(2024), 277; 송덕수, 친족상속법(제7판), 박영사(2024), 133 등. 대법원 1967. 1. 24. 선고 66므39 판결은 제3자와 '부도덕한 행위를 하여서 혼인의 순결성을 저버린' 사실혼 배우자의 위자료책임을 인정하였다.

78 김주수/김상용, 친족·상속법(제20판), 법문사(2024), 279 등.

79 대법원 2015. 8. 27. 선고 2015도8314 판결.

80 대법원 2011. 4. 14. 선고 2010도13583 판결.

81 주해친족법(제1권)(제1판), 박영사(2015), 534(윤진수).

로서 공동생활을 하여 온 경우에 한하여 긍정하는 견해[82]가 있다. 노인복지법은 직계비속의 사실혼 배우자를 부양의무자로 규정하고(노인복지법 제1조의2 제1호), 직계비속의 사실혼 배우자를 포함하는 부양의무자에게 복지조치비용 및 보호비용을 구상할 수 있는 것으로 규정한다(제46조). 이는 공공부조에 관한 규정이지 사적 부양에 관한 직접적인 규정은 아니다. 그러나 사적 부양이 부양권리자의 수요를 충족하지 못할 경우에 보충적으로 공공부조가 적용되어야 한다는 사적 부양 우선의 법리[83]를 고려하고, 부양의무를 전제로 하지 않은 채 공공부조비용의 상환의무를 설명하기 어렵다는 점을 감안하면, 위 규정은 사실혼 배우자가 상대 배우자의 직계존속에 대하여 부양의무를 부담함을 전제로 입법되었다고 이해함이 자연스럽다.

2. 재산관계

가. 특유재산과 공유

61 사실혼 부부가 혼인 전부터 갖고 있던 고유재산과 사실혼 중 자신의 명의로 취득한 재산은 각자의 특유재산이 된다. 그러나 사실혼 부부 중 누구에게 속한 것인지 분명하지 않은 재산은 공유로 추정된다(민법 제830조).[84]

62 대법원 1994. 12. 22. 선고 93다52068(본소), 52075(반소) 판결은, 사실혼 부부가 부동산을 2분의 1씩 공유하는 것으로 소유권이전등기를 마친 후 한쪽이 상대방에 대하여 명의신탁 해지를 원인으로 상대방의 공유지분에 관한 소유권이전등기를 구한 사안에서, 사실혼관계에 있는 부부의 일방이 사실혼 중에 자기 명의로 취득한 재산은 그 명의자의 특유재산으로 추정되나, 실질적으로 다른 일방 또는 쌍방이 그 재산의 대가를 부담하여 취득한 것이 증명된 때에는 특유재산의 추정은 번복되어 그 다른 일방의 소유이거나 쌍방의 공유로 된다고 판시하는 한편, 그 부동산을 사실혼 부부가 취득대가의 부담비율에 따라 공유한다고 하였다.

63 다른 한편, 대법원 2013. 10. 31. 선고 2013다49572 판결은 법률혼 사안에 관하여, 민법 제830조 제1항에 의하여 부부의 일방이 혼인 중 그의 단독 명의로 취득한 부동산은 그 명의자의 특유재산으로 추정되므로 그 추정을 번복하기 위하여는

82 박인환, "사실혼보호법리의 변천과 과제", 가족법연구 제23권 제1호, 한국가족법학회(2009), 171.

83 이희배, 민법상의 부양법리, 삼영사(1989), 127 이하. 국민기초생활 보장법 제3조 제2항은 사적 부양 우선의 원칙을 규정한다.

84 김주수/김상용, 친족·상속법(제20판), 법문사(2024), 278 등.

다른 일방 배우자가 실제로 당해 부동산의 대가를 부담하여 그 부동산을 자신이 실질적으로 소유하기 위하여 취득하였음을 증명하여야 하고, 이때 단순히 다른 일방 배우자가 그 매수자금의 출처라는 사정만으로는 무조건 특유재산의 추정을 번복하고 당해 부동산에 관하여 명의신탁이 있었다고 볼 것은 아니라고 하였다.

64 이처럼 대법원은, 사실혼이든 법률혼이든 부동산은 등기내용에 따라 특유재산으로 추정된다고 하는 한편, 그 추정을 번복하여 그와 다른 공유 등 권리관계를 인정하는 법적 근거로 명의신탁의 법리를 원용하고 있다. 그런데 1995년 제정된 부동산 실권리자명의 등기에 관한 법률은 제4조에서 원칙적으로 명의신탁을 금지하는 한편 제8조 제2호에서 예외적으로 배우자 사이의 명의신탁을 허용하였는데, 이는 사실혼 배우자에게 적용되지 않는다.[85] 따라서 같은 법의 시행 이후로 사실혼 부부 명의의 부동산에 대하여는 등기 내용에 따른 특유재산의 추정을 번복하여 공유 등 다른 권리관계를 인정할 법적 근거로 명의신탁의 법리를 원용할 수 없게 되었다. 물론 선박, 자동차, 건설기계 등 공시방법이 있는 재산에 관하여는 사실혼 부부 사이에서도 그 내용에 따라 특유재산으로 추정되고, 명의신탁의 법리를 원용하여 공시내용과 다른 공유관계 등을 인정할 수 있을 것이다.

65 채무자와 그 배우자의 공유에 속하는 유체동산은 채무자가 점유하거나 그 배우자와 공동점유하는 경우 압류할 수 있는데(민사집행법 제190조), 이는 사실혼 배우자에게 유추적용된다.[86]

나. 그 밖의 재산적 효과

66 사실혼의 부부도 서로 일상가사대리권이 있고(민법 제827조),[87] 일상가사연대책임을 부담한다(제832조).[88] 사실혼 부부는 특별한 약정이 없으면 부부공동생활비용을 공동으로 부담한다(민법 제833조).[89]

67 사실혼 배우자는 다른 쪽 배우자가 제3자의 가해로 사망[90] 또는 상해[91]에 이른 경우 제3자에게 손해배상을 구할 수 있다.

85 대법원 1999. 5. 14. 선고 99두35 판결.
86 대법원 1997. 11. 11. 선고 97다34273 판결.
87 대법원 1980. 12. 23. 선고 80다2077 판결.
88 김주수/김상용, 친족·상속법(제20판), 법문사(2024), 278; 송덕수, 친족상속법(제7판), 박영사(2024), 124.
89 김주수/김상용, 친족·상속법(제20판), 법문사(2024), 278.
90 대법원 1967. 1. 31. 66다2216 판결.
91 대법원 1969. 7. 22. 69다684 판결.

68 제3자에 미치는 영향이 크다는 이유로 사실혼 부부는 부부재산계약을 체결할 수 없다는 견해도 있으나,[92] 대체로 사실혼 부부도 부부재산계약을 체결할 수는 있지만 등기는 할 수 없으므로 제3자에게 대항할 수 없다고 한다.[93] 부부재산계약이 의미를 갖는 것은 등기함으로써 제3자에게 대항할 수 있기 때문이므로 두 학설 사이에 실제적인 차이는 없다고 설명되기도 한다.[94] 그러나 부부재산계약으로 이혼 시 재산분할의 비율 기타 분할방법을 정할 수 있다는 견해[95]에 의하면, 사실혼 부부가 부부재산계약을 체결할 수 있는지는 등기 가부를 떠나 중요한 의미를 갖게 된다.

3. 사실혼 부부 사이에서 출생한 자녀에 관한 효과

69 사실혼 부부 사이에서 출생한 자녀는 어머니와는 당연히 친자관계가 성립하나,[96] 아버지와는 인지가 있어야 친자관계가 성립한다.[97] 따라서 아버지가 인지하지 않는 한 자녀는 어머니의 성과 본을 따르고(민법 제781조 제3항), 어머니가 친권자로 된다(제909조 제1항).

70 아버지가 자녀를 인지할 경우, 자녀는 원칙적으로 아버지의 성과 본을 따르나, 부모의 협의 또는 법원의 허가를 받아 종전의 성과 본을 계속 사용할 수 있다(민법 제781조 제1항·제5항). 자녀가 미성년인 경우, 부모는 친권자 및 양육자, 양육비의 분담, 면접교섭에 관하여 협의하여야 하고, 협의가 이루어지지 않거나 협의가 자녀의 복리에 반할 경우 가정법원은 직권 또는 청구에 의하여 이를 정하고, 그 후 이를 변경할 수 있다(민법 제864조의2, 제837조, 제909조). 면접교섭권 또한 인정된다(민법 제864조의2, 제837조의2). 위 규정들은 아버지가 어머니와 사실혼관계에 있어 동거하면서 출산한 미성년 자녀를 인지할 때에는 친권자의 지정을 제외하고는 현실적으로 적용될 여지가 적다. 그러나 부모가 사실혼을 해소할 때에는 위 민법 규정들을 적용하여[98] 친권자 및 양육자, 양육비의 분담, 면접교섭

92 김용한, 친족상속법, 박영사(2004), 167.
93 김주수/김상용, 친족·상속법(제20판), 법문사(2024), 279.
94 주해친족법(제1권)(제2판), 박영사(2025), 213(윤진수).
95 주해친족법(제1권)(제2판), 박영사(2025), 303(이동진).
96 대법원 1967. 10. 4. 선고 67다1791 판결.
97 김주수/김상용, 친족·상속법(제20판), 법문사(2024), 279.
98 사실혼이 해소될 경우 위 규정들이 '유추적용'된다는 설명으로는, 송덕수, 친족상속법(제7판), 박영사(2024), 138. 그러나 사실혼관계에서 출생한 자녀와 아버지 사이에서는 언제나 인지를 매개로 친자관계가 창설되므로 인지를 준거로 하여 위 규정들이 그대로 적용되기 때문에 사실혼 해소를 준거로 위 규정들이 유추적용된다고 보아야 할 실익은 없는 것으로 생각된다.

등에 관하여 새로 정하거나 변경할 수 있다. 사실혼의 부부 사이의 출생자는 아버지가 인지하더라도 혼인 외의 출생자이다.[99]

71 친생추정에 관한 민법 제844조가 사실혼에 유추적용된다는 견해[100]가 있으나, 부정적으로 보아야 할 것이다.[101]

4. 특별법상의 효과

72 각종 특별법은 사실혼 배우자에게 일정한 법적 지위를 부여하고 있다.

73 공무원연금법, 고용보험법, 국민연금법, 군인연금법, 사립학교교직원 연금법, 별정우체국법, 공무원 재해보상법, 국가유공자 등 예우 및 지원에 관한 법률, 보훈보상대상자 지원에 관한 법률, 산업재해보상보험법, 석면피해구제법, 어선원 및 어선 재해보상보험법, 학교안전사고 예방 및 보상에 관한 법률, 환경오염피해 배상책임 및 구제에 관한 법률 등은 사실혼 배우자에게 연금 등 수급권 또는 각종 보상청구권을 인정한다.

74 5·18민주유공자예우에 관한 법률, 의사상자 등 예우 및 지원에 관한 법률, 가정폭력범죄의 처벌 등에 관한 특례법, 국립묘지의 설치 및 운영에 관한 법률, 노인복지법, 다문화가족지원법, 독립유공자예우에 관한 법률, 범죄피해자 보호법, 재한외국인 처우 기민법, 특수임무유공자 예우 및 단체설립에 관한 법률, 한부모가족지원법, 후천성면역결핍증 예방법 등은 사실혼 배우자에게 그 밖의 법적 지위를 인정한다.

Ⅳ. 사실혼의 해소 및 그 효과

1. 의사에 따른 사실혼 해소

가. 요건

75 사실상 혼인관계는 사실상의 관계를 기초로 하여 존재하는 것이므로 당사자 일방의 의사에 의하여 해소될 수 있고, 당사자 일방의 파기로 인하여 공동생활의 사실이 없게 되면 사실상의 혼인관계는 해소되는 것이며 다만 정당한 사유 없

99 송덕수, 친족상속법(제7판), 박영사(2024), 123.
100 김주수/김상용, 친족·상속법(제20판), 법문사(2024), 280.
101 주해친족법(제1권)(제2판), 박영사(2025), 214(윤진수); 박동섭, 친족상속법(제4판), 박영사(2013), 220; 송덕수, 친족상속법(제7판), 박영사(2024), 134.

이 해소된 때에는 유책자가 상대방에 대하여 손해배상의 책임을 지는 데 지나지 않는다.[102] 따라서 사실혼 해소를 원하는 쪽에게 유책사유가 있는 경우에도 이로써 사실상 혼인관계가 해소될 수 없는 것은 아니다. 사실혼의 존속은 손해배상책임을 통하여 간접적으로 보호될 뿐이다.

76 대법원 2009. 2. 9. 자 2008스105 결정은 사실혼 한쪽 배우자가 의식불명이 된 상태에서 다른 쪽 배우자가 사실혼 해소를 주장하면서 재산분할심판을 청구한 사안에서 상대방에 대한 의사표시 및 그 수령 등을 사실혼 해소의 요건으로 할 필요는 없다고 보았다. 약혼의 해제는 상대방에 대한 의사표시로 하되, 상대방에 대하여 의사표시를 할 수 없는 때에는 그 해제의 원인 있음을 안 때에 해제된 것으로 본다고 규정하는 민법 제805조가 사실혼의 해소에 유추적용된다는 해석으로 위 판결을 근거지울 수 있을 것이다.[103]

77 물론 당사자의 합의로 사실혼이 해소될 수도 있다.[104]

나. 효과

1) 손해배상

78 사실혼을 부당하게 파기한 사실혼 배우자는 손해배상책임이 있고, 이 경우 채무불이행책임과 불법행위책임이 경합한다.[105] 사실혼의 부당 파기 여부는 재판상 이혼사유에 관한 민법 제840조에 준하여 볼 수 있고,[106] 혼인취소사유에 관한 민법 제816조 또한 참고할 수 있을 것이다.[107] 동거·부양·협조의무 위반으로 인한 악의의 유기,[108] 부정행위,[109] 성기능이 불완전함을 숨긴 경우[110] 등은 사실혼 해소의 유책사유에 해당한다. 대법원 2015. 2. 26. 선고 2014므4734, 4741 판결은 배우자에게 염색체 이상과 불임 등의 문제가 있더라도 혼인취소사유는 물론 이혼사유도 될 수 없다고 판시하였는데, 이러한 사정은 사실혼 해소의 유책사유도 될 수 없을 것이다.

102 대법원 1977. 3. 22. 선고 75므28 판결, 대법원 2009. 2. 9. 자 2008스105 결정.
103 김상용, "사실혼의 해소와 재산분할청구", 민사판례연구 제32권, 박영사(2010), 567.
104 김주수/김상용, 친족·상속법(제20판), 법문사(2024), 282; 송덕수, 친족상속법(제7판), 박영사(2024), 135.
105 대법원 1963. 11. 7. 선고 63다587 판결, 대법원 1970. 4. 28. 선고 69므37 판결.
106 김주수/김상용, 친족·상속법(제20판), 법문사(2024), 284.
107 송덕수, 친족상속법(제7판), 박영사(2024), 136.
108 대법원 1998. 8. 21. 선고 97므544, 551 판결.
109 대법원 1967. 1. 24. 선고 66므39 판결.
110 대법원 1966. 1. 31. 선고 65므65 판결.

79 사실혼 배우자의 부정행위에 가공한 제3자,[111] 사실혼 배우자에게 부당한 대우를 한 상대 배우자의 부모[112] 등 사실혼의 파탄에 가공한 제3자 또한 불법행위에 기한 손해배상책임이 있으나 채무불이행책임은 인정되지 않는다.[113]

80 사실혼 부당 파기로 인한 손해배상에는 재산적 손해와 정신적 손해가 포함되고 그 재산적 손해에는 사실혼관계의 성립·유지와 인과관계 있는 모든 손해가 포함된다.[114] 사실혼의 부당 파기로 인한 위자료의 액수는 반드시 증거에 의하여 입증할 수 있는 성질의 것이 아니므로, 법원은 유책행위에 이르게 된 경위와 정도, 파탄의 원인과 책임, 당사자의 연령·직업·가족상황과 재산상태 등 여러 가지 사정을 참작하여 경험칙에 반하지 않는 범위 내에서 직권으로 위자료 액수를 정한다.[115]

81 사실혼관계 부당 파기로 인한 당사자 또는 제3자에 대한 손해배상청구는 다류 가사소송사건으로서 가정법원의 전속관할에 속한다(가사소송법 제2조 제1항 제1호 다목 1).

2) 재산분할

82 대법원은, 사실혼이란 당사자 사이에 혼인의 의사가 있고 객관적으로 사회관념상으로 가족질서적인 면에서 부부공동생활을 인정할 만한 혼인생활의 실체가 있는 경우이고, 부부재산의 청산의 의미를 갖는 재산분할에 관한 민법 제839조의2는 부부의 생활공동체라는 실질에 비추어 인정되는 것이므로, 사실혼관계에도 준용 또는 유추적용된다고 한다.[116] 학설도 대체로 이와 같으나,[117] 부정적인 견해도 있다.[118]

83 사실혼 해소를 원인으로 한 재산분할에서 분할의 대상이 되는 재산과 액수는 사실혼이 해소된 날을 기준으로 하여 정하여야 하나, 사실혼 해소 이후 재산분할 청구사건의 사실심 변론종결 시까지 사이에 혼인 중 공동의 노력으로 형성·유지한 부동산 등에 발생한 외부적, 후발적 사정으로서, 그로 인한 이익이나 손

111 대법원 1961. 10. 19. 선고 4293민상531 판결.
112 대법원 1967. 1. 24. 선고 66므39 판결.
113 대법원 1970. 4. 28. 선고 69므37 판결.
114 대법원 1989. 2. 14. 선고 88므146 판결.
115 대법원 1998. 8. 21. 선고 97므544, 551 판결.
116 대법원 1993. 8. 27. 선고 93므447, 454 판결, 대법원 1993. 11. 23. 선고 93므560 판결, 대법원 1995. 3. 28. 선고 94므1584 판결 등.
117 김주수/김상용, 친족·상속법(제20판), 법문사(2024), 285 등.
118 윤진수, "사실혼배우자 일방이 사망한 경우의 재산문제-해석론 및 입법론-", 저스티스 제100호, 한국법학원(2007), 33.

해를 일방에게 귀속시키는 것이 부부 공동재산의 공평한 청산·분배라고 하는 재산분할제도의 목적에 현저히 부합하지 않는 결과를 가져오는 등의 특별한 사정이 있는 경우에는 이를 분할대상 재산의 가액 산정에 참작할 수 있다.[119] 사실혼 관계에 있는 부부 일방이 혼인 중 공동재산의 형성에 수반하여 부담한 채무는 청산 대상이 되고, 사실혼 종료 후 그 채무를 변제한 경우에도 특별한 사정이 없는 한 이와 같다.[120] 사실혼 해소에 따른 재산분할심판청구는 사실혼 관계가 해소된 때부터 민법 제839조의2 제3항이 정한 2년의 제척기간 내에 제기되어야 한다.[121] 사실혼 해소 시 재산분할로 인한 취득에 대하여도 재산분할에 관하여 취득세율을 통상의 경우보다 낮게 규정한 구 지방세법 제15조 제1항 제6호가 적용된다.[122]

3) 원상회복

84 사실혼 해소를 원인으로 하는 원상회복은 ① 예물·예단 및 이에 준하는 경우와 ② 혼수품의 경우가 주로 문제되는데, ①은 다음 4) 나)에서 살피고, 여기서는 ② 혼수품을 다루기로 한다.

85 대법원 2003. 11. 14. 선고 2000므1257, 1264 판결은, 사실혼관계가 1개월 만에 쌍방의 잘못으로 파탄된 사안에서, 한쪽 배우자가 혼인생활에 사용하기 위하여 결혼 전후에 자신의 비용으로 구입한 이불, 가구, 전자제품, 주방용품은 상대 배우자가 점유하고 있다 하더라도 여전히 그 한쪽 배우자의 소유에 속하므로 소유권에 기하여 그 반환을 구하거나 원상회복으로 그 반환을 구하는 것은 별론으로 하고, 그 구입비용에 상당한 손해가 발생하였다고 할 수는 없다는 이유로 손해배상청구를 배척하였다. 혼수품에 대하여는 원물반환만이 허용된다는 점, 사실혼 파탄의 유책성을 문제 삼지 않았다는 점에 유의할 필요가 있다. 한편 위 판결은 사실혼관계가 1개월 만에 파탄된 사안이라는 점을 적시하고는 있으나, 소유권에 기한 반환청구를 언급하는 전체적인 맥락 상 사실혼관계가 상당한 기간 내에 파탄되었는지 여부를 불문하고 혼수품의 반환청구를 허용하는 취지로 보아야 할 것이다.

119 대법원 2023. 7. 13. 선고 2017므11856, 11863 판결.
120 대법원 2021. 5. 27. 선고 2020므15841 판결.
121 대법원 2022. 6. 30. 자 2020스561 결정.
122 대법원 2016. 8. 30. 선고 2016두36864 판결.

86 사실혼관계 해소로 인한 원상회복청구는 다류 가사소송사건으로서 가정법원의 전속관할에 속한다(가사소송법 제2조 제1항 제1호 다목 1). 위 법조는 손해배상청구와 달리 제3자의 청구와 제3자에 대한 청구를 모두 가사사건으로 규정하지 않는다. 제3자의 원상회복청구인 사실혼의 장모가 사위를 상대로 신혼집 마련을 위해 지급하였던 전세금의 반환을 구하는 사건을 일반 민사소송절차로 다룬 예가 있는데,[123] 제3자에 대한 원상회복청구 또한 동일하게 보아야 할 것이다.

4) 사실혼이 단기에 해소된 경우에 특수한 법리

가) 혼례식 비용

87 대법원 1984. 9. 25. 선고 84므77 판결은, 당사자가 부부공동체로서 실태를 갖추어 공동생활을 하는 것이라고 사회적으로 인정될 수 없는 단시일 내에 사실혼에 이르지 못 함으로써 혼례식 비용이 무의미한 무용의 지출로 된 경우에 한하여, 그 지출자가 사실혼관계 파탄의 유책당사자에게 혼례식 비용에 상당한 손해배상을 구할 수 있다고 하면서, 혼례식이 있은 지 2개월도 못 된 단시일 내에 사실혼관계가 해소된 사안에서 혼례식 비용의 배상을 인정하였다. 앞서 살핀 바와 같이 사실혼 부당 파기의 경우 배상되어야 할 손해에는 재산적 손해도 포함되는데, 혼례식 비용이 재산적 손해로 인정되는지 문제되는 경우에 특유한 법리로 이해된다. 손해배상의 법리에 따르는 것이기 때문에 과실상계도 허용된다.[124]

88 이러한 혼례식 비용에는 예식장비, 야외촬영비, 청첩장 제작비, 하객식대, 하객음료수비, 폐백비용, 이바지음식비, 함값 등이 포함된다.[125] 신혼여행 비용도 혼례식 비용에 준하여 취급한 사실심 재판례가 있다.[126]

나) 예물·예단 및 이에 준하는 금전 등의 수수

89 약혼예물의 수수는 약혼의 성립을 증명하고, 혼인이 성립한 경우 당사자 내지 양가의 정리를 두텁게 할 목적으로 수수되는 것으로서 혼인의 불성립을 해제조건으로 하는 증여와 유사한 성질을 가진다. 따라서 혼인이 불성립되어 해제조건이 성취된 경우에는 반환을 구할 수 있고, 혼인이 성립된 후 상당한 기간 내에 해소된 경우에도 이에 준한다.[127] 다만 혼인 불성립 또는 혼인이 성립된 후 상당한

123 대법원 2005. 5. 27. 선고 2004다50303 판결.
124 대법원 2003. 11. 14. 선고 2000므1257, 1264 판결 등.
125 대법원 2003. 11. 14. 선고 2000므1257, 1264 판결.
126 부산고등법원 2010. 6. 25. 선고 2009르493, 2009르509 판결(확정).
127 대법원 1996. 5. 14. 선고 96다5506 판결.

기간 내에 해소된 데에 과실이 있는 유책자는 반환을 청구할 수 없다.[128] 이러한 법리는 사실혼이 상당한 기간 내에 해소된 경우에도 동일하게 적용된다.[129]

90 이러한 약혼예물의 법리는 예단에도 동일하게 적용[130]될 뿐만 아니라, 혼인 전 또는 직후에 혼인을 축하하고 정리를 두텁게 할 목적으로 수수되는 각종 금원, 현물 등도 이에 준하여 취급되어야 할 경우가 있다. 대법원은 혼인 후 동거할 주택구입 명목으로 교부한 금원,[131] 신혼집을 마련하기 위하여 교부한 전세금[132] 또한 상당한 기간 내에 혼인이 불성립할 것을 해제조건으로 하는 증여로서 사실혼이 상당한 기간 내에 파기된 경우에 한하여 원상회복으로 반환되어야 한다고 한다. 혼인 전에 상대방 소유 신혼집의 인테리어비용으로 상대방에게 교부하거나 직접 지출한 금원과 혼인신고 4일 후 선물한 스포츠센터회원권도 이에 준하여 취급한 사실심 재판례가 있다.[133]

91 대법원 2005. 5. 27. 선고 2004다50303 판결은 '상당한 기간 내'인지 여부는 혼인의 발단 및 경위, 부부공동체의 형태, 공동생활의 기간 및 상황, 자녀의 유무, 부부로서의 대외적 관계 등 여러 가지 사정을 종합하여 판단하여야 한다고 판시하는 한편, 사실혼이 약 6개월 만에 파탄에 이른 경우에 여러 사정을 종합하여 상당한 기간 내로 보았다. 반면에 약 1년 7개월은 상당한 기간 내에 해당하지 않는다고 본 사례가 있다.[134] [135]

92 예물·예단 등의 반환청구는 원상회복청구이므로 원물반환의 방식에 따라야 하고, 과실상계가 허용되지 않아 금원이 수수된 경우라도 전액이 반환되어야 한다.[136]

93 한편, 예물과 예단은 혼인 당사자 사이에서 수수되는 경우뿐 아니라, 며느리가 시부모에게 예물을 교부하는 등 실제 제공자와 실제 수령자의 한쪽 또는 양쪽이 혼인 당사자가 아닌 경우도 많다. 후자의 경우에 실제 제공자와 실제 수령자

128 대법원 1976. 12. 28. 선고 76므41, 42 판결.
129 대법원 2003. 11. 14. 선고 2000므1257, 1264 판결, 대법원 2005. 5. 27. 선고 2004다50303 판결.
130 대법원 2014. 6. 12. 선고 2014므329, 336, 343 판결.
131 대법원 2003. 11. 14. 선고 2000므1257, 1264 판결.
132 대법원 2005. 5. 27. 선고 2004다50303 판결.
133 서울가정법원 2010. 12. 16. 선고 2010드합2787, 3537 판결(항소심에서 조정을 갈음하는 결정 확정).
134 대법원 1996. 5. 14. 선고 96다5506 판결.
135 상당한 기간 내인지 여부에 관하여 사실심 재판례를 분석한 것으로 김태호, "사실혼 또는 혼인관계가 해소된 경우 예물반환청구의 요건으로서 '단기간 파탄'의 기준에 관하여", 가정법원 50주년 기념논문집, 서울가정법원(2014) 참조.
136 대법원 2003. 11. 14. 선고 2000므1257, 1264 판결, 대법원 2005. 5. 27. 선고 2004다50303 판결.

사이의 원상회복청구를 가사사건으로 볼 수 없어 민사소송절차로 처리해야 함은 앞서 본 바와 같다. 그런데 혼인의 당사자는 실제 제공자·수령자가 아닌 경우에도 예물·예단 및 이에 준하는 금전 등 반환관계의 주체이고, 실제 제공자·수령자와 불가분채권·채무의 관계에 있다고 판시한 사실심 재판례가 있다.[137]

2. 사망에 따른 사실혼 해소

가. 요건

94 사실혼 배우자가 사망한 경우 사실혼은 해소된다.

나. 효과

1) 주택임차권의 승계

가) 임차인에게 상속인이 없는 경우

95 임차인인 사실혼 한쪽 배우자가 상속인 없이 사망한 경우에 그 주택에서 가정공동생활을 하던 사실혼 다른 쪽 배우자는 임차인의 권리와 의무를 승계한다(주택임대차보호법 제9조 제1항).

나) 임차인에게 상속인이 있는 경우

96 (1) 주택임대차보호법 제9조 제2항은 임차인이 사망한 때에 사망 당시 상속인이 그 주택에서 가정공동생활을 하고 있지 아니한 경우에는 그 주택에서 가정공동생활을 하던 사실상의 혼인관계에 있는 자와 2촌 이내의 친족이 공동으로 임차인의 권리와 의무를 승계한다고 규정한다.

97 임차인과 임차주택에서 가정공동생활을 하던 상속인 및 가정공동생활을 하던 사실혼 배우자 또는 2촌 이내의 친족이 있는 경우에는 그 상속인이 사실혼 배우자 등을 배제하고 임차권을 승계한다.[138]

98 (2) 임차인에게 임차주택에서 가정공동생활을 하지 않던 상속인과 가정공동생활을 하던 사실혼 배우자 등이 있는 경우에 어떻게 될지는 견해가 대립한다.

137 서울가정법원 2010. 12. 16. 선고 2010드합2787, 3537 판결(항소심에서 조정을 갈음하는 결정 확정).

138 임영수, "부동산임차권의 승계에 따른 사실혼배우자의 주거권 보호", 중앙법학 제12집 제4호, 중앙법학회(2010), 67은 사실혼 배우자와 상속인이 임차인과 가정공동생활을 하던 경우 사실혼 배우자와 상속인이 공동으로 임차권을 승계한다고 주장하나, 입법론은 별론, 해석론으로는 문언의 한계를 넘었을 뿐만 아니라 위 조항의 입법경위에 비추어도 타당하지 않다.

1설[139]은 '2촌 이내의 친족'을 '가정공동생활을 하지 않던 2촌 이내의 상속인'으로 해석하여, 가정공동생활을 하지 않아 상속권이 박탈된 상속인이 2촌 이내인 경우에 한하여 가정공동생활을 하던 사실혼 배우자와 공동으로 임차권을 승계한다고 한다. 2설[140]은 '2촌 이내의 친족'을 '상속인은 아니나 임차주택에서 가정공동생활을 하던 2촌 이내의 친족'으로 해석하여, 상속인이 가정공동생활을 하지 않은 경우에는 가정공동생활을 하던 사실혼 상대 배우자와 가정공동생활을 하던 2촌 이내의 친족이 상속인을 배제하고 공동으로 임차권을 승계한다고 한다.

99 1설은 가정공동생활을 하던 사실혼 배우자의 존재를 상수로 상정하여 논의를 진행하는 한편 사실혼 배우자는 없고 가정공동생활을 하던 상속인 아닌 2촌 이내의 친족은 있는 사례에 관하여는 아무런 언급도 하지 않는데, 후자의 보호는 염두에 두지 않는 것으로 이해된다. 따라서 예컨대 임차인이 장성한 자녀를 분가시키고 임차주택에서 노모를 봉양하는 한편 가사의 도움을 받으면서 노모와 가정공동생활을 하다가 사망한 사례(이하 '①사례')에서, 1설에 따르면 노모에게는 아무런 권리도 인정되지 않을 것이다. 반면에 2설에 따르면 노모가 분가한 자녀를 배제하고 임차권을 승계하게 된다. 즉 1설은 주택임대차보호법 제9조 제2항이 오직 사실혼 배우자에게만 상속인에 준하는 특별한 지위를 인정하는 것으로 보면서, 단지 사실혼 배우자가 상속인과 공동으로 임차권을 승계할지 단독으로 이를 승계할지만을 문제 삼아 논의를 진행하는 것이다.

100 만일 상속인이 법률혼 배우자인 경우에는 사실혼 배우자가 중혼이 되는데, 법률혼 배우자도 사실혼 배우자와 마찬가지로 가정공동생활을 하던 경우에는 1설과 2설 모두 법률혼 배우자가 단독으로 임차권을 상속한다고 볼 것이나, 법률혼 배우자가 가정공동생활을 하지 않던 경우(이하 '②사례')는 어떻게 취급할지 문제된다. 1설에서는 가정공동생활을 하지 않던 2촌 이내의 상속인과 가정공동생활을 하던 사실혼 배우자가 공동으로 임차권을 승계한다고 하므로 법률혼 배우자와

139 민법주해[XV] 채권(8), 박영사(2012), 282(민일영); 주해친족법(제1권)(제2판), 박영사(2025), 220(윤진수); 김주수/김상용, 친족·상속법(제20판), 법문사(2024), 694; 김증한/김학동, 채권각론, 박영사(2006), 455; 이상혁, "주택임대차보호법상 임차권의 승계", 석하김기수교수화갑기념논문집, 박영사(1992), 191; 조일환, "임대차보호법과 주거권승계에 관한 연구", 매석고창현박사화갑기념, 박영사(1987), 474.

140 고상룡, "임차권의 승계제도", 야송김주수교수화갑기념논문집, 삼영사(1988), 321; 박동섭, 친족상속법(제4판), 박영사(2013), 543; 안영하, "주택임대차보호법 제9조에 의한 임차권의 승계", 비교사법 제15권 제2호, 한국비교사법학회(2008), 236; 조종현, "주택임차권의 주거보호", 매석고창현박사화갑기념, 박영사(1987), 462.

중혼적 사실혼 배우자가 공동으로 임차권을 승계한다는 귀결이 되고,[141] 2설에서는 가정공동생활을 하던 사실혼 배우자 등이 가정공동생활을 하지 않던 상속인을 배제하고 임차권을 승계한다고 하므로 중혼적 사실혼 배우자가 법률혼 배우자를 배제하고 단독으로 임차권을 승계한다는 귀결이 될 것이다. 다만 1설과 2설 모두 상속인 중에 법률혼 배우자가 포함된 경우에는 그 법률혼이 사실상 이혼 상태에 있는 경우에 한하여 사실혼 배우자에게 주택임대차보호법 제9조 제2항이 적용된다고 보아 예외 논리를 구성할 여지는 남아 있다.[142] 이러한 예외 논리를 취하지 않는 이상, 1설과 2설에 따른 귀결은 모두 법률혼이 사실상 이혼 상태에 이르렀는지를 문제 삼지 않으므로 중혼적 사실혼이 개별적으로 보호되는 경우로 볼 수 있다.

101 주택임대차보호법 개정법률안은 당초 상속인에 대한 언급 없이 가정공동생활을 하던 배우자(사실혼 배우자 포함)와 2촌 이내의 친족이 공동으로 임차권을 승계하는 것으로 규정하였는데, 여기서 2촌 이내의 친족은 상속인이든 아니든 가정공동생활을 하던 친족을 의미하였다.[143] 그런데 국회의 심의과정에서 상속인을 지나치게 경시한다는 지적을 반영하여 '상속인이 그 주택에서 가정공동생활을 하고 있지 아니한 경우에는'이라는 문구를 앞에 삽입하게 되었다. 따라서 사실혼 배우자 및 2촌 이내의 친족이 임차인과 가정공동생활을 하던 경우에 가정공동생활을 하지 않던 상속인을 배제하여 임차권을 공동승계하는 것으로 특별취급하되, 상속인 또한 임차인과 가정공동생활을 하였던 경우에는 상속인을 우선하도록 함으로써 특별취급을 배제하는 2설은, 당초 개정법률안이 2촌 이내의 친족이 상속인이 아님에도 가정공동생활을 하였다는 이유로 임차권을 승계할 수 있도록 하였던 입법경위[144]에 충실한 것이다.

102 1설은 ①사례에서 입법경위에는 충실하지 않더라도 수용 가능한 결론을 도출하고, ②사례에서는 보다 수용되기 쉬운 결론을 도출한다. 2설은 ①사례에서 입법

141 이러한 귀결을 명시적으로 언급하는 견해로는, 김성대, "중혼적 사실혼의 보호", 민사재판의 제문제 제23권, 한국사법행정학회(2015), 393.

142 필자는 이 책의 제6판에서 2설을 취하면서 이와 같은 예외 논리를 개진한 바 있으나, 새 판에서는 1설과 2설 모두 예외 논리를 구성할 여지가 남아 있다는 점을 지적하는 데에 그치는 것으로 견해를 수정한다.

143 주해친족법(제1권)(제2판), 박영사(2025), 219(윤진수); 안영하, "주택임대차보호법 제9조에 의한 임차권의 승계", 비교사법 제15권 제2호, 한국비교사법학회(2008), 236 등.

144 입법경위의 상세는 안영하, "주택임대차보호법 제9조에 의한 임차권의 승계", 비교사법 제15권 제2호, 한국비교사법학회(2008), 221 이하 참조.

경위에 충실할뿐더러 널리 수용될 수 있는 타당한 결론을 도출하나, ②사례에서 도출하는 결론은 앞서 살핀 예외 논리를 구성하지 않는 이상 아무래도 지나친 면이 있고, 예외 논리를 구성한다면 과연 법개정의 취지와 부합하는지 의문이 있을 수 있다. 즉 1설은 가정공동생활을 하지 않던 2촌 이내 상속인의 상속권, 특히 ②사례에서 가정공동생활을 하지 않던 법률혼 배우자의 상속권을 더 무겁게 보면서[145] 복잡하지 않은 평탄한 이론구성으로 설득력을 높였다고 이해된다. 그러나 입법경위에 비추어서는 현행법의 해석상 2설을 취하지 않을 수 없다. 앞으로 상속인이 어떠한 경우든 적어도 임차권의 일부는 승계하도록 함으로써 상속권을 보다 더 존중하는 방향의 입법개선으로 1설과 2설이 각각 갖는 문제점을 타개할 필요가 있을 것이다.[146]

다) 효과

103 사실혼 배우자와 2촌 이내의 친족은 임차인의 채권과 채무를 아울러 승계하므로(주택임대차보호법 제9조 제4항), 임대차보증금반환채권은 물론이고 연체차임채무도 모두 승계인에게 귀속된다.[147] 다만, 승계인이 임차인 사망 후 1개월 내에 임대인에게 승계하지 않겠다는 반대의사를 표시한 경우에는 임차권이 승계되지 않는다(주택임대차보호법 제9조 제3항).

2) 부부공동재산의 청산

가) 상속권

104 상속권은 혼인신고를 전제로 한 것으로서 사실혼 한쪽 배우자가 사망한 경우 상대 배우자에게 상속권은 인정되지 않는다.[148] 그러나 해석론[149] 또는 입법론[150]으로 사실혼 배우자에게 상속권을 인정하여야 한다는 견해도 있다.

145 주해친족법(제1권)(제1판), 박영사(2015), 540(윤진수)은, 수정되기 전 당초의 개정법률안의 문제점으로 "상속권이 있는 법률상 배우자라도 가정공동생활을 하지 않으면 임차권을 승계할 수 없는 반면, 상속권이 없는 사실혼 배우자라도 가정공동생활을 하면 임차권을 승계할 수 있었다."는 점을 언급한다.

146 입법론으로는, 가정공동생활을 하던 상속인은 임차권을 전부 승계하거나 그 경우에도 가정공동생활을 하던 일정한 범위의 비상속인과 공동으로 임차권을 승계하고, 가정공동생활을 하지 않던 상속인은 가정공동생활을 하던 일정한 범위의 비상속인과 공동으로 임차권을 승계하되, 이러한 두 가지 경우를 다시 세부적으로 나누어 상속인의 지분비율을 조정하는 방향을 생각해 볼 수 있다.

147 민법주해[XV], 채권(8), 박영사(2012), 284(민일영) 등.

148 김주수/김상용, 친족·상속법(제20판), 법문사(2024), 279; 송덕수, 친족상속법(제7판), 박영사(2024), 135.

149 정광현, 친족상속법요론, 법문사(1959), 154.

150 배경숙/최금숙, 여성과 법률, 박영사(2000), 463; 김상용, "사실혼 배우자의 상속권에 관한 시론", 중앙법학 제9권 제2호, 중앙법학회(2007), 511.

105 사망한 사실혼 한쪽 배우자에게 상속인이 없는 경우에 특별연고자에 대한 상속재산분여의 규정(민법 제1057조의2)에 의하여 상대 배우자가 상속재산의 전부 또는 일부를 분여 받을 수는 있다.[151]

나) 재산분할청구권

106 (1) 대법원은 사실혼관계가 당사자의 사망으로 해소된 경우 재산분할청구권을 인정하지 않는다.

107 [판례] 대법원 2010. 11. 25. 선고 2010두14091 판결
법률상 혼인관계가 일방 당사자의 사망으로 인하여 종료된 경우에도 생존 배우자에게 재산분할청구권이 인정되지 아니하고 단지 상속에 관한 법률 규정에 따라서 망인의 재산에 대한 상속권만이 인정된다는 점 등에 비추어 보면, 사실혼관계가 일방 당사자의 사망으로 인하여 종료된 경우에는 그 상대방에게 재산분할청구권이 인정된다고 할 수 없다. 사실혼관계가 일방 당사자의 사망으로 인하여 종료된 경우에 생존한 상대방에게 상속권도 인정되지 아니하고 재산분할청구권도 인정되지 아니하는 것은 사실혼 보호라는 관점에서 문제가 있다고 볼 수 있으나, 이는 사실혼 배우자를 상속인에 포함시키지 않는 우리의 법제에 기인한 것으로서 입법론은 별론으로 하고 해석론으로서는 어쩔 수 없다고 할 것이다.[152]

108 그러나 대법원은 사실혼 배우자가 사실혼 해소를 이유로 재산분할심판을 청구한 후 청구인[153] 또는 상대방[154]이 사망한 경우에는 상속인으로 절차를 수계하여 재산분할을 심리·재판한다 하였다. 물론 이는 사실혼이 당사자의 의사에 따라 해소된 경우의 법적 효과로 이해되어야 한다.

109 (2) 학설로는 사실혼관계가 당사자의 사망으로 해소된 경우에도 해석론상 재산분할청구권을 인정하는 견해[155]와 부정하는 견해[156]가 있다.

151 김주수/김상용, 친족·상속법(제20판), 법문사(2024), 283 등.
152 대법원 2006. 3. 24. 선고 2005두15595 판결.
153 대법원 2016. 10. 13. 선고 2015므4335, 2015므4342 판결.
154 대법원 2009. 2. 9. 자 2008스105 결정.
155 김주수/김상용, 친족·상속법(제20판), 법문사(2024), 285; 권순한, "상속법의 미래의 과제", 가족법연구 제14호, 한국가족법학회(2000), 355; 김인유, "사실혼이 일방의 사망으로 해소된 경우 생존 사실혼 배우자의 보호방안: 상속권 및 재산분할청구권 인정 여부를 중심으로", 법학논고 제52집, 경북대학교 출판부(2015), 87; 박상준, "사실혼 해소와 재산분할: 사망으로 인한 사실혼의 해소 시 재산분할의 유추적용 가부를 중심으로", 가사재판연구Ⅱ, 서울가정법원(2011), 444; 박인환, "사실혼보호법리의 변천과 과제", 가족법연구 제23권 제1호, 한국가족법학회(2009), 180; 최정인, "사망으로 인한 사실혼의 해소와 재산분할청구", 가정법원 50주년 기념논문집, 서울가정법원(2014), 429.

다) 그 밖의 견해

110 사실혼이 당사자의 사망으로 해소된 경우 부부공동재산의 청산에 관하여는, 사실혼 배우자 사이에 묵시적 명의신탁약정을 의제하여 명의신탁 해지의 법리로 재산청산을 인정하는 견해,[157] 사실혼 배우자가 사망한 경우 상속에 유사한 잠정적 공유관계가 형성되어 공유물분할이 허용된다는 견해,[158] 공유물분할 또는 부당이득반환의 법리가 적용된다는 견해,[159] 사실혼을 민사적 조합으로 파악하여 조합재산 청산의 법리를 적용하거나 공유물분할에 의한다는 견해,[160] 공유, 명의신탁, 조합계약, 근로계약, 부당이득 등의 재산법상 법리로 해결되어야 한다는 견해[161] 등이 있다.

111 입법론으로, 상속재산의 한도에서 부양청구권을 인정하되 부양적 요소 외에 재산청산적 요소도 고려한다는 견해,[162] 독일, 스위스 등의 입법례와 유사하게 법률혼에서 배우자의 사망 또한 재산분할의 원인으로 하는 입법개선을 함으로써 사실혼 배우자의 사망 사안에 대응할 수 있다는 견해[163] 등이 있다.

라) 검토

(1) 각 견해의 난점

112 상속법은 가족관계등록제도를 통한 신분의 공시제도와 상속포기·승인 등으로 상속인을 신속·간명하게 확정하여 법정상속분에 따른 잠정적 공유관계를 형성한 후 기여분과 특별수익의 제한된 수단으로만 상속분에 수정을 가할 수 있게 하는 등 재산관계 청산의 신속과 획일적 처리를 도모하므로, 자격의 확정부터 어려운 사실혼 배우자에게 상속권을 인정하는 것은 곤란하다.[164] 또한 사실혼 배우자에게 상속권까

156 김시철, “일방당사자의 사망으로 인하여 사실혼관계가 종료된 경우 그 상대방에게 재산분할청구권을 인정할 수 있는지”, 대법원판례해설 제61호, 법원도서관(2006), 493; 김준모, “재산분할제도의 성격”, 재판자료 제101집, 법원도서관(2003), 248; 윤진수, “사실혼배우자 일방이 사망한 경우의 재산문제-해석론 및 입법론-”, 저스티스 제100호, 한국법학원(2007), 30.

157 지원림, “사실혼에 관한 약간의 비판적 고찰”, 가족법연구 제22권 제3호, 한국가족법학회(2008), 488.

158 김시철, “일방당사자의 사망으로 인하여 사실혼관계가 종료된 경우 그 상대방에게 재산분할청구권을 인정할 수 있는지”, 대법원판례해설 제61호, 법원도서관(2006), 481.

159 박종용, “사실혼 배우자의 보호”, 가족법연구 제21권 제3호, 한국가족법학회(2007), 153.

160 이진기, “사실혼제도에 대한 비판적 접근”, 가족법연구 제24권 제3호, 한국가족법학회(2010), 309 이하.

161 손승온, “사실혼관계 해소와 관련한 문제점”, 재판자료 제101집, 법원도서관(2003), 358.

162 윤진수, “사실혼배우자 일방이 사망한 경우의 재산문제-해석론 및 입법론-”, 저스티스 제100호, 한국법학원(2007), 34.

163 이동진, “부부 일방의 사망과 재산분할·상속, 그리고 사실혼”, 가족법연구 제38권 제2호, 한국가족법학회(2024), 407.

164 같은 취지: 곽윤직, 상속법(민법강의Ⅵ)(개정판), 박영사(2004), 67.

지 인정하면 법률혼과 사실혼 사이에 별다른 차이도 없게 된다.

113 사실혼이 사망으로 해소된 경우 재산분할을 허용하는 견해에는 민법의 체계를 흐트러뜨린다는 난점이 있다. 법률혼은 사망으로 해소되면 상속에 의하고 생전에 이혼으로 해소되면 재산분할에 의하여 각각 재산을 청산하는데, 그 중 재산분할의 법리를 사실혼이 당사자의 생전에 해소된 경우에 유추적용하는 것이다. 여기서 사실혼이 당사자의 사망으로 해소된 경우 다시 재산분할의 법리를 유추적용하는 것은 민법의 체계와는 어울리기 어려움을 알 수 있다.[165]

114 사실혼 부부의 공동재산의 청산에 공유물분할의 법리를 원용하는 데에는 특히 부동산의 경우 큰 한계가 있다. 법률혼에서조차 부부의 일방이 혼인 중 그의 명의로 취득한 부동산은 그의 특유재산으로 추정되는 것으로서 그 부동산을 취득함에 있어 상대방의 협력이 있었다거나 혼인생활에 있어 내조의 공이 있었다는 것만으로는 위 추정을 번복할 수 있는 사유가 되지 못하고,[166] 일방 배우자가 실제로 당해 부동산의 대가를 부담하여 그 부동산을 자신이 실질적으로 소유하기 위하여 취득하였음을 증명하여야 명의신탁의 법리를 원용하여 공유관계가 인정될 수 있다.[167] 법률혼에서도 등기내용에 따른 특유재산의 추정을 번복하여 공유관계를 인정할 수 있는 경우는 많지 않은 것이다. 이와 같이 공유물분할이 허용되지 않는 특유재산에 대하여도 가사노동 등의 기여를 인정하여 재산청산을 허용하는 데에 민법 제839조의2를 신설하여 이혼 시 재산분할제도를 창설한 의의가 있다.[168] 공유물분할의 전제로서 공유지분이 확정되어야 하는데, 만일 가사노동 등의 기여를 참작하여 협의 또는 심판으로 공유지분을 정한다는 것이면 사실상 재산분할을 인정하는 것과 다름없는 결론에 이른다. 또한 다음과 같이 사실혼에서 부동산에 관하여 등기내용에 따른 특유재산의 추정을 번복하여 그와 다른 공유관계 등을 인정하는 데에 명의신탁의 법리를 원용할 수 없다는 문제도 있다.

115 배우자 사이의 재산청산에 명의신탁 해지의 법리를 원용하는 견해는 부동산 실권리자명의 등기에 관한 법률 제8조 제2호가 사실혼 배우자에는 적용되지 않

165 이를 두고 '유추의 결과를 다시 유추하는 것'이라고 평가하는 견해로는 주해친족법(제1권)(제2판), 박영사(2025), 223(윤진수).

166 대법원 1986. 9. 9. 선고 85다카1337, 1338 판결.

167 대법원 2013. 10. 31. 선고 2013다49572 판결.

168 박인환, "사실혼보호법리의 변천과 과제", 가족법연구 제23권 제1호, 한국가족법학회(2009), 173; 엄영진, "이혼시의 재산분할청구권", 남송한봉희교수화갑기념 논문집, 도서출판밀알(1994), 331.

아[169] 부동산을 제외한 나머지 재산에만 적용될 여지가 있는 것이어서 실효성이 적다. 사실혼 부부가 사실혼 부부생활 중 부양·협조의무의 이행으로 상대방으로부터 제공받은 이익에 대하여 부당이득이 성립한다고 보기는 어렵고, 사실혼관계를 근로관계로 파악할 수도 없다.[170] 사실혼 부부가 공동으로 출자하여 자영업을 공동으로 경영한 경우 등 사실혼 부부 사이에서 민사적인 조합관계가 성립하는 경우도 있겠으나, 사실혼관계를 일반적으로 민사적인 조합으로 파악하는 것은 곤란하므로 조합청산의 법리를 원용하는 데에도 한계가 있다.

(2) 사실혼 배우자의 보호 필요성

116 부부가 공동생활을 하면서 상호간에 부양·협조의무를 이행하는 것은 우리 사회에서 한 가족의 재정적·정서적 안정이라는 중요한 기능을 수행한다. 부부를 기초 요소로 하여 형성되는 가족은 이를 통하여 안정적인 사회·경제 활동, 재산 형성, 자녀의 양육 등 생애 과제를 수행하고, 가족 구성원의 실직, 질병, 상해, 노화, 사망 등으로 인한 해체 위기를 극복할 수 있다. 이는 사실혼 부부에서도 크게 다르지 않다. 특히 사실혼 배우자가 노화·질병·상해 등으로 사망이 임박한 경우라면 더욱 상대 배우자의 부양·협조의무의 이행이 긴요하다.[171] 따라서 사실혼 배우자가 사망이 임박한 상대 배우자에 대한 부양·협조의무를 끝까지 이행한 경우와 그 이행을 거부하며 사실혼을 해소한 경우를 비교하면, 전자의 경우에 부양의 요소까지 감안한 재산청산의 권리를 인정할 필요가 더 큰은 자명하다. 앞서 2) 나) (1)에서 언급된 각 대법원 판결은 이와 정반대의 결과를 도출하였는데, 이는 형평의 관념에 어긋날뿐더러 그 정도가 수인한도를 넘어 정당화되기 어렵다. 자칫 대법원이 우리 사회에 잘못된 메시지를 발신하는 것으로 오해될 우려도 있다.[172]

169 대법원 1999. 5. 14. 선고 99두35 판결.

170 청주지방법원 2013. 3. 7. 선고 2012가단23245 판결(확정)은 사망한 사실혼 배우자(또는 그 상속인들)는 생존 배우자가 사망자의 생전에 제공하였던 가사노동의 노임에 상응하는 부당이득을 얻었다고 볼 수 없다 하였다.

171 프랑스 민법 제212조가 규정하는 부부 사이의 협조의무(le devoir d'assistance)는 어려움에 처한 배우자에 대한 심리적·물질적 지지를 말하는데, 특히 질병이나 건강 악화의 경우에 중요하다고 한다 [Pierre VOIRIN, Gilles GOUBEAUX, Droit Civil tome 1, L.G.D.J(2011), 140].

172 유사한 취지의 주장으로, 김주수/김상용, 친족·상속법(제20판), 법문사(2024), 287; 박상준, "사실혼 해소와 재산분할: 사망으로 인한 사실혼의 해소 시 재산분할의 유추적용 가부를 중심으로", 가사재판연구Ⅱ, 서울가정법원(2011), 444.

(3) 재산청산의 법적 형태

117 이러한 형평에 반하는 법상태를 시정하는 현실적인 해석론으로는 사실혼이 사망으로 해소된 경우에 상속권을 인정하는 것과 재산분할청구권을 인정하는 것 정도를 생각해 볼 수 있는데, 후자가 비교우위에 있다고 본다. 사망한 배우자 명의의 재산뿐 아니라 생존 배우자 명의의 재산까지 아울러 그 중 부부공동생활에서 형성된 실질적 공동재산을 분할대상재산으로 확정한 후 부부 각각의 기여 정도와 부양의 필요성 등을 고려하여 분할의 비율과 방법을 정하는 재산분할의 법리는 다소 경직된 상속의 법리보다 구체적 사안의 특성에 맞는 탄력적인 분쟁해결을 가능하게 한다. 2년의 단기 제척기간(민법 제839조의2 제3항)을 원용하여 법률관계의 조속한 안정을 꾀할 수도 있다. 필자는 배우자 사이에 부양·협조 등의 편익을 제공하였던 데에서 재산청산의 당위성을 도출하고 있으므로, 같은 이유로 신설된 민법 제839조의2의 재산분할제도를 따라 재산청산을 하는 것이 자연스럽기도 하다. 비록 사실혼이 당사자의 의사에 따라 해소된 후 한쪽 당사자가 사망한 사안에 관한 것이지만, 앞서 2) 나) (1)에서 본 것처럼 사망한 배우자의 상속인과 생존 배우자 사이의 재산분할을 허용한 전례도 있으므로 실무운용상 익숙하다는 장점도 있다.

118 물론 사실혼이 사망으로 해소된 경우에 재산분할을 허용하는 것은 민법의 체계와 어울리기 어렵다는 문제가 있다. 그러나 어떠한 법상태가 형평의 관념에 반하는 정도가 크다면 그 광정의 요구 앞에 법체계의 엄정함을 희생해야 할 경우도 있을 수 있고, 이 쟁점이 바로 그러하다.[173]

V. 사실혼관계존부확인의 소

1. 서설

가. 의의

119 가사소송법 제2조 제1항 제1호 나목 1은 사실상 혼인관계 존부 확인을 나류 가사소송사건으로서 가정법원의 전속관할로 규정한다. 이는 본래 1963년 가사심판

173 헌법재판소 2024. 3. 28. 선고 2020헌바494, 2021헌바22(병합) 결정은, 사실혼 배우자의 사망을 원인으로 하는 재산분할청구권을 인정하지 않은 입법부작위가 위헌이라는 취지의 헌법소원청구에 대하여 이는 진정입법부작위라는 이유로 청구를 각하하였는데, 3인의 반대의견은 이는 부진정입법부작위로서 헌법에 합치하지 않는다는 의견을 제시하였다.

법을 제정할 때에 병류 사건으로 사실혼관계존부확인 청구를 규정하는 한편, 호적법에 제76조의2를 신설하여 사실혼관계존재확인의 확정 심판을 첨부하여 혼인신고를 할 수 있게 규정한 것에서 유래한다. 이로써 사실혼 부부의 한쪽이 혼인신고를 기피하여 지위의 불안을 초래하는 경우, 상대방이 일방적으로 사실혼을 법률혼으로 고양할 수 있는 구제수단이 마련되었다.

나. 혼인신고특례법

120 혼인신고특례법은 혼인 당사자 중 어느 한쪽이 전쟁이나 사변으로 전투에 참가하거나 전투 수행을 위한 공무에 종사함으로 인하여 혼인신고를 하지 못하고 사망한 경우에 생존한 당사자가 가정법원의 확인을 받아 단독으로 혼인신고를 할 수 있고, 혼인의 효력은 사망 시로 소급한다고 규정한다(혼인신고특례법 제1조, 제2조, 제4조). 이는 사망자의 마지막 주소지의 가정법원이 관할하고(혼인신고특례법제3조), 라류 가사비송사건에 해당한다(가사소송법 제2조 제3항).

2. 심판절차 및 판결

가. 당사자적격과 확인의 이익

121 사실혼관계존부확인의 소의 당사자적격에 관한 규정은 없다. 따라서 이는 결국 확인의 이익의 문제에 흡수된다고도 할 수 있다.[174] 사실혼관계존부확인의 소에서는 당사자적격과 확인의 이익이 가장 중요한 쟁점인데, 다음 V. 3. 이하에서 상설한다.

나. 관할

122 사실혼관계존부확인의 소는 피고의 보통재판적이 있는 곳의 가정법원의 관할(가사소송법 제13조 제1항) 및 단독판사의 사물관할에 속한다(민사 및 가사소송의 사물관할에 관한 규칙 제3조). 이는 임의관할이므로 합의관할 또는 변론관할에 관한 민사소송법 제29조, 제30조가 준용된다(가사소송법 제12조 본문).

다. 심리

123 조정전치주의가 적용된다(가사소송법 제50조).

124 관련 사건의 병합도 허용된다(가사소송법 제14조 제1항). 사실혼관계존부확인의 소에 제3자에 대한 손해배상청구를 병합하는 경우에는 통상의 공동소송으로 된다.[175]

174 법원실무제요, 가사[Ⅰ], 법원행정처(2021), 646.
175 법원실무제요, 가사[Ⅱ], 법원행정처(2010), 12.

라. 판결의 효력

125 사실혼관계존부확인 청구에 대해서는 판결로 재판한다. 이를 인용한 확정판결은 기판력의 주관적 범위가 제3자로 확장되어 대세적 효력이 있다(가사소송법 제21조 제1항). 청구를 기각한 판결이 확정된 경우, 다른 제소권자는 사실심 변론종결 전까지 참가하지 못 한 데 대하여 정당한 사유가 있지 않으면 다시 소를 제기할 수 없다(가사소송법 제21조 제2항).

126 사실혼관계존재확인판결이 확정된 때에 소를 제기한 사람(원고)은 재판의 확정일부터 1개월 이내에 재판서의 등본 및 확정증명서를 첨부하여 혼인신고를 하여야 한다(가족관계의 등록 등에 관한 법률 제72조). 그러나 이는 사실혼 부부 사이에 현재의 사실혼관계존재를 확인하는 판결이 확정된 경우에 한하고, 사실혼 부부 사이에 과거의 사실혼관계존재확인판결이 확정된 경우, 당사자의 한쪽 또는 양쪽이 제3자인 경우 등에는 이에 터잡아 혼인신고를 할 수 없다고 보아야 한다.

3. 사실혼 부부 쌍방 생존 중의 사실혼관계존재확인의 소

가. 법적 성질

127 사실혼관계존재확인판결에 관하여는 형성소송설을 취하여 혼인신고가 보고적 신고라는 견해도 있으나,[176] 통설[177]은 확인소송설의 입장에서 이에 따른 혼인신고는 창설적 신고라 한다.

128 대법원 1991. 8. 13. 자 91스6 결정[178]은 사실혼관계의 존재를 확인하는 심판이 확정되더라도 당사자 간에 법률상의 혼인관계가 형성되는 것은 아니며 신고혼주의를 취하는 우리 법제 아래서는 혼인신고가 있어야만 비로소 법률상 혼인이 성립된다고 하여 확인소송으로서의 성격을 분명히 하였다. 그러나 현재의 사실혼관계가 존재함을 확인한 판결은 결과적으로 혼인신고의무의 이행을 명하는 데에 귀착하므로, 이러한 실질을 포착하여 이해할 필요도 있다.[179]

176 김용한, "사실상혼인관계존재확인심판의 효력", 사법행정(1973), 9 등.

177 윤진수, "검사를 상대로 하는 사실상혼인관계존재확인청구", 대한변호사협회지 제116호, 대한변호사협회(1986), 266 등.

178 같은 취지로 대법원 1973. 1. 16 선고 72므25 판결.

179 대법원 1998. 7. 24. 선고 97므18 판결은 '혼인신고의 이행을 위하여는 이미 파탄된 과거의 사실혼관계의 존재확인을 구할 수 없다'고 판시한 관련 판결을 언급하고 있다.

나. 확인의 이익 또는 당사자적격

1) 사실혼 부부 사이에서 제기된 경우

가) 혼인신고를 목적으로 제기된 경우

129 사실혼 부부는 원고적격 및 피고적격이 있고, 혼인신고를 목적으로 하는 한 확인의 이익도 인정된다. 이 경우 피고가 사실혼관계를 다투지 않는다 하여 확인의 이익이 없다고 볼 것은 아니다. 확인의 이익은 당사자의 권리 또는 법적 지위에 위험과 불안이 현존하고, 이를 제거할 유효·적절한 수단인 경우에 인정되는 것으로서, 상대방이 다투는 경우에 확인의 이익이 있는 것이 보통이지만, 공부의 기재를 바로잡기 위한 경우에는 상대방이 다투지 않더라도 확인의 이익이 인정되기 때문이다.[180]

130 사실혼 부부 사이에서 혼인신고를 위하여 사실혼관계존재확인의 소가 제기된 후 사실심 변론종결 전에 당사자의 의사에 따라 사실혼이 해소된 경우 확인의 이익은 부정되므로 소를 각하한다.[181] [182]

나) 그 외의 목적으로 제기된 경우

131 ① 사실혼 부부 사이에서 혼인신고 이외 다른 목적으로 현재의 사실혼관계의 존재확인을 구하는 경우, ② 사실혼 부부 사이에서 현재는 당사자의 의사에 따라 해소되었으나 과거 일정 시점 또는 기간에 사실혼관계가 존재했다는 점의 확인을 구하는 경우 확인의 이익이 문제된다.

132 ①에 관하여 학설상의 논의는 찾기 어려우나, 장래의 분쟁에 대비하기 위하여 현재의 사실혼관계존재의 확인을 구한 사안에서 확인의 이익을 부정한 사실심 재판례가 있다.[183] 이론적으로는 당사자 모두 혼인신고의 의사는 없으나 현재의 사실혼관계의 존재 확인이 현재적 또는 잠재적 분쟁의 전제가 되어 수많은 분

180 윤진수, "검사를 상대로 하는 사실상혼인관계존재확인청구", 대한변호사협회지 제116호, 대한변호사협회(1986), 268은 임야대장의 소유자란이 공백이라는 이유로 소유권보존등기를 할 수 없어 소유권확인을 구한 사건에서 같은 취지로 판시한 대법원 1979. 4. 10. 선고 78다2399 판결을 들어 이와 같이 설명하고 있다.

181 대법원 1977. 3. 22. 선고 75므28 판결, 대법원 1998. 7. 24. 선고 97므18 판결.

182 법원실무제요, 가사[Ⅱ], 법원행정처(2010), 10.

183 인천가정법원 부천지원 2019. 7. 12. 선고 2019드단510 판결(확정)은 원고가 공무원인 피고의 퇴직 시 퇴직유족연금의 수령을 위해 필요하다고 주장하면서 과거 일정 시점부터 현재까지 피고와 사실혼관계에 있음의 확인을 구한 사건에서, 당사자의 권리 또는 법률상 지위에 현재 존재하는 불안, 위험을 제거함에 가장 유효적절한 수단이라 보기 어렵다는 이유로 소를 각하하였다.

쟁을 일거에 해결하는 유효적절한 수단인 경우도 배제할 수 없다. 그러나 사실혼 부부가 혼인장애사유가 있어 혼인신고를 할 수 없는 경우 공모하여 혼인신고 이외의 목적을 작출하여 사실혼관계존재확인의 판결을 받아 확정된 후 혼인신고에 전용하는 등 판결의 편취 위험이 있다는 점에서 이러한 경우 확인의 이익을 부정해야 할 것으로 본다.

133 ②의 경우에 1설[184]은 손해배상청구 등을 하면 되므로 특별히 과거에 사실혼관계가 존재하였다는 확인을 받을 필요는 없다고 하고, 2설[185]은 원칙적으로 확인의 이익이 부정되나, 당사자 및 제3자 사이의 현재적 또는 잠재적 분쟁의 전제가 되어 수많은 분쟁을 일거에 해결하는 유효적절한 수단인 경우에는 확인의 이익이 인정된다고 한다. 당사자 한쪽 또는 쌍방 사망 후의 사실혼관계존재확인의 소의 경우와 같이, 생존 중인 사실혼 부부의 과거의 사실혼관계존재를 확인하는 것이 당사자 및 제3자 사이의 현재적 또는 잠재적 분쟁의 전제가 되어 수많은 분쟁을 일거에 해결하는 유효적절한 수단이라면 확인의 이익을 부정할 이유가 없을 것이다. 사실혼 부부 사이에서 혼인신고를 위하여 사실혼관계존재확인의 소가 제기된 후 피고가 사실혼을 해소한 경우 혼인신고를 위하여는 확인의 이익이 없으나, ②의 경우에 해당할 여지는 있다.

2) 사실혼 부부와 제3자 사이에서 제기된 경우

134 제3자가 사실혼 부부를 상대로 또는 반대의 형태로 사실혼관계존재확인을 구하는 경우 당사자적격 및 확인의 이익이 문제된다.

가) 혼인신고를 목적으로 제기된 경우

135 제3자가 사실혼 부부 사이의 혼인신고를 위하여 부부를 공동피고로 하여 사실혼관계존재확인의 소를 제기할 수 있는지 문제된다. 혼인신고는 창설적 신고로서 당사자 쌍방이 하여야 하고(민법 제812조 제2항), 사실혼관계존재확인 판결은 형성판결이 아니어서 혼인신고를 하여야 비로소 법률혼이 창설되므로, 사실혼관계존재확인판결이 확정된 때에 단독으로 혼인신고를 할 수 있는 '소를 제기한 사람'(가족관계의 등록 등에 관한 법률 제72조)과 상대방은 모두 사실혼 부부이어야 한다고 여겨진다. 따라서 제3자는 사실혼 부부 사이의 혼인신고를 위하여 그 부

184 윤진수, "검사를 상대로 하는 사실상혼인관계존재확인청구", 대한변호사협회지 제116호, 대한변호사협회(1986), 276.
185 법원실무제요, 가사[Ⅱ], 법원행정처(2010), 9.

부를 상대로 사실혼관계존재확인의 소를 제기할 당사자적격이 없다.[186]

나) 그 외의 목적으로 제기된 경우

136 사실혼 부부와 제3자 사이의 사실혼관계존재확인의 소 또한 당사자 및 제3자 사이의 현재적 또는 잠재적 분쟁의 전제가 되어 수많은 분쟁을 일거에 해결하는 유효적절한 수단이라면 확인의 이익을 부정할 이유가 없을 것이다. 이 경우 확인의 이익이 있는 제3자에게 당사자적격이 인정된다.

다. 심리 및 재판

1) 심리의 유의사항

가) 혼인신고가 목적인 경우

137 (1) 앞의 Ⅱ. 1. 다.에서 살핀 바와 같이, 사실혼의 성립을 위하여 당사자 쌍방의 혼인신고의사가 필요하지는 않으나, 사실혼 부부 사이의 혼인신고를 위한 사실혼관계존재확인의 청구를 인용하기 위하여는 당사자 쌍방의 혼인신고의사가 직접 증명되거나 추정되어야 한다. 당사자 쌍방의 혼인신고의사가 인정되지 않음에도 혼인신고를 허용할 경우 혼인의 강제이행청구를 금하는 민법 제803조에 위반될 소지가 있다. 따라서 피고가 소송 중 사실혼은 유지하면서도 혼인신고를 거부하는 의사를 표명하거나 혼인신고의사를 철회한 경우에는 청구를 기각하여야 할 것이다.[187]

138 대법원은 이른바 추정의 법리에 따라, 사실혼 상대방 배우자가 장기간 부재 또는 연락두절 상태인 경우와 의사무능력 상태로서 혼인의사가 불분명한 경우에 혼인의 관행과 신의성실의 원칙에 따라 사실혼관계를 형성시킨 상대방의 행위에 기초하여 그 혼인의사의 존재를 추정할 수 있으므로, 이와 반대되는 사정, 즉 혼인의사를 명백히 철회하였다거나 당사자 사이에 사실혼관계를 해소하기로 합의하였다는 등의 사정이 인정되지 않는 한 사실혼 한쪽 배우자가 일방적으로

186 대법원 1988. 4. 12. 선고 87므104 판결은 현행법상 부부쌍방이 모두 사망한 경우 제3자가 그 혼인신고를 할 수 있는 방법이 없으므로 위 사망한 당사자의 혼인신고를 하기 위하여 그들 사이에 과거의 혼인사실의 존재확인을 구함은 확인의 이익이 없어 부적법하다고 하였다. 위 판결은 사망한 당사자 사이의 혼인신고는 할 수 없다는 데에 방점이 있다고 보이기는 하나, 제3자가 혼인신고를 할 수 없다는 것으로 읽힐 여지도 있다. 법원실무제요, 가사[I], 법원행정처(2021), 648은 위 판결을 그와 같이 읽고 있다.

187 법원실무제요, 가사[I], 법원행정처(2021), 647.

혼인신고를 마친 경우에도 그 혼인을 무효라고 할 수 없다 하였다.[188] 이와 같이 굳이 사실혼관계존재확인청구를 하지 않아도 일방적으로 혼인신고를 하여 유효하게 법률혼을 성립시킬 수 있으므로 사실혼관계존재확인청구의 활용 폭이 좁다는 지적이 있다.[189] 그러나 이러한 일방적인 혼인신고에 따른 혼인이 비록 유효할지라도 사문서위조 등의 책임은 문제될 수 있으므로, 사실혼관계존재확인의 소가 갖는 권리구제적 성격은 무시하기 어렵다. 오히려 이처럼 사실혼 당사자가 직접 혼인신고를 할 수 없는 사안에서 사실혼관계존재확인판결의 주된 의의를 찾을 수 있다.

139 (2) 앞서 살핀 바와 같이 혼인장애사유가 있다 하여 반드시 사실혼이 성립되지 않는 것은 아니나, 혼인신고를 목적으로 하는 사실혼관계존재확인의 소에서는 혼인장애사유가 있는 경우 청구를 기각하여야 할 것이다.

나) 그 외의 목적으로 제기된 경우

140 혼인신고를 위한 것이 아닌, 현재적 또는 잠재적 분쟁의 전제가 되어 수많은 분쟁을 일거에 해결하는 유효적절한 수단으로서 과거의 사실혼관계의 존재확인의 소가 제기된 경우에는 혼인신고의 의사를 심리할 필요가 없다. 이와 같은 경우 혼인장애사유는 사실혼의 성립·보호 여부가 문제되는 한도에서 심리할 필요가 있다. 대법원 또한 원고가 사실상혼인관계존재확인을 구한 사건에서 그 사실혼이 중혼적 사실혼이라면 법률혼이 사실상 이혼상태에 있었다는 점이 증명되지 않은 경우 원고의 청구를 기각하여야 한다고 판시하였다.[190] [191]

2) 판결의 효력

141 사실혼관계존재확인의 판결이 확정되었더라도 그에 따른 혼인신고가 없으면 법률혼은 성립하지 않는다. 따라서 사실혼관계존재확인의 판결이 확정되었더라도 그에 따른 혼인신고를 마치기 전에 한쪽 배우자와 다른 사람 사이에 혼인신고가 된 경우 중혼이 될 수 없고 혼인의 취소사유도 되지 않는다.[192]

188 모두 혼인무효 여부가 문제된 사안이다. 대법원 1980. 4. 22. 선고 79므77 판결, 1994. 5. 10. 선고 93므935 판결, 대법원 2000. 4. 11. 선고 99므1329 판결, 대법원 2012. 11. 29. 선고 2012므2451 판결 등.

189 김주수/김상용, 친족·상속법(제20판), 법문사(2024), 275.

190 대법원 2022. 3. 31. 선고 2019므10581 판결.

191 위 대법원 판결 이전에도 인천가정법원 2016. 8. 26. 2016르10054 판결(확정) 등 그와 같은 취지의 많은 사실심 재판례가 있다.

192 대법원 1973. 1. 16. 선고 72므25 판결.

142 사망자 간이나 생존한 자와 사망한 자 사이의 혼인은 인정되지 않으므로 사망자와의 사실혼관계존재확인의 판결이 있다 하더라도 혼인신고는 받아들여질 수 없다.[193] 기준시점은 혼인신고 수리 시이다.

143 사실혼관계존재확인 판결이 확정되더라도 가족관계등록사무관서에 통지할 필요는 없다(가사소송규칙 제7조 제1항 단서). 대법원이 따르는 확인소송설의 견지에서 보면, 직권으로 가족관계등록부에 기록할 성질의 것이 아니기 때문이다.

4. 사실혼 부부 한쪽 또는 쌍방 사망 후의 사실혼관계존재확인의 소

가. 확인의 이익, 당사자적격, 제척기각

144 사실혼 부부 한쪽 또는 쌍방이 사망한 경우 검사를 상대로 과거의 사실혼관계의 확인을 구할 이익이 있다는 견해가 많다.[194] 대법원 또한 사실혼관계에 있던 당사자 일방이 사망하였더라도 현재적 또는 잠재적 법적 분쟁을 일거에 해결하는 유효 적절한 수단이 될 수 있는 한 그 사실혼관계존부확인청구에는 확인의 이익이 인정된다고 한다.[195]

145 사실혼 배우자가 상대 배우자의 사망으로 인하여 공무원연금법 등의 유족연금 등을 수급하려는 경우에는 공무원연금공단 등에 그 지급을 구한 뒤 거부처분에 대한 항고소송 등으로 분쟁을 해결할 수도 있다.[196] 이와 같이 보다 직접적인 분쟁해결절차가 있는 경우에 사실혼관계의 존재 확인을 구할 이익이 문제될 수 있다. 대법원은, 공무원연금법을 비롯한 여러 법령에 따른 유족급여수급권을 주장하는 사람이 검사를 상대방으로 하여 과거의 사실상 혼인관계에 관한 존부확인의 소를 제기하는 것은 유족급여와 관련된 분쟁을 한꺼번에 해결하는 적절한 방법이어서 확인의 이익이 인정된다고 하면서,[197] 공무원연금공단에 퇴직유족급여 지급을 신청하고 거부처분에 항고소송을 제기하는 등의 방법으로 구체적 급여수급권을 인정받기 전에 그 전제가 되는 지위의 확인을 구하는 것은 허

193 대법원 1991. 8. 13. 자 91스6 결정.

194 대표적으로 정광현, "사실상혼인관계존재확인청구론", 한국가족법연구(1967), 719.

195 대법원 1995. 3. 28. 선고 94므1447 판결.

196 대법원 2017. 2. 9. 선고 2014두43264 판결은, 공무원연금법령 상 급여를 받으려고 하는 자는 우선 관계 법령에 따라 피고에게 급여지급을 신청하여 피고가 이를 거부하거나 일부 금액만 인정하는 급여지급결정을 하는 경우 그 결정을 대상으로 항고소송을 제기하는 등으로 구체적 권리를 인정받아야 할 것이고, 구체적인 권리가 발생하지 않은 상태에서 곧바로 피고를 상대로 한 당사자소송으로 그 권리의 확인이나 급여의 지급을 소구하는 것은 허용되지 아니한다고 한다.

197 대법원 1995. 3. 28. 선고 94므1447 판결에서 비슷한 취지로 판시한 바 있다.

용되지 않는다는 주장을 배척하였다.[198]

146 대법원은 반면에 사실혼 기간 중 망인 명의로 취득한 재산이 원고와의 공유임을 주장하기 위한 전제로 사실혼관계존재확인이 필요하다고 주장한 사안에서는, 공유관계를 주장하게 될 소송절차 안에서 사실혼관계의 존재를 주장·입증할 수 있고 그로써 충분하다는 이유로 확인의 이익을 부정하였다.[199] 사실심 재판례를 보면, 원고가 망인과 자녀 사이의 친생자관계부존재확인의 소를 제기하기 위하여 필요하다고 주장하면서 원고와 망인 사이의 사실혼관계존재확인을 구한 사안에서, 친생자관계부존재확인의 소송절차 안에서 사실혼관계의 존재를 주장·입증할 수 있고, 관련 분쟁을 한꺼번에 해결하는 유효적절한 수단이 될 수 있다고 볼 만한 다른 사정이 없다는 이유로 소를 각하한 예가 있다.[200] 원고가 피고의 책임으로 사실혼이 파탄되었다고 주장하면서 과거 사실혼관계의 존재확인과 함께 위자료를 청구한 사건에서, 과거의 사실혼관계 확인이 원·피고 및 제3자 사이의 현재적 또는 잠재적 분쟁의 전제가 되어 있다는 점에 대한 아무런 주장·입증이 없다는 이유로 사실혼관계존재확인 청구 부분 소를 각하한 예도 있다.[201]

147 친생자관계존부확인청구에 관한 민법 제865조와 인지 청구에 관한 민법 제863조의 규정을 유추적용하여 생존 당사자는 그 사망을 안 날로부터 2년 내에 검사를 상대로 과거의 사실혼관계에 대한 존부확인청구를 할 수 있다.[202]

나. 심리상 유의사항

148 사실상혼인관계존재확인의 소에는 실체적 진실의 발견이 어렵다는 문제가 있다. 사실상혼인관계존재확인의 소는 나류 가사소송사건으로서 그 청구를 인용한 판결은 제3자에 대하여도 효력이 있고, 실제로는 제3자가 핵심적이고 직접적인 분쟁 당사자인 경우가 많다. 원고는 대체로 여러 이해관계인 중 이해관계를 같이하거나 예컨대 검사와 같이 이해관계가 거의 없는 사람을 피고로 선택하여 소를 제기하기 때문이다. 그런데 가정법원이 이해관계 있는 제3자의 범주를 알 수도 없고, 설령 이를 안다 하더라도 직권 소송고지 등 제3자에게 소송 계속 사실을 알리거나 직권으로 절차에 참가시킬 수단은 없다. 원고로 하여금 상속인의

198 대법원 2022. 3. 31. 선고 2019므10581 판결.
199 대법원 1995. 11. 14. 선고 95므694 판결.
200 서울가정법원 2000. 11. 30. 2000드단24118 판결(확정).
201 서울가정법원 2012. 5. 17. 선고 2010드단95690 판결(확정).
202 대법원 1995. 3. 28. 선고 94므1447 판결.

범위를 밝히도록 하여 상속인들에게 당해 소송에 관한 입장을 제출하도록 하는 취지의 사실조회를 하는 실무례가 있으나 일반적이지는 않고, 그조차 제한적인 경우의 수에 대비하는 것일 뿐이다. 결국 당사자가 선의로 조치를 취하지 않는 한 직접적 이해관계 있는 제3자가 공동소송적 보조참가 등으로 절차에 관여할 기회는 없다. 이러한 연유로 직접적 이해관계 있는 제3자는 소송에 관여하지 못한 상태에서 피고가 원고와 이해관계를 같이 하거나 현실적으로 소송수행을 하지 않아 원고 일방의 뜻에 따라 소송이 진행되는 경우가 많다. 따라서 사실상혼인관계존재확인의 소에서는 확인의 이익을 허위로 작출하거나 일부만 밝히고 제한적으로만 소송수행을 함으로써 판결을 편취할 위험이 상존한다. 다만, 사실혼관계존부확인의 소에는 의제자백, 자백, 무변론판결 등이 허용되지 않으므로 (가사소송법 제12조 단서), 가정법원이 직권으로 엄격히 객관적 증거를 심사하여 사실혼관계를 인정함으로써 제3자를 보호할 책임을 수행하게 된다.

5. 사실혼관계부존재확인의 소

가. 법적 성질

149 사실혼관계부존재확인의 소의 법적 성질은 확인소송이다.[203]

나. 당사자적격 및 확인의 이익

150 사실혼관계부존재확인의 소는 사실혼관계가 과거에 존재하다가 현재는 해소된 경우 또는 사실혼관계가 존재한 바 없는 경우 등에 그 사실을 확인할 필요가 있는 경우 확인의 이익이 인정된다.[204] 반면에 사실혼 부부라고 주장되는 당사자 사이에서 처음부터 존재하지도 않았거나 현재 존재하지 않는 사실혼관계의 부존재 확인을 통하여 현재 법률적 지위의 불안을 제거할 필요성 내지 이익이 있는 경우를 상정하기는 어렵다는 견해가 있다.[205] 그러나 한쪽은 사실혼관계 자체를 다투고, 상대방은 그 한쪽과 사실혼관계에 있었다가 파탄되었으므로 위자료·재산분할·원상회복 등을 구한다고 주장하면서도 소를 제기하지는 않는 경우, 그 한쪽으로서는 각 채무의 부존재확인을 가사소송 또는 가사비송으로 구할 근거도 찾기 어렵고, 개개 채무의 부존재를 확인받는 것으로는 분쟁의 1회적 해결

203 법원실무제요, 가사[I], 법원행정처(2021), 640.
204 김주수/김상용, 주석 민법, 친족(2)(제5판), 한국사법행정학회(2016), 601.
205 법원실무제요, 가사[I], 법원행정처(2021), 649.

도 못 된다. 이 경우 그 한쪽은 다른 쪽을 피고로 하여 사실혼관계부존재확인의 판결을 받음으로써 다른 쪽의 위자료·재산분할·원상회복 등의 주장을 원천적으로 차단하여 분쟁을 해결할 수 있으므로, 확인의 이익을 인정할 수 있을 것이다. 반면에 한쪽이 다른 쪽과 사실혼관계에 있다가 해소되었음을 이유로 그 부존재확인과 함께 위자료, 재산분할, 원상회복 등을 구하는 경우라면, 부존재확인청구는 위자료청구 등의 전제로서의 의미만 갖게 되므로 이는 법률적 지위의 불안을 제거할 유효·적절한 수단이라고 볼 수 없어 확인의 이익이 부정될 것이다.[206]

151 망인의 직계존비속이 망인과 사실혼관계에 있다고 주장하는 사람을 상대로 망인과의 사실혼관계부존재확인을 구한 사건에서 사실혼 배우자가 존재하지 않을 경우 망인의 직계존비속이 산업재해보상보험법 제63조 제1항의 유족보상연금의 수급권자가 된다는 이유로 확인의 이익을 인정한 사실심 재판례[207]가 있다. 이는 곧 제3자의 당사자적격을 인정한 예도 된다.

206 서울가정법원 2002. 7. 24. 선고 2001드합6824, 2001드합6831 판결(확정), 제주지방법원 2016. 11. 15. 선고 2015드단11762 판결(확정).

207 대구가정법원 2012. 11. 23. 선고 2012르396 판결(망인의 직계비속 사안, 확정), 대전가정법원 2015. 6. 17. 선고 2014드단8178 판결(망인의 직계존속 사안, 확정) 등.

제 839 조의 2 [재산분할청구권]

① 협의상 이혼한 자의 일방은 다른 일방에 대하여 재산분할을 청구할 수 있다.
② 제1항의 재산분할에 관하여 협의가 되지 아니하거나 협의할 수 없는 때에는 가정법원은 당사자의 청구에 의하여 당사자 쌍방의 협력으로 이룩한 재산의 액수 기타 사정을 참작하여 분할의 액수와 방법을 정한다.
③ 제1항의 재산분할청구권은 이혼한 날부터 2년을 경과한 때에는 소멸한다.

[본조신설 1990. 1. 13.]

[관련조문] 민법 제839조의3(재산분할청구권 보전을 위한 사해행위취소권), 제843조(준용규정), 가사소송법 제2조(가정법원의 관장 사항) 제1항 제2호 나목 4), 가사소송규칙 제96조(당사자), 제98조(부부재산의 분할)

[참고문헌] 주석 민법, 친족(2)(제5판), 한국사법행정학회(2016); 주해친족법(제1권)(제2판), 박영사(2025); 민법주해[IX], 채권(2), 박영사(1995); 김주수/김상용, 친족·상속법(제20판), 법문사(2024); 박동섭/양경승, 친족상속법(제5판), 박영사(2020); 송덕수, 친족상속법(제7판), 박영사(2024); 신영호, 로스쿨 가족법 강의(제2판), 세창출판사(2013); 윤진수, 친족상속법 강의(제5판), 박영사(2023); 이경희/윤부찬, 가족법(11정판), 법원사(2024); 이화숙, 비교 부부재산관계법, 세창출판사(2000); 최금숙, 로스쿨 친족법(2), 제1법규(2010); 한봉희/백승흠, 가족법, 삼영사(2024); 법원실무제요, 가사[Ⅰ], 법원행정처(2021); 법원실무제요, 가사[Ⅱ], 법원행정처(2021); 최은정/안문희, 재산분할의 기준 정립을 위한 방안 연구, 사법정책연구원(2016); 고창현, "신설된 재산분할청구권제도", 민사법학의 제문제: 소봉김용한교수 화갑기념논문집, 소봉김용한교수 화갑기념논문집 간행위원회(1990); 구회근, "이혼시 부부일방의 특유재산이 재산분할의 대상이 되는지 여부", 법조 제46권 제4호, 법조협회(1997); 권오봉, "퇴직금, 퇴직연금이 재산분할의 대상이 되는지 여부, 법학논총 제32집 제3호, 전남대학교 법학연구소(2012); 김동하, "혼인의 해소에 따른 재산분할", 재판실무 제1집, 창원지방법원(1999); 김명숙, "부부재산관계에 대한 검토", 고려법학 제56호, 고려대학교 법학연구원(2010); 김민지, "재산분할청구권의 양도와 상속에 관한 검토 일신전속성을 중심으로", 법학연구 통권 제57호, 전북대학교 출판부(2018); 김병선, "이혼으로 인한 재산분할에 있어서 분할자의 채권자 보호에 관한 몇 가지 제언", 법학연구 제34집, 전북대학교 출판부(2011); 김상훈, "장래의 재산분할청구권의 양도", (2017년) 가족법 주요 판례 10선, 세창출판사(2018); 김성숙, "재산분할제도의 내용", 법학논총; 현재 김영훈박사 화갑기념 제8집, 숭실대학교 법학연구소(1995); 김수정, "이혼으로 인한 재산분할청구권", 사법논집 제40집, 법원도서관(2005); 김숙자, "이혼으로 인한 재산분할청구권", 민법학의 회고와 전망: 민법전 시행 30주년 기념논문집, 한국사법행정학회(1993); 김숙자, "재산분할청구권", 가족법연구 제4호, 한국가족법학회(1990); 김승정, "재산분할의 대상이 되는 재산의 확정: 새로운 재산적 가치들을 중심으로", 재판실무연구 2004, 광주지방법원(2005); 김승정, "명예퇴직금이 재산분할의 대상이 되는지 여부 및 재산분할의 대상이 되는 범위", 대법원판례해설 89호, 법원도서관(2012); 김영갑, "재산분할청구권", 사법논집 제22집, 법원도서관(1991); 김영식, "재산분할청구의 부양적 측면에 관한 고찰", 사법논집 제62집, 법원도서관(2017); 김영욱, "재산분할에 있어서 가집행선고와 지연손해금 문제에 관한 고찰", 가사재판연구Ⅱ, 서울가정법원 가사재판연구회(2011); 김옥곤, "공무원연금과 재산분할 : 2014년 대법원 판결과 2015년

공무원연금법 개정을 계기로", 판례연구 제28집, 부산판례연구회(2017); 김원수, "퇴직금이 재산분할의 대상이 되는지 여부", 재판실무 제3집, 창원지방법원 (2005); 김인유, "채무만을 대상으로 한 재산분할 : 대법원 2013. 6. 20. 선고 2010므4071, 4088 전원합의체 판결", 법학논고 제46집, 경북대학교 출판부(2014); 김정민, "잠재적 퇴직급여채권에 대한 재산분할청구 : 대법원 2014. 7. 16. 선고 2013므2250 전원합의체 판결", 민사재판의 제문제 제23권, 한국사법행정학회(2015); 김정민, "공무원 퇴직연금수급권에 대한 재산분할", 사법 제30호, 사법발전재단(2014); 김종우, "재산분할의 대상과 그 기준시기 및 방법", 실무연구Ⅷ, 서울가정법원(2002); 김준모, "가사재판에 있어 몇 가지 실무상 문제점", 실무연구Ⅹ, 서울가정법원(2005); 김준모, "재산분할제도의 성격", 재판자료 제101집, 법원도서관(2003); 김춘복, "각국의 재산분할청구권에 대한 소고", 실무연구Ⅴ, 서울가정법원(1999); 김형식, "가사보전소송에 대한 몇 가지 고찰", 가사재판연구Ⅱ, 서울가정법원 가사재판연구회(2011); 남궁술, "프랑스 민법상 부부공동재산제의 해소", 민사법학 제54권 제2호, 한국사법행정학회(2011); 민유숙, "2013년 친족·상속법 중요 판례", 인권과 정의 제440호, 대한변호사협회(2014); 민유숙, "가사비송사건으로서의 재산분할", 재판자료 제101집(상), 법원도서관(2003); 민유숙, "가사비송절차의 문제점과 개선방향", 가족법연구 제18권 제2호, 한국가족법학회(2004); 민유숙, "부부재산제도와 재산분할제도의 관계", 사법논집 제26집, 법원도서관(1995); 민유숙, "외국의 부부재산제도와 재산분할 제도 및 부양제도", 사법논집 제31집, 법원도서관(2000); 민유숙, "재산분할 대상이 되는 재산의 확정에 관한 몇 가지 문제점: 비교법적 고찰을 중심으로", 법조 제50권 제4호, 법조협회(2001); 민유숙, "재산분할에 있어서 몇가지 문제점에 관한 고찰", 인권과 정의 제211호, 대한변호사협회(1994); 민유숙, "재산분할에 있어서 분할비율산정 : 비교법적 고찰", 저스티스 제34권 제2호, 한국법학원(2001); 민유숙, "재산분할청구권을 포기하는 약정의 효력", 대법원판례해설 제44호, 법원도서관(2004); 민유숙, "재산분할의 구체적 인정범위", 재판자료 제62집, 법원도서관(1993); 민유숙, "재산분할청구권이 포함된 민사사건의 처리", 민사재판의 제문제 제13권, 한국사법행정학회(2004); 박동섭, "가사소송의 몇가지 문제점", 인권과 정의 제246호, 대한변호사협회(1997); 박숙희, "재산분할에서 채무분할에 관한 제문제", 가정법원 50주년 기념논문집, 서울가정법원(2014); 박순성, "채무의 상속", 민사판례연구 제25권, 박영사(2003); 박종권, "이혼에 따른 재산분할의 합리적 산정", 외법논집 제26집, 한국외국어대학교 법학연구소(2007); 박종권, "재산분할청구권을 보전하기 위한 채권자대위권의 행사여부", Jurist 제413호, 청림인터렉티브(2007); 배성호, "재산분할청구권의 본질에 관한 재검토(하)", 사법행정 제42권 제12호, 한국사법행정학회(2001); 서순택, "재산분할의 본질과 재산분할청구권의 상속성", 외법논집 제38권 제4호, 한국외국어대학교 법학연구소(2014); 서종희, "이혼 후 재결합한 경우의 재산분할청구권 : 제척기간의 중단여부 및 재산분할대상의 확장을 통한 해결", 비교사법 제20권 제2호, 한국비교사법학회(2013); 신정일, "재산분할 대상 및 그 가액의 산정기준시와 관련한 실무 동향과 일부 의문점", 가사재판연구Ⅲ, 서울가정법원 가사소년재판연구회(2018); 엄영진, "이혼시의 재산분할청구권", 현대민법의 과제와 전망 : 남송 한봉희박사화갑기념논문집, 밀알(1994); 오상진, "재산분할에 있어서 소극재산이 적극재산을 초과하는 경우", 실무연구Ⅹ, 서울가정법원(2005); 원정숙, "가사보전처분의 피보전권리", 가사재판연구Ⅰ, 서울가정법원 가사재판연구회(2007); 윤부찬, "전문자격 등의 재산분할대상성 및 분할방법", 동아법학 제43호, 동아대학교 출판부(2009); 윤정운, "이혼에 따른 재산분할의 기준시점 : 대법원 2023. 7. 13. 선고 2017므11856, 11863 판결을 계기로 삼아", 사법 제69호, 사법발전재단(2024); 윤진수, "민법개정안 중 부부재산제에 관한 연구", 가족법연구 제21권 제1호, 한국가족법학회(2007); 윤진수, "사실혼배우자 일방이 사망한 경우의 재산문제 : 해석론 및 입법론", 저스티스 제100호, 한국법학원(2007); 윤진수, "실질적 특유재산에 대한 재산분할", 가족법연구 제36권 제2호, 한국가족법학회(2022); 이미주, "이혼으로 인한 재산분할에서 혼인관계 파탄 후 부동산의 취득 또는 가액상승과 관련된 실무상 쟁점에 대한 고찰", 사법논집 제73집 사법발전재단(2021); 이상민, "재산분할이 사해행위취소의 대상이 되는지 여부", 민사판례연구 제24권, 박영사(2002); 이상태, "재산분할청구권의 부양적 성질", 아세아여성법학 제4호, 아세아여성법학연구소(2001); 이상훈, "이혼에 따른 재산분할청구사건의 재판실무상 문제점에 대한 고찰", 법조 제42권 제6호, 법조협회(1993); 이선미, "재산분할 비율에 관한 최근 실무례 분석", 가사재판연구Ⅲ, 서울가정법원 가사소년재판연구회(2018); 이선미, "이혼 재산분할 제도의 개선방안: 분할대상과 분할비율에 관한 개정의견을 중심으로", 가족법연구 제36권 제2호, 한국가족법학회(2022); 이승원, "부부 쌍방의 총 소극재산이 총 적극재산을 초과하는 경우에도 이혼에 따른 재산분할이 가능한지", 사법 제25호, 사법발전재단(2013); 이재은, "소극재산 총액이 적극재산 총액을 초과하는 경우 재산분할의 가부와 방법 : 대법원 2013. 6. 20. 선고 2010므4071, 4088 전원합의체 판결", 전북판례연구 제1권, 전북판례연구회(2017); 이재환, "사실혼 해소에 따른 재산분할의 기준시점", 대법원판례해설 제137호, 법원도서관(2024); 이지은, "이혼시 퇴직연금에 대한 재산분할비율 : 대판 2014. 7. 16. 2012므2888 전원합의체 판결을 중심으로", 민사법학 제70호, 한국사법행정학회(2015); 이진기, "부부재산분할청구권의 보전을 위한 취소권 제도 비판", 인권과 정의 제392호, 대한변호사협회(2009); 이진기, "사실혼제도에 대한 비판적 접근: 사실혼 개념의 발전적 극복을 위한 제언", 가족법연구 제24권 제3호, 한국가족법학회(2010); 이진기, "재산분할의 대상으로서 [장래의] 퇴직급여채권 : 대판 2014. 7. 16. 2013므2250 전원합의체 판결과 대판 2014. 7. 16. 2012므2888 전원합의체 판결을 중심으로", 가족법연구 제28권 제3호, 한국가족법학회(2014); 이현곤, "부양적 재산분할에 관한 사례연구", 가사재판연구Ⅱ, 서울가정법원 가사재판연구회(2011); 이홍민, "이혼급부에 대한 검토", 가족법연구 제24권 제2호, 한국가족법학회(2010); 임종효, "양육비 심판과 가집행", 가사재판연구 Ⅱ, 서울가정법원 가사재판연구회(2011); 장성원, "재산분할청구사건을 본안으로 하는 보전처분에 관하여", 재판자료 제62집, 법원도서관(1993); 장재형, "소극재산 초과 시의 재산분할과 채무의 분담", 인권과 정의 제438호, 대한변호사협회(2013); 전경근, "재산분할에 대한 가집행선고", 판례실무연구XI, 박영사(2015); 전경근, "분할연금에 관한 연구", 법학연구 제23집 제4호, 인하대학교 법학연구소(2020); 전경근 "혼인 중 증가한 재산의 분할 : 고유재산의 증가분을 중심으로", 가족법연구 제36권 제2호, 한국가족법학회(2022); 전보성, "소극재산이 적극재산을 초과하는 경우 재산분할방법에 관한 시론", 민사판례연구 제30권, 박영사(2008); 전주혜, "재산분할에 대한 판결례 분석 및 판례 정리", 재판실무연구 제4권, 수원지방법원(2011); 전현정, "비상장주식의 매수가액 결정기준", 대법원판례해설 제63호, 법원도서관(2007); 정구태, "부부 쌍방의 소극재산 총액이 적극재산 총액을 초과하는 경우에도 재산분할이 가능한지 여부", 법학논총 제20집 제2-1호, 조선대학교 법학연구소(2013); 정상규, "가사보전처분의 실무상 쟁점", 재판자료 제102집(하), 법원도서관(2003); 정상현, "이혼으로 인한 재산분할청구권의 법적 성격과 상속의 인정 여부에 대한 법리 재검토(상)", 성균관법학 제18권 제1호, 성균관대학교 비교법연구소(2006); 정영호, "공무원연금법에 신설된 분할연금제도의 시적 적용 범위에 관한 부칙조항의 해석과 그 판단 기준", 대법원판례해설 제121호, 법원도서관(2020); 정용신, "지정토론문", 특유재산분할의 판례동향과 법적 쟁점 대토론회 자료집, 사단법인 한국여성변호사회(2023); 정원, "재산분할과 관련한 몇가지 실무상 문제점", 실무연구Ⅷ, 서울가정법원(2002); 정예지, "재산분할청구권과 제척기간 : 대법원 2018. 6. 22. 자 2018스18 결정", 판례연구 제35집, 부산판례연구회(2024); 정조근, "재산분할청구의 산정기준", 현대민법의 과제와 전망: 남송한봉희박사화갑기념논문집, 밀알(1994); 조미경, "독일법상의 법정부부재산제", 현대민사법연구:

일헌 최병욱 교수 정년기념, 법문사(2002); 조미경, "혼인중 취득한 재산의 귀속", 민법학의 회고와 전망; 민법전시행삼십주년기념논문집, 한국민사법학회(1993); 조은희, "유럽부부재산제의 입법례가 우리에게 주는 시사점", 비교사법 제12권 제2호, 한국비교사법학회(2005); 조해섭, "악의의 유기로 인한 이혼청구권의 제척기간, 제3자 명의의 재산과 재산분할 대상, 부첩관계와 손해배상 등", 대법원판례해설 30호, 법원도서관(1998); 진현민, "당사자의 사망이 이혼, 위자료, 재산분할 청구소송 및 보전절차에 미치는 영향", 실무연구X, 서울가정법원(2005); 최문기, "이혼시 재산분할청구권에 관한 판례의 경향", 한국민법의 새로운 전개 : 고상룡교수고희기념논문집, 법문사(2012); 최창열, "이혼시 재산분할의 대상과 비율에 관한 연구", 성신법학 제3호, 성신여자대학교(2004); 한봉희, "전문직자격증과 재산분할청구권", 가족법연구 제8호, 한국가족법학회(1994); 한삼인, "재산분할청구권에 관한 연구", 제주대 논문집 제31집, 제주대학교(1990); 한삼인, "채무의 분담이 재산분할의 대상이 되는지 여부 : 대법원 2013. 6. 20. 선고 2010므4071, 4088 전원합의체 판결(다수의견)", 법학연구 제25권 제1호, 충남대학교 법학연구소(2017); 한애라, "협의재산분할과 사해행위취소", 인권과 정의 제271호, 대한변호사협회(1999); 한애라, "이혼에 따른 재산분할심판에서 당사자 간 일부 재산분할 합의의 소송상 효력 : 대법원 2013. 7. 12. 선고 2011므1116 판결과 관련하여", 가족법연구 제32권 제2호, 한국가족법학회(2018); 함윤식, "이혼에 따른 재산분할에 관한 판례의 최근 동향", 민사판례연구 제38권, 박영사(2016); 허만, "부부간의 명의신탁해지청구와 재산분할청구의 관계", 법조 제453호, 법조협회(1994); 허익수, "미국의 이혼 재산분할 시 분할대상재산의 확정: 기준일과 그 무렵 변동된 재산의 처리를 중심으로", 재판자료 제136집, 법원도서관(2018); 현소혜, "근친혼적 사실혼 관계의 보호", 민사판례연구 제34권, 박영사(2012); 현소혜, "연금분할청구권과 국민연금법의 개정방향 : 헌법재판소 2016. 12. 29. 선고 2015헌바182 결정을 중심으로", 성균관법학 제29권 제1호, 성균관대학교 비교법연구소(2017); 현소혜, "재산분할의 방법 : 특히 비상장주식의 경우를 중심으로", BFL 128호, 서울대학교 금융법센터(2024); 홍남희, "이혼 시 퇴직금과 연금의 분할 문제에 대한 고찰 : 대법원 2014. 7. 16. 선고 2013므2250 및 2012므2888 전원합의체 판결을 중심으로", 법학논고 제49집, 경북대학교 출판부(2015); 황경웅, "재산분할청구권의 상속성: 민법 제404조의 일신전속권과 제1005조의 일신전속권의 비교", 중앙법학 제9집 제2호, 중앙법학회(2007); 황승태, "재산분할에 있어 채권, 채무의 처리에 관한 고찰", 재판자료 제101집(상), 법원도서관(2003)

Ⅰ. 총설

1. 의의

1 이혼 등의 사유로 혼인이 종료되는 경우에 당사자의 일방이 다른 일방에 대하여 재산의 분할을 청구할 수 있는 권리를 재산분할청구권이라 한다. 민법 제839조의2는 협의상 이혼을 한 경우의 재산분할청구권에 관하여 정하고 있고, 민법 제843조는 재판상 이혼의 경우에 제839조의2를 준용하고 있으며, 가사소송법 제2조 제1항 제2호 나목 4)는 혼인취소의 경우에도 민법 제839조의2가 유추적용됨을 명확히 하였고, 판례는 제839조의2를 사실혼관계에도 준용 또는 유추적용할 수 있다고 한다.

2 민법 제정 당시에는 논란 끝에 재산분할에 관한 규정이 채택되지 않았으나, 1990. 1. 13. 민법 개정으로 제839조의2가 신설되어 가사소송법과 함께 1991. 1. 1.부터 시행되면서 우리나라에 재산분할 제도가 도입되었다.

3 민법 제839조의2의 재산분할 제도는 민법이 부부재산제에 관하여 별산제를 취하고 있는 것을 보완하여, 이혼 등의 사유로 혼인이 종료되는 경우에 그 재산의 명의와 상관없이 재산의 형성 및 유지에 기여한 정도 등 실질에 따라 재산을 나누어 갖는 것을 가능하게 한다.[1] 민법은 부부별산제를 채택하고 있어 부부의 일방이 혼인 중에 자기 명의로 취득한 재산은 명의자의 특유재산으로 추정되므로, 재산분할 제도 도입 전에는 혼인 중에 재산의 형성에 협력을 하고 재산의 유지 또는 증식에 상당한 기여를 하였더라도 이혼을 할 때 재산을 나누어 가지기 어려웠다.[2] 특히 과거에는 남편 혼자 경제활동을 하고 아내는 가사 및 육아를 담당하

1 대법원 2013. 6. 20. 선고 2010므4071, 4088 전원합의체 판결.
2 대법원 1992. 12. 11. 선고 92다21982 판결 등 참조.

는 경우가 많았는데, 이 경우 전업주부로서 가사노동 등을 담당하였던 아내의 기여는 이혼 시에 제대로 반영되지 못하였다. 재산분할 제도는 위와 같이 재산의 형성, 유지 또는 증식에 실질적 기여를 한 배우자가 이혼을 할 때 그 실질에 따라 재산을 나누어 가질 수 있도록 한다.

4 또한 재산분할 제도는 경제적 능력이 부족한 당사자를 보호하는 역할도 한다.[3] 혼인 중 지속되었던 경제적 협력이 중단됨으로 인하여 경제적 능력이 부족한 이혼 당사자는 어려움을 겪을 수밖에 없는데, 재산분할은 이혼을 할 때 재산을 분할하여 가질 수 있도록 함으로써 이러한 어려움을 극복할 수 있도록 도와준다. 특히 혼인 중 가사와 육아를 위하여 경제활동을 포기하거나 더 나은 경제활동의 기회를 상실하는 등으로 경제적 자립능력이 약해지거나 경제적 능력을 향상시킬 기회를 상실한 경우 및 어린 자녀들을 양육하기 위하여 이혼 이후에도 상당한 기간 정상적인 경제활동을 하기 어려운 경우[4]에는 경제적 능력을 회복할 때까지 보호를 받을 필요가 큰데, 민법 제839조의2는 이혼 시에 재산을 분할받을 수 있도록 함으로써 이를 가능하게 한다.

5 이로써 민법 제839조의2는 경제적 약자인 배우자가 이혼 후의 생활의 곤란을 염려하여 경제적 강자인 상대방의 부당한 대우를 따를 수밖에 없어 혼인관계의 자유와 평등이 침해되는 것을 방지하고,[5] 이혼의 자유를 실질적으로 보장하는 역할을 한다.[6]

6 그런데 민법 제839조의2는 제2항에서 "가정법원은 당사자 쌍방의 협력으로 이룩한 재산의 액수 기타 사정을 참작하여 분할의 액수와 방법을 정한다."라고만 규정하고 재산분할의 본질과 성격, 분할대상재산의 범위, 재산분할비율 및 분할방법 결정기준 등에 관하여 구체적 규정을 두고 있지 않아 판례와 학설에 의하여 구체적 내용이 형성, 확정되고 있다. 입법론으로는 보다 구체적인 규정이 필요하다는 문제제기가 있고, 재산분할에 관한 구체적 조항을 추가하기 위한 법안도 발의된 바 있으나 아직 입법에 반영되지는 못하고 있다.

3 김주수/김상용, 주석 민법, 친족(2)(제5판), 한국사법행정학회(2016), 208.

4 상대방 배우자가 지급하는 양육비는 자녀양육에 필요한 비용을 분담하는 것에 불과하고, 자녀 양육을 위하여 경제적 활동이 제약되는 배우자에 대한 보상은 아니다.

5 헌법재판소 1997. 10. 30. 선고 96헌바14 전원재판부 결정.

6 송덕수, 친족상속법(제7판), 박영사(2024), 108; 한봉희/백승흠, 가족법, 삼영사(2024), 213~214.

2. 재산분할의 본질(요소)

가. 개관

7 이혼을 할 때 부부의 일방이 다른 일방에게 재산을 분할하여 주는 사유로는 부부재산의 청산, 이혼 후의 부양, 이혼 위자료의 세 가지를 들 수 있는데,[7] 민법 제839조의2의 재산분할청구권이 위 세 가지 중 어느 것을 내용으로 하는 것인지에 관하여는 학설의 대립이 있다.

8 재산분할청구권을 혼인 중 부부의 협력으로 이룩한 공동재산을 청산하기 위한 것으로 이해하면, 부부 쌍방의 협력으로 이룩한 재산이 분할대상재산이 되고 공동재산 형성 및 유지·증식에 기여한 정도에 따라 분할비율 및 액수가 결정된다(청산설). 반면에 재산분할청구권을 이혼 이후의 생활보장을 위한 배려 또는 이혼 후에 경제적으로 곤궁한 당사자를 부양하는 것으로 이해하면, 혼인 중의 생활정도, 이혼 당시 쌍방의 경제적 상황 및 장래의 전망 등에 기초하여 평가되는 부양의 필요성 및 정도가 주로 문제될 것이다(부양설). 재산분할청구권을 이혼으로 인해 당사자 일방이 받게 되는 정신적 고통에 대한 손해배상으로 이해하면, 쌍방의 유책성 및 그로 인한 정신적 고통의 정도가 재산분할 여부 및 액수에 주된 영향을 미치게 될 것이다(위자료설).

9 우리나라에는 일본의 영향으로 청산설, 부양설, 위자료설, 청산 및 부양설, 청산·부양 및 손해배상설 등 많은 학설이 소개되어 있으나, 재산분할청구권에 청산적 요소가 포함되어야 한다는 점에는 이론이 없고, 청산적 요소 외에 부양적 요소, 위자료적 요소를 포함시킬 것인지 여부에 따라 청산설, 청산 및 부양설(통설[8] 및 판례), 청산·부양 및 위자료 포함설이 주로 논의되고 있다.

나. 청산적 요소

1) 학설

10 민법 제839조의2의 재산분할이 청산적 요소를 주된 내용으로 한다는 점에는 이론이 없다. 따라서 재산분할은 혼인 중 부부의 협력으로 이룩한 공동재산을 청

7 민유숙, "재산분할의 구체적 인정범위", 재판자료 제62집, 법원도서관(1993), 406; 이상훈, "이혼에 따른 재산분할청구사건의 재판실무상 문제점에 대한 고찰", 법조 제42권 제6호, 법조협회(1993), 63; 이홍민, "이혼급부에 대한 검토", 가족법연구 제24권 제2호, 한국가족법학회(2010), 34.

8 주해친족법(제1권)(제2판), 박영사(2025), 443(이동진).

산·분배하는 것이어야 한다. 민법 제839조의2가 '당사자 쌍방의 협력으로 이룩한 재산의 액수'를 참작하여 재산'분할'을 청구할 수 있다고 규정하고 있는 점, 부부재산제의 연혁과 재산분할제도의 등장배경 및 제839조의2의 입법취지 등이 그 논거로 제시된다.[9]

11 부부 중 일방의 재산에 대하여 상대방 배우자가 분할을 청구할 수 있는 이론적 근거에 관하여는 부부재산제와의 관계를 중심으로 다양한 견해가 있다.[10] 부부재산제가 공동제인 경우 배우자 일방이 얻은 수입은 그 취득 시부터 부부의 공동재산이 되고 재산분할은 공동재산의 청산 또는 공유재산의 분할로 이해되므로 이혼 시에 재산분할을 하는 것은 당연한 것이지만, 부부재산제가 별산제인 경우 각자가 소유, 관리하던 재산을 반드시 나누어 가져야 하는 것은 아니다. 학설은 크게 보아 민법의 부부재산제가 별산제임을 전제로 청산의 근거를 제시하려는 견해와 민법의 부부재산제를 공동제로 보는 견해로 나눌 수 있는데, 판례와 통설은 부부재산제가 기본적으로 별산제임을 전제로 하고 있다.

12 부부재산제가 별산제임을 전제로 하는 견해에는 ① 혼인 중 부부가 협력하여 취득한 재산은 부부 일방의 명의라 하더라도 실질적으로 부부의 공동재산이므로 재산분할은 실질에 따른 부부재산관계의 청산이라고 하거나,[11] 혼인 중 부부의 일방이 취득한 재산은 상대방의 협력이 있음으로써 취득할 수 있던 것이어서 상대방은 그 재산에 대하여 잠재적 지분을 갖고 있으므로 혼인 해소 시에 재산분할로써 그 잠재적 지분의 반환이 인정된다거나,[12] 혼인 중 쌍방의 협력에 의하여 형성된 재산에 관하여 명의자가 아닌 배우자는 잠재적 권리를 갖고 있다가 이혼에 이르러 잠재적 권리가 재산분할청구권으로 화한다[13]고 설명하는 견해, ② 상대방 배우자의 협력에 의해 축적한 재산을 이혼 후에 배우자 일방이 보유

9 민유숙, "재산분할의 구체적 인정범위", 재판자료 제62집, 법원도서관(1993), 407; 함윤식, "이혼에 따른 재산분할에 관한 판례의 최근 동향", 민사판례연구 제38권, 박영사(2016), 1177~1178.

10 자세한 내용은 김숙자, "이혼으로 인한 재산분할청구권", 민법학의 회고와 전망: 민법전 시행 30주년 기념논문집, 한국사법행정학회(1993), 914~919; 민유숙, "부부재산제도와 재산분할제도의 관계", 사법논집 제26집, 법원도서관(1995), 240~251; 정조근, "재산분할청구의 산정기준", 현대민법의 과제와 전망: 남송한봉희박사화갑기념논문집, 밀알(1994), 279 참조.

11 주해친족법(제1권)(제2판), 박영사(2025), 442~443(이동진); 김주수/김상용, 주석 민법, 친족(2)(제5판), 한국사법행정학회(2016), 207.

12 일본의 종래 통설이라 한다. 허만, "부부간의 명의신탁해지청구와 재산분할청구의 관계", 법조 제453호, 법조협회(1994), 41.

13 민유숙, "부부재산제도와 재산분할제도의 관계", 사법논집 제26집, 법원도서관(1995), 250~251.

하는 것은 법률상의 원인을 결하는 것이므로 상대방 배우자는 부당이득반환청구를 행할 수 있다거나,[14] 부부간에 조합유사의 계약이 성립하므로 조합이 해산할 때에 준해서 청산이 이루어져야 한다[15]는 등의 견해, ③ 재산분할청구권은 형평사상에 근거하여 정책적 배려에서 나온 법정청구권이므로 법적 공유관계 등을 상정할 필요가 없다는 견해[16] 등이 있다.[17] 우리나라에서는 어느 견해가 보다 타당한지에 대한 논의가 많지 않고, 견해에 따라 구체적 문제해결에 실질적 차이가 있지도 않은 것으로 보인다.

13 이와 달리 민법 제839조의2의 재산분할제도에 의하여 부부재산제가 별산제에서 공동제로 전환되었다고 이해하는 견해(공동제설 또는 공유설),[18] 부부재산의 소유권 귀속을 대외적 관계와 대내적 관계로 나누어 부부의 협력에 의하여 형성된 재산은 부부 중 일방의 명의로 되어 있는 재산이라도 내부적으로는 공유라고 이해하는 견해(내부적 공유설)[19]도 있으나 소수설이다.

2) 판례

14 대법원은 일관되게 "재산분할제도는 혼인 중에 취득한 실질적인 공동재산을 청산·분배하는 것을 주된 목적으로 한다."고 판시하였고,[20] 나아가 대법원 2014. 7. 16.

14 주해친족법(제1권)(제2판), 박영사(2025), 443(이동진); 최금숙, 로스쿨 친족법(2), 제1법규(2010), 217; 한삼인, "재산분할청구권에 관한 연구", 제주대 논문집 제31집, 제주대학교(1990), 182.

15 독일에서는 비혼인적 결합관계의 해소와 그 재산관계의 청산에 조합규정, 부당이득반환에 관한 규정 등을 적용하려는 움직임이 있고, 우리나라에서도 사실혼 관계에 조합이론을 적용하려는 시도가 있다. 이진기, "사실혼제도에 대한 비판적 접근: 사실혼 개념의 발전적 극복을 위한 제언", 가족법연구 제24권 제3호, 한국가족법학회(2010) 참조.

16 김숙자, "이혼으로 인한 재산분할청구권", 민법학의 회고와 전망: 민법전 시행 30주년 기념논문집, 한국사법행정학회(1993), 917.

17 위 각 견해를 ① 실질적 공유설 또는 잠재적 지분설, 잠재적 권리설, ② 부당이득설, 조합설(고용계약설 등 여타 학설은 생략하였다), ③ 무관계설 등으로 칭하기도 한다.

18 조미경, "혼인중 취득한 재산의 귀속", 민법학의 회고와 전망; 민법전시행삼십주년기념논문집, 한국민사법학회(1993), 891 이하는 현행 부부재산제도 및 재산분할제도를 독일 부부재산법에 있어서의 잉여공동제와 동일하게 해석하여야 한다고 하고, 김명숙, "부부재산관계에 대한 검토", 고려법학 제56호, 고려대학교 법학연구원(2010), 255는 혼인 중 별산제에 의하여 운용되던 부부재산을 이혼 시 통합하여 고유재산은 각자에게 귀속시키고 공동재산은 분할하는 형태의 공동재산제, 즉 유예공동재산제를 채택한 것이라고 한다.

19 상세한 내용은 민유숙, "부부재산제도와 재산분할제도의 관계", 사법논집 제26집, 법원도서관(1995), 246~249 참조.

20 대법원 1993. 5. 11. 자 93스6 결정, 대법원 2014. 7. 16. 선고 2012므2888 전원합의체 판결 등. 다만 구체적인 표현은 '혼인 중에 부부 쌍방의 협력으로 이룩한 실질적인 공동재산'(대법원 2016. 1. 25. 자 2015스451 결정, 대법원 1999. 6. 11. 선고 96므1397 판결), '부부가 혼인 중 공동으로 형성한 재산'(대법원 2013. 6. 20. 선고 2010므4071, 4088 전원합의체 판결) 등 판결에 따라 조금씩 다르다.

선고 2013므2250 전원합의체 판결 등은 재산분할제도가 '부부가 혼인 중 형성한 재산관계를 이혼에 즈음하여 청산·분배하는 것을 본질로 하는 제도'임을 명시하고 있다.

15 다만 청산적 요소의 의미에 대한 의견이 일치하지는 않는 것으로 보인다. 대법원 2013. 6. 20. 선고 2010므4071, 4088 전원합의체 판결에서, 다수의견은 "부부가 혼인 중 형성한 재산관계를 이혼에 즈음하여 청산하는 것을 본질로 하는 재산분할제도의 취지 등에 비추어 볼 때 적극재산을 분배하는 것처럼 소극재산을 분담하도록 하는 재산분할도 가능하다."고 판단하였으나, 반대의견은 "재산분할제도의 본질이 혼인생활 중 발생한 모든 재산관계를 청산하는 것은 아니고, 부부별산제를 시행하고 있는 우리 민법 하에서 부부 공동의 재산관계 청산이라는 개념은 성립하기 어려우므로, 재산분할청구권은 부부 공동의 노력으로 형성한 재산(재화와 자산을 통틀어 이르는 말로 채무는 이에 포함되지 않는다)에 대한 청구인의 실질적인 기여를 인정하여 혼인관계가 해소될 때 상대방 배우자에게 재산에 대한 권리 이전을 요구하거나 그 권리에 상당하는 대가로서 금전의 지급을 청구할 수 있는 권리를 의미하고, 따라서 채무는 분할대상으로 삼을 수 없다."고 판단하였다.

다. 부양적 요소

1) 부양적 요소 포함 여부에 관한 학설

가) 청산 및 부양설

16 재산분할청구권은 부부재산관계 청산과 이혼 후의 부양 모두를 내용으로 한다는 견해로 통설이다. 이 견해는 재산분할청구권의 인정취지, 경제적 능력이 없는 배우자에 대한 보호의 필요성, 민법 제정 당시 법전편찬위원회의 친족편 요강이 '이혼한 자의 일방은 상대방에 대하여 상당한 생계를 유지함에 족한 재산의 분할을 청구할 수 있게 한다'고 기재하여 부양적 요소를 중요하게 고려하였던 점, 재산분할제도 신설 당시 입법이유로서 외국의 입법례가 위자료 외에 부양료 등을 인정하고 있음이 강하게 주장되었던 점 등을 근거로 들고, 민법 제839조의2 제2항이 "기타 사정"을 참작하여 분할의 액수를 정하도록 하였으므로 부양적 요소도 기타 사정의 하나로서 고려할 수 있다고 한다.[21] 종래의 청산 및 부양

21 김주수/김상용, 친족·상속법(제20판), 법문사(2024), 239~240; 민유숙, "재산분할의 구체적 인정범위", 재판자료 제62집, 법원도서관(1993), 410; 송덕수, 친족상속법(제7판), 박영사(2024), 109; 함윤식, "이혼에 따른 재산분할에 관한 판례의 최근 동향", 민사판례연구 제38권, 박영사(2016), 1181.

설은 재산분할을 재산 형성에 대한 기여도를 중심으로 하는 '청산적 재산분할'과 부양의 필요성 및 정도 등에 기초하는 '부양적 재산분할'로 나누어서 보았다.

17 부양적 요소가 인정되는 이론적 근거에 관하여는 다양한 견해가 있으나, 혼인의 사후효설과 보상설(소득능력회복설)이 주로 논의되고 있다.[22] 역사적으로 유력하였던 견해인 손해배상설은 '부부 일방이 상대방의 책임 있는 행위로 인하여 이혼하게 됨으로써 혼인 중 상대방에 대하여 갖고 있던 부양을 받을 권리를 상실하게 되었으므로 이에 대한 손해배상으로써 이혼 후 부양을 청구할 수 있다'는 견해인데, 재산분할을 청구함에 있어 상대방의 귀책을 요건으로 하지 않는 민법 제839조의2의 재산분할을 설명하기에는 적합하지 않은 점 등 때문에 현재는 지지를 받지 못하고 있다.

18 혼인의 사후효설은 이혼 후의 부양을 부부가 혼인 중에 부담하던 부양의무의 사후적인 효과라고 본다. 이 견해는, 사람은 혼인에 의하여 생활의 안정과 향상을 도모하기 때문에 당사자의 일방이 이혼으로 인하여 자립이나 생계유지에 어려움을 겪게 될 때에는 형평의 관념에서 혼인 중 계속된 부양의무를 이혼 후에도 유지시키는 것이라고 하거나,[23] 혼인이란 일평생의 결합을 목적으로 하는 것이어서 부부는 서로 장래의 생활보장에 대한 기대를 갖게 되기 때문에 혼인이 해소되어 이 기대가 상실되는 경우에는 이 상실된 기대를 보충하기 위하여 다른 일방이 원조를 하여야 한다거나,[24] 혼인 중에 존재하였던 부양청구권이 이혼으로 소멸하기 때문에 그에 대한 대상(代償)이 인정되어야 한다[25]고 한다.

19 이와 달리 보상설은 이혼 후의 부양을 혼인 중의 역할분담으로 인하여 이혼 시 발생하는 경제적 불이익을 보상하기 위한 것으로 본다. 이 견해는 다시, 배우자

22 상세한 내용은 김성숙, "재산분할제도의 내용", 법학논총: 현재김영훈박사 화갑기념 8집, 숭실대학교 법학연구소(1995), 83~84; 민유숙, "재산분할의 구체적 인정범위", 재판자료 제62집, 법원도서관(1993), 407~409; 이상태, "재산분할청구권의 부양적 성질", 아세아여성법학 제4호, 아세아여성법학연구소(2001), 85~89; 정조근, "재산분할청구의 산정기준", 현대민법의 과제와 전망: 남송한봉희박사화갑기념논문집, 밀알(1994), 27~28; 함윤식, "이혼에 따른 재산분할에 관한 판례의 최근 동향", 민사판례연구 제38권, 박영사(2016), 1182~1183 등 참조.

23 민유숙, "재산분할의 구체적 인정범위", 재판자료 제62집, 법원도서관(1993), 408~409.

24 김성숙, "재산분할제도의 내용", 법학논총 현재김영훈박사 화갑기념 8집, 숭실대학교 법학연구소(1995), 82~84; 김숙자, "이혼으로 인한 재산분할청구권", 민법학의 회고와 전망: 민법전 시행 30주년 기념논문집, 한국사법행정학회(1993), 914.

25 윤부찬, "전문자격 등의 재산분할대상성 및 분할방법", 동아법학 제43호, 동아대학교 출판부(2009), 283~284; 주해친족법(제1권)(제2판), 박영사(2025), 443(이동진); 이현곤, "부양적 재산분할에 관한 사례연구", 가사재판연구 II, 서울가정법원 가사재판연구회(2011), 594~595도 같은 입장으로 보인다.

가 혼인 중 감소한 소득능력을 회복하기 위하여 필요한 기간의 생활비 및 교육훈련비 상당액(소득능력을 회복할 수 없는 때에는 재혼 또는 사망 시까지의 생활비)을 지급해야 한다는 견해,[26] 소득능력을 상실하여 자기의 생활비용을 스스로 지불할 수 없게 된 경우에 한하여 자활을 위하여 필요한 정도의 범위 내에서만 예외적으로 부양의무를 인정하여야 한다는 견해,[27] 부양의 정도는 제반 사정을 종합적으로 고려하여 정하여야 한다는 견해[28] 등으로 나뉜다.

20 보상설을 혼인의 사후효설의 근거 중 하나로 보는 견해,[29] 혼인의 사후효설과 보상설 모두를 근거로 보는 견해[30]도 적지 않다.

나) 청산설

21 부부재산관계 청산만이 재산분할의 내용이 되고, 부양적 요소는 포함되지 않는다는 견해이다.[31]

22 청산설은, 재산분할청구권은 혼인생활 중 공동으로 형성한 재산을 나누어야 한다는 사상을 기초로 하는 것인 점, 민법이 이혼 시의 부양료청구권 등에 관한 조항을 두고 있지 않고, 달리 이혼 후의 부양을 인정해야 할 법적 근거가 분명하지 않은 점, 재산분할에 부양적 요소를 가미하는 것은 상대방에 대한 부양의무로부터 벗어나고자 이혼을 하려는 당사자들의 의사에 반하는 점, 실무에서 청산적 재산분할과 부양적 재산분할을 구분하여 판단하지 않는 점, 이혼 후 부양을 고려함으로 인하여 재산분할청구권의 본질인 혼인재산의 적정한 청산이 이

26 정조근, "재산분할청구의 산정기준", 현대민법의 과제와 전망: 남송한봉희교수화갑기념논문집, 밀알(1994), 280~282.

27 함윤식, "이혼에 따른 재산분할에 관한 판례의 최근 동향", 민사판례연구 제38권, 박영사(2016), 1182~1183.

28 이상태, "재산분할청구권의 부양적 성질", 아세아여성법학 제4호, 아세아여성법학연구소(2001), 90; 이현곤, "부양적 재산분할에 관한 사례연구", 가사재판연구Ⅱ, 서울가정법원 가사재판연구회(2011), 600~604.

29 주해친족법(제1권)(제2판), 박영사(2025), 443(이동진); 박종권, "이혼에 따른 재산분할의 합리적 산정", 외법논집 제26집, 한국외국어대학교 법학연구소(2007), 80.

30 이상태, "재산분할청구권의 부양적 성질", 아세아여성법학 제4호, 아세아여성법학연구소(2001), 88~89; 이현곤, "부양적 재산분할에 관한 사례연구", 가사재판연구Ⅱ, 서울가정법원 가사재판연구회(2011), 597; 함윤식, "이혼에 따른 재산분할에 관한 판례의 최근 동향", 민사판례연구 제38권, 박영사(2016), 1182~1183.

31 고창현, "신설된 재산분할청구권제도", 민사법학의 제문제: 소봉김용한교수화갑기념논문집, 소봉김용한교수 화갑기념논문집 간행위원회(1990), 13; 배성호, "재산분할청구권의 본질에 관한 재검토(하)", 사법행정 제42권 제12호, 한국사법행정학회(2001), 15~17; 정상현, "이혼으로 인한 재산분할청구권의 법적 성격과 상속의 인정 여부에 대한 법리 재검토(상)", 성균관법학 제18권 제1호, 성균관대학교 비교법연구소(2006), 335~336; 최금숙, 로스쿨 친족법(Ⅱ), 제1법규(2010), 217; 홍남희, "이혼 시 퇴직금과 연금의 분할 문제에 대한 고찰 : 대법원 2014. 7. 16. 선고 2013므2250 및 2012므2888 전원합의체 판결을 중심으로", 법학논고 제49집, 경북대학교 출판부(2015), 325.

루어지지 못하는 결과가 초래될 수 있는 점 등을 논거로 하고, 청산 및 부양설이 지적하는 문제들은 부부재산에 대한 올바른 청산에 의하여 해결할 수 있으므로 굳이 부양적 요소를 고려할 필요가 없다고 한다(예컨대 처의 가사활동으로 인한 경제활동능력 감소는 처의 기대 가능한 수익의 청산 및 분배라는 청산적 요소로 고려할 수 있고, 혼인기간이 짧아 축적된 재산이 없는 경우에는 부양적 의미에서도 재산을 분할할 필요가 없다고 한다).[32]

23 이혼 후의 부양의 근거를 재산분할청구권에서 찾지 말고 민법 제843조, 제806조 제1항의 재산상 손해배상청구권에서 찾아야 하므로 제839조의2의 재산분할에서 부양적 요소는 고려할 필요가 없다는 견해도 있다.[33]

다) 검토

24 재산분할제도가 '부부가 혼인 중 형성한 재산관계를 이혼에 즈음하여 청산·분배하는 것'을 본질로 하는 제도인 점, 실무에서 일반적으로 청산적 재산분할과 부양적 재산분할을 구분하여 판단하지 않고, 당사자 쌍방의 협력으로 이룩한 재산이 없는 경우에는 재산분할을 인정하지 않는 점 등에 비추어 보면 청산설도 상당한 설득력이 있지만, '실질적 공동재산의 청산'이라는 개념만으로 재산분할의 모든 측면을 설명하기에는 부족하다. 따라서 재산분할을 함에 있어서 청산적 요소와 부양적 요소를 모두 고려하는 청산 및 부양설이 보다 타당하다고 생각된다.

25 다만 종래의 청산 및 부양설 중 청산적 재산분할에 대하여는 청산적 요소만 고려하고, 부양적 요소는 부양적 재산분할에 대하여만 고려하여야 한다고 보는 견해는 재산분할에 있어서 부양적 요소의 참작을 필요 이상으로 제한하는 것이라 생각한다. 민법 제839조의2 제2항은 청산적 재산분할과 부양적 재산분할을 구별하지 않고 "가정법원은 당사자 쌍방의 협력으로 이룩한 재산의 액수 기타 사정을 참작하여 분할의 액수와 방법을 정한다."고 하여 청산적 요소와 기타 사정을 모두 참작할 수 있도록 하고 있으므로, 재산분할을 함에 있어서는 실질적 공동재산을 청산·분배하는 것을 주된 내용으로 하되 재산분할제도의 이념인 형평 또는 공평

32 정상현, "이혼으로 인한 재산분할청구권의 법적 성격과 상속의 인정 여부에 대한 법리 재검토(상)", 성균관법학 제18권 제1호, 성균관대학교 비교법연구소(2006), 335~336. 그러나 청산 및 부양설을 지지하는 정조근, "재산분할청구의 산정기준", 현대민법의 과제와 전망: 남송한봉희박사화갑기념논문집, 밀알(1994), 279는 '소득능력의 감소는 역할분담의 경제적 투자이고 재산의 증가와는 다르기 때문에 그 회복은 청산과는 별도의 성격으로 위치를 정해야 한다'고 한다.

33 이홍민, "이혼급부에 대한 검토", 가족법연구 제24권 제2호, 한국가족법학회(2010), 43~44 및 52~55.

을 위하여 참작할 만한 사정이 있는 경우에는 부양적 요소 등을 참작하여 재산분할의 액수 등을 부분적으로 조정할 수 있다고 보는 것이 보다 형평에 부합하는 재산분할을 가능하게 하는 해석이라 생각된다.

2) 부양적 요소 인정범위에 관한 학설

가) 학설

26 통설은 종래 청산적 재산분할에 대하여는 청산적 요소를 고려하고, 부양적 재산분할에 대하여는 부양적 요소를 고려하는 것을 전제로, 부양적 재산분할을 인정하기 위한 요건에 관하여 많은 논의를 전개하였다. 부양적 재산분할의 요건으로는 분할권리자에 대한 부양의 필요성, 분할의무자의 부양능력, 분할권리자의 무책성 등이 논의되었고, 부양적 재산분할의 효과로는 부양적 재산분할의 대상 및 부양의 정도 등이 주로 논의되었다.

(1) 부양의 필요성

27 통설적 견해는 청산적 요소가 중심이고 부양적 요소는 보충적인 것이므로, 부양적 요소는 분할권리자가 청산적 재산분할과 위자료만으로 생계유지를 하기에 충분하지 않은 경우, 즉 경제적으로 곤궁한 경우에 한하여 보충적으로 고려하여야 한다고 한다.[34] 청산적 재산분할과 위자료로 받은 재산으로 이혼 후의 생계유지가 가능하다면 구태여 부양을 할 필요성이 없고, 소득능력 감소라는 기회비용은 결국 육아와 가사노동이라는 형태로 전환되어 적극재산 감소방지 또는 증식에 반영되었으므로 통상의 경우에는 청산적 재산분할을 받음으로써 이를 보상받는 것으로 족하다는 것이다.

28 이와 달리, 친족간의 부양의무에 관하여 '생활을 유지할 수 없을 것'을 요건으로 규정한 민법 제975조가 부부 사이에는 적용되지 않으므로 혼인해소의 대가로 인정되는 부양은 '혼인 중과 같은 정도의 생활수준의 유지'가 기준이 되어야 한다는 이유로, 청산적 요소와 부양적 요소를 병존적으로 인정하여야 한다는 견해도 있다.[35] 이에 따르면 분할권리자의 재산만으로 생계유지가 충분하더라도 부양적 재산분할을 할 수 있다.

34 김영갑, "재산분할청구권", 사법논집 제22집, 법원도서관(1991), 244; 민유숙, "재산분할의 구체적 인정범위", 재판자료 제62집, 법원도서관(1993), 440~441; 함윤식, "이혼에 따른 재산분할에 관한 판례의 최근 동향", 민사판례연구 제38권, 박영사(2016), 1184~1185.

35 윤부찬, "전문자격 등의 재산분할대상성 및 분할방법", 동아법학 제43호, 동아대학교 출판부(2009), 285~286.

(2) 분할의무자의 부양능력 및 분할권리자의 귀책사유

29 분할의무자의 부양능력에 관하여는, 분할의무자에게 상대방을 부양할 경제적 여력이 있는 경우에만 부양적 요소를 인정할 수 있다는 견해,[36] 부양능력이 고려되어야 하지만 분할의무자가 이혼 시점에 경제적 능력이 없다는 이유만으로 언제나 부양의무를 면할 수는 없다는 견해[37] 등이 있다.

30 분할권리자의 귀책사유에 관하여는, 부양적 재산분할의 목적은 무책배우자의 보호에 있고, 스스로 혼인파탄을 초래한 자에게 혼인의 사후효를 인정하는 것은 부당하므로, 부양적 재산분할을 구하려면 이혼원인에 대하여 무책이거나, 유책이더라도 상대방보다 책임이 적어야 한다는 견해,[38] 부양적 재산분할의 근거에 관한 보상설의 관점에서, 또는 부양적 재산분할은 이혼 후 경제적 능력이 없는 배우자의 자립을 보조하는 것을 주된 목적으로 하고 있다는 점을 이유로, 유책배우자라고 하더라도 부양적 재산분할은 가능하고 다만 부양의 필요성 및 범위 등을 결정함에 있어서 그와 같은 사정을 참작하면 된다는 견해[39] 등이 있다.

(3) 부양적 재산분할의 대상 및 부양의 정도

31 부양적 재산분할의 대상은 반드시 부부가 공동으로 이룩한 재산에 한정되지 않는다는 견해가 많으나,[40] 당사자 쌍방의 협력으로 이룩한 재산만 분할할 수 있다는 견해[41]도 있다.

32 부양의 정도에 관하여는 '장래 생계를 유지할 정도'를 기준으로 보는 것이 일반적이나,[42] 부양적 요소를 강조하는 견해는 그 정도를 보다 넓게 보고 있다.[43]

36 이현곤, "부양적 재산분할에 관한 사례연구", 가사재판연구Ⅱ, 서울가정법원 가사재판연구회(2011), 597~598.

37 함윤식, "이혼에 따른 재산분할에 관한 판례의 최근 동향", 민사판례연구 제38권, 박영사(2016), 1185~1186.

38 민유숙, "재산분할의 구체적 인정범위", 재판자료 제62집, 법원도서관(1993), 451~452; 이상태, "재산분할청구권의 부양적 성질", 아세아여성법학 제4호, 아세아여성법학연구소(2001), 89~90.

39 이현곤, "부양적 재산분할에 관한 사례연구", 가사재판연구Ⅱ, 서울가정법원 가사재판연구회(2011), 598; 함윤식, "이혼에 따른 재산분할에 관한 판례의 최근 동향", 민사판례연구 제38권, 박영사(2016), 1186~1187.

40 민유숙, "재산분할의 구체적 인정범위", 재판자료 제62집, 법원도서관(1993), 439~440; 이상태, "재산분할청구권의 부양적 성질", 아세아여성법학 제4호, 아세아여성법학연구소(2001), 91; 이현곤, "부양적 재산분할에 관한 사례연구", 가사재판연구Ⅱ, 서울가정법원 가사재판연구회(2011), 599~600; 함윤식, "이혼에 따른 재산분할에 관한 판례의 최근 동향", 민사판례연구 제38권, 박영사(2016), 1187.

41 이상훈, "이혼에 따른 재산분할청구사건의 재판실무상 문제점에 대한 고찰", 법조 제42권 제6호, 법조협회(1993), 72.

42 이현곤, "부양적 재산분할에 관한 사례연구", 가사재판연구Ⅱ, 서울가정법원 가사재판연구회(2011), 600.

43 윤부찬, "전문자격 등의 재산분할대상성 및 분할방법", 동아법학 제43호, 동아대학교 출판부(2009), 285~286; 정조근, "재산분할청구의 산정기준", 현대민법의 과제와 전망: 남송한봉희교수화갑기념논문집, 밀알(1994), 280~282.

나) 검토

33 재산분할제도는 부부 쌍방의 협력으로 이룩한 실질적인 공동재산을 청산·분배하는 것을 주된 목적으로 하므로, 상대방이 재산의 형성 및 유지 등에 기여한 바 없는 재산까지 분할의 대상으로 삼아 재산분할을 무한정 확대하는 것을 막을 필요가 있다. 따라서 청산적 재산분할과 부양적 재산분할을 구별하고, 청산적 재산분할과 별도로 부부의 재산 전체를 대상으로 하는 부양적 재산분할이라는 것을 할 것인지 여부가 문제된다면, 통설과 같이 분할권리자의 생계유지의 어려움을 요건으로 하여 그 대상을 제한할 필요가 있다.

34 그러나 더 나아가 재산분할의 액수를 정할 때에도 분할권리자가 생계유지를 하기 어려운 경우에만 부양적 요소를 고려할 수 있다고 볼 필요는 없다고 생각한다. 당사자가 생계유지에 어려움을 겪지 않는 경우에도 당사자 사이의 형평을 위하여 부양적 요소를 고려하는 것이 필요하다면 이를 참작하는 것이 재산분할제도의 이념인 형평과 공평에 부합하기 때문이다. 이와 같이 보더라도, 재산분할을 함에 있어서 재산의 형성 및 유지 등에 대한 기여도에 따라 실질적 공동재산을 청산·분배하는 것을 주된 고려요소로 하고 부양적 요소는 재산분할의 액수 등을 부분적으로 조정하는 사유로만 참작한다면, 재산분할제도의 주된 요소가 청산적 요소라는 점은 충분히 관철될 것이다.[44] 구체적인 논거는 다음과 같다.

35 첫째, 민법 제839조의2 제2항은 가정법원이 "당사자 쌍방의 협력으로 이룩한 재산의 액수 기타 사정을 참작"하여 분할의 액수와 방법을 정하여야 한다고 규정하고 있고, 위 '기타 사정'의 의미를 제한하거나 '기타 사정'을 참작할 수 있는 경우를 제한하지 않고 있다. 따라서 법문에 따르면 법원은 재산분할을 함에 있어서 언제나 청산적 요소인 '당사자 쌍방의 협력으로 이룩한 재산의 액수'와 함께 부양적 요소를 포함하는 '기타 사정'을 참작하여 분할의 액수 등을 정하여야 한다.

36 둘째, 민법이 재산적 분쟁의 성격이 강한 재산분할사건을 소송사건이 아니라 비송사건으로 규정한 이유는, 구체적 사정에 대한 입증의 곤란 때문만이 아니라, 부양적 요소를 반영하여 법원이 후견적 입장에서 재량으로 재산을 분할할 수 있는 여지를 주기 위한 것이다.[45] 그런데 당사자가 생계유지를 하기 어려운 경

44 따라서 논의의 중심은 참작사유가 청산적 요소인지 부양적 요소인지가 아니라, 구체적 사정에 기초하여 그 사유를 재산분할의 참작사유로 보는 것이 형평과 공평의 이념에 부합하는지, 그 사유를 어느 정도 반영하는 것이 타당한지의 문제가 되어야 할 것이다.

45 민유숙, "재산분할청구권이 포함된 민사사건의 처리", 민사재판의 제문제 제13권, 한국사법행정학회(2004), 45.

우에만 부양적 요소를 참작할 수 있다고 본다면 재산분할사건을 비송사건으로 규정할 실익은 크게 줄어든다.

37 셋째, 위와 같은 해석은 부양적 요소의 인정근거인 혼인의 사후효설 및 보상설에도 부합한다.

38 혼인의 사후효설은, 부부가 혼인으로 인하여 장래의 생활보장에 대한 기대를 갖게 되고 서로에 대해 부양청구권을 갖게 되는데 이혼으로 인하여 이 기대가 상실되고 부양청구권이 소멸한다는 점을 이유로 부부가 혼인 중에 부담하던 부양의무의 사후적인 효과로서 이혼 후의 부양이 고려되어야 한다고 하는데, 위와 같은 기대의 상실 및 부양청구권의 소멸은 당사자의 생계유지가 어려운 경우에만 나타나지 않는다. 이혼으로 인하여 소멸하는 부양의무는 상대방의 생활을 자신의 생활과 같은 수준으로 보장하여야 할 의무인데, 그 사후적 효과로서 부양적 요소를 참작할 수 있다면 이를 반드시 당사자의 생계가 곤란한 경우로 한정할 필요는 없다.

39 더구나 보상설과 같이 혼인 중의 역할분담 등으로 인한 경제적 불이익 또는 소득능력 감소에 대한 보상을 부양의 근거로 본다면, 분할권리자에게 그와 같은 경제적 불이익 또는 소득능력 감소가 인정되고, 재산분할을 할 수 있는 실질적 공동재산도 존재하지만, 재산형성 등에 대한 기여에 따른 공동재산의 청산·분배만으로는 충분한 보상이 이루어질 수 없는 경우에 굳이 분할권리자의 생계유지가 어렵지 않다는 이유로 보상을 막을 이유는 없다고 생각한다.

40 넷째, 재산분할제도의 중요한 의의는 경제적 약자인 배우자가 이혼 이후의 생활을 염려하여 경제적 강자인 상대방의 부당한 대우를 따를 수밖에 없어 혼인관계의 자유와 평등, 양성평등 및 이혼의 자유가 침해되는 것을 방지하는 것인데, 이를 위해서는 부양적 요소의 반영을 생계유지가 어려운 경우로 제한하지 않아야 할 필요가 있다. 경제적 약자인 배우자가 경제적 강자의 부당한 대우를 따를 수밖에 없는 상황이 당장 생계유지가 어려운 정도의 경제적 어려움이 예상되는 경우에만 발생하는 것은 아니기 때문이다.[46] 과거에는 절대적 빈곤을 벗어나는 것이 중요한 문제였고, 그러한 사회에서는 생계유지가 가능한지 여부가 의미 있

46 배우자 일방의 실질적 특유재산이 많고 혼인 이후 형성한 재산은 많지 않은 경우, 상대방 배우자는 이혼을 하면 혼인 중 형성한 재산을 청산하여 분배하더라도 혼인 중의 생활과의 괴리가 너무 크게 발생하여 경제적 고통을 겪을 수 있기 때문에 재력 있는 배우자에게 예속될 위험성이 크다.

는 기준이 될 수 있었을 것이지만, 현재는 상대적 빈곤이 중요한 사회적 문제로 대두되고 있어 생계유지가 가능하다는 사정만으로 혼인관계의 자유와 평등을 충분히 보장하기는 어렵다. 따라서 생계유지가 어렵지 않은 경우에도 부양적 요소를 반영한 재산분할비율의 조정은 허용될 필요가 있다.

41 다섯째, 재산형성 등에 대한 기여도에 따른 공동재산의 청산·분배만으로는 형평에 부합하는 재산분할을 하기 어려운 경우가 있다.[47]

42 일부 견해는 혼인 중의 역할분담 등으로 인한 경제적 불이익 또는 소득능력 감소 등에 대한 보상은 '공동재산 형성에 대한 기여도'를 적절히 정함으로써 이룰 수 있다고 하나, 위와 같은 경제적 불이익을 입은 것 자체는 '공동재산 형성에 대한 기여'가 아니다. 공동재산 형성에 대한 기여행위는 위와 같은 경제적 불이익을 감수하고 행한 육아 및 가사노동 등인데, 같은 기여행위의 기여도를 그 당사자가 입은 경제적 불이익에 따라 달리 평가할 수 있는지, 이와 같은 이유로 기여도를 달리 평가하는 것을 '청산'이라고 볼 수 있는지는 의문이다.[48]

43 또한 당사자 일방이 이혼 이후에 유아를 양육하는 경우, 재산분할의 액수를 정함에 있어서 육아를 위하여 그 배우자의 경제활동이 장래에도 한동안 제한될 것이라는 사정을 참작하는 것은 당사자 사이의 형평에 부합하지만(상대방 배우자가 지급하는 양육비는 자녀양육에 필요한 비용을 분담하는 것에 불과하고, 자녀 양육을 위하여 경제적 활동이 제약되는 배우자에 대한 보상은 아니다), 이는 이혼 이후의 사정이기 때문에 위와 같은 사정을 '공동재산 형성에 대한 기여도'로 반영할 수는 없다.

44 이혼을 하게 되면 당사자 일방의 경제적 상황이 혼인 중보다 이례적으로 심하게 나빠질 것으로 예상되는 경우,[49] 혼인 중에 심각한 질병에 걸려 경제적 능력이 저하되고 이혼 이후에도 많은 치료비가 필요한 경우에도 형평의 이념에 비추어 필요하다고 인정되는 때에는 위와 같은 사정을 반영할 필요가 있다. 따라서 '청산적 재산분할 등에도 불구하고 생계유지가 어려운지 여부'라는 하나의 기

47 재산의 유지 및 증식에 대한 협력을 이유로 당사자 일방의 실질적 특유재산이 분할대상재산에 편입되고, 그 협력의 방법으로 가사노동 등이 인정되어, 실질적 혼인기간이 긴 경우에는 재산형성 등에 대한 기여도에 따른 청산·분배만으로도 형평에 부합하는 재산분할이 이루어지는 경우가 많아졌지만, 재산분할이 이루어지는 모든 경우에 형평에 부합하는 재산분할이 보장되는 것은 아니다.

48 대기업에 근무하며 고소득을 얻고 있다가 가사 및 육아를 위하여 퇴직한 배우자가 가사노동 등의 가사활동을 한 경우와 별다른 직장 없이 전업주부를 준비하였던 배우자가 가사노동 등의 가사활동을 한 경우 각 배우자의 '공동재산 형성에 대한 기여'가 다르다고 보기는 어렵다.

49 상대방의 실질적 특유재산이 많고, 혼인 중 형성한 재산이 별로 없으며, 분할대상재산에 편입된 실질적 특유재산이 없거나 적은데, 그 당사자가 이혼 후에 소득활동을 하기 어려운 경우 등.

준만으로 부양적 요소 반영 여부를 판단할 것이 아니라, 구체적 사정에 비추어 실질적 공동재산의 청산·분배만으로 형평에 부합하는 재산분할을 도출하기 어려운 경우에는 부양적 요소를 반영할 필요가 있다.

45 여섯째, 청산적 요소와 부양적 요소를 구분하는 것 자체가 일정한 한계를 내포하고 있다.

46 근래에는 "일반적으로 청산적 재산분할이라고 일컬어지는 영역에서도 청산적 요소와 부양적 요소가 모두 결합되어 함께 고려되고 있다"고 지적하는 견해들이 있다.

47 전업주부에 대한 재산분할을 위하여 가사노동 등의 '기여'를 평가함에 있어서 동일한 수준의 노동에 대한 경제적 평가 또는 화폐적 가치를 평가하지 않고 상대방의 소득 중 일정 비율의 재산을 분할하도록 하는 것은 이미 부양적 요소가 고려된 결과라는 것이다. 즉, 위와 같이 가사노동에 종사하는 일방이 다른 일방의 성과에 참여하는 것은 부부 사이의 연대성에 근거하고 있기 때문이므로, 부부의 공동재산이 청산의 대상이 되는 것은 각자가 공동재산의 형성에 실질적, 경제적 기여를 하였기 때문일 뿐만 아니라, 각자가 혼인공동생활의 지속을 전제로 다른 일방의 소득활동 및 재산형성에 참여할 수 있으리라는 기대 하에 자신의 소득활동의 기회를 포기하였기 때문이기도 하다고 보아야 하고, 이는 청산적 요소와 부양적 요소가 결합되어 있음을 뜻한다는 것이다.[50]

48 실무의 '가사노동'에 대한 평가는 매일 수행하는 노동에 대한 경제적 측면에 대한 평가가 아니라 민법 제826조가 정한 혼인 중 부부간의 동거, 부양, 협조의무를 부담한 데 대한 포괄적 평가이고, 부부공동생활체의 해체에 따른 그간의 정산과 보상 모두를 의미하는 것이라고 보아야 한다는 견해도 있다.[51] 이 견해는 나아가 실무에서 실질적 특유재산의 유지 등에 대한 기여도를 넓게 해석하여 일방의 상속재산이나 혼인 전에 취득한 재산을 분할대상재산에 포함시키는 경우가 많은데, 이 또한 경제적 청산보다는 재산분할의 부양적 측면을 적극 반영한 결과라고 한다.[52]

49 이와 같이 청산적 요소인 '재산의 형성, 유지, 증가에 대한 기여'를 정함에 있어

50 주해친족법(제1권)(제2판), 박영사(2025), 445~446(이동진).
51 김영식, "재산분할청구의 부양적 측면에 관한 고찰", 사법논집 제62집, 법원도서관(2017), 71.
52 김영식, "재산분할청구의 부양적 측면에 관한 고찰", 사법논집 제62집, 법원도서관(2017), 55, 60, 64~69.

서도 기여행위에 대한 경제적 평가와는 다른 범주의 평가가 이루어지고 있어 청산적 요소와 부양적 요소를 엄격하게 구분하는 것 자체가 일정한 한계를 내포하고 있다는 점을 감안한다면, 논의의 초점을 실무의 주류와 거리가 멀어진 '청산적 재산분할과 별도의 부양적 재산분할을 할 것인지 여부'가 아니라, 재산분할비율 등을 정함에 있어서 '경제적 측면에서의 기여' 외에 어떠한 사정을 반영하는 것이 당사자 사이의 형평 또는 공평에 부합하는 것인지로 전환할 필요가 있다고 생각한다.

3) 판례

50 대법원은 "이혼에 따른 재산분할은 혼인 중 쌍방의 협력으로 형성된 공동재산의 청산이라는 성격에 상대방에 대한 부양적 성격이 가미된 제도"이고,[53] "재산분할 청구 사건에 있어서는 혼인 중에 이룩한 재산관계의 청산뿐 아니라 이혼 이후 당사자들의 생활보장에 대한 배려 등 부양적 요소 등도 함께 고려할 대상이 된다."고 판시하여[54] 청산적 요소와 함께 부양적 요소 역시 고려되어야 함을 명확히 하고 있다.

51 부양적 요소를 고려하는 방법으로는, 청산적 재산분할과 별도로 분할대상재산 등에 관한 제한이 완화되는 부양적 재산분할을 하는 방법과 재산분할의 액수 또는 분할비율을 정함에 있어서 부양적 요소를 참작하는 방법이 있는데, 대법원이 청산적 재산분할과 별도로 부양적 재산분할을 인정한 사례는 없는 것으로 보인다. 오히려 대법원은 일관되게 "재산분할제도는 혼인 중에 취득한 실질적인 공동재산을 청산·분배하는 것을 주된 목적으로 하는 것이므로, 부부가 이혼을 할 때 쌍방의 협력으로 이룩한 재산이 있는 한, 법원으로서는 재산의 형성에 기여한 정도 등 당사자 쌍방의 일체의 사정을 참작하여 분할의 액수와 방법을 정하여야 한다."고 판시하고 있는데,[55] 이에 비추어 보면 대법원은 분할대상재산을 원칙적으로 '쌍방의 협력으로 이룩한 재산'으로 한정하고 있는 것으로 보인다.

52 대법원과 근래의 하급심 실무는 재산분할의 액수 또는 분할비율을 정함에 있어서 부양에 관한 사정을 참작하는 방법으로 부양적 요소를 고려하고 있다.

53 대법원은 앞서 본 바와 같이 법원이 "재산의 형성에 기여한 정도 등 당사자 쌍방

53 대법원 2000. 9. 29. 선고 2000다25569 판결 등. 이 표현은 사해행위취소 사건에서 주로 볼 수 있다.
54 대법원 2013. 6. 20. 선고 2010므4071, 4088 전원합의체 판결(채무초과 부부 재산분할청구 사건).
55 대법원 2014. 7. 16. 선고 2012므2888 전원합의체 판결 등.

의 일체의 사정을 참작"하여 분할의 액수와 방법을 정하여야 한다고 판시하여, 부양적 요소에 관한 사정을 "분할권리자가 청산적 재산분할과 위자료만으로 생계유지를 하기에 충분하지 않은 경우"에만 고려할 것이 아니라, 일반적인 경우에 '당사자 쌍방의 일체의 사정'의 하나로써 참작할 수 있도록 하였다.

54 또한 대법원 2013. 10. 17. 선고 2013므3116 판결, 대법원 2007. 4. 26. 선고 2005므2552, 2569 판결, 대법원 2000. 9. 22. 선고 99므906 판결 등은 부양적 요소인 '이혼 이후의 생활능력' 등을 고려하여 재산분할의 비율을 정한 것이 적법하다고 하였고, 대법원 2006. 5. 8. 자 2004스22 결정은 당사자 쌍방의 재산 정도[56] 및 이혼 후 경제적 능력의 차이 등을 참작하여 재산분할의 액수를 정할 수 있다고 하였으며, 대법원 2010. 2. 11. 선고 2009므3706, 3713 판결은 제1심과 달리 원심에서 사건본인의 친권자 및 양육자로 원고를 지정한 점 등을 고려하여 원고의 재산분할비율을 25%에서 30%로 변경한 것은 정당하다고 판단하였는데, 위와 같은 사정을 고려한 이유가 청산적 재산분할만으로는 분할권리자의 생계유지가 어려웠기 때문은 아닌 것으로 보인다.[57]

55 특히 앞서 본 대법원 2000. 9. 22. 선고 99므906 판결은 "원심이 이 사건 공동재산을 형성·유지함에 있어 원·피고 각자의 기여도 외에 그 판시와 같은 제반 특별사정을 들어 궁극적인 이 사건 재산분할비율(원심은 이를 '기여도'라고 표현하고 있으나 그 판시 취지를 볼 때 궁극적인 재산분할비율을 나타내려 한 것으로 보인다)을 원고 40%, 피고 60%로 판단한 조치는 수긍할 수 있고"라고 판단하였는데, 이에 비추어 보면 대법원은 실질적 공동재산 형성 등에 대한 기여와 그 밖의 사정(위 판결에서는 이혼 후의 쌍방의 생활능력 등)을 명확히 구분하여 판단하고 있는 것으로 보인다.

56 근래의 실무 역시 청산적 요소만을 고려하여 실질적 공동재산을 분배하고 난 후 그럼에도 분할권리자의 생계유지가 어렵다고 인정되는 경우에만 부양적 요소를 고려하는 것이 아니라, 일반적으로 재산분할의 액수 또는 분할비율을 정함에 있어서 부양적 요소를 민법 제839조의2 제2항의 '기타 사정'으로써 참작하고 있다.[58]

56 분할대상재산에 포함되지 않는 실질적 특유재산을 포함하는 것으로 보인다.

57 원심판결인 부산고등법원 2013. 6. 18. 선고 2012르271 판결, 서울고등법원 2005. 11. 2. 선고 2004르1745, 1752 판결, 서울고등법원 1999. 4. 21. 선고 98르1065 판결, 서울고등법원 2009. 9. 16. 선고 2009르372, 1689 판결 등.

58 김종우, "재산분할의 대상과 그 기준시기 및 방법", 실무연구Ⅷ, 서울가정법원(2002), 50.

57 헌법재판소는 헌법재판소 1997. 10. 30. 선고 96헌바14 전원재판부 결정에서 "이혼시의 재산분할제도는 본질적으로 혼인 중 쌍방의 협력으로 형성된 공동재산의 청산이라는 성격에 경제적으로 곤궁한 상대방에 대한 부양적 성격이 보충적으로 가미된 제도"라고 판시하여 통설적 견해인 청산 및 부양설의 입장을 따르고 있는 것으로 보인다. 그 내용은 다음과 같다.

58 민법은 법정재산제의 내용으로 완전한 부부별산제를 채택하여 부부의 일방이 혼인 전부터 가진 고유재산과 혼인 중 자기의 명의로 취득한 재산은 그 특유재산으로 하여 각자 관리, 사용, 수익하도록 하면서 다만 부부 중 누구에게 속한 것인지 분명하지 아니한 재산은 부부의 공유로 추정하고 있다. 이러한 부부별산제 하에서는 혼인 중에 취득한 재산이 일방의 명의로 되어 있는 경우 혼인생활에 협력하여 온 타방의 기여도(특히, 가사노동의 경우)가 잘 반영되지 아니할 뿐만 아니라, 현실적으로 경제적 약자인 처가 이혼 후의 생활곤란을 염려하여 경제적 강자인 남편의 부당한 대우를 그대로 인종할 수밖에 없어 혼인관계의 자유와 평등을 해한다는 문제점이 있었다. 이러한 문제점이 인식되어 1990. 1. 13. 민법 중 가족법 부분의 개정(법률 제4199호, 1991. 1. 1. 시행)에 의하여 이혼으로 혼인이 해소될 때 배우자 일방이 타방에 대하여 재산분할을 청구할 수 있는 제도가 신설되었다.

59 우리의 경험칙상 혼인 중 형성되는 재산의 상당부분은 부부 쌍방의 협력에 의하여 이루어지는 것이 틀림없음에도 소유명의는 어느 일방에 귀속되어 있는 경우가 많은데, 재산분할제도는 바로 위와 같은 경우 부부의 실질적 공유재산을 청산한다는 데에 그 본질이 있다. 이러한 재산을 부부별산제라 하여 이혼 시 형식상 명의자인 어느 일방에게 귀속시키는 것은 부당하므로 쌍방의 기여도에 따라 공평하게 분배하고자 하는 것이 재산분할제도의 본질이다. 민법 제839조의2 제2항에서 "당사자 쌍방의 협력으로 이룩한 재산의 액수"를 분할의 주된 기준으로 명시하고 있는 것은 바로 재산분할제도의 이러한 본질이 표출된 것이라 하겠다.

60 한편, 재산분할제도에는 이혼 후 경제적으로 곤궁한 배우자에 대한 부양이라는 요소도 다소 포함되어 있다. 지속적이고 장기간에 걸친 상호부조를 기초로 하는 것이 혼인이므로 비록 그 관계가 파탄되었더라도 일정한 정도로 경제적으로 곤궁한 상대방을 부양할 의무는 혼인자체에서 우러나오는 것이라 할 수 있고, 또 현실적으로도 공동재산의 청산이나 이혼위자료에 의해서도 이혼 후 생계유지가

곤란한 경우가 있을 것이므로 이를 보충할 필요성이 있다. 재산분할제도에 이러한 부양적 요소가 포함되어 있다는 것은 민법 제839조의2 제2항에서 "(전략) '기타 사정'을 참작하여 분할의 액수와 방법을 정한다."라고 규정한 점에 미루어 보더라도 분명하다.

61 요컨대 이혼시의 재산분할제도는 본질적으로 혼인 중 쌍방의 협력으로 형성된 공동재산의 청산이라는 성격에, 경제적으로 곤궁한 상대방에 대한 부양적 성격이 보충적으로 가미된 제도라 할 것이다. 이와 같이 재산분할의 본질은 실질적인 부부공동재산의 청산에 있으므로 재산분할에 의하여 분할되는 재산은 사실상 재산취득자의 소유에 지나지 아니하고, 재산분할에 의한 자산이전은 공유물의 분할 내지 잠재화되어 있던 지분권의 현재화에 지나지 않는다.

라. 위자료적 요소

1) 학설

62 국내에서는 재산분할에 위자료적 요소가 포함되는지에 관하여 부정적인 견해가 많다.[59] 일본에서는 과거 위자료청구가 순수한 민사사건으로 지방재판소의 관할이어서 가정재판소에서 이루어지는 재산분여심판에 병합할 수 없었기 때문에 재산분여에 위자료적 요소를 포함시킬 현실적 필요가 있었고, 이혼을 원인으로 하는 손해배상청구에 관한 별도의 규정이 없어 명문으로 규정된 유일한 이혼급부인 재산분여를 손해배상까지 포함하는 포괄적 이혼급부를 의미하는 것으로 해석할 여지도 있지만, 우리나라의 경우 민법 제839조의2와 별도로 이혼을 원인으로 하는 위자료청구권이 그 청구요건, 소송형태 및 절차 등을 달리하여 규정되어 있고,[60] 가정법원에서 위자료청구와 재산분할청구를 병합하여 동시에 재판할 수 있어 재산분할에 위자료적 요소를 포함시킬 필요성도 없기 때문이다.

63 다만, 협의에 의한 재산분할을 하는 경우, 분할자의 유책행위가 원인이 되어 이혼함으로 인하여 입게 되는 정신적 손해(위자료)를 배상하기 위한 급부로서의 성질까지 포함하여 재산분할을 하는 것으로 합의할 수 있고, 더 나아가 여기에 부양료나 자녀양육비에 관한 합의도 포함시킬 수 있으며, 이는 계약자유의 원칙에

59 주해친족법(제1권)(제2판), 박영사(2025), 444(이동진); 윤진수, 친족상속법 강의(제5판), 박영사(2023), 120; 한봉희/백승흠, 가족법, 삼영사(2013), 216; 민유숙, "재산분할의 구체적 인정범위", 재판자료 제62집, 법원도서관(1993), 412~414; 함윤식, "이혼에 따른 재산분할에 관한 판례의 최근 동향", 민사판례연구 제38권, 박영사(2016), 1187 등.

60 민법 제843조, 제806조 참조.

따라 가능하지만, 이때의 재산분할 약정은 재산분할, 위자료, 양육비 등을 모두 합한 '혼인청산금'의 성격을 갖는 것이거나 '재산분할'이라는 이름 아래 위자료, 부양료, 양육비 약정을 함께 한 것이지 재산분할에 위자료적 요소가 포함되어 있다고 볼 것은 아니라고 한다.[61]

2) 판례

64 대법원은 사해행위취소 사건에서 일관되게 재산분할을 함에 있어서 '분할자의 유책행위에 의하여 이혼함으로 인하여 입게 되는 정신적 손해(위자료)를 배상하기 위한 급부로서의 성질까지 포함하여 분할할 수도 있다'고 판시하여,[62] 위자료적 요소를 포함하여 재산분할에 관한 협의를 하는 것이 가능함을 분명히 하였다. 대법원은 나아가 재산분할을 하면서 부양료나 자녀양육비도 이에 포함시킬 수 있다고 하였다.[63] 대법원 2024. 10. 8. 자 2023스637 결정은, 협의이혼 이후 재산분할청구를 하지 않은 상대방에 대하여 청구인이 협의이혼 시부터 약 16년이 지난 후 양육비를 청구한 사건에서, "혼인관계 해소 시의 재산분할은 당사자 사이에 청산적 요소뿐만 아니라 이혼 후의 부양적 요소, 정신적 손해(위자료)를 배상하기 위한 급부로서의 성질 등을 포함하여 이루어지는 것이므로, 당사자들의 이혼 시 이루어진 재산분할 또는 재산상 합의의 유무와 내용, 그러한 재산분할 상황 등과 양육비 부담과의 관계 등을 고려하여 양육비 분담범위를 정해야 한다"고 판시하였다.

65 학설은 이때의 재산분할 약정은 재산분할, 위자료 등을 모두 합한 '혼인청산금'의 성격을 갖는 것 또는 '재산분할'이라는 이름 아래 위자료 등의 약정을 함께 한 것이지 재산분할에 위자료적 요소가 포함되어 있다고 볼 것은 아니라고 하지만, 대법원 2013. 6. 20. 선고 2010므4071, 4088 전원합의체 판결에서 다수의견에 대한 보충의견은 '판례는 이혼에 따른 재산분할을 함에 있어 혼인 중에 이룩된 재산상태의 청산적 요소, 나아가 이혼 후 당사자들의 생활 보장을 배려하

61 민유숙, "2013년 친족·상속법 중요 판례", 인권과 정의 제440호, 대한변호사협회(2014), 53~54; 윤부찬, "전문자격 등의 재산분할대상성 및 분할방법", 동아법학 제43호, 동아대학교 출판부(2009), 282~283; 함윤식, "이혼에 따른 재산분할에 관한 판례의 최근 동향", 민사판례연구 제38권, 박영사(2016), 1188~1189.

62 대법원 2000. 10. 10. 선고 2000다27084 판결, 대법원 2001. 5. 8. 선고 2000다58804 판결, 대법원 2006. 6. 29. 선고 2005다73105 판결 등.

63 대법원 2006. 6. 29. 선고 2005다73105 판결(부양료), 대법원 2002. 6. 14. 선고 2001두4573 판결(자녀양육비).

는 이른바 부양적 요소 외에 정신적 손해(위자료)를 배상하기 위한 급부로서의 성질까지 포함하여 분할할 수 있다고 한다. 채무초과 상태라고 하여 재산분할을 무조건 배척하는 것은 재산분할 제도에 관한 대법원의 위와 같은 확고한 이해에도 부합하지 아니한다'고 하여 재판상 분할에서도 정신적 손해를 배상하기 위한 급부로서의 성질을 포함하여 재산분할을 할 수 있다는 취지로 보이는 표현을 하였고, 대법원 2021. 6. 24. 선고 2018다243089 판결, 대법원 2022. 7. 28. 자 2022스613 결정도 같은 취지로 판시하였다.

66 그러나 법원이 재산분할을 소송물로 하여 심판을 하면서 법적 근거와 성질을 달리하는 별개의 소송물인 위자료까지 판단하는 것은 적절하지 않고, 실익도 없으며, 실무에서도 일반적으로 위자료적 요소를 재산분할에 관한 재판에서 직접 참작하지 않는 점[64] 등에 비추어 볼 때, 재산분할에 관한 협의뿐만 아니라 재산분할 심판에서도 위자료적 요소를 고려할 수 있다고 하는 것이 적절한지는 의문이다.

67 재산분할의 비율을 정함에 있어서 생계의 곤란을 불문하고 부양적 요소가 참작될 수 있다고 보고, 부양적 요소를 참작함에 있어서는 이혼에 대한 분할권리자의 책임 유무가 반영되어야 한다는 견해를 따른다면, 재산분할의 비율을 정함에 있어서 부양적 요소를 고려할 것인지 여부를 매개로 하여 간접적으로 유책 여부가 고려될 수 있을 것이나, 그 경우에도 재산분할 자체에 위자료적 요소가 포함된다고 하기는 어렵다.

3. 법적 성질

68 재산분할의 법적 성질에 관하여는 ① 재산분할청구권은 분배할 실질적인 공동재산이 있거나 부양의 필요가 있으면 이혼 등과 함께 당연히 발생하고, 협의 또는 심판 등은 그 내용을 확인하는 것이라는 견해(확인설),[65] ② 재산분할청구권의 발생, 내용 및 방법은 모두 이를 인정하는 협의 또는 심판 등에 의하여 형성되어 비로소 발생하는 것이라는 견해(형성설), ③ 추상적인 재산분할청구권은 이혼 등에 의하여 당연히 발생하지만 구체적인 재산분할청구권은 협의 또는 심판

64 법원실무제요, 가사[Ⅱ], 법원행정처(2021), 1437; 함윤식, "이혼에 따른 재산분할에 관한 판례의 최근 동향", 민사판례연구 제38권, 박영사(2016), 1188.

65 김상훈, "장래의 재산분할청구권의 양도", (2017년) 가족법 주요 판례 10선, 세창출판사(2018), 39~42는 권리를 추상적 권리와 구체적 권리로 구분하는 것은 공법상 기본권개념에서 사용되어 온 것으로 사법상 권리를 위와 같이 구분하는 것은 부당하다는 이유로, 재산분할청구권은 이혼이 성립하면 즉시 발생한다고 한다.

등에 의하여 비로소 형성된다는 견해(절충설) 등이 있으나, 우리나라의 통설은 절충설의 입장이다.[66] 확인설에 의하면 재산분할사건은 이미 존재하는 권리를 확인하는 소송사건이 되어야 하므로 위 설은 재산분할사건을 비송사건으로 규정한 가사소송법에 부합하지 않고, 형성설은 이혼한 부부 일방에게 재산분할을 청구할 수 있는 권리를 부여한 민법 제839조의2와 부합하지 않는다.[67]

69 대법원 역시 "이혼으로 인한 재산분할청구권은 이혼이 성립한 때에 그 법적 효과로서 비로소 발생하는 것"이지만 "협의 또는 심판에 의하여 그 구체적 내용이 형성되기까지는 그 범위 및 내용이 불명확·불확정하기 때문에 구체적으로 권리가 발생하였다고 할 수 없다"고 하여 절충설을 따르고 있다.[68] 대법원은 이를 이유로, 재산분할의무자는 재산분할을 명하는 판결이나 심판이 확정된 다음날부터 이행지체책임을 부담하고, 따라서 그 지연손해금의 이율에 관하여는 소송촉진 등에 관한 특례법 제3조 제1항 본문이 정한 이율이 적용되지 않으며, 판결 또는 심판 중 재산분할을 명한 부분은 가집행선고의 대상이 될 수 없고, 재산분할청구권을 보전하기 위하여 채권자대위권을 행사할 수도 없으며, 구체적 내용이 형성되지 아니한 재산분할청구권을 미리 양도하는 것은 성질상 허용되지 않고, 협의 또는 심판에 의하여 구체화되지 않은 재산분할청구권은 채무자의 책임재산에 해당하지 아니하므로 이를 포기하는 행위는 채권자취소권의 대상이 될 수 없다고 한다. 자세한 내용은 사안별 해당 부분 참조.

Ⅱ. 연혁 및 입법례

1. 연혁[69]

70 조선총독부제령 제13호에 의해 의용되었던 일본 민법은 재산분할청구권이나 이혼을 원인으로 하는 손해배상청구권에 대한 규정을 두지 않았기 때문에, 민법 제정 이전에는 이혼에 책임 있는 배우자에게 일반 불법행위를 원인으로 하는

66 법원실무제요, 가사[Ⅱ], 법원행정처(2021), 1438; 함윤식, "이혼에 따른 재산분할에 관한 판례의 최근 동향", 민사판례연구 제38권, 박영사(2016), 1189; 민유숙, "재산분할에 있어서 몇가지 문제점에 관한 고찰", 인권과 정의 제211호, 대한변호사협회(1994), 33~35.

67 김수정, "이혼으로 인한 재산분할청구권", 사법논집 제40집, 법원도서관(2005), 551~552.

68 대법원 2001. 9. 25. 선고 2001므725, 732 판결 등.

69 자세한 내용은 김숙자, "재산분할청구권", 가족법연구 제4호, 한국가족법학회(1990), 103~104; 이홍민, "이혼급부에 대한 검토", 가족법연구 제24권 제2호, 한국가족법학회(2010), 35~40 참조.

손해배상청구를 하는 것 외에는 재산상 청구를 할 수 없었다.

71 해방 이후 1958년에 이르러서야 민법이 공포되었는데, 그 과정에서 법전편찬위원회가 1949년 발표한 '민법친족상속법편찬요강'에는 재산분여청구권에 관한 조항이 포함되어 있었다. 위 편찬요강 제26항은 '이혼한 자의 일방은 상대방에 대하여 상당한 생계를 유지함에 족한 재산의 분여를 청구할 수 있게 하고, 재판소는 당사자 쌍방의 자력, 기타 일체의 사정을 참작하여 분여 여부와 분여의 액 및 방법을 정할 것으로 할 것. 단 이혼의 원인이 전혀 또는 주로 그 자의 책에 귀할 사유로 인한 경우를 제외할 것'이라고 규정하였고, 이는 이혼 후의 생계불능을 구제받을 방법이 없는 배우자에 대한 부양을 위한 조항이었다고 한다.

72 그러나 1953년 발표된 '법전편찬위원회 초안'에는 재산분여청구권에 관한 조항이 삭제되었고, 재산분여청구권 도입을 위해 1957년 국회에 제출된 정일형 의원 외 33인의 수정안 역시 부결되었다. 다만 민법 제정 시 이혼을 원인으로 하는 손해배상청구권에 관한 규정은 채택되었기 때문에, 이후 이혼 시의 재산관계 정리는 주로 이혼을 원인으로 하는 손해배상청구 또는 부부 사이의 명의신탁 해지청구를 통하여 시도되었는데, 어느 방법이나 형평의 관념에 부합하는 재산의 분배를 보장하기에는 상당히 부족하였고, 배우자의 일방이 재산을 독차지하고 상대방을 축출하는 등의 문제가 지속적으로 발생하였다.

73 이후 1973년 결성된 범여성가족법개정촉진회가 국회에 이혼 배우자에 대한 재산분배청구권을 신설하는 개정안을 제출하고, 1982년 한국민사법학회가 재산분할청구권을 인정하는 내용의 민법개정의견서를 국회에 제출하는 등 학계와 시민단체는 이혼으로 인한 재산분할청구권 도입을 지속적으로 요구하였고, 마침내 1990. 1. 13. 민법 개정으로 제839조의2가 신설되었다. 재산분할의 절차에 관하여는 1990. 12. 31. 가사소송법이 제정되어 1991. 1. 1. 민법 제839조의2와 함께 시행되었다.

74 민법 제839조의2 신설 이후 재산분할의 해석론은, 한편으로는 분할의 대상인 재산의 범위를 확장하고,[70] 다른 한편으로는 분할비율을 보다 균등하게 하는 방향으로 발전하였으며,[71] 입법 면에서는 법정재산제를 부부별산제에서 공유재산제

70 장래의 퇴직금 및 연금수급권 등 분할의 대상이 아니던 재산이 분할대상에 편입되기도 하고, 당사자 일방의 실질적 특유재산이 재산의 유지 및 증식에 대한 협력을 매개로 분할대상재산에 편입되기도 하였다.

71 민유숙, "재산분할 대상이 되는 재산의 확정에 관한 몇 가지 문제점: 비교법적 고찰을 중심으로", 법조 제50권 제4호, 법조협회(2001), 104.

로 변경하는 안, 부부의 공동생활에 사용되는 주거용 건물 등에 대한 처분제한을 도입하는 안, 일방적 재산처분 또는 부양의무 불이행 등의 경우에는 혼인 중 재산분할을 허용하는 안, 재산분할을 함에 있어 균등분할을 원칙으로 하도록 하는 안 등 다양한 개정안이 제안되었으나 모두 입법에는 이르지 못하였다.[72]

2. 입법례[73]

가. 미국

75 미국의 각 주는 부부재산제로 보통법(common law) 체계 또는 공동재산제(com-munity property) 체계 중 하나를 선택하고 있다. 뉴욕주 등 보통법 체계를 선택한 주는 재산이 부부 각자에게 귀속한다고 보기 때문에 형평분할(equitable dis-tribution) 방식을 채택하여 이혼 시 부부의 재산에 대하여 반드시 균등분할을 하지 않고 혼인재산에 대한 각자의 기여 등 여러 사정을 고려하여 형평에 따라 재산분할을 하는 경우가 많고, 캘리포니아주 등 공동재산제 체계를 선택한 주는 혼인 중 형성한 재산을 부부의 공동재산으로 보기 때문에 균등분할(equal division) 방식에 의해 재산분할을 하는 경우가 많으나, 부부재산제에 따라 재산분할 방식이 일률적으로 결정되지는 않고 주별로 형평분할 방식과 균등분할 방식을 달리 선택하기도 한다. 어느 방식을 선택하든 혼인재산인 공동재산과 개별적 소유인 특유재산을 구분하여 전자만을 재산분할 대상으로 보는 것은 같다.

76 공동재산과 특유재산을 구분하는 기준은 주마다 다른데, 미국법률협회에서 2002년에 발표한 '이혼법 원칙'은 애초에 특유재산이었던 재산이라도 각 주가 규정하는 최소 혼인기간을 경과한 경우, 기간의 경과에 비례하여 특유재산의 일부분을 공동재산으로 편입할 수 있도록 하는 규정을 두고 있다. 예컨대 해당 주의 최소

72 상세한 내용은 윤진수, "민법개정안 중 부부재산제에 관한 연구", 가족법연구 제21권 제1호, 한국가족법학회(2007); 최은정/안문희, "재산분할의 기준 정립을 위한 방안 연구", 사법정책연구원(2016), 24~31.

73 부부재산제는 법정재산제에 관한 내용만 소개한다. 상세한 내용은 김춘복, "각국의 재산분할청구권에 대한 소고", 실무연구Ⅴ, 서울가정법원(1999); 남궁술, "프랑스 민법상 부부공동재산제의 해소", 민사법학 제54권 제2호, 한국사법행정학회(2011); 민유숙, "외국의 부부재산제도와 재산분할 제도 및 부양제도 - 미국법을 중심으로 -", 사법논집 제31집, 법원도서관(2000); 민유숙, "가사비송절차의 문제점과 개선방향", 가족법연구 제18권 제2호, 한국가족법학회(2004); 이화숙, 비교 부부재산관계법, 세창출판사(2000); 조미경, "독일법상의 법정부부재산제", 현대민사법연구: 일헌 최병욱 교수 정년기념, 법문사(2002); 조은희, "유럽부부재산제의 입법례가 우리에게 주는 시사점", 비교사법 제12권 제2호, 한국비교사법학회(2005); 허익수, "미국의 이혼 재산분할 시 분할대상재산의 확정: 기준일과 그 무렵 변동된 재산의 처리를 중심으로", 재판자료 제136집, 법원도서관(2018) 참조. 이 부분은 최은정/안문희, "재산분할의 기준 정립을 위한 방안 연구", 사법정책연구원(2016), 109~195을 기초로 하였다.

혼인기간이 5년이고, 해마다 특유재산의 4%를 공동재산으로 편입하는 것으로 정하였다면, 5년이 경과하는 때에 특유재산의 4%가 공동재산으로 편입되어 재산분할의 대상이 되고, 6년이 경과하면 특유재산의 8%가 공동재산으로 편입되어 마침내 30년(최소 혼인기간 이후 25년)이 경과하면 특유재산 전액이 공동재산에 편입된다.

77 미국은 재산분할과 별도로 이혼 후 부양을 인정하고 있다.

나. 독일

78 1957년 이후 독일은 법정재산제로 '잉여공동제'(zugewinngemeinschaft. 부가이익공동제, 잉여재산분할제, 혼인재산분할제 등으로도 번역된다)를 채택하고 있다. 이에 의하면 혼인기간 중 부부는 재산에 대하여 각자 소유권을 가지고 독자적으로 관리를 할 수 있으나, 혼인 해소 시에는 혼인기간 동안 증가한 재산을 일률적으로 절반으로 분할하여야 하고, 이를 위하여 혼인 중 재산의 처분을 일부 제한하고 있다.

79 잉여공동제에 의하면, 초기재산(혼인 시점의 재산 및 이에 준하는 재산)의 가액과 종국재산(혼인 해소 시의 재산 및 이에 준하는 재산)의 가액의 차액을 혼인재산으로 보고, 혼인재산을 절반씩 나누기 위하여 부부 중 일방의 증가재산이 상대방의 증가재산을 초과하는 경우 상대방은 그 초과액의 절반에 대해 청산을 요구할 수 있다. 다만 혼인 기간 중에 취득한 재산이라도 증여를 받은 재산과 같이 부부가 공동으로 형성하지 않은 재산은 그 취득 당시의 가액을 초기재산 가액에 산입하고, 의도적으로 부부 중 일방이 감소시킨 재산의 가액은 종국재산의 가액에 산입한다. 독일 민법은 명문의 규정을 두어 재산분할청구권의 한도를 원칙적으로 '부부재산제 해소 시 채무를 공제하고 난 뒤에 현존하는 재산의 가치'로 한정하고 있다.

80 독일도 이혼 후 부양에 관하여 별도로 명문의 규정을 두고 있다.

다. 프랑스

81 1966년 이후 프랑스는 법정재산제로 '소득공동제'(communauté réduite aux acquêts. 혼인후공동재산제로도 번역된다)를 채택하고 있다. 이에 의하면 혼인기간 동안의 소득을 통한 재산 및 공동채무는 부부의 공동재산이므로, 부부는 혼인 기간 중에는 이에 관하여 동등한 권리와 의무를 가지고(별산제와 달리 공동재산 처분에 대한 제한이 있고, 채무에 대한 책임도 공동으로 부담한다), 이혼 시에는 이를 청산하여 균

등하게 분할한다(이는 부부 공동재산을 청산하는 것이고 부부의 일방이 상대방에게 재산분할을 청구하는 것이 아니다). 다만 혼인 전의 고유재산이나 혼인기간 동안 증여나 상속을 통해 취득한 특유재산은 부부 각자의 재산이므로 원칙적으로 청산의 대상이 아니다.

82 프랑스는 혼인기간 동안 부부의 생활근거지가 된 혼인거소에 대하여 특별한 사법적 보호를 하고 있다. 따라서 예컨대 혼인거소가 부부 일방의 고유재산 또는 특유재산이라도 판사가 이를 자녀의 주거소로 결정하는 경우, 판사는 자녀에 대한 친권을 행사하는 상대방에게 임차권을 부여하고 임대차의 조건을 정할 수 있다. 임대기간은 일반적으로 가장 어린 자녀가 성년에 이르는 시기를 종기로 본다고 한다.

83 프랑스 역시 재산분할과 별도로 부양료 지급의무를 인정하고 있다.

라. 일본

84 일본은 민법에서 부부재산제 및 재산분여청구권(우리나라의 재산분할청구권)에 관하여 우리나라와 매우 유사한 규정[74]을 두고 있으나, 절차법은 우리나라의 가사비송법과 차이가 있다. 일본은 과거 이혼 등 인사소송사건(우리나라의 가사소송사건)에 관하여는 인사소송수속법이 적용되어 지방재판소에서 재판을 하고, 이혼을 원인으로 하는 손해배상청구사건(우리나라와 달리 별도의 조항이 없어 일반 손해배상청구사건 중 하나로 규율되고 있다)은 일반 민사사건이지만 인사소송사건의 관련사건으로 지방재판소에서 병합하여 재판을 할 수 있었으며, 재산분여 등 가사심판사건(우리나라의 가사비송사건)에 관하여는 가사심판법이 적용되어 가정재판소에서 재판을 하였고, 조정 단계에서는 가정재판소에서 모든 사건을 일괄하여 조정을 하였다. 이와 같이 가정재판소가 조정단계에서는 위자료와 재산분할 청구를 일괄하여 논의하다가 심판 단계에서는 가사심판사건인 재산분할청구에 대하여만 판단을 할 수 있었고, 당사자 역시 위자료에 관하여는 별도로 민사소송을 제기하여야 하는 어려움이 있었기 때문에, 일본의 가정재판소는 재산분할을

74 일본 민법 제768조 ① 협의상 이혼한 자의 일방은 상대방에 대하여 재산분여를 청구할 수 있다. ② 전 항의 규정에 의한 재산분여에 대하여는 당사자간에 협의가 되지 않는 때 또는 협의할 수 없는 때에는 당사자는 가정재판소에 대하여 협의에 대신하는 처분을 청구할 수 있다. 그러나 이혼 시부터 2년을 경과한 때에는 그러하지 아니하다. ③ 전항의 경우에 가정재판소는 당사자 쌍방이 그 협력에 의해서 취득한 재산의 액수 기타 일체의 사정을 고려해서 분여 여부와 함께 분여의 액수와 방법을 정한다. 함윤식, "이혼에 따른 재산분할에 관한 판례의 최근 동향", 민사판례연구 38권, 박영사(2016), 1171.

함에 있어서 위자료를 포함시켜 재산분할을 하는 등의 법리를 발전시켰다. 다만 일본도 2004. 4. 1. 인사소송법이 시행되면서 가정재판소를 인사소송사건의 관할 법원으로 정하였고, 이혼을 원인으로 하는 손해배상청구는 그 관련 사건으로 가정재판소에서 병합하여 심리할 수 있게 되었기 때문에, 현재는 가정재판소에서 이혼 관련 사건을 포괄적으로 심리할 수 있게 되었다.[75]

85 이와 같이 일본과 우리나라의 법령에 약간의 차이가 있고, 일본의 가정재판소가 일정한 사안에 관하여는 우리나라의 가정법원과 다른 해석을 하는 경우도 있지만, 법과 제도의 유사성 등으로 인하여 두 나라에서 유사한 판단이 이루어지는 경우도 적지 않다.

Ⅲ. 재산분할의 당사자

1. 이혼의 당사자

가. 이혼을 한 당사자

86 민법 제839조의2는 협의상 이혼한 부부의 일방이 다른 일방에 대하여 재산분할을 청구할 수 있음을 규정하고, 제843조는 재판상 이혼에 따른 재산분할청구권에 관하여 제839조의2를 준용하므로, 이미 이혼한 부부의 일방이 제척기간 내에 재산분할을 청구할 수 있음은 분명하다.

87 재산분할제도는 혼인 중에 취득한 실질적인 공동재산을 청산·분배하는 것을 주된 목적으로 하고 혼인관계의 파탄 또는 해소에 책임이 있는지의 여부와는 직접적인 관련이 없으므로, 혼인관계의 파탄에 책임이 있는 유책배우자도 재산분할을 청구할 수 있다.[76] 대법원도 '혼인 중에 부부가 협력하여 이룩한 재산이 있는 경우에는 혼인관계의 파탄에 대하여 책임이 있는 배우자라도 재산의 분할을 청구할 수 있다'고 한다.[77]

88 청산적 재산분할과 달리 부양적 재산분할은 혼인파탄에 전적으로 책임 있는 당사자가 이를 청구할 수 없다는 견해도 있으나[78] 실무상 부양적 재산분할을 별도

75 민유숙, "가사비송절차의 문제점과 개선방향", 가족법연구 제18권 제2호, 한국가족법학회(2004), 325~327.
76 법원실무제요, 가사[Ⅱ], 법원행정처(2021), 499. 재산분할의 본질에 관하여는 민법 제839조의2 Ⅰ. 2. 주석 참조.
77 대법원 1993. 5. 11. 자 93스6 결정.
78 상세한 내용은 민법 제839조의2 Ⅰ. 2. 다. 2) 주석 참조.

로 인정하는 경우가 거의 없어 논의의 실익은 크지 않다.

나. 이혼하기 전의 당사자

1) 이혼을 전제로 하지 않는 재산분할 청구

89 민법은 혼인 중에 재산분할청구를 할 수 있는 규정을 두고 있지 않으므로, 혼인관계가 사실상 파탄에 이르렀거나 재산의 명의자가 일방적으로 재산을 처분한 경우에도 협의상 이혼 또는 재판상 이혼을 전제로 하지 않고는 재산분할을 청구할 수 없다.

90 독일 민법이나 프랑스 민법 등은 일정한 경우에 혼인 중 재산분할을 인정하고 있다. 우리나라에서도 부양의무 불이행, 일방적 재산처분 등의 사유가 있는 경우에는 혼인 중 재산분할을 허용하는 민법 개정안이 발의되기도 하였고, 입법론으로 이를 인정할 필요가 있다는 견해가 유력하다.[79]

2) 협의상 이혼을 전제로 한 재산분할에 관한 협의

91 재산분할은 이혼에 의하여 혼인관계가 해소되는 효과로서 인정되는 것이지만, 아직 이혼하지 않은 당사자도 장차 협의상 이혼할 것을 전제로 재산분할에 관한 협의를 할 수 있다. 다만 협의상 이혼을 전제로 한 재산분할에 관한 협의는 특별한 사정이 없는 한 협의상 이혼이 이루어질 것을 조건으로 하는 조건부 의사표시이므로 협의상 이혼이 이루어진 경우에 한하여 효력이 발생한다(☞ 상세한 내용은 민법 제839조의2 Ⅳ. 2. 나. 주석 참조).

3) 재판상 이혼의 소에 병합하여 제기하는 재산분할심판청구

92 재판상 이혼 또는 혼인취소의 소에는 재산분할청구를 병합하여 제기할 수 있으므로(가사소송법 제14조 제1항), 이혼청구 등이 받아들여질 것을 전제로 하여 재판상 이혼 등의 소에 병합하여 재산분할청구를 할 수 있다. 피고는 이혼청구를 하지 않고 원고의 본소 이혼청구의 기각을 구하면서 예비적 반소로 재산분할청구만 할 수도 있다.

93 원고가 본소의 이혼청구에 병합하여 재산분할청구를 제기한 후 피고가 반소로서 이혼청구를 한 경우, 법원이 원고의 본소 이혼청구를 기각하고 피고의 반소청구

79 윤진수, "민법개정안 중 부부재산제에 관한 연구", 가족법연구 제21권 제1호, 한국가족법학회(2007), 119~122; 주해친족법(제1권)(제2판), 박영사(2025), 442(이동진); 최은정/안문희, 재산분할의 기준 정립을 위한 방안 연구, 사법정책연구원(2016), 27~28.

를 받아들여 이혼을 명하더라도, 특별한 사정이 없는 한 법원은 원고의 재산분할 청구에 대하여 심리하고 판단하여야 한다. 원고가 반대의 의사를 표시하였다는 등의 특별한 사정이 없는 한, 원고의 재산분할청구 중에는 본소의 이혼청구가 받아들여지지 않고 피고의 반소청구에 의하여 이혼이 명하여지는 경우에도 재산을 분할해 달라는 취지의 청구가 포함된 것으로 봄이 상당하기 때문이다.[80]

2. 혼인취소 등의 당사자

가. 혼인취소의 당사자

94 민법에는 규정이 없으나 혼인 취소의 경우에도 재산분할에 관한 민법 제839조의2가 유추적용된다.[81] 가사소송법 제2조 제1항 제2호 나목 4)는 혼인의 취소를 원인으로 하는 재산분할에 관한 처분을 가사비송사건으로 규정하여 이를 명확히 하고 있다. 이에 대하여는 실체법에 준용규정을 두지 않고 절차법에 위와 같은 규정을 두는 것은 적절하다고 할 수 없으므로 입법적 보완이 필요하다는 지적이 있다.[82]

나. 혼인이 무효인 경우

95 일반적으로 무효인 혼인에 기한 재산분할은 생각하기 어렵다. 다만 혼인은 무효이지만 사실혼이 성립되었다고 볼 수 있는 경우,[83] 적법한 사실혼에 준하여 재산분할을 허용할 수 있는지에 관하여는 견해가 갈린다.

96 학설은 크게 보아 혼인이 무효인 경우에는 사실혼으로서 보호를 할 수 없다는 견해와 개별 사유별로 또는 구체적 사정에 따라 보호 여부를 판단하여야 한다는 견해로 나뉘고, 후자의 경우 보호 여부를 판단하는 기준으로는 대체로 '사회적 정당성' 또는 '선량한 풍속 기타 사회질서'에 어긋나는지, '법의 목적에 비추어 사회질서에 반하는 정도'에 이르렀거나 '혼인법질서에 본질적으로 반하는 것인지' 여부를 들고 있다(☞ 상세한 내용은 [후론] 사실혼 주석 참조).[84]

80 대법원 2001. 6. 15. 선고 2001므626, 633 판결. 이때 원고의 재산분할청구는 피고의 반소청구에 대한 재반소로서의 실질을 가지게 된다.

81 김주수/김상용, 주석 민법, 친족(2)(제5판), 한국사법행정학회(2016), 365; 주해친족법(제1권)(제2판), 박영사(2025), 441(이동진).

82 주해친족법(제1권)(제2판), 박영사(2025), 441(이동진).

83 일부 견해는 혼인무효사유가 있는 위법한 사실혼은 사실혼이 아니라고 보지만, 통설은 불법적 사실혼도 사실혼은 될 수 있다고 본다. 현소혜, "근친혼적 사실혼관계의 보호", 민사판례연구 제34권, 박영사(2012), 594~595.

84 현소혜, "근친혼적 사실혼관계의 보호", 민사판례연구 제34권, 박영사(2012), 596~600.

97 혼인이 무효인 경우의 재산분할에 관한 대법원의 판결은 없다. 다만 대법원 2010. 11. 25. 선고 2010두14091 판결은 "혼인이 무효로 되는 근친자 사이의 사실혼관계는 원칙적으로 혼인법질서에 본질적으로 반하는 사실혼관계라고 추단할 수 있을 것"이지만, 제반 사정을 종합하여 "그 반윤리성·반공익성이 혼인법질서 유지 등의 관점에서 현저하게 낮다고 인정되는 경우에는 근친자 사이의 혼인을 금지하는 공익적 요청보다 유족의 생활안정과 복리향상이라는 유족연금제도의 목적을 우선할 특별한 사정이 있다고 할 것이고, 이와 같은 특별한 사정이 인정되는 경우에는 그 사실혼관계가 혼인무효인 근친자 사이의 관계라는 사정만으로 유족연금의 지급을 거부할 수 없다."고 판단하여, 혼인이 무효인 경우 원칙적으로 보호를 받을 수 없는 사실혼으로 추단하지만, 그 경우에도 혼인을 금하는 공익적 요청보다 사실혼 배우자 보호의 필요성을 우선할 필요가 있는 경우에는 예외를 인정하고 있다.

3. 파탄된 사실혼의 당사자

가. 원칙

98 대법원은 "사실혼이라 함은 당사자 사이에 혼인의 의사가 있고, 객관적으로 사회관념상으로 가족 질서적인 면에서 부부공동생활을 인정할 만한 혼인생활의 실체가 있는 경우이므로, 법률혼에 대한 민법의 규정 중 혼인신고를 전제로 하는 규정은 유추적용할 수 없으나, 부부재산의 청산의 의미를 갖는 재산분할에 관한 규정은 부부의 생활공동체라는 실질에 비추어 인정되는 것이므로 사실혼관계에도 준용 또는 유추적용할 수 있다."고 판시하고 있다.[85] 학설은 대체로 이에 찬성하나, 부정적인 견해도 있다.[86]

99 사실혼관계는 일방의 의사에 의하여도 해소될 수 있다. 따라서 사실혼관계의 당사자 중 일방이 의식불명이 된 상태에서 상대방이 사실혼관계의 해소를 주장하면서 재산분할심판청구를 한 경우에도, 사실혼관계는 상대방의 의사에 의하여

85 대법원 1995. 3. 28. 선고 94므1584 판결 등.

86 윤진수, "사실혼배우자 일방이 사망한 경우의 재산문제 : 해석론 및 입법론", 저스티스 제100호, 한국법학원(2007), 33은 일본을 제외한 다른 나라들은 별도의 입법이 없는 한 사실혼이 해소된 경우에 이혼의 법리에 따른 재산분할을 인정하는 경우는 극히 예외적인 경우를 제외하고는 찾기 어렵고, 이 점에서 일본이나 우리나라의 판례가 이러한 경우 재산분할청구를 인정하는 것은 너무 과감한 것이 아닌가 볼 수도 있다고 한다.

해소되었으므로 그에 따라 재산분할청구권이 인정된다.[87]

나. 중혼적 사실혼의 경우

100 중혼적 사실혼의 배우자는 원칙적으로 재산분할청구를 할 수 없다.[88] 따라서 일방 배우자가 집을 나가 장기간 돌아오지 아니하고 있는 상태에서 남은 배우자가 제3자와 혼인의 의사로 실질적인 혼인생활을 하고 있다고 하더라도 특별한 사정이 없는 한 이를 사실혼으로 인정하여 법률혼에 준하는 보호를 허여할 수는 없다.[89]

101 그러나 비록 중혼적 사실혼관계일지라도 법률혼인 전 혼인이 사실상 이혼상태에 있다는 등의 특별한 사정이 있다면 법률혼에 준하는 보호를 할 수 있다.[90] '사실상 이혼상태'는 법률상 배우자와의 사이에 이혼의사가 합치되어 법률혼은 형식적으로만 존재하고 사실상 혼인관계가 해소되어 법률상 이혼이 있었던 것과 마찬가지로 볼 수 있거나, 또는 이혼의사의 합치가 있었는데도 형식상의 절차 미비 등으로 법률혼이 남아 있는 등의 경우에 인정된다.[91] 또한 법률혼인 전 혼인의 배우자가 후에 이혼을 하거나 사망한 경우에는 중혼적 사실혼도 통상적인 사실혼이 된다.[92]

102 근래에는, 중혼적 사실혼의 경우에도 공동으로 형성한 재산을 청산할 필요는 있으므로 재산분할청구권은 인정되어야 한다는 견해, 재산별로 법률혼 배우자의 기여가 인정될 수 없어 이른바 권리경합이 발생하지 않는 경우에는 예외적으로 재산분할을 허용할 수 있다는 견해 등도 있다(☞ 상세한 내용은 [후론] 사실혼 주석 참조).

103 중혼적 사실혼이 통상적 사실혼으로 전환된 경우 재산분할의 대상이 되는 '혼인 중에 쌍방의 협력으로 이룩한 재산'의 범위를 어디까지로 볼 것인지, 즉 중혼적 사실혼 기간 중에 쌍방의 협력으로 이룩한 재산을 재산분할의 대상으로 볼 수 있는지가 문제된다.

104 중혼적 사실혼 관계에 법률혼에 준하는 보호를 할 수 없다는 점을 강조하면 재산분할의 대상은 통상적 사실혼 관계로 전환된 이후에 이룩한 재산으로 한정되

87 대법원 2009. 2. 9. 자 2008스105 결정.
88 대법원 1995. 7. 3. 자 94스30 결정 등.
89 대법원 1995. 9. 26. 선고 94므1638 판결.
90 대법원 1995. 7. 3. 자 94스30 결정, 대법원 2009. 12. 24. 선고 2009다64161 판결 등.
91 대법원 1993. 7. 27. 선고 93누1497 판결, 대법원 2007. 2. 22. 선고 2006두18584 판결.
92 대법원 2010. 9. 30. 선고 2010두9631 판결 참조.

어야 할 것이고, 당사자 사이의 형평, 법률혼 배우자에게 중혼적 사실혼 기간 중에 형성된 재산에 대한 기여가 인정되지 않는 경우 중혼적 사실혼을 유지하였던 당사자가 부당한 이득을 취할 위험이 있다는 점 등을 강조하면 중혼적 사실혼이 통상적 사실혼으로 전환된 이후에 재산분할을 청구하는 이상 중혼적 사실혼관계 중에 형성된 재산도 재산분할의 대상에 포함시킬 수 있다고 볼 것이다. 이에 관하여 서울고등법원 2020. 9. 17. 선고 2019르20856 판결은 중혼적 사실혼에 해당하는 기간은 법률혼에 준하여 보호할 필요가 없어 이를 재산분할 기여도의 산정 근거가 되는 혼인기간에서 제외함이 상당하다고 판단하였다(상고장 각하로 확정).

4. 제3자

가. 원칙

105 민법 제839조의2가 "이혼한 자의 일방은 다른 일방에 대하여 재산분할을 청구할 수 있다."고 규정하고 있고, 가사소송규칙 제96조 또한 재산분할의 심판은 "부부 중 일방이 다른 일방을 상대방으로 하여 청구하여야 한다."고 규정하고 있으므로, 제3자는 재산분할청구를 할 수 없고, 제3자를 상대로 재산분할청구를 할 수도 없다.[93] 따라서 부부 쌍방의 협력으로 형성된 재산을 제3자 명의로 보유하고 있는 경우에도 직접 제3자를 상대로 재산분할청구를 할 수 없다.

나. 제3자의 채권자대위권 행사

106 통설은 재산분할청구권을 권리의 주체만이 이를 행사할 수 있는 행사상 일신전속권이라고 보고 있다.[94] 따라서 재산분할청구권 행사 여부는 권리자의 의사를 존중하여야 하므로 채권자대위권의 목적이 될 수 없다.[95] 재산분할청구권은 협의 또는 심판에 의하여 그 구체적 내용이 형성되기 전까지는 그 범위 및 내용이 불명확·불확정하기 때문에 구체적으로 권리가 발생하였다고 할 수 없으므로, 구체적 내용이 형성되지 아니한 재산분할청구권을 채권자가 대위행사하는 것은 성질상 허용되지 않는다고 볼 수도 있을 것이다.[96] 대법원도, 채무자가 협의이

93 가사소송법 제2조 제1항 역시 위자료의 경우에는 제1호 다목 1), 2)에서 "제3자에 대한 청구를 포함한다."고 명시하였지만, 재산분할의 경우에는 제2호 나목 4)에서 제3자에 관한 규정을 두고 있지 않다.
94 김상훈, "장래의 재산분할청구권의 양도", (2017년) 가족법 주요 판례 10선, 세창출판사(2018), 43~44.
95 민법주해[IX], 채권(2), 박영사(1995), 765.
96 대법원 2017. 9. 21. 선고 2015다61286 판결 참조.

혼 이후 파산신청을 하여 파산선고를 받은 후, 파산관재인이 채무자를 대위하여 채무자의 전 배우자를 상대로 재산분할심판 청구를 한 사안에서 “이혼으로 인한 재산분할청구권은 그 행사 여부가 청구인의 인격적 이익을 위하여 그의 자유로운 의사결정에 전적으로 맡겨진 권리로서 행사상의 일신전속성을 가지므로, 채권자대위권의 목적이 될 수 없고 파산재단에도 속하지 않는다.”고 판시하였다.[97] ① 이혼을 한 경우 당사자는 배우자, 자녀 등과의 관계 등을 종합적으로 고려하여 재산분할청구권 행사 여부를 결정하게 되고, 법원은 청산적 요소뿐만 아니라 이혼 후의 부양적 요소, 정신적 손해(위자료)를 배상하기 위한 급부로서의 성질 등도 고려하여 재산을 분할하게 되는 점, ② 재산분할청구권은 협의 또는 심판에 의하여 구체적 내용이 형성되기까지는 그 범위 및 내용이 불명확·불확정하기 때문에 구체적으로 권리가 발생하였다고 할 수 없어 채무자의 책임재산에 해당한다고 보기 어려운 점, ③ 채권자의 입장에서는 채무자의 재산분할청구권 불행사가 그의 기대를 저버리는 측면이 있다고 하더라도 채무자의 재산을 현재의 상태보다 악화시키지 아니한 점 등이 그 논거로 제시되었다.

다. 재산분할청구권의 양수인

107 협의 또는 심판 확정 전에 재산분할청구권을 양수한 양수인은 재산분할청구권을 행사할 수 없다.

108 대법원은 협의 또는 심판에 의하여 구체적 내용이 형성되기 전에 재산분할청구권을 양도할 수 없고, 이를 양도하는 약정을 하였어도 그 약정은 무효라고 한다.[98] 이혼으로 인한 재산분할청구권은 이혼을 한 당사자의 일방이 다른 일방에 대하여 재산분할을 청구할 수 있는 권리로서, 이혼이 성립한 때에 법적 효과로서 비로소 발생하며, 또한 협의 또는 심판에 의하여 그 구체적 내용이 형성되기 전까지는 그 범위 및 내용이 불명확·불확정하기 때문에 구체적으로 권리가 발생하였다고 할 수 없으므로, 아직 발생하지 아니하였고 구체적 내용이 형성되지 아니한 재산분할청구권을 미리 양도하는 것은 성질상 허용되지 않기 때문이라고 한다.

109 대법원의 위 판단에 대하여는 비판적인 견해들이 있다. 구체적 권리가 발생하지 않았기 때문이 아니라 재산분할청구권의 일신전속적 성격 때문에 양도를 할 수

97 대법원 2022. 7. 28 . 자 2022스613 결정, 대법원 2023. 9. 21. 선고 2023므10861, 10878 판결.
98 대법원 2017. 9. 21. 선고 2015다61286 판결.

없다고 보아야 한다는 견해,[99] 재산분할청구권은 귀속상 일신전속권이 아니라 행사상 일신전속권에 불과하므로 재산분할청구권의 행사가 외부로 표출된 이후에는 구체적 재산권으로서 양도를 할 수 있다는 견해,[100] 채권이 귀속상 일신전속권이 아니면 장래의 채권도 그 양도성이 인정되는데,[101] 재산분할청구권은 귀속상 일신전속권이 아니므로 장래 채권 양도의 요건을 갖춘 경우에는 재산분할청구권도 양도할 수 있다는 견해[102] 등이다.

110 판례에 의하면, 당사자가 법원에 재산분할청구를 한 이후라 하더라도, 심지어 이에 대하여 항고심 또는 항소심 판결이 선고된 이후라도 그 재판이 확정되기 전에는 재산분할청구권을 양도할 수 없고, 이를 양도하더라도 양도가 허용되지 아니하는 채권을 목적으로 한 것이어서 무효이므로, 위 채권양수를 이유로 양수금 청구를 할 수도 없다.[103] 이 사건의 경우 이혼 및 재산분할을 명하는 항소심 판결 이후에 채권자가 재산분할청구권자로부터 그 판결금 채권을 양수하였고, 이에 기한 채권자의 재산분할의무자에 대한 양수금 청구 이전에 위 항소심 판결에 대한 상고가 기각되었음에도 대법원은 그 채권양도가 무효라고 판단하였다.

111 재산분할을 명하는 심판 등이 확정된 이후의 구체적 재산분할청구권은 양도할 수 있다. 그러나 이에는 예외가 있다. 대법원은 당사자 일방이 상대방의 연금수급권을 분할받기 위하여 상대방에 대한 정기금채권을 취득한 경우 위 정기금채권은 제3자에게 양도될 수 없다고 한다.[104]

5. 당사자가 사망한 경우

112 재산분할의 협의나 심판이 이루어져 재산분할청구권의 내용이 확정된 이후 구체적인 이행청구권이나 이행의무가 상속된다는 점에 대하여는 다툼이 없으나, 협의나 심판 성립 전에 당사자가 사망한 경우에 관하여는 논란이 있다.

99 김상훈, "장래의 재산분할청구권의 양도", (2017년) 가족법 주요 판례 10선, 세창출판사(2018), 58~63.
100 김동하, "혼인의 해소에 따른 재산분할", 재판실무 제1집, 창원지방법원(1999), 271.
101 대법원 1996. 7. 30. 선고 95다7932 판결 등.
102 김민지, "재산분할청구권의 양도와 상속에 관한 검토 일신전속성을 중심으로", 법학연구 통권 제57호, 전북대학교 출판부(2018), 264 이하; 윤진수, 친족상속법 강의(제5판), 박영사(2023), 116.
103 대법원 2017. 9. 21. 선고 2015다61286 판결.
104 대법원 2014. 7. 16. 선고 2012므2888 전원합의체 판결.

가. 이혼 또는 사실혼 해소 전에 사망한 경우

1) 이혼의 경우

113 재산분할청구권은 이혼이 성립한 때에 비로소 발생하므로, 이혼이 성립되기 전에 부부의 일방이 사망한 경우에는 생존 배우자도 사망한 배우자의 상속인도 재산분할청구를 할 수 없다. 대신 이 경우에는 상속이 개시된다.

114 따라서 배우자 일방이 이혼소송을 제기하고 재산분할청구를 병합하였더라도, 이혼소송 중 배우자 일방이 사망하면 이혼의 성립을 전제로 하여 이혼소송에 부대한 재산분할청구 역시 이를 유지할 이익이 상실되어 이혼소송의 종료와 동시에 종료된다.[105] 이 경우 소송은 별도의 조치를 취할 것 없이 당연히 종료됨이 원칙이다. 다만 제1심에서 이혼 및 재산분할 청구를 인용하는 판결이 선고된 후 항소심 계속 중에 당사자가 사망한 경우 항소심 법원은 소송종료선언을 하여야 한다.[106]

115 부부가 이혼 및 재산분할청구소송을 제기하여 배우자 일방이 상대방의 재산분할청구를 기각하고 오히려 자신의 재산분할청구를 인용하는 제1심 판결을 받았는데, 항소심 계속 중에 그 당사자가 사망하면 상대방은 사망한 배우자에게 재산분할을 해줄 필요가 없고 오히려 재산을 상속받을 수 있어 문제가 되기도 한다.

2) 사실혼의 경우

116 대법원은 "법률상 혼인관계가 일방 당사자의 사망으로 인하여 종료된 경우에 생존 배우자에게 재산분할청구권이 인정되지 아니하고 단지 상속에 관한 법률 규정에 따라서 망인의 재산에 대한 상속권만이 인정되는 점 등에 비추어 보면, 사실혼관계가 일방 당사자의 사망으로 인하여 종료된 경우에는 그 상대방에게 재산분할청구권이 인정된다고 할 수 없다."고 한다.[107] 헌법재판소도 일방의 사망으로 사실혼이 종료된 경우 생존 배우자에게 재산분할청구권을 부여하는 규정을 두지 않은 부작위는 진정입법부작위에 해당하므로 이를 다투는 헌법소원은 부적법하다고 판단하는 한편, 생존 사실혼 배우자에게 상속권을 인정하지 않은 민법 제1003조 제1항 중 '배우자' 부분이 생존 사실혼 배우자의 재산권(상속권)을 침해하지 않고 평등원

105 대법원 1994. 10. 28. 선고 94므246, 253 판결.
106 법원실무제요, 가사[Ⅰ], 법원행정처(2021), 79~80.
107 대법원 2006. 3. 24. 선고 2005두15595 판결.

칙에도 반하지 아니한다고 하였다.[108]

117 그러나, 사망으로 인한 사실혼 해소의 경우에는 법률혼의 경우와 달리 상속이 발생하지 않기 때문에, 사실혼 배우자가 사망한 경우에는 재산분할청구권을 인정하자는 견해도 적지 않다(☞ 상세한 내용은 [후론] 사실혼 주석 참조).

나. 이혼 또는 사실혼 해소 후에 사망한 경우

1) 상속 인정 여부

118 이혼 및 사실혼 해소 후에 당사자가 사망한 경우, 재산분할청구권과 재산분할의무는 상속되지 않는다는 견해(소극설),[109] 재산분할청구권 및 재산분할의무가 모두 상속된다는 견해(적극설),[110] 망인이 생전에 재산분할심판청구를 하는 등 재산분할청구권이 행사되어 외부로 표출된 경우에는 상속성을 인정할 수 있다고 보는 견해(절충설,[111] 절충설 중에는 재산분할청구권과 달리 재산분할의무는 언제나 상속된다는 견해[112]도 있다) 등이 있다.

119 소극설은 가사소송규칙 제96조가 '재산분할의 심판은 부부 중 일방이 다른 일방을 상대방으로 하여 청구하여야 한다'고 규정하고 있는 것은 상속성을 부정하는 것을 전제로 한다는 등의 주장을 하고, 적극설은 재산분할청구권은 부부가 이혼을 하면 민법에 의하여 당연히 발생하고, 재산권적 측면이 강하며, 귀속상 일신전속적 권리가 아니고, 재산분할청구권이 행사상 일신전속적 권리라는 사정은

108 헌법재판소 2024. 3. 28. 선고 2020헌바494, 2021헌바22(병합) 전원재판부 결정.

109 민유숙, "재산분할의 구체적 인정범위", 재판자료 제62집, 법원도서관(1993), 450; 이상훈 "이혼에 따른 재산분할청구사건의 재판실무상 문제점에 대한 고찰", 법조 제42권 제6호, 법조협회(1993), 91~92.

110 한봉희/백승흠, 가족법, 삼영사(2024), 223; 김민지, "재산분할청구권의 양도와 상속에 관한 검토 일신전속성을 중심으로", 법학연구 통권 제57호, 전북대학교 출판부(2018), 260~261; 김상훈, "장래의 재산분할청구권의 양도", (2017년) 가족법 주요 판례 10선, 세창출판사(2018), 53~57; 김준모, "재산분할제도의 성격", 재판자료 제101집, 법원도서관(2003), 246; 박순성, "채무의 상속", 민사판례연구 제25권, 박영사(2003), 676; 서순택, "재산분할의 본질과 재산분할청구권의 상속성", 외법논집 제38권 제4호, 한국외국어대학교 법학연구소(2014), 155 이하; 황경웅, "재산분할청구권의 상속성: 민법 제404조의 일신전속권과 제1005조의 일신전속권의 비교", 중앙법학 제9집 제2호, 중앙법학회(2007), 507.

111 김주수/김상용, 친족·상속법(제20판), 법문사(2024), 286~287; 박동섭/양경승, 친족상속법(제5판), 박영사(2020), 216; 송덕수, 친족상속법(제7판), 박영사(2024), 126; 윤진수, 친족상속법 강의(제5판), 박영사(2023), 120; 이경희/윤부찬, 가족법(11정판), 법원사(2024), 152~153; 김동하, "혼인의 해소에 따른 재산분할", 재판실무 제1집, 창원지방법원(1999), 247~248; 정원, "재산분할과 관련한 몇가지 실무상 문제점", 실무연구Ⅷ, 서울가정법원(2002), 105.

112 주해친족법(제1권)(제2판), 박영사(2025), 505(이동진); 진현민, "당사자의 사망이 이혼, 위자료, 재산분할 청구소송 및 보전절차에 미치는 영향", 실무연구Ⅹ, 서울가정법원(2005), 388~389; 함윤식, "이혼에 따른 재산분할에 관한 판례의 최근 동향", 민사판례연구 제38권, 박영사(2016), 1255.

재산분할청구권 및 재산분할의무를 상속하는 것을 막을 이유가 될 수 없다는 등의 주장을 한다. 그리고 절충설은 재산분할청구권이 행사상의 일신전속권이므로 권리 행사 여부는 이혼 당사자의 의사에 따라야 한다거나(절충설 중 재산분할의무는 언제나 상속된다는 견해는 재산분할의무가 행사상 일신전속권의 취지와 무관함을 논거로 든다), 재산분할청구권 및 재산분할의무는 당연히 상속되지만 가사소송규칙 제96조의 해석상 부부 중 일방이 다른 일방을 상대로 청구하는 경우에만 재산분할청구가 가능하다는 등의 주장을 한다. 절충설은 대법원이 행사상 일신전속권인 위자료청구권에 관하여 "이혼위자료청구권은 일신전속적 권리로서 양도나 상속 등 승계가 되지 아니하나 이는 행사상 일신전속권이고 귀속상 일신전속권은 아니라 할 것인바, 그 청구권자가 위자료의 지급을 구하는 소송을 제기함으로써 청구권을 행사할 의사가 외부적 객관적으로 명백하게 된 이상 양도나 상속 등 승계가 가능하다"고 판시[113]한 것을 근거로 들기도 한다.

120 대법원은 사실혼관계의 당사자 중 일방이 재산분할심판청구 이후에 사망한 경우 그 상속인들에 의한 수계를 허용하여 적어도 재산분할청구권의 상속성을 부정하지 않는다는 점은 명확히 하였으나,[114] 이혼 등 이후에는 재산분할청구권 및 재산분할의무가 모두 상속될 수 있다는 것인지, 생전에 재산분할청구권이 행사되어 외부로 표출된 경우에만 상속성이 인정된다는 것인지는 명확하지 않다. 서울고등법원 2024. 11. 27. 자 2024브2020 결정은, 협의이혼 신고 후 전 배우자가 사망하였고, 사망 이후 청구인이 전 배우자의 상속인들을 상대로 재산분할 청구를 한 사안에서, 전 배우자의 재산분할의무가 상속인들에게 상속된다고 하였다. 그 논거로 재산분할청구권은 이혼한 날부터 2년 안에 행사할 수 있는데, 상대방의 사망이라는 우연한 사정에 의하여 재산분할청구권을 행사하지 못하도록 하는 것은 형평의 이념에 반하는 점, 이 사건과 같이 부부가 이혼을 한 후 공동재산을 정리하기 전에 일방이 사망한 경우에는 '상속'으로 문제를 해결할 수 없게 되는데, '재산분할'까지 불가능하다고 하는 것은 우리 법제도의 기본 취지에 어긋나는 점, 이혼 등에 있어서 재산분할에 관한 권리와 의무는 그 상속성이 인정되는 것이 원칙이고, 청구인의 재산분할청구 의사가 전 배우자의 사망 이전에

113 대법원 1993. 5. 27. 선고 92므143 판결.

114 대법원 2009. 2. 9. 자 2008스105 결정, 대법원 2016. 10. 13. 선고 2015므4335(본소), 2015므4342(반소) 판결.

외부에 표출된 점 등을 들었다. 이에 대한 상고심(대법원 2024스876) 재판이 계속 중이므로 조만간 대법원의 판단이 있을 것으로 기대된다.

2) 상속의 범위

121 재산분할청구권 중 청산적 요소는 상속되지만 부양적 요소는 상속되지 않는다는 견해[115]와 양자 모두 상속될 수 있다는 견해[116]가 있다. 전자는 부양을 받을 권리와 의무는 귀속상 일신전속권에 해당하여 상속의 대상이 될 수 없다는 점을 강조하고, 후자는 청산적 요소 부분과 부양적 요소 부분을 분리하여 부양적 재산분할액만 감액하는 것이 어렵다는 점을 강조하고 있다.

122 상속인은 전체 재산에 대한 재산분할청구권을 상속함이 원칙이나, 예외적으로 당사자 일방이 상대방의 퇴직연금수급권을 분할받기 위하여 상대방에 대한 정기금채권을 취득한 경우 위 정기금채권은 상속될 수 없다.[117] 대법원은 재산분할에 의하여 분할권리자가 분할의무자에 대하여 가지게 되는 위와 같은 정기금채권은 비록 퇴직연금수급권 그 자체는 아니더라도 그 일부를 취득하는 것과 경제적으로 동일한 의미를 가지는 권리인 점, 재산분할의 대상인 퇴직연금수급권이 사회보장적 급여로서의 성격이 강하여 일신전속적 권리에 해당하여서 상속의 대상도 되지 아니하는 점 등을 고려하면, 분할권리자의 위와 같은 정기금채권 역시 상속인에게 상속될 수 없다고 봄이 상당하다고 한다.

Ⅳ. 재산분할청구권 행사(1) - 협의에 의한 재산분할

1. 총설

123 민법은 재산분할에 관하여 협의가 되지 아니하거나 협의할 수 없는 때에 가정법원이 분할의 액수와 방법을 정한다고 규정하고 있으므로, 재산분할의 액수와 방법을 정하는 1차적 방법은 협의분할, 즉 당사자가 협의에 의하여 재산을 분할하는 것이다.

115 김준모, "재산분할제도의 성격", 재판자료 제101집, 법원도서관(2003), 246; 주석 민법, 친족(2)(제5판), 한국사법행정학회(2016), 211; 함윤식, "이혼에 따른 재산분할에 관한 판례의 최근 동향", 민사판례연구 제38권, 박영사(2016), 1255.

116 박순성, "채무의 상속", 민사판례연구 제25권, 박영사(2003), 676; 황경웅, "재산분할청구권의 상속성: 민법 제404조의 일신전속권과 제1005조의 일신전속권의 비교", 중앙법학 제9집 제2호, 중앙법학회(2007), 496 이하.

117 대법원 2014. 7. 16. 선고 2012므2888 전원합의체 판결.

124 재산분할협의를 할 것인지 여부, 협의의 방식, 범위 및 내용 등은 원칙적으로 당사자가 자유로이 정할 수 있다. 재산분할협의가 유효하게 성립한 경우에는 민사소송으로 그 이행을 청구할 수 있고, 가정법원에 재산분할심판청구를 하는 것은 특별한 사정이 없는 한 청구의 이익이 없어 각하될 것이다.[118] 당사자가 재산분할청구 사건에서 금전의 지급을 구하는 청구를 하는 경우 그 청구가 재산분할청구인지 아니면 이와 별개의 민사청구인지 여부는 당해 사건에서의 청구원인과 당사자의 주장 취지, 청구에 대한 법원의 판단 및 이를 전후한 사건의 경과 등을 종합적으로 고려하여 판단하여야 한다.[119]

125 다음과 같은 경우에는 협의에 의한 재산분할의 성립, 효력 등이 문제된다.

2. 이혼 전의 재산분할에 관한 협의

가. 이혼을 전제로 하지 않는 합의

126 이혼으로 인한 재산분할청구권은 이혼을 한 당사자의 일방이 다른 일방에 대하여 재산분할을 청구할 수 있는 권리로서 이혼이 성립한 때에 그 법적 효과로서 비로소 발생하는 것이므로, 이혼을 전제로 하지 않는 재산분배에 관한 합의는 민법 제839조의2에 따른 재산분할에 관한 협의라고 볼 수 없다. 따라서 위와 같은 합의가 있었다고 하더라도 당사자는 민법 제839조의2에 따라 재산분할에 관하여 협의를 요구하거나 재산분할심판청구를 할 수 있다.

127 대법원은 혼인 중에 금전문제로 불화를 겪던 배우자의 일방이 모든 재산을 상대방의 소유로 한다는 각서를 교부하고, 그 후에도 재산의 처분권을 위임하는 관련 서류를 교부한 사안에서, 위 각서 또는 관련 서류 교부 당시 이혼에 관한 언급은 없었고 그 후로도 혼인관계가 계속된 점 등을 이유로, 그 각서 또는 관련 서류 교부로써 재산분할에 관한 협의가 있었다고 볼 수 없다고 판단하였다.[120]

나. 협의상 이혼이 이루어지지 않은 경우

128 아직 이혼하지 않은 당사자가 장차 협의상 이혼할 것을 약정하면서 이를 전제로 하여 재산분할에 관한 협의를 하는 경우, 특별한 사정이 없는 한 장차 협의상 이혼이 이루어질 것을 조건으로 하는 조건부 의사표시가 행하여지는 것이므

118 대법원 1993. 12. 28. 선고 93므409 판결.
119 대법원 2021. 6. 24. 선고 2018다243089 판결.
120 대법원 1997. 7. 22. 선고 96므318, 325 판결.

로, 이후 당사자가 약정한 대로 협의상 이혼이 이루어진 경우에 한하여 협의의 효력이 발생한다.[121]

129 따라서 어떠한 원인으로든지 협의상 이혼이 이루어지지 아니하고 혼인관계가 존속하게 되거나, 당사자 일방이 제기한 이혼청구의 소에 의하여 재판상이혼(화해 또는 조정에 의한 이혼을 포함한다)이 이루어진 경우, 협의상 이혼을 전제로 한 재산분할에 관한 협의는 조건의 불성취로 인하여 효력이 발생하지 않는다.[122] 그러므로 이 경우, 당사자는 재산분할에 관한 협의의 효력이 유지됨을 전제로 하여 민사소송으로써 그 협의의 이행을 구할 수 없고, 가정법원에 재산분할에 관한 심판을 청구하여야 한다. 다만 가정법원은 재산분할의 액수와 방법을 정함에 있어서 위 협의의 내용과 협의가 이루어진 경위 등을 민법 제839조의2 제2항 소정 '기타 사정'의 하나로 참작할 수 있다.[123]

130 혼인 중 부부가 각자 소유 재산의 반을 서로에게 분배하고 재산분배가 완료된 후 이혼하기로 약정한 경우, 부부가 재산정리를 먼저 한 후 이혼을 하기로 약정하였다고 하더라도, 그 약정의 취지는 협의이혼 여부에 관계없이 재산을 분할하겠다는 취지가 아니라 협의이혼이 성립하는 것을 전제로 재산을 분할하되 협의이혼을 먼저 할 경우 협의이혼 성립 후 부부 일방이 재산분할에 관한 약정을 불이행하여 야기될 수 있는 번거로움을 피하기 위한 것으로 이해되므로, 그 경우에도 재산분할약정은 여전히 협의이혼의 성립을 조건으로 하고 있다고 보아야 한다.[124]

131 학설 중에는 재판상 이혼사유에 해당하는 사유가 있음에도 불구하고 협의이혼을 하기로 합의한 경우라면 그러한 협의에 반하여 이혼을 거절하는 것은 신의성실의 원칙에 어긋나고, 따라서 이는 조건의 성취로 인하여 불이익을 받을 당사자가 신의성실에 반하여 조건의 성취를 방해한 때에 해당하여 민법 제150조 제1항에 따라 상대방은 그 조건이 성취한 것으로 주장할 수 있다는 견해가 있으나,[125] 협의이혼을 하기로 하였다가 이를 거부한 것이 신의성실의 원칙에 반하

121 대법원 1995. 10. 12. 선고 95다23156 판결 등.

122 대법원 1995. 10. 12. 선고 95다23156 판결, 대법원 2001. 5. 8. 선고 2000다58804 판결, 대법원 2003. 8. 19. 선고 2001다14061 판결.

123 대법원 1995. 10. 12. 선고 95다23156 판결.

124 대법원 2000. 10. 24. 선고 99다33458 판결.

125 오시영, "협의이혼 거부 시 재판상이혼절차에서 협의이혼약정 및 재산분할약정의 효력에 대한 검토", 인권과 정의 제414호, 대한변호사협회(2011).

는 것이라고 볼 수 있을지는 의문이다.[126]

132 협의상 이혼을 전제로 재산분할에 관한 협의를 하였으나 협의상 이혼이 이루어지지 않았는데, 당사자가 위 협의가 유효하다고 믿고 재판상 이혼을 하면서 재산분할청구를 하지 않아 이후 재산분할청구에 관한 제척기간이 경과한 경우, 협의가 유효하다고 믿은 당사자는 재산분할에 관한 협의의 효력을 주장할 수도 없고 새로이 재산분할청구를 할 수도 없게 되어 부당한 결과가 발생할 수 있으므로 주의를 요한다.[127]

3. 민법의 계약 무효, 취소, 해제 등 규정의 적용

133 재산분할협의는 재산상 권리의무에 관한 계약이므로, 민법의 권리능력 및 행위능력, 법률행위 및 의사표시, 계약 해제에 관한 규정 등이 모두 적용된다. 따라서 민법의 일반원리에 따라 재산분할협의가 무효임을 주장하거나 이를 취소할 수 있고, 재산분할협의를 합의해제하거나 채무불이행을 이유로 일방이 해제할 수도 있다. 재산분할협의는 증여계약이 아니어서 민법 제555조가 적용되지 않으므로, 서면에 의하지 않은 재산분할협의도 일방적으로 해제할 수 없다.[128]

134 대법원도 "부부가 협의이혼하기로 하고 이혼에 따른 자녀양육, 위자료, 재산분할 등의 조건에 관하여 합의하여 공증까지 하였더라도, 그 의무자가 그 합의 내용의 일부를 이행하지 아니하여 상대방이 이혼, 위자료 및 재산분할 등을 구하는 소송을 제기하고 위 합의의 해제를 서면으로 통지하였다면 위 재산분할 합의는 적법하게 해제되어 더 이상 존속하지 아니하므로 상대방은 여전히 재산분할청구권을 가진다."고 하였다.[129] 다만 재산분할협의의 묵시적 합의해제 인정은 신중하여야 한다. 대법원은 "계약이 묵시적으로 합의해제되었다고 하려면 계약의 성립 후에 당사자 쌍방의 계약실현의사의 결여 또는 포기로 인하여 당사자 쌍방의 계약을 실현하지 아니할 의사가 일치되어야만 한다."는 이유로, 당사자들 사이의 재산분할에 관한 약정이 묵시적으로 합의해제되었다고 본 원심판결을

126 주해친족법(제1권)(제2판), 박영사(2025), 488(이동진).

127 대법원 1995. 10. 12. 선고 95다23156 판결, 대법원 2000. 10. 24. 선고 99다33458 판결의 경우도 민사소송 중에 이미 재산분할청구의 제척기간이 경과되어 위 판결 선고 이후에는 재산분할청구를 할 수 없는 상황이었다.

128 김준모, "재산분할제도의 성격", 재판자료 제101집, 법원도서관(2003), 244.

129 대법원 1993. 12. 28. 선고 93므409 판결. 이 판결의 사안은 협의이혼을 전제로 한 재산분할 협의 이후 이혼소송이 제기된 경우여서 이를 이유로 그 효력을 부정할 수도 있다.

파기하였다.[130]

135 재산분할협의가 무효인 경우, 제3자는 그 협의가 무효임을 이유로 분할의무자를 대위하여 재산분할 명목으로 이전된 재산의 반환을 구할 수 있다. 따라서 협의이혼이 가장이혼이면 이에 따른 재산분할약정 역시 통정허위표시로서 무효이므로, 분할의무자의 채권자는 분할의무자를 대위하여 분할권리자를 상대로 재산분할약정을 원인으로 한 소유권이전등기의 말소 등을 구할 수 있다. 다만 이 경우 "일시적으로나마 법률상의 부부관계를 해소하려는 당사자 간의 합의하에 협의이혼신고가 된 이상 그 협의이혼에 다른 목적이 있더라도 양자 간에 이혼의사가 없다고는 말할 수 없고 따라서 이와 같은 협의이혼은 무효로 되지 아니한다."는 점, 채권자가 이혼의 일방 당사자를 대위하는 경우 이혼 당사자 사이의 확정판결, 조정조서 등의 기판력은 그 채권자에게도 미치므로, 채권자가 판결이나 조정 등에 의한 이혼이 무효라고 주장하는 것은 기판력에 저촉되어 허용될 수 없다는 점 등을 유의하여야 한다.[131]

4. 협의의 내용이 문제되는 경우

가. 재산분할청구권의 사전포기 또는 재산분할청구를 포기하는 내용의 분할협의

136 혼인이 해소되기 전에 재산분할청구권을 미리 포기하는 것은 성질상 허용되지 아니한다. 이혼으로 인한 재산분할청구권은 이혼이 성립한 때에 법적 효과로서 비로소 발생하는 것일 뿐만 아니라, 협의 또는 심판에 따라 구체적 내용이 형성되기까지는 범위 및 내용이 불명확·불확정하기 때문에 구체적으로 권리가 발생하였다고 할 수 없기 때문이다.[132]

137 반면에, 아직 이혼하지 않은 당사자도 장차 협의상 이혼할 것을 약정하면서 이를 전제로 하여 재산분할에 관한 협의를 할 수 있고, 그 후 당사자가 약정한 대로 협의상 이혼이 이루어진 경우 그 협의는 유효하므로, 사적자치의 원칙에 따라 재산분할에 관한 협의를 하면서 재산분할청구권을 포기하는 내용으로 협의를 하는 것은 가능하다.

138 문제는 위 두 가지를 어떻게 구별할 것인가이다. 즉 아직 이혼하지 않은 당사자

130 대법원 1995. 8. 25. 선고 94므1515 판결.
131 대법원 2018. 2. 28. 선고 2015다204496 판결 참조.
132 대법원 2016. 1. 25. 자 2015스451 결정 등.

가 장차 협의상 이혼할 것을 합의하는 과정에서 재산분할청구권을 포기하는 서면을 작성한 경우, 이것이 무효인 '재산분할청구권의 사전포기'인지 유효한 '재산분할에 관한 협의'인지 여부가 문제된다.

139 이에 관하여 대법원은 "협의상 이혼 합의 과정에서 재산분할청구권 포기 서면을 작성하였더라도 부부 쌍방의 협력으로 형성된 공동재산 전부를 청산·분배하려는 의도로 재산분할의 대상이 되는 재산액, 이에 대한 쌍방의 기여도와 재산분할 방법 등에 관하여 협의한 결과 부부 일방이 재산분할청구권을 포기하기에 이르렀다는 등의 사정이 없는 한 이는 성질상 허용되지 아니하는 재산분할청구권의 사전포기에 불과할 뿐이므로 쉽사리 재산분할에 관한 협의로서의 포기약정이라고 보아서는 아니 된다."고 판시하였다.[133]

140 따라서 잘못을 반성하면서 향후 다시 같은 잘못을 저지르는 때에는 돈을 요구함이 없이 상대방의 이혼요구에 응하겠다는 취지의 각서를 쓴 경우,[134] 이혼청구가 제기된 상태에서 재산분할청구인이 재산분할포기의 의사표시를 하였지만, 그가 구속된 상태에서 "재산분할청구권을 포기하여야만 고소를 취소하겠다."는 상대방의 의사에 따라 포기의 의사표시를 하였던 경우,[135] 협의이혼에 합의하는 과정에서 재산분할청구권 포기서면을 작성하였지만, 당사자 사이에 재산분할에 관하여 진지한 논의가 있었다고 볼만한 증거가 없고, 위 포기서면 작성자에게 재산분할청구권을 포기할 합리적인 이유를 찾아볼 수 없는 경우[136]에 그 재산분할청구 포기 의사표시는 무효이다. '재산분할에 관한 협의'로서의 포기약정이 있었다는 점에 대한 입증책임은 이를 주장하는 자에게 있다.

141 이혼 이후에 재산분할청구권을 포기하는 것이 허용되는지에 관하여는, 혼인 해소 전의 재산분할청구권 사전포기를 불허하는 이유는 혼인 중 더 우월한 지위를 가진 배우자가 이를 악용할 우려가 있기 때문인데 이혼 후에는 그와 같은 사정이 없으므로 원칙적으로 포기가 가능하다는 견해,[137] 협의 또는 심판에 따라 구체적 내용이 형성되기까지는 구체적 재산분할청구권이 발생하였다고 할 수 없고, 당사자가 자신이 어느 정도의 권리를 가지는지 알지 못하는 상태에서 재

133 대법원 2016. 1. 25. 자 2015스451 결정 등.
134 함윤식, "이혼에 따른 재산분할에 관한 판례의 최근 동향", 민사판례연구 제38권, 박영사(2016), 1195.
135 대법원 2003. 3. 25. 선고 2002므1787, 1794, 1800 판결.
136 대법원 2016. 1. 25. 자 2015스451 결정.
137 주해친족법(제1권)(제2판), 박영사(2025), 500(이동진).

산분할청구권을 포기하는 것은 부당하므로, 이혼 후에도 혼인 해소 전과 마찬가지로 '재산분할청구권의 사전포기'는 허용되지 않는다는 견해[138] 등이 있다.

나. 일부 재산에 대한 분할협의

142 분할대상 재산 중 일부에 대한 분할협의도 유효하다. 그 경우 나머지 재산에 대하여는 제척기간 내에 다시 재산분할협의를 하거나 재산분할심판청구를 할 수 있다.

143 재산분할로 일부 재산을 이전하기로 하는 협의가 전체 분할대상 재산에 대한 포괄적 합의인지, 당해 재산만을 대상으로 한 일부 합의인지 여부가 명확하지 않은 경우, 전체 분할대상 재산에 대한 합의가 있어 추가적인 재산분할심판청구는 청구의 이익이 없다는 점에 대한 입증책임은 이를 주장하는 사람에게 있을 것이다.

144 분할협의가 있었던 일부 재산은 재산분할심판에서 고려하지 않아야 한다는 주장을 하는 경우도 있다. 당사자들의 의사해석이 문제되겠지만, 이와 같은 합의가 있었음이 입증되지 않는 한 분할협의가 있었던 재산을 포함한 전 재산에 대한 심리를 하여 나머지 재산의 분할을 결정하는 것이 타당할 것이다.

145 대법원 2013. 7. 12. 선고 2011므1116, 1123 판결은 "재산분할사건은 가사비송사건에 해당하고, 가사비송절차에 관하여는 직권탐지주의가 적용되어, 법원은 당사자의 주장에 구애되지 아니하고 재산분할의 대상이 무엇인지 직권으로 사실조사를 하여 포함시키거나 제외시킬 수 있으므로, 당사자가 소송 중에 일부 재산의 분할방법에 관한 합의를 하였다고 하더라도, 법원이 당사자가 합의한 대로 분할을 하여야 하는 것은 아니다."라고 설시하였는데, 위 판결은 조정기일조서에 당사자가 일부 재산에 관하여 합의한 내용이 기재되어 있지만, 그 합의 내용이 당사자의 확정적인 의사가 아니었거나 당사자가 그 합의에 관한 진술을 명시적·묵시적으로 철회, 정정하였다고 볼 여지가 있었던 사안에 관한 것이다. 위 판결에 대하여 "이혼에 따른 재산분할에서 당사자의 합의는 그것이 전체 재산에 대한 확정적인 합의가 아닌 한 법원에 의하여 언제든지 변경될 수 있다."는 것으로 오해될 소지가 있다면서 이혼에 따른 재산분할은 원칙적으로 협의에 의하고, 협의가 없을 경우에만 재판에 의한 분할이 가능하다는 민법 규정 등에 비추

138 민유숙, "재산분할청구권을 포기하는 약정의 효력", 대법원판례해설 제44호, 법원도서관(2004), 793~794.

어 볼 때, 재산의 일부에 관해서라도 당사자 사이에 재산분할의 합의가 있다면, 당사자의 의사가 존중되어 법원의 직권행사는 제한되어야 한다는 견해가 있다.[139]

146 대법원 2021. 6. 10. 선고 2021므10898 판결은 "쌍방 당사자가 일부 재산에 관하여 분할방법에 관한 합의를 하였고, 그것이 그 일부 재산과 나머지 재산을 적정하게 분할하는 데 지장을 가져오는 것이 아니라면 법원으로서는 이를 최대한 존중하여 재산분할을 명하는 것이 타당하고, 그 경우 법원이 아무런 합리적인 이유를 제시하지 아니한 채 그 합의에 반하는 방법으로 재산분할을 하는 것은 재산분할 사건이 가사비송사건이고, 그에 관하여 법원의 후견적 입장이 강조된다는 측면을 고려하더라도 정당화되기 어렵다."고 판시하였다.[140] 따라서 당사자 쌍방이 그 중 일방의 소유로 분할하는 것에 대해 의견이 일치한 재산을 아무런 합리적 이유를 제시하지 아니한 채 다른 일방의 소유로 분할하여서는 아니 된다.[141]

다. 위자료 등을 포함한 재산분할협의

147 대법원은 사해행위취소 사건에서 일관되게 '이혼에 있어서 재산분할은 부부가 혼인 중에 가지고 있었던 실질상의 공동재산을 청산하여 분배함과 동시에 이혼 후에 상대방의 생활유지에 이바지하는 데 있지만, 분할자의 유책행위에 의하여 이혼함으로 인하여 입게 되는 정신적 손해(위자료)를 배상하기 위한 급부로서의 성질까지 포함하여 분할할 수도 있다'고 판시하고 있고,[142] 재산분할에 관한 협의를 하면서 위자료까지 일괄하여 협의를 할 수 있다는 점 자체에 관하여는 견해의 대립이 없는 것으로 보인다.[143]

148 이 경우 재산분할은 양도세 부과 대상이 아니고 위자료는 양도세 부과 대상이어서 양도세 부과 여부가 문제될 수 있는데, 대법원은 "과세처분의 위법을 이유로 그 취소를 구하는 행정소송에서 과세요건의 존재에 대한 입증책임이 처분청에 있는 것과 마찬가지로, 양도소득세의 과세대상이 되는 유상양도에 해당하는 위자료 및 자녀양

139 한애라, "이혼에 따른 재산분할심판에서 당사자간 일부 재산분할 합의의 소송상 효력 : 대법원 2013. 7. 12. 선고 2011므1116 판결과 관련하여", 가족법연구 제32권 제2호, 한국가족법학회(2018), 382~383.

140 대법원 2021. 6. 10. 선고 2021므10898 판결.

141 법원실무제요, 가사[Ⅱ], 법원행정처(2021), 1452.

142 대법원 2000. 10. 10. 선고 2000다27084 판결, 대법원 2001. 5. 8. 선고 2000다58804 판결, 대법원 2006. 6. 29. 선고 2005다73105 판결 등.

143 위자료에 대한 협의를 법적 의미의 재산분할에 대한 협의로 볼 수 있는지, 이때의 재산분할 약정은 재산분할, 위자료 등을 모두 합한 '혼인청산금' 약정의 성격을 갖거나 '재산분할'이라는 이름 아래 위자료 등의 약정을 함께 한 것으로 볼 것인지에 관하여는 민법 제839조의2 Ⅰ. 2. 라. 주석 참조.

육비의 입증책임은 원칙적으로는 처분청에 있다."고 한다.[144]

5. 재산분할 협의에 대한 채권자취소권의 행사[145]

가. 사해행위 여부 판단기준

149 재산분할 협의로 인하여 채무자가 무자력이 되는 경우 재산분할 협의를 사해행위로서 취소할 수 있는지에 관하여, 판례는 "재산분할자가 당해 재산분할에 의하여 무자력이 되어 일반채권자에 대한 공동담보를 감소시키는 결과가 된다고 하더라도, 그러한 재산분할이 민법 제839조의2 제2항의 규정 취지에 반하여 상당하다고 할 수 없을 정도로 과대하고, 재산분할을 구실로 이루어진 재산처분이라고 인정할 만한 특별한 사정이 없는 한 사해행위로서 채권자취소권의 대상이 되지 않는다."고 판시하고 있다.[146] 즉, 상당한 범위 내의 재산분할이라면 원칙적으로 사해행위라는 이유로 재산분할 협의를 취소할 수 없다는 것이다.

150 통설은, 채무의 본지에 따른 변제를 한 경우 그 변제는 원칙적으로 사해행위가 되지 않으므로 채무자의 재산분할이 재산분할의 본지에 따른 상당한 것이라면 사해행위가 되지 않는다는 이유로, 또는 재산분할은 신분행위로서 부부재산관계의 실질적 청산과 이혼 후의 부양으로 구성되는데, 청산적 부분은 실질적인 부부의 공동재산 중 자신이 기여한 몫을 돌려받는 것 또는 혼인 중에 공동재산에 잠재되어 있던 권리를 이혼 시에 현실화시키는 것이어서 책임재산을 감소시키는 결과가 된다고 볼 수 없고, 부양적 부분은 민사소송법이 부양료 채권을 압류금지채권으로 규정하여(민사소송법 제579조 제1호) 책임재산에서 배제하고 있다는 이유로, 재산분할은 원칙적으로 사해행위가 되지 않는다고 보는 판례에 찬성하고 있다.[147]

151 통설과 달리, 민법이 별산제를 취하고 있고 재산분할청구권은 이혼 후에 발생하는 청구권에 불과하여 상대방 배우자에게는 혼인 중에 실질적 공동재산에 대한 권리가 없으므로 청산적 요소를 이유로 사해행위의 성립을 부정할 수 없고, 채

144 대법원 2002. 6. 14. 선고 2001두4573 판결.

145 재산분할협의에 대한 채권자취소청구는 가사사건이 아니라 민사법원의 관할에 속하는 일반 민사사건이다.

146 대법원 2001. 5. 8. 선고 2000다58804 판결 등.

147 송덕수, 친족상속법(제7판), 박영사(2024), 125; 윤진수, 친족상속법 강의(제5판), 박영사(2023), 139; 이경희/윤부찬, 가족법(11정판), 법원사(2024), 149; 이상민, "재산분할이 사해행위취소의 대상이 되는지 여부", 민사판례연구 제24권, 박영사(2002), 219~220; 주석 민법, 친족(2)(제5판), 한국사법행정학회(2016), 224~225; 주해친족법(제1권)(제2판), 박영사(2025), 489~490(이동진).

무초과 상태에 있는 부부의 일방이 재산을 상대방에게 이전하는 것은 부부 쌍방의 경제적 여건의 균형을 맞추려는 부양적 재산분할의 취지와 어긋나므로 부양적 요소를 이유로 사해행위의 성립을 부정할 수도 없으며, 상속재산분할협의에 대하여는 채권자취소권 행사를 인정하고 있으므로 재산분할 협의가 신분행위라는 점을 이유로 사해행위성을 부정할 수도 없고, 채무의 본지에 따른 변제를 한 경우에도 채무자가 일부 채권자와 통모하여 다른 채권자를 해할 의사를 가지고 변제를 한 경우에는 사해행위가 인정되는데 부부 사이에는 그와 같은 통모적 해의가 있었다고 볼만한 경우가 많다는 등의 이유로, 채무초과의 경우에는 원칙적으로 사해행위의 성립을 인정하여야 한다는 견해도 있다.[148]

나. 상당성 판단의 기준

152 재산분할 협의의 상당성 판단에 있어서는 재판에 의하여 재산분할을 할 때의 분할기준이 중요한 기준이 되므로,[149] 민법 제839조의2 제2항에 따라 당사자 쌍방의 협력으로 이룩한 재산의 액수 기타 사정을 참작하여야 하고, 따라서 재산분할자가 부담하는 채무액 및 그것이 공동재산의 형성에 어느 정도 기여하고 있는지 등을 고려하여 재산분할의 액수와 방법을 정하여야 한다.[150] 다만, 채권자취소소송에서는 채무자인 재산분할자가 당사자가 아니고 제3자인 채권자가 부부 사이의 관계를 입증하기 어려워 판단의 기초자료가 재산분할심판의 경우보다 부족할 수밖에 없고, 뒤에서 보는 바와 같이 대법원이 재산분할의 상당성의 입증책임을 채권자에게 지우고 있기 때문에, 채권자취소소송에서의 상당성 판단과 재산분할심판에서의 판단이 달라지는 것은 불가피하다.

153 나아가 대법원은 재산분할을 할 때 "분할자의 유책행위에 의하여 이혼함으로 인하여 입게 되는 정신적 손해(위자료)를 배상하기 위한 급부로서의 성질까지 포함하여 분할할 수도 있다."고 일관되게 판시하고 있다.[151] 학설은, 재산분할의 본질에 위자료적 요소는 포함되어 있지 않고, 이혼 위자료는 통상의 손해배상채권과

148 민유숙, "재산분할청구권이 포함된 민사사건의 처리", 민사재판의 제문제 제13권, 한국사법행정학회(2004), 54~55; 함윤식, "이혼에 따른 재산분할에 관한 판례의 최근 동향", 민사판례연구 제38권, 박영사(2016), 1235~1242.

149 주해친족법(제1권)(제2판), 박영사(2025), 490(이동진); 한애라, "협의재산분할과 사해행위취소", 인권과 정의 271호, 대한변호사협회(1999), 62.

150 대법원 2001. 5. 8. 선고 2000다58804 판결 등.

151 대법원 2001. 5. 8. 선고 2000다58804 판결 등.

본질이 다르지 않으므로 다른 채권자보다 우선하여 보호할 이유가 없다는 등의 이유로, 재산분할 협의의 상당성 판단에는 청산적 및 부양적 요소만이 고려되고 위자료적 요소는 제외되어야 한다는 견해가 많지만,[152] 위자료도 채무의 본지에 따른 변제라는 이유로 판례에 찬성하는 견해도 있다.[153]

154 판례는 재산분할 협의에 위자료 뿐만 아니라 부양료[154]와 자녀양육비[155]도 포함될 수 있다고 한다. 따라서 판례에 따르면 재산분할 협의의 상당성을 판단함에 있어서는, 단순히 재산분할의무자와 재산분할을 받은 자의 공동재산 형성에 대한 기여도뿐만 아니라, 부양적 요소도 충분히 고려되어야 하고, 그 협의에 위자료, 양육비 등에 대한 합의가 포함되어 있는지 여부까지 판단해야 한다. 그리고 재산분할에 있어서 청산의 대상이 되는 채무는 '일상가사에 관한 채무'와 '공동재산의 형성·유지에 수반하여 부담한 채무'에 한정되기 때문에, 재산분할의무자가 부담하는 채무가 청산대상 채무가 아닌 경우에는 이를 분할대상재산으로 고려할 수 없다.

다. 입증책임

155 판례는, 당사자 사이의 재산 이전이 재산분할로 인한 것이라는 점의 입증책임은 수익자에게 있지만, 재산분할이 민법 제839조의2 제2항의 규정 취지에 따른 상당한 정도를 벗어나는 과대한 것이라고 인정할 만한 특별한 사정이 있다는 점에 관한 입증책임은 채권자에게 있다고 한다.[156]

156 학설은, 재산분할의 성격, 의무성, 신분행위성 등에 비추어 보면 원칙적으로 재산분할은 사해행위취소의 대상이 되는 재산행위가 아니고, 예외적으로 재산분할로서의 상당성을 넘어서는 과대한 급부가 행해진 경우에만 사해행위가 된다는 등의 이유로 판례의 태도에 찬성하는 견해가 다수설이지만,[157] 사해행위취소의

152 김병선, "이혼으로 인한 재산분할에 있어서 분할자의 채권자보호에 관한 몇 가지 제언", 법학연구 34집, 전북대학교 출판부(2011), 430~431; 민유숙, "재산분할청구권이 포함된 민사사건의 처리", 민사재판의 제문제 제13권, 한국사법행정학회(2004), 55~56; 이상민, "재산분할이 사해행위취소의 대상이 되는지 여부", 민사판례연구 제24권, 박영사(2002), 220; 함윤식, "이혼에 따른 재산분할에 관한 판례의 최근 동향", 민사판례연구 제38권, 박영사(2016), 1239.

153 주해친족법(제1권)(제2판), 박영사(2025), 491(이동진); 윤진수, 친족상속법 강의(제5판), 박영사(2023), 139~140. 대법원의 결론에는 찬성하는 것으로 보인다.

154 대법원 2006. 6. 29. 선고 2005다73105 판결.

155 대법원 2002. 6. 14. 선고 2001두4573 판결 참조.

156 대법원 2000. 7. 28. 선고 2000다14101 판결, 대법원 2001. 2. 9. 선고 2000다63516 판결 등.

157 김주수/김상용, 친족·상속법(제20판), 법문사(2024), 260; 이상민, "재산분할이 사해행위취소의 대상이 되는지 여부", 민사판례연구 제24권, 박영사(2002), 219~220.

일반원칙에 따르면 채무의 본지에 따른 변제라는 점에 대한 증명책임은 수익자에게 있고, 부부 사이의 재산분할이 상당한지 여부를 제3자인 채권자가 입증하기는 어려우므로, 수익자인 부부 일방에게 입증책임이 있다고 보아야 한다는 견해도 유력하다.[158]

157 당사자 사이에 재산분할 협의가 있었는지를 판단하는 경우, 협의 또는 합의의 명칭이 '재산분할'이어야 하는 것은 아니고, 그 시기가 반드시 이혼의 효력이 발생할 무렵이어야 하는 것도 아니다. 따라서 채무자가 이혼위자료 명목으로 유일한 재산을 증여한 경우에도 이를 재산분할의 성격이 포함되어 있는 이혼급부로 볼 여지가 있다면 채권자는 그 증여가 상당하다고 할 수 없을 정도로 과대한 재산분할이라는 점을 입증하여야 하고,[159] 수익자가 채무자로부터 증여를 받은 때가 협의이혼 신고를 하기 약 5개월 전이라 하더라도 그와 같은 사정만으로 그 증여가 이혼에 따른 재산분할이 아니라고 단정할 수는 없다.[160]

158 한편, 대법원은 '재산분할을 구실로 이루어진 재산처분이라고 인정할 만한 특별한 사정'이 있는 경우 사해행위가 될 수 있다고 판시하고 있으므로, 채무자와 수익자가 가장이혼을 한 경우 그 재산 이전은 사해행위가 될 수 있는데, 이에 대한 입증책임 역시 채권자에게 있다. 가장이혼 여부를 판단함에 있어서는 '일시적으로나마 그 법률상의 부부관계를 해소하려는 당사자 간의 합의하에 협의이혼 신고가 된 이상, 그 협의이혼에 다른 목적이 있다 하더라도 양자 간에 이혼의 의사가 없다고는 할 수 없고 따라서 그 협의이혼은 무효로 되지 아니한다'는 점이 고려되어야 한다.[161]

라. 취소의 범위

159 상당한 정도를 벗어나는 과대한 재산분할을 하여 사해행위로 인정되는 경우에도 '상당한 부분을 초과하는 부분'만이 취소의 대상이 된다.[162]

158 주해친족법(제1권)(제2판), 박영사(2025), 490(이동진); 한애라, "협의재산분할과 사해행위취소", 인권과 정의 제271호, 대한변호사협회(1999), 64; 함윤식, "이혼에 따른 재산분할에 관한 판례의 최근 동향", 민사판례연구 제38권, 박영사(2016), 1237.

159 대법원 2001. 5. 8. 선고 2000다58804 판결, 대법원 2000. 9. 29. 선고 2000다25569 판결 참조.

160 대법원 2006. 9. 14. 선고 2006다33258 판결. 물론 재산 이전 시기와 협의이혼 시기 사이에 상당한 시간 간격이 있다면 그 재산 이전이 재산분할에 따른 것이 아니라고 볼만한 중요한 사정 중 하나가 될 수는 있을 것이다.

161 대법원 2016. 12. 29. 선고 2016다249816 판결.

162 대법원 2001. 5. 8. 선고 2000다58804 판결, 대법원 2005. 1. 28. 선고 2004다58963 판결 등.

160 상당한 부분을 확정함에 있어서는, 재산분할 협의 이후 이혼 성립 이전에 재산 변동이 있는 경우 그와 같은 사정도 참작되어야 한다. 대법원은 '협의이혼을 예정하고 미리 재산분할 협의를 한 경우에도 분할의 대상이 되는 재산과 액수는 협의이혼이 성립한 날(이혼신고일)을 기준으로 정하여야 하므로, 재산분할 협의를 한 후 협의이혼 성립일까지의 기간 동안 재산분할 대상인 채무의 일부가 변제된 경우 그 변제된 금액은 원칙적으로 채무액에서 공제되어야 한다'고 한다.[163] 다만 이 경우 채무자가 제3자로부터 자금을 증여받아 채무를 변제한 경우에는 전체적으로 감소된 채무액만큼 분할대상 재산액이 외형상 증가하지만 그 수증의 경위를 기여도를 산정함에 있어 참작하여야 하고, 채무자가 기존의 적극재산으로 채무를 변제하거나 채무자가 기존의 채무를 변제하기 위하여 새로운 채무를 부담하게 된 경우에는 어느 경우에도 전체 분할대상 재산액은 변동이 없다는 점 역시 고려되어야 한다.

161 하나의 재산 중 일부가 상당한 정도를 초과하는 재산분할로 인정되는 경우의 처리도 문제된다. 예컨대 채무자가 재산분할로 부동산 전체의 소유권을 이전하였는데 그 중 1/2은 상당한 정도를 초과하는 것으로 인정되는 경우, 부동산 전체의 이전행위를 취소할 것인지, 1/2지분의 이전행위를 취소할 것인지, 2분의 1지분에 상당하는 가액배상을 명할 것인지가 문제될 수 있으나, 실무에서는 가액배상을 명하는 경우가 많다.[164] '상당한 부분을 초과하는 부분'만 취소의 대상이 되므로 일반적인 사해행위취소의 경우와 달리 부동산 이전행위 전체를 취소할 수 없고, 그렇다고 부동산의 일부 지분에 대한 이전행위만을 취소하면 채권자와 수익자 모두 원치 않는 공유관계가 성립되어 문제가 발생할 가능성이 크기 때문인 것으로 생각된다.

마. 재산분할청구를 포기하는 행위가 사해행위가 될 수 있는지 여부

162 채무초과 상태에 있는 채무자가 그 배우자를 상대로 재산분할청구를 하지 않는 행위는 채무자가 재산분할청구를 할 만한 공동재산이 있었는지 여부를 불문하고 사해행위가 되지 않는다. 대법원은 "이혼으로 인한 재산분할청구권은 이혼을 한 당사자의 일방이 다른 일방에 대하여 재산분할을 청구할 수 있는 권리로서,

163 대법원 2006. 9. 14. 선고 2005다74900 판결.

164 민유숙, "재산분할청구권이 포함된 민사사건의 처리", 민사재판의 제문제 제13권, 한국사법행정학회(2004), 57.

협의 또는 심판에 의하여 그 구체적 내용이 형성되기까지는 그 범위 및 내용이 불명확·불확정하기 때문에 구체적으로 권리가 발생하였다고 할 수 없으므로, 협의 또는 심판에 의하여 구체화되지 않은 재산분할청구권은 채무자의 책임재산에 해당하지 아니하고, 이를 포기하는 행위 또한 채권자취소권의 대상이 될 수 없다."고 하였다.[165] 대법원의 결론에 찬성하면서도, 재산분할청구권 포기를 취소할 수 없는 이유는 이를 취소하더라도 채권자가 재산분할청구권을 대위행사할 수 없기 때문이라고 하는 견해도 있다.[166] 한편, 대법원은 이혼 당시 협의 또는 심판에 의하여 구체화되지 아니한 재산분할청구권은 파산재단에 속하지 아니하므로, 채무자가 협의이혼 하면서 이를 행사하지 않고 사실상 포기하는 등 채권자에게 불이익하게 처분하였더라도 특별한 사정이 없는 한 채무자회생법에서 정한 면책불허가 사유에 해당한다고 볼 수 없다고 하였다.[167]

V. 재산분할청구권 행사(2) - 심판에 의한 재산분할

1. 마류 가사비송사건

163 재산분할에 관한 사건은 마류 가사비송사건이므로, 가정법원의 전속관할에 속하고, 소가 아니라 심판청구를 하여야 한다[가사소송법 제2조 제1항 제2호 나목 4), 제36조]. 따라서 소장이 아니라 심판청구서를 제출하고, 그 적극적 당사자를 '청구인'으로, 반대 당사자를 '상대방'으로 부르며, 소송구조가 아니라 절차구조의 대상이 되고, 변론기일이 아니라 심문기일을 지정하며, 제1심 종국재판은 심판으로써 하고(심판에 관하여는 민사소송법 중 결정에 관한 규정이 준용된다), 심판은 선고를 하지 않고 고지를 하며, 항소가 아닌 즉시항고를 할 수 있다(가사소송법 제36조 제3항, 제37조의2, 제38조, 제39조, 제40조, 제43조 제1항, 제47조).

164 다만 이혼청구의 소와 재산분할심판청구는 1개의 소로 제기하거나 병합하여 심리할 수 있는데(가사소송법 제14조 제1항·제3항), 이 경우에는 소장으로 재산분할청구를 함께 할 수 있고, 당사자는 원고와 피고로 호칭하며, 소송구조의 대상이 되고, 변론기일을 진행하며, 판결을 선고하고, 이에 대하여 항소를 할 수 있다(가사소송법 제14조 제4항).

165 대법원 2013. 10. 11. 선고 2013다7936 판결.
166 윤진수, 친족상속법 강의(제5판), 박영사(2023), 122~123.
167 대법원 2023. 7. 14. 자 2023마5758 결정.

165 재산분할사건을 마류 비송사건으로 규정한 이유는, 재산분할에 소송적 성격이 강한 청산적 요소뿐만 아니라 부양적 요소도 포함되어 있는 점, 엄격한 법률요건에 의한 재판을 하는 경우 입증이 곤란하다는 점 등을 고려하여 법원이 후견적 입장에서 재량으로 분할하도록 함이 타당하다고 보았기 때문이라고 한다.[168]

2. 관할

166 재산분할청구는 상대방의 보통재판적이 있는 곳의 가정법원의 토지관할에 속하나(가사소송법 제46조), 이는 임의관할이다.[169] 재산분할청구는 이혼청구의 소에 병합하여 제기되는 경우가 많은데, 이혼청구에 관한 토지관할은 전속관할이므로, 이 경우에는 이혼청구의 소의 토지관할법원에 제소하여야 한다.

167 재산분할청구는 과거 단독판사의 사물관할에 속하였으나, 민사 및 가사소송의 사물관할에 관한 규칙의 개정으로 2016. 7. 1. 이후부터는 청구목적의 값이 2억 원을 초과하는 사건 및 다류 가사소송사건의 소송목적의 값과 재산분할청구사건의 청구목적의 값을 더한 금액이 2억 원을 초과하는 사건은 합의부의 사물관할에 속하게 되었다. 그 후 민사 및 가사소송의 사물관할에 관한 규칙이 2023. 1. 31. 대법원규칙 제3088호로 다시 개정되어 2023. 3. 1. 부터 시행됨에 따라 청구목적의 값이 5억 원을 초과하는 사건 및 다류 가사소송사건의 소송목적의 값과 재산분할청구사건의 청구목적의 값을 더한 금액이 5억 원을 초과하는 사건(예컨대, 위자료로 5,000만 원을 청구하고, 재산분할로 4억 6,000만 원을 청구한 경우)은 합의부의 사물관할에 속하게 되었다.

3. 재산분할청구권 보전을 위한 조치

가. 보전처분

168 가정법원은 마류 가사비송사건을 본안 사건으로 하여 가압류[170] 또는 가처분[171]을 할 수 있고, 이 경우 민사집행법의 보전처분에 관한 규정(민사집행법 제276조 내지 제312조)이 준용된다.[172] 위 가압류와 가처분은 담보를 제공하게 하지 아니

168 민유숙, “재산분할청구권이 포함된 민사사건의 처리”, 민사재판의 제문제 제13권, 한국사법행정학회(2004), 45.
169 법원실무제요, 가사[Ⅱ], 법원행정처(2021), 1439.
170 피보전채권이 금전채권 등인 경우.
171 피보전채권이 특정물에 관한 이행청구권인 경우.
172 자세한 내용은 법원실무제요, 가사[Ⅰ], 법원행정처(2021), 316~328 참조.

하고 할 수 있고,[173] 이에 대하여 '본안의 제소명령'이 있는 경우 조정신청이 있으면 본안의 제소가 있는 것으로 본다(가사소송법 제63조).

169 가압류는 가압류할 물건이 있는 곳을 관할하는 가정법원이나 본안의 관할가정법원이 관할하고, 가처분은 본안의 관할가정법원 또는 다툼의 대상이 있는 곳을 관할하는 가정법원이 관할한다(민사집행법 제278조, 제303조).

170 가압류 및 가처분을 신청하는 당사자는 피보전권리와 보전의 필요성을 소명하여야 한다(민사집행법 제276조, 제277조, 제279조, 제300조, 제301조). 가압류의 경우에는 청구금액을 특정하여야 하는데, 특히 위자료청구권과 재산분할청구권에 기한 가압류를 함께 신청하는 경우에는 위자료청구권의 청구금액과 재산분할청구권의 청구금액을 별도로 특정하여야 한다.

171 신청인의 재산분할청구권은 본안심판에 의하여 비로소 구체적 내용이 형성·확정되므로, 피보전권리에 대한 소명은 본안심판이 인용될 개연성에 관한 소명을 의미한다.[174] 따라서 재산분할청구권을 보전하기 위한 가압류, 가처분을 신청하는 경우에는, 신청인이 이미 이혼하였거나 이혼할 개연성이 있다는 점(또는 사실혼 관계가 파탄되었다는 점), 신청인이 재산분할을 받을 개연성이 있다는 점, 가압류의 경우에는 본안심판에서 청구금액 상당의 금전 지급이 명하여질 개연성이 있다는 점, 가처분의 경우에는 당해 가처분의 목적물이 현물분할의 대상이 될 개연성이 있다는 점을 모두 소명하여야 한다.

172 재산분할심판사건은 비송사건이어서 심판에 의하여 구체적 내용이 형성될 때까지는 어떠한 권리가 어느 정도 발생할 것인지 확정할 수 없기 때문에 그 소명에 엄격성이 요구되지는 않지만, 신청인이 가처분을 신청하였는데 기록상 재산분할로 금전의 지급이 명하여질 가능성이 높은 경우 또는 그 반대의 경우에는 피보전권리에 대한 소명이 있다고 하기 어렵고, 법원이 신청취지와 다른 내용의 보전처분을 명할 수도 없으므로, 이와 같은 경우에는 신청인이 재산분할을 받을 개연성이 있더라도 그 신청이 기각될 수 있다.[175]

173 위와 같이 가사보전처분은 소명이 필요한 사항이 많고 그 소명이 쉽지 않은데, 가사보전처분을 신청하는 당사자는 상대방에게 타격을 가하기 위하여 또는 향후의

173 실무상 무담보로 보전처분을 명하는 경우는 드물다.
174 법원실무제요, 가사[I], 법원행정처(2021), 323~324.
175 법원실무제요, 가사[I], 법원행정처(2021), 324.

협상과정에서 유리한 지위를 점하기 위하여 또는 심판 결과에 대한 예측의 어려움으로 인하여 본안심판에서 인용될 개연성이 높지 않은 과도한 보전처분을 신청하는 경우가 많아, 가사보전처분의 경우에는 민사보전처분의 경우에 비하여 법원이 보정명령을 많이 하고 심리기간이 길어지는 때가 많다.

174 특히 당사자가 본안심판에서는 금전지급에 의한 재산분할을 구하면서 보전처분에서는 현물분할을 전제로 하는 부동산 처분금지가처분을 신청하는 경우 및 그 반대의 경우, 본안에서 현물분할이 이루어질 가능성이 낮은 재산에 대하여 가처분을 신청하는 경우,[176] 가압류의 경우 청구금액 산정근거가 없거나 청구금액이 과다한 경우, 가처분의 경우 주장 및 소명자료에 나타난 기여도 이상의 재산 또는 지분에 대하여 가처분을 신청하는 경우,[177] 다수의 부동산에 대하여 보전처분을 신청하는 경우, 임금채권이나 예금채권 등 피신청인에게 손해를 야기할 가능성이 큰 재산에 대하여 보전처분을 신청하는 경우에는 법원이 보정명령을 하거나 현금공탁을 명하거나 신청을 전부 또는 일부 기각하는 경우가 많다.[178]

175 가압류 및 가처분 신청에 대한 재판 및 불복방법은 민사집행법에 따른 보전처분의 경우와 같다. 재산분할심판사건은 비송사건이기 때문에 심판에 의하여 구체적 내용이 형성되고, 따라서 본안심판에 의하여 종국적으로 확정된 권리의 내용이 보전처분의 피보전권리와 다를 수 있다. 즉 신청인이 부동산을 가압류하였는데 본안심판에서 금전지급을 명하지 않고 현물분할을 하거나, 부동산에 관한 처분금지가처분이 받아들여졌는데 본안심판에서 금전지급을 명하는 경우가 있을 수 있는데, 이와 같은 사유는 사정변경에 따른 보전처분의 취소사유(민사집행법 제288조 제1항 제1호, 제301조)에 해당하므로,[179] 주의를 요한다.

176 상대방의 실질적 특유재산, 영업용 재산, 제3자 명의 재산 등에 관하여 처분금지가처분을 신청하는 경우 등.

177 예컨대 분할대상재산인 부동산이 하나뿐인데 부동산 전체를 분할 받을 만한 특별한 사정에 대한 주장, 입증 없이 부동산 지분 전체에 대하여 처분금지가처분을 신청하는 경우.

178 실무에 관한 자세한 내용은 김형식, "가사보전소송에 대한 몇 가지 고찰", 가사재판연구Ⅱ, 서울가정법원 가사재판연구회(2011); 원정숙, "가사보전처분의 피보전권리", 가사재판연구Ⅰ, 서울가정법원 가사재판연구회(2007); 정상규, "가사보전처분의 실무상 쟁점", 재판자료 102집(하), 법원도서관(2003) 참조.

179 다만 김형식, "가사보전소송에 대한 몇 가지 고찰", 가사재판연구Ⅱ, 서울가정법원 가사재판연구회(2011), 127~128은 보전처분의 피보전권리와 다른 내용의 재산분할을 명한 본안심판이 있더라도 그 심판이 확정되기 전에는 보전처분 취소사유에 해당하지 않는다고 한다.

나. 사전처분

176 가사사건의 소의 제기, 심판청구 또는 조정의 신청이 있는 경우에 가정법원, 조정위원회 또는 조정담당판사는 사건을 해결하기 위하여 특히 필요하다고 인정하면 직권으로 또는 당사자의 신청에 의하여 상대방이나 그 밖의 관계인에게 현상을 변경하거나 물건을 처분하는 행위의 금지를 명할 수 있고, 사건에 관련된 재산의 보존을 위한 처분 등 적당하다고 인정되는 처분을 할 수 있다(가사소송법 제62조 제1항).[180]

177 사전처분은 심판의 당사자가 아닌 관계인을 대상으로 할 수도 있고, 그 내용을 합목적적으로 비교적 자유로이 정할 수 있는 장점이 있으나, 확정이 되어야 효력이 발생하고(사전처분에 대하여는 즉시항고를 할 수 있다),[181] 집행력이 없어 예컨대 재산의 처분을 금지하는 처분을 하더라도 이를 등기하거나 등록할 수 없으며(가사소송법 제62조 제5항), 이를 위반하는 행위를 하더라도 그 행위는 유효하고 다만 의무 불이행을 이유로 1,000만 원 이하의 과태료를 부과할 수 있을 뿐이어서(가사소송법 제67조 제1항), 재산분할 사건에서는 보전처분이 널리 활용되고 사전처분을 하는 경우는 많지 않다.

다. 재산분할청구권을 보전하기 위한 채권자대위권 행사

178 대법원은 "이혼으로 인한 재산분할청구권은 협의 또는 심판에 의하여 그 구체적 내용이 형성되기까지는 그 범위 및 내용이 불명확·불확정하기 때문에 구체적으로 권리가 발생하였다고 할 수 없으므로, 이를 보전하기 위하여 채권자대위권을 행사할 수 없다."고 한다.[182]

179 학설은 대체로 대법원과 같은 견해이지만, 재산분할청구권 보호를 위해서는 채권자대위권을 인정하여야 한다는 견해도 있다.[183] 이 견해는, 재산분할의 비송적 성격은 법원의 재량성·후견성을 뒷받침하는 정도만 인정되어야 하지 이로써 실체적 성격까지 제한할 필요가 없고, 제3자 명의의 재산도 재산분할의 대상이 될

180 상세한 내용은 법원실무제요, 가사[Ⅰ], 법원행정처(2021), 298~316 참조.

181 대법원 2009. 7. 23. 선고 2008다78996 판결.

182 대법원 1999. 4. 9. 선고 98다58016 판결.

183 민유숙, "재산분할청구권이 포함된 민사사건의 처리", 민사재판의 제문제 제13권, 한국사법행정학회(2004), 51~53. 박종권, "재산분할청구권을 보전하기 위한 채권자대위권의 행사여부", Jurist 제413호, 청림인터렉티브(2007), 332는 재판상 분할의 경우에는 이혼소송에 관한 1심 판단이 이루어진 때부터 채권자대위권 행사를 인정하여야 한다고 한다.

수 있으므로 그 재산을 보전할 수 있어야 하는데 제3자 명의 재산에 대한 보전처분은 허용되지 않으며, 재산의 명의자인 배우자가 이혼 전에 재산을 타에 이전하여 은닉할 수 있는 별산제의 취약점을 보완하려면 채권자대위권을 인정할 필요성이 크고, 채권자대위제도가 포괄적 담보의 기능을 한다는 점 등을 논거로 들고 있다.[184]

180 물론 협의 또는 심판에 의하여 재산분할청구권의 구체적 내용이 형성되어 구체적으로 권리가 발생한 뒤에는 재산분할청구권도 채권자대위권의 목적이 될 수 있다.[185]

라. 재산분할청구권 보전을 위한 사해행위취소권 행사

181 부부의 일방이 다른 일방의 재산분할청구권 행사를 해함을 알면서도 재산권을 목적으로 하는 법률행위를 한 때에는 다른 일방은 민법 제406조 제1항을 준용하여 그 취소 및 원상회복을 가정법원에 청구할 수 있다(☞ 상세한 내용은 민법 제839조의3 주석 참조).

마. 강제집행면탈죄의 성립

182 형법 제327조의 강제집행면탈죄는 위태범으로서 민사집행법에 의한 강제집행 또는 가압류, 가처분의 집행을 받을 우려가 있는 객관적인 상태 아래, 즉 채권자가 본안 또는 보전소송을 제기하거나 제기할 태세를 보이고 있는 상태에서 주관적으로 강제집행을 면탈하려는 목적으로 재산을 은닉, 손괴, 허위양도하거나 허위의 채무를 부담하여 채권자를 해할 위험이 있으면 성립한다. 따라서 상대방 배우자가 이혼을 요구하며 위자료와 재산분할을 요구하는 상황에서 재산이 상대방 배우자에게 넘어가는 것을 막기 위해서 허위의 채무를 부담하고 재산에 가등기를 마치는 행위는 강제집행면탈죄를 구성한다.[186]

4. 심판청구의 적법성

가. 당사자

183 재산분할심판은 이혼한 당사자, 재판상 이혼의 소를 제기하거나 제소를 당한 당

184 반면에 함윤식, “이혼에 따른 재산분할에 관한 판례의 최근 동향”, 민사판례연구 제38권, 박영사(2016), 1194는 재산분할청구권 보호를 위해 채권자대위권을 인정할 필요성은 인정되지만, 장래 구체화될 재산분할채권이 특정물채권인지 금전채권인지조차 알 수 없고, 재산분할의 범위도 정하여지지 않은 상태에서는 채권자대위권 행사의 요건 및 범위를 확정할 수 없다는 문제가 있다고 한다.

185 송덕수, 친족상속법(제7판), 박영사(2024), 124.

186 대법원 2008. 6. 26. 선고 2008도3184 판결.

사자, 혼인취소의 당사자, 사실혼이 파탄된 경우 그 당사자 등이 청구할 수 있고, 제3자가 재산분할권리자를 대위하거나 재산분할청구권을 양수하여 청구할 수 없다. 혼인관계가 악화된 상태라고 하더라도 이혼 청구를 하기 전인 경우, 이혼 청구가 기각되어 이혼이 되지 않은 경우, 이혼 판결 확정 또는 사실혼 해소 이전에 당사자가 사망한 경우에는 재산분할심판청구를 할 수 없다. 당사자가 이혼하거나 사실혼이 해소된 이후에 사망한 경우 상속인이 재산분할청구권과 재산분할의무를 상속할 수 있는지에 관하여는 견해가 갈리나, 적어도 망인이 재산분할심판청구 이후에 사망한 경우에는 그 상속인들이 절차를 수계할 수 있다(☞ 상세한 내용은 앞의 Ⅲ. 5. 나. 주석 참조). 재산분할사건의 상대방도 반대청구로서 재산분할청구를 할 수 있다(가사소송규칙 제92조).

184 재산분할사건에서도 당사자의 소송능력, 변론능력, 법정대리, 소송대리에 관한 민사소송법의 규정이 준용 또는 유추적용된다.[187]

나. 재산 분할에 관한 협의 등의 부존재

185 재산분할심판청구는 '당사자 사이에 협의가 되지 아니하거나 협의할 수 없는 때'에 할 수 있는 것이므로, 이미 재산분할에 관하여 유효한 협의가 이루어진 경우 재산분할심판을 청구하는 것은 청구의 이익이 없어 부적법하다.[188] 재산분할에 관한 심판이 확정되어 구체적 재산분할청구권이 형성된 후에 다시 재산분할심판청구를 하는 것 역시 청구의 이익이 없다.[189]

186 다만 이혼을 전제로 하지 않은 재산분배에 관한 합의가 있는 경우, 협의이혼을 전제로 재산분할에 관한 협의를 하였으나 협의이혼이 이루어지지 않아 그 협의의 효력이 발생하지 않은 경우, 재산분할에 관한 약정이 민법의 일반원리에 따라 무효, 취소, 해제 등으로 효력이 없거나 상실된 경우, 일부 재산에 대하여만 협의가 이루어진 경우 등에는 재산분할심판청구를 할 수 있다(☞ 상세한 내용은 앞의 Ⅳ. 주석 참조). 또한 전 재판에서 분할대상인지 여부가 전혀 심리된 바 없는 재산이 그 재판 확정 후 추가로 발견된 경우에도 그 재산에 관하여 재산분할을 청구할 수 있다.[190]

187 법원실무제요, 가사[Ⅰ], 법원행정처(2021), 86~95.
188 대법원 1993. 12. 28. 선고 93므409 판결.
189 김수정, "이혼으로 인한 재산분할청구권", 사법논집 제40집, 법원도서관(2005), 550; 법원실무제요, 가사[Ⅱ], 법원행정처(2021), 196.
190 대법원 2003. 2. 28. 선고 2000므582 판결.

다. 제척기간

187 재산분할청구권은 이혼한 날부터 2년을 경과한 때에는 소멸한다(민법 제839조의2 제3항). 실무에서는 혼인취소의 경우 및 사실혼관계가 파탄된 경우에도 위 조항이 유추적용되어 혼인취소의 판결이 확정된 후 또는 사실혼관계가 해소된 후 2년을 경과하면 재산분할청구권은 소멸한다고 보고 있다.[191]

188 판례는 이 기간을 제척기간으로 본다. 나아가 이 기간은 재판 외에서 권리를 행사하는 것으로 족한 기간이 아니라 그 기간 내에 재산분할심판 청구를 하여야 하는 출소기간이다.[192] 2년의 기간이 도과하였는지 여부는 당사자의 주장에 관계없이 법원이 당연히 조사하여 고려하여야 하고,[193] 소멸시효에 있어서와 같은 '기간 진행의 중단'이 있을 수 없다.[194]

189 통설도 이 기간을 제척기간으로 보고 있으나,[195] 2년 이내에 재산분할심판 청구를 제기하면 제척기간을 준수한 것인지, 아니면 그 기간 이내에 재산분할 대상을 구체적으로 특정해야 하는지에 대해서는 다양한 견해가 있다.[196]

190 대법원은, 선행 재산분할재판이 확정된 후 선행 재산분할재판 당시 누락된 재산이 존재한다고 주장하면서 그 누락되었다는 특정 재산에 대하여 추가 재산분할을 청구한 사안에서, "제척기간 내에 재산의 일부에 대해서만 재산분할을 청구한 경우 청구 목적물로 하지 않은 나머지 재산에 대해서는 제척기간을 준수한 것으로 볼 수 없고, 재산분할재판에서 분할대상인지 여부가 전혀 심리된 바 없는 재산이 재판확정 후 추가로 발견된 경우에는 이에 대하여 추가로 재산분할청구를 할 수 있으나 추가 재산분할청구 역시 제척기간을 준수하여야 한다."고 판시하였다.[197] 그러나 청구인 지위에서 대상 재산에 대해 적극적으로 재산분할을 청구하는 것이 아니라, 이미 제기된 재산분할청구 사건의 상대방 지위에서 분할대상 재산을 주장하는 경우에는 제척기간이 적용되지 않는다.[198] 대법원은

191 법원실무제요, 가사[Ⅱ], 법원행정처(2021), 1454.
192 대법원 2022. 6. 30. 자 2020스561 결정.
193 대법원 1994. 9. 9. 선고 94다17536 판결.
194 대법원 2000. 8. 18. 선고 99므1855 판결.
195 주해친족법(제1권)(제2판), 박영사(2025), 493(이동진).
196 정예지, "재산분할청구권과 제척기간 : 대법원 2018. 6. 22. 자 2018스18 결정", 판례연구 제35집, 부산판례연구회(2024), 158~159, 178~179.
197 대법원 2018. 6. 22. 자 2018스18 결정.
198 대법원 2022. 11. 10. 자 2021스766 결정.

그 근거로 법문언상 제척기간은 법원에 재산분할심판을 청구하는 청구인의 권리에 대하여 적용되는 것이 명백한 점, 상대방의 지위에서 청구인의 적극재산 등을 분할대상 재산으로 주장하는 것은 청구인의 재산분할심판 청구에 대하여 일종의 방어방법을 행사하는 것으로 볼 수 있고, 이를 청구인의 지위에서 적극적으로 대상 재산의 분할심판을 구하는 것과 동일하게 평가할 수 없는 점, 상대방의 지위에서 분할대상 재산을 주장하는 것은 재산분할의 대상 확정에 관한 법원의 직권 판단을 구하는 것에 불과한 점 등을 들었다. 그리고 대법원 2023. 12. 21. 선고 2023므11819 판결은, 원고가 이혼한 날로부터 2년 이내에 피고를 상대로 재산분할을 청구하는 소를 제기하였으나 소 제기 당시 분할대상 재산을 특정하지 않았고 2년이 경과하고 나서야 피고의 재산을 확인하기 위한 사실조회 및 금융거래정보제출명령 신청 등을 하며 분할대상 재산을 특정하였으므로 재산분할청구는 제척기간을 준수하지 못하였다고 판단한 원심을 파기하면서 "이혼 후 2년 이내에 최초로 법원에 민법 제839조의2에 따라 재산분할청구를 한 경우, 제척기간 내 이루어진 청구에 대하여 제척기간 준수의 효력이 인정된다."고 판시하였고, 이혼한 날부터 2년 내에 재산분할심판 청구를 하였음에도 그 재판에서 특정한 증거신청을 하였는지에 따라 제척기간 준수 여부를 판단할 것은 아니라고 하였다.

191 한편 부부 사이에 법률혼과 사실혼이 수차례 계속 이어지다가 파탄에 이르렀고 그 각 이혼에 따른 별거기간이 단기간에 불과한 경우, 마지막 사실혼의 해소에 따른 재산분할을 함에 있어서는, 그에 앞서 이루어진 이혼에 따른 재산분할 문제를 정산하였다거나 이를 포기하였다고 볼 만한 특별한 사정이 없는 한, 그 각 혼인 중에 쌍방의 협력에 의하여 이룩한 모든 재산이 재산분할의 대상이 될 수 있으므로,[199] 그 경우에는 마지막 사실혼의 해소 시점을 제척기간의 기산점으로 보아야 한다.[200]

라. 심판청구의 방식 등

192 재산분할청구는 가사소송법 제36조, 가사소송규칙 제91조 등에 정하여진 청구의 방식을 따라야 한다(다만 가사소송법 제14조 제1항에 따라 이혼 청구에 병합할 수도 있다).

199 대법원 2000. 8. 18. 선고 99므1855 판결. 상세한 내용은 민법 제839조의2 VI. 2. 사. 3) 주석 참조.

200 따라서 부부가 이혼신고를 하였더라도 이혼신고 후에 계속하여 동거하면서 사실혼 관계를 유지하고 있었다면 제척기간의 기산점은 이혼신고를 한 날이 아니라 사실혼관계가 해소된 날로 보아야 할 것이다.

193 가사소송규칙 제93조 제2항은 '금전의 지급이나 물건의 인도, 기타 재산상의 의무이행을 구하는 청구에 대하여는, 그 청구의 취지를 초과하여 의무의 이행을 명할 수 없다'고 규정하고 있으므로, 재산분할청구의 청구취지에는 상대방이 이행하여야 할 의무의 내용이 구체적으로 특정되어야 한다.[201] 그리고 소송에서 중복제소가 금지되는 것과 같은 이유로 같은 내용의 심판을 중복하여 청구하는 것은 부적법하다.[202]

194 다음의 청구들은 재산분할심판청구가 아니므로 주의를 요한다. 혼인이 극히 단기간 내에 파탄되어 예물, 예단비 등의 반환을 구하거나, 혼수 및 가재도구 구입비, 약혼식 및 결혼식 비용 등의 지급을 구하는 청구는 재산분할청구가 아니라 손해배상청구 또는 원상회복청구이므로 다류 가사소송사건이다.[203] 부부의 일방이 다른 일방을 상대로 하여 제기하는 명의신탁해지를 원인으로 하는 소유권이전등기청구나 공유재산분할청구 등은 모두 통상의 민사사건이어서 재산분할 청구와 병합할 수 없다.[204] 재산분할에 관한 협의가 사해행위임을 주장하는 채권자취소청구와 외국에서 재산분할을 명하는 판결을 받은 경우의 집행판결 청구는 민사소송으로서 지방법원의 관할에 속한다.[205]

5. 심리

가. 조정전치

195 재산분할청구사건도 마류 가사비송사건이므로 조정 전치주의가 적용된다. 따라서 재산분할청구를 하려는 사람은 먼저 조정을 신청하여야 하고, 조정을 신청하지 아니하고 심판을 청구한 경우 법원은 그 사건을 조정에 회부하여야 한다. 다만, 법원이 사건을 조정에 회부하더라도 조정이 성립될 수 없다고 인정하는 경우에는 조정절차를 거치지 않을 수 있다(가사소송법 제50조).

나. 심리의 특수성

1) 적용 법률

196 재산분할사건은 마류 가사비송사건이므로 가사소송법 제1편 총칙, 제3편 가사비

201 법원실무제요, 가사[Ⅱ], 법원행정처(2021), 1401.
202 법원실무제요, 가사[Ⅱ], 법원행정처(2021), 829.
203 법원실무제요, 가사[Ⅱ], 법원행정처(2021), 1440.
204 대법원 2006. 1. 13. 선고 2004므1378 판결.
205 대법원 2009. 6. 25. 선고 2009다22952 판결, 대법원 2016. 12. 15. 선고 2016다242327 판결.

송 중 제1장, 제3장, 가사소송규칙 제1편 총칙, 제3편 가사비송 중 제1장, 제3장 제1절, 제2절이 적용되고, 가사소송법에 특별한 규정이 없으면 비송사건절차법 제1편을 준용하며(가사소송법 제34조), 민사소송법도 준용 또는 유추적용 된다.[206]

2) 필수적 심문

197 가사비송사건의 심리에는 변론이 요구되지 않는다. 다만 재산분할사건은 대심적 구조의 사건이므로, 특별한 사정이 없으면 청구인과 상대방을 심문하여야 하고(가사소송법 제48조), 당사자에게 기일통지서 등을 송달하여 심문기일의 통지를 하여야 한다(가사소송법 제34조, 비송사건절차법 제10조, 민사소송법 제167조 제1항). 따라서 당사자를 심문하지 않고 심판을 하거나 당사자에 대한 심문기일통지서 송달이 부적법한 경우 그 심판은 위법하다.[207]

198 심문기일에는 원칙적으로 본인이 출석하여야 한다(가사소송법 제7조). 심문을 공개하여야 하는지에 관하여는, 구 가사심판법이 가사심판의 비공개원칙을 규정하고 있었으나 가사소송법이 비공개조항을 삭제한 점, 마류 가사비송사건은 대심성, 쟁송성이 강한 점 등을 이유로 심문의 비공개를 규정한 비송사건절차법 제13조가 마류 가사비송사건에는 적용되지 않는다는 견해도 있으나,[208] 현재의 실무는, 가사소송법 제34조에 의하여 비송사건절차법 제13조가 준용되어 심문은 공개하지 아니함을 원칙으로 하고, 다만 법원은 심문을 공개함이 적정하다고 인정하는 자에게는 방청을 허가할 수 있으므로, 마류 가사비송사건이 대심적 구조의 쟁송사건인 점을 감안하여 방청허가의 기준을 완화하여 적용할 필요가 있다는 입장이다.[209]

3) 직권탐지주의

199 재산분할사건은 가사비송사건에 해당하고, 비송사건절차에서는 민사소송의 경우와 달리 당사자의 변론에만 의존하지 않고 법원이 직권으로 사실의 탐지와 증거의 조사를 하여야 한다(가사소송법 제34조, 비송사건절차법 제11조). 이와 같이 재산분할심판절차에 있어서는 법원이 자기의 권능과 책임으로 재판의 기초가 되

206 상세한 내용은 법원실무제요, 가사[Ⅱ], 법원행정처(2021), 814~820.
207 대법원 2009. 5. 6. 자 2009스16 결정.
208 민유숙, "가사비송사건으로서의 재산분할", 재판자료 제101집(상), 법원도서관(2003), 183~184.
209 상세한 내용은 법원실무제요, 가사[Ⅰ], 법원행정처(2021), 267~268; 법원실무제요, 가사[Ⅱ], 법원행정처(2021), 837.

는 자료를 수집하는 이른바 직권탐지주의에 의하고 있으므로, 법원은 당사자의 주장에 구애되지 아니하고 재산분할의 대상이 무엇인지 직권으로 사실조사를 하여 포함시키거나 제외시킬 수 있다.[210]

200 따라서 법원은 청구인이 특정 재산을 분할대상에 포함시킨 종전 주장을 철회하더라도 이를 재산분할대상에 포함시킬 수 있고,[211] 당사자가 특정 재산의 존부에 관하여 명확한 주장을 하지 않거나 이에 관한 상대방의 주장을 명시적으로 다투지 않는 경우에도 직권으로 재산분할대상 포함 여부를 심리하여야 한다.[212]

201 당사자가 특정한 방법으로 분할할 것을 청구하더라도 법원은 이에 구속되지 않고 타당하다고 고려되는 방법에 따라 분할을 명할 수 있다.[213]그러나, 재산분할 심판은 재산분할에 관하여 당사자 사이에 협의가 되지 않거나 협의할 수 없는 때에 한하여 하는 것이므로, 쌍방 당사자가 일부 재산에 관하여 분할방법에 관한 합의를 하였고, 그것이 그 일부 재산과 나머지 재산을 적정하게 분할하는 데 지장을 가져오는 것이 아니라면 법원으로서는 이를 최대한 존중하여 재산분할을 명하는 것이 타당하다.[214] 법원이 직권조사한 결과에 관해서는 당사자의 절차적 기본권 보장을 위하여 당사자의 의견 진술 기회를 보장하여야 할 것이다.

4) 법원의 재량 및 법률관계의 합리적 조정의 원칙

202 가사비송사건에 관하여는 실체법이나 절차법에 구체적 기준이 규정되어 있지 않아 법원이 후견적 입장에서 폭넓은 재량을 가지고 심리 및 판단을 할 수 있다.[215] 재산분할사건 역시 마류 가사비송사건이므로, 법원은 심리의 방법에 관하여 광범위한 재량을 가진다. 재산분할사건의 사실인정에는 엄격한 증명을 요하지 않고 자유로운 증명으로 족하며, 민사소송법에 따른 증거조사뿐만 아니라 비

210 대법원 1999. 11. 26. 선고 99므1596, 1602 판결 등.

211 대법원 1995. 3. 28. 선고 94므1584 판결.

212 대법원 1997. 12. 26. 선고 96므1076, 1083 판결은 당사자가 재산분할의 대상으로 명확히 주장하지 않은 채무의 존부와 액수도 직권으로 조사하여야 한다고 하였고, 대법원 1999. 11. 26. 선고 99므1596, 1602 판결은 대위변제확인서와 공탁서 등이 증거로 제출되었으면 채무가 소멸하였는지 여부를 직권으로 심리하여야 한다고 하였다.

213 대법원 2010. 12. 23. 선고 2009므3928 판결.

214 대법원 2021. 6. 10. 선고 2021므10898 판결. 실무에서도 당사자들이 협의에 의하여 재산분할을 할 수 있고, 임의조정을 할 수도 있는 점 등을 고려하여, 재산분할대상 등에 관하여 당사자들의 의견이 일치하는 경우 일반적으로 그 의견을 따르고 있다. 김수정, "이혼으로 인한 재산분할청구권", 사법논집 제40집, 법원도서관(2005), 549~550 참조.

215 법원실무제요, 가사[Ⅱ], 법원행정처(2021), 834~836.

정형적 방식에 의한 사실조사도 가능하다. 가정법원은 당사자 및 관계인을 심문하고(가사소송법 제38조), 가사조사관에게 사실조사를 명하여(제6조 제1항), 그 결과에 기초하여 사실인정을 할 수 있다.[216]

203 다만 가정법원은 가정의 평화와 사회정의를 위하여 가장 합리적인 방법으로 청구의 목적이 된 법률관계를 조정할 수 있는 내용의 심판을 하여야 하므로(가사소송규칙 제93조 제1항), 법원의 재량은 위와 같은 심판을 위한 재량이어야 한다.

5) 재산명시·재산조회 등

204 가정법원은 재산분할청구사건을 위하여 특히 필요하다고 인정하는 경우에는 직권으로 또는 당사자의 신청에 의하여 당사자에게 재산상태를 구체적으로 밝힌 재산목록을 제출하도록 명할 수 있다. 이를 '재산명시'라 한다(가사소송법 제48조의2). 재산명시의 절차, 방법 등에 대하여는 가사소송규칙 제95조의2 내지 제95조의5 및 제95조의8 참조.

205 가정법원은 재산명시 절차에 따라 제출된 재산목록만으로는 재산분할청구사건의 해결이 곤란하다고 인정할 경우에 직권으로 또는 당사자의 신청에 의하여 당사자 명의의 재산에 관하여 조회할 수 있다(가사소송법 제48조의3). 위 재산조회에 관하여는 가사소송규칙 제95조의6 내지 제95조의8이 적용되고, 민사집행법 제74조가 준용된다.

206 실무에서는 재산명시제도가 널리 활용되고 있다. 법원은 재산명시목록을 제출함에 있어서 금융감독원, 손해보험협회, 한국예탁결제원, 국토교통부의 관련 서비스 조회결과를 증빙자료로 제출하라는 안내를 하고 있고, 당사자는 위 조회결과를 토대로 알게 된 상대방의 거래 금융기관을 특정하여 금융거래정보제출명령 등을 신청하는 경우가 많이 있다.

다. 심리할 사항

207 법원은 재산분할심판청구가 적법한지를 심리하여 그 적법성이 인정되면, 이혼 시에 당사자 쌍방이 보유하고 있던 분할대상재산(당사자 쌍방의 협력으로 이룩한 실질적 공동재산)이 무엇인지 확정하고, 그 가액을 합리적으로 평가하여야 한다. 그리고 법원은 '당사자 쌍방의 협력으로 이룩한 재산의 액수 기타 사정'을 참작하여 청구인에게 귀속되어야 할 재산의 액수를 결정하여야 한다. 청구인에게 귀

216 상세한 내용은 법원실무제요, 가사[Ⅱ], 법원행정처(2021), 836~841.

속되어야 할 재산의 액수를 정함에 있어서는 통상적으로 당사자별 재산분할비율을 정하고, 전체 분할대상재산의 가액에 위 재산분할비율을 곱하는 방식을 사용한다.

208 그 결과 '청구인이 보유하고 있는 분할대상재산'의 가액이 '청구인에게 귀속되어야 할 재산'의 액수에 미치지 못하는 경우, 법원은 청구인이 자신에게 귀속되어야 할 재산의 액수에 상응하는 재산을 나누어 가질 수 있도록 현물분할, 대상분할 등 적절한 분할의 방법을 정하여 상대방에게 재산의 이전을 명하여야 한다.

라. 심리 중 당사자의 사망

209 이혼소송과 재산분할청구가 병합된 경우에는 소송 계속 중 당사자의 일방이 사망하면 이혼소송과 함께 재산분할청구도 종료되고, 이혼 후에 제기된 재산분할청구심판 계속 중 당사자의 일방이 사망한 경우에는 재산분할청구권 또는 재산분할의무의 상속이 인정되어 상속인이 그 절차를 수계할 수 있다(☞ 상세한 내용은 앞의 Ⅲ. 5. 주석 참조).

6. 심판 등

가. 심판 이외의 방법에 의한 절차의 종료

210 법원은 심판청구서에 형식적 요건의 흠이 있고, 보정을 명하여도 이를 보정하지 않는 등의 경우에는 민사소송법 제254조를 유추적용하여 명령으로써 심판청구서를 각하할 수 있다. 재산분할심판의 경우에도 청구의 취하 또는 조정에 의하여 절차가 종료될 수도 있으나, 소송의 경우와 달리 청구의 취하에 상대방의 동의를 필요로 하지 않고, 상대방이 취하에 부동의하였더라도 취하의 효력이 발생한다.[217] 재산분할심판 사건은 가사비송사건에 해당하고, 가사비송절차에 관하여 가사소송법에 특별한 규정이 없는 한 비송사건절차법 제1편의 규정을 준용하는데(가사소송법 제34조 본문), 가사소송법에 가사비송사건의 심판청구 취하에 있어서 상대방의 동의 필요 여부에 관하여 특별한 규정을 두고 있지 아니하고, 비송사건절차법은 '소취하에 대한 동의'에 관한 민사소송법 제266조 제2항을 준용하지 않기 때문이다. 또한 청구인이 심문기일에 2회 불출석하더라도 청구취하로

217 대법원 2023. 11. 2. 선고 2023므12218 판결. 재산분할 청구의 취하에 관하여 상대방의 동의를 요하는 것은 아니라고 판시하면서도 취하 후의 변론의 진행 경과에 비추어 재산분할 청구를 하고 있는 것으로 보이는 경우에는 석명 등을 통하여 청구취지를 명확히 하고 재판을 진행하여야 한다고 하였다.

간주되지 않는다.[218]

211 청구의 포기·인낙, 재판상 화해 및 화해권고에 의하여 절차가 종료될 수 있는지에 관하여는, 명문의 규정이 없음을 이유로 이를 부정하는 견해도 있으나, 재산분할에 관하여 조정이 가능한 점 등을 이유로 이를 허용하는 것이 타당하다는 견해가 다수이다.[219]

나. 심판의 종류

1) 각하 및 기각심판

212 당사자적격이 없거나, 재산분할에 관한 협의가 있거나, 제척기간이 경과하는 등 심판청구가 부적법한 경우에는 심판으로써 청구를 각하하고, 상대방에게 분할할 재산이 없거나 청구인이 자신에게 귀속되어야 할 재산 이상을 이미 보유하고 있는 등의 경우에는 청구를 기각하는 심판을 한다. 심판의 본질은 결정이다.[220]

213 청구취지를 초과하여 의무의 이행을 명할 수 없으므로(가사소송규칙 제93조 제2항), 당사자의 청구가 없는 한 재산분할을 명할 수 없다. 따라서 청구인이 자신에게 귀속되어야 할 재산을 초과하는 재산을 보유하고 있더라도 상대방의 반심판청구 등이 없는 한 직권으로 상대방에게 재산분할을 할 것을 명할 수는 없으므로, 이와 같은 경우에는 청구를 기각하여야 한다.[221]

2) 청구인용심판

가) 주된 주문

214 실무에서는 재산분할청구를 인용하는 심판의 주문에 재산의 분할을 명하는 형성처분은 기재하지 않고 금전지급, 등기 등의 의무이행 명령만을 기재한다. 또한 재산분할청구와 위자료청구를 구별하기 위하여 일반적으로 주문에 '재산분할로'라는 표현을 추가하고 있다.[222]

215 법원은 청구취지를 초과하여 의무의 이행을 명할 수 없으나(가사소송규칙 제93조 제

218 상세한 내용은 법원실무제요, 가사[Ⅱ], 법원행정처(2021), 851~852.

219 법원실무제요, 가사[Ⅱ], 법원행정처(2021), 852; 주해친족법(제1권)(제2판), 박영사(2025), 498(이동진); 김동하, "혼인의 해소에 따른 재산분할", 재판실무 제1집, 창원지방법원(1999), 247; 김수정, "이혼으로 인한 재산분할청구권", 사법논집 제40집, 법원도서관(2005), 549.

220 법원실무제요, 가사[Ⅱ], 법원행정처(2021), 844.

221 김수정, "이혼으로 인한 재산분할청구권", 사법논집 제40집, 법원도서관(2005), 556~557; 이상훈, "이혼에 따른 재산분할청구사건의 재판실무상 문제점에 대한 고찰", 법조 제42권 제6호, 법조협회(1993), 70; 정원, "재산분할과 관련한 몇가지 실무상 문제점", 실무연구Ⅷ, 서울가정법원(2002), 96~97.

222 법원실무제요, 가사[Ⅱ], 법원행정처(2021), 1461.

2항), 여기서 '청구취지를 초과'한다는 것은 의무의 이행을 명하는 금액이 청구취지 기재 금액을 초과하는 것을 의미하므로, 분할의 방법은 당사자의 청구에 구속되지 않는다.[223] 따라서 청구인이 재산분할로 부동산의 지분 이전을 청구하는 경우에도 법원은 금전 지급을 명할 수 있다.

216 재산분할청구사건은 비송사건이기 때문에, 재산분할을 명하는 이상 그 청구를 인용한 셈이어서 "나머지 청구를 기각한다."는 주문을 기재할 필요가 없다. 다만, 재산상의 의무이행에 관한 청구취지의 구속력을 존중하여 "나머지 청구를 기각한다."는 주문을 쓰는 실무례도 있다.[224]

나) 지연손해금

217 법원이 재산분할로서 금전의 지급을 명하는 판결이나 심판을 하는 경우, 분할의무자는 금전지급의무에 관하여 판결이나 심판이 확정된 다음날부터 이행지체책임을 진다. 이혼으로 인한 재산분할청구권은 협의 또는 심판에 의하여 구체적 내용이 형성되기까지는 범위 및 내용이 불명확하기 때문에, 이혼 전후를 막론하고 재산분할에 관한 심판 등이 확정되기 전까지는 구체적으로 권리가 발생하였다고 할 수 없기 때문이다.[225]

218 분할의무자의 금전지급의무는 판결이나 심판이 확정되어야 발생하기 때문에, 당사자의 재산분할청구는 이혼 전후를 막론하고 언제나 장래의 이행을 청구하는 것이 되므로, 그 지연손해금의 이율에 관하여는 소송촉진 등에 관한 특례법 제3조 제1항 본문이 정한 이율이 적용되지 아니한다.[226]

다) 가집행선고

219 대법원은 이혼 성립 전후를 막론하고 "재산분할의 방법으로 금전의 지급을 명한 부분은 가집행선고의 대상이 될 수 없다."고 판시하고 있다.[227] 재산분할을 명하는 판결 또는 심판이 확정되기 전에는 금전지급의무의 이행기가 도래하지 아니할 뿐만 아니라, 금전채권의 발생조차 확정되지 아니한 상태에 있기 때문이다.

223 이상훈, "이혼에 따른 재산분할청구사건의 재판실무상 문제점에 대한 고찰", 법조 제42권 제6호, 법조협회(1993), 84; 함윤식, "이혼에 따른 재산분할에 관한 판례의 최근 동향", 민사판례연구 제38권, 박영사(2016), 1201. 다만 법원이 분할방법을 변경할 경우에는 청구취지의 추가적 변경을 권유하여 심판범위를 둘러싼 문제점을 미연에 방지하는 것이 바람직하다고 한다.

224 법원실무제요, 가사[Ⅱ], 법원행정처(2021), 1461.

225 대법원 2014. 9. 4. 선고 2012므1656 판결, 대법원 2001. 9. 25. 선고 2001므725, 732 판결.

226 대법원 2014. 9. 4. 선고 2012므1656 판결, 대법원 2001. 9. 25. 선고 2001므725, 732 판결.

227 대법원 2014. 9. 4. 선고 2012므1656 판결, 대법원 1998. 11. 13. 선고 98므1193 판결.

220 이에 대한 학설로는, 재산분할심판은 새로운 권리관계를 형성하는 것이어서 확정 전에는 성질상 가집행선고를 할 수 없다는 이유로 판례를 지지하는 견해,[228] 이혼 판결 확정 전에는 재산분할청구권이 발생하지도 않았으므로 가집행선고가 불가능하지만, 이혼 성립 이후에는 가집행선고를 할 수 있다는 견해,[229] 이혼 성립 전후를 불문하고 가집행선고를 할 수 있다는 견해[230] 등이 있다.

221 가집행선고를 할 수 없다는 견해는, 가집행선고는 성질상 권리가 구체적으로 확정된 경우에만 선고할 수 있는데, 재산분할청구권은 심판 확정 전에 권리가 확정되어 있지 않다는 점을 이유로 든다. 이와 달리 가집행선고를 할 수 있다는 견해는, 재산분할사건의 경우에 신속한 권리구제 및 상소권 남용방지라는 가집행선고의 필요성이 매우 크다는 점, 가사소송법 제42조 제1항이 "재산상의 청구에 관한 심판으로서 즉시항고의 대상이 되는 심판에는 담보를 제공하게 하지 아니하고 가집행할 수 있음을 명하여야 한다."고 규정하고 있는데 재산분할심판은 재산상 청구에 관한 심판으로 즉시항고의 대상인 점,[231] 대법원이 양육비청구권에 관하여 재산분할청구권과 유사하게 "당초에는 기본적으로 친족관계를 바탕으로 하여 인정되는 하나의 추상적인 법적 지위이었던 것이 당사자 사이의 협의 또는 당해 양육비의 내용 등을 재량적·형성적으로 정하는 가정법원의 심판에 의하여 구체적인 청구권으로 전환된다."고 보면서도[232] 가사소송법 제42조 제1항을 이유로 양육비 청구사건은 마류 가사비송사건으로서 즉시항고의 대상에 해당하므로 가집행선고의 대상이 된다고 판시하고 있는 점[233] 등을 이유로 재산분할심판의 형성적 성격 및 권리관계의 불확실성이 가집행선고를 절대적으로

228 김준모, "재산분할제도의 성격", 재판자료 제101집, 법원도서관(2003), 241~242.

229 김영갑, "재산분할청구권", 사법논집 제22집, 법원도서관(1991), 225; 장성원, "재산분할청구사건을 본안으로 하는 보전처분에 관하여", 재판자료 제62집, 법원도서관(1993), 399.

230 김영욱, "재산분할에 있어서 가집행선고와 지연손해금 문제에 관한 고찰", 가사재판연구Ⅱ, 서울가정법원 가사재판연구회(2011), 57~58; 민유숙, "재산분할에 있어서 몇가지 문제점에 관한 고찰", 인권과 정의 제211호, 대한변호사협회(1994), 43~45; 임종효, "양육비 심판과 가집행", 가사재판연구Ⅱ, 서울가정법원 가사재판연구회(2011), 507; 전경근, "재산분할에 대한 가집행선고", 판례실무연구XI, 박영사(2015), 56~58; 함윤식, "이혼에 따른 재산분할에 관한 판례의 최근 동향", 민사판례연구 제38권, 박영사(2016), 1191~1193.

231 부정설은 위 조항을 성질상 가집행 선고를 할 수 있는 경우에만 적용되는 규정으로 보나, 긍정설은 위 조항을 가사비송사건의 경우 심판 확정 전에 집행을 할 필요성이 크다는 정책적 고려에 따라 마련된 특별규정으로 본다.

232 대법원 2011. 7. 29. 자 2008스67 결정 등.

233 대법원 2014. 9. 4. 선고 2012므1656 판결.

불허할 사유는 될 수 없다고 한다.

다. 이유 기재의 정도

222 법원이 재산분할을 함에 있어서 분할의 기초가 되는 사정을 개별적, 구체적으로 일일이 특정하여야 하는 것은 아니지만, 중요한 사정은 명시하여야 한다.[234]

223 따라서 법원은 분할의 대상이 되는 재산과 그 액수를 기록에 나타난 객관적인 자료에 의하여 특정하여야 한다.[235] 다만, 법원이 재산분할의 대상이 되는 적극재산과 소극재산을 확정하여 설시한 데에는 그에 반하는 당사자의 주장을 배척하는 취지가 포함되어 있으므로, 당사자의 주장을 구체적으로 적시하여 판단하지 않았어도 그 판결에 판단을 유탈한 잘못이 있다고는 할 수 없다.[236]

라. 고지

224 재산분할심판은 선고를 하지 않고 당사자에게 법원이 적당하다고 인정하는 방법으로 고지를 하면 된다(가사소송법 제40조, 제34조, 비송사건절차법 제18조). 통상은 심판서 정본을 송달하는 방법으로 고지를 한다. 공시송달도 허용된다.

마. 심판에 대한 불복

225 재산분할에 관한 심판에 대하여는 청구인과 상대방이 심판을 고지 받은 날부터 14일 이내에 원심 가정법원에 즉시항고장을 제출하여 즉시항고를 할 수 있다(가사소송법 제43조 제1항·제5항, 가사소송규칙 제29조, 제94조).

226 항고법원의 재판절차에는 제1심의 재판절차에 관한 규정을 준용한다. 항고법원은 항고가 이유 있다고 인정하는 경우에는 원칙적으로 원심판을 취소하고 스스로 적당한 결정을 하여야 한다. 항고법원의 결정에 대하여는 재판에 영향을 미친 헌법, 법률, 명령 또는 규칙 위반이 있음을 이유로 하는 경우에 한정하여 대법원에 재항고할 수 있다(가사소송법 제43조 제2항·제3항·제4항).

227 항고심 또는 항소심(이혼 및 재산분할청구가 병합된 경우)은 당사자의 불복신청의 한도 내에서 제1심 심판 또는 판결의 당부를 판단할 수 있을 뿐이므로, 항고심 또는 항소심의 심판범위는 특별한 사정이 없는 한 당사자가 항고취지 또는 항소취지에서 특정한 소송물과 금액을 기준으로 하여 결정하여야 한다.[237] 다만

234 대법원 1993. 5. 25. 선고 92므501 판결, 대법원 1998. 2. 13. 선고 97므1486, 1493 판결.
235 대법원 2010. 4. 15. 선고 2009므4297 판결 참조.
236 대법원 2005. 8. 19. 선고 2003므1166, 1173 판결.
237 대법원 1996. 12. 23. 선고 95므1192, 1208 판결.

불이익변경인지 여부는 재산분할의 액수를 기준으로 판단하여야 하므로, 항고심 또는 항소심에서 재산분할의 방법을 변경하는 것은 금지되지 않는다.[238]

바. 심판의 효력

228 재산분할심판은 확정되어야 효력이 있다(가사소송법 제40조 단서).

1) 형식적 확정력, 형성력

229 확정된 재산분할심판에는 형식적 확정력과 형성력이 있다. 따라서 가정법원은 심판이 위법 또는 부당하여도 이를 취소하거나 변경할 수 없고(가사소송법 제34조, 비송사건절차법 제19조 제3항),[239] 이혼이 성립한 때에 발생한 추상적 재산분할청구권은 심판에 의하여 범위 및 내용이 구체화되어 구체적 재산분할청구권이 된다(절충설, 판례 및 통설). 재산분할심판에 의하여 소유권변동의 효과는 발생하지 않고 당사자 사이에 채권적 권리의무관계만 발생한다.[240]

2) 집행력 및 청구이의

230 확정된 재산분할심판에는 집행력이 있으므로(가사소송법 제41조), 분할권리자는 재산분할심판을 집행권원으로 하여 민사집행법에 따라 강제집행을 할 수 있다.

231 또한 당사자는 가사소송법 제64조에 따라 이행명령을 신청할 수 있다.[241] 가정법원은 심판에 의하여 금전의 지급 등 재산상의 의무를 이행하여야 할 사람이 정당한 이유 없이 그 의무를 이행하지 아니하는 경우에는 당사자의 신청에 의하여 일정한 기간 내에 그 의무를 이행할 것을 명할 수 있고, 당사자가 이행명령을 위반한 경우에는 직권 또는 권리자의 신청에 의하여 결정으로 1,000만 원 이하의 과태료를 부과할 수 있다(가사소송법 제67조).

232 재산분할을 명한 재판에 대하여도 청구이의의 소를 제기할 수 있다. 대법원은 재산분할사건에서 원·피고 공동 명의의 부동산이 분할대상임을 전제로, 피고에

238 이상훈, “이혼에 따른 재산분할청구사건의 재판실무상 문제점에 대한 고찰”, 법조 제42권 제6호, 법조협회(1993), 84; 함윤식, “이혼에 따른 재산분할에 관한 판례의 최근 동향”, 민사판례연구 제38권, 박영사(2016), 1201. 다만 법원이 분할방법을 변경할 경우에는 청구취지의 추가적 변경을 권유하여 심판범위를 둘러싼 문제점을 미연에 방지하는 것이 바람직하다고 한다.

239 다만 정원, “재산분할과 관련한 몇가지 실무상 문제점”, 실무연구Ⅷ, 서울가정법원(2002), 101~102는 재산분할로 정기금 지급을 명한 경우에는 민사소송법 제252조의 정기금판결 변경의 소가 유추적용될 수 있다고 한다.

240 김동하, “혼인의 해소에 따른 재산분할”, 재판실무 제1집, 창원지방법원(1999), 248; 함윤식, “이혼에 따른 재산분할에 관한 판례의 최근 동향”, 민사판례연구 제38권, 박영사(2016), 1202.

241 이행명령은 양육비미지급 등의 경우에 많이 활용되고, 재산분할에 관하여는 많이 활용되지 않는다.

게는 피고 명의 지분을 원고에게 이전할 것을 명하고, 원고에게는 피고에게 재산분할금을 지급할 것을 명하는 재판이 확정되었으나, 그 후 제3자가 제기한 민사재판에서 위 부동산이 제3자가 명의신탁한 재산이어서 분할대상재산이 아닌 것으로 밝혀진 경우, 확정된 민사재판에 의하여 원고는 피고로부터 위 부동산에 관하여 소유권을 이전받을 수 없게 되었음에도 불구하고 확정된 재산분할재판 중 재산분할금 지급부분만을 인용하여 원고로 하여금 일방적으로 피고에게 재산분할금을 지급하도록 하는 것은, 채무명의의 이용이 신의칙에 위반되어 그 채무명의에 기한 집행이 현저히 부당하고 상대방으로 하여금 그 집행을 수인토록 하는 것이 정의에 반함이 명백하여 사회생활상 용인할 수 없는 예외적인 경우에 해당하므로, 원고는 청구이의의 소로써 종전 재산분할재판 중 금전지급을 명하는 부분의 집행력의 배제를 구할 수 있다고 판시하였다.[242]

233 재산분할을 명한 재판에 대한 청구이의의 소는 가정법원의 전속관할에 속한다.[243]

3) 기판력

234 통설은, 재산분할심판이 사권의 존부 확정을 목적으로 하는 것이 아니고, 법원이 재량에 의하여 구체적인 분할의 정도와 방법을 형성하고 그 형성된 내용에 따라 급부를 명하는 비송재판에 불과하기 때문에, 재산분할심판에는 기판력이 없다고 한다.[244] 이에 대하여는, 재산분할은 당사자 대립구조와 쟁송성을 갖추고 있는데도 정책적 고려에 의하여 비송적 성격이 인정된 것이므로 기판력까지 인정하지 않는 것은 분쟁의 반복적 재연을 초래할 가능성이 있다는 비판적 견해도 있다.[245]

235 실무에서는, 재산분할심판에 기판력은 없지만 재산분할에 관한 심판이 확정되어 구체적 재산분할청구권이 형성된 후에 다시 재산분할심판청구를 하는 것은 심판청구의 이익이 없다고 보고 있다.[246] 다만 종전의 재산분할에 관한 재판에서 분할대상인지 여부가 전혀 심리된 바 없는 재산이 재판 확정 후 발견된 때에는

242 대법원 2003. 2. 28. 선고 2000므582 판결.
243 민사집행법 제44조 제1항, 대법원 2003. 2. 28. 선고 2000므582 판결.
244 법원실무제요, 가사[Ⅱ], 법원행정처(2021), 848; 정원, "재산분할과 관련한 몇가지 실무상 문제점", 실무연구Ⅷ, 서울가정법원(2002), 99.
245 함윤식, "이혼에 따른 재산분할에 관한 판례의 최근 동향", 민사판례연구 제38권, 박영사(2016), 1202.
246 김수정, "이혼으로 인한 재산분할청구권", 사법논집 제40집, 법원도서관(2005), 550; 법원실무제요, 가사[Ⅱ], 법원행정처(2021), 848.

이에 대하여 추가로 재산분할청구를 할 수 있다.[247] 추가 재산분할청구 역시 제척기간을 준수하여야 함은 물론이다.[248]

VI. 분할대상재산

1. 일반적 기준

236 민법 제839조의2 제2항은 '당사자 쌍방의 협력으로 이룩한 재산의 액수'를 참작하도록 하고 있고, 대법원 및 헌법재판소는 재산분할제도가 '혼인 중에 취득한 실질적인 공동재산' 또는 '혼인 중 쌍방의 협력으로 형성된 공동재산'의 청산·분배를 주된 목적으로 한다고 판시하고 있다. 따라서 재산분할의 대상은 ① 혼인 중에 ② 부부 쌍방의 협력으로 이룩한 ③ 재산이라 할 수 있다.[249]

237 재산분할사건은 가사비송사건에 해당하여 직권탐지주의가 적용되므로, 법원은 당사자의 주장에 구애되지 아니하고 재산분할의 대상이 무엇인지 직권으로 사실조사를 하여 포함시키거나 제외시킬 수 있다.[250]

가. 혼인 중에 이룩한 재산

238 여기서의 '혼인'에는 법률혼과 사실혼 모두가 포함된다. 재산분할제도는 사실혼 관계에서도 인정되기 때문이다.[251] 따라서 혼인신고를 하기 전이라도 부부가 사실상 혼인생활을 시작한 이후 이룩한 재산은 분할대상 재산에 포함되고, 이혼신고를 한 이후에 부부가 사실혼 관계에 있었다면 그 기간 중에 이룩한 재산 역시 분할대상 재산에 포함된다.

239 재산 취득시점이 반드시 혼인기간 중이어야 하는 것은 아니다. 혼인 전에 배우자 중 일방이 형성한 고유재산이라도 다른 일방이 적극적으로 그 재산의 유지에 협력하여 그 감소를 방지하였거나 그 증식에 협력하였다고 인정되는 경우에는 분할의 대상이 될 수 있다.

240 '혼인 중'을 부부가 경제적 공동체를 이룬 기간, 즉 실질적으로 혼인공동생활이 계속되고 있는 동안을 의미하는 것으로 설명하는 견해도 있다.[252] 이에 따르면

247 대법원 2003. 2. 28. 선고 2000므582 판결.
248 대법원 2018. 6. 22. 자 2018스18 결정.
249 송덕수, 친족상속법(제7판), 박영사(2024), 109; 윤진수, 친족상속법 강의(제5판), 박영사(2023), 123.
250 대법원 1999. 11. 26. 선고 99므1596, 1602 판결 등.
251 김수정, "이혼으로 인한 재산분할청구권", 사법논집 제40집, 법원도서관(2005), 555~556.
252 주해친족법(제1권)(제2판), 박영사(2025), 450(이동진).

'혼인 중'은 혼인신고, 이혼신고 등과 관계없이 사실상 혼인공동생활이 시작한 때부터 파탄될 때까지를 의미한다. 그러나 판례는 혼인공동생활이 파탄될 때까지 취득한 재산을 분할대상재산으로 보는 방식을 채택하지 않고, 분할대상재산 확정의 기준시를 이혼소송의 사실심 변론종결일 또는 협의상 이혼이 성립한 날로 보아, 혼인공동생활 파탄 이후 이혼 시까지 취득한 재산도 일단 분할대상재산에 포함시키고, 그 중 부부 쌍방의 협력으로 이룩한 재산이 아님이 입증된 재산을 분할대상재산에서 제외하는 방식을 채택하고 있다.[253]

241 이혼 후 재결합하였다가 다시 이혼하는 경우, 전혼 중에 이룩한 재산도 분할대상에 포함시킬 수 있는지 문제된다. 대법원은 부부 사이에 법률혼과 사실혼이 3회에 걸쳐 계속 이어지다가 파탄되었고 그 각 이혼에 따른 별거기간이 6개월과 2개월 남짓에 불과한 사안에서 "마지막 사실혼의 해소에 따른 재산분할을 함에 있어서는 그에 앞서 이루어진 이혼에 따른 재산분할 문제를 정산하였다거나 이를 포기하였다고 볼 만한 특별한 사정이 없는 한 그 각 혼인 중에 쌍방의 협력에 의하여 이룩한 재산은 모두 청산의 대상이 될 수 있다."고 판시하여 전혼 종료 시에 재산분할 문제를 정산하였거나 포기하였다고 볼만한 특별한 사정이 있었는지 여부를 중요한 판단기준으로 제시하였다(☞ 상세한 내용은 뒤의 VI. 2. 사. 주석 참조).[254]

나. 부부 쌍방의 협력으로 이룩한 재산

242 혼인 중에 이룩된 재산 중에서도 '부부 쌍방의 협력으로 이룩한 재산'만이 분할대상 재산이 될 수 있다. 대법원은 이를 '실질적인 공동재산' 또는 간단히 '공동재산'이라고 한다.[255] 이를 설명하기 위하여, 부부의 재산은 ① 혼인 전 또는 혼인 중에 부부의 일방이 상대방의 협력 없이 취득하여, 명의와 실질이 모두 배우자 일방에게 귀속되는 실질적 특유재산(혼인 전부터 가지고 있던 고유재산과 혼인 중 부부의 일방이 상대방의 협력 없이 취득한 특유재산), ② 부부가 민법 제262조에 따라 공유지분을 보유하고 있어 명실공히 부부의 공유에 속하는 공유재산, ③ 소유명의

253 위 견해와 같이 혼인공동생활 파탄 시까지 취득한 재산에 예외적으로 파탄 이후 부부의 협력에 기초하여 형성한 재산을 더하는 방식이나, 판례와 같이 이혼 시의 재산에서 부부의 협력에 기초하지 않은 재산을 빼는 방식이나 이론상으로는 같은 결론에 이를 수 있지만, 입증책임의 차이 등으로 인하여 실제 재판에서는 결론이 달라질 수 있다.

254 대법원 2000. 8. 18. 선고 99므1855 판결.

255 대법원 2014. 7. 16. 선고 2012므2888 전원합의체 판결, 대법원 1993. 5. 25. 선고 92므501 판결 등.

는 부부 중 일방에게 있지만 실질적으로는 부부의 공유에 속하는 실질적 공유재산으로 나눌 수 있는데, 실질적 특유재산은 원칙적으로 재산분할의 대상이 되지 않고, 공유재산과 실질적 공유재산은 분할의 대상이 된다고 하기도 한다.[256]

243 위 협력에는 재산을 취득함에 있어서의 협력뿐만 아니라 재산을 유지 또는 증식함에 있어서의 협력도 포함된다. 특히 문제되는 것은 원칙적으로 재산분할의 대상이 되지 않는 실질적 특유재산이 그 재산의 유지 또는 증식에 대한 상대방 배우자의 협력으로 인하여 재산분할의 대상에 포함될 수 있는지 여부인데, 이에 관하여 판례 및 통설은 "부부 일방의 (실질적) 특유재산은 원칙적으로 분할의 대상이 되지 아니하나, (실질적) 특유재산일지라도 다른 일방이 적극적으로 그 특유재산의 유지에 협력하여 그 감소를 방지하였거나 그 증식에 협력하였다고 인정되는 경우에는 분할의 대상이 될 수 있다."고 한다(☞ 상세한 내용은 뒤의 의2 Ⅵ. 2. 가. 주석 참조).

244 위 협력에는 분할대상재산에 대한 직접적 협력뿐만 아니라 간접적 협력도 포함되고, 경제적 협력뿐만 아니라 비경제적 협력도 포함된다. 따라서 직접 분할대상재산 취득을 위한 자금을 보태거나 분할대상재산을 자신의 돈으로 수리하는 등의 경우뿐만 아니라, 경제활동을 하여 일상적 가사비용을 전부 또는 일부 조달한 경우에도 협력이 있었다고 보고, 나아가 소득활동을 하지 않고 가사만을 전담한 경우에도 협력이 인정된다. 판례는, 비록 부부 중 일방이 주로 마련한 자금과 노력으로 취득한 재산이라 할지라도 상대방이 가사비용의 조달 등으로 직·간접으로 재산의 유지 및 증가에 기여하였다면 그와 같이 쌍방의 협력으로 이룩된 재산은 재산분할의 대상이 되고,[257] 가사노동을 분담하는 등으로 내조를 함으로써 재산의 유지 또는 증가에 기여하였다면 쌍방의 협력으로 이룩된 재산은 재산분할의 대상이 된다[258]고 일관되게 판시하고 있다. 주의할 것은 대법원

256 김숙자, "재산분할청구권", 가족법연구 제4호, 한국가족법학회(1990), 108~109; 김영갑, "재산분할청구권", 사법논집 제22집, 법원도서관(1991), 236~237; 법원실무제요, 가사[Ⅱ], 법원행정처(2021), 1441; 주해친족법(제1권)(제2판), 박영사(2025), 449~450(이동진). 함윤식, "이혼에 따른 재산분할에 관한 판례의 최근 동향", 민사판례연구 제38권, 박영사(2016), 1204~1205는 위와 같은 설명이 일본의 재산3분설의 영향을 받은 것인데, 일본의 재산3분설은 위 실질적 특유재산을 '1종재산', 위 ②의 공유재산을 '2종재산', 위 실질적 공유재산을 '3종재산'으로 구별한다고 한다.

257 대법원 1995. 10. 12. 선고 95므175, 182 판결, 대법원 1997. 12. 26. 선고 96므1076, 1083 판결 등.

258 대법원 1993. 5. 11. 자 93스6 결정, 대법원 1994. 10. 25. 선고 94므734 판결, 대법원 1998. 4. 10. 선고 96므1434 판결, 대법원 2005. 5. 13. 선고 2004므2388 판결, 대법원 2006. 5. 8. 자 2004스22 결정, 대법원 2011. 7. 14. 선고 2009므2628 판결 등.

이 전업주부의 기여를 '가사노동'으로 한정하지 않고 '가사노동 등', '가사노동 등에 의한 내조' 또는 '내조'라는 포괄적인 표현을 사용하고 있다는 점이다.[259]

245 아직 이혼을 하기 전이라도 별거 등으로 인하여 사실상 혼인공동체가 와해된 이후에 상대방의 협력 없이 이룩한 재산은 분할의 대상이 아니므로, 당사자는 그와 같은 사정을 입증하여 분할대상재산에서 이를 제외할 수 있다. 따라서 별거 이후 일방 배우자의 노동으로 얻은 수입으로 형성한 재산, 일방 배우자가 별거 후 자신의 생활비 조달을 위해 임의로 부담한 채무 등은 원칙적으로 분할대상재산에서 제외된다. 다만 부부의 일방이 별거 후에 취득한 재산이라도 그것이 별거 전에 부부 쌍방의 협력에 의하여 형성된 유형·무형의 자원에 기한 것이라면 재산분할의 대상이 되고,[260] 예외적으로, 생활비를 조달하던 상대방의 일방적 생활비 지급중단으로 인하여 자녀양육 및 부부공동재산 관리를 위한 비용을 마련하기 위하여 부득이 부담할 수밖에 없었던 채무 등 역시 청산의 대상이 될 수 있을 것이다.

246 부부 쌍방의 협력으로 이룩한 재산이 있는 한 당사자 일방의 기여가 훨씬 크더라도 재산분할의 대상에 포함된다.[261] 물론 일방의 기여가 훨씬 크다는 사정은 재산분할의 비율과 방법을 정함에 있어서 참작할 사유가 될 수 있다. 대법원은 명예퇴직금이 정년까지 계속 근로를 하여 받을 수 있는 장래의 수입상실 등에 대한 보상의 성격이 강하더라도 일단 명예퇴직금 전부를 재산분할의 대상으로 삼고, 정년까지의 잔여기간 등은 재산분할의 액수와 방법을 정하는 데 필요한 기타 사정으로 참작할 수 있다고 하였다.[262]

247 당사자 일방의 노력으로 이룩한 재산과 쌍방의 협력으로 이룩한 재산이 공존하는 경우, 정기예금과 같이 쉽게 양 재산을 특정하여 분리할 수 있으면 뒤의 재산만을 분할대상재산으로 삼으면 되지만, 양 재산을 특정하거나 분리하는 것이 불가능한 때(예컨대 혼인 전에 분양받은 아파트의 분양대금을 혼인 중에 납입한 경우)

259 내조는 부부가 동거하며 서로 부양하고 협조하는 과정(민법 제826조)에서의 일체의 도움을 의미하며, 적극적 행위나 눈에 보이는 결과가 없는 정서적 지지, 정신적 후원 등까지 포괄하는 의미이다. 따라서 가사를 전담한 배우자가 다른 사람의 도움을 받아 가사노동을 하였다는 사정만으로는 재산 형성 등에 대한 기여 또는 협력이 없었다고 할 수 없다(대법원이 전업주부 또는 가사를 전담하는 부부 일방의 기여를 '가사노동'으로 한정하지 않고 있다는 점을 명확히 한 것은 타당하나, 향후에는 '내조'라는 표현을 대체할 수 있는 표현이 사용될 필요가 있을 것으로 생각된다).

260 대법원 1999. 6. 11. 선고 96므1397 판결 등.

261 대법원 1995. 10. 12. 선고 95므175, 182 판결 참조.

262 대법원 2011. 7. 14. 선고 2009므2628, 2635 판결.

에는 전 재산을 분할대상에 포함시키고 분할비율을 정함에 있어서 그와 같은 사정을 참작할 수 있다.[263]

다. 재산

248 혼인 중에 쌍방의 협력으로 이룩한 부부의 실질적인 공동재산이라면, 부동산은 물론 현금 및 예금자산 등 재산의 종류를 불문하고, 그 명의가 누구에게 있는지 그 관리를 누가 하고 있는지를 불문하고 재산분할의 대상이 된다.[264] 따라서 청구인 명의 재산과 상대방 명의 재산뿐만 아니라 제3자 명의의 재산도 분할대상에 포함될 수 있고, 연금수급권, 채무, 합유재산과 같이 그 재산 자체는 분할을 할 수 없거나 분할하기 어려운 재산도 분할대상에 포함될 수 있다.

249 그러나 이혼 당시 재산으로 구체화되지 않은 것, 예컨대 장래의 예상 소득, 재산 취득능력 등은 분할대상 재산이 될 수 없다. 다만 장래의 퇴직금이나 연금수급권 등은 이혼 당시 그 발생 여부 및 액수 등에 어느 정도의 불확실성이나 변동 가능성이 있더라도 분할대상 재산에 포함된다(☞ 상세한 내용은 뒤의 VI. 2. 다. 내지 마. 주석 참조).

2. 재산별 검토

가. 특유재산

1) 특유재산 일반

250 민법 제830조 제1항의 특유재산에는 ① 부부의 일방이 혼인 전부터 가진 고유재산(그로부터 증가된 재산 포함, 이하 같다), ② 혼인 중 부부의 일방이 상속, 증여, 유증 등으로 상대방의 협력 없이 형성한 재산, ③ 혼인 중에 부부 쌍방의 협력으로 형성한 재산이 모두 포함된다. 부부의 재산을 실질적 특유재산, 공유재산, 실질적 공유재산으로 나누는 견해에 따르면, 위 ①, ②는 실질적 특유재산에 속하여 원칙적으로 분할대상에 포함되지 않고, 위 ③은 실질적 공유재산에 속하여 재산분할의 대상이 된다.

251 민법 제830조 제1항의 특유재산이라도 혼인 중 부부 쌍방의 협력으로 형성한 재산은 분할대상 재산에 포함된다는 점에 관하여는 이견이 없다. 재판에서는 혼인

263 김수정, "이혼으로 인한 재산분할청구권", 사법논집 제40집, 법원도서관(2005), 556; 김종우, "재산분할의 대상과 그 기준시기 및 방법", 실무연구Ⅷ, 서울가정법원(2002), 38~39.
264 대법원 1999. 6. 11. 선고 96므1397 판결.

중에 형성된 특유재산이 상대방의 협력 없이 형성되어 ②에 해당하는지, 부부 쌍방의 협력으로 형성되어 ③에 해당하는지가 종종 문제되는데, 이는 재산의 형성에 대하여 상대방의 기여가 있었는지 여부 또는 특정 재산이 부부 쌍방의 협력으로 이룩한 재산인지 여부의 문제로 다루어진다(민법 제839조의2 VI. 1. 나. 주석 참조). 실무상 실질적 공유재산인지 실질적 특유재산인지를 나누는 기준은 그 재산의 취득 원인이다.[265] 상속이나 증여와 같은 무상 취득의 경우 그 형성에 관한 상대방 배우자의 기여가 특별히 인정되지 않는 이상 실질적 특유재산이 된다고 할 것이다. 무상 취득 외의 원인으로 취득한 재산은 대개 실질적 공유재산으로 본다.

2) 실질적 특유재산의 재산분할대상성

252 보다 첨예한 다툼이 있는 부분은, 원칙적으로 분할대상에 포함되지 않는 소위 실질적 특유재산이 분할대상에 포함될 수 있는지 여부이다. 이에 관하여 판례는 일관되게 "부부 일방의 특유재산은 원칙적으로 분할의 대상이 되지 아니하나 특유재산일지라도 다른 일방이 적극적으로 그 특유재산의 유지에 협력하여 그 감소를 방지하였거나 그 증식에 협력하였다고 인정되는 경우에는 분할의 대상이 될 수 있다."고 판시하고 있고,[266] [267] 통설도 이에 찬성하고 있으나,[268] 부부 일방의 실질적 특유재산의 유지 또는 증식에 다른 일방이 어느 정도 협력하여야 그 특유재산이 재산분할의 대상이 될 수 있는지에 관하여는 견해가 일치하지 않는다.

253 분할청구권자가 당해 특유재산의 유지 또는 증식에 직접적으로 협력한 경우, 예컨대 부부 중 일방이 혼인 전에 취득한 아파트를 담보로 차용한 채무를 다른 일

265 이선미, "이혼 재산분할 제도의 개선방안: 분할대상과 분할비율에 관한 개정의견을 중심으로", 가족법연구 제36권 제2호, 한국가족법학회(2022), 57.

266 대법원 1993. 5. 25. 선고 92므501 판결 이후 다수의 판결. 소수이지만 대법원 1998. 4. 10. 선고 96므1434 판결, 대법원 2009. 6. 9. 자 2008스111 결정은 "부부 중 일방이 상속받은 재산이거나 이미 처분한 상속재산을 기초로 형성된 부동산이더라도 이를 취득하고 유지함에 있어 상대방의 가사노동 등이 직·간접으로 기여한 것이라면 재산분할의 대상이 된다."고 하여 주류적 판결의 '적극적' 협력이라는 표현을 사용하지 않았다.

267 대법원은 실질적 특유재산의 경우에 한하여 위와 같은 표현을 사용하고 있으나, "부부 일방의 특유재산은 원칙적으로 분할의 대상이 되지 아니한다."는 표현은 위 ③의 특유재산도 분할의 대상이 되지 않는 것으로 오해될 소지가 있다. 대법원의 위 표현에 대한 비판적인 견해로는 함윤식, "이혼에 따른 재산분할에 관한 판례의 최근 동향", 민사판례연구 제38권, 박영사(2016), 1204~1205. 다만 대법원과 같이 실질적 특유재산을 특유재산이라고만 표현하는 학설도 많아, 이 글에서도 혼동의 염려가 없는 경우 실질적 특유재산을 특유재산이라고만 표현하였다.

268 주해친족법(제1권)(제2판), 박영사(2025), 456(이동진); 김수정, "이혼으로 인한 재산분할청구권", 사법논집 제40집, 법원도서관(2005), 557~558.

방이 변제하거나,[269] 부부 중 일방의 고유재산인 건물을 다른 일방이 수리하거나 여기에 인테리어공사를 하여 가치를 증가시킨 경우에 당해 특유재산을 분할대상재산에 포함시키는 것은 논란의 여지가 적다.

254 그런데 대법원은, 혼인기간 동안 상대방과 공동으로 사업체를 운영하거나 상대방이 운영하는 사업체에서 일한 경우,[270] 직장생활을 하고 자녀들을 부양한 경우,[271] 각종 부업을 한 경우,[272] 적극적이고 헌신적인 가사노동과 가사비용의 조달이 있었던 경우[273]와 같이 혼인공동생활에 일반적·경제적 기여를 한 경우에도 특유재산의 유지 또는 증식에 협력한 것으로 인정하고, 더 나아가 '가사와 자녀양육을 전담한 경우' 또는 '특유재산의 유지 및 증가에 가사노동 등을 통하여 직간접으로 기여한 경우' 또는 '특유재산의 유지 및 증가에 가사노동 등에 의한 내조가 상당한 정도로 기여한 경우'[274]와 같이 혼인공동생활에 일반적·비경제적 기여를 한 경우에도 분할청구권자가 적극적으로 특유재산의 유지에 협력하여 그 감소를 방지하였거나 그 증식에 협력하였다고 인정된다고 판시하였다. 하급심도 혼인기간이 상당기간 계속된 경우 가사노동, 자녀양육, 내조 등을 통하여 재산의 유지에 기여하였다는 이유로 실질적 특유재산을 분할대상재산으로 상당히 넓게 인정하고 있고, 다만 이러한 사정을 재산분할 비율을 정함에 있어 참작함으로써 구체적 형평을 기하고 있다.

255 실무상으로는 재산의 취득 시점 및 혼인기간, 재산의 규모, 재산의 사용 내역 등이 기여 인정 여부의 판단 자료가 되는데, 이는 사실은 '어떤 기여를 하였느냐'를 인정하기 위한 것보다는 '해당 재산을 분할대상에 포함시킬 필요가 있는가'를 정하기 위한 간접사실에 더 가깝다고 볼 수도 있다.[275] [276]

269 대법원 1996. 2. 9. 선고 94므635, 642 판결.

270 대법원 1994. 5. 13. 선고 93므1020 판결, 대법원 2001. 6. 12. 선고 2001므565 판결, 대법원 2005. 5. 13. 선고 2004므2388 판결.

271 대법원 2011. 6. 7. 자 2011스52 결정.

272 대법원 2003. 1. 10. 선고 2002므1442, 1459 판결.

273 대법원 1994. 12. 13. 선고 94므598 판결.

274 대법원 1993. 6. 11. 선고 92므1054, 1061 판결, 대법원 1994. 10. 25. 선고 94므734 판결, 대법원 1998. 2. 13. 선고 97므1486, 1493 판결, 대법원 2012. 1. 27. 선고 2011므1482 판결 등.

275 이선미, "이혼 재산분할 제도의 개선방안: 분할대상과 분할비율에 관한 개정의견을 중심으로", 가족법연구 제36권 제2호, 한국가족법학회(2022), 57~58.

276 실무는 해당 재산의 취득시기가 파탄 시점에 가까울수록, 혼인기간이 짧을수록, 다른 부부공동재산이 충분할수록 다른 배우자의 특유재산의 유지에 대한 기여도를 인정하지 않고 그 반대의 사정이 많을수록 특유재산을 당사자 쌍방의 협력으로 이룩한 재산으로 보고 이에 대한 분할을 인정하는 경향이 있다고 한다. 최은정/안문희, 재산분할의 기준 정립을 위한 방안 연구, 사법정책연구원(2016) 56.

256 학설 중에는 위와 같은 판례 및 실무의 태도에 비판적인 견해도 있다. 실질적 특유재산은 원칙적으로 재산분할의 대상이 될 수 없고, 다만 부부가 혼인 중 재산을 형성하지 못하고 일방이 소유하고 있던 특유재산만 유지된 경우, 혼인 중 형성된 재산이 유지된 특유재산에 비하여 아주 적은 경우와 같이 예외적으로 특유재산에 대한 재산분할을 배척하는 것이 심히 공평에 반하는 경우에만 재산분할을 허용하여야 한다는 견해,[277] 혼인 중 형성한 재산이 없고 처가 가사노동에만 종사한 경우, 처는 자기 의무를 이행한 것에 불과하고 이 경우에도 특유재산이 재산분할의 대상이 된다고 보는 것은 부부별산제에 반하므로, 남편이 직업 없이 놀기만 하고 처가 가정을 꾸려나간 것으로 평가할 수 있는 경우 등에만 예외적으로 특유재산 유지에 대한 특별한 기여를 인정할 수 있다는 견해,[278] 판례가 부부의 모든 재산을 분할대상으로 확대함으로써 법률해석의 이름으로 실정법인 별산제를 사실상 폐지하고 부부재산공유제를 실질적인 부부재산제의 원칙으로 새로이 창설하였다는 견해,[279] 특유재산은 다른 배우자 일방이 적극적으로 그 특유재산의 유지에 협력하여 감소를 방지하거나 증식에 협력하였다고 인정되는 경우에 한하여 재산분할의 대상이 되는 것이 원칙이고, 다른 배우자 일방이 가사노동을 한 경우에는 재산분할의 대상에서 제외하여야 할 것이며, 다만 부양의 필요가 있는 때에는 재산분할의 대상으로 하되, 청산적 요소와 부양적 요소에 따라 분할액을 개별적으로 산정한 다음 이를 합산하여 재산분할액으로 하여야 한다는 견해,[280] 어느 재산이 분할대상에 포함될 것인지 기준이 불명확하고, 그 판단에서 고려하는 요소들은, 기여의 본래적 의미와는 무관하게 어떤 재산을 분할대상에 포함시켜 주어야 하는지 여부와 관련된 요소들인 경우가 많으므로, 민법 개정을 통하여 예측가능한 명확한 기준을 제공하여야 한다는 견해[281] 등이 있다.

257 반면, 위와 같은 판례 및 하급심 실무를 옹호하는 견해도 있다. 실질적인 혼인공

277 주해친족법(제1권)(제2판), 박영사(2025), 457~458(이동진); 김수정, "이혼으로 인한 재산분할청구권", 사법논집 제40집, 법원도서관(2005), 558~559; 김종우, "재산분할의 대상과 그 기준시기 및 방법", 실무연구Ⅷ, 서울가정법원(2002), 42~44; 민유숙, "재산분할의 구체적 인정범위", 재판자료 제62집, 법원도서관(1993), 422.

278 구회근, "이혼시 부부일방의 특유재산이 재산분할의 대상이 되는지 여부", 법조 제46권 제4호, 법조협회(1997), 194.

279 이진기, "부부재산분할청구권의 보전을 위한 취소권 제도 비판호사협회(2009), 42.

280 윤진수, "실질적 특유재산에 대한 재산분할", 가족법연구 제36권 제2호, 한국가족법학회(2022), 19.

281 이선미, "이혼 재산분할 제도의 개선방안 : 분할대상과 분할비율에 관한 개정의견을 중심으로", 가족법연구 제36권 제2호, 한국가족법학회(2022), 58~59.

동체를 형성하여 이를 유지하는 것 자체를 '기여'라고 보아야 하고, 그 혼인공동체를 유지하기 위하여 제공한 노력은 그것이 어떠한 형태의 노동으로 제공되었든 간에 동일한 가치로 평가되어야 하며, 동거와 부양과 협력의 의무를 이행하는 통상적인 부부관계의 형성과 유지 자체가 '재산의 유지·증식에 대한 기여'가 되는 것이라는 견해,[282] 실질적 특유재산이라도 부부의 공동생활을 위하여 그 재산이 사용되어 왔고, 상대방 배우자가 부부로서의 공동생활을 통하여 그 재산의 유지나 증가에 일정한 기여를 하였다면 그 재산도 분할에 있어서 대상으로 삼아야 한다는 견해,[283] 가사소송법이 재산분할 심판을 비송사건으로 정한 점 등을 고려하면 '재산분할에 대한 법원의 재량'은 입법적 결단이고, 특유재산의 분할대상성은 민법 제839조의2 제2항이 분할대상을 제한하지 아니하고 법원의 판단에 맡김으로써 시대의 변화와 구체적 상황에 따른 유연성을 확보하여 왔으며 개별사안에 부합하는 구체적 타당성을 확보하였다는 견해[284] 등이 있다.

258 혼인공동생활에 대한 일반적 기여를 이유로 실질적 특유재산을 분할대상재산으로 보는 경우에도, 모든 특유재산이 일률적으로 분할의 대상이 되어야 하는 것은 아니다. 부부가 함께 생활하거나 함께 관리하는 부동산은 분할대상재산으로 인정될 가능성이 상대적으로 높지만, 일방이 상속받은 시골의 전답 등 상대방이 그 존재조차 잘 알지 못하고 있었고 별다른 관리비용도 필요하지 않은 재산, 부부의 일방이 독자적으로 관리하며 가사비용 등을 충당한 수익용 부동산 등은 재산분할 대상에서 제외될 가능성이 보다 높다. 대법원은, 부부 중 일방은 가정주부였지만 혼인 전에 빌딩 지분을 취득하여 혼인기간 중에 빌딩의 임대료 수입으로 부족한 생활비를 충당하고 상대방은 혼인기간 중에 직장생활을 한 부부의 재산분할에 관한 사건에서, 혼인기간이 7년 이상 계속되었지만 상대방이 빌딩 지분의 가치증가나 유지 또는 가치감소의 방지에 기여하였다고 볼 사정이 없다는 이유로 부부가 형성한 다른 재산들만 분할대상재산으로 보고 위 빌딩 지분은 재산분할 대상에서 제외한 원심의 판단이 정당하다고 판단하였다.[285]

282 최은정/안문희, "재산분할의 기준 정립을 위한 방안 연구", 사법정책연구원(2016), 205.
283 전경근 "혼인 중 증가한 재산의 분할 : 고유재산의 증가분을 중심으로", 가족법연구 제36권 제2호, 한국가족법학회(2022), 47~48.
284 정용신, "지정토론문", 특유재산분할의 판례동향과 법적 쟁점 대토론회 자료집, 사단법인 한국여성변호사회(2023) 66.
285 대법원 2007. 4. 26. 선고 2005므2552, 2569 판결.

3) 분할의 비율 및 방법

259 실질적 특유재산이 분할대상재산에 포함되는 경우, 그 재산에 대한 명의자의 기여가 크기 때문에 상대방의 재산분할비율은 낮아지고, 명의자가 특유재산 보유를 희망하면 그 재산은 명의자의 소유로 분할하는 경우가 많다.

나. 제3자 명의 재산

1) 재산분할대상성

260 혼인 중에 쌍방의 협력으로 이룩한 부부의 실질적인 공동재산은 제3자 명의의 재산이라도 분할의 대상이 된다. 대법원은 "제3자 명의의 재산이라도 그것이 부부 중 일방에 의하여 명의신탁된 재산 또는 부부의 일방이 실질적으로 지배하고 있는 재산으로서 부부 쌍방의 협력에 의하여 형성된 것, 부부 쌍방의 협력에 의하여 형성된 유형·무형의 자원에 기한 것 또는 그 유지를 위하여 상대방의 가사노동 등이 직·간접으로 기여한 것이라면 그와 같은 사정도 참작하여야 한다는 의미에서 재산분할의 대상이 된다."고 판시하고 있다.[286]

261 제3자 명의의 재산이라도 명의신탁된 재산이라면 재산분할의 대상이 된다는 점은 당연하다. 여기서 주목해야 할 것은 대법원이 '부부의 일방이 실질적으로 지배하고 있는 재산'도 재산분할의 대상이 된다고 판시한 점이다.

262 대법원은, 아내는 결혼 후 시댁에서 시부모를 모시고 자녀들을 양육하며 가사를 돌보는 한편 시부모의 농사일을 돕거나 남편이 시부모로부터 상속받은 부동산에서 농사를 지었고, 남편은 장기간 집을 나가 생활하면서 동거녀 또는 동거녀와의 사이에서 태어난 자녀 명의로 부동산을 취득한 사안에서, 동거녀 및 그 자녀 명의로 취득한 부동산 역시 재산분할의 대상이 되고,[287] 부부 사이의 자녀 명의 예금 인출액을 재산분할의 대상으로 삼은 것은 정당하며,[288] 남편의 아버지가 토지를 구입하여 아들들 명의로 등기를 마친 이후 사망하였고, 그 중 한 필지는 비록 남편과 형제의 합유로 등기되어 있으나 남편이 이를 담보로 대출을 받고 단독으로 그 지상에 건물을 신축하여 이를 사용하고 있는 사안에서, 위 토지가 실질적으로 남편이 단독으로 소유하고 있는 재산으로 볼 여지가 없지

286 대법원 1998. 4. 10. 선고 96므1434 판결 등.

287 대법원 1998. 4. 10. 선고 96므1434 판결. 동거녀와 자녀 명의로 취득한 부동산은 명의신탁이 아니라 증여로 인정될 가능성이 적지 않지만 재산분할의 대상이 될 수 있다.

288 대법원 2009. 6. 9. 자 2008스111 결정.

않다는 이유로 원심판결을 파기하였다.[289] 일본에서는, 가족 경영의 농업 또는 소규모 영업 등 상대방의 가족이 공동으로 경영하지만 그 명의는 상대방의 아버지 등의 명의로 되어있는 경우, 혼인기간 중 가업에 협력한 배우자가 상속이 개시되기 전 이혼하는 때에도 이를 상대방이 실질적으로 지배하고 있는 재산으로 보아 청산할 수 있는지에 관하여 논의가 있었다.[290]

2) 분할의 방법 등

263 제3자 명의 재산은 직접 현물분할이나 경매분할의 대상으로 삼을 수 없다(그와 같은 심판을 하더라도 제3자에 대하여는 효력이 없어 집행을 할 수 없다). 그렇기 때문에 대법원은 "그와 같은 사정도 참작하여야 한다는 의미에서 재산분할의 대상이 된다."고 판시한 것이다.

264 위 판시의 의미에 관하여, 근래 실무에서는 합유재산에 관한 대법원 2009. 11. 12. 선고 2009므2840, 2857 판결을 참고하여 "제3자 명의 재산의 경우 그 소유명의가 부부의 일방 또는 쌍방에게로 회복되지 않는 이상 그 재산 자체의 분할을 명할 수는 없지만, 그 재산의 가액을 산정하여 이를 분할의 대상으로 삼거나 다른 재산의 분할에 참작하는 방법에 따라야 한다."는 뜻으로 해석하고 있다.[291] 따라서 법원은 제3자 명의 재산이라도 부부 중 일방 또는 쌍방 명의 재산처럼 그 재산의 가액을 재산분할의 대상이 되는 재산의 가액에 포함시켜 '각자가 보유하고 있는 재산의 가액'과 '각자에게 귀속되어야 할 재산의 가액'을 정한 다음 그 차액 상당을 금전으로 지급·청산하도록 하거나, 제3자 명의 재산의 가액을 참작하여 다른 재산을 더 많이 또는 더 적게 분할할 수 있다. 위 판시의 뜻을 "제3자 명의 재산은 재산분할비율 결정 시 참작요소로 고려하여야 한다."는 의미로 해석하는 견해도 있으나,[292] 굳이 그와 같이 제한적으로 해석하여야 할 필요는 없을 것으로 생각된다.

289 대법원 2009. 11. 12. 선고 2009므2840, 2857 판결.

290 주해친족법(제1권)(제2판), 박영사(2025), 455(이동진).

291 법원실무제요, 가사[Ⅱ], 법원행정처(2021), 1441~1442. 같은 취지로는 김수정, "이혼으로 인한 재산분할청구권", 사법논집 제40집, 법원도서관(2005), 560~561; 김종우, "재산분할의 대상과 그 기준시기 및 방법", 실무연구Ⅷ, 서울가정법원(2002), 45; 민유숙, "재산분할의 구체적 인정범위", 재판자료 제62집, 법원도서관(1993), 421.

292 조해섭, "악의의 유기로 인한 이혼청구권의 제척기간, 제3자 명의의 재산과 재산분할 대상, 부첩관계와 손해배상 등", 대법원판례해설 제30호, 법원도서관(1998), 201.

265 재산분할의 대상이 되는 제3자 명의 재산이 있더라도, 일방 당사자가 재산분할을 하기 위해 상대방을 대위하여 제3자를 상대로 상대방의 권리를 행사할 수는 없다. 즉, 재산분할권리자가 제3자 명의 재산 자체를 분할대상 재산으로 하기 위해 재산분할의무자를 대위하여 제3자를 상대로 재산분할의무자에게 소유권이전등기를 하라는 등의 소를 제기할 수는 없다. 대법원은 "이혼으로 인한 재산분할청구권은 협의 또는 심판에 의하여 그 구체적 내용이 형성되기까지는 그 범위 및 내용이 불명확·불확정하기 때문에 구체적으로 권리가 발생하였다고 할 수 없으므로, 이를 보전하기 위하여 채권자대위권을 행사할 수 없다."고 한다(☞ 상세한 내용은 민법 제839조의2 V. 3. 다. 주석 참조).[293]

266 참고로, 실무에서는 이와 반대로 배우자 일방 명의 부동산이 실은 그 배우자의 부모가 명의신탁한 재산이라는 주장이 종종 제기되는데, 명의신탁에 관한 일반원칙에 따라 그 부동산이 명의신탁된 사실에 대한 입증책임은 이를 주장하는 측에 있다. 따라서 부모가 실제로 부동산에 관하여 임대차계약을 체결하고 그 수익을 취득하는 등 그 부동산을 관리, 사용, 수익하였다는 사정 등을 입증하지 못하면 그 부동산은 분할대상재산에 포함되는 것으로 인정될 수 있다.

3) 법인의 재산

267 부부의 일방이 법인을 실질적으로 지배하고 있는 경우에는 그 법인의 재산을 바로 재산분할 대상에 포함시킬 수 없고, 대신 그가 보유한 주식 등의 가치를 평가하여 이를 분할의 대상으로 삼아야 한다. 대법원은, 주식회사와 같은 기업의 재산은 다양한 자산 및 부채 등으로 구성되는 것으로서, 그 회사의 재산에 대하여는 일반적으로 이를 종합적으로 평가한 후에야 1인 주주에 개인적으로 귀속되고 있는 재산가치를 산정할 수 있다는 이유로 "부부의 일방이 실질적으로 혼자서 지배하고 있는 주식회사(이른바 '1인 회사')라고 하더라도 그 회사 소유의 재산을 바로 그 개인의 재산으로 평가하여 재산분할의 대상에 포함시킬 수는 없다"고 판시하였다.[294]

268 물론 법인격부인의 법리가 적용될 수 있는 경우에는 법인의 재산을 바로 분할대상에 포함시킬 수 있겠지만, 실무에서 법인격부인의 법리가 받아들여지는 경우는 많지 않다.

293 대법원 1999. 4. 9. 선고 98다58016 판결.
294 대법원 2011. 3. 10. 선고 2010므4699, 4705, 4712 판결.

다. 퇴직급여, 퇴직수당, 명예퇴직금

1) 개관

269 퇴직에 따른 급부에는 퇴직급여, 퇴직수당, 명예퇴직금 등이 있다. 기업의 근로자, 공무원 등의 경우 전체 재산 중 퇴직급여 등이 차지하는 비중이 적지 않은데, 퇴직급여 등은 이를 규율하는 법령도 다양하고, 일시금으로 지급받기도 하고 연금으로 지급받기도 하고 양자를 혼합하기도 하는 등 지급방법도 다양하며, 배우자가 재산분할 절차에서 분할을 청구할 수도 있고 법령에 따라 수급권을 행사할 수도 있는 등 이를 나누는 절차도 복잡하고, 특히 연금의 경우 그 특수성으로 인하여 다양한 문제가 나타나고 있다.

270 퇴직급여에 관한 논의는 연금수급권에 관한 논의와 중첩되는 부분이 많으므로, 연금분할, 법령에 따른 분할연금 등의 수급권에 관하여는 다음 항에서 논의하고, 여기에서는 퇴직급여가 재산분할의 대상이 될 수 있는지 여부와 퇴직 전에 장래의 퇴직급여를 재산분할의 대상으로 할 수 있는지를 중심으로 보겠다.

2) 재산분할대상성

가) 퇴직급여

271 퇴직급여에 관하여는 근로자퇴직급여 보장법, 공무원연금법, 군인연금법, 사립학교교직원 연금법 등이 개별적으로 규정을 하고 있다. 근로자퇴직급여 보장법은 퇴직급여를 퇴직연금(확정급여형, 확정기여형, 개인형 퇴직연금제도)과 그 밖의 퇴직금(일시금 포함)으로 나누고 있고, 공무원연금법 등은 퇴직연금, 퇴직연금일시금, 퇴직연금공제일시금, 퇴직일시금으로 나누고 있으며, 군인연금법은 퇴역연금, 퇴역연금일시금, 퇴역연금공제일시금, 퇴직일시금으로 나누고 있다.

272 퇴직급여는 사회보장적 급여로서의 성격 외에 임금의 후불적 성격과 성실한 근무에 대한 공로보상적 성격도 지니고 있고, 퇴직급여를 수령하기 위해서는 일정기간 근무할 것이 요구되므로, 그와 같이 근무함에 있어 상대방 배우자의 협력이 기여한 것으로 인정된다면 퇴직급여 역시 부부 쌍방의 협력으로 이룩한 재산으로서 재산분할의 대상이 될 수 있다.[295]

273 퇴직급여는 이를 재산분할의 대상으로 삼을 수도 있지만, 법령에 따라 퇴직급여 분할수급권을 행사할 수도 있고, 법령에 따른 수급권을 행사하면서 재산분할절

295 대법원 2014. 7. 16. 선고 2013므2250 전원합의체 판결 등.

차에서 그 비율을 달리 정할 수도 있다.

나) 퇴직수당

274 퇴직수당은 공무원연금법, 군인연금법 등에 따라 퇴직급여와 별도로 지급되는 수당을 말한다. 공무원 등이 1년 이상 재직하고 퇴직할 경우에는 퇴직수당을 지급받는다(공무원연금법 제62조, 군인연금법 제37조 등). 퇴직수당은 일시금으로 지급된다.

275 퇴직수당에 관하여 이혼배우자의 협력이 기여한 것으로 인정되면 퇴직급여와 별도로 이를 재산분할의 대상으로 할 수 있고, 그 경우 구체적 재산분할의 대상은 '이혼소송의 사실심 변론종결 시를 기준으로 그 시점에서 퇴직할 경우 수령할 수 있을 것으로 예상되는 퇴직수당 상당액의 채권'이다.[296] 퇴직수당에 관하여는 공무원연금법 등이 정하고 있는 이혼배우자의 퇴직급여 분할수급권에 관한 규정이 적용되지 않는다.

다) 명예퇴직금

276 명예퇴직금은 일정한 요건을 갖추어 명예퇴직을 하는 경우에 퇴직금과 별개로 지급되는 가산금으로, 명예퇴직수당이라고 부르기도 한다.[297] 공무원의 경우에는 공무원연금법이 아닌 국가공무원법 제74조의2에서 규정하고 있다. 명예퇴직금은 주로 일시금으로 지급된다.

277 일반적으로 후불적 임금의 성격을 지니고 있는 퇴직급여와 달리, 명예퇴직금은 그 지급대상, 지급요건 및 산정방법 등이 다양하여 그 성격을 한 가지로만 규정할 수 없다.[298] 헌법재판소는, 사립학교법상 명예퇴직수당은 장기근속 교원의 조기 퇴직을 유도하기 위한 특별장려금이라고 판단하였고,[299] 공무원의 명예퇴직수당은 공무원의 조기퇴직을 유도하기 위한 특별장려금이지만 퇴직 전 근로에 대한 공로보상적 성격도 갖는다고 판단하였으며,[300] 대법원은, 기업이 장기근속자의 정년 이전 조기 퇴직을 유도하기 위하여 퇴직일부터 정년까지의 기간이 길수록 많은 금액이 지급되는 내용의 명예퇴직금제도를 설정하여 운영하는

296 대법원 2019. 9. 25. 선고 2017므11917 판결.
297 헌법재판소 2007. 4. 26. 선고 2003헌마533 전원재판부 결정.
298 김승정, "명예퇴직금이 재산분할의 대상이 되는지 여부 및 재산분할의 대상이 되는 범위", 대법원 판례해설 89호, 법원도서관(2012), 576~581.
299 헌법재판소 2007. 4. 26. 선고 2003헌마533 전원재판부 결정.
300 헌법재판소 2010. 11. 25. 선고 2010헌바93 전원재판부 결정.

경우, 그 명예퇴직금은 후불임금이라기보다는 조기 퇴직에 대한 사례금 또는 장려금적인 성격이 농후하다고 보았다.[301]

278 명예퇴직금은 이처럼 특별장려금이나 공로보상적 성격이 강하기 때문에 임금의 후불적 성격이 강한 퇴직금과 달리 재산분할의 대상이 될 수 없는 것이 아닌지가 문제되었다. 그러나 대법원 2011. 7. 14. 선고 2009므2628, 2635 판결[302]은 이혼소송의 사실심 변론종결 전에 부부 중 일방이 명예퇴직을 하여 명예퇴직금을 수령한 사안에서 "명예퇴직금이 정년까지 계속 근로로 받을 수 있는 수입의 상실이나 새로운 직업을 얻기 위한 비용지출 등에 대한 보상의 성격이 강하다고 하더라도, 일정기간 근속을 요건으로 하고, 상대방 배우자의 협력이 근속 요건에 기여하였다면, 명예퇴직금 전부를 재산분할의 대상으로 삼을 수 있다."고 판시하였다.[303]

279 명예퇴직금을 분할대상재산에 포함시키는 경우, 법원은 '상대방 배우자가 근속에 기여한 정도', '이혼소송 사실심 변론종결일부터 정년까지의 잔여기간' 등을 민법 제839조의2 제2항이 정한 재산분할의 액수와 방법을 정하는 데 필요한 기타 사정으로 참작할 수 있다.[304] 명예퇴직금은 정년까지 계속 근로를 하였을 경우 받을 수 있는 장래 수입의 상실 등에 대한 보상 등의 성격이 강하여 혼인기간 중의 임금으로 형성한 재산에 비하여 상대방 배우자의 기여가 낮을 수 있다.

3) 장래의 퇴직급여

가) 재산분할대상성

280 과거 대법원은, 부부 중 일방이 직장에서 일하다가 이혼 당시에 이미 퇴직금 등의 금원을 수령하여 소지하고 있는 경우에는 이를 청산의 대상으로 삼을 수 있지만,[305] 부부 일방이 아직 퇴직하지 아니한 채 직장에 근무하고 있을 경우, 그의 퇴직일과 수령할 퇴직금이 확정되었다는 등의 특별한 사정이 없다면 그가 장차 퇴직금을 받을 개연성이 있다는 사정만으로 그 장래의 퇴직금을 청산의 대상이 되는 재산에 포함시킬 수 없고, 장래 퇴직금을 받을 개연성이 있다는 사

301 대법원 2007. 11. 29. 선고 2005다28358 판결.
302 이 판결은 홍익회가 지급한 명예퇴직금(명예퇴직위로금이라는 명목의 돈 포함)에 대하여 판단하였다.
303 자세한 내용은 김승정, "명예퇴직금이 재산분할의 대상이 되는지 여부 및 재산분할의 대상이 되는 범위", 대법원판례해설 제89호, 법원도서관(2012) 참조.
304 대법원 2011. 7. 14. 선고 2009므2628, 2635 판결.
305 대법원 1995. 3. 28. 선고 94므1584 판결.

정은 민법 제839조의2 제2항 소정의 재산분할의 액수와 방법을 정하는 데 필요한 '기타 사정'으로 참작되면 족하다고 하였다.[306]

281 그러나 대부분의 근로자가 정상적으로 퇴직금을 지급받고 퇴직하는 점, 이혼 후 제척기간 2년 내에 퇴직금이 확정되는지 여부에 따라 분할대상재산의 범위를 달리 하는 것은 불공평하다는 점 등을 이유로 위 판례에 대하여 지속적으로 문제가 제기되었고,[307] 마침내 대법원 2014. 7. 16. 선고 2013므2250 전원합의체 판결은 혼인 중의 재산관계를 청산·분배하는 것을 본질로 하는 재산분할제도의 취지, 당사자 사이의 실질적 공평, 퇴직금의 경제적 가치의 평가가 가능한 점 등을 이유로 장래 수령할 것으로 예상되는 퇴직금 상당액을 재산분할의 대상에 포함시킬 수 있다고 판시하여 기존의 판례를 변경하였다.[308]

282 즉, 퇴직급여채권은 퇴직이라는 급여의 사유가 발생함으로써 현실화되는 것이므로, 이혼 시점에서는 어느 정도의 불확실성이나 변동가능성을 지닐 수밖에 없으나, 그렇다고 하여 퇴직급여채권을 재산분할의 대상에서 제외하고 단지 장래의 수령가능성을 재산분할의 액수와 방법을 정하는 데 필요한 기타 사정으로만 참작하는 것은 부부가 혼인 중 형성한 재산관계를 이혼에 즈음하여 청산·분배하는 것을 본질로 하는 재산분할제도의 취지에 맞지 않고, 당사자 사이의 실질적 공평에도 반하여 부당하므로, 이혼 당시 부부 일방이 아직 재직 중이어서 실제 퇴직급여를 수령하지 않았더라도 이혼소송의 사실심 변론종결 시에 이미 잠재적으로 존재하여 경제적 가치의 현실적 평가가 가능한 재산인 퇴직급여채권은 재산분할의 대상에 포함시킬 수 있다는 것이다. 대법원은 구체적으로 "(1) 현실에서는 정상적으로 퇴직급여를 수령하는 경우가 훨씬 많은데, 위와 같은 불확실성이나 변동가능성을 이유로 퇴직급여채권을 재산분할의 대상에서 완전히 제외할 경우 오히려 불공평한 결과를 초래할 가능성이 크다. 특히 이혼 전에 퇴직한

306 대법원 2002. 8. 28. 자 2002스36 결정 등.

307 권오봉, "퇴직금, 퇴직연금이 재산분할의 대상이 되는지 여부, 법학논총 제32집 제3호, 전남대학교 법학연구소(2012); 김승정, "재산분할의 대상이 되는 재산의 확정: 새로운 재산적 가치들을 중심으로", 재판실무연구 2004, 광주지방법원(2005); 김원수, "퇴직금이 재산분할의 대상이 되는지 여부", 재판실무 제3집, 창원지방법원 (2005); 민유숙, "재산분할 대상이 되는 재산의 확정에 관한 몇 가지 문제점: 비교법적 고찰을 중심으로", 법조 제50권 제4호, 법조협회(2001) 등.

308 자세한 내용은 김정민, "잠재적 퇴직급여채권에 대한 재산분할청구 : 대법원 2014. 7. 16. 선고 2013므2250 전원합의체 판결", 민사재판의 제문제 제23권, 한국사법행정학회(2015) 참조. 위 전원합의체 판결에 대한 비판적 견해는 이진기, "재산분할의 대상으로서 [장래의] 퇴직급여채권 : 대판 2014. 7. 16. 2013므2250 전원합의체 판결과 대판 2014. 7. 16. 2012므2888 전원합의체 판결을 중심으로", 가족법연구 제28권 제3호, 한국가족법학회(2014).

경우와 비교하여 보면 현저한 차이가 발생하여, 혼인생활의 파탄에도 불구하고 퇴직급여를 수령할 때까지 이혼시기를 미루도록 사실상 강제하는 결과를 초래할 수 있다. (2) 퇴직급어채권을 재산분할의 대상에서 제외하고 기타 사정으로만 참작할 경우에는 실제 어느 정도로 참작할지 그 기준이 명확하지 않고, 분할할 다른 재산이 없는 경우에는 아예 재산분할을 할 수 없으므로 공평한 재산분할을 담보하기 어렵다. (3) 재산분할의 대상으로 인정되고 있는 다른 재산도 정도의 차이가 있을 뿐 장래 그 경제적 가치가 변동할 수 있고, 특히 채권은 기본적으로 장래 이행되지 않을 가능성이 내포되어 있다. (4) 근로자는 퇴직하기 전에도 근로자퇴직급여보장법 제8조 제2항의 요건을 갖추면 계속근로기간에 대한 퇴직금을 미리 정산하여 지급받을 수 있고, 일반적으로 퇴직하기만 하면 그때부터 14일 이내에 퇴직급여를 받을 수 있다는 점에서 퇴직급여채권은 이행기의 정함이 없는 일반 채권과 실질적으로 큰 차이가 없고, 같은 법 제12조가 퇴직급여의 우선변제를 규정하고, 같은 법 제44조가 퇴직급여지급의무를 위반한 사용자의 형사처벌을 규정하고 있는 점을 고려하면 오히려 일반 채권보다 이행가능성이 크다고 볼 수도 있다."는 점을 지적하였다.

나) 구체적 분할대상 및 방법

(1) 원칙

283 대법원 2014. 7. 16. 선고 2013므2250 전원합의체 판결은 "이혼소송의 사실심 변론종결 시를 기준으로 그 시점에서 퇴직할 경우 수령할 수 있을 것으로 예상되는 '퇴직급여 상당액'의 채권이 재산분할의 대상이 된다."고 판시하였다. 여기서의 '퇴직급여 상당액'은, 공무원의 퇴직급여를 기준으로 할 경우, 퇴직일시금(10년 미만 재직하고 퇴직한 경우) 또는 퇴직연금일시금(10년 이상 재직하고 퇴직하여 퇴직연금을 지급받을 수 있는 경우) 상당액을 의미한다.

284 일본 하급심의 퇴직급여 분할방법은 이혼시청산형과 퇴직시청산형으로 분류되고, 이혼시청산형은 이혼 시 퇴직하는 것을 가정한 경우의 예상퇴직금을 기초로 하는 방법, 정년까지 근무할 것을 가정한 경우의 예상퇴직금에서 중간이자를 공제한 금액을 기초로 하는 방법 등이 있고, 퇴직시청산형은 이혼시 퇴직할 것을 가정한 경우의 예상퇴직금을 기초로 하되 실제로 퇴직금을 지급받는 것을 정지조건으로 하여 지급하도록 하는 방법, 정년까지 근무할 것을 가정한 경우의 예상퇴직금을 기초로 하여 실제로 퇴직금을 지급받는 것을 정지조건으로 하여 지

급하도록 하는 방법, 실제로 퇴직금을 지급받을 것을 정지조건으로 하여 실제 지급액에 일정 비율을 곱한 금액을 지급하도록 하는 방법 등이 있는데, 위 전원합의체 판결이 판시한 분할방법은 이혼시청산형 중 첫 번째 방법과 같은 것으로 보인다. 퇴직시청산형을 선택하면 분할권리자가 퇴직 시기 등에 관한 정보를 얻기 어렵고, 분할의무자가 임의이행하지 않는 경우에는 이혼시청산형에 비하여 집행이 어려우며, 실제 분할을 받을 때까지 상당기간이 소요될 경우에는 분할권리자의 이혼 후 생활에 지장을 초래할 수도 있고, 분할의무자가 퇴직금을 받기 전에 사망할 경우 조건불성취로 재산분할을 받지 못하게 될 위험성도 있다.[309]

285 위 전원합의체판결의 환송 후 항소심 판결인 대전고등법원 2015. 6. 16. 선고 1014르242 판결(상고 미제기로 확정)은 혼인 이후부터 파탄 시까지에 해당하는 퇴직급여를 재산분할의 대상에 포함시켰으나,[310] 서울고등법원 2019. 1. 10. 선고 2018르22930, 22947 판결(대법원 심리불속행 상고 기각으로 확정) 및 서울고등법원 2019. 10. 10. 선고 2019르22043, 22050 판결(상고 미제기로 확정)은 퇴직급여를 혼인 이전에 형성된 부분과 혼인 이후에 형성된 부분으로 분리하기 곤란하다는 등의 이유로 전체 퇴직금을 재산분할의 대상에 포함시키고, 혼인 전부터 재직하였다는 사정은 재산분할 비율을 정함에 있어서의 참작사유로 보았다.[311]

(2) 다른 방법의 재산분할이 가능한지 여부

(가) 퇴직시청산 등

286 분할의무자에게 별다른 재산이 없어 재산분할금을 지급할 자력이 없는 등의 경우에 그 지급시기를 유예하거나 퇴직 시에 청산하도록 하는 등 예외를 인정할 수 있는지가 문제될 수 있다. 다만 공무원연금법에 분할연금 수급권, 퇴직연금일시금 등의 분할, 분할연금 선청구 등에 관한 조항이 도입되었고(공무원연금법

309 김정민, "잠재적 퇴직급여채권에 대한 재산분할청구 : 대법원 2014. 7. 16. 선고 2013므2250 전원합의체 판결", 민사재판의 제문제 제23권, 한국사법행정학회(2015), 748~749.

310 퇴직금 산정의 기준시는 원칙적으로 이혼소송의 사실심 변론종결일이지만, "파탄시 이후 사실심 변론종결시까지 사이에 추가 발생한 퇴직급여에 분할권리자의 기여가 있다고 보기 어렵다."는 이유로 대법원 2013. 11. 28. 선고 2013므1455, 1462 판결에 근거하여 소 제기 시를 파탄시로 보아 위와 같이 판단하였다.

311 대법원 2000. 5. 2. 자 2000스13 결정은 "퇴직금 중 혼인한 때로부터 이혼소송의 사실심 변론종결일까지의 기간 중에 제공한 근로의 대가에 해당하는 퇴직금 부분은 분할의 대상인 재산이 된다."고 판시하였으나, 위 판결은 혼인신고 이후 입사한 당사자에 대한 것이어서 당사자가 혼인 전에 이미 재직하고 있었던 경우에 혼인 이전에 형성된 부분과 혼인 이후에 형성된 부분을 반드시 나누어야 한다고 보아야 할지는 명확하지 않다.

제45조 내지 제49조), 사립학교교직원 연금법이 이를 준용하고 있으며(사립학교교직원 연금법 제42조), 마침내 군인연금법도 2019. 12. 10. 법률 제16760호로 전부개정되어 퇴역연금에 관하여 공무원연금법과 유사한 조항을 두었으므로(군인연금법 제22조 내지 제26조), 위 각 조항이 적용되는 경우에는 이혼 시에 일시금을 지급하도록 명하는 것이 부당하다면 분할권리자로 하여금 분할연금 선청구를 하여 사후에 분할연금 또는 퇴직연금일시금 등을 지급받도록 할 수 있게 되었으므로, 굳이 재산분할로 퇴직시청산을 명할 필요는 없을 것으로 보인다.

(나) 퇴직연금을 기초로 한 재산분할

287 이혼 시에 공무원으로 재직하고 있지만 당장 퇴직하더라도 퇴직연금을 수령할 수 있는 경우에는 퇴직연금일시금이 아닌 퇴직연금을 기초로 산정한 재산분할금을 청구할 수 있는지가 문제된다.[312] 공무원연금 등의 경우에는 기대여명을 이용하여 배우자가 장래 수령할 퇴직연금총액을 계산한 다음 중간이자를 공제하여 현재 가치를 산정하는 방식으로 금액을 계산하면 그 액수는 퇴직연금일시금보다 훨씬 큰 금액일 것이기 때문이다(근로자 퇴직급여청구권은 일시금과 연금의 실질적 가치에 큰 차이가 없으므로[313] 굳이 위와 같이 해석할 필요가 없을 것이다). 그러나 퇴직 전에는 공무원인 배우자가 퇴직연금을 선택할 것인지 퇴직연금일시금을 선택할 것인지조차 확정할 수 없는 점, 손해배상 등의 경우와 달리 재산분할의 경우에는 퇴직연금일시금을 기초로 한 재산분할이 가능한 점, 공무원연금 등의 경우에는 입법에 의하여 분할연금 청구가 가능한 점 등에 비추어 보면, 위와 같은 청구를 허용할 필요는 없을 것으로 생각된다. 대법원 2014. 7. 16. 선고 2013므2250 전원합의체 판결이 "이혼소송의 사실심 변론종결 시를 기준으로 그 시점에서 퇴직할 경우 수령할 수 있을 것으로 예상되는 퇴직급여 상당액의 채권이 그 대상이 된다."고 명언한 것도 같은 취지인 것으로 생각된다.

(다) 퇴직 전의 연금분할청구

288 이혼 시에 공무원으로 재직하고 있지만 당장 퇴직하더라도 퇴직연금을 수령할 수 있는 경우에 대법원 2014. 7. 16. 선고 2013므2250 전원합의체 판결과 같은 방법으로 일시금을 청구하지 않고 대법원 2014. 7. 16. 선고 2012므2888 전원합

312 견해의 대립에 관한 상세한 내용은 김정민, "잠재적 퇴직급여채권에 대한 재산분할청구 : 대법원 2014. 7. 16. 선고 2013므2250 전원합의체 판결", 민사재판의 제문제 제23권, 한국사법행정학회(2015), 750~751 참조.

313 김정민, "공무원 퇴직연금수급권에 대한 재산분할", 사법 제30호, 사법발전재단(2014), 348.

의체 판결과 같이 장래 발생할 퇴직연금수급권을 재산분할대상으로 주장할 수 있는지도 문제가 되나, 공무원연금법 등이 입법에 의하여 분할연금 청구를 가능하도록 하였으므로 그 경우에는 굳이 재산분할로 정기금 지급을 명할 실익은 없을 것으로 보인다[☞ 상세한 내용은 민법 제839조의2 Ⅵ. 2. 라. 3) 나) (2) 주석 참조].

다) 공무원연금법 등에 따른 퇴직급여 분할수급권과의 관계

289 공무원연금법 등에 따른 분할연금 등 수급권은 민법 제839조의2에 따른 재산분할청구권과 구별되는 이혼배우자의 고유한 권리이지만,[314] 공무원연금법 제46조, 제49조 제3항 등이 "민법 제839조의2 등에 따라 연금분할 등이 별도로 결정된 경우에는 그에 따른다."고 규정하고 있으므로, 공무원 등의 퇴직급여를 대상으로 재산분할에 관한 협의나 재판을 하여 일시금을 지급받은 경우에는 이후에 공무원연금법 등에 따른 분할연금 등 청구를 할 수 없다. 한편 협의상 또는 재판상 이혼에 따른 재산분할절차에서 이혼당사자 사이의 협의 내지 조정으로 퇴직연금 중 일부에 대한 분할도 가능하다. 따라서 이혼당사자 사이의 협의 내지 조정에서 분할대상으로 삼아 재산분할액에 반영된 퇴직연금 부분에 대해서는 공무원연금법 등에 따른 분할연금 등 청구를 할 수 없지만, 나머지 퇴직연금 부분에 대해서는 여전히 분할연금 등 청구가 가능하다.[315]

290 주의할 것은, 퇴직급여에 대하여 재산분할을 명하는 심판을 받은 경우에는 그 이유에 퇴직급여에 대하여 민법 제839조의2에 따른 별도의 결정이 있었음이 확인되므로 문제가 없지만, 조정, 화해, 협의 등에 의하여 재산분할을 하는 경우에는 분할연금 등 수급권에 대하여 달리 정하기로 하는 명시적 합의가 있었음이 분명히 드러나도록 명시적 조항을 두어야 한다는 것이다. 조정조항 등에 명시적으로 분할연금 등 수급권을 포기하는 합의가 기재되지 않은 경우에는, 조정조항 등에 나머지 청구 포기 조항 및 향후 이혼과 관련하여 재산분할을 청구하지 않는다는 내용의 청산조항이 포함되어 있다 하더라도 이혼배우자가 공무원연금법 등에 따른 분할연금 등 수급권을 행사할 수 있기 때문이다[☞ 상세한 사항은 민법 제839조의2 Ⅵ. 2. 라. 2) 라) 주석 참조].[316] 다만, 이혼당사자 사이의 협의서나 조정조서 등을 포함한 재판서에 퇴직연금의 분할 비율 등이 명시되지 않더라도 이

314 대법원 2019. 6. 13. 선고 2018두65088 판결.
315 대법원 2023. 11. 30. 선고 2022두62284 판결
316 대법원 2019. 6. 13. 선고 2018두65088 판결.

혼배우자가 협의상 또는 재판상 이혼에 따른 재산분할절차에서 상대방의 퇴직연금 내역을 구체적으로 파악하여 이를 상대방의 적극재산에 포함하고, 상대방의 퇴직연금의 존부, 추정액 등이 협의 내지 조정에 이르기까지의 재산분할절차에서 충분히 고려된 사정이 확인된다면, 퇴직연금이 이혼당사자 사이의 협의액 내지 조정액의 결정 등에 반영되었다고 보는 것이 타당할 것이다.[317]

라. 연금수급권[318]

1) 재산분할대상성[319]

291 과거 대법원은 "향후 수령할 퇴직연금은 여명을 확정할 수 없으므로 이를 바로 분할대상 재산에 포함시킬 수 없고, 이를 참작하여 분할액수와 방법을 정함이 상당하다."고 판단하였다.[320]

292 그러나 이에 대하여 장래의 퇴직급여 채권과 함께 꾸준히 문제가 제기되자, 마침내 대법원 2014. 7. 16. 선고 2012므2888 전원합의체 판결은 "이혼소송의 사실심 변론종결 당시에 부부 중 일방이 공무원 퇴직연금을 실제로 수령하고 있는 경우에, 위 공무원 퇴직연금에는 사회보장적 급여로서의 성격 외에 임금의 후불적 성격이 불가분적으로 혼재되어 있으므로, 혼인기간 중의 근무에 대하여 상대방 배우자의 협력이 인정되는 이상 공무원 퇴직연금수급권 중 적어도 그 기간에 해당하는 부분은 부부 쌍방의 협력으로 이룩한 재산으로 볼 수 있다. 따라서 재산분할제도의 취지에 비추어 허용될 수 없는 경우가 아니라면, 공무원 퇴직연금수급권도 부동산 등과 마찬가지로 재산분할의 대상에 포함될 수 있다고 봄이 상당하다."고 하여 기존의 판례를 변경하였다.

293 위 전원합의체 판결 이후 공무원연금법이 개정되어 배우자의 분할연금 등 수급권에 대한 조항이 신설되었고, 사립학교교직원 연금법은 이를 준용하였으며, 마침내 군인연금법도 2019. 12. 10. 법률 제16760호로 전부개정되어 퇴역연금에 관

317 대법원 2023. 11. 30. 선고 2022두62284 판결.

318 연금수급권은 공무원의 퇴직연금수급권과 같이 퇴직급여의 일종인 것도 있고, 국민연금수급권과 같이 퇴직급여가 아닌 것도 있다. 또한 연금에 관하여는 연금 관련 법률이 분할연금에 관한 규정을 두고 있어 재산분할로 연금수급권을 분할하는 방법, 연금 관련 법률에 따라 분할연금 등 수급권을 행사하는 방법, 위 두 가지 방법의 관계 등이 문제가 된다.

319 국민연금법은 1998년에 이미 분할연금제도를 도입하여 국민연금수급권의 재산분할대상성이 크게 문제되지 않으므로, 여기에서는 퇴직연금수급권에 대하여만 보고 국민연금수급권의 재산분할대상성에 관하여는 별도로 서술하지 않는다.

320 대법원 1997. 3. 14. 선고 96므1533, 1540 판결 등.

하여 분할연금 등을 청구할 수 있는 조항을 두었으므로, 위 각 법이 적용되는 경우에는 향후 수령할 연금수급권에 대하여 굳이 재산분할을 청구할 필요가 없고, 다만 법률에 정하여진 연금 분할비율이 적정하지 않은 경우 각 법에 규정된 소위 분할연금 지급의 특례조항에 따라 재산분할절차에서 연금 분할비율을 정하면 된다.[321] 근로자퇴직급여 보장법에는 분할연금 등 수급권에 관한 규정이 없으나, 위 법에 의한 연금은 일시금과 실질적 가치에 큰 차이 없어[322] 굳이 집행의 위험성 등을 무릅쓰고 연금분할을 청구할 필요성이 크지는 않은 것으로 보인다.

294 위 전원합의체 판결은 "정기금 지급방식의 재산분할에서 예상되는 이행 내지 집행의 어려움 등을 고려하여 보면, 분할권리자가 공무원 퇴직연금수급권에 대한 재산분할을 원하지 아니하거나, 혼인기간이 너무 단기간이어서 매월 지급할 금액이 극히 소액인 경우 등 퇴직연금 자체를 재산분할의 대상으로 하는 것이 적절하지 아니한 특별한 사정이 있는 경우에는 당사자들의 자력 등을 고려하여 이를 재산분할의 대상에서 제외하고 기타 사정으로만 고려하는 것도 허용될 수 있다."고 판시하고 있으므로, 위와 같은 경우에 당사자의 의사에 반하여 직권으로 연금수급권을 재산분할 대상에 포함시킬 필요는 없다.

2) 법률에 의한 분할연금제도[323]

가) 국민연금법

295 국민연금법은 2007. 7. 23. 전부개정되면서 제64조, 제65조에 노령연금에 관한 배우자의 분할연금 수급권에 관한 규정을 신설하였고, 이후 제64조의2 내지 제64조의4를 신설하여 분할연금 지급의 특례, 분할연금 청구의 특례 및 분할연금 수급권의 포기에 관한 규정을 추가하였다.

296 국민연금법(2024. 12. 20. 법률 제20584호로 일부개정된 것) 제64조에 따르면, 혼인기간이 5년 이상인 자가 배우자와 이혼하였을 것, 배우자였던 사람이 노령연금

321 이 경우 상대방 배우자로부터 직접 재산을 분할받지 않고 연금수급기관에 대하여 분할연금 등 수급권을 행사할 수 있다.

322 김정민, "공무원 퇴직연금수급권에 대한 재산분할", 사법 제30호, 사법발전재단(2014), 348.

323 연금 관련 법률들에 대한 입법론은 김옥곤, "공무원연금과 재산분할 : 2014년 대법원 판결과 2015년 공무원연금법 개정을 계기로", 판례연구 제28집, 부산판례연구회(2017), 759~762; 전경근, "분할연금에 관한 연구", 법학연구 제23집 제4호, 인하대학교 법학연구소(2020); 현소혜, "연금분할청구권과 국민연금법의 개정방향 : 헌법재판소 2016. 12. 29. 선고 2015헌바182 결정을 중심으로", 성균관법학 제29권 제1호, 성균관대학교 비교법연구소(2017) 참조.

수급권자일 것, 60세가 되었을 것이라는 요건을 모두 갖추면, 그 때부터 그가 생존하는 동안 배우자였던 자의 노령연금을 분할한 일정한 금액의 연금, 즉 분할연금을 받을 수 있다.

297 여기서 '혼인기간'은 '배우자의 가입기간 중의 혼인 기간으로서 별거, 가출 등의 사유로 인하여 실질적인 혼인관계가 존재하지 아니하였던 기간을 제외한 기간'을 말한다(국민연금법 제64조 제1항). 과거에는 이와 같은 조항이 없었으나, 헌법재판소가 노령연금 수급권 형성에 대한 기여란 부부공동생활 중에 역할분담의 차원에서 이루어지는 가사·육아 등을 의미하므로, 별거나 가출 등으로 실질적인 혼인관계가 존재하지 아니하여 연금 형성에 기여가 없는 이혼배우자에 대해서까지 법률혼 기간을 기준으로 분할연금 수급권을 인정하는 구 국민연금법 제64조 제1항이 재산권을 침해한다고 결정[324]한 이후 위와 같은 내용이 추가되었다.

298 분할연금액은 원칙적으로 '배우자였던 자의 노령연금액 중 혼인기간에 해당하는 연금액을 균등하게 나눈 금액'이지만(국민연금법 제64조 제2항), 민법 제839조의2 등에 따라 연금의 분할에 관하여 별도로 결정된 경우에는 그에 따른다(국민연금법 제64조의2 제1항). 분할연금은 요건을 모두 갖추게 된 때부터 5년 이내에 청구하여야 하지만, 60세가 되기 전에 이혼하는 경우에는 이혼의 효력이 발생하는 때부터 3년 이내에 분할연금을 미리 청구할 수 있다(국민연금법 제64조 제3항, 제64조의3 제1항·제2항)(☞ 상세한 내용은 국민연금법 및 시행령, 시행규칙 참조).

나) 공무원연금법 등

(1) 공무원연금법

299 공무원연금법은 2015. 6. 22. 일부개정되면서 퇴직연금 또는 조기퇴직연금에 관하여 배우자의 분할연금 수급권에 관한 규정을 신설하였고, 2018. 3. 20. 법률 제15523호로 전부개정되면서 분할연금 청구의 특례, 퇴직연금일시금 등의 분할에 관한 규정을 추가하였다.

300 공무원연금법(2023. 6. 30. 법률 제19513호로 타법개정된 것)은 제45조 내지 제49조에서 분할연금 등에 관하여 규정하고 있다. 공무원연금법 제45조에 따르면, 혼인기간이 5년 이상인 자가 배우자와 이혼하였을 것, 배우자였던 사람이 퇴직연금 또는 조기퇴직연금 수급권자일 것, 65세(다만 개정법률 부칙에 따라 2016년부터 202

324 헌법재판소 2016. 12. 29. 선고 2015헌바182 전원재판부 결정.

1년까지는 60세)가 되었을 것이라는 요건을 모두 갖추면, 그 때부터 그가 생존하는 동안 배우자였던 사람의 퇴직연금 또는 조기퇴직연금을 분할한 분할연금을 받을 수 있다.

301 국민연금과 마찬가지로 여기서의 '혼인기간'은 '배우자의 가입기간 중의 혼인 기간으로서 별거, 가출 등의 사유로 인하여 실질적인 혼인관계가 존재하지 아니하였던 기간을 제외한 기간'을 말한다(공무원연금법 제45조 제1항).

302 대법원은, 분할연금을 청구한 사람과 공무원이었던 전 배우자가 혼인과 이혼을 두 차례 이상 반복하다가 분할연금제도 시행 후에 최종 이혼한 경우에 분할연금 지급요건인 '혼인기간'을 판단함에 있어 분할연금제도 시행 전의 혼인기간과 시행 후의 혼인기간을 합산하여야 하는지 여부가 문제된 사건에서 "구 공무원연금법상 분할연금 수급권에 관한 규정의 내용과 입법 취지, 이혼배우자의 분할연금 수급권의 법적 성격과 민법상 이혼에 따른 재산분할제도와의 관계 등을 종합하여 보면, 분할연금제도 시행 전에 이혼을 하면서 그때까지의 퇴직연금 등의 형성에 대한 기여를 실질적으로 참작하여 재산분할이 이루어졌다는 특별한 사정이 없는 한 분할연금제도 시행 전의 혼인기간을 분할연금제도 시행 후의 혼인기간과 합산하여야 한다."고 판시하였다.[325]

303 분할연금액은 원칙적으로 '배우자였던 사람의 퇴직연금액 또는 조기퇴직연금액 중 혼인 기간에 해당하는 연금액을 균등하게 나눈 금액'이지만(공무원연금법 제45조 제2항), 민법 제839조의2 등에 따라 연금의 분할에 관하여 별도로 결정된 경우에는 그에 따른다(공무원연금법 제46조). 분할연금은 요건을 모두 갖추게 된 때부터 3년 이내에 청구하여야 하지만, 65세 이전에 이혼하는 경우에는 이혼의 효력이 발생하는 때부터 3년 이내에 미리 청구할 수도 있다(공무원연금법 제45조 제3항, 제48조 제1항·제2항). 공무원이 퇴직연금이 아니라 퇴직연금일시금, 퇴직연금공제일시금, 퇴직일시금을 청구하는 경우에는 위 각 급여를 분할하여 지급하는데, 이에 관하여는 분할연금에 관한 규정이 준용되고, 이미 분할연금 선청구를 한 경우에는 이를 위 각 급여에 대한 선청구로 본다(공무원연금법 제49조)(☞ 상세한 내용은 공무원연금법 및 시행령, 시행규칙 참조).

304 공무원연금법 제46조에 따라 재산분할절차에서 연금의 분할에 관하여 별도로 결정을 할 수 있다고 하더라도, 공무원연금법 제45조 제1항의 분할연금 수급요

325 대법원 2020. 4. 29. 선고 2019두44606 판결.

건에 반하는 결정을 할 수는 없다. 대법원은, 공무원연금법 관련 규정의 문언 및 체계, 분할연금 제도의 입법취지, 공무원연금법 제46조가 '제45조 제2항에도 불구하고'라고 규정하고 있는 점 등을 고려하면, 공무원연금법 제46조는 같은 법 제45조 제1항에서 정한 요건이 충족되어 발생한 분할연금 수급권을 전제로 연금의 분할비율 등을 산정하는 방법에 관한 특칙을 정한 것이라고 보아야 한다는 이유로, 원고와 배우자가 재산분할절차에서 배우자의 공무원연금을 1/2씩 분할하는 것으로 결정하였더라도 원고가 공무원연금법 제45조 제1항의 요건을 갖추지 못하였다면 공무원연금공단으로부터 분할연금을 지급받을 수 없다고 판단하였다.[326]

305 공무원연금법의 분할연금제도는 2016. 1. 1. 이후에 이혼한 사람부터 적용된다. 따라서 2016. 1. 1. 전에 이미 이혼한 사람은 그 이후에 공무원연금법이 정한 나머지 요건(연령, 공무원의 연금 수급권 취득)을 갖추더라도 분할연금을 지급받을 수 없고, 설령 재산분할절차에서 퇴직연금을 분할하기로 하는 합의를 하거나 심판을 받더라도 분할연금 수급권자가 아닌 사람이 수급권자가 될 수는 없으므로, 공무원연금공단에 분할연금 지급청구를 할 수 없다.[327] 공무원연금법 시행령 제45조 제2항에서 정한 '지급사유가 발생한 날'이란 '분할연금의 수급권자가 실제로 분할연금의 지급청구를 한 날'을 의미하는 것이 아니고, 공무원연금법 제45조 제1항 각호에서 정한 분할연금의 수급요건을 모두 갖춘 날을 의미한다.[328]

(2) 기타

306 사립학교교직원 연금법은 제42조 제1항에서 공무원연금법의 분할연금 등에 관한 규정을 준용하고 있고, 별정우체국법 제25조의10 내지 제25조의12도 공무원연금법과 조금은 다르지만 유사한 내용의 분할연금 등에 관한 규정을 두어 2016. 1. 1. 부터 시행하고 있다. 군인연금법은 2019. 12. 10. 법률 제16760호로 전부개정되면서 제22조 내지 제26조에 분할연금 등의 수급권에 관한 조항을 신설하였다. 위 조항은 2020. 6. 11.부터 시행되고 있다. 분할연금 등에 관한 규정의 내용은

326 대법원 2019. 11. 15. 선고 2018두35155 판결. 이 사건의 경우 원고는 분할연금 수급이 가능한 연령에 이르지 못하였다. 원고는 아직 분할연금 수급권을 행사할 수 없지만, 재산분할 결과에 따라 배우자를 상대로 배우자가 수령한 연금액 중 2분의 1 상당액의 지급을 구하는 것은 가능할 것이다.

327 대법원 2019. 10. 31. 선고 2018두32200 판결, 대법원 2019. 12. 12. 선고 2018두32590 판결. 자세한 내용은 정영호, "공무원연금법에 신설된 분할연금제도의 시적 적용 범위에 관한 부칙조항의 해석과 그 판단 기준", 대법원판례해설 제121호, 법원도서관(2020) 538~562 참조.

328 대법원 2023. 5. 18. 선고 2022두69100 판결.

대체로 공무원연금법과 유사하다. 다만 군인연금법에는 분할연금청구권자의 연령에 관한 제한이 없다.[329] 근로자퇴직급여 보장법에는 분할연금 수급권에 관한 규정이 없다.

다) 분할연금 수급권의 법적 성격 등

307 국민연금법에 규정된 이혼배우자의 분할연금 수급권은 이혼한 배우자에게 전 배우자가 혼인 기간 중 취득한 노령연금 수급권에 대해서 연금 형성에 기여한 부분을 인정하여 청산·분배를 받을 수 있도록 하는 한편, 가사노동 등으로 직업을 갖지 못하여 국민연금에 가입하지 못한 배우자에게도 상대방 배우자의 노령연금 수급권을 기초로 일정 수준의 노후 소득을 보장하려는 취지에서 마련된 것이다. 이는 민법상 재산분할청구권과는 구별되는 것으로 국민연금법에 따라 이혼배우자가 국민연금공단으로부터 직접 수령할 수 있는 이혼배우자의 고유한 권리이다.[330] 공무원연금법 등에 의하여 인정되는 분할연금 등 수급권도 같다.

308 그러나 국민연금법 등이 규정하고 있는 분할연금제도는 민법 제839조의2의 재산분할제도와 목적이나 입법취지가 유사하고, 양 제도가 추구하는 실질적 효과가 공통되며, 재산분할절차에서 연금의 분할에 관하여 결정할 수 있도록 하고 있는 등 서로 유기적으로 연관을 맺고 있으므로, 분할연금 등에 관한 규정을 해석하고 적용할 때에는 이혼에 따른 재산분할적 측면을 고려하여야 한다.[331]

309 국민연금법, 공무원연금법, 사립학교교직원 연금법, 별정우체국법, 군인연금법은 모두 분할연금에 관한 조항을 두고 있지만, 앞서 본 바와 같이 그 요건 및 효과가 조금씩 다르므로 각 법령의 내용을 정확히 확인할 필요가 있다. 근로자퇴직급여보장법에는 배우자의 분할연금 수급권에 관한 조항이 없으므로, 위 법에 따른 퇴직연금에 대하여는 분할연금의 지급을 청구할 수 없고 재산분할청구권을 행사할 수밖에 없다. 입법론으로 각종 연급법의 통일적 개정 필요성이 지적되고 있다.[332]

329 대신 군인연금은 공무원연금 등과 달리 군인으로 20년 이상 복무하고 퇴직한 경우에 지급된다.

330 대법원 2019. 6. 13. 선고 2018두65088 판결.

331 대법원 2019. 10. 31. 선고 2018두32200 판결.

332 김옥곤, "공무원연금과 재산분할 : 2014년 대법원 판결과 2015년 공무원연금법 개정을 계기로", 판례연구 제28집, 부산판례연구회(2017), 759; 현소혜, "연금분할청구권과 국민연금법의 개정방향 : 헌법재판소 2016.12.29. 선고 2015헌바182 결정을 중심으로", 성균관법학 제29권 제1호, 성균관대학교 비교법연구소(2017), 310~313.

라) 분할연금 등 지급의 특례

310 민법 제839조의2 등에 따라 연금 등의 분할에 관하여 별도로 결정된 경우 분할연금 등은 그 결정에 따라 지급되어야 한다(국민연금법 제64조의2 제1항, 공무원연금법 제46조, 제49조 제3항 등. 여기서는 '특례조항'이라 하겠다). 따라서 재산분할을 하면서 분할연금 등 수급권을 포기하기로 한 당사자는 분할연금 등을 청구할 수 없다. 위와 같이 분할연금 등 지급에 관한 특례조항을 둔 것은 당사자의 의사를 존중하고 개별 사안의 특수성을 고려하여 구체적 타당성을 도모하기 위한 것이다.[333] 헌법재판소는 재산분할에 관한 당사자의 합의 또는 법원의 결정을 존중하는 것이 당사자들 사이의 이해관계와 실질적 공평에 부합하므로, 공무원연금법의 위 특례조항이 입법재량의 한계를 일탈하여 분할연금 수급권자의 사회보장수급권이나 재산권을 침해한다고 볼 수 없다고 판단하였다.[334]

311 그런데 재산분할을 하면서 분할연금 등 수급권을 포기하거나 이에 대하여 별도로 결정하였다고 볼 수 있는지가 항상 명확한 것은 아니다.

312 이에 대하여 대법원은 중요한 판단기준을 제시하였다. 대법원은, "이혼배우자의 분할연금 수급권의 법적 성격과 특례조항의 내용과 입법 취지 등을 종합하면, 특례조항에서 정한 연금의 분할에 관하여 별도로 결정된 경우라고 보기 위해서는 협의상 또는 재판상 이혼에 따른 재산분할절차에서 이혼당사자 사이에 연금의 분할 비율 등을 달리 정하기로 하는 명시적인 합의가 있었거나 법원이 이를 달리 결정하였음이 분명히 드러나야 한다. 이와 달리 이혼당사자 사이의 협의서나 조정조서 등을 포함한 재판서에 연금의 분할 비율 등이 명시되지 아니한 경우에는, 재산분할절차에서 이혼배우자가 자신의 분할연금 수급권을 포기하거나 자신에게 불리한 분할 비율 설정에 동의하는 합의가 있었다거나 그러한 내용의 법원 심판이 있었다고 쉽게 단정해서는 안 된다."고 판시하였다.[335]

313 위 사건에서 원심은, 이혼당사자들이 조정 당시 재산분할 대상으로 자신들의 국민연금법상 연금수급권을 충분히 예상할 수 있었던 점, 조정을 하면서 "향후 상대방에 대하여 조정조서에 정한 사항 이외에는 이 사건 이혼과 관련된 위자료와

333 대법원 2019. 6. 13. 선고 2018두65088 판결.
334 헌법재판소 2018. 4. 26. 선고 2016헌마54 전원재판부 결정.
335 대법원 2019. 6. 13. 선고 2018두65088 판결. 이 사건 소송과정에서의 원고의 재산분할에 관한 주장이나 이 사건 조정에 따른 재산분할 비율과 내용 등에는 원고가 자신의 분할연금수급권을 포기하기로 하였다고 볼만한 사정이 드러나지 않는다.

재산분할을 청구하지 아니 한다."는 소위 '청산조항'을 두었던 점 등을 이유로, 이혼당사자들 사이에 국민연금법상 연금수급권을 포함하여 재산분할이 이루어진 것으로 보아야 하므로 민법 제839조의2에 따라 원고의 연금분할비율이 100%, 상대방 배우자의 분할비율이 0%로 결정되었다고 판단하여, 국민연금공단의 연금분할비율 별도결정신청 거부처분을 취소하였으나, 대법원은, 위 청산조항의 적용범위는 어디까지나 이혼 시 재산분할 과정에서 누락되거나 은닉된 상대방의 재산에 관하여 이혼당사자 사이의 재산분할청구를 금지하는 것에 한정되므로 상대방 배우자가 국민연금공단을 상대로 자신의 고유한 권리인 분할연금 수급권을 행사하는 것에 대해서까지 위 청산조항이 적용된다고 보기 어렵고, 달리 상대방 배우자가 분할연금 수급권을 포기하기로 하였다고 볼만한 사정이 드러나지 않는다는 이유로 원심판결을 파기하였다.

314 다만, 대법원은 "이혼당사자 사이의 협의서나 조정조서 등을 포함한 재판서에 퇴직연금의 분할 비율 등이 명시되지 않더라도 이혼배우자가 협의상 또는 재판상 이혼에 따른 재산분할절차에서 상대방의 퇴직연금 내역을 구체적으로 파악하여 이를 상대방의 적극재산에 포함하고, 상대방의 퇴직연금의 존부, 추정액 등이 협의 내지 조정에 이르기까지의 재산분할절차에서 충분히 고려된 사정이 확인된다면, 퇴직연금이 이혼당사자 사이의 협의액 내지 조정액의 결정 등에 반영되었다고 보는 것이 타당하다. 따라서 그 협의서나 조정조서 등을 포함한 재판서에 "나머지 청구를 포기한다."라는 문언이 기재되어 있다면 이혼배우자가 자신의 분할연금 수급권을 포기하거나 자신에게 불리한 분할 비율 설정에 동의하는 합의가 있었다고 볼 것이다."라고 판시하였다.[336]

315 위 사건의 경우, A와 B의 이혼소송에서, B는 사실조회를 통해 공무원인 A의 예상퇴직급여액을 파악한 후 A의 예상퇴직급여 중 재직기간 10년에 해당하는 퇴직연금 부분을 제외한 나머지 예상퇴직급여 부분을 A의 적극재산에 포함시켜 재산분할을 청구하였다. 그 후 이혼소송의 조정에서 위 나머지 예상퇴직급여 부분을 A의 적극재산에 포함시키는 것을 전제로 B의 재산분할 몫이 정해지고, "나머지 청구를 포기한다."는 내용이 조정조항에 포함되었다. 원심은 이혼 조정에서 "B는 나머지 청구를 포기한다."고 정한 것만으로는 B가 분할연금 수급권을

336 대법원 2023. 11. 30. 선고 2022두62284 판결.

포기하였다고 볼 수 없다는 이유로 B의 청구에 따른 공무원연금공단의 분할연금·일시금 지급 선청구 승인결정은 적법하다고 판단하였고, 대법원은 앞서 본 이유로 원심판결을 파기하였다. 환송후 항소심 법원은, 재직기간 10년에 해당하는 퇴직연금을 제외한 나머지 부분은 A의 적극재산에 포함시켜 B의 재산분할몫으로 정하였으므로 B가 분할연금 수급권을 포기하였다고 봄이 상당하고, 재직기간 10년에 해당하는 퇴직연금 부분에 대해서는 분할연금 수급권을 포기하였다고 볼 수 없으므로 그 부분에 대해서는 B가 분할연금 수급권을 행사할 수 있다고 하였다(대법원 심리불속행 상고기각으로 확정).[337]

316 재산분할에 관한 심판 또는 판결이 있는 경우에는 법원이 연금의 분할 비율 등에 관하여 달리 결정하였음이 비교적 쉽게 확인될 수 있을 것이나, 재산분할에 관하여 당사자들 사이에 협의가 이루어지거나 조정, 화해 등이 성립되는 경우에는 명시적으로 분할연금 청구권을 포기한다는 조항을 기재하지 않으면 상대방이 분할연금을 청구하지 않을 것으로 기대하여 재산분할에 관하여 합의를 하였더라도 후에 다시 연금이 분할될 수 있으므로, 재산분할에 관하여 협의를 하는 경우 예컨대 "원고와 피고는 서로 상대방의 국민연금(또는 연금 일체)에 대한 분할연금수급권(또는 분할연금청구권)을 모두 포기한다."는 등의 명시적 포기조항을 두어야 한다. 역으로 사후에 분할연금을 청구할 것을 전제로 재산분할에 관하여 합의를 하였는데 상대방이 연금분할에 관하여 합의가 있었다고 주장하여 분쟁이 생길 수도 있으므로, 이 경우에는 "원고와 피고는 서로 상대방의 국민연금에 대하여 국민연금법 제64조에 따라 분할연금청구권을 행사하여 분할연금액을 수급하기로 한다."는 등의 확인조항을 추가할 수 있을 것이다(공무원연금 등의 경우에는 퇴직급여에 분할연금만 있는 것이 아니라 일시금도 있으므로 '분할연금 등 수급권'과 같은 용어를 사용하는 것이 분쟁 예방에 도움이 될 것이다).

317 협의 등으로 분할비율을 정하는 경우 "원고는 피고가 수령하는 국민연금의 60%에 대하여 분할연금청구권을 행사할 수 있다."고만 정하면 전체 국민연금의 60%인지, 혼인기간에 해당하는 연금액의 60%인지 다툼의 소지가 있으므로, "원고는 피고가 수령하는 국민연금 중 혼인기간에 해당하는 연금액의 60%에 대하여 분할연금청구권을 행사할 수 있다."거나 "피고의 국민연금에 대한 원고의 분할연금액은 피고가 수령하는 국민연금 중 혼인기간에 해당하는 연금액의 60%로 정

337 서울고등법원 2024. 7. 5. 선고 2023누69499 판결.

한다."는 등으로 이를 명확히 표시할 필요가 있다. 만약 법률혼 기간 중 별거, 가출 등의 사유로 인하여 실질적인 혼인관계가 존재하지 아니하였던 기간이 있다면 후일의 분쟁을 예방하기 위하여 미리 "원고는 피고가 수령하는 국민연금 중 2010. 1. 1. 부터 2017. 12. 31. 까지의 기간(실질혼인기간)에 해당하는 연금액의 60%에 대하여 분할연금청구권을 행사할 수 있다."고 하여 기간을 특정하는 것이 좋다.

3) 연금수급권 등의 분할방법[338]

318 재산분할절차에서 연금수급권의 분할 또는 분할연금에 관하여 정하는 방법으로는 일시금 지급방식, 정기금 지급방식, 분할비율 결정방식 및 연금법 유보방식 등이 논의되고 있고, 상대방의 연금에 대한 분할청구를 포기하는 방식의 재산분할도 가능하다. 일시금 지급방식 및 정기금 지급방식은 연금수급권을 직접 재산분할의 대상에 포함시켜 재산분할의무자에게 재산의 이전을 명하는 방식이고, 분할비율 결정방식 및 연금법 유보방식은 연금 관련 법률에 따라 재산분할권리자가 연금수급기관으로부터 분할연금을 지급받도록 하는 방식이다.

가) 일시금 지급방식

319 장래 수령할 연금의 현재가치를 적극재산으로 반영하여 다른 재산과 함께 일괄하여 청산한 후 정해진 금액을 일시금으로 지급하도록 하는 방식이다. 장래 수령할 연금의 현재가치를 산정하는 방법은 이론적으로 여러 가지가 있을 수 있지만, 앞서 다.항에서 퇴직급여에 관하여 보았던 것과 같이 '이혼소송의 사실심 변론종결 시를 기준으로 그 시점에서 퇴직할 경우 수령할 수 있을 것으로 예상되는 퇴직급여(공무원연금의 경우 퇴직일시금 또는 퇴직연금일시금) 상당액의 채권'을 분할대상으로 하는 것이 원칙이다.

320 당사자가 희망하거나 별다른 불이익이 없다면 연금수급권도 일시금 지급방식으로 분할할 수 있을 것이다. 공무원연금법 등이 적용되는 경우에는 일시금의 가치가 연금의 가치에 비하여 상당히 낮고, 안정적인 분할연금 수급이 가능하기 때문에 분할권리자가 이를 희망하는 경우는 많지 않을 것이지만, 분할연금의 액수가 작고 연금이 지급될 때 까지 오랜 시간을 기다려야 하는 등의 경우에는 일

338 분할방법에 관한 구체적 내용은 김옥곤, "공무원연금과 재산분할 : 2014년 대법원 판결과 2015년 공무원연금법 개정을 계기로", 판례연구 제28집, 부산판례연구회(2017) 참조.

시금 지급방식을 고려할 가능성이 있다. 일시금 지급방식은 간명하고 집행도 비교적 용이하므로, 분할권리자가 정기금을 지급받을 수 있는 경우에도 집행의 어려움과 의무불이행의 위험성을 이유로 일시금 지급방식을 선택할 수 있다. 반면에 이혼 당시 분할의무자에게 일시금을 지급할 자력이 없는 경우에는 위 방식을 적용하기 어렵다.

321 연금수급권에 대하여 일시금 지급방식으로 재산분할을 받으면 소위 분할연금 지급의 특례조항(공무원연금법 제46조 등)이 적용되므로, 분할권리자는 이후 연금지급기관에 분할연금 청구를 할 수 없다. 그러나 위 특례조항에 따라 분할권리자의 분할연금 청구를 막기 위해서는 재산분할절차에서 당사자 사이에 명시적 합의가 있었거나 법원이 위와 같이 결정하였음이 분명히 드러나야 하므로, 특히 당사자 사이의 협의, 조정, 화해 등에 의한 재산분할의 경우에는 분할권리자가 분할연금 수급권을 포기한다는 명시적 조항을 두어야 한다[☞ 상세한 내용은 민법 제839조의2 Ⅵ. 2. 라. 2) 라) 주석 참조].

나) 정기금 지급방식

(1) 연금수급권자가 이미 연금을 수령하고 있는 경우

322 대법원 2014. 7. 16. 선고 2012므2888 전원합의체 판결은 이혼소송의 사실심 변론종결 당시에 부부 중 일방이 공무원 퇴직연금을 실제로 수령하고 있는 경우에 '연금수급권자인 배우자가 매월 수령할 퇴직연금액 중 일정 비율에 해당하는 금액을 상대방 배우자에게 정기적으로 지급하는 방식'의 재산분할도 가능하다고 하여 정기금 지급방식 중 비율인정 방식의 재산분할이 가능함을 확인하였다.

323 이와 달리 매월 지급하는 금액을 특정하는 방식도 생각해 볼 수 있으나, 연금은 물가상승 등 여러 사정에 따라 액수가 변동될 수 있기 때문에, 금액을 특정하는 방식이 비율인정 방식보다 합리적인 분할방법으로 인정될 수 있는 경우는 많지 않을 것이다.

324 정기금 지급방식은 분할권리자가 연금지급기관을 상대로 직접 청구를 하지 못하고 분할의무자에게 매월 일정액의 지급을 청구할 수만 있어 집행의 어려움과 의무가 이행되지 않을 위험성이 크다. 따라서 공무원연금법 등이 적용되는 경우에는 위 방식을 채택하는 것이 부당하지만, 분할연금에 관한 규정이 없는 경우에는, 재산분할심판으로써 당사자가 아닌 연금지급기관에 직접 연금지급의무를 부과할 법적 근거가 없고, 퇴직급여를 받을 권리는 법률에 의하여 양도나 압류

가 금지되기 때문에 채권양도를 명할 수도 없으므로, 분할권리자가 일시금이 아닌 연금의 분할을 희망하는 때에는 위 방식을 활용할 필요가 있다.

325 일반적으로 재산분할 결과 발생하는 구체적인 재산분할청구권은 양도나 상속의 대상이 될 수 있지만, 대법원 2014. 7. 16. 선고 2012므2888 전원합의체 판결은 정기금 지급방식의 재산분할 결과 분할권리자가 분할의무자에 대하여 가지게 되는 정기금채권은 제3자에게 양도되거나 분할권리자의 상속인에게 상속될 수 없다고 한다. 위와 같은 정기금채권은 비록 공무원 퇴직연금수급권 그 자체는 아니더라도 그 일부를 취득하는 것과 경제적으로 동일한 의미를 가지고, 재산분할의 대상인 공무원 퇴직연금수급권이 사회보장적 급여로서의 성격이 강하여 일신전속적 권리에 해당하여서 상속의 대상도 되지 않기 때문이라고 한다. 학설 중에는 공무원의 퇴직연금수급권과 그 배우자의 위 정기금채권 사이에는 동일성이 없어 양자가 같은 성질을 가진다고 할 수 없음에도 위 정기금채권이 퇴직연금수급권과 같은 성질을 가진다고 판시하는 것은 법률에 의하지 않고 압류금지채권을 창설하는 것으로 볼 여지가 있다거나, 이미 구체화된 채권이 양도될 수 없다고 보는 것은 부당하다는 등의 비판적 견해가 있다.[339]

326 위 전원합의체 판결에 따를 경우, 예컨대 이혼과 함께 재산분할을 청구한 사건의 판결 주문에는 "피고는 원고에게 이 판결 확정일 다음날부터 원고가 사망하기 전날까지 피고가 (국군재정관리단으로부터) 매월 지급받는 군인연금액 중 50%에 해당하는 돈을 매월 말일에 지급하라."고 하는 등 원고의 사망일을 종기로 표시하여 상속인이 정기금을 수령할 수 없음을 명확히 하는 것이 좋을 것이다.

(2) 연금수급권자가 이혼 시에 재직 중인 경우

327 이혼 시에 공무원 등으로 재직하고 있지만 당장 퇴직하더라도 퇴직연금을 수령할 수 있는 경우에, 대법원 2014. 7. 16. 선고 2013므2250 전원합의체 판결에 따라 이혼소송의 사실심 변론종결 시를 기준으로 그 시점에서 퇴직할 경우 수령할 수 있을 것으로 예상되는 퇴직급여 상당액을 일시금으로 청구하는 것만 허용되는지, 대법원 2014. 7. 16. 선고 2012므2888 전원합의체 판결과 같이 정기금 지급방식에 의한 재산분할도 청구할 수 있는지에 관하여는 논란의 소지가 있다.

339 주해친족법(제1권)(제2판), 박영사(2025), 506(이동진); 홍남희, "이혼 시 퇴직금과 연금의 분할 문제에 대한 고찰 : 대법원 2014. 7. 16. 선고 2013므2250 및 2012므2888 전원합의체 판결을 중심으로", 법학논고 제49집, 경북대학교 출판부(2015), 323~324.

328 이에 관하여는, 장래 실제로 수령하는 퇴직연금 중 일정 비율에 해당하는 금액의 지급을 명하는 방식은 분할의무자가 앞으로 얼마나 더 근무할지 알 수 없어 분할비율 산정이 어렵다는 난점이 있는 점(재산분할 시에는 전체 재직기간 중 실질적 혼인기간이 차지하는 비율을 특정하기 어렵고, 그렇다고 공무원연금법 등의 경우와 같이 '퇴직연금 중 혼인기간에 해당하는 연금액'이라고만 정할 경우 집행법원이 집행을 할 수 없다), 장래 수령할 것으로 예상되는 퇴직연금액을 기초로 특정한 금액의 지급을 명하는 방식은 법령에 따라 퇴직연금액이 변동되는 것을 반영할 수 없는 난점이 있는 점, 재산분할 시에는 분할의무자가 연금을 선택할지 연금일시금을 선택할지조차 확정되어 있지 않은 점 등을 이유로 정기금 지급방식에 부정적인 견해[340]와 공무원연금법 등이 재직 중에 이혼한 경우에도 분할연금 수급권을 부여하고 있는 점과의 균형, 심판 등에서 분할의무자가 연금과 연금일시금을 선택할 경우 모두에 대하여 조건부로 이행을 명할 수 있는 점 등을 이유로 정기금 지급방식을 긍정하는 견해가 있을 수 있다. 다만 공무원연금법 등은 2016년부터 분할연금제도를 도입하였고, 그동안 문제가 되었던 군인연금에도 2020. 6. 11. 이후로는 분할연금제도가 도입되기 때문에, 향후 연금수급권자가 아직 재직 중인 경우에 정기금 지급방식의 재산분할을 할 것인지가 문제되는 경우는 많지 않을 것으로 보인다.

다) 분할비율 결정방식 및 연금법 유보방식

329 분할연금제도를 도입한 국민연금법, 공무원연금법 등은 모두 분할연금 지급에 관한 특례조항(국민연금법 제64조의2 제1항, 공무원연금법 제46조 등)을 두고 있으므로, 당사자 또는 법원이 민법 제839조의2에 따라 재산분할로 연금의 분할에 관하여 별도로 결정한 경우 연금지급기관은 그 결정에 따라 분할연금을 지급하여야 한다. 여기서는 민법 제839조의2에 따라 분할비율을 별도로 결정하는 방식을 '분할비율 결정방식'이라 하고, 법률이 정한 분할비율을 그대로 따르도록 하는 방식을 '연금법 유보방식'이라 하겠다.

(1) 분할비율 결정방식

330 당사자는 법률이 정한 분할비율이 당해 사안에 비추어 볼 때 구체적 타당성이 없다고 생각하는 경우, 민법 제839조의2에 따라 재산분할로 연금의 분할비율을

340 김정민, "공무원 퇴직연금수급권에 대한 재산분할", 사법 제30호, 사법발전재단(2014), 347~348.

별도로 결정할 것을 상대방 또는 법원에 청구할 수 있다. 이 때는 상대방에게 금전지급을 명할 필요가 없으므로, 예컨대 이혼소송에 병합하여 재산분할청구를 하고 이미 연금지급이 개시된 경우 "원고는 피고가 수령하는 ○○연금 중 혼인기간에 해당하는[341] 연금액의 60%에 대하여 분할연금청구권(또는 분할연금수급권)을 행사하고 나머지 40%는 피고가 수령하기로 한다."(소송 중에 조정, 화해를 하는 경우), "피고가 공무원연금공단으로부터 지급받는 퇴직연금 중 원고와 피고의 혼인기간에 해당하는 연금액의 60%를 원고에게 분할한다."(심판을 하는 경우)고 하여야 할 것이다.

331 이혼 시 연금수급권자가 재직 중이어서 아직 연금을 수령할 것인지 일시금을 수령할 것인지 결정되지 않은 경우에는 좀 더 주의가 필요하다. 과거에는 이와 같은 경우 "피고가 공무원연금공단으로부터 지급받게 될 퇴직연금 또는 조기퇴직연금 중 혼인기간에 해당하는 연금액의 50%를 원고에게 분할한다. 피고가 공무원연금공단으로부터 퇴직연금일시금이나 퇴직연금공제일시금을 지급받는 경우에는 퇴직연금일시금액이나 퇴직연금공제일시금액 중 혼인기간에 해당하는 금액의 50%를 원고에게 지급하라."라고 명하는 등 각각의 경우에 해당하는 주문을 모두 기재하기도 하였다. 현재는 공무원연금법 제49조 제1항 등이 공무원 등의 배우자였던 사람이 분할연금 선청구를 하였는데 이후에 공무원 등이 일시금을 청구하는 경우에는 분할연금 선청구를 해당 일시금에 대한 선청구로 본다는 규정을 두고 있으므로, 주문에 연금의 분할비율만 결정하더라도 당사자가 이에 기초하여 분할연금 선청구를 하면 후에 공무원 등이 퇴직하면서 일시금을 선택하더라도 연금지급기관이 일시금을 지급할 수 있을 것으로 생각된다.[342]

(2) 연금법 유보방식

332 연금법에 따른 분할비율을 유지하는 것이 부당하지 않은 경우, 재산분할절차에서 별도로 분할비율을 결정할 필요가 없다. 판결에 의하여 재산분할을 하는 경우에는 그 이유에서 법률이 정한 바에 따라 분할한다는 취지를 표시하면 충분하나, 협의, 조정, 화해 등의 경우에는 장래의 분쟁을 예방하기 위하여 조정조항 등에 예컨대 "원고와 피고는 서로 상대방의 국민연금에 대하여 국민연금법 제6

341 법률혼 기간과 실질적 혼인기간이 일치하지 않는 경우에는 '혼인기간에 해당하는'이라는 표현 대신 '2003. 1. 1. 부터 2013. 12. 31. 까지의 기간에 해당하는' 등으로 실제 혼인기간을 특정하는 것이 좋다.

342 분할연금 선청구를 하지 않는 경우에는 과거와 같은 문제가 그대로 나타난다.

4조에 따라(또는 상대방의 국민연금, 공무원연금 등에 대하여 관련 법률에 따라) 분할연금청구권을 행사하여 분할연금액을 수급하기로 한다."와 같이 법률이 정한 바에 따라 분할연금을 수급할 수 있다는 취지를 명시하는 것이 좋을 것이다.

라) 각자 귀속 또는 연금분할 포기 방식

333 이혼 당사자 각자가 수령할 연금이 있는 경우(공무원연금법 제47조 제6항 참조), 연금에 대한 재산분할청구권 및 분할연금 수급권을 포기하는 대신 다른 재산을 더 받는 경우, 연금 자체를 재산분할의 대상으로 하는 것이 적절하지 아니한 특별한 사정이 있어 이를 재산분할의 대상에서 제외하고 기타 사정으로만 고려하는 경우 등에는 재산분할절차에서 연금에 대한 권리가 각자에게 귀속하는 것으로 하거나 상대방의 연금에 대한 분할을 포기하는 방식을 선택할 수도 있다.

334 이와 같은 방식을 채택하는 경우, 분할권리자의 분할연금 청구를 막기 위해서는 재산분할절차에서 당사자 사이에 명시적 합의가 있었거나 법원이 위와 같이 결정하였음이 분명히 드러나야 하므로, 특히 조정, 화해, 협의 등에 의한 경우에는 "원고와 피고가 각각 공무원연금공단으로부터 지급받게 될 퇴직급여는 각자 지급받고, 상대방에게 분할하지 않는 것으로 한다."거나 "원고와 피고는 서로 상대방의 국민연금에 대한(또는 연금 일체에 대한) 분할연금청구권을 모두 포기한다."는 등으로 재산분할절차에서 분할연금에 관하여 결정이 되었음을 명시하여야 한다[☞ 상세한 내용은 민법 제839조의2 Ⅵ. 2. 라. 2) 라) 주석 참조].

마) 직접 재산분할을 하도록 할 것인지, 연금 관련 법률을 따르도록 할 것인지의 판단기준

335 일시금 지급방식 및 정기금 지급방식은 연금수급권을 직접 재산분할의 대상에 포함시켜 재산분할의무자에게 재산의 이전을 명하는 방식이고, 분할비율 결정방식 및 연금법 유보방식은 연금 관련 법률에 따라 재산분할권리자가 연금수급기관으로부터 분할연금을 지급받도록 하는 방식이다.

336 재산분할을 함에 있어서 전자의 방식을 선택할 것인지, 후자의 방식을 선택할 것인지에 관하여 다툼이 있는 경우, 법원은 제반 사정을 종합적으로 고려하여 적정한 방식을 결정하여야 한다. 이에 관하여 대법원은 "공무원연금법이 정한 이혼배우자의 분할연금 청구권, 퇴직연금일시금 등 분할 청구권에 관한 규정에도 불구하고 이혼소송의 사실심 변론종결 시를 기준으로 그 시점에서 퇴직할 경우 수령할 수 있을 것으로 예상되는 퇴직급여 채권을 재산분할 대상에 포함

할지 여부에 관하여서는, 혼인 생활의 과정과 기간, 그 퇴직급여의 형성 및 유지에 대한 양 당사자의 기여 정도, 당사자 쌍방이 혼인 생활 중 협력하여 취득한 다른 적극재산과 소극재산의 존재와 규모, 양 당사자의 의사와 나이 등 여러 사정을 종합적으로 고려하여 결정할 수 있다. 즉 법원은 재산분할청구 사건에서 위와 같은 사정을 고려하여 예상퇴직급여 채권을 재산분할 대상에 포함하여 재산분할의 액수와 방법을 정할 수도 있고, 재산분할 대상에 포함하지 아니한 채 이혼당사자들이 공무원연금법에서 정한 분할연금 청구권, 퇴직연금일시금 등 분할 청구권에 관한 규정을 따르도록 할 수도 있다."고 판시하였다.[343]

4) 분할비율

337 일시금 지급방식의 경우 연금수급권과 다른 재산에 대하여 별도의 재산분할비율을 정할 합리적 근거가 없으므로 전체 재산에 대하여 하나의 분할비율을 정하여야 한다. 분할비율 결정방식은 분할연금수급권자가 연금지급기관으로부터 분할연금을 수령할 수 있는 범위에 관하여 결정하는 것이므로 별도로 분할비율을 정하는 것이 가능함은 당연하다.

338 정기금 지급방식의 경우에는, 퇴직연금과 나머지 재산을 구분하여 개별적으로 분할비율을 정하여야 하는 경우가 있을 수 있다. 대법원 2014. 7. 16. 선고 2012므2888 전원합의체 판결은 "법원이 합리적인 근거 없이 분할대상 재산들을 개별적으로 구분하여 분할비율을 달리 정하는 것은 허용될 수 없으나, 공무원 퇴직연금수급권에 대하여 위와 같이 정기금 방식으로 재산분할을 할 경우에는 대체로 가액을 특정할 수 있는 다른 일반재산과는 달리 공무원 퇴직연금수급권은 연금수급권자인 배우자의 여명을 알 수 없어 가액을 특정할 수 없는 등의 특성이 있으므로, 재산분할에서 고려되는 제반 사정에 비추어 공무원 퇴직연금수급권에 대한 기여도와 다른 일반재산에 대한 기여도를 종합적으로 고려하여 전체 재산에 대한 하나의 분할비율을 정하는 것이 형평에 부합하지 아니하는 경우도 있을 수 있다. 그러한 경우에는 공무원 퇴직연금수급권과 다른 일반재산을 구분하여 개별적으로 분할비율을 정하는 것이 타당하고, 그 결과 실제로 분할비율이 달리 정하여지더라도 이는 분할비율을 달리 정할 수 있는 합리적 근거가 있는 경우에 해당한다."고 판시하였다.

343 대법원 2019. 9. 25. 선고 2017므11917 판결.

339 이 경우 공무원 퇴직연금의 분할비율은 전체 재직기간 중 실질적 혼인기간이 차지하는 비율, 당사자의 직업 및 업무내용, 가사 내지 육아 부담의 분배 등 상대방 배우자가 실제로 협력 내지 기여한 정도 기타 제반 사정을 종합적으로 고려하여 정하여야 한다.[344] 위 전원합의체 판결은 당사자들의 '혼인기간'이 공무원이었던 분할의무자의 전체 '재직기간'의 40% 정도인데, 분할권리자에게 퇴직연금의 30%를 귀속시키는 것은 혼인기간에 해당하는 퇴직연금의 대부분을 원고에게 돌리는 것과 같은 결과가 된다는 이유로, 일반재산과 퇴직연금을 나누지 않고 분할권리자의 분할비율을 일괄하여 30%로 정한 원심의 판단이 위법하다고 판단하였고, 이에 따라 환송 후 항소심 법원[345]은 분할권리자의 퇴직연금을 제외한 일반재산에 대한 분할비율은 30%로 정하고, 퇴직연금에 대한 분할비율은 15%로 정하였다.

마. 재산취득능력 및 영업권

1) 재산취득능력

340 혼인 중 일방이 상대방의 협력으로 의사 면허, 변호사 자격, 박사 학위 등을 취득한 경우, 그에 따라 증가된 재산취득능력 또는 학위, 자격 등을 일종의 무형재산으로 보아 재산분할의 대상에 포함시킬 수 있는지가 문제된다. 특히 혼인기간 중 상대방의 헌신적 도움으로 학위 또는 전문직 자격을 취득한 후 충분한 재산을 형성하기도 전에 이혼을 하게 되는 경우, 자격 등 취득으로 인한 비용은 상대방이 부담하고 그 수익은 이혼 이후 자격 등 취득자에게 귀속되지만, 분할대상 재산이 없어 상대방이 보상을 받을 수 없게 되는 문제가 생길 수 있다.

341 이에 관하여 대법원은 "박사학위를 소지한 경제학교수로서의 재산취득능력은 재산분할의 액수와 방법을 정하는 데 필요한 '기타 사정'으로 참작함으로써 충분하다."고 판단하여 학위 및 재산취득능력 자체는 재산분할의 대상이 아니라고 보았다.[346]

344 자세한 내용은 이지은, "이혼시 퇴직연금에 대한 재산분할비율 : 대판 2014. 7. 16. 2012므2888 전원합의체 판결을 중심으로", 민사법학 제70호, 한국사법행정학회(2015) 참조.

345 수원가정법원 2015. 1. 7. 선고 2014르2063 판결.

346 대법원 1998. 6. 12. 선고 98므213 판결.

342 학설은 견해가 나뉜다. 재산분할의 대상이 될 수 없다는 견해[347]는 학위 및 전문직 자격 등은 그 소지자에게 일신전속적으로 귀속되어 양도가 불가능하고 시장에서 교환가능한 가치를 지닌 것이 아니라는 점, 그 경제적 가치를 정확하게 평가할 수도 없는 점, 부부 일방이 이혼 후에 얻을 수익은 부부 공동재산이라고 할 수 없는 점 등을 지적하고, 재산분할의 대상에 포함시켜야 한다는 견해(부부 공동재산이 없을 것, 자격 등 취득 직후 충분한 보상 없이 이혼하게 되었을 것 등을 요건으로 하여 그 경우에만 분할대상재산성을 인정하는 견해 포함)[348]는 장래의 재산취득능력도 재산적 성격을 가지고 있고, 장래의 수익은 양도와 담보의 대상이 될 수 있는 점, 재산분할을 함에 있어서는 전문직 자격 등으로 인하여 얻을 수 있을 것으로 예상되는 장래의 소득을 기초로 이를 현가산정하여 가치를 평가하거나 상당기간의 예상소득 중 일정 부분을 정기금으로 지급하도록 하는 방법이나 자격 등 취득을 위하여 투입한 비용을 산정하여 가치를 평가하는 방법 등을 이용할 수 있는 점, 재산분할의 액수와 방법을 정하는 데 필요한 사정으로 참작하는 방법은 분할대상 재산이 충분하지 않은 경우에는 형평에 반하는 결과에 이를 수가 있고, 그 참작하는 정도가 법원의 자유로운 재량에 맡겨져 있어 산정기준이 불확실해지는 점, 특히 상대방이 오랜 기간 상당한 희생을 하여 자격 등 소지자가 전문직 자격 등을 취득하였고 그로 인하여 공동재산을 형성하지 못하였는데 자격 등 취득 직후 이혼을 하게 되는 경우 비용은 상대방이 부담하고 경제적 성과는 그 소지자가 혼자 누리게 되어 심히 형평에 반하게 되는 점 등을 지적한다.

2) 권리금, 개인영업, 영업권

343 점포의 권리금은 대법원이 재산분할 대상으로 인정하고 있고,[349] 이를 반대하는 견해도 없는 것으로 보인다.

347 김승정, "재산분할의 대상이 되는 재산의 확정: 새로운 재산적 가치들을 중심으로", 재판실무연구 2004, 광주지방법원(2005), 222; 민유숙, "재산분할 대상이 되는 재산의 확정에 관한 몇 가지 문제점: 비교법적 고찰을 중심으로", 법조 제50권 제4호, 법조협회(2001), 149.

348 주해친족법(제1권)(제2판), 박영사(2025), 468(이동진); 김영갑, "재산분할청구권", 사법논집 제22집, 법원도서관(1991), 239; 윤부찬, "전문자격 등의 재산분할대상성 및 분할방법", 동아법학 제43호, 동아대학교 출판부(2009), 287~291; 주석 민법, 친족(2)(제5판), 한국사법행정학회(2016), 220; 최금숙, 로스쿨 친족법(2), 제1법규(2010), 223; 한봉희, "전문직자격증과 재산분할청구권", 가족법연구 제8호, 한국가족법학회(1994).

349 대법원 1993. 12. 28. 선고 93므409 판결.

344 통설은 부부 중 일방의 개인영업도 분할대상재산에 포함된다고 한다. 개인영업의 가치평가 방식으로는 개별 영업용 재산의 가치를 합산하고 여기서 영업상 채무액을 공제하여 그 청산가치를 파악하는 방식, 무형적인 재산적 가치 또는 영업권을 포함하여 영업이 계속되는 경우의 계속기업가치 전체를 파악하는 방식 등이 있다.[350]

345 영업권의 재산분할대상성에 관하여, 미국에서는 영업권이 개인의 특유한 능력과 연관이 크고, 그 가치를 평가하기 어려우며, 이를 개인과 분리하여 시장에서 독립된 가치를 가지고 양도할 수 있다고 보기 어렵다는 등의 이유로 그 재산성을 부인하거나 영업권의 양도성 및 시장가치를 입증할 수 있는 경우에만 분할의 대상이 된다고 판시하는 경우도 있지만, 그럼에도 불구하고 대부분의 주에서는 여러 요소들을 참작하여 그 가치를 평가할 수 있다는 이유 등으로 이를 재산분할의 대상으로 인정하고 있다고 한다.[351]

346 우리나라에서도 영업권 자체를 재산분할의 대상으로 보아야 한다는 견해가 많으나,[352] 대법원은 원심이 감정결과에 기초하여 인정한 아래와 같은 영업권의 재산분할대상성을 모두 부정하였다.[353] 즉 ① 원심은 건물 임대업에 따른 영업권을 인정하였으나, 그 건물을 분할대상 재산으로 인정하고도 별도로 그 건물 일부에 대한 임대업의 영업권을 적극재산에 포함할 수 없고, ② 원심은 점포 자체의 영업권(권리금)과 함께 그 점포에서 영위하는 소매업의 영업권을 별도로 인정하였으나, 통상 점포의 권리금은 영업자가 그 점포에서 얻는 무형의 수익가치 전부를 포괄하는 것이므로 점포의 권리금과 별도로 그 점포에서 영위하는 영업의 영업권을 인정할 수 없으며, ③ 원심은 백화점에 상품을 납품하는 사업의 영업권을 인정하였으나, 그 사업의 특성상 기간의 연장이 보장되지 않고 계약기간 중에도 요구가 있으면 언제든 철수하여야 하며, 임대보증금도 없고 제3자에의 사업양도도 허용되지 않으므로, 이와 같은 형태의 영업상 이익은 독자적인 재산

350 주해친족법(제1권)(제2판), 박영사(2025), 459(이동진); 민유숙, "재산분할 대상이 되는 재산의 확정에 관한 몇 가지 문제점: 비교법적 고찰을 중심으로", 법조 제50권 제4호, 법조협회(2001), 133~139; 민유숙, "재산분할의 구체적 인정범위", 재판자료 제62집, 법원도서관(1993), 425~426.

351 민유숙, "재산분할 대상이 되는 재산의 확정에 관한 몇 가지 문제점: 비교법적 고찰을 중심으로", 법조 제50권 제4호, 법조협회(2001), 133~135.

352 주해친족법(제1권)(제2판), 박영사(2025), 459(이동진); 민유숙, "재산분할 대상이 되는 재산의 확정에 관한 몇 가지 문제점: 비교법적 고찰을 중심으로", 법조 제50권 제4호, 법조협회(2001), 139.

353 대법원 1993. 12. 28. 선고 93므409 판결.

으로서 평가대상이 되는 영업권으로 보기 어렵다고 판단하였다. 다만 위 판결이 독자적인 재산으로서의 영업권 자체를 부정한 것은 아니다.

347 실무에서는, 개인영업의 가치를 확정하는 것이 쉽지 않고(이혼 즈음에 영업재산을 은닉하거나 수입을 축소하고 채무 및 손실을 부풀리는 경우도 많다), 개인영업 중 무형적 부분은 일방의 특유한 능력이 기여하는 바가 커서 재산분할의 비율을 정함에 있어서 다시 고려하여야 하는 점 등을 참작하여, 영업용 재산과 영업상의 채무만을 분할대상재산으로 보기도 하고, 영업용 재산을 확인하기 어렵고 영업자가 다액의 영업상 채무만 존재한다고 주장하는 경우에는 영업상 채무액 상당의 영업용 재산이 있는 것으로 추정하여 점포의 임대차보증금반환채권 및 권리금 등만을 분할대상으로 인정하기도 한다.[354] 영업 또는 영업권의 가치를 입증하고 평가하기 어렵다는 점이 작용한 결과이다.

바. 채무

1) 재산분할대상성

가) 원칙

348 채무는 적극재산과 달리 '부부 쌍방의 협력'을 표지로 청산[355]의 대상인지 여부를 판단하는 것이 적절하지 않다. 대법원은 "부부 일방이 혼인 중 제3자에게 부담한 채무는 일상가사에 관한 것 이외에는 원칙으로 개인채무로서 청산대상이 되지 않으나 공동재산의 형성에 수반하여 부담한 채무인 경우에는 청산대상이 된다."고 하여, '일상가사에 관한 채무'와 '공동재산의 형성·유지에 수반하여 부담한 채무'를 청산대상으로 보고 있고,[356] 통설도 이를 지지하고 있다.[357]

349 부부는 혼인 중 일상의 가사에 관하여 대리권이 있고, 일상가사로 인한 채무에 대하여 연대책임이 있으며, 공동생활에 필요한 비용을 공동으로 부담하여야 하므로(민법 제827조, 제832조, 제833조), 부부 일방이 일상가사에 관하여 부담한 채

354 민유숙, "재산분할의 구체적 인정범위", 재판자료 제62집, 법원도서관(1993), 426 참조.

355 대법원은 채무의 경우 '청산'이라는 표현을 주로 사용한다. 채무는 원칙적으로 이를 직접 분할하지 않고, 채무액을 재산가액으로부터 공제한 잔액을 기준으로 금전 지급액을 산정하는 등의 방법으로 재산분할의 비율 또는 액수를 정함에 있어서 고려하는 방식으로 청산되기 때문인 것으로 보인다 (대법원 2013. 6. 20. 선고 2010므4071, 4088 전원합의체 판결의 반대의견은 더 나아가 "채무는 분할대상재산이 아니라 재산분할심판을 위한 심리의 대상이 되고 분할대상재산에 대한 분할비율을 산정할 때 고려해야 하는 요소로 작용하여 그러한 의미에서 청산의 대상이 되는 것에 불과하다."고 한다).

356 대법원 1993. 5. 25. 선고 92므501 판결 이후 다수.

357 주해친족법(제1권)(제2판), 박영사(2025), 468~469(이동진).

무가 청산의 대상이 됨은 당연하다.

350 현행 부부재산제도는 부부별산제를 기본으로 하고 있으므로 그 밖의 채무는 각자가 부담하는 것이 원칙이지만, 공동재산을 분할하여 이익을 받는 만큼 그 형성 및 유지에 수반하여 부담한 채무도 분담하는 것이 공평 또는 형평의 원칙에 부합하므로, 공동재산의 형성·유지에 수반하여 부담한 채무 역시 청산의 대상이 된다.[358]

나) 채무의 분할이 문제되는 구체적인 경우

351 혼인 중에 발생하였더라도, 혼인 전부터 부담하고 있던 채무의 변제를 위하여 부담한 채무, 분할대상 공동재산이 아닌 개인사업 운영비 조달을 위한 채무 등 일상가사 및 공동재산의 형성·유지와 무관한 채무는 청산의 대상이 될 수 없다.[359]

352 혼인생활 중 쌍방의 협력으로 취득한 부동산에 관하여 부부의 일방이 부담하는 임대차보증금반환채무는 특별한 사정이 없는 한 혼인 중 재산의 형성에 수반한 채무로서 재산분할의 대상이 된다.[360] 사실혼 관계에 있는 부부 일방이 혼인 중 공동재산의 형성에 수반하여 채무를 부담하였다가 사실혼이 종료된 후 그 채무를 변제한 경우 변제된 채무는 특별한 사정이 없는 한 청산 대상이 된다.[361]

353 혼인이 파탄되기 전에 부담한 가계일반자금대출금 채무는 특별한 사정이 없는 한 일상가사에 관한 것이거나 적어도 부부 공동재산의 형성에 수반하여 부담된 채무일 가능성이 많은 것으로 볼 수 있다.[362] 그러나 혼인공동생활이 종료한 이후에 부담한 채무는 그것이 일상가사에 관한 것이거나 공동재산의 형성·유지에 수반하여 부담한 채무라는 점을 적극적으로 입증하지 못하는 한 청산의 대상이 될 수 없다.[363] 예컨대 생활비를 조달하던 배우자가 일방적으로 생활비 지급을 중단하여 자녀의 양육비, 교육비, 청산 대상이 되는 대출금의 이자 변제 등을 위하여 채무를 부담하였다거나 분할대상 건물의 임대차보증금 반환을 위해 채무를 부담하였다는 등의 사정을 입증하는 경우 그 채무는 청산의 대상이 될 수 있

358 주해친족법(제1권)(제2판), 박영사(2025), 470(이동진)은 어떤 범위의 채무를 청산 대상으로 볼 것인지는 어느 정도 법정책적인 문제로 귀착되는데, 판례와 통설은 그 밖의 소극재산을 원칙적으로 특유재산으로 봄으로써 재산분할청구권이 인정될 여지를 넓히고 있다고 한다.

359 대법원 1994. 11. 11. 선고 94므963 판결.

360 대법원 1999. 6. 11. 선고 96므1397 판결, 대법원 2011. 3. 10. 선고 2010므4699, 4705, 4712 판결.

361 대법원 2021. 5. 27. 선고 2020므15841 판결

362 대법원 2002. 8. 28. 자 2002스36 결정.

363 대법원 1996. 12. 23. 선고 95므1192, 1208 판결.

을 것이다. 하지만 본인의 수입이 충분함에도 양육비 등 조달 명목의 채무를 부담하는 경우에는 그 채무가 양육비 등 조달을 위한 것이라고 인정되지 않을 수도 있고, 본인의 수입 중 채무 상당액은 생활비로 쓰지 않고 은닉한 것으로 추정하여 분할대상 적극재산에 포함될 수도 있다.

354 파탄 이전의 정상적인 혼인생활 중에 주 수입원으로 영위하였던 사업상의 거래관계에서 발생하여 상대방도 용인하였던 채무는 결국 부부 공동의 이익을 위한 것으로 공동재산의 형성에 수반하여 부담한 것이라고 평가될 수 있다.[364] 하지만 사업을 하는 당사자가 이혼 즈음에 영업거래상 채무를 부담하고 있다고 주장하면서 그 채무만을 소극재산에 포함하여야 한다고 주장하는 경우에는 그 채무액 상당의 물품 또는 판매대금 채권 등이 있다고 추정하기도 한다.[365] 대법원도 사업을 위한 물품대금 채무를 담보하기 위하여 설정한 근저당권의 피담보채무는 분할대상 채무로 인정하면서 사업을 하면서 소유하고 있는 물품 상당액을 분할대상 재산으로 포함시키지 않는 것은 위법하다고 판단하였다.[366]

355 오래 전 정상적인 혼인생활 중에 부담한 채무는 그 사용처에 관하여 입증을 하지 못하더라도 특별한 사정이 없는 한 분할대상재산에 포함시킬 수 있다. 대법원은 '혼인생활 중에 부부의 일방이 부담하였다가 이미 변제하여 파탄 이전에 소멸한 채무까지 단지 그 채무의 사용처가 불명하다는 이유로 이를 일방이 개인적으로 탕진한 후 공동재산으로 채무를 변제한 것으로 볼 수는 없다'고 하였다.[367] 이와 달리 파탄 무렵에 발생한 채무의 사용처에 대한 입증을 하지 못하는 경우 그 채무는 청산의 대상으로 인정되기 어려울 것이다.

356 재산분할의 대상인 분양권 매도대금을 형성하는 데 필수적으로 지출되는 비용인 양도소득세 및 주민세 채무는 청산의 대상이 되지만,[368] 이혼 및 재산분할 사건에서 위자료 및 재산분할금을 지급하기 위하여 부동산의 처분이 불가피하다 하여 그 처분에 관하여 부과될 양도소득세 상당액을 분할대상재산의 가액에서 미리 공제할 수는 없다.[369]

364 대법원 2005. 8. 19. 선고 2003므1166, 1173 판결.
365 서울가정법원 1996. 4. 17. 선고 95드18004 판결[하집 1996-1, 415].
366 대법원 2009. 12. 10. 선고 2009므3096, 3102 판결.
367 대법원 2005. 8. 19. 선고 2003므1166, 1173 판결.
368 대법원 2010. 4. 15. 선고 2009므4297 판결. 반대로 분할대상재산에 포함되지 않은 실질적 특유재산을 상속받거나 증여받으면서 부담한 조세채무는 청산의 대상이 될 수 없을 것이다.
369 대법원 1994. 12. 2. 선고 94므901, 918 판결.

357 공동재산의 형성·유지에 수반하여 채무를 부담한 이상, 그 채무로 인하여 취득한 적극재산이 남아있지 않더라도 그 채무부담행위가 부부 공동의 이익을 위한 것으로 인정될 때에는 청산의 대상이 된다. 그 채무가 조세채무나 불법행위를 원인으로 하는 손해배상채무라도 상관없다. 따라서 배우자의 일방이 보유한 회사의 주식들을 재산분할의 대상으로 삼는 경우, 회사 운영 중에 주식을 매각하고 그 대금을 수령하면서 부담한 양도소득세채무, 회사 운영자금 및 주식의 매입대금 등 마련을 위하여 회사의 자금 및 유가증권을 불법적으로 인출하여 부담하게 된 손해배상채무 등도 재산분할 당시 보유하고 있는 주식들의 가치를 유지 또는 향상하는 데 수반하여 발생한 채무로 볼 수 있으면 재산분할의 대상이 된다.[370]

358 부모 등 가족으로부터 돈을 차용하였어도 차용금채무가 재산분할의 대상이 될 수 있지만, 그 경우에는 증여인지 차용인지가 문제될 수 있다. 실무에서는 보험계약에 따른 해지환급금 등은 주장하지 않고, 보험계약 관련 대출금채무만 분할대상채무로 주장하는 경우가 종종 있으나, 위 대출은 예상 보험환급금 범위 내에서 이루어지므로, 대출금채무만을 재산분할 대상에 포함시킬 수는 없다.

359 부부가 각각 주채무자와 보증인인 경우, 종국적인 변제책임은 주채무자에게 있으므로 주채무자의 채무로 볼 수 있다. 부부 중 일방이 타인을 위하여 보증채무를 부담한 경우, 보증채무는 장래에 현실화 될지 여부가 불분명하고, 보증채무를 이행하면 주채무자에 대하여 구상권을 취득하게 되므로, 실무에서는 일반적으로 보증채무를 소극재산으로 인정하지 않지만, 주채무자가 자력이 없어 보증채무를 이행할 수밖에 없고 사후 구상 가능성도 희박하다는 점이 입증되면 소극재산으로 인정하기도 한다. 부부 일방이 채무를 부담하면서 상대방 명의 부동산을 담보로 제공한 경우, 즉 부부 일방은 채무자, 상대방은 물상보증인인 경우, 채무자가 채무를 변제하지 않으면 상대방이 책임을 지게 될 수 있으므로, 채무자와 부동산의 소유자가 일치되도록 재산분할을 하는 것이 바람직하다.[371]

2) 청산의 방법

360 법원이 재산분할심판의 당사자들에게 채무인수를 명하더라도 제3자인 채권자가

370 대법원 2006. 9. 14. 선고 2005다74900 판결.

371 김수정, "이혼으로 인한 재산분할청구권", 사법논집 제40집, 법원도서관(2005), 568~569; 박숙희, "재산분할에서 채무분할에 관한 제문제", 가정법원 50주년 기념논문집, 서울가정법원(2014), 376~377.

그에 따라야 할 의무는 없으므로, 채무는 적극재산과 달리 통상 이를 직접 분할하지 않고, 분할대상인 적극재산 가액에서 채무 상당액을 공제하는 방법으로 청산한다.[372] 대법원도 채무의 청산에 관하여 "금전의 지급을 명하는 방식의 경우에는 그 채무액을 재산가액으로부터 공제한 잔액을 기준으로 지급액을 산정하여야 하고, 목적물의 지분을 취득시켜 공유로 하는 방식의 경우에는 상대방의 취득비율을 줄여 주는 등으로 분할비율을 합리적으로 정하여야 한다."고 판시하였다.[373]

361 그러나 채무인수를 명하는 재산분할이 언제나 금지되는 것은 아니다. 대법원은, 재산분할로 당사자 일방에게 귀속되는 부동산에 근저당권이 설정되어 있고 그 피담보채무의 채무자가 상대방인 경우, 재산분할로 부동산이 귀속되는 당사자 일방에게 상대방 명의 피담보채무를 인수하도록 명한 것은 적절하다고 판단하였고,[374] "원고는 피고로부터 차용금채무 및 근저당권설정등기의 피담보채무를 면책적으로 인수하라. 만일 면책적 채무인수가 불가능할 경우 원고는 피고를 대위하여 위 각 채무를 변제할 의무를 부담한다."고 한 원심 판결에 대한 상고 역시 심리불속행으로 기각하였다.[375]

362 채무인수를 명하는 재산분할이 가능한지에 관하여는 대법원 2013. 6. 20. 선고 2010므4071, 4088 전원합의체 판결에서 격론이 있었다. 위 전원합의체 판결의 반대의견은 "법원이 이혼한 부부 사이에 채무인수를 명하는 재산분할심판을 하더라도 제3자인 채권자가 그에 따라야 할 의무는 없고, 채권자가 채무인수를 승낙하지 않으면 그 심판은 실효가 없을 것이므로, 법원이 제3자의 의사 여하에 따라 그 효력이 좌우되는 심판주문을 낼 수 있는지부터 의문이다. 그러한 심판주문이 우리 법체계상 허용된다고 하더라도, 채권자가 채무인수를 승낙하지 아니한 경우 그 채무인수를 명한 재산분할심판이 어떠한 효력을 가지는지도 분명하지 아니하다."라는 등의 이유로 채무인수를 명하는 것에 부정적이었지만, 다수의견에 대한 보충의견은 "재산분할의 판결에서 채무의 인수를 명한 경우에도 그것이 바로 면책적 채무인수의 효과를 생기게 하지는 못하지만, 적어도 제3자를 위한 계약 또는 병존적 채무인수의 효과는 생길 수 있다. 어차피 채무자의 무자력

372 법원실무제요, 가사[Ⅱ], 법원행정처(2021), 504.
373 대법원 1994. 12. 2. 선고 94므1072 판결.
374 대법원 2003. 1. 10. 선고 2002므1442, 1459 판결.
375 대법원 2019. 9. 10. 자 2019므12129 판결.

으로 자기 채권의 현실적 만족을 얻지 못하고 있는 채권자로서는 가능한 자기 채권의 만족가능성을 높이려 할 것이므로 중첩적 채무인수의 가능성을 외면할 리 없다. 나아가 이혼 이후 채무의 본래 명의자가 채권자에게 변제를 한 경우에도 재산분할 판결은 상대방에 대한 구상 청구를 할 수 있는 확실한 법적 근거가 될 수 있다."라고 하여 채무인수를 명하는 재산분할을 긍정하였다.

363 학설은 채무인수를 명하는 재산분할에 부정적인 견해,[376] 이를 긍정하는 견해,[377] 채무의 담보로 제공된 부동산의 이전에 수반하여 그 피담보채무를 인수하게 하는 등의 경우에는 채무인수를 명할 수 있지만, 일반적인 경우에는 금전지급에 의하여 청산하여야 한다는 견해[378] 등이 있다.

364 다만 채무인수를 명하는 재산분할이 가능하다고 보더라도, 판결의 이유에서 채무의 귀속에 관하여 설시하고 이를 전제로 재산분할금을 정하는 것은 허용될 수 없다. 즉, 재산분할에 관한 판결의 이유에서 부부의 공동채무를 배우자의 일방에게 귀속시킨다고 설시하더라도, 그로써 상대방이 부담하여야 할 채무가 그 일방에게 면책적으로 인수되는 법률적 효력이 발생하지는 않으므로, 위 채무가 그 일방에게 귀속됨을 전제로 재산분할금을 산정하여서는 아니 된다.[379]

3) 채무초과의 경우

가) 재산분할청구 허용 여부

365 과거의 판례는, 부부 일방이 청산의 대상이 되는 채무를 부담하고 있어 총재산가액에서 위 채무액을 공제하면 남는 금액이 없는 경우에는 상대방의 재산분할 청구는 받아들여질 수 없다고 하였다.[380] 그러나 이후 형평에 맞지 않는 사례가 나타나고 비판적 의견이 제기되자,[381] 대법원 2013. 6. 20. 선고 2010므4071, 4088

376 김수정, "이혼으로 인한 재산분할청구권", 사법논집 제40집, 법원도서관(2005), 564~565; 황승태, "재산분할에 있어 채권, 채무의 처리에 관한 고찰", 재판자료 제101집(상), 법원도서관(2003), 295~297 (허용을 할 필요성은 있지만 법리상 허용되지 않으므로, 조정 등의 경우에만 활용할 수 있다는 취지로 보인다).

377 오상진, "재산분할에 있어서 소극재산이 적극재산을 초과하는 경우", 실무연구X, 서울가정법원(2005), 174 이하.

378 주해친족법(제1권)(제2판), 박영사(2025), 483(이동진).

379 대법원 1999. 11. 26. 선고 99므1596, 1602 판결.

380 대법원 2002. 9. 4. 선고 2001므718 판결 등.

381 황승태, "재산분할에 있어 채권, 채무의 처리에 관한 고찰", 재판자료 제101집(상), 법원도서관(2003); 오상진, "재산분할에 있어서 소극재산이 적극재산을 초과하는 경우", 실무연구X, 서울가정법원(2005); 전보성, "소극재산이 적극재산을 초과하는 경우 재산분할방법에 관한 시론", 민사판례연구 제30권, 박영사(2008) 등.

전원합의체 판결은 기존 판례를 변경하여 "'소극재산의 총액이 적극재산의 총액을 초과하여 재산분할을 한 결과가 채무의 분담을 정하는 것이 되는 경우' 즉 소위 채무초과의 경우에도, '법원은 채무의 성질, 채권자와의 관계, 물적 담보의 존부 등 일체의 사정을 참작하여 이를 분담하게 하는 것이 적합하다고 인정되면' 구체적인 분담의 방법 등을 정하여 재산분할 청구를 받아들일 수 있다."고 판시하였다.[382]

366 위 전원합의체 판결의 다수의견은, 민법 제839조의2가 분할대상인 재산을 적극재산으로 한정하고 있지 않으므로 적극재산을 분배하거나 소극재산을 분담하도록 하는 재산분할은 어느 것이나 가능하다고 보아야 하고, 채무초과의 경우에도 재산분할 청구를 받아들일 수 있도록 하는 것이 부부가 혼인 중 형성한 재산관계를 이혼에 즈음하여 청산하는 것을 본질로 하는 재산분할 제도의 취지에 맞고 당사자 사이의 실질적 공평에도 부합한다고 판단하였다.

367 반면에 위 전원합의체 판결의 반대의견은, 부부별산제를 시행하고 있는 우리 민법 하에서 부부 공동의 재산관계 청산이라는 개념은 성립하기 어려우므로, 우리 민법이 채택한 재산분할청구권이란, '비록 상대방 배우자 명의로 되어 있으나 부부 공동의 노력으로 형성한 재산에 대한 재산분할 청구인의 실질적인 기여를 인정하여 혼인관계가 해소될 때 상대방 배우자에게 그 재산에 대한 권리 이전을 요구하거나 그 권리에 상당하는 대가, 즉 대상으로서 금전의 지급을 청구할 수 있는 권리'를 의미하고, 따라서 재산분할청구권은 상대방 명의로 되어 있는 재산이 존재하고 그 재산이 부부 공동의 노력을 형성되었을 것을 필수불가결한 전제로 하는 것이어서, 혼인생활 중에 형성된 공동재산이 없는 경우에는 재산분할 청구를 할 수 없다고 보았다. 반대의견은, 채무는 채권자의 승낙이 없는 한 그 귀속주체가 달라질 수 없으므로, 분할대상재산에 대한 분할비율을 산정할 때

382 이후 발표된 논문들은 대체로 위 전원합의체 판결의 결론에 긍정적인 것으로 보인다. 김인유, "채무만을 대상으로 한 재산분할 : 대법원 2013. 6. 20. 선고 2010므4071, 4088 전원합의체 판결", 법학논고 제46집, 경북대학교 출판부(2014); 박숙희, "재산분할에서 채무분할에 관한 제문제", 가정법원 50주년 기념논문집, 서울가정법원(2014); 이승원, "부부 쌍방의 총 소극재산이 총 적극재산을 초과하는 경우에도 이혼에 따른 재산분할이 가능한지", 사법 제25호, 사법발전재단(2013); 장재형, "소극재산 초과 시의 재산분할과 채무의 분담", 인권과 정의 제438호, 대한변호사협회(2013); 정구태, "부부 쌍방의 소극재산 총액이 적극재산 총액을 초과하는 경우에도 재산분할이 가능한지 여부", 법학논총 제20집 제2-1호, 조선대학교 법학연구소(2013); 한삼인, "채무의 분담이 재산분할의 대상이 되는지 여부 : 대법원 2013. 6. 20. 선고 2010므4071, 4088 전원합의체 판결(다수의견)", 법학연구 제25권 제1호, 충남대학교 법학연구소(2017) 등.

고려해야 하는 요소로 작용하여 그러한 의미에서 청산의 대상이 되는 것에 불과할 뿐, 채무 자체가 분할대상재산이 될 수는 없다고 한다.

368 간단히 표현하자면, 다수의견은 재산분할 제도의 본질을 '혼인 중 형성한 재산관계의 청산'이라고 보고 있고, 반대의견은 재산분할청구권을 혼인관계의 특수성에 기인한 권리로서 '부부 공동의 노력으로 이룩한 순재산 중 일부를 분할받을 권리'로 보고 있다고 할 수 있을 것이다. 물론 다수의견도 후술하는 바와 같이 재산분할의 부양적 요소를 근거로 일률적인 채무 분담 또는 채무의 청산을 막아 혼인관계의 특수성을 반영하고 있다.

369 위 전원합의체 판결에는 두 개의 별개의견이 존재한다. 그 하나(상대방 순재산한도설)는, 전체적으로는 소극재산 총액이 적극재산 총액을 초과하더라도 재산분할청구의 상대방 명의로 순재산이 남아 있는 경우 그 가액을 한도로 재산분할이 가능하다는 의견이다. 기본적으로는 반대의견과 같이 재산분할청구권을 이혼한 부부의 일방이 상대방으로부터 부부 공동의 노력으로 이룩한 재산 중 일부를 분할 받을 권리로 보면서도, 반대의견의 입장을 다소 완화하여 그로 인하여 발생할 수 있는 현저한 불공평을 어느 정도 해소해고자 하는 의견이다. 다른 하나(상대방 적극재산한도설)는, 상대방이 적극재산을 가지고 있는 경우에는 소극재산이 적극재산을 초과한다는 사유만으로 재산분할을 부정할 것이 아니라 일단 재산분할청구 자체는 가능하다고 보아야 한다는 의견이다. 채무만에 대한 재산분할을 할 수 없다고 보는 것은 반대의견과 같으나, 상대방이 상당한 적극재산을 가지고 있는데도 소극재산이 그보다 많다는 이유로 항상 재산분할청구를 부정하는 경우 형평에 어긋나는 결과가 발생할 수 있음을 감안한 의견이다.

370 부부 합산 소극재산의 총액이 적극재산의 총액을 초과하는 경우에, 다수의견을 따르면 재산분할청구인의 소극재산 가액이 적극재산 가액보다 많으면 상대방의 순재산 보유 여부, 적극재산 보유 여부와 관계없이 재산분할을 청구할 수 있고, 별개의견 중 상대방 적극재산한도설을 따를 경우 상대방에게 적극재산이 있으면 상대방의 소극재산의 가액이 적극재산의 가액을 넘는지를 불문하고 일단 재산분할을 청구할 수 있으며, 상대방 순재산한도설을 따를 경우 상대방의 적극재산 가액이 소극재산 가액을 넘는 경우에만 재산분할을 청구할 수 있고, 반대의견을 따르면 언제나 재산분할을 청구할 수 없다.

371 다만 위 전원합의체 판결의 다수의견에 의하더라도, 채무초과의 경우 언제나 재산분할 청구를 받아들여야 하는 것이 아니라 '일체의 사정을 참작하여 채무를 분담하게 하는 것이 적합하다고 인정되는 경우'에만 재산분할을 할 수 있다. 즉, 재산분할에 의하여 채무를 분담하게 되면 그로써 재산분할의무자가 채무초과 상태가 되거나 기존의 채무초과 상태가 더욱 악화되는 것과 같은 경우에는 채무부담의 경위, 용처, 채무의 내용과 금액, 혼인생활의 과정, 당사자의 경제적 활동능력과 장래의 전망 등 제반 사정을 종합적으로 고려하여 채무를 분담하게 할지 여부를 정하여야 하고, 적극재산을 분할할 때처럼 재산형성에 대한 기여도 등을 중심으로 일률적인 비율을 정하여 당연히 분할 귀속되게 하여야 하는 것은 아니다. 위 전원합의체 판결은 그 근거로 재산분할의 부양적 요소를 제시하였다. 재산분할청구 사건에 있어서는 혼인 중에 이룩한 재산관계의 청산뿐 아니라 이혼 이후 당사자들의 생활보장에 대한 배려 등 부양적 요소 등도 함께 고려할 대상이 되기 때문에, 채무를 당연히 분할 귀속시켜야 하는 것은 아니라는 것이다.

나) 청산의 방법

372 채무초과의 경우에는 통상의 경우와 같이 적극재산 가액에서 채무 상당액을 공제하는 방법으로 채무를 청산할 수 없다. 따라서 법원은 재산분할청구를 받아들일 경우 채무부담의 경위, 용처, 채무의 내용과 금액, 혼인생활의 과정, 당사자의 경제적 활동능력과 장래의 전망 등 제반 사정을 종합적으로 고려하여 채무 분담의 방법을 정하여야 한다.[383]

373 채무 분담의 구체적 방법에 관하여, 위 전원합의체 판결의 다수의견은 언급이 없으나, 위 다수의견에 대한 보충의견은 채무의 인수를 명하는 방식, 금전지급을 명하는 방식(대상분할방식) 또는 그 혼합적 형태 등 다양한 방법이 가능하다고 판단하였다. 이에 대하여 위 전원합의체 판결의 반대의견은, 채무인수를 명하는 방식은 앞서 본 바와 같이 법원이 제3자의 의사(채무인수 승낙 여부)에 따라 효력이 좌우되는 심판주문을 내게 된다는 점 등 때문에 부당하고, 대상분할방식은 상대방이 재산분할청구인에게 재산분할금을 지급하더라도 재산분할청구인이 채무를 변제하지 않거나, 채권자로부터 채무를 면제받거나, 채무가 시효로 소멸할 수 있다는 점 등 때문에 부당하다고 한다. 실무에서는 주로 금전지급을 명하

383 대법원 2013. 6. 20. 선고 2010므4071, 4088 전원합의체 판결.

는 방식을 채택하고 있다.[384]

사. 기타

1) 합유재산

374 합유재산도 재산분할의 대상에 포함된다. 다만 부부의 일방이 제3자와 합유하고 있는 재산 또는 그 지분은 이를 임의로 처분하지 못하므로, 직접 당해 재산의 분할을 명할 수는 없고, 그 지분의 가액을 산정하여 이를 분할의 대상으로 삼거나 다른 재산의 분할에 참작하는 방법으로 재산분할의 대상에 포함하여야 한다.[385]

375 따라서 법원은 합유재산도 다른 재산들처럼 그 재산의 가액을 재산분할의 대상이 되는 재산의 가액에 포함시켜 각자가 보유하고 있는 재산의 가액과 각자에게 귀속되어야 할 재산의 가액을 정한 다음, 그 차액 상당을 금전으로 지급·청산하도록 하거나, 다른 재산을 분할함에 있어서 그 가액 상당만큼을 더 많이 또는 더 적게 분할하도록 할 수 있다.

2) 손해배상금, 보험금, 복권당첨금

376 제3자의 불법행위로 인하여 입은 인적 손해에 대한 손해배상금, 손해배상채권 또는 그에 해당하는 보험금이 재산분할의 대상인지에 관하여, 미국의 입법례 및 판례 중에는 혼인 중 재산으로부터 지출된 의료비에 대한 전보로서의 성격을 갖는 부분과 혼인 중의 일실수입에 대한 전보 부분은 분할의 대상이 되고, 이혼 후의 일실수입에 대한 전보로서의 성격을 갖는 부분 등은 분할의 대상이 되지 않는다고 보는 것, 손해배상금은 혼인 중의 노력에 의한 것이 아니라 우연한 사고라고 하는 사실에서 비롯한 것이므로 분할대상 재산이 아니라고 보는 것 등이 있다고 한다.[386] 우리나라에서는, 손해배상금 등의 공동재산 포함 여부는 일률적으로 정하기 어렵고 그때그때 여러 사정을 고려하여야 하지만, 치료비 상당

384 이재은, "소극재산 총액이 적극재산 총액을 초과하는 경우 재산분할의 가부와 방법 : 대법원 2013. 6. 20. 선고 2010므4071, 4088 전원합의체 판결", 전북판례연구 제1집, 전북판례연구회(2017), 371~383은 위 전원합의체 판결 이후 2016. 8. 까지 사이에 채무초과인 경우의 재산분할에 관하여 판단한 하급심 판결 57건 중 22건은 제반 사정을 종합하여 재산분할 청구를 기각하였고, 21건은 적극재산을 분할할 때와 같이 재산분할 비율을 정하고 이에 따라 각자에게 귀속될 재산액과 청구인이 보유한 재산액의 차액 상당 금원의 지급을 명하였으며, 14건은 재산분할비율과 상관없이 청구인의 채무액의 일부 또는 상대방의 적극재산 중 일부에 해당하는 금원의 지급을 명하였고, 채무의 인수를 명한 판결은 없었다고 한다.

385 대법원 2009. 11. 12. 선고 2009므2840, 2857 판결.

386 민유숙, "재산분할 대상이 되는 재산의 확정에 관한 몇 가지 문제점: 비교법적 고찰을 중심으로", 법조 제50권 제4호, 법조협회(2001), 150~152.

의 배상과 위자료는 특유재산으로 보기 쉽고, 일실수익 상당의 배상 중 혼인관계 파탄 전까지의 부분은 사고가 없었더라면 공동재산에 편입되었을 소득의 대체물이므로 공동재산이 될 수 있을 것이라는 견해가 있다.[387] 대법원 판결 중에는 배우자 일방이 교통사고로 인하여 수령한 보험금은 그 배우자의 특유재산이라고 판단한 사례가 있다.[388]

377 질병보험 등 보장성보험의 보험금은 배우자 중 일방에게 질병, 사고 등의 보험금 지급사유가 발생하는 경우에 지급되는 것이고, 보험금 지급사유의 발생은 부부 쌍방의 협력으로 인한 것이 아니라 배우자 일방의 우연적 사정에 기한 것이므로 그 배우자 일방의 특유재산이라고 볼 여지가 있으나, 상대방 배우자가 상당한 보험료를 납부한 경우에는 보험계약 유지에 대한 상대방 배우자의 기여가 없었다고 보기 어렵다. 구체적 사정을 종합하여 분할대상재산 여부를 판단해야 할 것이나, 보험금을 재산분할의 대상에 포함시키더라도 그에 대한 상대방 배우자의 기여는 크지 않을 것이므로, 그로 인하여 재산분할금의 액수가 크게 달라지기는 어려울 것이다.

378 부부 일방이 구입한 복권당첨금도 공동재산에 편입되는 소득으로 구입한 것인 한 공동재산에 포함될 수 있다는 견해가 있다.[389] 이에 관한 대법원 판결은 없으나, 하급심 판결의 결론은 다양하다. 복권당첨금은 당첨자가 자신의 행운에 의해 취득한 재산으로서 특별한 사정이 없는 한 당첨자의 특유재산이라고 한 판결도 있으나,[390] 복권 구입 및 당첨금 수령 과정, 복권 당첨 전후의 부부로서의 생활관계 등을 근거로 당첨금은 분할대상 재산에 해당한다고 본 판결,[391] 부부 중 일방이 수령한 복권당첨금으로 다른 일방이 재산을 취득하자 세무서에서 증여세를 부과한 사안에서 복권당첨금이 부부 공동재산이라고 한 판결도 있으며,[392] 당사자 사이에 특별한 다툼이 없어 분할대상 재산에 포함된 경우도 있다.

387 주해친족법(제1권)(제2판), 박영사(2025), 452(이동진).

388 대법원 2002. 8. 28. 자 2002스36 결정. 이 결정에서 대법원은 보험금이 특유재산이라는 점을 이유로 하여, 설사 보험수익자의 배우자가 보험수익자를 대리하여 보험금을 수령하였다 하더라도, 그 배우자는 보험수익자에 대하여 보험금지급의무를 부담하고 이 채무는 재산분할과 별도로 존속하는 것이므로, 그 배우자가 수령한 보험금을 재산분할의 대상으로 삼을 수 없다고 판단하였다.

389 주해친족법(제1권)(제2판), 박영사(2025), 452(이동진).

390 서울고등법원 2017. 12. 19. 선고 2017르22384, 22391 판결. 당사자가 상고를 하지 않아 확정되었다.

391 인천지방법원 2015. 6. 15. 선고 2013드합1188 판결. 당사자가 항소를 하지 않아 확정되었다.

392 서울고등법원 2014. 1. 8. 선고 2013누46787 판결. 위 판결 직후 세무서가 처분을 취소하여 대법원이 소를 각하하였다.

3) 전혼 중 이룩한 재산

379 이혼 후 재결합하였다가 다시 이혼하는 경우 전혼 중에 이룩한 재산도 분할대상에 포함시킬 수 있는지가 문제된다.

380 대법원은 부부 사이에 법률혼과 사실혼이 3회에 걸쳐 계속 이어지다가 파탄되었고 그 각 이혼에 따른 별거기간이 6개월과 2개월 남짓에 불과한 사안에서 "마지막 사실혼의 해소에 따른 재산분할을 함에 있어서는 그에 앞서 이루어진 이혼에 따른 재산분할 문제를 정산하였다거나 이를 포기하였다고 볼 만한 특별한 사정이 없는 한 그 각 혼인 중에 쌍방의 협력에 의하여 이룩한 재산은 모두 청산의 대상이 될 수 있다."고 판시하여, 전혼 종료 시에 재산분할 문제를 정산하였거나 포기하였다고 볼 만한 특별한 사정이 있었는지 여부를 중요한 판단기준으로 제시하였다.[393]

381 재산분할제도가 부부공동재산의 적정한 청산을 목적으로 하는 제도인 점, 이혼 후 재결합을 전혼의 부활이라고 생각하는 당사자들의 의사 또는 이혼한 부부가 재결합한 경우에는 이혼하면서 분할하지 못한 기존의 재산을 공동재산으로 포함시키겠다는 부부 사이의 묵시적 합의가 있었다고 볼 수 있는 점 등을 이유로 위 판례에 찬성하는 견해가 있다.[394]

382 전혼 종료 시에 재산분할 문제를 정산하였거나 포기하였다고 볼 수 있는지는 이를 주장하는 당사자가 입증하여야 할 것인데, 명시적 약정이 없는 경우 각자가 이혼을 하면서 보유한 재산의 내역과 혼인 파탄의 경위, 이혼 후 쌍방의 태도, 이혼 후 별거기간 등을 종합적으로 고려하여 판단할 수 있을 것이다.[395]

383 이혼 후 재결합까지의 기간이 길어진 경우, 특히 재결합 이전에 전혼에 따른 재산분할청구의 제척기간이 경과한 경우에도 전혼 중에 이룩한 재산을 분할대상에 포함시킬 수 있는지에 관하여, 전혼에 따른 재산분할청구의 제척기간이 경과하였어도 그 재산에 대한 정산이나 포기를 거치지 않은 이상 실질적 공동재산

393 대법원 2000. 8. 18. 선고 99므1855 판결.

394 서종희, "이혼 후 재결합한 경우의 재산분할청구권 : 제척기간의 중단여부 및 재산분할대상의 확장을 통한 해결", 비교사법 제20권 제2호, 한국비교사법학회(2013), 548; 정원, "재산분할과 관련한 몇가지 실무상 문제점", 실무연구Ⅷ, 서울가정법원(2002), 90~91.

395 서종희, "이혼 후 재결합한 경우의 재산분할청구권 : 제척기간의 중단여부 및 재산분할대상의 확장을 통한 해결", 비교사법 제20권 제2호, 한국비교사법학회(2013), 538; 정원, "재산분할과 관련한 몇가지 실무상 문제점", 실무연구Ⅷ, 서울가정법원(2002), 91.

이라는 성격이 변하지는 않으므로, 그 재산은 다시 이혼할 경우에 분할의 대상이 된다고 보아야 하고, 이러한 해석이 당사자의 의사에 부합한다고 주장하는 견해가 있으나,[396] 그 경우에도 당사자 사이에 기존의 재산을 부부공동재산으로 포함시키겠다는 합의가 있었다고 볼 수 있을지는 의문이다. 적어도 전혼에 관한 재산분할의 제척기간이 경과한 경우에는, 제척기간 경과 전에 재결합을 위한 노력이 있었고 그 때문에 재산분할청구를 하지 않았다고 볼만한 사정 등이 인정되지 않는 한, 전혼에 따른 재산분할청구를 포기하였다고 볼만한 사정이 있었다고 판단될 가능성이 높을 것이다.

3. 분할대상재산의 가액산정

가. 원칙

384 법원은 기록에 나타난 객관적인 자료에 의하여 분할의 대상이 되는 개개의 재산의 가액을 정하여야 한다.[397] 대법원은 과거 분할대상이 되는 재산은 적극재산이거나 소극재산이거나 그 액수가 대략적으로나마 확정되어야 할 것이라고 판시 하였으나,[398] 근래 실무에서 재산의 액수를 대략적으로만 정하는 경우는 찾아보기 어렵다.

385 재산분할액 산정의 기초가 되는 재산의 가액은 반드시 시가감정에 의하여 인정해야 하는 것은 아니지만 객관성과 합리성이 있는 자료에 의하여 평가하여야 한다. 따라서 객관적인 자료에 의하지 않고 당사자 일방의 주장이나 당사자들의 가족이나 지인의 진술에 의하여 이를 인정하거나,[399] 막연하게 경제사정의 변동으로 인하여 사실심 변론종결 당시 재산분할의 대상이 되는 재산의 시가가 감정서 작성 당시의 시가에 비해 낮아졌을 것이라고 판단하여서는 아니 된다.[400]

386 대법원은, 원고가 원심에 이르러 제1심판결에서 재산분할의 대상이 된 부동산들의 가액이 공시가격에 따라 산정되어 부당하다는 취지로 다투면서 시가감정을 신청하였고, 감정평가서가 도착하였으나 별다른 주장을 하지 않은 사안에서, "원

396 서종희, "이혼 후 재결합한 경우의 재산분할청구권 : 제척기간의 중단여부 및 재산분할대상의 확장을 통한 해결", 비교사법 제20권 제2호, 한국비교사법학회(2013), 539~540; 정원, "재산분할과 관련한 몇 가지 실무상 문제점", 실무연구Ⅷ, 서울가정법원(2002), 92.

397 대법원 2000. 9. 22. 선고 99므906 판결, 대법원 2010. 4. 15. 선고 2009므4297 판결 등.

398 대법원 1999. 6. 11. 선고 96므1397 판결, 대법원 1993. 5. 25. 선고 92므501 판결 등.

399 대법원 2002. 8. 28. 자 2002스36 결정, 대법원 1999. 6. 11. 선고 96므1397 판결.

400 대법원 2000. 9. 22. 선고 99므906 판결.

심으로서는 변론종결일까지 기록에 나타난 시가 감정결과 등 객관적이고 합리성 있는 자료에 의하여 원심 변론종결일 또는 이에 가까운 날을 기준으로 이 사건 각 부동산의 가액을 산정하였어야 함에도 제1심 변론 당시의 개별공시지가 자료 및 이에 근거한 원고와 피고의 제1심에서의 진술 등에 의하여 인정한 이 사건 각 부동산의 가액에 기초하여 재산분할금을 산정한 것은 위법하다"고 하였다.[401]

387 당사자 일방이 주장하는 시가를 상대방이 제대로 반박하지 않더라도 이를 재산의 가액으로 인정하는 것은 곤란하다(실무에서는 당해 재산이 분할의 대상이 아니라고 주장하면서 가액에 대하여는 아무런 주장도, 반박도 하지 않는 경우가 종종 있다). 재산분할사건의 심리에는 변론주의가 아니라 직권탐지주의가 적용되므로 일방 당사자의 주장을 상대방이 명백히 다투지 않더라도 이를 다툼 없는 사실로 보아 사실인정을 할 수 없기 때문이다. 물론 당사자들이 재산의 가액 또는 가액 평가방법에 관하여 일치된 진술을 하는 경우 그에 따라 가액을 인정할 수 있지만,[402] 재산분할사건의 심리에는 직권탐지주의가 적용되므로 법원이 반드시 이에 따라야 하는 것은 아니다.[403]

나. 재산별 가액 인정 방법[404]

1) 부동산

388 상가건물 등의 경우 시가감정을 할 수밖에 없는 경우가 많지만, 아파트의 경우에는 KB국민은행의 부동산 시세 정보, 국토교통부의 부동산 실거래가 정보 등을 활용하는 경우도 많다.[405] 최근에 부동산을 담보로 대출을 받은 경우에는 대출은행이 실시한 감정결과를 활용하기도 한다. 공인중개사의 시세확인서는 그 자체로 객관성과 합리성이 있는 자료라고 보기에는 부족하지만, 실무에서는 비용을 들여 감정을 하기 전의 기초자료로서 널리 활용되고 있다.[406]

401 대법원 2024. 5. 30. 선고 2024므10370 판결
402 대법원 2005. 8. 19. 선고 2003므1166 판결.
403 대법원 1999. 11. 26. 선고 99므1596 판결 등 참조.
404 여기에 제시된 방법들은 실무에서 종종 사용되는 방법이지만, 구체적인 사안에 비추어 합리성이 인정되지 않는 경우가 있을 수 있고, 그러한 경우에는 시가감정 등 보다 엄격한 방법에 의하여 가액을 인정할 필요가 있다.
405 KB국민은행 부동산 시세 정보와 국토교통부의 부동산 실거래가정보는 근거가 확실하고 활용하기 편리하지만, 각각의 장단점이 있어 일정한 경우에는 시가를 정확히 반영하기 어려울 수 있고, 두 자료에 따른 시가가 서로 다른 경우도 많으므로, 이를 적용함에 있어서 주의를 요한다.
406 상대방이 시세확인서에 기재된 가액을 인정하거나, 쌍방이 제출한 시세확인서의 가액이 크게 다르지 않아 적절한 가액으로 합의가 이루어지는 등의 경우에는 시간과 비용을 상당히 절약할 수 있다.

389 공시지가는 정상적 상황이라면 시가보다 낮은 금액으로 정하여지지만, 당사자들이 공시지가에 의하여 가액을 산정하는 것에 다툼이 없는 경우, 당사자 일방이 공시지가가 너무 낮다고 다투지만 재판장의 시가감정신청 촉구에 응하지 않는 경우 등에는 공시지가를 기준으로 가액을 산정할 수 있다.[407]

390 분양권은 그 시세가 확인되는 경우 이에 따르면 되지만, 그렇지 못한 경우에는 납부한 분양대금의 액수에 감정 등에 의하여 확인되는 프리미엄의 액수를 더하여 산정하기도 한다.

2) 주식

391 상장주식의 시가는 특별한 사정이 없는 한 기준일 당일의 한국증권거래소 종가에 의하여 정해진다.[408]

392 비상장주식의 경우에는 그 주식에 관하여 객관적 교환가치가 적정하게 반영된 정상적인 거래의 실례가 있으면 그 거래가격을 시가로 볼 수 있고, 그러한 거래사례가 없으면 비상장주식의 평가에 관하여 보편적으로 인정되는 시장가치방식, 순자산가치방식, 수익가치방식 등 여러 가지 평가방법을 활용하되, 당해 회사의 상황이나 업종의 특성 등을 종합적으로 고려하여 적정한 가액을 산정하여야 한다.[409] '시장가치(Market Value)방식'은 시장원리에 따라 형성되는 가치를 기업의 가치로 평가하는 방식(유사업종비준평가법 등)을 말하고, '순자산가치(Net Asset Value)방식'은 기업이 보유하고 있는 순자산(총자산 - 부채)의 가치를 기업의 가치로 평가하는 방식이며, '수익가치(Revenue Value)방식'은 미래의 수익창출능력을 기업의 가치로 평가하는 방식(현금흐름할인법 등)이다.[410]

393 과거에는 전문가가 아니라도 비교적 쉽게 활용할 수 있다는 장점 때문에 대차대조표에 기초하여 순자산가치를 평가하는 방법이 활용되기도 하였지만, 위 방법에는 무형자산의 가치와 기업의 수익가치가 반영되지 않는 등의 문제점이 있어 당사자의 일방이라도 반대하는 경우 그 결과를 주식의 가액으로 인정하기는 어렵다. 실무에서는 주식의 가액이 크지 않은 경우 감정비용 및 감정을 위한 시간과 노력이 과다하게 소요되는 점 등을 감안하여 당사자들이 반대하지 않으면

407 대법원 2005. 8. 19. 선고 2003므1166, 1173 판결.
408 대법원 2015. 8. 27. 선고 2012두16084 판결.
409 대법원 2006. 11. 24. 자 2004마1022 결정.
410 상세한 내용은 전현정, "비상장주식의 매수가액 결정기준", 대법원판례해설 제63호, 법원도서관(2007), 238~247 참조.

발행주식 액면가액을 주식의 가액으로 보기도 한다.

394 대법원은 비상장주식의 가액 평가에 관한 수개의 감정결과 중 구 상속세법 시행령(1994. 12. 31. 대통령령 제14469호로 개정되기 전의 것) 제5조 제6항 제1호 나목 및 상속세 및 증여세법 시행령 제54조에 정한 방법에 의해 순자산가치와 순손익가치[411]를 모두 고려하여 평가한 감정결과를 채용한 것은 적법하다고 판단한 바가 있다.[412]

3) 기타

395 차량의 경우 인터넷 중고차 거래사이트, 보험개발원의 차량기준가액이 종종 활용되고, 골프회원권 등은 회원권 거래소 시세 자료가 이용될 수 있다. 시장가액이 형성되어 있지 않은 채권의 경우 그 변제가능성 등을 고려하여 채권의 가치가 있는지 여부를 판단해야 한다.

396 부동산 등이 제3자를 위한 담보로 제공되어 있는 경우에는, 보증채무를 부담하고 있는 경우와 마찬가지로 그 현실화 여부가 불분명하고 채무자에 대해 구상권을 행사할 수 있으므로 부동산 등의 가액에서 담보로 제공된 가액을 공제하지 않는 것이 일반적이지만, 채무자의 무자력으로 담보권이 실행될 수밖에 없고 구상가능성도 희박하다는 점이 입증되면 담보의 가액을 공제할 수 있을 것이다.[413]

397 보험계약이 체결된 경우, 보험금이 지급될 가능성을 평가하기 어렵고, 납입된 보험료를 그대로 돌려받을 수도 없으며, 보험계약자가 언제든 이를 해지하고 해지환급금을 수령할 수 있으므로, 실무에서는 약정보험금이나 납입보험료가 아닌 예상해지환급금 상당액을 보험수익자나 피보험자가 아닌 보험계약자가 소유하고 있는 것으로 보는 경우가 많다.

398 법인 명의인 재산, 장래의 퇴직급여채권, 연금수급권, 개인영업 등의 가액 산정에 관하여는 해당 부분 참조.

4. 재산 확정 및 가액 산정의 기준시

가. 원칙

399 재산분할의 대상이 되는 재산 확정 및 가액 산정의 기준시로는 파탄시(별거시),

411 수익가치 평가방법 중의 하나이다.

412 대법원 2007. 7. 26. 선고 2006므2757, 2764 판결.

413 김수정, "이혼으로 인한 재산분할청구권", 사법논집 제40집, 법원도서관(2005), 568~569; 박숙희, "재산분할에서 채무분할에 관한 제문제", 가정법원 50주년 기념논문집, 서울가정법원(2014), 376~377.

이혼시(협의이혼 성립일 또는 이혼소송의 사실심 변론종결일), 재산분할 청구의 재판시를 생각할 수 있다. 이혼 소송과 재산분할청구가 병합되어 재판이 진행되는 경우에는 대체로 이혼시와 재판시가 같을 것이다. 재산분할의 대상이 부부 쌍방의 협력으로 취득한 재산이라는 점을 강조하면 부부의 협력이 종료된 시점인 파탄시 또는 별거시를 기준시로 볼 수 있고, 재산분할청구권이 이혼 시 발생하는 권리라는 점을 강조하면 이혼시를 기준시로 볼 수 있으며, 구체적인 재산분할청구권은 재산분할에 관한 협의나 심판에 의하여 비로소 형성되는 것이므로 그 때까지 발생한 모든 사정을 기초로 판단하여야 한다는 점을 강조하면 재판시를 기준시로 볼 수 있다.

400 대법원은 근거를 명시적으로 밝히지는 않았지만 일관되게 "재판상 이혼을 전제로 한 재산분할에 있어 분할의 대상이 되는 재산과 그 액수는 이혼소송의 사실심 변론종결일을 기준으로 하여 정하여야 하고,[414] 협의이혼에 따른 재산분할에 있어 분할의 대상이 되는 재산과 액수는 협의이혼이 성립한 날(이혼신고일)을 기준으로 정하여야 한다."[415]고 판시하여 재판상 이혼의 경우에나 협의이혼의 경우에나 이혼시를 기준으로 하여야 함을 명확하게 하고 있다.

401 학설은 매우 다양하다. 판례에 찬성하는 견해도 있지만, 별거를 기준으로 하되, 때에 따라서는 불합리한 일이 생길 수 있으므로 별거 후의 재산변동을 고려하여야 한다는 견해,[416] 재산분할대상의 확정시점과 그 가액의 산정시점을 구별하여 별거시(사실상 혼인공동생활이 종료한 시점)를 기준으로 분할대상 재산을 확정하고, 그 가액의 산정은 이혼 시를 기준으로 할 수 있다는 견해,[417] 원칙적으로 이혼 시를 기준으로 하되, 당사자가 이혼 전에 재산을 고의로 감소시킨 경우와 같이 파탄 이후에 당사자 사이의 형평에 반하는 사정이 발생한 경우에는 파탄 시 또는 별거 시를 기준으로 할 수 있다는 견해,[418] 이혼 시를 기준으로 분할대

414 대법원 2000. 5. 2. 자 2000스13 결정 이후 다수.

415 대법원 2006. 9. 14. 선고 2005다74900 판결 등.

416 이경희/윤부찬, 가족법(11정판), 법원사(2024), 150; 박동섭, "가사소송의 몇가지 문제점", 인권과 정의 246호, 대한변호사협회(1997), 71.

417 주해친족법(제1권)(제2판), 박영사(2025), 475(이동진).

418 주석 민법, 친족(2)(제5판), 한국사법행정학회(2016), 225~226; 신영호, 로스쿨 가족법강의(제2판), 세창출판사(2013), 150; 신정일, "재산분할 대상 및 그 가액의 산정기준시와 관련한 실무 동향과 일부 의문점", 가사재판연구Ⅲ, 서울가정법원 가사소년재판연구회(2018), 538; 엄영진, "이혼시의 재산분할청구권", 현대민법의 과제와 전망 : 남송 한봉희박사화갑기념논문집, 밀알(1994), 232.

상 재산을 확정하고, 그 가액의 산정은 재산분할 재판 시를 기준으로 하여야 한다는 견해,[419] 재산분할에 관한 재판 시를 기준으로 하여야 한다는 견해,[420] 파탄 시를 기준으로 분할대상 재산을 확정하고, 그 가액의 산정은 재산분할 재판 시를 기준으로 하여야 한다는 견해[421] 등이 있다.

402 위와 같이 다양한 학설이 개진되는 것은 어느 단일한 시점의 사정만을 참작하여 재산분할을 하면 당사자 사이의 형평에 반하는 결과가 발생하기 때문인 것으로 보인다. 판례도 이혼 시를 기준으로 재산분할을 한다는 점을 반복적으로 확인하고 있지만, 뒤에서 보는 바와 같이 구체적 판단을 함에 있어서는 이혼 전의 사정을 반영하고 있고, 나아가 실무에서는 구체적 사정에 따라 별거시, 제소시, 주요재산처분시 등을 기준으로 재산분할을 하거나 일부 재산에 대하여 다른 기준시를 활용하는 등 많은 변형을 보이고 있다. 이는 근본적으로 당사자 중 일방이 이혼을 결심하고, 혼인공동생활이 사실상 종료되고, 마침내 혼인관계가 돌이킬 수 없는 지경에 이르러 오랜 다툼 끝에 이혼에 이르게 되고, 경우에 따라서는 이혼을 마친 이후에 재산분할을 청구하게 되는 과정에서 필연적으로 오랜 기간이 경과되고, 당사자들의 재산관계가 의도적으로 또는 불가피하게 많은 변동을 겪게 되기 때문인 것으로 보인다.

403 대법원은 재산분할의 기준시를 이혼시라고 판단하면서도 일정한 경우에는 혼인관계 파탄 이후 이혼 전에 생긴 재산관계의 변동을 재산분할에 반영하지 않을 수 있도록 하고 있다. 대법원 2013. 11. 28. 선고 2013므1455, 1462 판결은 "재산분할 제도는 부부 쌍방의 협력으로 이룩한 적극재산 및 그 형성에 수반하여 부담하거나 부부 공동생활관계에서 필요한 비용 등을 조달하는 과정에서 부담한 채무를 분할하여 각자에게 귀속될 몫을 정하기 위한 것이므로, 부부 일방에 의하여 생긴 적극재산이나 채무로서 상대방은 그 형성이나 유지 또는 부담과 무관한 경우에는 이를 재산분할 대상인 재산에 포함할 것이 아니다. 그러므로 재판상 이혼에 따른 재산분할에 있어 분할의 대상이 되는 재산과 그 액수는 이혼소송의 사

419 김수정, "이혼으로 인한 재산분할청구권", 사법논집 제40집, 법원도서관(2005), 576~578; 김종우, "재산분할의 대상과 그 기준시기 및 방법", 실무연구Ⅷ, 서울가정법원(2002), 53~54.

420 김동하, "혼인의 해소에 따른 재산분할", 재판실무 제1집, 창원지방법원(1999), 249; 김준모, "가사재판에 있어 몇 가지 실무상 문제점", 실무연구Ⅹ, 서울가정법원(2005), 335~339; 민유숙, "재산분할의 구체적 인정범위", 재판자료 제62집, 법원도서관(1993), 446.

421 윤정운, "이혼에 따른 재산분할의 기준시점 : 대법원 2023. 7. 13. 선고 2017므11856, 11863 판결을 계기로 삼아", 사법 제69호, 사법발전재단(2024), 456.

실심 변론종결일을 기준으로 하여 정하는 것이 원칙이지만, 혼인관계가 파탄된 이후 변론종결일 사이에 생긴 재산관계의 변동이 부부 중 일방에 의한 후발적 사정에 의한 것으로서 혼인 중 공동으로 형성한 재산관계와 무관하다는 등 특별한 사정이 있는 경우에는 그 변동된 재산은 재산분할 대상에서 제외하여야 할 것이다."라고 판시하였고, 대법원 2015. 6. 24. 선고 2013므3963 판결 등도 위 원칙을 재확인하고 있다.

404 위 판결들을 따르면 파탄 이후에 생긴 적극재산이나 채무가 이혼 시에 존재하고 있더라도 이를 재산분할의 대상에서 제외할 수 있고, 더 나아가 일정한 경우에는 일정 시점 이후에 변동된 재산을 포괄적으로 재산분할 대상에서 제외하여, 결과적으로 이혼 이전의 일정 시점에 존재하던 재산만을 분할대상재산으로 보는 것도 가능하다. 예컨대 별거일 이후의 금융자산 변동이 부부 중 일방에 의한 후발적 사정에 의한 것으로서 혼인 중 공동으로 형성한 재산관계와 무관하다는 점이 입증되는 경우에는 별거일의 금융자산을 기준으로 재산분할을 하는 것도 가능할 것이다. 주의할 것은, 여전히 분할대상재산 확정 및 가액산정은 이혼시를 기준으로 판단함이 원칙이고, 다만 당해 재산관계의 변동이 '일방의 후발적 사정에 의한 것'이고 동시에 '혼인 중 공동으로 형성한 재산관계와 무관한 것'이라는 등의 '특별한 사정'이 있는 경우에만 변동된 재산을 재산분할 대상에서 제외할 수 있다는 점이다.

405 하급심 실무는, 위 대법원 판례에 따라 이혼소송의 변론종결일을 기준으로 재산분할의 대상 및 가액을 정하되, 다만 금전과 같이 소비나 은닉이 용이하고 기준시점을 달리하면 중복합산의 우려가 있는 경우에는 혼인 파탄시인 별거일 또는 이혼의 소 제기일[422]등을 기준으로, 당시 보유하고 있던 금원이 부부공동생활에 사용되었다는 점에 관한 당사자의 명확한 입증이 없는 한 이를 그대로 보유하고 있는 것으로 추정하는 사례가 상당히 많다.[423] 즉, 하급심 실무는 다른 재산과 달리 대체로 예금 등 금융자산의 경우에는 파탄시(별거일 또는 이혼의 소 제기일 등)

422 실무에서는 소 제기일을 혼인파탄일로 보는 경우가 많은데, 이혼소송의 제기로 인하여 이혼 의사가 명시적으로 드러나고 혼인관계가 객관적으로 파탄에 이르렀다는 점 등을 그 근거로 든다.

423 서울고등법원 2019. 6. 20. 선고 2018르22299 판결(상고취하 확정), 서울고등법원 2020. 5. 7. 선고 2019르21576 판결 (심리불속행 기각 확정) , 의정부지방법원 2024. 1. 10. 선고 2023르5563, 5570 판결(상고기각 확정), 서울가정법원 2023. 1. 19. 선고 2022드합35186 판결 (항소취하 확정), 서울가정법원 2021. 4. 15. 선고 2020드합31869, 31876 판결(항소미제기로 확정) 등.

를 기준으로 재산분할의 대상 및 가액을 정하고 있는 것으로 보인다.[424] 따라서 혼인 파탄시에 존재하였던 금융자산이 이혼소송의 변론종결 시에는 소멸 또는 감소하거나 처분된 경우, 혼인 파탄 시를 기준으로 한 금융자산은 이혼소송의 변론종결 시까지도 현존하는 것으로 추정되고, 위 금융자산을 재산분할대상에서 제외하여야 한다고 주장하는 측에서 위 금융자산이 부부공동생활을 위하여 사용되었다는 점을 입증[425]하고 있다. 한편, 원고와 피고가 일치하여 그 가액을 진술하거나, 금융거래정보제출명령 회신결과 등으로 나타난 가액에 관하여 명시적인 이의를 제기하지 않고 있는 경우에는 그에 따라 가액을 정하기도 한다.

406 위와 같은 하급심 실무가 정착된 것은 금융자산의 경우 소비나 은닉이 용이하여 이혼시를 기준으로 할 경우 파탄 후 변동된 재산의 입증과 관련하여 형평에 반하거나 중복 합산의 우려가 있는 점, 이혼시를 기준으로 분할대상재산을 확정한 후 다시 여러 사정을 참작하여 분할대상재산을 더하거나 빼고 이후에 다시 분할비율을 조정하는 것은 심리 및 판단이 복잡하고 비효율적이 되며 당사자들이 이해하기도 어려운 점, 혼인파탄 이후에는 각자의 책임하에 금융자산을 독자적으로 관리할 가능성이 큰 점 등에 기인한 것으로 보인다.

나. 혼인관계 파탄 이후의 재산 변동

407 대법원 판례에 따라 분할의 대상이 되는 재산의 범위를 이혼시, 즉 협의이혼이 성립한 날 또는 이혼소송의 사실심 변론종결일을 기준으로 확정하는 경우, 혼인관계가 파탄된 이후 이혼 시까지 사이에 당사자 일방에 의하여 이루어진 재산의 증가 또는 감소를 어떻게 반영하여 재산분할을 할 것인지가 문제된다. 혼인관계가 파탄되어 혼인공동생활이 사실상 종료된 이후 부부 일방에 의하여 이루어진 재산변동은 '부부 쌍방의 협력으로 이룩한 재산'이라고 볼 수 없는 경우가 많기 때문이다.

408 혼인관계 파탄 이후 당사자 일방에 의하여 이루어진 재산변동을 반영하는 방법으로는, 구체적인 사정에 따라, 분할의 대상이 되는 재산의 범위를 기준일에 실

424 이미주, "이혼으로 인한 재산분할에서 혼인관계 파탄 후 부동산의 취득 또는 가액상승과 관련된 실무상 쟁점에 대한 고찰", 사법논집 제73집 사법발전재단(2021), 8.

425 신정일, "재산분할 대상 및 그 가액의 산정기준시와 관련한 실무 동향과 일부 의문점", 가사재판연구 Ⅲ, 서울가정법원 가사소년재판연구회(2018), 530(각주 20)은 재산분할사건은 비송사건이므로 법원은 직권으로 당사자들의 재산관계를 심리할 수 있으나, 법원이 알기 어려운 세세한 사정들은 사실상 당사자들이 소명하여 법원을 설득하는 입장에 처하게 된다고도 볼 수 있다고 한다.

제 존재하는 재산에 따라 확정하되 파탄 이후 기준일까지의 재산변동은 재산분할비율을 정함에 있어서 참작하는 방법도 가능하고, 파탄 이후 부부 쌍방의 협력 등과 무관하게 재산이 변동되었음을 입증하여 그 재산을 재산분할 대상에서 제외하는 방법도 가능하다. 아래에서는 구체적인 재산변동 상황에 따라 이를 반영하는 방법에 대하여 살펴본다.

409 1) 파탄 이후 당사자 일방에 의하여 적극재산이 증가한 경우, 즉 부부의 일방이 파탄 이후에 적극재산을 취득한 경우, 그 일방은 그 적극재산이 쌍방의 협력으로 이룩한 재산이 아님을 입증하여 이를 분할대상재산에서 제외할 수 있다.
410 이에 관하여 대법원은 "혼인관계가 파탄된 이후 사실심 변론종결일 사이에 생긴 재산관계의 변동이 부부 중 일방에 의한 후발적 사정에 의한 것으로서 혼인 중 공동으로 형성한 재산관계와 무관하다는 등 특별한 사정이 있는 경우 그 변동된 재산은 재산분할 대상에서 제외하여야 한다."고 판시하여, 재산관계의 변동이 '일방의 후발적 사정에 의한 것'이고 동시에 '혼인 중 공동으로 형성한 재산관계와도 무관한 것'이라는 등의 '특별한 사정이 입증된 경우'에 그 재산을 분할 대상에서 제외할 수 있음을 명확히 하고 있다. 따라서 부부의 일방이 혼인관계 파탄 이후에 취득한 재산이라도 그것이 혼인관계 파탄 이전에 쌍방의 협력에 의하여 형성된 유형·무형의 자원에 기한 것이라면 재산분할의 대상이 된다.[426]
411 대법원은, 일방 당사자가 혼인관계 파탄 이후 아파트를 취득하였고 아파트를 취득하기 위하여 분할대상재산을 이용하거나 처분한 사실이 인정되지 않으므로 위 아파트는 분할대상재산이 아니라고 판단한 원심에 대하여, 원심이 분할대상재산에 포함되지 않은 상대방 주장 예금자산의 규모나 그 소비처 등에 관하여 심리하지 않고 위와 같은 사정만을 이유로 위 아파트가 분할대상재산이 아니라고 판단한 것은 위법하다고 판단하였고,[427] 또한, 일방 당사자가 혼인 전에 청약주택 자격요건을 충족하였고, 혼인 이후 당첨되어 분양권을 취득하였으나, 혼인 파탄 이후 잔금을 지급하고 이혼소송 사실심 변론종결일 이전에 아파트의 소유권을 취득한 사안에서, 아파트의 취득은 혼인관계 파탄 이후 부부 중 일방의 후발적 사정에 의하여 생긴 것이라는 이유로 혼인관계 파탄 이전에 납입한 분양대금만이 분할대상재산이라고 판단한 원심에 대하여, 위 아파트는 혼인관계 파

426 대법원 2019. 10. 31. 선고 2019므12549, 12556 판결.
427 대법원 1999. 6. 11. 선고 96므1397 판결.

탄 이전에 부부 쌍방의 협력에 의하여 형성된 유형·무형의 자원에 터잡은 것이므로 아파트가 재산분할의 대상이 되어야 한다고 판단하였다.[428]

412 2) 파탄 이후 당사자 일방에 의하여 소극재산이 증가한 경우에는, 파탄 이전과 마찬가지로 채무를 부담한 당사자가 그 채무가 일상가사에 관한 것이거나 공동재산의 형성·유지에 수반하여 부담한 것임을 입증한 경우에만 당해 채무를 청산의 대상에 포함시킬 수 있다.

413 파탄 이후에는 일상가사에 관한 채무임을 주장하기 쉽지 않을 것이나, 예외적으로 혼인 중 생활비를 조달하였던 상대방의 일방적인 생활비 지급 중단으로 인하여 자녀양육을 위한 비용을 마련하기 위하여 부득이 부담하였던 채무 등은 분할대상재산이 될 수 있을 것이다(물론 채무를 부담한 당사자가 평소의 생활비 이상의 소득을 얻고 있었거나 평소의 생활비 이상의 예금 등을 소비하고도 다시 양육비채무를 부담하였다고 주장하는 등 채무부담이 불가피하였다고 보이지 않는 경우에는 그렇지 않을 것이다).

414 3) 파탄 이후 당사자 일방에 의하여 소극재산이 감소한 경우, 즉 부부의 일방이 상대방의 협력이나 혼인 중의 공동재산을 소비함 없이 채무를 변제한 경우, 구체적 사정에 따라서는 변제된 채무를 청산의 대상에서 제외하고 그 채무가 변제된 경위를 재산분할비율을 산정함에 있어 참작할 수도 있을 것이나, 대법원 2013. 11. 28. 선고 2013므1455, 1462 판결은 부부 중 일방이 파탄 이후에 상대방의 협력 없이 자신의 소득으로 채무를 변제한 사안에서 "혼인관계가 파탄된 이후 변론종결일 사이에 생긴 재산관계의 변동이 부부 중 일방에 의한 후발적 사정에 의한 것으로서 혼인 중 공동으로 형성한 재산관계와 무관하다는 등 특별한 사정이 있는 경우에는 그 변동된 재산은 재산분할 대상에서 제외하여야 할 것이다."라는 이유로, 위 채무가 사실심 변론종결일 현재 이미 소멸하여 분할대상재산에 포함될 수 없다고 한 원심이 위법하다고 판단하였다.

415 대법원 2024. 5. 17. 선고 2024므10721, 10738 판결은, 피고가 혼인 중 발생한 대출금 채무 원리금을 이 사건 본소 및 반소 제기에 이어 원고와의 별거를 시작한 이후에도 매월 일정액씩 계속 변제하여 채무가 감소한 사안에서, "기록상으로는 혼인 중에 형성되거나 원고가 유지에 기여한 재산을 통하여 채무가 감소하였다

428 대법원 2019. 10. 31. 선고 2019므12549, 12556 판결.

거나 별거 이후 원고가 채무 감소에 협력 또는 기여하였다고 볼 만한 사정이 없고, 혼인관계 파탄 이후 채무의 감소는 혼인 중 공동으로 형성한 재산관계와 무관하게 피고의 노력이나 비용에 의하여 일어났다고 볼 여지도 있으므로, 원심으로서는 혼인관계 파탄 시점 및 그 이후 이 사건 채무가 감소한 경위를 심리하여 재산분할의 대상인 채무를 확정하였어야 했다."는 이유로 위와 같은 사정을 심리하지 아니한 채 원심 변론종결일 무렵의 채무를 재산분할대상으로 삼은 원심이 위법하다고 판단하였다.

416 물론 혼인관계 파탄 이후 부부의 일방이 파탄 전에 부부 쌍방의 협력에 의하여 형성된 유형·무형의 자원에 기하여 채무를 변제한 것이라면 당연히 변제된 채무는 청산의 대상에서 제외하여야 한다.

417 4) 파탄 이후 당사자 일방에 의하여 적극재산이 감소한 경우, 기준시까지 남아있는 적극재산을 분할대상재산으로 보고 적극재산을 소비한 경위를 재산분할비율을 정함에 있어 참작할 수도 있으나, 파탄 이후 재산을 가까운 관계에 있는 제3자에게 이전한 경우에는 그 재산을 제3자에게 명의신탁한 재산 또는 부부의 일방이 실질적으로 지배하고 있는 재산으로 볼 수 있고, 부동산을 매각하여 대금을 수령하였거나 예금 등을 인출하였는데 그 소비내역을 명확히 확인할 수 없는 경우에는 부동산 매각대금이나 인출한 예금 등을 보유하고 있는 것으로 추정할 수 있다. 물론 혼인관계가 사실상 파탄에 이른 후에 부부 일방이 공동재산을 처분하였다고 하더라도, 예컨대 그 매각이 적정한 시가에 따라 이루어졌고 그 대금으로 부부 공동으로 부담하여야 하는 동액 상당의 채무를 변제하였다면, 그 매각대금은 분할의 대상이 되는 재산의 가액에 산입할 수 없다.[429]

418 과거에는 당사자 일방이 이혼을 앞두고 재산을 임의로 소비하였음이 명백한 경우(보유추정 등이 불가능한 경우) 그 경위를 재산분할비율을 정함에 있어 참작하는 경우가 많았으나, 대법원 2013. 11. 28. 선고 2013므1455, 1462 판결 이후로는 하급심에서 당사자 일방의 적극재산 소비행위가 '부부 중 일방에 의한 후발적 사정에 의한 것으로서 혼인 중 공동으로 형성한 재산관계와 무관하다는 등 특별한 사정이 있는 경우'에 해당한다면 그 소비된 재산도 분할대상재산으로 볼 수

429 대법원 2005. 8. 19. 선고 2003므1166, 1173 판결.

있다고 판단하기도 한다.[430]

419 5) 파탄 이후 당사자의 일방이 부부 공동재산에서 나오는 임료 및 수익금 등을 혼자 취득한 경우, 법원은 이 역시 부부의 실질적 공동재산으로 보아 임료 및 수익금 등을 취득한 당사자가 이를 소비하였는지 여부, 소비하였다면 그 용도가 무엇이었는지 등을 심리하여 그에 따라 이를 재산분할대상에 포함시키거나 재산분할비율 산정에 참작하여야 한다. 대법원은 당사자의 일방이 부부의 실질적 공동재산인 건물 및 그곳에서 운영해 온 점포의 임료 및 영업수입금을 혼자 독점적으로 취득하였음에도 이를 재산분할의 대상에 포함시키지 않고, 그 액수가 얼마인지, 이를 소비하였다면 그 용도가 무엇인지 등을 심리하여 확정하지 아니한 채 재산분할비율 산정에서의 참작사유로만 평가한 원심판결이 위법하다고 판단하였다.[431]

420 6) 하급심에서는 다른 재산과 별도로 예금 등 금융자산에 대하여만 기준시를 파탄시(별거일 또는 소 제기일 등)로 하여 그 가액을 정하는 경우가 상당히 많고, 파탄 이후의 재산변동이 부부 중 일방에 의한 후발적 사정에 의한 것으로서 혼인 중 공동으로 형성한 재산관계와 무관한 경우에, 당사자 사이에 기준시에 관한 다툼이 심하지 않으면 별거시, 제소시, 주요재산 처분시 등을 기준으로 분할대상재산을 확정하기도 하는데, 이는 판례와 다른 기준시를 정한 것이 아니라 심리 및 판단을 함에 있어서 비송사건으로서의 재량을 발휘하여 구체적 사정에 따라 형평에 반하지 않는 경우에 심리 및 판단이 용이하거나 당사자들이 납득하기 쉬운 방법을 선택한 것으로 보아야 할 것이다.

다. 사실혼관계가 파탄된 경우

421 대법원은 "사실혼 해소를 원인으로 한 재산분할에서 분할의 대상이 되는 재산과 액수는 사실혼이 해소된 날을 기준으로 하여 정하여야 한다."고 판시하였다.[432] 대법원이 이혼에 의하여 법률혼이 종료되는 경우 분할의 대상이 되는 재산과 액수를

430 기준시에 존재하지 않는 재산을 재산분할대상에 포함시키는 것이 기존 대법원 판결들과 같은 입장인지에 관하여는 의문이 제기될 여지가 없지 않으나, 위와 같이 판단하는 것이 재산 소비 사실을 재산분할비율을 정함에 있어서 참작하는 경우보다 형평에 부합하고 당사자들이 납득하기 쉬우며 심리가 용이한 경우도 적지 않은 것으로 보인다(특히 재산분할비율은 실무에서 5% 단위로 결정하는 경우가 많아서 소액의 재산 변동이 정확히 반영되지 않을 수도 있다).

431 대법원 2010. 12. 23. 선고 2009므3928 판결.

432 대법원 2023. 7. 13. 선고 2017므11856, 11863 판결, 대법원 2024. 1. 4. 선고 2022므11027 판결.

이혼이 성립한 날을 기준으로 정한 것과 논리적으로 일관되어 있다.

422 다만 대법원은 사실혼 해소를 원인으로 한 재산분할의 기준시를 사실혼이 해소된 날이라고 판단하면서도 특별한 경우에는 사실혼 해소 이후 발생한 사정을 재산의 가액산정에 참작할 수 있도록 하고 있다. 대법원 2023. 7. 13. 선고 2017므11856, 11863 판결은 "재산분할제도가 혼인관계 해소 시 부부가 혼인 중 공동으로 형성한 재산을 청산·분배하는 것을 주된 목적으로 하는 것으로서, 부부 쌍방의 협력으로 이룩한 적극재산 및 그 형성에 수반하여 부담한 채무 등을 분할하여 각자에게 귀속될 몫을 정하기 위한 것이므로, 사실혼 해소 이후 재산분할 청구사건의 사실심 변론종결 시까지 사이에 혼인 중 공동의 노력으로 형성·유지한 부동산 등에 발생한 외부적, 후발적 사정으로서, 그로 인한 이익이나 손해를 일방에게 귀속시키는 것이 부부 공동재산의 공평한 청산·분배라고 하는 재산분할제도의 목적에 현저히 부합하지 않는 결과를 가져오는 등의 특별한 사정이 있는 경우에는 이를 분할대상 재산의 가액 산정에 참작할 수 있다."고 판시하였다. 이 사건은 사실혼 해소 이후 재산분할 대상인 아파트의 가액이 급등한 사건으로 아파트의 가액을 사실혼 해소시를 기준으로 산정할 것인지, 재산분할 사건의 재판시(사실심 변론종결일)를 기준으로 산정할 것인지가 쟁점이 된 사건이다. 원심은 분할대상 재산 중 아파트 가액만을 사실심 변론종결일에 근접한 시기의 시가를 기준으로 산정하였고, 대법원은 원심판결 이유 설시에 일부 적절하지 않은 부분이 있으나 결론은 수긍할 수 있다는 이유로 상고를 기각하였다. 사실혼 해소시와 사실심 종결시 사이에 약 4년이라는 시간적 간격이 있었고, 그 사이에 분할대상 재산 중 각 아파트의 가액이 합계 6억 1,500만 원 가량(약 50%) 상승한 사건으로 형평상 가액 산정에 있어 예외를 인정할만한 특별한 사정이 있었던 것으로 보인다.[433]

423 한편, 대법원 2024. 1. 4. 선고 2022므11027 판결은, 사실혼 해소에 따른 재산분할의 대상인 건물의 가액 산정 기준시점이 문제 된 사안에서, 사실혼 관계가 해소된 날을 기준으로 위 건물의 가액을 추단할 수 있는 자료가 보이지 않고, 사실혼 해소 이후 재산분할 청구사건의 사실심 변론종결 시까지 사이에 혼인 중 공동의 노력으로 형성·유지한 부동산 등에 발생한 외부적·후발적 사정으로서,

433 상세한 내용은 이재환, "사실혼 해소에 따른 재산분할의 기준시점", 대법원판례해설 제137호, 법원도서관(2024), 172~196 참조.

그로 인한 이익이나 손해를 일방에게 귀속시키는 것이 부부 공동재산의 공평한 청산·분배라고 하는 재산분할제도의 목적에 현저히 부합하지 않는 결과를 가져오는 등의 특별한 사정이 있는지조차 불분명한 이상, 위 건물의 가액 산정을 위한 감정촉탁을 할 때 사실혼 관계가 해소된 날을 기준으로 시가의 산정을 명하거나 적어도 사실혼 관계가 해소된 시점과 가장 가까운 제1심법원의 감정촉탁결과에 따라 재산분할을 명하였어야 하는데도, 이와 달리 '감정일 현재 시가'의 산정만 명하여 원심 변론종결일에 근접한 시기를 기준으로 가액을 산정한 원심의 판단은 위법하다고 하였다.[434] 사실혼 관계에 있는 부부 일방이 혼인 중 공동재산의 형성에 수반하여 채무를 부담하였다가 사실혼이 종료된 후 채무를 변제한 경우 변제된 채무는 특별한 사정이 없는 한 청산 대상이 된다.[435]

Ⅶ. 재산분할비율의 결정

1. 분할비율 결정의 원칙

424 분할대상재산 및 그 가액이 확정되면, 법원은 민법 제839조의2 제2항에 따라 분할의 액수를 정하여야 한다. 이때 통상적으로는 직접 분할의 액수를 정하지 않고, 당사자별 재산분할비율을 정하고, 전체 분할대상재산의 가액에 위 재산분할비율을 곱하는 방식으로 분할권리자에게 귀속되어야 할 재산의 액수를 정한다.

425 재산분할비율을 정하는 방법에 관하여는 민법 제839조의2 제2항이 '당사자 쌍방의 협력으로 이룩한 재산의 액수 기타 사정을 참작'하도록 규정하고 있을 뿐이다. 프랑스와 독일 및 미국의 일부 주 등은 분할의 대상인 재산을 2분의 1씩 나누도록 정하여져 있지만, 우리나라는 영국, 호주, 일본, 미국의 다수 주의 경우와 같이 형평에 따라 재산을 분할할 수 있도록 법원에 재량이 부여되어 있다(외국의 경우에는 균등분할을 원칙으로 하되 균등분할이 형평에 어긋나는 경우 형평에 따라 달리 분할할 수 있도록 하는 경우도 많다).[436] (☞ 외국의 입법례에 관하여는 앞의 Ⅱ. 2.

434 대법원 2023. 8. 18. 선고 2020므13562, 13579 판결도 "원심이 사실혼이 해소된 날을 기준으로 재산분할 대상 재산을 정한다고 설시하면서, 다른 특별한 사정을 밝히지 않은 채 이 사건 아파트의 가액을 원심 변론종결일에 근접한 시기의 실거래가 조회결과를 기준으로 산정한 것은 위법하다."고 판시하였다.

435 대법원 2021. 5. 27. 선고 2020므15841 판결

436 민유숙, "재산분할에 있어서 분할비율산정 : 비교법적 고찰", 저스티스 제34권 제2호, 한국법학원(2001), 47~74; 윤진수, "민법개정안 중 부부재산제에 관한 연구", 가족법연구 제21권 제1호, 한국가족법학회(2007), 123; 최은정/안문희, 재산분할의 기준 정립을 위한 방안 연구, 사법정책연구원(2016), 192~194.

주석 참조[437])

426 재산분할비율에 관한 학설로는, 혼인 중 형성한 재산에 대한 기여도는 동등한 것으로 평가되어야 하므로 재산분할비율은 균등하여야 한다는 평등(균등)설, 재산에 대한 기여비율은 평등한 것으로 추정되지만 구체적인 기여비율이 증명된 경우에는 그 비율에 의하여 청산하여야 한다거나, 원칙적으로 기여도는 평등한 것으로 보아야 하고 일방 배우자가 이혼 직전에 분할대상재산을 낭비한 경우와 같은 특별한 사정이 있는 경우에만 불균등분할을 인정할 수 있다는 평등(균등) 추정설, 각 사안마다 부부가 혼인 중 재산의 형성에 기여한 내용에 따라 구체적인 기여도를 평가하여 기여비율을 정하여야 한다는 기여도설 등이 있고, 통설은 기여도설을 지지하고 있다.[438] 당위 또는 입법론으로 균등분할을 원칙으로 하여야 한다는 견해가 적지 않고,[439] 민법 개정안 중에는 재산분할을 함에 있어 균등분할을 원칙으로 하도록 하는 안도 있었으나, 입법에 이르지는 못하였다.[440]

427 대법원은, 재산분할비율이 개별재산에 대한 기여도를 일컫는 것이 아니라 기여도 기타 모든 사정을 고려하여 전체로서 형성된 재산에 대하여 상대방 배우자로부터 분할받을 수 있는 비율이므로, 법원이 재산의 형성에 기여한 정도 등 '당사자 쌍방의 일체의 사정'을 참작하여 분할의 액수를 정하여야 한다고 판시하고 있고,[441] 실무에서는 법원이 후견적 입장에서 제반 사정을 종합적으로 고려하여 구체적 분할비율을 재량으로 정할 수 있다고 보고 있다.[442] 구체적 사정에 따라 사안마다 재산분할비율을 정하여야 한다고 보는 점은 기여도설과 유사하지만,

437 법정재산제로 공동제를 택한 경우 공동재산에 관하여 동등한 권리를 가지므로 청산 시 이를 균등하게 분할하는 것이 자연스러우나, 법정재산제가 공동제인지 별산제인지 여부와 균등분할을 하도록 정해져 있는지 여부가 일치하는 것은 아니다.

438 민유숙, "재산분할에 있어서 분할비율산정 : 비교법적 고찰", 저스티스 제34권 제2호, 한국법학원(2001), 61~62; 민유숙, "재산분할의 구체적 인정범위", 재판자료 제62집, 법원도서관(1993), 431~432; 주해친족법(제1권)(제2판), 박영사(2025), 477(이동진); 최창열, "이혼시 재산분할의 대상과 비율에 관한 연구", 성신법학 제3호, 성신여자대학교(2004), 176~181.

439 신영호, 로스쿨 가족법강의(제2판), 세창출판사(2013), 152; 윤진수, "민법개정안 중 부부재산제에 관한 연구", 가족법연구 제21권 제1호, 한국가족법학회(2007), 123; 이선미, "이혼 재산분할 제도의 개선방안: 분할대상과 분할비율에 관한 개정의견을 중심으로", 가족법연구 제36권 제2호, 한국가족법학회(2022) 72~73; 최금숙, 로스쿨 친족법(2), 제1법규(2010), 228.

440 상세한 내용은 윤진수, "민법개정안 중 부부재산제에 관한 연구", 가족법연구 제21권 제1호, 한국가족법학회(2007), 122~124; 최은정/안문희, 재산분할의 기준 정립을 위한 방안 연구, 사법정책연구원(2016), 29~30 참조.

441 대법원 2014. 7. 16. 선고 2012므2888 전원합의체 판결 등.

442 법원실무제요, 가사[Ⅱ], 법원행정처(2021), 1450.

참작사유를 '재산 형성에 기여한 정도'에 국한하지 않고 이를 포함한 '당사자 쌍방의 일체의 사정'으로 넓게 보고 있는 점은 기여도설과 차이가 있다. 대법원 2000. 9. 22. 선고 99므906 판결은 "원심이 이 사건 공동재산을 형성·유지함에 있어 원·피고 각자의 기여도 외에 그 판시와 같은 제반 특별사정을 들어 궁극적인 이 사건 재산분할비율(원심은 이를 '기여도'라고 표현하고 있으나 그 판시 취지를 볼 때 궁극적인 재산분할비율을 나타내려 한 것으로 보인다)을 원고 40%, 피고 60%로 판단한 조치는 수긍할 수 있고,"라고 판단하여, 재산 형성 등에 대한 기여도와 그 밖의 사정 모두를 재산분할비율을 정함에 있어서의 참작사유로 보고 있음을 명확히 하고 있다[☞ 상세한 내용은 앞의 Ⅰ. 2. 다. 3) 참조].

428 근래의 실무에서는 재산분할비율이 50%인 경우가 가장 많고, 재산분할비율이 30%에도 미치지 못하는 경우는 상당히 적은데,[443] 부부 중 일방의 실질적 특유재산이 분할대상재산에 포함되는 경우가 적지 않다는 점을 고려하면, 혼인 중 형성한 재산에 대한 분할비율은 균등하거나 이에 근접한 비율로 결정되는 경우가 많은 것으로 보인다.

2. 참작 사유[444]

가. 재산분할의 본질과 참작사유

429 재산분할비율을 정함에 있어서 재산의 형성 및 유지 또는 증가에 대한 기여 등 청산적 요소가 참작되어야 함에는 다툼이 없다(☞ 상세한 내용은 앞의 Ⅰ. 2. 나. 주석 참조).

430 재산분할의 본질에 관한 청산설과 청산 및 부양설 중 "부양적 요소는 분할권리자가 청산적 재산분할과 위자료만으로 생계유지를 하기에 충분하지 않은 경우에만 고려하여야 한다."는 견해를 따른다면 일반적인 경우에는 부양적 요소를

443 2014년에 서울가정법원 소송합의부에서 선고된 제1심 판결 중 재산분할비율이 50%인 경우는 약 30%였고, 어느 당사자든 재산분할비율이 30% 미만인 경우(재산분할권리자의 재산분할비율이 30% 미만인 경우와 70%를 초과하는 경우의 합)는 약 15%에 불과하였으며, 같은 해에 서울·부산·대구·광주·대전 가정법원이 선고한 제1심 판결 중 약 36%는 재산분할비율이 50%였다. 상세한 내용은 이선미, "재산분할 비율에 관한 최근 실무례 분석", 가사재판연구Ⅲ, 서울가정법원 가사소년재판연구회(2018), 399~400 및 최은정/안문희, 재산분할의 기준 정립을 위한 방안 연구, 사법정책연구원(2016), 73~74 참조.

444 재산분할비율에 관한 실무례 분석은 이선미, "재산분할 비율에 관한 최근 실무례 분석", 가사재판연구Ⅲ, 서울가정법원 가사소년재판연구회(2018); 전주혜, "재산분할에 대한 판결례 분석 및 판례정리", 재판실무연구 제4권, 수원지방법원(2011); 최문기, "이혼시 재산분할청구권에 관한 판례의 경향", 한국민법의 새로운 전개 : 고상룡교수고희기념논문집, 법문사(2012), 576~580; 최은정/안문희, 재산분할의 기준 정립을 위한 방안 연구, 사법정책연구원(2016), 72~106 등 참조.

참작하지 않아야 할 것이다. 하지만 청산 및 부양설 중 "분할권리자의 생계가 곤란하지 않은 경우에도 재산분할비율을 정함에 있어서는 부양적 요소를 고려할 수 있다."는 견해를 따른다면 필요한 경우에는 언제나 부양적 요소를 참작하여 재산분할비율을 정할 수 있다. 통설은 청산적 부양설 중 전자의 입장이지만, 대법원 및 실무는 후자의 입장인 것으로 보인다.[445] 다만 부양적 요소 등을 참작할 수 있다고 보더라도, 재산분할제도는 혼인 중에 취득한 실질적인 공동재산을 청산 분배하는 것을 주된 목적으로 하는 것이고, 부양적 요소는 '기타 사정' 또는 '당사자 쌍방의 일체의 사정'의 하나로서 고려되는 것이므로, 재산분할비율을 정함에 있어서는 실질적 공동재산을 청산·분배하는 것을 주된 내용으로 하고 부양적 요소는 필요한 때에 분할비율을 부분적으로 조정하는 사유로만 참작하여야 할 것이다(☞ 상세한 내용은 민법 제839조의2 Ⅰ. 2. 다. 주석 참조).

431 배우자의 유책성 여부는 원칙적으로 고려요소가 아니다. 다만 재산분할의 비율을 정함에 있어서 생계의 곤란을 불문하고 부양적 요소가 참작될 수 있다고 보고, 부양적 요소를 참작함에 있어서는 이혼에 대한 책임 여부가 반영되어야 한다는 견해를 따른다면, 재산분할의 비율을 정함에 있어서 부양적 요소를 고려할 것인지 여부를 매개로 하여 간접적으로 유책 여부가 고려될 수는 있을 것으로 생각된다(☞ 상세한 내용은 앞의 Ⅰ. 2. 라. 주석 참조).

나. 구체적 참작사유

1) 분할대상재산 형성 등에 대한 기여도

432 재산분할비율을 정함에 있어서 가장 중요한 요소는 분할대상재산의 형성 및 유지·증가에 대한 기여의 정도이다. 재산의 형성 등에 대한 기여에는, 혼인 중에 직접적으로 분할대상재산 취득을 위한 자금을 조달하거나 소득활동 또는 제3자의 지원 등으로 가사비용을 조달하거나 지출을 줄여 재산축적을 가능하게 하는

445 대법원 2013. 10. 17. 선고 2013므3116 판결 및 대법원 2007. 4. 26. 선고 2005므2552, 2569 판결, 대법원 2000. 9. 22. 선고 99므906 판결 등은 부양적 요소인 '이혼 이후의 생활능력' 등을 고려하여 재산분할의 비율을 정한 것이 적법하다고 하였고, 대법원 2006. 5. 8. 자 2004스22 결정은 당사자 쌍방의 재산 정도 및 이혼 후 경제적 능력의 차이 등을 참작하여 재산분할의 액수를 정할 수 있다고 하였으며, 대법원 2010. 2. 11. 선고 2009므3706, 3713 판결은 제1심과 달리 원심에서 사건본인의 친권자 및 양육자로 원고를 지정한 점 등을 고려하여 원고의 재산분할비율을 25%에서 30%로 변경한 것은 정당하다고 판단하여, 부양적 요소를 재산분할비율 결정의 참작사유로 보고 있다.

등의 경제적 기여뿐만 아니라, 가사노동 및 육아 또는 내조[446] 등 일체의 가사활동을 통하여 혼인공동생활을 유지할 수 있도록 하는 비경제적 기여도 포함되고, 실질적 특유재산이 분할대상재산에 편입된 경우에는 실질적 특유재산 형성에 대한 기여도 반영된다.

433 따라서 재산분할비율을 정함에 있어서는 실질적 혼인기간, 당사자들의 직업(경력) 및 소득(경제력), 혼인비용 및 가사 분담 정도, 자녀를 양육하였는지 여부 및 양육 참여도, 분할대상재산 중 실질적 특유재산의 가액, 부부 아닌 사람의 부부에 대한 경제적·비경제적 지원, 부부의 부부 아닌 사람에 대한 경제적·비경제적 지원, 재산증감 및 채무부담과 관련한 특별한 사정, 분할대상재산의 액수 등을 모두 참작하여야 한다. 일반적으로 실질적 혼인기간이 긴 경우, 당사자의 사업적 수완이나 실질적 특유재산의 수익 등으로 소득이 특별히 많은 경우, 분할대상에 포함된 실질적 특유재산이 많은 경우, 부모 등으로부터 상당한 정도로 재산 취득 자금이나 생활비 등의 지원을 받은 경우, 혼인 중에 상대방 배우자의 자녀를 양육하거나 상대방 배우자의 부모를 부양한 경우, 재산을 증가시킨 특별한 사건이 있었던 경우에는 재산분할비율이 높아지고, 전업주부가 아님에도 장기간 소득활동을 하지 않은 경우, 자격취득 또는 취업준비 등을 위하여 장기간 상대방에게 의존하였던 경우, 생활비를 지급하지 않거나 가사를 방치한 경우, 혼인 중 본인의 부모나 형제 등에게 재산을 증여한 경우, 사치와 낭비를 하거나 사용처가 불분명한 다액의 채무를 부담하는 등 경제적으로 무책임한 경우, 주식투자나 사업 실패 등으로 재산을 크게 감소시킨 경우에는 재산분할비율이 낮아진다. 분할대상재산의 가액이 매우 큰 경우에는 소득활동에 종사하지 않은 당사자의 재산분할비율이 낮아지는 경향이 있지만,[447] 재산분할비율의 차이는 혼인

446 내조는 부부가 동거하며 서로 부양하고 협조하는 과정(민법 제826조)에서의 일체의 도움을 의미하며, 적극적 행위나 눈에 보이는 결과가 없는 정서적 지지, 정신적 후원 등까지 포괄하는 의미이다. 따라서 다른 사람의 도움을 받아 가사를 돌보았다는 사정만으로는 기여 또는 협력이 없었다고 할 수 없다.

447 주해친족법(제1권)(제2판), 박영사(2025), 478~479(이동진)은 이와 같은 경우 그 중 상당부분이 특별한 개인적 능력의 결과이므로 이를 부부에게 균등하게 귀속시킬 수 없다는 관념이 반영된 결과라고 한다. 이에 더하여 분할대상재산의 가액이 매우 큰 경우 중에는 부부 일방의 실질적 특유재산이 분할대상재산에 포함되는 경우가 적지 않은 점, 상대방의 재산이 많을 경우 배우자가 소득활동을 하지 않는 선택을 할 가능성이 크다는 점도 감안되어야 할 것이라고 생각된다.

기간이 경과할수록 점차 줄어드는 것으로 보인다.[448]

434 과거에는 부부가 맞벌이를 하고 있는지, 공동으로 사업을 하거나 일방의 사업에 협력을 하였는지, 부부의 일방이 가사활동과 함께 부업을 하였는지, 가사에만 전념하였는지 등에 따라 기여도를 달리 평가하고, 특히 가사에만 전념한 경우에는 기여도를 1/3 정도만 인정하기도 하였으나,[449] [450] 근래에는 가사활동에 대한 평가가 높아져 그와 같은 제한은 없는 것으로 보인다. 부부 일방이 가사에 전념하여 간접적으로만 기여한 경우에도, 부부간 연대성 내지는 부부간 분업이 가사에 전념하는 일방은 다른 일방의 소득활동을 지원하고 그 성과에 참여할 것을 전제로 자신의 소득활동을 포기한 것이라는 관점에 비추어 볼 때, 원칙은 균분이고, 가사노동 자체의 객관적·경제적 가치를 따질 것은 아니라는 견해[451]도 있다. 최근의 연구결과에 따르면 전업주부도 실질적 혼인기간이 길어지면 분할비율이 50%에 이르는 경우가 많다.[452] 다만 분할대상재산이 일정한 규모를 넘어서면 전업주부의 재산분할비율이 낮아지는 경향성은 있는 것으로 보이지만, 전체 여성 배우자를 대상으로 한 조사에서도 결과는 마찬가지여서 위 경향성이 전업주부에 대한 불리한 판단의 결과인지, 분할대상재산이 일정 규모를 넘어서는 경우는 남편의 특별한 사업적 능력이나 전문직 등이 원인이 되었거나 분할대상재산으로 편입된 남편의 실질적 특유재산 또는 그에 준하는 재산의 비중이 크다는 점 등이 반영된 결과인지 여부는 명확하지 않다. 특히 우리나라에서는 실질적 특유재산 또는 그에 준하는 재산이 분할대상재산에 포함되는 경우가 많

448 실질적 특유재산 형성에 대한 기여는 혼인기간이 경과하여도 커지지 않지만, 가사노동 등 가사활동에 의한 기여(실질적 특유재산의 유지 또는 증가에 대한 기여 포함)는 시간이 경과함에 따라 그 정도가 커지는 점도 그 원인의 하나인 것으로 생각된다. 혼인기간이 길어지는 경우 여러 이유로 부양의 필요성이 커지는 경우가 많다는 점 역시 그 원인 중 하나일 것이다.

449 민유숙, "재산분할의 구체적 인정범위", 재판자료 제62집, 법원도서관(1993), 432~439.

450 대법원 1994. 12. 2. 선고 94므1072 판결은 "재산분할대상인 건물의 형성에 관한 처의 기여행위가 가사를 전담하는 뒷바라지에 불과하고 별다른 경제적 활동은 없었다는 사정 등을 함께 고려하면, 재산분할로 부에 대하여 처에게 그 건물의 2분의 1 지분 소유권이전등기를 명한 것은 과다한 것으로서 형평의 원칙에 현저하게 반한다."고 판단하였으나, 위 판결의 사실관계를 검토하여 보면 대법원이 일반적으로 전업주부의 분할비율을 1/2로 하는 것이 부당하다고 판단한 것은 아니라고 한다(민유숙, "재산분할에 있어서 분할비율산정: 비교법적 고찰", 저스티스 제34권 제2호, 한국법학원(2001), 74~75). 더구나 위 판결은 재산분할제도가 시행된 초기에 이루어진 판결로서 그 이후 전업주부에 대한 재산분할에 관하여 엄청난 변화가 있었음도 고려하여야 할 것이다.

451 주해친족법(제1권)(제2판), 박영사(2025), 478(이동진).

452 상세한 내용은 이선미, "재산분할 비율에 관한 최근 실무례 분석", 가사재판연구Ⅲ, 서울가정법원 가사소년재판연구회(2018), 403~406; 최은정/안문희, 재산분할의 기준 정립을 위한 방안 연구, 사법정책연구원(2016), 74 참조.

은데,[453] 그 경우에는 가사노동 등의 기여도와 경제적 소득활동에 대한 기여도를 같게 보더라도 재산분할비율은 크게 달라질 수밖에 없다.

435 일방 배우자가 재산을 보유하고 있음은 인정되나 그 범위 또는 가액에 대한 입증이 부족한 경우(당사자 일방이 해외에 재산을 보유하고 있거나 개인영업을 영위하고 있는데 그 가액을 확인할 자료가 없는 경우 등), 일방이 혼인 중 학위나 전문직 자격을 취득한 경우와 같이 형평상 재산분할에 참작되어야 하지만 이를 재산취득으로 보기는 어려운 경우에는 재산분할비율을 정함에 있어 이를 참작하여야 한다.

436 파탄 이후에 재산이 변동된 경우, 파탄 이후에 공동재산으로부터 발생한 수익을 독점한 경우 등에도 일정한 경우에는 그와 같은 사정을 재산분할비율에 반영하여야 한다(☞ 상세한 내용은 앞의 Ⅵ. 4. 나. 주석 참조).

2) 부양적 요소 등

437 분할대상재산의 형성 등에 대한 기여도와 함께 부양적 요소 및 기타 형평에 비추어 이를 반영하는 것이 필요한 당사자 쌍방의 일체의 사정 또한 참작사유에 포함된다.[454]

438 부양적 요소에 관한 사정, 즉 혼인 중의 생활정도, 이혼 당시의 직업 및 재산(분할대상재산이 아닌 재산 포함),[455] 이혼 이후의 생활능력 또는 경제활동능력,[456] 이혼 이후 자녀를 양육하여야 하는지 여부[457] 및 양육에 관한 사항, 기타 당사자의 특별한 경제적 필요 등도 일정한 경우에는 고려될 수 있다.

439 통설적 견해는 분할권리자가 청산적 재산분할과 위자료만으로 생계유지를 하기에 충분하지 않은 경우에만 보충적으로 부양적 요소를 고려하고, 그 경우 고려되는 부양의 정도는 '생계를 유지할 정도'면 족하다는 입장이지만,[458] 앞서 본 바와 같이 판례 및 실무는 분할권리자의 생계가 곤란하지 않은 경우에도 재산분할비율을 정함에 있어서는 당사자 사이의 형평을 고려하여 부양적 요소를 참작할 수

453 혼인을 하면서 부부의 일방이 주거지 부동산 또는 임대차보증금을 마련해 오거나, 부부 일방의 부모가 혼인에 즈음하여 부부에게 상당한 재산을 증여하는 등의 경우 그 재산이 분할대상재산에 포함되는 경우가 많다.

454 대법원 2014. 7. 16. 선고 2012므2888 전원합의체 판결 등 참조.

455 대법원 2006. 5. 8. 자 2004스22 결정 등.

456 대법원 2013. 10. 17. 선고 2013므3116 판결 및 대법원 2007. 4. 26. 선고 2005므2552, 2569 판결, 대법원 2006. 5. 8. 자 2004스22 결정, 대법원 2000. 9. 22. 선고 99므906 판결, 대법원 1993. 5. 25. 선고 92므501 판결 등.

457 대법원 2010. 2. 11. 선고 2009므3706, 3713 판결.

458 이현곤, "부양적 재산분할에 관한 사례연구", 가사재판연구Ⅱ, 서울가정법원 가사재판연구회(2011), 600.

있다고 보고 있으므로, 부양의 정도 역시 위와 같이 제한적으로 볼 필요는 없을 것이다. 다만 재산분할제도는 혼인 중에 취득한 실질적인 공동재산을 청산 분배하는 것을 주된 목적으로 하는 것이고, 부양적 요소는 '기타 사정' 또는 '당사자 쌍방의 일체의 사정'의 하나로서 고려되는 것이므로, 부양적 요소는 필요한 때에 분할비율을 부분적으로 조정하는 사유로만 참작되어야 할 것이다[☞ 상세한 내용은 앞의 I. 2. 다. 2) 주석 참조].

440 혼인 중의 역할분담으로 인한 경제활동능력의 감소는 청산적 요소로 보는 견해도 있고, 부양적 요소로 보는 견해도 있으나, 어느 견해를 따르든 참작사유에 포함될 수 있다[☞ 상세한 내용은 앞의 I. 2. 다. 1) 주석 참조].

441 배우자의 유책성에 관한 사정은 원칙적으로 참작사유가 아니지만, 부양적 요소를 참작함에 있어서 이혼에 대한 책임 여부가 반영되어야 한다는 견해를 따른다면, 재산분할의 비율을 정함에 있어서 부양적 요소를 고려할 것인지 여부를 매개로 하여 간접적으로 유책 여부가 고려될 수는 있을 것이다(☞ 상세한 내용은 앞의 I. 2. 라. 주석 참조).

3) 기타

442 재산분할심판에서는 참작사유로 '혼인생활의 과정', '혼인파탄의 경위' 등을 거시하는 경우가 많은데, 그 자체가 참작사유라는 것이 아니라 혼인생활 및 파탄과정에서 확인되는 구체적 참작사유들을 포괄하기 위한 표현인 것으로 보인다.

443 당사자의 연령은 청산적 요소로도, 부양적 요소(나이가 많아지면 경제활동능력이 줄어들어 이혼 이후 소득활동이 어려워지기 때문에 보상이 필요하다)로도 참작될 수 있다.

444 당사자 사이에 재산분할에 관한 협의가 이루어졌으나 그 협의의 효력이 발생하지 않은 경우, 위 협의의 내용과 협의가 이루어진 경위 등은 민법 제839조의2 제2항 소정 '기타 사정'의 하나로 참작할 수 있다.[459]

445 그러나 재산분할과 무관한 사정을 이유로 재산분할비율을 정하는 것은 허용되지 않는다. 예컨대, 이혼하는 부부의 자녀들이 이미 모두 성년에 달한 경우, 부부 중 일방이 자녀들에게 부양의무를 부담하더라도 이는 어디까지나 그와 자녀들 사이의 법률관계일 뿐이므로 이를 이혼 배우자에게 지급할 재산분할의 액수를 정하는 데 참작할 사정으로 볼 수는 없다.[460]

459 대법원 1995. 10. 12. 선고 95다23156 판결.
460 대법원 2003. 8. 19. 선고 2003므941 판결.

3. 복수의 분할비율 허용 여부

446 재산분할을 함에 있어서는 원칙적으로 전체 재산에 대하여 하나의 분할비율을 정하여야 한다. 민법 제839조의2 제2항의 취지에 비추어 볼 때, 재산분할비율은 개별재산에 대한 기여도를 일컫는 것이 아니라 기여도 기타 모든 사정을 고려하여 전체로서의 형성된 재산에 대하여 상대방 배우자로부터 분할받을 수 있는 비율을 일컫는 것이라고 봄이 상당하므로, 법원이 합리적 근거 없이 적극재산과 소극재산을 구별하여 분담비율을 달리 정하거나, 분할대상 재산들을 개별적으로 구분하여 분할비율을 달리 정하는 것은 허용되지 않는다.[461]

447 그러나 예외적으로, 퇴직연금수급권에 대하여 정기금 방식으로 재산분할을 할 경우에는 퇴직연금수급권과 다른 일반재산을 구분하여 개별적으로 분할비율을 정할 수 있다. 가액을 특정할 수 있는 다른 일반재산과는 달리 퇴직연금수급권은 연금수급권자인 배우자의 여명을 알 수 없어 가액을 특정할 수 없는 등의 특성이 있으므로, 재산분할에서 고려되는 제반 사정에 비추어 퇴직연금수급권에 대한 기여도와 다른 일반재산에 대한 기여도를 종합적으로 고려하여 전체 재산에 대한 하나의 분할비율을 정하는 것이 형평에 부합하지 아니하는 경우도 있을 수 있기 때문에, 그러한 경우에는 퇴직연금수급권과 다른 일반재산을 구분하여 개별적으로 분할비율을 정하는 것이 타당하고, 그 결과 분할비율이 달리 정하여지는 것은 합리적 근거가 있는 경우에 해당하기 때문이다.[462]

Ⅷ. 분할의 방법

1. 원칙

448 재산분할의 방법에 관하여는 민법 제839조의2 제2항이 '당사자 쌍방의 협력으로 이룩한 재산의 액수 기타 사정을 참작'하도록 규정하고 있을 뿐이다. 대법원은 '당사자 쌍방의 일체의 사정'을 참작하여 분할의 방법을 정하여야 한다거나[463] '당사자 쌍방의 협력으로 이룩한 재산의 액수 기타의 사정'을 참작하여 법원이 정하면 된다[464]고 판시하고 있고, 가사소송규칙 제93조 제1항은 마류 가사

461 대법원 2006. 9. 14. 선고 2005다74900 판결 등.
462 대법원 2014. 7. 16. 선고 2012므2888 전원합의체 판결.
463 대법원 2014. 7. 16. 선고 2012므2888 전원합의체 판결 등.
464 대법원 1998. 2. 13. 선고 97므1486, 1493 판결, 대법원 2009. 7. 23. 선고 2009므1533, 1540 판결 등.

비송사건에 관하여 "가정법원은 가정의 평화와 사회정의를 위하여 가장 합리적인 방법으로 청구의 목적이 된 법률관계를 조정할 수 있는 내용의 심판을 하여야 한다."고 규정하고 있어, 실무에서는 구체적인 분할방법은 당사자 쌍방의 일체의 사정을 참작하여 가정법원이 후견적인 입장에서 가장 합리적으로 당사자 사이의 법률관계를 조정할 수 있는 방법으로 정하여야 한다고 보고 있다.[465]

449 재산분할청구사건은 비송사건이므로, 당사자가 특정한 방법으로 재산분할 할 것을 청구하더라도 법원은 이에 구속되지 않고 타당하다고 고려되는 방법에 따라 재산분할을 명할 수 있다.[466] 그러나 재산분할심판은 재산분할에 관하여 당사자 사이에 협의가 되지 아니하거나 협의할 수 없는 때에 한하여 하는 것이므로, 쌍방 당사자가 일부 재산에 관하여 분할방법에 관한 합의를 하였고, 그것이 그 일부 재산과 나머지 재산을 적정하게 분할하는 데 지장을 가져오는 것이 아니라면 법원으로서는 이를 최대한 존중하여 재산분할을 명하는 것이 타당하다. 그 경우 법원이 아무런 합리적인 이유를 제시하지 아니한 채 그 합의에 반하는 방법으로 재산분할을 하는 것은 재산분할사건이 가사비송사건이고, 그에 관하여 법원의 후견적 입장이 강조된다는 측면을 고려하더라도 정당화되기 어렵다.[467] 따라서 당사자 쌍방이 그 중 일방의 소유로 분할하는 것에 대해 의견이 일치한 재산을 아무런 합리적 이유를 제시하지 아니한 채 다른 일방의 소유로 분할하여서는 아니 된다.[468]

450 재산분할의 심판 주문에서는 재산의 귀속 자체를 명하는 것이 아니라 재산분할에 따라 필요한 의무의 이행을 명하므로, 재산분할의 방법이 정해지면 법원은 그에 따라 금전의 지급, 물건의 인도, 등기 기타의 의무이행을 명하여야 한다(가사소송규칙 제97조 참조).

2. 분할방법의 종류

451 재산분할의 심판에는 공유물분할의 방법에 관한 민법 제269조 제2항이 준용된다(가사소송규칙 제98조). 따라서 부부의 공동재산을 현물로 분할할 수 없거나 분할로 인하여 현저히 그 가액이 감손될 염려가 있는 때 법원은 그 재산의 경매를 명할 수 있다.

465 법원실무제요, 가사[Ⅱ], 법원행정처(2021), 1452.
466 대법원 2010. 12. 23. 선고 2009므3928 판결.
467 대법원 2021. 6. 10. 선고 2021므10898 판결.
468 법원실무제요, 가사[Ⅱ], 법원행정처(2021), 1452.

452 민법 제269조 제2항의 규정을 준용하는 것은 분할의 방법을 예시한 것에 불과하므로,[469] 가정법원은 현물분할과 경매분할 외의 방법도 그것이 당사자 간의 법률관계를 조정할 수 있는 합리적인 방법이라면 이를 명할 수 있다. 대법원도, 민법 제839조의2에 의한 재산분할사건은 가사비송사건으로서, 법원으로서는 당사자 쌍방의 일체의 사정을 참작하여 분할의 액수와 방법을 정할 수 있는 것이므로, 가사소송규칙 제98조에 불구하고 다른 방법에 의한 분할도 가능하다고 판단하였다.[470] 따라서 명문의 규정은 없지만 가정법원은 금전지급에 의한 분할(대상분할)을 명할 수도 있다. 재산분할의 심판에 상속재산분할에 관한 가사소송규칙 제115조 제2항(가정법원은 분할의 대상이 된 상속재산 중 특정의 재산을 1인 또는 수인의 상속인의 소유로 하고, 그의 상속분 및 기여분과 그 특정의 재산의 가액의 차액을 현금으로 정산할 것을 명할 수 있다)을 유추적용하여 대상분할을 명할 수 있다고 보는 견해도 있다.[471]

453 재산분할의 심판에서 채무인수를 명할 수 있는 지에 관하여는 견해가 나뉘지만, 대법원 2003. 1. 10. 선고 2002므1442, 1459 판결 및 대법원 2013. 6. 20. 선고 2010므4071, 4088 전원합의체 판결의 다수의견에 대한 보충의견 등은 채무인수를 명하는 재산분할을 명시적으로 긍정하였다. 다만 주문에서 채무인수를 명하지 않고 판결의 이유에서 채무를 당사자의 일방에게 귀속시킨다고 설시한 다음 이를 전제로 재산분할금을 정하는 것은 허용될 수 없다.[472] [☞ 상세한 내용은앞의 Ⅵ. 2. 바. 2) 주석 참조]

454 이상의 논의를 종합하면, 가정법원은 구체적인 사정에 따라 분할대상재산을 현물분할하거나, 경매분할을 하거나, 현물분할을 명하지 않고 또는 현물분할과 함께 금전지급에 의한 분할(대상분할)을 명하거나, 기타 합리적인 방법으로 분할을 명할 수 있고,[473] 경우에 따라서는 채무인수도 명할 수 있다.[474]

469 법원실무제요, 가사[Ⅱ], 법원행정처(2021), 1452.

470 대법원 1997. 7. 22. 선고 96므318, 325 판결.

471 김종우, "재산분할의 대상과 그 기준시기 및 방법", 실무연구Ⅷ, 서울가정법원(2002), 57 등.

472 대법원 1999. 11. 26. 선고 99므1596, 1602 판결.

473 심판의 경우에는 찾아보기 어렵지만, 조정이 이루어지는 경우에는 부부의 일방이 상대방에게 임차권을 설정하여 주는 방식의 재산분할이 활용되기도 한다. 예컨대 처가 남편 명의 부동산에서 미성년 자녀를 교육할 필요가 있는 경우, 남편은 자녀가 고등학교를 졸업할 때까지 위 부동산을 차임 없이 처에게 임대하기로 하는 조정을 할 수 있다. 또한 일방의 소유이거나 부부가 공유하는 부동산을 제3자에게 매각한 후, 매각대금을 분할하는 방식의 조정도 실무에서 많이 활용되고 있다.

474 이와 달리 독일, 스위스 등은 원칙적으로 금전청산만 인정한다. 주해친족법(제1권)(제2판), 박영사(2025), 481 (이동진). 독일은 법정재산제로 소위 '잉여공동제'를 채택하고 있어 금전청산만 인정하는 것이 자연스럽다.

3. 구체적 분할방법

가. 현물분할

455 현물분할에는 부부 일방 명의 재산의 소유권을 상대방에게 이전하는 방법, 부부 공유 재산의 공유지분을 이전하여 부부 일방의 단독소유로 하는 방법, 부부 일방 명의 재산의 지분 일부를 상대방에게 이전하는 방법(공유로 하는 분할) 등이 있다.

456 분할대상 부동산이 복수인 경우 청구인과 상대방이 부동산들을 나누어 가지도록 분할하는 경우가 종종 있다. 부부가 재산을 공유하고 있는 경우 특별한 사정이 없는 한 재산의 관리 및 처분이 용이하도록 이를 일방의 단독소유로 하는 것이 좋을 것이다. 공유로 하는 분할은 당사자 사이에 공유물의 관리처분에 관한 협의가 필요하고 협의가 되지 않을 경우에는 공유물분할청구소송 등 분쟁이 뒤따를 수 있기 때문에 그와 같은 염려가 없을 때에 주로 사용된다.[475] 어느 경우에나 현물분할 결과 부부 각자에게 귀속하게 한 재산가액의 비율과 법원이 인정한 그들 각자의 재산분할비율이 다를 경우에는 그 차액을 금전으로 지급·청산하게 하여야 한다.[476]

457 부동산을 현물로 분할하는 경우 소유권이전등기를 명하고, 지명채권을 현물로 분할하는 경우에는 채권양도와 함께 채권양도 통지를 명하여야 한다. 다만 근로자의 퇴직급여채권이나 연금수급권과 같이 채권양도가 금지되는 경우에는 채권의 현물분할을 명할 수 없다. 제3자 명의의 재산, 합유재산 등은 그 자체를 분할할 수 없으므로 다른 재산을 현물분할로 이전하거나 금전을 지급하는 방법으로 분할을 하여야 한다.

458 부부 중 일방이 재산의 취득에 큰 기여를 하였거나 재산을 주로 이용한 경우, 부부 일방의 실질적 특유재산이나 영업 내지 영업재산이 분할대상재산에 포함된 경우에는 가급적 그 부부 일방에게 그 재산을 분할하는 것이 바람직하고, 특히 혼인주거는 장래의 이용전망(그 주거가 자녀의 양육에 필요한지, 자녀의 양육자는 누구로 지정되는지 등)을 고려하여 분할방법을 정해야 한다는 견해가 있다.[477]

459 부동산을 현물분할하는 경우에는 그 부동산에 관련된 각종 채권채무(임대차보증금반환채무, 근저당권의 피담보채무 등)의 귀속관계까지 고려하여야 후속분쟁을 예

475 김종우, "재산분할의 대상과 그 기준시기 및 방법", 실무연구Ⅷ, 서울가정법원(2002), 59.
476 대법원 2000. 9. 22. 선고 99므906 판결.
477 주해친족법(제1권)(제2판), 박영사(2025), 484(이동진).

방할 수 있다. 임대차의 목적물인 부동산의 소유권 이전을 명하는 경우, 주택임대차보호법, 상가건물 임대차보호법 등에 따라 임대인의 지위가 당연히 승계되는 등의 특별한 사정이 없는 한 부동산의 소유권이 이전된다고 하여 그에 수반하여 임대차보증금반환채무가 새로운 소유자에게 면책적으로 인수되는 것은 아니고, 재산분할에 관한 심판에서 그 임대차보증금반환채무를 상대방에게 귀속시킨다는 판결을 하더라도 그 채무가 상대방에게 면책적으로 인수되지 않기 때문에,[478] 부동산 소유자와 임대차보증금반환채무의 채무자가 일치하지 않게 될 수 있다. 근저당권의 채무자를 변경하지 않고 부동산의 소유권을 이전하는 경우에도 채무자와 소유자의 불일치로 인하여 구상을 하여야 하는 일이 발생할 수 있다. 이와 같은 채무인수의 문제점으로 인하여 실무에서는 부동산에 관한 채무를 부담하는 당사자에게 그 부동산을 귀속시키는 경우가 많다. 반대로 이와 같은 경우에 부동산이 귀속되는 당사자에게 채무인수를 명하는 것이 가능한지에 관하여는 앞서 본 바와 같이 다툼이 있으나, 대법원 2003. 1. 10. 선고 2002므1442, 1459 판결은 당사자 일방에게 귀속되는 부동산에 상대방 명의 채무를 담보하기 위한 근저당권이 설정되어 있는 경우, 재산분할로 부동산이 귀속되는 당사자에게 그 피담보채무를 인수하도록 명한 것은 적절하다고 판단하였다.[479]

460 부부 공동 명의 건물에 관하여 부부 일방 명의로 임대차계약이 체결된 경우, 계약명의자가 채무자라고 쉽게 단정하지 말고 임대차계약의 진정한 당사자가 누구인지 심리하여야 한다. 위와 같은 경우 그 일방이 공동 임대인 중 1인 겸 다른 공동 임대인의 대리인으로서 임차인과 임대차계약을 체결한 것으로 볼 여지가 있고, 그렇다면 불가분채무인 부부 일방의 임대차보증금반환채무를 상대방 배우자에게 귀속시킨다고 판결에 설시하더라도 그 일방이 부담하여야 할 임대차보증금반환채무가 상대방에게 인수되지 않기 때문에, 보증금반환채무를 임대차계약 명의자에게 귀속시켜 재산분할을 하는 것이 위법할 수 있기 때문이다.[480]

478 대법원 1997. 8. 22. 선고 96므912 판결.

479 금융기관에 대한 대출금채무의 경우, 금융기관으로부터 사전에 대출금채무의 인수가 가능한지 확인을 받으면 부동산이 귀속되는 당사자에게 채무인수를 명하더라도 문제가 발생할 가능성이 적다. 주문에서 면책적 채무인수를 명하고 면책적 채무인수가 불가능할 경우 채무자를 대위하여 채무를 변제하도록 하는 것도 가능하다. 상세한 내용은 민법 제839조의2 Ⅷ. 3. 라. 주석 참조.

480 대법원 2010. 12. 23. 선고 2009므3928 판결.

나. 금전지급에 의한 분할(대상분할)[481]

461 대상분할은 특정재산을 배우자 일방의 소유로 하고 그 배우자로 하여금 상대방에게 금전을 지급하게 하는 방법으로, 실무에서 가장 많이 사용하는 방법이다. 이에 대하여 재산분할은, 물권법상 공유물 분할과 마찬가지로, 현물분할을 원칙으로 해야 하고, 특히 비상장주식은 객관적 교환가치가 적정하게 반영된 정상적인 거래의 실례에 따른 거래가가 존재하지 않는 한 객관적 가치평가가 어렵고 환가가 곤란하므로 현물분할을 하는 것이 적절하다는 견해가 있다.[482]

462 대상분할은 현물분할을 명하지 않고 또는 현물분할과 함께 명할 수 있다. 실무에서는 현재의 소유명의나 채무명의를 존중하여 분할대상이 되는 재산과 채무를 현재의 명의자에게 귀속시키고, 재산분할비율에 미치지 못하는 재산이 귀속된 당사자에게 그 부족한 부분을 금전으로 지급하여 이를 청산하도록 하는 방법도 많이 사용한다.[483] 금전지급을 명하는 경우 일시금 지급을 명하는 것이 일반적이지만, 지급의 시기, 종기 및 매 회의 지급액을 정하는 방식으로 정기금 지급을 명할 수도 있다.[484] 금전지급에 의한 분할은 채무초과의 경우에도 실무에서 가장 많이 사용하는 방법이다.

다. 경매분할

463 가정법원은 분할대상재산을 현물로 분할할 수 없거나 분할로 인하여 현저히 그 가액이 감손될 염려가 있는 때에는 경매를 명할 수 있으나, 일반적으로 그와 같은 경우 대상분할을 명하고, 경매분할은 거의 활용되지 않는다.[485]

라. 채무인수[486]

464 채무인수를 명하는 재산분할을 하는 경우가 많지는 않지만, 재산분할로 부동산의 소유권을 이전하는 경우 당해 부동산을 담보로 금융기관을 채권자로 하여 설정

481 현금분할, 금전분할, 가액분할이라고 하기도 한다.
482 현소혜, "재산분할의 방법 : 특히 비상장주식의 경우를 중심으로", BFL 128호, 서울대학교 금융법센터(2024), 9, 16~17.
483 김수정, "이혼으로 인한 재산분할청구권", 사법논집 제40집, 법원도서관(2005), 580.
484 대법원 2014. 7. 16. 선고 2012므2888 전원합의체 판결. 정기금 지급방식은 장래 집행의 어려움 및 위험 등으로 인하여 일반적으로 가장 합리적인 분할방법으로 인정되기는 어렵다.
485 김종우, "재산분할의 대상과 그 기준시기 및 방법", 실무연구Ⅷ, 서울가정법원(2002), 58.
486 상세한 내용은 민법 제839조의2 Ⅵ. 2. 바. 2) 주석 참조.

된 근저당권의 피담보채무를 인수하는 경우는 이따금 볼 수 있다.[487]

465 채무인수를 긍정한 대법원 2003. 1. 10. 선고 2002므1442, 1459 판결의 제1심 판결인 서울가정법원 2001. 6. 14. 선고 2000드합10437, 2001드합6022 판결은 "원고는 피고로부터 별지 목록 기재 부동산에 설정된 ~ 근저당채무(금융기관에 대한 채무이다)를 인수한다."고 판시하였고, 대법원 2019. 9. 10. 자 2019므12129 판결의 원심인 수원가정법원 2019. 4. 18. 선고 2018르3040 판결은 "원고는 피고로부터 ~ 채무(일반 채권자에 대한 채무가 포함되어 있다)를 각 면책적으로 인수하라. 만일 면책적 채무인수가 불가능할 경우 원고는 피고를 대위하여 위 각 채무를 변제할 의무를 부담한다."고 판시하였다. 채무인수를 명하는 경우에는 면책적 채무인수가 이루어지도록 강제할 방법이 없으므로, 이를 감안하여 사전에 채권자의 승낙의사를 확인하거나, 채무인수가 이루어지지 않을 경우까지 고려를 할 필요가 있다.

IX. 기타

1. 상계

466 재산분할에 관한 협의 또는 심판 확정 전에 재산분할청구권을 자동채권 또는 수동채권으로 하는 상계가 가능한지가 문제되는데, 학설은 주로 이혼 위자료청구권과 재산분할청구권 사이의 상계가 가능한지에 대하여 논의를 하고 있다.

467 재산분할청구권을 자동채권으로 하고 위자료청구권을 수동채권으로 하는 상계는 민법 제496조가 고의의 불법행위로 인한 채무를 수동채권으로 하는 상계를 금지하고 있기 때문에 허용되기 어렵다. 또한 협의 또는 심판 확정 전의 재산분할청구권을 자동채권으로 하여 상계를 하는 것은 상대방의 기한의 이익을 침해한다는 문제점도 있다.

468 재산분할청구권을 수동채권으로 하는 상계에 관하여는, 이혼 성립 전의 재산분할청구권을 수동채권으로 하는 상계가 불가능하다는 점에는 다툼이 없지만, 이혼 성립 후의 재산분할청구권을 수동채권으로 하는 상계는 허용된다는 견해[488]

487 부동산담보대출에 대한 규제가 엄격해져서 근래에는 부동산의 가치가 충분하더라도 당사자의 소득 정도에 따라 대출이 불허되는 등의 사정이 발생할 수 있으므로, 금융기관이 설정한 근저당권의 피담보채무를 이전하는 경우 사전에 금융기관으로부터 대출금채무 인수가 가능한지 여부를 사전에 확인받도록 하는 것이 좋을 것이다.

488 김동하, "혼인의 해소에 따른 재산분할", 재판실무 제1집, 창원지방법원(1999), 252; 김영갑, "재산분할청구권", 사법논집 제22집, 법원도서관(1991), 233.

와 협의 또는 심판에 의하여 구체적 내용이 형성될 때까지는 구체적 재산분할청구권이 발생하지 않으므로 협의 또는 심판 확정 전의 상계는 허용되지 않는다는 견해[489]가 대립하고 있다.

469 사견으로는, 대법원이 재산분할청구권은 협의 또는 심판에 의하여 그 구체적 내용이 형성되기까지는 그 범위 및 내용이 불명확·불확정하기 때문에 구체적으로 권리가 발생하였다고 할 수 없다는 이유로 재산분할청구권을 포기하거나 양도하는 것 등이 모두 허용되지 않는다고 판단하고 있고, 양육비채권에 관하여도 협의 또는 심판에 의하여 구체적인 청구권의 내용과 범위가 확정되기 전에는 그 내용이 극히 불확정하여 상계할 수 없다고 판단하고 있는 점[490] 등에 비추어 볼 때, 협의 또는 심판에 의하여 구체적 재산분할청구권이 발생할 때까지는 상계도 허용되지 않을 것으로 생각된다. 확정되지 않은 재산분할청구권을 수동채권으로 하여 상계를 하는 것은 자동채권에 관하여 재산분할청구권 확정시까지 발생하는 지연손해금을 포기하는 결과가 되어 실익이 있다고 보기도 어렵다.

2. 과세

470 재산분할에 의하여 재산이 이전되는 경우, 분할권리자가 증여세, 취득세 등을 부담하여야 하는지, 분할의무자가 양도소득세를 부담하여야 하는지 문제될 수 있다.

가. 증여세

471 이혼에 따른 재산분할은 원칙적으로 증여세의 과세대상이 아니다. 대법원은 "이혼에 따른 재산분할은 부부가 혼인 중에 취득한 실질적인 공동재산을 청산·분배하는 것을 주된 목적으로 하는 제도로서 재산의 무상이전으로 볼 수 없으므로 이혼이 가장이혼으로서 무효가 아닌 이상 원칙적으로 증여세 과세대상이 되지 않는다."고 판시하였고,[491] 헌법재판소 역시 "이혼시의 재산분할제도는 본질적으로 혼인 중 쌍방의 협력으로 형성된 공동재산의 청산이라는 성격에, 경제적으로 곤궁한 상대방에 대한 부양적 성격이 보충적으로 가미된 제도라 할 것이어서, 이에 대하여 재산의 무상취득을 과세원인으로 하는 증여세를 부과할 여지가 없다. 재산분할 중의 부양적 요소에 관하여 보더라도 이는 부양의무이행의

489 김준모, "재산분할제도의 성격", 재판자료 제101집, 법원도서관(2003), 249; 민유숙, "재산분할에 있어서 몇가지 문제점에 관한 고찰", 인권과 정의 제211호, 대한변호사협회(1994), 47~49.

490 대법원 2006. 7. 4. 선고 2006므751 판결.

491 대법원 2017. 9. 12. 선고 2016두58901 판결.

성격을 지니는 것이므로 증여세의 부과대상이 된다고 할 수 없을 뿐만 아니라, 민법상 부양의무자 상호간의 치료비·생활비 또는 교육비로서 통상 필요하다고 인정되는 금품은 과세가액에 산입되지 아니하는 점에 비추어 보더라도 이에 대하여 증여세가 부과될 근거는 없다."고 판단하였다.[492]

472 다만, 이혼이 가장이혼으로서 무효인 경우에는 증여세 과세대상이 되고, 재산분할이 민법 제839조의2의 규정 취지에 반하여 상당하다고 할 수 없을 정도로 과대하고, 상속세나 증여세 등 조세를 회피하기 위한 수단에 불과하여 그 실질이 증여라고 평가할 만한 특별한 사정이 있는 경우에는 상당한 부분을 초과하는 부분에 한하여 증여세 과세대상이 될 수 있다.[493]

나. 취득세 및 등록세

473 재산분할로 인하여 재산을 취득한 경우에도 취득세를 납부하여야 한다. 대법원은 "부동산취득세는 부동산 소유권의 이전이라는 사실 자체에 대하여 부과되는 유통세의 일종으로서 부동산을 사용, 수익, 처분함으로써 얻게 될 경제적 이익에 대하여 부과되는 것이 아니므로 과세요건인 부동산의 취득이란 실질적인 소유권의 취득 여부에 관계없이 소유권 이전의 형식으로 이루어지는 부동산 취득의 모든 경우를 말한다."고 판시하였다.[494] 다만 지방세법 제15조 제1항 제6호는 재산분할로 인한 취득에 관하여 세율의 특례를 규정하고 있다. 대법원은 "사실혼 해소 시의 재산분할로 인한 취득에 대해서도 위 특례 규정이 적용된다."고 판시하였다.[495]

492 헌법재판소 1997. 10. 30. 선고 96헌바14 전원재판부 결정.

493 대법원 2017. 9. 12. 선고 2016두58901 판결.

494 대법원 2003. 8. 19. 선고 2003두4331 판결.

495 대법원 2016. 8. 30. 선고 2016두36864 판결. 이 판결은 "지방세법 제15조 제1항 제6호가 재산분할로 인한 취득에 대하여 표준세율에서 중과기준세율인 1000분의 20을 뺀 세율을 적용하도록 규정하고 있는 것은 부부가 혼인 중 공동의 노력으로 이룩한 재산을 부부관계 해소에 따라 분할하는 것에 대하여 통상보다 낮은 취득세율을 적용함으로써 실질적 부부공동재산의 청산으로서의 성격을 반영하는 취지이다. 재산분할에 관한 민법의 규정은 사실혼 해소의 경우에도 해석상 준용되거나 유추적용 되는데, 이는 부부공동재산의 청산의 의미를 갖는 재산분할은 부부의 생활공동체라는 실질에 비추어 인정되는 것이라는 점에 근거한다. 관련 법률조항의 내용 및 체계, 입법 취지, 사실혼 해소의 경우에도 민법상 재산분할에 관한 규정이 준용되는 점, 법률혼과 사실혼이 혼재된 경우 재산분할은 특별한 사정이 없는 한 전체 기간 중에 쌍방의 협력에 의하여 이룩한 재산을 모두 청산 대상으로 하는 점, 실질적으로 부부의 생활공동체로 인정되는 경우에는 혼인신고의 유무와 상관없이 재산분할에 관하여 단일한 법리가 적용됨에도 세법을 적용할 때 혼인신고의 유무에 따라 다르게 과세하는 것은 합리적이라고 보기 어려운 점, 사실혼 여부에 관하여 과세관청으로서는 이를 쉽게 파악하기 어렵더라도 객관적 자료에 의해 이를 증명한 사람에 대해서는 그에 따른 법률효과를 부여함이 상당한 점 등을 더하여 보면, 지방세법 제15조 제1항 제6호는 사실혼 해소 시 재산분할로 인한 취득에 대해서도 적용된다."고 판시하였다.

474 한편, 대법원은 재산분할을 원인으로 한 부동산이전등기에 대하여도 등록세가 부과된다고 판시하였으나,[496] 이후 지방세법이 개정되어 취득세가 부과되는 취득을 원인으로 이루어지는 등기 또는 등록은 등록면허세(구 등록세)의 과세대상에서 제외하였으므로(지방세법 제23조 제1호), 현재는 과세가 되지 않는다.

다. 양도소득세

475 재산분할에 의한 자산의 이전은 양도소득세 과세대상이 되는 유상양도에 포함되지 않는다. 대법원은 "재산분할제도는 그 법적 성격, 분할대상 및 범위 등에 비추어 볼 때 실질적으로는 공유물분할에 해당하는 것이어서 공유물분할에 관한 법리가 준용되어야 할 것인바, 공유물의 분할은 법률상으로는 공유자 상호간의 지분의 교환 또는 매매라고 볼 것이나 실질적으로는 공유물에 대하여 관념적으로 그 지분에 상당하는 비율에 따라 제한적으로 행사되던 권리, 즉 지분권을 분할로 인하여 취득하는 특정 부분에 집중시켜 그 특정 부분에만 존속시키는 것으로 소유형태가 변경된 것뿐이어서 이를 자산의 유상양도라고 할 수 없다."고 판시하였다.[497]

476 다만, 재산분할을 받은 당사자가 이후에 재산분할로 이전받은 부동산을 양도하는 경우, 그 양도차익을 산정함에 있어서의 취득가액은 최초의 취득시를 기준으로 정하여야 하고 재산분할을 원인으로 한 소유권이전시를 기준으로 할 수 없다.[498]

477 재산분할의 경우와 달리 위자료 또는 자녀양육비를 원인으로 하는 자산의 이전은 유상양도에 해당한다. 따라서 이혼을 하면서 위자료, 재산분할, 자녀양육비의 액수를 구체적으로 정하지 아니한 채 자산을 이전한 경우, 어느 범위의 자산 이전에 대하여 양도소득세를 부과할 수 있는지가 문제된다.

478 이에 관하여 대법원은, "과세처분의 위법을 이유로 그 취소를 구하는 행정소송에서 과세요건의 존재에 대한 입증책임이 처분청에 있는 것과 마찬가지로, 양도소득세의 과세대상이 되는 유상양도에 해당하는 위자료 및 자녀양육비의 입증책임도 원칙적으로 처분청에 있고, 다만 이 때 처분청이 위자료나 자녀양육비의 액수까지 구체적으로 주장·입증할 필요는 없고, 단지 그 액수를 정할 수 있는 자료를 법원에 제출하는 것으로 충분하며, 법원은 이와 같은 자료를 토대로 혼

496 대법원 2003. 8. 19. 선고 2003두4331 판결.
497 대법원 2003. 11. 14. 선고 2002두6422 판결, 대법원 1998. 2. 13. 선고 96누14401 판결.
498 대법원 2003. 11. 14. 선고 2002두6422 판결.

인기간, 파탄의 원인 및 당사자의 귀책사유, 재산정도 및 직업, 당해 양도자산의 가액 등 여러 사정을 참작하여 직권으로 위자료나 자녀양육비의 액수를 정하여야 한다."고 판단하였다.[499]

499 대법원 2002. 6. 14. 선고 2001두4573 판결.

제 839 조의 3 [재산분할청구권 보전을 위한 사해행위취소권]

① 부부의 일방이 다른 일방의 재산분할청구권 행사를 해함을 알면서도 재산권을 목적으로 하는 법률행위를 한 때에는 다른 일방은 제406조 제1항을 준용하여 그 취소 및 원상회복을 가정법원에 청구할 수 있다.

② 제1항의 소는 제406조 제2항의 기간 내에 제기하여야 한다.

[본조신설 2007. 12. 21.]

[관련조문] 민법 제406조(채권자취소권), 제407조(채권자취소의 효력), 제839조의2(재산분할청구권).

[참고문헌] 주석 민법, 채권총칙(2)(제5판), 한국사법행정학회(2020); 주해친족법(제1권)(제2판), 박영사(2025); 법원실무제요, 가사[Ⅰ], 법원행정처(2021); 신정민, "이혼시 재산분할청구권 보전을 위한 사해행위취소권의 피보전채권", 가족법연구 제29권 제3호, 한국가족법학회(2015); 윤진수, "민법개정안 중 부부재산제에 관한 연구", 가족법연구 제21권 제1호, 한국가족법학회(2007); 이진기, "부부재산분할청구권의 보전을 위한 취소권제도 비판", 인권과 정의 제392호, 대한변호사협회(2009); 전경근, "재산분할청구권 보전을 위한 사해행위취소권의 요건에 관한 연구", 가족법연구 제23권 제1호, 한국가족법학회(2009); 최정인, "재산분할청구권 보전을 위한 채권자취소권 : 적용요건을 중심으로", 가사재판연구 Ⅱ, 서울가정법원 가사재판연구회(2011); 함윤식, "이혼에 따른 재산분할에 관한 판례의 최근 동향", 민사판례연구 제38권, 박영사(2016); 홍진표, "재산분할청구권 보전을 위한 사해행위취소권의 요건에 관한 고찰", 가정법원 50주년 기념논문집, 서울가정법원(2014)

Ⅰ. 의의

1 민법은 부부재산제에 관하여 별산제를 채택하고 있어, 부부 쌍방의 협력으로 이룩한 재산이라도 그 명의자가 단독으로 처분할 수 있다. 따라서 부부가 이혼을 하는 경우에는 명의자가 재산을 임의로 처분하여 상대방의 재산분할청구권 행사를 방해할 위험성이 있다. 명의자가 재산을 처분하기 전에는 가압류, 가처분을 하여 재산분할청구권을 보전할 수 있지만, 명의자가 이미 재산을 처분한 경우에는 처분행위를 취소하고 원상회복을 할 필요가 있다.

2 그런데 민법 제406조의 채권자취소권을 행사하기 위해서는 원칙적으로 사해행위 당시에 피보전채권이 존재하고 있어야 하는데, 재산분할청구권은 이혼 등이 성립한 때에 그 법적 효과로서 비로소 발생하고, 협의 또는 심판에 의하여 구체적 내용이 형성될 때까지는 구체적으로 권리가 발생하였다고 할 수 없기 때문에,[1] 재산분할에 관한 협의 또는 심판 확정 전, 즉 구체적 재산분할청구권이 형성되기 전에 이루어진 재산 처분행위를 사해행위로 취소할 수 있는지 등에 관하여 논란이 있었다.

3 민법 제839조의3은 2007. 12. 21. 민법 개정으로 신설되어 재산분할에 관한 협의 또는 심판 확정 전에 사해행위의 취소가 가능함을 명백히 하였다. 그러나 민법 제839조의3은 재산분할청구권의 특수성을 반영한 구체적 규정을 두지 않고 막연히 제406조 제1항을 '준용'한다고만 하여, 제839조의3 신설 이후에도 사해행위취소권의 요건, 효과 등에 관한 논란은 계속되고 있다.[2]

4 민법 제839조의3의 입법취지에 관하여는, 제839조의3이 이혼 및 구체적 재산분할청구권 성립 전에도 채권자취소권을 행사할 수 있다는 점을 분명히 한 규정이라고 보는 견해,[3] 제839조의3은 제406조의 채권자취소권과 같이 모든 채권자를 위한 공동담보를 확보하기 위한 것이 아니라 재산분할권리자의 재산분할청구권만을 보전하기 위한 것이고, 집행 대상 재산을 확보하기 위한 것이 아니라 미확정인 재산분할청구권의 발생 및 범위 자체를 확대하기 위한 규정이라고 보는 견해[4] 등이 있다. 이와 같은 차이는 민법 제839조의2의 사해행위취소권에 관하여 민법 제406조의 채권자취소권에 관한 법리를 적용할 것인지, 재산분할청구권의 특수성을 반영하여 독자적 해석을 할 것인지의 문제와 연관되어 있다.

1 대법원 2001. 9. 25. 선고 2001므725, 732 판결 등.

2 이러한 이유 등으로 민법 제839조의3에 대하여는 입법적 보완이 필요하다는 견해가 많다. 신정민, "이혼시 재산분할청구권 보전을 위한 사해행위취소권의 피보전채권", 가족법연구 제29권 제3호, 한국가족법학회(2015), 292~293; 이진기, "부부재산분할청구권의 보전을 위한 취소권제도 비판", 인권과 정의 제392호, 대한변호사협회(2009), 49 이하; 전경근, "재산분할청구권 보전을 위한 사해행위취소권의 요건에 관한 연구", 가족법연구 제23권 제1호, 한국가족법학회(2009), 226~229; 함윤식, "이혼에 따른 재산분할에 관한 판례의 최근 동향", 민사판례연구 제38권, 박영사(2016), 1243, 1250.

3 윤진수, "민법개정안 중 부부재산제에 관한 연구", 가족법연구 제21권 제1호, 한국가족법학회(2007), 117~119; 주해친족법(제1권)(제2판), 박영사(2025), 508, 513, 517(이동진).

4 함윤식, "이혼에 따른 재산분할에 관한 판례의 최근 동향", 민사판례연구 제38권, 박영사(2016), 1244, 1246.

5 아래에서는 채권자취소권에 관한 일반론은 가급적 기재하지 않고 민법 제839조의3이 제406조와 다른 점을 중심으로 서술한다.

Ⅱ. 당사자

1. 원고 적격

6 재산분할을 청구할 수 있는 당사자가 민법 제839조의3에 따른 사해해위취소의 소를 제기할 수 있음은 당연하다.[5] 재산분할청구를 실제로 하였는지는 문제되지 않는다. 이미 이혼 또는 혼인취소가 이루어진 경우 및 사실혼관계가 해소된 경우에 그 배우자였던 일방 당사자는 민법 제839조의3의 사해행위취소청구를 할 수 있고, 재판상 이혼 또는 혼인취소의 소를 제기하는 당사자는 이혼 등의 청구에 사해행위취소청구를 병합하여 소를 제기할 수 있다. 물론 중혼적 사실혼의 배우자는 원칙적으로 재산분할청구를 할 수 없으므로, 법률혼인 전 혼인이 사실상 이혼상태에 있다는 등의 특별한 사정이 없는 한 사해행위취소청구도 할 수 없다.

7 나아가 아직 이혼의 소를 제기하지도 않은 배우자 역시 장래에 이혼 및 재산분할청구를 할 수 있으면 민법 제839조의3의 사해행위취소의 소를 먼저 제기할 수 있다. 민법 제839조의3은 “부부의 일방이 다른 일방의 재산분할청구권 행사를 해함을 알면서도 재산권을 목적으로 하는 법률행위를 한 때” 사해행위취소청구를 할 수 있다고 규정하고 있을 뿐, 이혼의 소나 재산분할청구를 요건으로 하고 있지 않다. 민법 제839조의3 신설 당시 재산분할청구를 한 당사자만 사해행위취소의 소를 제기할 수 있도록 하는 방안이 검토되었으나, 가족법개정특별분과위원회는 이를 강제할 필요가 없다고 하여 위와 같은 규정을 두지 않았다.[6]

2. 피고 적격

8 민법 제839조의3에 따른 사해행위취소의 소는 채무자인 재산분할의무자가 아니라 사해행위의 수익자 또는 전득자를 상대로 제기하여야 한다.[7]

5 법원실무제요, 가사[Ⅰ], 법원행정처(2021), 790~791.

6 주해친족법(제1권)(제2판), 박영사(2025), 515(이동진); 윤진수, “민법개정안 중 부부재산제에 관한 연구”, 가족법연구 제21권 제1호, 한국가족법학회(2007), 117~118.

7 법원실무제요, 가사[Ⅰ], 법원행정처(2021), 791.

Ⅲ. 요건

9 민법 제839조의3의 사해행위취소권도 채권자의 피보전채권, 채무자의 사해행위 및 사해의사, 수익자 또는 전득자의 악의를 요건으로 한다.

1. 피보전채권

10 민법 제839조의3은 피보전채권을 재산분할청구권으로 한정하고 있다. 따라서 민법 제839조의3의 사해행위취소의 채권자는 재산분할권리자로 한정된다. 피보전채권이 인정되지 않으면 법원은 사해행위취소청구를 기각하여야 한다.[8]

11 민법 제839조의3이 신설되어 재산분할권리자가 이혼 및 재산분할청구권 성립 전에도 사해행위취소권을 행사할 수 있음은 분명하게 되었으나, 사해행위 이후에 발생된 소위 '장래의 채권'이 민법 제406조의 채권자취소권의 피보전채권이 될 수 있는지에 관한 판례의 법리가 제839조의3의 경우에도 적용되어야 하는지, 제406조의 경우와 같이 피보전채권은 금전채권 등으로 한정되는지 아니면 제839조의3의 경우에는 특정물채권도 피보전채권이 될 수 있는지에 관하여는 다양한 견해가 있다.

가. 피보전채권 인정을 위한 요건

1) 제406조 채권자취소권에 관한 법리

12 판례는 일관되게 "채권자취소권에 의하여 보호될 수 있는 채권은 원칙적으로 사해행위라고 볼 수 있는 행위가 행하여지기 전에 발생된 것임을 요하지만, ① 그 사해행위 당시에 이미 채권 성립의 기초가 되는 법률관계가 발생되어 있고, ② 가까운 장래에 그 법률관계에 기하여 채권이 성립되리라는 점에 대한 고도의 개연성이 있으며, ③ 실제로 가까운 장래에 그 개연성이 현실화되어 채권이 성립된 경우에는, 그 채권도 채권자취소권의 피보전채권이 될 수 있다."고 판시하고 있다.[9] 위 ①, ②의 요건은 사해행위 당시, 즉 재산처분행위 시에 갖추어져 있어야 하는 요건이고, ③의 요건은 사해행위취소소송의 사실심 변론종결 시까지 갖추어야 하는 요건이다. 위와 같은 판례의 이론을 '기초적 법률관계론'이라 부른다.

8 대법원 1993. 2. 12. 선고 92다25151 판결, 대법원 1999. 4. 27. 선고 98다56690 판결 등. 채권자대위소송의 경우에는 이와 달리 소를 각하한다.

9 대법원 1995. 11. 28. 선고 95다27905 판결 등.

2) 재산처분행위 시 피보전채권 성립의 개연성 요부

13 학설은 재산처분행위 당시에 피보전채권 성립의 개연성이 있어야 한다고 보는 견해, 피보전채권 성립의 개연성은 필요하지 않지만 일정한 경우의 재산처분행위만 사해행위가 될 수 있다고 보는 견해, 피보전채권 성립의 개연성도 재산처분행위의 시점에 대한 제한도 필요하지 않다고 보는 견해 등으로 나뉜다.

14 피보전채권 성립의 개연성을 요구하는 견해는, 민법 제839조의3의 사해행위 당시에도 피보전채권 성립의 기초가 되는 법률관계가 발생되어 있고, 가까운 장래에 채권이 성립되리라는 점에 대한 고도의 개연성이 있어야 하므로, 재산처분행위 당시에 혼인관계가 파탄되어 있고 부부 쌍방의 협력에 의해 이룩한 공동재산이 존재하여 이혼청구 및 재산분할청구를 하면 인용될 개연성이 있어야 한다고 한다.[10] 이 견해에 의하면, 혼인관계가 파탄되기 전에 재산처분행위를 한 경우, 사해행위취소 채권자가 이혼청구를 하더라도 기각될 가능성이 높은 경우(채권자가 유책배우자이고 예외적으로 유책배우자의 이혼청구를 허용할 수 있는 특별한 사정이 없는 경우 등)에는 피보전채권 성립의 개연성이 인정되지 않으므로 사해행위취소청구를 기각하여야 한다.

15 일정한 경우의 재산처분행위만 사해행위가 될 수 있다고 보는 견해는, 민법 제839조의3의 사해행위취소권을 인정하기 위해서는 재산처분행위가 사해행위라고 인식될 수 있어야 하므로, 부부 일방의 재산 처분이 사해행위가 될 수 있는 경우는 최소한 부부 일방이 이혼을 준비하고 있는 경우로 한정되어야 한다고 한다.[11] 이 견해는, 민법 제839조의3에 의하여 추상적 재산분할청구권 발생 전에도 재산분할청구권을 피보전채권으로 하는 사해행위취소권이 인정되므로 위 기초적 법률관계론은 제839조의3의 사해행위취소에 적용되지 않지만, 민법이 부부재산제에 관하여 별산제를 채택하고 있으므로 부부 일방의 재산처분행위를 사해

10 신정민, "이혼시 재산분할청구권 보전을 위한 사해행위취소권의 피보전채권", 가족법연구 제29권 제3호, 한국가족법학회(2015), 282~285(이 견해는 혼인관계 파탄만을 요건으로 들고 있으나, 사해행위가 문제되는 경우에는 혼인이 파탄되어 이혼청구가 인용될 수 있으면 당연히 재산분할청구가 인용될 개연성도 인정될 것이어서, 같은 견해로 볼 수 있다); 최정인, "재산분할청구권 보전을 위한 채권자취소권: 적용요건을 중심으로", 가사재판연구 Ⅱ, 서울가정법원 가사재판연구회(2011), 691~693.

11 전경근, "재산분할청구권 보전을 위한 사해행위취소권의 요건에 관한 연구", 가족법연구 제23권 제1호, 한국가족법학회(2009), 220.

행위로 볼 수 있는 경우는 제한적으로 인정되어야 한다고 본다.[12]

16 반면에 부부 일방이 실질적 공동재산을 임의로 처분하는 것은 언제나 배우자에 대하여 협력의무 위반이 되므로 사해행위의 시점에 대하여는 제한을 둘 필요가 없고, 부부의 일방이 자신의 법률행위로 인하여 상대방 배우자의 재산분할청구권 행사를 해할 수 있다는 점을 알았는지 여부, 즉 사해의사가 인정되는지 여부만 문제될 뿐이라는 견해,[13] 민법 제839조의3이 입법에 의하여 추상적 재산분할청구권 발생 전, 심지어 이혼 소송이 계속되기도 전에 재산분할청구권의 피보전권리성을 인정하였으므로, 제839조의3의 경우에는 피보전채권의 성립에 관하여 사실상 판단할 필요가 없다는 견해[14] 등은 재산처분행위 당시의 법률관계나 그 시기를 별도의 요건으로 볼 필요가 없다고 한다.

17 이에 관한 대법원의 명시적 판단은 없고, 하급심 실무는 대체로 재산처분행위 시에 혼인관계가 파탄되어 있어 가까운 장래에 이혼 및 재산분할절차가 개시되거나 재산분할청구권이 성립되리라는 점에 대한 고도의 개연성이 있을 것을 요건으로 보고 있다.[15]

18 하급심 실무의 태도는 부부공동생활관계가 객관적으로 회복할 수 없을 정도로 파탄되어 그 무렵 이혼 및 재산분할청구권 행사가 가능한 정도의 법률관계가 형성되어 있는 경우에만 사해행위의 성립을 인정함으로써 사해행위취소권 인정의 범위를 일정한 기준에 의하여 제한하고 있다는 점에서 긍정적이다. 그러나 아직 부부공동생활관계가 회복할 수 없을 정도로 파탄되지는 않았지만 부부 사이의 갈등이 심화되면서 부부의 일방이 이혼 가능성을 염두에 두고 미리 재산

12 홍진표, "재산분할청구권 보전을 위한 사해행위취소권의 요건에 관한 고찰", 가정법원 50주년 기념논문집, 서울가정법원(2014), 227은 위 견해의 논리를 따르면서도 단순히 '부부 일방이 이혼을 준비하고 있는 경우'가 아니라 '혼인 파탄 상태에서 이혼을 준비하거나 협의하는 과정에 있었던 경우'에만 재산분할청구권을 피보전채권으로 인정할 수 있다고 한다.

13 주해친족법(제1권)(제2판), 박영사(2025), 514(이동진).

14 이진기, "부부재산분할청구권의 보전을 위한 취소권제도 비판", 인권과 정의 제392호, 대한변호사협회(2009), 47은 민법 제839조의3에 의하여 '궁극적으로 피보전채권의 존재를 요구하지 않는 결과'가 되었다고 보고 있다.

15 신정민, "이혼시 재산분할청구권 보전을 위한 사해행위취소권의 피보전채권", 가족법연구 제29권 제3호, 한국가족법학회(2015), 287~292; 최정인, "재산분할청구권 보전을 위한 채권자취소권 : 적용요건을 중심으로", 가사재판연구Ⅱ, 서울가정법원 가사재판연구회(2011), 696~699; 홍진표, "재산분할청구권 보전을 위한 사해행위취소권의 요건에 관한 고찰", 가정법원 50주년 기념논문집, 서울가정법원(2014), 227~228.

을 처분한 경우에는 그 처분행위를 취소할 수 없다는 한계가 있다.[16]

3) 변론종결 시 피보전채권 성립 요부

19 기초적 법률관계론의 '가까운 장래에 개연성이 현실화되어 채권이 성립된 경우'라는 요건을 그대로 적용하여 '사해행위취소소송의 변론종결 시까지 재산분할에 관한 협의 또는 심판 확정이 이루어져 구체적 재산분할청구권이 성립된 경우'에만 피보전채권을 인정하는 것은 민법 제839조의3의 입법취지에 반한다.

20 기초적 법률관계론에 따라 채권성립의 개연성이 현실화되는 것이 필요하다고 보는 견해는, 이혼 및 재산분할을 명하는 판결이나 심판이 있는 경우 '개연성의 현실화'를 인정하고 있다. 이는 이혼 및 재산분할을 명하는 판결이나 심판이 장차 확정될 것을 전제로 판단하는 것이라고 한다.[17] 이 견해를 따르면 사해행위취소의 소를 제기할 당시에는 이혼 및 재산분할청구가 없어도 되지만, 사해행위취소청구의 변론종결 시에는 적어도 이혼 및 재산분할청구에 대한 심리도 함께 종결되어 이혼 및 재산분할을 명하는 판결과 사해행위취소를 명하는 판결이 동시에 선고될 수 있어야 한다.[18]

21 반면 위와 같은 요건이 필요하지 않다고 보는 견해는, 이혼 및 재산분할을 명하는 판결이 없더라도 민법 제839조의3의 사해행위취소소송에서 피보전채권의 존재와 범위를 심리하여 사해행위취소를 명할 수 있다고 한다.[19] 이 견해에 의하면, 장래에 이혼 및 재산분할청구가 인용될 수 있는지, 그 경우 예상되는 재산분할의 액수와 방법 등을 사해행위취소소송에서 심리하여야 하고, 그 결과 채권자의 이혼 또는 재산분할청구가 받아들여질 것으로 판단되지 않는 경우에는 피보

16 수원지방법원 안산지원 2014. 1. 21. 선고 2012드단13317, 2013드단9018 판결(항소심에서 화해권고 확정)은 부부가 경제적 문제로 갈등이 심화된 상태에서 부부의 일방이 임의로 재산을 처분하였으나, 이혼청구의 소를 제기한 시점이 그로부터 1년 남짓 경과한 후라는 이유 등으로 재산처분행위 당시 재산분할청구권 성립의 기초가 되는 법률관계가 성립되어 있다고 보기 어려워 재산분할청구권이 피보전채권이 될 수 없다고 판단하였다.

17 신정민, "이혼시 재산분할청구권 보전을 위한 사해행위취소권의 피보전채권", 가족법연구 제29권 제3호, 한국가족법학회(2015), 285~287; 최정인, "재산분할청구권 보전을 위한 채권자취소권 : 적용요건을 중심으로", 가사재판연구Ⅱ, 서울가정법원 가사재판연구회(2011), 693.

18 다만 최정인, "재산분할청구권 보전을 위한 채권자취소권 : 적용요건을 중심으로", 가사재판연구Ⅱ, 서울가정법원 가사재판연구회(2011), 705~706은 예외적으로 특정물채권을 피보전채권으로 하는 사해행위취소를 할 필요가 있는 경우에는 재산분할채권자의 현물분할에 대한 이익을 보장하기 위하여 재산분할심판 전에 사해행위취소 판결을 할 수 있다고 하여 예외의 가능성을 열어두고 있다.

19 주해친족법(제1권)(제2판), 박영사(2025), 515(이동진); 홍진표, "재산분할청구권 보전을 위한 사해행위취소권의 요건에 관한 고찰", 가정법원 50주년 기념논문집, 서울가정법원(2014), 229.

전권리가 인정되지 않으므로 청구를 기각하여야 한다.

22 이에 관한 대법원의 명시적 판단은 없고, 하급심 실무는 통상 이혼 및 재산분할 사건의 재판이 확정된 후 또는 이혼 및 재산분할 청구사건과 동시에 사해행위 취소청구를 인용하는 판결을 선고하고 있다.[20]

23 사해행위취소 판결을 먼저 선고하는 경우, 사해행위취소소송에는 재산분할의무자인 배우자의 참여가 보장되지 않기 때문에 이혼 및 재산분할청구 인용 여부 및 그 범위에 관하여 정확한 판단이 이루어지기 어렵고, 사해행위취소 판결 확정 이후에 이혼을 하지 않거나 재산분할의무자가 재산분할에 관하여 새로운 사정을 주장·입증하는 등의 사정이 발생하여 법적 안정성이 저해될 위험이 있다는 점 등에 비추어 볼 때, 하급심 실무의 관행은 타당성이 있다고 생각된다.

나. 특정물채권을 보전하기 위한 사해행위취소 허용 여부

1) 제406조 채권자취소권에 관한 법리

24 판례는 일관되게 '채권자취소권은 채무자가 채권자를 해함을 알면서 자기의 일반재산을 감소시키는 행위를 한 경우에 그 행위를 취소하여 채무자의 재산을 원상회복시킴으로써 모든 채권자를 위하여 채무자의 책임재산을 보전하는 권리로서, 특정물 채권을 보전하기 위하여 행사하는 것은 허용되지 않는다'고 판시하고 있다.[21]

2) 학설 및 실무

25 민법 제839조의3의 사해행위취소소송의 피보전채권은 재산분할청구권이므로, 제839조조의3의 특정물채권이란 재산분할로서 특정물의 분할을 청구할 수 있는 권리를 의미한다. 따라서 특정물채권을 보전하기 위한 사해행위취소를 허용하면 재산분할의무자가 재산분할이 이루어지기 전에 특정재산을 처분하더라도 이미 처분된 재산 자체를 현물분할의 대상으로 삼을 수 있다고 한다. 이에 대한 학설의 대립은 다음과 같다.

20 신정민, "이혼시 재산분할청구권 보전을 위한 사해행위취소권의 피보전채권", 가족법연구 제29권 제3호, 한국가족법학회(2015), 286; 최정인, "재산분할청구권 보전을 위한 채권자취소권 : 적용요건을 중심으로", 가사재판연구Ⅱ, 서울가정법원 가사재판연구회(2011), 698. 법원으로서는 이혼 및 재산분할 사건의 재판이 병행되어야 한다고 판단되면 당사자에게 추가로 소를 제기할 것을 권유하여 제소를 기다리면 되고, 당사자도 이를 거부할 이유가 없을 것이므로, 이혼 및 재산분할 청구가 없다는 이유로 사해행위취소청구를 배척하는 판결례를 찾기는 쉽지 않을 것으로 생각된다.

21 대법원 1995. 2. 10. 선고 94다2534 판결 등.

26 민법 제406조의 채권자취소권에 대한 법리가 제839조의3의 경우에도 당연히 적용된다고 보는 견해는, 특정물채권은 피보전채권이 될 수 없다고 본다.[22] 이 견해는 민법 제839조의3을 이혼 및 재산분할청구권 확정 전에도 채권자취소권을 행사할 수 있다는 점을 분명히 한 규정으로만 보기 때문에, 민법 제839조의3의 사해행위취소권 역시 채무자의 책임재산을 보전하는 권리라는 점에서 민법 제406조의 채권자취소권과 다르지 않다고 본다.

27 재산의 처분행위가 매매나 증여와 같은 종국적, 이전적 행위인 경우에는 특정물채권을 피보전채권으로 하는 사해행위취소를 인정하기 어려우나, 제3자 앞으로 근저당을 설정하여 주는 경우와 같이 재산처분행위가 중간적, 설정적인 경우에는 특정물채권을 피보전채권으로 하는 사해행위취소가 가능하다고 보는 견해도 있다.[23] 이 견해는, 재산의 처분행위가 종국적, 이전적인 경우 그 재산은 제3자 명의 재산이 되었으므로 이를 현물분할하는 것이 불가능함을 이유로 한다. 사해행위취소 판결은 확정되어야 효력이 발생하므로 그 전에 장차 사해행위취소소송이 확정될 것을 전제로 재산분할을 하는 것은 부당하고,[24] 근본적으로 재산분할권리자와 수익자 등 사이의 사해행위취소 판결을 이유로 재산분할권리자와 재산분할의무자(채무자) 사이의 재산분할사건에서 당해 재산을 채무자의 소유물로 보아 현물분할의 대상으로 삼는 것은 채권자와 채무자의 관계에서도 사해행위취소 판결의 효력을 인정하는 것이 되어 사해행위취소 판결의 효력에 관한 통설 및 판례의 상대적 효력설에 반한다고 한다.[25]

28 민법 제839조의3의 사해행위취소의 경우에는 특정물채권도 피보전채권에 포함

22 주해친족법(제1권)(제2판), 박영사(2025), 516(이동진). 전경근, "재산분할청구권 보전을 위한 사해행위취소권의 요건에 관한 연구", 가족법연구 제23권 제1호, 한국가족법학회(2009), 222~224도 같은 견해를 전제로 한 것으로 보인다.

23 최정인, "재산분할청구권 보전을 위한 채권자취소권 : 적용요건을 중심으로", 가사재판연구Ⅱ, 서울가정법원 가사재판연구회(2011), 700~706.

24 사해행위취소소송의 변론종결시까지는 재산분할에 관한 협의 또는 심판이 있어야 한다는 견해를 전제로 한다.

25 다만 최정인, "재산분할청구권 보전을 위한 채권자취소권 : 적용요건을 중심으로", 가사재판연구Ⅱ, 서울가정법원 가사재판연구회(2011), 705~706은 예외적으로 재산분할채권자의 현물분할에 대한 이익을 보장해 주어야 할 긴요한 사정이 있어 특정물채권을 피보전채권으로 하는 재산분할을 할 필요가 있는 때에는, 사해행위취소 판결의 상대적 효력에 대한 예외를 인정하여 재산분할심판 전에 사해행위취소 판결을 하는 것을 조건으로 종국적, 이전적 재산 처분행위에 대한 사해행위취소도 인정할 수 있다고 한다.

될 수 있다는 견해도 있다.[26] 이 견해는 민법 제839조의3이 '재산분할청구권 행사를 해하는 법률행위'를 취소할 수 있다고만 규정하고 있고 다른 제한이나 요건을 규정하고 있지 않은 점, 제406조의 채권자취소권은 모든 채권자들의 공동담보인 채무자의 책임재산을 보전하기 위한 것이지만, 제839조의3은 재산분할청구권만을 보전하기 위한 것이고, 재산분할청구권은 일반채권과 달리 채권자가 상대방 배우자 1인뿐인 점, 재산분할청구권은 가정법원이 후견적 입장에서 재량으로 분할방법을 정하게 되므로 심판이 확정되기 전에는 재산분할 내용을 확정할 수 없는 점, 일반채권은 채무를 불이행하더라도 채무자의 책임재산에 대한 강제집행에 의하여 만족을 얻을 수 있지만, 재산분할청구권의 경우에는 사해행위의 목적물 자체를 현물분할 하여야 할 필요성이 있는 때가 있는 점(취소채권자가 자녀를 양육하며 거주하고 있고 그 거주의 계속을 보호할 필요가 있는 부동산, 이혼 이후의 생활을 위하여 취소채권자가 보유하도록 할 필요가 있는 부동산 등)[27] 등을 논거로 한다.

29 이에 관한 대법원의 명시적 판단은 없고,[28] 실무에서는 특정물채권을 피보전채권으로 하는 사해행위취소를 부정한 사례도 있지만, 특정물채권도 민법 제839조의3의 사해행위취소의 피보전채권이 될 수 있다고 판단한 경우가 많다.[29]

26 신정민, "이혼시 재산분할청구권 보전을 위한 사해행위취소권의 피보전채권", 가족법연구 제29권 제3호, 한국가족법학회(2015), 273~276; 함윤식, "이혼에 따른 재산분할에 관한 판례의 최근 동향", 민사판례연구 제38권, 박영사(2016), 1245~1250; 홍진표, "재산분할청구권 보전을 위한 사해행위취소권의 요건에 관한 고찰", 가정법원 50주년 기념논문집, 서울가정법원(2014), 228~229.

27 이 경우에도 특정물채권을 피보전채권으로 하는 사해행위취소를 인정하지 않으면, 재산명의자가 일방적으로 재산을 처분할 경우 그 재산을 현물분할할 수 없게 되어 상대방 당사자의 이익과 법원의 분할방법 선택의 재량이 침해된다.

28 부산고등법원 2013. 10. 11. 선고 2012르639 판결은, 2011. 7.경 부동산에 관하여 사해행위인 근저당권설정계약이 체결되고, 2011. 11.경 이혼 및 재산분할 등 청구의 소가 제기되어 2013. 5.경 재산분할로 취소채권자에게 위 부동산의 소유권이전등기절차를 이행하라는 판결이 확정된 사안에서, 민법 제839조의3의 사해행위취소권의 경우 특정물채권도 피보전채권이 될 수 있다는 이유로 위 이전등기청구권을 피보전채권으로 하여 사해행위취소를 명하는 판결을 선고하였고, 이에 대하여 피고가 상고하였으나 대법원 2014. 2. 27. 선고 2013므4744 판결은 특정물채권이 피보전채권이 될 수 있는지에 관하여는 명시적으로 판단하지 않고, 채무초과 상태에서 체결된 위 근저당권설정계약을 사해행위라고 판단한 것이 정당하다고 판시하여 상고를 기각하였다.

29 신정민, "이혼시 재산분할청구권 보전을 위한 사해행위취소권의 피보전채권", 가족법연구 제29권 제3호, 한국가족법학회(2015), 274~275; 홍진표, "재산분할청구권 보전을 위한 사해행위취소권의 요건에 관한 고찰", 가정법원 50주년 기념논문집, 서울가정법원(2014), 228~229. 실무는 특정물채권을 피보전채권으로 인정하는 경우에도 채무자(재산분할의무자)의 무자력을 요구하고 있다.

2. 사해행위 및 사해의사

가. 사해행위

30 민법 제839조의3의 사해행위는 재산분할청구권 행사를 해하는 채무자(재산분할의무자)의 재산권을 목적으로 하는 법률행위이다(민법 제839조의3 제1항). 민법 제406조의 사해행위는 '채무자가 적극재산을 감소시키거나 소극재산을 증가시킴으로써 채무초과상태에 이르거나 이미 채무초과상태에 있는 것을 심화시킴으로써 채권자를 해하는 행위'를 말하는데,[30] 재산분할청구권은 처분행위 당시에는 구체적 채권으로 성립되어 있지 않은 경우가 많기 때문에 재산처분행위 당시에 채무초과상태에 이르지 않더라도 사해행위가 성립할 수 있어, 위 표현을 그대로 사용하기는 어렵다. 민법 제839조의3의 사해행위는 특정물채권을 피보전채권으로 할 수 있는지, 무자력을 요건으로 하는지 등에 따라 정의가 달라질 수 있다. 무자력을 요건으로 보는 경우에는 사해행위를 '채무자의 총재산에 감소를 초래하여 채권자의 재산분할청구권을 완전하게 만족시킬 수 없게 하는 행위'[31] 또는 '채무자인 재산분할의무자가 적극재산을 감소시키거나 소극재산을 증가시킴으로써 채권자인 재산분할권리자가 재산분할청구권을 행사할 수 있는 재산이 부족하도록 하거나 그 부족을 심화시킴으로써 재산분할청구권 행사를 해하는 행위'라고 표현할 수 있을 것이다.

1) 무자력인 경우

31 법원은 재산분할을 할 때, 재산분할 기준시에 존재하는 부부 쌍방의 협력으로 이룩한 적극재산에서 청산 대상 소극재산을 공제하여 분할대상이 되는 순재산 총액을 계산하고, 여기에 당사자 쌍방의 일체의 사정을 참작하여 정한 재산분할 비율을 곱하여 분할권리자에게 귀속되어야 할 재산의 액수를 정한 다음, 그 액수에서 분할권리자가 이미 보유하고 있는 분할대상재산의 가액을 공제하여 분할의무자가 분할권리자에게 분할하여야 하는 재산의 가액[32]을 정한다. 민법 제839조의3의 사해행위취소사건에서는 재산처분행위 후에 분할의무자에게 남은 재산[33]의 가액이 위와 같이 산출된 재산분할금액에 미치지 못하는 경우를 '무자력'

30 대법원 2017. 10. 26. 선고 2015다254675 판결 등.

31 최정인, "재산분할청구권 보전을 위한 채권자취소권 : 적용요건을 중심으로", 가사재판연구Ⅱ, 서울가정법원 가사재판연구회(2011), 707.

32 현물분할을 하지 않고 대상분할만 할 경우 금전으로 지급되어야 할 금액이다.

33 이 재산은 분할대상재산으로 한정되지 않는다.

이라 할 수 있을 것이다.

32 사해행위자의 무자력은 사해행위 당시는 물론 사해행위취소소송의 변론종결 시에도 요구된다.[34] 예를 들어 재산처분행위 당시에 부부의 공동재산으로 시가 1억 원의 A부동산과 시가 2억 원의 B부동산, 예금 2,000만 원이 있는데, 각 부동산의 명의자는 분할의무자이고, 예금은 분할권리자 명의이며, 분할권리자의 재산분할비율은 50%인 경우를 상정하여 보면, 예상 분할대상재산 총액은 합계 3억 2,000만 원이고, 분할권리자에게 귀속되어야 할 몫은 그 50%인 1억 6,000만 원이며, 여기에서 분할권리자가 이미 보유하고 있는 예금 2,000만 원을 공제한 1억 4,000만 원이 분할의무자가 분할권리자에게 분할하여 주어야 할 재산의 가액이 된다. 따라서 분할의무자가 A부동산을 제3자에게 증여한 경우에는 재산처분행위 후에 분할의무자에게 남은 재산의 가액이 아직 2억 원이므로 무자력이 인정되지 않지만, B부동산을 제3자에게 증여한 경우에는 남은 재산의 가액이 1억 원에 불과하므로 무자력이 인정된다. 분할의무자가 B부동산을 제3자에게 매각하였지만 그 대금 중 일부로 이후에 시가 1억 원인 C부동산을 취득한 경우,[35] 사해행위취소소송의 변론종결 당시 분할의무자에게 남은 재산의 가액이 A부동산과 C부동산의 가액 합계 2억 원이어서 무자력이 인정되지 않으므로 사해행위취소는 인정될 수 없다.

2) 무자력이 아닌 경우

33 재산분할의무자가 무자력은 아니지만, 재산분할권리자에게 특정 재산을 현물로 분할받을 이익이 있는데 재산분할의무자가 그 재산을 처분하여 현물분할을 할 수 없게 된 경우, 당해 재산의 처분행위를 사해행위로 볼 수 있는지, 즉 위 사례에서 분할의무자가 A 부동산을 제3자에게 처분하였는데 분할권리자가 예컨대 위 부동산에서 자녀와 함께 계속 거주할 필요가 있다는 이유로 이를 자신에게 현물분할하여야 한다고 주장하며 위 처분행위의 취소를 구할 수 있는지가 문제될 수 있다. 특정물채권을 피보전채권으로 하는 사해행위취소를 넓게 인정할 경우

34 홍진표, “재산분할청구권 보전을 위한 사해행위취소권의 요건에 관한 고찰”, 가정법원 50주년 기념논문집, 서울가정법원(2014), 230.
35 매각대금을 사해행위취소소송 변론종결 시까지 실제로 보유하고 있는 경우도 같다.

이를 긍정할 수도 있을 것이지만, 실무[36] 및 학설[37]은 대체로 무자력을 요구하는 것으로 보인다. 이 경우 사해행위를 인정할 수 있다고 보더라도, 수익자가 처분행위 당시에 당해 재산이 현물분할이 되어야만 하는 특별한 사정이 있다는 점을 알았거나 알 수 있었다고 인정하기는 어려운 경우가 많을 것이므로, 처분행위 당시에 수익자에게 악의가 없었다고 인정되는 경우가 많을 것이다.

나. 사해의사

34 사해행위취소권을 인정하기 위해서는 재산분할의무자가 재산처분행위를 할 때 상대방 배우자의 재산분할청구권 행사를 해한다는 인식, 즉 사해의사가 있어야 한다. 사해의사는 재산분할청구권 행사를 해하려는 의도나 의욕을 의미하는 것이 아니라, 재산분할의무자의 남은 재산이 감소되어 재산분할권리자가 받아야 할 재산분할을 받기 어렵게 될 위험이 생긴다는 사실을 단순히 인식하는 것을 의미한다.[38]

35 민법 제406조의 경우와 같이 사해의사 판단의 기준시는 사해행위 당시이고, 그 입증책임은 채권자에게 있다.

3. 수익자 또는 전득자의 악의

36 채무자의 사해의사가 인정되는 경우, 수익자나 전득자에게 악의가 없었다는 점에 대한 입증책임은 수익자나 전득자에게 있다.[39]

37 악의 인정 여부는 민법 제406조의 경우에 준하여 판단할 수 있지만, 제3자가 법률행위 당시에 장래 부부가 이혼을 하고 어떠한 내용의 재산분할청구권이 발생할 것이라는 것을 알기는 어려울 것이므로, 특별한 인적관계가 없는 경우 민법

36 함윤식, "이혼에 따른 재산분할에 관한 판례의 최근 동향", 민사판례연구 제38권, 박영사(2016), 1246.

37 주해친족법(제1권)(제2판), 박영사(2025), 516(이동진); 전경근, "재산분할청구권 보전을 위한 사해행위취소권의 요건에 관한 연구", 가족법연구 제23권 제1호, 한국가족법학회(2009), 222~224; 최정인, "재산분할청구권 보전을 위한 채권자취소권 : 적용요건을 중심으로", 가사재판연구 Ⅱ, 서울가정법원 가사재판연구회(2011), 707~708. 특정물채권의 피보전채권성을 인정하는 견해 중에도 홍진표, "재산분할청구권 보전을 위한 사해행위취소권의 요건에 관한 고찰", 가정법원 50주년 기념논문집, 서울가정법원(2014), 230은 무자력의 발생 또는 심화를 요건으로 들고 있고, 함윤식, "이혼에 따른 재산분할에 관한 판례의 최근 동향", 민사판례연구 제38권, 박영사(2016), 1250은 민법 제839조의3의 입법취지를 살리려면 무자력 여부는 문제되지 않는다고 보아야 하지만, 사해행위취소권은 형성권이어서 법률의 규정이 명확하여야 하는데 위와 같은 해석이 제839조의3의 문언의 가능한 의미에 포함된다고 보기는 어렵다고 한다.

38 대법원 2009. 3. 26. 선고 2007다63102 판결 참조.

39 민법 제406조 제1항 후문. 대법원 1998. 4. 14. 선고 97다54420 판결 등. 이와 달리 이진기, "부부재산분할청구권의 보전을 위한 취소권제도 비판", 인권과 정의 제392호, 대한변호사협회(2009), 48은 민법 제839조의3의 경우에는 수익자나 전득자가 이혼과 재산분할청구권행사 가능성을 예견하기 어려우므로 수익자나 전득자의 악의에 대한 증명책임을 사해행위취소권자에게 부과하여야 한다고 한다.

제406조의 경우보다 악의가 부정될 가능성이 높을 것이다. 다만 별다른 인적관계가 없더라도 재산분할권리자가 처분행위 전에 재산에 가압류나 가처분을 마친 경우, 채권자나 매수인이라고 주장하는 수익자 등이 금융자료 등으로 그 채권의 존재나 대금 지급사실을 제대로 입증하지 못하는 경우 등에는 악의가 인정될 수 있다.[40]

Ⅳ. 행사 및 효과 등

1. 행사방법 및 관할

38 민법 제839조의3의 사해행위취소 및 원상회복은 법원에 청구하여야 한다(민법 제406조 제1항 전문). 따라서 이를 소송상의 공격방어방법으로 주장할 수는 없다.[41]

39 민법 제839조의3에 따른 사해행위취소 및 원상회복의 청구는 다류 가사소송사건이므로 가정법원의 전속관할에 속한다.[42] 토지관할은 피고의 보통재판적이 있는 곳의 가정법원에 있지만(가사소송법 제13조 제1항, 임의관할), 채권자는 재판상 이혼 등의 소를 제기하면서 민법 제839조의3의 사해행위취소청구를 병합하여 제기할 수도 있고(가사소송법 제14조 제1항), 이 경우에는 전속관할 사건인 이혼 등 사건의 관할법원에 소를 제기하여야 한다. 소송목적의 값이 5억 원을 초과하는 경우에는 합의부가 제1심으로 심판한다(민사 및 가사소송의 사물관할에 관한 규칙 제3조 제1호).

2. 제소기간

40 민법 제839조의3의 소는 채권자가 취소원인을 안 날로부터 1년, 법률행위가 있었던 날로부터 5년 내에 제기하여야 한다(민법 제839조의3 제2항, 제406조 제2항). 이는 제척기간이므로 법원이 직권으로 준수 여부를 조사하여야 한다.[43] 민법 제839조의3의 소는 이혼이 성립하기 전에도 제기할 수 있으므로, 이혼 성립 전에도 제척기간이 경과한다.[44]

40 최정인, "재산분할청구권 보전을 위한 채권자취소권 : 적용요건을 중심으로", 가사재판연구Ⅱ, 서울가정법원 가사재판연구회(2011), 709~710.

41 대법원 1995. 7. 25. 선고 95다8393 판결.

42 가사소송법 제2조 제1항 제1호 다목 4).

43 대법원 2002. 7. 26. 선고 2001다73138, 73145 판결.

44 법원실무제요, 가사[Ⅰ], 법원행정처(2021), 796; 주해친족법(제1권)(제2판), 박영사(2025), 518(이동진); 홍진표, "재산분할청구권 보전을 위한 사해행위취소권의 요건에 관한 고찰", 가정법원 50주년 기념논문집, 서울가정법원(2014), 234.

41 여기서 '취소원인을 안 날'은 채무자인 재산분할의무자가 채권자인 재산분할권리자의 재산분할청구권을 해함을 알면서 사해행위를 하였다는 사실을 알게 된 날을 의미하므로, 단순히 재산분할의무자가 재산의 처분행위를 하였다는 사실을 아는 것만으로는 부족하고, 그 법률행위가 사해행위라는 것과 재산분할의무자에게 사해의 의사가 있었다는 사실까지 알 것을 요한다.[45]

42 다만 이혼 후 2년이 경과하면 재산분할청구권 행사의 제척기간이 도과되어 재산분할청구권을 행사할 수 없으므로, 위 기간 내에 재산분할청구권을 행사하지 않은 경우에는 제척기간이 경과하지 않았더라도 민법 제839조의3의 사해행위취소권을 행사할 여지가 없다.[46]

3. 기타

43 사해행위취소의 범위, 원상회복의 방법 등은 민법 제406조의 채권자취소의 경우와 같다.

44 민법 제406조의 채권자취소와 같이 사해행위취소의 상대효를 인정할 것인지에 관하여는, 특정물채권을 보전하기 위한 사해행위취소 허용 여부와 관련하여 견해의 대립이 있을 수 있다. 사해행위취소의 상대효를 인정한다면, 채권자가 사해행위의 취소와 원상회복을 명하는 판결을 받은 경우, 수익자 또는 전득자가 채권자에 대하여 사해행위의 취소로 인한 원상회복 의무를 부담하게 될 뿐, 채권자인 재산분할권리자와 채무자인 재산분할의무자 사이에서 취소로 인한 법률관계가 형성되거나 채무자와 수익자 사이의 법률관계에 영향이 미치는 것은 아니다.[47] 따라서 사해행위취소 및 원상회복청구에 의하여 채무자에게로 회복된 재산은 취소채권자 및 다른 채권자에 대한 관계에서 채무자의 재산으로 취급될 뿐 채무자가 직접 그 재산에 대하여 어떤 권리를 취득하는 것은 아니고, 회복된 재산으로부터 채권자가 만족을 받고 남은 잉여는 채무자에게 반환되는 것이 아니라 사해행위취소청구를 받아 그 재산을 반환하였던 상대방에게 반환하여야 하며, 사해행위취소권 행사의 결과 채무자에게 복귀된 재산을 채무자가 처분한 경우 그 처분행위는 무효이다.[48] 특정물채권을 보전하기 위한 사해행위취소를

45 대법원 2012. 1. 12. 선고 2011다82384 판결.
46 법원실무제요, 가사[Ⅰ], 법원행정처(2021), 796.
47 대법원 2017. 4. 7. 선고 2016다204783 판결, 대법원 2004. 8. 30. 선고 2004다21923 판결.
48 주석 민법[채권총칙(2)](제5판), 한국사법행정학회(2020), 577~582(이백규).

널리 허용하기 위해서는 사해행위취소 판결의 상대적 효력을 부정하여야 할 것이나, 민법 제839조의3의 규정만을 근거로 사해행위취소소송의 당사자가 아닌 재산분할의무자에게 사해행위취소 판결의 효력이 미친다고 해석하기에는 어려움이 있다.

45 민법 제407조는 "민법 제406조에 의한 취소와 원상회복은 모든 채권자의 이익을 위하여 그 효력이 있다."고 규정하여 제406조에 따라 원상회복이 이루어진 경우 다른 채권자들도 원상회복된 재산에 집행을 할 수 있도록 하였는데,[49] 제407조가 제839조의3의 사해행위취소에도 적용되는지에 관하여는 이를 긍정하는 견해[50]와 부정하는 견해[51]가 있다. 민법 제839조의3의 사해행위취소에 제407조가 적용 또는 준용되지 않는다면, 사해행위취소 판결의 상대효로 인하여 제839조의3에 의하여 재산이 원상회복되더라도 다른 채권자는 원상회복된 재산에 대하여 강제집행을 할 수 없을 것인데, 입법론으로는 몰라도 '민법 제406조 제1항을 준용'한다고만 규정한 제839조의3 제1항을 근거로 이와 같이 재산분할채권자에게 사실상 우선변제권을 부여하는 효과가 발생한다는 해석을 하기는 어렵다고 생각된다.

49 따라서 민법 제406조에 따라 재산이 원상회복되더라도 사해행위 이후에 채권을 취득한 채권자는 민법 제407조의 '채권자'가 아니므로, 사해행위취소와 원상회복의 효력을 주장할 수 없다(대법원 2009. 6. 23. 선고 2009다18502 판결).

50 최정인, "재산분할청구권 보전을 위한 채권자취소권 : 적용요건을 중심으로", 가사재판연구 II, 서울가정법원 가사재판연구회(2011), 702; 주해친족법(제1권)(제2판), 박영사(2025), 516~518(이동진)도 같은 견해인 것으로 보인다.

51 신정민, "이혼시 재산분할청구권 보전을 위한 사해행위취소권의 피보전채권", 가족법연구 제29권 제3호, 한국가족법학회(2015), 276; 함윤식, "이혼에 따른 재산분할에 관한 판례의 최근 동향", 민사판례연구 38권, 박영사(2016), 1246.

제 2 관 재판상 이혼

[총설]

[참고문헌] 주석 민법, 총칙(1)(제5판), 한국사법행정학회(2019); 주해친족법(제1권)(제2판), 박영사(2025); 김주수/김상용, 친족·상속법(제20판), 법문사(2024); 박동섭/양경승, 친족상속법(제5판), 박영사(2020); 송덕수, 친족상속법(제7판), 박영사(2024); 신영호 외 2인, 가족법강의(제4판), 세창출판사(2023)

Ⅰ. 혼인의 해소

1. 의의

1 혼인이 유효하게 성립하였어도 부부의 일방이 사망하거나 부부가 이혼을 하는 경우에는 혼인이 종료된다. 일정한 경우에는 법률에 의해 사망이 의제되기도 한다. 학설은 이와 같이 유효하게 성립한 혼인이 후발적 사유로 인하여 종료되는 것을 혼인의 해소라 하여, 혼인의 성립과정에 흠이 있어 혼인이 종료되는 혼인 취소의 경우와 구별을 하고 있다.[1]

2 사망을 한 경우와 이혼을 한 경우 모두 혼인의 효력은 소멸하고 그 효과가 소급되지 않는다는 점은 동일하지만, 사망을 한 경우에는 생존 배우자가 상속을 하고, 이혼을 한 경우에는 당사자의 일방이 재산분할을 청구하는 등 양자 사이에는 중요한 차이가 존재한다.

2. 사망에 의한 혼인의 해소

가. 사망

3 부부의 일방이 사망하면 혼인의 효력이 소멸한다. 따라서 생존 배우자는 다시 혼인을 할 수 있고, 부부의 동거·부양·협조의무, 가사대리권, 부부재산계약, 가사

1 김주수/김상용, 친족·상속법(제20판), 법문사(2024), 155; 박동섭/양경승, 친족상속법(제5판), 박영사(2020), 146; 송덕수, 친족상속법(제7판), 박영사(2024), 71; 신영호 외 2인, 가족법강의(제4판), 세창출판사(2023), 112.

로 인한 채무의 연대책임, 생활비용 부담의무 등은 모두 소멸한다(민법 제810조, 제826조, 제827조, 제829조, 제832조, 제833조). 그러나 그 효과가 소급되지 않는다. 따라서 이미 발생한 일상가사로 인한 채무에 대한 연대책임은 소멸하지 않는다. 이 점은 이혼의 경우와 같다.

4 이혼을 한 경우와 달리, 사망을 하면 생존 배우자는 사망한 배우자의 재산상 권리와 의무를 상속할 수 있고(민법 제1003조), 부부 사이의 자녀에 대한 단독친권자가 됨이 원칙이며(제909조), 인척관계가 사망으로 인하여 종료하지 않고 생존 배우자가 재혼한 때에 종료하기 때문에(제775조), 사망한 배우자의 혈족과의 부양의무가 유지되고(제974조), 대습상속을 할 수도 있다(제1003조 제2항).

나. 실종선고

5 실종선고를 받은 사람(실종자)은 실종기간이 만료한 때에 사망한 것으로 보므로(민법 제28조), 그 때에 혼인이 해소되고, 그 효과는 사망을 한 경우와 같다.

6 그러나 후에 실종자가 생존한 사실이 밝혀지는 등으로 실종선고가 취소되는 경우(민법 제29조 제1항 본문)에 혼인 해소의 효력이 어떻게 되는지에 관하여는 다툼이 있다. 실종선고가 취소되면 실종선고로 인한 법률관계는 소급적으로 무효가 됨이 원칙이지만,[2] 실종선고가 취소되더라도 '실종선고 후 그 취소 전에 선의로 한 행위'의 효력에는 영향을 미치지 않기 때문이다(민법 제29조 제1항 단서).[3]

7 실종자의 배우자가 재혼을 한 후에 실종자가 생존한 사실이 밝혀져 실종선고가 취소된 경우 그 재혼의 효력에 관하여, 통설 및 실무는 재혼 당사자 쌍방이 선의인 경우 전혼은 부활하지 않고 후혼만이 유효하지만 재혼 당사자 중 일방이라도 악의인 경우에는 전혼이 부활하여 전혼에는 이혼원인이 생기고 후혼은 중혼이 되어 취소할 수 있다고 하고, 중혼에 관한 가족관계등록사무 처리지침(가족관계등록예규 제418호) 제1의 다.항은 위의 경우 일단 재혼 당사자가 모두 선의인 것으로 추정하여 전혼관계가 부활하지 않는 것으로 보아 처리하되 예외적으로 재혼 당사자의 쌍방 또는 일방이 악의임이 입증되면 중혼관계가 성립하는 것으로 처리하도록 하고 있다.[4] 반면에 실종자의 배우자가 실종선고 후에 사실혼 관

2 주석 민법, 총칙(1)(제5판), 한국사법행정학회(2019), 511(김상훈).

3 위 '선의로 한 행위'의 의미 및 적용범위에 관한 논의의 자세한 내용은 주석 민법, 총칙(1)(제5판), 한국사법행정학회(2019), 513~522(김상훈) 참조.

4 주석 민법, 총칙(1)(제5판), 한국사법행정학회(2019), 519~522(김상훈).

계를 유지한 경우에는 사실혼 당사자가 모두 선의라도 실종선고가 취소되면 전혼관계가 부활한다.[5]

다. 부재선고

8 가족관계등록부에 군사분계선 이북 지역에 거주하는 것으로 표시된 '잔류자'에 대하여는 부재선고를 할 수 있다. 이 때 혼인 및 상속에 관하여는 부재선고를 받은 사람이 실종선고를 받은 것으로 본다(부재선고에 관한 특별조치법 제4조). 따라서 잔류자가 부재선고를 받은 경우에도 혼인이 해소된다.

9 부재선고의 취소는 실종선고 취소와 같이 그 취소 전에 선의로 한 행위의 효력에는 영향을 미치지 않으므로(부재선고에 관한 특별조치법 제5조 제1항 단서), 부재선고가 취소된 경우의 혼인의 효력에 관하여는 실종선고 취소에 관한 논의를 그대로 따를 수 있다.

라. 인정사망의 경우

10 수해, 화재나 그 밖의 재난으로 인하여 사망한 사람이 있는 경우 이를 조사한 관공서는 지체 없이 사망지의 시·읍·면의 장에게 통보하여야 한다(가족관계의 등록 등에 관한 법률 제87조). 이와 같이 관공서의 사망통보에 의하여 사망이 인정되어 가족관계등록부에 사망한 것으로 기재되는 것을 '인정사망'이라 한다.

11 인정사망에 의해서는 가족관계등록부에 기재된 사망일에 사망한 것으로 추정될 뿐이다. 따라서 가족관계등록부에 사망한 것으로 기재된 사람이 생존한 것으로 확인되면 사망추정의 효과는 번복된다.[6]

12 사망한 것으로 추정된 당사자의 배우자가 재혼을 한 이후에 그 당사자가 살아 있음이 확인된 경우, 실종선고 취소의 '선의로 한 행위' 보호규정을 유추적용 하여 재혼 당사자 쌍방이 선의인 경우 전혼은 부활하지 않는다고 보아야 한다는 견해가 있으나,[7] 명확한 법적 근거 없이 실종선고와 요건, 절차, 효과를 달리하는 인정사망의 경우에까지 실종선고와 같은 실체법적 효과를 부여하는 것은 해석의 한계를 벗어난 것으로 생각된다. 따라서 별도의 입법이 없는 이상 위의 경우 후혼은 중혼이 되고 전혼에는 이혼사유가 발생한다고 볼 수밖에 없을 것이다.

5 김주수/김상용, 친족·상속법(제20판), 법문사(2024), 157; 박동섭/양경승, 친족상속법(제5판), 박영사(2020), 146.
6 자세한 내용은 주석 민법, 총칙(1)(제5판), 한국사법행정학회(2019), 469~470(김상훈).
7 김주수/김상용, 친족·상속법(제20판), 법문사(2024), 158; 박동섭/양경승, 친족상속법(제5판), 박영사(2020), 147; 송덕수, 친족상속법(제7판), 박영사(2024), 73.

3. 이혼에 의한 혼인의 해소

13 이혼은 유효하게 성립한 혼인을 당사자의 의사에 따라 종료시키는 것이다. 이혼에 의하여 혼인이 해소되는 경우, 사망에 의한 경우와 달리, 당사자의 일방은 다른 일방에 대하여 재산분할을 청구할 수 있고(민법 제839조의2), 위자료도 청구할 수 있으며(제843조, 제806조), 부모의 협의 또는 가정법원의 심판에 따라 미성년 자녀의 친권자를 정하여야 하고(제909조 제4항·제5항), 그에 따라 양육자, 양육비, 면접교섭에 관하여도 협의를 하거나 심판을 받아야 하며(제836조의2, 제837조, 제837조의2, 제843조), 인척관계는 이혼 즉시 종료한다(제775조 제1항). 다만 민법 제809조 제2항의 근친혼 등의 금지 조항은 이혼 후에도 적용된다.

14 일반적인 혼인의 효력이 장래를 향하여 소멸하는 것은 사망을 한 경우와 같다.

Ⅱ. 이혼 총설

1. 서양의 이혼제도의 흐름[8]

15 우리나라의 이혼제도는 서양에서 발달된 이혼제도의 영향을 받아 성립되었다. 서양의 이혼제도는 중세 기독교의 영향으로 이혼을 원칙적으로 인정하지 않던 시기, 유책주의에 따라 상대방에게 책임이 있는 사유로 인하여 혼인이 파탄에 이른 경우에만 이혼이 허용되던 시기를 거쳐 점차 혼인이 파탄된 경우에는 상대방의 유책사유를 요건으로 하지 않고 이혼을 허용하는 파탄주의의 방향으로 전개되었다.

16 파탄주의가 확대됨에 따라 점차 개별적 이혼사유 대신 '혼인관계 파탄'이라는 일반적·추상적 이혼사유가 입법화되었고, 혼인관계가 파탄된 경우에도 유책배우자의 이혼청구는 받아들이지 않던 소위 '소극적 파탄주의'가 혼인관계가 파탄되기만 하면 당사자의 책임 여부는 묻지 않고 이혼을 허용하는 소위 '적극적 파탄주의'로 전환되었으며, 나아가 일정 기간 별거를 하면 혼인이 파탄되었다고 간주하거나 당사자의 이혼 의사가 일치하는 경우에는 파탄을 쉽게 인정하는 등 파탄 여부에 대한 심리도 간이화되었고, 일부 국가에서는 부부가 이혼에 동의하면 혼인이 파탄되었는지 여부를 심리하지도 않는 협의상 이혼제도까지 도입되었다.

8 상세한 내용은 김주수/김상용, 친족·상속법(제20판), 법문사(2024), 158~159; 신영호 외 2인, 가족법강의(제4판), 세창출판사(2023), 113~114; 주해친족법(제1권)(제2판), 박영사(2025), 343~347(이동진) 참조.

17 한편 파탄주의 이혼은 사회·경제적 약자인 배우자와 미성년 자녀에게 가혹한 결과를 초래할 수 있기 때문에, 이에 대처하기 위하여 배우자나 미성년 자녀에게 가혹한 결과를 초래하는 이혼을 제한하는 소위 '가혹조항'을 도입하기도 하고, 이혼 과정에서 상담이나 정보 제공 등의 지원을 강화하거나 이혼절차를 보완하기도 하고, 이혼 후의 재산분할, 자녀양육, 면접교섭 등과 관련하여 사회·경제적 약자인 배우자와 미성년 자녀가 보호받을 수 있도록 적절한 조치 및 급부가 결정되고 결정된 내용이 제대로 이행될 수 있도록 하기 위하여 법원 및 행정부가 후견적 차원에서 적극적으로 개입을 하는 경우도 확대되고 있다.

2. 우리나라의 이혼제도 개관

18 우리나라의 이혼제도는 일본법의 영향을 받아 협의상 이혼과 재판상 이혼을 모두 허용하고 있다(민법 제834조 내지 제843조). 비교법적으로 협의상 이혼을 허용하는 경우는 드문 편이고,[9] 오히려 많은 나라들은 배우자 쌍방이 이혼을 원하더라도 법원의 재판을 거치도록 하여 법원이 이혼의 성립 및 효과를 통제할 수 있도록 하고 있다.[10]

19 협의상 이혼은 재판을 거칠 필요 없이 당사자의 이혼합의와 이혼신고가 있으면 이혼의 성립을 인정하는, 극단적으로 파탄주의적인 제도이다. 더구나 민법 제정 당시에는 어떠한 절차적 통제도 없이 이혼신고만으로 이혼이 성립되도록 하여 축출이혼의 수단으로 활용되기도 하였고, 민법이 1977. 12. 31. 법률 제3051호로 일부개정되면서는 가정법원의 확인을 받도록 하였으나, 당사자들의 이혼의사만을 확인하는 것에 그치고 이혼 합의의 동기 및 과정, 이혼에 따른 재산분할 및 자녀 양육 등에 관하여는 개입이 제한되어 있었기 때문에 여전히 경솔한 이혼, 당사자 일방의 횡포, 미성년 자녀 보호 등의 문제에는 대처하기 어려웠다. 이후 민법이 2007. 12. 21. 법률 제8720호로 일부개정 되면서 민법 제836조의2가 신설되어 협의이혼 과정에 이혼에 관한 안내와 상담, 숙려기간, 자녀의 친권자 및 양육자, 양육비, 면접교섭 등에 관한 협의 또는 심판 의무화 등이 도입되어 협의상 이혼의 문제점을 완화하고 가정법원이 어느 정도 후견적 개입을 할 수 있게 되었다.[11]

9 일본, 대만, 중국, 러시아 등 소수의 나라들만 협의상 이혼을 인정하고 있다.

10 주해친족법(제1권)(제2판), 박영사(2025), 347(이동진).

11 협의이혼제도의 발전에 관하여는 김주수/김상용, 친족·상속법(제20판), 법문사(2024), 161~165; 신영호 외 2인, 가족법강의(제4판), 세창출판사(2023), 115~116. 참조.

20 반면 재판상 이혼의 경우, 민법은 제840조 제1호 내지 제5호에서 개별적 이혼원인을 열거하고 난 뒤에 제6호에서 '기타 혼인을 계속하기 어려운 중대한 사유가 있을 때'를 이혼원인으로 추가하는 방식을 채택하면서 같은 조 제1호 내지 제4호의 이혼원인에는 배우자의 부정한 행위 등 유책사유를 규정하여 유책주의적 해석이 가능하도록 하였고, 판례 및 통설은 유책배우자의 이혼청구를 원칙적으로 허용하지 않고 있어,[12] 유책주의적 요소가 비중 있게 다루어지고 있다.[13]

21 재판상 이혼의 경우, 이혼원인 및 위자료에 관한 공방과 함께 재산분할, 친권자 및 양육자 지정, 양육비 부담, 면접교섭에 관하여도 다툼이 있는 경우가 많아 심리 및 판단이 매우 어렵다. 법원에는 당사자의 공방에 대한 중립적이고 법률적인 판단과 함께 비송사건에 대한 적극적이고 후견적인 개입이 동시에 요구되고, 당사자에게는 상대방과의 공방 중에도 자녀에 관한 문제 등에 대해서는 협조를 하여야 하는 등의 양면적 태도가 요구되어 관계자 모두가 어려움을 겪는 일이 빈번하다. 당장 유책배우자의 이혼청구를 허용하기는 어렵다고 하더라도,[14] 조속히 적절한 조치가 이루어져 이혼을 위하여 또는 역설적으로 이혼을 막기 위하여 상대방을 비난하고, 그 과정에서 심리적 상처를 받고 힘과 시간을 소진하여 관계회복의 가능성 확인, 자녀의 복리, 합리적인 재산분배와 같은 중요한 문제에 대하여 감정적이고 경직된 대응을 하거나 이를 후순위로 밀어두는 일이 발생하지 않도록 재판상 이혼의 유책주의적 성격을 크게 완화하거나 파탄주의를 도입할 필요가 있다고 생각된다.

22 재판상 이혼의 경우에도 조정 전치주의가 적용되는데(가사소송법 제50조), 조정을 하는 경우에는 협의상 이혼과 재판상 이혼의 특징이 혼재되어 나타날 수 있다.

12 대법원 2015. 9. 15. 선고 2013므568 전원합의체 판결 등.

13 김주수/김상용, 친족·상속법(제20판), 법문사(2024), 160~161; 주해친족법(제1권)(제2판), 박영사(2025), 350 (이동진).

14 대법원 2015. 9. 15. 선고 2013므568 전원합의체 판결.

제 840 조 [재판상 이혼원인]

부부의 일방은 다음 각호의 사유가 있는 경우에는 가정법원에 이혼을 청구할 수 있다. <개정 1990. 1. 13.>

1. 배우자에 부정한 행위가 있었을 때
2. 배우자가 악의로 다른 일방을 유기한 때
3. 배우자 또는 그 직계존속으로부터 심히 부당한 대우를 받았을 때
4. 자기의 직계존속이 배우자로부터 심히 부당한 대우를 받았을 때
5. 배우자의 생사가 3년 이상 분명하지 아니한 때
6. 기타 혼인을 계속하기 어려운 중대한 사유가 있을 때

[관련조문] 민법 제826조(부부간의 의무), 제841조(부정으로 인한 이혼청구권의 소멸), 제842조(기타 원인으로 인한 이혼청구권의 소멸), 제843조(준용규정), 가사소송법 제2조(가정법원의 관장 사항) 제1항, 제22조(관할), 제25조(친권자 지정 등에 관한 협의권고) 제1항, 국제사법 제56조(혼인관계에 관한 사건의 특별관할), 제66조(이혼), 가족관계의 등록 등에 관한 법률 제78조(준용규정).

[참고문헌] 김주수/김상용, 주석 민법, 친족(2)(제5판), 한국사법행정학회(2016); 주해친족법(제1권)(제2판), 박영사(2025); 주해친족법(제2권)(제2판), 박영사(2025); 박동섭, 주석 가사소송법(3정판), 박영사(2004); 곽윤직/김재형, 민법총칙(제9판), 박영사(2024); 권재문, 민법강의:친족상속법, 박영사(2023); 김명기, 국제사법원론(전정판), 법지사(2003); 김성우, 성년후견실무, 박영사(2018); 김상용, 민사판례연구 33(下)권, 박영사(2011); 김용한, 개고 친족상속법, 박영사(1977); 김용한, 친족상속법(보정판), 박영사(2003); 김주수/김상용, 친족·상속법(제20판), 법문사(2024); 김주수, 친족상속법(제6전정판), 법문사(2002); 박동섭/양경승, 친족상속법(제5판), 박영사(2020); 석광현, 국제재판관할법 2022년 개정 국제사법 해설, 박영사(2022); 석광현, 국제사법과 국제소송(제6권), 박영사(2019); 안춘수, 국제사법(제2판), 법문사(2023); 김연 외 2인, 국제사법(제4판), 법문사(2022); 신창섭, 국제사법(제5판), 세창출판사(2022); 신영호 외 2인, 가족법 강의(제4판), 세창출판사(2023); 신창선, 국제사법(제4판), 도서출판 학우(2005); 양수산, 친족상속법:가족법, 한국외국어대학교 출판부(1998); 윤종진, 개정 현대 국제사법, 한올출판사(2003); 이경희/윤부찬, 가족법(11정판), 법원사(2024); 이태영, 한국이혼연구, 이화여자대학교(1969); 이화숙, 가족, 사회와 가족법, 세창출판사(2012); 장문철, 국제사법, 홍문사(1996); 정광현, 가족법연구, 서울대학교출판부(1968); 정광현, 한국가족법연구, 서울대출판부(1967); 지원림, 민법강의(제21판), 홍문사(2024); 최금숙, 로스쿨친족법(2), 제1법규(2010); 한복룡, 가족법강의, 충남대학교출판문화원(2012); 한봉희/백승흠, 가족법, 삼영사(2013); 송덕수, 친족상속법(제7판), 박영사(2024); 윤진수, 친족상속법강의(제5판), 박영사(2023); 이시윤, 신민사소송법(제17판), 박영사(2024); 가족관계등록실무Ⅱ, 법원행정처(2018); 국제사법해설, 법무부(2001); 김능환, "이혼소송의 취하와 상대방의 부동의", 가사조정 제1호, 서울가정법원 조정위원회(1997); 김영훈, "나류 가사소송에 있어서의 소의 이익", 가사재판연구Ⅰ, 서울가정법원가사재판연구회(2007); 김현채, "민법 제840조 각호의 의의·지위·성격: 재판상 이혼원인에 관한 소고", 사법논집 제4집, 법원도서관(1973); 문일봉, "국제적 응소관할", 사법논집 제30집, 법원도서관(1999); 법원실무제요, 가사[Ⅰ], 사법연수원(2021); 법원

실무제요, 가사[Ⅱ], 사법연수원(2021); 송진현, "이혼원인으로서의 배우자의 부정한 행위", 대법원판례해설 제19-1호, 법원도서관(1993); 오상진, "이혼원인에 있어서 유책주의와 파탄주의", 재판자료: 가정법원사건의 제문제 제101집, 법원도서관(2003); 외국사법제도연구 4. 각국의 이혼제도, 대법원 법원행정처(2008); 재판자료 제41집, 구법령집(상), 법원행정처(1987); 성균관대학교 산학협력단, 이혼원인으로서의 유책주의와 파탄주의에 관한 실증적 연구, 법원행정처(2021); 이미정, "민법 제840조 제6호 이혼사유에 관하여 유책배우자의 이혼청구를 허용할 것인지 여부-대법원 2015. 9. 15. 선고 2013므568 전원합의체판결-", 판례연구 제28집, 부산판례연구회(2017); 이원범, "의사무능력 상태에 있는 금치산자의 재판상 이혼 청구의 가부 및 금치산자의 이혼의사를 객관적으로 추정하기 위하여 고려할 사항", 대법원판례해설 83호, 법원도서관(2010); 임정윤, "유책배우자의 이혼청구의 허부 및 상대방 배우자의 혼인계속의사의 판단 기준", 대법원 판례해설 제131호, 법원도서관(2022); 정상규, "탈북자 이혼사건에 관한 연구", 사법논집 제38집, 법원도서관(2004); 정상규, "탈북자이혼사건의 실무상 쟁점 및 입법안에 관한 검토", 실무연구X, 서울가정법원 법관가사재판실무연구회(2005); 조해섭, "악의의 유기로 인한 이혼청구권의 제척기간, 제3자 명의의 재산과 재산분할 대상, 부첩관계와 손해배상 등", 대법원판례해설 제30호, 법원도서관(1998); 조해섭, "재판상 이혼원인에 관한 대법원 판례의 정리", 실무연구 Ⅵ, 서울가정법원(2000); 최공웅, "섭외이혼사건과 반정원칙의 적용", 사법연구자료 제5집, 법원도서관(1978); 한숙희, "국제가사사건의 국제재판관할과 외국판결의 승인 및 집행-이혼을 중심으로-", 가사재판연구Ⅰ, 서울가정법원 가사재판연구회(2007); 홍이표, "민법 제840조 제6호의 가사소송법적 지위와 그 사례", 실무연구X, 서울가정법원 법관가사재판실무연구회(2005); 강은현, "가사사건의 국제재판관할에 관한 개정 국제사법의 검토", 민사소송: 한국민사소송법학회지 제26권 제3호, 한국민사소송법학회(2022); 고순례, "재판상 이혼에 관한 연구", 한양대학교 석사학위 논문(1992); 구연창, "유책배우자의 이혼청구", 민사판례연구 제11권, 박영사(1989); 권재문, "가사소송법 제17조의 연혁과 문제점-가사소송절차에서의 직권탐지주의와 관련하여-", 법사학연구 제29호, 한국법사학회(2004); 김명숙, "2020년 가족법 중요판례평석", 인권과 정의 제496호, 대한변호사협회(2021); 김명숙, "2021년 가족법 중요판례평석", 인권과 정의 제504호, 대한변호사협회(2022); 김명숙, "2022년 가족법 중요판례평석", 인권과 정의 제512호, 대한변호사협회(2023); 김명숙, "2023년 가족법 중요판례평석", 인권과 정의 제520호, 대한변호사협회(2024); 김상용, "이혼제도 개선을 위한 하나의 대안", 가족법 연구 제15권 제2호, 한국가족법학회(2001); 김선혜, "가사재판의 기판력", 가족법연구 제23권 제3호, 한국가족법학회(2009); 김성태, "가사조정제도의 문제점과 개선방안에 관한 연구", 민사소송: 한국민사소송법학회지 제19권 제1호, 한국사법행정학회(2015); 김숙자, "판례에 나타난 이혼사례연구", 가족법연구 제2호, 한국가족법학회(2011); 김시철, "주한 미국인 부부의 이혼 및 미성년자녀에 관한 양육처분 등에 관하여-이혼재판관할권 및 준거법에 관한 우리제도와 미국제도에 대한 비교법적 검토를 중심으로-", 저스티스 제96호, 한국법학원(2007); 김용한, "부정한 행위의 해석", 법조 제12권 제3호, 법조협회(1963); 김우덕, "이혼원인에 대한 비교법적 고찰", 민사법학 제11·12호, 한국사법행정학회(1995); 김원태, "국제이혼의 법적문제", 가족법연구 제20권 제1호, 한국가족법학회(2006); 김원태, "섭외가사소송에서의 국제재판 관할권에 관한 연구", 경성법학 제5호, 경성대학교(1996); 김주수, "다른남자와의 교제와 부정한 행위", 법률신문 제1695호(1987); 김주수, "민법 제840조 6호와 유책배우자의 이혼청구권", 법조 제19권 제2호, 법조협회(1970); 김주수, "이혼원인으로서의 배우자의 부정한 행위에 관한 일고찰", 경희대학교 논문집 제6집, 경희대학교(1969); 김주수, "추상적 이혼원인으로서의 불치의 정신병", 판례월보 제268호, 판례월보사(1993); 김태환, "유책배우자의 이혼청구에 관한 실무상 검토", 가족법 연구 제31권 제3호, 한국가족법학회(2017); 문정일, "외국

재판의 승인과 집행에 관한 약간의 고찰", 고요한 정의의 울림: 신영철 대법관 퇴임기념 논문집, 사법발전재단(2015); 명순구, "이혼청구권이 형성권인가", 저스티스 제34권 제3호, 한국법학원(2001); 민유숙, "이혼사유에 대한 회고와 전망, 파탄주의 이혼제도: 유책의 계량화를 넘어 가치형량으로", 2013 전국가사·소년 법관 포럼 결과보고서, 서울가정법원(2013); 방웅환, "유책배우자의 이혼청구(대상판결: 대법원 2015. 9. 15. 선고 2013므568 전원합의체 판결)", 사법 제36호, 사법발전재단(2016); 서정우, "이혼소송재심중 당사자의 사망과 수계", 국민과 사법: 윤관 대법원장 퇴임기념, 박영사(1999); 석광현, "국제가사사건을 다루는 법률가들께 드리는 고언", 가족법 연구 제30권 제1호, 한국가족법학회(2016); 석광현, "국제재판관할과 외국판결의 승인 및 집행", 국제사법연구 제20권 제1호, 한국국제사법학회(2014); 신권철, "혼인 및 이혼절차에서의 능력과 후견", 민사소송: 한국민사소송법학회지 제18권 제1호, 한국사법행정학회(2015); 안춘수, "국제재판관할권", 민사소송법의 제문제-정허 김홍규박사화갑기념, 삼영사(1992); 오영준, "유책배우자의 이혼청구와 신의성실의 원칙", 고요한 정의의 울림: 신영철 대법관 퇴임기념 논문집, 사법발전재단(2015); 오창수, "유책배우자의 이혼청구와 이혼의사", 서울지방변호사회 판례연구 제8집, 서울지방변호사회(1995); 연기영, "이혼일반", Jurist 제413호, 청림인터렉티브(2007); 연기영, "이혼사유로써 배우자의 부정한 행위의 의미", Jurist 제413호, 청림인터렉티브(2007); 윤진수, "이용훈 대법원의 민법 판례", 정의로운 사법: 이용훈 대법원장 재임기념, 사법발전재단(2011); 이근식, "이혼원인에 있어서의 유책주의와 파탄주의", 사회과학논집 제1권, 연세대학교(1965); 이근식, "유책배우자의 이혼청구", 법정(구) 제21권 제11호, 법정사(1966); 이명철, "국제 이혼소송에서의 국제 재판관할과 외국 이혼 판결의 승인", 가정법원 50주년 기념 논문집, 서울가정법원(2014); 이상석, "유책배우자의 이혼청구의 인용", 사법행정 제29권 제7호, 한국사법행정학회(1988); 이영식, "이혼 및 위자료청구권의 법적 성질", 판례와 이론 제1권, 영남대학교법학연구소(1995); 이호철, "유책배우자의 이혼청구 허용 여부에 대한 판단기준", 판례연구 제35집, 부산판례연구회(2024); 현소혜, "유책배우자의 이혼 청구 - 특히 6호 사유를 중심으로-", 민사법학 제101호, 한국사법행정학회(2022); 이화숙, "이혼원인에 있어 유책주의와 파탄주의", 경원대 법학논총 제2호, 경원대학교(1995); 이희배, "유책배우자의 이혼청구 허용이 신의칙·사회정의에 반하지 않는다는 사례", 법률신문 제3823호(2010. 3. 8. 자); 장준혁, "준거법에 관한 국제사법의 2001년 개정과 후속 판례의 회고", 국제사법연구 제20권 제1호, 한국국제사법학회(2014); 정구태, "2015년 혼인법 관련 주요 판례 회고", 법학연구 제27권 제1호, 충북대학교(2016); 정현수, "유책배우자의 이혼청구권의 허용범위", 법학연구 제15권 제1호, 충북대학교 법학연구소(2004); 정호영, "이혼원인에 관하여", 재판자료 제18집, 법원도서관(1983); 최문기, "재판상 이혼사유에 대한 판례의 동향", 민법의 과제와 현대법의 조명, 21세기 국제정경연구원(1997); 최흥섭, "국제사법에서 성명준거법-독일법을 중심으로", 국제사법연구 제7호, 한국국제사법학회(2002); 한봉희, "유책배우자의 이혼청구(하)", 법조 제13권 제9호, 법조협회(1994); 한봉희, "한국 이혼법의 회고와 전망", 가족법연구 제7호, 한국가족법학회(1993); 한삼인, "유책배우자의 이혼청구권", 인권과 정의 제362호, 대한변호사협회(2006); 황승태, "조정 활성화를 위한 법원의 역할 및 민사조정법 개정 방향", 2017 대법원-한국조정학회 공동학술대회, 법원행정처(2017)

Ⅰ. 의의

1 우리 민법은 협의상 이혼과 재판상 이혼을 인정하고 있다. 민법 제840조는 제1호부터 제6호까지 재판상 이혼원인을 열거하여 규정하고 있다. 재판상 이혼을 위한 실체적 요건(법률요건)에 관한 것이다. 재판상 이혼소송의 절차는 가사소송법에 정함이 없으면 민사소송법에 따르게 되는데, 가사소송의 특성으로 인하여 민사소송법 일부 규정의 적용이 배제된다(가사소송법 제12조).

2 이 조문의 의미에 대하여, 개별 이혼사유에 관하여 판례에 나타난 사안 분석을 위주로 살피고, 실무적인 입장에서 이혼법의 거대화두인 유책배우자의 이혼청구권 문제를 별도의 항으로 검토한다. 나아가 이 조문의 적용과 관련하여 재판상 이혼소송의 절차와 심리, 판결의 효력에 대하여 개관하고 그 중 자주 문제되는 소송법적 관련문제를 살핀 뒤, 마지막으로 증가하고 있는 국제이혼에 대한 국제사법이론과 판례를 서술한다.

Ⅱ. 재판상 이혼사유

1. 소송물 및 이혼사유간의 관계

가. 논의점

3 민법 제840조는 제1호부터 제6호까지 이혼사유를 열거하고 있다. 제1호부터 제5호는 "배우자에 부정한 행위가 있었을 때"와 같이 상대방으로부터 유래하는 구

체적인 사유를 규정하고 있는 반면, 제6호는 "기타 혼인을 계속하기 어려운 중대한 사유가 있을 때"라는 추상적이고 일반적인 사유를 규정하고 있다. 이러한 규정형식으로 인하여 소위 제6호 이혼사유의 체계적 지위(제1호부터 제5호 사유와 독립된 이혼사유인지 여부, 이 부분은 제6호 서술 부분에서 자세히 살핀다)와 이에 따른 이혼소송의 소송물이 무엇인지(각 호별로 독립된 소송물을 구성하는지 여부)에 관하여 견해가 대립하고 있다. 이혼사유와 소송물을 확정짓고 그 의미를 파악하는 것은 재판의 대상을 정하여 이혼사유를 해석하고 재판의 확정에 따른 기판력의 객관적 범위를 정하는 기준이 되므로 실체법상·절차법상 중요한 문제이다. 실질적인 구별의 실익은 이혼원인 상호간의 전환이 가능한지, 기각판결의 기판력이 어느 범위에 미치는지 등에 있다.

나. 재판상 이혼소송의 소송물에 관한 학설

1) 절대적 독립설[1]

4 각호의 이혼사유는 독립적·병렬적이어서 각기 별개의 소송물을 이루고 상호 해석에도 영향을 미치지 않는다고 본다. 청구권 또는 형성권(형성원인)마다 소송물이 별개라는 구소송물 이론에 따른 견해이다. 각호의 사유마다 별개의 소송물이 되므로 당사자가 주장하지 아니한 이혼사유는 판단할 수 없고, 각호 이혼사유의 변경은 소의 변경이 된다. 확정판결의 기판력도 각 이혼사유마다 발생하므로, 기각판결 확정 후 다른 호의 사유를 주장하며 이혼 소송을 제기하여도 기판력에 저촉되지 아니한다.

2) 독립예시설[2]

5 민법 제840조 제6호는 독립된 의미를 가지지 않는 개괄적 규정이고, 제1호부터 제5호의 이혼사유는 제6호의 전형적인 형태를 예시한 것이라고 한다. 제1호부터 제5호의 이혼사유가 있으면 제6호의 "혼인을 계속하기 어려운 중대한 사유"에도 당연히 해당하며, 제1호부터 제5호에 해당하지 않더라도 혼인을 계속하기 어려운 중대한 사유가 있으면 제6호의 이혼사유가 된다. 신소송물 이론에 따라 소송물은 언제나 이혼청구권 하나이다. 따라서 각호 사유의 변경은 단순히 공격방어방법의 변경에 불과하고, 법원은 당사자가 주장하지 아니한 각호의 사유를 재판상

1 주해친족법(제1권)(제2판), 박영사(2025), 525~528(이동진); 정광현, 가족법연구, 서울대학교출판부(1968), 185; 김숙자, "판례에 나타난 이혼사례연구", 가족법연구 제2호, 한국가족법학회(2011), 278~279.

2 김주수/김상용, 친족·상속법(제20판), 법문사(2024), 180; 한봉희/백승흠, 가족법, 삼영사(2013), 200.

이혼원인으로 인정할 수 있다. 확정판결의 기판력은 이혼청구권의 존부에 미친다.

3) 단순예시설[3]

6 재판상 이혼사유는 제6호 하나이고 제1호부터 제5호는 제6호의 단순한 예시에 불과하다는 견해이다. 제1호부터 제5호는 제6호의 예시규정으로서 제1호부터 제5호 사유를 심리한 뒤 그 사유가 있더라도 종국적으로는 제6호의 "혼인을 계속하기 어려운 중대한 사유"가 있는지를 다시 살펴보아야 한다. 이 점에서 독립예시설과 구별된다. 소송물은 언제나 제6호의 사유 하나라고 본다. 따라서 제1호부터 제5호의 이혼사유의 변경은 단순히 공격방어방법의 변경에 불과하고, 법원은 당사자가 주장하지 아니한 각호의 사유도 재판상 이혼원인으로 인정할 수 있다. 확정판결의 기판력은 이혼청구권의 존부에 미친다.

다. 판례

1) 절대적 독립설

7 판례는 제6호를 포함하여 각호 사유마다 별개의 독립된 이혼사유를 구성하는 것으로 보아 절대적 독립설을 취하고 있다.

8 따라서 법원은 당사자가 주장한 이혼사유에 관하여만 판단하여야 하며, 당사자가 주장하지 아니한 이혼사유에 관하여는 판단할 필요가 없고 그 사유에 기하여 이혼을 명하여서는 아니 된다.[4] 제1호부터 제5호의 사유를 먼저 판단한 다음 그것이 인정되지 아니할 때 비로소 제6호의 이혼사유를 최종적으로 판단할 수 있는 것은 아니라고 한다.[5]

9 [판례] 대법원 1963. 1. 31. 선고 62다812 판결

민법 제840조 각호가 규정한 이혼사유마다 재판상 이혼청구를 할 수 있는 것이므로 법원은 원고가 주장한 이혼사유에 관하여만 심판하여야 하며 원고가 주장하지 아니한 이혼사유에 관하여는 심판을 할 필요가 없고 그 사유에 의하여 이혼을 명하여서는 안 된다.

3 주해친족법(제1권)(제2판), 박영사(2025), 525~528(이동진); 이경희/윤부찬, 가족법(11정판), 법원사(2024), 116; 이근식, "이혼원인에 있어서의 유책주의와 파탄주의", 사회과학논집 제1권, 연세대학교(1965), 71; 김우덕, "이혼원인에 대한 비교법적 고찰", 민사법학 제11·12호, 한국사법행정학회(1995), 465이하; 연기영, "이혼사유로써 배우자의 부정한 행위의 의미", Jurist 제413호, 청림인터렉티브(2007), 243; 김용한, 개고 친족상속법, 박영사(1977), 164; 최문기, "재판상 이혼사유에 대한 판례의 동향", 민법의 과제와 현대법의 조명, 21세기 국제정경연구원(1997), 760~761.

4 대법원 1963. 1. 31. 선고 62다812 판결.

5 대법원 2000. 9. 5. 선고 99므1886 판결.

10 [판례] 대법원 2000. 9. 5. 선고 99므1886 판결
재판상 이혼사유를 규정한 민법 제840조는 동조가 규정하고 있는 각호 사유마다 각 별개의 독립된 이혼사유를 구성하는 것이고, 원고가 이혼청구를 구하면서 위 각호 소정의 수개의 사유를 주장하는 경우 법원은 그 중 어느 하나를 받아들여 원고의 청구를 인용할 수 있는 것이다. 이와 달리 법원은 각 이혼원인을 판단함에 있어 원고가 주장하는 이혼원인 중 제1호 내지 제5호 사유의 존부를 먼저 판단하고 그것이 인정되지 않을 경우에 비로소 제6호의 원인을 최종적으로 판단할 수 있는 것이라는 주장은 독자적 견해에 불과하여 받아들일 수 없다.

2) 선택적 병합

11 판례는 민법 제840조 각호의 사유마다 별개의 소송물로 보므로, 당사자가 이혼원인으로 여러 개의 사유를 주장하는 경우 단순히 공격방어방법이 여럿인 것이 아니라 소가 선택적으로 병합된 것이 된다.[6] 원칙적으로 선택적 병합이란 어느 하나의 청구가 인용되면 소의 목적을 달성할 수 있기 때문에 다른 청구에 대해서는 심판을 바라지 않는 경우로서[7] 원고 승소판결에 있어서는 이유 있는 청구 중 하나를 선택하여 청구를 인용하면 되고 나머지 청구에 관하여는 심판을 요하지 않는 것이 원칙이다.[8] 그러나 재판상 이혼소송에서의 다수의 판례 및 실무는 통상의 선택적 병합과는 달리 인용 가능한 이혼사유를 모두 받아들여 "민법 제840조 제1호·제3호·제6호의 재판상 이혼사유에 해당한다."와 같이 해당사유를 병렬적으로 나열하여 인용하고 있다. 원고의 이혼청구를 기각할 때에는 법원은 당사자가 주장한 이혼사유 모두를 판단하여 배척하여야 하고 하나라도 판단하지 아니하면 판단유탈이 된다.[9]

12 [판례] 대법원 1990. 7. 10. 선고 89므631, 648 판결
피청구인은 청구인 등과 사이에 있었던 여러 사실관계를 민법 제840조 제6호 소정의 이혼사유로 되는 혼인파탄에 이르게 된 원인사실의 하나로 주장하고 있음이 분명한 바, 원심이 이 사건 혼인파탄의 경위에 관한 사실관계를 심리하여 피청구인의 이혼청구를 인용한 이상, 그 사실관계가 위 법조 제1호 소정의 이혼사유인 부정한 행위에 해당하는지의 여부를 판단하지 아니하였다 하여 심리미진의 위법이 있다고 할 수는 없다.

6 이시윤, 신민사소송법(제17판), 박영사(2024), 735.
7 이시윤, 신민사소송법(제17판), 박영사(2024), 735.
8 대법원 1990. 7. 10. 선고 89므631, 648 판결.
9 대법원 1986. 9. 23. 선고 86므24 판결, 대법원 1993. 4. 23. 선고 92므1078 판결.

13 [판례] 대법원 1986. 9. 23. 선고 86 므 24 판결
피청구인이 임의로 3남매를 데리고 무단가출하여 청구인을 유기하였다고 주장한 사안에서, 청구인이 다른 여성과 내연관계를 맺고 법률상의 처와 그 자녀들을 돌보지 아니하여 피청구인이 부득이 친정 오빠집 부근에서 거주하였던 것으로써 피청구인의 행위는 민법 제840조 제2호의 악의의 유기에 해당하지 아니한다고 판단하고 청구인의 이혼청구는 유책배우자의 이혼청구임을 이유로 기각한 원심에 대하여, 법원이 민법 제840조 제6호 소정의 "혼인을 계속하기 어려운 중대한 사유"가 있다는 청구인의 주장에 대하여 판단을 유탈하였다 하더라도 (기록상 동 이혼사유의 주장이 있었다고 보기도 어렵다) 판결 결과에 아무런 영향을 미칠 수 없는 것이므로 판단유탈 주장은 이유 없다.

14 [판례] 대법원 1993. 4. 23. 선고 92 므 1078 판결
원심이 민법 제840조 제3호 및 제4호의 이혼사유를 입증하기 위하여 원고가 내세운 증거에 대하여 아무런 판단을 하지 아니하고 위 이혼사유의 당부에 대하여도 판단을 명시하지 않은 채 원고와 피고 사이의 혼인관계가 다시 회복할 수 없이 파탄에 이르렀다고 하더라도 이에 이르게 된 주된 책임이 원고에게 있다는 이유만으로 원고의 이혼청구를 배척하였음은 판단을 유탈한 것이나, 민법 제840조 제1호 내지 제5호의 이혼사유가 있는 것으로 인정되는 경우라 할지라도 전체적으로 보아 각호의 이혼사유를 일으킨 배우자보다도 상대방 배우자에게 혼인파탄의 주된 책임이 있는 경우에는 그 상대방 배우자는 위 이혼사유를 들어 이혼을 청구할 수 없는 것으로서 위 판단유탈은 판결의 결과에 영향이 없다.

3) 반소와의 관계

15 실무에서 원고의 본소 이혼청구에 대하여 피고가 원고의 주장사실을 다투면서 오히려 다른 사실을 내세워 반소로서 이혼을 구하는 경우가 종종 있다. 원고도 이혼을 구하고, 피고도 이혼을 구하여 동일한 소송 목적을 지향하므로 청구의 인낙이나 주장사실의 자백에 준하여[10] 처리하여야 하는 것이 아닌지 의문이 있을 수 있다. 판례는 민법 제840조 각 호의 이혼사유가 별개의 소송물이라는 입장이므로, 상대방의 유책행위를 전제로 하는 것이 명백한 민법 제840조 제1호부터 제4호의 사유를 주장하는 경우 본소의 청구원인과 반소의 청구원인은 서로 달라 동일한 소송물이 될 수 없다. 또한 판례는 원칙적으로 유책배우자의 이혼청구를 허용하지 않

10 재판상 이혼 사건은 나류 가사소송사건으로서 청구의 인낙과 자백에 관한 규정이 직접 적용되지는 않는다. 가사소송법 제12조 단서.

고 있으므로 본소와 반소의 청구원인이 모두 제6호의 사유를 주장하는 경우에도 그 소송물이 동일하다고 할 수 없다. 따라서 본소 및 반소 청구를 심리하여 그 인용 여부를 주문에 명백히 하여야 한다. "본소에 의하여, 원고와 피고는 이혼한다. 피고의 반소 이혼청구를 기각한다." 혹은 "본소 및 반소에 의하여, 원고와 피고는 이혼한다."와 같은 형식이다.

2. 부정한 행위(제1호)

가. 연혁

16 구 민법에서는 이혼원인으로 "처가 간통한 때"(구 민법 제813조 제2호), "부가 간음죄로 인하여 형에 처해진 때"(구 민법 제813조 제3호)가 규정되어 처의 간통만이 이혼사유가 되었다.[11] [12] 1947년 개정된 일본 민법의 영향으로 민법 제840조 제1호가 "배우자에 부정한 행위가 있었을 때"를 재판상 이혼원인으로 규정하면서 부와 처의 부정한 행위가 모두 이혼사유로 되었고, '간통'과 '부정한 행위'가 어떻게 다른지 의문이 제기되게 되었다. 부정한 행위라는 표현을 사용하고 있는 입법례는 일본과 우리의 경우 밖에 발견할 수 없다고 한다.[13]

나. 부정한 행위의 의의

1) 학설[14]

가) 간통에 한한다고 보는 설(협의설)

17 일본에서 주장되는 학설[15]로, 우리나라에서 이 설을 취하는 학자는 없는 것으로 보인다. 자유로운 의사에 기하지 않는 정교행위까지 포함하는 것은 아니라고 한다. 즉, 외형적으로 육체관계, 내심으로 자유로운 의사를 요하고 두 요소 중 하나가 없으면 부정행위가 인정되지 않는다. 간통에 한하므로 단순히 간통을 추측하게 하는

11 판례는 부의 간통을 "동거를 감인하기 어려운 중대한 모욕"에 해당한다고 보아 결과적으로는 부와 처의 간통이 모두 이혼사유에 해당한다고 판단하고 있었다고 한다. 김주수, "이혼원인으로서의 배우자의 부정한 행위에 관한 일고찰", 경희대학교 논문집 제6집, 경희대학교(1969), 531.

12 구 형법 제183조는 처의 간통만을 벌하고 있었고 1953년 개정된 형법에서부터 처와 남편의 간통을 모두 벌하게 되었다.

13 김주수, "이혼원인으로서의 배우자의 부정한 행위에 관한 일고찰", 경희대학교 논문집 제6집, 경희대학교(1969), 536.

14 김주수, "이혼원인으로서의 배우자의 부정한 행위에 관한 일고찰", 경희대학교 논문집 제6집, 경희대학교(1969), 536~537.

15 *我妻榮, 親族法*, 171. 김주수, "이혼원인으로서의 배우자의 부정한 행위에 관한 일고찰", 경희대학교 논문집 제6집, 경희대학교(1969), 536에서 재인용.

행동과 태도라든가 간통미수는 부정행위에 해당하지 않는다.

나) 간통보다 넓은 개념이라고 보는 설(광의설)[16]

18 부정한 행위란 간통에 한하지 않고, 배우사로서의 성적 충실의무 내지 정조의무, 혼인의 순결에 반하는 일체의 행위를 포함하여 소위 간통보다 넓은 개념이라고 한다. 통설이다.

다) 부정한 행위는 제6호의 예시로서 혼인을 계속하기 어려운 중대한 사유가 있을 때에만 이혼원인으로 된다는 설[17]

19 민법 제840조 제1호부터 제5호는 제6호의 예시사유라고 보는 견해에 따르면 부정한 행위가 광의로 해석되든 협의로 해석되든 제6호의 사유가 인정되어야 이혼사유가 성립하므로 차이가 없다고 한다. 어떠한 사실이 민법 제840조 제1호부터 제5호의 어느 규정에 의하여 처리되더라도 그것이 제6호의 혼인을 계속하기 어려운 중대한 사유가 있다고 판단되지 않는 한 이혼판결을 정당화하는 사유가 될 수 없기 때문이라고 한다.

2) 판례

가) 광의설

20 판례는 "민법 제840조 제1호 소정의 부정한 행위라 함은 배우자로서의 정조의무에 충실치 못한 일체의 행위를 포함하며 소위 간통보다 넓은 개념으로서 부정한 행위인지의 여부는 각 구체적 사안에 따라 그 정도와 상황을 참작하여 이를 평가하여야 할 것"이라고 판시하여 광의설을 따르고 있다.[18]

나) 판단기준

21 간통에 한하지 않으므로 간통에 대하여 무혐의 또는 무죄 판결을 받은 경우에도 부정한 행위에 해당할 수 있고,[19] 중풍으로 인한 마비 등으로 정교능력이 없는 남성의 경우에도 다른 여성과 애정관계에서 동거하는 경우에는 부정한 행위가 될 수 있다.[20]

16 주해친족법(제1권)(제2판), 박영사(2025), 528(이동진); 김주수, "다른남자와의 교제와 부정한 행위", 법률신문 제1695호, 법률신문사(1987), 15.

17 김용한, "부정한 행위의 해석", 법조 제12권 제3호, 법률신문사(1963), 74.

18 대법원 1963. 3. 14. 선고 62다54 판결, 대법원 1987. 5. 26. 선고 87므5, 6 판결, 대법원 1988. 5. 24. 선고 88므7 판결, 대법원 1993. 4. 9. 선고 92므938 판결 등 다수.

19 대법원 1987. 5. 26. 선고 87므5, 6 판결, 대법원 1993. 4. 9. 선고 92므938 판결.

20 대법원 1992. 11. 10. 선고 92므68 판결.

22 판례는 부정한 행위로 이혼이 허용되는 이상 그에 이르게 된 경위에 대하여 심리하지 않았다고 하여 위법이라 할 수 없다고 하였다.[21]

다. 요건

1) 혼인 중의 행위일 것

23 혼인 중의 행위이어야 하므로 혼인 전 약혼단계에서 부정한 행위를 한 때에는 이혼사유에 해당하지 않는다.[22] 이를 계기로 혼인관계를 계속하기 어려운 중대한 사유에 이르렀다면 제6호의 이혼사유가 인정될 수는 있을 것이다.

2) 자유로운 의사에 기한 것일 것

24 객관적으로는 부정한 행위에 해당하는 사실이 있어야 하고 내심으로 자유로운 의사에 기한 것이어야 한다. 자유로운 의사에 기하여 강제로 간음, 성적 관계를 맺는 등의 행위를 한 경우에는 부정한 행위에 해당한다. 그러나 자유로운 의사가 없는 경우에는 객관적으로 부정한 행위로 볼 만한 사실이 있다고 하더라도 이혼사유에 해당하지 않는다고 보아야 한다. 처가 강간을 당하거나 강박, 심신상실 상태에서 성적 관계를 맺은 경우에는 객관적·외형적 요소만 있으므로 이혼사유가 되지 않는다.[23] 판례는 남편이 일본에 밀항하자 같은 마을에 살고 있던 다른 남성이 처의 방에 무단으로 침입하여 정교를 요구하며 전신을 애무하였으나 정교를 거절한 사안에서, 처가 다른 남성으로 하여금 전신을 애무하게 한 행위가 비록 객관적으로는 부정한 행위라고 볼 수 있는 사실이라 하더라도 그것이 자유로운 의사에 의하여 이루어지지 않은 경우는 부정한 행위라고 할 수 없다고 하여 이혼사유로 인정하지 않았다.[24] 만취상태에서의 행위와 같이 자기의 과실로 무의식 상태를 초래하였다면 부정한 행위에 대한 책임을 면하기 어렵다는 견해가 있다.[25]

3) 사전 동의 또는 사후 용서가 없을 것

25 민법 제841조는 부정한 행위로 인한 이혼청구권의 특유한 소멸사유로 사전동의 또는 사후용서를 규정하고 있다(☞ 상세한 내용은 민법 제841조 주석 참조).

21 대법원 1967. 8. 29. 선고 67므24 판결.
22 대법원 1991. 9. 13. 선고 91므85, 92 판결.
23 법원실무제요, 가사[I], 사법연수원(2021), 671.
24 대법원 1976. 12. 14. 선고 76므10 판결.
25 연기영, "이혼사유로써 배우자의 부정한 행위의 의미", Jurist 413호, 청림인터렉티브(2007), 243.

라. 구체적 사례

1) 인정된 사례

26 [판례] 강제추행[26]

자기 사무실의 여직원을 강제추행하여 형사소추까지 받게 된 경우

27 [판례] 간통죄 무죄[27]

피고(남편)가 운영하는 식당에 딸린 방에 다른 여성과 수십 분씩 함께 들어가 있거나 서로 껴안고 있다가 주위 사람들에게 목격되기도 하였고 피고가 자신의 집을 방문한 그 여성을 끌어안기도 하여 원고(처)가 그 여성을 추궁하여 불륜관계가 있다는 고백을 듣고 두 사람을 간통죄로 고소하였으나 결과적으로 증거가 불충분하여 무죄가 선고된 사안에서, 간통을 한 것으로 단정할 수는 없지만 서로 가까이 지내면서부터 부부간의 정조의무를 저버린 부정한 행위를 하였다고 보기에 충분하다고 판시한 사례

28 [판례] 정교능력이 없는 경우

피고1(남편)은 원고(처)를 알기 전에 이미 피고2(여)와 동거생활을 하다가 원고를 만나 2중으로 동거생활을 하였는데 원고와의 동거생활이 피고2에게 알려져 피고2와 헤어지게 되고 원고와 혼인신고를 하였으며 그런 뒤에도 몇 차례 피고2의 집에서 같이 동거하다가 헤어진 적이 있고, 한편 피고2가 1988년경 중풍으로 왼쪽 팔, 다리 등을 사용하지 못하게 되어 주위사람들이 1989년경 피고1에게 이러한 사정을 알리자, 피고들은 다시 피고2의 집에서 동거하면서 사실상 부부로 행세하였고 원고가 수차례 관계를 청산할 것을 요구하고 피고들을 간통죄로 고소하였다가 피고1이 향후 피고2를 만나지 않겠다고 다짐하기에 그 다음날 고소를 취소하여 주자 고소 취소 직후에 피고1은 다시 집을 나가 피고2의 집에서 동거해 온 사안에서, 피고들이 동거하는 동안 피고2가 68세의 고령이고 중풍으로 좌측 팔다리가 마비되는 등의 이유로 정교능력이 없어 실제로 정교를 갖지는 못하였다고 하더라도 피고1의 행위는 배우자로서 정조의무에 충실치 못한 것으로서 부정한 행위에 해당한다.[28] [29]

26 대법원 1983. 11. 22. 선고 83므32, 33 판결.

27 대법원 1993. 4. 9. 선고 92므938 판결.

28 대법원 1992. 11. 10. 선고 92므68 판결.

29 다른 사례들의 경우 명확한 입증은 없으나 사실상 육체적 관계가 있었다고 추인할 만한 정황이 있는 경우인데 반하여 이 사건에서는 원고가 이혼원인으로 주장하는 피고들의 동거기간에는 피고2가 고령인데다가 중풍으로 반신불수에 이르러 실제로 육체적 관계를 가지기는 어려운 특수한 사정이 엿보여 간통의 정황사실은 없었던 사안으로서, 간통만을 이혼원인으로 규정하였다면 이혼원인이 될 수 없었던 경우라고 한다. 송진현, "이혼원인으로서의 배우자의 부정한 행위", 대법원판례해설 제19-1호, 법원도서관(1993), 402; 평석으로는 연기영, "이혼사유로써 배우자의 부정한 행위의 의미", Jurist 413호, 청림인터렉티브(2007), 241~244.

29 [판례] 속옷 차림[30]

남녀 간에 주소지인 서울을 벗어나 인천 소재 여관에 투숙하여 밤 11시경 상대 남성은 팬티만 입고 앉아 있고 피청구인(처)은 팬티 차림으로 욕실에 들어가 있다가 뒤쫓은 청구인(남편)에게 발각된 경우

30 [판례] 속옷 차림[31]

다른 여성이 간혹 시간이 늦으면 피청구인(남편)의 방에서 같이 자고 새벽에 나가는 일이 더러 있었고, 두 사람 관계를 의심한 청구인(처)이 경찰관과 함께 피청구인의 집에 들이닥쳤을 때 피청구인은 런닝셔츠와 팬티만 입고 다른 여성은 브래지어와 7부 팬티를 입은 상태에 있었던 경우

31 [판례] 편지, 캠핑 등[32]

남편이 다른 여자와 편지도 하고 캠핑도 하는 등 연애한 사실이 있다면 이것은 남편으로서 지켜야 할 혼인의 순결성을 저버린 행위이다.[33]

2) 부정된 사례

32 [판례] 단순한 식사와 차량 동승[34]

남편 아닌 다른 남성과 식사를 하거나 캬바레에 출입하고 그 남성이 운전하는 차에 타고 귀가한 사실은 있으나 남편의 요구에 따라 사업자금을 마련하기 위한 것이었고 둘이서만 다닌 것이 아니라 친구 등 다른 사람이 함께 참여한 경우

33 [판례] 단순한 동행[35]

처가 캬바레에 춤을 추러 갔다가 그곳에서 다른 남성을 만나 알게 되어 친하게 되고 서울을 갈 때 함께 기차를 타고 서울에 있는 처의 집까지 동행한 경우

34 [판례] 여행지에서 우연히 동행 뒤 관계 해명차 다시 만난 경우[36]

피청구인(남편)이 관광여행 중 우연히 버스 안에서 여인을 만나 함께 사진을 찍었으며 1일 관광여행을 한 후 각기 다른 숙소에서 잠을 자고 그 다음날 상경하면서 동행

30 대법원 1988. 5. 24. 선고 88므7 판결.
31 대법원 1987. 5. 26. 선고 87므5, 6 판결.
32 대법원 1967. 1. 24. 선고 66므39 판결.
33 사실혼에 관한 사례이다.
34 대법원 1986. 6. 10. 선고 86므8 판결.
35 대법원 1990. 7. 24. 선고 89므1115 판결.
36 대법원 1986. 6. 24. 선고 85므6 판결.

하였으며, 그 후 약 70여 일간 서로 아무 연락조차 없다가 청구인(처)으로부터 그 여인과 사이에 불륜관계가 있다는 등의 의심을 받게 되자 이를 해명할 겸 대전에 업무차 들른 길에 보여줄 것이 있다하여 피청구인의 아파트에 같이 와 그 이름이 거론된 이혼심판청구서 등을 보여주다가 밤이 늦자 같은 아파트이긴 하나 각기 다른 방에서 따로 잠을 잔 경우

35 [판례] 친분 있는 자에게 도움을 준 경우[37]

처가 남편과 함께 남편의 본가에 가서 읍내에 물건을 사러 나왔다가 비가 와서 귀가를 못하고 있다가 시부의 장례식에 상복을 입을 만큼 한가족과 같이 지내는 친근한 사이인 다른 남성을 만나 남편의 집에 가서 서로 다른 방에서 자고, 처가 그 남성의 비에 젖은 의복을 다려준 경우

3. 악의의 유기(제2호)

가. 악의의 유기의 의의

1) 의의

36 악의의 유기란 배우자가 정당한 이유 없이 동거, 부양, 협조 의무를 포기하고 다른 일방을 버린 경우를 말한다.[38]

37 악의란 단순한 인식만으로는 부족하고 적극적, 사회적으로 비난받을 만한 윤리적 요소를 포함한 개념이다.[39] 유기란 상대방을 내쫓거나 두고 나가거나 상대방으로 하여금 나가게 만든 다음 돌아오지 못하게 하여 계속하여 동거 등에 응하지 않는 것이다. 혼인생활을 상당한 정도로 포기하는 것이기 때문에 상당한 기간 계속되어야 한다.[40]

38 따라서 합의에 의한 별거는 악의라고 할 수 없고,[41] 혼인을 폐지할 의사가 있을 것을 요하므로 일시적인 다툼으로 또는 냉각기를 갖기 위하여 잠시 집을 나간 경우나 단순한 가출은 이에 해당하지 않는다. 정당한 사유 없이 귀가하지 아니할 생각으로 일방적으로 가출한 경우에는 악의의 유기에 해당한다고 볼 것이

37 대법원 1968. 3. 19. 선고 68므2 판결.

38 대법원 1986. 5. 27. 선고 86므26 판결, 대법원 1998. 4. 10. 선고 96므1434 판결.

39 박동섭/양경승, 친족상속법(제5판), 박영사(2020), 174.

40 김주수/김상용, 주석 민법, 친족(2)(제5판), 한국사법행정학회(2016), 329; 이경희/윤부찬, 가족법(11정판), 법원사(2024), 118.

41 대법원 1986. 5. 27. 선고 85므87 판결.

나,[42] 폭행, 학대, 냉대 등과 같은 상대방의 귀책사유로 인하여 불가피하게 집을 나온 경우에는 이에 해당하지 않는다.[43]

2) 第826조 제1항과의 관계

39 혼인공동생활의 본질적 요소는 성적 충실 내지 정조의무와 민법 제826조 제1항의 동거, 부양, 협조의무에 있고, 앞의 의무위반은 부정한 행위, 뒤의 의무위반은 악의의 유기의 이혼사유가 된다고 설명된다.[44]

40 민법 제826조 제1항이 규정하고 있는 부부간의 동거, 부양, 협조의무는 혼인법에 있어서의 신의성실 원칙을 선언한 것으로서 재판상 이혼에 관한 지도원리로 작용하게 되고,[45] 판례도 동거, 부양, 협조의무는 혼인의 본질적인 의무로서 이를 포기하고 다른 일방을 버린 경우 악의의 유기가 된다고 한다.[46]

나. 일부 의무를 불이행한 경우

41 부부 사이에 동거, 부양, 협조의무를 이행하지 않는 경우에 유기가 되나, 그 중 일부 의무만 불이행하는 경우에도 유기가 되는지, 예컨대 동거의무는 이행하지 않으면서 부양의무는 이행하는 경우, 동거의무는 이행하면서 부양의무는 이행하지 않는 경우에도 악의의 유기가 되는지 문제될 수 있다. 동거, 부양, 협조의무는 애정과 신뢰를 바탕으로 일생에 걸친 공동생활을 목적으로 하는 혼인생활의 유지를 위하여 상호 밀접하게 연관되어 있다. 판례도 부양료 청구 사건에서, 부부간의 동거, 부양, 협조의무는 정상적이고 원만한 부부관계의 유지를 위한 광범위한 협력의무를 구체적으로 표현한 것으로서 서로 독립된 별개의 의무가 아니라면서 부부의 일방이 정당한 이유 없이 동거를 거부함으로써 자신이 스스로 협력의무를 저버리고 있다면 상대방에게 부양료의 지급을 청구할 수 없다고 판시하여,[47] 위 의무들을 상호 유기적으로 파악하고 있음을 알 수 있다. 따라서 부부간의 본질적인 의무로 다른 의무의 기반이 되는 성격이 있는 동거의무를 다하지 않았다면 부양의무를 이행하였더라도 부부로서의 협력의무를 다한 것으로 볼 수 없으므로 유기에 해당한다고 할 것이다. 동거의무는 이행하면서 부양의무

42 대법원 2006. 8. 24. 선고 2006므959 판결.

43 대법원 1986. 5. 27. 선고 86므26 판결, 대법원 1990. 3. 23. 선고 89므1085 판결.

44 주해친족법(제1권)(제2판), 박영사(2025), 537(이동진).

45 조해섭, "재판상 이혼원인에 관한 대법원 판례의 정리", 실무연구VI, 서울가정법원(2000), 128.

46 대법원 1998. 4. 10. 선고 96므1434 판결, 대법원 1999. 2. 12. 선고 97므612 판결.

47 대법원 1991. 12. 10. 선고 91므245 판결.

를 이행하지 않는 경우는 부양의무를 불이행하는 경위나 동기, 목적과 상대방의 경제적 능력 등에 비추어 혼인관계를 폐지할 의사나 목적으로 이루어지는 경우라면 악의의 유기에 해당할 수 있을 것이다.

42 판례는 처의 생활을 위하여 딸과 사위 공동명의로 주택을 마련해주어 부양의무를 이행하지 않은 것은 아니라 할지라도 축첩행위를 하며 동거의무를 위반하였다면 악의의 유기에 해당한다고 보았다.[48] 일본 대심원 판례도 남편이 처에게 생활비를 빠짐없이 송부하였으나 첩에게만 치우쳐 집으로 돌아오지 않은 사안에서 동거의무 불이행만으로 유기를 구성함에 충분하다고 판시하였다.[49]

43 한편, 동거, 부양, 협조의무를 모두 이행하지 않은 경우에 한하여 유기라고 볼 것은 아니나 개별·구체적 이혼사유 이외에 제6호에 일반·추상적 이혼사유를 두고 있는 우리 법에서 제2호를 문언을 넘어 확장 운용할 필요성이 크지 않다는 이유로 동거·부양의무 중 어느 하나를 이행하지 아니하여 혼인공동생활이 사실상 폐지된 경우 유기를 인정하되 단순한 협력의무의 불이행만으로는 제2호의 이혼사유가 되기에 충분치 아니하다고 보는 견해도 있다.[50]

다. 부첩관계와 악의의 유기의 관계

44 구 민법 시대에는 부의 경우 "간음죄로 인하여 형에 처하여진 때"에만 이혼사유로 규정되어 있었기 때문에[51] 지속적인 부정행위, 중혼적 사실혼의 경우 악의의 유기가 주로 문제되었던 것으로 보인다.[52]

45 부의 부정한 행위도 이혼사유로 규정한 민법 제정 이후에도 부정한 행위와 악의의 유기는 그 성립요건과 판단기준, 이혼청구권 소멸사유 및 제척기간(민법 제841조)을 달리하므로 배우자를 유기하고 다른 사람과 동거하고 있는 소위 부첩관계의 사안에서 여전히 악의의 유기를 재판상 이혼사유로 주장할 실익이 있을 것이다.

48 대법원 1998. 4. 10. 선고 96므1434 판결.

49 일본 주석 민법 제21권, 270; 조해섭, "악의의 유기로 인한 이혼청구권의 제척기간, 제3자 명의의 재산과 재산분할 대상, 부첩관계와 손해배상 등", 대법원판례해설 제30호, 법원도서관(1998), 196에서 재인용.

50 주해친족법(제1권)(제2판), 박영사(2025), 537(이동진).

51 구 민법 제830조 부부의 일방은 좌의 경우에 한하여 이혼의 소를 제기할 수 있다. 2. 처가 간통을 한 때, 3. 부가 간음죄로 인하여 형에 처하여진 때. 재판자료 제41집, 구법령집(상), 법원행정처(1987), 183.

52 조해섭, "악의의 유기로 인한 이혼청구권의 제척기간, 제3자 명의의 재산과 재산분할 대상, 부첩관계와 손해배상 등", 대법원판례해설 제30호, 법원도서관(1998), 196.

라. 구체적 사례

1) 인정된 사례

46 [판례] 부정행위가 의심스러운 상황에서 해명 없이 일방적 가출[53]

부부싸움을 할 때마다 폭력을 휘두르고 처 몰래 해외로 스쿠버다이빙 여행을 떠나 다른 여자와 어울려 의심을 불러일으키고 여자용 속옷 구입 경위를 추궁하는 처에게 납득할 수 있도록 설득을 포기한 채 처가 추궁한다는 이유로 관계회복을 위한 아무런 노력도 하지 아니하고 일방적으로 가출한 사안에서, 부부로서의 동거의무를 저버리고 처를 악의로 유기한 남편에게 혼인관계 파탄의 주된 책임이 있다고 보아 처의 이혼청구를 인용한 사례

47 [판례] 반복적 가출[54]

피청구인(처)이 직장생활로 인한 늦은 귀가, 가정생활 불충실 등의 문제로 시어머니와 불화가 있어 청구인(남편)에게 분가를 요구하였으나 불응하자 2달 내지 3달 간격으로 5, 6회 가량 가출과 귀가를 반복하다가 협의이혼하기로 합의하여 협의이혼의사확인을 받았으나 다시 결합하여 살기로 합의하고 집으로 돌아와 동거한 이후에도 다시 가출을 반복하여 현재까지 별거하고 있는 경우

48 [판례] 남편을 근거 없이 의심하다가 생후 1년 5개월 된 자녀를 두고 가출한 경우[55]

숙직 때문에 초등학교 교사인 남편이 가끔 집에 들어오지 못하게 되자 처가 남편의 동료직원과 학부형들에게 남편이 축첩하였다고 비방하고 심지어 근무처인 학교의 교장을 찾아가 남편이 축첩하였다고 항의하는 한편 일간지에 보도하겠다는 등 위협하여 오다가 마침내 1년 5개월 밖에 안 된 자식을 포함하여 전가족을 내버려둔 채 집을 나간 경우

49 [판례] 가재도구를 챙겨 무단가출 뒤 이혼소송을 제기한 경우[56]

청구인이 정신박약자인 장남의 감호양육을 소홀히 하고 춤바람이 나서 각지로 돌아다니면서 1980. 8.경까지 세 차례나 10일 내지 1개월간 가출한 점은 피청구인이 용서를 한 바 있으므로 그로부터 2년이 경과된 뒤인 1982. 9. 18. 이혼 소를 제기한 이 사건 반심판청구는 민법 제842조에 의하여 허용될 수 없으나, 그 후 청구인은 1982. 2.

53 대법원 2006. 8. 24. 선고 2006므959 판결.
54 대법원 1985. 7. 9. 선고 85므5 판결.
55 대법원 1969. 9. 23. 선고 69므19 판결.
56 대법원 1984. 7. 10. 선고 84므27, 28 판결.

경 또다시 가재도구 일체를 챙겨가지고 무단가출을 하여 행방을 감추고서는 같은 해 5. 13. 이혼청구(본심판청구; 기각으로 확정)를 한 점은 악의의 유기 또는 혼인을 계속하기 어려운 중대한 사유에 해당한다고 보아 피청구인의 반심판 청구를 인용한 사례

50 [판례] 시어머니의 비정상적인 행동으로 정신이상 증세를 보이게 된 처에게 이혼요구 뒤 출가한 경우[57]

시어머니가 며느리를 데리고 절에 기도드리러 가서 귀신을 뗀다면서 인분과 재를 섞어 처의 몸에 바르는 등 비정상적인 행동을 하자 처가 갑자기 정신이상의 증세를 보이기 시작하여 지금까지 계속 재발을 반복해 왔는데, 남편의 노력에도 불구하고 기독교 신도인 처의 적대적인 태도가 계속되어 남편이 이혼을 요구하였으나 처가 불응하자 남편은 집을 나와 입산하여 비구승이 됨으로써 부부가 10년 넘게 별거하게 되고 현재에 이르러서는 서로의 배타적 신앙생활로 인한 애정의 결핍과 장기간의 별거로 혼인관계가 되돌릴 수 없는 파탄에 빠져있는 것이라면 이러한 파탄은 남편이 정신적으로 완전하지 아니한 처를 악의로 유기한 것에서 비롯되었다 할 것이라며, 남편의 본심 이혼청구를 기각하고 처의 반심 이혼청구를 인용한 사례

51 [판례] 다른 여성과 동거하면서 20 년 이상 별거한 경우[58]

피고가 다른 여성과 부첩관계를 맺고 서울에서 동서생활을 하면서 이혼 청구 당시까지 20년 이상 원고로 하여금 경기도 포천군 소재 집이나 출가한 딸들의 집에서 기거하게 한 이상, 설사 피고가 원고의 생활을 위하여 맏사위와 딸의 공동명의로 주택을 마련해주었다 하더라도 피고의 위와 같은 축첩행위 자체가 부당하게 동거의무를 불이행한 것으로서 악의의 유기에 해당한다.

52 [판례] 다른 여성과 사실혼 관계를 맺은 경우[59]

여러 여자와 부정한 행위를 하고 나아가 그들과 사이에 혼인 외의 자를 낳고 사실혼 관계를 맺은 경우(그 외에 민법 제840조 제1호·제6호에도 해당한다고 보았다)

53 [판례] 다른 여자와 불륜의 의심이 들 정도로 장기간 해외 체류한 경우[60]

가정생활을 등한시하며 1년 동안 미국에 6차례나 다녀오고 사업 등을 이유로 미국에 220일이 넘게 머무르며 가족을 돌보지 않는 등 다른 여자와 불륜관계를 맺고 있다는 의심이 들게 할 정도로 해외에 오랫동안 나가 있었던 경우

57 대법원 1990. 11. 9. 선고 90므583, 590 판결.
58 대법원 1998. 4. 10. 선고 96므1434 판결.
59 서울고등법원 2005. 5. 3. 선고 2002르1970 판결(심리불속행 상고기각).
60 서울고등법원 2002. 10. 2. 선고 2002르90 판결(심리불속행 상고기각).

54 [판례] 혼외자를 두고 처를 가정행사에서 배제한 경우[61]

정부(情婦)들과 지속적으로 애정행각을 벌이며 첩과의 사이에서 자녀를 출산하고 자녀의 결혼식이나 피고(남편)의 회갑잔치에도 원고(처)를 참석치 못하게 한 경우(그 외에 민법 제840조 제1호·제3호에도 해당한다고 보았다)

2) 부정된 사례

55 혼인폐지의사가 없는 경우, 상대방의 부당한 대우 등 불가피한 사정으로 집을 나온 경우, 유기한 사람에게 (주된) 책임이 없는 경우 등에는 악의의 유기로 인정되지 않았다.

가) 혼인폐지의 의사가 없는 경우

56 [판례] 법원의 조언과 동의에 의한 별거[62]

피청구인이 청구인과의 주거에서 나와 별거하게 된 것은 청구인의 폭행과 일본 오사카가정재판소의 조언 및 청구인의 동의에 의한 것으로 이를 민법 제840조 제2호에서 규정한 악의의 유기라고 볼 수 없다.

57 [판례] 가정불화를 피하여 일시 별거한 경우[63]

이민문제로 가정불화가 심화되어 처 및 자녀들의 냉대가 극심하여지자 가장으로서 이를 피하여 자제하게 하고 그 뜻을 꺾기 위하여 일시 집을 나와 별거하면서 가정불화가 심히 악화된 기간 이래 생활비를 지급하지 아니한 것뿐이고 달리 부부생활을 폐지하기 위하여 가출한 것이 아닌 경우

58 [판례] 가정불화를 피하여 일시 별거한 경우[64]

처가 생활비 문제 등으로 인하여 야기된 가정불화가 심화되고 그로 인하여 남편과 심하게 말다툼을 벌이게 되자 이를 피하여 자제하도록 하고 그 뜻을 꺾기 위하여 일시 집을 나와 별거한 경우

59 [판례] 노년의 부인이 가정불화로 자식들의 집을 전전한 경우[65]

피청구인(처)이 배우자를 버리고 8년간 자식들의 집에 전전하게 된 내면적인 원인이 청구인(남편)의 주벽과 사업실패로 인한 가정파탄 때문이고 30여 년간 피청구인과 살면서 6명의 자녀를 낳고 손자까지 본 청구인으로서는 좀 더 적극적으로 피청구인

61 서울고등법원 2001. 2. 13. 선고 2000르1624 판결(심리불속행 상고기각).
62 대법원 1986. 5. 27. 선고 85므87 판결.
63 대법원 1986. 6. 24. 선고 85므6 판결.
64 대구고등법원 2004. 8. 20. 선고 2003르188, 195 판결(확정).
65 대법원 1986. 8. 19. 선고 86므75 판결.

을 이해하고 설득하여 원만한 가정생활을 이루도록 하여야 함에도 자식들의 집으로 전전 생활해 온 피청구인을 찾아보지도 않고 자식들에게 연락하지도 아니한 것은 청구인이 남편으로서의 소임을 다하지 못한 것이므로 피청구인이 청구인의 곁을 떠나 자식들의 집으로 전전한다는 것만으로 배우자를 악의로 유기하였거나 혼인관계를 계속할 수 없을 정도로 파경에 이르렀다고 볼 수 없다.

60 [판례] 질병 치료차 별거하다 소원해 지고 수입이 없어 생활비를 지급하지 못한 경우[66]

피고가 질병 치료차 친정으로 간 후 원고와 피고 모두 연락조차 않고 오랫동안 별거하는 과정에서 원고가 가사 및 육아를 위하여 직장을 그만두는 바람에 수입이 없어 피고의 치료비나 생활비를 지급하지 못한 것뿐이고, 달리 부부생활을 폐지하기 위하여 별거하거나 생활비 등을 지급하지 아니한 것은 아닌 경우

61 [판례] 사소한 말다툼 중 상대방의 요구로 별거하면서 자력이 있는 상대방에게 생활비를 미지급한 경우[67]

사소한 말다툼 후 집을 나가 생활비를 지급하지 않고 이혼소송 제기 시까지 별거가 이어진 경우에도, 가출의 계기가 부부싸움 후 흥분한 상대방이 집에서 나갈 것을 강력하게 요구한 데서 비롯된 것이고, 생활비를 지급하지 아니한 것도 상대방에게 충분한 예금과 소득이 있다는 계산과 생활비 미지급으로 상대방을 압박하여 사과를 받아내겠다는 의도 하에 이루어진 행동으로 인정되는 경우

62 [판례] 수형생활[68]

피청구인(남편)이 6·25사변 당시의 국가보안법 위반사건으로 징역 5년의 형을 선고받고 그 형의 집행을 마칠 때까지 청구인(처)과 동서생활을 하지 못한 것은, 형의 집행으로 인하여 부득이한 것이므로 악의로 유기한 것이라고 볼 수 없다.

나) 상대방의 부당한 대우 등 불가피한 사정으로 집을 나온 경우

63 [판례] 구타와 학대를 피하여 집을 나온 경우[69]

남편이 "다른 남자와 만난다.", "돈을 빼돌린다."는 등으로 의처증이 심하여 구타와 학대를 일삼아 오자 견디다 못해 처가 집을 나와 친정으로 피신한 경우, 동거하던 집을 떠나 별거생활을 하고 있는 것이 의처증에 따른 구타와 학대를 감내할 수 없었던 사정으로 인한 것이므로 악의의 유기라 할 수 없다.

66 서울고등법원 2005. 5. 17. 선고 2004르1516 판결(심리불속행 상고기각).
67 서울고등법원 2005. 8. 16. 선고 2004르1790 판결(심리불속행 상고기각).
68 대구고등법원 1966. 10. 21. 선고 66르131 판결(확정).
69 대법원 1981. 9. 8. 선고 80므53 판결.

64 [판례] 욕설과 구타 등 학대를 당하다가 친정에 가 있으라는 제안에 따라 집을 나온 경우[70]

시부모를 위시한 시집 식구들과 청구인이 피청구인에 대하여 냉대하고 욕설, 구타하는 등 심히 학대하고 또 한편으로는 친정에 가 있으라는 청구인의 말을 좇아서 피청구인이 청구인의 집을 나와 친정에 머무르게 된 경우

65 [판례] 무관심과 행패, 폭언 등을 견디지 못하고 친정에 간 경우[71]

처가 남편의 무관심과 행패, 사망한 전처 소생의 딸을 양육하는 과정에서의 질책, 폭언 등에 견디지 못하고 친정으로 돌아간 경우

66 [판례] 상대방이 의심받을 행위를 하면서 냉대하여 가출한 경우[72]

청구인(남편)이 형수와 관계를 의심받을 행위를 계속하고 피청구인(처)을 형의 집에 따로 살게 하면서 냉대하였기 때문에 피청구인이 가출한 경우

67 [판례] 협박에 피신하여 집을 나온 경우[73]

거듭되는 상대방의 협박으로 생명에 위험을 느껴 피신하거나 집에서 나가라고 소리치며 행패를 부리는 상대방을 피하여 집을 나온 경우

다) 유기한 사람에게 (주된) 책임이 없는 경우

68 [판례] 쌍방 책임[74]

청구인(남편)에 의한 이혼 청구가 기각된 이후에도 계속하여 별거하고 있는 사안에서, 청구인(남편)은 시부모 공양의무 등을 내세워 피청구인(처)에게 서울의 가게를 폐하고 대전에 있는 시가에 내려갈 것을 고집하고, 피청구인은 남편이 동거할 만한 방을 준비한 바 없이 남편 혼자 서울에 있으면서 아내만을 시가로 내려가 생활하라는 것은 부당하다고 하여 서로 자기주장만을 내세우면서 이혼청구 기각 판결 이후에도 계속하여 별거하고 있다면, 청구인과 피청구인 사이의 별거는 쌍방에 모두 그 책임이 있는 사유로 인한 것이므로 피청구인이 청구인을 악의로 유기한 것이라 할 수 없다.

69 [판례] 남겨진 배우자가 지속적인 부정행위를 한 경우[75]

청구인이 채무를 견디지 못하고 가출하여 약 6년간 그 정확한 행방을 알리지 아니하

70 대법원 1987. 9. 22. 선고 87므8 판결.
71 대법원 1990. 3. 23. 선고 89므1085 판결.
72 대법원 1986. 5. 27. 선고 86므26 판결.
73 광주고등법원 2006. 11. 30. 선고 2005르371 판결(확정).
74 대법원 1981. 12. 8. 선고 81므48 판결.
75 대법원 1983. 4. 26. 선고 82므63 판결.

고 피청구인과 가족들을 돌보지 아니하면서 "찾지 말라"는 내용의 편지만을 계속 보내온 관계로 피청구인은 청구인의 거처를 수소문하는 한편 날품팔이 노동일을 하여 가계를 꾸려나갔다 하더라도 피청구인이 계속적으로 다른 남자와 19개월간에 걸쳐 수십 회 간통하였다면 혼인관계가 파탄에 이른 원인은 피청구인의 행위에 있다고 할 것이므로, 청구인과 피청구인 간의 혼인관계가 파탄지경에 이르게 된 것은 청구인이 장기간 가출하여 그 거처를 감추고 피청구인 및 가족의 생계를 돌보지 아니한 것에 있다고 하기보다, 피청구인이 외간남자와 장기간 불륜관계를 계속하여 왔다는데 그 원인이 있다면, 청구인이 피청구인을 악의로 유기한 유책배우자임을 전제로 하여 청구를 배척할 수 없다.

70 [판례] 과도한 부양요구를 불이행한 경우[76]

남편이 소득에 비하여 과도한 자녀 사교육비 등을 지출하는 처에 대하여 불만이 있어 처가 요구하는 만큼의 자녀들 교육비 및 생활비를 주지 않은 사례(다만 민법 제840조 제6호의 사유는 인정하였다)

4. 배우자 또는 그 직계존속으로부터 심히 부당한 대우(제3호), 직계존속에 대한 심히 부당한 대우(제4호)

가. 연혁 등

71 배우자의 심히 부당한 대우는 다수의 입법례에서 발견되는 이혼사유이나, 배우자의 직계존속으로부터 심히 부당한 대우를 받았을 때와 자기의 직계존속이 배우자로부터 심히 부당한 대우를 받았을 때와 같이 직계존속과 관련된 이혼사유는 구 민법(1947년 개정되기 전의 일본 민법)을 제외하고 유례를 찾기 어려운 것이다. 과거 부모와 함께 생활하는 경우가 많았던 대가족제도와 효사상을 중시하는 문화적 배경의 영향이라고 보인다. 이에 대하여는 무조건적 효의 강제로부터 해방시켜주거나 노부모 부양소홀과 노인학대에 대한 대응으로서 실천적 의미가 있다는 견해[77]와 대가족제도의 유물로서 이혼은 당사자의 문제이며 현대 이혼법에서 당사자 이외의 사유로 혼인이 해소되는 규정은 둔 입법례가 없다는 점에서 폐지되어야 한다는 견해[78]가 있다.

76 서울고등법원 2006. 10. 31. 선고 2005르1902 판결(상고기각).
77 한복룡, 가족법강의, 충남대학교출판문화원(2012), 116.
78 김용한, 친족상속법(보정판), 박영사(2003), 148; 한봉희/백승흠, 가족법, 삼영사(2013), 197.

나. 부당한 대우의 의의 및 판단기준

1) 의의

72 배우자로부터 심히 부당한 대우를 받았을 때라 함은 혼인의 지속을 강요하는 것이 참으로 가혹하다고 여겨질 정도의 폭행이나 학대 또는 모욕을 받은 경우를 말한다.[79] 직계존속과 관련된 경우에도 위와 같이 해석할 것이다.

73 직계존속은 법률상의 직계존속만 해당되는지 사실상의 직계존속(재혼에 의하여 형성된 가족관계, 인지나 친생자관계존재확인 전의 생부나 생모)도 포함되는지 문제될 수 있다. 부모공경과 효사상을 중시하는 문화적 배경에서 비롯된 이혼사유라는 점과 혼인관계의 바탕이 되어야 할 신뢰와 애정의 기반을 해치기 때문이라는 점에서 실질적인 관계를 기준으로 판단하여야 한다는 견해가 있을 수 있고, 법정된 재판상 이혼사유는 엄격히 해석해야 한다는 점에서 법률상 직계존속만 해당한다고 보는 견해가 있을 수 있으나 후자에 의하더라도 민법 제840조 제6호의 이혼사유에는 해당할 수 있을 것이다.

2) 판단기준

74 혼인관계의 지속을 강요하는 것이 가혹하다고 여겨질 정도인지는 구체적 사안에 따라 당사자의 연령, 성행, 학력, 직업 등과 그 행위의 동기, 수단, 태양, 결과 등 제반 사정을 참작하고, 혼인생활의 기간, 자녀의 유무 등 혼인생활의 전체 내용을 고려하여 판단하여야 할 것이다.[80] 판단기준은 사회의 일반관념과 함께 당사자 개인의 감정 및 의사를 고려하여야 한다.[81] 행위의 대상은 신체 뿐 아니라 정신이나 명예에 대한 것도 포함된다.

75 구 민법에서 "배우자로부터 동거를 감내하기 어려운 학대 또는 중대한 모욕을 받은 때"라고 규정하고 있었던 점과 부부간에는 동거, 부양, 협조의무를 부담하고 있는 점에서 부당한 대우로 인하여 동거생활의 지속을 인내하도록 강요하는 것이 가혹한 정도이어야 한다고 해석된다.[82]

79 대법원 1981. 10. 13. 선고 80므9 판결, 대법원 1999. 2. 12. 선고 97므612 판결, 대법원 2004. 2. 27. 선고 2003므1890 판결.

80 주해친족법(제1권)(제2판), 박영사(2025), 541(이동진); 조해섭, "재판상 이혼원인에 대한 대법원 판례의 정리", 실무연구VI, 서울가정법원(2000), 114~115.

81 김주수/김상용, 주석 민법, 친족(2)(제5판), 한국사법행정학회(2016), 329.

82 조해섭, "재판상 이혼원인에 관한 대법원 판례의 정리", 실무연구VI, 서울가정법원(2000), 114.

76 일시적인 부부싸움 중 경미한 폭행이나 모욕은 부당한 대우에 해당하지 않는다고 본 사례가 많다.[83] 부정한 행위 등 자초한 중대한 잘못으로 다투던 중 발생한 경미한 폭행에 대하여도 마찬가지이다.[84]

77 직계존속에 대한 부당한 대우에 관하여는, 기본적으로 위와 같은 판단기준이 적용되나 함께 생활하고 있는지 여부나 부부관계에 미치는 영향 등을 종합하여 판단하여야 할 것이다.

3) 판단방법

78 특정한 폭행, 욕설 등 개별적 행위가 이혼사유로 되는 것이 아니라 전체적인 진행과 행위가 부당한 대우를 구성하는 것이므로, 일련의 행위가 모두 합하여 부당한 대우가 된다면 당사자가 주장하지 않은 간접사실로도 부당한 대우를 인정할 수 있다.[85]

다. 제3호의 유형별 사례

79 가장 많이 문제되는 폭행, 상해, 욕설 등의 유형과 형사고소 등 법률분쟁을 제기한 유형, 사회·경제적 기반과 명성의 기초가 되는 직장생활 방해의 유형, 그 외 경제적 학대와 자살시도 등의 유형으로 나누어 살펴본다.

1) 폭행, 상해 등

80 원칙적으로, 부부관계에 있어서 폭력의 행사는 어떠한 경우에도 정당화될 수 없다.[86] 그러나 이혼사유로 인정되기 위해서는 혼인관계의 지속을 강요하는 것이 가혹하다고 여겨질 정도일 것이어야 하므로, 부부싸움 중 경미한 수준의 폭행이나 상대방의 주된 귀책사유로 인한 불화 중 발생한 경미한 폭행 등은 이혼사유에 해당하지 않는 것으로 본다.

가) 인정된 사례

81 [판례] 장기간 학대와 폭행을 일삼다 폭행으로 입원에 이르게 한 경우[87]

피청구인이 혼인 전에 사귀던 소외인을 못잊어 7년 간 청구인을 학대하고 아무런 이

83 대법원 1981. 10. 13. 선고 80므9 판결, 대법원 1986. 6. 24. 선고 85므6 판결, 대법원 1982. 11. 23. 선고 82므36 판결 등.

84 대법원 1986. 9. 9. 선고 86므68 판결, 대법원 1986. 9. 9. 선고 86므56 판결.

85 대법원 1990. 8. 28. 선고 90므422 판결.

86 대법원 2012. 6. 14. 선고 2012므1205 판결.

87 대법원 1983. 10. 25. 선고 82므28 판결.

유 없이 욕설과 폭행을 일삼아오다가 청구인이 10여 일 동안 병원에 입원할 정도의 폭행을 한 사례

82 [판례] 지참금이 적다는 이유로 계속적으로 구타한 경우[88]

의사인 피청구인이 처가에서 집, 자가용, 병원을 사주지 않고, 청구인이 결혼시 지참금을 듬뿍 가지고 오지 아니하였다는 이유로 청구인을 6회에 걸쳐 구타하여 상처를 입히는 등 폭행, 학대하고, 장인에게 야전삽을 휘두르며 위협하고, 멱살을 잡아 흔드는 등 행패를 부린 행위가 배우자 및 그 직계존속을 심히 부당하게 대우한 경우에 해당한다고 인정한 사례.

83 [판례] 학력과 직업을 속이고 혼인한지 1달 만에 이를 질책받자 상해를 가한 경우[89]

피청구인(남편)이 학력과 직업, 수입을 속이고 4. 20. 결혼식을 하고 5. 1. 혼인신고를 마친 뒤 5. 19. 청구인(처)으로부터 거짓말을 하지 말고 하루를 살더라도 진실하게 생활하라는 말을 듣자 주먹과 발로 청구인의 머리와 얼굴을 때리고 하체를 차서 청구인에게 약 2주일간 복약할 정도의 상해를 입히고 그 때부터 별거하고 있는 사안에서, 두 사람 간의 동거생활도 불과 1개월 정도에 지나지 아니하고 또 그 사이에 자녀도 없는 바 이 사건 혼인은 피청구인에게 책임있는 사유로 인하여 그 요소인 애정과 신뢰가 결핍된 상태에 이르렀고 그 위에 피청구인으로부터 폭행을 받아 상해까지 입은 끝에 청구인이 집을 나와 별거상태가 계속됨으로써 부부간의 공동생활관계는 이제 회복할 수 없을 정도로 파탄되었다고 볼 여지가 있다며, 부당한 대우와 혼인파탄을 부정한 원심을 파기한 사례(원심은 피청구인이 학력, 직업, 수입 등에 관하여 거짓말을 하였으나 혼인생활의 경제적 기반이 전무한 것이 아니고 폭행은 술김에 질책을 받자 순간적으로 화가 나 저지른 것이라고 보고 부당한 대우를 하였거나 혼인관계가 파탄에 이르지 않았다고 판단하여 이혼 청구를 기각하였다)[90]

84 [판례] 미성년 자녀 앞에서 극악한 욕설과 폭력을 행사한 경우[91]

원고에게 극악한 내용의 욕설을 하고, 술에 취해 폭력을 행사하여 미성년 자녀들이 폭력장면에 노출되어 부로부터의 격리와 보호가 필요하다는 의사의 소견이 있는 경우, 상호간의 애정과 신뢰를 바탕으로 하는 부부 관계에 있어서 폭력의 행사는 어떠한 이유에서라도 정당화될 수 없는 것이라는 점에 비추어 보면, 피고의 폭력적인 행동이나 폭언, 욕설 등은 원고에 대한 심히 부당한 대우에 해당한다.

88 대법원 1986. 5. 27. 선고 86므14 판결.
89 대법원 1987. 7. 21. 선고 87므24 판결.
90 대법원 1987. 7. 21. 선고 87므24 판결.
91 대법원 2012. 6. 14. 선고 2012므1205 판결.

85 [판례] 근거 없는 의심으로 폭행과 폭언을 하고 축출한 경우[92]

처가 학력을 속인 사실이 없음에도 학력을 속였고 남편과의 사이에 잉태하였다가 유산한 아이가 다른 남자의 아이라고 하는 등 괴롭히고, 자식은 누이에게 주고 새장가를 가겠다며 처의 머리채를 잡고 끌어내며 폭언하고 이를 말리는 장모에게 욕설을 퍼부어, 처가 자식을 남겨둔 채 친정으로 왔다가 가재도구를 가져가라는 남편의 성화에 가재도구를 친정으로 옮기게 된 경우 남편의 심히 부당한 대우를 인정한 사례

86 [판례] 베트남 국적 배우자를 폭행하고, 부엌칼로 위협한 경우[93]

피고가 수차례 베트남 국적 배우자를 폭행하고, 앞으로 잘 살아보든지 아니면 같이 죽자며 부엌칼로 위협한 사안에서, 원피고는 더 이상 피고의 폭력 행사 이전의 관계로 회복될 수 없다고 판단하여 부당한 대우를 인정한 사례(원심은 원고가 피고의 폭행 이후 피고와 화해한바 있고, 같은 국적의 직장 동료들과 어울려 귀가시간을 어기고, 외박 장소에 관한 피고의 지적에도 불구하고 피고에게 일방적인 이해를 구하거나 이혼을 요구함으로써 갈등을 격화시키는 등 원고에게 피고의 폭력 행사에 상당 부분의 책임이 있다고 보아 민법 제840조 제3호·제6호의 이혼사유에 해당하지 않는다고 보았다)

나) 부정된 사례

87 [판례] 경미한 모욕, 폭행[94]

혼인생활 중 취득한 부동산의 명의와 음주문제 등으로 부부가 다투던 중에 다소 모욕적인 언사나 약간의 폭행을 한 사실이 있다고 하더라도 혼인관계의 지속을 요구함이 심히 가혹한 정도의 것이라 할 수 없다.

88 [판례] 경미한 모욕, 폭행[95]

가정불화의 와중에서 서로 격한 감정에서 오고간 몇 차례의 폭행 및 모욕적인 언사는 그것이 비교적 경미한 것이라면 민법 제840조 제3호 소정의 심히 부당한 대우를 받았을 때에 해당하지 않는다.

89 [판례] 술집 출입, 늦은 귀가, 생활비 미지급 등 남편으로서의 의무를 다하지 않은 문제로 부부싸움 중 처가 남편을 폭행한 경우[96]

남편이 술집을 드나들고 밤늦게 귀가하고 생활비를 주지 않자 처가 남편을 폭행하고

[92] 대법원 1990. 3. 27. 선고 89므808 판결.
[93] 대법원 2021. 3. 25. 선고 2020므14763 판결.
[94] 대법원 1981. 10. 13. 선고 80므9 판결.
[95] 대법원 1986. 6. 24. 선고 85므6 판결.
[96] 대법원 1971. 7. 6. 선고 71므17 판결.

다른 사람 면전에서 행패를 부리고 회사에 찾아가 농성을 하였으며 부동산을 임의매도 한 사안에서, 처의 폭행이나 재산처분 등이 혼인관계의 지속과는 아무런 관계가 없는 경우에는 배우자로부터 심히 부당한 대우를 받은 경우에 해당하지 않고, 남편이 술집을 드나들고 밤에 늦게 귀가하는 것을 문제 삼은 것은 처에게 의당 있을 수 있는 일이고 생활비나 동거생활을 요구하는 것도 당연한 것이므로 처의 폭행이나 재산처분 등 일련의 행위는 그 원인이 모두 청구인이 남편으로서의 의무를 다하지 못한 데서 나온 것으로 보임에도 처에게 파탄의 원인이 있다고 보아 남편의 이혼청구를 인용한 원심을 파기한 사례

90 [판례] 남편의 성적 기능, 경제상태에 대한 불만을 이유로 일방적으로 친정으로 가버린 처가 귀가를 거부하자 일시 격한 감정에서 구타한 경우[97]

피청구인(남편)이 청구인(처)의 친정에서 청구인을 구타하여 10일간의 치료를 요하는 상처를 입힌 것이 무정자증으로 생식불능이라는 검사결과로 인하여 충격을 받아 약간 신경질적이 된 피청구인을 포용하지 못하고 오히려 피청구인의 성적 기능, 경제상태에 대한 불만을 이유로 이혼을 선언하고 친정으로 돌아가 버린 청구인을 찾아가 귀가를 종용하였으나 불응하므로 일시 격한 감정으로 구타하여 일어난 결과라면 이 같은 사유만으로는 민법 제840조 제3호 소정의 배우자로부터 심히 부당한 대우를 받은 경우에 해당한다고 볼 수 없다.

91 [판례] 처가 다리가 불구인 남편을 두고 외간남자들과 어울려 다니는 등 장기간 가정에 불성실하고 딸의 병간호를 외면하여 그 문제로 다투면서 남편이 처를 경미하게 폭행한 경우[98]

청구인(처)이 오른쪽 다리가 불구인 피청구인(남편)을 멸시하면서 가정을 돌보지 아니하고 사치와 춤을 일삼아 가정불화와 부부싸움이 잦아지게 되고 그 후 다방을 경영하면서 외간남자들과 자주 어울려 다닐 뿐만 아니라 수입을 더 올린다는 이유로 심야다방을 경영하면서 집에는 1년에 4, 5차례 잠시 들렀다가 가는 정도로 가정에 불성실하여 피청구인과 불화가 심화되던 중 피청구인이 청구인에게 가한 상처는 큰 딸이 독감으로 약 15일간 앓아누워 있는데도 병간호를 외면하기에 이를 따지다가 화가 나 때려서 입힌 상처이고, 이후 소송 계속 중 법정에서 나오다가 감정이 격화되어 빚어진 결과에 불과하다면, 청구인이 피청구인으로부터 몇 번 구타당하여 경미한 상처를 입었다는 사실만으로는 혼인생활을 계속할 수 없을 정도로 심히 부당한 대우를 받았다고 할 수 없다고 판단한 원심을 수긍한 사례

97 대법원 1982. 11. 23. 선고 82므36 판결.
98 대법원 1986. 9. 9. 선고 86므68 판결.

92 [판례] 처가 간통한 뒤 남편의 고소 취하로 석방되었음에도 자주 가출하자 남편이 처에게 경미한 폭행을 가한 경우[99]

처가 타인과 간통을 하여 구속된 뒤 남편이 자식들의 장래를 위하여 고소를 취하하여 풀려났으면서도 집안일을 돌보지 않고 자주 가출하는 등 하여 남편이 처를 구타하여 약 1주간의 치료를 요하는 상처를 입히고 자녀들 앞에서 모욕적인 말을 한 사실만으로 부에게 책임있는 이혼사유가 있다고 볼 수 없다.

2) 형사고소 등

93 행위의 종류와 행위에 이르게 된 경위 등에 비추어 판단할 사안으로, 허위고소와 같이 부부간의 애정과 신뢰관계를 해치는 경우에는 혼인관계의 지속을 강요할 수 없으므로 부당한 대우에 해당한다고 보아야 할 것이다. 민법 제840조 제6호 혼인을 계속하기 어려운 중대한 사유로 주장·판단되는 경우도 많다.

가) 인정된 사례

94 [판례] 허위고소, 거짓진술 교사[100]

남편이 처와 제3자의 관계가 결백함을 알면서도 처를 간통죄로 고소하고 위 제3자 등으로 하여금 간통사실 등에 관한 거짓진술을 하도록 부탁함으로써 혼인관계가 파탄에 이르게 하였다면 그 행위는 민법 제840조 소정의 배우자로부터 심히 부당한 대우를 받은 때 또는 기타 혼인을 계속하기 어려운 중대한 사유가 있을 때에 해당한다.

나) 부정된 사례

95 [판례] 형사고소 및 파탄 이후 엄벌을 구하는 탄원서 제출한 경우[101]

피고가 원고를 형사고소하고, 원고가 무면허 운전 등으로 형사재판을 받게 되자 원고의 구속 및 엄벌을 바라는 취지의 탄원서를 2회 제출한 것은 원고와 피고의 혼인관계가 이미 파탄된 이후의 일이라는 점과 그 행위의 종류 및 피고가 그러한 행위에 이르게 된 경위에 비추어 볼 때, 민법 제840조 제3호 소정의 이혼사유 해당한다고 볼 수 없다(이 사례에서 부당한 대우가 인정되지 않은 것은 탄원서의 제출이 파탄 이후에 이루어진 점을 고려한 것으로 보인다. 다만 피고의 행동은 민사판결편취, 재산처분, 편파적 채무변제 등과 더불어 혼인생활을 계속할 의사가 전혀 없으면서도 오기나 보복적 감정 등으로 이혼을 거부하고 있는 것으로 인정되었다). [☞ 상세한 내용은 뒤의 Ⅲ. 3. 나. 2) 가) 주석 참조]

99 대법원 1986. 9. 9. 선고 86므56 판결.
100 대법원 1990. 2. 13. 선고 88므504, 511 판결.
101 대법원 2004. 2. 27. 선고 2003므1890 판결.

3) 직장생활 방해

96 직업이나 사회적 지위에 비추어 본 행위의 내용에 의하여 명예를 심각하게 침해한 경우에는 혼인관계의 지속을 강요하는 것이 가혹하다고 보아야 할 것이다. 그러나 상대방이 부정한 행위를 하거나 이를 의심할 만한 상황에서 직장으로 찾아가 시비가 된 경우와 같이 상대방의 주된 책임 있는 행위로 인하여 유발된 경우에는 이혼사유에 해당하지 않는다고 본다.

가) 인정된 사례

97 [판례] 여학생과의 관계를 까닭 없이 의심하여 의과대학 교수의 본분을 다할 수 없게 한 경우[102]

의과대학 교수인 청구인에 대하여 여자제자와의 관계를 까닭 없이 의심하여 그 학생의 가족에게 항의를 하는 등 청구인의 입장을 난처하게 하고, 학부형으로 위장하여 청구인을 비방하는 편지를 학장 앞으로 보내어 학교 안에서 청구인의 명예를 손상하게 하고 결국은 보직마저 박탈케 하였으며, 청구인의 의사를 무시한 채 경찰관과 방범대원을 동원하고 청구인을 강제로 데려가 정신감정을 한다며 여러 병원을 찾았다가 되돌려 보내고, 남자 4명과 함께 학교로 찾아와 병원으로 가자며 청구인을 강제로 끌고 가다가 학생들의 만류로 중단하였다면 청구인으로 하여금 학생지도, 학문연구 등 교수로서의 본분을 다할 수 없게끔 심히 부당한 대우를 한 경우에 해당한다.

98 [판례] 남편을 의처증으로 몰아 입원시키려고 수업중인 학생들 앞에서 수갑을 채우는 등 초등학교 교사의 본분을 다할 수 없게 한 경우[103]

남편이 처의 춤바람과 남녀관계를 추궁한데 대하여, 초등학교 교사인 남편을 의처증의 정신병자로 몰아 정신병원이나 요양원등에 강제로 보내기 위해 학교에서 납치를 기도하거나 학교 교장에게 입원협조를 요청하고 수업중인 학생들 앞에서 수갑을 채우는 등으로 폭행과 모욕 등 부당한 대우를 하여 혼인생활을 계속하기 어려운 지경에 이르렀다면 민법 제840조 제3호 이혼사유에 해당한다.

나) 부정된 사례

99 [판례] 다른 여성과 가까이 지내면서 대화를 기피하여 직장에 찾아가게 된 경우[104]

피고가 여러 차례에 걸쳐 원고의 직장으로 찾아가 행패를 부리거나 전화를 하여 원

102 대법원 1986. 3. 25. 선고 85므72 판결.
103 대법원 1985. 11. 26. 선고 85므51 판결.
104 대법원 1996. 8. 20. 선고 94므1669 판결.

고에게 욕설을 한 것은 원고가 소외인과 가까이 지내면서 집에 늦게 들어오고 피고와의 대화마저 기피한 데에 그 근본원인이 있다고 보여지므로 피고가 원고를 심히 부당하게 대우하였다고 볼 수 없다.

100 [판례] 이혼청구 기각 후에도 다른 여성과 가까이 지내며 재화합을 거부하여 직장에 찾아가게 된 경우[105]

처가 남편에게 여러 차례 욕을 하고 직장으로 남편을 찾아가 행패를 부리거나 직장으로 전화를 하여 비방한 것이 남편이 전에 제기하였던 이혼심판청구가 기각된 후에도 다른 여자와 가까이 지내면서 처와의 재화합을 위한 노력을 전혀 하지 않고 있는 데에 그 원인이 있었다면 처의 행위만으로는 처가 남편을 부당하게 대우하였다고 보기 어렵다.

4) 경제적 학대

101 경제적 형편에 비하여 심각하게 궁핍한 생활을 강요하고 노예적인 가사노동을 시키는 등 육체적, 정서적 학대에 해당한다고 볼 수 있는 경우에는 부당한 대우라고 볼 수 있으나, 나이나 재산상태, 경제적 가치관에 비추어 상대방에 대한 학대의사가 없는 경우에는 이혼사유라고 볼 수 없을 것이다.

가) 인정된 사례

102 [판례] 지나친 내핍생활과 노예적인 가사노동[106]

사실혼관계에 있는 처가 그 부의 노모로부터 지나친 내핍생활과 모든 힘든 가사를 강요당하고, 이로 말미암아 내외사이에 불화가 생겨 부로부터 구타당하고 별거하던 중 부가 그 거처하던 방과 결혼반지까지 처분하여 버렸다면 처는 배우자 및 그 존속으로부터 부당한 대우를 받은 것이라고 할 수 있다.

나) 부정된 사례

103 [판례] 고령으로 스스로 절약하는 가치관을 가진 남편이 처에게 절약을 강요한 경우[107]

피고가 원고에게 생활비를 적게 주어 원고로 하여금 경제적으로 어려운 생활을 하도록 하고 가부장적 권위로 원고를 대해 오는 한편 고령이 되어 원고를 이유 없이 의심하는 언행을 보인 점은 있으나, 피고 스스로도 절약하는 생활을 하여 현재 약 18억원에 상당하는 재산을 모은 점, 피고가 원고를 의심하는 언행을 하거나 알몸으로 집

105 대법원 1989. 10. 13. 선고 89므785 판결.
106 대법원 1975. 7. 8. 선고 75므20 판결.
107 대법원 1999. 11. 26. 선고 99므180 판결.

안을 돌아다니기도 한 것은 고령으로 인하여 생긴 정신장애 증상에 기인하며 원고는 정신장애 증상이 있는 피고를 돌보고 부양하여야 할 의무가 있는 점, 현재 원고는 만 75세이고, 피고는 만 83세에 이르는 고령인 점 등을 종합하여 피고가 원고에게 심히 부당한 대우를 하였다고 인정하기 어렵다고 본 원심을 수긍한 사례

5) 자살 시도

104 배우자를 학대하며 이혼하지 않으면 자살하겠다고 협박한 경우라면 협박받은 사람으로 하여금 혼인의 계속을 강요하는 것은 심히 가혹하다 할 것이나, 일방의 부당한 처사로 상대방이 억울한 마음에 자살시도를 하였다고 하여 상대방의 자살시도가 부당한 대우에 해당한다고 볼 수는 없을 것이다.

가) 인정된 사례

105 [판례] 이혼해주지 않으면 자살하겠다고 두 차례나 자살소동을 벌인 경우[108]

남편이 혼인 초부터 처가 아기를 낳을 수 없다는 트집을 잡아 학대를 하고 이혼을 요구하여 왔고 이에 응하지 아니하면 자살하겠다고 하면서 실제로 두 차례에 걸쳐 자살한다고 농약을 마시는 소동을 벌여 이에 견디다 못한 처가 집을 나와 친정에 복귀함으로써 부부 사이가 파탄에 빠졌다면, 재판상 이혼사유인 배우자로부터 심히 부당한 대우를 받은 경우에 해당한다.

나) 부정된 사례

106 [판례] 상대방에 대하여 억울하고 실망한 마음에 자살기도를 한 경우[109]

피청구인이 청구인과 함께 양돈업을 하면서 부담하게 된 채무를 청구인이 피청구인의 개인채무라고 떠넘기자 이에 격분 실망하여 2회에 걸쳐 자살을 기도한 탓으로 그 후 병원에 입원치료를 받아야 하고 그 상태가 호전되지 않고 있다는 사유만으로 피청구인에게 책임 있는 민법 제840조 제3호의 재판상 이혼사유에 해당한다고 볼 수 없다.

라. 제4호의 구체적 사례

1) 인정된 사례

107 [판례] 장모에 대한 폭행[110]

장모의 뺨을 때리고 발로 찬 경우

108 대법원 1990. 11. 27. 선고 90므484, 491 판결.
109 대법원 1986. 8. 19. 선고 86므18, 19 판결.
110 대법원 1947. 5. 6. 선고 4280민상37 판결.

108 [판례] 고령의 시모를 폭행하고 냉대하여 축출한 경우[111]

홀로 또는 자녀들과 공모하여 고령의 시모를 폭행하고 냉대하여 집에서 축출한 경우

109 [판례] 처의 지참금이 적다는 이유로 장인에게 행패를 부린 경우[112]

피청구인(남편)이 청구인(처)과 혼인을 한 이후, 청구인이 지참금을 가지고 오지 아니하였다는 이유로 불만을 품고 계속 구타하여 상처를 입힌 일이 있을 뿐 아니라 청구인의 친가 아버지에게까지 행패를 부린 행위는 배우자 및 그 직계존속을 심히 부당하게 대우한 경우에 해당한다.

110 [판례] 장모에 대한 허위 고소[113]

남편이 처에 대한 구타행위를 하였음에 더불어 처의 친정 모로부터 폭행을 당한 사실이 없음에도 경찰서에 처의 친정 모에 대하여 폭행죄로 처벌을 요구하는 고소장을 제출한 경우, 배우자의 직계존속에 대한 중대한 모욕에 해당하므로 재판상 이혼사유에 해당한다.

111 [판례] 고령인 시모에 대하여 욕설과 상해를 가한 경우[114]

처가 결혼 초부터 고령인 시어머니를 냉대하다가 합가 문제로 다투면서 이년 저년 욕을 하고 시어머니와 시동생을 구타하여 상해까지 입힌 사례

2) 부정된 사례

112 [판례] 시모 등의 학대로 유아를 빼앗기고 친정으로 가게 된 처가 유아 사망소식을 접하고 격분하여 시모에게 욕설 등을 한 경우[115]

원고(남편)의 모와 시매가 심히 피고(처)를 혐오하여 피고에 대한 폭행, 학대가 반복되고 고막이 파열되는 상해까지 입어 장애가 남게 되었고, 부부 사이가 악화되어 자살을 기도한 바 있으며 1세 미만의 유아를 시모에게 박탈당하여 친정에 돌아갔다가 유아마저 양육불충분으로 사망하였다는 소식을 접한 피고가, 시모를 폭행죄로 고소하였다거나 유아 사망소식에 비통한 마음에서 시모에 대하여 욕설을 하는 등 격분하여 다소의 실경행위를 하였다 할지라도 그것이 사회관념상 도저히 용인할 수 없는 한도의 것이 아니면 이를 존속에 대한 중대한 모욕 또는 학대라고 할 수 없다.

111 서울가정법원 1972. 4. 25. 선고 71드1292 판결.
112 대법원 1986. 5. 27. 선고 86므14 판결.
113 대법원 1958. 10. 16. 선고 4290민상828 판결.
114 대구고등법원 1975. 4. 1. 선고 74르34, 35 판결(상고기각).
115 대법원 1959. 5. 7. 선고 4291민상350 판결.

113 [판례] 시모의 폭행에 대항하다가 시모에게 상해를 입힌 경우[116]

오랫동안 행방을 모르는 남편의 행방을 알려고 시모 가에 간 처에게 시모가 입에 담지 못할 욕설을 하고 머리채를 잡자 처가 돌발적으로 그 시모의 손등을 물고 가슴을 밀어 상해를 입혔다는 사실만으로는 배우자의 직계존속에 대한 부당한 대우 또는 혼인을 계속할 수 없는 중대한 사유가 된다고 볼 수 없다.

114 [판례] 불륜행위를 계속하는 남편을 두둔하는 시모의 폭행에 대항하다가 시모를 폭행한 경우[117]

피청구인(처)이 오랫동안 수모를 당하며 시어머니를 모시고 혼인관계의 원만한 상태의 회복을 위하여 노력해 온데 대하여 청구인(남편)이 혼외자를 출산하고 불륜관계를 계속하며 협의이혼을 강요하며 욕설과 폭행을 하고 시모 역시 피청구인의 다리를 깨물고 치마를 당기는 상태에서 이를 벗어나려고 시모의 머리채를 잡아당긴 피청구인의 행위에 대하여, 시모에 대한 다소 불손한 행위가 있었다 하더라도 피청구인의 귀책사유에서 비롯되었다고 볼 수 없어 배우자의 직계존속에 대한 심히 부당한 대우를 한 경우라고 보기 어렵다.

115 [판례] 남편의 부정행위와 폭행에 지쳐 시모를 불손하게 대한 경우[118]

피청구인(처)이 시모의 말에 순종하지 아니하고 약간 불만스럽게 대한 사실이 있더라도 청구인(남편)이 다른 여성과 내연관계를 맺고부터 피청구인을 아무 이유 없이 무참히 구타하여 피를 토하고 실신이 되게까지 하였으며 피청구인에게 협의이혼을 강요하다시피 하여 협의이혼의사확인을 받고 피신청인이 이를 취하하자 청구인이 아이들만 데리고 이사를 가버려 혼자 남게 된 경우라면, 시모에 대한 위와 같은 정도의 태도를 가리켜 자기의 직계존속이 배우자로부터 심히 부당한 대우를 받았다고 할 수 없다.

116 [판례] 남편의 행패와 시집살이에 시달리며 10 여 년간 가족을 부양하던 중 전답을 시숙에게 이전해 버리자 절망한 마음에 시비가 되어 시모를 폭행한 경우[119]

피청구인(처)이 청구인(남편)에게 농약병을 들고 농약을 먹이겠다는 협박을 하고, 시모의 양쪽 팔을 잡아끌고 가슴 등을 몇 번 밀치는 등 폭행한 사안에서, 피청구인은 정신발작증이 심한 남편과 10여 년간을 살면서 가난한 살림에 3남매의 자식과 노동능력이 없는 남편과 시모를 부양하며 갖은 고생을 다하는데 남편은 갖은 행패를 부리고 시모는 온갖 험담을 하며 학대가 심하고 얼마 되지 않는 전답을 시숙에게 이전

116 대법원 1962. 10. 4. 선고 62다445 판결.
117 대법원 1986. 2. 11. 선고 85므37 판결.
118 대법원 1988. 4. 25. 선고 87므28 판결.
119 광주고등법원 1974. 12. 6. 자 74르8 심판.

해 버리는 등 가족의 생계가 더욱 암담하게 되어 자신도 죽고 싶은 심정에서 상호 시비가 되어 청구인이나 시모에게 부당한 대우를 하게 된 것으로 이는 오히려 청구인이나 그 존속의 귀책사유로 인하여 파생되었다 할 수 있고, 이를 가지고 피청구인이 청구인이나 그 존속을 심히 부당하게 대우한 재판상 이혼사유가 있다고 할 수 없다.

117 [판례] 시부와 친정모의 실랑이를 말리다가 시부에게 경미한 상해를 입힌 경우[120]

시아버지가 며느리를 나무라는 과정에서 가난한 친정집에 금전적인 도움을 주었다는 말을 퍼뜨린 것이 시비가 되어 전화로 불려온 피청구인의 친정어머니와 다투게 되자 피청구인이 이를 뜯어 말리다 시아버지가 넘어져서 상처를 입게 된 것이라면 비록 그로 말미암아 피청구인이 존속상해죄로 구속되고 유죄 판결까지 받게 되었다 하더라도 그 동기 및 경위에 비추어 이와 같은 행위가 직계존속에 대한 부당한 대우에 해당한다고 볼 수 없다.

118 [판례] 회사의 경영권 분쟁 중 후발 고소[121]

피고(처)가 원고(남편)의 아버지를 사문서위조 등으로 고소하고 그에게 각종 민사소송을 제기하였으나 이와 같은 피고의 행위는 시아버지가 원고에게 회사의 대표이사직을 물려주었다가 원고가 뇌병증으로 쓰러진 뒤 피고가 대표이사로 취임하자 회사의 경영권을 둘러싼 분쟁의 과정에서 비롯된 것이고 시아버지가 피고를 회사의 대표이사에서 해임하고 피고를 고소했던 점에 비추어, 피고의 위와 같은 행위만으로 피고가 시아버지에 대하여 심히 부당한 대우를 하였다고 볼 수 없다.

5. 3년 이상 생사불명(제5호)

가. 의의 및 연혁

119 배우자의 생사가 3년 이상 분명하지 않다면 혼인생활을 유지할 수 없다고 보고 그 자체로 이혼사유로 본다. 일본 민법에서 유래한 규정으로 다른 입법례에서는 찾아보기 어렵다.

나. 요건 및 절차

1) 요건

120 생사불명이란 생존도 사망도 증명되지 않은 것을 말하고 그 원인이나 생사를 알 수 없는 사유에 과실이 있는지 여부, 책임이 있는지 여부는 불문한다. 사망이

120 서울고등법원 1990. 11. 16. 선고 90르1908, 1915 판결(확정).
121 부산지방법원 2009. 1. 9. 선고 2008르332 판결(상고기각).

확인된 경우에는 사망으로 혼인관계가 해소되는 것이고, 생존하여 있는 것이 확인되는 경우에는 민법 제840조 제5호가 아니라 제840조 제2호 악의의 유기 또는 제6호 혼인을 계속하기 어려운 중대한 사유가 문제될 것이다.

121 생사불명으로 인하여 혼인관계의 유지가 어려워야 하므로, 배우자가 3년 이상 생사불명인 것과 동시에 현재도 생사불명이어야 한다.[122]

122 3년의 기산점은 남아 있는 배우자에게 전해진 생사불명 배우자의 최후 소식일 등 최종 생존 확인일자가 될 것이고, 정신질환자가 가출한 경우에는 가출일이 될 것이며, 전쟁이나 이에 준하는 위난에 처한 사람의 경우 그 위난이 사라진 때가 기산점으로 될 것이다.

2) 절차

123 상대방이 생사불명이므로 공시송달의 절차로 진행될 것이다. 생사불명을 이유로 이혼판결이 확정된 이후 상대방이 살아서 돌아왔다면 종전 혼인관계가 당연히 부활하는 것이 아니고[123] 추완항소에 의하여 불복하여야 한다. 실종선고가 취소되는 경우에는 종전 혼인관계가 당연히 부활하여 중혼이 생기는 경우가 있는 것과 다르다. 이혼판결 당시 상대방이 이미 사망한 것이 밝혀진 경우에는 판결은 당연무효로 된다.[124] 이혼판결 이후에 실종선고로 인하여 이혼판결 확정 전 시점에 사망한 것으로 간주된다면 사망간주 시점에 혼인관계는 당연히 종료되고 그 이혼판결은 당연무효로 될 것이다.

124 조정절차는 무의미하며, 생사불명 배우자의 친족 등을 상대로 증인신문, 사실조회 등을 통하여 사실관계를 확인하여 재판하게 될 것이다.

3) 북한이탈주민의 경우

125 북한이탈주민이 남한에 거주하지 않는 배우자를 상대로 이혼소송을 제기하는 경우 민법 제840조 제5호의 이혼사유에 해당한다는 견해[125]와 제840조 제5호를 독자적인 이혼사유로 삼는 것을 신중히 고려하고 제6호의 이혼사유로서 고려하

122 주해친족법(제1권)(제2판), 박영사(2025), 545(이동진).

123 김주수/김상용, 주석 민법, 친족(2)(제5판), 한국사법행정학회(2016), 331~332; 이경희/윤부찬, 가족법(11정판), 법원사(2024), 115; 박동섭/양경승, 친족상속법(제5판), 박영사(2020), 180.

124 사망한 자를 상대로 한 이혼판결은 무효라는 대법원 1982. 10. 12. 선고 81므53 판결, 대법원 1994. 10. 28. 선고 94므246, 253 판결 참조.

125 정호영, "이혼원인에 관하여", 재판자료 제18집, 법원도서관(1983), 321; 김현채, "민법 제840조 각호의 의의·지위·성격", 사법논집 제4집, 법원도서관(1973), 342~343.

여야 한다는 견해가 있다.[126] 후자의 견해는 재판상 이혼원인으로서의 생사불명은 원고 측의 사정변경이 아닌 피고 측의 사정변경, 즉, 배우자에 대한 생명의 위험을 추측케 하는 위난의 발생, 전투 중 행방불명, 정신질환자의 가출 등에서 문제되는 것으로서, 원고가 최후 동거지 또는 피고가 원고를 찾고자 한다면 언제든지 쉽게 찾을 수 있는 곳에 계속 거주하고 있는 것이 전제가 되므로, 원고 측의 사정변경에 기한 북한이탈주민의 경우 제5호의 재판상 이혼사유를 독자적인 이혼사유로 삼는데 신중한 고려가 필요하고, 이러한 사정은 민법 제840조 제6호의 재판상 이혼사유로서 고려되어야 할 것이라는 것이다.[127] 실무의 다수는 민법 제840조 재6호의 이혼사유에 해당함을 이유로 이혼청구를 인용하고 있다 (☞ 북한이탈주민의 이혼소송에 관하여 상세한 내용은 뒤의 Ⅳ. 3. 마. 주석 참조).

6. 기타 혼인을 계속하기 어려운 중대한 사유(제6호)

가. 제6호의 체계상 위치

126 민법 제840조 제1호부터 제5호는 구체적인 사유가 규정되어 있음에 반하여 제6호의 사유는 일반적·추상적으로 규정되어 있다. 이러한 이중적인 규정형식으로 인하여 이혼소송의 소송물이 무엇인지(각 호별로 소송물을 구성하는지 여부)와 연결하여 제6호 이혼사유의 체계적 지위(제1호부터 제5호와 제6호의 관계)에 대한 논의가 있다. 다수설은 제6호를 파탄주의 규정으로 이해하고 제1호부터 제5호 사유는 제6호의 예시로 보아 이혼소송의 소송물은 제6호 하나라고 한다.[128] 판례는 민법 제840조 제1호부터 제5호를 제6호의 예시로 보지 않고 제1호부터 제6호가 모두 독립된 소송물을 구성한다고 한다.[129] (☞ 상세한 내용은 앞의 Ⅱ. 1. 주석 참조)

나. 판단기준

127 민법 제840조 제6호는 추상적이고 일반적인 사유로 규정되어 있고 그 해석을 뒷받침할 만한 다른 규정이 없기 때문에 '혼인을 계속하기 어려운 중대한 사유'

126 법원실무제요, 가사[I], 사법연수원(2021), 674.

127 정상규, "탈북자이혼사건의 실무상 쟁점 및 입법안에 관한 검토", 실무연구X, 서울가정법원 법관가사재판실무연구회(2005), 105~106.

128 이근식, "이혼원인에 있어서의 유책주의와 파탄주의", 사회과학논집 제1권, 연세대학교(1965), 71; 김우덕, "이혼원인에 대한 비교법적 고찰", 민사법학 제11·12호, 한국사법행정학회(1995), 465 이하; 연기영, "이혼사유로써 배우자의 부정한 행위의 의미", Jurist 제413호, 청림인터렉티브(2007), 243; 이경희/윤부찬, 가족법(11정판), 법원사(2024), 116; 김용한, 개고 친족상속법, 박영사(1977), 164; 최문기, "재판상 이혼사유에 대한 판례의 동향", 민법의 과제와 현대법의 조명, 21세기 국제정경연구원(1997), 760~761.

129 대법원 2000. 9. 5. 선고 99므1886 판결.

를 어떻게 판단하여야 하는지 문제된다.

1) 학설[130]

가) 유사사유설

128 제1호부터 제5호의 사유 이외의 이와 유사한 중대한 사유가 있어야 한다는 견해이다.

나) 재량설

129 법관의 재량에 의하여 판단할 수밖에 없다는 견해이다.

다) 객관적 불능설

130 혼인의 본질에 상응하는 공동생활의 회복이 불가능하다고 인정될 만큼 심각하게 혼인을 파괴하는 사유라는 객관적 표준에 의하여 결정하여야 한다는 견해이다.

라) 복합불능설

131 혼인관계가 심각하게 파탄되어 다시는 혼인에 적합한 생활공동체를 회복할 수 없을 정도에 이른 객관적 사실이 있고, 또한 혼인의 계속을 강제하는 것이 일방 배우자에게 참을 수 없는 고통이 되어야 한다는 견해이다.

2) 판례

132 판례는 '혼인을 계속하기 어려운 중대한 사유가 있을 때'라 함은 혼인의 본질에 상응하는 부부공동생활관계가 회복할 수 없을 정도로 파탄되고, 그 혼인생활의 계속을 강제하는 것이 일방 배우자에게 참을 수 없는 고통이 되는 경우를 말한다고 한다.[131] 학설상 복합불능설에 가깝다.

133 나아가 판례는 이를 판단할 때에는 그 파탄의 정도, 혼인계속의사의 유무, 파탄의 원인에 대한 당사자의 책임 유무, 혼인생활의 기간, 자녀의 유무, 당사자의 연령, 이혼 후의 생활보장, 기타 혼인관계의 제반사정을 두루 고려하여야 하고,[132] 사실전부를 종합하고 제반사정을 고려하여 판단되어져야 하는 것이지 인정사실의 일부로 판단되는 것은 아니라고 한다.[133]

130 조해섭, "재판상 이혼원인에 관한 대법원 판례의 정리", 실무연구VI, 서울가정법원(2000), 117; 고순례, "재판상 이혼에 관한 연구", 한양대학교 석사학위 논문(1992), 25~27.

131 대법원 1979. 2. 13. 선고 78므34 판결, 대법원 1987. 7. 21. 선고 87므24 판결, 대법원 1991. 7. 9. 선고 90므1067 판결, 대법원 1999. 2. 12. 선고 97므612 판결, 대법원 2002. 3. 29. 선고 2002므74 판결, 대법원 2003. 6. 13. 선고 2002므159 판결.

132 대법원 1987. 7. 21. 선고 87므24 판결, 대법원 1991. 7. 9. 선고 90므1067 판결, 대법원 2009. 12. 24. 선고 2009므2130 판결, 대법원 2010. 7. 15. 선고 2010므1140 판결.

134 [판례] 혼인을 계속하기 어려운 중대한 사유가 있을 때의 판단 기준[134]

이에 해당하는지 여부를 판단함에 있어서는 파탄의 계기가 된 초기의 일시적인 사정이나 상황에 국한하여 평가하여서는 아니 되고, 전체 혼인기간, 파탄 상태에 이르게 된 경위 및 지속 기간, 파탄의 원인에 관한 당사자의 책임 유무와 정도, 그 전 과정에 걸쳐 파탄 상태의 극복 및 혼인관계 지속을 위한 진지한 노력 여부, 부부로서의 책임과 의무에 대한 올바른 자각 하에 온전한 상태로 혼인을 계속할 의사·자세의 존부, 자녀 유무, 당사자의 연령, 이혼 후의 생활보장, 그 밖에 혼인관계에 관한 여러 사정을 두루 참작하여야 한다. 나아가 배우자 사이에 출생·성장한 국적이 다른 등 각자의 문화적 특성과 감수성에 상당한 차이가 있는 경우에는 상대방에 대한 더욱 세심한 배려가 필요하므로 그에 대한 이해 또는 존중이 부족한 것이 파탄의 원인으로 작용한 것인지 여부도 파탄 여부와 정도 및 귀책 여부를 평가함에 있어 고려되어야 하고, 특히 성별을 막론하고 부부 일방의 폭행, 상습적 음주 기행, 불건전한 경제적 습벽 등은 건전한 혼인생활의 지속에 중대한 장애사유가 될 뿐만 아니라 상대방이 그 점에 대한 특별한 감수성을 지닌 자로서 심각한 정서적·심리적 피해가 우려되는 경우 이는 혼인관계의 형식과 명분만으로 무시될 수 없는 배려와 보호의 대상이 되어야 하므로 이 역시 파탄 여부와 정도 및 귀책 여부의 평가에 중요한 요소가 될 수 있고, 비록 그것이 민법 제840조 제3호에서 정한 독자적인 이혼사유에 해당할 정도에까지 이르지 않았다고 하여 달리 보아서는 안 된다.

다. 요건

1) 혼인관계가 파탄되었을 것

135 혼인의 본질에 상응하는 부부공동생활관계가 회복할 수 없을 정도에 이르러야 하므로 사소한 갈등으로 인한 일시적 불화와 별거로는 혼인관계가 파탄되었다고 볼 수 없다.[135] 기본적으로는 별거기간이 파탄 여부를 가늠하는 기준이 될 것이고, 구체적으로는 혼인의 기간, 당사자의 나이, 자녀의 유무 등을 복합적으로 고려하는데, 혼인기간이 길고 자녀를 함께 양육하는 등 부부공동생활이 유지된 기간이 길다면 일시적인 별거로는 혼인관계가 파탄되었다고 보기 어려울 것이고,[136] 혼인기간이 짧고 자녀가 없는 경우라거나 폭력행위가 개입되는 등과 같이 파탄의 원

133 대법원 1991. 7. 9. 선고 90므1067 판결.
134 대법원 2022. 6. 16. 선고 2022므10932 판결.
135 대법원 1982. 7. 13. 선고 82므4 판결.
136 대법원 1986. 8. 19. 선고 86므75 판결.

인 및 내용이 중대한 경우라면[137] 파탄에 이르렀다고 보기 용이할 것이다.

가) 파탄이 인정된 사례

136 [판례] 1개월 남짓의 혼인기간에 자녀가 없고 남편이 학력과 직업을 속이고 결혼한 문제를 질책받자 처에게 상해를 가하여 별거하게 된 경우[138]

피청구인(남편)이 학력과 직업, 수입을 속이고 4. 20. 결혼식을 하고 5. 1. 혼인신고를 마친 뒤 5. 19. 청구인(처)으로부터 거짓말을 하지 말고 하루를 살더라도 진실하게 생활하라는 말을 듣자 주먹과 발로 청구인의 머리와 얼굴을 때리고 하체를 차서 청구인에게 약 2주일간 복약할 정도의 상해를 입히고 그 때부터 별거하고 있는 사안에서, 두 사람 간의 동거생활도 불과 1개월 정도에 지나지 아니하고 또 그 사이에 자녀도 없는 바 이 사건 혼인은 피청구인에게 책임 있는 사유로 인하여 혼인생활의 요소인 애정과 신뢰가 결핍된 상태에 이르렀고 그 위에 피청구인으로부터 폭행을 받아 상해까지 입은 끝에 청구인이 집을 나와 별거상태가 계속됨으로써 부부간의 공동생활관계는 이제 회복할 수 없을 정도로 파탄되었다고 볼 여지가 있다며 부당한 대우와 혼인파탄을 부정한 원심을 파기한 사례

137 [판례] 부부간에 상호 폭행과 도를 넘는 감정적 대응으로 한 차례 이혼소송을 겪은 후에도 이해부족과 불신상태로 불화를 계속하며 장기간 별거한 경우[139]

원고(남편)와 피고(처)는 크고 작은 문제로 자주 다투면서 그 과정에서, 원고는 원고의 모가 보는 앞에서 피고를 폭행하는 등 수회 폭행을 하고 피고에게 무릎을 꿇게 하거나 가출을 하는 경우가 많았으며, 피고는 원고의 폭행을 계기로 원고의 부의 제사에 참석도 하지 않고 원고 모의 이름을 부르면서 '미친년'이라고 폭언까지 하는 등 며느리로서 최소한의 도리조차 하지 못하고, 원고의 폭행에 대하여 걸레자루를 들고 대항하거나 원고에게 프라이팬을 던지기도 하였으며 원고와 다툰 후에는 간혹 분을 못 이겨 술을 마시고 벽에 머리를 찧는 자해를 하고 원고의 사무실에까지 찾아가 항의하고 원고에게 계속 전화를 걸어 원고의 업무를 방해하며 사건본인을 원고의 사무실에 데려다 놓기도 하는 등 부부간 문제를 이해와 인내를 통하여 슬기롭게 해결하기는커녕 감정적 차원에서 대응하여 도리어 부부간의 갈등을 증폭시켰으며, 한차례 이혼소송을 제기하였다가 취하하고 6개월간 별거하는 파동을 겪은 후에도 서로 애정과 신뢰를 쌓을 노력을 등한시한 채 자신의 입장만을 고집하여 불화가 계속되면서

137 대법원 1987. 7. 21. 선고 87므24 판결, 대법원 2004. 8. 20. 선고 2004므955 판결, 대법원 2005. 12. 23. 선고 2005므1689 판결.

138 대법원 1987. 7. 21. 선고 87므24 판결.

139 대법원 2004. 8. 20. 선고 2004므955 판결.

다시 별거한지 1개월 만에 이혼 소송을 제기한 사안에서, 1심 제기 1달 전부터 지금까지 장기간 별거하면서 두 사람이 혼인관계의 회복을 위한 별다른 노력을 하지 아니함으로써 그 부부공동생활관계는 이제 회복할 수 없을 정도로 파탄되었으므로 원·피고의 책임의 유무 및 경중을 비교하여 이혼을 청구한 원고에게 전적으로 또는 주된 책임이 있는 경우가 아니라면 원고의 이혼청구를 인용하여야 할 것임에도, 사건본인의 나이(소제기 당시 만 5세 가량)와 피고가 혼인생활의 지속을 강력히 희망하고 있다는 점 등을 들어 혼인을 계속하기 어려운 중대한 사유가 있다고 보기 어렵다는 이유로 원고의 이혼청구를 기각한 원심을 파기한 사례

138 [판례] 전치 3주의 심한 폭행을 당하고 집을 나와 계속 별거하는 경우[140]

원고(처)와 피고(남편) 모두 대학원까지 졸업한 학력의 소지자로서, 부부싸움 중 피고가 원고에게 2차례 폭행을 가하였는데, 그 중 두 번째 폭행으로 원고는 전치 3주간의 치료를 요하는 '안면부 다발성 좌상, 전경부 좌상 및 경추부 염좌, 좌측 제3수지 중수지관절과 근위지관절 염좌, 다발성좌상'을 입었고 다음 날 새벽 사건본인과 함께 친정으로 가 얼마 뒤 이 사건 이혼 소송을 제기하였고 현재까지 이혼의사를 굽히지 않은 채 재판 결과 여하에 불구하고 재결합할 의사가 없음을 거듭 밝히고 있는 사안에서, 상호간의 애정과 신뢰를 바탕으로 하는 부부 관계에 있어서 폭력의 행사는 어떠한 이유에서라도 정당화될 수 없는 것인데, 피고의 폭력 행사로 인하여 원고는 전치 3주간의 치료를 요하는 안면부 다발성 좌상 등을 입어 그 폭력이 정도가 가볍다고 보이지 않을 뿐만 아니라, 폭력이 혼인생활에 미치는 영향은 혼인당사자들의 혼인의 경위 및 혼인생활의 과정, 당사자들의 성격, 학력과 경력 등에 비추어 다른 것이므로, 피고의 폭력 행사가 원고와 피고 사이의 혼인관계에 미친 영향을 세밀하게 살펴보고, 원·피고 사이의 혼인관계가 피고의 폭력 행사 이래 그 바탕이 되어야 할 애정과 신뢰가 상실되어 회복할 수 없을 정도로 파탄되었고 그 혼인생활의 계속을 강제하는 것이 원고에게 참을 수 없는 고통이 된다고 볼 여지가 있는지 여부를 따져 본 다음, 그러한 사정이 긍정되고 원·피고의 책임의 유무 및 경중을 비교하여 이혼을 청구한 원고에게 전적으로 또는 주된 책임이 있는 경우가 아니라면 원고의 이혼청구는 인용되어야 할 것이며, 비록 피고가 일관하여 대화를 통하여 원만한 가정생활을 계속할 의사가 있다고 밝히고 있으나 그럼에도 불구하고 원고가 이를 거부한 채 이혼의사를 굽히고 있지 않은 점에서 위와 같은 사정만으로는 원·피고 사이의 혼인이 파탄에 이르지 않았다고 단정할 수는 없다고 할 것이다.

139 [판례] 잦은 해외 체류로 원고와 사건본인들을 유기에 가깝게 방치한 경우[141]

140 대법원 2005. 12. 23. 선고 2005므1689 판결.

남편인 피고가 해외 사업을 추진하면서 필리핀과 태국을 자주 드나들었고 상당 기간 해외에 체류하다가 귀국하였는데, 원고가 위 기간에 성병에 감염되자 피고 때문에 감염된 것이라 의심하게 되었으며, 그 후로 피고가 해외 체류를 빈번하게 하면서도 생활비를 거의 지급하지 않아 원고가 홀로 자녀들의 양육비와 생활비를 책임지게 되었고, 원고는 가족을 위하여 함께 생활할 것을 요청하였으나 피고는 혼인관계 유지를 위한 노력을 하지 않자 원고가 피고를 상대로 이혼 등을 구한 사안에서, 원고와 피고의 혼인관계는 피고의 책임 있는 사유로 인하여 애정과 신뢰가 상실되어 회복할 수 없을 정도로 파탄되었다고 볼 여지가 충분한데도, 이와 달리 본 원심판결에 심리미진 등의 잘못이 있다고 한 사례

140 [판례] 남편인 피고 명의로 부부공동재산을 형성한 후 피고의 전혼 자녀에게 재산을 이전하고 원고의 노후를 위한 경제적인 배려를 하지 않은 경우[142]

택시회사를 운영한 피고가 혼인기간 동안 원고에게 생활비로 현금은 주지 않고 피고 명의 신용카드를 사용하게 하고 모든 재산을 피고 단독 명의로 형성하였는데, 피고가 택시회사의 경영권을 피고의 전혼 자녀에게 이전하자 원고는 피고에게 노후를 위하여 거주 아파트의 명의이전을 요구하였고 피고가 거절하자 집을 나와 피고와 별거하고 있는 사안에서, 피고는 원고가 신뢰감을 회복할 수 있을 정도의 노후에 관한 구체적인 경제적 수단을 제시하지 않고, 별거 기간 동안 원고의 생활비, 병원비 등을 지급하지 않는 등 혼인생활 회복을 위한 노력을 하지 않은 사실에 비추어 원고와 피고의 혼인관계는 부부 공동생활관계가 회복할 수 없을 정도로 파탄되고 혼인생활의 계속을 강제하는 것이 원고에게 참을 수 없는 고통이 된다고 인정한 사례

나) 파탄이 부정된 사례

141 [판례] 취업이나 질병과 관련된 사소한 불화[143]

원고(남편)가 의과대학을 졸업한 뒤 레지던트 시험에 떨어지고 일반의로 일하던 중 폐결핵에 걸려 집에서 요양을 하다가 전문의 자격증을 취득하게 되었고 피고(처)와 그 친정식구들이 병원을 차려주겠다며 개업할 것을 강권하자 적성을 이유로 개업을 거절하다가 병원을 그만두고 자취를 감추었다면, 원고의 레지던트 시험 낙방이나 폐결핵으로 인한 와병에 직면하여 피고가 취한 태도로 인하여 부부 사이에 불화와 갈등이 생겼다 하더라도 그것은 어디까지나 혼인생활 중 흔히 있을 수 있는 극복하여야 할 장애에 불과한 것이지 그로 인하여 원, 피고 사이의 부부공동생활관계가 회복

141 대법원 2022. 5. 26. 선고 2021므15480 판결.
142 대법원 2024. 4. 16. 선고 2023므16708 판결.
143 대법원 2000. 4. 21. 선고 99므2261 판결.

하기 어려울 정도로 파탄되었다고 할 수는 없다.

142 [판례] 30여년간 혼인생활을 하며 6자녀를 양육하다 노년에 8년간 별거한 황혼이혼 청구[144]

피청구인(처)이 배우자를 버리고 8년간 자식들의 집으로 전전생활해 왔다고 하더라도, 그 내면적인 원인은 청구인(남편)의 주벽과 사업실패로 인한 가정파탄 때문이고 30여 년간 함께 살면서 6명의 자녀를 낳고 손자까지 본 청구인으로서는 좀 더 적극적으로 피청구인을 이해하고 설득하여 원만한 가정생활을 이루도록 하여야 함에도 피청구인을 찾아보지도 않고 자식들에게 연락하지도 아니한 것은 청구인이 남편으로서의 소임을 다하지 못한 것이므로 피청구인이 청구인의 곁을 떠나 자식들의 집을 전전한다는 것만으로 배우자를 악의로 유기하였거나 혼인관계를 계속할 수 없을 정도로 파경에 이르렀다고 볼 수 없다.

143 [판례] 20년간 평온한 혼인기간 이후 이민문제로 일시적 불화를 겪은 경우[145]

이민문제를 둘러싸고 청구인(처) 및 자녀들과 피청구인(남편)이 심히 반목하고 이에 피청구인이 더 이상 견딜 수 없어 집을 나온 이래 상당한 기간 별거하고 있고 청구인은 피청구인을 상대로 간통 또는 폭행 등 혐의로 형사고소를 하고 피청구인은 청구인을 상대로 경찰에 진정을 하는 등 하여 감정이 심히 악화되고 애정이 냉각되어 있기는 하나, 20여년 이상 평온하게 지속되어 온 혼인기간, 연령 및 자녀관계 등을 고려하여 피청구인은 아직까지 가정생활에의 복귀를 바라고 있다면 일시 내외간의 화합을 저해하는 일로 인하여 부부관계가 파탄되었다고 하더라도 이러한 사유만으로는 일생의 공동생활을 목적으로 하고 장애를 극복하기 위한 최선의 노력을 다하여야 하는 혼인관계의 본질에 비추어 이를 민법 제840조 제6호 소정의 이혼사유에 해당한다고 할 수 없다.

144 본소와 반소로서 각 이혼을 구하는 경우 그 자체로서 혼인관계의 파탄을 인정할 수 있을까. 본소와 반소 제기 사실만으로 혼인을 계속하기 어려운 중대한 사유가 있다고 보는 것은 혼인과 모성의 보호를 규정한 헌법 제36조의 정신과 항소법원이 사회정의와 형평의 이념의 실현, 가정평화와 미풍양속의 유지를 위하여 항소가 이유 있는 경우에도 달리 결정할 수 있도록 하는 가사소송법 제19조의 정신에 반하고, 객관적으로 혼인관계가 파탄상태에 이르지 않았고 이혼 청구가 기각될 경우 태도를 바꿀 가능성이 있는 경우라면 혼인관계가 파탄되지 않

144 대법원 1986. 8. 19. 선고 86므75 판결.
145 대법원 1986. 6. 24. 선고 85므6 판결.

았다는 이유로 쌍방의 이혼청구를 기각한 사례가 있다.[146] 실무는 협의상 이혼 또는 조정이혼이 가능한 점에 비추어 당사자의 의사를 존중하여 원고와 피고가 본소와 반소로서 모두 이혼을 구하고 있는 사정을 들어 혼인관계의 파탄을 인정하는 것이 대부분이다.

2) 혼인파탄에 대한 주된 책임이 없을 것

145 가) 판례는 혼인관계가 파탄에 이른 경우에도 오로지 또는 주된 책임이 있는 자의 이혼청구는 원칙적으로 허용하지 않고 있다.[147]

146 주의할 것은, 판례는 부부의 혼인관계가 돌이킬 수 없을 정도로 파탄되었다고 인정된다면 파탄의 원인에 대한 원고의 책임이 피고의 책임보다 더 무겁다고 인정되지 않는 한 이혼청구는 인용되어야 한다고 하므로,[148] 책임의 경중을 가려 누구의 주된 잘못으로 파탄에 이르렀는지 살펴야 하고 단순히 상대방에게 책임 있는 사유로 혼인관계가 파탄에 이르렀다고 보기에 부족하다는 이유를 들어 이혼 청구를 기각하여서는 안 된다는 것이다.[149] 즉, 파탄의 주된 원인이 피고에게 있을 것이 아니라 파탄의 주된 원인이 원고에게 없을 것을 요구한다.

147 이처럼 책임의 경중을 가리는 것은 유책배우자의 이혼청구를 원칙적으로 허용하지 않는 현재의 판례 입장에서 이혼청구의 인용 여부를 가리는 중요한 관문으로 되고 파탄의 시점을 확정하는 것 또한 중요하다. 이혼사유에 해당하는 행위를 하였더라도 그 행위가 파탄 이후에 이루어진 것이라면 혼인관계의 파탄과 인과관계가 없으므로 유책성을 비교하는데 고려하여서는 안 되고, 그를 혼인관계 파탄에 대한 유책배우자라 할 수는 없다. 이처럼 엄격히는 파탄 시점까지 쌍방의 행위는 책임의 경중 문제로 가려야 하고, 파탄 시점 이후의 행위는 파탄과 인과관계가 없는 것으로 될 것이나, 복잡 다양한 행위와 과정의 결말로서 파탄에 이르게 되는 혼인관계의 특수성과 사후적·규범적으로 평가·판단 될 수밖에 없는 파탄시점의 특성상 두 경우를 명백히 구분하는 것은 쉽지 않다.

148 파탄 시점에 대하여 판례는 통상 이혼소송 제기 시점 또는 가출하여 별거하게

146 대구고등법원 2004. 8. 20. 선고 2003르188, 195 판결(심리불속행 상고기각).
147 대법원 1979. 2. 13. 선고 78므34 판결, 대법원 1989. 6. 27. 선고 88므740 판결.
148 대법원 1988. 4. 25. 선고 87므9 판결, 대법원 1991. 7. 9. 선고 90므1067 판결, 대법원 2010. 7. 15. 선고 2010므1140 판결.
149 대법원 1982. 5. 11. 선고 81므60 판결, 대법원 2002. 3. 29. 선고 2002므74 판결.

된 시점으로 보고 있으나, 구체적 사안에 따라서는 혼인관계가 파탄된 이후 가출하여 별거하게 되었다면 유책배우자의 유책성은 혼인파탄의 원인이 된 사실에 기초하여 평가하여야 할 것이어서 가출을 파탄의 요소로 삼아서는 안 된다고 한 사례가 있다.[150]

149 원심과 대법원이 인정한 파탄 시점에 따라 유책성의 경중에 대한 판단이 달라지고 이혼청구 인용 여부가 뒤바뀐 사례를 소개한다.

150 [판례] 원심: 사위의 방법으로 제1심 이혼판결을 받은 남편이 유책 배우자(기각) → 대법원: 소제기 전 처가 자녀들을 데리고 정착 목적으로 미국으로 도피한 시점에 이미 파탄(파기)[151]

처가 남편의 인감도장을 도용하여 남편 명의로 채무부담행위를 하여 다액의 손해를 입히고 시어머니로부터도 다액을 편취하였고 이것이 발각되어 남편으로부터 협의이혼을 강력히 요구받자 협의이혼할 것처럼 속이고 아이들마저 데리고 미국으로 가 그 곳에 정착하여 살고 있는 경우, 남편이 허위주소를 기재하여 소를 제기하고 공시송달에 의하여 제1심 승소판결을 받고 처가 제기한 추완항소의 적법여부를 둘러싼 의견대립이 됨으로써 남편에게 더 큰 책임 있는 사유로 인하여 (변론종결 당시) 혼인관계가 파탄되었다고 본 원심에 대하여, 협의이혼요구를 일시 회피할 방편으로 임시적으로 미국으로 도피한 것이 아니라 아이들을 데리고 남편과의 합의 없이 일방적으로 아이들과 함께 미국에서 살 생각으로 아이들을 미국의 학교에 취학시키고 미국에서 생활을 영위하고 있으며, 처가 협의이혼을 위해 법원에서 만나자고 기망한 후 약속일에 아이들까지 데리고 미국으로 건너가자 곧이어 남편도 처를 상대로 고소하고 이혼 소송을 제기하였다면, 소 제기 이전에 처가 미국으로 도피한 때에 혼인관계가 파탄에 이르렀다고 보아야 하므로 남편이 사위의 방법으로 제1심 승소판결을 선고받았다 하더라도 이러한 잘못이 혼인의 파탄에 이른 귀책사유가 될 수 없다는 이유로 파기한 사례

151 [판례] 원심: 가출한 남편과 그 후 무단 이사한 처의 대등한 책임(인용) → 대법원: 남편이 아무런 노력 없이 가출한 시점에 이미 파탄(파기)[152]

원고와 피고가 1988년 혼인신고를 하고 1989년 협의이혼하였다가 1990년 다시 혼인신고를 하여 재결합하였고 자녀는 없는데, 1990년 재결합한 이후 불화가 생긴 근본적인 원인은 의사인 원고 부모의 원고 부부에 대한 경제적 지원 요구와 이로 인한 피고의 불만 때문으로 보이며, 따라서 원고로서는 최선을 다하여 원고를 의사로 성공시킨 것에 대한 경제적 보상을 원하는 그의 부모와 원고 부모의 경제적 지원 요구에

150 대법원 1988. 4. 25. 선고 87므9 판결.
151 대법원 1994. 2. 25. 선고 93므317 판결.
152 대법원 1994. 12. 23. 선고 94므1225 판결.

대하여 불만을 가지고 있던 피고 사이의 갈등을 적절히 조정하여, 부모와 자식 사이의 관계 및 피고와의 혼인관계를 원만하게 이끌어 나갔어야 할 것인데, 원고는 그러한 최선의 노력을 기울이지 아니한 채 피고와의 불화를 이유로 재결합한 지 불과 5개월도 되지 아니한 시기에 피고와 동거하던 아파트를 나와 별거하고 있다면, 원고와 피고 사이의 혼인관계가 설사 회복하기 어려운 파탄상태에 이르렀고 또한 피고에게 다소 잘못이 있다고 하더라도 파탄의 주된 책임은 원고에게 있으며, 피고가 이사를 가면서 원고의 직장 등에 이사가는 곳을 알려주지 아니한 것은 이미 원고가 가출하여 피고와의 혼인관계를 파탄에 빠뜨린 이후의 행위이므로 원고의 잘못과 그 경중을 달리 보아야 할 것이라며, 혼인파탄의 책임이 원고와 피고에게 대등한 정도로 있다고 보아 원고의 이혼청구를 인용한 원심을 파기한 사례

152 **[판례] 원심: 가출한 남편과 남편을 의심하고 남편에 대한 형사 처벌 탄원서를 제출한 처의 대등한 책임(인용) → 대법원: 남편이 폭행, 이성교제 하다 가출하여 소 제기한 시점에 이미 파탄**[153]

원고(남편)와 피고(처) 사이의 혼인관계는 원고가 일방적으로 집을 나와 피고와 별거하면서 피고를 상대로 이 사건 소송을 제기한 1999. 4.경 이미 회복하기 어려울 정도로 파탄되었다고 할 것이고, 그 때를 기준으로 하여 볼 때 그 파탄원인은 원고의 여자관계 등을 의심하거나 간섭을 하고, 원고의 아버지에게 욕설을 하는 등 부당한 대우를 하고, 원고의 직장에 찾아가 소란을 피운 피고에게도 있다 할 것이나, 근본적이고 주된 파탄원인은 다른 여자를 만나면서 의심받을 만한 행동을 하고 IMF 사태로 피고가 경제적인 여유가 없어져 유학자금을 주지 않는다는 이유로 술을 마시고 밤늦게 귀가하여 피고를 수차례 폭행하고, 다른 여자와 이성교제를 하고, 가정불화를 해소하기 위한 노력을 기울이지 아니한 채 일방적으로 가출하여 이혼소송을 제기한 원고에게 있다고 보아야 하고, 피고가 그 이후에 원고의 무면허 운전 등으로 인한 형사재판에서 원고의 구속 및 엄벌을 바라는 취지의 탄원서를 2회 제출한 것은 원고와 피고의 혼인관계가 이미 파탄된 이후의 일이므로, 혼인관계가 파탄되기 이전의 사정뿐만 아니라 그 이후의 사정까지 포함하여 귀책사유의 유무 및 정도를 비교하는 것은 아니되며, 혼인파탄에 있어 유책성은 혼인파탄의 원인이 된 사실에 기초하여 평가할 일이며 혼인관계가 완전히 파탄된 뒤에 있은 일을 가지고 따질 것은 아니라 할 것이므로, 혼인관계가 파탄되기 이전의 사정뿐만 아니라 그 이후의 사정까지 포함하여 귀책사유의 유무 및 정도를 비교하여 원고와 피고의 혼인관계 파탄에 있어 두 사람의 책임이 대등하다고 보아 원고의 이혼청구를 인용한 원심에 민법 제840조 제6호의 해석 및 유책성의 판단시점에 관한 법리를 오해한 위법이 있다고 판시한 사례(다

153 대법원 2004. 2. 27. 선고 2003므1890 판결.

만, 피고가 오기나 보복적 감정 등으로 이혼을 거부하고 있는 것으로 인정되어 유책배우자인 원고의 이혼청구를 인용한 원심의 결론은 그대로 유지되었다)

나) 구체적 사례

153 제6호의 이혼사유에서 책임의 경중이 문제된 사례들을 소개한다.

(1) 청구인의 책임이 더 크다는 이유로 기각된 사례

154 [판례] 처를 10여 년간 악의로 유기한 남편의 이혼청구를 기각한 사례[154]

청구인(남편)과 피청구인(처)은 8년간 혼인생활을 하며 딸 셋을 두었으나 청구인이 요리점의 요리사로 지방 또는 외국에 취직하게 되면서 10여 년간 별거생활을 하였고 청구인의 모가 피청구인에게 재가할 것을 권유하고 자녀들을 데리고 갔으며, 피청구인은 그로부터 12년 뒤 다른 남자와 재혼하여 9년간 동서생활을 하다가 사별하였고, 청구인은 피청구인이 다른 남자와 동서한 2년 뒤에 다른 여성과 동서하면서 그 사이에 2남 1녀를 두고 있었던 사안에서, 청구인은 피청구인을 10여 년간 홀로 남겨놓고 타지를 전전하고 마지막에는 피청구인으로 하여금 다년간 식모살이를 하면서 생계를 유지하도록 버려두어 돌보지 아니하여 악의로 유기한 것으로 보여지고 피청구인이 견디다 못하여 다른 남자에게 개가·동서하게 된 것을 기다려 청구인이 다른 여성과 재혼하여 현재에 이르렀다면 청구인와 피청구인간의 혼인의 파탄은 그 책임이 오로지 청구인에게 있으므로 이러한 유책자인 청구인의 이혼청구는 허용될 수 없다.

155 [판례] 처를 정신분열증 환자로 치부하여 가출에 이르게 한 남편의 이혼청구를 기각한 사례[155]

시모와 누나가 처에게 정신질환이 있다고 여기며 남편에게 수 회 편지 등으로 이혼할 것을 권유하고 처가 나중에 자신을 정신분열증 환자로 몰아붙인 편지를 발견하고 충격을 받아 아들을 데리고 친정으로 내려가 별거하고 있으나 재결합을 간절히 바라고 있는 사안에서, 혼인생활이 파탄에 이르게 된 것은 피청구인(처) 뿐만 아니라 혼인생활을 원만하게 유지하기 위하여 서로 이해하고 협조하여야 할 의무를 다하지 못한 청구인(남편) 및 시모에게도 그 책임이 있다고 보아야 할 것이고 청구인의 책임이 피청구인의 책임보다 더 무겁다고 인정된다면서, 청구인의 이혼청구를 배척한 원심의 결론을 수긍한 사례

156 [판례] 폭행 등 부당한 대우를 한 남편의 이혼청구를 기각한 사례[156]

원고(남편)는 처가로부터 경제적 도움을 기대하였으나 피고(처)가 친정에 여유가 없어 몰래 돈을 차용하여 제공해 오다가 채권자들의 빚 독촉으로 사실이 밝혀지자 피

154 대법원 1974. 6. 11. 선고 73므29 판결.
155 대법원 1990. 3. 27. 선고 88므375 판결.
156 대법원 1994. 5. 27. 선고 94므130 판결.

고를 욕하며 때린 뒤 사문서위조 등으로 고소하고 임신 6개월 상태에서 집을 나가라고 하여 피고는 5세의 아들을 데리고 나가 셋방살이를 하다가 생활비를 지급받지 못하자 시어머니에게 아들을 맡기고 취직해서 혼자 살고 있는 사안에서, 원고와 피고의 혼인은 이미 회복을 기대하기 어려운 정도로 파탄에 이르렀고, 이 사건 혼인관계가 파탄에 이른데 관하여는 원고의 책임이 피고의 책임보다 더 무겁다고 하여 원고의 이혼청구를 배척한 원심의 결론을 수긍한 사례

157 [판례] 애정상실로 이혼소송을 제기한 처의 이혼청구를 부정한 사례[157]

학력과 나이의 차이 및 청구인(처)이 성년 전에 임신하였다가 낙태 수술 이후 불임이 되어 혼인하게 된 경위 등으로 불화를 겪다가 청구인이 파독간호원으로 일하기 위하여 서독으로 출국한 뒤 기회 있을 때마다 송금을 요구하는 피청구인(남편)에 대한 애정을 상실하게 되어 이혼을 청구한 사안에서, 민법 제840조 제6호의 이혼사유는 상대방의 귀책사유로 말미암을 필요는 없어도 혼인관계의 파탄이 주로 이혼을 구하는 청구인의 일방의 귀책사유로 말미암은 경우는 포함하지 아니하므로, 청구인이 애정을 잃고 혼인을 계속할 생각이 없다는 것은 청구인의 일반적, 일시적 감정을 나타낸 것으로 피청구인의 잘못으로 그리 된 것이 아니라는 이유로, 청구인의 이혼 청구를 인용한 원심을 파기한 사례

(2) 청구인의 책임이 더 크지 않다는 이유로 인용된 사례[158]

158 [판례] 남편의 의심과 폭행에 친정으로 가 7년간 별거한 처의 이혼청구를 인용한 사례[159]

숙박업을 하는 처가 불을 끄고 자는 방으로 시동생이 들어가는 것을 보았다는 말을 전해들은 남편이 시동생과의 불륜관계를 의심하며 딸의 출생에도 의문을 제기하고 머리채를 끌고 때리는 지경에 이르자 처는 딸을 데리고 친정으로 돌아가 7년간 별거한 사안에서, 남편의 의심을 풀어주지 않고 그에 기한 폭행만을 탓하여 친정으로 돌아간

157 대법원 1979. 2. 13. 선고 78므34 판결.

158 이러한 경우를 유책배우자의 이혼청구가 허용되는 예외적인 경우라고 설명하는 경우가 다수 있다. 주해친족법(제1권)(제2판), 박영사(2025), 571(이동진); 김용한, 친족상속법(보정판), 박영사(2003), 151; 오창수, "유책배우자의 이혼청구와 이혼의사", 서울지방변호사회 판례연구 제8집, 서울지방변호사회(1995), 164~165; 한삼인, "유책배우자의 이혼청구권", 인권과 정의 제362호, 대한변호사협회(2006), 212 등 다수). 그러나 유책배우자란 혼인파탄에 대하여 오로지 또는 주된 책임이 있는 당사자를 의미하는 것이므로, 청구인의 책임이 더 크지 않은 경우는 엄밀한 의미에서 유책배우자라 할 수 없다고 생각한다. 판례도 유책배우자의 이혼청구권이 허용되는 예외적인 사유로 혼인파탄에 대한 책임이 대등한 경우를 언급하고 있지 않다. 다만, 상대방의 귀책사유로 인한 것을 요구하고 있지 않다는 점에서 파탄주의적 성격이 가미되었다는 맥락으로 유책배우자 이혼청구권의 예외사유로 설명하고 있는 것이라고 이해된다. 예외사유로 보지 않는 같은 의견으로는 정구태, "2015년 혼인법 관련 주요 판례 회고", 법학연구 제27권 제1호, 충북대학교(2016), 167, 각주 43).

159 대법원 1992. 11. 10. 선고 92므549 판결.

뒤 혼인관계를 회복시키려는 노력을 하지 아니한 처의 잘못과 뚜렷한 근거도 없이 시동생과의 불륜을 의심하고 폭행까지 하여 별거하게 하고 별거 후에도 재결합을 위한 노력을 않고 재결합을 권유하는 장모에게 폭언과 행패를 부려온 남편의 잘못을 비교하면 남편에게 더 큰 책임이 있거나 적어도 비슷한 정도의 책임이 있으므로, 혼인관계가 부부 쌍방의 책임 있는 사유로 파탄에 이르게 된 경우 이혼을 청구한 당사자의 책임이 상대방의 책임보다 더 무겁다고 인정되지 아니하는 한 그 이혼청구는 인용되어야 한다며 처의 이혼청구를 인용한 사례

159 [판례] 남편의 폭행 및 학대에 대하여 방종한 생활태도를 보이다 가출한 처의 이혼청구를 인용한 사례[160]

청구인(처)과 피청구인(남편)의 혼인관계는 피청구인의 거친 성격과 그로 인한 청구인에 대한 잦은 폭행 및 학대 등에 의한 원인과 청구인의 방종한 생활 태도나 시어머니 및 전처 소생 딸에 대한 소홀한 대우 그리고 잦은 가출과 그로 인한 비교적 오랜 기간 동안의 별거로 말미암아 서로 애정과 신뢰가 상실되어 이미 돌이킬 수 없을 정도의 파탄 상태에 이르렀다 할 것이고 그와 같이 이른 데에는 쌍방이 모두 책임이 있다 할 것이나 적어도 청구인의 책임이 피청구인의 책임에 비하여 더 중하다고 보여지지 않는다고 판단하여 청구인의 이혼 청구를 받아들인 원심을 수긍한 사례

160 [판례] 처의 요양차 별거하다 소식이 두절되어 남편이 이혼판결(재심대상판결)을 받고 재혼하여 자녀까지 둔 경우[161]

서울에서 학교를 졸업한 피고(처)가 원고(남편)의 고향인 농촌생활에 적응하지 못하고 서울로 이사하길 조르고 시집생활에 적응하지 못한 원인이라며 불안장애로 입원하고 친정에서 요양을 한다며 귀가하지 않다가 원고에게 알리지 않고 이사하였고 원고는 4년 이상 피고를 기다리다가 이혼심판청구를 하여 이를 인용하는 재심대상심판이 선고되어 그대로 확정되었고, 그 후 이를 알게 된 피고가 민사소송법 제422조 제1항 제11호 소정의 재심사유를 들어 재심의 소를 제기하였으나, 재심사유가 없다는 이유로 피고의 재심청구를 기각하는 심판이 선고 및 확정되었으며 이에 원고는 위 심판에 기하여 이혼신고를 한 다음 소외인과 다시 혼인하여 그 사이에서 아들까지 출산한 사안에서, 원고와 피고 사이의 혼인관계는 피고가 정신질환으로 친정으로 가서 서로 별거하며 오랫동안 소식이 단절됨에 따라 원고가 이혼심판을 선고받고 그 심판에 대한 피고의 재심청구까지 기각된 후 원고가 다른 여자와 재혼함으로써 이제는 더 이상 돌이킬 수 없을 정도로 파탄에 이르렀다고 할 것이고, 그 파탄의 주된 책임

160 대법원 1990. 4. 10. 선고 88므1071 판결.
161 대법원 1991. 12. 24. 선고 91므528 판결.

이 원고에게 있다고 볼 수 없으므로 민법 제840조 제6호 소정의 "혼인을 계속하기 어려운 중대한 사유가 있을 때"에 해당한다고 할 것이므로, 이를 이유로 한 원고의 이 사건 이혼심판청구는 이유가 있어 이를 인용하여야 할 것이고, 따라서 재심대상 심판에 민사소송법 제422조 제1항 제7호 소정의 재심사유가 있다고 하더라도 원고의 이혼심판청구를 인용한 재심대상심판의 결론은 결과적으로 정당하다고 할 것이므로, 결국 피고의 이 사건 재심청구를 기각한 원심을 수긍한 사례

161 [판례] 강제징용으로 연락이 끊겨 한국과 일본에서 각자 다른 사람과 사실혼관계를 맺고 40여년을 지내 온 경우[162]

청구인(남편)은 1940년 피청구인(처)과 혼례를 올린 지 불과 10여일 만에 강제징용으로 일본에 끌려갔는데 피청구인은 1942년경부터 다른 남성과 사실혼 관계를 맺어 그 사이에 아들 하나를 낳고 동거하여 왔고 청구인은 일본에 거주하면서 1947년경부터 다른 여성과 사실혼 관계를 맺어 그 사이에 2남 2녀를 두고 일본에서 생활하고 있었으며 청구인이 1962년경 일시 귀국하여 피청구인과 사이에 이혼협의가 이루어진 사안에서, 청구인과 피청구인이 다시 부부로 돌아간다는 것은 불가능하다 할 것이고 이 부부관계가 파탄에 이른 것은 청구인에게 뿐 아니라 피청구인에게도 책임이 있어 민법 제840조 제6호에 따라 청구인의 이혼청구를 인용한 사례

162 [판례] 종교문제로 협의이혼하기로 한 후 다른 여성과 동거하면서 자녀를 둔 경우[163]

종교문제로 반목하기 시작하여 별거하다가 위자료를 지급받고 협의이혼하기로 한 후 청구인이 다른 여자를 받아들여 그 사이에 3남매를 출산한 사안에서, 피청구인은 청구인과 이혼할 의사가 없음이 뚜렷하고 청구인이 다른 여자와 동거하여 그 사이에 자녀를 둔 것이 피청구인의 귀책사유로 보기 어려우므로 민법 제840조 제6호의 혼인을 계속하기 어려운 중대한 사유에 해당한다고 인정하기 어렵다고 본 원심에 대하여, 피청구인이 청구인과 이혼을 할 의사가 없다 하여도 특별한 사정이 없는 한 청구인과 피청구인은 다시 원만한 부부생활로 되돌아가기 어려운 상태로 해석되며 그 되돌아가기 어려운 상태가 피청구인의 귀책사유로 인한 것이라 보기 어려우나 그렇다고 하여 청구인의 귀책사유로 인한 것이라고도 인정되기 어려우므로 민법 제840조 제6호 소정사유에 해당하여 청구인은 이혼을 청구할 수 있다고 해석함이 상당하다고 보아, 원심을 파기한 사례

163 [판례] 장기간 별거하며 서로 민사사송과 형사고소를 하고 형식적인 혼인관계만을 유지한 경우[164]

162 대법원 1986. 3. 25. 선고 85므85 판결.
163 대법원 1970. 2. 24. 선고 69므13 판결.
164 대법원 2022. 4. 14. 선고 2021므15398 판결.

원피고는 장기간에 걸쳐 별거 생활을 하였고, 혼인기간 중에 서로 재산에 관한 민사소송을 하였으며, 상호 간 형사고소를 하고 끝까지 처벌을 희망하는 의사를 고수하여 함께 형사처벌을 받았는데, 민사소송이 조정으로 끝난 다음에도 당사자 사이에 서로 이해하거나 관계를 회복하기 위하여 노력하지 않고 통상적 수준의 부부나 가족으로서 상호작용이 없이 기능적이고 형식적인 혼인관계만을 유지한 경우, 원피고의 혼인관계는 이미 부부 공동생활관계가 회복할 수 없을 정도로 파탄되고 혼인생활의 계속을 강제하는 것이 원고에게 참을 수 없는 고통이 되는 경우에 해당하며, 파탄의 원인에 대한 책임이 당사자 사이에 동등하거나 비슷하게 있다고 볼 여지가 있다고 보아 혼인파탄의 주된 책임이 원고에게 있다고 단정하여 이혼청구를 배척한 원심을 파기한 사례

164 [판례] 갑의 외도 사실을 알고도 을이 가정을 유지하겠다는 선택을 하여 오랜 기간 부부관계를 유지해 왔는데, 이후에 을의 갑에 대한 불신과 비난 등이 지속되자, 갑이 을을 상대로 혼인관계가 파탄되었다고 주장하며 이혼 등을 구한 사례165

원고는 과거 소외인과 성관계를 맺었고 당시 원피고의 혼인관계는 파탄상황에 있었으나 피고가 이를 알게 된 다음에도 원고를 다시 받아들여 가정을 유지하겠다는 선택을 하였고 오랜 기간 부부관계를 유지해 왔다면 원고가 그 이후에 다른 부정행위를 하였다고 볼 증거가 없는 이상 과거에 있었던 원고와 소외인의 관계가 현재 혼인관계 파탄의 직접적인 원인이라고 볼 수 없다. 피고는 가정을 유지하겠다는 선택을 하였으나 과거 사건에서 비롯된 원고에 대한 불신감과 의심을 거두지 못하고 원고의 외출, 복장, 화장 등 행동의 자유를 통제하려 하고 성폭행 피해자인 원고를 오히려 비난하였으며, 원고는 가족 구성원에게 아내나 어머니로서 존중받을 수 없는 상태에 있었고, 그동안 여러 차례 자살·자해 시도를 하였고 정신건강의학과 입원을 반복하였다. 이러한 사태는 원고가 자초한 측면이 있으나, 피고가 과거를 덮고 부부관계를 회복하기로 했으면서도 실제로는 원고를 불신하고 비난하는 태도를 보이고, 원고에게 정신적인 중압감을 준 것도 중요한 원인이라고 볼 여지가 있다. 원심으로서는 원고와 소외인의 관계가 끝난 후 오랜 시간이 지난 과정에서 원피고 사이에 있었던 사정들을 종합적으로 살펴보아, 현재 혼인 파탄의 원인이 배우자 일방이 아닌 양측 모두에게 있는 것이 아닌지 심리를 한 다음, 민법 제840조 제6호에서 정한 이혼사유에 해당할 여지가 없는지에 관하여 판단했어야 한다(원고의 이혼청구를 배척한 원심을 파기한 사례).

라. 유형별 사례

165 혼인파탄의 근거로서 자주 언급되는 인자들을 유형화하여 혼인파탄이 인정된

165 대법원 2021. 8. 19. 선고 2021므12108 판결.

사례와 부정된 사례를 살펴본다.

1) 협의이혼의사확인, 이혼합의, 위자료 지급

166 법원에 의한 협의이혼의사확인절차는 확인 당시에 당사자들이 이혼할 의사를 가지고 있었는가를 밝히는 데 그치는 것이므로,[166] 협의이혼의사확인 또는 이혼합의만으로는 그 자체로 재판상 이혼사유가 될 수 없고,[167] 혼인관계가 파탄되었다고 추정할 수도 없다.[168] 위자료까지 지급된 경우에도 혼인파탄으로 인정된 사례는 많지 않다. 판례는 이혼합의 등으로 인하여 부부관계가 파탄되어 부부쌍방이 이혼의사로 상당기간 사실상 부부관계의 실체를 해소한 채 생활해 왔다는 등의 특별한 사정이 있어야 혼인파탄을 인정할 수 있다는 기준을 제시한다.[169]

가) 혼인파탄이 인정된 사례

167 [판례] 이혼합의 및 위자료 지급과 별거 계속[170]

간통사건으로 형사 고소하였다가 고소를 취소하면서 이혼에 협의하고 위자료를 지급받았으나 이후에도 청구인은 다수의 여성과 동거를 계속하고, 피청구인은 청구인과 다시 생활하려고 시도하였으나 뜻을 이루지 못하고 계속하여 별거하고 있는 사안에서, 청구인과 피청구인의 혼인은 이혼협의와 위자료지급, 별거 계속 등으로 회복하기 어려운 상태에 이르렀다 할 것이나, 그 이유는 청구인의 부정행위 등 불성실한 생활태도에 연유된 것이므로 스스로 파탄의 원인을 제공한 청구인으로서는 이혼을 청구할 수 없다.

168 [판례] 혼인신고 이틀 뒤 이혼하기로 합의하고 별거한 이후 다른 여성과 동거하며 자녀까지 둔 경우[171]

1976. 3. 8. 혼인신고를 마친 뒤 같은 달 10. 청구인이 피청구인에게 위자료를 주고 이혼하기로 합의한 이래 지금까지 서로 연락이 끊긴 채 별거해오고 있으며 청구인은 1978년경부터 다른 여성과 동거하여 오면서 그 사이에 아들 1명을 둔 사안에서, 혼인관계는 더 이상 계속할 수 없을 정도로 파탄되었다고 봄이 상당하고, 파탄의 원인이

166 대법원 1987. 1. 20. 선고 86므86 판결.
167 대법원 1980. 6. 24. 선고 80므4 판결, 대법원 1982. 12. 28. 선고 82므54 판결, 대법원 1983. 7. 12. 선고 83므11 판결, 대법원 1990. 5. 11. 선고 90므231 판결, 대법원 1975. 4. 8. 선고 74므28 판결.
168 대법원 1988. 4. 25. 선고 87므28 판결.
169 대법원 1990. 9. 25. 선고 89므112 판결, 대법원 1991. 11. 22. 선고 91므23 판결, 대법원 1996. 4. 26. 선고 96므226 판결.
170 대법원 1986. 2. 25. 선고 85므79 판결.
171 대법원 1987. 12. 22. 선고 86므90 판결.

직접적으로는 청구인의 다른 여자와의 동거에 있다고 하더라도 다른 여자와의 동거가 피청구인과 사이에 이혼합의가 있은 후의 일이라면 혼인파탄의 주된 책임이 청구인에게 있다고 할 수 없다.

나) 혼인파탄이 인정되지 않은 사례

169 [판례] 1남 1녀를 둔 부부가 성격차이 등으로 협의이혼의사확인신고서 작성 뒤 별거[172]

가정불화로 이혼하기로 합의하고 이혼신고서나 각서를 작성하고 별거하고 있다는 사정만 가지고는 1남 1녀의 자녀를 둔 당사자들의 연령과 학력, 경력 등에 비추어 성격차이와 불화를 극복하고 애정을 되찾는 것이 불가능하다고 단정할 자료도 없음에 비추어 보면 민법 제840조 제6호 소정의 '기타 혼인을 계속하기 어려운 중대한 사유가 있을 때'에 해당하지 않는다.

170 [판례] 이혼합의 및 위자료 지급하였으나 계속 동거한 경우[173]

혼인생활 중 부부가 1986. 4. 일시 이혼에 합의하고 위자료 명목의 금원을 주고받았더라도 이혼합의 이후 4개월 정도 별다른 일 없이 계속 동거하여 오다가 1986. 8. 청구인이 거짓으로 출장을 간다고 하고 외박한 문제로 다투다가 청구인이 가출하여 별거하게 된 경우, 청구인 부부의 별거와 이혼합의는 직접적인 연관이 없고 이혼합의로 인하여 부부관계가 돌이킬 수 없을 정도로 파탄되어 부부쌍방이 이혼의 의사로 사실상 부부관계의 실체를 해소한 채 생활하여 왔다는 등의 특별한 사정이 없다면 그러한 이혼합의 사실의 존재만으로는 재판상 이혼사유인 혼인을 계속할 수 없는 중대한 사유에 해당한다고 할 수 없다.

171 [판례] 이혼합의 및 위자료 지급[174]

청구인(남편)의 간통으로 가정이 파탄되고 그 과정에서 시아버지가 실제로 피청구인(처)을 폭행한 이상 피청구인이 남편과 시아버지를 고소하였다 하더라도 이는 법률상 보장하고 있는 권리행사로 사회통념에 비추어 지나치다고 볼 수 없고(더욱이 피청구인의 고소가 취소되었다) 부부가 이혼하기로 합의하고 위자료까지 지급되었다 해도 이로써 부부관계가 돌이킬 수 없을 정도로 파탄되어 부부쌍방이 이혼의 의사로 상당기간 사실상 부부관계의 실체를 해소한 채 생활해 왔다는 특별한 사정이 없는 한 그러한 합의의 존재만으로 혼인을 계속할 수 없는 중대한 사유가 있다고는 할 수 없는 것이므로 유책배우자인 청구인으로서는 민법 제840조 제6호 사유가 있다는 이유로

172 대법원 1981. 10. 13. 선고 80므9 판결.
173 대법원 1990. 9. 25. 선고 89므112 판결.
174 대법원 1991. 11. 22. 선고 91므23 판결.

이혼을 구할 수는 없다.

172 [판례] 이혼합의 및 위자료 지급 또는 재산분배 후 별거[175]

혼인생활 중 부부가 일시 이혼에 합의하고 위자료 명목의 금전을 지급하거나 재산분배를 하였다 하더라도 그것으로 인하여 부부관계가 돌이킬 수 없을 정도로 파탄되어 부부 쌍방이 이혼의 의사로 사실상 부부관계의 실체를 해소한 채 생활하여 왔다는 등의 특별한 사정이 없다면 그러한 이혼 합의사실의 존재만으로는 민법 제840조 제6호의 재판상 이혼사유인 혼인을 계속할 수 없는 중대한 사유에 해당한다고 할 수 없는 것인바,[176] 원·피고가 이혼에 합의하여 위자료 지급과 재산분할을 마친 다음 별거에 들어갔다는 사정만으로 원·피고간의 부부관계가 돌이킬 수 없을 정도로 파탄되었거나 이미 부부관계의 실체가 해소되었다고 보기 어려워 유책배우자인 원고의 이혼청구는 허용할 수 없다.

2) 장기간 별거

173 장기간 별거는 혼인의 파탄을 가늠하는 객관적인 징표가 된다.

174 판례는 혼인기간에 비추어 본 별거의 기간, 별거 개시의 원인과 그에 대한 책임, 별거기간 중 교류 여부나 내용, 각자 독립적인 생활관계가 고착화 되었는지 등을 종합적으로 고려하여 파탄여부를 판단하고 있다.

175 한편, 이른바 장기간 별거형 사안에서 대법원 2015. 9. 15. 선고 2013므568 전원합의체 판결이 세월의 경과에 따른 유책성의 감쇄를 유책배우자의 이혼청구가 허용되는 예외사유로 선언하기 전에도 대법원 2009. 12. 24. 선고 2009므2130 판결 및 대법원 2010. 6. 24. 선고 2010므1256 판결에서는 각 부정한 행위를 한 원고의 이혼청구에 대하여 11년 및 46년간 별거가 이어진 경우 혼인제도가 추구하는 목적과 민법의 지도이념인 신의성실의 원칙을 근거로 원고의 유책성이 이혼청구를 배척할 정도로 남아 있지 않다고 하여 민법 제840조 제6호의 이혼사유에 해당한다고 봄으로써, 원고에게 혼인관계파탄의 책임이 있고 피고가 혼인계속의사를 밝히고 있음에도 이혼 청구를 인용하였다.[177]

175 대법원 1996. 4. 26. 선고 96므226 판결.

176 대법원 1990. 9. 25. 선고 89므112 판결, 대법원 1991. 11. 22. 선고 91므23 판결.

177 위 판결들은 유책배우자의 이혼청구권 부분에서 자세히 살핀다(☞ 민법 제840조 Ⅲ. 2. 다. 4) 주석 참조). 위 두 판결은 세월의 경과에 따라 유책성이 약화된 경우를 유책배우자의 이혼청구권의 문제로

가) 인정된 사례

176 [판례] 처의 가출로 20년간 별거하면서 남편과 처 각자 별거 이후 만난 사람과 동거하는 경우[178]

피청구인(처)이 조직한 계가 깨어진 뒤로부터 집을 나가 청구인(남편)의 귀가종용에 응하지 아니하여, 청구인은 피청구인이 가출한 지 1년쯤 될 무렵부터 다른 여자와 내연관계를 맺어 오늘에 이르고 있고, 한편 피청구인도 가출 6년 정도 뒤부터 다른 남자와 동거하고 있어 청구인과 피청구인이 20여 년간을 부부로서의 실체 없이 지내온 것이라면, 혼인관계는 돌이킬 수 없을 정도로 파탄되었다 할 것이고, 그 책임이 반드시 어느 쪽이 더 크다고 할 수 없는 만큼 민법 제840조 제6호 소정의 혼인을 계속할 수 없는 중대한 사유가 된다.

177 [판례] 남편의 음주와 외박 등에서 기인한 불화로 11년간 별거 한 경우[179]

피고(남편)의 잦은 음주와 외박으로 원만하지 않는 혼인생활을 하다가, 원고(처)가 가출하여 11년간 피고와 따로 생활하다가 최근에 이르러 다른 남자와 동거하며 그와의 아이도 출산한 사안에서, 혼인제도가 추구하는 목적과 민법의 지도이념인 신의성실의 원칙에 비추어 보더라도 혼인관계의 파탄에 대한 원고의 유책성이 반드시 원고의 이혼청구를 배척하지 않으면 아니 될 정도로 중한 것이라고 단정할 수 없으므로, 민법 제840조 제6호 소정의 이혼사유가 있다고 본 사례

178 [판례] 46년간 별거하며 각자 독립적 생활관계가 고착화되어 유책성이 약화된 경우[180]

법률상 부부인 갑과 을이 별거하면서 갑이 병과 사실혼관계를 형성하였고, 그 후 갑과 을의 별거상태가 약 46년간 지속되어 혼인의 실체가 완전히 해소되고 각자 독립적인 생활관계가 고착화되기에 이르자 갑이 을을 상대로 이혼을 청구한 사안에서, 갑과 을의 혼인은 혼인의 본질에 상응하는 부부공동생활 관계가 회복할 수 없을 정도로 파탄되었고, 그 혼인생활의 계속을 강제하는 것이 일방 배우자에게 참을 수 없는 고통이 될 것이며, 혼인제도가 추구하는 목적과 민법의 지도이념인 신의성실의 원칙에 비추어 보더라도 혼인관계의 파탄에 대한 갑의 유책성이 반드시 갑의 이혼청구를 배척하지 않으면 아니될 정도로 여전히 남아 있다고 단정할 수 없으므로, 갑과 을의 혼인에는 민법 제840조 제6호에 정한 '혼인을 계속하기 어려운 중대한 사유가

직접 다루지 아니하고 신의성실의 원칙의 문제로 설명한 것이고 2013므568 전원합의체 판결로 가는 다리 역할을 한 것으로 볼 수 있다.

178 대법원 1991. 1. 11. 선고 90므552 판결.

179 대법원 2009. 12. 24. 선고 2009므2130 판결.

180 대법원 2010. 6. 24. 선고 2010므1256 판결.

있을 때'라는 이혼원인이 존재한다고 한 사례

나) 부정된 사례

179 [판례] 청구인의 다른 사람과의 동거로 장기간 별거한 경우[181]

청구인(남편)과 피청구인(처)이 다년간 별거하게 된 연유는 청구인이 다른 여자를 첩으로 맞이하여 그와 동거하게 된데 기인한 것이므로, 청구인의 위와 같은 처사를 참아오며 오로지 자녀의 양육에 전심하면서 살아온 피청구인을 단순히 두 사람 사이에 애정이 없다든가 다년간 별거생활을 하여왔다는 사실만으로 위와 같은 사유가 기타 혼인을 계속하기 어려운 중대한 사유가 있을 때에 해당한다고 볼 수 없다.

180 [판례] 청구인 측의 거절로 인한 10 년간의 장기간 별거[182]

청구인(남편) 또는 시모의 거절로 인하여 근 10년간 별거하다시피 되었다면 피청구인(처)이 집을 나가 시모를 봉양하지 않았다는 사실만으로 민법 제840조 제6호에 이른바 '혼인을 계속하기 어려운 중대한 사유'에 해당한다고 볼 수 없다.

181 [판례] 40 년 이상 별거하였으나 가족행사 등 교류하면서 자녀들과 유대관계를 유지한 경우[183]

원고와 피고가 40년 이상 장기간 별거하여 현재에 이르고 있고 원고가 다른 여성과 사실혼관계를 형성하여 그 사이에 자녀를 가지기는 하였으나 결혼식, 장례식 등 가족행사에서 교류하고 자녀들이 유년 시절 원고와 피고 모두 유대관계를 가지고 원고와 피고 사이를 오가며 생활하였다면 원고와 피고의 혼인관계를 두고 그 실체가 완전히 해소되어 원고와 피고 각자의 독립적인 생활관계가 고착화되기에 이르렀다고 보기 어렵다.

182 [판례] 노년의 부부가 재결합을 위하여 다시 혼인신고를 하였으나 사정상 즉시 동거하지 않은 경우[184]

1963년 혼인하였다가 외아들이 군복무 중 사망한 이후 원고가 피고를 학대 및 구타하여 1988년 협의이혼을 한 뒤 재혼하지 않고 딸들과 교류하며 지내다가 막내딸의 결혼을 앞두고 1996년 다시 혼인신고를 하였으나(원고 당시 61세, 피고 당시 56세) 동거하지는 아니한 사안에서, 원고와 피고의 연령과 재결합의 경위에 비추어 보면 원만한 공동생활관계가 곧바로 형성되지 못하였다는 사정이 그리 이상하지 아니하고 피고의 노력으로 혼인관계가 상당히 개선되어 가고 있었으므로, 원고와 피고가 적극

181 대법원 1969. 3. 4. 선고 69므1 판결.
182 대법원 1965. 2. 9. 선고 64므9 판결.
183 대법원 2012. 1. 27. 선고 2011므3600 판결.
184 대법원 2003. 5. 13. 선고 2003므248 판결.

적인 동거생활을 영위하지 않았다는 이유만으로 민법 제840조 제6호가 규정하는 이혼사유에 해당한다고 단정할 수 없다.

3) 정신질환

가) 연혁 및 입법례[185]

183 불치의 정신병을 이혼원인으로 인정할 것인가에 대하여 민법 초안 작성 당시에 문제가 되었다고 하는데, 정부초안에서는 '불치의 정신병'을 이혼사유로 열거하고 있었으나 국회법제사법위원회 수정안에서 삭제됨으로써 현행 민법에는 명문의 규정이 없고, 현재는 민법 제840조 제6호 "혼인을 계속하기 어려운 중대한 사유"로서 논의된다.

184 정신병을 이혼사유로 인정한 입법례로는 1740년 프리드리히 법전이 최초이고, 노르웨이, 스웨덴, 불가리아, 뉴질랜드, 덴마크, 핀란드, 오스트리아, 그리스 등이 이를 인정하고 있는데, 이것은 이혼법의 유책주의로부터 파탄주의로의 이항을 의미하는 것이라고 한다. 정신병에 걸린다는 것은 본인 책임이 아니나 가정생활의 평화에 대한 엄청난 파괴력을 고려하면 상대배우자가 그를 위하여 일생을 희생하는 것을 법률상 강제할 수 없으므로 여기에 이혼법이 유책주의에서 파탄주의로 옮겨가지 않으면 안 될 중대한 계기가 있었던 것이라고 한다.

나) 판단기준

185 부부 사이에는 동거, 부양, 협조의무가 있으므로 혼인생활을 함에 있어서 부부는 서로 협조하고 애정과 인내로써 상대방을 이해하며 보호하여 혼인생활의 유지를 위한 최선의 노력을 기울여야 한다.[186]

186 이처럼 부부간에는 부양 및 협조의무가 있어 질병이나 건강상의 문제가 있더라도 애정과 인내로써 극복하여야 하고 그 자체로 이혼사유가 될 수 없으나, 정신기능의 이상이 있어 정상적인 부부생활 또는 가족공동체의 유지가 어려운 지경에 이르게 된다면 혼인관계를 강제할 수 없을 것이다. 혼인은 애정과 신뢰에 바탕을 둔 인격적 결합을 본질로 한 공동생활을 목적으로 하는 것이기 때문이다.

187 판례는 객관적으로 증세가 중대하고 회복이 거의 불가능할 정도인지 여부를 중시하고,[187] 정신질환이 있고 재발의 가능성이 있다 하더라도 현재 혼인생활에

185 김주수, "추상적 이혼원인으로서의 불치의 정신병", 판례월보 제268호, 판례월보사(1993), 21~22.
186 대법원 1995. 12. 22. 선고 95므861 판결.
187 대법원 1995. 5. 26. 선고 95므90 판결.

지장이 없을 정도의 건강상태라면 이혼사유로 인정하지 않고 있다.[188] 그 외에 치료를 위한 노력을 하였는지, 투병기간 및 경제적 형편과 가정공동체에 대한 영향 등에 비추어 배우자에게 감내하라고 할 수 있을지 여부도 고려한다.[189] 따라서 일방 배우자의 비정상적인 행동이 있을 때 곧바로 부당한 대우 등으로 볼 것이 아니라 정신병으로부터 온 것인지를 살피고 나아가 치료가능성 여부에 대하여 알아보아야 한다.[190]

188 [판례] 증상의 경중과 회복가능성 여부[191]

현재 부부의 일방이 정신병적 증세를 보여 혼인관계를 유지하는 데 어려움이 있다고 하더라도 그 증상이 가벼운 정도에 그치는 경우라든가, 회복이 가능한 경우인 때에는 그 상대방 배우자는 사랑과 희생으로 그 병의 치료를 위하여 진력을 다하여야 할 의무가 있는 것이고, 이러한 노력을 제대로 하여 보지 않고 정신병 증세로 인하여 혼인관계를 계속하기 어렵다고 주장하여 곧 이혼청구를 할 수는 없다.

189 [판례] 회복가능성 여부[192]

치료노력에도 불구하고 회복이 거의 불가능한 정신질환에 대하여 계속하여 배우자로서의 의무에 따라 한정 없는 정신적, 경제적 희생을 감내한 채 피고와의 혼인관계를 지속하고 살아가라고 하기에는 지나치게 가혹하므로 결국 이러한 정신질환은 민법 제840조 제6호 소정의 재판상 이혼사유에 해당한다.

190 [판례] 가정공동체에 대한 영향[193]

가정은 단순히 부부만의 공동체에 지나지 않는 것이 아니고 그 자녀 등 모든 구성원의 공동생활을 보호하는 기능을 가진 것으로서 부부 중 일방이 불치의 정신병에 이환되었고 그 질환이 단순히 애정과 정성으로 간호되거나 예후가 예측될 수 있는 것이 아니고 그 가정의 구성원 전체에게 끊임없는 정신적, 육체적 희생을 요구하는 것이며 경제적 형편에 비추어 많은 재정적 지출을 요하고 그로 인한 다른 가족의 고통이 언제 끝날지 모르는 상태에까지 이르렀다면, 온 가족이 헤어날 수 없는 고통을 받더라도 타방 배우자는 배우자간의 애정에 터 잡은 의무에 따라 한정 없이 참고 살아

188 대법원 1971. 10. 12. 선고 71므32 판결.
189 대법원 1997. 3. 28. 선고 96므608, 615 판결, 대법원 1991. 1. 15. 선고 90므446 판결, 대법원 1991. 12. 24. 선고 91므627 판결.
190 대법원 1995. 5. 26. 선고 95므90 판결.
191 대법원 1995. 5. 26. 선고 95므90 판결.
192 대법원 1997. 3. 28. 선고 96므608, 615 판결.
193 대법원 1991. 1. 15. 선고 90므446 판결, 대법원 1991. 12. 24. 선고 91므627 판결.

가라고 강요할 수는 없는 것이고, 이러한 경우 민법 제840조 제6호 소정의 재판상 이혼사유에 해당한다.

191 [판례] 비정상적인 행위의 원인 탐구[194]

피고(처)가 시모와 원고(남편)에 대하여 폭행 등의 행위를 하였더라도 위와 같은 행위가 정신병으로부터 온 증상인지, 정신병으로부터 온 것이라면 그 치료가 가능한지 불가능한지 여부에 대하여 심리하여 본 후 정당한 이혼사유에 해당하는지 여부를 판단하였어야 할 것임에도 피고의 위와 같은 비정상적 행위만을 탓하여 민법 제840조 제3호·제6호의 재판상 이혼사유가 있다고 판단한 원심에 대하여 심리미진 및 재판상 이혼사유에 관한 법리를 오해한 위법이 있다고 하여 파기한 사례

다) 효과

192 배우자 일방의 정신병은 그에게 책임 있는 사유로 되지 아니하고 쌍방에 책임 없는 사유로 혼인관계를 계속하기 어려운 중대한 사유에 해당한다고 볼 것이나, 그 외에 치료거부나 의사능력이 있는 상태에서의 폭행이 수반되는 경우라면 그에게 혼인관계 파탄의 책임이 인정될 수 있을 것이다.[195]

193 [판례] 정신병에 대한 치료거부와 폭행[196]

피고의 정신병력, 혼인생활 중 보여온 정신이상 증상 및 원고에 대한 잦은 폭언·폭력행사 등으로 원·피고간의 혼인관계는 피고의 정신병과 그 치료거부, 원고에 대한 폭행 등으로 인하여 더 이상 계속하기 어려울 정도로 파탄되었다고 할 것이므로 민법 제840조 제6호가 정한 재판상 이혼사유에 해당하고, 피고의 책임으로 돌릴 수 없는 성질의 정신병을 가지고 있다는 것만으로 피고에게 귀책사유가 있다는 것이 아니라 정신병 외에 그 치료거부나 원고에 대한 폭행 등의 사유로 혼인관계 파탄의 원인이 된 것이므로 피고에게 위자료 지급 책임이 있다고 인정한 사례

194 대법원 1995. 5. 26. 선고 95므90 판결.
195 대법원 1999. 10. 26. 선고 99므1244 판결.
196 대법원 1999. 10. 26. 선고 99므1244 판결.

라) 구체적 사례

(1) 인정된 사례

194 [판례] 완치 가망 없는 심한 정신분열증에 가정의 경제적 형편이 넉넉지 않은 경우[197]

둘째 아들을 출산한 이후부터 정신이상의 증세를 나타내기 시작하여 정신분열증의 진단을 받고 여러 차례에 걸쳐 입원치료를 거듭하였으나 호전과 악화를 계속하더니 급기야는 시어머니에게 폭언을 퍼붓고 밤에 잠도 안자고 청구인(남편)과 아이들의 잠자는 모습만을 보고 앉아 있거나 무단가출도 여러 번 하는 등 피청구인(처)의 증상은 정신분열증 중에서도 심한 망상 증세이어서 완치될 가망이 거의 없으며 호전되더라도 재발이 예상되어 정상적 가정생활은 어려우며, 청구인은 동사무소에 근무하는 지방행정서기로 그 봉급이 유일한 생계수단이나 두 아들을 부양하여야 하고 피청구인의 치료비까지 혼자 부담하여 극히 어려운 상태인 사례

195 [판례] 치료 노력을 하였으나 완치가 어려운 정신분열증[198] [199]

부가 처의 정신분열증 치료를 위하여 나름대로의 노력을 기울였으나 치료되지 아니하여 처가 정신분열증 치료를 위하여 친정으로 가면서 장모가 사위에게 새출발을 하라고 말하여 처와의 혼인관계가 사실상 종료된 것으로 믿은 부가 그 직후부터 다른 여자와 동거하면서 처에게 치료비나 생활비 등을 지급하지 아니하고 소식마저 끊고 지냈으며 처의 정신분열증은 현재까지도 완치되지 아니한 상태이고 일시 호전된다 하더라도 재발이 예상되어 정상적인 가정생활이 어려운 사안에서, 그 혼인관계는 어느 쪽에도 책임지울 수 없는 처의 정신분열증으로 인하여 처가 친정으로 돌아간 때부터 파탄에 이르러 현재까지 그러한 상태가 계속되어 있다고 보아, 민법 제840조 제6호 소정의 재판상 이혼사유에 해당한다고 본 사례

196 [판례] 치료 노력을 하였으나 회복 불가능한 조울증[200]

피고의 조울증은 장기간 지속되어 회복이 거의 불가능한 정신질환으로 이환되어 그 증상이 가벼운 정도에 그치는 경우라 할 수 없고, 원고가 피고의 치료를 위하여 수차례에 걸쳐 피고를 병원에 입원시키는 등 나름대로의 노력을 한 사례

197 대법원 1991. 1. 15. 선고 90므446 판결.

198 대법원 1991. 12. 24. 선고 91므627 판결.

199 평석으로는 김주수, "추상적 이혼원인으로서의 불치의 정신병", 판례월보 제268호, 판례월보사(1993), 20~27.

200 대법원 1997. 3. 28. 선고 96므608, 615 판결.

(2) 부정된 사례

197 [판례] 최근에 발병한 정신분열 증세를 치료받아 거의 회복된 경우[201]

피청구인은 원래 성격이 온순하고 신체가 건강하였는데 결혼 후 말을 잘 못하고 귀머거리인데다 고집이 세고 눈만 뜨면 피청구인에게 소리를 지르고 행패를 부리는 시아버지를 잘 모시고 농사일을 도우고 살아오는 동안에 몸이 허약해지고, 신경이 예민하여 있던 중 첫 아이를 낳고 둘째아이를 임신한 최근부터 정신분열의 증세를 나타내게 되어 본의 아니게 시아버지에게 부당한 대우를 하고 청구인을 폭행하자 청구인을 비롯한 가족들은 피청구인을 치료하지는 아니하고 이상한 행동만 탓하여 구박하고 친정으로 쫓아냈으며, 피청구인은 현재 친정에서 꾸준히 치료하여 그 상태가 거의 정상인에 가까운 정도에 이른 사례

198 [판례] 길지 않은 기간 망상장애에 기인한 의처증을 보였으나 회복 가능한 경우[202]

피고(남편)가 망상장애에서 기인한 의처증 증세를 보였으나, 그 기간이 그리 길지 않고 사회적 활동에 별다른 지장이 없으며, 집중적인 치료를 받는다면 회복가망성이 엿보이는 경우 정신병적 증세와 그로 인한 비정상적인 행동을 보이기 시작한 시점, 원고가 피고의 치료를 위하여 취한 조치의 내용, 피고의 정신병적 증세와 그로 인한 비정상 행동의 양상과 원·피고의 경제적 능력에 비추어 피고의 정신병적 증세가 불치의 것이라고 보기 어려운 이상 혼인생활을 함에 있어 부부가 서로 협조하고 애정과 인내로써 상대방을 보호하여 혼인생활의 유지를 위한 최선의 노력을 기울일 것을 내용으로 하는 부부간의 동거·부양·협조 의무를 더 이행하여 줄 것을 원고에게 요구하는 것이 한정 없는 정신적·경제적 희생을 감내하도록 하는 것이 되어 지나치게 가혹한 것으로 보이지 않는다고 한 원심을 수긍한 사례

199 [판례] 정신분열증으로 가끔 발작적 정신이상증세를 보이나 현재는 건강하여 혼인생활에 지장이 없는 경우[203]

처가 그 부부생활 계속 중 정신분열증이 생겨서 가끔 발작적으로 정신이상증세를 일으키고 심한 증세는 아니지만 만성정신분열증세의 경과 중에 있어 이는 치유되더라도 재발할 가능성이 많다 하여도 현재에는 혼인생활의 계속에 지장이 없을 정도로 건강하고 정신이상증세도 엿보이지 않는다면, 설사 위와 같은 정신병 증세가 있다하여 곧 혼인을 계속할 수 없을 정도의 중대한 사유에 해당한다 할 수 없을 것이므로 민법 제840조 제6호의 이혼사유에 해당하지 않는다고 판단한 원심을 수긍한 사례

201 대법원 1984. 8. 21. 선고 84므49 판결.
202 대법원 2004. 9. 13. 선고 2004므740 판결.
203 대법원 1971. 10. 12. 선고 71므32 판결.

200 [판례] 일상생활에 지장이 없는 우울증[204]

혼인생활 중에 일방이 우울증 증세를 보였으나 병원 치료를 받아 현재 일상생활을 하는데 별다른 지장이 없고 상대방과의 혼인생활을 계속할 것을 바라고 있는 사례

4) 성기능 장애 등

201 단순히 무정자증[205]이나 임신불능[206]이라는 것만으로는 민법 제840조 제6호의 이혼사유에 해당하지 않는다. 치료가능성[207]과 치료 노력[208] 등이 중요하다.

202 판례는 일시적이거나 단기간의 성적결함은 이혼사유로 되지 않으나 정당한 이유 없이 성교를 거부하거나 정상적인 성생활이 불가능한 경우에는 이혼사유에 해당한다고 본다.[209]

가) 인정된 사례

203 [판례] 7 년 이상 정당한 이유 없는 성교거부나 성생활 불가능[210]

원고와 피고는 혼인신고를 하고 그 무렵 신혼여행을 다녀온 다음 원고의 학업을 위하여 함께 미국으로 출국하여 유학생활을 한 이래 7년 이상 한 차례도 성관계를 하지 못하였고 이로 인하여 불화를 겪다가 별거하게 되었고 비뇨기과 전문의로부터 성기능 검사를 받았는데 혈류검사에서 약간의 혈류저하가 있으며 상세불명의 경미한 성기능 장애 진단을 받은 사안에서, 성관계의 부존재가 피고가 정당한 사유 없이 성관계를 거부하는 등 피고의 귀책사유로 인한 것이라는 증거가 없으며, 피고가 현재 전문가에 의한 상담, 치료 등 모든 노력을 할 의사를 표명하고 있는 점 등에 비추어 제6호 이혼사유 해당하지 않는다고 판단한 원심에 대하여, 부부 중에 성기능의 장애가 있거나 부부간의 성적인 접촉이 부존재하더라도 부부가 합심하여 전문적인 치료와 조력을 받으면 정상적인 성생활로 돌아갈 가능성이 있는 경우에는 그러한 사정은 일시적이거나 단기간에 그치는 것이므로 그 정도의 성적 결함만으로는 '혼인을 계속하기 어려운 중대한 사유'가 될 수 없으나, 그러한 정도를 넘어서서 정당한 이유 없이 성교를 거부하거나 성적 기능의 불완전으로 정상적인 성생활이 불가능하거나 그 밖의 사정으로 부부 상호간의 성적 욕구의 정상적인 충족을 저해하는 사실이 존재하고

204 대법원 1995. 12. 22. 선고 95므861 판결.
205 대법원 1982. 11. 23. 선고 82므36 판결.
206 대법원 1965. 9. 21. 선고 65므37 판결, 대법원 1991. 2. 26. 선고 89므365, 367 판결.
207 대법원 1993. 9. 14. 선고 93므621, 638 판결, 대법원 1999. 6. 8. 선고 99므388, 395 판결.
208 대법원 1994. 5. 13. 선고 93므1020 판결.
209 대법원 2010. 7. 15. 선고 2010므1140 판결.
210 대법원 2010. 7. 15. 선고 2010므1140 판결.

있다면 부부간의 성관계는 혼인의 본질적인 요소임을 감안할 때 이는 '혼인을 계속하기 어려운 중대한 사유'가 될 수 있으므로, 정신과 감정의에 대한 감정 등 증거조사를 통하여 원고 및 피고에게 어떠한 성적 결함이 있는지 여부, 그러한 결함이 아니더라도 원·피고 상호간에 정상적인 성생활을 저해하는 다른 원인 등이 당사자의 노력에 의하여 용이하게 극복될 수 있는 것인지 등에 관하여 더 심리한 연후에 원·피고의 혼인관계가 과연 회복할 수 없을 정도로 파탄에 이르렀는지, 파탄에 이르렀다면 그 귀책사유가 누구에게 어느 정도 있는지 여부를 가렸어야 할 것이라는 이유로 원심을 파기한 사례

204 [판례] 13 년간 전혀 성생활을 못하였음에도 치료 노력 없이 별거한 경우[211]

피고가 원고와의 혼인시부터 원인불명의 사유로 정상적인 성적 부부생활을 하지 못하였고 그 후 당뇨병 등에 의한 발기부전 및 사정기능장애로 인하여 혼인 후 13년이 경과하도록 전혀 성생활을 하지 못하였음에도 불구하고 그 원인을 파악하여 치료하려는 노력을 게을리 하여 별거에 이른 사례

나) 부정된 사례

205 [판례] 무정자증[212]

무정자증으로 생식불능이고 성적기능이 다소 원활하지 못하다는 사실만으로는 다른 특별한 사정이 없는 이 사건에 있어 혼인을 계속하기 어려운 중대한 사유에 해당한다고 보기 어렵다.

206 [판례] 임신불능[213]

중매에 의하여 만나 서로 교제하다가 양측부모에게도 서로 인사를 드린 후 남녀관계까지 가지게 되어 결혼이 기정사실화 되어가던 중 처에게 임신증상 등 몸에 이상에 생겨 진찰을 받았으나 확실한 병명을 알 수 없었고 결국 수술을 받게 되자 의료보험혜택을 받게 하기 위하여 혼인신고를 마쳤다가 수술결과 자궁적출 등으로 피청구인이 임신불능으로 됨으로써 그 사실을 안 남편 측에서 종가의 종손임을 이유로 혼인을 반대하여 이 사건 이혼심판 청구에 이르게 된 사안에서, 처가 전자궁적출술의 결과 임신불능이 되자 남편이 종가의 종손임을 이유로 이혼을 주장하여 혼인관계가 파탄에 이르렀다면, 출산불능이 법률상의 이혼사유로 되지 아니하는 이상 남편 측에게 혼인파탄에 대하여 보다 더 큰 책임이 있다고 하여, 남편의 이혼청구를 기각하고 처

211 대법원 1994. 5. 13. 선고 93므1020 판결.

212 대법원 1982. 11. 23. 선고 82므36 판결.

213 대법원 1991. 2. 26. 선고 89므365, 367 판결.

의 반심판청구를 인용한 사례

207 [판례] 심인성 발기부전[214]

피고에게 심인성으로 보이는 음경발기부전증이 있고 그로 인하여 원·피고 사이에 원만한 성생활이 행해지지 아니하고 있는 사안에서, 혼인파탄의 주된 책임이 심인성 발기부전증으로 인한 성적능력 결함이 있는 피고에게 있다고 본 원심에 대하여, 심인성 음경발기부전증으로 인하여 일시적으로 발기불능 또는 삽입불능의 상태에 있다고 하더라도 부부가 합심하여 전문의의 치료와 도움을 받는 경우 정상적인 성생활로 돌아갈 가능성이 있었다고 한다면 그 정도의 성적결함을 지닌 피고에 대하여 혼인파탄에 대한 책임을 지울 수는 없는 것이고, 이 경우 혼인파탄의 주된 책임은 그와 같은 노력도 하지 아니한 채 피고에게 모든 책임을 돌리고 별거에 들어간 원고의 경솔한 행동이 있다고 할 것이므로, 정신과 전문의에 대한 감정 등의 증거조사를 통하여 피고의 성적결함이 어떤 유형 및 정도의 것이었는지 또 그 결함이 당사자의 노력에 의하여 용이하게 극복될 수 있는 것이었는지 아닌지를 심리확정한 후에 이 사건 혼인파탄의 주된 책임이 누구에게 있는지를 판단하여야 한다는 이유로 원심을 파기한 사례

5) 종교 문제

208 신앙의 자유는 부부라 하더라도 이를 침해할 수 없는 것이지만, 부부 사이에는 서로 협력하여 원만한 혼인생활을 유지하여야 할 의무가 있으므로 그 자유에는 일정한 한계가 있다. 판례는 신앙심의 외부적 실천행위가 혼인 및 가정생활을 계속할 수 없을 정도로 과도하다고 볼 수 있는지 여부를 판단의 기준으로 삼고 있으며,[215] 신앙생활에 과도하게 전념한 나머지 가사와 육아를 소홀히 하여, 정상적인 가정생활이 어렵게 되었다면 이혼사유로 인정하고 있다.[216]

가) 인정된 사례

209 [판례] 과도한 신앙생활로 가정과 자녀를 방치하다 시모와 서로 머리채를 잡고 싸우고는 가출한 경우[217]

피청구인(처)이 여호와의 증인교에 심취하여 가정을 등한시하고 자녀교육도 방치한 채 교회일에만 전념하여 시어머니가 충고하자 서로 머리채를 잡고 싸우다가 집을 나갔고 3개월 만에 집에 돌아왔으나 시어머니와 또 싸우고는 그 다음날 다시 집을 나가

214 대법원 1993. 9. 14. 선고 93므621, 638 판결.
215 대법원 1981. 7. 14. 선고 81므26 판결.
216 대법원 1996. 11. 15. 선고 96므851 판결.
217 대법원 1989. 9. 12. 선고 89므51 판결.

소식이 없다가 서로 협의이혼하기로 합의까지 한 사안에서, 피청구인의 귀책사유로 인하여 혼인관계가 파탄되었다고 볼 수 없다고 보아 청구인(남편)의 이혼 청구를 기각한 원심에 대하여, 청구인과 피청구인 사이의 혼인관계가 파탄되기까지에 청구인이 애정을 가지고 피청구인의 신앙생활을 이해하고 협조하려고 하지 아니하고 여호와의 증인교에 대하여 편견을 가진 나머지 교회활동은 물론 성경공부마저도 못마땅하게 생각한 데에도 그 원인을 찾을 수 있을 것이나 한편 피청구인도 신앙생활을 하면서 가정생활이 희생되지 않도록 더욱 마음을 기울여 신앙생활과 가정생활이 양립할 수 있는 길을 찾아야 하였을 터인데도 그러한 노력은 하지 아니한 채 이를 나무라는 시어머니와 서로 머리채를 잡고 싸움까지 한 다음 청구인과 자녀들을 두고 집을 나갔고 그 후에도 청구인과의 원만한 혼인생활을 위하여 별다른 노력을 기울임이 없이 신앙생활에만 전념한 것도 그 원인이 되었다고 보여지므로 피청구인의 가출 원인과 경위 및 이 사건 혼인이 파탄에 이르게 된 주된 책임이 과연 누구에게 있는가에 대하여 더 심리할 필요가 있다며 파기한 사례

210 [판례] 남편의 이해와 노력에 불구하고 과도한 신앙생활로 가정과 자녀를 방치하다가 나이 어린 자녀들을 두고 가출한 경우[218] [219]

원고(남편)와 피고(처)는 두 아들을 두고 비교적 원만한 부부생활을 하여 오다가 1990년경 피고가 여호와의 증인이라는 종교를 믿기 시작하면서 자주 집을 비우고 가사와 아이들의 뒷바라지를 소홀히 한 탓에 불화가 생기고 이에 원고는 위 종교로 인한 피고와의 갈등을 해소하기 위하여 1년간 원고가 위 종교의 교리를 공부해 보되 그럼에도 위 종교를 믿을 마음이 생기지 않으면 피고도 위 종교를 믿지 않기로 약속한 후 1년간 교리공부를 하였고 그 후 다시 1년 2개월간 교리공부를 하고 교인들을 만나는 등 위 종교를 이해하기 위하여 많은 노력을 기울였음에도 위 종교를 믿을 마음이 생기지 않아 피고에게 약속대로 위 종교를 믿지 말라고 요구하였으나 피고는 이혼을 하면 했지 종교를 버릴 수 없다면서 이를 거절하였으며 피고는 침례를 받아 정식 교인이 된 이후 더욱 더 종교활동에 심취·경도되는 바람에 이로 인하여 서로 다투다가 피고가 결혼할 때 가져온 돈을 위자료조로 지급하고 서로 이혼하기로 합의한다는 내용의 협의이혼서까지 작성하였으며, 원고는 나중에는 하는 수 없이 피고의 신앙생활을 용인하면서 다만 가정일에는 충실하기로 다짐을 받았으나 피고는 전과 같은 태도로 계속 가정일을 소홀히 하고 초등학교에 입학한 첫째 아이 등 자녀들에게 관심을

218 대법원 1996. 11. 15. 선고 96므851 판결.

219 평석으로는, 길기봉, "신앙생활과 혼인을 계속하기 어려운 중대한 사유", 대법원 판례해설 제26호, 법원도서관(1996), 146~150. 부부의 신앙생활은 무제한적인 것이 아니라 혼인생활과 관련하여 일정한 한계가 있다는 점을 설시한 판결이라고 평가한다.

갖지 않을 뿐 아니라 종교집회에 참가한다고 집을 나가 5일간 들어오지 않는 바람에 원고가 아이들을 돌보느라 출근하지 못한 일도 있었고 급기야는 직장에 있는 원고에게 전화를 걸어 집을 나갈 터이니 아이들을 책임지라고 일방적으로 통고하고 아이들에게는 "엄마는 멀리 여행간다. 미안하다."는 내용의 메모를 남기고 집을 나간 사례

나) 부정된 사례

211 [판례] 처의 신앙생활에 대하여 남편이 부당하게 가정과의 양자택일을 강요한 경우[220]

피청구인(처)은 여호와의 증인교를 신봉하여 1주일에 3회 가량 교회에 나가 예배를 보았는데 청구인(남편)은 집총거부 등에 관한 위 교의 교리가 매스콤에 오르내린다는 이유로 피청구인에게 위 교를 믿지 말 것을 요구하다가 피청구인을 폭행하면서 위 종교와 가정 중 택일할 것을 요구하여 피청구인이 종교를 버릴 수 없다고 하자 가정은 피청구인 때문에 파괴된 것이니 같은 취지의 각서를 쓰고 나가라고 요구하고, 청구인의 어머니 등도 이에 가세하여 피청구인은 부득이 청구인이 부르는 대로 각서를 쓰고 집에서 쫓겨나오게 된 사안에서, 배우자의 일방이 신앙생활과 가정생활 중 양자택일을 하여야 할 상황 아래에서 신앙생활을 택하고 가정을 떠났다면 이는 혼인을 계속하기 어려운 중대한 사유가 있는 때에 해당하여 상대방 배우자와의 혼인관계는 이미 파탄상태에 이르렀다고 할 것이나, 신앙생활과 가정생활이 양립할 수 없는 객관적 상황이 아님에도 불구하고 상대방이 부당하게 양자택일을 강요하기 때문에 부득이 신앙생활을 택한 것이라면 그 혼인관계 파탄의 주된 책임은 양자택일을 강요한 상대방 배우자에게 있다고 할 것이고, 피청구인의 신앙심의 외부적 실천행위가 혼인 및 가정생활을 계속할 수 없을 정도로 과도하다고 볼 수 없으므로, 청구인의 이혼청구를 배척한 원심을 수긍한 사례

212 [판례] 남편이 처에게 제사 문제로 신앙을 바꿀 것을 요구하며 폭행한 경우[221]

피청구인은 청구인과 혼인하기 전부터 여호와의 증인이라는 종교를 신봉하였으며, 청구인과 청구인의 어머니도 이러한 사실을 알고 그 신앙을 양해하여 혼인하게 된 것인데, 혼인후 청구인과 청구인의 어머니가 피청구인이 제사에 참여하지 아니하고 일요일마다 멀리 떨어진 곳에 있는 교회에 나간다는 사실에 불만을 품고 피청구인에게 신앙을 바꿀 것을 요구하였으나 피청구인이 이에 응하지 아니하자 청구인이 어머니의 마음을 상하게 한다는 이유로 피청구인을 여러 차례 폭행하고, 마침내 이를 견디지 못한 피청구인이 가출함으로써 가정생활이 파탄에 빠진 사안에서, 피청구인이 청구인을 악의로 유기한 것이라고 할 수 없고, 청구인과 그 어머니의 신앙포기요구

220 대법원 1981. 7. 14. 선고 81므26 판결.
221 대법원 1990. 8. 10. 선고 90므408 판결.

에 피청구인이 따르지 아니하여 혼인생활이 파탄에 빠지게 되었다 하더라도 그 파탄의 주된 책임은 청구인에게 있으니 청구인은 이를 이유로 이혼을 청구할 수 없다며 이혼 청구를 기각한 원심을 수긍한 사례(원심은 피청구인이 매주 일요일 오후에 교회에 나가고 위 종교의 교리에 따라 제사의식에 참여하지 아니했다는 정도의 신앙생활을 한 것은 혼인을 계속하기 어려운 중대한 사유에 해당하지 않는다고 판단하였다)

6) 재산처분, 채무부담, 계 등

213 재산처분이나 채무부담의 경위와 목적, 사용처 등에 비추어 판단한다. 판례는 가정경제에 위협이 되고 가정의 평화를 깨뜨린 경우에는 이혼사유에 해당한다고 한다.[222]

가) 인정된 사례

214 [판례] 가정을 방치하고 과도한 계 조직[223]

피청구인(처)은 청구인(남편)의 이름으로 무단으로 계를 조직하고 계돈을 다른 사람에게 대여하였으나 그 차용자가 도주하자 마음대로 가재도구를 방매하여 늘 가정파탄을 일으키고 채권자의 성화같은 독촉을 당하고 청구인이 경찰서에 소환당한 일이 있을 뿐 아니라 피청구인의 계에 관한 채무를 청구인이 대신 변제한 일이 있고 청구인의 계에 손을 대지 말라는 재삼의 충고가 있음에도 불구하고 타인의 계돈을 소비한 금전관계로 인하여 사기죄로 구속기소된 결과 집행유예의 판결을 받고 출감한 후에도 다시는 계를 하지 말고 가정에 충실하라는 청구인의 충고와 권유를 뿌리치고 빚을 갚는다는 명목하에 또 다시 새로운 계를 조직하여 계속하여 가정을 돌보지 아니하고 채권자들은 매일같이 쇄도하여 빚을 갚으라고 아우성치는 등 가정의 평화는 항시 파탄상태에 있었던 사안에서, 계로 인하여 가정경제에 위협을 주고 가정의 평화를 깨뜨린 것이 혼인을 계속하기 어려운 중대한 사유에 해당한다고 한 사례

215 [판례] 재산탕진, 소비처 기망[224]

피청구인은 청구인의 월급여 대부분을 수령하여 뚜렷한 소비처도 밝히지 아니한 채 이를 탕진하고 청구인에게는 그간 저축하여 모은 돈으로 아파트를 샀다고 거짓말을 하면서 타인 소유의 아파트를 거짓으로 보여주는 등으로 청구인을 속여 그 신뢰를 저버리는 행동을 하고 부채로 인하여 집안에 연탄이나 쌀도 전혀 남겨놓지 아니하고 전화도 매도하여 버린 사례

222 대법원 1966. 1. 31. 선고 65므50 판결, 대법원 1982. 4. 13. 선고 81므56 판결.
223 대법원 1966. 1. 31. 선고 65므50 판결.
224 대법원 1987. 8. 18. 선고 87므33, 34 판결.

216 [판례] 도박, 투기적 경제활동으로 상대배우자를 신용불량자로 만든 경우[225]

원고(처)는 혼인 초기부터 피고(남편)의 경제적 무능과 책임감 결여로 사실상 홀로 생계유지를 떠맡아 왔고 피고는 그로 인한 원고의 고통을 덜어주기는커녕 도박과 투기적 경제활동으로 다액의 채무까지 지고 그 과정에서 원고를 신용불량자로 만들어 버리는 등 오히려 그 고통을 가중시켜 왔으며 외박, 음주, 도박 등을 일삼고 그 부정행위를 의심하게 할 만한 소지를 제공하는 등 무절제하고 불성실한 생활태도로 일관하고 부부싸움 과정에서 피고가 원고에게 폭력을 행사하는 일도 발생함으로써 불화가 심화되었고 별거 전 10년 가까이 성관계가 없었으며 한편 피고는 이혼을 원치 않는다고 하나 피고에게 진정으로 애정과 신뢰에 바탕을 두고 혼인관계를 회복하고자 하는 의지가 있는지 의문이며 피고와 자녀들의 관계 또한 원만한 것으로 보이지 않는 사안에서, 원·피고 사이의 혼인관계는 그 바탕이 되어야 할 애정과 신뢰가 상실되어 회복할 수 없을 정도로 파탄되었고, 그 혼인생활의 계속을 강제하는 것이 원고에게 참을 수 없는 고통이 된다고 보기에 충분하다고 본 사례

217 [판례] 도박으로 인해 채무를 부담하고 가사와 자녀 방치한 경우[226]

처가 1개월에 20일 정도 외박을 하면서 도박을 하고 빚을 지는 등 하여 청구인이 이를 타이르자 피청구인은 2차례에 걸쳐 앞으로는 도박을 청산하고 살림에 주력하겠다는 내용의 각서를 작성하고서도 도박을 계속하면서 가사와 자녀를 돌보지 않는 경우 민법 제840조 제6호 소정의 재판상 이혼사유가 있다.

나) 부정된 사례

218 [판례] 남편의 인장을 도용하여 가등기를 경료해주었으나 가정생활 유지를 위한 목적인 경우[227]

피청구인(처)이 청구인(남편)의 인장을 도용하여 청구외인으로부터 금원을 차용하고 그 담보로 청구인 소유 가옥에 대하여 가등기를 경료해 주었으나 이는 피청구인이 양품점을 인수하여 경영하다가 생긴 채무로 인하여 가정불화가 생기고 채권자들의 독촉을 견딜 길이 없어서 할 수 없이 한 노릇이고 청구인도 처음에도 양품점 경영을 반대하였으나 결국은 이에 찬동하고 위 인수 경영자금을 지원해주기도 하였고 청구외인 등이 청구인을 상대로 대여금 청구소송을 제기하였으나 청구인의 승소로 종결된 사안에서, 피청구인의 행위가 가정경제 및 가정평화에 더 이상 혼인생활을 계속할 수 없을 정도로 중대한 위협을 가한 경우에 해당한다고 할 수 없어 혼인을 계속하기 어려운 중대한 사유에 해당하지 않는다 본 사례

225 대법원 2007. 12. 14. 선고 2007므1690 판결.
226 대법원 1991. 11. 26. 선고 91므559 판결.
227 대법원 1982. 4. 13. 선고 81므56 판결.

219 [판례] 부부간 민사소송 제기[228]

이혼조정신청을 하였다가 화해가 성립되어 취하하고, 그 전에 부부 간에 부동산에 관하여 신탁계약해제로 인한 소유권이전등기절차이행 청구소송을 제기한 사실이 있다고 하여 그 부부 사이에 혼인을 계속하기 어려운 중대한 사유가 있는 것이라 볼 수 없다고 한 사례

7) 기타

가) 인정된 사례

220 [판례] 직장생활 방해[229]

피청구인(처)은 장교인 청구인(남편)에 대하여 경제적인 문제로 인해 별거하며 불화를 겪다 청구인이 피청구인의 주소를 알면서도 현재 소재 불명으로 공시송달로 이 사건 이혼소송을 진행한 것을 알게 되자 실탄소지 및 국가원수 비방 등 내용을 덧붙여서 그 처벌을 원하는 진정서를 국방부장관에게 제출하여 불구속 입건되어 불기소처분을 받았으나 징계처분을 받아 중령 진급에서 누락되고 군 생활을 계속하기 어렵게 된 사례

221 [판례] 배우자의 모에 대한 범죄행위[230]

원고(처)의 반대에도 불구하고 피고(남편)가 경제적 형편에 맞지 않게 선거출마 및 유학을 감행하고 원고가 직장생활을 병행하면서 피고의 전처 자녀를 함께 양육하는데 반하여 피고는 친교모임 등에만 집중한 채 가사와 육아에 무심한 사안에서, 원고와 피고는 원고가 이혼을 요구한 이후로 실질적으로 별거하게 되었고, 그 상황에서 피고는 원고의 이혼의사를 지지하던 원고의 어머니에 대하여 불만을 품고 자동차를 운전하여 어머니가 운영하는 과일가게로 돌진하여 구조물과 물건을 손괴하는 범죄행위를 함으로써 원고로 하여금 재결합을 재고해 볼 여지가 없도록 만든 사례

222 [판례] 허위 고소와 거짓 진술 교사[231]

남편이, 처와 제3자의 관계가 결백함을 알면서도 처를 간통죄로 고소하고 위 제3자 등으로 하여금 간통사실 등에 관한 거짓진술을 하도록 부탁함으로써 혼인관계가 파탄에 이르게 한 사례

228 대법원 1966. 10. 21. 선고 66므24 판결.
229 대법원 1987. 8. 18. 선고 87므33, 34 판결.
230 대법원 2010. 10. 14. 선고 2010므1515 판결.
231 대법원 1990. 2. 13. 선고 88므504, 511 판결.

223 [판례] 평생에 걸친 가부장적 태도와 임의적 재산처분[232] [233]

원고(처)가 1995년 피고(남편)의 가부장적인 사고방식과 의처증 증세로 말미암아 혼인이 파탄에 이르게 되었다고 이혼소송을 제기하였다가 제1심에서 파탄상태가 인정되지 않아 기각되고 항소심에서 1996. 11. 다시 재결합하되 원고가 별거하면서 생활비 등으로 빌려쓴 2,000만 원을 대신 갚아주는 것으로 재판상 화해가 성립하였고 피고는 위 화해조항에 따라 1996. 12. 원고에게 2,000만 원을 지급하였고 원고가 같은 달 동거하기 위하여 집으로 돌아오자 반성문을 써오라며 원고를 집 밖으로 내쫓았고 원고가 재차 이혼소송을 준비하고 있다는 이야기를 듣고 재산의 대부분을 원고 및 자녀와 상의 없이 대학교에 장학기금으로 기부한 사안에서, 전번 이혼소송에서의 재판상 화해 후 피고의 반성문 작성강요와 별거중의 생활비 미지급 등 원·피고 사이의 불화를 증폭, 확대시킨 경위 및 피고의 재산기부경위 등에 비추어 피고에게 혼인파탄에 관하여 보다 더 큰 책임이 있다고 판단하여 이혼청구를 인용한 사례

224 [판례] 완치가 불가능한 알콜중독[234]

부부 중 일방이 알콜중독으로 장기간 입원과 퇴원을 반복하고 있을 뿐만 아니라 그로 인하여 정신 및 행동장애의 증세까지 보이고 있고 향후 완치가 불가능한 상태로 배우자의 애정과 정성으로도 간호될 수 없는 중한 상태인 사례

225 [판례] 마약중독[235]

마약중독자로서 마약수용소에 수용되어 있는 경우

226 [판례] 마약중독[236]

약 4년 전부터 심한 아편중독자가 되어 처자를 부양함을 고사하고 아편을 쓰기 위하여 가재도구를 매각하기가 일쑤이고, 이로 인하여 혼인관계를 단절할 의사로 부부가 별거하고 있는 경우[237]

232 대법원 2000. 9. 5. 선고 99므1886 판결.

233 소위 황혼이혼이 인용된 판결이다. 평생에 걸친 부의 가부장적 태도를 혼인파탄의 사유에 해당하는 것으로 처음 인정했다는 점에서 의미가 있다고 한다. 유사한 사실관계를 가진 대법원 1999. 11. 26. 선고 99므180 판결에서 혼인 당시(1946년)의 가치기준과 남녀관계를 내세워 혼인이 파탄된 것으로 볼 수 없다고 했던 것과 비교해 보면, 사회를 지배하는 가치관의 변화에 터잡아 법원의 태도가 변화한 것이라고 한다. 김상용, 민사판례연구 33(下)권, 박영사(2011), 610~614.

234 서울가정법원 2007. 8. 22. 선고 2007드단15700 판결(확정).

235 서울지방법원 1962. 8. 14. 선고 62가2063 판결.

236 서울지방법원 1960. 11. 22. 선고 4293민2025 판결.

237 서울지방법원 1960. 11. 22. 선고 4293민2025 판결.

나) 부정된 사례

227 [판례] 공시송달로 1심 이혼판결 뒤 추완항소 중 간통한 여자와 혼인신고를 하여 중혼상태가 될 것이라는 사정[238]

청구인이 피청구인을 상대로 제기한 이혼심판 청구의 제1심에서 피청구인에 대한 소환이 공시송달의 방법으로 이루어져서 피청구인이 모르는 사이에 청구인 승소의 심판이 선고되고 그 심판이 형식적으로 확정되자 그에 기하여 이혼신고를 하고 피청구인의 추완항소 후에 간통한 여자와 혼인신고를 한 경우, 청구인이 중혼상태가 되어 청구인 부부가 이혼되지 않으면 청구인과 상간자와의 혼인이 취소될 처지라는 사정이 청구인과 피청구인이 혼인을 계속할 수 없는 사유가 된다거나 제1심 심판을 유지하여 청구인의 이혼을 인용하여야 할 특별한 사정이 된다고 할 수 없다.

228 [판례] 부역 전력[239]

피청구인이 6.25 사변때 부역을 하였더라도 그에 대한 형을 마치고 전향하여 선량한 국민으로 생활하고 있는 경우

229 [판례] 상대방의 부당한 대우로 인한 자살시도[240]

처가 두 번이나 자살하려했고 부에 대하여 자기가 죽더라도 혼자 죽지 아니하고 함께 죽겠다고 하면서 부가 있는 방에 칼을 들고 들어와서 찔러 죽인다고 말한 사실이 있다 하더라도, 폐결핵으로 신명하는 처를 치료해 주기는커녕 동거할 수 없다고 그 친가에 보내는 등 부당한 대우를 하기 때문에 극도로 비관하고 흥분한 나머지 저지르게 된 행동이라면 그 행위가 민법 제840조 제6호 소정의 이혼사유에 해당한다고는 볼 수 없다.

Ⅲ. 유책배우자의 이혼청구권

1. 유책주의와 파탄주의의 일반론[241]

가. 유책주의와 파탄주의

230 이혼법에 있어서 어떠한 경우에 이혼을 인정할 것인가를 결정하는 기본원리로 유

238 대법원 1991. 11. 22. 선고 91므23 판결.
239 대법원 1987. 7. 21. 선고 87므16 판결.
240 대법원 1970. 1. 13. 선고 69므32, 33 판결.
241 상세한 내용은 이미정, “민법 제840조 제6호 이혼사유에 관하여 유책배우자의 이혼청구를 허용할 것인지 여부-대법원 2015. 9. 15. 선고 2013므568 전원합의체 판결-”, 판례연구 28집, 부산판례연구회(2017), 231~234; 이화숙, “이혼원인에 있어 유책주의와 파탄주의”, 경원대 법학논총 제2호, 경원대학교(1995), 59~63 참조.

책주의와 파탄주의가 있다.

1) 유책주의

231 유책주의는 배우자 중 일방에게 정조, 동거, 부양, 협조 등 혼인에 따른 의무에 위반되는 이혼원인이 있을 경우에 한하여 재판상 이혼청구권을 인정하는 제도이다. 이혼원인이 구체적·한정적으로 열거되어 있고, 책임이 없는 배우자만 이혼을 청구할 수 있으며, 유책배우자에 대하여 손해배상을 청구할 수 있다는 점을 주요내용으로 한다.[242]

232 유책주의는 이혼을 엄격하게 제한함으로써 가정을 보호하고 유책배우자에 대한 제재기능을 통하여 전통적 약자였던 여성을 보호하는 순기능을 가지고 있었다. 그러나 모든 이혼원인을 구체적으로 명시할 수 없고, 정신병이나 성격차이 같이 어느 누구의 책임 없이도 혼인이 파탄되는 경우가 있으며, 사실상 파탄에 이른 실체가 없는 가정을 법률상으로만 보호하게 되는 모순된 상황에 직면하게 되고, 파탄에 대한 책임의 유무와 경중을 가리기 위하여 상대방의 비행이나 사생활을 폭로하게 하여 적대적인 관계를 조장하고 혼인관계가 유지되더라도 외형만 유지하는 결과를 낳게 되며, 유책주의 아래에서도 이혼이 감소하지 않아 혼인관계 유지에 기여하는지 의문이고, 여성의 사회적, 경제적 지위 향상과 남녀평등의 실현 및 이혼에 대한 사회적 인식이나 이혼 후의 경제적 지위 보장책 등 사회변화에 부합하지 않는 등의 한계가 있다. 이러한 유책주의의 한계로 여러 나라의 입법은 유책주의에서 파탄주의로 이행하는 추세이다.

2) 파탄주의

233 파탄주의는 당사자의 책임 유무를 묻지 않고 혼인을 도저히 계속할 수 없는 객관적인 사정이 있어 혼인의 목적을 달성할 수 없는 경우 이혼을 허용하는 제도이다. 심각하게 파탄되어 회복의 가능성이 없는 경우와 정신병, 성격차이와 같이 책임이 없이 혼인관계가 파탄된 경우에 이혼이 가능하다는 순기능이 있다. 적극적 파탄주의와 소극적 파탄주의로 나뉜다.

242 유책배우자의 이혼청구권 허용 여부와 손해배상청구권의 인정 여부는 유책주의와 파탄주의를 구별하는 절대적인 개념요소는 아니다. 파탄주의는 2)항에서 보는 것처럼 유책배우자의 이혼청구를 허용하는 적극적 파탄주의와 허용하지 않는 소극적 파탄주의로 나뉜다. 또한 프랑스나 중국처럼 파탄주의를 취하면서도 손해배상청구를 인정하는 경우도 있다.

가) 적극적 파탄주의(순수한 의미의 파탄주의)

234 혼인파탄이라는 추상적·일반적 이혼사유를 규정하여 파탄의 책임 유무와 경중을 가리지 않고 유책배우자라 하더라도 이혼을 청구할 수 있다. 이혼으로 인한 손해배상청구는 원칙적으로 인정되지 않는다.

235 이혼사유가 추상적·일반적으로 규정되어 판단이 쉽지 않고, 상대방이 이혼을 원하지 않는 경우에도 유책배우자의 일방적 의사에 의하여 이혼청구가 허용되어 상대방 보호에 취약하다는 등의 한계가 있다.

236 이러한 한계를 극복하기 위하여 일정기간의 별거 등을 파탄의 객관적 지표로 삼는 방법, 미성년자 또는 상대방 배우자에게 가혹한 경우 이혼을 허용하지 않는 가혹조항을 두어 이혼을 제한하는 방법, 이혼시 재산분할청구권을 인정하고 이혼 이후 상대방에게 부양청구권을 보장하는 방법 등을 도입하고 있다.

나) 소극적 파탄주의

237 소극적 파탄주의는 적극적 파탄주의와 마찬가지로 이혼사유를 구체적으로 한정하지 않고 추상적·일반적으로 '부부관계의 파탄'으로 규정하지만 유책배우자의 이혼청구는 허용하지 아니하는 입장을 말한다.

238 소극적 파탄주의를 취하는 학설의 대부분은 장기간 별거형 파탄의 경우에는 유책배우자의 이혼청구를 허용해야 한다는 입장[243]을 취하고 있으며, 이러한 입장은 주로 유책주의 이혼원인과 파탄주의 이혼원인을 병렬적으로 규정하고 있는 입법례에서 발견된다고 한다.[244]

나. 입법례[245]

239 입법례로는 유책주의에 입각하여 개별적 이혼원인만을 인정하는 유형, 개별적 이혼원인과 파탄주의를 결합한 유형, 파탄주의 이혼원인만을 규정하는 유형이 있다.

243 이미정, "민법 제840조 제6호의 이혼사유에 관하여 유책배우자의 이혼청구를 허용할 것인지 여부 -대법원 2015. 9. 15. 선고 2013므568 전원합의체 판결-", 판례연구 제28집, 부산판례연구회(2017), 234; 오영준, "유책배우자의 이혼청구와 신의성실의 원칙", 고요한 정의의 울림: 신영철 대법관퇴임기념 논문집, 사법발전재단(2015), 364~367.

244 오영준, "유책배우자의 이혼청구와 신의성실의 원칙", 고요한 정의의 울림: 신영철 대법관퇴임기념 논문집, 사법발전재단(2015), 364.

245 외국 입법례는 오상진, "이혼원인에 있어서 유책주의와 파탄주의", 재판자료; 가정법원사건의 제문제 제101집, 법원도서관(2003), 111~140; 외국사법제도연구 4. 각국의 이혼제도, 대법원 법원행정처(2008); 한봉희, "한국 이혼법의 회고와 전망", 가족법연구 제7호, 한국가족법학회(1993), 84 참조.

1) 외국의 경우

240 독일은 1938년 파탄주의를 도입하였고 1976년 혼인의 파탄을 유일한 재판상 이혼사유로 규정하여 파탄주의를 채택하면서 가혹조항[246] 등으로 이혼을 제한하고 있다. 부부재산제 종료시의 법률관계에 관한 잉여청산제도(재산분할제도) 및 이혼 후 배우자 부양제도를 두어 파탄주의를 보완하고 있다.

241 프랑스는 간통 등 유책행위를 이혼사유로 규정하고 있다가 1975년 쌍방이 이혼에 동의하는 경우, 공동생활이 파탄된 경우를 파탄주의 이혼원인으로 추가하면서 부양정기금 지급의무, 가혹조항, 보상급부제도를 도입하였다. 이후 파탄이혼의 경우 청구인의 경제적 부담이 과하다는 반성적 고려에서 2004년 파탄이혼 요건인 별거기간을 6년에서 2년으로 단축하고 가혹조항과 부양정기금 지급의무를 폐지하였다.

242 영국은 간통 등 유책행위를 이혼사유로 규정하고 있다가 1973년 이혼법에서 돌이킬 수 없는 파탄을 유일한 이혼사유로 규정하여 파탄주의를 선언하고[다만 추정근거로서 2년간의 별거와 상호동의, 5년간의 별거(미합의) 이외에 간통, 비이성적 행위, 유기 등 유책주의적 이혼사유를 예시하고 있다], 5년간의 별거(미합의)의 사유는 가혹조항을 두고 있으며, 이혼에 따른 경제적 효과로 부양료 지급명령과 재산조정명령을 규정하고 있다. 이후 2020년 이혼법은 모든 당사자는 공동으로 또는 단독으로 혼인관계가 돌이킬 수 없게 파탄되었다는 사실을 진술하는 것만으로 이혼 청구가 가능하도록 하였다.[247]

243 스위스는 종래 유책주의와 파탄주의의 혼합형을 취하다가 1998년 개정(2000년 시행)된 민법에서 파탄주의로 전환하였고, 이탈리아(1970년, 1975년), 스페인(1981년), 그리스(1983년), 호주(1975년) 등도 파탄주의를 채택하고 있다.

244 미국은 유책주의를 견지하다가 1969년 캘리포니아주에서 처음으로 무귀책이혼을 전면적으로 도입한 이래 현재 모든 주가 유일하거나 선택적으로 무귀책 이혼제도를 도입하고 있다. 캘리포니아주 등은 순수한 파탄주의를 취하고, 뉴욕주,

246 별거 기간이 1년 미만인 경우에는 상대방 배우자에게 존재하는 사유로 인하여 혼인생활의 계속이 청구인에게 기대할 수 없는 가혹한 결과가 되는 경우에만 이혼이 가능하고, 혼인의 유지가 미성년 자녀의 이익을 위하여 특별히 필요한 경우와 이혼이 이혼에 반대하는 상대방 배우자에게 가혹한 결과로 이어져 혼인의 유지가 예외적으로 필요한 경우에는 이혼이 허용되지 않는다. 성균관대학교 산학협력단, 이혼원인으로서의 유책주의와 파탄주의에 관한 실증적 연구, 법원행정처(2021), 94~96.

247 성균관대학교 산학협력단, 이혼원인으로서의 유책주의와 파탄주의에 관한 실증적 연구, 법원행정처(2021), 151.

일리노이주, 루이지애나주 등 대부분의 주는 유책주의와 파탄주의를 결합하고 있다. 유책주의에 무귀책 이혼원인을 추가로 인정하는 주들 중 일부는 이른바 유책성의 항변을 통하여 가혹조항과 비슷한 기능을 수행하게 하고 있으며 대부분의 주에서 이혼 후의 부양, 재산분할제도를 인정하여 상대방을 보호한다.

245 중국은 1980년 혼인법에서 쌍방의 감정의 파탄을 유일한 이혼사유로 규정하고 파탄주의만을 취하고 있다가 2001년 중혼, 타인과의 동거 등 유책주의적인 이혼원인을 추가하여 파탄주의를 근간으로 하고 유책주의를 복합하고 있다.

246 일본의 1947년 민법은 유책주의적 이혼사유를 열거하고 그 밖에 혼인을 계속하기 어려운 중대한 사유를 추가하고 있고, 학설은 이를 파탄주의적 이혼사유로 보고 있다. 최고재판소는 유책배우자의 이혼청구를 허용하지 않고 있다가 1987. 9. 2. 대법정 판결[248]로 판례를 변경하였다. 35년간 장기간 별거한 사례에서 유책배우자의 이혼청구라도 장기간의 별거와 그 사이에 미성숙의 자가 없는 경우에는 상대방 배우자를 가혹한 상태에 처하게 한다는 등 현저히 사회정의에 반하지 않는 한 이혼청구를 인용할 수 있다고 하였다.[249] 파탄주의를 수용한 것으로 평가된다.

2) 우리나라의 경우

247 민법 제840조는 제1호부터 제5호에서 규정하는 구체적 이혼사유는 제5호의 '3년 이상 생사불명'을 제외하고는 상대방 배우자의 귀책사유로 인한 것임이 분명하여 유책주의적 이혼원인으로, 제6호의 추상적·일반적인 사유는 파탄주의적 이혼

248 일본 최고재판소민사판례집 제41권 제6호(1423); http://www.courts.go.jp/app/hanrei_jp/search1에서 검색가능하다. 사건명은 제260호 이혼청구사건.

249 최고재판소 1987. 9. 2. 대법정 판결의 요지는 다음과 같다. 민법 제770조 제1항 제5호(우리나라의 민법 제840조 제6호에 해당)의 입법경위 및 규정의 문언에 비추어 보면, 동호는 부부가 혼인의 목적인 공동생활을 달성할 수 없게 되고, 그 회복의 가능성이 없는 경우에는 부부의 일방이 타방에 대하여 소에 의하여 이혼을 청구할 수 있다는 취지의 규정으로 해석되고 동호 소정의 사유에 관해 전적으로 책임 있는 일방 당사자로부터의 이혼청구는 허용되지 않는다는 취지로까지 받아들일 것은 아니다. 이혼은 사회적, 법적 질서로서의 혼인을 폐절하는 것이므로 이혼청구는 정의·공평의 관념, 사회적 윤리관에 반하지 않아야 함은 당연하고, 이러한 의미에서 이혼청구는 신분법을 포함하는 민법 전체의 지도이념인 신의성실의 원칙에 비추어 용인될 수 있어야 한다. 유책배우자의 이혼청구라 하더라도 부부간의 별거가 양 당사자의 연령 및 동거기간과 대비하여 상당히 장기간에 이루어지고 그 사이에 미성숙의 자녀가 없는 경우에는 상대방 배우자가 이혼에 의해 정신적·사회적·경제적으로 극히 가혹한 상태에 처한다는 등 이혼청구를 인용하는 것이 현저히 사회정의에 반하게 되는 등의 특단의 사정이 인정되지 않는 한 유책배우자로부터의 이혼청구라는 이유만으로 허용되지 않는 것은 아니다.

원인으로 보아 유책주의와 파탄주의가 혼합된 입법례로 보는 것이 다수설[250]이다. 민법을 제정하면서 구 민법에는 없었던 제6호를 추상적 이혼원인으로 신설한 점, 이와 같은 추상적 이혼원인은 민법 제정 당시 이미 유럽의 일부 국가에서 파탄주의를 채용한 입법례를 참고한 것으로 보이는 점 등을 근거로 한다.[251]

2. 유책배우자의 이혼청구권 논의

가. 개요

248 우리나라의 협의상 이혼은 혼인이 파탄되어 당사자가 협의하면 그 의사를 그대로 존중하여 이혼을 인정하는 적극적 파탄주의에 해당한다.[252]

249 재판상 이혼의 경우, 상대방의 행위를 전제로 하여 구체적인 이혼사유를 규정한 제1호부터 제5호에 추가하여 제6호에서 추상적·일반적 이혼사유로 '기타 혼인을 계속하기 어려운 중대한 사유가 있을 때'를 이혼사유로 규정하고 있는데 이는 일반적으로 파탄주의의 특징이고, 개정 전 스위스나 독일과 같이 유책배우자의 이혼청구를 제한하는 명문의 규정을 두고 있지 않은 점[253] [254]에서 혼인관계가 회복할 수 없을 정도로 파탄된 경우라면 혼인파탄에 대하여 책임이 있는 배우자, 이른바 유책배우자의 이혼청구가 받아들여질 수 있을 것인지 여부가 문제 된다. 명문의 규정이 없으므로 민법 제840조 제6호의 해석론에 맡겨져 있는 문제이다.

250 김주수, 친족상속법(제6전정판), 법문사(2002), 186; 양수산, 친족상속법:가족법, 한국외국어대학교 출판부(1998), 282; 홍이표, "민법 제840조 제6호의 가사소송법적 지위와 그 사례", 실무연구X, 서울가정법원 법관가사재판실무연구회(2005), 9~10; 김정우, "유책배우자의 이혼청구-최근 판례를 중심으로", 가정법원 50주년 기념논문집, 서울가정법원(2014), 158.

251 민법안 심의록 하권 친족편 심의요강 제22항에는 "제5호(민법안 제833조 제5호를 가리키고 현행 민법 제840조 제6호를 말한다)는 파탄한 혼인에는 이혼을 주라고 하는 파탄주의 무책임주의 정신을 도입하려 한 것으로 독일, 서서 등에 이미 선례가 많다."고 되어 있다.

252 이화숙, "가족, 사회와 가족법", 세창출판사(2012), 275~276.

253 스위스는 종래 유책주의(부정행위 등 구체적 사유)와 파탄주의(일반조항)를 혼합한 입법례를 취하면서 유책배우자의 이혼청구를 금지하는 조항(제142조 제2항)을 두고 있었으나, 1998년 개정(2000년 시행)된 민법에서는 파탄주의 입법례로 전환하여 부부간에 혼인생활의 계속을 기대할 수 없을 정도로 혼인관계가 심각하게 파탄된 경우 일방은 이혼소송을 제기할 수 있다고 규정하여(제142조 제1항) 파탄주의로 선회하고 유책배우자의 이혼청구를 금지하는 조항(제142조 제2항)을 삭제하는 대신 이와 유사하게 본인에게 책임을 지울 수 없는 중대한 사유로 혼인생활의 계속을 기대하기 어려운 경우 일방은 이혼을 청구할 수 있다(제115조)는 규정을 두고 있다. 오상진, "이혼원인에 있어서 유책주의와 파탄주의", 재판자료; 가정법원사건의 제문제 제101집, 법원도서관(2003), 137~140.

254 독일은 미성년자의 이익을 위하여 혼인의 유지가 특별히 필요한 때, 이혼을 거부하는 상대방의 특별한 사정으로 인하여 이혼하는 것이 매우 어렵고 혼인의 유지가 청구인의 이해관계에 비추어 보아도 예외적으로 인정되어야 할 것으로 보이는 때에는 혼인이 파탄되어 있더라도 이혼할 수 없다(제1568조 제1항)고 규정하고 있다. 소위 가혹조항이라고 부른다.

나. 학설

250 민법 제정 초기에는 이혼에 대한 사회적 인식이 부정적이고 여성의 교육수준이나 사회진출 등 사회적 지위가 열악하였으며 축첩의 구습이 잔존하여 대부분의 유책배우자가 남자였던 상황에서 재산분할청구권과 면접교섭제도가 불비하고 이혼시 부에게만 친권 및 양육권을 인정하는 등 남성에 의한 여성의 축출이혼의 우려가 컸기 때문에 소극설이 유력하였고 대법원도 1965. 9. 21. 선고 65므37 판결에서 시작하여 일관하여 유책배우자의 이혼청구를 불허해 왔다. 이후 가치관과 사회구조의 변화로 이혼에 대한 사회적 인식이 개선되고 1990. 1. 13. 민법 개정으로 재산분할청구권과 면접교섭제도가 신설 되고 친권·양육권자 지정시 남녀차별이 사라지게 되는 등 이혼법제가 정비되었으며 세계적인 파탄주의적 경향의 확산으로 현재 전면적인 소극설을 취하는 입장은 없는 것으로 보인다. 연혁적인 의미와 이론적 근거를 살피는 한도에서 종래의 학설을 소개한다. 대법원이 유책배우자의 이혼청구를 허용하는 예외사유를 확대하여 가고는 있으나,[255] 최근 학설의 대부분은 대법원의 입장을 비판하면서 보다 적극적으로 유책배우자의 이혼청구를 허용하되 일정한 제한을 두어야 한다는 견해를 취하고 있는 것으로 보인다.

1) 종래의 학설[256]

가) 소극설[257]

251 공적 이익인 제도로서의 혼인의 보호, 스스로 혼인의 의무를 저버려 파탄에 이르게 한 배우자에 대하여 파탄으로 인한 법적 이익을 누리게 할 수 없다는 신의칙과 공평의 관점, 1990년 민법 개정 전에는 배우자에 대한 재산분할을 인정하지 않았었고 현재까지도 이혼 후 부양제도가 미비한 상태에서 무책배우자의 이혼 후의 생활보장 고려 등 보호의 관점에서 유책배우자의 이혼청구는 허용될 수 없다고 한다. 혼인파탄만으로 유책배우자의 이혼청구를 받아들인다면 실질상 대부분의 경우 사회적 지위가 열위에 있는 여성이 무책배우자인 상황에서 약자의 보호라는 법의 이념에도 반한다고 한다.

255 대법원 1987. 4. 14. 선고 86므28 판결, 대법원 2015. 9. 15. 선고 2013므568 전원합의체 판결.

256 상세한 내용은 주해친족법(제1권)(제2판), 박영사(2025), 568(이동진); 강영호, "유책배우자로부터의 이혼청구", 사법논집 제18집, 법원도서관(1987), 521~526.

257 정광현, 한국가족법연구, 서울대출판부(1967), 801; 이태영, 한국이혼연구, 이화여자대학교(1969), 303.

나) 제한적 소극설[258]

252 유책배우자의 이혼청구권은 원칙적으로 허용되지 않으나 예외적인 경우에 한하여 허용될 수 있다고 한다. 유책행위가 파탄 이후 발생하여 파탄과 인과관계가 없는 경우, 청구인의 유책성이 상대방의 것과 같아 대등한 경우, 혼인파탄에 있어서 쌍방에 책임이 없는 경우, 유책행위 이후 장기간 별거 등으로 완전히 파탄된 경우, 쌍방의 이혼의사가 합치한 경우 등이 예외적 사유로 언급된다.

다) 제한적 적극설[259]

253 혼인의 파탄이 있는 한 이혼을 청구할 수 있는 것이 원칙이다. 근대법상 혼인은 자유의사의 존중을 기조로 하므로 파탄된 혼인을 계속시키는 것은 오히려 비도의적이라고 한다. 형해화된 혼인을 유지시키면 사실상의 이혼이 증가되므로 가정의 행복을 박탈하는 결과가 된다는 것이다. 유책배우자의 이혼청구를 긍정하면서 손해배상이나 부양으로 상대방 배우자를 보호하는 것이 문제의 합리적인 해결방안이 된다고 한다. 예외적으로 이혼청구권의 행사가 혼인의 윤리성에 의거하는 신의칙 또는 사회질서에 반하는 경우 권리남용의 법리에 의하여 행사가 제한된다고 한다.

2) 최근의 견해들

254 2000년대 이후 우리나라의 학설은 대체로 일정한 전제하에 유책배우자의 이혼청구를 인정하는 견해[260]가 대부분이다.

255 ① 유책배우자의 이혼청구권을 부정함으로써 유책배우자를 제재함과 동시에 이미 파탄되어 존재하지 않는 혼인관계를 법의 영역에서만 존재하게 하려는 종래 판례의 태도로 과연 혼인제도가 보호하는 기본목적을 달성할 수 있을지 의문이고 이미 형해화된 혼인관계를 형식적으로 유지하기 보다는 오히려 파탄된 혼인관계를 해소할 수 있도록 하고 이혼 후에 상대방 배우자로 하여금 유책배우자

258 구연창, "유책배우자의 이혼청구", 민사판례연구 제11권, 박영사(1989), 331; 김현채, "민법 제840조 각호의 의의·지위·성격", 사법논집 제4집, 법원도서관(1973), 362~364; 김주수, "민법 제840조 제6호와 유책배우자의 이혼청구권", 법조 제19권 제2호, 법조협회(1970), 58~59.

259 김용한, 친족상속법(보정판), 박영사(2003), 150; 강영호, "유책배우자로부터의 이혼청구", 사법논집 제18집, 법원행정처(1987), 541~542; 김정우, "유책배우자의 이혼청구", 가정법원 50주년 기념논문집, 서울가정법원(2014), 172~174.

260 조건부 긍정설이라고 부르기도 한다. 한삼인, "유책배우자의 이혼청구권", 인권과 정의 제362호, 대한변호사협회(2006), 208. 분석하는 학자마다 학설의 명칭이나 구분방식이 상이하여 가급적 주장 그대로 소개하기로 한다.

에 대한 부양청구권을 혼인 중과 같은 수준으로 보장하는 것이 타당하다는 견해,[261] ② 혼인 파탄의 책임을 계량적으로 판단하여 유책배우자라고 판단될 경우 이혼 청구를 기계적으로 기각하던 판례를 극복하여 가치형량으로 나아가야 하고, 민법 제840조 제6호의 문언상 당사자의 유책을 요건으로 하지 않으며, 실무상 수차례 이혼소송 반복 뒤 이혼으로 종결되는 사례가 종종 발견되어 이혼 청구 기각 판결의 실효성에 의문이 있고, 파탄주의로 나가는 것이 세계적인 추세이므로 혼인이 회복될 수 없을 정도로 파탄되었다면 이혼 청구는 원칙적으로 인용되어야 한다는 견해,[262] ③ 현대 이혼법의 사조가 유책자에 대한 제재(sanction)보다 피해 당사자의 보호와 구제(protection and relief)로 방향이 전환되어 가고 있고 장기간 별거로 재결합의 의사가 전혀 없는 경우에는 유책배우자라 하더라도 표피만 남은 혼인을 유지할 필요가 없기 때문에 일정한 별거기간이 지나면 유·무책에 관계없이 이혼을 허용하는 것이 타당하다고 하는 견해,[263] ④ 이미 파탄하여 명목만 남은 혼인을 존속시키는 것은 윤리적이지 않으므로 당사자의 연령이나 동거기간 등에 비추어 별거기간이 상당히 장기간 계속되고 있는지 여부 및 미성년인 자가 있는지 여부 등을 고려하여 상대방 배우자가 이혼에 의해 정신적·사회적·경제적으로 극히 가혹한 상태에 놓이는 등 이혼청구를 허용하는 것이 현저히 사회정의에 반하는 경우가 아닌 한 이혼을 허용하여야 한다는 견해,[264] ⑤ 민법 제840조 제6호는 추상적 이혼원인으로서 파탄주의를 취하고 있고, 이혼법의 세계적인 추세가 유책배우자에 대한 제재에서 무책배우자에 대한 보호와 구제로 나아가고 있으며, 혼인당사자에게 그 복원을 기대할 수 없는 혼인관계에서 벗어나 행복추구의 새로운 기회를 주어야 한다는 점에서 장기간의 별거로 파탄이 명백하고 무책배우자에게 가혹하지 않으며 자녀의 복리의 해결 및 사회정의에 반하는 특별한 사정이 없을 것을 전제로 이혼을 허용하여야 한다는 견해,[265] ⑥ 장기간 별거로 혼인공동체가 완전히 해소된 경우 사회적 약자인 배우자, 특히 처의 보호문제에 대한 확실한 대비책을 마련하고 상대방 배우

261 김주수/김상용, 친족·상속법(제20판), 법문사(2024), 160~161.
262 민유숙, "이혼사유에 대한 회고와 전망, 파탄주의 이혼제도: 유책의 계량화를 넘어 가치형량으로", 2013 전국 가사·소년법관 포럼 결과보고서, 서울가정법원(2013), 25~28.
263 한봉희/백승흠, 가족법, 삼영사(2013), 201~202.
264 이경희/윤부찬, 가족법(11정판), 법원사(2024), 125~126.
265 한삼인, "유책배우자의 이혼청구권, 인권과 정의 3제62호, 대한변호사협회(2006), 217~220.

자에게 가혹한 결과를 가져올 수 있을 때에는 기각할 수 있도록 하는 내용으로 파탄주의(무책주의)를 일정부분 확대하는 방향이 타당하다고 하는 대안을 제시하는 견해,[266] ⑦ 별거기간이 길었을 때, 미성년자녀가 없을 때, 이혼을 인용하더라도 상대방에게 가혹한 결과가 되지 않을 때에는 유책배우자의 이혼청구를 인용함으로써 적극적 파탄주의를 취하고, 별거기간이 길지 않은 경우, 피청구인에게 혼인계속의 의사가 있는 경우(반감이나 오기만이 아닌), 미성년자녀가 있는 경우, 이혼으로 피청구인이 가혹한 상태에 있게 되는 경우에는 가정을 보호하기 위하여 유책배우자의 이혼청구를 제한하는 것이 타당하다는 견해,[267] ⑧ 유책배우자의 이혼청구를 원칙적으로 허용하되 다만 구체적인 사안에서 모든 사정에 비추어 볼 때 그 이혼청구를 허용하는 것이 현저하게 사회정의에 반한다고 할 만한 특별한 사정이 있는 경우 이를 불허하는 구조를 취한다면 종래 유책배우자의 이혼청구를 불허하여 온 취지를 여전히 살릴 수 있고 개별사안에서 적절한 결론 도출이 용이할 것이라고 하는 견해,[268] ⑨ 현행법상 이혼당사자 보호제도가 미흡한 점에서 파탄주의 도입에 신중을 기하여야 하나, 모든 경우에 유책주의를 고집하는 것은 바람직하지 않으며 판례와 같이 제한된 범위에서 유책배우자의 이혼청구를 허용해야 한다는 견해[269] 등이 있다.

다. 대법원 2015. 9. 15. 선고 2013므568 전원합의체 판결 전의 판례의 흐름

256 판례는 대법원 1965. 9. 21. 선고 65므37 판결에서 최초로 유책배우자의 이혼청구를 배척한 이래 대법원 1971. 3. 23. 선고 71므41 판결에서 "혼인관계를 파탄에 이르게 한 것이 오로지 당사자 일방의 귀책사유에 기인하는 경우에 그 귀책사유를 저지른 당사자가 혼인을 계속할 수 없는 중대한 사유가 있다 하여 이를 재판상 이혼원인으로 주장할 수 있다면 혼인관계를 고의로 파기한 불법을 행한 사람에게 이혼청구권을 인정하는 부당한 결과가 발생할 것이며, 그러한 사태를 법률이 용인한다면 헌법이 보장하는 혼인의 순결과 혼인당사자의 정절을 기대할 수 없는 결과가 될 것이다."라고 하여 혼인제도 보호와 신의칙 또는 금반언

266 김상용, "이혼제도 개선을 위한 하나의 대안", 가족법 연구 제15권 2호, 한국가족법학회(2001), 38~40, 47~49.

267 이화숙, "이혼원인에 있어 유책주의와 파탄주의", 경원대 법학논총 제2호, 경원대학교(1995), 76~80.

268 오상진, "이혼원인에 있어서 유책주의와 파탄주의", 재판자료: 가정법원사건의 제문제 제101집, 법원도서관(2003), 148~149.

269 송덕수, 친족상속법(제7판), 박영사(2024), 89.

원칙을 근거로 제시하며 그 입장을 견지하여 왔다.

257 그 이후 대법원 1987. 4. 14. 선고 86므28 판결에서 계속하여 유책배우자의 이혼청구를 원칙적으로 불허하면서 "이는 혼인의 파탄을 자초한 자에게 재판상 이혼청구권을 인정하는 것이 혼인제도가 요구하고 있는 도덕성에 근본적으로 배치되고 배우자 일방의 의사에 의한 이혼 내지는 축출이혼을 시인하는 부당한 결과가 되므로 혼인의 파탄에도 불구하고 이혼을 희망하지 않고 있는 상대배우자의 의사에 반하여서는 이혼을 할 수 없도록 하려는 것"이라고 하여 혼인제도의 도덕성과 축출이혼 방지를 불허의 근거로 제시하는 한편, 여기에서 나아가 "상대배우자에게도 그 혼인을 계속할 의사가 없음이 객관적으로 명백한 경우에까지 파탄된 혼인의 계속을 강제하려는 취지는 아니라 할 것이므로, 상대배우자도 이혼의 반소를 제기하고 있는 경우 혹은 오로지 오기나 보복적 감정에서 표면적으로는 이혼에 불응하고 있기는 하나 실제에 있어서는 혼인의 계속과는 도저히 양립할 수 없는 행위를 하는 등 그 이혼의 의사가 객관적으로 명백한 경우에는 비록 혼인의 파탄에 관하여 전적인 책임이 있는 배우자의 이혼청구라 할지라도 이를 인용함이 상당하다."라고 하여 유책배우자의 이혼청구가 허용될 수 있는 [예외사유 1.] 혼인을 계속할 의사가 없음이 객관적으로 명백한 경우를 인정하였다.

258 한편, 위 대법원 판결 이후에도 일부 하급심은 혼인관계가 실질적으로 파탄되어 재결합 가능성이 없는 경우,[270] 장기간 별거와 어린 자녀가 없는 등 현저히 사회정의에 반할만 한 사정이 없는 경우[271]등에 대법원이 제시한 예외사유에 해당하지 않더라도 혼인관계가 파탄되었다면 유책배우자의 이혼청구라 하더라도 이를 인용하려는 파탄주의적 시도를 하였으나 대법원은 유책배우자의 이혼청구를 엄격히 제한하고 이를 각 파기하였다.

259 [판례] 부정한 행위로 가출한 유책배우자의 이혼청구를 인용한 원심을 파기한 사례[272]

1998년 혼인하고 자녀를 두고 있는데 혼인 초부터 생활방식의 차이로 갈등을 겪어왔고 원고가 2002년경부터 부정한 행위를 맺어 양가 부모들까지 알게 되었으며 원고의 이혼 요구에 피고 측에서 재산분할 및 위자료 액수를 언급하기도 하였고 원고가

270 아래 대법원 2010. 12. 9. 선고 2009므844 판결의 원심인 수원지방법원 2009. 2. 2. 선고 2008르882 판결.

271 아래 대법원 2004. 9. 24. 선고 2004므1033 판결의 원심인 서울가정법원 2004. 5. 6. 선고 2003르1251 판결.

272 대법원 2010. 12. 9. 선고 2009므844 판결(파기환송심 조정성립).

2007년경 집을 나가 이 사건 이혼소송을 제기하고 생활비 지급을 중단하였고 피고 측에서 의사인 원고가 근무하는 병원에 이혼 문제가 알려지게 하였으며 원고는 피고를 명예훼손, 업무방해로 형사고소한 사안에서, 혼인관계가 사실상 실질적으로 파탄되어 재결합의 가능성이 전혀 없음에도 유책배우자라는 이유만으로 이혼청구를 허용하지 않는 것은 실제 생활에서 존재하지 않는 혼인관계를 법률상으로만 강제하는 것으로서 유책배우자뿐만 아니라 상대방 배우자에게도 인간으로서의 행복 추구나 사생활의 자유, 신분질서의 안정이라는 측면에서 무의미한 조치이고, 상대방 배우자나 자녀의 보호 문제는 이혼에 따르는 위자료, 재산분할, 양육비청구권 등의 현실화를 통해 이혼 전과 같은 정도의 생활을 유지할 수 있도록 함으로써 해소할 수 있으므로, 유책배우자라는 이유만으로 이혼청구를 허용하지 않는 것은 부당하다며 원고가 자신의 부정행위를 인정하면서 가출하여 피고의 생활태도 등을 비난하며 혼인관계를 유지할 의사가 없음을 강하게 표시하고 있는 점을 고려하여 이 사건 혼인관계가 사실상 실질적으로 파탄되어 재결합의 가능성이 없다는 이유로 유책배우자인 원고의 이혼청구를 인용한 원심에 대하여, 원·피고 사이의 혼인관계가 파탄에 이르게 된 데에는 다른 여자와 부정한 관계를 맺고 이혼을 요구하며 일방적으로 집을 나가 생활비를 지급하지 않은 채 피고와 사건본인을 유기한 원고에게 주된 책임이 있고, 피고가 그 파탄 이후 혼인관계를 계속할 의사가 없음이 객관적으로 명백한데도 오기나 보복적 감정에서 이혼에 응하지 아니하고 있을 뿐이라는 등 특별한 사정이 있는 경우로서 예외적으로 유책배우자의 이혼청구가 인정되는 경우라고 볼 수 없으므로 이혼 청구는 기각되어야 한다는 취지로 파기한 사례[273]

260 [판결] 28년간 별거하면서 다른 남자와 사이에 아들까지 둔 유책배우자의 이혼청구를 인용한 원심을 파기한 사례[274]

법률혼으로서 혼인생활을 유지한 기간이 6년 반 정도에 불과한 데 반하여 별거기간은 약 28년에 이르고 원고(처)가 20년간 다른 남성과 중혼적 사실혼 관계를 유지하면서 그 사이에 아들까지 두고 있으며 원·피고의 나이가 50대 중반이고 자녀들도 이미 성년이 된 사안에서, 유책배우자의 이혼청구라도 부부의 별거가 쌍방의 연령 및 동거기간에 비추어 볼 때 상당히 장기간에 이르고 부부간에 어린 자녀가 없는 경우에는, 상대방이 이혼으로 인하여 정신적·사회적·경제적으로 심히 가혹한 상태에 처하게 되는 등 이혼청구를 인용하는 것이 현저하게 사회정의에 반한다고 할 만한 특별

273 별거기간이 1년 남짓인 경우로서, 유책배우자의 이혼청구가 허용될 수 있을지 고려요소로는 별거기간이 얼마나 장기간인지가 중요하다고 설명하는 견해가 있다. 윤진수, "이용훈 대법원의 민법판례", 정의로운 사법: 이용훈 대법원장 재임기념, 사법발전재단(2011), 66.

274 대법원 2004. 9. 24. 선고 2004므1033 판결.

한 사정이 인정되지 않는 한 유책배우자의 이혼청구라는 이유만으로 당해 청구가 허용되지 않는다고는 할 수 없다며 이혼 청구를 인용한 원심에 대하여, 혼인관계가 파탄에 이르게 된 데에 부부로서의 동거·부양·협조 의무를 저버린 원고의 잘못이 피고(남편)의 잘못보다 더 크다면 피고가 오기나 보복적 감정에서 이혼에 응하지 아니하고 있다고 보기 어려운 이상 이혼 청구를 받아들일 수 없다는 취지로 파기한 사례[275]

261 그러나 다른 한편, 대법원은 2009. 12. 24. 선고 2009므2130 판결과 대법원 2010. 6. 24. 선고 2010므1256 판결에서 판례에서 인정하는 유책배우자의 이혼청구권이 허용되는 예외사유에 해당하지 않음에도 장기간의 별거[276] 중 사실혼관계를 형성한 원고의 이혼청구를 인용하는 판결을 하였다. 대법원은 유책배우자의 이혼청구권 문제로서 직접 다루지 아니하고 "혼인제도가 추구하는 목적과 민법의 지도이념인 신의성실의 원칙에 비추어 보더라도 혼인관계의 파탄에 대한 원고의 유책성이 반드시 이혼청구를 배척하지 않으면 아니 될 정도로 중한 것이라고 단정할 수 없으므로 민법 제840조 제6호의 혼인을 계속하기 어려운 중대한 사유가 있을 때라는 이혼원인이 존재한다."고 하여 세월의 경과에 따라 원고의 유책성이 약화되었다면 결과적으로 쌍방에 대등한 정도의 책임이 있는 경우와 같이 제6호 사유에 의한 이혼청구가 인정될 수 있다는 취지로 판시하였다. 이에 대하여는 파탄주의에까지 나아가지는 않았으나 신의성실의 원칙을 기준으로 제시함으로써 유책배우자의 이혼청구권을 부정하는 종전 판례 법리에 탄력성과 유연성을 부여하였다는 평가,[277] 종래 오랫동안 제한적 파탄주의에 한정하고 있던 판례의 태도에 변경을 가져온 섬세한 조정 역할을 하여 이혼법에 커다란 전기가 되었다는 평가,[278] 유책배우자의 이혼청구를 전면적으로 허용하는 취지는 아니라고 하더라

275 제1심은 혼인파탄에 관하여 피고의 책임이 더 크다는 이유로 이혼청구를 인용하였고 항소심은 원고의 책임이 더 크지만 사회정의에 반하지 않는 유책배우자의 이혼청구로서 이를 인용하였다. 상고심인 위 2004므1033 판결은 원심이 유책배우자의 이혼청구권 법리를 오해하였다는 이유로 파기환송하였다. 파기환송심(서울가정법원 2004르1234)에서는 추가 심리를 통하여 시부모의 학대와 부부관계 회복 노력의 부재 등 피고의 책임이 더 크다고 판단하여 항소를 기각하였고, 재상고심(대법원 2005므914)에서 그대로 확정되어 결과적으로 원고의 이혼청구가 인용되었다. 평석으로는, 한삼인, "유책배우자의 이혼청구권", 인권과 정의 제362호(2006), 대한변호사협회, 200~220.

276 2009므2130 판결은 11년, 2010므1256 판결은 46년.

277 오영준, "유책배우자의 이혼청구와 신의성실의 원칙", 고요한 정의의 울림: 신영철대법관 퇴임기념 논문집, 사법발전재단(2015), 380~381; 김태환, "유책배우자의 이혼청구에 관한 실무상 검토", 가족법연구 제31권 제3호, 한국가족법학회(2017), 388~390.

278 이희배, "유책배우자의 이혼청구 허용이 신의칙·사회정의에 반하지 않는다는 사례", 법률신문 제3823호(2010. 3. 8. 자).

도 제한적 파탄주의에서 발전하여 전면적 파탄주의를 지향한 진일보한 판결로 자리매김할 수 있을 정도의 커다란 변화라는 평가,[279] 대법원 2004. 9. 24. 선고 2004므1033 판결(28년간 별거한 중혼적 사실혼 사안에서 유책배우자의 이혼청구를 불허하였다)과 저촉되지 않는 범위 내에서 대법원이 유책배우자의 이혼청구권의 문제가 아닌 쌍방책임의 영역으로 우회한 것이라는 평가[280]가 쏟아지는 등 학계와 실무의 커다란 관심을 끌었다. 분명한 것은 세월의 경과에 따른 유책성의 약화와 신의성실의 원칙으로서 유책배우자의 이혼청구가 허용되는 범위를 확대하여 가는 한 단계를 설정하였고 대법원 2015. 9. 15. 선고 2013므568 전원합의체 판결의 [예외사유 2.]로 가는 다리 역할을 하였다는 것이다.

262 [판례] 처가 남편의 잘못으로 가출하여 11년간 별거하면서 최근에 이르러 장애가 있는 혼외자를 출산한 경우 처의 이혼청구를 인용한 사례[281]

1990년 혼인신고를 마친 뒤 피고(남편)의 잦은 음주와 외박으로 원만하지 않는 혼인생활을 하다가, 원고(처)가 1997년 가출하여 11년간 피고와 따로 생활하면서 별개의 생활을 영위하였고 2007년 초경 다른 남자를 만나 동거하며 2008. 12. 그 사이에 다리가 기형인 딸(원심 변론종결 당시 만1세)을 출산하였는데 이혼문제가 정리되지 않아 가족관계등록을 하지 못하고 적절한 치료와 양육에 어려움을 겪고 있는 반면 피고는 모의 도움을 받아 자녀들(원심 변론종결 당시 고등학교 1학년, 중학교 3학년)을 양육해 왔고 원고에게 만1세의 딸을 생부에게 맡기고 복귀할 것만을 강력하게 요구하고 있는 사안에서, 혼인제도가 추구하는 목적과 민법의 지도이념인 신의성실의 원칙에 비추어 보더라도 혼인관계의 파탄에 대한 원고의 유책성이 반드시 원고의 이혼청구를 배척하지 않으면 아니 될 정도로 중한 것이라고 단정할 수 없으므로, 민법 제840조 제6호 소정의 이혼사유가 있다고 본 사례

263 [판례] 남편이 다른 여성과 동거하며 혼외자를 출산하였으나, 자녀 없이 46년간 별거하면서 유대관계가 단절되었고 독립된 생활관계를 형성한 경우 남편의 이혼청구를 인용한 사례[282]

원고(1936년생, 남편)와 피고(1934년생, 처)는 1958년 결혼식을 올리고 동거하다가 1959년 혼인신고를 마친 법률상 부부로 두 사람 사이에 자녀가 출생하지 않았고, 원고는 1964년 경북 예천군 원고 집에 피고를 남겨 두고 혼자 서울로 올라가 일을 하고 그 무

279 김정우, "유책배우자의 이혼청구-최근 판례를 중심으로", 가정법원 50주년 기념논문집, 서울가정법원(2014), 172~173.

280 이선미, "유책배우자의 이혼청구", 서울대학교 대학원 법학석사 학위논문(2010), 47 이하.

281 대법원 2009. 12. 24. 선고 2009므2130 판결.

282 대법원 2010. 6. 24. 선고 2010므1256 판결.

렵부터 피고와 별거하면서 소외인과 동거하기 시작하여 그 사이에 2남 1녀를 두었고 이들은 모두 결혼하여 가정을 이루고 있으며, 피고는 시부가 사망하자 시가에서 나와 따로 집을 얻어 살기 시작하였고 피고는 원고와 사이에 자녀가 생기지 않았기 때문에 소외인과의 사이에 출생한 자녀가 집안의 대를 잇는 것도 괜찮겠다는 생각에 원고와 소외인의 관계를 묵인해 온 사안에서, 원고와 피고의 혼인관계는 약 46년간 장기간 별거와 원고와 소외인 사이의 사실혼관계 형성 등으로 인하여 혼인의 실체가 완전히 해소되고 원고와 피고 각자 독립적인 생활관계가 고착화되기에 이르렀고, 원고와 피고 사이의 부부공동생활 관계의 해소 상태가 장기화되면서 원고의 유책성도 세월의 경과에 따라 상당 정도 약화되고 원고가 처한 상황에 비추어 그에 대한 사회적 인식이나 법적 평가도 달라질 수밖에 없으므로, 현 상황에 이르러 원고와 피고의 이혼 여부를 판단하는 기준으로 파탄에 이르게 된 데 대한 책임의 경중을 엄밀히 따지는 것의 법적·사회적 의의는 현저히 감쇄되었다고 보이므로, 원고와 피고의 혼인은 혼인의 본질에 상응하는 부부공동생활 관계가 회복할 수 없을 정도로 파탄되고, 그 혼인생활의 계속을 강제하는 것이 일방 배우자에게 참을 수 없는 고통이 된다고 할 것이며, 혼인제도가 추구하는 목적과 민법의 지도이념인 신의성실의 원칙에 비추어 보더라도 혼인관계의 파탄에 대한 원고의 유책성이 반드시 원고의 이혼청구를 배척하지 않으면 아니 될 정도로 남아 있다고 단정할 수 없으므로, 원고와 피고의 혼인에는 민법 제840조 제6호 소정의 '혼인을 계속하기 어려운 중대한 사유가 있을 때'라는 이혼원인이 존재한다고 할 것이라며, 원고의 이혼청구를 기각한 원심을 파기한 사례

라. 대법원 2015. 9. 15. 선고 2013므568 전원합의체 판결

264 이런 흐름 속에 드디어 유책배우자의 이혼청구권 인정 여부가 쟁점이 된 사안이 전원합의체에 회부되었고, 위 전원합의체 판결의 다수의견은 원칙적으로 유책배우자의 이혼청구를 불허함을 재확인하였으나, 대법원 1987. 4. 14. 선고 86므28 판결에서 인정되었던 [예외사유 1.]에 추가하여 "이혼을 청구하는 배우자의 유책성을 상쇄할 정도로 상대방 배우자 및 자녀에 대한 보호와 배려가 이루어진 경우, 세월의 경과에 따라 혼인파탄 당시 현저하였던 유책배우자의 유책성과 상대방 배우자가 받은 정신적 고통이 점차 약화되어 쌍방의 책임의 경중을 엄밀히 따지는 것이 더 이상 무의미할 정도가 된 경우 등과 같이 혼인생활의 파탄에 대한 유책성이 이혼청구를 배척할 정도로 남아있지 아니한 특별한 사정이 있는 경우에는 예외적으로 유책배우자의 이혼청구를 허용할 수 있다."고 하여 [예외사유 2.]를 추가로 인정함으로써 유책배우자의 이혼청구권이 허용되는 범위를 확장하기에 이르렀다. 대법관 6인의 반대의견은 혼인관계가 파탄되었다면

유책배우자의 이혼청구라 하더라도 원칙적으로 인용되어야 한다는 입장을 제시하였다. 현대 이혼법의 역사는 유책주의에서 파탄주의로의 이항이라 할 수 있으나 대법원은 예외사유를 확대하는 방식으로 파탄주의에 가까이 가고 있을 뿐 전격적으로 파탄주의를 수용하고 있지는 않고 있다. 판례가 이혼법을 바라보는 시각과 입장을 이해하기 위하여, 원칙적으로 유책주의를 견지하고 이혼의 확대를 우려하는 다수의견과 파탄주의로의 이항을 지지하는 반대의견의 논거를 살펴본다.

1) 사안

265 원고(남편)와 피고(처)는 1976년 혼인신고를 마친 부부로서 그 사이에 성년인 자녀 3명을 두고 있다. 원고는 2000년 집을 나와 원고의 딸을 출산한 소외인과 동거하고 있으며, 피고는 원고가 집을 나간 후 혼자서 세 자녀를 양육하였다. 피고는 직업이 없고 원고로부터 생활비로 지급받은 월 100만 원 정도로 생계를 유지하였는데 그나마 2012년부터는 원고로부터 생활비를 지급받지 못하고 있다. 피고는 만 63세가 넘은 고령으로서 위암 수술을 받고 갑상선 약을 복용하고 있는 등 건강이 좋지 아니하며 원고와의 혼인관계에 애착을 가지고 혼인을 계속할 의사를 밝히고 있다.

2) 다수의견

266 가) 다음과 같은 논거로 혼인생활의 파탄에 주된 책임이 있는 유책배우자의 이혼청구는 원칙적으로 부정된다.

(1) 협의상 이혼의 방법이 마련되어 있는 점

267 이혼에 관하여 파탄주의를 채택하고 있는 여러 나라의 이혼법제는 우리나라와 달리 재판상 이혼만을 인정하고 있을 뿐 협의상 이혼을 인정하지 아니하고 있다. 우리나라에서는 유책배우자라 하더라도 상대방 배우자와 협의를 통하여 이혼을 할 수 있는 길이 열려 있다. 이는 유책배우자라 하더라도 진솔한 마음과 충분한 보상으로 상대방을 설득함으로써 이혼할 수 있는 방도가 있음을 뜻하므로, 유책배우자의 행복추구권을 위하여 재판상 이혼원인에 있어서까지 파탄주의를 도입할 필연적 이유가 있는 것은 아니다.

(2) 유책배우자의 상대방을 보호할 제도가 없는 점

268 우리나라는 파탄주의의 한계나 기준, 그리고 이혼 후 상대방에 대한 부양적 책

임 등에 관해 아무런 법률 조항을 두고 있지 아니하다. 따라서 유책배우자의 상대방을 보호할 입법적 조치가 마련되어 있지 아니한 현 단계에서 파탄주의를 취하여 유책배우자의 이혼청구를 널리 인정하는 경우 유책배우자의 행복을 위하여 상대방이 일방적으로 희생되는 결과가 될 위험이 크다.

(3) 중혼을 인정하게 되는 위험성

269 유책배우자의 이혼청구를 허용하지 아니하고 있는 데에는 중혼관계에 처하게 된 법률상 배우자의 축출이혼을 방지하려는 의도도 있는데, 여러 나라에서 간통죄를 폐지하는 대신 중혼에 대한 처벌규정을 두고 있는 것에 비추어 보면 이에 대한 아무런 대책 없이 파탄주의를 도입한다면 법률이 금지하는 중혼을 결과적으로 인정하게 될 위험이 있다.

(4) 혼인과 가정생활에 대한 보호의 필요성

270 가족과 혼인생활에 관한 우리 사회의 가치관이 크게 변화하였고 여성의 사회진출이 대폭 증가하였더라도 우리 사회가 취업, 임금, 자녀양육 등 사회경제의 모든 영역에서 양성평등이 실현되었다고 보기에는 아직 미흡한 것이 현실이다. 그리고 우리나라에서 이혼율이 급증하고 이혼에 대한 국민의 인식이 크게 변화된 것이 사실이더라도 이는 역설적으로 혼인과 가정생활에 대한 보호의 필요성이 그만큼 커졌다는 방증이고, 유책배우자의 이혼청구로 인하여 극심한 정신적 고통을 받거나 생계유지가 곤란한 경우가 엄연히 존재하는 현실을 외면해서도 아니 될 것이다.

271 나) 다음의 경우에는 예외적으로 유책배우자의 이혼청구권을 인정한다.

272 (1) 상대방도 그 파탄 이후 혼인을 계속할 의사가 없음이 객관적으로 명백하여 일방의 의사에 의한 이혼 내지 축출이혼의 염려가 없는 경우

273 (2) 혼인생활의 파탄에 대한 유책성이 그 이혼청구를 배척해야 할 정도로 남아 있지 아니한 특별한 사정이 있는 경우

274 (가) 이혼을 청구하는 배우자의 유책성을 상쇄할 정도로 상대방 배우자 및 자녀에 대한 보호와 배려가 이루어진 경우

275 (나) 세월의 경과에 따라 혼인파탄 당시 현저하였던 유책배우자의 유책성과 상대방 배우자가 받은 정신적 고통이 점차 약화되어 쌍방의 책임의 경중을 따지는 것이 더 이상 무의미할 정도가 된 경우

276 다) 원고는 혼인생활의 파탄에 대하여 주된 책임이 있는 배우자이고, 피고

가 혼인을 계속할 의사가 없음이 객관적으로 명백함에도 오기나 보복적 감정에서 이혼에 응하지 아니하고 있을 뿐이라거나 원고의 유책성이 그 이혼청구를 배척해야 할 정도로 남아 있지 아니한 특별한 사정이 있는 경우에 해당한다고 할 수 없으므로, 원고는 그 파탄을 사유로 하여 이혼을 청구할 수 없다.

3) 반대의견(대법관 민일영, 김용덕, 고영한, 김창석, 김신, 김소영)

277 가) 다음과 같은 논거로 혼인관계가 파탄된 경우에는 유책배우자라 하더라도 이혼청구가 허용된다.

(1) 사회인식의 변화

278 이혼에 대한 사회 일반의 인식, 사회·경제적 환경의 변화와 아울러 이혼 법제 및 실무의 변화 등을 종합하여 볼 때, 유책배우자의 이혼청구라는 이유만으로 민법 제840조 제6호 이혼사유에 의한 재판상 이혼청구를 제한하여야 할 필요는 상당히 감소하였다.

(2) 부부공동생활의 파탄

279 상대방 배우자의 혼인계속의사는 부부공동생활관계가 파탄되고 객관적으로 회복할 수 없을 정도에 이르렀는지 등을 판단할 때에 참작하여야 하는 중요한 요소라 할 수 있다. 그렇지만 그러한 의사를 참작하였음에도 부부공동생활관계가 객관적으로 회복할 수 없을 정도로 파탄되었다고 인정되는 경우에, 다시 상대방 배우자의 주관적인 의사만을 가지고 형식에 불과한 혼인관계를 해소하는 이혼청구가 불허되어야 한다고 단정하는 것을 불합리하며, 협의가 이루어지지 아니할 때의 혼인해소 절차를 규정한 재판상 이혼제도의 취지에도 부합하지 아니한다.

(3) 갈등과 분쟁의 합리적 해결추구

280 간통죄는 과거의 간통행위 자체에 대한 형사적인 제재인 반면 혼인파탄에 따른 이혼은 혼인의 실체가 소멸함에 따라 장래의 혼인 법률관계의 해소로서 제도의 목적과 법적 효과가 다르므로, 간통을 한 유책배우자에 대한 형사적 제재가 없어졌다고 하더라도, 민사상의 불법행위에 해당하는 간통행위로 인한 손해배상책임을 강화하는 것은 별론으로 하고, 혼인의 실체가 소멸한 법률관계를 달리 처우하여야 할 필요는 없다. 혼인관계가 파탄되었음에도 유책배우자가 이혼을 청구하고 상대방이 이를 거부한다는 사정만으로 일률적으로 이혼청구를 배척하는 것은 더 이상 이혼을 둘러싼 갈등 해소에 적절하고 합리적인 해결방안이라고 보기 어렵다.

281 나) 다음의 경우에는 예외적으로 유책배우자의 이혼청구권을 부정한다.

282 상대방 배우자나 자녀의 이익을 심각하게 해치는 결과를 가져와 정의·공평의 관념에 현저히 반하는 객관적인 사정이 있는 경우에는 헌법이 보장하는 혼인과 가족제도를 형해화 할 우려가 있기 때문에 유책배우자의 이혼청구를 허용할 수 없다.

283 (1) 이혼으로 인하여 파탄에 책임 없는 상대방 배우자가 정신적·사회적·경제적으로 심히 가혹한 상태에 놓이는 경우

284 (2) 부모의 이혼이 자녀의 양육·교육·복지를 심각하게 해치는 경우

285 (3) 혼인기간 중에 고의로 장기간 부양의무 및 양육의무를 저버린 경우

286 (4) 이혼에 대비하여 책임재산을 은닉하는 등 재산분할, 위자료의 이행을 의도적으로 회피하여 상대방 배우자를 곤궁에 빠뜨리는 경우

287 다) 혼인의 실체가 소멸하고 회복이 불가능하여 혼인이 외형에 그칠 뿐인 상태에 이르렀다면 유책배우자의 이혼청구라는 이유만으로 외형뿐인 혼인의 해소 자체를 거부할 것은 아니다.

3. 판례의 태도에 따른 분석

288 유책주의와 파탄주의의 충돌지점인 유책배우자의 이혼청구권에 관하여 대법원은 2015. 9. 15. 선고 2013므568 전원합의체 판결로 유책주의를 견지하고 있음을 재확인하였으나, 다수의견에서 [예외사유 2.]를 추가하여 인정하였고, 파탄주의를 취하는 대법관 6인의 반대의견이 있었던 점과 다수의견에서도 국민의 의식변화, 유책주의에서 파탄주의로 넘어가는 과정에 있는 이혼법의 세계적인 추세 등을 고려하면서 '아직은' 판례를 변경하기 어렵다고 판시하고 있는 점을 고려하면 엄격한 유책주의에서 점차 완화된 태도로 변화되어 가는 흐름에 있는 것은 분명하다.

289 대법원 판례에 따른 원칙론, [예외사유 1.], [예외사유 2.]에 대한 대법원 및 하급심의 사례를 통하여 그 구체적 의미와 적용범위를 알아보고 변화의 방향을 가늠해 보기로 한다.

가. 원칙적 불허

1) 일반론

290 앞서 본 것처럼 대법원은 혼인제도의 도덕성과 축출이혼의 방지, 신의성실의 원칙, 상대방 배우자의 보호 및 혼인과 가정생활에 대한 보호 등을 근거로 들며 유책배우자의 이혼청구를 원칙적으로 불허하고 있다.

291 민법 제840조 제6호의 해석과 관련하여서는 대법원 1983. 3. 22. 선고 82므57 판결은 "이혼에 관하여 유책주의를 채용하고 있는 현행 법제 아래에서는 유책배우자는 민법 제840조 제6호 소정의 혼인을 계속하기 어려운 중대한 사유를 들어 이혼을 구할 수 없는 법리"라고 하고, 대법원 1986. 3. 25. 선고 85므98 판결에서는 "재판상 이혼에 있어서 유책주의적 법제를 취하고 있는 민법의 해석상 혼인생활의 파탄에 책임 있는 유책배우자는 그 혼인관계가 파탄에 이르렀다고 하여 이혼을 청구할 수 없는 법리"하고 하였으며, 대법원 1990. 9. 25. 선고 89므112 판결에서도 "재판상 이혼에 관하여 이른바 유책주의를 채택하고 있다고 해석되는 우리 법제 아래에서는 (중략) 혼인을 파탄시킨 유책배우자가 이를 사유로 삼아 이혼을 청구할 수는 없는 것"이라고 하여 기본적으로 민법 제840조 제6호를 유책주의법제에 기반한 이혼사유로 보고 이에 따라 유책배우자의 이혼청구를 불허하고 있다. 그러나 한편, 대법원 1982. 7. 13. 선고 82므4 판결에서는 "민법 제840조 제6호의 기타 혼인을 계속하기 어려운 중대한 사유라는 것은 (중략) 이혼원인이 유책주의에서 파탄주의로 또 개별적, 구체적 열거법제에서 일반적, 추상적 규정법제로 변환하는 입법경향에 따른 규정"이라고 하고, 대법원 1986. 3. 25. 선고 85므85 판결에서는 쌍방에 대등한 책임이 있다는 이유로 이혼 청구를 인용하면서 "민법 제840조 제6호는 같은 제840조 제1호 내지 제5호 소정의 유책주의적 이혼원인 외에 파탄주의에 따른 이혼원인"이라고 하였으며, 또한 대법원 1979. 2. 13. 선고 78므34 판결에서도 "반드시는 이혼을 구하는 자의 배우자의 귀책사유로 말미암을 필요는 없어도 혼인관계의 파탄이 주로 이혼을 구하는 배우자의 일방의 귀책사유로 말미암은 경우는 포함하지 아니한다고 해석해야 상당하다."고 하거나 대법원 1982. 5. 11. 선고 81므60 판결에서 피청구인의 책임 있는 사유로 인하여 혼인이 파탄에 이르렀다고 볼 수 없다며 청구인의 이혼 청구를 기각한 원심을 파기하면서 "파탄이 반드시 상대방 배우자의 귀책사유로 말미암을 필요는 없으나 주로 이혼을 구하는 배우자의 귀책사유로 말미암은 경우는 포함되지 않는다고 해석함이 상당하다 할 것이므로 (중략) 그 파탄이 피청구인의 귀책사유에 기인한 것인가를 심리할 것이 아니라 파탄의 주된 원인이 청구인의 귀책사유에 있는 것인가를 심리판단하여 민법 제840조 제6호 사유의 해당여부를 가렸어야 할 것"이라고 함으로써 민법 제840조 제6호가 파탄주의적 규정이라고 하거나 파탄주의적 요소를 반영하는 것으로 해석하고 있다.

292 이에 대해서, 제6호를 제1호부터 제5호의 연장선상에서 유책주의적으로 파악하면서 판례가 유책주의의 당연한 결과로서 유책배우자의 이혼청구를 기각한다고 이해하는 견해[283]와 제6호를 파탄주의로 이해하면서 판례가 유책배우자의 이혼청구를 제한하는 소극적 파탄주의를 취하고 있다고 이해하는 견해[284]가 있다.

293 입법경위[285]와 앞서 82므4 판결 등에서 보듯이 제6호에 파탄주의적 요소가 반영되어 있음은 분명하나, 82므57 판결 등에서 명시적으로 우리 법제가 유책주의적 법제를 취하고 있다고 하고 있음에도 소극적 파탄주의를 취하고 있다고 해석하는 것은 무리가 있어 보인다. 전자의 견해가 타당하다고 생각한다.

2) 구체적 사례

294 [판례] 축첩행위로 인하여 파탄된 경우[286] [287]

피청구인(처)이 임신불능이고 청구인(남편)과 피청구인이 별거생활하기로 합의하였으며 피청구인이 별거생활의 자금 및 3개월간의 생활비를 수령하였고 청구인의 관계부서에 투서하여 축첩공무원으로서 권고사직을 당하였다며 이혼을 청구한 사안에서, 청구인이 가정의 평화와 남녀의 본질적 평등을 무시하고 그 책임에 속하는 축첩행위를 하였을 뿐 아니라 내연의 처인 소외인에 대한 애정에만 사로잡혀 피청구인을 돌보지 않고 냉대한 결과 가정의 파탄을 초래하였다면, 유책배우자인 청구인의 이혼청구를 배척한 원심은 정당하다.

295 [판례] 내연녀와의 동거로 파탄된 경우[288]

청구인(남편)이 다른 여성과 동거생활을 하며 자녀까지 출산하여 피청구인(처)이 내연녀와 동거하는 청구인을 간통죄로 고소하고, 내연녀와의 동거생활을 지원하는 시

283 한복룡, "전환기의 가족법과 파탄주의 이혼법의 탄생", 인권과 정의 제381호, 대한변호사협회(2008), 19; 이경희, 가족법(9정판), 법원사(2017), 118.

284 이화숙, "이혼원인에 있어 유책주의와 파탄주의", 경원대 법학논총 제2호, 경원대학교(1995), 77는 제한적 파탄주의라고 표현한다; 이미정, "민법 제840조 제6호 이혼사유에 관하여 유책배우자의 이혼청구를 허용할 것인지 여부-대법원 2015. 9. 15. 선고 2013므568 전원합의체 판결-", 판례연구 제28집, 부산판례연구회(2017), 234과 오영준, "유책배우자의 이혼청구와 신의성실의 원칙", 고요한 정의의 울림: 신영철 대법관퇴임기념논문집, 사법발전재단(2015), 364는 유책주의에 가까운 소극적 파탄주의라고 설명한다.

285 1956. 9. 민법 심의록에 의하면 민법 제840조 제6호는 특히 중요한 것으로서 '파탄한 혼인에는 이혼을 주라'고 하는 파탄주의, 무책임주의의 신정신을 도입하려 한 것이라고 한다.

286 대법원 1965. 9. 21. 선고 65므37 판결.

287 유책배우자의 이혼청구를 명시적으로 배척한 첫 대법원 판결이다. 평석으로는 이근식, "유책배우자의 이혼청구", 법정(구) 제21권 제11호, 법정사(1966), 81~84.

288 대법원 1991. 11. 22. 선고 91므23 판결.

아버지로부터 폭행을 당하자 시아버지도 폭행죄로 고소하였으며 이혼에 합의하고 위자료를 지급받은 사안에서, 부부의 혼인생활이 파탄에 빠졌다 해도 이는 청구인의 불륜에 전적인 책임이 있는 것인 만큼 유책배우자인 청구인으로서는 그 파탄을 이유로 재판상 이혼을 청구할 수는 없고 피청구인이 청구인과 이혼에 합의하고 위자료까지 받았다 해도 그 사유만으로는 재판상 이혼사유가 될 수 없다.

296 [판례] 부정한 행위를 하며 배우자를 학대·구타하여 축출하고 다른 여성과 동거한 경우[289] [290]

청구인(남편)은 1976년경부터 다른 여성과 교제하며 자주 외박을 하고 피청구인(처)이 이혼을 당할 만한 잘못도 없는데 학대·구타하여 1980년 집에서 쫓아내어 놓고 1981년 그의 주소를 알면서도 공시송달의 방법에 의하여 이혼심판을 받아(이후 재심절차에 의하여 취소됨) 이혼신고를 하고 1982년부터 다른 여자와 혼인신고하여(이후 이혼심판이 재심으로 취소된 뒤 피청구인이 중혼으로 혼인취소 소송을 제기하여 취소됨) 두 아들까지 출산한 사안에서, 피청구인이 1985년경부터 다른 남자와 동거하였다 하더라도 청구인이 동거 여성과의 관계를 청산하고 피청구인과 다시 결합하려고 노력하였는데도 피청구인이 이에 응하지 아니하고 부정행위를 하였다는 등의 특별한 사정이 없는 한 그렇게 된 책임이 있는 청구인으로서는 피청구인의 위와 같은 부정행위만을 들어 이혼을 구할 수는 없다.

297 [판례] 집을 나가 다른 사람과 동거하고 있는 경우[291]

피청구인(남편)이 청구인(처)과 결혼하기 전 다른 사람과 동거하면서 그 사이에 자녀를 낳았고 청구인과 결혼한 후에는 술을 자주 마시며 청구인에게 폭언 또는 폭행을 가하여 가정불화가 있었으나, 청구인이 결혼 후 신이 들렸다며 굿을 하고 점을 치는 등 무당일을 하다가 마침내 1977년경 집을 나가 지금껏 다른 사람과 동거하다 이혼을 청구한 사안에서, 청구인과 피청구인의 혼인생활이 파탄에 이르렀지만 이는 주로 청구인의 책임 있는 사유에 기인한 것이어서 청구인의 이혼청구는 받아들일 수 없다.

298 [판례] 집을 나와 다른 여성과 동거하며 간통한 경우[292]

청구인(남편)은 집을 나와 다른 여성과 동거하면서 간통하였고 피청구인(처)이 청구인의 이와 같은 축첩생활로 야기될 재산손실을 막기 위하여 주거로 하고 있는 연립주택 1동의 건물대장상 명의를 피청구인 앞으로 등재하자, 피청구인의 재산명의변경

289 대법원 1987. 9. 29. 선고 87므22 판결.

290 평석으로는, 강영호, "유책배우자의 이혼청구권", 국민과 사법 : 윤관대법원장 퇴임기념, 박영사(1999), 128~135.

291 대법원 1993. 3. 9. 선고 92므990 판결.

292 대법원 1984. 7. 10. 선고 84므7 판결.

을 이혼사유로 하여 이혼을 청구한 사안에서, 청구인의 간통사실은 본의 아닌 일시적 실수에 의한 것이라고 하나 설사 청구인의 간통이 소론과 같은 본의 아닌 실수라고 하더라도 혼인관계의 파탄 또는 불화가 그 간통사실에서 연유하는 것이라면 청구인이 유책배우자임에는 다를 바가 없으므로 유책배우자인 원고는 이혼심판을 청구할 수 없다.

299 [판례] 다른 여성과 수차례 동거한 경우[293]

청구인(남편)이 다른 여자와 정교 내지 동거관계가 비일비재하였고 군복무지를 전전할 때마다 다른 여인과 동거관계를 맺고 있어 자연 부부관계가 화목할 수 없는 처지여서 부부생활이 불화하고 오랜 기간 별거하게 된 사안에서, 당사자 쌍방에 혼인생활에 있어 어떠한 파탄상태에 있었느냐를 심구하기 전에 그 파탄에 이르게 된 원인의 진상을 심구함이 중요하다고 할 것인데, 부부관계의 불화 내지 파탄이 청구인측이 처에 대하여 정절의무를 지키지 못하고 뭇여자와 정교 내지 동거관계를 맺음으로서 부부관계에 불화를 가져오게 하고, 이것이 원인이 되어 처가 자연 남편을 소원하게 되었다면 그 파탄의 원인이 처에게도 같은 비율로 책임이 있다고 말할 수 없을 것이다.

300 [판례] 축첩행위와 유기[294]

혼인관계가 20여년에 걸친 별거로 파탄에 이르러 더 이상 혼인을 계속하기 어려운 상태에 있더라도 그 파탄의 원인이 축첩이자 처자에 대한 유기 기타 위선적 행동 등 남편의 귀책사유에서 비롯되었고, 또 별거의 동기나 과정, 그 이후의 정황 등에 비추어 처에게 혼인을 계속할 의사가 없다고 보여지지 않는다면 재판상 이혼에서 유책주의적 법제를 취하고 있는 민법의 해석상 남편은 유책배우자로서 파탄을 이유로 이혼심판을 청구할 수 없다.

301 [판례] 다른 여성과 동거하며 자녀까지 둔 경우[295]

청구인(남편)은 1964년경 직장관계로 단신으로 서울로 올라간 후 다른 여성과 내연관계를 맺어 지금까지 동거하여 오면서 그 사이에 2남 2녀의 자녀까지 둔 상태에서 혼인관계가 파탄되어 정상적인 혼인관계로 돌아갈 수 없다며 이혼을 청구한 사안에서, 청구인과 피청구인(처) 사이의 혼인관계는 파탄의 지경에 이르렀다고 보여지나 이는 청구인의 그릇된 소행에서 비롯되었다 할 것이므로 청구인으로서는 그들의 혼인관계가 파탄되었다는 점만을 내세워 혼인관계의 해소를 구할 수 없다.

293 대법원 1971. 3. 23. 선고 71므41 판결.
294 대법원 1989. 10. 24. 선고 89므426 판결.
295 대법원 1986. 3. 25. 선고 85므98 판결.

302 [판례] 다른 여성과 동거하면서 자녀까지 출산하고 배우자를 방치한 경우[296]

청구인(남편)은 다른 여성과 동거하면서 그 사이에 자녀까지 출산하였고 그 이후 시누이와 시동생들을 자기들이 살고 있는 곳으로 데리고 가서 함께 살게 되고 시부모마저 피청구인(처)을 돌보지 않아 피청구인이 어쩔 수 없이 두 딸을 데리고 친정으로 가자 무단가출로 인한 악의의 유기로 이혼을 청구한 사안에서, 청구인에게 책임 있는 사유로 말미암아 파탄에 이르게 되었으므로 설사 청구인과 피청구인이 다시 합쳐질 수 없는 부부로서 혼인관계를 계속할 수 없는 상황에 이르렀다고 하더라도 그에 책임 있는 청구인은 이혼을 청구할 수 없다.

303 [판례] 집을 나가 다른 여성과 동거하는 경우[297]

원고(남편)와 피고(처)는 성년인 자녀 2명을 두고 있고, 원고는 집을 나와 원고의 딸을 출산한 다른 여성과 동거를 하고 있으며, 피고는 원고가 집을 나간 이후 혼자서 두 자녀를 양육하면서 원고의 부정행위 및 양육비 미지급에 대하여 현재까지 아무런 법적 조치를 취하지 아니하였고 원고를 용서하고 혼인을 계속할 의사를 밝히고 있는 사안에서, 원고는 혼인생활의 파탄에 대하여 주된 책임이 있는 유책배우자이므로 그 파탄을 사유로 하여 이혼을 청구할 수 없다.

304 [판례] 다른 여성과 동거하면서 처를 유기한 경우[298]

청구인(남편)과 피청구인(처)과의 혼인이 장기간의 별거와 청구인과 다른 여성의 동거로 이제는 파탄에 이르렀다고 하더라도 그 원인이 청구인이 피청구인을 버려둔 채 현재까지 다른 여성과 동거함으로 인한 것이라면 그 책임은 전적으로 청구인에게 있다 할 것이니, 피청구인이 청구인으로부터 아무런 경제적 도움을 받지 못함으로 인한 극심한 생활고를 해결하기 위하여 부득이 다른 남자와 일시적으로 동거하면서 그 사이에 자식을 출산한 것이 파탄의 원인으로 경합되었다 하더라도 그 책임 역시 피청구인을 버려둔 채 계속 동거생활을 한 청구인에게 있다고 할 것이므로, 청구인은 혼인파탄의 유책배우자로서 이를 이유로 이혼을 청구할 수 없다.

305 [판례] 부정한 행위를 하며 별거를 제안한 뒤 동거를 거부한 경우[299]

청구인(남편)이 피청구인(처)과 결혼을 한 후에 다른 여자들과 지나치게 교제를 계속한 것이 불화의 원인이 되었고 청구인이 서로의 냉각기를 갖기 위하여 피청구인으로 하여금 별거하게 하여 놓고서는 피청구인과 상의 없이 그 동안 살던 집을 팔고 다른

296 대법원 1985. 7. 23. 선고 85므20 판결.
297 대법원 2015. 9. 24. 선고 2014므3953 판결.
298 대법원 1990. 3. 27. 선고 89므235 판결.
299 대법원 1990. 4. 24. 선고 89므1214 판결.

거처로 옮겨 버리고 피청구인이 다시 같이 살려고 해도 이에 불응한 사안에서, 청구인과 피청구인과의 혼인생활이 오랜 별거생활 등으로 파탄에 이르게 되었더라도 그 주된 책임이 청구인에게 있다는 이유로 유책배우자인 청구인의 이혼청구를 받아들이지 아니한 사례

306 [판례] 수차례 이혼소송을 제기하면서 유기와 학대한 경우[300]

혼인관계가 파탄에 이른 것은 처음부터 끝까지 청구인(남편)이 피청구인(처)과 헤어지겠다는 일념에서 10여년 가까운 세월에 걸쳐 제기한 수회의 이혼소송과 청구인에 대한 유기와 학대 그리고 다른 여인과의 동거 등에 그 원인이 있고, 피청구인이 청구인과의 부부라는 신분관계의 지속을 원하고 있는 마당에 피청구인의 의사를 무시하고 파탄의 책임이 있는 청구인의 이혼청구를 받아들일 수 없다.

307 [판례] 악의로 유기한 경우[301]

청구인(남편)이 피청구인(처)을 악의로 유기함으로써 파탄에 빠졌고 그 후 피청구인이 혼인을 계속하고자 청구인과 가족을 찾아다니는 과정에서 본의 아니게 싸움이 벌어져 상호 폭행을 하게 되고 피청구인이 청구인의 직계존속에게 폭행을 하는 일도 생겨 서로 고소하여 유죄판결을 받게 하는 등의 사태로 발전한 사안에서, 피청구인의 폭행 자체는 법률상의 이혼사유에 해당하기는 하나, 일방 배우자의 책임 있는 사유로 인하여 혼인생활이 파탄에 빠지게 된 이후에 그 갈등을 해소하는 과정에서 상대방이 재판상 이혼사유에 해당할 수도 있는 잘못을 저질렀더라도 그 잘못이 상대방의 유책사유로 인한 혼인의 파탄과는 관계없이 저질러졌다거나 그 정도가 상대방의 유책사유에 비하여 현저하게 책임이 무거운 것이라는 등의 특별한 사정이 없는 한 혼인을 파탄에 이르게 한 사유에 관하여 당초에 책임 있는 배우자는 혼인관계 파탄을 이유로 하여 이혼을 청구할 수 없다.

308 [판례] 유책배우자라는 이유로 이혼소송에서 패소 이후에도 귀가하지 않고 양육비도 지급하지 않은 경우[302]

원고(남편)는 피고(처)를 상대로 이혼소송을 제기하였다가 잦은 외박 등 의심받을 만한 행동을 하고 근거 없이 피고를 의심한 나머지 스스로 집을 나가 별거를 시작하는 등의 행동을 한 유책배우자라는 이유로 패소 판결이 확정되었으나 그 확정판결 이후에도 귀가하지 않고 별거를 계속하고 있고, 피고는 원고가 양육비 등을 지급하지 않자 그 지급을 독촉하면서 다소 비방하는 엽서나 편지를 원고에게 보내기도 한 사안

300 대법원 1984. 12. 11. 선고 84므90 판결.
301 대법원 1990. 9. 25. 선고 89므112 판결.
302 대법원 2016. 2. 18. 선고 2014므879 판결.

에서, 원고는 혼인생활의 파탄에 대하여 주된 책임이 있는 유책배우자이므로 그 파탄을 사유로 하여 이혼을 청구할 수 없다고 판시한 사례

309 [판례] 일방적으로 가출하여 이혼소송을 제기한 경우[303]

초혼인 처(원고)와 재혼인 남편(피고)이 18년간 혼인생활을 하면서 부부 및 전처 소생 자식들과의 갈등과 불화가 있었으나 친구나 전처 소생 자녀와 교류하며 지내고 국내외 여행을 다녔으며 친구를 통하여 재결합 시도를 하는 등 노력하다가 처가 남편의 해외여행 제안을 거부하고 남편이 혼자 해외여행을 간 사이 짐을 챙겨 가출한 사안에서, 혼인이 파탄되었다 하더라도 그 주된 책임은 부부 사이 및 전처 자식들과의 갈등과 감정상의 대립을 해소하여 혼인생활의 유지를 위한 최선의 노력을 하지 않은 채 인생의 말년에 이르러 남편이 전혀 예기치 못한 상황에서 가출하여 내심 남편에 대한 재산보장을 바라면서 동거를 거부하는 등 부부간의 기본적인 신의와 혼인의 도덕성에 배치되는 행태를 보인 처에게 있다고 보아, 처의 이혼 청구를 기각한 사례

310 [판례] 성격차이로 별거와 이혼을 강요한 경우[304]

청구인과 피청구인이 별거하게 된 것은 청구인이 성격상 차이에서 생기는 부부간의 충돌을 수습하지 못하고 피청구인의 잘못으로만 생각한 나머지 피청구인에게 불만을 품고 이혼과 별거를 강요한 때문이라 할 것이고, 그로 인하여 혼인생활이 계속하기 어려울 정도로 파탄에 이르게 되었다고 하더라도 그 주된 책임은 청구인에게 있으므로 이 사건 이혼청구는 배척되어야 한다.

311 [판례] 진로 문제로 다투다 서둘러 별거를 선언한 경우[305]

원고(남편)가 의과대학을 졸업한 뒤 레지던트 시험에 떨어지고 일반의로 일하던 중 폐결핵에 걸려 집에서 요양을 하다가 전문의 자격증을 취득하게 되었고 피고(처)와 그 친정식구들이 병원을 차려주겠다며 개업할 것을 강권하자 적성을 이유로 개업을 거절하다가 병원을 그만두고 자취를 감춘 사안에서, 원고는 서둘러 별거를 선언하고 집을 나온 이래 피고의 거듭된 설득에도 불구하고 혼인생활을 계속할 뜻이 없음을 밝히면서 수년간이나 집에 돌아가지 않음으로써 동거하며 서로 부양하고 협조하여야 할 부부로서의 의무를 저버린 유책배우자이고 유책배우자인 원고로서는 그 파탄을 이유로 이혼을 청구할 수 없다.

303 대법원 1999. 2. 12. 선고 97므612 판결.
304 대법원 1990. 4. 27. 선고 90므95 판결.
305 대법원 2000. 4. 21. 선고 99므2261 판결.

312 [판례] 시모가 학대하고 남편도 일방적으로 이혼을 요구하며 동거를 거절한 경우[306]

청구인(남편)과 피청구인(처)이 별거 중 청구인이 피청구인의 부모에게 피청구인을 내어놓으라고 하다가 시비 끝에 그들로부터 뺨을 맞은 사안에서, 청구인 부부가 별거하게 된 것은 청구인의 어머니가 피청구인을 학대하고 청구인도 피청구인에게 일방적으로 이혼을 구하면서 동거를 거절한 데서 비롯되었는데도 청구인이 허위의 사실을 들어 피청구인을 상대로 이혼심판을 청구하였다가 패소확정되었으며 그 후 피청구인 측에서 청구인과 그의 제자 사이를 의심하여 그 제자의 집에 침입하였다가 그 때문에 피청구인의 어머니가 벌금형을 받자 쌓인 감정이 악화된 상태에서 앞서와 같은 폭행이 벌어진 경우라면 피청구인이 청구인을 악의로 유기하였다거나 청구인이 피청구인의 존속으로부터 심히 부당한 대우를 받은 것이라고 할 수 없고, 또 청구인 부부의 혼인이 파탄에 이르렀다 하여도 이는 청구인의 책임 있는 사유에 기인한 것이어서 이 사건 이혼청구는 받아들일 수 없다.

313 [판례] 남편이 어머니와 동생에 편향되어 처를 돌보지 아니한 경우[307]

장남으로서 어머니와 두 남동생들의 생활비와 학비를 보조하여 주어야 할 청구인(남편)의 입장을 피청구인(처)이 충분히 이해하지 못하여 시어머니와 시동생들에게 경제적 도움을 주지 못해 불화하게 된 것은 잘못이라고 하겠으나, 그렇다고 해서 결혼하여 자식까지 둔 청구인이 어머니와 동생과 함께 살면서 처와의 동거를 거부하고 처자식을 돌보지 않았다면 이는 부부로서의 동거, 부양 및 협조의무를 스스로 저버린 행동이므로 청구인이 피청구인을 상대로 이혼을 청구함은 부당하다.

314 [판례] 이혼을 거부하는 처를 구타하여 상해를 입히고 귀가하지 못하도록 한 경우[308]

일정한 직업도 없는 남편이 미장원 등을 경영하여 생활을 꾸려 나가려는 부인에게 행패를 계속하여 가정생활이 원만하지 못하게 되어 부인은 남편으로부터 위자료를 받고 이혼하기로 합의하였으나 위자료를 받지 못하여 이혼이 이루어지지 않게 되었고 이에 불만을 품은 남편이 부인을 구타하여 상해를 입히고 친정에서 치료한 후 시가로 돌아오려는 부인을 돌아오지 못하게 하여 혼인을 파탄에 이르게 한 사안에서, 그 혼인은 남편의 책임 있는 사유로 파탄되었다고 할 것이므로 이혼에 관하여 유책주의를 채용하고 있는 현행법제에서는 설사 부부로서 다시 합쳐질 수 없는 상황에 이르렀다 하더라도 남편은 민법 제840조 제6호 소정의 혼인을 계속하기 어려운 중대한 사유를 들어 이혼을 청구할 수 없다.

306 대법원 1990. 10. 30. 선고 90므569 판결.
307 대법원 1990. 10. 12. 선고 90므514 판결.
308 대법원 1983. 3. 22. 선고 82므57 판결.

315 [판례] 근거 없는 의심을 하며 욕설과 폭행을 한 경우[309]

청구인(남편)은 피청구인(처)이 다른 남자와 부정한 관계에 있다고 의심하고 근거 없이 욕설과 폭행을 가하므로 피청구인은 청구인이 받아야 할 외상대금을 임의로 받아쓰고 부득이 집을 나온 사안에서, 가정파탄의 원인이 청구인에게 있다고 할 것이며 청구인이 피청구인의 소재를 탐지하고 아무런 대책 없이 피청구인에게 집에 돌아올 것을 권유하여도 응하지 않았다고 한들 청구인의 이 사건 이혼청구가 이유 있을 수 없는 것이다.

나. 예외사유 1: 상대방에게 혼인 계속의 의사가 없음이 객관적으로 명백한 경우

1) 일반론

316 판례는, 유책배우자의 이혼청구권을 인정하지 않는 것은 혼인의 파탄을 자초한 자에게 재판상 이혼청구권을 인정하는 것은 혼인제도가 요구하고 있는 도덕성에 근본적으로 배치되고, 일방의 의사에 의한 이혼 내지 축출이혼을 시인하는 부당한 결과를 방지하고자 함에 있으므로, 상대방 배우자도 이혼의 반소를 제기하고 있는 경우 혹은 오로지 오기나 보복적 감정에서 표면적으로는 이혼에 불응하고 있기는 하나 실제로는 파탄된 혼인의 계속과는 도저히 양립할 수 없는 행위를 하는 등 상대방이 혼인을 계속할 의사가 없음이 객관적으로 명백한 경우처럼 특별한 사정이 있는 경우에는 예외적으로 유책배우자의 이혼청구가 허용된다고 한다.[310] [311]

317 판례는 유책배우자의 상대방에게도 이혼의 의사가 객관적으로 명백한 경우의

309 대법원 1969. 12. 9. 선고 69므31 판결.

310 대법원 1987. 4. 14. 선고 86므28 판결, 대법원 2004. 9. 24. 선고 2004므1033 판결, 대법원 2010. 12. 9. 선고 2009므844 판결, 대법원 2013. 3. 14. 선고 2012므462 판결.

311 이러한 판례의 태도에 대하여, 오기나 보복은 이혼거절의사를 명시한 무책배우자를 마치 힐난하는 듯한 인상을 준다는 점에서 용어선택의 적절성이 문제되고, 무책배우자가 표시한 명시적인 이혼거절의사를 무시한 채 법원이 그의 내면적 의사를 탐구하여 거꾸로 무책배우자의 이혼의사는 객관적으로 명백한데 단지 오기·보복에서 이혼거절의사를 표시한 것이라고 평가하는 것은 일반적인 의사해석의 법리에도 부합하지 아니하며, 결국 위와 같은 판례의 태도는 제반사정을 감안하여 '돌이킬 수 없는 객관적 파탄'을 이혼사유로 인정하여 혼인관계의 해소 필요성을 인정한 것에 다름 아니고 판례로서도 당해 사안의 구제의 필요성을 인정하여 구체적 타당성을 기하고 있는 것으로 보이며, 오히려 오기·보복론은 자녀와 배우자에 대한 보호를 고려하지 않은 채 유책배우자의 이혼청구가 인용되므로 오히려 축출이혼을 용인하는 부적절한 결과가 발생할 수도 있음을 지적하는 견해가 있다. 오영준, "유책배우자의 이혼청구와 신의성실의 원칙-대법원 2009. 12. 24. 선고 2009므2130 판결-", 고요한 정의의 울림: 신영철 대법관 퇴임기념 논문집: 공의를 향한 사랑, 고민, 열정을 기리며, 사법발전재단(2015), 377.

예시로서 상대방도 반소를 제기한 경우, 오기나 보복적 감정에서 표면적으로는 이혼에 불응하나 혼인의 계속과 양립할 수 없는 행위를 하는 경우 등을 들고 있다. 전자의 경우 상대방에게 이혼의사가 있는 것은 명백하나 다만 실무상으로는 이혼청구사건에서 반소가 제기된 경우 책임의 경중을 가린 다음 주된 책임 있는 당사자의 청구는 배척하고, 책임이 적은 당사자의 청구는 인용하며, 책임이 대등한 경우 본소와 반소를 모두 인용하고 있으므로 굳이 유책배우자의 이혼청구가 허용되는가의 문제로 접근할 필요성은 크지 않아 보인다. 후자의 경우 오기나 보복적 감정이라는 내심의 의사는 상대방의 행동이나 태도로부터 추론할 수밖에 없을 것인데, 판례는 상대방의 행위가 유책배우자에게 치명적인지,[312] 부부간의 신의에 반하는 것인지,[313] 유책배우자의 귀책행위를 장기간 방치 또는 용인하였는지,[314] 이혼 거부가 경제적 목적만을 위한 것은 아닌지,[315] 상대방이 자녀 등과의 관계 유지를 위하여 노력하였는지[316] 등을 종합적으로 고려하고 있는 것으로 보인다.

318 한편, 반소를 제기하거나[317] 이혼소송을 제기하였다가 취하한 경우[318] 또는 유책배우자의 이혼청구 취하에 부동의한 경우,[319] 간통죄의 고소를 한 경우[320] 등 혼인의 유지와 배치되는 듯 한 외관이 있는 경우에도 그 자체만으로 곧바로 오기나 보복적 감정에 의하여 이혼에 불응하는 것으로 볼 것이 아니라 그 의도나 배경을 자세히 살펴 상대방의 권리행사를 위한 목적인 경우에는 객관적으로 이

312 의사자격을 박탈당하게 한 경우(대법원 1987. 4. 14. 선고 86므28 판결).

313 형사소송에서 엄벌을 탄원한 경우(대법원 2004. 2. 27. 선고 2003므1890 판결), 유책배우자의 소송상대방에게 적극 협조한 경우(대법원 2013. 3. 14. 선고 2012므462 판결), 유책배우자를 신용불량자로 등재되게 한 경우(대법원 2004. 2. 27. 선고 2003므1890 판결).

314 부정행위를 알면서 10여 년간 소식 없이 지낸 경우(대법원 1988. 2. 9. 선고 87므60 판결), 혼인관계 유지를 위한 노력을 하지 않은 경우(대법원 1987. 9. 22. 선고 86므87 판결, 대법원 2010. 4. 29. 선고 2009므3621 판결, 대법원 2010. 12. 23. 선고 2010므2785 판결, 대법원 2022. 7. 28. 선고 2021므11112 판결).

315 이혼을 전제로 재산문제만 논의한 경우(서울가정법원 1994. 4. 12. 선고 93드22429 판결), 경제적 불안감으로 이혼을 거부하는 경우(대법원 2010. 4. 29. 선고 2009므3621 판결, 대법원 2010. 12. 23. 선고 2010므2785 판결).

316 자녀 양육에 관심 없고, 자녀와 친족들의 관계까지 단절시킨 경우(서울가정법원 2001. 5. 15. 선고 2000드단21348 판결).

317 대법원 1998. 6. 23. 선고 98므15, 22 판결.

318 대법원 1993. 11. 26. 선고 91므177, 184 판결.

319 대구지방법원 2010. 2. 18. 선고 2008르1183 판결.

320 대법원 1997. 5. 16. 선고 97므155 판결.

혼의사가 명백하다고 볼 수 없을 것이다. 또한 유책배우자의 상대방이 금원을 요구한 경우에도 유책배우자의 이혼요구에 대응한 것이라거나[321] 자유롭고 다양한 해결방안이 오고가는 조정기일에서 잠정적으로 제시된 것이라면[322] 객관적으로 이혼의사가 명백한 것은 아니라고 할 것이다.

319 최근 판례는 상대방 배우자의 혼인계속의사를 판단하는 기준에 관하여, 상대방 배우자의 혼인계속의사를 인정하려면 소송 과정에서 그 배우자가 표명하는 주관적 의사만을 가지고 판단할 것이 아니라, 혼인생활의 전 과정 및 이혼소송이 진행되는 중 드러난 상대방 배우자의 언행 및 태도를 종합하여 그 배우자가 악화된 혼인관계를 회복하여 원만한 공동생활을 영위하려는 노력을 기울임으로써 혼인유지에 협조할 의무를 이행할 의사가 있는지 객관적으로 판단하여야 하고,[323] 이혼에 불응하는 상대방 배우자가 혼인의 계속과 양립하기 어려워 보이는 언행을 하더라도, 그 이혼거절의사가 이혼 후 자신 및 미성년 자녀의 정신적·사회적·경제적 상태와 생활보장에 대한 우려에서 기인한 것으로 볼 여지가 있는 때에는 혼인계속의사가 없다고 섣불리 단정하여서는 안 된다고[324] 판시하였다.

2) 구체적 사례

가) 예외사유가 인정되어 유책배우자의 이혼청구가 인용된 사례

320 [핀례] 간통죄 고소로 실형을 복역하게 하고 나서 위자료를 지급받고 이혼에 합의하였으며 소외인과의 동거를 방치한 채 10 년 이상 별거한 경우[325]

피청구인이 이 사건 이혼을 반대하고 있기는 하나 청구인을 간통죄로 고소하여 청구인으로 하여금 실형을 복역케 한 다음 위자료 및 양육비를 지급받고 자유로운 의사로 이혼하기로 합의한 후 그 이래 청구인이 간통의 상대방과 동거하면서 그 사이에 자녀까지 출산하는 것을 방치하여 둔 채 서로 소식조차 없이 십여 년의 세월을 남남으로 지내온 피청구인에게 청구인과의 혼인을 계속할 의사가 있다고 보기는 어렵다 할 것이고, 그와 같이 피청구인이 내심으로는 청구인과의 혼인을 계속할 의사가 없으면서도 표면상으로만 이혼에 불응하고 있다면 비록 당초에 있어서 청구인이 부정한 관계를 맺은 잘못이 있다 하더라도 현재 야기되어 있는 파탄의 책임을 청구인에

321 대법원 1996. 11. 8. 선고 96므998 판결, 대법원 2002. 10. 25. 선고 2002므1114 판결.
322 대법원 2000. 4. 7. 선고 99므2292 판결.
323 대법원 2022. 6. 16. 선고 2019므14477 판결.
324 대법원 2022. 6. 16. 선고 2021므14258 판결.
325 대법원 1988. 2. 9. 선고 87므60 판결.

계만 돌릴 수는 없다 할 것이니, 이미 파탄된 혼인의 해소를 바라는 청구인의 이 사건 이혼청구는 인용되어야 한다.

321 [판례] 다른 사람과 동거하는 사실을 알면서도 방치하다가 위자료 협상이 결렬되자 이혼 청구 및 간통죄로 고소한 경우[326] [327]

청구인(남편)과 피청구인(처)의 혼인관계는 피청구인의 허영과 청구인에 대한 냉대 그리고 피청구인의 부부로서의 혼인생활거부 등으로 인하여 파탄에 이르게 되었고, 또 그와 같은 피청구인의 귀책사유로 인하여 파경에 이른 뒤 청구인이 다른 사람과 부정한 관계를 맺는 등 피청구인과 청구인 쌍방의 책임으로 파경이 심화되어 부부관계를 정상으로 되돌릴 수 없을 만큼 중대한 상태가 야기되었을 뿐만 아니라, 피청구인이 이 사건 이혼을 반대하고 있기는 하나 불화가 생기자 결혼할 때 자신이 마련해 온 아파트라며 청구인으로 하여금 집에서 나가게 한 뒤 장기간 별거 중 청구인의 입원기간을 포함하여 한 번도 청구인을 찾지 아니하였고 청구인이 별거 이후 만나게 된 다른 사람과 동거하는 사실을 알고서도 이를 제지하여 가정으로 되돌아오도록 하려는 노력은 일체 하지 아니한 채 청구인측 가족과 이혼 위자료 액수만을 흥정하다가 뜻대로 되지 아니하자 청구인을 상대로 이혼심판청구(이 사건 본심판)를 함과 아울러 간통죄로 고소하여 구속시킨 다음 위자료를 받아내었고 그 뒤에도 청구인과 화합하여 정상적인 가정을 이룩하려는 아무런 노력도 시도한 바 없는 피청구인에게 청구인과의 혼인을 계속할 의사가 있다고 보기는 어렵다 할 것이고, 그와 같이 피청구인이 내심으로는 청구인과의 혼인을 계속할 의사가 없으면서도 표면상으로만 이혼에 불응하고 있다면, 비록 청구인에게 다른 사람과 부정한 관계를 맺은 잘못이 있다 하더라도 이미 파탄된 혼인의 해소를 구하는 청구인의 이 사건 이혼청구는 인용됨이 마땅하다 할 것이다.

322 [판례] 혼인관계 유지 노력 없이 경제적 불안감 등으로 이혼을 거부하는 경우[328]

피고가 현재 이혼을 원하지 않는다고는 하나 원고의 이혼 청구가 기각된 과거 재판 후에도 피고가 원고와 혼인관계 유지를 위하여 특별한 노력을 하였다고 보이지 아니한 점, 별거기간 동안 원, 피고가 주고받은 이메일의 내용, 제3차에 걸친 조정기일에서 피고가 이혼을 전제로 한 원고의 재산 약속 자체에 대하여는 받아들이고 원고로부터 일부 금원도 지급받았는데도 원고가 약속한 대로 재산문제가 모두 이행된 후에 비로소 이혼하겠다는 의사를 고집한 점 등에 비추어 보면, 피고도 진정으로 혼인관

326 대법원 1987. 9. 22. 선고 86므87 판결.

327 평석으로는, 이상석, "유책배우자의 이혼청구의 인용", 사법행정 제29권 제7호, 한국사법행정학회(1988), 56~60.

328 대법원 2010. 12. 23. 선고 2010므2785 판결.

계를 유지할 의사가 있다고 보기는 어렵고, 오기나 보복적 감정, 경제적 불안감 등의 이유로 이혼을 거부하고 있다고 봄이 상당하다.

323 [판례] 형사사건에서 엄벌을 요구하는 탄원서를 제출하고 민사사건에서 허위 주소를 기재하여 의제자백 승소판결을 받은 뒤 부동산을 처분하고 상대방의 채무는 그대로 두어 신용불량자로 등재되게 한 경우[329]

원고와 피고의 혼인관계가 파탄에 이른 이후 원고가 무면허운전 등으로 입건되어 구약식 기소되자 피고는 자신의 어머니로 하여금 담당 재판부에 원고를 엄벌에 처해달라는 탄원서를 제출하게 하였고 나아가 원고가 피고의 돈을 보고 접근하여 정략결혼을 하였다가 경제적으로 어려워지자 4차례에 걸쳐 폭행하여 상해를 입혔다는 내용으로 고소하여 원고가 도로교통법위반죄, 폭력행위등처벌에관한법률위반죄 등으로 징역 6월 및 벌금 100만 원을 선고받고 복역한 사실, 피고는 원고가 구속된 후 원고를 상대로 부동산에 관하여 가등기에 기한 본등기절차이행을 구하는 민사소송을 제기하고 원고가 피고의 주소지에 거주하고 있는 것처럼 허위로 주소를 기재하여 의제자백으로 승소판결을 받아 부동산을 처분하고 그 처분대금으로 그 부동산에 설정되어 있던 원고 명의의 근저당권의 피담보채무와 전세보증금반환채무 등을 변제공탁하였으나 다른 부동산과 관련된 원고의 채무는 전혀 변제하지 아니하여 금융기관에 7억 원이 넘는 원고 명의의 채무가 남아 있고 이로 인하여 원고는 신용불량자로 등재되었다면, 유책배우자의 상대방인 피고는 원고와 혼인생활을 계속할 의사가 전혀 없으면서도 오기나 보복적 감정 또는 다른 이유로 표면상으로부터 이혼을 거부하고 있는 것으로 보아야 할 것이다.

324 [판례] 간통죄로 고소하여 실형복역 및 의사자격을 취소되게 하였으며, 스스로 이혼청구를 하였다가 주소미보정으로 각하된 경우[330] [331]

청구인이 청구외인과 방을 얻어 동거하다시피 하고 그곳을 찾아간 피청구인을 심하게 구타하고 피청구인과 같이 돈을 모아 매입하였던 아파트를 임의로 처분하여 그 중 일부를 피청구인에게 주면서 더욱 집요하게 협의이혼할 것을 요구하기에 이르자, 피청구인은 이를 거절하면서 간통죄로 고소하는 한편 이혼심판청구를 하였고 청구인은 그제서야 용서를 구하면서 합의하고자 노력하였으나 피청구인은 끝내 간통고소를 취소하지 아니하여 청구인으로 하여금 징역 1년 6월의 실형을 선고받아 복역하게 하

329 대법원 2004. 2. 27. 선고 2003므1890 판결.
330 대법원 1987. 4. 14. 선고 86므28 판결, 대법원 1988. 3. 22. 선고 87므83 판결.
331 앞 사건의 재상고심이다. 평석으로는 구연창, "유책배우자의 이혼청구", 민사판례연구 11권, 박영사(1989), 317~344.

고 이로 인하여 청구인의 의사 자격까지 박탈하게 한 사안에서, 청구인과 피청구인의 혼인생활은 더 이상 계속할 수 없을 정도로 파탄되었다고 볼 것이고 파탄에 이르게 된 근본적인 책임은 불륜관계를 몇 번씩이나 계속하면서 가정을 방치해 둔 청구인에게 있다고 할 것이므로 혼인의 파탄을 자초한 청구인은 일응 파탄을 원인으로 한 이혼을 청구할 수 없다고 할 것이나, 다른 한편 피청구인이 잘못을 뉘우치는 청구인을 끝내 용서하지 아니하고 간통죄로 실형을 선고받아 복역하게 하였을 뿐 아니라 청구인과 피청구인 사이의 혼인생활에 있어서 경제적, 사회적 기초가 되는 청구인의 의사 자격마저 취소되는 결과를 초래하였고 복역을 마치고 찾아온 청구인을 받아들이지 아니하고 냉대하여 서로 별거중이며 위 간통죄 고소와 함께 피청구인이 청구인을 상대로 하여 제기한 이혼심판청구가 피청구인의 의사에 의하여 취하된 것이 아니라 주소 보정이 되지 않았음을 이유로 각하되었던 것에 불과하다면, 피청구인은 실제로는 청구인과 사이의 혼인을 계속할 의사가 전혀 없으면서도 피청구인에 의하여 제기된 바 있는 이혼심판청구가 각하되어 혼인이 형식상 지속되고 있음을 기화로 오로지 보복적인 감정에서 표면상으로만 이혼을 거부하고 있는 것으로 볼 수 있으므로, 혼인의 파탄에 관하여 전적인 책임이 있는 배우자의 이혼청구라 하더라도 받아들일 수 있다.

325 [판례] 사업상 중요한 소송에서 불리한 진술을 하거나 집행을 돕는 대가로 당해소송의 상대편 당사자와 수익을 분배하기로 약정한 경우[332]

원고는 일방적으로 이혼을 요구하고 생활비 등의 지급을 중단함으로써 피고와 사건본인들을 유기하여 혼인파탄의 근본적이고 주된 책임이 있는 유책배우자이나, 다른 한편 피고는 원고가 사업상 중요한 투자약정에 관하여 피소된 민사소송 및 형사고발 사건에서 상대편 당사자를 위하여 적극적으로 원고에게 사기 의사가 있었다고 진술하거나 상대편 당사자에게 원고의 재산에 관한 정보를 제공하여 집행을 돕고 수익을 나누어 가지기로 약정하는 등 피고 역시 원고와의 신뢰를 바탕으로 동거, 부양, 협조 의무가 있는 부부관계를 새로이 형성하려는 의사를 이미 버리고 원고와의 혼인파탄을 기정사실로 받아들이고 있다고 보이므로, 실제로는 원고와의 혼인을 계속할 의사가 없으면서도 다만 오기나 보복감정 또는 그 밖의 다른 이유로 표면상으로만 이혼을 거부하고 있는 것으로 판단되어 원고의 이혼 청구를 인용할 수 있다.

326 [판례] 부정행위를 묵인하면서 혼인생활을 회복·유지할 의사가 없이 금전적 요구만을 하는 경우[333]

피고(처)는 원고(남편)와의 법률혼이 유지되고 생활비만 지급된다면 부정행위 상대방

332 대법원 2013. 3. 14. 선고 2012므462 판결.
333 대법원 2010. 4. 29. 선고 2009므3621 판결.

과 동거를 하더라도 인정하고 간통죄로 고소할 생각이 없다고 하였고, 피고는 원고가 부정행위 상대방에게 재산을 분여하였다고 오해하고 과도한 돈을 지속적으로 요구하여 시가 33억 원에 이르는 부동산에 관하여 소유권이전청구권가등기를 마쳤으며 피고는 원고가 혼외자의 법률상 부친이 되는 것을 막기 위하여 전재산을 받더라도 이혼만은 할 수 없다는 강경한 입장을 취하고 있고 돈을 요구할 때만 원고를 찾아가고 가정으로 돌아오라는 말은 한 번도 한 적이 없으며 장기간 빈번하게 돈을 요구하며 폭언과 폭행을 해 왔으며 피고의 금전적 요구를 거의 전적으로 수용한 제1심의 화해권고안에 대하여도 이의한 사안에서, 원고와 피고의 혼인관계 파탄의 근본적이고 주된 원인은 다른 여자와 외도하며 혼외자까지 출생하였음에도 가정불화를 해소하기 위하여 노력을 기울이지 아니한 채 일방적으로 가출한 원고에게 있으나, 피고도 원고와의 혼인관계를 진정으로 유지할 의사가 없이 단지 오기나 보복적 감정에서 이혼을 거부하고 있는 것으로 보인다고 판단하여, 원고의 이혼청구를 인용한 사례

327 [판례] 남편이 처를 간통으로 고소하여 실형 복역하게 하고 그가 제기한 이혼소송은 주소미보정으로 각하되었는데, 출소 후 처가 제기한 이혼소송에서 남편이 사실상 재결합이 불가능함을 인정하고 위자료 금액에 대하여 구체적인 요구를 한 경우[334]

원고(처)와 피고(남편)는 두 아들을 두고 있었는데 원고는 결혼 후 시부모를 모시고 생활하던 중 시부모와의 불화가 심해지자 피고에게 분가하여 따로 살 것을 요구하였으나 거절당하자 1991년경 아이들만 데리고 집을 나와 따로 살면서 생계를 위하여 다방 종업원으로 일하던 중 소외인을 알게 되어 간통을 하였고, 원고의 간통사실을 알게 된 피고는 원고를 상대로 이혼소송을 제기함과 동시에 원고와 소외인을 간통죄로 고소하여 구속 기소된 원고는 징역 10월의 실형을 선고받고 복역하였으며, 위 이혼소송은 피고가 주소보정을 제대로 하지 아니하여 각하되었고 원고는 복역을 마친 후 이 사건 이혼소송을 제기하게 되었고 피고는 원고와의 재결합이 사실상 불가능하다는 것을 인정하고 이혼에 따른 손해배상금으로 금 10,000,000원을 요구하여 조정절차에서 금 10,000,000원을 지급받으라는 조정을 갈음하는 결정이 내려졌음에도 불구하고 다시 태도를 바꾸어 위 결정에 이의를 제기하면서 금 10,000,000원을 먼저 지급하면 이혼에 응하겠다는 태도를 보인 사안에서, 원고와 피고의 혼인관계는 회복할 수 없을 정도로 파탄되었고 그 원인과 책임은 전적으로 원고에게 있으므로 유책배우자인 원고의 이혼청구는 원칙적으로 허용할 수 없으나, 한편 피고가 표면적으로 이혼을 거부하고 있는 것은 원고에 대한 증오와 배신감에서 비롯된 것으로 보여지고 실제에 있어서는 혼인의 계속과는 양립할 수 없는 행동과 태도를 보이고 있어 피고

334 서울가정법원 1994. 4. 12. 선고 93드22429 판결(확정).

도 내심으로는 이혼의사가 있다고 보여지므로 원고의 이 사건 이혼 청구를 허용함이 상당하다.

328 [판례] 자녀의 등교 및 외출을 금지하여 가출하게 하는 등 자녀를 팽개친 경우[335]

원고(남편)가 종교 문제, 자녀양육 문제 등으로 갈등을 겪다가 가출하여 다른 여성과 사이에 아들을 낳는 등 부정한 행위를 하여 1차 소송에서 유책배우자라는 이유로 1998년 이혼 청구 기각 판결을 선고받고 확정되었으나, 2000년 다시 이혼 소송을 제기하였고, 원고는 가출 후 자녀들의 생활비를 부담하기도 하였고 피고가 알 수 없는 이유를 들며 2달간 등교를 금지한 둘째 자녀를 학교 선생님으로부터 인계받아 양육하고, 피고가 사탄이 씌었다며 외출을 못하게 하자 가출한 첫째 자녀를 수소문하여 동거하면서 자녀들을 양육하기도 한 반면, 피고는 오히려 수 년 동안 미성년자인 자녀들의 생활 및 양육에 아무런 관심을 보이지 않고 첫째 자녀 앞에서 평생 원고를 씹을 것이라거나 둘째 자녀는 버린 자식이라는 취지의 이야기를 하였으며, 자녀들과 인연을 끊겠다며 외가 친족과의 관계를 단절시키기 위해 노력하는 등 혼인의 계속과 양립할 수 없는 행위를 거듭한 경우, 피고는 보복적 감정에서 표면적으로만 이혼에 불응하고 있다고 보아 원고의 청구를 인용한 사례

329 [판례] 피고가 소송과정에서 이혼하지 않겠다는 의사를 밝히고, 가사조사과정에서도 자신은 이혼당할 만한 잘못을 하지 않았고, 무엇보다 자녀들에게 정신적 상처가 될 것 같아 이혼을 원하지 않는다는 뜻을 밝혔으나, 소송 계속 중 소송 외에서 과거 양육비 등에 관한 피고 요구를 들어준다면 원고의 이혼 요구를 들어줄 의사가 있다는 취지로 원고에게 말한 사실이 있고, 자녀들 휴대전화 번호를 알려달라는 원고의 요구에는 거절한 경우[336]

원고와 피고는 혼인 초부터 원심 변론종결 당시까지 약 24년의 혼인기간 중 13년 이상 별거 중이고, 특히 부모가 그 자녀들 양육과 교육에 협력해야 하는 자녀들 성장기에도 갈등과 별거가 계속되면서 이제는 악화된 혼인관계를 복원하기 어렵게 되었다. 위와 같은 혼인관계 악화가 당초 원고의 잘못에서 비롯된 것일 수도 있지만, 그 동안 원피고 양측 모두 오랜 세월 진지한 노력 없이 방관 내지 적대적인 상태로 지내온 것으로 보일 뿐이고, 피고도 원고가 가정에 복귀할 수 있도록 갈등 원인을 없애거나 줄이면서 관계를 복원하기 위해 실질적인 대화나 조치 등을 시도하였다고 볼 만한 자료를 찾을 수 없다. 피고가 소송상으로는 혼인계속의사를 밝히고 있으나 혼인관계를 복원·유지하기 위하여 했던 적극적이고 구체적인 노력이나 향후 계획을 밝히지 않고 있으며, 위와 같은 소송 외에서 피고의 언행 및 태도 등까지 고려하여 보면, 피고의 혼

335 서울가정법원 2001. 5. 15. 선고 2000드단21348 판결(항소기각 확정).
336 대법원 2022. 7. 28. 선고 2021므11112 판결.

인계속의사를 인정하기도 곤란하다. 피고의 혼인계속의사 표현은 혼인의 실체가 상실된 현재 상태를 수긍하면서도 단순히 외형상으로만 법률혼관계를 남겨두려는 것에 지나지 않는다고 볼 여지가 있을 뿐이고, 그것이 원피고의 재산 상황, 각자의 사회적 지위·직업, 자녀들의 나이 등에 비추어 볼 때 자신과 자녀들의 정신적·사회적·경제적 상태와 생활보장에 대한 우려에서 기인한 것으로 보기도 어렵다. 원심은, 원고가 집을 나가 자녀들 양육비를 전혀 지급하지 않은 점 등에만 주목하였으나, 긴 별거기간 동안 쌍방 간에 혼인관계 회복을 위한 진지한 노력 없이 계속된 불화와 별거·파탄의 경과를 모두 고려하여 혼인관계 파탄의 책임을 판단하여야 한다. 나아가 혼인생활의 전 과정 및 이혼소송이 진행되는 중에 드러난 피고의 언행 및 태도, 피고와 자녀들이 처해 있는 구체적 상황, 혼인관계의 회복가능성 등에 비추어, 피고에게 혼인계속의사가 있는지를 객관적으로 보아야 한다. 원심의 판단에는 민법 제840조 제6호의 해석 및 유책배우자의 이혼청구에 관한 법리를 오해하여 필요한 심리를 다하지 않음으로써 판결에 영향을 미친 잘못이 있다(원고의 이혼청구를 배척한 원심을 파기함).

330 [판례] 종전 이혼소송의 변론종결 이후에도 5년째 별거하며 쌍방의 갈등이 해소되지 않고 있고, 피고는 혼인계속의사를 밝히고 있으나, 원고의 가출을 비난하며 혼인유지를 위한 노력을 하지 않고 있으며, 원고는 사건본인에 대한 면접교섭 의지가 있고 양육비를 꾸준히 지급해 왔고, 사건본인은 원고와 피고의 갈등과 분쟁에 지속적으로 노출된 경우[337]

원심은 혼인생활의 전 과정 및 이혼소송이 진행되는 중에 드러난 피고의 언행 및 태도, 피고와 사건본인이 처해 있는 구체적 상황, 혼인관계의 회복가능성 등을 모두 고려하여 피고에게 혼인계속의사가 있는지를 객관적으로 살펴보지 않은 채, 그 혼인계속의사가 오기나 보복적 감정에 기한 것으로 보이지 않는다고만 판단하였다. 또한 원심은 과거에 원고가 청구한 이혼청구가 기각되었더라도, 그 후로 피고 역시 혼인관계의 회복을 위한 노력을 다하지 않음으로써 혼인관계가 회복될 가능성이 없는 반면 피고 및 사건본인에 대한 보호와 배려가 이루어짐으로써 유책배우자의 유책성이 희석되었다고 볼 수 있는지, 원고와 피고의 분쟁상황을 고려할 때 그 혼인관계의 유지가 미성년자인 사건본인의 정서적 상태와 복리를 저해하고 있는지 및 그 정도 등에 대하여 심리하지 않은 채 이 사건 청구가 유책배우자의 이혼청구가 허용되는 특별한 사정이 있는 경우에 해당된다고 보기 어렵다고 판단하였다. 이러한 원심의 판단에는 민법 제840조 제6호의 해석 및 유책배우자의 이혼청구에 관한 법리를 오해하여 필요한 심리를 다하지 않음으로써 판결에 영향을 미친 잘못이 있다.

337 대법원 2022. 6. 16. 선고 2021므14258 판결.

331 [판례] 상대방 배우자가 혼인계속의사가 있는지 판단하는 기준[338]

상대방 배우자의 혼인계속의사를 인정하려면 소송 과정에서 그 배우자가 표명하는 주관적 의사만을 가지고 판단할 것이 아니라, 혼인생활의 전 과정 및 이혼소송이 진행되는 중 드러난 상대방 배우자의 언행 및 태도를 종합하여 그 배우자가 악화된 혼인관계를 회복하여 원만한 공동생활을 영위하려는 노력을 기울임으로써 혼인유지에 협조할 의무를 이행할 의사가 있는지 객관적으로 판단하여야 한다. 따라서 일방 배우자의 성격적 결함이나 언행으로 인하여 혼인관계가 악화된 경우에도, 상대방 배우자 또한 원만한 혼인관계로의 복원을 위하여 협조하지 않은 채 오로지 일방 배우자에게만 혼인관계 악화에 대한 잘못이 있다고 비난하고 대화와 소통을 거부하는 경우, 이혼소송 중 가정법원이 권유하는 부부상담 등 혼인관계의 회복을 위하여 실시하는 조치에 정당한 이유 없이 불응하면서 무관심한 태도로 일관하는 경우에는 혼인유지를 위한 최소한의 노력조차 기울이지 않았다고 볼 여지가 있어, 설령 그 배우자가 혼인계속의사를 표명하더라도 이를 인정함에 신중하여야 한다.

나) 예외사유가 부정되어 유책배우자의 이혼청구가 기각된 사례

332 [판례] 반소 제기[339]

유책배우자의 이혼청구에 대하여 상대방이 그 주장사실을 다투면서 오히려 다른 사실을 내세워 반소로 이혼청구를 한다 하더라도 그러한 사정만으로 곧바로 상대방은 혼인을 계속할 의사가 없으면서도 오기나 보복적 감정에서 유책배우자의 이혼청구에 응하지 아니하는 것이라고 단정할 수 없다. 피고는 자녀들이 이혼을 반대하고 또 아무런 생계수단이 없는 상태에서 이혼에 응할 수 없다는 이유로 원고의 이혼요구를 거부하여 왔음을 알 수 있고, 또 피고는 지금까지 자식들에게 누가 될 것 같아 원고의 이혼요구를 거부하였으나 원고가 이 사건 본소를 제기한 후 자식들에게 말로 다 하지 못하는 행패를 부리는 것을 보고 부모로서 더 이상 부모 자식간에 의가 상하는 것을 두고 볼 수 없어 이혼을 결심하기에 이르렀다고 주장하고 있는 점 등에 비추어 보면 피고는 원고와의 혼인을 계속할 의사가 없으면서도 오기나 보복적 감정에서 원고의 이혼청구에 응하지 아니한 것이라고 볼 수 없다면서 피고의 이 사건 반소청구에도 불구하고 혼인생활 파탄의 주된 책임이 있는 원고는 스스로 이혼청구를 할 수 없다고 하여 이 사건 본소 청구를 배척한 원심을 수긍한 사례(원심은 원고의 본소 이혼 등 청구는 유책배우자의 이혼 청구로서 기각하고, 피고의 반소 이혼 청구는 민법 제840조 제1호·제2호·제3호에 따라 이를 인용하였다)

338 대법원 2022. 6. 16. 선고 2019므14477 판결.
339 대법원 1998. 6. 23. 선고 98므15, 22 판결.

333 [판례] 소취하 부동의[340]

원고는 오랜 세월 피고의 의견을 무시한 채 재산을 임의적으로 처분하고 이를 말리는 피고에게 폭력을 행사하여 왔고 피고를 상대로 이혼 및 재산분할 청구하였다가 취하하였으나 피고가 취하에 부동의한 사안에서, 피고는 원고가 원고 명의로 된 재산을 탕진하고 피고에게 계속 재산분할을 요구하면 결국 피고 명의로 된 재산도 지킬 수 없게 된다는 판단 하에 소취하에 부동의한 것으로 보여지므로 오기나 보복적 감정 때문에 표면적으로만 이혼에 불응하고 있는 것으로 볼 수 없다면서, 혼인관계 파탄에 대하여 주된 책임이 있는 원고의 이혼 청구를 기각한 사례

334 [판례] 간통고소[341]

피고가 원고를 상대로 간통죄로 고소하거나 고소장의 제출을 시도한 사실이 있으나 피고는 각 고소장을 곧바로 취소하거나 정식으로 접수하지 아니하여 그로 인하여 원고가 처벌받은 사실이 없는 사안에서, 비록 간통죄의 고소를 제기하기 위하여는 먼저 혼인이 해소되거나 이혼소송을 제기하여야 한다는 규정이 있지만 배우자의 간통에 대처하고 상간자를 처벌하고 배우자의 회심을 유도하기 위하여 일응 고소를 하는 경우도 흔히 있으므로 고소사실만을 가지고 이혼의사가 객관적으로 명백하다고 보기 어렵다며, 피고가 오기나 보복적 감정에서 이혼에 응하지 않는 것으로 보아 유책배우자인 원고의 이혼 청구를 인용한 원심을 파기한 사례

335 [판례] 간통고소하면서 이혼청구를 하였다가 취하한 경우[342]

청구인이 피청구인을 상대로 간통죄의 고소를 하면서 이혼소송을 제기하였고 피청구인 역시 반심판으로 이혼을 구하고 있으며 청구인은 이혼소송을 취하하였고 피청구인에 대한 간통죄의 유죄판결이 그 후 확정된 사안에서, 청구인의 고소에 따라 피청구인의 간통죄의 유죄판결이 선고·확정된 이상 피청구인에게 이미 파탄된 종전 혼인관계의 계속을 강제할 수 없다는 이유로 피청구인의 반심판 이혼청구를 인용한 원심에 대하여, 간통죄의 고소를 제기하기 위하여는 먼저 혼인이 해소되거나 이혼소송을 제기하여야 한다는 규정이 있다 하여[343] 그 고소사건의 제1심판결 선고 전까지 간통죄의 고소가 취소되지 않아 유죄판결이 선고된 경우에 고소한 배우자의 의사에 관계

340 대구지방법원 2010. 2. 18. 선고 2008르1183 판결(심리불속행 상고기각).

341 대법원 1997. 5. 16. 선고 97므155 판결.

342 대법원 1993. 11. 26. 선고 91므177, 184 판결.

343 간통죄가 헌법재판소의 위헌결정으로 폐지되기 전에는, 형사소송법 제229조, 제232조에 따라 혼인을 해소하거나 이혼소송을 제기한 후가 아니면 간통고소를 할 수 없고, 다시 혼인하거나 이혼소송을 취하한 때에는 고소는 취소된 것으로 보며, 간통고소는 제1심 판결선고 전까지 취소할 수 있었다.

없이 간통하여 혼인생활을 파탄에 빠지게 한 유책배우자의 이혼청구가 곧 인용되어야 한다는 해석을 할 수는 없고 원심이 혼인생활의 파탄이 주로 피청구인의 간통행위에 의한 것이라는 판단을 하였다면 청구인이 이혼심판청구를 취하한 것이 다만 피청구인을 괴롭히기 위한 수단에 불과할 뿐 실제로는 청구인도 혼인을 계속할 의사가 없는 것이라고 볼 특별한 사정이 있는지 여부를 아울러 살펴보기 전에는 단지 청구인의 고소로 피청구인이 간통죄의 유죄판결을 받았다는 사유만을 들어 유책배우자인 피청구인의 이혼청구를 인용할 수는 없다.[344]

336 [판례] 처가 남편을 간통죄로 고소하면서 제기한 이혼심판이 처의 불출석으로 취하간주 된 경우[345]

혼인한 이후 시부모를 모시고 살아오다 청구인(남편)이 혼인 초부터 다른 여자들과 간통을 하면서 집을 나가 소외인과 동거를 하기 시작하였고 피청구인(처)에게 이 사실이 알려지자 불륜관계를 청산하겠다고 약속하였음에도 다시 집을 나가 소외인과 동거하며 아이까지 출산하여 피청구인과의 사이에서 출산한 양 출생신고를 하였고, 피청구인은 언젠가는 청구인이 돌아오리라는 기대를 가지고 시부모를 모시고 살아왔는데 시부모가 동거사실을 알면서도 이를 감추어왔고 심지어 아파트 전세를 얻어주는 등 이를 도와온 사실을 우연히 알게 되어 항의하는 과정에서 시아버지로부터 구타를 당하여 전치 2주의 상처까지 입게 되자, 청구인과의 이혼심판을 청구하고, 청구인과 소외인을 간통죄와 공정증서원본불실기재죄(허위의 출생신고에 대한 것)로, 시아버지를 상해죄로 고소하고 시댁을 나와 친정으로 돌아갔으며 이로 인하여 청구인과 소외인은 구속기소되었고 시아버지는 피청구인의 고소취소로 불기소되었는데 이후 피청구인과 시아버지 사이에 합의가 이루어져 이혼하는 조건으로 위 고소를 취소하고 시아버지로부터 위자료 70,000,000원을 지급받았으며 그 고소취소로 청구인과 소외인은 집행유예의 선고를 받고 석방되었으나 이후 계속 동거해 오고 있는 한편 피청구인이 제기한 이혼심판사건은 피청구인의 불출석으로 취하간주 되었고 피청구인은 친정에서 거주하면서 언제인가는 청구인이 가정으로 돌아오리라는 기대를 가지고 가끔 시댁에 들리면서 이혼에 응할 수 없다는 의사를 표시하고 있는 사안에서, 피청구인이 사실은 혼인을 계속할 의사 없이 오로지 청구인에게 보복하기 위하여 이혼에 응하지 않고 있다고 볼 수 없다.

344 이에 대하여는 간통죄의 고소는 혼인의 해소나 이혼소송의 제기를 전제로 하고 있고 간통죄에 대한 1심 선고 전까지 간통고소를 취소할 수 있음에도 1심에서 실형을 선고받고 복역하게 하고 항소심에서야 이혼소송을 취하하였다면 청구인의 이혼의사가 객관적으로 명백한 경우로 보았어야 했을 것이라며 판시에 반대하는 견해가 있다. 오창수, "유책배우자의 이혼청구와 이혼의사", 서울지방변호사회 판례연구 제8집, 서울지방변호사회(1995), 169~172.

345 대법원 1991. 11. 22. 선고 91므23 판결.

337 [판례] 처가 남편의 폭행으로 아파트 1채를 받고 이혼하기로 합의하였으나 남편이 합의를 이행하지 않고 재산을 빼돌리자 상해죄로 고소한 경우[346]

원고의 피고에 대한 폭행이 잦자 피고가 원고를 상대로 이혼소송을 제기하였다가 원고의 간청으로 그 소송을 취하하였고 원고가 다시 피고를 폭행하자 피고와 그 부모들이 원고에게 협의이혼을 요구하고 원고는 이에 응하여 위자료 명목으로 아파트 1채를 마련하여 주고 협의이혼하기로 합의하였으나 원고가 그 합의를 이행하지 아니하고 이 사건 이혼소송을 제기하였고 이 사건 소송계속 중 피고가 원고를 상해 등으로 고소하여 원고가 유죄판결을 받았으며 두 자녀는 원고의 모친과 함께 살고 있다가 원고도 함께 살기 시작하였는데 피고는 한 번도 남편이나 아들들을 찾아본 일이 없는 사안에서, 피고는 이 사건 소송과정에서 혼인을 계속할 의사가 있음을 거듭 밝히고 있으며 더욱이 원고는 피고와 합의한 협의이혼의 조건을 이행하지 아니하고 자기의 재산을 다른 사람 앞으로 넘긴 채 이 사건 이혼소송을 제기한 것이라는 사정을 감안한다면 위 사실만으로 피고가 실제로는 혼인을 계속할 의사가 없으면서도 오로지 오기나 보복적 감정에서 표면적으로만 이혼에 불응하는 것으로 보기는 어렵다.

338 [판례] 부정한 행위를 하는 남편이 처를 기망하여 이혼하는 강제조정결정을 받자, 처가 남편이 작성해준 각서를 근거로 민사소송을 제기한 경우[347]

원고는 외박을 일삼으며 다른 여성과 본격적인 불륜관계를 맺고 피고를 상대로 이혼소송을 제기한 다음 피고와 자녀들에게는 상간녀에게 보여주기 위한 소송으로 곧 취하할 것이니 법원에 출석하지 않아도 괜찮다고 거짓말하여 이혼을 내용으로 하는 조정에 갈음하는 결정을 받고 위 결정이 외견상 확정되자 이혼신고를 하고 다른 여성과 혼인신고를 마친 사안에서, 원고와 피고의 혼인관계 파탄의 주된 책임은 원고에게 있음이 분명하고 원고가 부동산을 피고와 두 아들에게 넘겨주겠다는 내용의 각서를 작성해주었는데 피고가 두 아들과 함께 이를 근거로 소유권이전등기청구 소송을 제기하여 승소판결을 받아 판결이 확정된 사실만으로 피고가 원고와 혼인생활을 계속할 의사가 없으면서도 오로지 오기나 보복적 감정에서 원고의 이혼청구에 응하지 않고 있다고 단정지을 수 없다며 원고의 이혼 청구를 받아들이지 아니한 원심을 수긍한 사례

346 대법원 1993. 2. 12. 선고 92므778 판결.
347 대법원 2000. 4. 25. 선고 2000므254 판결.

339 [판례] 집요한 이혼요구에 돈을 받으면 이혼하겠다고 말한 경우[348]

원고와 피고 사이의 혼인관계가 파탄에 이르게 된 것은 주로 원고가 집을 나가 다른 여자와 동거하며 자녀까지 출산하는 등으로 피고를 장기간 유기한 데에 기인하고, 원고의 집요한 이혼 요구에 피고가 1억 원을 주면 이혼하겠다고 말한 사실은 인정되나 이러한 사실만으로는 피고가 혼인을 계속할 의사가 없음이 객관적으로 명백한 데도 오기나 보복적 감정에서 유책배우자인 원고의 이혼청구에 응하지 아니하는 것이라고 단정할 수 없을 뿐 아니라, 오히려 여기서 피고의 의사는 이혼에 반대하는 것으로 보인다는 이유로 원고의 이혼청구를 배척한 원심을 수긍한 사례

340 [판례] 위자료 요구[349]

1964년 무렵 원고와 피고가 만나 동거하였으나 원고의 직업상 한 곳에서 계속 동거생활을 하지 못하고 피고는 자취방을 얻어 기거하며 미용학원에 다녔는데 원고는 틈나는 대로 피고가 거주하는 곳에 들러 함께 지내곤 하다가 피고는 자녀를 출산하여 친정집에서 산후조리를 하였고, 원고가 결핵을 앓고 있다는 구실로 별거를 요구하자 피고는 자녀를 데리고 서울로 올라와 자녀를 양육하면서 혼자 생활하였으며 원고는 1996년 무렵부터 다른 여성과 불륜관계를 맺고 원고의 본가에서 동거하면서 그 사이에 자녀 3명을 두었고 이를 뒤늦게 안 피고와 불화가 심해져 점차 왕래가 드물어지게 되었고 자녀가 취학연령에 이르자 피고는 원고와 상의하여 혼인신고를 마쳤는데 원고가 마음이 변하여 혼인신고가 피고 임의로 된 것이라고 하여 피고를 공정증서원본불실기재죄로 고소하였으나 무혐의처분으로 종결되고 원고의 혼인무효의 소도 패소판결이 확정되었는데, 한편, 위 혼인무효의 소와 이 사건 이혼 소송의 조정기일에서 피고는 거액의 위자료를 요구한 사안에서, 장기간의 별거에 이르게 된 데에는 원고가 다른 여성과의 관계를 청산하지 아니하고 불륜관계를 계속함으로써 피고를 유기하여 온 원고에게 전적인 책임이 있을뿐더러 별거가 장기간 이어졌고 현재에는 원고와 피고 사이에 미성년의 자녀가 없으며, 혼인무효확인소송이나 이 사건 이혼 조정기일에서 피고가 위자료를 요구한 사정이 있다 해도 이 사건의 모든 사실관계에 비추어 그 사정만으로 혼인을 계속할 의사가 없음이 객관적으로 명백한데도 오기나 보복적 감정에서 이혼에 응하지 아니하고 있다고 할 수도 없다고 하여 원고의 이혼청구를 받아들이지 아니한 원심을 수긍한 사례

348 대법원 2002. 10. 25. 선고 2002므1114 판결.
349 대법원 2000. 4. 7. 선고 99므2292 판결.

341 [판례] 이혼하지 않는 것을 조건으로 한 부정행위의 용인의사350

원고가 별다른 이유 없이 집을 나온 이래 계속하여 별거하고 있으나 원고의 가출 이후 피고는 시어머니와 함께 원고의 귀가를 위하여 노력하였으나 원고는 피고에게 일체 연락을 취하지 않다가 수차 이혼을 요구하였고, 이에 피고는 원고가 다른 여자와 살면서 애를 낳아도 상관하지 않겠으나 이혼만은 할 수 없다고 함에 따라 원·피고는 원고가 피고에게 생활비로 매달 일정액을 지급하기로 하고 피고는 원고가 다른 여자와 살더라도 이의를 제기하지 않기로 하겠다는 합의서를 작성한 사안에서, 위 합의서가 작성되기까지의 경위나 피고의 의사에 비추어 보면 위 합의서는 원고가 피고를 거부하기 때문에 같이 살 수는 없더라도 이혼은 할 수 없다는 피고의 의사를 강력히 나타낸 것에 불과하다 할 것이고, 그 합의서의 존재를 들어 피고가 실제로는 혼인을 계속할 의사가 없으면서도 오로지 오기나 보복적 감정에서 표면적으로만 이혼에 불응하는 것으로 보기는 어렵다 할 것이다.

다. [예외사유 2] 유책성이 이혼청구를 배척할 정도로 남아 있지 않은 경우 (소위, 유책성의 감쇄)

1) 일반론

342 앞서 본 대법원 2015. 9. 15. 선고 2013므568 전원합의체 판결에서는 유책배우자의 유책성이 이혼청구를 배척할 정도로 남아 있지 않은 경우라는 [예외사유 2.]를 인정하고 구체적 판단기준을 제시함으로써 유책배우자의 이혼청구권을 허용하는 범위를 확장하였다. 대법원 1987. 4. 14. 선고 86므28 판결에서 [예외사유 1.]을 인정한지 거의 30년 만에 실무와 학계에서 가장 논의가 많았던 소위 장기간 별거형 파탄의 경우에 유책배우자의 이혼청구가 허용될 여지를 확대한 것으로서 의미가 있다.

343 위 전원합의체 판결에서는 유책성의 감쇄의 예로서 이혼을 청구하는 배우자의 유책성을 상쇄할 정도로 상대방 배우자 및 자녀에 대한 보호가 이루어진 경우, 세월의 경과에 따라 혼인파탄 당시 현저하였던 유책배우자의 유책성과 상대방 배우자가 받은 정신적 고통이 점차 약화되어 쌍방의 책임의 경중을 따지는 것이 더 이상 무의미할 정도가 된 경우를 들고 있다.

350 대법원 1996. 11. 8. 선고 96므998 판결.

344 [예외사유 2.]가 인정된 대법원 및 하급심 판례[351]에서 추출된 공통인자를 모아 보면, ① 장기간 별거로 인한 독립적 생활관계의 고착과 혼인 실체의 해소, ② 자녀나 인척과의 유대관계 단절, ③ 장기간 동안 혼인실체가 해소되는 과정에 존재하는 상대방 배우자의 책임, ④ 혼인실체의 해소가 장기화되면서 유책배우자의 유책성의 약화와 그에 대한 사회적 인식이나 법적 평가의 변화, ⑤ 자녀가 없거나 장성하여 크지 않은 자녀보호의 필요성, ⑥ 유책배우자가 상대방 배우자 또는 자녀에 대하여 경제적 지원이나 배려를 하거나 상대방 배우자가 충분한 자산을 보유하고 있어 감소된 축출이혼의 위험 등이다.

345 비교적 최근에 선고된 전원합의체 판결이므로 그 적용범위를 이해하기 위하여 이를 인용한 대법원 및 하급심 사안을 자세히 살펴본다.

346 [판례] 유책배우자의 이혼청구를 허용할 수 있는 경우와 판단기준[352]

과거에 일방 배우자가 이혼소송을 제기하였다가 유책배우자라는 이유에서 기각 판결이 확정되었더라도 그 후로 상대방 배우자 또한 종전 소송에서 문제 되었던 일방 배우자의 유책성에 대한 비난을 계속하고 일방 배우자의 전면적인 양보만을 요구하거나 민형사소송 등 혼인관계의 회복과 양립하기 어려운 사정이 남아 있음에도 이를 정리하지 않은 채 장기간의 별거가 고착화된 경우, 이미 혼인관계가 와해되었고 회복될 가능성이 없으며 상대방 배우자에 대한 보상과 설득으로 협의에 의하여 이혼을 하는 방법도 불가능해진 상태까지 이르렀다면, 종전 이혼소송의 변론종결 당시 현저하였던 일방배우자의 유책성이 상당히 희석되었다고 볼 수 있고, 이는 현재 이혼소송의 사실심 변론종결 시를 기준으로 판단하여야 한다. 다만 이 경우 일방 배우자의 유책성을 상쇄할 정도로 상대방 배우자 및 자녀에 대한 보호와 배려가 이루어졌어야 함은 위에서 본 바와 같으므로, 특히 상대방 배우자가 경제적·사회적으로 매우 취약한 지위에 있어 보호의 필요성이 큰 경우나 각종 사회보장급여 기타 공법상 급여, 연금이나 사적인 보험 등에 의한 혜택이 법률상 배우자의 지위가 유지됨을 전제로 하는 경우에는 유책배우자의 이혼청구를 허용함에 신중을 기하여야 한다. 또한 자녀가 미성년자인 경우에는 혼인의 유지가 경제적·정서적으로 안정적인 양육환경을 조성하여 자녀의 복리에 긍정적 영향을 미칠 측면과 더불어 부모의 극심한 분쟁상황에 지속적으로 자녀를 노출시

351 대법원 2015. 10. 29. 선고 2012므721 판결, 서울고등법원 2017. 1. 26. 선고 2016르20282 판결, 서울가정법원 2015. 10. 23. 선고 2014르2496 판결, 서울가정법원 2016. 12. 22. 선고 2015드단328326 판결, 대법원 2022. 6. 16. 선고 2021므14258 판결, 대법원 2022. 6. 30. 선고 2019므14903 판결, 대법원 2020. 11. 12. 선고 2020므11818 판결, 대법원 2022. 6. 16. 선고 2022므10109 판결, 대법원 2022. 6. 16. 선고 2022므10932 판결.

352 대법원 2022. 6. 16. 선고 2021므14258 판결.

키거나 자녀에 대한 부양 및 양육을 방기하는 등 파탄된 혼인관계를 유지함으로써 오히려 자녀의 복리에 부정적 영향을 미칠 측면에 관하여 모두 심리·판단하여야 한다.

2) 구체적 사례

가) 예외사유가 인정되어 유책배우자의 이혼청구가 인용된 사례

347 [판례] 남편이 외국에서 사업을 하면서 여자문제로 별거가 시작되었으나 16년 넘도록 외국과 국내에서 별거하며 유대관계가 약화되고, 처와 자녀에 대한 거액의 금원 지원 등 상당한 배려가 있었던 경우[353] [354]

원고와 피고가 서울에서 혼인생활을 하다가 원고가 1981년경 아랍에미리트연합국 두바이에서 사업을 시작하면서 그곳으로 이주하여 자녀들과 함께 생활하다가 1987년경 스리랑카로 이주하였고 원고는 스리랑카에서 건설업체 등 사업체를 운영하였는데, 원고가 1995년경 여자문제로 부부싸움을 한 후 집을 나가 연락을 끊고 스리랑카에서 알고 지낸 노르웨이 국적의 여성과 스웨덴에서 동거를 시작하였고, 피고는 원고의 행방을 알 수 없게 되자 1995년경 원고가 스리랑카에서 운영하던 사업체들을 정리한 후 귀국하여 사업체들을 정리한 50만 달러가량의 자금으로 전셋집을 구하여 자녀들과 함께 위 돈으로 서울에서 생활하였으며, 원고는 자녀들의 결혼비용으로 15만 달러, 100만 달러가량, 사업자금 비용으로 35만 달러가량을 지원하고 피고는 원고가 다시 돌아와 부부답게 살기를 원한다고 진술하면서도 한편으로는 아이들을 위해 이혼하지 않고 현재처럼 살면 된다거나, 과거 일의 시비를 가리고 싶지 않다는 의사를 표시한 사안에서, ① 원고와 피고는 16년이 넘도록 한국과 스리랑카에서 서로 떨어져 생활하여 각자의 독립적인 생활관계가 굳어지고 이제는 혼인의 실체가 완전히 해소되었고 위와 같은 장기간의 별거 및 혼인 파탄에 관하여는 다른 여자와 장기간 동거한 원고에게 책임이 있으나 한편 피고는 물론 자녀들의 시댁과의 유대관계도 사실상 단절된 것으로 보이며, 그 동안 피고가 그 유대관계 회복을 위한 노력을 기울였다거나 원고로 하여금 가정에 복귀할 수 있도록 갈등원인을 제거하고 관계를 복원하기 위한 시도를 하였음을 알 수 있는 자료를 찾을 수 없으므로 위와 같이 혼인의 실체가 완전히 해소되기까지 과정에서 피고의 책임이 전혀 없다고 할 수 없는 점, ② 원

353 대법원 2015. 10. 29. 선고 2012므721 판결.

354 파기환송심(서울가정법원 2016. 5. 27. 선고 2015르1520 판결)에서 ① 20년간 한국과 스리랑카에서 독립된 생활관계로 혼인의 실체가 완전히 해소되었고, ② 피고 및 자녀들과 시댁의 유대관계도 단절되고 그에 대해 피고도 회복을 위한 노력이 없었으며, ③ 아이들을 위하여 이혼을 하지 않겠다거나 과거의 시비를 가리고 싶다는 등 혼인계속 의사가 확고한지 의문이고, ④ 세월의 경과에 따라 유책성 약화되고 피고가 사업체 처분대금을 생활비로 사용하고 원고가 거액의 사업자금, 결혼자금을 지원하여 피고 및 자녀들에 대한 상당한 배려가 이루어진 점을 고려하여 책임의 경중을 엄밀히 따지는 것의 법적, 사회적 의의가 현저히 감소하였다고 보아 원고의 이혼 청구를 인용하였다.

고와 피고 사이에서 부부공동생활 관계의 해소 상태가 장기화되면서 원고의 유책성도 세월의 경과에 따라 상당 정도 약화되고, 30년 전에 한국을 떠나 계속 외국에서 생활하여 온 원고가 처한 상황 등에 비추어 그에 대한 사회적 인식이나 법적 평가도 달라질 수밖에 없는 점, ③ 나아가 피고가 원고의 사업체들을 정리한 돈 전부를 생활비 등으로 사용하여 왔고 원고가 위 돈을 반환받지 아니하였을 뿐만 아니라 피고와 함께 생활하던 자녀들에게 거액의 결혼자금이나 사업자금을 지원하였던 점에 의하면, 결과적으로 피고 및 자녀들에 대한 상당한 배려가 이루어졌다고 볼 수 있으므로, 현 상황에 이르러 원고와 피고의 이혼 여부를 판단하는 기준으로 파탄에 이르게 된 데 대한 책임의 경중을 엄밀히 따지는 것의 법적·사회적 의의가 현저히 감쇄되었다고 볼 여지가 충분하다는 이유로 원고의 청구를 기각한 원심을 파기한 사례

348 [판례] 남편의 불륜문제와 폭행으로 별거가 시작되었으나, 13 년 이상 별거하면서 독립된 생활관계가 형성되고 처는 임대수입 등으로 상당한 재산을 보유하고 있으며 40 대에 이른 자녀들도 이혼을 받아들이고 있는 경우[355]

원고와 피고는 1972년 혼인신고를 마친 부부로 그 사이에 딸과 아들을 두고 있고, 피고의 어머니가 1987년 살해되는 사건이 발생하고 원고가 다른 여자와 불륜관계를 맺은 사실이 알려진 이후 원, 피고의 관계가 급속히 악화되어 1988년경부터 각 방을 사용하면서 자주 부부싸움을 하였고 그 과정에서 원고가 피고를 폭행하기도 하는 등 심각한 갈등을 겪다가 2003. 3.경 아들의 분가 문제로 부부싸움을 하던 끝에 원고는 2003. 4.경 집을 나가 별거하였으며, 원고는 2004. 3.경 피고를 상대로 이혼소송을 제기하였으나 유책배우자라는 이유로 청구가 기각된 이후에도 별다른 교류 없이 별거하며 지내고 있는 사안에서, ① 원·피고가 원고의 귀책사유로 인하여 본격적으로 별거에 이르게 되었다고 하더라도, 13년 이상의 장기간의 별거생활이 지속되면서 혼인의 실체가 완전히 해소되고 원고와 피고가 각자 독립적인 생활관계를 갖기에 이른 점, ② 위와 같이 원·피고 사이의 부부공동생활 관계의 해소 상태가 장기화되면서 원고의 유책성도 세월의 경과에 따라 상당 정도 약화되고 피고가 원고의 직장에 욕설과 저주가 담긴 팩스를 보내는 등 별거 이후 피고의 책임이 전혀 없다고도 볼 수 없으며, 원고가 처한 상황에 비추어 그에 대한 사회적 인식이나 법적 평가도 달라질 수밖에 없으므로, 현 상황에 이르러 원고와 피고의 이혼 여부를 판단하는 기준으로서 파탄에 이르게 된 책임의 경중을 엄밀히 따지는 것은 그 법적·사회적 의의가 현저히 감쇄(減殺)되었다고 보이는 점, ③ 원고와의 이혼을 거절하는 피고의 혼인계속의사는 일반적으로 이혼 여부를 판단함에 있어서 반드시 참작하여야 하는 요소이기

355 서울고등법원 2017. 1. 26. 선고 2016르20282 판결(심리불속행 상고기각).

는 하지만, 별거기간 및 이 사건 변론 과정에 나타난 제반 사정을 종합하면 피고에게 진정으로 원고와의 혼인관계를 유지하고자 하는 의사가 있는지 의문이 들고, 재산분할을 하지 않으면 이혼에 동의하겠다고 하는 등 피고의 이혼불원 의사는 자신이 단독명의로 보유하면서 임대수입을 독점적으로 향유하고 있는 재산의 분할을 막기 위하여 실체를 상실한 외형상의 법률혼 관계만을 형식적으로 계속 유지하려는 것에 다름 아니라고 보이며, 피고의 혼인계속의사에 따라 현재와 같은 파탄 상황을 유지하게 되면 특히 고령의 원고에게 참을 수 없는 고통을 계속 주는 결과를 가져올 것으로 보일 뿐만 아니라, 앞서 본 사정들까지 더하여 보면 피고에게는 보복과 오기의 감정이 남아 있는 것으로 보이는 점, ④ 원고와 피고 사이에 출생한 자녀들도 원고와 피고의 혼인관계가 형해화 되었음을 인정하고 있고, 특히 딸은 이 법원에서 "이혼을 하시는 것이 두 분이 각자의 삶을 살아가시는 데 있어서는 더 좋을 거 같다는 생각은 하고 있다.", 아들은 "이혼을 깨끗이 하시고 본인 자신의 길로 가시고 어머님도 어머님대로 편안한 삶을 사시고 하는 게 아들로서 바라는 바입니다."라고 증언한 점, ⑤ 피고는 그 소유 빌딩에서 나오는 임대료 수입을 독점하면서 자신의 명의로도 상당한 재산을 보유하고 있고, 첼리스트와 프로골퍼인 자녀들의 교육비와 콘서트 비용 등 부대비용을 부족하지 않게 지원하였고 생활비 지원은 현재까지도 지속되고 있을 뿐만 아니라, 딸이 결혼하면서 전세자금을 지원하였고, 자녀들에게 자동차와 토지 등 적지 않은 재산을 증여하였으며, 자녀들도 40대의 나이에 이르러 축출이혼의 염려가 없는 점 등을 종합하여 고려하면, 원고와 피고의 혼인은 혼인의 본질에 상응하는 부부공동생활 관계가 회복할 수 없을 정도로 파탄되고, 그 혼인생활의 계속을 강제하는 것이 일방 배우자에게 참을 수 없는 고통이 된다고 할 것이며, 혼인제도가 추구하는 목적과 민법의 지도이념인 신의성실의 원칙에 비추어 보더라도 혼인관계의 파탄에 대한 원고의 유책성이 반드시 원고의 이혼청구를 배척하지 않으면 아니 될 정도로 여전히 남아 있다고 단정할 수 없는 경우에 해당한다 할 것이어서, 원고와 피고의 혼인에는 민법 제840조 제6호 소정의 '혼인을 계속하기 어려운 중대한 사유가 있을 때'라는 이혼원인이 존재한다고 할 것이라며 원고의 이혼청구를 인용한 사례

349 [판례] 남편이 다른 여성과 동거하고 자녀까지 출산하였으나, 25년간 별거하면서 교류 없이 지냈고 자녀들의 학비, 전세자금, 생활비 등을 넉넉하게 지원하였으며 자녀들도 이혼을 기정사실로 받아들이고 있고 처는 사업으로 경제력을 보유하고 있는 경우[356]

원고는 의사, 피고는 부모가 의사인 집안의 딸로서 세 아들을 두고 협의이혼을 하였다가 다시 혼인신고를 마쳤는데 두 번째 혼인신고 이후 원고는 자녀들을 보기 위해

356 서울가정법원 2015. 10. 23. 선고 2014르2496 판결(심리불속행 상고기각).

가끔씩 집에 들렀을 뿐 피고와의 불화를 이유로 거의 귀가하지 아니하였고, 다른 여성과 2년간 동거하고, 피고의 친정에서 운영하던 병원의 경영이 어려워지자 위 병원의 원장을 맡아 운영하다가 간호사로 일하던 또 다른 여성을 알게 되어 동거하기 시작하면서 자녀까지 출산하였으나 25년간 별거하면서 장남의 결혼식에 함께 참석한 것을 제외하고는 서로 아무런 연락을 하지 아니한 채 하등의 교류 없이 지내고 있으며 원고가 장남에게 3억 6,100만 원 등 세 아들에게 상당액의 전세자금, 학비 등을 지원한 사안에서, ① 원·피고가 원고의 귀책사유로 인하여 본격적으로 별거에 이르게 되었다고 하더라도, 25년 이상의 장기간의 별거생활이 지속되면서 혼인의 실체가 완전히 해소되고 원고와 피고가 각자 독립적인 생활관계를 갖기에 이른 점, ② 위와 같이 원·피고 사이의 부부공동생활 관계의 해소 상태가 장기화되면서 원고의 유책성도 세월의 경과에 따라 상당 정도 약화되고 원고가 처한 상황에 비추어 그에 대한 사회적 인식이나 법적 평가도 달라질 수밖에 없으므로, 현 상황에 이르러 원고와 피고의 이혼 여부를 판단하는 기준으로서 파탄에 이르게 된 책임의 경중을 엄밀히 따지는 것은 그 법적·사회적 의의가 현저히 감쇄(減殺)되었다고 보이는 점, ③ 원고와의 이혼을 거절하는 피고의 혼인계속의사는 일반적으로 이혼 여부를 판단함에 있어서 반드시 참작하여야 하는 요소이기는 하지만, 별거 기간 및 이 사건 변론 과정에 나타난 사정을 종합하면 피고에게 진정으로 원고와의 혼인관계를 유지하고자 하는 의사가 있는지 의문이 들고, 피고의 이혼 불원 의사는 혼인의 실체를 상실한 외형상의 법률혼 관계만을 형식적으로 계속 유지하려는 것에 다름 아니라고 보이며, 피고의 혼인계속의사에 따라 현재와 같은 파탄 상황을 유지하게 되면 특히 고령의 원고에게 참을 수 없는 고통을 계속 주는 결과를 가져올 것으로 보이는 점, ④ 원고와 피고 사이에 출생한 자녀들도 원고와 피고의 혼인관계가 형해화 되었음을 인정하고 있고, 차남의 상견례에 원고와 동거녀가 부부로 참석하거나, 장남과 삼남이 원고, 동거녀 및 혼외자와 교류하는 등 원고와 동거녀가 부부로서 생활하고 있는 사실을 받아들이고 있는 것으로 보이는 점, ⑤ 원고가 별거 기간 중에도 자녀들에게 상당한 금전적 지원을 하였고, 피고는 현재 일정한 소득이 있을 뿐 아니라 경제적으로도 넉넉하여 자녀들에게 적지 않은 재산을 증여하였으며, 원·피고 사이의 자녀들도 중년의 나이에 이르러 각자 경제적으로 독립된 생활을 하는 등 축출이혼의 염려가 없는 점 등을 종합하여 고려하면, 원고와 피고의 혼인은 혼인의 본질에 상응하는 부부공동생활 관계가 회복할 수 없을 정도로 파탄되고, 그 혼인생활의 계속을 강제하는 것이 일방 배우자에게 참을 수 없는 고통이 된다고 할 것이며, 혼인제도가 추구하는 목적과 민법의 지도이념인 신의성실의 원칙에 비추어 보더라도 혼인관계의 파탄에 대한 원고의 유책성이 반드시 원고의 이혼청구를 배척하지 않으면 아니 될 정도로 여전히 남아 있다고 단정할 수 없는 경우에 해당한다 할 것이어서, 원고와 피고의 혼인에는 민법 제840조 제6호 소정의 '혼인을 계속하기 어려운 중대한 사유가 있을 때'라는 이혼원인이 존재한다고 할 것이라며 원고의 이혼청구를 인용한 사례

350 [판례] 네덜란드 국적이던 남편이 6년간 동거하다 혼인한지 4개월 만에 별거하기 시작하여 다른 여성과 동거하면서 8년간 별거상태가 계속되고 일부 생활비를 지급하여 온 경우[357]

네덜란드 국적이던 원고와 재혼인 피고는 6년간 피고의 전혼 자녀 2명도 함께 동거하다 혼인신고를 하였는데 성격과 생활방식 및 문화적 차이와 경제적 문제, 전혼 자녀와의 융화문제 등으로 다투어 혼인신고 4개월 만에 별거하기 시작하여 별거기간 동안 서로 연락을 하거나 만나는 등의 교류는 거의 없는 상태로 지내왔고, 원고는 별거 이후 18개월가량 월 30만 원 상당을 피고에게 지급하였으며 소외인과 교제하기 시작하고 피고를 상대로 이혼 청구의 소를 제기하였으나 유책배우자의 이혼청구로 기각하는 판결이 확정되었고 그 이후 대리인을 통하여 이혼의사를 전하였으나 피고는 답변을 거부하고 있는 사안에서, ① 이 사건 혼인의 파탄에 원고의 귀책사유가 더 크다 하더라도, 피고 역시 원고와 피고 사이의 문화적 차이 및 생활방식의 차이 등으로 인한 갈등을 대화로서 해결하거나 상대방을 배려하고 관계를 개선하려는 노력을 충분히 다하지 아니한 채 자신의 입장만을 내세우면서 부부간의 관계 악화에 일정 부분 원인을 제공하였다고 볼 여지가 없지 아니한 점, ② 8년 이상의 장기간의 별거생활이 지속되면서 혼인의 실체가 완전히 해소되고 원고와 피고가 각자 독립적인 생활관계를 갖기에 이른 점, ③ 원고와의 이혼을 거절하는 피고의 혼인계속의사는 일반적으로 이혼 여부를 판단함에 있어서 반드시 참작하여야 하는 요소이기는 하지만, 별거기간 및 이 사건 변론 과정에 나타난 사정을 종합하면 피고에게 진정으로 원고와의 혼인관계를 유지하고자 하는 의사가 있는지 의문이 들고, 피고의 이혼 불원 의사는 혼인의 실체를 상실한 외형상의 법률혼 관계만을 형식적으로 계속 유지하려는 것에 다름 아니라고 보이며, 피고의 혼인계속의사에 따라 현재와 같은 파탄 상황을 유지하게 되면 원고에게 참을 수 없는 고통을 계속 주는 결과를 가져올 것으로 보이는 점, ④ 별거기간 동안 피고도 경제적으로 독립된 생활을 상당한 기간 하고 있어 경제적으로 어렵지 않아 축출이혼의 염려가 있다고 보기는 어려운 점 등을 종합하여 고려하면, 원고와 피고의 혼인은 혼인의 본질에 상응하는 부부공동생활 관계가 회복할 수 없을 정도로 파탄되고, 그 혼인생활의 계속을 강제하는 것이 일방 배우자에게 참을 수 없는 고통이 된다고 할 것이며, 혼인제도가 추구하는 목적과 민법의 지도이념인 신의성실의 원칙에 비추어 보더라도 혼인관계의 파탄에 대한 원고의 유책성이 반드시 원고의 이혼청구를 배척하지 않으면 아니 될 정도로 여전히 남아 있다고 단정할 수 없는 경우에 해당한다고 보아 이혼 청구를 인용한 사례

357 서울가정법원 2016. 12. 22. 선고 2015드단328326 판결(확정).

351 [판례] 혼인계속의사를 인정하기 어렵고 충분한 부양을 한 경우[358]

원고는 한의사로 소속 직원과 원고의 관계를 의심한 피고가 병원에 찾아와 직원을 폭행하는 등 소란을 피운 일로 2006. 2. 가출하여 피고와 별거하고 있고, 원고가 2006년부터 2014년까지 6회에 걸쳐 제기한 이혼소송은 1회 취하간주된 사건을 제외하고 혼인관계가 회복할 수 없는 파탄상태에 이르렀다고 단정하기 어렵고, 가정불화에 원고의 잘못이 더 크다는 이유로 모두 기각된 사안에서, 피고는 이혼소송 과정에서 혼인계속의사를 표시해 왔으나 스스로 이혼을 구하는 반소를 제기하였다가 취하하기도 하고, 재산분할, 위자료 지급을 조건으로 이혼조정의사를 보이기도 하였고, 원고는 피고가 신청한 부양료 청구사건의 심판에 따라 과거부양료 2,700만 원과 2014. 12.부터 2018. 10.까지 부양료 합계 2억 1,450만 원을 지급한 점을 인정한 후 원고와 피고의 혼인관계가 파탄에 이르렀고 원고가 그러한 파탄에 책임이 있는 유책배우자로 보이기는 하나, 유책성의 정도, 상대방 배우자의 혼인계속의사, 별거기간, 자녀의 상황 등을 고려하였을 때 쌍방의 책임의 경중을 엄밀히 따지는 것이 더 이상 무의미할 정도가 되는 등 혼인생활의 파탄에 대한 유책성이 그 이혼청구를 배척해야 할 정도로 남아 있지 않은 특별한 사정이 있다고 판단하여 원고의 이혼청구를 인용한 사례

352 [판례] 피고가 혼인관계 회복을 위한 노력을 기울이지 않고, 혼인관계 지속이 미성년자의 복지를 해한다고 보아 유책배우자의 이혼 청구를 인용한 사례[359]

원고와 피고는 혼인기간 중 총 10여 차례에 이를 정도로 협의이혼 절차 또는 이혼소송 절차를 신청 내지 청구하였다가 취하하는 행위를 반복하는 등 더 이상 부부간의 문제를 상호 원만하게 해결할 수 없는 상황에 이르러 정상적인 부부관계의 회복이 불가능한 것으로 보이고, 이 사건 소송 계속 중에도 상호 간은 물론 피고의 원고 어머니에 대한 폭언 등을 이유로 지속적으로 갈등하였고, 사건본인들을 양육하던 피고는 2019. 10.경부터 원고의 면접교섭 요구를 거부하였으며 제1심부터 원심에 이르기까지 양육환경조사는 물론 부부관계의 회복을 위한 부부상담이 제대로 이루어지지 않고 있는바, 원고와 피고 사이의 분쟁이 부부의 문제를 넘어 사건본인들의 정서에 악영향을 주는 등 사건본인들의 복리를 심각하게 저해하고 있는 것으로 보이며, 결국 상호 간에 애정이나 존중 등이 없는 형식적인 혼인관계를 유지하는 것은 원고와 피고 사이의 문제를 해결하기보다 새로운 문제의 원인이 되거나 동일한 문제가 계속되어 쌍방에게 크나큰 고통이 될 수밖에 없어 보이는 점 등 여러 사정들을 종합하면, 유책배우자인 원고의 피고에 대한 이혼 청구를 허용하여도 혼인과 가족제도를 형해화할 우려가 없고, 사회의 도덕관·윤리관에도 반하지 아니한다고 판단하여 유책배우자인 원고의 이

358 대법원 2022. 6. 30. 선고 2019므14903 판결.
359 대법원 2020. 11. 12. 선고 2020므11818 판결.

혼 청구를 인용한 사례

353 [판례] 원고와 피고는 2016. 8.경 피고 측 신고에 따른 임시조치결정으로 원고가 부부 공동주거지에서 퇴거당한 후 현재까지 5년 이상 별거 중이고, 그 기간 동안 회사 경영권 기타 재산권을 둘러싼 다수의 민사소송에서 적대적 당사자로 치열하게 다투었을 뿐만 아니라 상호 간 형사고소를 하여 원고가 형사처벌도 받았으며, 나아가 피고의 조치로 원고 소유 재산에 대해 다수의 경매절차가 진행되고 있고, 그 과정에서 당사자 사이에 서로 이해하거나 관계를 회복하기 위한 특별한 시도나 노력 등 정상적인 부부나 가족 관계 하에서 마땅히 기대되는 수준의 상호교섭도 없이 형식적인 혼인관계만 유지되고 있는 경우[360]

원심으로서는 원피고 사이에 있었던 혼인기간 중의 사정을 전 기간에 걸쳐 구체적·실질적으로 살펴 혼인파탄의 실질적 원인이 원고의 내연관계 및 혼외자 존재 때문인지 아니면 경영권 분쟁 등 원피고가 일정 부분 책임을 분담해야 할 다른 사정 때문인지 혹은 그 각 사정이 상호 불가분적으로 어우러진 결과인지 등을 면밀히 심리하여, 결과적으로 원피고 모두가 그 책임의 비율을 떠나 혼인파탄의 원인을 제공한 경우로서, 원칙적 혹은 예외적으로라도 민법 제840조 제6호에서 정한 이혼사유에 해당할 여지가 없는지에 관하여 진지하게 판단했어야 한다.

354 [판례] 원피고는 2년 이상 별거 중이고, 그 기간 동안 피고가 원고의 의사에 반하여 그 거주지로 지속적으로 찾아가자 원고가 경찰에 신고를 하고, 그 과정에서 형사고소를 하여 피고가 상해·재물손괴죄로 형사처벌까지 받은 반면, 당사자 사이에 정상적인 부부나 가족 관계 하에서 마땅히 기대되는 수준의 상호교섭은 없는 상태인 경우[361]

위에서 살펴본 피고의 귀책으로 돌릴 수 있는 여러 사정들은 건전한 혼인생활의 지속을 저해하는 중대한 사유에 해당하는 것이자 이로 인하여 원고와 사건본인이 정서적·심리적·육체적으로 감내하기 힘든 피해를 지속적으로 입을 수 있는 경우에 해당할 수 있어, 원피고 사이의 혼인관계 파탄 여부 및 정도를 평가함에 중요한 요소로 고려하는 것이 필요하다. 나아가 사정이 그러하다면 그 파탄의 원인에 대한 원고의 책임이 피고의 책임보다 실질적으로 더 무겁다거나, 그럼에도 원고의 이혼청구를 허용하는 것이 혼인제도가 추구하는 이상과 신의성실의 원칙 및 혼인과 가족제도의 실질적 형해화 우려 등의 관점에서 예외적으로 허용될 수 없는 경우에 해당한다고 단정하기도 어려워 보인다. 그렇다면 원심으로서는 원피고 사이에 있었던 혼인기간 중의 사정을 전 기간에 걸쳐 구체적·실질적으로 살펴 혼인관계가 주된 부분에 있어 실질적으로 파탄에 이르게 된 것은 아닌지, 나아가 파탄의 주된 원인이 오로지 원고의

360 대법원 2022. 6. 16. 선고 2022므10109 판결.
361 2022. 6. 16. 선고 2022므10932 판결.

귀책사유 때문인지 아니면 피고의 폭력·상습적인 음주·경제적 습관 등 피고의 귀책사유 때문인지 혹은 위 각 사유가 상호 불가분적으로 어우러진 결과인지 등을 면밀히 심리한 다음, 결과적으로 원피고 모두가 책임의 비율을 떠나 혼인파탄의 원인을 제공한 경우로서, 원칙적 혹은 예외적으로라도 민법 제840조 제6호에서 정한 이혼사유에 해당할 여지가 없는지에 관하여 진지하게 판단했어야 한다. 그런데도 원심은 피고의 폭력·상습적인 음주 등으로 인한 피해자이기도 한 원고가 가출한 후 이 사건 소를 제기한 사정만을 중시한 나머지 원피고의 혼인관계가 더 이상 회복하기 어려울 정도로 파탄되었다고 인정할 수 없다고 단정하는 한편, 가정적 판단으로 혼인관계 파탄의 주된 유책배우자의 이혼청구라는 이유로도 원고의 청구를 배척하였는바, 이러한 원심의 판단에는 민법 제840조 제6호의 해석에 관한 법리 등을 오해함으로써 필요한 심리를 다하지 아니하여 판결에 영향을 미친 잘못이 있다.

나) 예외사유가 부정되어 유책배우자의 이혼청구가 기각된 사례

355 [판례] 처가 어린 자녀를 두고 가출한 뒤 10년간 별거하면서 자녀들과 연락하거나 양육비를 부담하지 않았고 남편이 혼인계속을 희망하는 경우[362]

원고(처)가 2002년경 당시 5세, 2세이던 사건본인들을 남겨두고 가출하였고 피고(남편)가 혼자서 사건본인들을 양육하여 왔고 원고는 10년의 별거기간 동안 사건본인들의 양육비를 전혀 부담하지 아니하였고 사건본인들에게 연락을 취한 적도 없는 사안에서, 피고에게도 정상적인 혼인관계를 유지하거나 회복하려는 노력을 게을리한 책임이 있고 어린 자녀를 두고 가출한 원고와의 유책성이 이혼청구를 배척하지 않으면 아니될 정도로 중한 것이라고 단정할 수 없다는 이유로 원고의 이혼 청구를 인용한 원심에 대하여, 혼인파탄의 주된 책임은 원고에게 있고, 피고가 여전히 혼인계속을 진지하게 희망하고 있으므로, 유책배우자인 원고가 혼인 파탄을 원인으로 이혼을 청구하려면 혼인생활의 파탄에 대한 원고의 유책성이 이혼청구를 배척해야 할 정도로 남아 있지 아니한 특별한 사정이 있어야 하는데, 원고와 피고가 장기간 별거하였고 피고가 원고를 찾아가 재결합을 요구하다가 거부당하자 같이 죽자며 협박하는 일이 있었다고 하더라도 위와 같은 특별한 사정을 인정할 수 없다는 이유로 원심을 파기한 사례

356 [판례] 남편이 자녀를 둔 채 가출하여 다른 여성과 동거하며 그 사이에 자녀 2명을 두고 있으면서 생활비나 양육비 지급을 전혀 않았고 73세의 처가 혼인계속을 원하는 경우[363]

원고와 피고는 1967년 혼인신고를 마친 법률상 부부로서 그 사이에 성인 자녀 1명을 두고 있는데 원고가 혼인신고 직후인 1967년 여름경 가출하여 피고와 별거하고 다른

362 대법원 2015. 10. 29. 선고 2013므414 판결.
363 대법원 2016. 2. 18. 선고 2014므5249 판결.

여성과 동거하면서 그 사이에 성인 자녀 2명을 두고 있으며 피고는 원고가 집을 나간 이후 혼자 자녀를 양육하여 왔는데 원고로부터 생활비, 양육비 등을 전혀 받지 못하였고 피고는 원심 변론종결 당시 만 73세가 넘는 고령으로서 원고와의 혼인을 계속할 의사를 밝히고 있는 사안에서, 원고는 혼인생활의 파탄에 대하여 주된 책임이 있는 배우자이고 혼인관계의 여러 사정을 두루 고려하여 보아도 피고가 혼인을 계속할 의사가 없음이 객관적으로 명백함에도 오기나 보복적 감정에서 이혼에 응하지 아니하고 있을 뿐이거나 원고의 유책성이 그 이혼청구를 배척해야 할 정도로 남아 있지 아니한 특별한 사정이 있는 경우에 해당한다고 할 수 없으므로, 원고는 그 파탄을 사유로 하여 이혼을 청구할 수 없다.

Ⅳ. 재판상 이혼소송의 절차와 심리 및 판결

1. 재판상 이혼소송의 절차

가. 소의 성질

357 재판상 이혼은 소로써만 청구할 수 있다. 소의 성질은 형성의 소이다. 이혼 청구를 인용하는 판결이 확정되면 이혼이라는 법률효과가 형성되어 장래를 향하여 그 효력이 발생한다. 따라서 판결에 따른 신고[364]는 보고적 신고에 불과하므로 신고여부는 이혼의 효력발생과 무관하다. 협의이혼의 신고는 가족관계의 등록 등에 관한 법률에 따른 신고를 마쳐야 효력이 발생하는 창설적 신고라는 점에서 차이가 있다.[365]

나. 재판상 이혼청구권의 성질

1) 학설

가) 형성권설[366]

358 이혼청구권은 이혼판결이라는 형성판결을 구하는 실체법상 권리로서 형성권이라고 한다. 형성권이란 권리자의 일방의 의사표시에 의하여 법률관계의 발생, 변경, 소멸을 일으키는 권리이고, 형성권자의 의사표시만으로 효력이 생기는

364 이혼의 재판이 확정된 경우 소를 제기한 사람은 재판의 확정일부터 1개월 이내에 가족관계등록관서에 그 취지를 신고하여야 한다(가족관계의 등록 등에 관한 법률 제78조, 제58조).

365 협의상 이혼은 가정법원의 확인을 받아 가족관계의 등록 등에 관한 법률이 정한 바에 따라 신고함으로써 그 효력이 발생한다(민법 제836조 제1항, 가족관계의 등록 등에 관한 법률 제75조).

366 곽윤직/김재형, 민법총칙(제9판), 박영사(2024), 66; 지원림, 민법강의(제21판), 홍문사(2024), 37.

것[367]과 법원의 판결에 의하여 비로소 법률효과가 생기는 것[368]이 있는데, 재판상 이혼청구권은 후자에 속한다고 한다. 통설이다.

나) 형성판결을 구하는 특수한 권리라는 설[369]

359 이혼판결은 형성판결이지만, 이혼청구권은 형성판결을 구하는 특수한 권리라고 한다. 형성권은 독일 민법 특유의 법기술로서 권리변동의 신속성·효율성 확보를 위하여 일방적 의사표시로써 권리변동이 발생하는 권리를 말하므로, 당사자의 의사표시에 의하여 아무런 권리변동이 발생하지 않는 통설의 '재판상 행사하여야 하는 형성권'이라는 분류는 부적절하며, 우리 판례[370]도 실체법상의 형성권과 형성판결을 구할 수 있는 권리를 준별하고 있으므로, 재판상 이혼청구권은 일방적 의사표시에 의하여 권리변동이 발생하는 것이 아니고 판결확정에 의하여 권리가 변동되기 때문에 형성권이 아니라 형성판결을 구하는 특수한 권리라고 보아야 한다고 한다.

2) 판례

360 판례는 재판상 이혼청구권을 형성권으로 보고 있다.[371]

3) 검토

361 일방적 의사표시에 기초한 법원의 판결에 의하여 권리관계의 변동이 일어나므로 형성권의 본질에 반한다고 보이지 않는다. 형성권으로 보는 것이 타당할 것이다.

다. 재판상 이혼소송의 당사자

1) 재판상 이혼소송의 당사자 적격

가) 부부

362 재판상 이혼소송은 부부만이 당사자적격을 가진다. 부부 중 한쪽이 원고로서 다른 한쪽을 피고로 하여 소송을 제기하는 것이고 제3자는 당사자가 될 수 없다.

367 법률행위의 동의권(민법 제5조), 취소권(제140조 이하), 추인권(제143조 이하), 상계권(제492조), 계약해지권 및 해제권(제543조 이하), 일방예약 완결권(제564조) 등.

368 채권자취소권(민법 제406조), 혼인취소권(제816조), 재판상 이혼권(제840조), 친생부인권(제846조), 입양취소권(제884조), 재판상 파양권(제905조) 등.

369 명순구, "이혼청구권이 형성권인가", 저스티스 제34권 제3호, 한국법학원(2001), 275.

370 대법원 1968. 11. 26. 선고 68다1902 판결.

371 대법원 1998. 4. 10. 선고 96므1434 판결.

나) 재심의 경우 검사

(1) 논의점

363 재심사유가 있는 이혼 확정판결 이후 당사자 일방이 사망한 경우 또는 재심소송 계속 중 당사자 일방이 사망한 경우에 검사를 상대로 소를 제기하거나 또는 검사가 소송을 수계할 수 있다는 명문의 규정이 없다. 친생부인(민법 제849조), 인지청구(제864조), 친생자관계존부 확인의 소(제865조 제2항), 혼인무효·취소 및 이혼무효·취소의 소(가사소송법 제24조 제3항·제4항)의 경우에는 당사자로 될 사람이 사망한 경우 검사를 상대로 소송을 제기할 수 있다는 명문의 규정을 두고 있고, 소송계속 중 피고가 사망한 경우 보충적 피고적격을 가지는 검사가 소송을 수계할 수 있을지에 대한 논의가 있다.[372] 재심사유가 있는 이혼판결에 대하여 위법한 신분관계를 정정할 공익상 필요가 있다는 점은 위 명문의 규정이 있는 경우와 동일하므로, 위 제849조 등의 규정을 유추적용할 수 있을지 등이 문제된다.

(2) 판례

364 대법원 1992. 5. 26. 선고 90므1135 판결[373]은 이혼판결에 대한 재심소송 계속 중 재심피청구인(청구인)이 사망한 사안에서, 혼인관계와 같은 신분관계는 상속될 수 없으므로 재산상속인이 재심소송절차를 수계할 수는 없으나, 신분관계소송에 있어서 위법한 신분관계를 정정하기 위하여 검사에게 당사자적격을 인정하는 입법취지와 판결에 중대한 위법이 있는 경우 기판력을 배제하려는 재심제도의 취지에 비추어 신분관계소송에 있어서 당사자 사망시 검사를 상대로 소송을 할 수 있다고 한 민법 제849조, 제864조, 제865조, 가사소송법 제23조 제3항·제4항을 유추적용하여 검사가 소송을 수계할 수 있다고 하였으며, 또한 재심사유가 있는 이혼판결이 확정된 이후 재심피청구인이 사망한 경우 검사를 상대로 재심소송을 제기할 수도 있다고 하였다. 재심사유 존재를 심리하여 재심사유가 있다면 재심대상판결을 취소하고 당사자 일방의 사망을 이유로 소송종료선언을 하여야 한다고 한다.

372 법원실무제요, 가사[Ⅰ], 사법연수원(2021), 729; 법원실무제요, 가사[Ⅰ], 사법연수원(2021), 580.

373 재심청구의 제1심은 재심피청구인(청구인)의 상속인들이 소송수계를 하여 절차를 진행한 뒤 재심사유가 있음을 인정하고 재심대상판결을 취소한 후 본안에 대하여는 청구인의 사망으로 인하여 소송절차가 종료되었다는 선언을 하였다. 항소심은 이혼소송의 재심소송에서 신분관계의 재심당사자 지위는 상속될 성질의 것이 아니므로 상속인들이 이를 수계할 수 없으며 재심소송은 청구인의 사망으로 소송이 종료되었다는 선언을 하였다. 대법원은 상속인들이 수계할 수 없다는 원심의 판단은 옳으나 검사로 하여금 소송수계를 하도록 하였어야 한다며 원심을 파기하고 사건을 제1심법원으로 환송하였다. 평석으로는, 서정우, "이혼소송재심중 당사자의 사망과 수계", 국민과 사법:윤관 대법원장 퇴임기념, 박영사(1999), 245~261.

(3) 검토

365 재심제도는 위조된 증거 또는 판결편취 등 묵과할 수 없는 위법을 바탕으로 확정된 판결의 기판력을 배제하고 당사자의 권리구제라는 구체적 정의를 실현하기 위한 것이다. 민사사건의 경우 상속인은 변론종결후의 승계인으로 재심을 청구할 수 있고(민사소송법 제218조 제1항), 형사사건의 경우 피고인이 사망한 경우에도 검사가 공익의 대표자로서 유죄의 선고를 받은 자의 이익을 위하여 재심을 청구할 수 있으며(형사소송법 제424조 제1호), 배우자, 직계친족 또는 형제자매가 재심을 청구할 수 있다(제424조 제4호). 재판상 이혼판결로 인하여 해소되는 신분관계는 귀속상 일신전속적인 권리로서 상속될 수 있는 성질의 것은 아니다. 그러나 사망한 사람을 상대로 한 이혼이 불가능하다는 것과 위법한 이혼판결을 취소하는 것(위법한 이혼판결을 취소하여 본래의 신분관계를 회복하는 것)은 별개의 문제이고, 신분관계는 이를 기초로 상속 등 재산적 법률관계가 형성되는 면에서 개인 권리구제의 필요성이 있고 사회와 국가 구성의 기초라는 점에서 형사사건의 재심과 마찬가지로 공익적인 성격도 있다. 위법한 신분관계를 다툴 구체적인 상대방이 없다는 이유로 방치하는 것은 공익에 반한다. 이러한 취지에서 민법 제849조 등에서 신분관계소송의 상대방이 될 사람이 사망한 경우 검사를 상대로 소송을 제기할 수 있도록 규정한 것이다. 특히 이혼 무효·취소의 소와는 위법하게 해소된 신분관계를 회복한다는 측면에서 전적으로 취지와 목적이 동일하므로 이혼판결의 재심에 대하여 위와 같은 규정을 유추적용을 하지 않을 경우 부당한 결과가 발생하고 조화로운 해석에 지장이 생긴다. 민법이나 가사소송법에 가사소송의 재심에 대하여는 다른 규정이 없는 점에서 이혼판결의 재심에 대하여 아무런 규정을 두지 않은 것이 그 적용을 배제하기 위한 의도로 보이지도 않는다. 따라서 유추적용을 긍정하는 판례의 태도는 합당하다.

366 이러한 문제는 원고가 이혼청구 인용 판결을 선고받고 확정된 뒤 피고가 재심청구인이 되어 원고(재심피청구인)를 상대로 재심소송을 제기하거나 그 재심 계속 중 원고가 사망한 경우에만 문제될 수 있을 것으로 생각된다. 재심청구인(이혼청구 인용 판결에서 피고, 이혼청구 기각 판결에서 원고)이 사망한 경우라면, 신분관계소송에서 검사가 원고 또는 청구인으로 되는 경우는 중혼으로 인한 혼인의 취소청구권자(민법 제818조) 이외에는 없는데 이는 일부일처제의 이념에 반하는 혼인은 용납할 수 없다는 사회질서유지 차원에서 규정된 것으로 설명되므로[374]

374 김주수/김상용, 주석 민법, 친족(1)(제5판), 한국사법행정학회(2010), 333.

이혼과 사안적 유사성이 밀접하지 않아 유추적용할 수 없다고 보이기 때문이다. 따라서 이 경우에는 검사에게 재심청구권이 있다고 볼 수 없고 검사에 의한 재심청구인 지위의 소송수계는 인정되지 않고 재심소송이 종료된다고 보아야 할 것이다.[375] 이혼청구 기각판결에 대하여 원고가 재심을 청구하였으나 재심계속 중 피고(재심피청구인)가 사망한 경우라면 피고가 사망함으로써 그 시점에 혼인관계가 종료되므로 재심사유가 있어 절차가 속행되더라도 사망시점에 소송이 종료되었다는 선언을 하게 될 것이므로 실익이 없을 것이다.

다) 추완항소의 경우 검사

(1) 논의점

367 추완항소의 경우에도 위 나)항 재심에 관한 논의가 유효할 것인가.

(2) 판례

368 이 쟁점을 정식으로 다룬 대법원 판례는 없는 것으로 보인다. 사망자를 상대로 한 추완항소는 부적법하다며 항소를 각하한 하급심[376]과 추완항소 제기 당시 당사자가 생존하여 있었다면 추완항소의 적법여부를 판단하고 소송종료선언을 한 하급심[377]이 발견된다.

(3) 검토

369 재심사유가 있는 판결은 위법한 판결로 취소되는 것임에 반하여 추완항소의 대상이 되는 판결은 소송이 계속되어 항소심의 판단을 받는 것에 불과하다. 그러나 유책배우자인 원고가 피고를 상대로 공시송달로 진행된 제1심에서 이혼청구를 인용하는 판결을 선고받아 항소기간이 도과되었고 피고가 이를 뒤늦게 알고 추완항소를 제기하면서 원고가 유책배우자임을 이유로 청구기각 판결을 구하던 중 원고가 사망하였다면 형식적으로 확정된 제1심판결이 표상하고 있는 신분관계(혼인관계의 해소)를 제거하여 적법한 신분관계를 회복할 필요가 있음은 재심청구의 경우와 다를 바 없다. 판례도 민사소송법 제451조 제1항 제11호 "당사자가 상대방의 주소 또는 거소를 알고 있음에도 불구하고 있는 곳을 모른다고 하여 소를 제기한 때"의

375 당사자의 사망과 재심청구권자에 관하여, 피고가 패소한 후 사망한 경우 검사에게 재심청구권이 있는지에 대하여, 본래의 소송에서 피고가 사망한 경우 검사에게 피고적격이 있는 종류의 소송에서는 이를 긍정적으로 해석하여야 할 것이라는 견해가 있다. 서정우, "이혼소송재심중 당사자의 사망과 수계", 국민과 사법:윤관 대법원장 퇴임기념, 박영사(1999), 254. 이 견해에 따르더라도, 이혼 소송의 경우 피고가 사망한 경우 검사에게 피고적격이 없으므로, 같은 결론에 이를 것으로 보인다.

376 대전고등법원 1998. 11. 26. 선고 97르658 판결.

377 서울가정법원 1998. 10. 23. 선고 98르964 판결(상고각하).

재심사유가 있는 경우 재심의 소와 아울러 소송행위의 추후보완에 의하여 상소를 택일적으로 제기할 수 있다고 하여[378] 재심사유와 추완항소 사유가 중복적으로 인정될 수 있음을 인정하는 등 재심과 추완항소의 대상의 구별이 엄격한 것도 아니다. 따라서 앞서 재심소송 계속 중 당사자 일방이 사망한 경우에 관한 대법원 1992. 5. 26. 선고 90므1135 판결의 취지에 따라 이혼청구 인용판결을 받은 원고가 사망한 경우 피고는 검사를 상대로 추완항소를 제기할 수 있고, 추완항소 계속 중 사망한 경우 검사가 소송을 수계하도록 하여, 추완항소의 적법여부를 판단하고 추완항소가 적법하다면 소송종료선언을 하는 것이 타당할 것으로 보인다.

2) 재판상 이혼소송의 소송 능력

가) 미성년자

370 미성년자가 혼인하면 성년으로 의제되므로(민법 제826조의2), 재판상 이혼소송에 관하여도 소송능력이 있다.

나) 피성년후견인 등

(1) 혼인 및 이혼능력과 소송능력일반

371 혼인능력 및 이혼능력은 혼인의사 또는 이혼의사를 결정하고 표명할 수 있는 실체법상 의사능력이다. 개별적인 혼인 및 이혼의 법률행위에서 혼인과 이혼으로 인한 권리·의무의 변동을 이해하고 판단할 수 있는 의사능력이 있다면 행위능력이 있는지 여부를 불문하고 혼인능력 및 이혼능력이 있다고 볼 수 있고, 다만 아래에서 보는 바와 같이 피성년후견인의 보호를 위하여 부모나 성년후견인의 동의를 필요로 하는 경우가 있다. 판례는 혼인의사에 관하여 당사자 사이에 사회관념상 부부라고 인정되는 정신적·육체적 결합을 생기게 할 의사라고 하고 있고,[379] 이혼의사는 이혼 당사자 간에 법률상 부부관계를 해소하려는 의사라고 한다.[380]

372 구체적으로 살펴보면, 혼인의 경우에는 일신전속적인 신분상 법률행위이므로 의사능력이 있는 한 피성년후견인이 스스로 결정하는 것이다.[381] 다만 부모나 성년후견인의 동의가 필요하다(민법 제808조 제2항). 피한정후견인은 단독으로 혼인할 수 있다.

378 대법원 1985. 8. 20. 선고 85므21 판결.
379 대법원 2010. 6. 10. 선고 2010므574 판결.
380 대법원 1993. 6. 11. 선고 93므171 판결.
381 주해친족법(제2권)(제2판), 박영사(2025), 1376(현소혜, 김수정); 지원림, 민법강의(제21판), 홍문사(2024), 1470.

373 협의상 이혼의 경우 피성년후견인은 부모나 성년후견인의 동의를 받아 협의상 이혼할 수 있다(민법 제835조, 제808조 제2항). 피성년후견인의 이혼신고서에는 동의자의 성명, 서명 등을 기재하도록 하고 있다.[382] 피한정후견인은 단독으로 협의상 이혼을 할 수 있다. 협의상 이혼에서 이혼의사가 없는 경우에는 이혼의 무효 사유가 되어[383] 이혼 무효의 소를 청구할 수 있다.[384]

374 이혼조정신청의 경우 가사소송법상의 조정은 그 법에 특별한 규정이 없는 한 민사조정법을 준용하도록 하고 있고(가사소송법 제49조), 민사조정법은 소송능력, 소송무능력자의 법정대리에 관한 민사소송법 규정을 준용하도록 하고 있으므로(민사조정법 제38조) 아래 재판상 이혼청구의 경우와 같이 보면 될 것이다. 이혼능력이 없는데 조정 이혼이 된 경우라면, 판례가 조정 자체가 성립하지 않았는데 조정이 성립된 것처럼 조정조서가 작성된 경우 등에는 조정조서의 무효를 다툴 여지가 있다고 하므로[385] 조정조서의 무효를 주장하기 위한 기일지정신청을 할 수 있다는 견해가 있다.[386]

375 재판상 이혼에서는 이혼능력과 함께 소송능력도 갖추어야 하고 소송능력의 흠결이 있는 경우에는 민사소송법 제451조 제1항 제3호의 재심사유가 있는 경우에 한하여 확정판결에 대한 불복절차로 다툴 수 있다.

(2) 의사능력이 있는 피성년후견인

376 이혼의 의사표시는 가족법상 법률행위로서 일신전속적 성격을 가지기 때문에 스스로 이혼을 결정하고 이혼의사를 표시할 수 있는 의사능력이 있는 한 피성년후견인이 스스로 하는 것이 원칙이다. 조정 이혼의 신청 여부나 이혼소송의 제기 여부의 결정 역시 피성년후견인이 결정하여야 한다. 다만 피성년후견인은 법원의 심판에 의하여 행위능력을 제한당하고 민사소송법상 소송능력이 없어 소송무능력자로 되므로 조정 신청 및 조정 절차의 수행이나 소의 제기 및 소송행위는 성년후견인이 법정대리인으로서 대리하여야 한다(가사소송법 제12조, 제49조,

382 피성년후견인이 협의이혼신고를 하는 경우 신고서 기타사항란에 동의자의 성명, 날인 등을 기재하도록 하고 있다. 가족관계등록실무Ⅱ, 법원행정처(2018), 6.

383 대법원 1961. 4. 27. 선고 4293민상536 판결.

384 이혼의 무효에 관하여는 민법에는 아무런 규정을 두고 있지 않으나, 가사소송법 제2조 제1항 가류 제2호에서 이혼의 무효 소송을 가사소송사건의 한 유형으로 규정하고 있다.

385 대법원 2000. 3. 10. 선고 99다67703 판결.

386 신권철, "혼인 및 이혼절차에서의 능력과 후견", 민사소송: 한국민사소송법학회지 제18권 제1호(2015), 한국사법행정학회, 334~335.

민사조정법 제38조 제1항, 민사소송법 제55조, 민법 제938조 제1항). 그런데 피성년후견인 또는 피한정후견인은 자신의 신상에 관하여 그의 상태가 허락하는 범위에서 단독으로 결정할 수 있으므로(민법 제947조의2 제1항, 제959조의4 제2항), 재판상 이혼이 '신상'에 관한 사항으로서 단독으로 행위능력을 가지는 것이 아닌지 의문이 들 수 있다.[387] 그러나 재판상 이혼 소송이나 응소행위는 프라이버시나 자기결정권을 넘어서 신분관계의 해소라는 중대한 결과를 초래하고 그에 기초하여 다른 신분법상 문제(친권 및 양육권, 면접교섭권, 상속 등) 및 재산법상 권리관계(위자료, 재산분할 등)가 발생되는 점에서 신상만에 관한 사항이라고 볼 수는 없으므로, 재판상 이혼 소송의 제기나 응소행위 등 소송행위는 법정대리인인 성년후견인에 의하여 수행하여야 할 것이다. 이에 대하여는 가족법상 법률행위에 대한 소송행위는 피성년후견인의 진정한 의사가 가장 중요하므로 법원이 성년후견인의 법정대리권 또는 신상에 관하여 결정할 수 있는 권한의 범위를 정할 수 있도록 한 민법 제938조 제2항·제3항을 준용하여 성년후견인이 가정법원으로부터 그에 관한 권한을 부여받을 때에만 가능하다고 보는 견해가 있다.[388] 실무상 성년후견개시심판에서 성년후견인이 피성년후견인의 소송행위를 대리하기 위해서는 법원의 사전 허가를 받도록 정하는 경우가 많다.[389] 협의이혼에서 성년후견인은 동의권을 가질 뿐이고(민법 제835조, 제808조 제2항) 피성년후견인 스스로 이혼 여부를 상대방 배우자와 협의하여 결정한다.

(3) 의사능력이 없는 경우[390]

377 의사능력이 있는 피성년후견인이라면 피성년후견인이 직접 이혼여부를 결정하되 소송무능력자이므로 법정대리인인 성년후견인에 의하여 이혼소송을 청구할 수 있을 것이나, 피성년후견인이 의사능력이 없는 경우에는 성년후견인이 법정대리인으로서 재판상 이혼을 청구할 수 있을지 문제된다. 의사능력이 없지만 후견심판을 받지 않은 경우에 특별대리인(민사소송법 제62조의2)을 통하여 재판상

387 '신상'이라 함은 재산에 대비되는 개념으로서 피성년후견인의 프라이버시와 자기결정권이 중요시되는 신체적·정신적 복리에 관한 사항, 즉, 의식주의 결정, 의료행위의 선택, 요양기관과 방법의 선택, 면접교섭, 여가생활 등 그의 복리와 관련된 여러 사정이 포함된다. 주해친족법(제2권)(제2판), 박영사(2025), 1440~1441(현소혜/김수정); 김성우, 성년후견실무, 박영사(2018), 105.

388 주해친족법(제2권)(제2판), 박영사(2025), 1376~1377(현소혜, 김수정).

389 법원실무제요, 가사[Ⅱ], 사법연수원(2021), 1214; 김성우, 성년후견실무, 박영사(2018), 127.

390 신권철, "혼인 및 이혼절차에서의 능력과 후견", 민사소송: 한국민사소송법학회지 제18권 제1호, 한국사법행정학회(2015), 346~353 참조.

이혼을 청구할 수 있을지도 마찬가지 문제이다.[391] 의사능력이 없는 피성년후견인 등은 이혼의사를 표시할 수도 없고 그의 법률행위는 무효이며, 재판상 이혼사유와 이혼의사는 별개이기 때문에(재판상 이혼사유가 있어도 이혼을 원하지 않을 수 있기 때문에) 재판상 이혼사유가 인정된다는 사실만으로 재판상 이혼을 명할 수는 없기 때문이다.

378 이혼청구권은 전적으로 본인의 의사에 의하여 행사되어야 하는 일신전속권으로 대리에 친하지 않으므로 법정대리인의 일종인 특별대리인에 의한 이혼청구는 허용될 수 없다고 하여 식물인간 상태인 사건본인의 재판상 이혼청구를 위한 특별대리인 선임신청을 기각한 사례,[392] 혼인이나 이혼 등 본인 자신의 의사결정을 절대적으로 요하는 신분상의 법률행위에 관하여 법률의 규정이 없는 이상 대리가 허용되지 않고 재판상 이혼사유가 있다고 하여 반드시 이혼을 원한다고 단정할 수도 없다는 이유로 금치산자의 후견인이 식물인간 상태로 의사능력을 상실한 원고를 대리하여 재판상 이혼청구를 할 수 없다고 보아 재판상 이혼의 소를 각하한 사례[393]와 같이 재판상 이혼청구의 소송대리를 부정하는 하급심 판결이 있었다. 그러나 대법원은, 의사능력이 없는 금치산자는 법정대리인이나 친족회의 동의를 얻어서도 스스로 소송행위를 할 수 없으므로 법정대리인이 대리하지 않는 한 소송행위를 할 수 없어 법정대리인의 대리를 인정하여야 하고 법정대리인이 없거나 법정대리권을 행사할 수 없는 때에는 특별대리인의 선임을 신청할 수 있다고 하여 금치산자의 이혼심판 청구를 위한 특별대리인의 선임을 신청할 수 있다고 보았고,[394] 의식불명의 식물상태와 같은 의사무능력 상태에 빠져 금치산선고를 받은 자의 배우자에게 재판상 이혼사유가 존재하고 나아가 금치산자의 이혼의사를 객관적으로 추정할 수 있는 경우에는, 민법 제947조, 제949조[395]에 의하여 포괄적 요양감호권을 가지는 후견인이 의사무능력 상태에

391 후견심판을 받지는 않았으나 사실상 의사능력이 없는 자는 소송무능력자이므로 소송행위를 하기 위해서는 후견절차를 거쳐 후견인을 선임하는 것이 원칙이다. 실무상 재판상 이혼을 청구하면서 의사무능력자임을 증명할 자료 등을 제출하는 경우에 민사소송법 제62조의2에 따른 특별대리인을 선임하여 소송행위를 하는 경우가 있으나, 이는 소송을 전후한 당사자의 신상과 재산의 보호라는 관점에서 보면 당사자의 복리에 반할 우려가 크고 바람직하지 않다. 이와 같은 경우 특별대리인 선임 신청을 기각하고, 당자자의 복리를 고려하여 먼저 성년후견인을 선임할 것을 권고하는 실무도 있다.

392 서울고등법원 1987. 6. 23. 자 87브4 결정, 아래 대법원 1987. 11. 23. 자 87스18 결정의 원심으로 파기됨.

393 서울가정법원 1998. 4. 24. 선고 95드59760 판결(확정).

394 대법원 1987. 11. 23. 자 87스18 결정.

395 2011. 3. 7. 법률 제10429호로 일부개정되기 전의 민법 조문이다.

있는 금치산자를 대리하여 재판상 이혼을 청구할 수 있다고 판시하였다.[396]

379 금치산자의 이혼의사를 추정할 수 있는 것은, 당해 이혼사유의 성질과 정도를 중심으로 금치산자 본인의 결혼관 내지 평소 일상생활을 통하여 가족, 친구 등에게 한 이혼에 관련된 의사표현, 금치산자가 의사능력을 상실하기 전까지 혼인생활의 순탄 정도와 부부간의 갈등해소방식, 혼인생활의 기간, 금치산자의 나이·신체·건강상태와 간병의 필요성 및 그 정도, 이혼사유 발생 이후 배우자가 취한 반성적 태도나 가족관계의 유지를 위한 구체적 노력의 유무, 금치산자의 보유 재산에 관한 배우자의 부당한 관리·처분 여하, 자녀들의 이혼에 관한 의견 등의 제반 사정을 종합하여 혼인관계를 해소하는 것이 객관적으로 금치산자의 최선의 이익에 부합한다고 인정되고 금치산자에게 이혼청구권을 행사할 수 있는 기회가 주어지더라도 혼인관계의 해소를 선택하였을 것이라고 볼 수 있는 경우이어야 한다고 한다.[397] [398]

380 이혼의사의 추정을 긍정한 사례로는 피고가 병상에 누워있는 원고를 내버려 둔 채 친정으로 돌아가 버린 뒤 다른 남자와 간통을 한 경우가 있고,[399] 부정한 사례로는 피고가 부정한 행위를 하였으나 1회성에 지나지 않고 배우자로서의 도리를 충실히 하여 왔으며 원고에게도 처인 피고의 보살핌과 간병이 필요하다면 원고의 이혼의사를 추정하기에 부족하다고 한 것이 있다.[400]

381 금치산제도가 폐지되고 성년후견제도가 도입된 현행 민법에서도 의사능력이 없는 피성년후견인 등에 관하여 위와 같은 논의가 여전히 유효할 것으로 보인다. 의사능력이 없는 피성년후견인 등의 배우자에게 부정한 행위, 악의의 유기, 부당한 대우 등 피성년후견인 등의 이익을 침해하는 이혼사유가 있고 피성년후견인 등에게 이혼의사가 있거나 추정되는 경우에도 재판상 이혼청구를 할 수 없다면, 의사능력이 없다는 이유만으로 사실상 이혼이 금지되는 결과가 되어 부당하므로, 위 대법원 판결과 같이 성년후견인 등이 제반사정에 비추어 피성년후견인 등의 이혼의사를 객관적으로 추단하여 이혼소송의 제기 여부를 결정하여야 할 것이라고 생각된다. 재판상 이혼소송의 상대방이 될 배우자가 성년후견인인

396 대법원 2010. 4. 8. 선고 2009므3652 판결, 대법원 2010. 4. 29. 선고 2009므639 판결.

397 대법원 2010. 4. 29. 선고 2009므639 판결.

398 평석으로는, 이원범, "의사무능력 상태에 있는 금치산자의 재판상 이혼 청구의 가부 및 금치산자의 이혼의사를 객관적으로 추정하기 위하여 고려할 사항", 대법원판례해설 제83호, 법원도서관(2010), 703~728.

399 대법원 2010. 4. 8. 선고 2009므3652 판결.

400 대법원 2010. 4. 29. 선고 2009므639 판결.

경우에는 이해상반행위가 되어 대리권이 제한된다. 이 경우 성년후견인은 가정법원에 피성년후견인의 특별대리인 선임을 청구하여야 한다[민법 제949조의3, 제921조 제1항, 가사소송법 제2조 제1항 제2호 가목 16)].

3) 소송계속 중 당사자의 사망

가) 소송절차의 종료

382 당사자능력은 소송요건이지만 소송계속 중 당사자능력의 상실은 소각하 사유가 아니라 소송절차 중단사유에 불과하고 상속인 등이 소송절차를 수계하는 것이 원칙이다(민사소송법 제233조 제1항). 그러나 이혼청구권은 귀속상 일신전속권이므로 이혼소송 계속 중 배우자의 한쪽이 사망한 경우에는 상속인이 그 소송절차를 수계할 수 없고 혼인의 무효·취소, 이혼의 무효·취소의 소와 달리 검사가 수계할 수 있는 특별한 규정도 없으므로[401] 이혼소송은 중단되지 않고 소송중단을 해소하기 위한 소송수계신청은 허용되지 아니하며 그것으로서 당연히 종료된다.[402] 당사자의 사망 사실을 간과하고 판결이 선고된 경우에는 그 판결은 당연무효이다.[403] 판결 선고 후 확정 전에 당사자가 사망한 경우에는 그 판결은 확정되지 못하고 효력을 잃게 된다.[404] 실무상 제1심 소송계속 중 당사자 일방이 사망한 경우에는 재판장의 확인을 받아 사건을 종결하고, 전산입력은 '기타 종국'으로 처리한다.

나) 소송종료선언

383 상급심 계속 중에 당사자가 사망한 경우에도 당연히 재판상 이혼소송은 종료되나, 다만 상급심의 경우 이미 하급심 판결이 선고되어 있는 상태여서 소송이 종료되었음을 대외적으로 명료하게 표시할 필요가 있으므로 소송종료선언을 한다.[405]

401 혼인의 무효·취소, 이혼의 무효·취소의 소에 있어서는 상대방이 될 자가 사망한 경우에는 검사를 상대방으로 할 수 있도록 되어 있다(가사소송법 제24조). 이는 신분관계소송에서 위법한 신분관계가 존속함에도 그 상대방이 될 자가 사망하고 그 법률관계는 상속되지 않아 소송의 상대방 될 자가 존재하지 않는 경우에는 관련된 다수의 이해관계인의 이익을 위하여 공익의 대표자인 검사를 소송상대방으로 하여 소송하는 방법으로 이를 바로 잡는 방안이 마련된 것이고, 위법한 신분관계가 존재하는 경우 이를 방치하는 것은 공익에 반하므로 공익의 대표자인 검사를 상대방으로 하여 소송을 하는 것이어서, 재판상 이혼에는 적용될 여지가 없다고 한다. 이영식, "이혼 및 위자료청구권의 법적 성질", 판례와이론 제1권, 영남대학교법학연구소(1995), 175.

402 법원실무제요, 가사[I], 사법연수원(2021), 78; 이시윤, 신민사소송법(제17판), 박영사(2024), 465.

403 대법원 1994. 10. 28. 선고 94므246, 253 판결.

404 법원실무제요, 가사[I], 사법연수원(2021), 79.

405 대법원 1985. 9. 10. 선고 85므27 판결, 대법원 2014. 3. 27. 선고 2013므5495, 5501 판결, 대법원 2016. 10. 27. 선고 2016므989 판결.

384 하급심 계속 중 당사자가 사망한 사실을 간과하고 판결을 선고하였을 경우에는 상급심은 당연무효인 하급심 판결을 취소 또는 파기하고 소송종료선언을 한다.[406]

385 한편, 상급심에서 대외적으로 소송종료를 명백하게 표시할 필요가 없는 경우에는 상소를 각하한 판례가 있다. 원심이 불변기간인 항소기간 도과 후에 제기되어 부적법하다는 이유로 항소를 각하하였는데 변론 종결 후 선고 전 당사자가 사망한 경우에는 당사자의 사망과 동시에 당연히 소송이 종료되므로 이를 간과한 채 선고된 원심 판결은 당연무효이나 두 당사자의 대립을 본질적 형태로 하는 소송절차에서 사망한 자를 상대로 상고를 제기할 수 없다는 이유에서 상고를 각하한 판례,[407] 하급심 계속 중 당사자 일방이 사망하여 소송종료선언을 하였는데 상속인이 사망한 당사자를 보조하기 위하여 보조참가신청을 하고 그 피참가인을 위하여 보조참가인이 상고한 때 일방 당사자의 사망으로 이미 종료된 이혼소송에서 그 사망한 당사자를 보조하기 위한 보조참가인의 보조참가신청이나 그 피참가인을 위한 보조참가인의 상고는 모두 부적법하여 각하한 판례[408]가 그것이다.

라. 관할

1) 가정법원의 전속관할

가) 전속관할

386 재판상 이혼청구는 가정법원의 전속관할에 속한다(가사소송법 제2조 제1항 제1호 나목). 가정법원과 지방법원(민사법원)의 분장에서 가사사건을 가정법원의 관할로 정하고 그 성질을 임의관할이 아닌 전속관할로 설정한다는 의미이다. 전속관할에 관하여는 관련재판적에 관한 규정이 적용되지 않고, 변론관할이 성립될 여지도 없으며, 합의관할에 관한 규정이 적용되지 아니하므로 이에 위반되는 관할합의의 약정은 무효이다(가사소송법 제12조, 민사소송법 제31조, 제25조, 제29조, 제30조).

나) 위반의 효과

387 재판상 이혼청구가 가정법원 이외의 법원에 제기되었다면 가정법원으로 이송하여야 하고, 이송의 절차와 효과는 민사소송과 같다. 이송을 받은 법원은 이송결

406 대법원 1994. 10. 28. 선고 94므246, 253 판결, 대법원 2013. 3. 28. 선고 2013므155 판결.
407 대법원 1982. 10. 12. 선고 81므53 판결.
408 대법원 1999. 3. 12. 선고 98므1858 판결.

정에 따라야 하고, 다시 사건을 다른 법원으로 이송하지 못한다(민사소송법 제38조). 예컨대 지방법원에 소를 제기하였으나 가사사건에 해당한다고 판단하여 가정법원으로 이송하였는데 가정법원의 심리과정에서 청구원인을 정리한 결과 민사사건에 해당하게 되었다고 하더라도 가정법원은 이 사건을 다시 지방법원으로 이송할 수는 없다.

388 가정법원의 전속관할에 속하는 사건을 지방법원에서 심리·판결한 경우에는 전속관할 위반이 되어 제1심 판결의 취소사유로 되고(민사소송법 제419조), 절대적 상고이유가 되어(제424조 제1항 제3호), 상고심은 그 판결을 취소하고 사건을 제1심 가정법원으로 이송하여야 한다.[409] [410]

2) 토지관할

가) 전속관할

389 재판상 이혼소송은 부부생활의 실태에 따라 순서를 정하여 토지관할을 규정하고 있고, 토지관할 역시 전속관할로 하고 있다(가사소송법 제22조). 따라서 토지관할 위반의 경우에도 관련재판적, 변론관할, 합의관할, 재량이송, 편의이송에 관한 규정이 적용되지 아니한다. 토지관할 유무는 소송요건으로서 법원은 토지관할에 관한 사항에 대하여 직권으로 증거조사를 할 수 있고(가사소송법 제12조, 민사소송법 제32조), 관할은 소를 제기한 때를 표준으로 정한다(가사소송법 제12조, 민사소송법 제33조).

나) 토지 전속관할의 순서

390 가사소송법은 재판상 이혼의 소에 관하여 다음과 같은 순서로 토지관할에 관한

409 대법원 1980. 11. 25. 자 80마445 결정, 대법원 2010. 3. 25. 선고 2009다102964 판결.

410 반대로, 민사사건을 가정법원에 제기한 경우에 관하여, 민사사건은 지방법원의 전속관할에 속한다는 명문의 규정이 없고 성질상 순수하게 민사소송인 다류 가사소송 사건도 가정법원의 전속관할로 하고 있으므로 민사사건은 지방법원의 전속관할이 아니고 가정법원에서 민사사건을 심리할 수 있다는 견해[법원실무제요, 가사[I], 사법연수원(2021), 33. 이 경우 민사소송절차에 의하여 심리·재판한다]와 가정법원이 민사사건을 관할 지방법원으로 이송하지 아니하고 가사조사절차 등을 거쳐 제1심 본안판결까지 한 사안에서 가사소송법 제2조에서 가정법원의 관할을 엄격하게 법정하고 있는 점, 가정법원과 지방법원 중 관할이 불명한 경우 공통되는 고등법원이 관할을 지정하도록 한 가사소송법 제3조의 관할지정 규정, 행정소송법 제10조 제1항은 민사사건을 심리할 수 있는 경우를 법정하고 있는 것과 달리 가사소송법에는 이와 같은 규정이 없는 점 등에 비추어 민사소송은 지방법원의 전속관할에 속하므로 가정법원에 제기된 민사사건은 전속관할을 위반한 것으로 보아 제1심판결을 파기하고 관할 지방법원으로 이송한 하급심 사례(서울고등법원 2013. 2. 8. 선고 2012르3661 판결)가 있다. 실무의 주류는 민사사건은 지방법원으로 이송하고 있다.

전속관할을 규정하고(가사소송법 제22조 제1호·제2호·제3호),[411] 당사자의 주소, 거소 또는 마지막 주소에 따라 관할이 정하여지는 경우에는 그 주소, 거소, 마지막 주소가 국내에 없거나 이를 알 수 없을 때에는 대법원이 있는 곳의 가정법원이 관할한다고 규정하고 있다(가사소송법 제13조 제2항).

391 ① 제1호: 부부가 같은 가정법원의 관할 구역 내에 보통재판적이 있을 때에는 그 가정법원

392 ② 제2호: 부부가 마지막으로 같은 주소지를 가졌던 가정법원의 관할 구역 내에 부부 중 어느 한쪽의 보통재판적이 있는 때에는 그 가정법원

393 ③ 제3호: 제1호와 제2호에 해당하지 아니하는 경우로서 부부 중 어느 한쪽이 다른 한쪽을 상대로 하는 경우에는 상대방의 보통재판적이 있는 곳의 가정법원

다) 위반의 효과

394 토지관할에 따른 가정법원으로 이송하여야 하고, 이송의 절차와 효과는 민사소송과 같다. 이송을 받은 법원은 이송결정에 따라야 하고, 다시 사건을 다른 법원으로 이송하지 못한다(민사소송법 제38조).

395 전속관할 위반은 제1심 판결의 취소사유로 되고(민사소송법 제419조), 절대적 상고이유가 되어(제424조 제1항 제3호), 상고심은 그 판결을 취소하고 사건을 제1심 토지관할에 따른 가정법원으로 이송하여야 한다.

396 전속관할 위반은 절대적 상고이유로서 이의권의 포기·상실의 대상이 되지 않아 제1심에서 주장하지 않았더라도 항소심에서 주장할 수 있고 항소심은 직권으로 판단할 수도 있다.[412] 또한 전속관할에 속한 소는 손해나 지연을 피하기 위한 이송이 허용되지 않으므로(민사소송법 제35조 단서) 그로 인한 이송신청은 할 수 없다.[413]

라) 토지관할 있는 사건의 이송 및 관련사건의 병합

397 가정법원이 관할을 조사한 결과 관할권이 있다고 인정되는 경우에도 현저한 손해 또는 지연을 피하기 위하여 직권 또는 당사자의 신청에 따른 결정으로 사건을 관할이 있는 다른 가정법원에 이송할 수 있다(가사소송법 제13조 제4항). 이송하는 법원과 이송 받을 법원 모두 그 사건에 관하여 관할권이 있어 관할이 경합하는 경우이다. 전속관할의 정함이 있는 사건을 이 규정에 의하여 다른 가정법원으

411 가사소송법 제22조 제4호·제5호는 재판상 이혼소송과 무관하므로 설명에서 제외한다.
412 수원지방법원 2016. 10. 20. 선고 2016르627, 1828 판결.
413 광주지방법원 1988. 3. 25. 자 88드190 결정.

로 이송할 수 있는지 문제될 수 있다. 예컨대 서울가정법원의 전속관할인 재판상 이혼 청구와 수원가정법원에 임의관할이 있는 이혼을 원인으로 하는 위자료 청구가 병합되어 서울가정법원에 제기된 경우, 위 규정에 따라 사건 전부를 수원가정법원으로 이송할 수 있는지의 문제이다. 가사소송법 제13조 제4항의 규정은 "관할이 있는 다른 가정법원으로 이송할 수 있다."라고 하여 이송 받을 법원도 관할권이 있을 것을 요하고 있어 복수의 관할이 병존할 수 있는 임의관할의 경우에만 적용되는 규정이라고 보아야 할 것이므로 전속관할인 재판상 이혼청구를 포함한 이송은 부정하는 것이 옳다.[414]

398 반대로 서울가정법원의 전속관할인 재판상 이혼 청구와 수원가정법원에 임의관할이 있는 이혼을 원인으로 하는 위자료 청구가 병합되어 수원가정법원에 제기된 경우, 가사소송법 제14조 제1항·제2항에 따라 수원가정법원도 관할법원으로 되는지에 대하여는 가사소송법 제14조가 가사소송 전반에 적용되는 제1장 통칙 규정이라는 이유로 긍정하는 견해가 있을 수 있으나 개별 소송에 관하여 전속관할을 규정한 취지와 가사소송법 제14조 제3항에 따라 서울가정법원은 관련사건의 병합 규정에 의하여 위자료 사건을 병합할 수 있으나 수원가정법원은 이혼 사건을 병합할 수 없도록 한 점 등에 비추어 서울가정법원만 관할권을 가진다고 보는 것이 옳을 것이다.[415]

3) 사물관할

가) 원칙적 단독판사

399 재판상 이혼소송은 원칙적으로 단독판사가 사물관할을 가진다(법원조직법 제7조 제4항). 가정법원의 합의부는 예외적으로 ① 소송목적의 값이 5억 원을 초과하는 다류 가사소송사건, ② 가사소송법 제2조 제1항 제2호 나목 9), 10) 사건, ③ 청구목적의 값이 5억 원을 초과하는 가사소송법 제2조 제1항 제2호 나목 4) 사건, ④ 다류 가사소송사건과 가사소송법 제2조 제1항 제2호 나목 4) 사건을 병합한 사건으로서 그 소송목적의 값과 청구목적의 값을 더한 금액이 5억 원을 초과하는 사건(법원조직법 제40조, 민사 및 가사소송의 사물관할에 관한 규칙 제3조)에 관하여 사물관할을 가진다. 따라서 이혼청구와 5억 원을 초과하는 손해배상청구(다류 가

414 법원실무제요, 가사[I], 사법연수원(2021), 52.
415 법원실무제요, 가사[I], 사법연수원(2021), 48~49.

사소송사건)가 병합된 경우, 이혼청구와 손해배상청구의 소송목적의 값과 재산분할청구[가사소송법 제2조 제1항 제2호 나목 4) 사건]의 청구목적의 값을 더한 금액이 5억 원을 넘는 청구가 병합된 경우에는 이혼소송도 합의부가 사물관할을 가지게 된다.

400 본소가 단독판사의 사물관할에 속하더라도 합의부의 사물관할에 속하는 반소의 제기가 있으면 본소와 반소를 함께 합의부로 이송하여야 하나(가사소송법 제12조, 민사소송법 제269조 제2항), 단독판사에게 변론관할이 생길 수 있다(민사소송법 제269조 제2항 단서).

401 단독판사 사물관할 사건이라도 합의부가 심판할 것을 합의부가 결정하는 경우(재정합의결정), 합의부 사물관할 사건이라도 단독판사가 심판할 것을 합의부가 결정하는 경우(재정단독결정)가 있다(민사 및 가사소송의 사물관할에 관한 규칙 제3조 제1호 단서·제2호 단서·제2.2호 단서·제3호).

나) 임의관할

402 사물관할은 성질상 전속관할이 아닌 임의관할로서 합의관할이나 변론관할이 생길 수 있다.[416]

다) 위반의 효과

403 합의부의 사물관할에 속하는 사건이 단독판사에게 배당된 경우에는 재정단독결정이 없는 한 사건을 합의부로 이송하여야 한다(가사소송법 제13조 제3항, 제35조 제2항). 다만 사건의 심리를 개시하기 전 단계에서는 착오배당을 이유로 한 재배당의 방법으로 합의부에 이부하는 것이 보통이다. 단독판사의 사물관할에 속하는 사건이 합의부에 배당된 경우에는 재정합의결정이 없는 한 사건을 단독판사에게 이송하여야 함이 원칙이나, 재정합의결정이 없더라도 합의부가 스스로 심판할 수 있으므로(민사소송법 제34조 제3항), 합의부가 스스로 심판하더라도 위법은 아니다.

404 반대로 합의부 사물관할에 속하는 사건은 변론관할이 생기지 않는 이상 단독판사가 이를 심리·재판할 수 없다. 그러나 사물관할은 전속관할이 아니라 임의관할이고 항소심에서는 당사자가 제1심 법원의 관할위반을 주장하지 못하므로(민사소송법 제411조) 1심을 단독판사가 심리·판결한 이상 그 항소심은 고등법원이

416 민사사건에 관하여, 대법원 1965. 2. 16. 자 64마907 결정.

아니라 가정법원 합의부가 된다.[417]

마. 송달 관련 문제

1) 공시송달

가) 공시송달의 절차

405 이혼판결은 제3자에게도 효력이 미치고(가사소송법 제21조 제1항), 신분질서 관계에 영향을 끼치므로 일반 민사사건보다 엄격한 요건 하에 공시송달명령을 하는 것이 실무이다. 피고의 행방을 알지 못하여 원고가 공시송달을 신청하는 경우, 통상 법원은 피고의 부모 또는 형제자매에게 피고의 소재 및 행방에 대하여 사실조사촉탁(가사소송법 제8조)을 하고 있다.

나) 공시송달의 효력

406 공시송달이 민사소송법 제194조의 요건을 갖추지 못하였다고 할지라도 재판장이 공시송달을 명하여 민사소송법 제195조 이하의 절차가 취하여진 이상 그 공시송달은 유효하다고 보는 것이 대법원의 확립된 태도이다.[418] 따라서 피고에 대하여 공시송달의 요건이 갖추어지지 못하였음에도 공시송달 절차로 변론기일 진행 및 판결선고가 이루어졌더라도 그 판결은 유효하고 다만 추완항소 또는 재심으로 다툴 수 있을 뿐이다(☞ 상세한 내용은 뒤의 Ⅳ. 4. 다. 주석 참조).

2) 해외송달

가) 해외송달의 필요성

407 국제결혼과 해외거주 등의 증가로 혼인 및 혼인생활의 형태가 다양해짐에 따라 해외송달 절차가 필요한 이혼소송이 증가하고 있다.

나) 해외주소의 확인

408 피고가 한국인인 경우, 법원은 원고에게 피고의 해외주소에 대한 소명자료의 제출을 요구하고, 외교부에 사실조회를 통하여 재외국민등록부의 송부를 요청하는 것이 실무이다. 피고가 외국인인 경우, 법원은 혼인신고시 제출하도록 되어 있는 혼인증서, 혼인성립요건 구비증명서, 선서서 또는 공증서 제출을 요구하여 피고의 해외주소를 확인한다.

417 민사사건에 관하여, 대법원 1969. 7. 8. 선고 69다722 판결. 다만, 민사 및 가사소송의 사물관할에 관한 규칙 제4조 제2항 각 호의 경우에는 고등법원이 항소심을 담당한다고 보아야 할 것이다.

418 대법원 1984. 3. 15. 자 84마20 전원합의체 결정.

2. 조정전치주의

가. 조정전치주의

409 재판상 이혼을 구하는 소를 제기하려는 경우 먼저 조정을 신청하여야 한다(가사소송법 제50조 제1항). 가사사건은 관계인의 감정적, 심리적 갈등에서 비롯되는 비합리성이 있고, 판결 이후에도 신분관계가 유지되면서 장기간에 걸쳐 권리의무관계가 존속하게 되는 경우(양육비의 지급 등)도 있으므로 원만한 인간관계를 유지하고 새로운 분쟁이 발생하지 않도록 협의에 이르도록 유도할 필요가 있기 때문에 법원의 판단작용에 의하지 아니하고 그에 앞서 평화적인 해결을 먼저 시도하려는 취지이다. 따라서 조정을 신청하지 아니하고 바로 소를 제기한 때에는 가정법원은 먼저 조정에 회부하여야 한다. 다만 공시송달의 방법이 아니면 당사자를 소환할 수 없거나 그 사건을 조정에 회부하더라도 조정이 성립될 수 없다고 인정되는 경우에는 조정에 회부하지 않을 수 있다(가사소송법 제50조 단서). 따라서 모든 사건이 반드시 조정을 거쳐야 하는 것은 아니며 이를 거치지 않았다고 하여 절차가 위법한 것은 아니다.[419]

나. 관할

410 가사조정사건은 그에 상응하는 가사소송사건이나 가사비송사건을 관할하는 가정법원 또는 당사자가 합의로 정한 가정법원이 관할한다(가사소송법 제51조 제1항). 성질상 임의관할이다. 당사자는 이혼의 조정사건에 관한 관할을 합의로 정할 수 있으나 합의로 정한 가정법원에서 조정이 성립하지 않아 소송절차로 이행되는 경우에는 그 가정법원은 사건을 전속관할 가정법원으로 이송하여야 할 것이다.

다. 조정절차에서의 진술의 원용

411 가사사건 조정절차에서의 당사자 또는 이해관계인의 진술을 소송절차에서 원용할 수 있을까. 민사조정법 제23조에서는 "당사자 또는 이해관계인의 진술을 민사소송에서 원용하지 못한다."는 명문의 규정을 두고 있고, 이는 조정절차의 비밀보호는 당사자들이 재판을 의식하지 않는 가운데 솔직하고 자유롭게 합의할 수 있도록 하는 자율적 분쟁 해결의 본질적·핵심적인 부분이기 때문이라고 한다.[420] 가사소송법 제49조 단서는 가사조정절차에서 민사조정법 제23조의 준용

419 대법원 1969. 8. 19. 선고 69므17 판결, 대법원 1995. 2. 15. 자 94스13, 14 결정.

420 황승태, "조정 활성화를 위한 법원의 역할 및 민사조정법 개정 방향", 2017 대법원-한국조정학회 공동학술대회, 법원행정처(2017), 53.

을 배제함으로써 가사조정절차에서의 당사자 또는 이해관계인의 진술을 가정법원이 원용할 수 있다고 해석된다. 판례도 이와 같은 명문의 규정과 조정에서 소송이나 심판절차로 회부되는 때에는 조정장이나 조정담당판사가 의견을 첨부하도록 하여 조정경과를 재판에 반영할 수 있도록 하고 있는 가사소송법 제61조, 가정법원이 가류 또는 나류 가사소송사건을 심리할 때에는 직권으로 사실조사 또는 필요한 증거조사를 하여야 하며 언제든지 당사자 또는 법정대리인을 신문할 수 있도록 한 가사소송법 제17조 규정의 취지에 비추어 재판상 이혼의 조정기일조서에 기재된 당사자의 진술로서 당사자나 이해관계인이 열람·복사할 수 있는 내용은 당사자가 그 소송에서 원용할 수 있고 가정법원은 이를 판단의 자료로 삼을 수 있다고 함으로써 원용을 긍정하였다.[421] 재판을 담당하는 판사가 실체에 보다 정확하게 접근할 수 있도록 하기 위함이라거나 가정법원이 후견적 기능을 담당하여야 한다는 입장에서 비롯된 것으로 설명된다.

412 그러나 가사분쟁과 같이 가족 내의 인간적·다면적 갈등으로부터 시작하여 여러 가지 주관적 원인이 복합적으로 결합되는 경우에는 당사자의 자주적 해결이 우선시 되어야 하고 쌍방 당사자가 자유롭게 의견을 교환할 수 있도록 제도적으로 보장하는 것이 가사조정을 활성화하는 방안이 되므로 조정절차의 비밀보호는 가사조정에서도 적용되어야 한다는 지적이 있다.[422]

413 한편, 가사조정절차에서도 직권탐지주의 원리가 적용되므로, 민사조정절차에서 사실 및 증거조사가 임의적인 것과 달리(민사조정법 제22조) 조정을 하기 전에 가사조사관에게 원칙적으로 사실조사를 하게 하여야 한다(가사소송법 제56조).

라. 조정의 효력

414 조정은 당사자 사이에 합의된 사항을 조서에 적음으로써 성립하고, 재판상 화해와 동일한 효력이 있다(가사소송법 제59조).

415 판례는 조정조서에 대하여 기판력을 인정하여 준재심(민사소송법 제461조)에 의하여 다툴 수 있을 뿐 법률행위의 요소에 착오가 있다고 하여 무효확인의 소로 다툴 수 없다고 한다.[423] 또한 조정조서에 기재된 이혼의 효력이 후소의 선결문제

421 대법원 2010. 12. 23. 선고 2010므2785 판결.

422 김성태, "가사조정제도의 문제점과 개선방안에 관한 연구", 민사소송: 한국민사소송법학회지 제19권 제1호, 한국사법행정학회(2015), 469~470.

423 대법원 1968. 10. 22. 선고 68므32 판결.

가 되는 경우 그 조정조서의 내용이 당연무효이거나 준재심절차에 의하여 취소되지 않는 한 후소에서 이혼의 효력을 부인하는 것은 기판력에 저촉되어 허용될 수 없다고 하였다.[424]

416 한편, 법원이 조정으로 소송종료가 되었다고 처리하였으나 당사자가 그 처리가 무효라고 다투면서 소송이 종료되지 않았음을 전제로 재판기일을 정해달라는 기일지정신청(가사소송법 제12조, 민사소송법 제165조 제1항)을 하면, 법원은 조정으로 유효하게 종료되었는지에 관하여 변론을 열어 심리하고, 소송절차의 종료가 잘못되었다고 인정되면 본안심리를 계속하고, 종료처리가 타당하고 기일지정신청이 이유 없는 경우에는 신청각하가 아니라 종국판결로서 소송이 종료되었음을 선언하여야 한다. 그 종국판결에 대한 불복방법은 상소이다.

417 [판례] 이혼 조정조서의 기판력[425]

피고와 소외인 사이에 이혼한다는 내용의 조정조서가 작성되자 원고가 소외인을 대위하여 피고와 소외인 사이의 재산분할약정이 통정허위표시로서 무효라고 주장하며 소유권이전등기말소를 구한 사안에서, 조정은 재판상 화해조서와 같이 확정판결과 동일한 효력이 있어 당사자 사이에 기판력이 생기는 것이므로 조정조서가 당연무효이거나 준재심절차에 의하여 취소되지 않는 한 그 당사자 사이에서는 조정조서를 무효라고 주장할 수 없고, 조정의 당사자에 대하여 금전채권을 가지는 자가 이를 보전하기 위하여 그를 대위하는 경우에는 조정조서의 기판력은 그 대위를 하는 자에게도 미치며,[426] 기판력은 후소의 소송물이 전소의 소송물과 동일하지 않다고 하더라도 전소의 소송물에 관한 판단이 후소의 선결문제가 되거나 모순관계에 있을 때에는 후소에서 전소판결의 판단과 다른 주장을 하는 것을 허용하지 않는 작용을 하므로,[427] 피고와 소외인 사이의 이혼의 효력은 이 사건 소의 선결문제가 되어 원고가 이 사건 소송에서 소외인과 피고 사이의 이혼이 무효라고 주장하는 것은 이 사건 조정조서의 내용이 당연무효이거나 준재심절차에 의하여 취소되지 않는 한 기판력에 저촉되어 허용될 수 없다면서, 소외인과 피고의 이혼을 통정허위표시로서 무효라고 판단한 원심의 판단은 조정조서의 효력에 관한 법리를 오해한 잘못이 있다며 파기하였다.

424 대법원 2018. 2. 28. 선고 2015다204496 판결.
425 대법원 2018. 2. 28. 선고 2015다204496 판결.
426 대법원 2012. 6. 14. 선고 2012다21713 판결, 대법원 2014. 3. 27. 선고 2009다104960, 104977 판결.
427 대법원 2001. 1. 16. 선고 2000다41349 판결.

3. 재판상 이혼소송의 심리

가. 본인 출석주의

418 가정법원, 조정위원회 또는 조정담당 판사의 변론기일, 심리기일, 조정기일에 소환을 받은 당사자 및 이해관계인은 특별한 사정이 없는 한 본인 또는 법정대리인이 출석하여야 한다(가사소송법 제7조 제1항 본문).

419 가사사건의 특성상 실체적 진실발견과 분쟁의 배경 및 사안의 실정을 제대로 파악하여 타당한 해결책을 찾기 위한 것이다. 법원은 소환을 받고도 정당한 이유 없이 출석하지 아니한 사람에 대하여 50만 원 이하의 과태료를 부과하거나 구인할 수 있다(가사소송법 제66조).

나. 직권주의

1) 직권주의

420 가사사건은, 순수한 민사소송에 속하는 다류 가사소송사건을 제외하고는, 인륜의 근본이자 사회와 국가구성의 바탕이 되는 신분관계에서 비롯된 분쟁을 심리, 판단하고 조정하는 것으로서, 객관적인 진실발견이 중요하고,[428] 소송의 결과가 당사자 본인의 개인적 이익 뿐 아니라 다수의 이해관계인과 사회공동생활에 영향을 미치고 사회공공의 이익에도 중대한 관련을 맺고 있으며,[429] 신분관계의 형성·변경·소멸에 관한 분쟁을 다루어 신분관계의 안정을 도모하려는 목적 때문에[430] 당사자의 임의처분을 허용하기 어려운 특성이 있다. 이러한 특성으로 가정법원은 후견적 기능을 담당하며 가사소송에서는 처분권주의나 변론주의가 제한된다. 그러나 기본적으로 대립당사자 소송구조를 취하고 있고 소송의 승패는 종국적으로는 소송당사자의 이익이나 불이익에 귀착되는 것이므로, 당사자의 소송 주도권이나 절차 참여를 인정하여야 할 것이어서 여기에도 한계는 있다.

2) 처분권주의의 제한

421 가) 처분권주의는 절차의 개시, 심판의 대상과 범위, 절차의 종결에 대하여 당사자에게 주도권을 주어 그의 처분에 맡기는 입장이다.[431] 사권에 관하여 사적자

428 이시윤, 신민사소송법(제12판), 박영사(2018), 336.
429 박동섭, 주석 가사소송법(3정판), 박영사(2004), 66.
430 법원실무제요, 가사[I], 사법연수원(2021), 246.
431 이시윤, 신민사소송법(제17판), 박영사(2024), 330.

치의 원칙이 인정되므로 사권의 실현 여부 및 방법은 당사자의 의사에 좌우되기 때문이다. 사권의 발생, 변경, 소멸을 개인에게 맡기는 민법의 사적자치원칙의 소송법적인 측면이 처분권주의이다.

422 나) 가사사건에서는 앞서 본 특징으로 인하여 절차의 개시에서 처분권주의가 제한되기도 한다. 법령에 특별한 규정이 있을 때 당사자의 청구 없이 가정법원이 직권으로 심판절차를 개시하는 예가 있다.[432] 판례는 재판상 이혼사건에서, 미성년자인 자녀에 대한 친권자 및 양육자 지정에 관한 당사자의 청구가 없더라도 법원은 직권으로 미성년자인 자녀에 대한 친권자 및 양육자를 정하여야 하고 법원이 이혼 판결을 선고하면서 미성년자인 자녀에 대한 친권자 및 양육자를 정하지 아니하였다면 재판의 누락이 있다고 하였다.[433] 이혼 과정에서 친권자 및 자녀의 양육책임에 관한 사항을 의무적으로 정하도록 한 민법 제837조 제1항·제2항·제4항 전문, 제843조, 제909조 제5항의 문언 내용 및 이혼 과정에서 자녀의 복리를 보장하기 위한 위 규정들의 취지와 아울러, 이혼시 친권자 지정 및 양육에 관한 사항의 결정에 관한 민법 규정의 개정 경위와 변천 과정, 친권과 양육권의 관계 등을 종합하여 위와 같은 의무를 인정하였다.

다) 청구의 인낙, 포기, 화해의 허용 여부

423 절차의 종료와 관련하여 청구의 인낙, 포기, 화해의 허용 여부가 문제된다.

(1) 청구의 인낙

424 청구의 인낙은 피고 스스로 원고의 청구가 정당함을 인정하는 진술로 조서에 기재되면 원고 승소판결과 동일한 효력이 있다(민사소송법 제220조). 가사소송법은 제12조 단서에서 가류, 나류 가사소송사건에 관하여 청구의 인낙에 관한 규정의 적용을 배제하고 있다. 가사소송의 대상은 당사자가 임의로 처분할 수 없는 신분권이고 심리에서도 직권주의가 적용되며, 확정판결은 제3자에게도 효력이 있기 때문에(가사소송법 제21조) 피고의 인낙 의사표시만으로 확정판결과 동일한 효력을 부여할 수 없기 때문이라고 한다.[434]

432 법원이 선임한 부재자 재산관리인의 개임(가사소송규칙 제42조), 민법 제932조 등에 의한 미성년후견인 등의 선임 또는 변경(가사소송법 제2조의 가사비송사건 라류 제18호) 등.

433 대법원 2015. 6. 23. 선고 2013므2397 판결.

434 법원실무제요, 가사[I], 사법연수원(2021), 262.

425 따라서 나류 가사소송사건인 재판상 이혼 소송에서 피고가 원고의 청구를 인낙한다는 의사표시를 하더라도 그 의사표시에 의하여 소송절차가 종료되지 않고 법원은 원고 청구의 당부를 심리하여 판결하여야 한다. 조서에 그 의사표시가 기재되더라도 확정판결과 동일한 효력은 생기지 않고, 다만 변론 전체의 취지로서 참작될 수 있을 뿐이다.

426 실무상으로는 재판상 이혼 소송에서 조정을 허용하고 있으므로, 조정이 성립된 것으로 처리되는 경우가 많을 것이다.

(2) 청구의 포기

427 청구의 포기는 원고 스스로 법정에서 청구가 이유 없음을 인정하는 진술이다. 이를 조서에 기재한 때에는 그 기재는 청구기각의 확정판결과 동일한 효력이 있고(민사소송법 제220조), 이로써 소송은 종료된다. 청구의 포기는 원고의 진술에 의하여, 청구의 인낙은 피고의 진술에 의하여 청구기각, 청구인용의 확정판결과 동일한 효력을 발생시키는 대조적인 제도인데, 가사소송법은 가류, 나류 가사소송사건에 있어서 청구인낙은 인정하지 않고 있는 반면(가사소송법 제12조 단서), 청구의 포기에 관하여는 아무런 규정을 두고 있지 않다.

428 이에 가류, 나류 가사소송사건에서 청구의 포기가 허용되는지에 관하여 견해가 대립한다. 가사소송법 제12조에서 청구의 포기에 관한 민사소송법 적용을 배제하고 있지 않고 청구의 포기는 신분권의 포기가 아니고 소권의 포기로서 소의 취하가 자유로운 점에서 청구의 포기가 가능하다는 긍정설, 직권주의가 적용되는 가사소송에서 청구의 인낙 규정의 적용을 배제하는 것은 하나의 보기에 지나지 아니하고 가사소송의 대상은 신분권이고 당사자는 신분권을 자유로이 처분할 수 없으므로 소가 제기된 이상 판결에 의하여만 종료되고 당사자의 의사에 기한 임의처분은 허용되지 않는다는 부정설, 혼인취소청구권, 인지청구권 등과 같이 성질상 실체법상 청구권의 포기가 허용되지 않는 경우에는 소송상 청구의 포기도 허용되지 않지만 소송물이 당사자의 이익옹호를 주로 하고 실질상 권리자의 임의처분을 허용하는 경우에는 소송상 청구의 포기도 가능하다고 하는 제한적 긍정설이 있다.[435] 판례는 제한적 긍정설을 취하고 있다.[436] [437]

435 법원실무제요, 가사[Ⅰ], 사법연수원(2021), 262~263; 박동섭, 주석 가사소송법(3정판), 박영사(2004), 75.
436 대법원 1987. 1. 20. 선고 85므70.
437 법원실무제요, 가사[Ⅰ], 사법연수원(2021), 263.

(3) 화해

429 명문의 규정이 없어 청구의 포기와 마찬가지로 가류, 나류 가사소송사건에 관하여 재판상 화해가 가능한지 여부에 관하여 긍정설, 부정설, 제한적 긍정설의 견해가 나뉘어 있다.

430 판례는, 인지청구권은 본인의 일신전속적인 신분관계상의 권리로 포기할 수 없으므로 이를 포기하기로 하는 내용의 재판상 화해는 그것이 화해조서에 기재되어도 효력이 없다거나,[438] 친생자관계의 존부 확인과 같이 현행 가사소송법상 가류 소송사건에 해당하는 청구는 성질상 당사자가 임의로 처분할 수 없는 사항을 대상으로 하는 것으로서 이에 관하여 재판상 화해가 성립되더라도 효력이 있을 수 없다고 하여,[439] 제한적 긍정설을 취하고 있다.

431 가사소송법 제12조 단서에서 재판상 화해 규정의 적용을 배제하지 않고 있고, 가사소송법 제59조 제2항에서 당사자가 임의로 처분할 수 있는 사항에 대하여 조정이 성립하면 재판상 화해와 동일한 효력을 부여하고 있는데 재판상 이혼에서 조정이 허용되는 점에서 재판상 이혼소송에서 화해가 허용된다고 볼 것이다. 실무에서도 재판상 이혼 등 혼인관계소송에서 재판상 화해를 널리 허용하고 있다.[440]

3) 직권탐지: 변론주의의 제한

432 가) 가사소송법 제17조는 '직권조사'라는 표제하에 '가정법원이 가류 또는 나류 사건을 심리할 때에는 직권으로 사실조사 및 필요한 증거조사를 하여야 하며, 언제든 당사자 또는 법정대리인을 신문할 수 있다'고 규정하고 있다. 표제는 '직권조사'이나 그 내용은 변론주의의 제한으로서 직권탐지주의를 규정한 것이라고 해석되고 있다.[441] 직권탐지주의는 소송자료의 수집·제출책임을 당사자가 아닌 법원이 지게 되는 입장으로 법원은 기록에 나타난 사실이면 당사자가 주장하지 않았더라도 이를 판결의 기초로 삼아야 하고, 당사자의 다툼이 없는 사실이라도 이에 구속되지 않고 이는 단순히 증거자료가 됨에 그치며, 당사자의

438 대법원 1987. 1. 20. 선고 85므70 판결.

439 대법원 1999. 10. 8. 선고 98므1698 판결, 대법원 2007. 7. 26. 선고 2006므2757, 2764 판결.

440 법원실무제요, 가사[I], 사법연수원(2021), 263~264.

441 박동섭, 주석 가사소송법(3정판), 박영사(2004), 66~70, 465~468; 권재문, "가사소송법 제17조의 연혁과 문제점-가사소송절차에서의 직권탐지주의와 관련하여-", 법사학연구 제29호, 한국법사학회(2004), 254 및 법원실무제요, 가사[I], 사법연수원(2021), 247 이하도 같은 입장으로 보인다. 같은 형식으로 규정된 비송사건절차법 제11조에 관하여도 직권탐지주의를 규정한 것으로 해석되고 있다. 법원실무제요, 비송·과태료, 사법연수원(2024), 15.

증거신청여부를 불문하고 법원이 원칙적인 증거조사 책임을 진다. 사실관계를 인정하기 위한 사실주장과 증거의 수집·제출을 당사자에게 맡기고 법원은 당사자가 수집·제출한 소송자료만을 재판의 기초로 삼아야 한다는 변론주의의 예외이다. 다류 가사소송사건은 성질상 순수한 민사사건이기 때문에 이러한 특칙이 적용될 여지가 없고 변론주의가 그대로 적용된다.

433 가류 및 나류 가사소송사건에 관하여 변론주의에 관한 민사소송법 제147조 제2항(제출기한의 제한), 제149조(실기한 공격·방어방법의 각하), 제150조 제1항(자백간주), 제284조 제1항(변론준비절차의 종결), 제285조(변론준비기일을 종결한 효과), 제349조(당사자가 문서를 제출하지 아니한 때의 효과), 제350조(당사자가 사용을 방해한 때의 효과), 제410조(제1심의 변론준비절차의 효력)의 규정, 제220조 중 청구의 인낙에 관한 규정 및 제288조 중 자백에 관한 규정은 적용되지 않는다(가사소송법 제12조 단서). 따라서 당사자가 고의나 중대한 과실로 시기에 늦게 제출한 공격·방어방법이라도 각하되지 않고 소송촉진을 위하여 법원의 준비절차가 실시된 경우라도 준비조서에 기재되지 아니한 새로운 주장을 할 수 있으며, 당사자가 문서제출명령에 따르지 아니하고 상대방의 문서사용을 방해할 목적으로 문서를 훼손하거나 사용을 방해하더라도 그에 따른 불이익을 받지 않는다.[442] 자백의 구속력이 인정되지 않아 법원은 이와 달리 사실인정을 할 수 있고 당사자는 자유로이 취소할 수 있으며, 자백간주의 효력이 없어 상대방이 답변서를 제출하지 않는 경우에도 무변론 판결을 할 수 없다. 물론 이러한 사정들은 변론 전체의 취지로 참작될 수 있다.

나) 직권 사실조사 및 증거조사

434 가정법원이 직권으로 행하여야 하는 사실 및 증거조사는 사실인정을 위한 자료의 수집방법이다. 민사소송에서의 증거조사 방법과 가정법원 특유의 사실조사가 있다. 전자는 민사소송법상 절차와 방식에 따라야 하고 과태료, 구인 등의 제재(민사소송법 제311조, 제312조, 제333조, 제370조 등)가 있으나 후자는 일정한 방식이 없고 강제력도 없다.[443] 사실조사의 방법으로는 당사자 및 그 밖의 관계인의 심문(가사소송법 제17조 후단, 제38조, 제45조, 제48조), 가사조사관에게 명하여 하는 조사 및 보고(가사소송법 제6조, 제56조, 가사소송규칙 제8조, 제9조), 사실조사의 촉탁

442 박동섭, 주석 가사소송법(3정판), 박영사(2004), 66.
443 법원실무제요, 가사[Ⅰ], 사법연수원(2021), 252.

(가사소송법 제8조) 등이 있다.

435 다) 판례는 직권주의의 내용에 관하여, 인지소송은 부와 자 간에 사실상의 친자관계의 존재를 확정하고 법률상의 친자관계를 창설함을 목적으로 하는 소송으로서 친족, 상속법상 중대한 영향을 미치는 인륜의 근본에 관한 것이고 공익에도 관련되는 중요한 것이기 때문에 이 소송에서는 직권주의를 채용하고 있는 것이므로 당사자의 입증이 충분하지 못한 때에는 가능한 한 직권으로 사실조사 및 필요한 증거조사를 하여야만 한다고 하고,[444] 친생자관계부존재확인소송에서도 친족법상 중대한 영향을 미치는 점과 공익에도 관련되었으므로 가사소송법 제17조에 따라 당사자의 입증이 충분하지 못할 때에는 가능한 한 직권으로라도 필요한 사실조사 및 증거조사를 하여야 한다고 하면서,[445] 증언이나 당사자 본인신문 결과만으로는 친생자관계부존재를 인정하기에 미흡한데도 혈액형 조사 기타 적절한 감정 등 증거조사를 더 하지 아니한 것은 위법하다고 하였다.[446]

436 재판상 이혼에 관하여는, 이미 제출된 자료들에 의하여 부부 중 어느 일방의 유책성에 의심이 갈 만한 사정이 있는 경우, 법원이 이에 관하여 심리·조사할 의무가 있다고 하였다. 원고가 피고의 폭력행위 등을 이유로 이혼을 청구하였는데 원심 변론종결 이후 피고에 대한 상해죄 유죄의 형사 판결서가 제출된 사안에서, 원심은 변론재개 없이 피고가 원고에게 폭력을 행사하였음 등을 인정할 증거가 없고, 집을 나가 이혼소송을 제기함으로써 동거의무와 협조의무를 위반한 원고가 유책배우자라는 이유로 원고의 이혼청구를 기각하였다. 대법원은 변론종결 이후에 피고가 이혼 소장을 송달받고 화가 나 원고에게 상해를 입혔다는 내용으로 유죄가 선고된 형사판결문이 제출되었고, 원고는 위 폭행사건이 직접적인 원인이 되어 집을 나와 별거하고 있다면, 피고에 대한 형사판결이 원심 변론종결 이후에 선고되었고 아직 확정되지 않았더라도 그 내용에 의하면 원고가 유책배우자가 아니거나 적어도 혼인파탄의 책임이 원고와 피고에게 대등하게 있다고 볼 만한 사정이 나타나 있으므로 원심으로서는 변론을 재개하여 피고에 대한 형사판결서를 증거로 채택한 다음 원고가 유책배우자인지 여부 및 재판상 이혼사유 유무를 판단하였어야 함에도 폭력행위에 대한 증거가 부족하다는 이

444 대법원 1985. 11. 26. 선고 85므8 판결, 대법원 2002. 6. 14. 선고 2001므1537 판결.
445 대법원 2010. 2. 25. 선고 2009므4198 판결.
446 대법원 1967. 9. 5. 선고 67므19 판결.

유로 원고의 청구를 배척한 것은 가사소송법 제17조에 관한 법리를 오해하여 심리를 다하지 못하여 위법하다고 판단하였다.[447]

437 라) 그러나 직권탐지주의가 적용된다 하더라도 당사자의 잘못된 소송행위에 의하여 사실관계가 좌우되는 것을 방지하려는 것일 뿐 변론주의 자체를 배제하는 것은 아니라고 할 것이므로, 공익성의 정도, 대심적 구조의 존부, 법원의 개입의 필요성 등에 따라 한계가 있을 수 있다.[448] 판례는, 가사사건에서 직권으로 증거를 조사하도록 규정하고 있다고 하여 이혼소송의 당사자가 주장하지도 않고 심리과정에서 나타나지도 않은 독립된 공격방어방법에 대한 사실까지 법원이 조사하여야 하는 것은 아니므로, 간통한 상대방을 유서하였는지 여부를 조사·심리하지 아니한 것에 위법이 있다고 할 수 없고,[449] 이혼청구권의 제척기간에 관한 주장을 촉구하지 않았다고 하여 석명의무 위반이라고 할 수 없다고 하였다.[450]

다. 친권자 지정 등

1) 친권자 및 양육자 지정

438 재판상 이혼청구에서는 양육자 지정에 관한 협의이혼시의 규정을 준용하고 있고(민법 제843조, 제837조 제1항·제2항·제4항 전문), 직권으로 친권자를 지정하도록 하고 있다(제909조 제5항). 판례는 재판상 이혼의 경우에 당사자의 청구가 없더라도 법원이 직권으로 미성년자인 자녀에 대한 친권자 및 양육자를 정하여야 하며 법원이 이혼 판결을 선고하면서 미성년자인 자녀에 대한 친권자 및 양육자를 정하지 아니하였다면 재판의 누락이 있는 것으로 추가판결 대상이 된다고 하였다.[451]

2) 협의권고

439 가정법원은 미성년인 자녀가 있는 부부의 재판상 이혼의 청구를 심리할 때에는 그 청구가 인용될 경우를 대비하여 ① 미성년자인 자녀의 친권자로 지정될 사람, ② 미성년자인 자녀에 대한 양육과 면접교섭권에 관하여 부모에게 미리 협의할 것을 권고하도록 하고 있다(가사소송법 제25조).

440 판례는 법원이 가사소송법 제25조에 의한 협의의 권고를 하지 않았더라도 협의

447 대법원 2017. 6. 19. 자 2017므10730 판결.
448 법원실무제요, 가사[I], 사법연수원(2021), 251.
449 대법원 1990. 12. 21. 선고 90므897 판결.
450 대법원 1987. 12. 22. 선고 86므90 판결.
451 대법원 2015. 6. 23. 선고 2013므2397 판결.

권고가 있었더라면 원심 판결과 다른 내용의 협의가 이루어졌으리라는 사정이 엿보이지 않는 이상 그러한 위법은 판결결과에 영향을 미친 상고이유는 아니라고 하였다.[452]

라. 소송절차에서의 조정

441 가사소송법 제59조 제2항은 당사자가 임의로 처분할 수 없는 사항에 대하여는 조정을 할 수 없는 것으로 규정하고 있고 신분관계의 생성, 변경, 소멸에 관한 사항은 원칙적으로 당사자의 임의처분이 허용되지 아니하여 조정이나 조정을 갈음하는 결정이 허용되지 않는다고 본다. 그러나 재판상 이혼은 당사자의 의사에 기한 협의이혼이 가능한 점, 장래효를 가질 뿐인 점 등에서 소송물의 임의처분이 허용된다고 보아, 소송절차에서의 조정도 가능하다고 보는 것이 통설과 실무이다.

마. 북한이탈주민의 이혼소송

442 종래 북한이탈주민이 대한민국에 입국한 뒤 대한민국에 거주하지 않는 배우자(배우자 일방만이 탈북한 경우, 부부가 함께 탈북하였다가 제3국에서 헤어진 경우 등)를 상대로 이혼소송을 제기하는 경우 재판관할권, 준거법, 토지관할, 송달, 이혼사유 등에 여러 가지 문제점이 있었으나, 북한이탈주민의 보호 및 정착지원에 관한 법률이 제정(2007. 1. 26. 법률 제8269호) 및 시행됨에 따라 대부분의 문제가 정리되었다.

443 북한이탈주민의 보호 및 정착지원에 관한 법률에 의하면, 같은 법에 따라 가족관계등록을 창설한 사람 중 북한에 배우자를 둔 사람은 그 배우자가 남한지역에 거주하는지 여부가 불명확한 경우 그 배우자를 상대로 서울가정법원에 이혼을 청구하고, 법원은 그 배우자에 대한 송달을 민사소송법 제195조에 따른 공시송달로 할 수 있다(북한이탈주민의 보호 및 정착지원에 관한 법률 제19조의2 제1항·제2항·제4항). 이혼을 청구하려는 사람은 그 배우자가 보호대상자에 해당하지 아니함을 증명하는 통일부장관의 서면을 첨부하여야 하고, 그 배우자에 대한 첫 공시송달은 실시한 날로부터 2개월이 지나야 효력이 발생하며 같은 당사자에게 첫 공시송달 후에 하는 공시송달은 실시한 다음날부터 효력이 생긴다(북한이탈주민의 보호 및 정착지원에 관한 법률 제19조의2 제3항·제4항).

444 북한이탈주민의 보호 및 정착지원에 관한 법률 제19조의2 제1항의 "배우자가 남

452 대법원 1993. 12. 7. 선고 93므775 판결.

한에 거주하는지 불명확한 경우"를 독자적인 이혼사유라고 보기 어렵고 북한이탈주민 이혼사건도 일반 이혼사건과 마찬가지로 민법 제840조의 이혼사유가 있어야 한다.[453] 대부분은 민법 제840조 제6호의 사유에 해당할 것이나, 제5호 "배우자의 생사가 3년 이상 분명하지 아니한 때"에 해당하는지 여부에 대하여 논의가 있다[☞ 상세한 내용은 앞의 Ⅱ. 5. 나. 3) 주석 참조].

445 북한이탈주민의 입국경로가 다양해지고 중국 등 제3국에의 거주를 거쳐 입국하는 경우도 많으므로, 북한이탈주민의 이혼청구라는 사실만으로 만연히 이혼청구를 받아들일 수는 없으며, 법원은 북한에서의 혼인생활의 내용이나 탈북한 경위, 북한으로 돌아가지 못한 경위, 함께 탈북하였다가 홀로 입국한 경우 그 경위 등 혼인관계가 파탄에 이르게 된 경위에 관하여 심리를 하여야 할 것이다. 배우자가 잇달아 탈북하거나 제3국 거주를 마치고 입국하는 경우도 있을 수 있으므로 배우자와 헤어진 지 얼마나 되었는지에 대한 고려도 필요하며, 혼인파탄 여부 판단시 민법 제840조 제5호의 3년 기간이 참고가 될 수 있을 것이라고 하는 견해도 있다.[454]

4. 판결 등

가. 판결의 효력

1) 인용판결의 효력

446 가) 재판상 이혼청구를 인용한 확정판결은 원고의 이혼청구권의 존재를 확정하고 판결확정시로부터 장래를 향하여 혼인을 종료·해소시킨다. 부부 사이의 권리와 의무가 소멸하고, 신분관계가 소멸하며, 배우자의 혈족과 사이에 발생한 인척관계도 소멸한다(민법 제775조 제1항). 효력 발생시점은 인용판결의 확정시점으로서 가집행 선고는 붙이지 아니한다. 가족관계의 등록 등에 관한 법률에 따라 신고를 하여야 효력이 발생하는 협의상 이혼과 달리 이혼판결이 확정되면 되므로 가족관계등록부에 등재되기 전에 사망하여도 이혼의 효력은 발생한다.

나) 기판력

447 재판상 이혼청구가 인용된 판결이 확정된 후 다시 이혼청구소송이 제기되었다면, 당사자 사이의 혼인관계는 이혼판결의 확정으로 법률상으로 해소되어 소송

453 법원실무제요, 가사[Ⅰ], 사법연수원(2021), 686.
454 정상규, "탈북자 이혼사건에 관한 연구", 사법논집 제38집, 법원도서관(2004), 645~646.

으로 달성하려는 목적이 이미 실현되었으므로 권리보호의 이익이 없어 각하되어야 할 것이다.

다) 형성력

448 판결의 확정에 의하여 장래를 향한 혼인관계의 소멸이라는 법률관계의 변동이 생긴다.

라) 제3자에 대한 효력

449 재판상 이혼청구를 인용한 확정판결은 제3자에게도 효력이 있다(가사소송법 제21조 제1항).

450 민사소송에서 확정판결의 기판력은 당사자 및 이에 준하는 자에게만 미치는 것이 원칙임에도(민사소송법 제218조) 가사소송법 제21조 제1항에서는 가류, 나류 가사소송사건의 인용판결에 관하여 제3자에게 기판력을 확장하고 있다. 그 근거에 관하여는, 형성판결에 의하여 권리관계가 변동되는 형성력에 따라 확정판결의 효력이 제3자에게 미친다고 보는 견해가 가능하나, 판례[455]와 통설은 가류 가사소송사건을 형성력이 없는 확인의 소로 보고 있어 가류 및 나류 인용판결의 효력 확장에 대한 통일된 설명이 불가능하고 가사소송법 제21조의 표제는 '기판력의 주관적 범위에 관한 특칙'이라고 되어 있으므로, 기본적 신분관계에 관한 사항으로서 그 획일적 확정을 통한 신분관계의 안정을 도모할 필요가 있기 때문에 기판력이 확장되는 경우로 이해하는 것이 옳을 것이다.[456]

2) 기각판결의 효력

가) 제3자에 대한 효력

451 가사소송법은 기각판결의 제3자에 대한 효력에 대하여 제21조 제2항에서 "가류 또는 나류 가사소송사건의 청구를 배척한 판결이 확정된 경우에는 다른 제소권자는 사실심의 변론종결 전에 참가하지 못한 데 대하여 정당한 사유가 있지 아니하면 다시 소를 제기할 수 없다."고 규정하고 있으나, 재판상 이혼청구는 배우자 이외에 다른 제소권자가 없으므로 제3자에 대한 기각판결의 기판력은 문제

455 혼인무효에 관하여 대법원 1983. 9. 27. 선고 83므22 판결, 대법원 1993. 9. 14. 선고 93므30 판결, 인지무효에 관하여 대법원 1992. 10. 23. 선고 92다29399 판결, 친생자관계부존재확인에 관하여 대법원 1978. 4. 11. 선고 88다71 판결 참조.

456 법원실무제요, 가사[Ⅰ], 사법연수원(2021), 561; 김선혜, "가사재판의 기판력", 가족법연구 제23권 제3호, 한국가족법학회(2009), 280; 박동섭, 주석 가사소송법 3정판, 박영사(2004), 119.

될 소지가 없다.

452 신분관계의 획일적 확정을 도모할 필요가 있다는 것은 청구기각의 판결이 내려진 경우에도 인용판결의 경우와 동일하므로 청구기각판결에도 대세효를 인정할 것이라는 견해[457]가 있으나, 가사소송법 제21조 제1항에서 인용판결을 특정하여 대세효를 인정하고 있으므로 반대해석상 부정하여야 할 것이다.

나) 기판력

453 재판상 이혼청구를 기각한 판결이 확정된 후 다시 이혼청구소송이 제기되었다면, 재판상 이혼원인마다 소송물이 다르므로[458] 청구기각의 확정판결은 그 소송에서 청구원인으로 주장된 사유에 대하여만 기판력이 발생하고 다른 사유에 대하여는 기판력이 미치지 않는다. 또한 확정판결의 변론종결 이후에 새로 발생한 사유에 대하여도 기판력이 미치지 아니한다.

454 실무상 1차 이혼소송에서 패소한 당사자가, 시일이 경과한 뒤 다시 2차 이혼소송을 제기하는 경우가 종종 있다. 기판력이 시적범위 또는 물적범위의 문제인데 상대방으로부터 1차 이혼소송의 기판력에 반한다는 주장이 있는 경우, 전소의 변론종결시까지 발생한 사유에 대하여는 기판력이 미치고,[459] 새로운 이혼사유를 주장하거나 1차 이혼소송 이후 혼인관계가 파탄되었다고 청구하는 경우에는 기판력이 미치지 아니할 것이다.[460]

457 박동섭, 주석 가사소송법(3정판), 박영사(2004), 120.

458 대법원 2000. 9. 5. 선고 99므1886 판결.

459 확정된 전소 판결의 기판력은 이 사건에 미치므로 전소의 변론 종결시까지 발생한 사유에 대해서는 이 사건에서 재차 다툴 수 없다고 할 것인데, 이 사건에서 피고가 원고와 원고의 부모에게 부당한 대우를 하였으므로 피고에게 혼인관계 파탄의 주된 책임이 있다는 취지의 원고의 주장은, 이 사건 전소 판결의 변론종결 당시까지 발생한 사정들을 근거로 하고 있는 것으로 보이므로, 이 사건 전소 판결의 기판력에 반하여 받아들일 수 없다(울산지방법원 2013. 10. 24. 선고 2013르70 판결. 상고기각).

460 원고(처)가 1995년 피고(남편)의 가부장적인 사고방식과 의처증 증세로 말미암아 혼인이 파탄에 이르게 되었다고 이혼소송을 제기하였다가 제1심에서 파탄상태가 인정되지 않아 기각되고 항소심에서 1996. 11. 다시 재결합하되 원고가 별거하면서 생활비 등으로 빌려 쓴 2,000만 원을 대신 갚아주는 것으로 재판상 화해가 성립하였고 피고는 위 화해조항에 따라 1996. 12. 원고에게 2,000만 원을 지급하였고 원고가 같은 달 동거하기 위하여 집으로 돌아오자 반성문을 써오라며 원고를 집 밖으로 내쫓았고 원고가 재차 이혼소송을 준비하고 있다는 이야기를 듣고 재산의 대부분을 원고 및 자녀와 상의 없이 대학교에 장학기금으로 기부하였다면, 전번 이혼소송에서의 재판상 화해 후 피고의 반성문 작성 강요와 별거중의 생활비 미지급 등 원·피고 사이의 불화를 증폭, 확대시킨 경위 및 피고의 재산기부 경위 등 전소 판결 이후의 사정에 비추어 혼인관계가 파탄되었으며 파탄에 대하여 피고에게 보다 더 큰 책임이 있다고 판단하여 이혼청구를 인용한 원심에는 기판력에 관한 법리를 오해한 위법이 없다(대법원 2000. 9. 5. 선고 99므1886 판결).

나. 가족관계등록사무를 처리하는 사람에 대한 통지 및 신고

455 재판상 이혼청구를 인용한 판결이 확정된 때에는 가정법원의 법원사무관 등은 지체 없이 이혼된 부부의 등록기준지의 가족관계등록사무를 처리하는 사람에게 그 뜻을 통지한다(가사소송규칙 제7조 제1항 제1호).

456 소를 제기한 사람은 판결확정일로부터 1개월 이내에 재판서의 등본 및 확정증명서를 첨부하여 가족관계등록사무를 처리하는 사람에게 신고하여야 하고, 소의 상대방도 그 신고를 할 수 있다(가족관계의 등록 등에 관한 법률 제78조, 제58조). 신고가 없는 때에는 가족관계등록사무를 처리하는 사람이 신고의무자에게 기간을 정하여 신고를 최고하고, 그 기간경과 후에는 감독법원의 허가를 받아 직권으로 가족관계등록부에 기록을 하게 된다(가족관계의 등록 등에 관한 법률 제38조, 제18조 제2항).

다. 판결의 편취에 대한 구제방법

1) 구제방법

457 원고가 피고의 주소를 알고 있으면서 알지 못하는 것처럼 공시송달 요건을 작출하여 법원의 공시송달 결정을 받아 승소판결을 받은 경우, 법률상 적법한 공시송달에 따라 진행된 절차는 모두 유효하여 형식적 확정력과 기판력이 모두 발생한다. 이에 대한 구제책으로는 민사소송법 제173조의 소송행위의 추후보완에 의한 상소와 민사소송법 제451조 제1항 제11호의 재심청구가 있고, 피고는 이러한 사안에서 재심의 소 또는 소송행위의 추후보완에 의한 상소를 택일적으로 제기할 수 있다.[461]

2) 추완항소

458 항소기간을 지키지 못한 것이 당사자가 책임질 수 없는 사유로 인한 것인 때에는 민사소송법 제173조 소송행위의 추후보완 규정에 의하여 그 사유가 없어진 날부터 2주 이내에 항소할 수 있다. 판례는 소장 부본 송달부터 공시송달 절차로 재판이 진행되어 판결이 확정되었다면 특별한 사정이 없는 한 상대방이 항소제기기간을 준수하지 못한 것은 그의 책임질 수 없는 사유로 인한 것이므로 추완항소를 제기할 수 있다고 하고 있다.[462] 추완항소의 요건은 당사자가 '책임

461 대법원 1985. 8. 20. 선고 85므21 판결.
462 대법원 1981. 9. 8. 선고 80므53 판결.

질 수 없는 사유'이므로 소장 부본 송달 여부는 피고가 판결선고 사실을 알 수 있었는지를 판단하는 하나의 기준일 뿐 절대적인 것은 아니다. 또한 '(소송행위를 할)당사자가' 책임질 수 없는 사유이어야 하므로 추완항소의 적법 여부는 항소기간을 지키지 못한 것이 추완항소인의 잘못으로 인한 것인지 아닌지에 따라 좌우되는 것이지 공시송달을 신청한 당사자에게 과실이 있었는지에 따라 판단되는 것은 아니다.[463]

459 상대방의 거주지를 알고 있으면서도 행방불명이라 하여 이혼을 청구하고 공시송달방법으로 소송절차가 진행되어 심판정본도 공시송달된 사안,[464] 피고의 미국 출국 사실을 알면서도 국내 주소를 기재하여 이혼을 청구하여 공시송달방법으로 소송절차가 진행되고 이혼 판결을 선고받았는데 피고가 이혼청구소송이 제기될 것을 예상하고 이를 회피하기 위하여 고의로 미국으로 출국·도주하였다고 볼 수 없는 사안[465]에서 추완항소의 적법성이 인정되었다.

3) 재심

460 공시송달에 의한 판결의 편취가 민사소송법 제451조 제1항 제11호의 "당사자가 상대방의 주소 또는 거소를 알고 있음에도 불구하고 있는 곳을 잘 모른다고 하여 소를 제기한 때"에 해당한다면 재심의 대상이 된다. 상대방의 주소를 알면서도 주민등록이 직권말소되었음을 기화로 소재불명으로 표시하여 공시송달방법으로 진행된 사안,[466] 이혼심판 청구 당시 피청구인이 친정집에 거주하고 있음을 알면서 피청구인이 거주한 바 없는 주소를 피청구인의 최후주소로 표시하여 송달불능이 되자 소재불명인 것처럼 하여 공시송달방법으로 진행된 사안,[467] 실제 살고 있는 곳을 알면서도 자신의 본적지를 처의 주소로 표시하여 소를 제기하고 소송서류가 송달불능되자 공시송달방법으로 진행된 사안[468]에서 재심사유가 인정되었다.

463 대법원 1987. 9. 22. 선고 87므8 판결.
464 대법원 1986. 9. 23. 선고 86므24 판결.
465 대법원 1994. 2. 25. 선고 93므317 판결.
466 대법원 1985. 5. 14. 선고 83므31 판결.
467 대법원 1984. 9. 25. 선고 84므53 판결.
468 대법원 1985. 7. 9. 선고 85므12 판결.

5. 소송법적 관련문제

가. 소취하 합의가 있는 경우

1) 논의점

461 소송 외에서 원고가 피고에 대하여 소를 취하하기로 하는 소취하 계약 또는 소취하 합의를 하는 경우 효력이 문제된다.

462 민사소송에서는 소취하 합의의 효력에 대하여 사법상의 계약으로서 유효하고 이를 위반하여 소를 계속 유지하는 경우 피고가 항변하면 원고는 권리보호이익을 잃기 때문에 소를 각하하여야 한다는 사법계약설이 다수설[469] 및 판례[470]이다.

463 당사자의 자유롭고 진실된 의사가 중시되는 이혼소송에서도 위와 같은 이론을 그대로 적용할 것인지 논의가 있다.

2) 학설

가) 부정설[471]

464 신분행위가 전적으로 당사자의 자유의사에 맡겨져 있는 이상 이혼소송을 제기할지 여부는 물론 취하할 것인지의 여부도 당사자가 자유로이 결정할 수 있다고 보아야 할 것이라는 점에서 소취하 합의의 구속력을 인정하여 소송의 종결을 강제할 수 없다고 한다.

나) 긍정설[472]

465 이혼소송에 있어서도 소취하 합의의 사법적 효력을 인정한다. 협의이혼과 재판상이혼을 모두 인정하는 우리 민법에서 청구의 포기, 재판상 화해가 가능한 점, 당사자가 자유로운 의사로 소송 외에서 소를 취하하기로 합의한 이상 원고의 의사에 반한다고 할 수 없으며 사적자치의 원칙이라는 민법의 대원칙을 무시하고 원고의 변심을 보호할 필요가 없는 점 등을 들어 소취하합의의 사법적 효력을 인정한다. 다만 이 견해에서도 구체적인 내용의 소취하 합의의 효력만 인정하는 것이지 “앞으로 일체의 이혼소송을 제기하지 아니한다.”는 내용과 같이 신

469 그 외에 무효설, 소송계약설이 있다. 이시윤, 신민사소송법(제17판), 박영사(2024), 594.
470 대법원 2005. 6. 10. 선고 2005다14861 판결 등.
471 김능환, “이혼소송의 취하와 상대방의 부동의”, 가사조정 제1호, 서울가정법원 조정위원회(1997), 29~30.
472 김영훈, “나류 가사소송에 있어서의 소의 이익”, 가사재판연구 I, 서울가정법원가사재판연구회(2007), 630~631.

분행위의 의사결정을 과도하게 구속하는 결과가 되는 경우에는 공서양속에 반하여 무효라고 한다.

3) 판례

466 하급심 사례로, 이혼소송 계속 중 원고가 소를 취하한다는 내용의 확약서를 작성하였다가 이후 이를 번복하여 변론종결 당시 이혼을 원하는 경우 그 이혼의 소는 권리보호이익이 없어 부적법하다고 본 것[473]과 소취하 합의에 부가된 조건이 이행되지 않은 경우라면 여전히 권리보호이익이 있다고 본 것[474]이 있다.

467 [판례] 소취하 합의의 효력을 인정하고 권리보호이익이 없다고 보아 각하한 사례[475]

원고는 피고에게 이 사건 소를 취하하겠다는 확약서를 작성해 줌으로써 이 사건 소를 취하하기로 합의하였다고 할 것이고, 소송당사자가 소송 외에서 그 소송을 취하하기로 합의한 경우에는 그 합의는 유효하여 원고에게 권리보호의 이익이 없으므로 원고의 소는 각하되어야 할 것이다.[476] 물론, 이혼소송의 취하는 당사자의 전적인 의사에 맡겨져 있는 것이기는 하나, 위 소취하 합의는 이 사건 소를 제기한 후 1개월 이상이 경과한 뒤에 이루어진 점, 그 내용이 이 사건 소송을 취하할 종기까지 정하는 등 구체적인 점, 원고의 이혼의사에 못지않게 피고의 혼인관계 회복의 노력 및 의사도 중요한 점, 재판상 이혼소송은 신분관계를 형성하는 소송으로 그 관할, 절차 등에 있어서 일반 민사소송과는 구별되는 특징이 있으나 재판상 이혼소송을 규율하는 가사소송법은 특별한 규정이 없는 한 가사소송에 있어서도 민사소송절차를 준용하도록 규정하고 있고(가사소송법 제12조), 재판상 이혼소송에 있어서도 청구의 포기, 재판상 화해가 가능한 것으로 해석되는 점(가사소송법 제12조, 민사소송법 제220조 참조) 등에 비추어 보면, 이혼소송이 신분관계를 형성하는 소송이라는 특수성을 고려한다고 하더라도 위와 같은 소취하 합의의 효력을 민사소송과 달리 볼 수는 없다. 따라서 이 사건 소는 당사자 사이에 소취하 합의가 있어 원고에게 권리보호의 이익이 없는 부적법한 소로서 각하되어야 할 것이다.

468 [판례] 소를 취하하고 1년 뒤까지 변화된 내용이 없으면 협의이혼 방식으로 이혼하기로 합의한 경우 소송의 경과나 변론 경위 등에 비추어 권리보호이익을 인정한 사례[477]

원고와 피고가 이 사건 소송계속 중 이 사건 합의서를 작성함으로써 이 사건 소를

473 서울가정법원 2006. 11. 7. 선고 2005드단81468 판결.
474 의정부지방법원 2016. 7. 21. 선고 2014드합3045 판결.
475 서울가정법원 2006. 11. 7. 선고 2005드단81468 판결(확정).
476 대법원 1982. 3. 9. 선고 81다1312 판결.
477 의정부지방법원 2016. 7. 21. 선고 2014드합3045 판결(항소심 조정성립).

취하하기로 하는 내용의 합의가 유효하게 성립된 사실은 인정되나, 한편 ① 이 사건 합의서에는 "1년 뒤까지 피고에게 조금도 달라진 모습이 없을 경우에는 재판상 이혼이 아닌 협의이혼을 하기로 한다."는 합의가 부가되어 있는데, 이 문구의 의미를 이 사건 합의서 전체의 맥락에 비추어 보면, 피고는 이 사건 합의서 작성일 이후 1년이 경과한 시점에도 달라진 모습을 보이지 않을 경우 협의이혼에 응하여야 할 의무가 있고, 만일 협의이혼이 성립하지 않거나 성립될 가능성이 없는 경우에는 원고가 재판상 이혼청구를 할 수 있다고 해석함이 타당한 점(만일 위 합의 부분의 의미를, '이 사건 합의서 작성일로부터 1년이 경과한 시점에 협의이혼 가능성 여부와 무관하게, 원고는 피고를 상대로 재판상 이혼청구를 할 수 없다거나 원고가 그 청구권을 미리 포기한 것'으로 해석하는 것은, 신분행위에 있어서 원고의 의사결정의 자유를 과도하게 구속하거나 재판청구권을 본질적으로 침해하는 결과가 되어 부당하다), ② 현재 이 사건 합의서 작성일로부터 이미 1년이 경과하였고, 원고는 이 사건 변론 과정을 통해 피고가 이 사건 합의서에서 약정한 대로 과거와 달라진 모습을 보이기 위한 아무런 노력을 하지 않았다고 주장하면서 이 사건 청구를 유지하겠다는 의사를 분명히 밝히고 있는 점, ③ 이 사건 소송의 경과나 변론 경위 등에 비추어 보더라도 원고와 피고 사이에 원만히 협의이혼이 이루어질 가능성이 매우 희박하다고 판단되는 이상, 원고로서는 피고를 상대로 재판상 이혼청구를 할 수 있다고 해석할 수 있는 점 등에 비추어 보면, 이 사건 청구는 여전히 권리보호이익이 있다고 보아야 한다.

나. 피고가 소취하에 부동의한 경우

1) 논의점

469 원고가 소송계속 중에 이혼의사를 번복하여 소를 취하하는 경우가 있다. 피고의 소재를 찾기 위하여 또는 피고와 대화할 기회를 만들기 위하여 이혼소송을 제기하였다거나 또는 피고가 재산분할의 반소를 제기하자 본소를 취하하는 경우 등이다.

470 민사소송법 제266조 제2항은 "소의 취하는 상대방이 본안에 관하여 준비서면을 제출하거나 변론준비기일에서 진술하거나 변론을 한 뒤에는 상대방의 동의를 받아야 효력이 있다."고 규정하고 있고, 피고의 동의를 필요로 하는 이유는 피고가 응소하여 본안판결을 받으려는 적극적 태도를 보였으면 피고에게도 소송을 유지하는 이해관계가 있고 기왕 소송이 성립된 기회에 청구기각의 판결을 받을 이익이 생겼기 때문이라고 한다.[478]

471 가사소송법 제12조는 가사소송절차에 관하여 "이 법에 특별한 규정이 있는 경우

478 이시윤, 신민사소송법(제17판), 박영사(2024), 596.

를 제외하고는 민사소송법 규정에 의한다."고 하고 가사소송에서 민사소송법 제266조 제2항의 적용을 배제하는 규정을 두고 있지 않으므로, 문언상 재판상 이혼청구에 대하여도 상대방이 본안에 관하여 응소한 경우에는 소 취하에 상대방의 동의를 받아야 하는 것으로 해석될 여지가 있다.

472 그러나 한편, 당사자의 의사가 중시되는 신분관계 소송의 특수성과 당사자의 일방적인 의사표시에 기하여 법률관계의 변동을 가져오는 형성소송에서는 소제기시 뿐 아니라 변론종결시에도 청구인의 혼인해소의 의사가 있어야 하는 것이 아닌가 하는 점에서 권리보호의 이익이 있다고 볼 수 있을지 논의가 있다.

2) 견해

가) 본안판결을 하여야 한다는 견해

473 소 제기 당사자의 소취하는 상대방의 부동의로 효력이 없기 때문에, 소가 유지되는 이상 본안판결을 하여야 한다는 입장이다. 하급심에 다음과 같은 사례가 있다.

474 [판례] 서울가정법원 1995. 10. 6. 선고 93드84731, 84748 판결(항소심 화해성립)
원고가 본소를 취하하였으나 피고가 부동의한 사안에서, 원고와 피고 쌍방의 책임 있는 사유로 혼인관계가 파탄되었으므로 원고의 본소 이혼 청구와 피고의 반소 이혼 청구를 모두 인용한 사례

475 [판례] 서울가정법원 2003. 6. 25. 선고 2001드합12577, 2003드합301 판결(항소심 조정성립)
원고의 본소에 대하여 피고는 이혼에 부동의하며 다투어 오다가 법원의 화해권고결정에 이의하면서 반소를 제기하였다가 취하하였으나 원고가 반소 취하에 부동의한 사안에서, 원고의 본소 청구에 대하여는 혼인파탄의 주된 책임이 원고에게 있다는 이유로 본소 이혼 청구를 기각하고, 피고가 반소를 제기하였다가 취하한 사정과 피고의 의사를 존중하여 피고의 반소 이혼 청구도 기각한 사례

476 [판례] 광주지방법원 해남지원 2006. 9. 26. 선고 2005드단1214, 2006드단553 판결(확정)
원고가 본소를 제기하자 피고가 반소를 제기하였고 원고가 본소를 취하하였으나 피고가 부동의한 사안에서, 원고와 피고의 혼인관계가 파탄에 이르렀다고 볼 수 없다는 이유로 원고의 본소 이혼 청구 및 피고의 반소 이혼 청구를 모두 기각한 사례

477 [판례] 서울가정법원 1992. 9. 3. 선고 92드32474 판결(확정)
원고가 이혼청구 소를 취하하였으나 피고가 부동의하였고, 원고가 피고와 이혼할 의사가 없어졌다고 하면서 입증활동 등 소송행위를 하지 않고 있어 이혼사유를 인정할 수 없다는 이유로 기각한 사례

나) 권리보호의 이익이 없어 소각하 판결을 하여야 한다는 견해

478 재판상 이혼은 이혼사유 뿐 아니라 이혼청구권자의 이혼의사가 전제되어야 하는 것이고, 이혼의사는 소제기시 뿐 아니라 변론종결시까지 유지되어야 하며 재판상 이혼사유가 존재한다고 하더라도 원고가 이혼의사를 철회한 이상 원고의 청구에 기하여 이혼 판결의 당부를 판단할 수는 없다고 보아야 하므로, 권리보호이익이 없다고 보아 소를 각하하는 입장이다. 실무의 대부분은 이에 따른다.

479 [판례] 서울고등법원 2016. 9. 27. 선고 2016르20480, 20497 판결(확정), 서울가정법원 2018. 12. 12. 선고 2016드합41753, 2018드합36038 판결(확정), 수원지방법원 성남지원 2003. 6. 13. 선고 2002드합486, 2003드합94 판결(항소기각 및 상고각하)
재판상 이혼은 변론종결시를 기준으로 하여 민법 제840조 각호에 해당하는 사유가 있는 경우에 이를 이유로 혼인관계를 해소하겠다는 일방 배우자의 의사표시에 기하여 그 혼인관계를 강제적으로 해소시키는 것이므로, 소를 제기한 일방 배우자의 이혼의사는 소 제기시뿐만 아니라 변론종결시에도 존재하여야 하고, 만일 소를 제기한 일방 배우자에게 그와 같은 이혼의사가 존재하지 아니하게 된 경우에는 판결을 통하여 혼인관계를 해소하거나 이혼청구권의 존부를 확정할 권리보호의 이익이 없는 것으로 보아야 한다. 원고는 소를 취하함으로써 피고와의 혼인관계를 해소하려는 의사를 철회하였다고 봄이 상당하므로, 원고의 이혼청구 부분은 피고의 부동의 여부와 무관하게 권리보호의 이익이 없어 부적법하다.

3) 관련청구의 경우

가) 위자료 청구

480 이혼 청구와 병합되어 청구되는 위자료 청구는 그 전제가 되는 이혼 청구가 각하되는 이상 함께 각하하여야 할 것이다.[479]

나) 친권자 및 양육자 지정, 양육비, 면접교섭, 재산분할 청구

(1) 각하한 사례

481 이혼 청구를 각하하면서 이를 전제로 하는 친권자 및 양육자 지정 청구도 각하한 경우이다.

482 [판례] 서울가정법원 2011. 1. 18. 선고 2009드합8185, 2010드합10764 판결(항소기각)
원고가 본소를 취하하고 변론종결일 현재 피고와의 혼인관계를 이 사건 본소로써 해

479 서울고등법원 2016. 9. 27. 선고 2016르20480, 20497 판결(확정), 서울가정법원 2018. 12. 12. 선고 2016드합41753, 2018드합36038 판결(확정).

결하려는 의사를 가지고 있지 않은 이상 원고의 본소 중 이혼청구 부분은 권리보호의 이익이 없어 부적법하고 따라서 이를 전제로 한 위자료, 재산분할, 친권자 및 양육자 지정, 양육비 청구 부분 역시 부적법하다.

(2) 취하로 종료되었다고 본 사례

483 위 청구들은 가사비송사건으로서 그 취하에 상대방의 동의가 필요하지 않으므로 청구인의 취하로 즉시 종료된다고 보는 경우이다. 대부분의 실무는 이에 따른다.

484 [판례] 서울가정법원 2013. 1. 24. 선고 2011드합12330, 15070 판결(항소기각), 서울가정법원 2018. 12. 12. 선고 2016드합41753, 2018드합36038 판결(확정)

당사자는 재산분할청구, 친권자 및 양육자지정청구, 양육비청구도 하였다가 이를 모두 취하하였는데, 위 각 청구는 비송사건이므로 상대방의 부동의에 영향을 받지 아니하고 취하되었다.

4) 원고가 재차 이혼의사를 표시한 경우

485 피고가 원고의 소 취하에 부동의한 뒤 원고가 다시 이혼의사를 표시한 경우에는 피고의 부동의로 소의 계속상태가 유지되고 변론종결 당시 이혼의사가 있어 권리보호의 이익도 있으므로 본안 판단을 하여야 할 것이다.[480]

486 [판례] 서울고등법원 2002. 11. 13. 선고 2001르2051, 2068 판결(심리불속행 상고기각)

원고는 원고의 소취하에 대한 피고의 부동의가 있은 후에 이 사건 소장 기재대로의 판단을 구한다는 진정서를 제출하였고 제1심판결 선고 후에 제출된 항소장과 항소이유서 및 준비서면 등에서 피고와의 혼인관계를 해소하려는 의사를 계속해서 표시하고 있으므로 이 사건 이혼청구는 권리보호이익이 있어 적법하고, 나아가 이혼을 전제로 하는 위자료 청구 역시 적법하다.

다. 항소심에서 반소가 제기된 경우

1) 논의점

487 1심에서 판결이 선고되고 항소가 된 뒤 비로소 반소를 제기하는 경우가 있다. 민사소송법 제412조 제1항은 "반소는 상대방의 심급의 이익을 해할 우려가 없는 경우 또는 상대방의 동의를 받은 경우에 제기할 수 있다."고 되어 있고 가사소송법에서 그 적용을 배제하는 규정이 없으므로 가사소송법 제12조에 따라 재판

480 김능환, "이혼소송의 취하와 상대방의 부동의", 가사조정 제1호, 서울가정법원 조정위원회(1997), 29.

상 이혼청구 등 가사소송에도 적용된다. '상대방의 심급이익을 해할 우려가 없는 경우'라 함은 반소청구의 기초를 이루는 실질적인 쟁점이 제1심에서 본소의 청구원인 또는 방어방법과 관련하여 충분히 심리되어 상대방에게 제1심에서의 심급이익을 잃게 할 염려가 없는 경우를 말한다.[481] 본소와 청구원인을 같이 하는 반소, 제1심에서 청구원인 또는 방어방법과 관련하여 이미 충분히 심리한 쟁점과 관련된 반소, 항소심에서 추가된 예비적 반소 등이 해당될 것이다.[482]

2) 적법하다고 본 사례

488 본소와 반소의 쟁점이 동일하여 소송이 지연되거나 원고에게 불이익하게 될 우려가 없는 경우,[483] 본소와 반소의 청구원인 및 방어방법에 관하여 1심에서 충분한 심리가 이루어진 경우[484]에는 상대방이 부동의하여도 항소심에서의 반소가 적법하다고 보았다.

489 [판례] 서울고등법원 2013. 12. 5. 선고 2012르4039, 2013르1433 판결(심리불속행 상고기각)

항소심에서의 반소는 상대방의 심급의 이익을 해할 우려가 없는 경우 또는 상대방의 동의를 받은 경우에 제기할 수 있다(가사소송법 제12조, 민사소송법 제412조 제1항). 그런데 이 사건은 제1심에서 공시송달로 재판이 진행되어 청구원인에 관하여 피고의 방어방법의 제출 및 이에 대한 실질적인 심리가 이루어진 바 없고, 피고의 항소제기의 추후보완 신청에 의하여 당심에서야 비로소 실질적인 심리가 이루어지게 되었는바, 이 사건 반소 청구는 본소 청구와 마찬가지로 원·피고 사이의 혼인관계가 파탄에 이르렀는지 여부, 파탄의 책임이 누구에게 있는지 여부, 이혼에 따른 분할대상이 되는 재산의 존부 및 그 수액, 사건본인의 양육에 관한 사항 등을 쟁점으로 하고 있어 본소 청구를 심리하는 기회에 이를 함께 심리한다고 하여 소송이 지연되거나 원고에게 불이익하게 될 우려는 없다고 보여지므로, 피고의 반소는 적법하다.

490 [판례] 대구가정법원 2019. 8. 22. 선고 2018르4956, 5676 판결(확정)

이 사건 반소청구의 기초를 이루는 실질적인 쟁점은 혼인 파탄의 귀책사유가 누구에게 있는지, 그리고 재산분할 액수에 관한 것인데, 원고가 이혼, 재산분할 등을 구하는 이 사건 본소청구를 하였고, 제1심에서 원고의 이혼 및 재산분할 액수를 정하기 위한

481 대법원 2005. 11. 24. 선고 2005다20064, 20071 판결.
482 이시윤, 신민사소송법(제17판), 박영사(2024), 764~765.
483 서울고등법원 2013. 12. 5. 선고 2012르4039, 2013르1433 판결(심리불속행 상고기각).
484 대구가정법원 2019. 8. 22. 선고 2018르4956, 5676 판결(확정).

원·피고의 재산내역 등을 판단함으로써 위 실질적 쟁점에 대하여 충분히 심리되었으므로, 항소심에서의 이 사건 반소청구는 원고에게 제1심에서의 심급이익을 잃게 할 염려가 없다고 보아야 한다.

3) 부적법하다고 보아 각하한 사례

491 본소와 반소의 청구원인이 다른 경우[485]에는 상대방의 심급의 이익을 해할 우려가 있어 부적법하다고 보아 반소를 각하하였다.

492 [판례] 대법원 1994. 5. 10. 선고 93므1051, 1068 판결

미국 네바다주 이혼판결의 효력이 없다는 확인을 구하는 원고의 본소에 대하여 피고가 항소심에서 혼인관계가 파탄되었음을 이유로 이혼을 구하는 예비적 반소를 제기한 경우, 원고가 반소 제기에 대하여 부동의하고 있을 뿐 아니라 본소와 반소의 청구원인사실과 청구원인이 전혀 상이한 만큼 원고의 심급의 이익을 해할 우려가 있어 부적법하다.

4) 반소에 대한 판단

493 항소심에서 반소가 제기된 경우 반소가 부적법하다면 판결로써 각하하여야 하고, 적법하다면 심리·판결하여야 할 것이다. 항소심 법원이 아무런 판단을 하지 않은 경우에는 민사소송법 제212조 제1항 재판의 누락에 해당하여 상고에도 불구하고 반소 부분은 항소심 법원에 여전히 계속하게 된다.[486] 따라서 이 부분은 상고에 의하여 다툴 것이 아니고 항소심 법원에서 추가판결을 하여야 한다.

라. 재소금지의 원칙

1) 논의점

494 민사소송법 제267조 제2항은 "본안에 대한 종국판결이 있은 뒤에 소를 취하한 사람은 같은 소를 제기하지 못한다."라고 규정하고 있고, 가사소송법에서 그 적용을 배제하는 규정이 없으므로 가사소송법 제12조에 따라 재판상 이혼 소송에도 재소금지의 원칙이 적용된다. 재소금지 원칙이 적용되기 위해서는 소송물이 동일하고 권리보호이익도 동일하여야 한다.[487]

485 대법원 1994. 5. 10. 선고 93므1051, 1068 판결.
486 대법원 1989. 12. 26. 선고 89므464 판결.
487 대법원 1997. 12. 23. 선고 97다45341 판결.

2) 재소금지원칙에 반하지 않는다고 본 사례

495 장기간이 경과한 뒤 새로운 사유를 주장하며 제기되는 두 번째 소송은 이혼원인과 이혼사유가 달라 소송물이 상이하고 새로운 권리보호이익이 있으므로 재소금지원칙에 위반되지 아니하는 경우가 대부분일 것이다.

496 [판례] 서울고등법원 2012. 3. 29. 선고 2011르2920 판결(확정)
원고와 피고의 혼인관계는 첫 번째 및 두 번째 소에서 주장한 사유 외에 장기간의 별거 등 새로운 이혼 사유가 발생하여 파탄되었다고 할 것이어서 원고에게는 이전의 소와는 다른 새로운 권리 보호의 이익이 있다고 할 것이고, 따라서 이 사건 소는 재소금지원칙에 저촉되지 않는다.

3) 재소금지원칙에 위반하여 각하한 사례

497 전소 취하 후 한 달 만에 동일한 이혼사유를 주장하여 제기된 두 번째 소에 대하여 소송물이 동일하고 새로운 권리보호이익이 없다는 취지에서 재소금지원칙 위반으로 본 하급심 사례가 있다.

498 [판례] 수원지방법원 안산지원 2005드단7284 판결(확정)
첫 번째 소에 대하여 제1심 판결을 선고받고 항소심 계속 중 소를 취하한 뒤, 한 달 만에 동일한 이혼사유를 주장하며 제기한 두 번째 소는 가사소송법 제12조, 민사소송법 제267조 제2항에 정한 재소금지원칙에 위배되어 부적법하므로 각하한다.

V. 국제이혼소송

1. 국제가사사건

499 국제가사사건은 당사자의 국적, 주소, 행위지, 재산소재지 등 그 법률관계를 구성하는 여러 요소가 복수의 법질서에 관련되어 섭외적 성질을 가지는 가사사건을 말한다.

500 국제혼인이 증가함에 따라 국제이혼 관련 쟁점이 실무상 중요하게 다뤄지고 있고, 이에 수반하여 자녀와 부양의 문제가 쟁점이 되는 사안도 적지 않게 발생하고 있다. 아래에서는 이혼사건에 적용되는 국제사법 규정을 중심으로 국제재판관할권, 준거법의 결정, 외국판결의 승인 및 집행 순으로 재판상 이혼과 관련하여 발생할 수 있는 국제사법 쟁점에 관하여 살펴본다.

2. 국제이혼소송의 국제재판관할

가. 개념과 특징

501 국제재판관할권이란 외국적 요소가 있는 가사사건에 대하여 재판권을 가지는 국가들 중 어느 나라의 법원이 재판을 할 것인가 또는 할 수 있는가의 문제이다.

502 국제재판관할권은 소제기시 당해 국제사건에 관하여 우리나라 법원이 재판권을 행사할 수 있는가의 문제인 직접재판관할권(심리관할)과 외국판결의 승인·집행의 요건으로서 판결국에 국제재판관할권이 있는가의 문제인 간접재판관할권(승인관할)으로 구분하기도 하는데,[488] 후자는 후술하는 외국판결의 승인과 집행 부분에서 살피기로 하고, 이하에서 국제재판관할권이라고 하면 전자를 의미하기로 한다.

503 국제재판관할권과 외국판결의 승인 및 집행에서 재산관계사건에 대비하여 대두되는 국제가사소송법의 특징으로는, 가사사건은 사람의 신분과 생활 전반에 중대한 영향을 미치므로 원고의 구제에도 더 유념하여야 하는 점, 공익성이 강하므로 당사자의 임의처분이 제한되는 점, 파행적인 또는 불균형한 법률관계의 발생을 방지할 요청이 강하다는 점이 언급되곤 한다.[489]

504 구 국제사법(2022. 1. 4. 법률 제18670호로 전부개정되기 전의 것. 이하 '구 국제사법'이라고 함)은 제2조에서 국제재판관할에 관한 일반규정만을 두고 있었으나, 2022. 7. 5. 시행된 개정 국제사법은 외국의 입법 경향을 수용하여 국제재판관할에 관한 상세한 규정을 신설하였다. 따라서 아래의 국제관할규칙의 일반원칙에서는 국제사법 제2조와 구 국제사법 아래에서의 국제재판관할에 관한 논의를 살펴보고, 아래의 V. 2. 라.항 이하에서 개정 국제사법의 국제재판관할 규정을 살펴본다.

나. 직권조사사항

505 국제재판관할은 공익적 성격이 큰 독립된 소송요건이므로, 법원은 우리나라 법원에 당해 사건의 재판관할이 있는지 여부를 직권으로 조사하여야 한다.[490] 관

488 한숙희, "국제가사사건의 국제재판관할과 외국판결의 승인 및 집행-이혼을 중심으로-", 가사재판연구 Ⅰ, 서울가정법원 가사재판연구회(2007), 551; 이명철, "국제이혼소송에서의 국제재판관할과 외국이혼판결의 승인", 가정법원50주년기념논문집(2014), 서울가정법원, 267~268.

489 주해친족법(제2권)(제2판), 박영사(2025), 1761~1762(석광현).

490 국제재판관할에 대하여 응소관할이 인정된다고 보는 견해[문일봉, "국제적 응소관할", 사법논집 제30집, 법원도서관(1986), 278]에 의하면 피고의 항변이 있는 경우에 문제 될 것이다. 한편, 응소관할을 부정하는 견해로는 김원태, "섭외가사소송에서의 국제재판관할권에 관한 연구", 경성법학 제5호, 경성대학교(1996), 249.

할이 없다고 인정될 경우 소를 각하하여야 한다.[491]

다. 국제관할규칙의 일반원칙

1) 국제사법 제2조

506 대한민국 법원은 당사자 또는 분쟁의 사안이 대한민국과 실질적 관련이 있는 경우에 국제재판관할권을 가진다. 이 경우 법원은 실질적 관련의 유무를 판단함에 있어 당사자 간의 공평, 재판의 적정, 신속 및 경제를 꾀한다는 국제재판관할 배분의 이념에 부합하는 합리적인 원칙에 따라야 하고(국제사법 제2조 제1항), 국제사법이나 다른 법령, 조약에 국제재판관할에 관한 규정이 없는 경우에도 국내법의 관할 규정을 참작하고 국제재판관할의 특수성을 충분히 고려하여 국제재판관할권의 유무를 판단하여야 한다(국제사법 제2조 제2항).

507 제1항의 '실질적 관련'이란 법정지국인 대한민국이 국제재판관할권을 행사하는 것을 정당화할 수 있을 정도로 당사자 또는 분쟁의 대상이 우리나라와 관련성을 갖는 것, 즉 연결점이 존재하는 것을 의미한다. 제2항은 제1항의 추상적인 기준을 보완하기 위하여 구체적인 기준을 제시한 것으로 볼 수 있다. 국내법 관할 규정을 참작하되 국내법상 관할 또는 재판적이 없다는 이유만으로 국제재판관할권을 부정하여서는 아니되고 제1항의 실질적 관련성 원칙으로 돌아가 국제재판관할의 유무를 판단하여야 한다고 하거나,[492] 관할을 정하는 가사소송법 제13조, 제22조 등을 참작하되 국제재판관할의 특수성을 충분히 고려하여 국제재판관할규칙을 도출하는 것으로 해석하여야 한다고 한다.[493]

508 국제이혼사건에서 실질적 관련성을 판단하는 구체적인 자료로는 국적, 주소 또는 일상거소 등을 들 수 있다. 우리 국제사법이 신분 사건의 준거법에 대하여 기본적으로 본국법주의를 채택하고 있고 가사사건에서는 각국 실체법의 차이가 크기 때문에 재판국과 준거법국을 일치시키려는 경향이 있다는 점,[494] 우리나라의 신분관계는 가족관계등록부의 기재와 결부되기 때문에 우리나라에 가족관계등록부를 가지는 대한민국 국적자에게 관할을 인정하지 않을 수 없는 실제적인

491 대법원 1994. 2. 21. 자 92스26 결정.

492 이명철, "국제이혼소송에서의 국제재판관할권과 외국이혼 판결의 승인", 가정법원50주년기념논문집, 서울가정법원(2014), 269~270.

493 주해친족법(제2권)(제2판), 박영사(2025), 2046(석광현).

494 김원태, "국제이혼의 법적 문제", 가족법연구 제20권 제1호, 한국가족법학회(2006), 363.

이유가 있다는 점,[495] 신분관계, 이혼사유의 판단에 있어서 국가별 문화적 차이 등이 반영되는 점에서 국적이 의미를 가진다. 반면, 준거법의 결정과 재판관할의 결정은 다른 문제이므로 소송법적 고려를 배경으로 국적을 관할원인으로 삼는 것을 부정하는 견해도 있다.[496] 사람은 주소 또는 일상거소를 통하여 사회적, 경제적 관계를 맺게 되므로 이러한 점도 참작요소가 될 것이다. 또한 제2항에 의하면 국내법의 관할규정을 참작하여 국제재판관할권의 유무를 판단하여야 하므로 국제이혼사건에서는 관할에 관한 가사소송법 제22조를 우선적으로 참작하여야 할 것이다.[497]

2) 국제사법 제2조 관련 판례

509 대법원은, 구 국제사법 제2조의 규정에 비추어 국제재판관할은 당사자 간의 공평, 재판의 적정, 신속 및 경제를 기한다는 기본이념에 따라 결정하여야 하고, 구체적으로는 소송당사자들의 공평, 편의 그리고 예측 가능성과 같은 개인적인 이익뿐만 아니라, 재판의 적정, 신속, 효율 및 판결의 실효성 등과 같은 법원과 국가의 이익도 함께 고려하여야 하며, 이러한 다양한 이익 중 어떠한 이익을 보호할 필요가 있을지 여부는 개별 사건에서 법정지와 당사자의 실질적 관련성 및 법정지와 분쟁이 된 사안과의 실질적 관련성을 객관적인 기준으로 삼아 합리적으로 판단하여야 한다고 한다.[498]

510 당사자 및 자녀의 국적 및 거주지, 혼인의 성립 및 혼인생활의 형성지 등이 고려요소가 되고, 국제재판관할권은 복수가 병존할 수 있으므로,[499] 가장 밀접할 필요는 없다.

511 대법원이 국제사법 제2조의 실질적 관련성을 인정하여 우리나라 법원의 국제재판관할권을 긍정한 사례를 소개한다.

495 김명기, 국제사법원론(전정판), 법지사(2003), 372.

496 장문철, 국제사법, 홍문사(1996), 199; 안춘수, "국제재판관할권", 민사소송법의 제문제-정허 김홍규박사 화갑기념, 삼영사(1992), 442.

497 이명철, "국제이혼소송에서의 국제재판관할권과 외국이혼 판결의 승인", 가정법원50주년기념논문집, 서울가정법원(2014), 271.

498 대법원 2014. 5. 16. 선고 2013므1196 판결.

499 대법원 2014. 5. 16. 선고 2013므1196 판결.

512 [판례] 혼인의 성립, 혼인생활의 형성, 일상거소지가 대한민국인 경우 미국 국적 부부의 이혼 등 소송에 관하여 대한민국에 실질적 관련성이 있다고 본 사례[500] [501]

원고(남편)는 미합중국 국적으로 미주리 주에 법률상 주소를 두고 있고, 피고(처)는 대한민국 국적이었다가 혼인 후 미합중국 국적을 취득하였으며 둘은 1991. 11. 서울에서 혼인신고를 마치고 1992. 7.부터 2년가량 미국에서 거주하다 1994. 7.경 한국으로 돌아온 뒤 판결 당시까지 거주기한을 정하지 않고 사건본인들과 함께 거주하고 있는데 원고가 피고를 상대로 이혼, 친권자 및 양육자지정 등을 청구한 사안에서, 원·피고 모두 대한민국에 상거소를 가지고 있고 혼인이 대한민국에서 성립되었으며 그 혼인생활의 대부분이 대한민국에서 형성된 점 등을 고려하면 위 청구는 대한민국과 실질적 관련이 있다고 볼 수 있으므로 국제사법 제2조 제1항의 규정에 의하여 대한민국 법원이 재판관할권을 가진다고 할 수 있고, 원·피고가 선택에 의한 주소(domicile of choice)를 대한민국에 형성했고 피고가 소장 부본을 적법하게 송달받고 적극적으로 응소한 점까지 고려하면 국제사법 제2조 제2항에 규정된 '국제재판관할의 특수성'을 고려하더라도 대한민국 법원의 재판관할권 행사에 아무런 문제가 없다고 판시한 사례

513 [판례] 대한민국에서 혼인하고 대한민국 국적의 처와 자녀가 대한민국에 거주하는 경우 스페인 국적으로 스페인에 거주중인 남편을 상대로 한 이혼 등 소송에 관하여 대한민국에 실질적 관련성을 인정할 수 있다고 본 사례[502]

원고(처)는 대한민국 국적을 가지고 있고, 피고(남편)는 대한민국 국적을 가진 부모에게서 대한민국 국적을 가지고 태어나 스페인으로 이주하여 현재 스페인 국적을 가지고 있으며, 사건본인은 대한민국과 스페인 국적을 모두 가지고 있는데, 원고와 피고는 대한민국에서 2006. 8. 15. 결혼식을 마치고 한 달 가량 대한민국에서 혼인생활을 한 후 원고가 수술, 임신 및 사건본인의 출산 등으로 대한민국에 계속 거주하게 되자, 피고가 대한민국과 스페인을 왕래하면서 생활하다가, 2009. 3. 14.경에야 원고가 사건본인과 함께 스페인으로 출국하여 그때부터 스페인에서의 혼인생활이 시작되었으며 원고와 피고는 피고가 스페인 여성과 부정한 행위를 하였다는 이유로 다투고 원고는 2011. 6. 29. 사건본인과 함께 대한민국에 돌아와 현재까지 대한민국에 거주하면서 사건본인을 양육하고 있는 상태에서 원고가 피고를 상대로 이혼 및 위자료, 재산분할, 친권자 및 양육자 지정 등을 청구한 사안에서, ① 국제재판관할권은 배타적

500 대법원 2006. 5. 26. 선고 2005므884 판결.

501 평석으로는 김시철, "주한 미국인 부부의 이혼 및 미성년자녀에 관한 양육처분 등에 대하여-이혼재판관할권 및 준거법에 관한 우리제도와 미국제도에 대한 비교법적 검토를 중심으로-", 저스티스 제96호, 한국법학원(2007), 237~277.

502 대법원 2014. 5. 16. 선고 2013므1196 판결.

인 것이 아니라 병존할 수 있는 것이므로, 스페인 법원이 대한민국 법원보다 심리에 더 편리하다는 것만으로 대한민국 법원의 재판관할권을 쉽게 부정하여서는 곤란하고, 원고가 대한민국 법원에서 재판을 받겠다는 의사를 명백히 표명하여 재판을 청구하고 있는 점도 고려하여야 하는 점, ② 원고 및 사건본인이 대한민국 국적을 가지고 있고, 사건본인이 대한민국에서 출생하여 현재 대한민국 유치원에 다니고 있으며, 결혼식과 혼인신고가 원·피고가 대한민국에 거주할 때 이루어졌으므로 피고 역시 이혼소송이 대한민국에서 제기될 수 있음을 예측할 수 있었다고 보이는 점, ③ 원고는 혼인기간 내내 사건본인과 함께 대한민국에 주민등록이 되어 있었고, 실제 혼인 중 상당기간 대한민국에서 거주하였을 뿐만 아니라, 2011. 6. 29.경부터 현재까지 대한민국에서 생활하고 있어 원고의 상거소가 대한민국에 존재하는 점, ④ 국제사법 제39조 단서는 이혼의 준거법을 정함에 있어 "부부 중 일방이 대한민국에 상거소가 있는 대한민국 국민인 경우에는 이혼은 대한민국 법에 의한다."고 규정하고 있어 이 사건 소송의 준거법은 대한민국 법이 되므로, 대한민국 국민인 원고의 이익을 위해서도 대한민국 법원에 재판관할권을 인정할 필요가 있는 점, ⑤ 원고의 이 사건 청구에는 대한민국 국적을 가지고, 대한민국에 거주하며, 대한민국 국민에 의하여 양육되고 있는 사건본인에 대한 친권자 및 양육자 지정청구도 포함되어 있는데, 그러한 사항까지도 대한민국 법원이 관할할 수 없다는 것은 대한민국 국민에 대한 법의 보호를 포기하는 결과가 되는 점, ⑥ 피고가 소유하고 있는 재산이 대한민국 내에 존재하고, 원고가 위 재산을 가압류한 상황에서 원고의 위자료 및 재산분할청구의 실효성 있는 집행을 위해서도 대한민국 법원에 이혼소송을 제기할 실익이 있는 점 등의 사정을 근거로 원고의 이 사건 청구는 대한민국과 실질적 관련성이 있으므로 대한민국 법원에 국제재판관할권이 인정된다고 판시한 사례

514 [판례] 국제재판관할권을 판단할 때 고려할 사항, 국제사법 제 2 조가 가사사건에서도 적용되는지, 가사사건에서 실질적 관련의 유무를 판단하는 기준[503]

국제사법 제2조 제1항은 "법원은 당사자 또는 분쟁이 된 사안이 대한민국과 실질적 관련이 있는 경우에 국제재판관할권을 가진다. 이 경우 법원은 실질적 관련의 유무를 판단함에 있어 국제재판관할 배분의 이념에 부합하는 합리적인 원칙에 따라야 한다."라고 정하고 있다. '실질적 관련'은 대한민국 법원이 재판관할권을 행사하는 것을 정당화할 정도로 당사자 또는 분쟁이 된 사안과 관련성이 있는 것을 뜻한다. 이를 판단할 때에는 당사자의 공평, 재판의 적정, 신속과 경제 등 국제재판관할 배분의 이념에 부합하는 합리적인 원칙에 따라야 한다. 구체적으로는 당사자의 공평, 편의, 예측가

503 대법원 2021. 2. 4. 선고 2017므12552 판결.

능성과 같은 개인적인 이익뿐만 아니라, 재판의 적정, 신속, 효율, 판결의 실효성과 같은 법원이나 국가의 이익도 함께 고려하여야 한다. 이처럼 다양한 국제재판관할의 이익 중 어떠한 이익을 보호할 필요가 있는지는 개별 사건에서 실질적 관련성 유무를 합리적으로 판단하여 결정하여야 한다.

국제사법 제2조 제2항은 "법원은 국내법의 관할 규정을 참작하여 국제재판관할권의 유무를 판단하되, 제1항의 규정의 취지에 비추어 국제재판관할의 특수성을 충분히 고려하여야 한다."라고 정하고 있다. 따라서 국제재판관할권을 판단할 때 국내법의 관할 규정을 가장 기본적인 판단 기준으로 삼되, 해당 사건의 법적 성격이나 그 밖의 개별적·구체적 사정을 고려하여 국제재판관할 배분의 이념에 부합하도록 합리적으로 수정할 수 있다.

국제재판관할권에 관한 국제사법 제2조는 가사사건에도 마찬가지로 적용된다. 따라서 가사사건에 대하여 대한민국 법원이 재판관할권을 가지려면 대한민국이 해당 사건의 당사자 또는 분쟁이 된 사안과 실질적 관련이 있어야 한다. 그런데 가사사건은 일반 민사사건과 달리 공동생활의 근간이 되는 가족과 친족이라는 신분관계에 관한 사건이거나 신분관계와 밀접하게 관련된 재산, 권리, 그 밖의 법률관계에 관한 사건으로서 사회생활의 기본토대에 중대한 영향을 미친다. 가사사건에서는 피고의 방어권 보장뿐만 아니라 해당 쟁점에 대한 재판의 적정과 능률, 당사자의 정당한 이익 보호, 가족제도와 사회질서의 유지 등 공적 가치를 가지는 요소도 고려할 필요가 있다. 따라서 가사사건에서 '실질적 관련의 유무'는 국내법의 관할 규정뿐만 아니라 당사자의 국적이나 주소 또는 상거소, 분쟁의 원인이 되는 사실관계가 이루어진 장소(예를 들어 혼인의 취소나 이혼 사유가 발생한 장소, 자녀의 양육권이 문제 되는 경우 자녀가 생활하는 곳, 재산분할이 주요 쟁점인 경우 해당 재산의 소재지 등), 해당 사건에 적용되는 준거법, 사건 관련 자료(증인이나 물적 증거, 준거법 해석과 적용을 위한 자료, 그 밖의 소송자료 등) 수집의 용이성, 당사자들 소송 수행의 편의와 권익보호의 필요성, 판결의 실효성 등을 종합적으로 고려하여 판단하여야 한다.

재판상 이혼과 같은 혼인관계를 다투는 사건에서 대한민국에 당사자들의 국적이나 주소가 없어 대한민국 법원에 국내법의 관할 규정에 따른 관할이 인정되기 어려운 경우라도 이혼청구의 주요 원인이 된 사실관계가 대한민국에서 형성되었고(부부의 국적이나 주소가 해외에 있더라도 부부의 한쪽이 대한민국에 상당 기간 체류함으로써 부부의 별거상태가 형성되는 경우 등) 이혼과 함께 청구된 재산분할사건에서 대한민국에 있는 재산이 재산분할대상인지 여부가 첨예하게 다투어지고 있다면, 피고의 예측가능성, 당사자의 권리구제, 해당 쟁점의 심리 편의와 판결의 실효성 차원에서 대한민국과 해당 사안 간의 실질적 관련성을 인정할 여지가 크다.

피고는 이 사건 소 제기 전 소외인이 거주하던 고양시 소재 주소를 국내거소로 신고

하고 대한민국에서 부동산과 차량을 매수하여 소유·사용하였으며 이 사건 소 제기 당시에도 위 주소를 거주지로 주장하며 이송신청을 하는 등 대한민국에 생활의 근거를 두고 실제 거주하였다.

이 사건에서 원고와 피고 사이에 주로 다투어졌던 부분은 이혼사유와 관련하여 피고가 악의적 유기나 기망 등으로 원고에게 정신적 고통을 입히고 원고의 재산을 편취하였는지 여부와 대한민국에 존재하는 피고의 재산이 재산분할의 대상이 되는지 여부이다. 따라서 이 사건 분쟁은 대한민국과 실질적으로 깊은 관련이 있다.

원고와 피고는 현재 캐나다 국적을 보유하고 있지만 모두 대한민국과 연고가 있다. 특히 피고는 원고와 결혼한 다음에도 수시로 대한민국에 입국하여 머물렀고 대한민국에 있는 부동산을 매수하였으며 대한민국에 아들과 자매가 거주하고 있어 대한민국에서 소송을 하는 데 큰 어려움은 없을 것으로 보인다. 또한 원고가 대한민국에 있는 피고 소유의 부산 소재 아파트 등에 대한 재산분할을 주장하며 해당 부동산을 가압류한 상황에서 대상 재산에 대한 실효성 있는 집행을 위하여 원고가 대한민국 법원에서 재판을 받을 실익이 있다.

캐나다 국적인 원고가 피고를 상대로 스스로 대한민국 법원에 재판을 받겠다는 의사를 명백히 표시하여 재판을 청구하고 있고, 피고도 대한민국에서 소송대리인을 선임하여 응소하였다. 이 사건에 관하여 상당한 기간 대한민국 법원에서 본안에 관한 실질적인 변론과 심리가 이루어졌다.

이 사건의 요증사실은 대부분 출입국사실증명, 계약서, 계좌이체 내역 등의 서증을 통해 증명할 수 있어 반드시 캐나다 현지에서 조사할 필요가 있다고 보기 어렵고, 대한민국에서 소송을 하는 것이 피고에게 현저히 불리하다고 볼 수 없다. 반면 이 사건에 관하여 대한민국 법원의 국제재판관할을 부인하여 캐나다 법원에서만 심리해야 한다면 소송경제에 심각하게 반하는 결과를 가져온다.

준거법은 어느 국가의 실질법 질서에 따라 분쟁을 해결하는 것이 적절한지의 문제인 반면 국제재판관할권은 분쟁이 된 사안에 대하여 당사자의 공평, 재판의 적정, 신속과 경제 등에 비추어 어느 국가의 법원에 재판관할을 인정할 것인지의 문제로서, 이 둘은 서로 다른 이념에 따라 지배된다. 이 사건 법률관계의 준거법이 캐나다 이혼법 또는 캐나다 퀘벡주 민법이더라도 그러한 사정만으로 이 사건 소와 대한민국 법원의 실질적 관련성이 부정되지 않는다.

국제재판관할권은 배타적인 것이 아니라 병존할 수도 있으므로 설령 이 사건에 대하여 캐나다 법원에 재판관할권이 인정되더라도 그것이 대한민국 법원의 재판관할권을 부정하는 이유가 될 수는 없다.

요컨대, 원심이 이 사건에 대하여 대한민국 법원의 국제재판관할권이 인정된다는 전제에서 원피고의 이혼과 재산분할 등에 대하여 심리한 것에 상고이유 주장과 같이 국제재판관할권에 관한 법리를 오해하여 판결에 영향을 미친 잘못이 없다.

라. 혼인관계에 관한 사건의 특별관할(국제사법 제56조)

515 혼인관계에 관한 사건에 대하여는 ① 부부 중 한쪽의 일상거소가 대한민국에 있고 부부의 마지막 공동 일상거소가 대한민국에 있었던 경우, ② 원고와 미성년 자녀 전부 또는 일부의 일상거소가 대한민국에 있는 경우, ③ 부부 모두가 대한민국 국민인 경우, ④ 대한민국 국민으로서 대한민국에 일상거소를 둔 원고가 혼인관계 해소만을 목적으로 제기하는 사건의 경우에는 대한민국 법원에 국제재판관할이 있다.

마. 부모자녀 간의 법률관계 등에 관한 사건의 특별관할(국제사법 제59조)

516 미성년인 자녀 등에 대한 친권, 양육권 및 면접교섭권에 관한 사건에 대하여는 ① 자녀의 일상거소가 대한민국에 있는 경우, ② 부모 중 한쪽과 자녀가 대한민국 국민인 경우에는 대한민국 법원에 국제재판관할이 있다.

바. 일반관할(국제사법 제3조)

517 대한민국에 일상거소(habitual residence)가 있는 사람에 대한 소에 관하여는 대한민국 법원에 국제재판관할이 있다(피고관할원칙). 일상거소가 어느 국가에도 없거나 일상거소를 알 수 없는 사람의 거소가 대한민국에 있는 경우에도 같다. 일상거소는 사람이 상당한 기간 머무르면서 생활의 중심으로 삼는 장소를 말한다. 일반관할 규정은 국제사법 제56조 혼인관계에 관한 사건의 특별관할 규정에도 불구하고 혼인사건에서도 적용된다고 봄이 타당하다.[504]

사. 재산소재지의 특별관할(국제사법 제5조)

518 이혼에 따른 재산분할이나 부양료 청구와 같은 재산권에 관한 소에 대하여는 청구의 목적 또는 담보의 목적인 재산이 대한민국에 있거나, 압류할 수 있는 피고의 재산이 대한민국에 있는 경우 재산소재지의 특별관할을 인정할 수 있다.[505]

아. 관련사건의 국제재판관할(국제사법 제6조)

519 상호 밀접한 관련이 있는 여러 개의 청구 가운데 하나에 대하여 또는 공동피고 중 1인에 대하여 대한민국 법원에 국제재판관할이 있는 경우에는 그 여러 개의 청구 또는 공동피고에 대한 소를 하나의 소로 대한민국 법원에 제기할 수 있다. 이혼사

504 석광현, 2022년 개정 국제사법 해설 국제재판관할법, 박영사(2022), 346.
505 석광현, 2022년 개정 국제사법 해설 국제재판관할법, 박영사(2022), 377.

건의 경우 혼인관계 사건의 주된 청구에 대하여 대한민국 법원에 국제재판관할이 있는 경우 친권자, 양육자 지정, 부양료 지급 등 해당 주된 청구에 부수되는 부수적 청구에 대해서도 대한민국 법원에 소를 제기할 수 있다.

자. 반소관할(국제사법 제7조)

520 본소에 대하여 대한민국 법원에 국제재판관할이 있고 소송절차를 현저히 지연시키지 아니하는 경우 피고는 본소의 청구 또는 방어방법과 밀접한 관련이 있는 청구를 목적으로 하는 반소를 본소가 계속된 법원에 제기할 수 있다.

차. 합의관할과 변론관할의 배제(국제사법 제13조)

521 실종선고, 혼인관계, 친생자관계, 입양관계, 후견, 가사조정, 유언에 관한 사건의 특별관할 규정에 따라 국제재판관할이 정하여지는 사건에는 합의관할과 변론관할이 적용되지 아니한다.

카. 국제적 소송경합(국제사법 제11조)

522 같은 당사자 사이에 동시에 두 개 이상의 국가에서 동일한 소가 제기된 경우를 국제적 소송경합이라고 한다. 이 경우 외국법원의 재판이 대한민국에서 승인될 것으로 예상되는 때에는 법원은 판결의 모순, 저촉을 피하기 위하여 직권 또는 당사자의 신청에 의하여 결정으로 소송절차를 중지할 수 있다. 다만 대한민국 법원에서 해당 사건을 재판하는 것이 외국법원에서 재판하는 것보다 더 적절한 것이 명백한 경우에는 소송절차를 중지할 수 없다.

타. 국제재판관할권의 불행사(국제사법 제12조)

523 국제사법에 따라 대한민국 법원에 국제재판관할이 있는 경우에도 법원이 국제재판관할권을 행사하기에 부적절하고, 국제재판관할이 있는 외국법원이 분쟁을 해결하기에 더 적절한 예외적인 사정이 명백한 경우에는 법원은 피고의 신청에 따라 본안에 관한 최초의 변론기일 또는 변론준비기일까지 소송절차를 중지하는 결정을 하거나 소를 각하할 수 있다. 다만 소송절차를 중지하거나 소를 각하하기 전에 원고에게 진술할 기회를 주어야 한다.

3. 국제이혼소송의 준거법

가. 준거법 일반

524 준거법이란 국제사법 규정에 의하여 외국적 요소가 있는 생활관계에 적용되는 법으로 지정된 내국 또는 외국의 법이다. 외국적 요소가 있는 사건의 준거법에

관하여 당사자가 주장하지 않더라도 법원으로서는 직권으로 국제사법을 적용하여 준거법을 정하여야 한다.[506] 섭외적 사건에 관하여 적용될 외국법규의 내용을 확정하고 그 의미를 해석함에 있어서는 그 외국법이 그 본국에서 현실로 해석·적용되고 있는 의미·내용대로 해석하고 적용하여야 하는 것이지만 소송과정에서 그 외국의 판례나 해석기준에 관한 자료가 제출되지 아니하여 그 내용의 확인이 불가능한 경우에는 법원으로서는 일반적인 법해석 기준에 따라 법의 의미·내용을 확정할 수밖에 없을 것이다.[507]

525 준거법을 적용하기 위해서는 ① 법률관계의 성질 결정, ② 연결점의 확정, ③ 준거법의 지정과 적용이라는 세 가지의 단계적 구조를 거쳐야 한다.

나. 국제이혼사건의 준거법

1) 개요

526 국제사법은 제66조 본문에서 이혼의 준거법에 관하여 혼인의 일반적 효력에 관한 제64조를 준용하면서, 단서에서 부부 중 한쪽이 대한민국에 일상거소가 있는 대한민국 국민인 경우에는 대한민국 법을 준거법으로 한다고 정하고 있다. 과거 섭외사법에서는 이혼의 준거법을 부의 본국법으로 규정하여 헌법상의 양성평등 원칙에 반한다는 비판이 있었으나, 국제사법은 이혼이 혼인관계의 해소라는 점에서 혼인의 일반적 효력의 준거법에 관한 제64조를 준용하도록 하여 이러한 문제점을 제거하고 단서에 내국인조항을 신설하였다.

2) 국제사법 제66조 본문

527 국제사법 제66조 본문에서 준용하는 혼인의 일반적 효력에 관한 제64조는 "다음 각 호의 법의 순위에 의한다."고 하여 단계적 연결방법을 채택하고 있으며, 1단계로서 신분문제에 있어 기본원칙인 본국법주의에 따라 부부의 동일한 본국법에 의하고(제1호), 2단계로 동일한 본국법이 없이 국적이 다른 부부의 경우에는 부부의 동일한 일상거소지법을 준거법으로 하며(제2호), 3단계로 국적과 일상거소지 마저 다른 경우에는 부부와 가장 밀접한 관련이 있는 곳의 법을 준거법으로 한다(제3호).

506 대법원 1982. 8. 24. 선고 81다684 판결.

507 대법원 2010. 3. 25. 선고 2008다88375 판결, 대법원 2010. 8. 26. 선고 2010다28185 판결.

가) 부부의 동일한 본국법

(1) 복수국적자의 경우

528 복수국적자의 경우 복수의 국적 중 어느 하나의 국적이 상대방의 국적과 동일하면 그 국가의 법을 부부의 동일한 본국법으로 볼 것인지 아니면 국제사법 제16조 제1항은 복수국적자에 대하여 그와 가장 밀접한 관련이 있는 국가의 법을 그 본국법으로 하도록 하고 다만 그 국적 중 하나가 대한민국인 때에는 대한민국 법을 본국법으로 하도록 하고 있으므로 국제사법 제16조 제1항에 따라 정해진 복수국적자의 본국법과 상대방의 본국법이 일치하여야만 동일한 본국법이 있는 것으로 볼 것인지 문제된다.

529 국제사법은 '동일한 본국법'을 '공통의 본국법'과 구별하여 사용하고 있는 점(국제사법 제73조 제1항 부양의 준거법에 관하여는 단서에서 당사자의 '공통 본국법'을 준거법으로 지정하고 있다), 혼인 및 이혼의 효력에서는 당사자 간에 가장 밀접한 준거법을 정할 필요가 있는 점(이와 달리 '공통의 본국법'으로 지정하는 경우는 준거법을 더 널리 인정할 필요가 있는 경우이다)을 근거로 혼인의 일반적 효력 및 이를 준용하는 이혼의 준거법은 국제사법 제16조 제1항에 따라 정해진 본국법, 즉, 본문의 경우 가장 밀접한 관련이 있는 국가의 법 또는 단서의 경우 대한민국 법이 상대방의 본국법과 일치하여야 한다는 견해가 있다.[508] 그러나 법무부 해설에서는 남편이 한국과 미국 국적을 가지고 있고 처가 미국 국적을 가진 경우 이중국적자인 부의 본국법은 국제사법 제16조 제1항에 의하여 대한민국 법이 되고, 부부간에 동일한 본국법은 존재하지 않지만 부부간에 미국 국적이 공통되므로 미국법이 공통 본국법이 된다는 취지로 설명하고 있다.[509]

(2) 미국 등 불통일법국가

530 미국, 영국, 스위스, 캐나다 등 연방국가로서 한 국가 내에서 지역마다 법률이 다른 불통일법국가의 국적자는 부부의 주가 다르다면 부부가 같은 국적을 가지고 있더라도 동일한 본국법이 없게 되는 경우가 있다.

531 국제사법 제66조, 제64조 제1호의 본국법의 의미는 불통일국가의 본국법 결정에 관한 국제사법 제16조 제3항에서 걸러진 본국법에 의하여야 한다고 한다.[510] 국

508 주해친족법(제2권)(제2판), 박영사(2025), 1793(석광현).
509 국제사법 해설, 법무부(2001), 133.
510 주해친족법(제2권)(제2판), 박영사(2025), 1731(석광현). 대법원 2006. 5. 26. 선고 2005므884 판결도 구 국제사법 제39조, 제37조 제1호의 본국법의 의미를 살필 때 제3조 제3항을 먼저 적용하고 있다.

제사법 제16조 제3항은 당사자가 지역에 따라 법을 달리하는 국가의 국적을 가질 경우에는 그 국가의 법 선택규정에 따라 지정되는 법에 따르고, 그러한 규정이 없는 경우에는 당사자와 가장 밀접한 관련이 있는 지역의 법에 따른다고 규정하고 있다. 그 국가의 법 선택규정이란 그 국가의 통일적인 준국제사법을 말하는 것이므로,[511] 통일적인 준국제사법이 존재하지 않고 각 주별로 준국제사법을 가지고 있는 미국은 위 조항 단서의 법 선택규정이 없는 때에 해당하게 된다. 따라서 만약 부부가 같은 미국 국적이라도 한명은 뉴욕주, 상대방은 캘리포니아주에 거주하고 있다면, 제1호의 동일한 본국법은 없게 되어 제2호 또는 제3호에 따라 준거법이 정해진다.

나) 부부의 동일한 일상거소지법

532 일상거소(habitual residence)는, 주소(domicile) 개념이 국가에 따라 상이하여 주소를 연결점으로 하더라도 국제적 통일을 기할 수 없기 때문에 헤이그국제사법회의에서 채택한 협약 등 저촉규범의 통일을 목적으로 하는 다수의 협약에서 연결점으로 사용되고 있는 개념이다.[512] 일상거소 개념은 이처럼 국제적으로 통일된 개념을 사용하는 것이 바람직하다는 고려에서 비롯된 것이므로 국제사법에 별도의 정의 규정을 두지는 않았고, 사람이 상당한 기간 머무르면서 생활의 중심으로 삼는 장소를 말하는 것으로 이해되고 있다.[513] 법적인 개념인 주소와 달리 일상거소는 사실상의 개념으로서 구체적인 상황에 따라 당사자의 체류기간, 체류의사와 목적, 가족관계와 근무관계 등 관련요소를 종합적으로 고찰하여 그가 그 사회에 통합되었다고 볼 수 있는지에 따라 판단하여야 한다고 한다.[514] 당사자의 일상거소지법에 따라야 하는 경우에 당사자의 일상거소를 알 수 없는 경우에는 그의 거소가 있는 국가의 법에 따른다(국제사법 제17조). 한편 가족관계등록예규 제590호 “신분관계를 형성하는 국제신분행위를 함에 있어 신분행위의 성립요건구비 여부의 증명절차에 관한 사무처리지침”에서 상거소의 판단기준을 제시하고 있으나,[515] 이는 가족관계등록 공무원의 원활한 사무처리를 위한 사무

511 주해친족법(제2권)(제2판), 박영사(2025), 1731(석광현).

512 한숙희, “국제가사사건의 국제재판관할과 외국판결의 승인 및 집행-이혼을 중심으로”, 가사재판연구 I, 서울가정법원, 가사재판연구회(2007), 565.

513 주해친족법(제2권)(제2판), 박영사(2025), 1797(석광현); 법원실무제요, 가사[I], 사법연수원(2021), 401.

514 주해친족법(제2권)(제2판), 박영사(2025), 1798(석광현); 최흥섭, “국제사법에서 성명준거법-독일법을 중심으로”, 국제사법연구 7, 한국국제사법학회(2002), 525~532.

515 신분관계를 형성하는 국제신분행위를 함에 있어 신분행위의 성립요건 구비여부의 증명절차에 관한 사무처리지침 제3조.

처리상의 기준에 불과하므로 법원을 구속하지 않는다.

다) 부부와 가장 밀접한 관련이 있는 곳의 법

533 제1호·제2호의 적용이 없는 경우에 보충적으로 적용되는 준거법이다. 국제사법은 이에 관한 판단기준을 제시하고 있지 않으나 제반사정을 고려하여야 할 것이다. "신분관계를 형성하는 국제신분행위를 함에 있어 신분행위의 성립요건구비 여부의 증명절차에 관한 사무처리지침" 제4조는 가장 밀접한 관련이 있는 곳의 법을 국제신분행위의 준거법으로 하고자 하는 경우, 해당 장소가 신분행위당사자와 가장 밀접한 관련이 있는 곳인지는 구체적 상황에 있어서 당사자의 체류기간, 체류목적, 가족관계, 근무관계 등 관련 요소를 종합적으로 고려하여 판단할 것이며, 그 판단이 어려울 때에는 감독법원에 질의하고 그 회답을 받아 처리한다고 규정하고 있다.

라) 국제사법 제66조 단서(내국인 조항)

534 국제사법 제66조 단서는 "부부 중 한쪽이 대한민국에 일상거소가 있는 대한민국 국민인 경우에는 이혼은 대한민국 법에 따른다."고 규정한다. 위 단서는 본문의 제1호·제2호에서는 문제될 여지가 없고 제3호의 경우에만 문제될 것인데, 우리나라 법이 본문의 밀접관련지법으로서 인정될 여지가 많은 점에서 정당성이 있다고 한다.[516] 협의이혼제도가 인정되는 우리나라에서 협의이혼신고서가 제출되는 경우 가족관계등록 공무원이 이혼 성립 여부를 검토하기 위하여 준거법의 결정이 필요한 호적실무상 편의를 위하여 신설된 조항이다.[517]

마) 준거법 지정의 예외(국제사법 제21조 제1항)

535 국제사법 제21조 제1항은 "이 법에 따라 지정된 준거법이 해당 법률관계와 근소한 관련이 있을 뿐이고, 그 법률관계와 가장 밀접한 관련이 있는 다른 국가의 법이 명백히 존재하는 경우에는 그 다른 국가의 법에 의한다."고 규정한다.

536 국제사법 제64조 제3호에서도 '밀접한 관련'이 있는 국가의 법을 준거법으로 정하고 있으나 국제사법 제21조 제1항의 규정은 국제사법 제64조 제1호에 의하여 당사자의 동일한 본국법, 제2호에 의하여 동일한 일상거소지법이 준거법으로 지정되었으나 예외적으로 그 준거법의 적용을 배제하는 조항으로서, 국제사법 제64조 제1호·제2호에 의한 준거법이 없는 경우 제3호에 의하여 준거법이 지정되는 경

516 김원태, "국제이혼의 법적문제", 가족법연구 제20권 제1호, 한국가족법학회(2006), 358.
517 국제사법해설, 법무부(2001), 141~142; 김연 외 2인 국제사법(제4판), 법문사(2022), 415.

우와는 차이가 있다.

537 대법원은, 원·피고가 대한민국에 상거소가 있으나 국적이 모두 미국이고 이혼절차 등은 모두 미국 미주리 주의 법에 따라서 진행되는 것으로서 대한민국은 이 사건에 대하여 별다른 이해관계가 없는 반면에 미국 미주리 주는 그 법률관계와 가장 밀접한 관계가 있으므로 구 국제사법 제8조 제1항에 따라서 미주리 주의 법이 준거법이 되어야 한다고 주장한 사안에서, 원·피고는 모두 대한민국에 상거소를 가지고 있을 뿐만 아니라 종전 주소지인 미주리 주의 법에 따른 선택에 의한 주소(domicile of choice)를 대한민국에 형성하였으므로 대한민국의 법률인 민법은 이 사건에 대하여 충분한 관련성을 구비한 준거법으로 볼 수 있어 구 국제사법 제8조 제1항의 예외가 적용되지 않는다고 하였다.[518]

3) 반정과 숨은 반정

가) 외국법에 따른 대한민국 법의 적용 - 반정[519]

538 반정이란, 준거법으로 지정된 나라의 법선택규정(Choice of law rule)의 지시에 따라 법정지법을 적용하는 것을 말한다. 이혼의 준거법이 외국법인데 그 국가의 국제사법이 우리 법에 의할 것을 지시하는 때에는 반정이 일어날 수 있다. 국제사법 제22조 제1항은 직접 반정을 명문으로 인정하고 있다. 다만 국제사법 제22조 제2항에서는 반정을 허용하는 것이 적절하지 않은 경우를 예시하여 반정을 불허하고 있다. 친족법, 상속법 분야 뿐 아니라 물권법과 법정채권 분야에서도 반정이 허용될 것이나 물권법과 법정채권 분야는 국제적으로 연결원칙이 상당히 통일되어 있으므로 실무상은 친족법, 상속법에서 중요한 역할을 한다고 한다.[520]

539 원고와 피고의 국적이 모두 중화인민공화국이고 모두 대한민국에 상거소를 두고 있는 사안에서, 구 국제사법 제39조 본문, 제37조 제1호에 의하면 이혼에 관하여 부부의 동일한 본국법이 제1차적으로 적용되므로 중화인민공화국 혼인법이 적용되어야 할 것이나, 당사자 일방 또는 쌍방의 상거소가 중화인민공화국 영역 외에 있는 경우에 적용되는 중화인민공화국의 섭외민사관계법률적용법(2011. 4. 1. 시행)

518 대법원 2006. 5. 26. 선고 2005므884 판결.

519 원래 반정이란 불어의 renvoi를 번역한 것인데 일본에서 반송한다는 의미로서 반치라는 용어를 사용한 것에서 비롯되었고 1962년 섭외사법 제정시 반정이라는 말로 대체된 것이라고 한다. 영미에서는 대체로 renvoi를 그대로 사용하고 있다. 최공웅, "섭외이혼사건과 반정원칙의 적용", 사법연구자료 제5집, 법원도서관(1978), 22.

520 주해친족법(제2권)(제2판), 박영사(2025), 1752(석광현).

제27조는 재판상 이혼은 법정지법에 의한다고 규정하고 있으므로, 결국 구 국제사법 제9조 제1항의 준거법 지정시의 반정 규정에 의하여, 준거법으로 법정지법인 대한민국 민법을 적용한 하급심 사례가 있다.[521]

나) 숨은 반정

540 한편, 우리나라의 국제사법이 다른 나라의 법을 준거법으로 지정하였는데 그 나라의 법이 우리나라 법원의 국제재판관할을 인정하고 있다면, 이러한 국제재판관할의 지정 속에 숨겨진 저촉규정에 의한 반정을 인정하여 우리나라 법을 준거법으로 적용해야 한다는 원칙이 '숨은 반정'이다. 주로 영미법계에서는 이혼의 준거법에 관하여 그 나라의 법원이 국제재판관할권을 가지는 경우만을 규정하고, 관할이 있으면 법정지법을 준거법으로 적용하도록 하고 있는 법정지법주의를 취하고 있는데, 그 국가의 법이 준거법으로 지정되었고 그 국가의 국제재판관할규칙이 우리나라를 법정지로 정하고 있다면 그 안에 우리 법으로 반정하는 내용의 저촉규범이 숨어있다고 보는 것이다.

541 숨은 반정이 허용되려면 ① 우리 국제사법에 의하여 연결대상의 준거법이 외국법으로 지정될 것, ② 당해 외국에 연결대상에 대한 독립적인 저촉법규칙이 없을 것, ③ 당해 외국의 국제재판관할규칙에 따르면 우리나라에 국제재판관할권이 있을 것, ④ 당해 국가가 자국에서 재판할 경우 법정지법을 실질법으로 적용할 것, ⑤ 반정을 허용하는 것이 우리 국제사법의 지정 취지에 반하지 아니할 것의 요건이 구비되어야 한다고 설명하는 견해가 있다.[522]

542 국제사법은 숨은 반정을 명시하지 않고 있으나, 대법원은 반정에 관한 구 국제사법 제9조 제1항을 유추적용하여 '숨은 반정'의 법리를 받아들이고 있다.[523]

543 [판례] 대법원 2006. 5. 26. 선고 2005므884 판결

구 국제사법 제39조, 제37조 제1항에 의하면 이혼에 관하여는 부부의 동일한 본국법이 제1차적으로 적용되는데, 미국은 지역에 따라 법을 달리하는 국가이므로 구 국제사법 제3조 제3항에 따라 미국 국적을 보유한 원·피고 사이의 이혼청구사건 등에 대한 준거법을 결정함에 있어서는 종전 주소지를 관할하는 미주리 주의 법규정 등을

521 서울가정법원 2019. 3. 22. 선고 2018드단22650 판결(확정).

522 석광현, "국제가사사건을 다루는 법률가들께 드리는 고언", 가족법연구 제30권 제1호, 한국가족법학회(2016), 115.

523 대법원 2006. 5. 26. 선고 2005므884 판결.

검토해야 할 것인데 미주리 주의 법과 미국의 국제사법에 관한 일반원칙 등에 의하면 미국 국적을 보유한 원·피고가 모두 선택에 의한 주소(domicile of choice)를 대한민국에 형성한 상태에서 대한민국에 제기된 이혼 청구 등에 관해서는 원·피고의 현재 주소(domicile)가 소속된 법정지의 법률이 준거법이 되어야 할 것이므로, 결국 준거법 지정시 반정에 관한 구 국제사법 제9조 제1항을 유추적용한 '숨은 반정'의 법리에 따라 이 사건에 대하여는 이혼, 친권자 및 양육자지정 등을 규율하는 법정지법인 우리 민법을 적용하여야 한다.

4) 공서조항

544 이혼의 준거법으로 된 외국법 규정의 적용이 대한민국의 선량한 풍속이나 그 밖의 사회질서에 명백히 위반될 때에는 그 규정을 적용하지 아니한다(국제사법 제23조). 국제사법에서 공서의 원칙은 추상적인 외국법 자체를 비난하는 것이 아니라 외국법을 적용한 결과로 인해 자국의 기본적인 사회질서가 파괴될 우려가 있는 경우 이를 막기 위한 것이므로 외국법 자체의 내용이 아니라 외국법을 적용한 결과를 배제하는 것이다. 사우디아라비아인이 한국에서 중혼을 하는 것을 허용할 수는 없지만 그가 본국법에 따라 이미 중혼을 하였다면 제2부인의 부양청구권과 같이 그에 따른 개별적 효력을 주장하는 것은 공서위반이 되지 않는다고 한다.[524] 종교적 이유로 이혼을 금지하고 있는 외국의 법이 준거법으로 지정된 경우라면 그 외국법의 적용은 우리나라의 공서에 반할 수 있다.

545 필리핀 민법이 준거법으로 지정된 경우 이혼을 허용하지 않는 필리핀 민법은 우리나라의 공서양속에 반한다는 이유로 필리핀 민법의 적용을 배척하고 우리나라 민법을 적용한 하급심 사례가 있다[525] [526]

546 '선량한 풍속 그 밖의 사회질서'란 민법 제103조의 국내적 공서가 아니라 국제적 공서를 의미한다.[527] 민법상의 공서로 해석한다면 국내법과 다른 내용의 외국법의 적용이 배제되어 국제사법규정의 대부분은 무의미하게 될 것이기 때문이다. 따라서 파탄주의를 취한 외국 이혼법의 적용이 국제사법상 공서에 반하는 것은 아니다.[528] 외국법의 적용이 배제되는 효과는 우리나라 법으로 대체되는 것이다.

524 주해친족법(제2권)(제2판), 박영사(2025), 1757(석광현).
525 서울가정법원 1981. 3. 11. 선고 79드2574 판례.
526 섭외사법이 적용되던 때의 판결이다.
527 주해친족법 (제2권)(제2판), 박영사(2025), 1758(석광현).
528 주해친족법 (제2권)(제2판), 박영사(2025), 1758(석광현).

547 한편, 국제사법 제20조(대한민국 법의 강행적 적용)는 입법목적에 비추어 준거법에 관계없이 해당 법률관계에 적용되어야 하는 대한민국의 강행규정은 이 법에 따라 외국법이 준거법으로 지정되는 경우에도 적용하도록 규정하고 있다. 이는 외국법이 준거법으로 지정되는 과정을 거치지 않고 외국법의 내용과 관계없이 대한민국의 강행규정이 적용된다는 점에서 외국법의 내용이 문제되는 위 제23조의 공서조항과 적용되는 면이 다르다.

5) 준거법의 적용범위

548 가) 국제사법 제66조는 이혼의 성립과 효력에 관한 실체법을 규율한다. 재판상 이혼에 의할 경우 그 절차는 법정지법인 대한민국 법에 따른다.

549 나) 혼인관계의 해소라는 이혼의 주된 효과는 이혼의 준거법에 따른다. 그런데 이혼의 결과 발생하는 부수적 효과는 이혼의 준거법에 따를 것인지 그 법률관계의 성질결정에 따를 것인지[529] 문제될 수 있다.

(1) 부부재산제와 재산분할청구

550 이혼이 부부재산제에 미치는 효과는 이혼의 부수적 결과로 보아 이혼의 준거법에 따르는 것이 아니라 별도의 연결대상인 부부재산제의 문제로서 부부재산제의 준거법에 관한 국제사법 제38조 제1항 따른다는 것이 우리나라의 통설이다.[530]

551 이혼시의 재산분할이 부부재산제의 준거법에 따를 사항인지 이혼의 준거법을 따를 사항인지 문제된다. 우리나라의 다수설은 재산분할제도는 이혼에 수반하는 재산적 급부로서 상호보완적 관계에 있는 배우자간의 부양 역시 이혼의 준거법에 의하도록 하고 있는 것(국제사법 제73조 제2항)과의 통일적 연결을 위하여 이혼의 준거법에 의한다고 한다.[531]

529 국제사법에서 성질결정이라 함은 어떠한 사안을 적절한 저촉규정에 포섭할 목적으로 독립한 저촉규정의 체계개념을 해석하는 것 또는 그의 사항적 적용범위를 확정하는 것을 말한다. 국제사법은 다양한 법률관계 또는 연결대상에 대하여 적절한 연결점을 규정함으로써 준거법을 결정하는 구성을 취하고 있으므로 법률관계 또는 연결대상의 성질결정의 문제는 실무적으로 국제사법의 어느 조문을 적용할 것인가의 형태로 제기된다. 예를 들어, 이혼에 따른 자녀의 친권자, 양육권자 지정과 면접교섭의 문제가 이혼의 문제로 성질결정된다면 국제사법 제66조에 따라 준거법이 결정되고, 친자관계의 문제로 성질결정된다면 국제사법 제72조에 따라 준거법이 결정되는 것이다. 주해친족법(제2권)(제2판), 박영사(2025), 1722~1723(석광현).

530 신창선, 국제사법 제4판, 도서출판 학우(2005), 351; 윤종진, 개정 현대 국제사법, 한올출판사(2003), 454; 김원태, “국제이혼의 법적 문제”, 가족법연구 20권 제1호, 한국가족법학회(2006), 362.

531 김원태, “국제이혼의 법적 문제”, 가족법연구 20권 1호, 한국가족법학회(2006), 362; 신창섭, 국제사법 제5판, 세창출판사(2022), 347; 안춘수, 국제사법 제2판, 법문사(2022), 318.

552 판례는 위자료 및 재산분할청구에 관한 법률관계에 대하여 이혼의 준거법에 따른 원심 판단을 수긍한 경우[532]도 있고, 재산분할청구에 관한 법률관계에 대하여 부부재산제의 준거법에 따른 원심을 수긍한 경우[533]도 있다.[534]

(2) 위자료

553 이혼시 혼인의 파탄에 대하여 책임이 있는 상대방에 대하여 이혼으로 입게 되는 정신적인 손해에 대한 위자료 청구(소위 이혼위자료)에 관하여, 불법행위로 인한 손해배상청구로 본다면 국제사법 제52조의 불법행위의 준거법에 의할 것이고, 이혼시 재산적 급부의 일환으로 보아 이혼의 부수적인 결과에 속하는 것으로 본다면 이혼의 준거법에 의할 것이다. 우리나라에서는 후자의 견해가 대부분으로 보인다.[535]

554 이혼위자료가 아니라 이혼에 이르게 된 원인행위에 기한 손해배상청구는 별도의 불법행위를 구성하므로 이에 관하여는 국제사법 제52조에 정한 불법행위의 준거법에 의할 것이다.

(3) 자에 대한 친권 및 양육권, 면접교섭권

555 이혼의 효력으로 볼 것인지 부모·자녀 간의 법률관계로 볼 것인지 논란이 있을 수 있다. 우리나라에서는 다른 친자간 법률문제와의 통일적 연결, 자의 보호를 위하여 국제사법 제72조 부모·자녀 간의 법률관계의 준거법(부모와 자녀의 본국법이 모두 동일한 경우에는 그 법, 그 외의 경우에는 자녀의 일상거소지법)에 의한다는 견해가 다수이다.[536]

(4) 자녀의 양육비

556 자녀의 양육비는 부양의 문제라 할 것이므로, 부양에 관한 준거법을 규정한 국제사법 제73조에 따라 결정될 것이다. 따라서 양육비 사건은 ① 부양권리자의 일상거소지법(다만 그 법에 따라 부양을 받을 수 없을 때에서는 당사자의 공통 본국법), ② 부양권리자와 부양의무자가 모두 대한민국 국민이고, 부양의무자가 대한민국에 일상거소가 있는 경우에는 대한민국의 법에 따른다. 판례는 외국 국적

532 대법원 2018. 9. 13. 선고 2015므2124, 2131 판결.
533 대법원 2021. 2. 4. 선고 2017므12552 판결.
534 법원실무제요, 가사[Ⅰ], 사법연수원(2021), 421~422.
535 김원태, "국제이혼의 법적 문제", 가족법연구 제20권 제1호, 한국가족법학회(2006), 362
536 신창선, 국제사법 제4판, 도서출판 학우(2005), 351; 윤종진, 개정 현대 국제사법, 한올출판사(2003), 455; 김원태, "국제이혼의 법적 문제", 가족법연구 제20권 제1호, 한국가족법학회(2006), 362.

양육자가 한국 국적 비양육자에 대하여 인지판결 전후의 과거양육비를 청구한 사건에서 국제사법 제73조에 따라 준거법을 정하여야 한다고 판단하였다.[537]

(5) 기타

557 대한민국에서 이혼이 이루어지거나 승인된 경우에 이혼한 당사자 사이의 부양의무는 이혼에 관하여 적용된 법에 따른다(국제사법 제73조 제2항). 혼인 중 공통으로 사용하고 있는 타방 당사자의 성(姓)을 이혼 후에도 사용할 수 있는지에 관하여, 성의 변경을 혼인의 효력으로 본다면 이혼의 준거법에 따라 결정될 것이나 배우자의 성의 문제를 인격권으로 파악한다면 속인법에 의한다고 보아야 할 것이다. 후자로 보는 견해는 부부 각자의 본국법에 의한다고 하고 다수의 견해로 보인다.[538] 재혼금지는 이혼의 효과라기보다는 혼인의 실질적인 성립요건으로서 국제사법 제63조 제1항에 따라 각 당사자의 본국법에 의할 것이다.[539]

4. 외국판결의 승인과 집행

가. 개요

558 외국판결의 승인이란 외국법원이 내린 판결의 내용에 대하여 그 외국법상 인정되는 효력을 국내에서 적법한 것으로 인정하여 효력이 있음을 확인하는 것이고, 외국판결의 집행이란 외국법원이 내린 판결에 기하여 국내에서 집행하는 절차를 말한다.

나. 외국판결의 승인

559 1) 민사소송법 제217조의 규정이 외국에서의 이혼판결 등 형성판결에도 적용되는가에 관하여는 위 규정이 전적으로 적용된다는 견해, 상호보증의 요건을 제외한 제1호부터 제3호의 요건만 적용된다는 견해, 위 규정이 적용되지 않는다는 견해가 있다. 특히 상호보증의 요건이 문제되는 이유는 일반적으로 재산권상 청구에서 상호보증을 요구할 경우 당사자의 이익이 침해되는데, 신분관련 사건에서 상호보증을 요구할 경우 파행적, 불균형적 신분관계가 발생할 가능성이 커지고, 당사자의 이익 뿐 아니라 국가이익도 침해되기 때문이다. 독일에서는 가사

537 대법원 2023. 10. 31. 결정 2023스643.

538 신창섭, 국제사법(제5판), 세창출판사(2022), 346; 신창선, 국제사법 제4판, 도서출판 학우(2005), 350; 윤종진, 개정 현대 국제사법, 한올출판사(2003), 454; 김원태, "국제이혼의 법적 문제", 가족법연구 제20권 제1호, 한국가족법학회(2006), 363.

539 주해친족법(제2권)(제2판), 박영사(2025), 1840(석광현).

및 비송사건절차법(제109조 제4항)에서 상호보증이 필요한 사건을 열거하고 있는데 여기에 이혼사건이 포함되어 있지 않아 이혼사건에서 상호보증이 요구되지 않는다고 한다.

560 대법원은 이혼 판결에도 상호보증이 필요하다는 전제하에 상호보증의 존부를 판단하고 있다.[540]

561 2) 민사소송법 제217조에서는 승인요건으로 다음과 같이 규정하고 있다.

562 가) 대한민국 법령 또는 조약에 따른 국제재판관할의 원칙상 그 외국법원의 국제재판관할권이 인정될 것

563 국제사법이 개정되기 전에 대법원은 외국법원에 재판관할권이 있다고 하기 위해서는 원칙적으로 상대방의 주소가 그 나라에 있을 것을 요구하고 있었으므로, 피고가 원고를 상대로 워싱턴법원에서 이혼판결을 받았고 원고가 피고를 상대로 이혼무효 청구소송을 제기한 사안에서, 피고가 원고를 상대로 워싱턴법원에 이혼청구를 하였을 당시 원고는 우리나라에 거주하고 있었다면 당해 이혼판결에 대하여 워싱턴법원에 재판관할권이 없어 그 이혼판결을 승인될 수 없으므로 이혼은 무효라고 판시하였다.[541] 국제사법이 개정된 이후에는 국제사법 제2조에 따라 국제재판관할권을 판단할 것이다.

564 나) 패소한 피고가 소장 또는 이에 준하는 서면 및 기일통지서나 명령을 적법한 방식에 따라 방어에 필요한 시간여유를 두고 송달받았거나(공시송달이나 이와 비슷한 송달에 의한 경우를 제외한다) 송달받지 아니하였어도 소송에 응하였을 것

565 보충송달이나 우편송달이 아닌 통상의 송달방법에 의한 송달을 의미하며 그 송달은 적법한 것이어야 한다.[542] 국제민사사법공조법 제12조에 의하면 외국으로부터의 촉탁은 외교상의 경로를 거쳐야 하므로 외교상의 경로를 거치지 않고 국제택배업체인 DHL 을 통하여 송달하였다면 적법한 송달이 아니다.[543] 사인을 통하여 소장부본이 송달된 것을 전제로 불출석 상태에서 이혼판결이 내려졌으나 소장부본을 송달받지 못한 경우에도 송달은 부적법하다.[544]

540 대법원 1989. 3. 14. 선고 88므184, 191 판결, 대법원 2009. 6. 25. 선고 2009다22952 판결, 대법원 2012. 2. 15. 선고 2012므66, 73 판결.
541 대법원 2002. 11. 26. 선고 2002므1312 판결.
542 대법원 1992. 7. 14. 선고 92다2585 판결.
543 대법원 2002. 11. 26. 선고 2002므1312 판결.
544 서울가정법원 2015. 7. 17. 선고 2014드단312270 판결(항소기각 확정).

566 다) 그 판결의 효력을 인정하는 것이 대한민국의 선량한 풍속이나 그 밖의 사회질서에 어긋나지 아니할 것

567 대법원은 외국판결의 승인 여부를 판단하는 시점에서 외국판결의 승인이 대한민국의 국내법 질서가 보호하려는 기본적인 도덕적 신념과 사회질서에 미치는 영향을 외국판결이 다룬 사안과 대한민국과의 관련성의 정도에 비추어 판단하여야 하고, 이때 그 외국판결의 주문 뿐 아니라 이유 및 외국판결을 승인할 경우 발생할 결과까지 종합하여 검토하여야 한다고 하였다.[545] 대한민국에서 이혼패소 판결이 확정된 뒤, 네바다주로 이주하여 뉴욕주로 이주한 상대방을 상대로 기본적 사실관계가 동일한 내용으로 네바다주 법원에 이혼소송을 제기하여 승소판결을 받은 사안에서, 네바다주 법원의 판결은 대한민국 판결의 기판력에 저촉되는 것으로 그 효력을 인정하는 것은 대한민국의 선량한 풍속 기타 사회질서에 위반되어 승인될 수 없다고 하였다.[546]

568 라) 상호보증이 있을 것

569 상호보증은 우리나라만이 입을 수 있는 불이익을 방지하고 국제관계에서 형평을 도모하기 위하여 요구되는 요건이다. 외국 가사판결의 승인에도 상호보증이 필요하다고 한다면 파행혼과 같은 파행적 법률관계가 발생함으로써 국제사법적 정의에 반할 가능성이 커진다는 문제가 있을 수 있으나 외국 가사판결의 승인에 관한 별도의 규정이 없는 이상 민사소송법 제217조에 따라 상호보증이 필요하다고 볼 수 밖에 없을 것이다. 판례는 판결국에 있어서 외국판결의 승인요건이 우리나라의 그것과 모든 항목에 걸쳐 완전히 같거나 오히려 관대할 것을 요구하는 것은 지나치게 외국판결의 승인 범위를 협소하게 하는 결과가 되어 국제적 교류가 빈번한 오늘날의 현실에 맞지 아니하고, 오히려 외국에서 우리나라의 판결에 대한 승인을 거부하게 하는 불합리한 결과를 가져온다는 점을 고려할 때 우리나라와 외국 사이에 동종 판결의 승인요건이 현저히 균형을 상실하지 아니하고 외국에서 정한 요건이 우리나라에서 정한 그것보다 전체로서 과중하지 아니하며 중요한 점에서 실질적으로 거의 차이가 없는 정도라면 상호보증의 요건을 구비하였다고 볼 수 있고, 상호의 보증은 외국의 법령, 판례 및 관례 등에 의하여 승인요건을 비교하여 인정되면 충분하고 반드시 당사국과의 조약이 체결되어 있거나 구체적으로 우

545 대법원 2009. 6. 25. 선고 2009다22952 판결.
546 대법원 1994. 5. 10. 선고 93므1051, 1068 판결.

리나라의 동종 판결을 승인한 사례가 없더라도 실제로 승인할 것이라고 기대할 수 있는 상태이면 충분하다고 하였다.[547] 상호보증 요건의 적용과 관련해서 승인국의 법률질서와 관계가 적은 외국의 가사판결에까지 엄격히 상호의 보증을 요구하는 것은 오히려 국제사법적 정의에 반하므로 상호보증의 요건을 완화하여 적용함으로써 그 불합리를 피하는 것이 바람직하다는 견해를 경청할 만하다.[548]

570 [판례] 미국 오레곤주의 이혼판결이 상호보증요건을 갖추었다고 본 사례[549] [550]

갑이 을을 상대로 미국 오레곤주 법원에 이혼소송을 제기하여 자녀에 대한 친권과 양육권을 갑에게 부여하는 것 등을 내용으로 하는 판결이 확정되었는데, 위 판결에 기한 유아인도 청구를 하여 위 판결이 민사소송법 제217조 제4호에서 정한 외국판결의 승인요건으로서 '상호보증'의 요건을 갖추었는지 문제된 사안에서, 미국 오레곤주법이 이혼에 관한 외국판결의 승인 및 효력에 관하여 특별한 규정을 두고 있지는 않지만, 오레곤주 법원은 예양(comity)에 의하여 외국판결의 경우에도 외국법원이 실제적 관할을 가지고 있고, 재판결과가 기망에 의하여 부정하게 취득되지 않았으며, 적정한 송달과 심문 등 적법절차에 따라 공정하게 이루어졌고, 오레곤주의 공공질서에 어긋나지 않는 경우에는 이를 승인하여 온 점에 비추어, 오레곤주의 외국판결 승인요건은 우리나라에 비해 현저하게 균형을 상실하지 아니하였고 우리나라 민사소송법이 정한 그것보다 전체로서 과중하지 아니하며 중요한 점에서 실질적으로 거의 차이가 없어 오레곤주가 우리나라의 동종 판결을 승인할 것으로 기대할 수 있다는 이유로, 위 오레곤주 법원의 판결이 상호보증의 요건을 갖추었다고 본 원심을 수긍한 사례

571 [판례] 캐나다 온타리오주의 이혼판결이 상호보증요건을 갖추었다고 본 사례[551]

캐나다 온타리오주 법원은 외국판결을 내린 법원이 해당 사항을 다룰 만한 사법권이 있고, 확정된 외국판결이 캐나다 온타리오주의 공공질서에 반하지 않으며, 외국법원을 기망하거나 자연적 정의의 원리를 위반하여 받은 판결이 아닌 경우에는 이를 승인하여 왔으므로, 캐나다 온타리오주의 외국판결의 승인요건이 현저하게 균형을 상실하

547 대법원 2013. 2. 15. 선고 2012므66, 73 판결.

548 김원태, "국제이혼의 법적 문제", 가족법연구 제20권 제1호, 한국가족법학회(2006), 381.

549 대법원 2013. 2. 15. 선고 2012므66, 73 판결.

550 이 판결에서 이혼판결에 관한 오레곤주법의 승인요건을 검토한 뒤 상호보증의 존재를 인정하였으나, 문제가 된 것은 갑을 양육자로 지정한 오레곤주 판결이 우리나라에서 효력이 있음을 전제로 유아인도를 구한 부분이므로, 우리 법원으로서는 동종의 판결, 즉 양육자 지정에 관한 상호보증의 유무를 먼저 검증하고, 양육자 지정은 이혼 판결을 전제로 하는 것이므로 이혼 판결에 대한 상호보증을 추가로 검토하였어야 한다는 지적이 있다. 석광현, "국제재판관할과 외국판결의 승인 및 집행", 국제사법연구 제20권 제1호, 한국국제사법학회(2014), 45~46.

551 대법원 2009. 6. 25. 선고 2009다22952 판결.

지 아니하고 우리 민사소송법이 정한 그것보다 전체로서 과중하지 아니하며 중요한 점에서 실질적으로 거의 차이가 없다고 할 수 있으므로 캐나다 온타리오주가 우리나라의 동종 판결을 승인할 것으로 기대할 수 있다는 이유로, 위 온타리오주 법원의 판결이 상호보증 요건을 갖추었다고 본 원심을 수긍한 사례

다. 집행판결의 필요 여부

572 1) 어느 국가의 법원의 재판은 재판권을 행사한 결과이므로 당해 국가에서 효력을 가질 뿐이고 다른 국가에서 효력을 가질 근거가 없다. 많은 국가들은 일정한 요건을 구비하는 외국재판의 효력을 승인하고 집행을 허용하고 있는데, 그 요건과 절차는 국가에 따라 다르다. 민사집행법 제26조 제1항은 외국법원의 판결에 기초한 강제집행은 대한민국 법원에서 집행판결로 적법함을 선고하여야 한다고 규정하고 있다. 판례는 "집행판결제도는 재판권이 있는 외국법원에서 행하여진 판결에서 확인된 당사자의 권리를 우리나라에서 강제적으로 실현하고자 하는 경우에 다시 소를 제기하는 등 이중의 절차를 강요할 필요 없이 그 외국의 판결을 기초로 하되 단지 우리나라에서 그 판결의 강제실현이 허용되는지 여부만을 심사하여 이를 승인하는 집행판결을 얻도록 함으로써 당사자의 원활한 권리실현의 요구를 국가의 독점적·배타적 강제집행권의 행사와 조화시켜 그 사이에 적절한 균형을 도모하려는 취지에서 나온 것이다."라고 제도적 취지를 설명하고 있다. 외국판결의 승인은 국내법이 정하는 승인요건을 갖추면 당연히 그 효력을 인정하지만, 외국판결에 기한 강제집행은 국내법이 정하는 절차에 따라 집행판결을 받아야만 가능하다는 점에서 차이가 있다.

573 2) 집행판결은 그 판결에 기초하여 강제집행을 하기 위한 것으로 주로 이행판결에서 문제되는 것인데, 이혼판결은 형성판결로 강제집행 절차가 필요하지 않다. 이러한 점 때문에 외국의 이혼판결을 가족관계등록부에 등록하기 위하여 집행판결이 필요한지에 관하여 논의가 있었다. 과거 우리나라의 유력설은 법률관계를 명확히 하는 실익이 있을 때에는 이행판결이 아니더라도 집행판결을 구할 수 있고, 형성판결인 이혼판결에 기한 가족관계등록부의 기재를 광의의 집행으로 보아 집행판결이 필요하다는 식으로 설명하였고, 대법원도 이혼판결에 대한 집행판결을 허용하였다.[552] 당시 호적예규도 집행판결을 받아야 호적부에 등

552 대법원 1971. 10. 22. 선고 71다1393 판결.

재가 가능하도록 하고 있었다.

574 3) 그러나 외국 법원의 이혼판결을 받은 교포들이 상호보증의 결여를 이유로 외국 판결에 기하여 호적기재를 하지 못하고 다시 한국에서 이혼소송을 제기하여야 하는 불편이 잇따르자 그 후 이혼판결에 대하여는 집행판결을 요구하지 않는 것으로 대법원 예규가 변경되었다. 즉, 대법원은 1981. 10. 14. '외국 법원의 이혼판결에 기한 호적사무 처리지침'(호적예규 제371호)을 제정하여 외국법원의 이혼판결은 반드시 집행판결을 받지 않고도 승인요건을 갖춘 경우 바로 국내판결에 의한 이혼신고와 마찬가지로 호적부에 등재하도록 하였다. 위 예규는 '가족관계의 등록 등에 관한 법률'의 시행으로 인하여 폐지되고 '외국법원의 이혼판결에 의한 가족관계등록사무 처리지침(가족관계등록예규 제173호)'과 '외국법원의 이혼판결에 의한 이혼신고'(가족관계등록예규 제174호) 등으로 대체되었다.[553] 이에 따라 외국법원의 이혼판결이 집행판결을 받지 않고 가족관계등록부에 등재되게 되었다. 다만 승인요건을 갖추었는지 여부에 관한 판단이 쉽지 아니할 수 있다는 점에서 아래 외국법원의 이혼판결에 의한 가족관계등록사무 처리지침(가족관계등록예규 제419호)에서 집행판결을 구하는 경우를 굳이 배제하지 않은 것으로 보인다고 한다.[554] 참고로 외국의 혼인무효판결 또는 혼인취소판결의 경우에는 여전히 집행판결이 필요한 것으로 되어 있다[외국법원의 혼인무효 또는 취소판결에 기한 호적신고 절차 (호적선례 제1-200호), 외국법원의 혼인무효 판결에 의한 호적정리절차(호적선례 제3-580호)]. 이에 대하여 가족관계등록부의 기재는 본래의 집행이 아니므로 집행판결이 필요하지 않고, 이혼판결과 다른 신분관계판결에 대하여 가족관계등록 사무처리지침상 차이를 둘 필요가 없으며, 민사소송법의 해석론을 불합리한 예규로서 바꿀 수는 없다는 비판이 있다.[555]

553 가족관계등록예규 제173호는 2015. 1. 8. 가족관계등록예규 제419호로 개정되었는데, 개정 예규 시행과 동시에 가족관계등록예규 제174호는 폐지되었다.

554 문정일, "외국 재판의 승인과 집행에 관한 약간의 고찰", 고요한 정의의 울림: 신영철 대법관 퇴임기념 논문집: 공의를 향한 사랑, 고민, 열정을 기리며, 사법발전재단(2015), 540.

555 주해친족법(제2권)(제2판), 박영사(2025), 1850(석광현); 석광현, 국제민사소송법: 국제사법(절차편 초판), 박영사(2002), 427.

575 외국법원의 이혼판결에 의한 가족관계등록사무 처리지침(가족관계등록예규 제419호)

1. 외국법원의 이혼판결은 민사소송법 제 217 조가 정하는 조건을 구비하는 한 우리나라에서도 그 효력이 있다.
2. 제 1 항의 외국판결에 의한 이혼신고는 우리나라 판결에 의한 이혼신고와 마찬가지로 가족관계의 등록 등에 관한 법률 제 78 조, 제 58 조에 따른 절차를 따르되 그 신고에는 그 판결의 정본 또는 등본과 판결 확정증명서, 패소한 피고가 소장 또는 이에 준하는 서면 및 기일통지서나 명령을 적법한 방식에 따라 방어에 필요한 시간여유를 두고 송달 받았거나(공시송달이나 이와 비슷한 송달에 의한 경우를 제외한다) 송달받지 아니하였더라도 소송에 응한 서면(판결의 정본 또는 등본에 의하여 이점이 명백하지 아니한 경우에 한한다) 및 위 각 서류의 번역문을 첨부하여야 한다. 다만, 외국(예: 호주) 법원의 정본 또는 등본과 그 확정증명서를 갈음하여 이혼증명서를 발급한 경우에는 그 증명서를 첨부할 수 있다.
3. 제 2 항에 따른 이혼신고가 제출된 경우 가족관계등록공무원은 이혼신고에 첨부된 판결의 정본 또는 등본에 의하여 해당 외국판결이 민사소송법 제 217 조가 정하는 각 조건을 구비하고 있는지의 여부를 심사하여 그 수리여부를 결정하여야 할 것인 바, 그 조건의 구비여부가 명백하지 아니하거나 다음 각 호에 해당하는 경우에는 반드시 관계서류 전부를 첨부하여 감독법원에 질의하고 그 회답을 받아 처리하여야 한다.
   가. 외국판결의 확정여부가 불분명한 경우
   나. 송달의 적법여부가 불분명한 경우
   다. 외국법원의 판결절차가 진행될 당시 피고가 해당 외국에 거주하지 않은 경우
   라. 그 밖에 외국판결의 효력이 의심스러운 경우
4. 다음의 경우에는 제 3 호에도 불구하고 감독법원에 질의를 요하지 아니한다.
   가. 외국판결상의 피고인 대한민국 국민이 해당 외국판결에 의한 이혼신고에 동의하거나 스스로 이혼신고를 한 경우
   나. 외국법원의 이혼판결에 대하여 민사집행법 제 26 조 및 제 27 조에 따른 집행판결을 받은 경우

5. 무효인 외국판결에 따라 이혼신고가 된 경우

576 **가.** 앞서 본 바와 같이 외국의 이혼판결에 관하여 집행판결이 요구되지 않고, 외국법원의 이혼판결에 의한 가족관계등록사무 처리지침(가족관계등록예규 제419호) 제3항 따르면 승인요건의 구비 여부가 불명확한 경우에는 감독법원에 질의하여 회답을 얻어 처리하도록 하고 있으나, 만약 승인요건을 갖추지 못한 외

국판결에 따라 이혼이 된 것으로 가족관계등록부에 등록되었다면 가족관계등록을 정정하여야 한다. 가족관계의 등록 등에 관한 법률 제104조는 가족관계등록부의 기록이 법률상 허가될 수 없는 것 또는 기재에 착오나 누락이 있다고 인정한 때에는 가정법원의 허가로 간이하게 등록부를 정정할 수 있도록 하고 있으나, 판례는 가족관계등록부의 기록사항에 관련된 신분관계의 존부에 관하여 직접적인 쟁송방법이 가사소송법에 마련되어 있지 않은 경우에만 위 법률 제104조에 따른 간이한 가족관계등록부의 정정이 허용된다고 하고 있으므로,[556] 이혼무효는 가족관계등록부의 기록사항이 신분관계에 중대한 영향을 미치기 때문에 가사소송법에 직접적인 쟁송방법을 규정하고 있으므로[가사소송법 제2조 제1항 제1호 다목 2)] 가족관계의 등록에 관한 법률 제107조에 따라 이혼무효 확인의 소[557]를 통하여 확정판결을 받아 가족관계등록부를 정정하게 될 것이다.[558]

577 **나.** 이에 대하여 가사사건의 외국판결의 경우 승인요건 구비 여부에 관한 판단을 가족관계등록 공무원에게 맡김으로써 승인요건을 갖추지 못하여 우리나라에서 효력을 인정할 수 없는 외국의 이혼판결에 의하여 뜻하지 않게 이혼의 기재를 당한 당사자로 하여금 이혼무효 확인의 소를 제기하여 당해 이혼판결이 한국에서 효력이 없음을 주장하여야 하는 불합리한 사례를 막기 위하여, 입법론으로 법원이나 적절한 기관이 승인요건의 구비 여부를 유권적으로 판단할 필요가 있다는 지적이 있다.[559]

556 대법원 2012. 4. 13. 자 2011스160 결정.
557 이 경우 주문례는 "원고와 피고 사이에···○○구청장에게 신고하여 한 이혼은 무효임을 확인한다."이다.
558 대법원 1988. 4. 12. 선고 85므71 판결, 대법원 2002. 11. 26. 선고 2002므1312 판결, 대법원 1994. 5. 10. 선고 93므1051, 1068 판결.
559 주해친족법(제2권)(제2판), 박영사(2025), 1850~1851(석광현).

제 841 조 [부정으로 인한 이혼청구권의 소멸]

전조 제1호의 사유는 다른 일방이 사전동의나 사후 용서를 한 때 또는 이를 안 날로부터 6월, 그 사유있은 날로부터 2년을 경과한 때에는 이혼을 청구하지 못한다.

[관련조문] 민법 제840조(재판상 이혼원인), 구 형법(2016. 1. 6. 법률 제13719호로 개정되기 전의 것) 제241조(간통죄)

[참고문헌] 주석 민법, 친족(2)(제5판), 한국사법행정학회(2016); 민법주해[Ⅲ], 박영사(2012); 김주수/김상용, 주해친족법(제1권)(제2판), 박영사(2025); 박동섭/양경승, 친족상속법(제5판), 박영사(2020); 친족상속법(제5판), 박영사(2020); 신영호 외 2인, 가족법강의(제4판), 세창출판사(2023); 이경희/윤부찬, 가족법(11정판), 법원사(2024); 재판자료 제41집, 구법령집(상), 법원행정처(1987); 박동섭, "가사소송의 제소기간", 재판자료 제62집, 법원도서관(1993); 조해섭, "악의의 유기로 인한 이혼청구권의 제척기간", 대법원판례해설 제30호, 법원도서관(1998); 홍중표, "이혼청구권의 제척기간", 재판자료 제101집, 법원도서관(2003); 연기영, 이혼일반, Jurist 제413호, 청림인터렉티브(2007); 이상태, "제척기간의 본질에 관한 연구", 저스티스, 한국법학원(2003)

Ⅰ. 의의

1. 의의

1 민법 제841조는 제840조 제1호 부정한 행위로 인한 이혼청구권의 소멸사유로 사전 동의, 사후 용서, 제척기간의 도과를 규정한다.

2 사전 동의나 사후 용서는 스스로 부정한 행위를 승인한 자가 그 후 그 사유를 들어 이혼을 청구할 수 없다는 선행행위에 반하는 거동의 금지를 근거로 하고, 제척기간은 법률관계를 신속히 확정하고 일단 성립된 혼인관계를 가급적 유지하도록 하려는 취지이다.

2. 연혁

3 민법 제정 이전의 구 민법 시대에는 일본 민법이 의용되었고 그 때에는 이혼원

인에 대하여 유책주의에 입각한 열거주의를 따르면서 대부분의 이혼사유에 대하여 제척기간을 규정하고 있었으나, 1960. 1. 1. 민법이 제정·시행되면서 개별적 이혼원인 이외에 추상적인 이혼원인을 병렬적으로 규정하였고 일부의 이혼사유에 대하여 제척기간을 규정하게 되었다.[1]

4 즉, 구 민법 제816조는 "제813조 제1호 내지 제8호의 사유로 인한 이혼의 소는 이를 제기할 권리가 있는 자가 이혼의 원인되는 사실을 안 때로부터 1년이 경과한 후에는 이를 제기할 수 없다. 그 사실 발생시로부터 10년을 경과한 후도 또한 같다."라고 규정하여 구 민법 제813조 제9호(배우자의 생사가 3년 이상 분명하지 아니한 때)를 제외한 모든 이혼사유에 대하여 동일한 제척기간을 두고 있었다.[2]

5 1960. 1. 1. 민법은 개별적인 이혼원인과 추상적 이혼원인을 병존시키는 구조로 개편되었고 부정한 행위(민법 제840조 제1호)와 혼인을 계속하기 어려운 중대한 사유(제840조 제6호)의 경우에만 제척기간을 두고, 그 기간도 단기로 정하였다. 이는 지나치게 긴 제척기간을 두는 것은 이혼과 관련한 분쟁을 가급적이면 신속히 해결함과 동시에 일정한 사실상의 생활관계가 형성·확립된 후에는 더 이상 분쟁을 일으키는 것을 막아 가정생활의 안정을 꾀하고자 하는 제척기간 제도의 기본적 취지를 몰각한다는 반성적 고려에 따른 것이라고 한다.[3]

Ⅱ. 사전 동의, 사후 용서

1. 사전 동의

가. 의의

6 배우자의 부정행위에 사전에 동의하였다는 것은 상대방이 부정한 행위를 하더라도 이의가 없다는 의사표시를 적극적인 표시한 것이어야 한다. 간통죄에 대한 위헌결정[4]이 있기 전 간통죄의 고소권 소멸사유로 규정된 구형법 제241조 제2항 단서의 종용과 같은 의미로 해석된다.[5] 상대방의 부정한 행위를 교사하거나 방

1 홍중표, "이혼청구권의 제척기간", 재판자료 제101집, 법원도서관(2003), 65.
2 재판자료 제41집, 구법령집(상), 법원행정처(1987), 183.
3 홍중표, "이혼청구권의 제척기간", 재판자료 제101집, 법원도서관(2003), 92.
4 헌법재판소 2015. 2. 26. 선고 2009헌바17 등 결정.
5 대법원 1997. 2. 25. 선고 95도2819 판결.

조한 경우는 동의하였다고 볼 수 있다. 그러나 부정한 행위를 단순히 예견한 것만으로는 아직 동의하였다고 할 수 없다.[6]

7 부정한 행위를 원인으로 하여 이혼을 청구할 수 없다는 것이지 사전 동의로 부정한 행위의 위법성이 조각 된다는 의미는 아니므로, 부정한 행위를 한 배우자와 그 상대방은 부정한 행위로 인한 손해배상책임은 여전히 부담한다. 판례도 본처가 동의하여도 소위 첩계약은 선량한 풍속에 반하여 무효이므로 부첩관계에 있는 부 및 첩은 본처가 입은 정신상의 고통에 대하여 배상할 의무가 있고, 사후 용서는 손해배상청구권의 포기로 해석되는 한도에서 법적 효력이 인정될 수 있다고 하였다.[7]

나. 방식

8 표시의 방식은 명시적이든 묵시적이든 상관없다. 묵시적 사전 동의는 이혼의사가 합치되어 별거하고 있는 경우에 주로 문제된다. 부부 사이에 이혼의사의 합치가 있고 별거하여 사실상 이혼상태에 있었다면 부정행위에 대한 묵시적 사전 동의가 있었다고 볼 수 있을 것이다.[8] 일의적 의사표시여야 하고 잠정적·임시적·조건적 의사표시라면 이에 해당하지 않을 것이다. 판례는 이혼의사의 명백한 합치 속에는 상대방의 간통에 대한 사전 동의인 종용의 의사표시가 포함된 것으로 보아야 하고, 이혼의사의 명백한 합의가 있었는지 여부는 반드시 서면에 의한 합의서가 작성된 경우뿐만 아니라, 당사자의 언행 등 여러 가지 사정으로 보아 혼인당사자 쌍방이 더 이상 혼인관계를 유지할 의사가 없었던 사정이 인정되고, 어느 일방의 이혼요구에 상대방이 진정으로 응낙하는 언행을 보이는 사정이 인정되는 경우에도 그와 같은 의사의 합치가 있었다고 인정할 수 있으나,[9] 그러한 합의가 없는 경우에는 비록 잠정적·임시적·조건적으로 이혼의사가 쌍방으로부터 표출되어 있다고 하더라도 간통 종용의 경우에 해당하지 않는다고 하였다.[10] 사전동의는 장래를 향하여 철회할 수 있다.[11]

6 박동섭/양경승, 친족상속법(제5판), 박영사(2020), 172; 신영호 외 2인, 가족법강의 (제4판), 세창출판사(2023), 125; 이경희/윤부찬, 가족법(11정판), 법원사(2024), 117.

7 대법원 1998. 4. 10. 선고 96므1434 판결.

8 김주수/김상용, 주석 민법, 친족(2)(제5판), 한국사법행정학회(2016), 542; 주해친족법(제1권)(제2판), 박영사(2025), 533(이동진).

9 대법원 1997. 2. 25. 선고 95도2819 판결.

10 대법원 2000. 7. 7. 선고 2000도868 판결.

11 주해친족법(제1권)(제2판), 박영사(2025), 533(이동진).

다. 구체적 사례[12]

1) 인정된 사례

9 [판례] 협의이혼신고서에 서명·날인한 때[13]

부부가 자유의사로 협의이혼 신고서에 서명·날인한 경우에는 형법 제241조 제2항 단서 소정의 "간통을 종용한 때에"에 해당한다.

10 [판례] 이혼소송 심리기일에서 이혼의사가 합치된 경우[14]

처가 남편을 간통죄로 고소하여 유죄 확정판결을 받게 하고 이혼 및 위자료 청구소송의 심리기일에서 남편의 소송대리인이 간통을 인정하고 이혼에 응하기로 하였으며 이후 이혼 판결이 선고·확정되었는데, 남편이 이혼에 응하기로 심리기일에서 진술한 이후에 이루어진 간통행위에 대하여 고소하였다면, 남편의 소송대리인이 위 이혼심판의 심리기일에 이혼청구에 응하겠다고 진술하였을 때 양인은 혼인관계를 더 이상 지속할 의사가 없는데다 명백한 이혼의사의 합치가 있었다고 보는 것이 타당하고 이는 간통종용의 경우에 해당한다.

11 [판례] 쌍방이 제기한 이혼소송에서 이혼에 대하여 의사가 일치하고 기일 진행 중 별거한 경우[15]

쌍방이 제기한 이혼소송 계속 중 가사조사관의 면접조사기일에 세 차례에 걸쳐 출석하며 진술할 때 위자료·재산분할 등에 관하여는 의견차이가 있었으나 쌍방이 이혼에 대하여 명백히 뜻을 같이하였고 조사면접기일의 진행 중 별거에 이르렀다면, 쌍방간 이혼의사의 명백한 합치가 있어 배우자의 간통행위를 종용한 경우에 해당한다.

12 [판례] 이혼합의 뒤 전세금을 빼고 가재도구 챙겨 헤어진 경우[16]

부부싸움 끝에 서로 이혼하기로 합의하고 다음 날 세들고 있는 집주인으로부터 방전세금 중 밀린 방세를 제하고 남은 돈을 받고 가재도구를 챙겨서 서로 헤어졌다면, 위 이혼합의에는 호적상의 부부관계가 해소되기 전이라도 그 이후의 처가 다른 남자와의

12 구 형법 제241조 제2항 단서의 종용 및 유서는 민법 제841조의 사전 동의 및 사후 용서에 해당한다(대법원 1997. 2. 25. 선고 95도2819 판결, 대법원 1991. 11. 26. 선고 91도2049 판결). 간통의 용서와 유서는 간통죄 고소권의 소멸사유로서[구 형법(2016. 1. 6. 법률 제13719호로 개정되기 전의 것) 제241조 제2항 단서] 형사처벌 여부를 가르는 중요한 쟁점인 반면 재판상 이혼에서는 부정한 행위만을 직접 원인으로 삼지 않고도 부정한 행위가 하나의 동기와 원인이 되어 파탄에 이르러 민법 제840조 제6호의 이혼사유에 해당하는 경우가 많으므로(대법원 1988. 5. 10. 선고 88므52, 108 판결 등 참조), 관련판례는 헌법재판소의 위헌결정 전의 형사판결이 대부분이다.

13 대법원 1969. 2. 25. 선고 68도859 판결.

14 대법원 1991. 3. 22. 선고 90도1188 판결.

15 대법원 2008. 7. 10. 선고 2008도3599 판결.

16 대법원 1977. 10. 11. 선고 77도2701 판결.

정교관계를 종용하는 의사표시가 포함되어 있는 것으로 볼 수 있다.

13 [판례] 이혼 및 자녀 양육권에 대하여 합의하고 거주지를 정리하고 재산 명의 정리를 위한 서류를 교부한 뒤 별거한 경우[17]

남편이 처에게 1개월 이내에 이혼절차를 밟을 것이니 아이를 데리고 나가라고 하고, 처로부터 같이 거주하던 아파트의 열쇠를 넘겨받고 아울러 처는 자신 명의로 등기되어 있는 아파트의 소유명의를 이전하기 위하여 필요한 인감도장과 주민등록증까지 남편에게 넘겨주고 짐을 챙겨 작은 아이만 데리고 집을 나오고, 그 후 남편도 1개월 이내에 이혼절차를 취하려고 하였고 그의 누나도 처에게 이혼을 종용하고 위 아파트에 남편측이 전세를 놓았다며 짐을 가져갈 것을 요구하여 짐까지 비웠으며 그 후 가정법원 조사관의 면전에서도 상호 이혼하기로 합의하고 판사의 확인일자까지 지정하였다면 부부가 헤어질 당시 쌍방이 서로 이혼하기로 의사가 합치되었던 것으로 볼 수 있다.

2) 부정된 사례

14 [판례] 확정적이지 않은 경우[18]

합의이혼서를 작성하려고 한 사실이 있으나 완전한 합의이혼서가 작성되지 않은 경우

15 [판례] 이혼 청구[19]

배우자가 이혼심판청구를 하였다고 하여 상대방에게 간통을 종용 또는 유서하였다고 볼 수는 없다.

16 [판례] 본소 청구원인을 부인하며 간통을 원인으로 반소를 제기한 경우[20]

처가 남편을 상대로 폭행을 이유로 이혼의 소를 제기하고, 남편이 처의 이혼청구에 응할 수 없다고 다투면서 처의 간통을 이유로 이혼을 청구하는 반소를 제기하였다면, 남편이 처의 이혼요구를 조건 없이 응낙한 것이 아니라 혼인관계 파탄의 책임이 처에게 있음이 인정됨을 조건으로 하여 이혼의 의사를 표명한 것으로 보아야 할 것이므로, 그러한 사정만으로 서로 다른 이성과의 정교관계가 있어도 묵인한다는 의사가 포함된 이혼의사의 합치가 있었다고 보기는 어렵고, 따라서 남편이 처의 간통행위를 종용하였다고 볼 수 없다.

17 대법원 1997. 2. 25. 선고 95도2819 판결.
18 대법원 1983. 11. 22. 선고 83도2504 판결.
19 대법원 1989. 9. 12. 선고 89도501 판결.
20 대법원 1997. 11. 11. 선고 97도2245 판결.

17 [판례] 이혼 판결에 불복하여 상소 중인 경우[21]

남편이 처를 상대로 제기한 이혼소송의 항소심에서 승소하였으나 처가 이에 불복 상고하여 그 판결이 확정되지 아니한 상태에 있었다면 처가 남편의 간통을 종용하였다고 볼 수 없다.

2. 사후 용서

가. 의의

18 사후의 용서는 배우자의 부정한 행위에 대하여 책임을 묻지 않겠다는 감정의 표시이다. 동의는 사전 승인이고 용서는 사후의 감정의 표시이다. 간통죄에 대한 위헌결정[22]이 있기 전 간통죄의 고소권 소멸사유로 규정된 구 형법 제241조 제2항 단서의 유서와 같은 의미로 해석된다.[23] 부정행위의 사실을 인식하고 묵인하는 것만으로 부족하고 부정행위에 대하여 책임을 묻지 않겠다는 적극적인 표현이 필요하다.

나. 방식

19 사후 용서는 배우자의 일방이 상대방의 간통사실을 알면서도 혼인관계를 지속시킬 의사로 악감정을 포기하고 상대방에게 그 행위에 대한 책임을 묻지 않겠다는 뜻을 표시하는 일방행위로서, 명시적으로도 묵시적으로도 할 수 있는 것이어서 그 방식에 제한이 있는 것은 아니다. 그러나 감정을 표현하는 어떤 행동이나 의사의 표시가 사후 용서 또는 유서로 인정되려면 첫째, 배우자의 간통사실을 확실하게 알면서 자발적으로 한 것이어야 하고 둘째, 그와 같은 간통사실에도 불구하고 혼인관계를 지속시키려는 진실한 의사가 명백하고 믿을 수 있는 방법으로 표현되어야 한다.[24]

다. 구체적 사례

1) 인정된 사례

20 [판례] 간통사실을 알고 관계를 청산하겠다는 각서를 받은 경우[25]

배우자의 간통사실을 알고 난 후 그 상대방으로부터 배우자를 더 이상 만나지 않겠

21 대법원 2002. 7. 9. 선고 2002도2312 판결.

22 헌법재판소 2015. 2. 26. 선고 2009헌바17 등 결정.

23 대법원 1991. 11. 26. 선고 91도2049 판결.

24 대법원 2000. 7. 7. 선고 2000도868 판결, 대법원 2008. 11. 27. 선고 2007도4977 판결.

25 대법원 1999. 8. 24. 선고 99도2149 판결.

다는 합의각서를 받은 경우, 간통의 유서에 해당한다.

2) 부정된 사례

21 [판례] "용서할테니 자백하라"고 말한 경우[26]

단순한 외면적인 용서의 표현이나 용서를 하겠다는 약속만으로는 유서를 하였다고 인정하기 어려우므로 배우자의 객관적인 의사표시, 즉 "용서해 줄테니 자백하라"고 말한 것만으로는 간통을 유서한 때에 해당한다고 보기 어렵다.

22 [판례] 간통을 알면서 묵인한 경우[27]

피고소인들이 수년간 동거하면서 간통하고 있음을 고소인이 알면서 특별한 의사표시나 행동을 하지 않은 경우에 그러한 사정만으로는 고소인이 위 간통을 묵시적으로 유서하였다고 볼 수 없다.

23 [판례] 간통을 알면서 동침한 경우[28]

간통죄의 고소 이후 이혼 등 청구의 소가 계속 중에 혼인 당사자인 고소인과 피고소인이 동침한 사실이 있다는 사정만으로는 고소인이 피고소인의 간통행위를 유서하였다고 볼 수 없다.

24 [판례] 간통을 알면서 계속 동거한 경우[29]

간통사실에 대해 이야기를 들은 후에도 간통죄로 고소하는 경우 입게 되는 고소인의 사회적 어려움과 어린 자녀들의 장래를 고려하여 동거를 계속하였다는 사정만으로 간통을 유서하였다고 볼 수 없다.

3. 입증책임 등

가. 입증책임

25 사전 동의 또는 사후 용서에 대한 입증책임은 법문상 이혼청구권의 소멸사유로 규정되어 있는 점에서 부정행위를 한 배우자(피고)에게 있다고 보아야 한다.[30]

나. 직권으로 판단할 수 있는지

26 법원은 직권으로 가사소송법 제17조에 따라 증거조사를 하여 당사자가 주장하지

26 대법원 1991. 11. 26. 선고 91도2049 판결.
27 대법원 1999. 5. 14. 선고 99도826 판결.
28 대법원 2000. 7. 7. 선고 2000도868 판결.
29 대법원 2010. 12. 23. 선고 2010도10650 판결.
30 같은 의견. 김주수/김상용, 주석 민법, 친족(2)(제5판), 한국사법행정학회(2016), 542~543.

않는 동의·용서의 사실을 인정할 수 있다고 보는 견해가 있다.[31] 다만 판례는 가사소송법상 직권으로 증거를 조사하도록 규정되어 있다고 하여 이혼소송의 당사자가 주장하지도 않고 심리과정에서 나타나지도 아니한 독립한 공격방어방법에 대한 사실까지 법원이 조사하여야 하는 것은 아니므로 청구인이 간통한 피청구인을 유서하였는지 여부를 조사·심리하지 아니한 것이 위법하다고 할 수는 없다고 판시하여[32] 조사·심리의무를 부과하고 있지는 않는 것으로 보인다.

Ⅲ. 제척기간

1. 형성권과 제척기간

27 재판상 이혼청구권은 형성권으로 보는 것이 통설이고 그 판결이 형성판결임에는 이론이 없다. 견해의 대립은 있으나 형성권은 원칙적으로 소멸시효의 대상이 될 수 없고 그 기간의 제한은 제척기간으로 보아야 하며, 특별한 존속기간의 제한이 없는 때에는 10년의 제척기간에 걸린다는 것이 통설적 견해이다.[33] 민법 제841조에서는 이혼청구권의 소멸이라는 제목으로 제1호에 따른 이혼사유를 원인으로 한 재판상 이혼청구에 관하여 제척기간을 규정하고 있다. 이 규정은 부정행위를 원인으로 하는 이혼청구권의 제척기간에 관한 것이므로 위자료 청구에는 적용되지 않는다.[34]

2. 제척기간의 의미

28 판례는 권리의 성질과 법률의 규정에 따라 출소기간인지 재판외 행사기간인지 제척기간의 성질을 구별하여야 한다는 입장을 취하고 있다.[35] 이혼청구권은 재판상으로만 행사할 수 있도록 하고 있으므로 "청구하지 못한다."라는 법문에도 불구하고,[36] 출소기간으로 보아야 할 것이다.[37] 따라서 위 기간 내에 재판상 이

31 김주수/김상용, 주석 민법, 친족(2)(제5판), 한국사법행정학회(2016), 542~543; 연기영, 이혼일반, Jurist 제413호, 청림인터렉티브(2007), 39.

32 대법원 1990. 12. 21. 선고 90므897 판결.

33 민법주해[Ⅲ], 박영사(2012), 426.

34 대법원 1985. 6. 25. 선고 83므18 판결.

35 대법원 1993. 7. 27. 선고 92다52795 판결.

36 출소기간으로 해석되는 민법 제406조(채권자취소권)는 "소를 제기하여야 한다.", 상법 제376조(결의취소의 소)는 "소를 제기할 수 있다."라고 규정하고 있다.

37 주해친족법(제1권)(제2판), 박영사(2025), 536(이동진); 이상태, "제척기간의 본질에 관한 연구", 저스티스, 한국법학원(2003), 118~119.

혼청구의 소장이 가정법원에 접수되어야 하고 협의이혼의사확인을 신청한 것으로는 기간을 준수한 것이 아니다.[38]

29 기간을 준수하지 아니한 이혼청구의 소는 부적법하여 각하된다는 견해가 있다.[39] 판례는 같은 규정 체계와 문언을 가진 민법 제842조에 대하여 "이 사건 소가 민법 제842조 소정의 제소기간을 도과하여 제기된 것으로서 부적법한데도 원심이 이 점을 간과하고 본안에 관하여 판결하였으니 위법하다는 취지의 논지는 이유 없다."라는 표현을 사용하여 기간 도과시 소각하 사유로 보고 있는 듯한 판시를 한 것[40]과 "이 사건 이혼심판청구는 민법 제842조 소정의 제척기간이 경과된 뒤에 제기된 것으로서 마땅히 기각되어야 한다는 상고이유는 혼인을 계속하기 어려운 중대한 사유가 이혼심판청구 당시까지 계속하고 있는 경우에는 민법 제842조가 적용될 여지가 없으므로 이유 없다."는 표현을 사용하여 청구기각사유로 보는 듯한 판시를 한 것[41]이 있으나 당사자의 주장에 따른 표현으로 보일 뿐 각하사유인지 기각사유인지에 대한 판단이 포함된 것은 아니라고 보인다. 다만, 위 86므90 판결에서는 민법 제842조의 제척기간을 청구인에게 입증책임이 있는 소송요건으로 본 것이 아니라 상대방의 독립된 공격방어방법으로 보았는바, 통상의 제척기간과 다른 설시를 보이고 있다.

3. 제척기간의 기간 및 기산점

30 부정한 행위를 이유로 하는 이혼청구는 부정한 행위를 안 날로부터 6월, 그 행위가 있은 날로부터 2년 안에 할 수 있다. 6개월의 단기 기간은 이혼청구권자가 부정한 행위의 사실을 안 날로부터 기산한다. 6개월 내에 이혼청구를 하면 되고 청구 후의 기간 경과는 문제되지 않는다. 부정한 행위의 사실을 안다고 하는 것은 단지 이혼청구권 발생의 원인사실의 존재를 알면 되는 것이고 이혼청구권을 취득하는 것을 인식할 필요까지는 없다고 한다.[42] 2년의 장기 기간은 부정행위의 사실이 있은 날로부터 기산하고 이혼청구권자가 부정한 행위의 사실 발생을 알았는지는 무관하다. 6월이나 2년 중 그 기간 안에 이혼청구 없이 어느 쪽이든

38 주해친족법(제1권)(제2판), 박영사(2025), 536(이동진).
39 주해친족법(제1권)(제2판), 박영사(2025), 536(이동진).
40 대법원 1996. 11. 8. 선고 96므1243 판결 등.
41 대법원 1987. 12. 22. 선고 86므90 판결 등.
42 김주수/김상용, 주석 민법, 친족(2)(제5판), 한국사법행정학회(2016), 544.

지 먼저 경과하면 이혼청구권은 소멸한다.

31 제척기간은 권리자로 하여금 당해 권리를 신속하게 행사하도록 함으로써 법률관계를 조속히 확정시키려는데 그 제도의 취지가 있는 것으로서, 소멸시효가 일정한 기간의 경과와 권리의 불행사라는 사정에 의하여 권리소멸의 효과를 가져오는 것과는 달리 그 기간의 경과 자체만으로 곧 권리소멸의 효과를 가져오게 하는 것이므로, 그 기간 진행의 기산점은 특별한 사정이 없는 한 원칙적으로 권리가 발생한 때이고, 그 기간을 넘어서 권리를 행사할 수 있을 때로부터 연장된다고 볼 수는 없다.[43] 그러므로 객관적인 사실이 있었음을 안 때 또는 인식과 무관하게 그 사실이 있은 때를 기준으로 기간을 계산하며, 주관적으로 권리자가 권리를 행사할 수 있었는지는 고려사항이 아니다.

32 권리발생의 원인사실이 지속되는 한 제척기간은 진행하지 않는다.[44] 계속적인 간통행위가 있는 경우 전체 간통행위가 종료한 때로부터 그 기간이 기산된다.[45]

4. 입증책임

33 제척기간의 미도과에 대하여 원고가 주장·입증책임을 진다는 견해[46]와 제척기간의 경과사실을 피고가 항변하고 입증하여야 한다는 견해[47]가 있다.

43 대법원 1995. 11. 10. 선고 94다22682, 22699 판결.

44 조해섭, "악의의 유기로 인한 이혼청구권의 제척기간", 대법원판례해설 제30호, 법원도서관(1998), 198; 홍중표, "이혼청구권의 제척기간", 재판자료 제101집, 법원도서관(2003), 90.

45 김주수/김상용, 주석 민법, 친족(2)(제5판), 한국사법행정학회(2016), 544; 이경희/윤부찬, 가족법(11정판), 법원사(2024), 117.

46 김주수/김상용, 주석 민법, 친족(2)(제5판), 한국사법행정학회(2016), 543~544.

47 박동섭/양경승, 친족상속법(제5판), 박영사(2020), 172.

제 842 조 [기타 원인으로 인한 이혼청구권의 소멸]

제840조 제6호의 사유는 다른 일방이 이를 안 날로부터 6월, 그 사유있은 날로부터 2년을 경과하면 이혼을 청구하지 못한다.

[관련조문] 민법 제840조(재판상 이혼원인)

[참고문헌] 김주수/김상용, 주석 민법, 친족(2)(제5판), 한국사법행정학회(2016); 주해친족법(제1권)(제2판), 박영사(2025); 박동섭/양경승, 친족상속법(제5판), 박영사(2020); 이경희/윤부찬, 가족법(11정판), 법원사(2024); 신영호 외 2인, 가족법강의, 세창출판사(2023); 한봉희/백승흠, 가족법, 삼영사(2013); 박동섭, "가사소송의 제소기간", 재판자료 제62집, 법원도서관(1993); 조해섭, "악의의 유기로 인한 이혼청구권의 제척기간, 제3자 명의의 재산과 재산분할의 대상, 부첩관계와 손해배상 등", 대법원판례해설 제30호, 법원도서관(1998); 홍중표, "이혼청구권의 제척기간", 재판자료 제101집, 법원도서관(2003); 연기영, "악의의 유기로 인한 이혼청구권의 제척기간", Jurist 제413호 로스쿨 가족법, 청림인터렉티브(2007)

Ⅰ. 의의

1. 의의

1 혼인관계의 특수성상 재판상 이혼사유가 있었더라도 파탄상태가 해소되어 원만한 부부관계로 돌아간 경우에는 어느 일방이 새삼스레 그 전에 있었던 이혼사유를 들어 이혼소송을 제기할 수 없다는 취지로 규정된 조항이다.

2. 평가

2 이 조항에 대하여는 민법 제840조 제6호를 파탄주의에 입각한 이혼원인으로 파악하는 전제에서 현재 혼인관계가 회복할 수 없을 정도로 파탄된 경우 이혼을 허용하는 파탄주의의 내용에 따르면 혼인의 파탄상태가 일정한 기간 지속되었다고 해서 이혼청구를 부정하는 것은 파탄주의와 모순되고 제척기간이 경과하였다는 이유로 파탄된 혼인을 계속하게 할 정당성이 없으므로 제840조 제6호가 정하는 이혼사유가 존속하는 한 이혼청구권은 소멸하지 않는다고 해석하고 입

법론적으로는 제840조 제6호에 배치되는 본 규정은 폐지되어야 한다는 견해,[1] 제840조 제6호는 파탄주의에 입각한 이혼사유이고 현재 혼인관계가 파탄되어 있으면 이혼을 인정하는 파탄주의에서 그러한 상태가 일정기간 지속되었다고 하여 이혼을 부정하는 것은 모순이라는 견해,[2] 파탄주의 입장에서는 제척기간을 두는 것 자체가 불합리하다는 견해,[3] 제842조의 제척기간에 관한 규정은 파탄주의하에서는 사실상 필요 없는 규정이라는 견해[4] 등 민법 제840조 제6호를 파탄주의 이혼원인으로 이해하는 입장에서는 민법 제842조 제척기간 규정의 존재 자체에 대하여 회의적인 태도를 취하는 경우가 대부분이다. 민법 제840조 제6호를 유책주의에 바탕을 둔 추상적·상대적 이혼원인으로 파악하는 입장에서도 실정에 맞지 않는 시대착오적인 규정으로 삭제되어야 할 것이라는 견해[5]가 있다. 한편, 민법 제840조 제6호가 파탄주의 이혼원인이라면 민법 제842조는 불필요하므로 제842조의 존재로 인하여 제840조 제6호는 파탄주의를 상징하는 이혼원인이면서 유책주의적 해석을 벗어날 수 없게 하고, 민법 제842조는 유책주의적 이혼원인에 해당하지만 민법에 열거되어 있지 아니하여 제6호를 근거로 이혼을 청구할 경우에만 적용될 수 있다는 견해[6]도 있다.

Ⅱ. 제척기간

1. 제척기간 일반론

3 ☞ 이혼청구권이 형성권으로서 제척기간을 규정한 것인 점, 제척기간이 출소기간을 의미한다는 점과 제척기간의 기간 및 기산점과 입증책임에 대한 공통된 설명은 앞의 Ⅲ. 주석 참조.

2. 제척기간의 기간 및 기산점

4 민법 제840조 제6호의 이혼사유가 있는 경우에는 다른 일방은 그 사실을 안 날로부터 6월, 그 사유가 있은 날로부터 2년 내에 이혼을 청구하여야 하고, 그 기

1 김주수/김상용, 주석 민법, 친족(2)(제5판), 559, 564~565.
2 주해친족법(제1권)(제2판), 박영사(2025), 552(이동진).
3 이경희/윤부찬, 가족법(11정판), 법원사(2024), 120.
4 박동섭, "가사소송의 제소기간", 재판자료 제62집, 법원도서관(1993), 73.
5 한봉희/백승흠, 가족법, 삼영사(2013), 199.
6 신영호 외 2인, 가족법강의, 세창출판사(2023), 128~129.

간이 경과하면 이혼청구권이 소멸한다.

5 이혼청구권 발생의 원인사실의 존재를 알면 될 뿐 자기가 그것으로써 이혼청구권을 취득하는 것을 인식할 필요는 없다. 권리발생의 원인사실이 지속되는 한 제척기간은 진행하지 않는다.[7] 판례도, 민법 제840조 제6호에 해당하는 혼인을 계속하기 어려운 중대한 사유가 이혼청구 당시까지 계속되고 있는 경우에는 제척기간이 적용될 여지가 없다고 판시하고 있다.[8] 따라서 사실상 제척기간이 문제되어 이혼청구가 배척되는 경우는 찾아보기 어렵다.

6 [판례] 대법원 1996. 11. 8. 선고 96므1243 판결

민법 제840호 제6호에 해당하는 혼인을 계속하기 어려운 중대한 사유가 이혼청구 당시까지 계속되고 있는 경우에는 민법 제842조가 적용될 여지가 없다.

7 [판례] 대법원 1987. 12. 22. 선고 86므90 판결

청구인이 이혼합의 이후 다른 여자와 동거하여 아들까지 낳게 됨으로써 다년간 별거하게 되어 혼인관계가 파탄되었다고 하더라도 혼인을 계속하기 어려운 중대한 사유가 이혼심판청구 당시까지 계속하고 있는 경우에는 민법 제842조가 적용될 여지가 없다.

8 [판례] 대법원 2001. 2. 23. 선고 2000므1561 판결

원고가 피고의 불륜행위를 유서하였을 뿐만 아니라 피고의 불륜행위나 각종 범죄행위가 있었던 때로부터 2년이 훨씬 경과한 뒤에 이 사건 소를 제기하였다 하여도 원고의 이 사건 소는 피고가 혼인 이후 원고에게 폭력을 행사하고 계속적으로 수차례 범죄행위를 저질러 4년 6월의 징역형을 선고받고 원심 변론 종결시까지도 복역중에 있음으로 인하여 정상적인 혼인관계를 유지할 수 없음을 이유로 한 것인데 이러한 경우에는 민법 제840조 제6호의 '기타 혼인을 계속할 수 없는 중대한 사유'가 현재까지도 계속 존재하는 것으로 보아야 할 것이고 이와 같은 경우에는 이혼청구권의 제척기간에 관한 민법 제842조가 적용되지 아니한다.

9 [판례] 대법원 1974. 10. 22. 선고 74므1 판결

청구인과 피청구인은 혼인신고를 마치고 그 사이에 6세 되는 아들이 있으며, 피청구인은 결혼 당시부터 무직이어서 가족의 생활을 돌보지 아니한데다가 결혼 6개월 만에 특수절도죄로 징역 1년의 형을 선고받아 복역한 후 다시 6개월 만에 같은 죄명으

7 조해섭, "악의의 유기로 인한 이혼청구권의 제척기간", 대법원판례해설 제30호, 법원도서관(1998), 198; 홍중표, "이혼청구권의 제척기간", 재판자료 제101집, 법원도서관(2003), 90.

8 대법원 1996. 11. 8. 선고 96므1243 판결 등.

로 징역 1년의 형을 선고받아 복역하였고 다시 유부녀를 강간하고 현금을 강취하여 징역 4년의 형을 선고받고 복역중인 사안에서, 피청구인이 유부녀 강간 현금강취라는 파렴치범죄로 인한 징역 4년이라는 장기복역형을 선고받아 이 사건 이혼심판청구서가 제1심법원에 접수된 이후까지 복역하고 있었다면 적어도 그 사유는 민법 제840조 제6호 소정의 혼인을 계속하기 어려운 중대한 사유가 있을 때에 해당함은 물론 그 사유가 있은 날로부터 이혼심판 청구일까지 2년을 경과하였거나 그 사유를 안 날로부터 6월을 경과하여 이혼심판을 청구한 경우에 해당한다고 볼 수 없다.

10 [판례] 대법원 1986. 3. 25. 선고 85므72 판결

이 사건 청구가 제기된 때로부터 6개월 이전의 사실만을 든 것이 아니고 그 이후에 있었던 사실까지를 포함하여 그 일련의 행위가 포괄하여 민법 제840조 제6호 소정의 이혼사유에 해당한다면 청구인의 이혼청구권이 민법 제842조 소정의 6월을 경과하여 소멸한 것이라고 할 수 없다.

3. 법원의 석명의무

11 판례는 민법 제842조 제척기간에 관하여, 이혼청구사건에서 직권주의는 사실의 진상을 밝히기 위한 것일 뿐 변론주의 원칙 자체를 배제하는 것은 아니어서 법원이 당사자가 주장하지도 아니한 독립된 공격방어방법의 제출을 촉구하는 석명을 하는 것은 허용되지 아니하므로 민법 제842조의 제척기간에 관한 주장을 촉구하지 않았다고 하여 석명의무 위반이라고 할 수는 없다고 하였다.[9] [10]

12 [판례] 대법원 1987. 12. 22. 선고 86므90 판결

이혼심판이 민법 제842조 소정의 제척기간이 경과된 뒤에 제기된 것으로서 배척되어야 하고 당사자의 주장이 없더라도 석명권을 행사하여 주장을 촉구한 다음 판단하였어야 한다는 상고이유에 대하여, 직권조사와 변론주의 제한에 관한 인사소송법 제8조, 제9조, 제12조의 규정취지는 어디까지는 사실의 진상을 밝히기 위하여 법원으로 하여금 적극적으로 필요한 조치를 취할 수 있게 함과 아울러 당사자의 잘못된 소송행위에 의하여 사실관계가 좌우되는 것을 방지하려는 것일 뿐 변론주의 원칙 자체를 배제하려는 것은 아니라 할 것이므로 당사자가 주장하지도 아니한 독립된 공격방어방법의 제출을 촉구하는 따위의 석명은 인사소송에서도 허용될 수 없는 것이라 할

9 대법원 1987. 12. 22. 선고 86므90 판결.

10 판례는 제척기간을 도과하였는지 여부는 법원의 직권조사사항이므로 당사자의 주장이 없더라도 법원은 이를 직권으로 조사하여 판단하여야 한다고 하고 있는데(대법원 2019. 6. 13. 선고 2019다205947 판결, 대법원 1999. 4. 9. 선고 98다46945 판결 등), 민법 제842조 제척기간에 관하여 직권조사사항으로 보지 않은 이유에 대하여는 별다른 언급이 없다.

것이므로 원심이 당사자로 하여금 이혼청구권의 제척기간에 관한 주장을 촉구하지 않았다고 하여 석명의무 위반이라고 할 수 없다고 판시한 사안.

Ⅲ. 다른 이혼사유에도 유추적용되는지

13 민법 제840조 제2호부터 제5호의 경우 행사기간에 의한 이혼청구권의 소멸사유를 명시하지 않고 있다. 민법 제840조 제6호의 제척기간이 다른 호의 사유에 유추적용될 수 있는지 문제된다.

1. 학설

가. 유추적용 긍정설[11]

14 민법 제840조 제1호부터 제5호의 구체적 사유는 제6호 "혼인을 계속하기 어려운 중대한 사유"를 예시한 것으로 보는 개별 이혼사유에 대한 독립예시설을 취하는 입장에서는 민법 제842조의 유추적용이 가능하다고 한다. 즉 민법은 파탄주의를 채택하고 있어 이혼원인 각호는 제6호 혼인을 계속하기 어려운 중대한 사유의 독립적 예시이므로 민법 제842조의 제척기간이 민법 제840조 제3호 내지 제4호에 대한 이혼청구에 유추적용된다는 것이다.

나. 유추적용 부정설[12]

15 민법 제840조 제6호는 독립적 이혼사유라는 점, 제842조는 제840조 제6호의 특유한 제척기간이라는 점을 근거로 유추적용을 부정한다.

2. 판례

16 개별 이혼사유에 대하여 독립설을 취하고 있는 판례의 태도는 유추적용을 부정하고 있다. 악의의 유기를 원인으로 하는 재판상 이혼청구에서 민법 제842조를 적용하지 않고 법률상 그 행사기간의 제한이 없는 형성권으로 10년의 제척기간에 걸릴 수 있음을 시사하였고,[13] 부당한 대우를 원인으로 한 이혼청구에서도 "민법 제842조의 제척기간에 관한 규정은 같은 법 제840조 제6호의 사유에 기

11 김주수/김상용, 주석 민법, 친족(2)(제5판), 한국사법행정학회(2016), 564.

12 주해친족법(제1권)(제2판), 박영사(2025), 539(이동진); 박동섭/양경승, 친족상속법(제5판), 박영사(2020), 179; 연기영, "악의의 유기로 인한 이혼청구권의 제척기간", Jurist 제413호 로스쿨 가족법, 청림인터렉티브(2007), 249.

13 대법원 1998. 4. 10. 선고 96므1434 판결. 평석으로는 연기영, "악의의 유기로 인한 이혼청구권의 제척기간", Jurist 제413호 로스쿨 가족법, 청림인터렉티브(2007), 245~251.

한 이혼청구에만 적용될 뿐 같은 법 제840조 제3호의 사유에 기한 이혼청구에 유추적용될 수 없다."고 판시하였다.[14]

3. 검토 및 효과

17 민법 제840조 제6호는 독립적인 이혼사유라고 보아야 하고, 유추적용의 요건인 입법계획에 반하는 법률의 흠결이 있다고 보이지 않는 점에서 부정하는 것이 타당할 것이다.

18 이 경우 법률상 제척기간의 규정이 없으므로 민법 제842조에 정한 단기 제척기간이 적용되지 않는다는 의미인지 아니면 민법 제840조 제2호부터 제5호의 사유로 인한 이혼청구권은 행사에 아무런 기간의 제한을 받지 않는다는 의미인지에 대하여, 판례는 10년의 제척기간에 걸릴 수 있음을 시사함으로써 전자의 견해를 취하고 있는 것으로 보이고,[15] 이와 같은 입장의 견해[16]가 있다. 반대로 형성권에 제척기간을 두는 이유는 법률관계의 불안정 상태를 완화하기 위한 것인데 이혼청구권의 경우에는 이혼을 하지 않고 혼인관계가 계속 존속한다 하여 법적 불안정 상태가 야기되는 것은 아니기 때문에 이를 형성권으로 본다 하더라도 굳이 제척기간을 적용해야 할 필요성이 절실하지 않다는 이유에서 제척기간의 적용이 없는 것으로 해석하는 견해도 있다.[17]

14 대법원 1993. 6. 11. 선고 92므1054, 1061 판결.

15 대법원 1998. 4. 10. 선고 96므1434 판결.

16 조해섭, "악의의 유기로 인한 이혼청구권의 제척기간, 제3자 명의의 재산과 재산분할의 대상, 부첩관계와 손해배상 등", 대법원판례해설 제30호, 법원도서관(1998), 197~198.

17 주해친족법(제1권)(제2판), 박영사(2025), 540(이동진); 연기영, "악의의 유기로 인한 이혼청구권의 제척기간", Jurist 제413호 로스쿨 가족법, 청림인터렉티브(2007), 250.

제 843 조 [준용규정]

재판상 이혼에 따른 손해배상책임에 관하여는 제806조를 준용하고, 재판상 이혼에 따른 자녀의 양육책임 등에 관하여는 제837조를 준용하며, 재판상 이혼에 따른 면접교섭권에 관하여는 제837조의2를 준용하고, 재판상 이혼에 따른 재산분할청구권에 관하여는 제839조의2를 준용하며, 재판상 이혼에 따른 재산분할청구권 보전을 위한 사해행위취소권에 관하여는 제839조의3을 준용한다.

[전문개정 2012. 2. 10.]

[관련조문] 민법 제806조(약혼해제와 손해배상청구권), 제837조(이혼과 자녀의 양육책임), 제837조의2(면접교섭권), 제839조의2(재산분할청구권), 제839조의3(재산분할청구권 보전을 위한 사해행위취소권), 제760조(공동불법행위자의 책임)

[참고문헌] 주석 민법, 채권각칙(6)(제4판), 한국사법행정학회(2016); 민법주해[X], 박영사(1995); 주해친족법(제1권)(제2판), 박영사(2025); 김용한, 친족상속법(보정판), 박영사(2003); 김주수/김상용, 친족·상속법(제13판), 법문사(2016); 김주수/김상용, 친족·상속법(제20판), 법문사(2024); 김영갑, "재산분할청구권", 사법논집 제22집, 법원도서관(1991); 김하늘, "가사재판실무에 관련된 몇가지 문제 연구", 실무연구VI, 서울가정법원(2000); 민유숙, "이혼과 관련된 손해배상청구의 관할과 처리", 실무연구X, 서울가정법원 법관가사재판실무연구회(2005); 민법안심의록(1957); 박순성, "이혼을 원인으로 하는 손해배상 청구권의 법적 성격", 재판자료 제62집, 법원도서관(1993); 법원실무제요, 가사[II], 사법연수원(2021); 엄상필 "재판상 이혼 및 위자료 사건에 관한 몇 가지 문제", 실무연구[VIII, 서울가정법원(2002); 이강호, "이혼위자료 청구권과 관련된 실무상 몇 가지 문제", 가사재판연구 III, 서울가정법원 가사소년재판연구회(2018); 임혜원, "사실혼 또는 혼인관계가 단시일 내에 해소된 경우 발생하는 몇가지 문제점에 관하여", 가사재판연구 I, 서울가정법원 가사재판연구회(2007); 정태규, "이혼(사실혼해소, 약혼해제)으로 인한 위자료 산정기준의 분석", 재판자료 제8집, 법원도서관(1981); 황경웅, "이혼위자료의 지연손해금의 기산일에 관하여", 실무연구VI, 서울가정법원(1998); 김상용, "공동불법행위", 저스티스 제29권 제1호, 한국법학원(1996); 김숙자, "재산분할청구권", 가족법연구 제4호, 한국가족법학회(1990); 박정제, "혼인이 파탄된 후에 일방 배우자와 성적행위를 한 제3자가 상대방 배우자에 대하여 손해배상책임을 부담하는지 여부", 사법 제34호, 사법발전재단(2015); 엄상필, "재판상 이혼 및 위자료 사건에 관한 몇가지 문제: 대법원 판례 및 실무례를 중심으로", 가사조정 제4호, 서울가정법원 조정위원회(2001); 연기영, "유책배우자에 대한 위자료 수액의 산정방법", Jurist 제413호, 청림인터렉티브(2007); 이동진, "혼인관념, 인적 혼인의무 및 그 위반에 대한 제재", 법학 제53권 제3호(통권 제164호), 서울대학교 법학연구소(2012); 이영식, "이혼 및 위자료청구권의 법적 성격", 판례와 이론 제1호, 영남대학교법학연구소(1995); 이은영, "협의의 공동불법행위", 고시연구 제26권 제12호, 고시연구사(1999); 이홍민, "이혼급부에 대한 검토", 가족법연구 제24권 제2호, 한국가족법학회(2010); 전효숙, "신분법상의 불법행위", 현대민사법연구: 일헌 최병욱 선생 정년기념, 법문사(2002); 최창열, "이혼에 따른 위자료의 법적 성질에 관한 고찰", 가족법연구 제14호, 한국가족법학회(2000); 한봉희, "위자료청구권의 제문제", 민사법과 환경법의 제문제: 송간안이준박사화갑기념논문(1986); 한삼인, "이혼위자료산정의 기준", 가족법학논총: 박병호환갑기념 I, 박영사(1991); 한삼인/김상헌,

“혼인 파탄 후 제3자의 부부 일방과의 성적 행위에 따른 불법행위 성립 여부-대법원 2014. 11. 20. 선고 2011므2997 전원합의체 판결을 중심으로-”, 법학논총 제32집 제4호, 한양대학교 법학연구소(2015); 성원제, “당사자 사망과 이혼위자료 청구소송의 종료 여부에 관한 소고”, 인권과 정의 제501호(2021). 김동원, 부정행위에 따른 위자료의 산정에 관한 실무상 몇 가지 문제에 관하여, 사법 제64호, 사법발전재단(2023); 박설아, “제3자에 대한 이혼위자료청권권과 소멸시효: 대법원 2021. 6. 24. 선고 2017므13586 판결의 평석”, 가족법연구 제37권 제2호, 한국가족법학회(2023); 서종희, “이혼원인 위자료와 이혼자체 위자료의 준별: -준별에 의해 수반되는 법적 쟁점에 대한 검토: 일본최고재판소 평성31(2019)년 2월 19일 판결(민집 73권 2호 187혈)을 계기로-”, 안암법학 제64호, 무지개출판사(2022)

Ⅰ. 의의

1 재판상 이혼에 따른 효과에 대한 준용규정이다. 재판상 이혼으로 인한 손해배상청구에 관하여는 약혼해제로 인한 손해배상청구권에 관한 민법 제806조, 자녀의 양육책임 및 면접교섭권에 관하여는 협의상 이혼시 자의 양육책임 및 면접교섭에 관한 민법 제837조 및 제837조의2, 재판상 이혼에 따른 재산분할청구 및 그 보전을 위한 사해행위취소권에 관하여는 협의상 이혼시 재산분할청구 및 그 보전을 위한 사해행위취소권에 관한 민법 제839조의2 및 제839조의3을 준용하도록 하고 있다.

2 이하에서는 별도의 논의가 필요한 재판상 이혼으로 인한 손해배상청구에 관하여만 서술한다[☞ 자의 양육책임(민법 제837조), 면접교섭권(제837조의2), 재산분할청구권(제839조의2), 재산분할청구권 보전을 위한 사해행위취소권(제839조의3)은 해당 조문 주석 참조].

Ⅱ. 연혁 및 입법취지

1. 연혁 및 기능

3 의용민법에는 민법 제806조와 이를 준용하는 민법 제843조와 같은 조항은 없었다(의용민법 아래에서는 일반 불법행위론에 따라 이혼위자료가 인정되었다). 민법이 제정되면서 독일, 스위스 등의 예를 따라 신설된 약혼해제시 손해배상청구권 조항(현재 제806조, 민법 제정 당시 제799조)을 재판상 이혼의 경우에 준용하여,[1] 이혼에 있어서 책임 있는 자의 재산상·정신상의 손해배상책임을 인정하고 있다.

2. 유책주의, 파탄주의와의 관계

4 이혼에 관한 유책주의 또는 파탄주의와 이혼으로 인한 위자료 청구는 필연적인 관계를 가지는 것은 아니나, 파탄주의 이혼법의 대부분은 이혼으로 인한 위자료를 인정하지 않고,[2] 대신 이혼 후 부양제도를 인정하고 있다. 유책주의 이혼법에서는 대부분 이혼으로 인한 위자료를 인정하여 왔으나 재판절차에서 그 책임이 누구에게 있는지 다투는 과정에서 감정의 골이 깊어지고 이혼 후 협력을 저해하는 문제점이 지적되어 왔다. 파탄주의 이혼법의 흐름과 우리 민법에 제843조 및 제806조가 도입될 당시 재산분할청구권이 인정되지 않았으므로[3] 위자료가 이혼급여로서 중요한 부분을 차지하였으나 재산분할청구가 정착된 현재는 이혼 위자료가 전체 이혼급여에서 차지하는 비중이 줄었다는 점에서 장기적으로는 이혼 위자료의 입법론적 당부에 대한 재검토를 제안하는 견해가 있다.[4]

5 오늘날 각국에서는 정도의 차이는 있으나 대체로 과실을 묻지 않고 생계무능력자의 이혼 후의 생활을 보장하기 위하여 또는 혼인 중의 공동경제에 대한 청산의 수단으로서 부양료 지급 또는 재산분여제도를 채용하고 있다고 한다.[5]

1 주해친족법(제1권)(제2판), 박영사(2025), 591(이동진); 민법안심의록(1957), 42~43, 67~68.
2 프랑스와 중국은 파탄주의를 취하면서 이혼으로 인한 손해배상청구권을 인정한다.
3 이혼으로 인한 재산분할청구권에 관한 제839조의2는 1990. 1. 13. 민법이 개정되면서 신설되었다.
4 주해친족법(제1권)(제2판), 박영사(2025), 591(이동진).
5 김용한, 친족상속법(보정판), 박영사(2003), 164.

Ⅲ. 재판상 이혼에 따른 손해배상청구권의 법적 성질

1. 손해배상청구권의 법적 성질

6 민법 제843조는 재판상 이혼에 따른 손해배상청구에 관하여 약혼해제로 인한 손해배상청구에 관한 제806조를 준용하고 있다. 민법 제806조는 제1항에서 "약혼을 해제한 때에는 당사자의 일방은 과실있는 상대방에 대하여 이로 인한 손해의 배상을 청구할 수 있다.", 제2항에서 "전항의 경우에는 재산상 손해외에 정신상 고통에 대하여도 손해배상의 책임이 있다."고 규정하고 있다. 민법 제806조 및 제843조에서 규정하는 손해배상책임의 법적 성질에 관하여 먼저 살펴본다.

가. 학설

1) 불법행위책임설[6]

7 일반 불법행위책임과 같고, 가족법의 특수성을 고려하여야 하는 특색이 있을 뿐이라고 한다.

2) 채무불이행책임설[7]

8 신분적 법률행위에 관하여도 채권법상의 계약에 관한 규정이 적용되므로 혼인계약의 위반을 원인으로 하여 이혼을 하게 된 경우 채무불이행으로 인한 손해배상이 가능하다고 한다.

3) 법정책임설[8]

9 과실 유무와 관계없이 이혼 자체로 인한 손해에 대한 배상책임을 규정한 것이라고 한다. 이혼원인을 이루는 개별적 행위가 불법행위의 요건을 충족하는 경우에는 민법 제751조의 일반적인 불법행위로 인한 정신적 손해배상이 인정되고, 당해 행위로 이혼하게 된 그 자체로 인한 위자료는 과실 유무와 상관없이 민법 제843조에 의하여 인정되는 법정의 손해배상책임이라는 것이다.

6 민유숙, "이혼과 관련된 손해배상청구의 관할과 처리", 실무연구X, 서울가정법원 법관가사재판실무연구회(2005), 461 이하; 정태규, "이혼(사실혼해소, 약혼해제)으로 인한 위자료 산정기준의 분석", 재판자료 제8집, 법원도서관(1981), 54~55; 한봉희, "위자료청구권의 제문제", 민사법과 환경법의 제문제: 송간안이준박사화갑기념논문(1986), 303.

7 김용한, 친족상속법(보정판), 박영사(2003), 105; 박순성, "이혼을 원인으로 하는 손해배상청구권의 법적 성격", 재판자료 제62집, 법원도서관(1993), 528.

8 한삼인, "이혼위자료산정의 기준", 박병호교수환갑기념 I, 박영사(1991), 304~305; 김숙자, "재산분할청구권", 가족법연구 제4호, 한국가족법학회(1990), 118~119.

4) 결합설[9]

10 책임의 근거가 되는 의무와 배상의 대상이 되는 손해에 따라서 불법행위책임인 경우, 채무불이행책임인 경우, 법정책임인 경우로 나뉜다고 한다.

나. 판례

11 민법 제806조 약혼해제로 인한 손해배상책임의 법적성격을 정면으로 다룬 판례는 없는 것으로 보이고, 제843조 이혼으로 인한 위자료청구권에 관하여는 "상대방인 배우자의 유책·불법한 행위에 의하여 그 혼인관계가 파탄상태에 이르러 이혼을 하게 된 경우 입게 된 정신적 고통을 위자하기 위한 손해배상청구권"이라고 하여,[10] 불법행위로 인한 손해배상청구권으로 보고 있다.

다. 검토

12 민법 제843조가 '과실 있는 상대방에 대하여' 손해배상책임을 묻도록 하는 제806조를 준용하고 있으므로 제843조의 책임에 대하여 별도의 논리를 전개하면서 과실 유무와 상관없이 손해배상책임을 진다고 해석하는 법정책임설은 지지하기 어렵다. 민법 제806조는 계약의 효력이 발생하지 않는 혼인의 무효나 입양의 무효로 인한 손해배상청구에도 준용되므로(민법 제825조, 제897조) 채무불이행책임이라고 보기도 어렵다. 결합설은 책임의 분류기준에 대하여 명확한 이해가 어렵다.

13 민법 제806조 제1항에서 '과실 있는 상대방에 대하여'라고 하고 있어 청구인이 상대방의 고의, 과실을 입증하여야 하는 민법 제750조 불법행위의 요건사실에 맞추어 규정되어 있다. 민법 제390조 채무불이행의 경우 '채무의 내용에 좇은 이행을 하지 아니한 때'에 손해배상채무가 발생하고, 채무자가 고의나 과실이 없음을 입증하여야 책임을 면할 수 있는 것과는 규정체계 및 입증책임의 소재가 다르다. 또한 민법 제806조 제2항에서 '재산상 손해'와 '정신적 손해'의 구분을 전제로 하고 있는 것도 불법행위에 관한 민법 제750조, 제751조의 체계와 동일하고, 채무불이행의 경우 민법 제393조에서 '통상의 손해'와 '특별한 사정으로 인한 손해'로 구분하고 있는 것과 다르다. 따라서 판례와 같이 불법행위책임이라고 보는 것이 타당하다는 생각이다.

14 구별의 실익은 소멸시효의 기간이나 지연손해금의 기산점 등에 있고, 아래에서

9 최창열, "이혼에 따른 위자료의 법적 성질에 관한 고찰", 가족법연구 제14호, 한국가족법학회(2000), 57.
10 대법원 1976. 2. 10. 선고 75므33 판결, 대법원 1993. 5. 27. 선고 92므143 판결.

자세히 살핀다.

2. 이혼으로 인한 손해배상청구권과 개별 유책행위로 인한 손해배상청구권의 관계

가. 논의점

15 배우자의 부정행위, 폭행·학대 등 부당한 대우는 민법 제750조의 불법행위를 구성한다. 가사소송법 제2조에서는 '이혼을 원인으로 하는 손해배상' 사건을 다류 가사소송사건으로 규정하고 있다. 개별 유책행위로 인한 민법 제750조의 불법행위책임과 그것이 원인이 되어 이혼에 이르게 됨으로써 입은 불법행위책임이 별개의 것인지 동일한 것인지 또는 가사소송법 제2조의 '이혼을 원인으로 하는' 손해배상의 의미가 무엇인지에 대하여 견해가 대립한다. 이혼으로 인한 손해배상청구권을 채무불이행책임이나 법정책임으로 본다면, 가사소송법 제2조에 규정된 손해배상책임은 이혼의 원인을 이루는 개별적인 불법행위로 인한 민법 제750조의 손해배상청구권과 구별될 것이나 불법행위책임설을 취하는 통설과 판례에 따르면 그 책임과 이혼 원인을 이루는 개별적인 불법행위로 인한 민법 제750조의 불법행위책임과의 관계가 문제된다.

나. 학설[11]

1) 준별설[12]

16 이혼원인을 이루는 개별적인 유책행위에 의한 위자료는 이혼에 의하여 비로소 발생하는 권리가 아니고 이혼과 무관하게 독립한 불법행위를 구성하기 때문에 이혼시 청구되는 위자료는 이혼 그 자체를 원인으로 한 손해배상만을 의미한다고 한다. 개개의 유책행위에 의한 위자료청구권과 이혼 그 자체로 인한 위자료청구권은 서로 그 침해법익이 다른 별개의 불법행위로서, 폭행으로 인하여 입은 정신적 손해는 신체의 자유라는 법익이 침해되어 발생한 손해이고, 폭행이 누적되어 혼인관계가 파탄됨으로써 입은 정신적 손해는 신분적 지위가 침해됨으로써 발생한 손해이므로 서로 다른 소송물에 대한 독립된 청구라고 한다. 따라서 가사소송법 제2조의 '이혼을 원인으로 하는' 위자료란 이혼 그 자체를 원인으로

11 박순성, "이혼을 원인으로 하는 손해배상 청구권의 법적 성격", 재판자료 제62집, 법원도서관(1993), 537~539.

12 박순성, "이혼을 원인으로 하는 손해배상 청구권의 법적 성격", 재판자료 제62집, 법원도서관(1993), 538; 민유숙, "이혼과 관련된 손해배상청구의 관할과 처리", 실무연구X, 서울가정법원 법관가사재판실무연구회(2005), 452.

한 위자료청구만을 의미하고, 이와 별도로 개별적인 불법행위에 대한 손해배상 청구가 가능하다고 한다. 준별설을 취하는 입장에서도 이혼 그 자체로 인한 손해의 내용으로는 이혼의 원인, 유책행위의 태양, 이혼에 이른 경위 등 이혼 성립 전에 받은 정신적 고통도 당연히 그 중에 포함되어 있어서 개별적인 유책행위에 대한 위자료는 결국 이혼 그 자체에 대한 위자료에 포섭된다고 볼 여지가 많으므로 이혼으로 인한 손해배상청구를 하여 위의 사정이 모두 참작되어 정하여진 액수의 배상을 받고도 개별적인 불법행위에 기한 손해배상 청구를 한다면 배척되어야 할 것이라고 한다.[13]

2) 일체설[14]

17 부부가 이혼하기까지의 과정을 나누어 보는 것은 작위적이라면서 이혼의 원인으로 된 개별적인 유책행위의 발생으로부터 최종적으로 이혼에 이르기까지의 일련의 경과를 전체로서 하나의 불법행위로 파악하고, 소위 이혼위자료는 전자와 후자를 합한 전체를 말한다고 한다. 이혼위자료 청구는 이혼원인에 관련한 폭행, 학대, 모욕 등 개개의 유책행위에 의한 손해배상도 아니고 이혼 그 자체로 인한 손해배상도 아니며 이혼원인에 관련한 개개의 유책행위가 쌓이고 쌓여 결국 부득이하게 이혼에 이른 것을 이유로 하는 정신적 고통을 배상의 내용으로 하는 것이 실무적 감각에 맞다고 한다. 따라서 '이혼을 원인으로 하는' 위자료 청구를 하는 한 개별적인 불법행위에 대한 손해배상청구는 인정하기 어려울 것이다.

다. 판례

18 명시적으로 판시한 판례는 없는 것으로 보인다. 대법원 1993. 5. 27. 선고 92므143 판결은 "유책불법한 행위에 의하여 혼인관계가 파탄상태에 이르게 된 경우 그로 인하여 입게 된 정신적 고통을 위자하기 위한 손해배상청구권"이라고 판시하였는데, 이를 일체설에 가까운 입장을 취하고 있는 것으로 해석하기도 하고,[15] 문언상으로는 일체설에 가깝다고 생각되지만 준별설을 배척하는 취지로 보기는 어

13 민유숙, "이혼과 관련된 손해배상청구의 관할과 처리", 실무연구Ⅹ, 서울가정법원 법관가사재판실무연구회(2005), 454. 따라서 이혼 및 위자료를 가사소송으로 제기하는 통상의 경우에는 준별설과 일체설의 차이는 문제되지 않는다고 하면서, 문제가 되는 것은 당사자가 상대배우자 또는 제3자를 상대로 이혼원인을 이루는 구체적인 유책행위로 인한 손해배상 청구를 민사소송으로 제기한 경우라고 한다.

14 김영갑, "재산분할청구권", 사법논집 제22집, 법원도서관(1991), 220.

15 엄상필, "재판상 이혼 및 위자료 사건에 관한 몇 가지 문제", 실무연구Ⅷ, 서울가정법원(2002), 25~26.

려운 것으로 보인다고 해석하기도 한다.[16] 대법원 1985. 6. 25. 선고 83므18 판결은 "민법 제841조 소정의 제척기간은 부정행위를 원인으로 하는 이혼청구권의 소멸에 관한 규정으로서 이는 청구인이 피청구인을 상대로 부권침해를 원인으로 하여 그 정신상 고통에 대한 위자료를 청구하고 있는 이 사건의 경우에는 적용될 수 없다."고 함으로써 개념적으로 개별적인 혼인의무 위반으로 인한 손해와 그로 인한 혼인파탄의 손해를 구별하는 한도에서는 준별설의 입장에 있다고 해석하는 견해도 있다.[17] 한편 대법원 1969. 8. 19. 선고 69므17 판결은 "배우자의 직계존속으로부터 심히 부당한 대우를 받은 것을 이유로 한 위자료청구가 인용되려면 그 전제로서 그 직계존속으로부터 심히 부당한 대우를 받은 것을 이유로 한 이혼판결이 있어야 할 것이고 단순히 그 직계존속으로부터 심히 부당한 대우를 받았다는 것만으로서는 위자료를 청구할 수 없다."고 판시하였는데, 이는[18] 이혼위자료와 구별되는 개별적인 부당한 대우로 인한 손해배상책임을 부인하고 있는 것으로 보기는 어렵고[19] 시아버지의 부당한 대우와 이혼위자료 사이에 인과관계가 없어 손해배상을 인정할 수 없다는 취지로 새기는 것이 타당하다고 하는 해석이 있다.[20]

라. 검토 및 효과

19 부정한 행위, 폭행 등으로 인한 위자료청구와 이혼으로 인한 정신적 손해를 위자하기 위한 위자료청구는 청구원인과 침해법익이 다르므로 이론적으로 준별설이 우세하다.

20 준별설에 따르면 이혼위자료 청구와 별도로 개별 유책행위로 인한 위자료 청구를 할 수 있게 되므로, 두 청구가 병존하는 경우 어떻게 처리할지 문제된다.

16 민유숙, "이혼과 관련된 손해배상청구의 관할과 처리", 실무연구X, 서울가정법원 법관가사재판실무연구회(2005), 452.

17 이동진, "혼인관념, 인적 혼인의무 및 그 위반에 대한 제재", 법학 제53권 제3호(통권 제164호), 서울대학교 법학연구소(2012), 498~499.

18 1심에서 남편의 부당한 대우를 이혼원인으로 이혼을 명하고 남편 및 그의 부당한 대우에 가담한 시아버지의 공동불법행위에 대하여 위자료의 지급을 명하였고 남편에 대하여는 1심 판결이 확정되었으며, 항소심에서 부자의 공동불법행위를 이혼원인으로 보고 시아버지에 대한 위자료를 줄여서 인정하자 청구인이 시아버지의 부당한 대우를 원인으로 한 위자료청구에 대하여 판단하지 않았다는 이유로 상고하였던 사안이다.

19 전효숙, "신분법상의 불법행위", 현대민사법연구: 일헌 최병욱 선생 정년기념, 법문사(2002), 377.

20 박순성, "이혼을 원인으로 하는 손해배상 청구권의 법적 성격", 재판자료 제62집, 법원도서관(1993), 539~540.

21 이혼사유 중 하나로 인정된 개별 유책행위에 기하여 이혼 이후에 별도로 위자료 청구를 한 사안에서, 개별적인 유책행위에 의한 위자료와 이혼위자료를 구별하는 준별설을 따르되 이혼 당시 위자료 청구를 판단하면서 이혼위자료 외에 개별적 유책행위에 대하여 아울러 참작되었다면 별개의 유책사유를 이유로 다시 별개 소송을 제기하여 전소에서 이미 참작된 내용을 다시 구하는 것은 신의칙상 허용되지 않는다는 이유로 청구를 기각한 하급심 사례가 있다.[21] 반대로 혼인 중에 발생한 간통 등 개별 유책행위에 대하여 혼인 중 이미 손해배상청구가 인용되었는데, 그 후 그것이 주된 계기가 되어 혼인이 파탄되어 이혼에 이른 경우에는 이혼위자료를 다시 산정하여야 할 것이다. 이 경우 선·후행 소송간의 시차, 개별 유책행위가 혼인파탄에 기여한 정도 등을 참작하여 선행소송에서 지급된 위자료가 이혼위자료의 금액을 산정하는 참작사유가 될 수 있을 것이다.[22]

22 [판례] 이혼위자료 기각 판결 후 이혼사유로 된 유책행위를 원인으로 민사상 손해배상을 청구한 경우[23]

원고와 피고는 원고의 과도한 음주 및 상습적인 구타행위와 피고의 감금 및 격리행위로 인하여 혼인관계가 파탄되었고 그 파탄에 쌍방 동등한 정도의 귀책사유가 있다는 이유로 본소 및 반소에 의하여 이혼하고 본소 및 반소 각 위자료 청구를 기각하는 판결이 확정된 뒤, 원고가 피고에 대하여 원고의 재산을 노리고 정신병원에 강제로 입원시키는 불법행위로 정신적 고통을 입었다면서 민사상 위자료 청구를 한 사안에서, 원고의 청구는 이혼원인인 피고의 개별적인 유책행위(감금, 격리행위)에 의한 정신적 고통에 대한 위자료를 목적으로 한 것이고 이혼 그 자체로 인한 정신적 고통에 대한 위자료(소위 이혼위자료) 청구권과는 구별되나, 이 사건에 있어서는 원고가 이혼소송에서 이미 피고의 유책행위에 기하여 이혼 및 위자료를 청구하였고, 법원은 이혼청구를 받아들여 이혼을 명하면서 위자료 청구에 관하여는 원고의 유책행위 등도 아울러 참작하여 그 당부를 판단하였는바, 법원의 이혼위자료 판단에는 소위 이혼위자료 외에 피고의 개별적 유책행위로 인한 위자료까지 아울러 참작하여 판단된 것이라 할 것이므로, 그 후 원고가 피고의 개별적 유책행위를 이유로 다시 위자료 청구의 별개 소송을 제기하였다면, 이는 앞서의 이혼판결에서 이미 참작된 개별적 유책행위에 기한 위자료를 다시 구하는 것이 되어 이러한 권리행사는 신의칙상 허용되

21 서울고등법원 1998. 10. 21. 선고 98나33293 판결.
22 전효숙, "신분법상의 불법행위", 현대민사법연구: 일헌 최병욱 선생 정년기념, 법문사(2002), 376~377.
23 서울고등법원 1998. 10. 21. 선고 98나33293 판결.

지 않는다.

마. 관할 등

23 이혼으로 인한 위자료청구는 가사소송법 제2조 다류 가사소송사건으로서 가정법원의 전속관할에 속한다. 성질상 민사소송으로서 변론주의가 적용되어 민사소송법상 자백의 구속력 등의 규정이 적용되며(가사소송법 제12조 본문), 직권탐지주의가 적용되지 않는다(제17조).

Ⅳ. 성립요건 및 적용범위

1. 성립요건

24 민법 제806조는 약혼의 부당파기와 일방의 과실을 요건으로 하므로 민법 제843조는 상대방의 과실로 인한 혼인의 파기, 즉 상대방의 유책사유로 이혼하게 됨으로써 손해가 발생할 것을 요건으로 한다.

가. 상대방의 유책사유

25 이혼사유에 대하여 책임있는 배우자가 손해배상책임을 부담한다. 주로 부정한 행위(민법 제840조 제1호), 악의의 유기(제840조 제2호), 배우자 등의 부당한 대우(제840조 제3호·제4호)로 이혼하게 되는 경우가 문제된다. 이혼사유가 있어 이혼청구가 인용되더라도 그에 대하여 과실이 없는 경우에는 손해배상책임이 없다. 예를 들어 전쟁이나 위난으로 인하여 3년간 생사불명이거나(민법 제840조 제5호) 불치의 정신병으로 혼인관계가 파탄된 경우(제840조 제6호) 등이다. 다만, 민법 제843조의 손해배상 책임의 법적 성질에 대하여 법정책임설을 취하는 입장에서는 '과실'의 의미를 유책행위에 한하지 않고 혼인생활의 파탄에 대한 원인제공의 경우로 해석하고, 이혼피해자를 보호할 필요성이 있으므로 양당사자의 책임으로 돌릴 수 없는 사유(민법 제840조 제5호·제6호)의 경우에도 이혼위자료청구가 가능하다고 한다.[24]

나. 손해

1) 재산적 손해

26 이혼으로 인한 재산상 손해로는 배우자의 부정행위가 있는 경우 혼외자의 친생

24 한삼인, "이혼위자료 산정의 기준", 가족법학논총: 박병호 교수 환갑기념, 박영사(1991), 304~305.

부인에 소요되는 비용, 혼인외 출생자의 부양비용 등이 예시된다.[25] 장래의 부양청구권 상실에 대한 이행이익을 손해배상으로 청구할 수 있고 이로써 이혼 후 부양기능을 수행할 수 있다는 견해[26]도 있으나, 민법 제806조가 이행이익 배상을 인정하지 않고 있고 우리 이혼법이 파탄주의적 성격을 갖고 있는 이상 혼인의 계속은 보장되지 않으므로 이와 같은 손해배상을 인정하기는 어렵다는 반대견해[27]가 설득력이 있다.

27 혼인기간이 극히 짧은 경우 약혼예물, 결혼식 비용, 가재도구 구입비 등 혼인을 위하여 지출한 비용이 재산적 손해로 문제되는 경우가 있다. 이혼으로 인한 재산문제의 청산은 재산분할청구로 포섭하여 해결하는 것이 민법상 기본원칙이고 실무처리방법이나 극히 단기간 내에 혼인관계가 파탄된 경우에는 혼인공동체의 실질조차 갖추지 못하였기 때문에 재산분할을 청구할 여지가 없게 되므로 혼인을 위하여 투입하였던 금전 기타 재산관계를 청산할 길을 열어주어야 한다는 점에서 손해배상 인정의 필요성을 설명한다.[28] 약혼예물에 관하여 약혼예물의 법적성격을 혼인의 불성립을 해제조건으로 하는 증여 또는 그와 유사한 성질의 것이라고 보는 판례[29]와 통설[30]의 입장에서는 일단 혼인이 성립되었다면 해제조건이 성취불능으로 되어 부당이득반환의 문제가 생길 수 없을 것이나, 극히 짧은 기간에 이혼한 경우에는 형평의 원칙상 혼인불성립에 준하여 반환청구를 허용하여야 한다고 하는 견해[31]가 있다. 하급심에서는 혼인이 '상당기간' 존속하지 않음을 해제조건으로 하는 증여라는 설시를 한 사례가 있다.[32] 결혼식 비용에 관하여 대법원은 사실혼 파탄사안인 대법원 1984. 9. 25. 선고 84므77 판결에서, 결혼식을 올린 직후부터 혼수문제로 다투다가 2개월 만에 사실혼관계가 해소된 경우 부부공동체로서 실태를 갖추어 공동생활을 하는 것이라고 사회적으로 인정될 수 없는 단시일내에 그 관계가 해소되어 사실혼에 이르지 못하여 그

25 전효숙, "신분법상의 불법행위", 현대민사법연구: 일헌 최병욱 선생 정년기념, 법문사(2002), 375.
26 이홍민, "이혼급부에 대한 검토", 가족법연구 제24권 제2호, 한국가족법학회(2010), 52~53.
27 주해친족법(제1권)(제2판), 박영사(2025), 593(이동진).
28 민유숙, "이혼과 관련된 손해배상청구의 관할과 처리", 실무연구X, 서울가정법원 법관가사재판실무연구회(2005), 453~454.
29 대법원 1996. 5. 14. 선고 96다5506 판결.
30 이경희/윤부찬, 가족법(11정판), 법원사(2021), 161.
31 김주수/김상용, 친족·상속법(제13판), 법문사(2016), 85; 이경희/윤부찬, 가족법(11정판), 법원사(2024), 162.
32 서울고등법원 1986. 11. 3. 선고 86르139 판결(확정).

결혼식이 무의미하게 되고 그에 소요된 비용도 무용의 지출이라고 보아진다면 그 비용을 지출한 당사자는 사실혼관계 파탄의 유책당사자에게 그 배상을 구할 수 있다고 하여 결혼식에 소요된 비용의 손해배상을 인용하였다. 이에 대하여는 결혼식 비용은 증여의 성격을 띠는 예물과 달리 소비되어버린 비용이므로 불법행위로 인한 손해배상이 될 것이고, 혼인파탄이라는 불법행위가 있기 이전에 생긴 결혼식 비용이라는 손해에 대하여 손해배상책임을 인정하는 것은 논리적 어려움이 있다는 취지의 견해[33]도 있으나, 시간적 선후에도 불과하고 상당인과 관계가 있는 손해로서 불법행위 손해배상을 인정할 수 있다며 판례에 동조하는 견해[34]가 타당해 보인다. 그러나 1년 정도 혼인생활을 유지하다가 이혼한 사안인 대법원 2014. 6. 12. 선고 2014므329, 336, 343 판결에서는 사회적으로 부부공동체로서 공동생활을 하였다고 보기 어려울 정도의 단기간 내에 해소된 것이 아니라면 재산분할을 청구하는 외에 결혼식 등 혼인생활을 위하여 지출한 비용 또는 예물·예단 등의 반환을 구하거나 그 상당액의 손해배상을 인정할 수 없다고 하여 결혼관련 비용 상당의 손해배상 청구를 배척하였다.

28 [판례] 결혼식 2 개월만에 사실혼 관계가 해소된 경우(긍정)[35]

청구인(처)과 피청구인(남편)은 중매로 만나 12. 26. 혼인식을 하고 12. 30.부터 동거생활을 시작하였는데 그때부터 피청구인과 그의 어머니는 청구인의 혼수물이 적다하여 더 가져올 것을 요구하고 다음 해 1. 10. 청구인을 데리고 청구인의 친가로 가서 혼수물이 과소하여 며느리로 맞이할 수 없다며 청구인을 친정에 둔 채 돌아갔으며 청구인이 아버지의 설득으로 다시 귀가하였으나 혼수문제를 둘러싸고 불화가 심해지고 피청구인이 청구인을 전신구타하여 2주의 입원치료를 요하는 타박상을 가함으로써 청구인이 공포신경증세까지 보이게 되었고 퇴원 후에도 냉대하고 혼인신고를 거절하자 2. 20. 안정가료를 위하여 친정으로 돌아와 별거하고 있는 사안에서, 혼례식이 있은지 불과 2개월도 채 못된 단시일 내에 피청구인의 유책행위로 인하여 사실혼관계가 해소되어 부부공동생활 즉 사실혼의 실태에 이르지 못하였다고 할 것이므로, 청구인은 그가 지출한 혼례식에 소요된 비용의 배상을 청구할 수 있다.

33 김하늘, "가사재판실무에 관련된 몇 가지 문제 연구", 실무연구VI, 서울가정법원(2000), 59.

34 임혜원, "사실혼 또는 혼인관계가 단시일 내에 해소된 경우 발생하는 몇 가지 문제점에 관하여", 가사재판연구 I, 서울가정법원 가사재판연구회(2007), 109.

35 대법원 1984. 9. 25. 선고 84므77 판결.

29 [판례] 1 년 정도 부부공동체를 유지한 경우(부정)[36]

일단 혼인이 성립되어 지속된 이상, 부부공동체로서의 의미 있는 혼인생활을 하였다고 인정할 수 없을 만큼 단기간에 파탄되거나 당초부터 혼인을 계속할 의사가 없어 그로 인하여 혼인의 파국을 초래하였다고 인정되는 등 신의칙 내지 형평의 원칙에 비추어 혼인 불성립에 준하여 처리함이 타당한 특별한 경우가 아니라면, 일방 당사자는 배우자를 상대로 재산분할을 구하는 외에 결혼식 등 혼인을 위하여 지출한 비용 또는 예물·예단의 반환을 구하거나 그 상당액의 손해배상을 구할 수 없다.[37] 더욱이 법률혼주의를 채택하고 있는 우리나라 법제 아래에서 유효한 혼인의 합의가 이루어져 혼인신고를 마치고 법률상의 혼인이 성립되면 부부공동체로서의 동거·부양·협조관계가 형성되고 그 혼인관계의 해소는 민법에서 정한 이혼절차에 따라야 하므로 쉽게 그 실체를 부정하여 혼인 불성립에 준하여 법률관계를 처리하여서는 아니 될 것이다. 원고와 피고가 혼인신고를 하고 혼인생활을 시작한 뒤 1년 넘게 부부로서 지내왔다면 원고와 피고의 혼인이 사회적으로 부부공동체로서 공동생활을 하였다고 보기 어려울 정도의 단기간 내에 해소되었다고 할 수 없으며, 또한 이 사건 혼인파탄의 주된 원인이 여러 불성실한 행위를 한 피고에게 있고 그 책임의 정도 등에 관하여 원심이 인정한 사정들을 참작한다고 하더라도 원고와 피고 사이에 부부공동체로서의 혼인생활을 부정하고 혼인의 불성립에 준하여 처리하여야 할 정도의 특별한 사정이 있다고 단정하기도 어렵다. 그럼에도 불구하고 원심은 원고의 피고에 대한 결혼 관련 비용 상당의 손해배상 및 원상회복 청구를 상당 부분 인용하였다. 따라서 이러한 원심의 판단에는 재판상 이혼에서의 손해배상의 범위 및 원상회복 등에 관한 법리를 오해한 위법이 있다.

30 [판례] 4 년 정도 부부공동체를 유지한 경우(부정)[38]

혼인 당시 청구인이 피청구인에게 주었던 예물의 반환 내지는 그 가액 상당의 금전의 지급을 구하고 있으나, 혼인예물의 법적 성질을 혼인이 상당기간 존속하지 않음을 해제조건으로 하는 증여라고 볼 때 이혼 소송제기 전까지 이미 4년 넘게 혼인생활을 하여 온 청구인의 위 청구는 이유 없다.

31 [판례] 8 개월 정도 부부공동체를 유지한 경우(부정)[39]

결혼식을 올리고 8개월 동안 부부로서 동거한 경우 원고와 피고의 혼인이 사회적으

36 대법원 2014. 6. 12. 선고 2014므329, 336, 343 판결.
37 대법원 1984. 9. 25. 선고 84므77 판결, 대법원 1999. 2. 24. 선고 98므1827 판결.
38 서울고등법원 1986. 11. 3. 선고 86르139 판결(확정).
39 부산가정법원 2015. 8. 20. 선고 2014드합201103, 2015드합200442 판결(항소기각 확정).

로 부부공동체로서 공동생활을 하였다고 보기 어려울 정도로 단기간 내에 해소되었다고 할 수 없을 뿐 아니라 원고가 신혼집에 전입신고를 하지 않았다거나 원고·피고 사이에 갈등이 지속되었다는 이유만으로 부부공동체로서의 혼인생활을 부정하고 혼인의 불성립에 준하여 처리하여야 할 정도의 특별한 사정이 있다고 단정하기 어렵다.

2) 정신적 손해

32 실무에서는 주로 정신적 손해가 문제되며 통상 이혼으로 인한 손해배상청구는 이혼으로 인한 정신적 손해를 위자하기 위한 위자료청구와 동의어로 사용되고 있다. 판례는 상대방의 유책사유로 인하여 불가피하게 이혼하게 되는 경우 상당한 정신적 고통을 받았을 것임은 경험칙상 분명하다고 한다.[40]

2. 적용범위(협의상이혼에도 적용되는지)

가. 논의점

33 민법 제843조는 제2관 재판상 이혼에 위치하면서 '재판상 이혼에 따른 손해배상책임'이라고 규정하고 있고, 제1관 협의상이혼에서는 민법 제806조를 준용하는 조문을 두고 있지 않다. 따라서 협의상이혼에도 제806조 또는 제843조가 적용되는지 문제가 될 수 있다.

나. 학설

1) 긍정설[41]

34 가사소송법 제2조 제1항 다목 2)는 재판상 이혼과 협의상 이혼을 구별하지 않고 이혼을 원인으로 하는 손해배상청구가 가능함을 전제하고 있고, 협의상이혼에 준용규정을 두지 않은 것은 통상 협의이혼이란 상대방의 귀책사유와 무관하게 혼인해소에 관한 의사합치로 이혼에 이르는 것이기 때문이라고 보아야 하므로 상대방이 혼인파탄에 대하여 귀책사유가 존재하더라도 이를 별도의 절차로 해결하려는 의도로 협의상 이혼을 하였다면 손해배상청구를 부정할 이유가 없다는 이유에서 적용을 긍정한다. 다수설이다.

40 대법원 1999. 10. 26. 선고 99므1244 판결, 대법원 2015. 6. 24. 선고 2013므3963 판결 등.

41 주해친족법(제1권)(제2판), 박영사(2025), 591(이동진); 민유숙, "이혼과 관련된 손해배상청구의 관할과 처리", 실무연구(X), 서울가정법원 법관가사재판실무연구회(2005), 449; 법원실무제요, 가사[I], 사법연수원(2021), 777.

2) 부정설[42]

35 손해배상청구권의 법적성질에 관하여 채무불이행설을 취하는 입장이다. 민법 제806조는 과실 있는 상대방이 부담하여야 하는 채무불이행책임을 규정한 것이고, 이를 준용하는 재판상 이혼으로 인한 손해배상청구권도 채무불이행책임으로 보아야 하는데 당사자의 협의에 의하여 이혼한 경우 채무불이행의 문제가 남지 않으므로 협의상이혼에서는 의도적으로 제806조의 규정을 준용하고 있지 않는 것이라고 한다.

다. 판례

36 판례는 "혼인해소가 위법행위로 인한 이상 그로 인해서 받은 정신상의 손해배상청구를 하는데 있어서 반드시 어떠한 혼인해소방식에 구애되어서 이혼판결이 있어야만 된다고 하여야 할 이유는 없으므로 화해에 의하여 이혼한 경우에도 손해배상청구를 할 수 있다."고 판시하여[43] 적용긍정설을 따르고 있다.

37 한편, 협의이혼을 약정할 때 청구인이 피청구인에게 이혼위자료로 일정 금원을 지급하는 등의 내용의 약정을 하고 그 금원을 지급한 사안에서 위 금원등 수수에 관한 당사자 쌍방의 의사는 어디까지나 협의의 이혼이건 재판상 이혼이건 간에 부부관계를 완전히 청산하는 것을 전제로 그 위자료조로 지급한 취지라고 볼 것이므로 재판상 이혼청구에서 함께 청구된 피청구인의 위자료청구에 관하여 위 금원을 지급받음으로써 위자료청구권은 소멸되었다고 판시한 판례가 있다.[44] 협의상 이혼과 재판상 이혼의 방식에 따라 '이혼을 원인으로 하는' 손해배상청구권의 내용이 달라지는 것은 아니라고 본 것으로 보인다.

라. 검토

38 가사소송법 제2조 제1항 제1호 다목 2)의 손해배상청구에서 재판상 이혼에 한정하지 않고 있고, 유책행위가 있는 경우에도 혼인관계 해소에 관한 의사합치만 있다면 협의상 이혼의 방식을 선택할 수도 있는 것이므로, 재판상 이혼이든 협의상 이혼이든 손해배상 청구가 인정된다고 보아야 할 것이다.

42 박순성, "이혼을 원인으로 하는 손해배상 청구권의 법적성격", 재판자료 제62집, 법원행정처(1993), 528.
43 대법원 1977. 1. 25. 선고 76다2223 판결.
44 대법원 1983. 9. 27. 선고 83므20, 21 판결.

V. 위자료 액수의 산정기준

1. 일반적인 기준

39 위자료의 액수 산정은 재산상 손해와 달리 반드시 증거에 의하여 입증할 성질의 것이 아니어서 별도로 증거가 필요한 것은 아니고,[45] 위자료수액의 산정은 법원이 여러 가지 사정을 참작하여 직권에 의하여 그 액수를 결정할 것이며,[46] 법원은 그 수액을 산정함에 있어서는 유책행위에 이르게 된 경위와 정도, 혼인관계, 파탄의 원인과 책임, 배우자의 연령과 재산상태 등 변론에 나타나는 모든 사정을 참작하여야 한다.[47] 위자료 액수의 산정에 고려요소가 되는 사정은 혼인관계 파탄의 직접 원인이 된 유책행위 뿐 아니라 파탄 이후 최종적 이혼에 이르기까지 발생한 모든 사정이 포함된다.[48]

40 [판례] 위자료 산정의 고려요소로 삼을 수 있는 사정의 범위[49]

원심이 피고가 원고를 상대로 저지른 위 공동감금 범행은 이 사건 혼인관계가 파탄에 이른 다음에 이루어진 것으로 혼인관계 파탄의 직접적인 원인이라고 볼 수 없으므로, 별도의 절차에서 손해배상청구를 할 수 있음은 별론으로 하고 피고가 원고에게 지급할 위자료 액수를 산정함에 있어서는 고려할 사정이 아님을 근거로 위자료 액수를 제1심에서 인정한 2,000만 원에서 1,500만 원으로 감액한 사안에서, 이혼을 원인으로 하는 위자료청구권은 상대방 배우자의 유책불법한 행위에 의하여 혼인관계가 파탄상태에 이르러 이혼하게 된 경우 그로 인하여 입게 된 정신적 고통을 위자하기 위한 손해배상청구권으로서, 이혼의 원인이 되는 개별적 유책행위의 발생으로부터 최종적 이혼에 이르기까지 일련의 경과가 전체로서 불법행위로 파악되어 최종적 이혼시점에서 확정, 평가된다. 유책배우자에 대한 위자료 액수를 산정함에 있어서는, 유책행위에 이르게 된 경위와 정도, 혼인관계 파탄의 원인과 책임, 배우자의 연령과 재산상태 등 변론에 나타나는 모든 사정을 참작하여 법원이 직권으로 정하여야 하고, 이러한 사정에는 혼인관계의 파탄 이후 최종적 이혼에 이르기까지 발생한 모든 사정

45 대법원 1981. 10. 13. 선고 80므100 판결, 대법원 1987. 10. 28. 선고 87므55, 56 판결.

46 대법원 1976. 2. 10. 선고 75므33 판결.

47 대법원 2005. 8. 19. 선고 2003므1166, 1173 판결, 대법원 2004. 7. 9. 선고 2003므2251, 2268 판결[평석으로는 연기영, "유책배우자에 대한 위자료 수액의 산정방법", Jurist 제413호, 청림인터렉티브(2007), 262~265], 대법원 1987. 10. 28. 선고 87므55, 56 판결.

48 대법원 2024. 10. 25. 선고 2024므11526, 11533 판결.

49 대법원 2024. 10. 25. 선고 2024므11526, 11533 판결.

이 포함되며, 개별적 유책행위에 대하여 별개의 손해배상청구를 할 수 있다고 하여 달라지지 않는다는 이유로 혼인관계 파탄 이후 이 사건 소송 계속 중에 피고가 원고를 상대로 저지른 공동감금 범행이나 사건본인에 대한 수차례에 걸친 신체적 학대행위도 위자료 액수 산정의 고려요소로 포함되어야 한다고 판시한 사례

2. 구체적 인자

41 판례는 남편의 폭행과 폭언에 대하여 위자료를 청구하지 않기로 일시 합의하였다가 재결합 이후 남편이 다시 폭행을 가하여 혼인관계가 파탄된 경우 일시 합의하였던 사정은 위자료 산정의 감액사유로 될 수 없고,[50] 성년에 달한 자녀들에 대하여 부양의무를 부담하는 사정은 자녀들과의 법률관계일 뿐이므로 부부 사이의 위자료 산정에서 고려할 요소가 아니라고 하였다.[51]

42 [판례] 남편의 폭행에 대하여 위자료를 청구하지 않기로 일시 합의하였던 사정(부정)[52]

위자료 등을 청구하지 않기로 하는 합의 자체가 처의 궁박, 경솔, 무경험으로 인한 것이라거나 강박 상태에서 이루어진 것이 아니라고 하더라도, 이는 남편의 폭행과 폭언이 동기가 되어 이루어진 합의인데, 남편이 다시는 폭행하지 않기로 약속하여 재결합함으로써 위 합의가 무효화되었고, 재결합 이후에도 남편이 위 약속을 어기고 처에게 폭행과 상해를 가함으로써 혼인관계가 종국적으로 파탄된 것이라면, 파탄의 주된 책임이 있는 남편이 지급하여야 할 위자료의 액수를 정함에 있어 처가 남편과 이혼하기로 하면서 위자료 등을 청구하지 않기로 일시 합의한 사실이 있다는 사정은 남편의 폭행과 폭언이 처가 감당할 수 없는 정도이었음을 가늠케하는 자료가 될 수 있을 뿐 위자료의 액수를 감액할 사정으로 참작할 것은 아니라고 보아, 그 사정을 위자료 감액사유로 본 원심 판결을 파기한 사례

43 [판례] 성년 자녀를 부양하는 사정(부정)[53]

이혼하는 부부의 자녀들이 모두 성년에 달한 경우, 부가 자녀들에게 부양의무를 진다하더라도 이는 어디까지나 부와 자녀들 사이의 법률관계일 뿐, 이를 부부의 이혼으로 인하여 이혼 배우자에게 지급할 위자료나 재산분할의 액수를 정하는 데 참작할 사정으로 볼 수는 없다.

50 대법원 1996. 3. 22. 선고 95므1314 판결.
51 대법원 2003. 8. 19. 선고 2003므941 판결.
52 대법원 1996. 3. 22. 선고 95므1314 판결.
53 대법원 2003. 8. 19. 선고 2003므941 판결.

Ⅵ. 관련문제

1. 대등한 정도의 책임으로 혼인이 파탄된 경우

44 부부 쌍방이 본·반소 또는 별소로서 상대방에 대하여 각기 위자료청구를 하였는데 심리결과 혼인파탄에 대한 책임이 대등하다고 인정될 경우 또는 혼인파탄에 대하여 대등한 책임이 인정되는데 본·반소 중 일부만 위자료를 청구한 경우 처리방법이 문제된다. 각별로 위자료를 인정하는 방법과 쌍방 또는 일방의 위자료 청구를 기각하는 방법을 생각해 볼 수 있다. 오래전에 일방만 위자료를 청구한 경우 청구를 인용한 하급심 사례가 있긴 하나[54] 최근의 정착된 실무례와 판례[55]는 쌍방 또는 일방의 위자료 청구를 모두 기각하고 있다.

45 상대방의 유책행위와 대등한 정도의 자신의 유책행위로 인하여 이혼하게 된 경우, 상호 상대방에 대하여 손해배상청구권이 발생하고, 민법 제496조가 고의의 불법행위로 인한 손해배상채권에 대하여는 피해자가 가해자의 상계권 행사로 인하여 현실의 변제를 받을 수 없게 된다면 사회적 정의관념에 반하여 피해자에게 현실의 변제를 받게 하려는 취지에서 상계를 금지하고 있으므로, 각 청구마다 같은 수액의 위자료 청구를 인용하거나 위자료를 청구한 당사자의 위자료 청구만을 인용하는 것이 타당하다고 보일 수도 있다. 그러나 이혼의 경우에는 혼인관계의 파탄이라는 하나의 결과에 대하여 쌍방의 불법행위가 경합하는 것이고 그에 대하여 상호 가해자이자 피해자의 구조가 되는 점에서 각자의 법익이 침해당하는 일반적인 불법행위와 달리 취급할 여지가 있고, 상계를 금지하는 또 하나의 취지인 피해자에 의한 사후적 불법행위의 유발을 예방하려는 목적은 이혼에서는 의미가 없으므로, 혼인파탄에 대하여 대등한 정도의 책임이 있는 경우라면, 쌍방의 위자료청구가 있는 경우 모두 기각하고 본소 또는 반소 또는 별소로 어느 일방만 위자료를 청구한 경우라도 기각하는 것이 당사자의 의사에 부합하고 정의관념에도 반하지 않는다고 할 것이다.[56]

54 서울고등법원 1989. 6. 12. 선고 88르1554, 89르701 판결. 청구인이 본심으로 이혼 청구를 하고 피청구인이 반심으로 이혼 및 위자료 청구를 하였는데, 쌍방 모두에게 대등한 정도의 책임이 있어 본심 및 반심 이혼 청구를 인용한 뒤 피청구인의 위자료 청구를 인용하면서 피청구인도 청구인에게 같은 위자의무가 있으나 청구인이 이를 구하지 않고 있으므로 판단하지 아니한다고 판시하였다.

55 대법원 2013. 7. 12. 선고 2011므1116, 1123 판결, 대법원 2014. 4. 10. 선고 2011므1055, 1062 판결 등 다수.

56 민유숙, "이혼과 관련된 손해배상청구의 관할과 처리", 실무연구X, 서울가정법원 법관가사재판실무연구회(2005), 461와 같은 의견.

46 한편 쌍방의 위자료청구가 있고 쌍방에 잘못이 있으나 어느 한쪽에게 혼인파탄에 대하여 더 큰 책임이 있는 경우는 어떨까. 판례는 혼인이 쌍방에 각각 책임 있는 사유로 인하여 파탄에 이른 이상 각각 상대방이 받은 정신적 고통에 관하여 위자료를 지급할 의무가 있고, 피고의 귀책사유가 원고의 귀책사유보다 더 중하다고 판단될 때 원고의 위자료 지급의무는 이를 면제하고 피고의 위자료 지급의무는 별도로 진행된 재판상 화해에 따라 피고가 원고에게 지급한 금원으로서 이행된 것으로 보는 것이 상당하다고 판단하여 그 이상의 위자료 지급을 구하는 원고의 본소 위자료청구와 피고의 반소 위자료청구를 각각 기각한 원심을 수긍하여[57] 각각의 위자료 책임이 성립하나 책임이 적은 쪽의 위자료지급의무가 면제된다고 보는 듯한 판시를 한 것이 있다. 그러나 이혼으로 인한 손해배상책임을 부담하는 유책배우자의 과실을 부정행위나 학대 등 이혼원인을 이루는 개개의 위법행위에 관한 것이라기보다는 혼인파탄의 궁극적인 책임을 져야 할 잘못이라는 넓은 개념으로 이해한다면[58] 책임이 적은 쪽은 위자료 지급채무는 성립하지 않는다고 보는 것이 옳고, 법감정에도 맞을 것이다.

2. 위자료청구권의 승계

47 **가.** 일신전속적 권리는 행사상의 일신전속권과 귀속상의 일신전속권으로 나뉜다. 행사상의 일신전속권은 당사자 간에 배상에 관한 계약이 성립되어 있거나 소를 제기한 후에는 그 권리를 양도 또는 승계할 수 있으나, 귀속상의 일신전속권은 이 경우에도 권리의 양도 또는 승계가 불가능하다. 재판상이혼청구권은 신분법상 의사표시로서 귀속상 일신전속권임에 대하여는 견해가 일치되어 있으나 이혼을 전제로 하고 있는 이혼위자료청구권이 귀속상 일신전속권인지 행사상 일신전속권인지 문제된다.

48 **나.** 가사소송법 제2조 제1항 다류 제2호의 "이혼을 원인으로 하는"을 이혼이 성립한 때를 의미하는 것으로 보거나, 재판상이혼의 효력이 이혼판결의 확정에 의하여 발생하는 점 등을 논거로 일방 당사자의 사망으로 혼인관계가 해소되면 재판상 이혼이 성립할 여지가 없게 되므로 재판상이혼청구권과 마찬가지로 귀속상 일신전속권으로 보는 견해가 있을 수 있다. 대법원 1993. 5. 27. 선고 92므143

57 대법원 1996. 2. 9. 선고 94므635, 642 판결.
58 전효숙, "신분법상의 불법행위", 현대 민사법 연구: 일헌 최병욱선생정년기념, 법문사(2002), 375.

판결의 원심[59]은 소송계속 중 위자료를 청구한 당사자가 사망한 경우, 이혼에 따른 위자료 청구권은 이혼 그 자체로 인하여 생기는 정신적 고통에 대한 것이므로 성질상 상속의 대상이 될 수 없는 청구권이며 개개의 유책행위에 대한 손해배상청구가 내포되어 있다고 하더라도 이는 이혼위자료청구권의 주된 것이라고 할 수 없고, 미성년의 자가 있는 경우 자와 나머지 생존한 당사자가 공동재산상속인이 되는데 그 일방이 자의 법정대리인이므로 원고 수계자와 피고가 동일인이 되는 모순이 생기는 점, 자와 생존 배우자가 공동생활을 하고 있을 때 윤리적 문제가 생기고 재산의 관리문제가 야기되는 점 등을 논거로 이혼위자료청구권이 상속되지 않는다고 보았다. 이혼위자료청구권에 관한 준별설의 입장에서 개개의 유책행위에 의한 손해와 이혼 그 자체로 인한 손해를 준별함을 전제로 하여 현실적인 문제점을 지적한 것으로 보인다. 그러나 이혼위자료청구권의 법적 성질에 관하여 준별설을 취한다고 하더라도 소송실무에서는 개별적인 유책행위에 대한 위자료는 이혼 그 자체에 대한 위자료에 포섭된다고 볼 여지가 높은 점에서 위와 같은 결론이 필연적인 것은 아니라고 보인다.[60] 또한 위와 같은 현실적인 문제점은 특별대리인의 선임, 법정대리권의 제한 등 절차적으로 해결할 문제이지 실체적 해석에 영향을 줄 수는 없다.[61]

49 **다.** 위 법원의 상고심인 대법원 1993. 5. 27. 선고 92므143 판결은, 원심을 파기하면서 이혼위자료청구권은 이혼으로 인하여 비로소 창설되는 것이 아니고 행사상의 일신전속권일 뿐 귀속상의 일신전속권이 아니므로 소송을 제기함으로써 청구권을 행사할 의사를 외부적 객관적으로 명백히 한 후 사망하였다면(이혼 판결이 아닌 사망으로 인하여 혼인이 해소된다고 하더라도) 위자료청구권의 상속이 가

59 서울고등법원 1992. 3. 3. 선고 91르1158 판결.

60 민유숙, "이혼과 관련된 손해배상청구의 관할과 처리", 실무연구X, 서울가정법원 법관가사재판실무연구회(2005), 453. 준별설에 따라 유책행위에 의한 손해배상청구권과 이혼 그 자체로 인한 손해배상청구권이 구별된다고 보더라도 소송실무에서는 이혼 그 자체로 인한 정신적 손해는 이혼에 의한 사회적 평가의 저하, 혼인생활에 대한 기대감이 침해된 것, 장래의 생활 불안, 자녀와의 헤어짐으로 인한 고통 등 이혼 성립 후에 생기는 정신적 고통 뿐 아니라, 이혼의 원인, 유책행위의 태양, 이혼에 이른 경위 등 이혼 성립 전에 받은 정신적 고통을 모두 포함하여 이에 대한 배상청구라고 보아야 할 것이고, 개별적인 유책행위에 대한 위자료는 결국 이혼 그 자체에 대한 위자료에 포섭된다고 볼 여지가 높다고 하면서, 따라서 이혼으로 인한 손해배상청구를 하여 위의 사정이 모두 참작되어 정하여진 액수의 배상을 받고도 개별적인 불법행위에 기한 손해배상청구를 한다면 이러한 청구는 배척되어야 할 것이라고 한다(☞ 상세한 내용은 민법 제843조 Ⅲ. 2. 주석 참조).

61 이영식, "이혼 및 위자료청구권의 법적 성질", 판례와 이론 제1권, 영남대학교법학연구소(1995), 177.

능하다고 판시하였다. 자세한 설시는 다음과 같다.

50 [판례] 이혼위자료청구권의 승계

피고가 혼인 이후 포악한 성격을 드러내며 지참금을 더 가져오라고 강요하고 이에 불응하는 원고를 폭행하고 심지어 후두부 두피열상으로 봉합술까지 받게 하는 등 인간 이하의 취급을 하여 정신적 충격과 고통으로 간질증세까지 일으키게 하였고, 제1심에서 원고의 이혼 및 위자료 일부 승소 판결이 있은 뒤, 항소심 계속 중 원고가 사망하자 친정부모들이 소송수계를 신청한 사안에서, 이혼위자료청구권은 상대방인 배우자의 유책불법한 행위에 의하여 그 혼인관계가 파탄상태에 이르러 부득이 이혼을 하게 된 경우에 그로 인하여 입게 된 정신적 고통을 위자하기 위한 손해배상청구권으로서, 이는 이혼의 시점에서 확정, 평가되는 것이며 이혼에 의하여 비로소 창설되는 것은 아니라 할 것이고 이러한 이혼위자료청구권의 양도 내지 승계의 가능 여부에 관하여 민법 제806조 제3항은 약혼해제로 인한 손해배상청구권에 관하여 정신상 고통에 대한 손해배상청구권은 양도 또는 승계하지 못하지만 당사자간에 이미 그 배상에 관한 계약이 성립되거나 소를 제기한 후에는 그러하지 아니하다고 규정하고 민법 제843조가 위 규정을 재판상 이혼의 경우에 준용하고 있으므로, 이혼위자료청구권은 원칙적으로 일신전속적 권리로서 양도나 상속 등 승계가 되지 아니하나 이는 행사상의 일신전속권이고 귀속상의 일신전속권은 아니라 할 것이며, 그 청구권자가 위자료의 지급을 구하는 소송을 제기함으로써 그 청구권을 행사할 의사가 외부적 객관적으로 명백하게 된 이상 양도나 상속 등 승계가 가능하므로 상속인의 소송수계신청 중 이혼위자료청구 사건에 관한 부분은 공동상속인들의 상속분 범위 내에서 적법하다.[62]

51 **라.** 한편, 소송을 유지할 이익을 인정할 만한 특별한 사정이 없다고 보아 이혼청구의 종료와 함께 위자료청구도 종료되었다고 본 사례도 있다. 앞서 상속을 인정한 대법원 1993. 5. 27. 선고 92므143 판결의 사안과 비교하여 보면, 소송을 유지할 특별한 사정으로 상속인이 소송수계신청을 하였는지 여부 등이 고려될 수 있을 것으로 보인다. 위 92므143 판결과 같이 제1심에서 폭행 등 부당한 대우를 원인으로 한 이혼 및 위자료 승소 판결을 받은 뒤 항소심 계속 중 사망한 처의 친정부모가 소송수계 신청을 하였다면 소송을 유지할 이익이 있다고 볼 수 있을 것이나, 이혼소송 부부의 자녀가 소송수계 신청을 하지 않고 있음에도 가정법원이 위자료 소송절차가 중단된 것으로 보고 소송수계 절차를 밟도록 할 것은 아니라고 생각된다.

62 대법원 1993. 5. 27. 선고 92므143 판결. 평석으로는, 이영식, "이혼 및 위자료청구권의 법적 성격", 판례와 이론 제1호, 영남대학교법학연구소(1995), 171~178.

52 [판례] 위자료 청구의 종료[63]

소송계속 중 당사자 일방이 사망하였다면 이혼의 성립을 전제로 하여 이혼소송에 부대한 위자료 청구, 재산분할 청구, 친권자 및 양육자 지정 청구, 양육비 청구 역시 특별한 사정이 없는 한 이를 유지할 이익이 없으므로 이혼 소송의 종료와 동시에 종료된다.

53 **마.** 이에 대하여 판례가 위자료 청구권자가 사망한 경우 소송승계를 인정[64]하고, 지급의무자가 사망한 경우에는 소송종료선언[65]을 하고 있으나 청구권자의 사망과 지급의무자의 사망 구별 없이 소송승계가 이루어져야 한다는 견해도 있다.[66]

3. 지연손해금 및 가집행, 소멸시효

가. 지연손해금의 기산점

54 1) 이혼으로 인한 손해배상청구권의 법적 성질 및 손해의 내용과 관련된 쟁점이다. 법적 성질을 채무불이행책임 또는 법정책임으로 본다면 이행의 청구를 한 때로부터 지체책임이 발생하므로 적어도 소장 부본 송달일 다음날부터 지연손해금을 붙일 수 있을 것이다. 그러나 통설 및 판례와 같이 불법행위책임으로 본다면, 불법행위로 인한 손해배상채권의 지연손해금 기산일을 불법행위 성립일로 보는 불법행위책임의 법리 및 대법원의 확고한 판례에 의할 때 '불법행위시'부터 지체가 된다고 보아야 한다. 이혼에 이르는 일련의 과정 중 어느 시점을 '불법행위시'로 볼 것인가. 개개의 유책·불법행위시라고 보는 견해, 혼인파탄시로 보는 견해, 이혼성립시로 보는 견해가 가능할 것이다. 불법행위시설은 이혼위자료란 상대방인 배우자의 유책·불법한 행위에 의하여 혼인관계가 파탄상태에 이르러 부득이 이혼하게 된 경우 입게 된 정신적 고통을 위자하기 위한 것이고 그러한 정신적 고통은 상대방의 유책·불법한 행위에 의하여 생기는 것으로 이혼 판결의 확정에 의한 이혼 그 자체로 인한 정신적 고통 역시 이미 그 원인행위와 상당인과관계가 있는 것이므로 원인행위시에 이미 발생한 것으로 보는

63 대법원 2014. 3. 27. 선고 2013므5495, 5501 판결, 대법원 2016. 10. 27. 선고 2016므989 판결.

64 대법원 1993. 5. 27. 선고 92므143.

65 대법원 2014. 3. 27. 선고 2013므5495, 5501 판결, 대법원 2016. 10. 27. 선고 2016므989 판결, 대법원 2018. 2. 28. 선고 2017므14527, 14534 판결, 대법원 2019. 11. 15. 선고 2019므13047, 13054 판결.

66 성원제, "당사자 사망과 이혼위자료 청구소송의 종료 여부에 관한 소고", 인권과 정의 제501호, 대한변호사협회(2021), 78~93.

것이 타당하다고 한다.[67] 이혼성립시설은 불법행위로 인한 손해배상채권이 불법행위시로부터 이행지체에 빠진다고 할 때 불법행위시라 함은 위법행위시가 아니고 손해발생시로 해석되고 이혼위자료는 이혼성립에 의하여 비로소 불법행위로서 평가되는 것이라는 논거로 이혼판결확정일 다음날부터 지연손해금을 가산하여야 한다고 한다.[68]

55 현재 실무례는 소장 부본 송달 다음날부터 지연손해금을 가산하는 것이 일반적이다.[69] 이에 대하여는 이혼 그 자체로 인한 정신적 고통의 내용이라고 말하여지는 사회적 평가의 절하, 결혼생활에 대한 기대감의 침해, 장래의 생활불안, 자녀와 헤어짐으로 인한 고통 등은 이혼이라는 법률상의 효과 자체로부터 생기는 것이 아니고, 가해자인 배우자의 침해행위는 혼인관계가 파탄되었을 때, 적어도 이혼소송 제기 시점에서는 종료 또는 완성되었으므로 늦어도 이혼 청구시에는 혼인관계가 파탄되어 이혼위자료가 발생하였다는 설명으로 실무례를 수긍하는 견해가 있고,[70] 파탄시설의 입장인 것으로 보인다.

56 생각건대 이혼위자료의 법적성격을 불법행위책임으로 본다고 하여 반드시 개별 불법행위가 이루어진 불법행위시설을 따라야 하는 것은 아니다. 이혼위자료는 개별 유책행위가 침해하는 법익과 달리 신분적인 지위가 침해됨으로써 발생하는 손해에 관한 것이므로 불법행위 및 손해의 내용, 즉 소송물을 달리하기 때문이다. 또한 이혼으로 인한 정신적 손해는 이혼에 이르기까지의 일련의 과정의 집적과 누적의 결과로서 혼인관계가 파탄되어 이혼에 이르게 되자 발생한 손해이므로 이혼이라는 법률효과에 기하여 비로소 창설되는 것이라고 보기는 어렵다. 따라서 파탄시설의 입장에서 이혼청구가 있은 때로부터 지체책임을 인정하고 있는 실무례를 수긍할 수 있다.

57 2) 대법원이 이혼위자료청구권의 지연손해금 기산점을 정면으로 다룬 판례는 없는 것으로 보이나, 이혼위자료청구권은 이혼시점에 확정, 평가되고 이혼에

67 황경웅, "이혼 위자료의 지연손해금의 기산일에 관하여", 실무연구VI, 서울가정법원(1998), 124~126.

68 일본의 하급심 일부에서 발견되는 사례이라고 한다. 박순성, "이혼을 원인으로 하는 손해배상청구권의 법적 성격", 재판자료 제62집, 법원도서관(1993), 534에서 재인용.

69 법원실무제요, 가사[I], 사법연수원(2021), 779.

70 엄상필, "재판상 이혼 및 위자료 사건에 관한 몇 가지 문제", 가사조정 제4호, 서울가정법원 조정위원회(2001), 92; 박순성, "이혼을 원인으로 하는 손해배상 청구권의 법적 성격", 재판자료 제62집, 법원도서관(1993), 535.

의하여 비로소 창설되는 것이 아니라고 하고 있으므로,[71] 실무례와 배치되지는 않을 것으로 보인다.

나. 지연손해금율 및 가집행 선고

58 소송촉진 등에 관한 특례법의 지연손해금율을 적용할 수 있고, 가집행 선고도 붙인다. 이러한 점은 재산분할청구권 심판·판결이 확정됨으로써 비로소 형성되어 재산분할심판 등의 확정 다음날부터 이행지체책임이 성립하여 소송촉진 등에 관한 특례법의 지연손해금율을 적용하지 않고 가집행 선고를 붙일 수 없는 것[72]과 구별된다.

다. 소멸시효의 기산점

59 이혼이 성립된 때로부터 진행된다고 보아야 할 것이다.[73] 그 손해는 이혼이 성립하여야 비로소 평가되는 것이기 때문에 이혼이 될 것인지 여부가 확정되지 않은 상태에서 그 손해를 알 수 없고, 상대방 유책으로 이혼을 명하는 판결이 확정되어야 상대방의 행위가 불법행위임을 알게 되고 손해의 발생을 확실하게 알았던 것으로 되기 때문이다. 판례도 위자료 청구권의 소멸시효 기산점은 혼인이 해소된 때로부터 진행된다고 한다.[74]

4. 청구권의 포기, 상계 등

가. 청구권의 포기 등

60 청구권자의 의사에 기하여 과거의 부정행위를 용서한 때에는 손해배상청구권의 포기로 해석될 수 있다.[75]

61 협의이혼 약정시 부부관계를 청산하면서 위자료조의 금원이 지급되었는데 협의이혼이 성립되지 않은 경우 언제나 재판상 이혼으로 인한 위자료청구권이 소멸되었다고 할 것은 아니지만, 위자료의 액수나 지급경위 등에 비추어 재판상 이혼으로 인한 위자료청구권이 소멸하였다고 볼 수 있는 경우가 있을 것이다.[76]

71 대법원 1993. 5. 27. 선고 92므143 판결.

72 대법원 2014. 9. 4. 선고 2012므1656 판결.

73 법원실무제요, 가사[I], 사법연수원(2021), 779; 박순성, "이혼을 원인으로 하는 손해배상 청구권의 법적 성격", 재판자료 제62집, 법원도서관(1993), 536.

74 대법원 2015. 6. 24. 선고 2013므3963, 3970 판결.

75 대법원 1998. 4. 10. 선고 96므1434 판결.

76 대법원 1983. 9. 27. 선고 83므20, 21 판결.

62 한편, 피청구인의 부당한 대우를 이혼사유로 인정하여 청구인의 이혼 청구를 인용하면서도 청구인에게 피청구인이 청구인의 부정한 행위를 의심하게 할 중대한 과실이 있었다면서 피청구인의 위자료 책임을 면제하여 청구인의 위자료 청구를 기각한 원심을 수긍한 판례[77]가 있다. 그러나 이를 따른 판결이나 실무례는 찾기 어렵다.

63 [판례] 위자료청구권이 소멸하였다고 본 사례
청구인과 피청구인은 협의이혼서를 작성할 때 청구인이 피청구인에게 위자료, 자녀양육비, 결혼 중 잔존부채의 정리조로 금원을 지급하고 두 사람이 사용하던 가재도구를 피청구인의 소유로 하며 아들은 피청구인이 양육하기로 하되 앞으로 피청구인이 청구인에게 양육비등 일체의 금원을 청구하지 아니한다는 약정을 한 후 피청구인이 청구인으로부터 위 금원을 지급받은 사안에서, 협의이혼 약정시에 청구인이 피청구인에게 이혼 위자료조로 소정의 금원을 지급할 것을 약정한 후에 피청구인이 위 금원 등을 지급받았는데 당사자 쌍방의 연령, 재산관계, 사회적 지위, 가족관계, 혼인관계가 파탄에 이르게 된 경위 등 여러사정을 참작할 때 이 사건 이혼으로 인한 정신적 고통을 위자함에 족하다고 인정되는 경우라면, 이후 협의이혼이 성립하지 않아 재판상 이혼에 이르게 되었더라도 위 금원 등 수수에 관한 당사자 쌍방의 의사는 어디까지나 협의의 이혼이건 재판상이혼이건 간에 그 부부관계를 완전히 청산하는 것을 전제로 그 위자료조로 지급한 취지라고 볼 것이므로, 피청구인의 위자료청구권은 소멸하였다고 판시한 사례.[78]

나. 재산분할채권과의 상계

1) 재산분할채권과의 상계를 허용한 사례

64 [판례] 서울고등법원 1994. 8. 19. 선고 94르651, 1531 판결
원고의 피고에 대한 재산분할금 채권은 피고의 위 상계로 그 상계적상시인 위 사실혼 해소시에 소급하여 위 위자료 채권액과 대등액에 관하여 소멸하였다.

65 [판례] 서울가정법원 1993. 12. 10. 선고 93느909 판결(확정)
간통한 유책배우자가 이혼확정 후 청구하여 온 재산분할청구를 받아들이면서, 상대방의 유책배우자에 대한 이혼위자료청구권을 인정하고, 이 사건 재산분할청구가 금전채권으로 인정된 이상 위 재산분할청구권과 상대방의 청구인에 대한 이혼위자료청

77 대법원 1968. 3. 5. 선고 68므5 판결.
78 대법원 1983. 9. 27. 선고 83므20, 21 판결.

구권은 서로 상계적상에 있다 할 것이므로 위자료채권액의 한도에서 양 채권이 소멸하여 재산분할채권은 그 차액만 남게 된다.

2) 부정한 사례

66 [판례] 대구지방법원 1999. 5. 25. 자 97느1666 심판(확정)

민법 제839조의2, 제843조에 의하여 인정되는 재산분할청구채권은 협의 또는 법원의 심판에 의하여 구체적인 내용이 형성되기까지는 그 범위 및 내용이 불명확, 불확정하기 때문에 구체적으로 권리가 발생하였다고 할 수 없으므로 그 목적이 금전채권인 위자료채권과는 서로 같은 종류를 목적으로 한 채권이라고 볼 수 없어 상계가 허용되지 않는다.

3) 검토

67 재산분할채권을 자동채권, 위자료채권을 수동채권으로 하는 상계의 경우, 고의의 불법행위로 인한 수동채권의 경우 상계가 금지되므로(민법 제496조) 허용될 수 없다고 보는 것이 옳다. 반대로 위자료채권을 자동채권, 재산분할채권을 수동채권으로 하는 상계의 경우, 재산분할채권은 법원의 심판·판결에 의하여 구체적인 청구권의 내용과 범위가 확정되기 전에는 내용이 불확정하여 상계할 수 없다는 견해와 자동채권인 위자료 채권은 이행기에 있고, 수동채권인 재산분할채권은 같은 절차 내에서 구체적으로 확정될 것이 예상되므로 상계가 가능하다는 견해가 있을 수 있다. 전자의 견해가 타당하다고 할 것이다.[79]

Ⅶ. 제3자에 대한 손해배상청구[80]

1. 인정여부

68 **가.** 혼인파탄에 관하여 제3자 즉, 일방 배우자와 부정한 행위를 한 제3자, 일방 배우자와 함께 학대 등 부당한 대우를 한 상대방의 직계존속 등이 가담하는 경우가 있다. 후자의 경우 배우자와 제3자 사이에 공동불법행위가 성립함에는 이론의 여지가 없다. 주로 논의가 되는 부분은 소위 상간자에 대한 손해배상청

79 한편 판례는 양육비채권을 자동채권으로 한 상계가 문제된 사안에서 양육비채권의 경우 당사자의 협의 또는 가정법원의 심판에 의하여 구체적인 청구권의 내용과 범위가 확정되기 전에는 그 내용이 극히 불확정하여 상계할 수 없다고 한 바 있다(대법원 2006. 7. 4. 선고 2006므751 판결).

80 아래에서 보는 바와 같이 민법 제843조가 적용되지 않으나 가사사건으로 정의되어[가사소송법 제2조 제1항 제1호 다목 2)] 가정법원의 전속관할에 속하고, 상대방 배우자의 민법 제843조 채무와 부진정연대채무관계에 있어, 실무상 공동피고로 하여 제소되는 경우가 많으므로 이에 대하여 살피기로 한다.

구인데, 혼인관계에 따른 정조의무를 위반한 것은 상대 배우자이고 성적 자기결정권의 문제이므로 과연 부정행위에 가공한 제3자에 대하여 손해배상책임을 인정하여야 하는지가 문제된다.

나. 학설[81]

1) 긍정설

69 상간행위는 일방 배우자의 정조의무위반에 가담하여 배우자권을 침해하고 배우자의 정신적 평화를 해친 것으로서 위법성이 인정되므로 손해배상청구를 긍정한다.

2) 제한적 긍정설

70 성적 행위가 불법행위가 되는 것은 혼인공동생활의 평화의 유지라는 권리 또는 법적가치 있는 이익을 침해하는 행위이기 때문이므로 성적 행위 당시 이미 혼인이 파탄에 이른 경우에는 원칙적으로 그러한 권리 또는 법적 보호가치 있는 이익이 없어 손해배상책임이 부정된다는 견해와 제3자가 부부의 이혼을 의도하여 그 혼인관계에 대하여 부당하게 간섭하는 등으로 그 부부를 이혼에 이르게 하였다고 평가할 수 있는 특단의 사정이 있는 경우에만 이혼을 원인으로 한 손해배상청구를 할 수 있다는 견해가 있다.[82] 최근 일본최고재판소는 후자와 같은 취지의 판시를 한 바 있다.[83]

3) 부정설

71 배우자가 자유로운 의사로 자연의 애정에 의하여 정교관계를 맺은 경우에는 제3자의 불법행위 성립을 부정한다.

다. 판례

72 1) 판례는 제3자가 부부의 일방과 부정한 행위를 함으로써 타인의 부부공동생활에 개입하여 혼인의 파탄을 초래하였다면 원칙적으로 불법행위를 구성한다

81 상세한 내용은 박정제, "혼인이 파탄된 후에 일방 배우자와 성적행위를 한 제3자가 상대방 배우자에 대하여 손해배상책임을 부담하는지 여부", 사법 제34호, 사법발전재단(2015), 331~333.

82 상세한 내용은 박설아, "제3자에 대한 이혼위자료청구권과 소멸시효; 대법원 2021. 6. 24. 선고 2017므13586 판결의 평석", 가족법연구 제37권 제2호, 한국가족법학회(2023), 261~308.

83 最判 2019. 2. 19, 民集 73卷 2号 187. 다만 우리 민법상 이혼을 원인으로 한 손해배상을 청구할 때 일방 배우자와 달리 제3자에 대하여만 특별한 사정이 필요하다고 볼 아무런 근거가 없다(서울가정법원 2023드합33187 판결 참조).

고 일관되게 판시하여 왔다.[84] [85]

73 [판례] 대법원 2005. 5. 13. 선고 2004 다 1899 판결
제3자도 타인의 부부공동생활에 개입하여 그 부부공동생활의 파탄을 초래하는 등 그 혼인의 본질에 해당하는 부부공동생활을 방해하여서는 아니 된다. 제3자가 부부의 일방과 부정행위를 함으로써 혼인의 본질에 해당하는 부부공동생활을 침해하거나 그 유지를 방해하고 그에 대한 배우자로서의 권리를 침해하여 배우자에게 정신적 고통을 가하는 행위는 원칙적으로 불법행위를 구성한다.

2) 대법원 2014. 11. 20. 선고 2011므2997 전원합의체 판결[86]

74 대법원은 2014년 전원합의체 판결을 통하여 부부가 아직 이혼하지 아니하였지만 실질적으로 부부공동생활이 파탄되어 회복할 수 없을 정도에 이른 경우, 제3자가 부부의 일방과 한 성적인 행위가 배우자에 대하여 불법행위를 구성하지 않는다고 하여 제3자의 불법행위가 인정되는 범위를 축소하였다.

가) 사안

75 경제적 문제, 성격 차이 등으로 불화를 겪다가 2004. 2.경부터 별거하면서 남편은 별다른 노력 없이 처를 비난하면서 지내왔고 처는 2008. 4.경 이혼청구의 소를 제기하여 2008. 9. 제1심에서 이혼 판결이 선고되었고 부가 항소하면서 2008. 11. 이혼청구의 반소를 제기하여 2010. 6. 항소심에서 본소 및 반소에 의하여 이혼하고 처와 부의 위자료청구를 모두 기각한다는 판결이 선고되었으며, 부의 상고가 기각되어 2010. 9. 확정되었는데, 한편, 처는 2006.경 등산모임에서 다른 남성을 알게 되어 연락을 주고받고 금전거래를 하며 지내오다가 항소심 계속 중이던 2009. 1.경 그 남성의 집에서 애무하는 등 신체적 접촉을 가졌다.

나) 판시요지

76 부부가 아직 이혼하지 아니하였지만 실질적으로 부부공동생활이 파탄되어 회복할 수 없을 정도에 이른 경우, 제3자가 부부의 일방과 한 성적인 행위가 배우자

84 대법원 2005. 5. 13. 선고 2004다1899 판결.

85 다만 대법원은 2021. 6. 24. 선고 2017므13586 판결에서 제3자에 대한 이혼을 원인으로 한 손해배상청구권의 존재를 부정한 원심을 유지하며 상고기각 판결을 한 바 있다. 종전의 일관된 판례에 비추어 이를 수긍하기 어렵다.

86 박정제, "혼인이 파탄된 후에 일방 배우자와 성적행위를 한 제3자가 상대방 배우자에 대하여 손해배상책임을 부담하는지", 사법 제34호, 사법발전재단(2015), 320~351; 한삼인/김상헌, "혼인 파탄 후 제3자의 부부 일방과의 성적 행위에 따른 불법행위 성립 여부-대법원 2014. 11. 20. 선고 2011므2997 전원합의체 판결을 중심으로-", 법학논총 제32집 제4호, 한양대학교 법학연구소(2015), 355~375.

에 대하여 불법행위를 구성하지 않는다. 이러한 법률관계는 재판상 이혼청구가 계속 중에 있다거나 재판상 이혼이 청구되지 않은 상태라고 하더라도 마찬가지이다. 이 사건 성적행위에 앞서 이미 원고와 소외인의 혼인관계가 불화 및 장기간의 별거로 파탄되어 그 파탄상태가 고착화되었고 처가 제기한 이혼소송의 제1심에서 이혼판결이 선고되기까지 한 상태였다. 더 이상 부부공동생활의 실체가 존재하지 아니하게 되었고 이를 회복할 수 없는 상태에 이르렀다고 할 것이다. 비록 이 사건 성적 행위 당시 제1심 이혼판결이 확정되지 아니하였다고 하더라도 이 사건 성적행위가 부부공동생활을 침해하거나 방해하였다고 볼 수 없고 또한 그로 인하여 원고의 부부공동생활에 관한 권리가 침해되는 손해가 생긴다고 할 수도 없으므로, 이 사건 성적행위가 불법행위를 구성한다고 보기 어렵다.[87]

3) 구체적 사례

77 위 전원합의체 판결 이후 제3자의 손해배상책임이 부정된 하급심을 소개한다.

78 [판례] 서울고등법원 2018. 12. 18. 선고 2018르21081, 21074 판결(확정)

원고는 혼인기간 중 술을 마신 후 가족들을 괴롭히거나 폭력적인 행동을 하는 경우가 많아 가족들과 원만한 관계를 유지하지 못하였을 뿐만 아니라 2014. 7.경에는 원고가 처를 향해 공기총을 겨누고 격발하는 등의 행위를 하여 그 때부터 별거하면서 형사기소 및 유죄판결이 진행되고 접근금지 등 임시조치 결정이 있었던 경우 2014. 7.경 혼인관계가 파탄되었고 그 시점에서 처와의 부정행위를 주장하는 제3자의 손해배상책임을 부정한 사례

79 [판례] 서울가정법원 2019. 5. 10. 선고 2018르32303 판결(심리불속행 상고기각)

원고와 소외인의 혼인관계는 소외인이 2015. 6.경부터 원고와 별거하다가 2015. 9. 원고를 상대로 이혼 소송을 제기하고, 원고가 답변서를 통하여 소외인의 이혼 청구에 관한 동의의 의사를 밝힌 2015. 10.경에는 실질적으로 부부공동생활이 파탄되어 회복할 수 없을 정도의 상태에 이르렀다고 봄이 상당하고 하여 그 이후 관계를 가진 제3자에 대한 손해배상청구를 기각한 사례

87 별개의견은, 혼인의 본질에 해당하는 부부공동생활의 실체가 소멸되고 이를 회복할 수 없는 상태에서 부부 일방이 배우자로부터 이혼의사를 전달받았거나, 그의 재판상 이혼청구가 민법 제840조 제6호에 따라 이혼이 허용될 수 있는 상황이었고 실제 재판상 이혼을 청구하여 혼인관계의 해소를 앞두고 있는 경우에는, 부부 일방은 배우자에 대한 성적 성실의무를 더 이상 부담한다고 볼 수 없다고 하였다.

2. 법적성질 및 성립요건

가. 일반불법행위책임

80 민법 제806조 제1항 및 제843조는 "과실 있는 상대방에 대하여"라고 규정하고 있으므로 제3자에 대하여는 위 규정이 적용되지 않는다. 제3자에 대한 손해배상청구는 민법 제750조, 제751조에 따른 일반불법행위책임이라고 보아야 한다.

나. 성립요건

81 불법행위가 성립되기 위해서는 고의 또는 과실로 인한 위법행위로 타인에게 손해를 가하여야 하고(민법 제750조), 타인의 신체, 자유 또는 명예를 해하거나 기타 정신상 고통을 가한 자는 재산 이외의 손해에 대하여도 배상할 책임이 있다(제751조). 그 중 고의·과실에 관하여, 판례는 상대방이 배우자 있는 사람임을 알았거나 알 수 있었을 경우에는 과실이 있다고 볼 수 있지만,[88] 정교 상대방의 혼인여부를 조사할 의무가 있는 것은 아니라고 한다.[89] 부부가 아직 이혼하지 아니하였지만 실질적으로 부부공동생활이 파탄되어 회복할 수 없을 정도의 상태에 이른 경우라면 제3자가 부부의 일방과 한 성적인 행위는 불법행위가 성립한다고 할 수 없다.[90] 또한 부부의 이혼소송에서 부정행위를 한 배우자의 손해배상의무가 성립하지 않는 경우에는 배우자의 부정행위에 가공한 제3자에게 이혼을 원인으로 하는 손해배상책임이 인정되지 않는다.[91]

82 [판례] 대법원 1976. 4. 13. 선고 75다1484 판결
피고가 유부남과 동거·통정한 경우, 소외인이 유부남이라는 사실을 알았거나 또는 알 수 있었음에도 불구하고 그와 동거하면서 정을 통함으로써 본처인 원고와 소외인과 사이의 부부관계를 파탄에 이르게 하였다면 본처인 원고에게 불법행위로 인한 손해배상책임이 있다.

83 [판례] 대법원 1987. 8. 18. 선고 87므19 판결
간통행위기간 중 그가 배우자 있는 남자인 여부를 조사 확인하여 보지 아니하였다고 하여 과실이 있다고까지는 할 수 없다고 할 것이므로, 통상 남녀간에 정교를 함에 있어 상대방이 배우자 있는 자인가를 확인하여야 할 주의의무가 있다고는 할 수 없다

88 대법원 1976. 4. 13. 선고 75다1484 판결.
89 대법원 1987. 8. 18. 선고 87므19 판결.
90 대법원 2024. 6. 27. 선고 2022므13504, 13511 판결.
91 대법원 2024. 6. 27. 선고 2023므16678.

며 피청구인이 간음 당시 청구외인에게 배우자가 있는지를 확인하여 보지 아니하였다 하여 과실로 인한 불법행위가 성립한다고 볼 수 없다는 이유로 청구인의 위자료 청구를 기각한 원심을 수긍한 사례.

84 [판례] 부정행위 당시 이미 부부공동생활이 파탄되었다는 점에 관한 증명책임[92]

제3자가 부부의 일방과 부정행위를 함으로써 혼인의 본질에 해당하는 부부공동생활을 침해하거나 유지를 방해하고 그에 대한 배우자로서의 권리를 침해하여 배우자에게 정신적 고통을 가하는 행위는 원칙적으로 불법행위를 구성한다. 그러나 비록 부부가 아직 이혼하지 아니하였지만 실질적으로 부부공동생활이 파탄되어 회복할 수 없을 정도의 상태에 이르렀다면, 제3자가 부부의 일방과 성적인 행위를 하더라도 이를 두고 부부공동생활을 침해하거나 그 유지를 방해하는 행위라고 할 수 없고 또한 그로 인하여 배우자의 부부공동생활에 관한 권리가 침해되는 손해가 생긴다고 할 수도 없으므로 불법행위가 성립한다고 보기 어렵다. 여기서 부부 일방과 부정행위를 할 당시 그 부부의 공동생활이 실질적으로 파탄되어 회복할 수 없는 정도의 상태에 있었다는 사정은 이를 주장하는 제3자가 증명하여야 한다.

85 [판례] 부부가 장기간 별거하는 등의 사유로 실질적으로 부부공동생활이 파탄되어 실체가 더 이상 존재하지 아니하게 되고 객관적으로 회복할 수 없는 정도에 이른 경우[93]

제3자가 부부의 일방과 부정행위를 함으로써 혼인의 본질에 해당하는 부부공동생활을 침해하거나 그 유지를 방해하고 그에 대한 배우자로서의 권리를 침해하여 배우자에게 정신적 고통을 가하는 행위는 원칙적으로 불법행위를 구성한다. 그러나 부부가 장기간 별거하는 등의 사유로 실질적으로 부부공동생활이 파탄되어 실체가 더 이상 존재하지 아니하게 되고 객관적으로 회복할 수 없는 정도에 이른 경우에는 혼인의 본질에 해당하는 부부공동생활이 유지되고 있다고 볼 수 없으므로, 비록 부부가 아직 이혼하지 아니하였지만 이처럼 실질적으로 부부공동생활이 파탄되어 회복할 수 없을 정도의 상태에 이르렀다면, 제3자가 부부의 일방과 성적인 행위를 하더라도 이를 두고 부부공동생활을 침해하거나 그 유지를 방해하는 행위라고 할 수 없고 또한 그로 인하여 배우자의 부부공동생활에 관한 권리가 침해되는 손해가 생긴다고 할 수도 없으므로 불법행위가 성립한다고 보기 어렵다. 부부의 일방과 부정행위를 한 제3자가 실질적으로 부부공동생활이 파탄되어 회복할 수 없을 정도의 상태에 이르게 된 원인을 제공한 경우라 하더라도, 배우자 아닌 자와의 성적인 행위가 부부공동생활이 실질적으로 파탄되어 실체가 더 이상 존재하지 아니하거나 객관적으로 회복할 수 없

[92] 대법원 2024. 6. 27. 선고 2022므13504, 13511 판결.
[93] 대법원 2023. 12. 21. 선고 2023다265731 판결.

는 정도에 이른 상태에서 이루어졌다면 이를 달리 볼 수는 없다(파기환송심은 원고의 소취하로 종국되었다).[94]

86 [판례] 이혼소송 위자료 청구가 기각된 경우 제 3 자에 대한 위자료 청구 여부[95]

부부의 일방이 상대방 배우자의 부정행위로 인하여 혼인관계가 파탄되었다고 주장하면서 배우자를 상대로 위자료 청구를 하였으나, 법원이 혼인관계 파탄에 관한 부부 쌍방의 책임정도가 대등하다고 판단하여 위자료 청구를 기각하는 경우 상대방 배우자에게 혼인관계 파탄에 대한 손해배상의무가 처음부터 성립하지 않는다고 보아야 한다. 이혼을 원인으로 하는 손해배상책임을 인정하는 근거는 부정행위 등 이혼의 원인이 되는 개별적 유책행위에 있는 것이 아니라 그로 인하여 혼인관계가 파탄되어 이혼에 이르게 된 데에 있으므로, 혼인관계 파탄에 대하여 부부 쌍방의 책임정도가 대등한 경우 부부 일방에게 혼인관계 파탄의 책임을 지울 수 없기 때문이다. 나아가 부정행위를 한 배우자의 손해배상의무가 성립하지 않는 이상 배우자의 부정행위에 가공한 제3자에게도 이혼을 원인으로 하는 손해배상책임이 인정되지 않는다고 할 것이다. 그리고 이러한 법리는 부부의 일방이 상대방 배우자의 부정행위로 인하여 혼인관계가 파탄되었다고 주장하면서 배우자를 상대로 본소로 위자료 청구를 하고 이에 대하여 상대방 배우자가 반소로 위자료 청구를 하였으나, 법원이 혼인관계 파탄에 관한 부부 쌍방의 책임정도가 대등하다고 판단하여 본소·반소 위자료 청구를 모두 기각하는 경우에도 마찬가지이다.

3. 관할

87 제3자에 대한 손해배상청구 사건은 가정법원의 전속관할에 속한다[가사소송법 제2조 제1항 제1호 다목의 2)]. 지방법원에 소가 제기된 경우에는 가정법원으로 이송하여야 한다. 전속관할 위반여부는 직권조사사항이고 절대적 상고이유로서 이에 위반한 판결은 파기사유에 해당한다. 재심사유에는 해당하지 않는다.

88 부정행위의 상대방에 대한 손해배상청구는 청구원인이 혼인관계 파탄 및 이혼을 원인으로 한 것인지 혼인관계 유지를 전제로 하는 것인지에 따라 가정법원의 전속관할인지 민사법원의 관할인지 여부가 달라지므로 청구원인을 명확히

94 이 사건은 이혼을 원인으로 한 손해배상청구가 아니라 민법 제750조, 제751조에 근거하여 개별 특정 유책행위를 원인으로 불법행위 손해배상을 청구한 사안이다. 사안을 달리하여 이혼을 원인으로 한 손해배상청구 사건에서 일방 배우자와의 부정행위로 혼인파탄의 원인을 제공한 제3자가 부부공동생활이 파탄된 이후에도 지속적으로 그 일방 배우자와 성적인 행위를 계속하고 있는 사례라면 이를 부정행위에 해당하지 않는다고는 할 수 없을 것이다.

95 대법원 2024. 6. 27. 선고 2023므16678 판결.

할 필요가 있고, 불분명할 경우에는 법원은 석명 등을 통하여 청구원인을 분명히 하여야 한다.

89 [판례] 가정법원 전속관할[96]

이혼을 원인으로 하는 손해배상청구는 제3자에 대한 청구를 포함하여 가사소송법 제2조 제1항 제1호 다목 2)에서 정한 다류 가사소송사건으로서 가정법원의 전속관할에 속하므로, 민사법원에 제기된 소는 전속관할을 위반하여 제기된 것이므로 원심으로서는 제1심판결을 취소하고 피고의 보통재판적 소재지를 관할하는 가정법원으로 이송하였어야 한다.

4. 효과

가. 상대방 배우자에 대한 손해배상청구권과의 관계

1) 부진정 연대채무

90 배우자에 대한 이혼위자료청구의 성질을 불법행위로 보는 입장에 따르면 일방 배우자와 제3자의 행위는 객관적으로 공동되어 있으므로 민법 제760조의 공동불법행위가 성립한다. 민법 제760조의 공동불법행위에 있어서 '연대'의 의미에 대하여 다수설은 부진정연대채무설을 취하고 있다. 판례도 "부부의 일방과 제3자가 부담하는 불법행위책임은 공동불법행위책임으로서 부진정연대관계에 있다."고 하였다.[97]

91 통설은 부진정연대채무는 수인의 채무자가 동일한 급부에 대하여 각자 독립하여 전부를 급부할 의무를 부담하고 채무자 가운데 1인이 변제하면 전부의 채무자가 채무를 면하고, 채무자 중 1인에 생긴 사유 중 변제, 대물변제, 공탁 등 목적을 달성하는 사유는 절대적 효력이 있으나 면제나 포기, 소멸시효의 완성, 최고로 인한 시효중단 등 그 외의 사유는 상대적 효력만 있을 뿐이라고 한다.[98] 판례도 부진정연대채무자 상호간에 있어서 채권의 목적을 달성시키는 변제, 상계와 같은 사유는 채무자 전원에 대하여 절대적 효력을 발생하나,[99] 그 밖의 사유는 상대적 효력을 발생하는 데에 그치는 것이므로 피해자가 채무자 중의 1인

96 대법원 2008. 7. 10. 선고 2008다17762 판결, 대법원 2014. 5. 16. 선고 2013다101104 판결, 대법원 2010. 3. 25. 선고 2009다102964 판결.

97 대법원 2015. 5. 29. 선고 2013므2441 판결.

98 민법주해[X], 박영사(1995), 81.

99 대법원 2010. 9. 16. 선고 2008다97218 전원합의체 판결.

에 대하여 손해배상에 관한 권리를 포기하거나 채무는 면제하는 의사표시를 하였다 하더라도 다른 채무자에 대하여 그 효력이 미친다고 할 수 없다고 하였다.[100]

2) 배우자로부터 이미 위자료를 지급받거나 상계한 경우[101]

92 부정행위를 한 배우자로부터 위자료를 지급받고 협의이혼한 이후 상간자를 상대로 별도로 혼인파탄을 원인으로 하는 위자료청구소송을 제기한 경우, 원고가 배우자의 부정행위로 혼인관계가 파탄되었다면서 이혼 및 위자료청구소송을 제기하여 판결 또는 조정에 따라 위자료를 지급받고 별소로 상간자를 상대로 위자료청구소송을 제기한 경우, 부정행위의 배우자와 상대방을 공동피고로 이혼 및 위자료청구소송을 제기하여 배우자와 사이에만 조정이 성립하여 그에 따른 위자료를 지급받은 경우, 위자료채권을 재산분할채권 등과 상계한 뒤 상간자를 상대로 위자료청구소송을 제기한 경우 등의 사례가 실무에서 발견된다.

93 이에 대하여 배우자가 원고에게 위자료로 지급 또는 상계한 부분의 면책을 인정하지 않고 위자료 액수 산정에 참작한 대법원[102] 및 하급심 판결[103]과 피고에게도 절대적 효력이 있다고 보아 피고의 면책 주장을 받아들인 대법원[104] 및 하급심 판결[105]이 있다. 전자의 경우는 배우자가 미리 지급한 금액 중에서 위자료 부분을 특정하기 어렵거나 위자료 명목으로 돈이 지급되었으나 제반사정에 비추어 위자료 외에 다른 성격의 금원이 포함되어 있다고 볼 수 있는 경우에 적합한 방식이고, 후자의 경우는 부진정연대채무의 일반적인 법리에 따라 변제 등의 절대적 효력을 인정하는 것이라는 분석이 있다.[106] 대법원 2024. 6. 27. 선고 2023므12782 판결은 부정행위를 한 부부의 일방이 배우자에게 공동불법행위로 인한 손해배상금을 지급한 경우 그 변제의 효과는 부진정연대채무자인 제3자에

100 대법원 2006. 1. 27. 선고 2005다19378 판결.

101 이에 대하여는, 이강호, "이혼위자료청구권과 관련된 실무상 몇 가지 문제", 가사재판연구Ⅲ, 서울가정법원 가사소년재판연구회(2018)를 참조하였다.

102 대법원 2005. 6. 23. 선고 2004다66001 판결.

103 수원지방법원 2006. 8. 30. 선고 2005드단21361 판결, 광주고등법원 2011. 3. 30. 선고 2010르122, 2011르37 판결.

104 대법원 2024. 6. 27. 선고 2023므13723 판결.

105 서울가정법원 2008. 11. 28. 선고 2008드단89562, 90517 판결, 서울가정법원 2009. 7. 24. 선고 2009르229 판결, 부산가정법원 2014. 9. 18. 선고 2014르226 판결, 수원가정법원 2019. 4. 2. 선고 2018드단509168 판결.

106 이강호, "이혼위자료청구권과 관련된 실무상 몇가지 문제", 가사재판연구Ⅲ, 서울가정법원 가사소년재판연구회(2018), 182~183.

대하여도 효력이 있고, 부정행위를 한 부부의 일방이 이혼과정에서 배우자에게 위자료 등의 명목으로 금원을 지급하였는데 그 금원에 위자료뿐만 아니라 재산분할금이나 양육비 등 다른 성격의 금원이 포함되어 있고, 그러한 이유로 그 금원 중 공동불법행위로 인한 위자료를 구분, 특정하기 어려운 경우에는 부부의 일방이 배우자에게 위자료의 일부로서 금원을 지급한 사정을 제3자가 부담하는 위자료 액수를 산정할 때 참작할 수 있다고 하였다.

94 [판례] 부정행위를 한 제3자의 위자료 액수를 산정할 때 참작할 수 있는 경우[107]

제3자가 부부의 일방과 부정행위를 함으로써 혼인의 본질에 해당하는 부부공동생활을 침해하거나 그 유지를 방해하고 그에 대한 배우자로서의 권리를 침해하여 배우자에게 정신적 고통을 가하는 행위는 원칙적으로 불법행위를 구성한다. 그리고 이에 따라 제3자가 부담하는 불법행위책임은 부정행위를 한 부부의 일방이 배우자에 대하여 부담하는 불법행위책임과 공동불법행위책임으로서 부진정연대채무 관계에 있다.

부진정연대채무자 상호 간에 채권의 목적을 달성시키는 변제와 같은 사유는 채무자 전원에 대하여 절대적 효력을 발생하므로, 부정행위를 한 부부의 일방이 배우자에게 공동불법행위로 인한 손해배상금을 지급한 경우 그 변제의 효과는 부진정연대채무자인 제3자에 대하여도 효력이 있다.

부정행위를 한 부부의 일방이 이혼과정에서 배우자에게 위자료 등의 명목으로 금원을 지급하였는데 그 금원에 위자료뿐만 아니라 재산분할금이나 양육비 등 다른 성격의 금원이 포함되어 있고, 그러한 이유로 그 금원 중 공동불법행위로 인한 위자료를 구분·특정하기 어려운 경우가 있다. 이러한 경우 법원은 부부의 일방이 배우자에게 위자료의 일부로서 금원을 지급한 사정을 제3자가 부담하는 위자료 액수를 산정할 때 참작할 수 있다(이혼소송에서 위자료 및 재산분할로 3,000만 원을 지급하라는 내용의 조정이 성립된 사안이다).

95 [판례] 배우자로부터 지급받은 위자료를 상대방에 대한 위자료 산정에 참작한 사례[108]

원고가 배우자의 부정행위로 협의이혼하면서 1억 원의 위자료를 지급받은 뒤 배우자의 부정행위 상대방(피고)을 상대로 위자료 청구를 한 사안에서, 불법행위로 입은 정신적 고통에 대한 위자료 액수에 관하여는 사실심 법원이 제반사정을 참작하여 그 직권에 속하는 재량에 의하여 이를 확정할 수 있고,[109] 가해자가 피해자에게 위자료

107 대법원 2024. 6. 27. 선고 2023므12782 판결.
108 대법원 2005. 6. 23. 선고 2004다66001 판결.
109 대법원 2002. 11. 26. 선고 2002다43165 판결.

의 일부로서 금원을 지급한 경우 법원은 위자료 액수를 산정함에 있어서 이러한 사정을 참작할 수 있는 것인바,[110] 이러한 법리는 민법 제760조에 따라 각자가 손해액의 전부에 대한 책임을 부담하는 공동불법행위자 중 1인이 피해자에게 위자료를 지급한 경우에도 마찬가지라고 할 것이다. 위의 법리에 기초하여 원심이 공동불법행위자인 배우자가 원고에게 위자료를 지급한 사실을 참작하여 이 사건 위자료액수를 산정한 조치는 정당하다.

96 [판례] 부부의 일방이 배우자에게 공동불법행위로 인한 손해배상금을 지급한 경우 그 변제의 효과가 제3자에게 효력이 있다고 인정한 사례[111]

부진정연대채무자 상호 간에 채권의 목적을 달성시키는 변제와 같은 사유는 채무자 전원에 대하여 절대적 효력을 발생하므로, 부정행위를 한 부부의 일방이 배우자에게 공동불법행위로 인한 손해배상금을 지급한 경우 그 변제의 효과는 부진정연대채무자인 제3자에 대하여도 효력이 있다.

97 [판례] 부부간에 위자료 채권을 상계한 뒤 제3자를 상대로 제기된 위자료청구를 기각한 사례[112]

부부간에, 원고는 소외인에게 재산분할로 7,000만 원을 지급하고, 소외인은 원고에게 위자료로 3,000만 원을 지급하되, 소외인은 재산분할금 7,000만 원에서 위자료 3,000만 원을 공제한 나머지 4,000만 원을 현실로 지급하기로 하는 내용의 화해권고결정이 확정된 뒤, 소외인의 상간자를 상대로 위자료청구 소송을 제기한 경우, 원고의 소외인에 대한 위자료채권은 소외인의 원고에 대한 재산분할채권 중 같은 금액과 상계되어 소멸되었다고 볼 수 있고 부진정연대관계에 있는 피고에게도 효력이 미치며, 피고가 원고에게 위자료채무를 이행한 뒤 구상권을 행사하게 된다면 화해권고결정에서 위자료채권을 상계로 소멸하도록 한 취지에 반한다는 이유로, 위자료 청구를 기각한 사례

3) 배우자와 상대방에 대한 소송을 따로 제기하였을 경우 중첩관계를 표시할지의 여부[113]

98 부진정연대채무관계에 있는 배우자와 제3자에 대하여 별도로 소가 제기되었고, 원고가 개별적인 금원의 지급을 구하는 경우, 법원이 소송당사자가 아닌 다른 사람과의 연대 지급을 명하는 것이 처분권주의 또는 변론주의에 위반되는지 문

110 대법원 1999. 11. 26. 선고 99다34499 판결.
111 대법원 2024. 6. 27. 선고 2023므13723 판결.
112 수원가정법원 2019. 4. 2. 선고 2018드단509168 판결(항소심 소취하).
113 이에 대하여는, 이강호, "이혼위자료청구권과 관련된 실무상 몇 가지 문제", 가사재판연구Ⅲ, 서울가정법원 가사소년재판연구회(2018)를 참조하였다.

제될 수 있다.

99 대법원은 제3자와 배우자의 부정한 행위로 인한 공동불법행위 책임은 부진정연대채무관계에 있고, 정당한 법률해석은 법원의 권한이므로, 객관적으로 동일한 실체적 권리관계에 관하여 당사자의 주장과 다른 법률관계를 설시하더라도 처분권주의 또는 변론주의에 위반되지 않으므로 부정한 행위를 한 제3자(피고)만에 대한 위자료 청구에서 부정한 행위를 한 배우자(소외인)와의 연대지급을 명할 수 있다고 하였다.[114]

4) 부부간 이혼청구소송에서 쌍방 대등한 정도의 책임이 인정되어 위자료 청구가 각 기각된 경우, 일방의 귀책사유에 가담한 제3자를 상대로 별도로 위자료를 청구할 수 있는지

100 부정행위를 한 배우자의 손해배상의무가 성립하지 않는 이상 배우자의 부정행위에 가공한 제3자에게도 이혼을 원인으로 하는 손해배상책임이 인정되지 않는다고 할 것이다. 배우자간의 위자료 청구에 관하여 각 손해배상청구권을 상계하거나 공제하여 상호 소멸되었다는 법률적 평가가 이루어진 경우 이러한 채권소멸의 효과는 부진정연대관계에 있는 제3자에게도 효력이 미친다고 보아 제3자에 대한 청구를 기각한 하급심 사례[115]도 있다.

101 [판례] 이혼소송 위자료 청구가 기각된 경우 제 3 자에 대한 위자료 청구 여부[116]

부부의 일방이 상대방 배우자의 부정행위로 인하여 혼인관계가 파탄되었다고 주장하면서 배우자를 상대로 위자료 청구를 하였으나, 법원이 혼인관계 파탄에 관한 부부쌍방의 책임정도가 대등하다고 판단하여 위자료 청구를 기각하는 경우 상대방 배우자에게 혼인관계 파탄에 대한 손해배상의무가 처음부터 성립하지 않는다고 보아야 한다. 이혼을 원인으로 하는 손해배상책임을 인정하는 근거는 부정행위 등 이혼의 원인이 되는 개별적 유책행위에 있는 것이 아니라 그로 인하여 혼인관계가 파탄되어 이혼에 이르게 된 데에 있으므로, 혼인관계 파탄에 대하여 부부 쌍방의 책임정도가 대등한 경우 부부 일방에게 혼인관계 파탄의 책임을 지울 수 없기 때문이다. 나아가 부정행위를 한 배우자의 손해배상의무가 성립하지 않는 이상 배우자의 부정행위에 가공한 제3자에게도 이혼을 원인으로 하는 손해배상책임이 인정되지 않는다고 할 것이다. 그리고 이러한 법리는 부부의 일방이 상대방 배우자의 부정행위로 인하여 혼인관계가

114 대법원 2015. 5. 29. 선고 2013므2441 판결.
115 전주지방법원 2018. 11. 19. 선고 2018르344 판결(확정).
116 대법원 2024. 6. 27. 선고 2023므16678 판결.

파탄되었다고 주장하면서 배우자를 상대로 본소로 위자료 청구를 하고 이에 대하여 상대방 배우자가 반소로 위자료 청구를 하였으나, 법원이 혼인관계 파탄에 관한 부부 쌍방의 책임정도가 대등하다고 판단하여 본소·반소 위자료 청구를 모두 기각하는 경우에도 마찬가지이다.

102 [판례] 배우자 상대로 한 이혼 위자료 청구가 기각된 뒤 제 3 자를 상대로 제기한 위자료 청구를 기각한 사례[117]

부부가 서로 다른 이성과 부정한 행위를 하여 신뢰가 무너져 파탄에 이르러 이혼하고 각 위자료 청구가 기각된 뒤, 일방 배우자가 상대방 배우자의 상간자를 상대로 별도로 위자료청구소송을 제기한 사안에서, 배우자간의 위자료 청구는 각 손해배상청구권을 상계하거나 공제하여 상호 소멸되었다는 법률적 평가가 이루어진 것으로서 이러한 채권 소멸의 효과는 부진정연대관계에 있는 제3자에게도 효력이 미친다고 봄이 상당하고 배우자에 대한 손해배상책임은 부정하면서 그보다 책임정도가 가벼울지언정 무겁다고 보기는 어려운 제3자에 대하여만 손해배상책임을 지우는 것은 조리에 반하며 쌍방의 위자료청구가 기각된 뒤 제3자가 위자료채무를 이행하고 나서 구상권을 행사할 수 있게 된다면 부부 쌍방의 위자료 청구를 모두 기각하는 취지에 반한다는 이유로 청구를 기각한 사례

5) 배우자와 상대방의 위자료 액수를 달리 정할 수 있는지

103 사회통념상 유책배우자와 제3자의 혼인파탄에 대한 기여도가 같다고 할 수 없으므로, 유책배우자인 상대방 배우자와 이에 가담한 제3자를 공동피고로 위자료 청구를 하였을 때 위자료 액수를 달리 정할 수 있는지 문제된다. 배우자는 혼인관계가 파탄에 이르는 전과정에 대하여 책임이 있지만 제3자는 그 중 일부에만 가담하였으므로 책임범위가 제한되어야 하는 것은 아닌지 하는 문제인식이다.

104 일반적인 민법상 공동불법행위에 있어서 각자 손해발생에 대한 기여도에 따라 손해배상의 범위를 달리 정할 수 있는지에 대하여는, 학설은 수인 공동의 행위와 상당인과관계에 있는 손해의 전부를 배상하여야 하므로 각자의 손해발생에 대한 기여도는 피해자에 대한 관계에서 고려되지 않는다는 부정설[118]과 수인의 원인행위자에게 인과관계가 인정되면 각 행위자는 손해전부에 대하여 부진정연대책임을 지는 것이 원칙이지만 행위자가 자기의 행위결과에 대한 관여부분을 입증하면 그 범위 내에서만 인과관계가 존재하는 것이므로 감액이 가능하다는

117 전주지방법원 2018. 11. 19. 선고 2018르344 판결(확정).
118 김상용, "공동불법행위", 저스티스 제29권 제1호, 한국법학원(1996), 158~160.

긍정설[119]이 있다. 판례는 "공동불법행위책임은 가해자 각 개인의 행위에 대하여 개별적으로 그로 인한 손해를 구하는 것이 아니라 그 가해자들이 공동으로 가한 불법행위에 대하여 그 책임을 추궁하는 것으로, 법원이 피해자의 과실을 들어 과실상계를 함에 있어서는 피해자의 공동불법행위자 각인에 대한 과실비율이 서로 다르더라도 피해자의 과실을 공동불법행위자 각인에 대한 과실로 개별적으로 평가할 것은 아니고 그들 전원에 대한 과실로 전체적으로 평가하여야 한다."고 하여[120] 부정설을 취하고 있다.

105 이혼으로 인한 손해배상청구에 관한 실무례는 배우자와 제3자에게 동일한 액수의 위자료지급을 명하는 경우와 제3자에게 배우자보다 적은 액수의 위자료지급을 명하는 경우가 있고 후자가 다수인 것으로 보인다. 일반적인 민법상 공동불법행위의 논의를 그대로 따르자면 제3자가 유책배우자보다 혼인파탄에 대한 책임이 적더라도 민법 제760조에 따라 전체 손해에 대하여 배우자와 연대하여 배상하여야 할 책임이 있고, 공동불법행위자 상호간의 구체적인 책임분담은 구상권의 행사로 해결하여야 할 것이다. 그러나 가사사건에서는 구체적 사건에서의 형평과 해결이 더욱 중요하다는 특수성이 있는 점, 사회통념상 혼인을 파탄하게 한 배우자의 책임이 제3자의 책임보다 중하다고 보아야 하는 점 등을 논거로 손해배상액의 범위를 달리 정하는 실무례를 지지하는 견해[121]가 있다.

나. 자녀 등이 제3자에 대하여 손해배상을 청구할 수 있는지

106 판례는 다른 사람과의 동거 또는 간통행위와 자녀들이 감호·교육을 받지 못하는 것 사이에 상당인과관계가 없다고 하여 자녀의 제3자에 대한 위자료 청구를 부정하였다.[122]

107 [판례] 동거 상대방에 대한 자녀의 위자료 청구(부정)[123]

여성이 자녀 있는 남성과 동거생활을 함으로써 그 자녀들이 일상생활에 있어서 부친으로부터 애정을 품고 그 감호교육을 받을 수 없게 되었다 하여도 그 여성이 악의로써 부친의 자녀에 대한 감호 등을 적극적으로 저지하는 등 특단의 사정이 없는 한

119 이은영, "협의의 공동불법행위", 고시연구 제26권 제12호, 고시연구사(1999), 22.
120 대법원 2007. 6. 14. 선고 2005다32999 판결.
121 민유숙, "이혼과 관련된 손해배상청구의 관할과 처리", 실무연구X, 서울가정법원 법관가사재판실무연구회(2005), 463~466.
122 대법원 1981. 7. 28. 선고 80다1295 판결, 대법원 2005. 5. 13. 선고 2004다1899 판결.
123 대법원 1981. 7. 28. 선고 80다1295 판결.

위 여성의 행위는 자녀에 대하여 불법행위를 구성하는 것이 아니라고 해석하는 것이 상당하다. 왜냐하면 부친이 그 자녀에 대하여 애정을 품고 감호교육을 행하는 것은 타의 여성과 동거하느냐의 여부에 불구하고 부친 스스로의 의사에 의하여 행하여지는 것이므로 타의 여성과 동거의 결과 사실상 부친의 애정감호교육을 받을 수 없어 그로 인하여 불이익을 입었다 하여도 그것과 여성의 행위와의 간에는 상당인과관계가 없다고 할 것이기 때문이다.

108 [판례] 간통행위 상대방에 대한 자녀의 위자료 청구(부정)[124]

배우자 있는 부녀와 간통행위를 하고, 이로 인하여 그 부녀가 배우자와 별거하거나 이혼하는 등으로 혼인관계를 파탄에 이르게 한 경우 그 부녀와 간통행위를 한 제3자는 그 부녀의 배우자에 대하여 불법행위를 구성하고 따라서 그로 인하여 그 부녀의 배우자가 입은 정신상의 고통을 위자할 의무가 있다고 할 것이다. 그러나 이러한 경우라도 간통행위를 한 부녀 자체가 그 자녀에 대하여 불법행위를 부담한다고 볼 수는 없고 이와 마찬가지로 간통행위를 한 제3자가 해의를 가지고 부녀의 그 자녀에 대한 양육이나 보호 내지 교양을 적극적으로 저지하는 등의 특별한 사정이 없는 한 그 자녀에 대한 관계에서 불법행위책임을 부담한다고 할 수는 없다.

124 대법원 2005. 5. 13. 선고 2004다1899 판결.

찾아보기

사항색인

(ㅌ)

(ㅍ)

(ㅎ)

판례색인

주석 민법, [친족1] 제7판

제 1 판 발행 1998 년 10 월 10 일
제 2 판 발행 2002년 8 월 30 일
제 3 판 발행 2005년 10 월 15 일
제 4 판 발행 2010 년 11 월 15 일
제 5 판 발행 2016 년 8 월 31 일
제 6 판 발행 2020년 7 월 15 일
제 7 판 인쇄 2025년 7 월 1 일
제 7 판 발행 2025년 7 월 15 일

집필대표 민 유 숙
발 행 인 이 욱 한
발 행 처 韓國司法行政學會
서울특별시 서대문구 경기대로 57 석당빌딩 501호
등 록 1965 년 8 월 27 일 9-94
전 화 (02) 362-2045~8
팩 스 (02) 312-2070
홈페이지 www.law.or.kr
도서몰 www.lexcom.co.kr
ISBN 978-89-8109-901-5
정 가 136,000 원